上海市志

图书·文博分志
图书馆事业卷

1978—2010

上海市地方志编纂委员会　编

上海古籍出版社

1952 年 7 月，上海图书馆建成开馆，上海图书馆外景（上海市南京西路 325 号，摄于 1990 年，上海图书馆提供）

1993 年 3 月，上海图书馆举行新馆奠基仪式（上海市淮海中路 1555 号，摄于 1993 年，上海图书馆提供）

1996 年 12 月，上海图书馆建成，上海图书馆外景（上海市淮海中路 1555 号，摄于 2002 年，上海图书馆提供）

上海少年儿童图书馆外景（上海市南京西路962号，摄于1995年，上海少年儿童图书馆提供）

杨浦区图书馆所设上海近代文献馆（上海市平凉路1490弄1号，摄于2008年，杨浦区图书馆提供）

闵行区图书馆外景（上海市名都路85号，摄于2010年，闵行区图书馆提供）

浦东图书馆新馆外景（上海市
前程路88号，摄于2010年，
浦东图书馆提供）

金山县图书馆外景（上海市健
康路280号，摄于1981年，金
山区图书馆提供）

松江区图书馆外景（上海市人
民北路1626号，摄于2001年，
松江区图书馆提供）

奉贤区图书馆外景（上海市解放东路889号，摄于2008年，奉贤区图书馆提供）

江浦路街道图书馆走廊外景（上海市许昌路1150号5楼，摄于2010年，江浦路街道图书馆提供）

城桥镇图书馆阅览室（上海市崇明县掘头街28号，摄于2010年，城桥镇图书馆提供）

复旦大学江湾校区李兆基图书馆外景（上海市淞沪路2205号，摄于2008年，复旦大学图书馆提供）

上海交通大学徐汇校区包兆龙图书馆外景（上海市华山路1954号，摄于2008年，上海交通大学图书馆提供）

同济大学四平校区图书馆外景（上海市四平路1239号，摄于2010年，同济大学图书馆提供）

华东理工大学图书馆外景（上海市梅陇路130号，摄于2002年，华东理工大学图书馆提供）

华东师范大学闵行校区图书馆外景（上海市东川路500号，摄于2007年，华东师范大学图书馆提供）

上海外国语大学松江校区图书馆外景（上海市文翔路1550号，摄于2010年，上海外国语大学图书馆提供）

2000 年 11 月,上海大学图书馆新馆举行开馆典礼(上海大学图书馆提供)

上海视觉艺术学院图书馆外景(上海市文汇路 699 号,摄于 2010 年,上海视觉艺术学院图书馆提供)

中国人民解放军第二军医大学图书馆外景(上海市长海路174 号,摄于 1999 年,中国人民解放军第二军医大学图书馆提供)

2008 年 4 月，武警上海政治学院数字图书馆举行开馆仪式（武警上海政治学院图书馆提供）

中国科学院上海生命科学信息中心外景（上海市岳阳路 319 号，摄于 2004 年，中国科学院上海生命科学信息中心提供）

上海社会科学院历史研究所图书资料室（上海市中山西路 1610 号，摄于 2010 年，上海社会科学院历史研究所图书资料室提供）

中共上海市委党校图书馆外景（上海市虹漕南路 200 号，摄于 1990 年，中共上海市委党校图书馆提供）

1987年，上海交通大学图书馆自主研制的多用户图书流通管理系统SJTUCS获上海市人民政府科技进步三等奖（上海交通大学图书馆提供）

上海图书馆自走小车送书系统（上海图书馆提供）

2000年10月，国家教育部"211"工程验收专家组在复旦大学图书馆考察图书文献保障系统公共服务体系建设项目（复旦大学图书馆提供）

2007 年 11 月，上海财经大学
500 强企业文献资料特藏馆举
行揭幕仪式（上海财经大学图
书馆提供）

2010 年 11 月，复旦大学"百万册数字图书馆的多媒体技术和
智能服务系统"项目获国家科学技术进步奖二等奖（复旦大学
图书馆提供）

静安区图书馆海关楼"专题阅
览室"（上海市新闻路 1708 号，
摄于 2010 年，静安区图书馆提
供）

虹口区曲阳图书馆影视文献部(上海市曲阳路574号,摄于2010年,虹口区曲阳图书馆提供)

浦东新区新川沙图书馆百川文苑专题阅览室(上海市川黄路57号,摄于2007年,浦东新区新川沙图书馆提供)

华东政法大学长宁校区红楼图书馆外文阅览室(上海市万航渡路1575号,摄于2006年,华东政法大学图书馆提供)

中国科学院上海硅酸盐研究所图书馆阅览室(上海市定西路1295号,摄于2005年,中国科学院上海硅酸盐研究所图书馆提供)

1995 年 5 月，奉贤区图书馆科技书库对外开放（奉贤区图书馆提供）

1999 年 5 月，徐汇区图书馆举行徐汇区盲人图书馆开馆仪式（徐汇区图书馆提供）

1999 年，浦东新区陆家嘴图书馆推出上海市第一辆专用流动图书车（浦东新区陆家嘴图书馆提供）

2000 年 4 月，常熟"翁氏藏书"入藏上海图书馆（上海图书馆提供）

2003 年 4 月，作家叶永烈向上海图书馆捐赠的部分手稿（上海图书馆提供）

2004 年 10 月，上海图书馆举办巴金文献手稿展（上海图书馆提供）

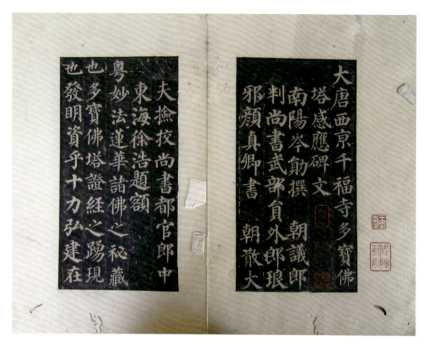

2004 年，华东师范大学图书馆珍贵古籍藏书《宋拓多宝佛塔碑》（华东师范大学图书馆提供）

2005 年 10 月，《上海图书馆藏善本碑帖》首发式（上海图书馆提供）

2009 年 4 月，普陀区图书馆举办上海当代作家手稿作品收藏展示馆启动暨首批手稿作品捐赠仪式（普陀区图书馆提供）

2010 年 9 月，上海图书馆在"威盛中国芯·时间芯片"——未来城市创想征集活动封存仪式上接收"时间芯片"（上海图书馆提供）

2010 年 10 月，上海中医药大学图书馆数字化古籍《儒门事亲》例图、《本草集要》例图（上海中医药大学图书馆提供）

2010 年 11 月，"罗氏藏书"入藏上海图书馆（上海图书馆提供）

1981年6月，宝山县图书馆图书流通车送书下基层（宝山区图书馆提供）

1989年10月，读者参观嘉定县图书馆地方文献展览（嘉定区图书馆提供）

1991年5月，川沙县举办家庭读书活动现场（浦东新区新川沙图书馆提供）

1998 年 7 月，上海少年儿童图书馆举行沪港小读者交流座谈会（上海少年儿童图书馆提供）

1999 年 9 月，黄浦区图书馆开展馆外延伸服务——共建"海上图书馆"签约仪式（黄浦区图书馆提供）

2002 年 7 月，上海图书馆举办首届上海国际图书馆论坛（上海图书馆提供）

2006 年 2 月，普陀区少年儿童图书馆举办第九届少儿"冬冬乐"系列读书活动颁奖仪式（普陀区少年儿童图书馆提供）

2006 年 4 月，卢湾区图书馆举办首届上海卢湾阅读节复兴书市（卢湾区图书馆提供）

2007 年 5 月，浦东新区陆家嘴图书馆主办陆家嘴功能区公共图书馆服务宣传周主题活动（浦东新区陆家嘴图书馆提供）

2007年11月，闸北区图书馆举办闸北市民理论学校、东方讲坛举办点揭牌仪式暨党的十七大精神报告会（闸北区图书馆提供）

2009年1月，东华大学延安路校区图书馆"留学生之家"阅览室建成并对留学生开放（东华大学图书馆提供）

2009年5月，嘉定·宝山读书月开幕式上举行"心系祖国·相约世博"知识竞赛（嘉定区图书馆提供）

2009 年 6 月，青浦区图书馆举办"海宝小博士"知识竞赛（青浦区图书馆提供）

2010 年 1 月，"文化共享世博行"启动仪式在上海图书馆举行（上海图书馆提供）

2010 年 5 月，上海图书馆在上海世博园区设立阅览区（上海图书馆提供）

2010年7月，长宁区图书馆举办"中国之窗·上海阅览中心"读书会活动（长宁区图书馆提供）

2010年9月，上海少年儿童图书馆举办"2010上海市少年儿童暑期读书月"活动（上海少年儿童图书馆提供）

2010年10月，浦东图书馆"浦东文化讲坛"第一讲《读书与人生》开讲（浦东图书馆提供）

2000年12月，上海市中心图书馆建设协议签约仪式举行，中共上海市委副书记龚学平（左七），市委常委、宣传部长殷一璀（左八），上海市副市长周慕尧（左六）出席会议（上海图书馆提供）

2001年6月，首批上海市中心图书馆分馆揭牌仪式举行，中共上海市委副书记龚学平（左），市委常委、宣传部长殷一璀（右）出席仪式（上海图书馆提供）

2003年3月，部分省市城市图书馆资源共建共享工作座谈会在上海图书馆举行（上海图书馆提供）

2003 年 10 月，上海市中心图书馆工作会议在上海图书馆召开（上海图书馆提供）

2003 年 12 月，全国文化信息资源共享工程上海分中心基层中心揭牌仪式举行（上海图书馆提供）

2004 年 12 月，中共上海市委党校图书馆与上海图书馆等共同主办长江三角洲城市图书馆发展论坛暨 16 城市图书馆馆长圆桌会议（上海图书馆提供）

2006 年 10 月，首届全国公共图书馆展览资源共建共享交流研讨会在上海图书馆召开（上海图书馆提供）

2009 年 9 月，中国图书馆学会第八届学术委员会成立大会暨 2009 全国图书馆（苏州河）论坛召开（普陀区图书馆提供）

2010 年 9 月，"上海行业情报发展联盟"成立大会在上海图书馆召开，市委常委、宣传部长杨振武（左四）出席仪式（上海图书馆提供）

2010 年 12 月，上海市中心图书馆建设十周年座谈会在上海图书馆召开，市委常委、宣传部长杨振武（前排左四）出席仪式（上海图书馆提供）

《上海市志·图书·文博分志·图书馆事业卷
（1978—2010）》评议会专家名单

组　　长　莫建备
成　　员　（以姓氏笔画为序）
　　　　　马学强　王小明　王世伟　巴兆祥　司　颖　孙继林　刘民钢
　　　　　杨光辉　金晓明　张静波

《上海市志·图书·文博分志·图书馆事业卷
（1978—2010）》审定会专家名单

组　　长　莫建备
成　　员　（以姓氏笔画为序）
　　　　　王世伟　巴兆祥　刘民钢　吕瑞锋　杨光辉　徐　静　金晓明
　　　　　张静波

《上海市志·图书·文博分志·图书馆事业卷
（1978—2010）》验收单位和人员名单

验收单位　上海市地方志办公室
验收人员　洪民荣　王继杰　黄晓明　过文瀚　杨军益

业务编辑　李洪珍

《上海市志·图书·文博分志·图书馆事业卷（1978—2010）》编纂成员名单

主任、主编　陈　超
常务副主任、常务副主编　周德明
副主任、副主编　陈思和　陈　进　于建荣　邱五芳
执行副主任、执行副主编　马　春
委　员（以姓氏笔画为序）

于建荣　马　春　王汉栋　王丽丽　司　颖　庄　琦　刘　炜
杨庆红　杨荣斌　邱五芳　何　毅　余　江　余海宪　张　伟
张　奇　陆如俊　陈　进　陈思和　陈　超　林　峻　金　波
金　燕　周德明　段宇锋　袁东豪　谈志兴　葛　菁　韩筱芳
曾　原　慎金花

顾　问（以姓氏笔画为序）

干树海　马远良　王小明　王世伟　王鹤鸣　刘其奎　孙秉良
吴建中　沈国明　陈燮君　邵敏华　范并思　葛剑雄　缪国琴

《上海市志·图书·文博分志·图书馆事业卷（1978—2010）》资料提供人员

（以姓氏笔画为序）

于建荣　万　红　王庆稳　王海良　王婉卿　王榕榕　毛红芳　仇　琛
包冬梅　冯　丽　兰小媛　司　颖　曲艳艳　朱盛镭　任霞佩　庄　琦
阮光册　孙晓风　孙　健　孙继林　孙豪展　严建华　杜夏明　李　敏
李新友　杨　械　吴　昱　宋英巧　宋　昶　张松涛　张　奇　张家珍
陆如俊　陈　才　陈起众　陈铁勇　林皓明　金荣彪　赵瑞章　胡伟敏
胡国友　胡　炜　钟　云　钟游嘉　段宇锋　侯力强　施颖华　袁东豪
袁　远　袁嘉欣　夏　风　顾立新　顾晓芬　高海安　黄一文　蒋君仁
韩筱芳　温国强　路艳艳

序

　　2010 年 2 月,上海市人民政府办公厅印发《上海市第二轮新编地方志书编纂规划》通知,正式启动全市二轮修志工作。《上海市志·图书·文博分志·图书馆事业卷(1978—2010)》是由上海图书馆牵头编纂的一部市志,它严格按照《地方志工作条例》的各项规定,涵盖公共、高等院校、学校、科研、党校以及工会等六个图书馆系统,力求完整、准确、科学地记述上海地区图书馆事业发展的历史和现状,包括馆藏资源、文献信息资源建设、服务工作、技术应用与开发、协作与交流、教育与研究、人力资源、事业管理以及人物等方方面面。2012 年 9 月 11 日,《上海市志·图书·文博分志·图书馆事业卷(1978—2010)》编委会正式成立,经过七年时间,依靠全市各系统、各类型图书馆的共同努力,《上海市志·图书·文博分志·图书馆事业卷(1978—2010)》得以编纂成书。

　　图书馆事业是国家教育、科学、文化事业的重要组成部分。1978 年改革开放以来,上海全市把发展图书馆事业放在城市建设的重要位置,纳入社会发展的总体规划。上海市政府于 2002 年 6 月和 2004 年 9 月先后召开"上海市基层文化工作会议"和"上海市文化工作会议"。2006 年,《上海市国民经济和社会发展第十一个五年规划纲要》提出了"建立基本覆盖全市的公共文化服务体系"的要求,随后各级政府加大财政投入,掀起建设热潮。截至 2010 年,全市有市、区(县)、街道(乡镇)公共图书馆 238 家,另在5 337 个村(居)综合文化活动室内建有图书阅览室;高校图书馆随着高等教育事业得到进一步发展,总数达 107 家,全部实现计算机管理;科研系统图书馆包括中国科学院上海地区图书情报机构,社会科学研究机构图书馆,部、市属科研院所图书情报机构,企业集团图书情报机构等;党校系统图书馆有 26 家。包括市委党校图书馆 1 家、大口党校图书馆 6 家、区(县)党校图书馆 18 家以及中国浦东干部学院图书馆;中小学系统图书馆基本按市教育局制定的《关于加强中小学图书馆工作的(暂行)规定》统一标准建设,总数达1560家;工会系统图书馆225家,还依托社区图书馆与村综合文化活动室,建设了一批"农家书屋"与"职工书屋"。

纵观上海地区图书馆事业,在各级政府的支持与推动下,在主管部门的领导下,通过编制发展规划、制定管理规章、建立服务标准、组织专业培训、实施评估考核、进行表彰奖励、开展争创文明行业与文明单位等一系列工作,基本形成了政府主导、行业自律、资源共享、协调发展的运行管理格局,全市图书馆走上了健康、有序、可持续发展轨道,为上海经济社会的发展,为满足市民精神文化生活的需求,发挥了积极作用。

志书全面系统地记述了1978年至2010年三十多年中上海各系统、各类型图书馆的发展历史与现状,充分反映了全市图书馆事业的发展历程。期待志书可以为党和政府科学决策、规划发展图书馆事业提供智力支持,为图书馆从业人员了解行业发展提供资料基础,为图书馆学教育工作者开展研究和教育提供研究素材。

陈　超

2020年7月

[作者为上海图书馆馆长、上海市图书馆行业协会会长、《上海市志·图书·文博分志·图书馆事业卷(1978—2010)》主编]

凡　　例

一、本分卷坚持以马克思主义为指导,遵循辩证唯物主义和历史唯物主义原理,实事求是记述上海市自然、政治、经济、文化和社会的历史与现状。

二、本分卷为上海市首轮社会主义新方志中《上海通志》《上海市级专志丛刊》之续,续义不续例,体例方面创新调整,并对首轮志书补缺正误。采用小篇平列体,分别编纂,陆续出版,汇为全志。本分卷记述地域范围,以2010年底上海市行政区划为准。由上海市辐射至全国其他地区及国外事物,兼及记述。

三、本分卷体裁以述、记、志、传、图、表、录为主,力求内容与形式统一。

四、本分卷人物传遵循"生不立传"原则。入传人物排列先后以卒年为序,在世人物以人物简介(排列以生年为序)、人物表(人物录,排列以生年为序)记载。

五、本分卷采用规范的语体文、记述体,行文按《〈上海市志〉行文规范》,力求严谨、朴实、简洁、流畅,以第三人称记述。

六、本分卷纪年,凡1949年5月27日上海市解放以前的用历史纪年,一般标示朝代、年号、年份,括注公元纪年;1949年5月27日上海市新中国成立后,一律采用公元纪年。

七、本分卷所记述的地名、机构名称、职称及币种、计量单位,一般按当时称谓。

八、本分卷所用统计资料,原则上根据统计部门公布的材料;未列入统计部门统计的,根据部门统计的材料。

九、各区县图书馆排序根据《中华人民共和国行政区划代码GB/T2260》排序;各高校图书馆排序根据上海市高校图工委提供的教育部批准的2010年上海普通高校名单排序。

十、本分卷资料来源于国家档案馆、上海市及有关省市档案馆、部门档案馆(室),以及历史文献、口碑资料、社会调查、部门提供的材料等,均经考证核实,一般不注明出处。

编 纂 说 明

一、《上海市志·图书·文博分志·图书馆事业卷(1978—2010)》(简称"本分卷")重点记述 1978 年至 2010 年间上海市图书馆事业改革开放和现代化建设的历程。1978—1990 年因有第一轮志书,故作简明记述,1991—2010 年则详记。

二、本分卷记述的上海市图书馆事业包括六大系统,分别为公共图书馆、高等院校图书馆、中小学图书馆、专业图书馆、党校(行政学院)图书馆以及工会图书馆,力求体现时代特征、地方特点和行业特性。

三、本分卷记述的地域范围,以 2010 年底上海市行政区划为准,由上海市辐射至外省、市、自治区及国外、境外事物,兼及记述。

四、本分卷卷首设图照、凡例、概述、大事记,卷末设专记、附录、编后记。主体内容设图书馆、馆藏资源、文献信息资源建设、服务工作、技术应用与开发、协作与交流、教育与研究、队伍建设、事业管理、人物,共10 篇。

五、本分卷按篇、章、节、目、子目分级,篇下设"无题导言",章、节下"无题导言"根据内容需要安排,不求一律。

六、本分卷行文遵循《〈上海市志〉行文规范》。

七、附录收集对上海市图书馆事业发展有重要存史价值的原始文献、管理制度(或节录)和发展报告等。

八、本分卷专门编纂有资料长编,入志资料由各系统单位提供,均有出处,便于甄别、考证。

目　　录

Contents

概　述

1949年5月上海解放后,随着经济建设高潮的到来,出现了文化建设的高潮,各行业单位纷纷建起图书馆(室)。1949年6月,上海市人民政府接管旧的上海市立图书馆,1952年7月,成立上海图书馆;1958年10月,上海图书馆、历史文献图书馆(合众图书馆)、上海科技图书馆、上海报刊图书馆(鸿英图书馆)四馆合并,仍名上海图书馆;1957—1960年,上海各区(县)图书馆先后建成,还在市区街道和郊县乡镇陆续建起集体办和国家补助的街道图书馆(室)和乡镇图书馆(室),其中包括少年儿童图书馆(室),均属于市文化局管理的公共图书馆系统。1953年,中国科学院图书馆上海分馆成立,以后又陆续组建了一批研究所图书馆,至1965年底,上海地区形成了独立的、初具规模的科研系统图书馆。随着高等学校的发展,至1956年底,上海24所高等学校都有相当规模的图书馆。上海市工人文化宫于1950年10月成立图书馆,此后,沪东、沪西、徐汇、闸北等地区的工人文化宫(俱乐部)图书馆以及铁路工人文化宫等企业图书馆也相继建立,至1959年,全市工会系统图书馆(室)已达4 832家。此外,上海市中小学校、市级机关和群众团体也都建有图书馆(资料室)。至此,全市分别形成了文化系统图书馆、科研院所系统图书馆、高等学校系统图书馆、中小学系统图书馆、机关系统图书馆、工会系统图书馆等。各系统图书馆在加强藏书建设与开展读者服务工作的基础上,积极组织馆际协作活动。1958年11月,上海市工业系统科技图书馆协作网成立;1959年2月,由上海图书馆、复旦大学图书馆、上海交通大学图书馆、中科院上海分院图书馆等单位,组成全国第二中心图书馆;1962年5月,上海市高等学校图书馆协作网成立。协作网的成员馆之间广泛开展采购协调、书刊互借,编制联合目录,组织馆际交流与业务培训活动。期间,市、区文化宫图书馆组织开展"鲁迅奖章读书运动"和"红旗读书运动",在全市掀起了群众性读书活动热潮。这一时期,全市图书馆事业得到快速发展。

"文化大革命"十年中,上海的图书馆事业一度遭受严重破坏,有的图书馆停止正常业务活动,有的撤销了建制;图书馆藏书破坏尤为严重,有的图书资料被焚毁。

1978年党的十一届三中全会以后,伴随改革开放的步伐,全市各系统图书馆迅速恢复起来。上海图书馆事业得到了各级政府的重视,加强了组织领导,纳入了社会发展的整体规划,推动运行管理体制机制改革,保障事业健康发展。全市图书馆界,以读者第一的服务宗旨、开放创新的办馆理念、争创一流的发展目标、追求卓越的服务精神,全面加强文献资源建设,普遍应用现代信息技术,行业实施规范服务,推进资源共建共享,大力培养专业人才,积极创建文明行业,努力建设与现代化国际大都市相适应的知识信息服务体系,全市的图书馆事业日益繁荣,逐步由传统图书馆向现代图书馆迈进,为社会主义服务,为人民服务。

一

1978—1986年,上海的图书馆事业从恢复中逐步发展壮大。这一时期,各系统图书馆进行修建整顿,确立起服务社会、服务读者的发展目标,加强馆藏建设,设施全面开放,推行开架服务,实行借阅一体,积极发挥培训教育功能,建立馆际间的协作协调机构,开启了资源共建共享的新局面。

1978年2月,市文化局召开"上海市文、博、图工作座谈会",促进全市公共图书馆的开放发展,此后,重建、新建了嘉定县、南汇县、虹口区、川沙县、杨浦区、奉贤县、长宁区等一批区(县)图书馆及街道(乡镇)图书馆(室),逐步恢复了三级服务网络。1986年12月,市文化局召开全市图书馆工作会议,提出要加快图书馆事业发展步伐,更好地为物质文明与精神文明建设服务,号召图书馆工作者要努力更新观念,增强改革意识,以开拓、进取的精神,把图书馆变成知识喷泉。1978年3月,上海科技图书馆重新划归中国科学院,定名为中国科学院上海图书馆,属中国科学院上海分院领导。此后,上海地区的科研院所也纷纷设立图书馆。1980年7月,中国科学院"上海地区图书情报业务交流委员会"成立,推动科研院所系统图书馆发展。1981年11月,上海市高教局召开高等学校图书馆工作会议,推动上海地区高等学校图书馆加快发展。1982—1985年,复旦大学、上海交通大学、上海外国语学院等17所院校相继建立新馆。1982年1月,"上海市高等学校图书馆工作委员会"成立,加强高等学校系统图书馆的管理工作。期间,在市和区(县)教育局领导下,中小学系统图书馆由市、区(县)教育局普通教育处负责管理,包括对中等专业学校、中等职业学校和中等技术学校图书馆的管理,向教师和学生全面开放。1980年,市经济党校建立图书馆,随后,宣传、科教、建设和交通等各系统党校也建立图书资料室。1984年,上海市委党校建立"图书资料委员会",领导全校的图书资料工作。随着各区(县)党校图书馆的陆续建立,全市形成党校系统图书馆网络。期间,在市、区(县)总工会的领导和推动下,工人文化宫(俱乐部)及工矿企业单位也逐步恢复或建立起新的图书馆(室)。

全市图书馆全面清理被封存的图书,纷纷制订藏书建设规划,逐步调整藏书结构,确立起服务读者、服务社会为导向的馆藏建设目标和以用为主的原则,陆续制定文献采访、加工、收藏、剔除、保管等制度,要求建设文献资源结构合理,保证重点,兼顾一般,体现新时期文献载体变化和特点的藏书体系。文献资源采集除传统的图书采购办法以外,有赠送、征集、呈缴、交换、调拨、转让、拍卖、托管等多种方式。高校图书馆开始采用"集团采购、国际书刊交换"的办法。1984年,复旦大学、上海交通大学、同济大学、华东师范大学等图书馆与40多个国家和地区的500多所大学、学术机构,建立了书刊交换关系。全市图书馆的文献分类著录也逐步统一采用《中国图书馆分类法》(简称"《中图法》")进行分类标引,以《中国分类主题词表》进行主题标引,机读目录采用CNMARC(China Machine Readable Catalogue,中国机读目录)通信格式。部分图书馆开始应用计算机单机管理。1982年,中国科学院上海有机化学研究所在Z-80微机上建立文献检索系统;1983年,复旦大学图书馆引进第一台电子计算机,并于1984年成功研制出图书流通计算机管理系统。

全市图书馆为适应广大读者对知识的渴求,把禁锢多年的图书整理开放给读者阅读,并采取扩大阅览空间、设立自修教室、延长开放时间等措施。为帮助读者自学参加高考,提高建设国家的实际能力,市与区(县)图书馆办起"高校自学考试辅导班""英语口语学习辅导班"等;举办主题多样的大型讲座,传播经济体制改革、民主和法制建设、新技术新学科等方面的知识信息。许多图书馆建立了业余书评小组、读书小组,开展对诸如"怎样阅读武侠小说""怎样看待琼瑶作品""怎样认识西方哲学"等社会阅读的热门图书和热点问题的讨论。1982年,上海少年儿童图书馆与全市中小学图书馆联合,恢复"红领巾读书读报奖章活动",举办"我的理想""祖国在我心中"为主题的红领巾读书征文等活动。据统计,1981—1986年,全市参加公共图书馆各种读书辅导活动的读者近100万人次。高校图书馆推行借阅一体、全开架服务,为读者营造宽松自由的阅读环境。党校图书馆资料室的图书报刊全面开放,并设立哲学、政治经济学、党的学说专题书架及科技书橱、新书专架,以便教师学员查找选阅。1982年,上海市总工会以市工人文化宫图书馆为总部,联合团市委等部门,依托基层图书馆,举办"振兴中华读书活动",得到广大群众的积极响应,全市掀起群众性读书活动高潮,成为上海市社会主义精神文明建设的一项重要活动。

各图书馆系统陆续建立协作协调机构,倡导资源共享,开展合作交流。1977年12月,"上海市图书馆协作委员会"成立,此后"协作委员会"编辑出版了《上海市外文新书联合目录》《外国报刊联合目录》,培训图书馆专业人员,推进图书馆间的资源共享。1979年,"上海市图书馆学会"成立,设立了学术委员会,1982年1月,《图书馆杂志》正式创刊,推动全市业务工作交流与学术理论研讨。1980年,"中国科学院上海地区图书情报业务交流委员会"成立。1982年,"上海市高等学校图书馆工作委员会"成立,担负起对所属图书馆之间的协作协调与日常管理的职能。这些组织的建立,为全市图书馆奠定了文献资源共建共享与学术交流、理论研究的基础。

为适应社会经济科技发展需要,各系统图书馆开始跨出国门,与世界各大城市图书馆建立友好关系,开始业务合作与交流,学习图书馆建设的新理论、新经验,努力与世界图书馆事业发展的步伐接轨。1979年7月,复旦大学图书馆被确定为"联合国教科文组织藏书馆"。自1981年起,上海图书馆、复旦大学图书馆、同济大学图书馆、上海交通大学图书馆、华东师范大学图书馆、华东师范大学图书馆学情报学系、中国科学院上海文献情报中心等,先后加入国际图书馆协会与机构联合会(IFLA)。1984年,上海图书馆被联合国接受为出版物托存图书馆;同年,上海第二医科大学图书馆成立国际联机检索室。1986年11月,上海图书馆建立第一个国际友好城市图书馆——上海·旧金山友谊图书馆。

全市图书馆界尤其重视员工队伍建设。复旦大学、华东师范大学、上海师范大学、中国人民解放军空军政治学院等高等学校举办本专科学历教育;上海电视大学、上海教育学院等高校开设"电大""夜大""函大",为在职图书馆员提供专业进修,创造通向大专或"专升本"的学历通道。1983年,市文化局委托上海图书馆,面向全市承办"上海市图书馆职工中等专业学校",有计划地培养图书馆专业人才。

二

1987—1995年,上海的图书馆事业在积极探索改革中稳步前行。这一时期,各系统图书馆紧跟改革开放的新形势,增强改革意识,在探索"以文补文""职称评聘"等管理制度改革的同时,着力推进图书馆服务工作的改革。延伸服务、特色服务、信息服务、馆际互借服务、知识导航服务等工作,普遍开展起来。全市图书馆逐步由封闭型被动服务向开放型主动服务转变,由传统的手工操作走向自动化管理,服务逐步向知识信息服务方向提升。

1987年11月,中共上海市委书记江泽民为上海普陀区图书馆题词:"公共图书馆是人民的终身学校",激励全市图书馆事业的发展。在各级政府的领导与支持下,全市各行业系统纷纷扩建、改建或新建图书馆。1987年后,全市新建长宁区少年儿童图书馆、虹口区曲阳图书馆、杨浦区延吉图书馆、普陀区图书馆、闵行区图书馆、南市区图书馆、南汇县图书馆等,港澳同胞捐赠了普陀区少年儿童图书馆、崇明县仁勇图书馆、浦东第二图书馆、上海交通大学包兆龙图书馆、华东师范大学图书馆逸夫楼等。1987年,经市编制委员会同意,上海少年儿童图书馆脱离上海图书馆机构,转为独立建制;之后,普陀区少年儿童图书馆、长宁区少年儿童图书馆、浦东新区川沙少年儿童图书馆及杨浦区少年儿童图书馆也相继独立建制,原属闸北区教育系统青少活动中心的闸北区少年儿童图书馆,业务上也纳入公共图书馆系统管理。全市图书馆呈现蓬勃发展新气象。

为跟上改革开放步伐,全市图书馆界积极变革,探索事业发展的新路。馆藏文献载体方面,从以采集印刷型纸质图书为主,逐步向文献载体多样化发展;从收集中文图书,发展到兼顾外文图书;从重视数量增加,转变为更加注重馆藏质量。全市图书馆馆藏除有传统的印刷型书刊、缩微胶片胶卷以外,还收藏磁带、录像带等。据1990年统计,全市图书馆藏书超过1.1亿册(件)。图书馆之间也加大资源共建共享力度。1987年3月,长宁区图书馆牵头,与高校、科研院所、上钢十厂等53家单位图书馆合作,成立"长宁区资料信息协作中心";崇明县图书馆、卢湾区图书馆等也相继成立图书馆协会,推动区域内图书馆间的资源共享。1994年3月,公共、高校、情报、科研四大图书情报机构组成"上海地区共建共享协作网";同年5月,举办"第六届全国图书馆服务宣传周",推动全市图书馆联合采购、联合编目、馆际互借等工作。全市图书馆文献资源建设逐步走上统筹规划、协调发展、共建共享的轨道。

读者服务方面,全市图书馆界吸纳现代图书馆服务理念,从"以书为本"逐渐向"以人为本"转变,由封闭型被动服务走向开放型主动服务,以单一的图书借阅服务逐步向知识信息服务方向提升。全市公共图书馆在做好基本借阅阵地服务的基础上,纷纷走出图书馆大门,将图书、音像资料等文献送到工地、农村、海轮、军营、监狱、福利院等,先后建立起2 000余个馆外图书服务点或流通站,最远的到达了南极科考站。1990年2月,黄浦区图书馆落成开放,开设了"视听资料室""心理阅览室""幽默博览室""气功图书资料室"等特色服务项目,改变了图书馆服务的"千馆一面",被中共中央宣传部办公厅《宣传信息》专题报道,引发全市图书馆创建特色服务的热潮,影响力扩展到全国。各系统图书馆还采取馆际互借、编印文摘资料、开展信息服务等方式,提升服务水平。上海图书馆、黄浦区图书馆和上海国际问题研究所联合编著《中外报刊选摘》,为政府机关、大专院校领导干部提供参阅读物;各县级图书馆为支持科技兴农的"星火计划",提供各类信息资料服务,嘉定县图书馆编制《嘉定农副业生产信息文摘》,提供给种植户、养殖户使用。中国科学院上海生命科学信息中心利用馆藏生物学文献的优势,向上海各高校、科研院所提供馆际互借服务,每年约有200家单位申请该馆的团体借书卡。复旦大学、华东师范大学、第二军医大学、海军医学研究所等图书馆每周定期外借国外图书,使馆藏的大批外文书刊供各图书馆共享。1989年开始,于每年5月的最后一周,公共图书馆联合高校与中小学图书馆等单位,共同开展"图书馆服务宣传周"活动,通过形式多样的主题活动,着力宣传图书馆功能,推广阅读。1991年,市文化局为把区(县)图书馆组织开展的家庭读书活动推向全市,与市妇联、市新闻出版局等单位,共同成立了"上海市家庭读书指导委员会",推进家庭读书活动的发展,据统计,这一年全市参加家庭读书活动的家庭有93 000多户。

20世纪80年代中后期,计算机技术在全市图书馆逐渐推广。一些规模较大的图书馆从应用单台计算机实行文献管理开始,向应用多用户小型计算机提升,配置相应的计算机房和磁带机、磁盘阵列、存储服务器等设备,并通过购置引进或自主研发图书馆自动化集成管理系统,逐步实现图书馆业务管理的自动化。1985年,上海交通大学图书馆成功研制"多用户图书流通管理系统",在徐汇校区包兆龙图书馆投入运行。1987年,上海科技大学图书馆建立计算机房,开始用计算管理方式为读者服务。1995年,上海市委党校图书馆采用深圳图书馆开发的图书馆自动化集成系统(ILAS),建立了书目数据库。

图书馆间的学术交流与理论研究也活跃起来。除上海市图书馆学会、高校图工委、中国科学院上海地区图书情报业务交流委员会外,1988年,由上海少年儿童图书馆主持组建了"华东地区少年儿童图书馆协作委员会"。1991年,中国索引学会成立,学会总部设在华东师范大学图书馆。1992

年,成立了"全国党校文献情报学会上海分会"。这些团体组织以及各图书馆围绕新时期图书馆工作的理论和实践问题,广泛开展研讨。1993年12月,华东师范大学图书馆学系举办了首届海峡两岸图书资讯学术研讨会,海峡两岸100多位图书馆专家学者,共同讨论"图书馆现状与发展趋势"。1994年10月,上海市图书馆学会举办"图书馆科学管理研讨会"。这一时期,上海图书馆、中国科学院文献情报中心及高校图书馆纷纷派员出国访问考察,参加国际图联召开的年会及各种专业会议。

1987年起,全市图书馆界紧跟经济体制改革形势,进行运行管理体制机制的改革探索。全市图书馆行业全面开展"以文补文""多业助文"创收活动,普遍开展热门图书"快借"、文献资料代检代查、举办文化补习班等"有偿服务",还有开设放映厅、娱乐厅、信息公司等经营活动。1988年,高校图工委秘书处与部分高校图书馆集资合作创办"上海申联高校图书馆服务部",成为当时业内有影响的集体所有制经济实体。图书馆的创收所得,主要用于补充业务经费的不足与提高员工的奖金福利待遇,但也使图书馆服务的公益性有所削弱。这一时期,图书馆还按照国家关于事业单位人事制度改革的精神,开始实施"职称评审制""聘用合同制""目标责任制""岗位考核制"等,采用公开招聘、竞争上岗、目标考核、奖勤罚懒等改革措施。1993年,市文化局根据国家文化部关于开展对县以上公共图书馆评估定级的精神,开启对全市公共图书馆包括对少年儿童图书馆的考评定级,并于1994年开始对街道(乡镇)图书馆实施评估考核。图书馆运行管理体制机制的变革,在一定程度上提高了员工的积极性,为事业发展增强了活力。

三

1996—2002年,上海的图书馆事业从传统图书馆向现代化图书馆转型发展。这一时期,上海市人民政府颁布《公共图书馆管理办法》,上海图书馆新馆以"图情一体化"的办馆新理念向社会开放,推动全市图书馆实施规范服务与管理,加速自动化、数字化建设,构建各具特点的网络服务平台,引领图书馆健康有序地转型发展,迈向现代化。

1996年12月,上海市人民政府颁布《上海市公共图书馆管理办法》,以地方政府法规的形式,保障公共图书馆的公益性质和健康有序地发展。同年,上海图书馆建成了面积达8.3万平方米的新馆,确立起建设国内一流、国际先进、开放型、多功能、"图情一体化"的现代图书馆理念与发展目标,标志着上海图书馆事业向世界先进图书馆行列迈进。随后,黄浦、徐汇、宝山、南市、南汇、松江等区(县)图书馆以及上海交通大学闵行校区、上海外国语大学虹口校区、上海理工大学南汇校区、中科院上海有机化学研究所等图书馆,也以新的办馆理念陆续建成新馆。1999年6月,宝山钢铁集团科技图书馆新馆建成。1999年12月,中共上海市委党校图书馆建成面积为7 320平方米的现代化新馆。1998年,育才中学建成2 000平方米的新图书馆。1999年,市西中学建立1 500平方米的新图书馆。2000年,闵行区七宝中学建立图书馆,定名为"钟书书苑",面积为2 952平方米。这些新馆建设为全市的图书馆带来了全新的气象。

图书馆不断加大经费投入,丰富文献载体。1997年起,市文化局、市财政局每隔一段时间制定区(县)图书馆购书经费标准,保障馆藏图书稳定增长。上海图书馆在2000年后每年采购收集的视听资料、光盘和缩微平片等,数量达到2万册(件)左右,还有光盘版数据库等的特种文献采购入库,并收藏有柳亚子、郭沫若、茅盾、巴金等一大批文化界知名人士的著作、日记、书信等手稿资料。1997年起,上海图书馆启动家谱、碑帖等历史文献抢救整理工作;各区(县)图书馆加强具有本地区特色的文献资源的收集,门类涉及老上海风情等地方文献,以及影视书画、法律法规、金融、旅游等,分别开设了专题资料室。高校图书馆以各校的学科专业为文献收藏重点,逐渐建立特色馆藏体系。中科院系统图书馆以收藏自然科学和科学技术类文献为主,尤其在生物科学、有机化学、红外光学、激光、新型无机材料等方面,形成专业文献特色。上海社会科学院图书馆以社会科学学术性著作、资料书、各类工具书为收藏重点,尤其是中国近代经济史、上海近代史、中华民国与当代台湾法律方面的馆藏更具特色。市委党校图书馆除重点收藏有关主业、主课与干部教育类图书资料外,还突出收藏以上海改革与发展为主题的各类图书。

图书馆计算机集成管理系统的应用逐步成熟。1996 年,上海图书馆引进具有国际水平的 Horizon 图书馆计算机集成管理系统,协同上海长江计算机集团公司所属金鑫计算机公司进行系统汉化,并进一步完善基础设施。上海区(县)图书馆也在同年成立计算机建设中心,统一采用 ILAS 自动化集成管理系统,并于 1998 年 2 月开始推广使用 IC 卡通用借阅证;同年,"上海市社区图书馆管理系统"研发成功,在全市街道(乡镇)图书馆推广应用。1999 年 4 月,上海海关高等专科学校图书馆应用"多媒体光盘塔网络管理系统",成为上海高校中第一家数码阅览室。在完善"馆域网"建设的同时,图书馆纷纷建立网站。1997 年 10 月,中科院上海光机所图书馆加入国际互联网,并建立网站,属上海较早建立的图书馆网站之一。同年,黄浦区图书馆、闸北区图书馆在"上海热线"平台下开设了图书馆网站,成为上海最先接入互联网的区级图书馆。1998 年 4 月,上海少年儿童图书馆建成"少年儿童信息港"网站,设立计算机中心与电子阅览室,小读者可在网上进行图书检索、预约、续借及浏览网上各类知识信息。1998 年,上海第二医科大学医学图书情报中心建立网络型多媒体阅览室。1999 年 12 月,上海市委党校图书馆网站启用,可以及时查询有关干部教育的重要信息,以及社会科学研究领域的文献资料。这一时期,全市各系统图书馆还通过资源整合,打造出富有特点的网络传播平台。2000 年,上海图书馆成立数字图书馆建设委员会,制定数字图书馆发展规划,引进美国 IBM 公司的数字图书馆解决方案,实施馆藏数字化建设,并于 2001 年建成全方位数字图书馆服务平台。

读者服务工作不断规范,服务功能不断拓展,服务方式不断创新。1996 年 12 月,上海图书馆率先提出"360 行,行行办证;365 天,天天开放"的服务口号,在全国图书馆界产生了重要的影响。1998 年,市文化局制定规范服务标准,全市公共图书馆开展规范服务达标活动,实行全年 365 天开放,图书外借免费、阅览免证。同年 5 月,全市各图书馆响应国家文化部等关于实施"知识工程"的号召,在全市图书馆服务宣传周开幕式上,合力开展阅读推广活动。1998 年起,华东理工大学图书馆每年举行优质服务宣传活动,使读者了解图书馆,使用图书馆资源;杨浦区图书馆组织校区、(工业)园区、(军)营区、社区,开展"四区"联动读书活动;甘泉街道图书馆组织"夕阳红"离退休干部读书会、"侨友"读书会、红领巾"雏鹰假日"读书小组、"诵读经典·励志人生"残疾人文学社等,全市图书馆联手倡导多读书、读好书。随着网络技术的应用,网上服务蓬勃开展起来。1999 年,中科院上海生命科学中心开展计算机定题检索服务,利用电子邮件开展信息推送服务,年完成 3 万多次。2000 年,上海少年儿童图书馆依托"少年儿童信息港",推出网上点书、网上检索、网上活动、读者论坛等多项服务。2001 年,上海图书馆以"网上知识导航站"为平台,推出网上参考咨询服务。2002 年,复旦大学图书馆开发虚拟参考系统,建立电子阅览室,图书馆主页提供 WebPAC 查询、国际联机检索、光盘检索和 Internet 访问等服务。

协作协调工作进一步加强。1999 年 5 月,"上海市文献资源共建共享工作领导小组"成立,将"上海地区文献资源共建共享协作网"改为"上海市文献资源共建共享协作网",并启动了"现代化技术推广活动",指导图书馆网络信息技术的应用。2000 年,上海图书馆建立上海市中心图书馆信息服务系统,实行统一的图书借阅卡制度,联合开展参考、咨询等服务。2000年12月,由市教委与高校图工委发起,上海交通大学、复旦大学、华东理工大学、华东师范大学等图书馆与社会力量联合建成"上海教科网高校网络图书馆",具有馆际互借、文献资源传递和信息资源导航三大功能。2001年,"上海市文献资源共建共享协作网"主页开通,实现网上联合编目。2002年10月,上海文化信息资源共享工程领导小组成立,确定上海图书馆为"共享工程"市分中心,明确按照"两级政府、两级管理"原则,在全市建设区(县)图书馆为支中心,社区图书馆为基层服务点,并扩展到部分高校和科学院所图书馆的"共享工程"服务网络,形成以"上海数字文化网"为平台的、规模化资源传输共享的服务模式,市民可通过计算机在线浏览以及光盘和数字播放的方式,欣赏全国优秀的电影、戏剧、舞蹈、曲艺、摄影、讲座、民俗和非遗文化视频等文化产品。

　　加强对外交流力度,拓宽图书馆人员的国际视野。全市图书馆界通过图书交换、馆员交流、考察培训、参加国际图联专业活动等方式,不断加强国内外交流与学术研讨活动。1998年,上海图书馆、上海交通大学图书馆、华东师范大学图书馆等陆续加入联机计算机图书馆中心(OCLC)。1999年,中国科学院上海文献情报中心访问了英国帝国理工大学,考察了德国马·普学会和德国大学图书馆体系;同年9月,华东师范大学举办了"图书情报硕士学位班"。2000年5月,上海市图书馆学会、情报学会、协作网联合举办"图书情报高级研修班"。2001年10月,上海图书馆承办由国家文化部主办的第二届"海峡两岸公共图书馆基础建设研讨会"。2002年,上海图书馆实施"上海之窗"对外宣传项目,全方位向境外宣传中国文化;同年3月,中科院上海有机化学研究所与美国化学文摘社合作建立美国化学文摘社中国文献处理中心;7月,首届"上海国际图书馆论坛"在上海图书馆召开。

四

　　2003—2010年,上海图书馆事业跨入现代化建设新阶段。这一时期,中心图书馆建设向纵横两端延伸,各系统图书馆加强数字图书馆建设力度,构建跨系统跨地区的图书馆情报联盟,为读者提供全方位、多层次的知识信息服务,全市逐步形成与现代化国际大都市相适应的以中心图书馆为骨架的公共图书馆网络体系,以共建共享为基础的文献保障体系,以公共服务与综合研究服务为互补的功能体系,以现代信息技术为支撑的服务体系。

　　2004年9月14日,市委、市政府召开"上海市文化工作会议",确立上海文化建设的目标任务,提出文化发展与建设现代化国际大都市的目标相适应,要求图书馆建设一批用数字技术构建的、与市图书馆互通互连的公共图书馆和阅览室。2005年,上海市国民经济和社会发展第十一个五年规划,提出了"建立基本覆盖全市的公共文化服务体系"要求;2006年,市文广影视局制订《上海文化广播影视发展第十一个五年规划》,提出到2010年,全市基本完成城市公共图书馆的新一轮布局,形成多学科、多语种、多载体的文献合理配置,巩固和发展中心图书馆网络体系,进一步加强对公共图书馆的监管力度。在市文广影视局与上海图书馆制定的公共图书馆发展规划中,提出全市中心图书馆要实现资源建设、技术规范、制度建设、服务标准一体化,并将信息和服务延伸到街道乡镇,争取全行业达到"文明行业"标准的具体任务。

　　2004年,上海将公共文化建设重点落在薄弱的社区与农村,成立"社区公共文化服务领导小组",统筹协调全市以社区文化活动中心为重点的公共文化建设,落实国家公共文化建设的各项重大工程,推进公共文化服务体系建设。各级政府进一步加大财政投入,掀起新一轮图书馆建设热潮。松江区、浦东新区、长宁区、青浦区、奉贤区、普陀区、闵行区、虹口区等一批公共图书馆相继重建，新馆规模扩大、功能完备、内涵丰富、现代化程度提高；全市街道（乡镇）图书馆，随着文化站改革，综合性、多功能的"社区文化活动中心"建设规划的实施，街道（乡镇）图书馆的设施设备进一步更新，平均每馆面积达到500平方米，普遍拥有独立的或可共享的电子阅览室，并与中心图书馆实现"一卡通"管理。至2010年底，全市共有市、区（县）、街道（乡镇）公共图书馆238家，"一卡通"服务基本覆盖全市街道（乡镇）图书馆。随着一批村（居）委综合文化活动室的建成开放，5 337个村（居）委综合文化活动室内都建立图书阅览室（农家书屋），可阅读借书，上网浏览查询。随着高等教育事业的进一步发展，高校图书馆包括高等学校、军事院校图书馆在内的图书馆建设也出现新高潮。上海外国语大学、华东政法大学、华东师范大学、东华大学、上海交通大学、上海师范大学、同济大学等在市郊建立新校区，都同步建设了现代化的图书馆，至2010年，全市高校图书馆有107家，设施进一步完善，现代化程度进一步提高。中小学系统图书馆数量达到1 560家，包括中小学、中等专业（技术、职业）学校图书馆，均按照市教育局制定的《关于加强中小学图书馆工作的（暂行）规定》统一标准建设，其中时代中学图书馆面积有4 000平方米，并提供无线网络上网服务。科研院所系统图书馆包括中国科学院上海地区图书情报机构、社会科学研究机构图书馆，科研院所与企业集团图书情报机构也都更新设备，提高自动化管理水平。全市党校系统图书馆随着党校体制的变化而不断调整和改善，有市委党校图书馆1家、大口党校图书馆6家、区（县）党校图书馆18家，共25家。2008年，市总工会提出建设"职工书屋"目标，至2010年底，全市共有"职工书屋"2 000余家，其中"职工书屋"示范点120个；另据不完全统计，有工厂企业图书馆225家。

各系统图书馆不断加强文献资源建设，尤其注重数字资源建设，采取购买商业数据库与自建数据库相结合的途径，逐步拥有国内外大型文献数据库和自行开发具有馆藏特色的图书、期刊、多媒体的各类文献数据库。如上海图书馆建立历史文献数字资源统一检索平台，包含古籍、家谱、盛宣怀档案、民国图书等11个分库，元数据共有379万条。上海教科网高校网络图书馆采用集团采购各类数据库，供各高校共享；各高校图书馆也自建了一批特色文献数据库，如上海交通大学图书馆的机器人系统、民族音乐数据库、民国图书资料特藏数据库，东华大学的现代纺织信息数字资源，上海大学图书馆的纳米材料数据库、百名著名作家学术研究数据库、钱伟长特色网站数据库，华东师范大学图书馆的中国年谱数据库，复旦大学图书馆的明清诗文集综合数据库、续修四库全书总目提要数据库，华东理工大学的国外著名大学教学信息数据库等，都被列为"十五"期间全国高校专题特色库。2005年，上海财经大学图书馆被国际货币基金组织授权为出版物收藏馆，建成财经统计分析数据中心、国际金融组织数据中心等。据统计，至2010年，上海高校图书馆建有各类特色专题数据库175个。中科院上海有机化学研究所图书馆自行研发了多个文献信息数据库，建成了一个以有机化学专业文献资源为特色的数字化图书馆。中共上海市委党校图书馆自建党史党建研究与实务数据库、社会治理研究与实务数据库、上海发展研究库等16种数据库。

上海地区图书馆还收藏有比较丰富的古籍资源，根据国家关于古籍保护的要求，2008年上海建立了古籍保护工作联席会议制度，上海图书馆为上海市古籍保护中心。根据"保护为主、抢救第一、合理利用、加强管理"的指导方针，上海地区图书馆加强古籍资料的普查与保护工作。据调查，全市拥有一大批古籍善本，如上海图书馆有古籍160余万册，其中有善本29 636种178 025册；还藏有西文珍本（亦称"洋善本书"）1 800种，包括拉丁、希腊、意大利语等十多个语种。复旦大学图书馆计有古籍40万册，含善本7 000余种7万余册。2008年3月，上海图书馆、上海博物馆、复旦大学图书馆被国务院命名为首批"全国古籍重点保护单位"。2009年3月，华东师范大学图书馆、上海

师范大学图书馆、上海中医药大学图书馆入选第二批全国古籍重点保护单位。全市经古籍普查、筛选、评审等一系列工作,2009年6月,市政府公布了第一批上海市珍贵古籍名录549部,上海图书馆、上海博物馆、复旦大学、中科院上海生命科学信息中心等8个单位为第一批上海市古籍重点保护单位。2010年6月,公布了第二批上海市珍贵古籍名录258部。上海入选国家首批珍贵古籍名录有170种,入选国家第二批珍贵古籍名录有329种。

至2010年,上海地区图书馆共有文献27 154万册(件)。按公共图书馆文献总量7 356.3万余册(件)和当年全市常住人口计算,人均达到3.2册(件),与1978年时人均1.2册相比提高了167%。全市基本形成了结构比较合理、资源比较丰富、特色比较鲜明、载体形式比较多样的馆藏文献体系。

在加强文献资源建设的同时,各系统图书馆加强书目、索引、文摘提要等的编制,方便读者使用馆藏资源。2004年,上海图书馆编纂出版了《上海图书馆近现代中文期刊总目》;2008年,上海图书馆编纂出版《中国家谱总目》,并获得全国优秀古籍图书一等奖。中国科学院上海文献情报中心的《中国生物学文摘》,是国家科委批准的国家一级检索期刊。上海社会科学院图书馆编辑《内部资料索引》杂志,收入国内社会科学内刊541种,被列为全国报刊四大检索工具之一,是当时全国社会科学内刊唯一的检索工具。

各系统图书馆积极利用新兴科学技术,不断创新服务方式。2004年,上海图书馆制作"上图讲座"网站,以光盘为载体,为全市中心图书馆分馆、300个东方信息苑及高校、部队、社区等输送讲座资源,获得了第一届文化部创新奖;2007年建立电子资源远程服务(e卡通服务),提供电子资源远程服务;2009年建立手机图书馆网站,读者可用手机检索书目,提供电子阅读服务。2005年,上海社科院图书馆开通"数字图书馆远程访问服务系统";同年12月,上海大学图书馆应用Web2.0技术,开发了RSS信息发布系统,并投入试运行,属最早一批尝试RSS推送服务的图书馆。2008年5月,长宁区图书馆启动RFID智能化管理系统,实现了读者自助借还、智能化管理和精确典藏的目标,还与上海阿法迪智能标签系统技术公司合作,开发了24小时还书分拣系统,提供还书、查询、续借等自助服务。2009年7月,上海图书馆在"寻根稽谱"家谱精品展中,首次应用"二维码技术",每一件展品都有一个二维标识码,参观者可用具有拍照功能的手机读取展品上的二维码,直接收听该展品的语音介绍、观看展会的录像宣传片。至2010年,上海地区图书馆基本建成了自动化、网络化和数字化的运行管理体系,拓展了图书馆的服务功能与手段,提高了服务水平与服务效率。

图书馆服务不断深化,积极打造公共文化活动新空间,为读者提供全方位、多元化、多层次服务。经过多年实践,图书馆特色服务发展成为主题文献共享空间模式,如1996年曲阳图书馆被上海文化局命名为上海影视文献图书馆;普陀区图书馆建立"上海当代作家作品手稿收藏展示馆";杨浦区图书馆与上海图书馆联合建立"上海近代·杨浦百年文献主题馆";同济大学嘉定校区图书馆设立"汽车专题阅览室";市委党校图书馆增设"上海发展阅览室",不但有鲜明的上海地方特点与专业特色,而且可提供阅读、收听、观赏等多种学习方式的体验。上海图书馆的"上图讲座"内容涵盖国内外形势、经济、教育、文化、法律、健康、创新等6大板块18个系列。这一时期,富有文化内涵的展览也在图书馆普遍兴起。2005年5月,虹口区图书馆曲阳分馆举行"纪念中国电影诞辰百年——电影收藏品展"。2006年,中国图书馆学会、上海市图书馆学会和浦东新区图书馆联合举办"汉字——从甲骨文到计算机大型科普展";同年6月,奉贤区图书馆举办"折纸、剪纸、刻纸"三纸展。2008年同济大学图书馆举办"立体阅读"活动,融展览、讲座、演出、阅读于一体。全市各系统图书馆还开办各式"沙龙"活动,如上海图书馆的"文化艺术沙龙"、黄浦区明复图书馆由中老年读者组建成的"新世纪国学沙龙"、静安区图书馆打造的"午后阳光读书会"与"白领闪聚"活动,以及江宁街道馆的"玩具抽屉沙龙"、打浦路街道馆的"浦墨书画社"、南翔镇图书馆的"竹文化沙龙"、行知中学图书馆的"陶馨文学社"等。2008年,全市图书馆行业抓住迎"世博"契机,提出"卓越知识服务,美好城市生活"的创文明行业行动口号,推出"行业服务标准",向社会公开承诺,服务"一视同仁、耐心细致、及时快捷、想方设法",促进图书馆服务质量与水平的提高。

参考咨询服务与专题情报信息服务进一步加强、水平进一步提升,为经济社会发展提供科学决策的信息支撑服务。上海图书馆与上海科学技术情报研究所的合并,加强了情报服务功能,提供《上图专递》《科技与产业》《媒体测评》等内参简报,并配合上海"世博会"推出《世博情报》等新内参产品,为政府及相关部门提供个性化服务;其承担的课题《十一五期间上海加快发展先进制造业、提升产业能级的对策研究》,获得第六届上海市决策咨询研究成果三等奖。上海市中心图书馆的"网上联合知识导航站",可提供实时和非实时的参考咨询服务,2010年读者访问网页次数共计13.2万次,接受读者提问7 524次,项目荣获国家文化部颁发的全国第十四届"群星奖";20余家区级图书馆也开通了知识导航在线咨询服务,为广大读者提供科技、产业、文化领域大量的咨询服务。中国科学院上海生命科学信息中心编写了《科学研究动态监测快报——生命科学专辑》,围绕人口与健康、工业生物技术、生物资源、干细胞等学科领域,形成系列化的情报产品,为科研管理部门、研究单位和企业技术研发提供有针对性的情报服务。上海交通大学图书馆提供定题检索服务与战略情报分析服务,2008年提出"IC^{2}创新服务模式",提供资源建设、学科咨询、课题服务等,有效地支撑学术创新研究和学习。中共上海市委党校图书馆设立了专门提供信息简报服务的信息研究中心;国资委党校图书馆编制《国资国企信息文汇》专题资料,反映国资国企改革与管理中的热点、难点和焦点问题。

全市各系统图书馆积极推进管理体制机制改革,构建起跨系统、跨地区的图书馆情报联盟。上海市中心图书馆服务体系建设纵向扩展到街道(乡镇)图书馆,至2010年底实现市、区(县)、街道(乡镇)公共图书馆全覆盖;横向延伸到高校、科研院所等图书馆。上海市中心图书馆总计达到261家,基本形成以现代信息技术为支撑、资源共享的"总分馆"服务体系新格局。2002年,中国科学院上海文献情报中心重新组建"中国科学院上海生命科学信息中心",与上海图书馆合作共建"生命科学图书馆"。2005年,又与中科院上海药物研究所和浦东新区图书馆联合创建"生命科学图书馆浦东分馆"。2005年10月,上海社会科学院与上海图书馆联合成立"上海市社会科学文献中心"。2005年12月,"上海市图书馆行业协会"成立,它由全市各级公共图书馆、高等院校图书馆、科研院所机构图书馆、党校/行政学院图书馆、中小学图书馆、企业/工会图书馆等各级各类图书馆自愿组成,发挥行业服务和自律管理的积极作用,2010年被市精神文明建设委员会评定为"2009—2010年度上海市文明行业"。2009年5月,上海外国语大学图书馆联合北京外国语大学图书馆、广东外语外贸大学图书馆,建立了"全国外语院校图书馆联盟"。2010年9月,上海行业情报发展联盟成立,由全市行业情报服务链的30家相关单位共同发起组成,为上海科技、产业和文化发展提供信息和智力支持。

各系统图书馆强化与国内外各大城市图书馆的业务合作与交流。2004年,上海图书馆成为中国高等教育文献保障系统(CALIS)馆际互借和文献传递成员馆;对外设立的"上海之窗",至2010年,已与6大洲43个国家或地区的77家机构建立了合作交流关系。2006年,复旦大学图书馆成为"太平洋周边数字图书馆联盟"的正式成员,与32个国家和地区的304个单位、国内100个单位,建立文献资料交换关系。上海交通大学农学院图书馆与全国300多个兄弟院校与农业科技单位及日本鹿儿岛大学等国外院校进行交流,推广农业科学新技术、新方法,传递经济信息,促进教学研究。各系统图书馆积极参加中国图书馆学会、"国际图联"及国内外各专业图书馆团体等的交流活动,每年均派代表参加年会及各类国际图书情报学术会议。2002—2010年,上海图书馆合计选派70批百余人次参加专业会议,其中30余人次在学术会议上作了主题报告、专题讲座或会议发言,主办或承办各类国际会议20多次,8人成为"国际图联"等专业委员会常设组成员。

全市各系统图书馆依托高校加强图书馆教育与学术理论研究工作,不断加强人才队伍建设力度。华东师范大学图书馆学情报学系、上海交通大学情报科学技术研究所、华东理工大学科技信息研究所、上海大学图书情报档案系、第二军医大学图书馆医学信息学教研室、南京政治学院上海分院信息管理系、复旦大学文献信息中心(图书馆)、上海交通大学图书馆等,先后设立硕士研究生教育点;上海大学图书情报档案系、南京政治学院上海分院信息管理系等还获批图书馆学、信息资源管理专业博士点。此外,各系统图书馆有针对性地组织开展内容与形式多样化的专业知识技能教育与培训。上海市图书馆学会开展国际图书馆组织、机构和中国图书馆学会指导下的各类专业培训,推广应用国际国内标准化委员会以及国内外图书馆组织颁布的行业技术规范和标准,促进全市图书馆工作标准化建设。2000—2010年,全国文化信息资源共享工程上海市分中心、上海市文献资源共建共享协作网面向全市图书情报人员,举办了15期"图书情报高级研修班",共500多人参加。中国科学院上海地区图书情报业务交流委员会举办了图书情报业务短训班,并与华东师范大学图书情报系合作,举办图书馆学专业课程班,提高图书馆员的业务素质和工作能力。上海交通大学图书馆受中国高等教育管理中心委托,面向华东地区部分高校图书馆的专业技术人员,承办"文献保障体系""数字图书馆原理与方法"等的课程培训。组织开展各类岗位业务培训的还有图书馆2.0技术与服务应用、古籍文献修复技术、数字图书馆建设、阅读推广工作等;此外,还与国外图书馆联合举办学术研讨班,如"中美数字图书馆高级研讨班""中美图书馆馆长高级研讨班"等。至2010年,全市图书馆有员工8 202人,基本建立了一支多层次的图书馆专业人才队伍。

全市图书馆通过学术研究团体及其创办的学术理论期刊,加强理论研究与学术交流活动,成果显著。上海市图书馆学会设立学术委员会,下有图书情报事业发展、文献资源建设、文献著录、读者工作、图书馆学情报学教育等19个专题研究组;主办的《图书馆杂志》是全国性图书馆学情报学专业核心学术期刊、中国期刊方阵期刊;举行了各种大中小型学术研讨会、学术报告会、学术年会,以及国际性、全国性及华东地区、长三角地区学术讨论会等。上海市科技情报学会开展信息理论、信息管理、信息工作现代化以及自主创新等方面的学术交流活动,促进学科的发展,为社会主义市场经济的繁荣与发展服务。上海市图书馆学会先后获得中国科协、中国图书馆学会授予的全国"省级学会之星""先进学会""上海三星级学会"等荣誉称号。设立在复旦大学的中国索引学会及其创办的《中国索引》,至2010年先后举办7届"中国索引学会年会暨学术研讨会",编纂出版了大型工具书《二十世纪中国学术论著目录索引丛书》等,推动索引事业的发展。上海高等学校图书情报工作委员会主办了《上海高校图书情报学刊》(季刊);空军政治学院图书档案系创办了《信息管理》(双月刊)。中科院上海地区图书情报业务交流委员会、全国党校文献情报学会上海分会、中小学图书馆工作委员会等,组织开展各种形式的理论研讨活动。此外,各图书馆根据业务发展需要,也组织开展各类学术研究活动。如2002年起,上海图书馆举办"上海国际图书馆论坛",围绕城市发展、知识创新与图书馆服务等主题,每两年举办一届,至2010年已连续举办5届,成为世界图书情报领域知名的国际专业学术会议。2004年,上海交通大学图书馆承办了"第七届亚洲数字图书馆会议"。2004年,上海市图书馆学会、中共上海市委党校/上海行政学院以"图书馆与城市发展"为主题,联合举办了长江三角洲城市图书馆发展论坛,来自江、浙、沪和北京、安徽等地 100 多所图书馆的 300 多名专家、学者、会员与会交流。2006 年 8 月,上海图书馆与国际图联管理与营销分委员会合作,在中国浦东干部学院举办 2006 年国际图联年会上海会前会,会议主题"文化多元化背景下图书馆的管理和营销"。2008 年 12 月,上海少年儿童图书馆承办以"和谐社会中的少年儿童图书馆"为主题的"全国少年儿童图书馆研讨会",研讨少年儿童图书馆事业建设的理论与实践问题。2009 年 12 月,东华大学主办、美国图书馆协会协办的中美图书馆国际研讨会,以"信息时代下图书馆的建设、交流、合作"为主题,来自美国图书馆协会、国内 60 多所高校和各地区图书馆的专家与馆员参加。

五

1978—2010 年,在各级政府领导下,上海市图书馆事业获得空前的发展机遇,全体图书馆员工和广大学者紧跟经济社会发展步伐,坚持为社会主义、为人民服务的方针,坚持先进文化发展方向,不断推进体制机制改革,努力学习与应用现代科学技术,积极创新服务内容与方式,上海市图书馆逐步从传统图书馆跨入现代图书馆的行列。

建成具有上海特色、资源共享、现代化的城市总分馆网络体系。至 2000 年,上海市公共图书馆建成覆盖城乡、上下贯通、梯度配置、稳固健全的"三级"公共图书馆设施网络;又经历了办馆理念创新、技术研发、规范运行等一系列工作,至 2010 年,建成以现代技术为支撑的、跨系统跨行业、共建共享的中心图书馆系统,实现"一城、一网、一卡通";全市六大系统图书馆共有 2 165 家,馆舍面积共 211.85 万平方米(不含居/村图书阅览室和职工书屋),成为全球最大的城市图书馆网络系统之一。

建成多学科、多语种、多元化、有特色的图书馆藏书体系。在各级政府保证购书经费增长的基础上,全市图书馆文献资源建设紧随现代信息技术的发展进程,文献载体从纸质、缩微,到视频、音频,发展到数字化、数据库,馆藏文献资源呈多元化稳步上升趋势。至 2010 年,全市图书馆藏书 271 549 万册(件);其中公共图书有藏书 73 553 余万册(件),按常住人口计,达到人均 3.2 册(件)。馆藏中有极其珍贵的古籍文献,有 1 136 种古籍被列入国家级古籍保护名录;还拥有一批具有重要价值的特色文献资料及数据库。上海图书馆的家谱、历史文献资源,中科院科研系统图书馆的生物学、有机化学、红外光学、激光等专业文献,中共上海市委党校建立的党史党建研究与实务、上海发展研究等 16 种数据库,上海高校的"纳米材料""机器人""中国年谱""续修四库全书总目提要"等 175 种自建特色数据库,在国内颇有知名度。

建成全方位、开放型、多功能、多层次的知识服务体系。上海各行业系统图书馆始终秉承"读者第一、服务至上"的宗旨,贯彻"以人为本"的服务理念,从 20 世纪 80 年代开始,实施开放服务、规范服务、特色服务、定题检索服务、联合阅读推广服务等;进入 21 世纪后,大力发展数字文献服务、联合网上导航服务、课题研究服务等;以迎"世博"为契机,提出"卓越知识服务,美好城市生活"的服务目标,广泛开展文明服务、创新服务,应用最新科技成果推出数字远程服务、电子阅读服务,RSS 推送服多、24 小时自助借还服务等。上海图书馆的"上海之窗"将中华文化传播到六大洲 77 个国家和地区。各系统图书馆提供的媒体监察、信息内参、专题研究等情报信息产品,为本单位、行业的发展,为政府的科学决策提供了有效的智力支持。

建成政府主导、政策引领、行业自律、协调发展的运行管理体系。上海将发展图书馆事业纳入经济社会发展规划,制订《上海市公共图书馆管理办法》;各系统图书馆根据实际情况,制订购书经费标准、文明服务标准、评估定级标准等规章制度,规范图书馆的建设、运行和管理。在市政府的支持与推动下,进行了运行管理体制机制改革,上海图书馆与上海科学技术情报研究所合二为一,开创"图情一体化"的先河;上海中心图书馆系统、上海行业情报发展联盟先后建立,全市基本构建起跨系统、跨行业的图书情报联合体。2005年,"上海市图书馆行业协会"成立,发挥起行业服务与自律管理的积极作用。上海图书馆、复旦大学图书馆、上海交通大学图书馆、同济大学图书馆、华东师范大学图书馆、中科院上海文献情报中心等先后加入国际图书馆协会与机构联合会(IFLA),深入参与国际合作与交流,在国际图书馆事务中发挥重要作用。

　　上海市图书馆事业经过33年的发展历程,基本建成与上海国际大都市相适应的知识信息服务网络,为上海经济社会发展、满足市民精神文化生活需求发挥了积极作用。展望未来,上海市图书馆事业仍须不忘"传承文明、服务社会"的初心,牢固树立"以人民为中心"的指导思想,以创新驱动发展,以改革促进转型,为上海建设现代公共文化服务体系做出新贡献,创造新业绩。

大事记

1978 年

3 月 23 日　"文化大革命"期间划归上海市的"上海科技图书馆"重新归属中国科学院,定名为"中国科学院上海图书馆"。

4 月　上海师范大学图书馆、上海师范学院图书馆、上海体育学院图书馆、上海教育学院图书馆随着上海师范大学分校工作的实施相继恢复建制。

8 月 31 日　上海海运学院图书馆大楼竣工,面积 4 679 平方米。

10 月 1 日　上海县图书馆恢复建制。

11 月　青浦县图书馆恢复建制。

1979 年

1 月 1 日　崇明县图书馆与崇明县文化馆分开,恢复建制。

同月　宝山县图书馆与宝山县文化馆分开,恢复建制。

2 月　华东师范大学获国家教育部批准设立图书馆学系。

6 月 1 日　位于复兴中路 595 号的卢湾区图书馆装修后作为少年儿童分馆馆舍,恢复对外开放。

8 月 31 日　中国科学院上海药物研究所图书馆与情报资料室合并成立图书情报室。

同月　上海图书馆藏元刻本《农桑辑要》影印出版。

9 月 13 日　上海市图书馆学会召开成立大会。

11 月　川沙县图书馆恢复建制。

同年　上海图书馆编辑出版《中国近现代丛书目录》(总目)、《上海图书馆地方志目录》。

1980 年

4 月　宝山县图书馆新馆落成,馆址位于宝山城厢镇友谊路 6 号。

8 月 15 日　上海师范大学图书馆恢复名称为华东师范大学图书馆。

10 月 20 日　立信会计专科学校复办,租借育才中学场地提供图书期刊阅览服务。

12 月 30 日　经国家文化部同意,上海图书馆等单位自 1981 年起作为机构会员正式加入国际图书馆协会与机构联合会(IFLA)。

1981 年

6 月　全国人大常委会副委员长宋庆龄为上海市少年儿童图书馆题写馆名。

同月 宝山县图书馆流通车开展送书下基层服务。

1982 年

1月1日 位于文化路110号的金山县图书馆正式对外开放,面积1 650平方米。

同月 长宁区图书馆开工兴建新馆舍,馆址位于娄山关路755号,面积2 083平方米。

同月 上海市高等学校图书馆工作委员会成立,委员会秘书处设于上海交通大学图书馆,1988年5月更名为上海市高等学校图书情报工作委员会。

同月 由上海市图书馆学会与上海图书馆合办的《图书馆杂志》季刊创刊。

2月27日 上海市教育局发布关于整顿加强中小学图书馆工作的意见。

4月30日 上海市总工会以市工人文化宫图书馆为总部,联合团市委等部门,举办"振兴中华读书活动"。

同月 川沙县图书馆扩建工程竣工,6月1日迁至川黄路新馆对外开放。

5月 长宁区少年儿童图书馆挂牌成立,馆址位于江苏路367号。

6月1日 金山县图书馆少年儿童分馆对外开放。

11月 旅美华侨姚志崇及香港熊知行的青杏基金会捐赠100万元人民币,在青浦镇建造青杏图书馆。同月3日举行奠基仪式,15日破土动工。

同年 上海图书馆编辑出版《申报》影印本;《中国近代现代丛书目录索引》(上、下册);《中国近代期刊篇目汇录》第二卷(上、中、下)全三册。

同年 杨浦区图书馆新大楼建成,面积3 075平方米,藏书容量50万册。

同年 华东纺织工学院图书馆新馆建成,面积9 266平方米。

1983 年

8月 上海市财贸管理干部学院设立中共上海市财贸党校及图书室,地址位于铜仁路195号,占地5 067平方米。

10月 上海交通大学图书馆与Dialog情报检索系统联机,实现国际联机检索。

同月 长宁区图书馆正式开放。

同年 上海社会科学院图书馆同美国国会图书馆等建立国际交换关系。

1984 年

3月 华东师范大学获得图书馆学硕士学位授予权。

9月16日 上海图书馆在原址扩建的新楼正式对外开放。

10月 上海师范学院图书馆更名为上海师范大学图书馆。

11月 中共上海市委党校图书馆编印《教研参考资料》和《信息动态》两种内部资料,供党校教研人员参阅,至1988年1月合并改版为《党校文献情报》。

1985 年

5 月　川沙县图书馆洋泾分馆划至黄浦区。

9 月 1 日　中国人民解放军空军政治学院图书馆建成开馆,面积 5 864 平方米。

10 月 20 日　上海县图书馆迁至莘松路 404 号,面积 1 540 平方米。

10 月 27 日　上海交通大学包兆龙图书馆举行落成典礼。

同月　崇明县图书馆落成,面积 916 平方米。

同月　上海财经大学图书馆成为世界银行藏书图书馆。

同月　上海交通大学图书馆研制成功的多用户图书流通管理系统 SJTUCS 投入试运行。1986 年 6 月,SJTUCS 正式投入使用。

同年　第二军医大学图书馆先后建立烧伤、创伤、肝胆疾病和肛肠疾病 4 个西文文献题录库。

1986 年

3 月 25 日　中国科学院生物学文献情报网在上海成立,中国科学院上海图书馆为网长单位。

5 月 27 日　复旦大学图书馆举行新馆开馆典礼,新旧馆舍分建两处,新馆为文科图书馆,旧馆为理科图书馆。

9 月　上海社会科学院图书馆与世界银行签订协议,正式作为世界银行的托储图书馆。

10 月　上海图书馆编辑的《中国古籍善本书目》第一部《经部》出版。

同年　青浦县图书馆新馆建成,馆址位于城中北路 34 号,面积 1 998 平方米。

1987 年

1 月 20 日　上海少年儿童图书馆恢复建制。

2 月　上海交通大学情报科学技术研究所正式挂牌成立,情报所与图书馆平行建制。

3 月 25 日　中国科学院上海图书馆改名为中国科学院上海文献情报中心。

4 月 11 日　上海市总工会发布《上海市工会图书馆工作条例(暂行)》。

4 月 17 日　由香港儿童文学协会、中国福利会和上海作家协会联合举办的沪港儿童文学交流会儿童读物陈列展在上海少年儿童图书馆举行,为期一周。

6 月 29 日　卢湾区图书馆协会成立,会员 104 名,会员单位 56 家。

9 月 1 日　上海立信会计学院图书馆迁入中山西路 2230 号新址,面积 4 271 平方米。

9 月 26 日　上海市人民政府发布《上海市区县图书馆管理办法》。

10 月 24 日　虹口区曲阳图书馆正式开馆,馆址位于曲阳路 574 号。

12 月 21 日　普陀区图书馆新馆开馆,中共上海市委书记江泽民题词"公共图书馆是人民的终身学校"。

同年　上海图书馆首次进行专业技术职务评聘工作,共评定研究馆员 16 人、副研究馆员 41 人、馆员 135 人、助理馆员 115 人、管理员 55 人。

1988 年

5月31日　普陀区少年儿童图书馆对外开放,馆址位于延长路1401号,面积1565平方米。

同月　上海农业科学院图书馆迁入华漕园区建设落成的新馆,面积2600平方米。

8月19日　上海图书馆"中外文期刊编目、检索、激光排版一体化系统"项目获上海市文化局科技进步一等奖。

9月20日　杨浦区延吉图书馆成立,馆址位于靖宇东路267号。

10月　中共上海市委党校图书资料室更名为图书馆。

12月20日　上海图书馆龙吴路书库落成,面积1万平方米,可藏书250万册。

12月20日　华东少年儿童图书馆协作委员会在厦门成立,上海少年儿童图书馆担任主任馆。

同年　上海交通大学图书馆第一代自动化集成管理系统——中西文兼容图书馆联机管理集成系统MILIS(MINISIS and IMAGE Library Integrated System)诞生,该系统于1991年获上海市科技进步二等奖,1992年获国家科技进步三等奖。

同年　华东政法学院图书馆建成正式投入使用。

同年　上海体育学院新建图书馆,面积4087平方米,馆址位于恒仁路200号。

同年　中国科学院上海文献情报中心主办的《生物学信息》创刊,1991年更名为《生命科学》。

1989 年

1月　川沙县图书馆杨思分馆划归南市区。

2月28日　青浦县少年儿童图书馆开馆。

同月　中共上海市委党校图书馆随校迁至虹漕南路200号新址,面积6000平方米。

6月　川沙县少年儿童图书馆在新川路555号新建,面积806平方米。1990年9月27日对外开放。

9月　上海市文化局召开公共图书馆系统创建文明图书馆经验交流会,表彰创"文明图书馆"活动中涌现的先进单位与个人,静安区图书馆、卢湾区图书馆、嘉定县图书馆和川沙县少年儿童图书馆4个馆被评为全国文明图书馆。

同月　中小学图书馆的工作由上海市教育局教学处分管,负责开展区(县)所属中小学图书馆的管理与研究工作。

12月10日　华东师范大学图书馆举行新馆(逸夫楼)落成典礼,并正式启用学校与日本富士通公司合作研制的ILIS图书馆计算机集成管理系统。

同年　上海市教育局发布《关于加强本市中小学图书馆工作的暂行规定》。

1990 年

2月28日　黄浦区图书馆在延安东路1440号光华剧场旧址建成,并对外开放;1998年12月18日,图书馆新大楼落成开放,面积10592平方米,馆址位于福州路655号。

3月　上海交通大学包玉刚图书馆动工建设。1991年7月,图书馆竣工,面积12300平方米。

1992 年 4 月 8 日,举行开馆典礼。

5 月 27 日　上海市公共图书馆服务宣传周开幕。

6 月 1 日　闸北区少年儿童馆改建后对外开放,隶属于闸北区教育局。

11 月 15 日　上海市市长朱镕基与市委副书记陈至立专程到位于南京西路 325 号的上海图书馆调研新馆筹建工作。

12 月　经中国图书馆学会图书馆学情报学优秀科研成果评定委员会审定,上海图书馆《全国报刊索引》《申报索引(1919—1920)》被评为二次文献优秀成果奖。

同年　上海社会科学院图书馆参加国家"七五"发展规划重点课题"全国文献资源调查"。

1991 年

1 月　复旦大学图书馆创办《上海高校图书情报学刊》。

5 月 31 日　徐汇区群众文化工作委员会在徐汇区图书馆举行"徐汇区家庭读书活动开幕暨儿童玩具图书馆开馆仪式"。

6 月 1 日　卢湾区图书馆少年儿童分馆改扩建工程结束,恢复开放。

10 月 26 日　中国科学院上海文献情报中心建立的"中国生物学文献数据库"获中国科学院科技进步二等奖。

11 月 7 日　宝山区图书馆新馆落成开放,馆址位于淞宝路 100 号,面积 3 100 平方米。

12 月 24 日　中国索引学会在上海成立,学会总部和秘书处设在华东师范大学图书馆。

同年　上海市教育委员会中小学图书馆工作委员会举办中小学优秀图书评选活动,制定《上海市中小学图书馆图书配置推荐目录》。

1992 年

4 月 12 日　卢湾区图书馆举行美籍华人关康才捐赠建造以其夫人周乐乐名字命名的"乐乐图书楼"签字暨奠基仪式。

5 月 8—9 日　全国党校文献情报学会上海分会成立大会暨第一次会员代表大会召开,会议通过了《全国党校文献情报学会上海分会章程》。

同月　上海市教育局图书馆工作委员会成立,负责全市普通中小学校、中等专业学校、中等职业学校和中等技术学校图书馆的管理与研究工作。

8 月　上海少年儿童图书馆与团市委共同成立"上海市第一青少年心理咨询所",6 月成立"青春健康·太阳发展咨询中心",同时设立热线电话。

9 月 23 日　南市区图书馆新馆落成,面积 3 784 平方米,馆址位于中华路 990 号。

同月　中国科学院上海文献情报中心完成的"中国生物学 CBA 系统"获国家科学技术委员会优秀科技情报成果三等奖。

同月　国家教育委员会在复旦大学图书馆设立的文科文献信息中心成立并对外开放。

同年　静安区少年儿童图书馆迁址至北京西路 1510 号,面积增至 800 平方米。

同年　全市中小学图书馆接受上海市教育局组织的首次实地检查和评估,经检查验收,全市公办中小学建馆数量达到 100%,图书全开架数量达到 100%。

1993 年

1月23日　中国科学院上海文献情报中心开发建设的"中国科学院上海文献情报中心信息系统"获中国科学院科技进步二等奖。

同月　奉贤区新建的少年儿童图书馆投入使用。

同月　全国党校文献情报学会上海分会召开首届年会。

3月25日　上海图书馆新馆工程奠基仪式。中共中央政治局常委、国务院副总理朱镕基发函祝贺。出席奠基仪式的有:中共上海市委副书记陈至立,中共上海市委常委、宣传部部长金炳华,上海市第九、十届人大常委会副主任胡传治,上海副市长龚学平等,以及图书馆界、建工、新闻出版、文化艺术、教育等各界人士 500 余人。

4月　中共上海市委党校图书馆编印《近期要闻》提供最新报刊资料动态及背景。1995 年 9月,改名《领导参阅》。

同月　上海交通大学图书馆研制推出第二代图书馆自动化集成管理系统——中西文兼容图书馆管理集成系统 UNILS(Integrated Library System on UNIFY)。1996 年,UNILS 获上海市科技进步三等奖。

10月　上海图书馆研制的"BUHFWK-1 自动古籍图书高频杀虫机"获国家文化部科技进步二等奖。12月,获上海市文化局科技进步一等奖。

同年　上海市文化局区、县级公共图书馆评估定级,评出特级馆 8 家、一级馆 9 家、二级馆 9家、三级馆 1 家;其后又在 1994、1998、2003、2009 年开展评估定级。

1994 年

4月　第二军医大学图书馆迁入图书馆综合大楼新馆,面积 11 000 平方米。

5月27日　上海地区文献资源共建共享协作网新闻发布会在上海图书馆举行。

12月　黄浦区图书馆推出"图书流动阅览车",每逢双休日在外滩为市民及外地游客服务。

同月　上海西南地区 7 所高校(上海交通大学、中国纺织大学、上海医科大学、华东师范大学、华东政法大学、上海农学院、华东理工大学)在上海市教委协调下建立校际合作关系,图书馆之间开展了馆际互借、阅览室互相开放等协作活动。

同年　由中国科学院上海有机化学研究所开发的"CCBD-CD 中国化学文献光盘数据库"获中国科学院科技进步三等奖。

1995 年

4月　南市区图书馆被文化部、人事部联合授予"全国文化先进集体"称号。

6月　长宁区少年儿童图书馆新馆筹建,位于虹古路 447 弄 20 号,面积 1 100 平方米。

9月　浦东新区陆家嘴图书馆建立国防教育图书馆。

10月4日　上海图书馆与上海科技情报研究所宣告合并,成为市政府直属机构,归市委宣传部领导。

10 月　上海少年儿童图书馆主编的《少年儿童图书馆》杂志首发创刊号。

11 月 7—9 日　华东地区六省一市党校图书馆第六次协作会议暨协作网建网十周年纪念会在中共上海市委党校图书馆举行。

12 月 4 日　上海市东北片十所高校合作办学图书馆协作组成立,复旦大学图书馆任组长单位。

1996 年

4 月　上海少年儿童图书馆举办"未来诗人"大赛,全市共有 10 万余名中小学生参加。

5 月 26 日　虹口区文化菜篮子工程——虹口区图书馆"文化快餐车"项目正式启动。

5 月 31 日　宝山区联合图书馆揭牌运行,首批成员共有 8 家单位,实行理事会制度。

同月　浦东新区陆家嘴图书馆在极地科考船"雪龙号"上建立"雪龙分馆"。

6 月 10 日　中共中央政治局常委、国务院副总理朱镕基在上海市委书记黄菊和市长徐匡迪等陪同下,视察筹建中的上海图书馆新馆建筑工地。

同月　上海市教委中小学图书馆工作委员会举办第一届"让精神世界更美好"——上海市中小学生暑期读书系列活动。

8 月 20 日　虹口区图书馆改建后落成开馆,面积 2 931 平方米。

同月　上海市总工会举办首届上海读书节,并开展"十大藏书家"评选活动。

9 月 7 日　闸北区少年儿童图书馆开馆。

11 月 28 日　上海市人民政府发布《上海市公共图书馆管理办法》。

12 月 20 日　上海图书馆新馆举行开馆庆典仪式,市委副书记陈至立主持,并宣读中共中央总书记江泽民的题词"把图书情报新馆所建成上海的重要信息枢纽和精神文明建设的重要基地"。市委书记黄菊致辞,市长徐匡迪等为新馆开馆剪彩。

1997 年

1 月 15 日　中共中央政治局常委、全国人大常委会委员长乔石在上海市委副书记陈至立等陪同下,视察上海图书馆新馆。

同月　中共上海市委党校启动"中国社科参考信息研究数据库""教学案例数据库""教学专题系列数据库"建设。

5 月 5 日　国家副主席荣毅仁在上海市委常委、宣传部部长金炳华等陪同下,视察上海图书馆新馆。

同月　中共上海市委党校和市委组织部合作,成立上海市干部教育信息中心,与市委党校图书馆实行两块牌子,一套机构。

6 月 30 日　美国总统克林顿等一行在上海市市长徐匡迪等陪同下,访问上海图书馆新馆。

8 月　上海少年儿童图书馆与上海少年儿童出版社《故事大王》编辑部联合举办"故事大王杯"小学生讲故事大奖赛。

10 月 8 日　上海市"巾帼文明岗"授牌仪式在上海图书馆多功能厅举行,上海图书馆读者服务中心典藏部等被授予"巾帼文明岗"奖牌。

11 月 10 日　中共中央政治局常委胡锦涛在上海市市长徐匡迪、市委副书记龚学平等陪同下,视察上海图书馆新馆。

1998 年

3月6日　上海图书馆与上海市妇联联合举办的"妇女之窗"被上海市妇女儿童工作委员会授予"妇女发展实事奖"。

4月　上海交通大学图书馆引进美国 Horizon 图书馆管理集成系统。1999 年 2 月,系统投入试运行。

同月　上海少年儿童图书馆启用 DDN 专线建立图书馆网站,定名为"少年儿童信息港"。

5月7日　中共上海市委党校成立"上海市干部教育系列数据库"编委会。

同月　上海财经大学图书馆与英国鹰星保险公司、瑞士再保险公司和苏黎世金融服务集团合作建立保险精算资料中心。

7月20日　上海市文化局发出《关于上海市公共图书馆开展规范服务达标活动的通知》,颁布规范服务达标标准。

8月11日　上海图书馆等单位参与研制的中国国家书目回溯数据库被评为 1998 年度文化部科技进步一等奖、国家科技进步三等奖。

9月3日　复旦大学文科图书馆设立上海市研究生电子文献检索中心。

9月24日　中共中央政治局常委、国务院副总理李岚清在国家教育部部长陈至立和上海市委副书记龚学平等陪同下,视察上海图书馆新馆。

11月18日　卢湾区图书馆举行"中国科学社明复图书馆旧址"的纪念牌揭幕仪式,全国人大副委员长、全国科协主席周光召为旧址纪念牌揭幕。

12月1日　崇明县图书馆闭馆搬迁,新馆于 1999 年 1 月 18 日正式对外开放,面积 4 328 平方米。

同年　浦东新区陆家嘴图书馆在南极长城站和中山站分别设立分馆。

1999 年

2月　浦东新区陆家嘴图书馆开通全市第一辆专用流动图书车。

4月22日　上海图书馆试行刊出《上图专递》。

4月　上海市教育委员会在华东理工大学图书馆设立高校外国教材中心。

同月　由上海图书馆历史文献研究所编纂的《历史文献》(第一辑)出版。

5月17日　宝山区图书馆新馆落成,馆址位于海江路 600 号。

8月22日　上海图书馆出版《顾廷龙先生纪念文集》。

9月　上海纺织高等专科学校并入中国纺织大学,同时中国纺织大学更名为东华大学,上海纺织高等专科学校图书馆成为东华大学图书馆长宁路校区分馆。

同月　上海农学院图书馆正式更名为上海交通大学七宝校区农学图书馆。2007 年 7 月,农学院搬迁至闵行校区。

10月8日　中国科学院上海文献情报中心参与完成的"中国科学院网上文献信息共享系统工程(第一期)"获中国科学院科学技术进步二等奖。

10 月 15 日　上海图书馆编辑的《中国谱牒研究》由上海古籍出版社正式出版。

11 月 3 日　德国总理施罗德访问上海图书馆,并为上海图书馆"德语资料"阅览室开放剪彩。

12 月 8 日　中共上海市委党校图书馆举行改扩建工程竣工暨重新开馆仪式,面积 7 320 平方米。

2000 年

4 月 17 日　上海外国语大学虹口校区逸夫图书馆正式开馆,面积 7 700 平方米。

4 月 28 日　上海图书馆召开"翁氏藏书"转让新闻发布会,常熟"翁氏藏书"入藏上海图书馆。

5 月 4 日　中共中央总书记江泽民在上海市委书记黄菊、市长徐匡迪、市委副书记龚学平等陪同下,视察上海图书馆新馆。

5 月 5 日　中共中央政治局常委、全国政协主席李瑞环在上海市政协主席王力平、市委副书记龚学平等陪同下,视察上海图书馆新馆。

10 月　复旦大学图书馆图书文献保障系统公共服务体系建设项目接受国家教育部"211"工程验收专家组的考察。

11 月　上海大学图书馆新馆举行开馆典礼。

12 月 25 日　上海交通大学图书馆与上海市教育委员会联合组建"上海教育网络图书馆",管理中心设在上海交通大学。

12 月 26 日　上海市中心图书馆建设协议签约仪式在上海图书馆举行,上海图书馆、黄浦区图书馆、静安区图书馆、南汇县图书馆以及上海音乐学院图书馆签约成为首批中心图书馆分馆成员。

2001 年

1 月 8 日　上海铁道大学图书馆与同济大学图书馆合并组成新的同济大学图书馆。

1 月中旬　复旦大学图书馆与上海医科大学图书馆合并,复旦大学图书馆下设文科馆、理科馆和医科馆。

4 月 18 日　盲人图书馆徐汇点启动仪式在徐汇区图书馆多功能厅举行。

4 月 22 日　浦东新区图书馆对外开放。

4 月 26 日　上海少年儿童图书馆举办全国少年儿童图书馆数字化建设研讨会。

6 月 1 日　上海少年儿童图书馆获上海市第六届"儿童工作"白玉兰奖。

6 月 2 日　上海市中心图书馆首批分馆揭牌和网上联合知识导航站启动仪式在上海图书馆举行。

10 月 15 日　上海水产大学学海路校区图书馆开馆,面积 3 203 平方米。

同年　杨浦区图书馆实施改扩建,新馆面积 5 585 平方米。

2002 年

1 月　浦东新区陆家嘴图书馆与上海新收犯监狱共建特殊书友服务点。

3 月　上海图书馆发现一批"中国与世博会"历史资料。

7月6日　中国科学院上海生命科学研究院与上海图书馆共建的生命科学图书馆揭牌仪式在中国科学院上海生命科学研究院举行。

7月15—18日　上海图书馆举办的"首届上海国际图书馆论坛"开幕，来自10多个国家的129位代表参加。

9月25日　上海图书馆网站被评为"中国优秀文化网站"。

10月24日　上海文化发展研讨会暨《上海文化年鉴》首发式在上海图书馆多功能厅举行。

同年　上海图书馆编辑出版《上海图书馆藏明代尺牍》《中国与世博：历史记录（1851—1949）》。

2003 年

1月31日　上海市世博会信息中心在上海图书馆揭牌。

3月26日　"部分省市城市图书馆资源共建共享工作座谈会"在上海图书馆举行。

同月　中国索引学会主办的《中国索引》在华东师范大学图书馆创刊。

4月20日　著名作家叶永烈手稿捐赠仪式在上海图书馆举行。

7月　中共上海市委党校图书馆研发的信息化应用项目"上海市副处以上领导干部个性化远程信息服务系统"被评为"2000—2002年上海市信息化优秀应用项目"。

9月　上海外国语大学图书馆松江校区新馆正式开放，面积15 000平方米。

10月16日　闸北区少年儿童图书馆与闸北八中新校联合建立闸北区少年儿童图书馆分馆。

11月24日　上海图书馆上海信息传播音像出版社成立。

12月3日　上海市文化广播影视管理局发布关于本市实施文化信息资源共享工程的通知。

12月26日　黄浦区图书馆、黄浦区第二图书馆（原南市区图书馆）归并为新的黄浦区图书馆，新馆位于福州路655号。

12月30日　全国文化信息资源共享工程上海基层中心揭牌仪式在长宁区新泾镇社区文化中心举行。

同年　浦东新区图书馆与其他5个区属馆实现网络互连，并设立13个馆外读者服务点。

2004 年

2月　上海图书馆推出"上图专递"系列内参品种《专递人大》。

3月15日　中国高校人文社会科学文献中心（CASHL）正式启动并开始提供服务。

4月　全市中小学图书馆组织开展大规模的图书剔旧工作。

5月1日　徐汇区图书馆政府信息公开查阅室对外开放。

5月27日　由浦东新区政府、中科院上海生命科学院和中科院上海药物研究所三方共建的"生命科学图书馆浦东分馆"在张江中科院上海药物研究所图书馆正式挂牌。

5月　浦东第一图书馆、浦东第二图书馆、浦东新区图书馆、川沙图书馆、川沙少年儿童图书馆5家单位合并成立浦东新区图书馆。

同月　上海少年儿童图书馆举办以"春天的故事"为主题的"纪念邓小平诞辰100周年——上海市青少年诗歌创作朗诵大赛"，全市80余万名青少年参加活动。

8月25日　法国雕塑大师罗丹的传世名作"大思想者"雕塑揭幕仪式在上海图书馆知识广场举行。

10月　市教委中小学图书馆工作委员会秘书处举办全市中小学图书馆非图书馆专业新任馆员系列培训。

10月19日　上海图书馆举办巴金文献手稿展。

11月　东华大学松江校区新图书馆正式对外开放。

11月6日　长宁区图书馆新馆开工建设,面积1.6万平方米。

12月24日　黄浦区图书馆少年儿童馆对外开放。

同月　上海市图书馆学会与中共上海市委党校图书馆等共同主办"首届长江三角洲城市图书馆发展论坛"。

同年　上海市贯彻《中小学图书馆(室)规程》实施细则(修订)发布。

2005 年

1月5日　上海图书馆获得国家版权局颁发的"网上支付系统"软件著作权登记证书。

2月7日　上海少年儿童图书馆将一批绝版的精品连环画进行入网工作。

同月　上海财经大学图书馆被授权成为国际货币基金组织(IMF)出版物的指定收藏馆。

4月20日　上海图书馆与国家图书馆以及24个省、自治区、直辖市图书馆共同签订《公共图书馆讲座资源共建共享协议书》。

4月　上海财经大学图书馆研制开发西文期刊导航库,在国内财经类高校第一个实现外文电子期刊异构检索。

5月10日　上海图书馆上海情报服务新版平台上线提供服务。

6月　上海市"红读"办公室、上海少年儿童图书馆联合举办纪念中国抗日战争暨世界反法西斯战争胜利60周年"我心中的歌——上海市少年儿童主题口头作文大赛",15万名少年儿童参加本次活动。

7月8日　卢湾区图书馆举行修建工程竣工暨"会心楼"开放仪式。

7月27日　华东地区党校图书馆数字化建设互评工作总结暨信息资源共建共享和专业队伍共建协作会议在中共上海市委党校举行。

10月26日　普陀区少年儿童图书馆修缮工程竣工,举行开馆典礼。

11月2日　上海图书馆举办《上海图书馆藏善本碑帖》首发式。

11月14日　国家文化部首届创新奖获奖项目公布,"城市教室"上海图书馆市民讲座、上海图书馆参与完成的地方版文献联合采编协作网项目和中国试验型数字图书馆项目获奖。

12月2日　徐汇区图书馆北楼举办开馆仪式。

12月20日　上海市图书馆行业协会在上海图书馆成立,51家单位成为首批会员单位。

同年　杨浦区少年儿童图书馆进行改扩建,面积1461平方米。

2006 年

1月　上海少年儿童图书馆被全国维护妇女儿童权益协调组授予"全国维护妇女儿童权益贡

献奖"。

3月11日　上海交通大学闵行校区图书信息大楼开工奠基。2008年9月,新图书馆落成并投入试运行,2008年12月15日正式开馆。

4月23日　卢湾区图书馆举办首届卢湾区阅读节。

同月　浦东新区图书馆新版网站开通。

同月　上海图书馆、上海社科院、西藏社科院合作编辑的《清末民初藏事资料选编》由中国藏学出版社正式出版。

同月　《上海图书馆珍稀藏品》获上海市第八届"银鸽奖"出版类二等奖。

5月31日　"全国党校图书馆数字资源共建共享工作会议"在中共上海市委党校召开。

6月25日　上海少年儿童图书馆推出"快乐成长讲坛"。

同月　浦东新区陆家嘴图书馆经浦东新区编办批准成为独立法人单位,隶属浦东新区陆家嘴功能区,12月正式挂牌。

7月　浦东新区图书馆川沙分馆和少年儿童分馆合并组建"浦东新区新川沙图书馆",行政关系隶属于川沙功能区域。

8月30日　由上海社会科学院和上海图书馆联合发起的上海市社会科学文献中心揭牌并开始运行。

9月26日　同济大学嘉定校区图书馆新馆举行开馆仪式并投入使用。

同月　浦东新区图书馆启动街镇图书馆通借通还工作。

同月　上海少年儿童图书馆举办"永远的丰碑——上海市青少年诗歌演唱比赛",约10万名青少年参加。

10月14日　华东师范大学闵行校区图书馆启用。

10月25日　首届全国公共图书馆展览资源共建共享交流研讨会在上海图书馆召开。

同年　上海体育学院新馆建成,位于清源环路650号,面积7450平方米。

2007年

3月14日　上海市人民政府发布《上海市公共图书馆行业服务标准》。

3月16日　上海图书馆举行盛宣怀档案出版编纂委员会成立、盛宣怀档案研究中心揭牌大会。

4月　"上海市百老团临汾德育基地"在闸北区少年儿童图书馆揭牌。

7月1日　中国科学院上海药物研究所图书馆开发的"药物情报网"正式上线。

7月31日　上海图书馆因在服务社区中成功运用信息技术获得美国"Building Better Communities Awards"候选奖。

同月　青浦区图书馆新馆建成,馆址位于青浦区青龙路60号,面积8000平方米。

8月　上海市图书馆行业协会网站上线服务。

9月8日　由上海图书馆、上海戏剧学院图书馆、上海音像资料馆、上海电影资料馆和复旦大学上海视觉艺术学院联合组建"上海视觉艺术文献中心"在复旦大学上海视觉艺术学院成立。

11月2日　上海图书馆网上知识导航获国家文化部群星奖。

11月6日　浦东新区陆家嘴金融图书馆正式开馆。

11月　上海少年儿童图书馆等举办"我们的和谐家园"——长江三角洲地区少年儿童作文大

赛,3 万余名少年儿童参加活动。

同月　闸北区图书馆举办闸北市民理论学校、东方讲坛举办点揭牌仪式暨党的"十七大"精神报告会。

同月　上海财经大学图书馆举办 500 强企业文献资料特藏馆揭幕仪式。

同年　中共上海市委党校启动特色文献数据库项目建设,包括"党史党建研究与实务数据库""政府管理(公共管理)研究与实务数据库"和"社会治理研究与实务数据库"。

2008 年

1 月 1 日　虹口区曲阳图书馆完成改扩建后对外开放。

1 月 18 日　上海海事大学图书馆"上海国际海事信息研究中心(SIMIC)建设"项目通过市教委组织的成果评审。

3 月 19 日　长宁区图书馆举办"长宁·俄罗斯图书馆专题国际研讨会",来自俄罗斯联邦图书馆代表团的 25 位馆长、专家等参加会议。

3 月　南京政治学院上海分院图书馆新馆建设规划方案确定,面积 8 077 平方米,同年开工建设。

4 月　闸北区彭浦文化馆更名为闸北区图书馆分馆。

同月　中国人民武装警察部队上海政治学院图书馆举行开馆仪式。

5 月 28 日　长宁区图书馆启动 RFID 智能化管理系统。

同月　上海海事大学图书馆新馆竣工并投入使用,面积 46 425 平方米,同年 9 月 1 日正式开放服务。

6 月 1 日　上海少年儿童图书馆举办"2008 沪苏浙青少年书画展",3 万余名青少年参加活动。

9 月　上海交通大学图书馆提出"IC^2 创新服务模式",将"信息共享空间(Information Commons)"和"创新社区(Innovation Community)"以相互促进的乘法关系结合起来。

10 月 8 日　上海交通大学医学院图书馆联合 12 家附属医院图书馆成立"上海交通大学医学院图书馆联盟",推进医学文献资源的共建与共享。

同月　"上海市古籍保护中心"在上海图书馆揭牌。

11 月 10 日　上海海洋大学图书馆搬迁至沪城环路校区,面积 2 万多平方米。

12 月 6 日　"中国之窗上海阅览中心·上海虹桥国际图书馆"在长宁区图书馆开馆。

12 月 12 日　杨浦区图书馆与上海图书馆共建"上海近代文献馆·杨浦馆"正式对外开放。

同年　根据《上海市关于推进"农家书屋"工程建设的实施意见》,上海建设 1 000 个"农家书屋",又于 2009 年建成 800 个"农家书屋",率先实现全市农村行政村"农家书屋"全覆盖。

2009 年

1 月 1 日　上海图书馆"盛宣怀档案元数据检索与全文数据库"项目获上海市文化广播影视管理局 2008 年度科技进步三等奖。

2 月 20 日　长宁区"迎世博大讲坛"在长宁区图书馆正式开讲。

2 月 26 日　上海图书馆、闵行区图书馆与上海民间文艺家协会共建"非物质文化遗产"主题馆。

同月　闸北区图书馆开展"精彩世博、文明先行"公益性讲座。

3月23日　"书无疆·爱无界"——上海少年儿童图书馆走进农民工子弟学校活动,在紫罗兰农民工子弟学校拉开帷幕。

4月16日　普陀区图书馆举办上海当代作家手稿作品收藏展示馆启动暨首批手稿作品捐赠仪式。

同月　宝山区图书馆新馆动工建设。

5月25日　上海图书馆推出面向中小企业提供公益性图书情报服务的平台——创之源@上图。

5月26日　浦东新区陆家嘴金融图书馆陆家嘴人才金港分馆开馆。

5月28日　上海少年儿童图书馆举办"快乐的海宝,腾飞的祖国""迎世博,庆六一"上海市少年儿童故事大赛,5 000多名少年儿童参加活动。

6月11日　市政府批准市文广局确定的第一批上海市珍贵古籍名录(共549部)和第一批上海市古籍重点保护单位(共8个)名单公布。

7月1日　由中国图书馆学会主办、上海市图书馆学会和长宁区文化局承办的中国图书馆学会第四届青年学术论坛在长宁区图书馆举办,论坛主题是"图书馆公共形象:研究、策划与设计"。

7月9日　同济大学图书馆获2009年度美国图书馆协会主席国际创新奖。

8月8日　浦东新区图书馆与新疆阿克苏地区图书馆签订交流与合作协议书。

8月31日　由中福会少年宫组织的"市儿童阅读实验基地"挂牌仪式在闸北区少年儿童图书馆举行。

9月23日　中国图书馆学会第八届学术研究委员会成立大会暨中国图书馆(苏州河)服务案例分析研讨会在普陀区图书馆召开,国家图书馆及各省市图书馆的专家学者250余人参加。

10月23日　上海图书馆"e卡通"电子资源远程服务项目获第三届国家文化部创新奖。

10月26日　上海图书馆的流动图书馆服务车开进世博局,正式启动"图情服务进世博园区、共建'世博图书馆'"项目。

同日　上海图书馆"手机图书馆"正式上线,在全国公共图书馆界率先推出手机书目检索、自助索书提醒、图书逾期提醒、网上预约短信提醒服务。

11月3日　由中宣部、中央文明办、新闻出版总署主办召开全国全民阅读活动经验交流会,上海图书馆被评为全民阅读活动先进单位。

12月18日　上海图书馆航头藏书楼奠基典礼在浦东新区航头镇举行。

同年　静安区图书馆对馆舍进行改扩建,2010年1月12日正式对外开放。

2010 年

1月21日　全国文化共享工程国家管理中心和上海市分中心共同主办的"文化共享世博行"活动在上海图书馆举行启动仪式。

1月　上海图书馆主编、上海古籍出版社出版的《中国家谱总目》获2009年度全国优秀古籍图书一等奖。

4月20日　上海图书馆世博阅览区对外运行。

4月23日　青浦区图书馆举办"吴越文化数字图书馆开通暨青浦区数字图书馆推广"活动。

同月 由市文广局主办,上海少年儿童图书馆承办的"我与世博同行"上海市青少年主题读书活动开幕,共有10万余名青少年参加。

6月1日 上海少年儿童图书馆与闸北区青少年活动中心举行上海少年儿童图书馆闸北分馆揭牌仪式。

同月 市政府批准市文广局确定的第二批上海市珍贵古籍名录(共258部)名单公布。

同月 上海对外贸易学院图书馆筹建WTO资料中心,同年9月正式向师生开放。

7月 长宁区图书馆举办"中国之窗·上海阅览中心"读书会活动。

9月1日 上海图书馆馆际互借系统正式运行。

9月9日 "上海行业情报发展联盟"成立大会在上海图书馆召开,上海行业情报服务网正式运行。

9月30日 上海图书馆在"威盛中国芯·时间芯片"——未来城市创想征集活动封存仪式上接收"时间芯片"。

同月 上海少年儿童图书馆举办2010上海市少年儿童暑期读书月活动。

10月20日 由中共上海市长宁区委宣传部主办,长宁区图书馆和上海图书馆共同承办的2010"相聚上海"大型读书征文活动落下帷幕,14个国家和地区的读者参与活动。

10月22日 浦东新区图书馆举行开馆仪式,同时"浦东文化讲坛"第一讲"读书与人生"开讲。

11月29日 复旦大学"百万册数字图书馆的多媒体技术和智能服务系统"项目获国家科学技术进步奖二等奖。

同月 "罗氏藏书"入藏上海图书馆。

12月28日 "创新服务 资源共享"——上海市中心图书馆十周年座谈会在上海图书馆召开。

同日 虹口区图书馆(总馆)落成对外开放,馆址位于水电路1412号。

同年 上海市图书馆行业被市政府命名为"2009—2010年度上海市文明行业"。

同年 上海市中心图书馆发布《上海市中心图书馆发展报告2000—2010》。

第一篇
图书馆

上海具有近代意义的图书馆是从上海开埠开始的,并伴随着时代的进步、城市的发展不断加大建设力度,图书馆事业逐步繁荣壮大。

　　1847年建造了"徐家汇天主堂藏书楼"。民国时期,上海就有了民众图书馆、机关图书馆、专门图书馆、学校图书馆、儿童图书馆等不同类型的图书馆。新中国成立后,经济建设的高潮也带动了文化建设的高潮,图书馆事业发展起来,各行业相继建立图书馆,并逐步形成文化、教育、科研、工会等图书馆系统,分属各行业主管。"文化大革命"期间,上海图书馆事业一度遭受严重破坏。"文化大革命"后,各系统图书馆逐步恢复起来。

　　1978年后,在中国共产党第十一届三中全会精神推动下,全市掀起了图书馆建设新高潮。1986年12月3日,上海市文化局召开全市图书馆工作会议,提出要加快图书馆事业发展步伐,更好地为物质文明与精神文明建设服务。1987年11月,中共上海市委书记江泽民为上海普陀区图书馆题词"公共图书馆是人民的终身学校",对全市图书馆事业的发展起到积极的鼓舞作用与推动作用。在各级政府的领导与支持下,全市各行业系统纷纷重建、改建或新建图书馆,设施规模有所扩大,资源得到充实,职工队伍逐渐稳定。到1990年,市、区(县)、街道(乡镇)公共图书馆三级网络得到巩固,全市8个主要行业系统的图书馆共有13 513所,馆舍面积达1 101 221平方米。

　　20世纪90年代,随着改革开放逐步深入,各系统图书馆在办馆理念、功能设置、服务模式等方面都进行了变革,逐步从传统图书馆向现代化图书馆方向过渡。1996年,上海图书馆建成新馆,面积达到83 000平方米,并与上海科学技术情报研究所合并,确立起建设国内一流、国际先进、开放型、多功能、现代化图书馆的理念,标志上海图书馆事业向世界先进图书馆行列迈进。随后,黄浦、徐汇、宝山、南市、南汇等区(县),以及上海交通大学、上海大学、上海外国语大学等,也都以新的办馆思想陆续建成图书馆新馆。1999年6月,上海宝钢集团科技图书馆新馆迁入研究院科技大楼,成为当时企事业单位建设图书馆的亮点。同年12月,中共上海市委党校图书馆改建成建筑面积7 320平方米的现代化新馆。

　　21世纪以来,全市图书馆事业跨入现代化建设的新阶段。2002年6月11日,上海市人民政府召开"上海市基层文化工作会议"。2004年9月14日,市委、市政府召开"上海市文化工作会议",确立了上海文化建设的目标任务。2006年1月,《上海市国民经济和社会发展第十一个五年规划纲要》颁布,提出"建立基本覆盖全市的公共文化服务体系"的工作要求。此后,各级政府进一步加大财政投入,掀起了新一轮建设热潮。松江区、浦东新区、长宁区、青浦区、奉贤区、普陀区、闵行区、虹口区等一批公共图书馆先后相继重建,新馆不仅规模扩大,而且功能更加完备,内涵更加丰富,现代化程度提高;全市街道(乡镇)图书馆,随着建设综合性、多功能的"社区文化活动中心"规划的实施,面貌也进一步更新,平均每馆面积达到500平方米,覆盖全部街道(乡镇),并初步实现了计算机系统一体化管理;一批村(居)委图书阅览室也随着村(居)委综合文化活动室的建成相继开放。至2010年,全市共有市、区(县)、街道(乡镇)公共图书馆238家,另在5 337个村(居)委综合文化活动室内建有图书阅览室。高校图书馆包括高等学校、军事院校图书馆,随着高等教育事业的进一步发展,整体建设出现了新高潮,涌现出一批新建的,如上海杉达学院、上海建桥学院等民办高校图书馆,高校图书馆总数达107家,全部实现了计算机管理。科研系统图书馆包括中国科学院上海地区图书情报机构、社会科学研究机构图书馆、科研院所及企业集团图书情报机构等。全市党校系统图书馆,随着党校体制沿革的变化而不断调整,有市委党校图书馆1家、大口党校图书馆6家、区(县)党校图书馆18家,全市党校系统图书馆共有25家。中小学系统图书馆,包括普通中小学、中等专业(技术、职业)学校的图书馆,基本上都按市教育局制定的《关于加强中小学图书馆工作的(暂行)规定》统一标准建设,共有1 560家。据不完全统计,工会系统图书馆有225家,期间,全市还依托社区图书馆与居村综合文化活动室,建设了一批"农家书屋"与"职工书屋",实现共建共享。

据不完全统计,至2010年,全市各系统共有图书馆2 165家,建筑面积共计2 118 581.5平方米(不含居村图书阅览室),基本实现市民步出家门在15分钟内可到一个图书馆(室)的建设目标。

第一章 公共图书馆

第一节 上海图书馆(上海科学技术情报研究所)

一、合并前的上海图书馆

上海图书馆1952年7月22日建成开馆。1966年底因"文化大革命"闭馆,1970年7月重新开放,开设阅览室5个。1978年后,根据社会需求先后推出讲座、简报、音像资料、美术阅览室等新的服务项目。为缓解馆舍紧张,1982年,在南京西路原馆址扩建4 000平方米的2号楼。同年10月,上海图书馆新馆建设项目正式上报国务院。1985年,国家计委批准上海图书馆新馆工程计划任务书,确定新馆建筑面积为8.3万平方米。同年获批在龙吴路征地兴建1万平方米的书库。1994年,馆藏1 000万册左右,开设有不同类型阅览室19个,阅览座位1 400个,日均接待读者2 500余人次,年均接待参考咨询读者万余人次。同年,被评为全国文明图书馆。

截至1995年10月,在编职工510人,其中高级职称49人,中级职称174人,初级191人。馆长:顾廷龙(1962.11—1985.5)、朱庆祚(1989.10—1995.9)。

图1-1-1　1990年上海图书馆外景

二、合并前的上海科学技术情报研究所

上海科学技术情报研究所成立于 1958 年 11 月 27 日,初属中国科学院上海分院。1961 年 7 月,与新成立的上海市科委情报处两块牌子、一个机构,开始负责全市的科技情报管理工作。所址最早在岳阳路 319 号 16 号楼,1969 年 10 月迁至淮海中路 1634 号。

"文化大革命"结束后,各项业务顺应社会发展不断拓展。1978 年,经国家出版局批准,成立上海科学技术文献出版社。1981 年 9 月,成立上海市科技情报咨询服务中心。1988 年 5 月,成立上海对外技术与产品信息咨询服务公司。90 年代后,又相继成立市场调研部、科文光盘信息公司、四方工业情报公司等机构,不断强化服务市场经济能力。1990 年,被市科委认定为上海市科技成果水平审核单位,国家科委情报司推荐为信得过情报检索单位。1992 年,成立科文光盘信息公司,研制开发光盘软件,与中国科学院有机化学研究所合作相继推出"中国化学文献数据库"等5 种光盘数据库。1993 年,被国家发明奖评审委员会认定为华东地区唯一的发明奖评审的文献检索单位。

截至 1995 年 10 月,在编职工 389 人,其中高级职称 68 人,中级 158 人,初级 92 人。所长:陶毅(1978.6—1982.7)、钱志琛(1983.10—1994.4)、马远良(1994.4—1995.9)。

三、上海图书馆新馆

1995 年 9 月,市委和市政府先后下达沪委发〔1995〕第 300 号、302 号和沪发〔1995〕第 104 号文件,决定将上海图书馆和上海科学技术情报研究所合并,为市政府直属事业单位,归市委宣传部领导;对外仍保留两块牌子,对内为一个机构、一套班子。10 月 4 日,全国第一个省市级图书馆情报所联合体正式建立。1996 年 12 月 20 日上午,新馆开馆庆典举行,市委书记黄菊、市长徐匡迪和上海图书馆名誉馆长顾廷龙等为新馆剪彩,下午正式开放。

新馆占地 3.1 公顷,建筑面积 8.3 万平方米,主楼由 58.8 米和 106.9 米两座塔形高层和 5 层裙房组成,是 20 世纪末上海市标志性文化新建筑之一。空间开放通透,改变了图书馆的传统格局,为国内图书馆建设开启了新视野。馆内设施先进,计算机集成管理系统、特藏善本书库等区域的恒温恒湿系统、高层书库与一楼读者服务区域间的轨道自走小车和中央空调系统等,在当时国内图书馆均属一流。新馆开放后,各项工作持续发展。"九五"期间,办馆理念从"以书为本"转为"以人为本",在国内图书馆界首先实行 360 行,行行能办(读者)证;365 天,天天都开放。

2010 年,在编职工 788 人,其中高级职称 133 人,中级职称 262 人,初级职称 251 人。馆舍 8 处,总建筑面积 11.6 万多平方米,其中淮海中路 1555 号新馆 8 万平方米,永福路 265 号(信息咨询中心)5 217 平方米,淮海中路 1413 号(教培中心)约 1 414 平方米,长乐路 746 号(出版中心)1 694 平方米,徐家汇藏书楼(旧外文文献)2 878 平方米,龙吴路书库 10 620 平方米,莘庄书库 5 705 平方米,航头书库(一期)5 318 平方米。

主要领导先后为:党委书记:朱庆祚(1989.9—1992.12)、蔡正鹤(1992.12—1995.9)、王鹤鸣(1995.9—2000.10)、缪国琴(2002.1—2004.12)、邵敏华(2004.12—2008.2)、穆端正(2008.2—)。馆(所)长:朱庆祚(1989.10—1995.9)、马远良(1995.9—2002.1)、吴建中(2002.1—)。

第二节　上海少年儿童图书馆

上海少年儿童图书馆前身为 1941 年成立的"私立上海儿童图书馆"。新中国成立后,于 1952 年由上海市文化局接管,改名为"上海市儿童图书馆",1960 年与上海图书馆统一机构,作为上海图书馆的少年儿童分馆,对外名为"上海市少年儿童图书馆"。1980 年 6 月,国家名誉主席宋庆龄题写了馆名,定名为"上海少年儿童图书馆"。1987 年 1 月,经上海市编制委员会批准,由市文化局发文,同意市少年儿童馆从上海图书馆中分离出来,独立建制,由市文化局直接领导。至此,市少年儿童馆成为专门为全市少年儿童提供公益性服务的社会教育机构,成为上海市少年儿童图书馆系统的中心,承担起培育少年儿童健康成长的社会责任。

市少年儿童馆馆舍位于南京西路 962 号,于 1958 年迁入。1990 年在主楼右侧建起具有现代建筑风格的副楼,作为低幼儿童活动中心和计算机教育中心。1993 年,在周边建了用于创收副业的辅助用房。1994 年开始全馆进行设施设备的更新改造。2003 年,新增中山西路 1551 号作为基藏书库。2004 年,通过市人大与市政协代表,提出了《关于新建上海少年儿童图书馆的提案》,2004 年 3 月 25 日由市委宣传部答复,经市发改委讨论,上海少年儿童图书馆新馆建设,结合上海图书馆二期工程"一并考虑"。截至 2010 年,馆舍面积为 4 696 平方米,阅览座位为 464 个。馆藏总量达到 923 495 册(件),其中图书 900 711 册,报刊 5 738 件,视听资料 17 046 件,图书中连环画及各类低幼读物 30 928 册。

随着服务领域的拓展与服务工作的深化,内部管理机构也逐步细分。1980 年设立采编组、中学组、小学组;1987 年独立建制后设采编、辅导、小学、中学 4 个组;1993 年,改组为部,设立了采编部、辅导部、低幼部、小学部、中学部、视听部和办公室,2006 年将视听部调整为网络信息部,完成了市少年儿童馆运行管理的基本架构。

1988 年,市少年儿童馆共有在编员工 32 人。1993 年,根据精简人员、提高效率的方针,制定了目标管理制度,定岗、定编、定责、定目标,实行双向选择,竞争上岗;制定了考核制度,按岗位职责,实施季度与年度考核;制定了分配制度,实行多劳多得、优质优奖。1996 年,试行专业技术职称的评聘分离,全馆职工人员减至 26 人。至 2010 年,在编员工增加到 37 人,其中高级职称 5 人,中级职称 10 人。

馆长:林励(1987.1—1991.12)、王小明(1991.12—1998.12)、劳丽达(1998.12—2010.11)、韩筱芳(2010.11—　　)。

第三节　区　县　图　书　馆

一、黄浦区图书馆

黄浦区图书馆建于 1956 年 7 月,馆址福州路 567 号。1958 年迁至福州路 677 号,馆舍面积 600 平方米。1985 年,原属川沙县图书馆的洋泾分馆(馆址设在洋泾镇路 233 号)划归黄浦区图书馆。1989 年,黄浦区图书馆新馆大楼建成,馆址延安东路 1440 号。1990 年 2 月 28 日对外开放。1993 年 12 月 5 日,黄浦区图书馆大楼因南北高架路建设工程需要爆破拆除,临时迁至南京东路 670 号黄浦区文化馆六楼。因场地限制,展览、借阅等业务活动被迫停止,工作重点转向馆外服务和社区服务。1998 年 12 月 18 日,黄浦区图书馆新大楼落成开放,馆址福州路 655 号。图书馆使用其中 1 至 9 层,使用面积 10 592 平方米。

南市区图书馆成立于 1960 年 1 月,馆址万竹街大方弄 43 号。1970 年 12 月,迁至方浜中路 578 号。1990 年 12 月,位于中华路 990 号的南市区图书馆工程破土动工,1992 年 9 月 23 日落成,馆舍面积 3 784 平方米。随着上海行政区划的调整,2000 年黄浦区和南市区进行合并,南市区图书馆更名为黄浦区第二图书馆。

2003 年 12 月 26 日,黄浦区图书馆、黄浦区第二图书馆(原南市区图书馆)归并为新的黄浦区图书馆。馆址设在福州路 655 号,同时保留中华路 990 号二、三楼。设有馆务办公室、图书流通部、报刊特藏部、展览服务部、网络技术部、信息服务部、社区辅导部、少年儿童借阅部、特色文献部、教育推广部、后勤管理部。该馆以"读者第一,服务至上"为宗旨,为读者提供书刊借阅、展览展示、教育培训、电子阅览、专题咨询、多媒体文献、特殊读者、涉外信息、低幼儿童文献等多元化服务。

截至 2010 年,馆舍面积 13 122 平方米。职工总数 66 人,大学学历 17 人,大专学历 30 人;高级职称 1 人,中级职称 24 人,初级职称 34 人。图书馆总藏量 1 008 292 册,其中图书 980 292 册。财政补助年购书经费达 2 143 360 元。馆内书刊文献外借册次达 440 239 册次,文献流通总人次达 719 947 人次。各种读者活动场次数达 211 次,参与人次为 91 725 人次。

归并前黄浦区图书馆历任馆长:傅威、沈恩泽、尹美华。归并前南市区图书馆历任馆长:王振声、齐国英、顾亚平、韩筱芳。归并后黄浦区图书馆历任馆长:尹美华、刘栩、邱松康。

二、卢湾区图书馆

1992 年,美籍华人关康才及夫人周乐乐捐赠 10 万美金建造乐乐图书楼,于 1993 年落成开放,地址复兴中路 595 号。2000 年中国科学社明复图书馆旧址史料展览室开馆,同时胡明复铜像揭幕。2002 年 10 月,上海市中心图书馆卢湾分馆揭牌。2005 年乐乐图书楼闭馆大修,工程包括屋顶平改坡、地下室改建、外墙和门窗改造、地坪修整等项目,其外表装饰与明复楼法式建筑风格保持一致。2004 年卢湾区图书馆小洋楼(会心楼)改扩建与绿化改造工程开工,于 2005 年竣工并正式开放。

1994 年,图书馆机构有馆长办公室、行政办公室、辅导组、采编组、外借组、阅览室、信息资料室、视听室、对外服务组、少年儿童分馆。2000 年,对外服务组并入辅导部,成立信息部。2002 年,撤销阅览部和外借部,组建图书借阅部和报刊服务部。2005 年,少年儿童组撤销。2007 年,信息部并入辅导部,成立信息辅导部。2010 年机构有馆长书记室、行政部、采编部、信息辅导部、图书借阅部、报刊阅览部。

2010 年,馆舍占地面积 2 780 平方米,公共房屋建筑面积 4 227 平方米,其中书库 890 平方米,阅览室 2 109 平方米;阅览室席位 550 个(其中电子阅览室 40 个);正式职工 40 人(高级职称 1 人、中级职称 8 人、初级职称 22 人);总藏量 428 634 册/件,文献总流通人次 426 118 人次,馆外服务点 21 个,文献型数据库 100 GB,计算机总数 82 台,总宽带 10 MB。每周开放时间 73.5 小时。

历任馆长:阮学光、王小明、仓荣卿。

三、徐汇区图书馆

徐汇区图书馆建于 1957 年 7 月 15 日,原址在天钥桥路 30 号,前身是 1953 年建立的市人民图书馆徐汇区阅览室。1959 年,迁至淮海中路 1413 号(原市报刊图书馆馆址),1961 年再迁至漕溪北路 33 号(原天主教会的育婴堂),1990 年 12 月新馆落成,位于南丹东路 80 号,馆舍分为南北两大楼及连接书库三部分。2002 年 7 月,加入上海市中心图书馆,与上海图书馆和其他分馆等 35 家图书馆通借通还。2005 年起北楼新辟满庭芳展厅、学术报告厅、自修室和专题研修室等文化服务功能。

截至 2010 年,徐汇区图书馆占地面积 3 166 平方米,建筑面积 5 426 平方米。其中书库 1 125 平方米、阅览室 1 289 平方米、书刊阅览室 1 119 平方米、少年儿童图书馆 500 平方米。总藏量 580 875 册/件,其中图书 573 435 册、视听文件 6 940 件(其中电子文献 1 304 件)、外文书刊 1 431 册、开架书刊 31.41 万册。员工总人数 54 人,其中正式职工 47 人;高级职称 2 人、中级职称 20 人、初级职称 15 人。

历任馆长:刘党生、蔡顺元、魏明华、韩建东。

四、长宁区图书馆

长宁区图书馆于 1956 年 7 月正式成立,原馆舍位于江苏路 333 号,1958 年 2 月迁至江苏路 367 号。1982 年 1 月,在娄山关路 755 号开工兴建新馆舍,1983 年 6 月竣工,是年 10 月正式开放。新址馆舍建筑面积 2 083 平方米,1985 年,又建一幢 1 777 平方米副楼。至此,馆舍由主楼、副楼两部分组成。主楼底层设图书外借处、报刊阅览室和采编室;二层设综合性图书阅览室;三层为会场和资料阅览室。副楼为四层,设有 1 个书库、青少年阅览室、录像室和语音室。1994 年开始,长宁区图书馆以全开架借阅方式为读者服务,实行计算机自动化管理。2003 年 5 月起,正式成为上海市中心图书馆的成员之一。2004 年 11 月 6 日,在威宁路东侧天山路北侧开工建设长宁区图书馆新馆。新馆项目占地面积约 3 000 平方米,工程总投资约 6 000 万元,与地铁二号线威宁路站地面设施相结合。2008 年 4 月,新馆试运行,新馆建筑面积 1.6 万平方米,开辟国际交流访问中心、读者休闲区、中外文报刊阅览区、展览展示区、社会科学图书借阅区、青少年图书阅览区、参考资料阅览区、自然科学图书借阅区、文学图书借阅区、特色馆藏阅览区、书画图书阅览区、教育培训中心和多功能报告厅等十五个功能区。

历任馆长:张国安、王莺、胡孝平、唐华峰、吴培华、汤肖锋。

五、长宁区少年儿童图书馆

上海市长宁区少年儿童图书馆于 1982 年 5 月挂牌,馆址江苏路 367 号,馆舍面积 350 平方米,是长宁区图书馆下设的一个少年儿童阅览室。1988 年 9 月 5 日,上海市长宁区少年儿童图书馆实行独立建制,在编人员 8 名。业务机构设采编、外借、声像视听及宣传辅导组。1993 年,馆舍由于江苏路拓宽工程而部分拆除,图书借阅服务停止,仅对全区各小学图书馆进行业务指导以及开展征文竞赛、阅读辅导、送书等活动。1994 年,因该地块旧区改造,馆舍迁移至万航渡路 1424 弄 23 号临时过渡,业务工作基本停止。1995 年,在长宁区委、区政府重视下,社会各界的支持帮助下,长宁区少年儿童图书馆迁入虹古路 447 弄 20 号(2001 年门牌号更改为仙霞路 700 弄 41 号),占地 1 357 平方米,建筑面积 1 100 平方米。1996 年 3 月 15 日,长宁区少年儿童图书馆正式对外开放,在编工作人员 13 人。内设馆长室、行政组、采编组、流通组,对外开放部门包括:低幼部、小学部、中学部、期刊部、多媒体光盘阅览室、多功能演讲厅、儿童想象画阅览室、迷你音乐厅、旅游天地等。新馆藏书 1.13 万册,报刊 280 种,每周开放 46 小时,图书采访、编目、流通使用 ILAS 图书馆自动化集成系统,实行计算机现代化管理。2003 年,馆内人员编制增加到 18 人,对外开放时间延长至每周 54 小时,全年无休日。2004 年 8 月—2005 年 4 月,馆舍进行业务用房扩建,新增建筑面积 400 平方米,少年儿童馆建筑面积增加到 1 500 平方米;同时多媒体阅览室改建,新增视听阅览室,读者用电脑增加到 50 台。2006 年,长宁区少年儿童图书馆的对外开放时间延长至每周 60 小时,服务对象由原来的青少年儿童扩大到社区成年人,开设电话续借等服务项目,最大限度地方便读者借阅图书,满足市民的文化需求。2009 年,长宁区少年儿童图书馆设立了"中国五代儿童文学""教育教学"专题阅览室。

截至 2010 年,图书馆馆舍面积 1 500 平方米,内设机构:馆长室、行政组、采编组、流通组和辅导组,对外开放部门有:低幼部、综合阅览室、专题阅览室、报刊阅览室、多媒体阅览室、视听阅览室。总藏量为 318 587 册(件),其中图书 241 270 册,视听文献 77 317 件,电子文献 67 052 件。报刊 366 种。在编人员 16 人,其中本科学历 7 人,大专学历 6 人,中级职称 4 人,初级职称 11 人。2010 年,长宁区少年儿童图书馆财政拨款 272 万元,购书经费 50 万元,当年读者流通 367 541 人次,文献外借 976 268 册次,各类读书活动 87 场次,10 380 人次参与。

历任馆长:吴培华、胡孝平、沈松林、毛惠良。

六、静安区图书馆

上海市静安区图书馆前身为江宁区图书馆,筹建于 1956 年,1958 年 9 月 15 日正式对外开放。1959 年新成区与江宁区合并建立静安区,1960 年两区图书馆合并为静安区图书馆。馆址新闸路 1702—1708 号,馆舍由综合楼与海关楼组成,综合楼内设中文书刊外借室、报刊阅览室、老年阅览室、参考阅览室、中文文献第一阅览室、中文文献第二阅览室、报告厅、多媒体阅览室、视听放映室、读者自修室。海关楼内设文化展示中心、外文图书期刊主题室、人文艺术典藏阅览室、视听赏析室。位于 1708 号的海关楼原为建于 1931 年的中华民国海关图书馆。1981 年兴建一幢 4 层图书馆大楼,1983 年 3 月对外开放,即今位于 1702 号的综合楼北楼;1994 年 10 月紧贴北楼兴建一幢 8 层大楼,1996 年 5 月 22 日正式开馆,即综合楼南楼;2009 年 2 月静安区图书馆改扩建工程开工,3 月 5 日延平路临时阅览点为读者提供阅览服务,2010 年 1 月 12 日竣工,正式对读者开放。馆舍面积从 2 587 平方米增至 5 255 平方米,阅览座席由原来 430 个增加到 792 个。

1990 年馆内设采编组、宣传辅导组、计算机管理部、行政办公室以及阅览、成人外借、少年儿童分馆等业务组。1993 年成人外借组和阅览组合并为"读者流通部",中小学生外借组和阅览组合并为"少年儿童部"。2001 年建参考文献室,之后改名文献信息部。至 2010 年,该馆设有读者服务部、文献信息部、宣传辅导部、采访编目部、网络管理部、业务协调部。

2010 年藏书 393 629 册,少年儿童书籍 57 089 册,报纸杂志 901 种,电子文献 1 174 种,该年经费 1 408 万元,年购书经费 93 万元,计算机 110 台,网站 1 个,因特网总带宽 10 兆。实行全年 365 天天天对外免费开放,每周开放时间 81.5 小时。工作人员 44 人,其中高级职称 3 人,中级职称 13 人,初级职称 26 人,本科及以上学历 18 人,大专学历 13 人,高中及以下学历 13 人。

历任馆长:孙庆丰、谭永芬、周健康、邵亚芬、吴文浩。

七、普陀区图书馆

普陀区图书馆创建于 1957 年元旦。1984 年 4 月,区政府投资 280 万元在曹杨路建造新馆,

1987年12月21日建成开放,新馆大楼有9层、4 507平方米,设3个阅览室,有450个座位。该项目为当年市政府实事项目。中共上海市委书记江泽民为新建图书馆题词"公共图书馆是人民的终身学校"。2006年年底,普陀区图书馆新馆作为普陀区建区以来最大文化工程项目动工。新馆总投资近2亿元,总建筑面积3.5万平方米,其中地上18层,地下2层。设计藏书量80万册,阅览座位1 220个,网络信息点1 000个以上。2010年2月,普陀区图书馆新馆正式对外开放,定位为区域性的文献信息服务中心、社会文化教育中心、公共图书馆服务协调中心和市民文化休闲活动中心。设有办证咨询处、综合借阅部、玩具图书馆、青少年智能图书馆、综合阅览部、作家作品手稿展示馆、信息部、辅导部、教育培训部、总务处、行政办公室等。2010年,在编人员55人,其中本科学历21人,大专学历20人。高级职称1人,中级职称13人。2010年图书流通量948 034册,借还人数297 960人次。根据上海图书馆数据统计,2001—2010年十年累计流通量、办证数及各类业务数据在全市区县馆名列前茅,荣获"十佳图书馆"称号。

历任馆长:史倩予、顾群、司颖。

八、普陀区少年儿童图书馆

普陀区少年儿童图书馆坐落于延长路1401号(现为延长西路400号),由华东建筑设计院设计,于1986年7月破土奠基,同年12月正式施工,于1988年5月31日正式开馆。该馆由王禹卿、侯铭仙、王柄如、曹启东捐助,普陀区人民政府共同出资建造。全馆有3层,总建筑面积1 565平方米,总藏书量十余万册,为上海市第一家独立建制的地级少年儿童图书馆。2005年5月投资200余万元,对馆舍进行了全面修缮改建。改建后的图书馆基础设施条件得到了较大改善。该馆是区文化局全额拨款事业单位。1999年,经区文化局决定,该馆与甘泉文化馆实行联动,对外为两个独立的文化事业单位,对内实行一体化管理。

图书馆设有数字图书馆,并分别开设学龄前儿童、小学生、中学生图书借阅室和报刊阅览室、电子文献阅览室、亲子文献阅览室、多功能活动室、自修室、教育培训室、馆外图书服务点等服务窗口,拥有阅览座位330个。该馆实行免费办证、全开架借阅一体化服务。全年365天每天开放,每周开放42小时。

截至2010年,馆藏文献近20万册,其中图书文献15万余册,电子文献近5万种,每年订阅报刊400余种,开设青春期健康、动漫等专题文献和专架以及专题文献数据库系统和特色数据库系统。2010年购书经费260 286.77元。在编人员10人,本科以上学历5人,大专学历4人,中专学历1人;副高职称2人,中级职称6人,初级职称2人。

历任馆长:陆长法、方道银、杨振发、查文有。

九、闸北区图书馆

闸北区图书馆创建于1956年。1978年,区政府投资建造新馆。1982年10月1日,新馆在天目中路2号落成,面积2 874平方米。1990年6月1日,改建后的少年儿童馆正式对外开放。1995年2月,视听资料阅览部建成并对读者开放。1998年9月16日,图书馆在馆外开设的第一个图书租借点(安庆路)正式对居民开放。2001年11月,图书馆申报建立上海市中心图书馆闸北分馆。2005年,闸北区图书馆进行大规模外立面改建,改建工程被列入区政府实事项目。2006年9月底,由闸北区图书馆少年儿童部自主创意设计的少年儿童阅览室改建完成。2008年10月,闸北区图书馆分馆破土动工。闸北区图书馆于2002年1月18日加入上海市中心图书馆,2010年4月,彭浦文化馆整建制转入闸北区图书馆。

截至2010年,图书馆馆舍面积3 416平方米,藏书49万余册,其中成人图书460 873册、少年儿童图书32 311册、古籍4 520册。年购书经费150万元。收藏了《申报》《四库全书》《民国丛书》《二十四史百衲本》等整套材料。机构设有:少年儿童部、信息部、流通部、采编部、辅导部、行政部、馆长室。员工总人数77人,其中本科以上22人。

历任馆长:吕耀祖、颜国良、吴德英、彭建成、丰华英。

十、闸北区少年儿童图书馆

闸北少年儿童图书馆是1996年8月在区政府、教育局、文化局的关怀下在原托儿所基础上投资200万元改建的,馆址位于闸北区汾西路261弄24号。1996年9月7日,国务委员陈至立、市人大常委会主任龚学平为少年儿童馆揭幕。馆内设有幼儿知识乐园、电子阅览室、"亲青服务站"、报刊阅览室等。图书馆行政隶属于教育局,业务由区文化局指导,馆员全部是教师编制。图书馆连续四次被文化部评为"一级图书馆"。

截至2010年,少年儿童馆总面积3 196.4平方米,文献总藏量121 964册/件,其中入藏电子文献、视听文献为6 867件。2010年的购书经费为15万左右,馆内实行全开架借阅,阅览座位520个,每周开放62小时。在职职工10人,其中高级职称2人,中级职称2人,初级职称6人。

馆长:吴敏珍。

十一、虹口区图书馆

虹口区图书馆由乍浦分馆、曲阳分馆、总馆组成。

虹口区图书馆乍浦分馆(原虹口区图书馆)。1975年,虹口区图书馆新馆开始启动筹建,选址乍浦路245号。1979年新馆落成,于当年10月1日正式对外开放。新馆建筑为地上五层,地下二层,由三家单位(区图书馆、区科协、区防办)共同使用。图书馆使用面积1 244平方米,其中书库面积514平方米,书架总长度5 682米。阅览室526平方米、阅览席位356个。设有图书外借处、图书阅览室、报刊阅览室、资料室兼老年阅览室和中学生借书处。1993年,区科协、区防办从馆址迁出,图书馆面积增至1 430平方米;1996年馆舍改建后,面积扩至2 931平方米。2010年机构设置为:馆长办公室、地方文献部、读者服务中心(含成人、少年儿童书刊外借室,电子阅览区)。虹口区图书馆隶属于虹口区文化局,根据市委办公厅、市府办公厅沪委办〔1986〕34号《关于确定本市各类事业单位机构级别的意见》,虹口区图书馆的机构级别定为相当于科级。1998年2月虹口区图书馆与虹口区曲阳图书馆实行统一管理。

虹口区曲阳图书馆。落成于1987年4月,同年10月24日开馆,馆址为曲阳路574号,是当年上海市政府所办15件实事之一。20世纪90年代初,曲阳图书馆被指定为上海市政府涉外单位,多次接待来自国内外的友好代表团和访问团,有美国、加拿大、荷兰的图书专业行家,有朝鲜军事代表团、日本留学生以及国内的友好城市代表团、人大代表等。曲阳图书馆隶属于虹口区文化局,是虹口区第二所区级公共图书馆,根据虹府文发〔88〕第6号文,虹口区曲阳图书馆机构级别定为相当于科级。主要业务部门有：流通部、影视文献部、有声读物服务部、少年儿童馆、采编组。行政部门有：馆长室、后勤组(包括总务财务)；2010年机构设置为：馆长办公室、影视文献部、读者服务中心(含成人、少年儿童书刊外借室，电子阅览区)。原馆舍面积1 696平方米，经2001年大修、2007年整体改建后扩至2 512平方米。

虹口区图书馆总馆于2009年6月开始建设，2010年12月28日正式对外开放，馆址为水电路1412号。建筑面积6 784平方米，设计总藏书量30余万册，阅览席位700个，是一座集借、阅、藏、查、观、听为一体、兼具阅读休闲功能的开放型公共图书馆。馆内设有报刊阅览室、书刊借阅室、电子阅览区、少年儿童书刊借阅室、音乐图书室、参考阅览室、读者自修室、视障阅览室等八个对外服务部门；机构设置为：馆长室、办公室、财务部、采编部、辅导部、系统网络部、参考咨询部、音乐图书室、读者服务中心。1998年2月，根据区文化局的要求，虹口区图书馆与曲阳图书馆进行了合并，实行一套班子，两个建制。1998年9月，在文化部组织的第二次全国公共图书馆等级评估中，虹口区图书馆被评为地级一级图书馆。

2002年4月29日，虹口区图书馆加入上海市中心图书馆"一卡通"网络的筹建工作正式启动，上海市中心图书馆虹口分馆于同年7月23日正式开放。2005年3月15日，曲阳图书馆加入上海市中心图书馆"一卡通"网络的改建工程启动，上海市中心图书馆曲阳分馆于当年6月1日正式对外开放。2008年1月1日改扩建竣工后的曲阳图书馆开馆试运行。

2010年，馆舍面积12 227.88平方米，其中乍浦分馆2 931平方米，曲阳分馆2 512.2平方米，总馆6 784.68平方米。馆藏总量682 014册/件(乍浦分馆441 734件、曲阳分馆240 280件)；阅览席位1 643个(乍浦分馆506个、曲阳分馆437个、总馆700个)。员工总人数88人，其中硕士3人、本科45人、大专23人、高中及以下17人。

历任馆长：严秉忠、金贤孟、李善忠、沈永健、陈金发、李果。

十二、杨浦区图书馆

杨浦区图书馆位于平凉路1490弄1号，前身为1952年市人民图书馆设于海州路333号的阅览室，1956年5月改建为杨浦区图书馆。1978年后，区政府拨款60万元建造新大楼，1982年落成，总面积3 075平方米，主楼四层，分外借处、目录咨询处、自然科学阅览室、社会科学阅览室和综合活动室、视听室等，930个座位，藏书容量50万册。1995—1996年，先后投资55万元建立多媒体电子阅览室、馆内计算机局域网，实现采访、编目、流通、检索一体化管理。1987—1992年，改革传统借阅方式，在区馆与街道馆之间实行"通用借书证"。1997—1998年，对ILAS图书馆集成管理系统应用进一步开发，开通图书检索系统，全面实行计算机借阅管理。1999—2000年，成立信息服务中心。2001年，区政府拨款1 000万实施改扩建，新馆面积5 585平方米，设图书阅览室、报刊阅览室、参考咨询室、青少年自修室、电子阅览室、成人外借处、少年儿童室7个服务窗口。2002年2月，加盟上海市中心图书馆"一卡通"文献资源共建共享平台，开通图书"通借通还"业务，实现市、区、街(镇)图书馆三级网络服务。2008年，区政府再次拨款300万，与上海图书馆共建"上海近代文献馆·杨浦馆"。

2010年，购书经费110万元，馆藏文献总量461 656册，馆藏纸质文献44.5万余册，报刊800余种。在编人员34人，其中本科学历13人，大专学历16人。副高级职称2人，中级职称9人，初级职称19人。

历任馆长：杨师猛、赵承宏、王婉卿。

十三、杨浦区少年儿童图书馆

杨浦区少年儿童图书馆原名民星图书馆，坐落于杨浦中原小区，1996 年 6 月建成并对外开放。1997 年 7 月转制为独立的公益性地市级少年儿童图书馆，1997 年 10 月 23 日改名为九雅图书馆。1998 年 7 月又更名为杨浦区少年儿童图书馆，馆舍面积 897 平方米，藏书 4.7 万册，期刊 36 种，报纸 11 种，发放借书证 1 500 张。2005 年，区财政投入了专项资金 267 万，进行少年儿童馆改扩建工程，改扩建后，馆舍面积扩大到 1 461 平方米，有阅览座位 274 个。服务窗口由原来的 3 个增加到现有的 7 个。一楼设有多媒体电子阅览室、教师家长外借室和阅览室；二楼设有中学生借阅室、小学生和低幼借阅室以及低幼玩具室；三楼设有多功能厅和会议室，实行 365 天全天候开放制度。2008 年，以少年儿童导读服务和志愿者基地服务为特色，被文化部评定为"一级图书馆"。

截至 2010 年，馆藏图书近 14 万册，报纸杂志 331 种，声像资料 7 864 种，少年儿童电子书籍千余本。2010 年办证 2 576 张，外借 247 846 册次，阅览 133 575 人次，外借 70 879 人次。副高职称 2 人，中级职称 4 人。

历任馆长：潘立敏、唐效勇。

十四、杨浦区延吉图书馆

杨浦区延吉图书馆创建于 1988 年 9 月 20 日，位于靖宇东路 267 号。1995 年，图书馆建成以"女性文献"为收藏重点的特色馆，设立女性文献专架、女性文献资料室及女性信息快速通道，集中陈列收藏以女性文化为主题的文献资料。2003 年 1 月，图书馆加入上海市中心图书馆，实现"一卡通"服务。2009 年 6 月，图书馆因改馆舍改建迁入延吉街道图书馆过渡。图书馆设有综合流通部、电子阅览室、女性文献资料室、母子书苑等服务窗口，还开设读者咨询、专题服务、跟踪服务、政府信息公开等服务项目，并在上海女子监狱、民工子弟学校、武警内江消防中队等单位设 15 个馆外服务点。

2010 年，馆舍面积 4 439 平方米，阅览座位 471 个。正式职工 15 名，其中副高级职称 1 人，中级 3 人，初级 11 人。本科学历 7 人，大专 8 人。总藏量 20 余万册，年接待读者 22 万余人次，年流通书刊近 30 万册。计算机总数 84 台，每周开放时间 77.5 小时。

历任馆长：吕春元、朱德恩、黄宏英、李平。

十五、闵行区图书馆

1978 年 10 月，上海县图书馆正式恢复单独建制，设采编、外借、阅览、宣传辅导等组。人员 15 人，馆舍面积 320 平方米。1985 年 10 月，图书馆迁至莘松路新馆。1986 年，于七宝设分馆。1992 年 9 月 26 日，经国务院批准，撤销上海县，所属地区与同时撤销的闵行区合并建立新的闵行区。1993 年 1 月，原莘松路上海县图书馆成为区第一图书馆，原兰坪路闵行区图书馆变为区第二图书馆。1999 年 11 月 5 日，区政府发文批准撤销区第一、第二图书馆。2000 年 1 月 3 日区文化局启动实施，撤销区第一、第二图书馆，建立区图书馆。机构级别相当于正科级，核定事业编制 61 名，下设兰坪分馆。2003年5月28日,闵行区图书馆加盟上海市中心图书馆,成为闵行分馆,与上海图书馆实行一卡通,实现异地借书"一卡通",资源共享"一条龙",方便读者通借通还。同时,原兰坪分馆属地成为江川图书馆。2010年,区图书馆完成新馆搬迁工作,从七莘路182号搬至名都路85号春申文化广场内。占地2 695平方米,建筑面积15 518平方米。自1月18日新馆报刊阅览室、3月30日外借开放以来,读者明显增多,每月新证办理和文献流通量位列上图"一卡通"区县馆榜首。

历任馆长:黎明、蒋鸣九、陆燕士、尹美华、张乃清、顾华芳。

十六、宝山区图书馆

1989年,宝山县图书馆和吴淞区图书馆根据新成立的宝山区政府的统一部署,撤二建一,合并成宝山区图书馆。1989年5月,位于淞宝路100号的宝山区图书馆新馆破土动工。新馆由阅览大厅、书库、活动厅及办公楼四部分组成,建筑面积3 100平方米。1990年11月竣工,次年11月7日正式对外开放。新馆设采编组、流通部、信息辅导部、综合服务部及友谊分馆、罗店分馆和大场分馆。1999年1月,区图书馆搬迁至海江路600号新馆,馆舍建筑面积5 286平方米,设有文艺书库、综合书库、电子阅览室、教育书库、报刊阅览室、少年儿童阅览室等对外服务窗口。2009年起,因在海江路600号原址筹建新馆,图书借阅及业务办公改到宝山区永乐路737号行知学院一楼,报刊阅览、少年儿童图书借阅、音响及过刊借阅改到牡丹江路1760号宝山区文化馆二楼对外开放。

2010年,总藏量为684 163册(件),其中外文图书602册、古籍3 141册、报刊、期刊(含合订本)2 368册,其他文献1 214册。职工68人,其中高级职称2人,中级职称8人。全年购书经费425万元。

历任馆长:奚家湘、韩光丽、盛适、龚东耀、唐铭杰。

十七、嘉定区图书馆

嘉定县图书馆成立于1958年7月10日,1993年4月,嘉定撤县建区,县图书馆改称区图书馆。1997年5月28日,自筹资金建设的新少年儿童图书馆开馆,为独立建筑,建筑面积400多平方米,藏书1 500余册,内设低幼活动室、多媒体光盘阅览室、书刊借阅室等。2005年,区政府拨款310万元的区图书馆改造工程完工,增设了电子阅览室、特种文献阅览室、多功能厅等,外借图书从2万册增加到6万册,读者办证数从44张/月增至315张/月,每天开放时间从6.5小时增加到11.5小时。2010年底,位于裕民南路1288号的区图书馆新馆开工建设。

截至2010年,图书馆建筑面积4 186平方米,阅览座位512个,拥有藏书58.5万册,其中图书503 373册,报纸、期刊51 296册,视听文献30 996件,开架书刊总量12万册。馆内设办公室、采编部、辅导部、读者服务部、网络部、信息部、特种文献部7个部门。在编职工35人,其中研究生学历2人,大学本科学历23人,大专学历4人。

历任馆长:邵汉震、张志高、姚雪芳、邓复生、顾根林、沈越岭、姚强、金燕。

十八、上海浦东图书馆

上海浦东图书馆原名上海市浦东新区图书馆,馆址浦东新区前程路88号。浦东新区图书馆建于 2001 年,2001 年 4 月 22 日正式对外开放。2004 年 6 月,新区图书馆按照既定改革方案,整合资源,撤销浦东新区第一图书馆、第二图书馆、川沙图书馆、川沙少年儿童图书馆等机构建制,人员编制划转至上海市浦东新区图书馆,确立了"总馆—分馆"的新区图书馆建制。2006 年 7 月,浦东新区图书馆川沙分馆、川沙少年儿童分馆合并组成上海市浦东新区新川沙图书馆,隶属于川沙功能区域。2006 年 12 月,浦东新区图书馆第一分馆和第二分馆合并组成浦东新区陆家嘴图书馆。2006 年启动新馆建设项目,于 2007 年 9 月开工建设,2010 年投入使用,2010 年 8 月 3 日,上海市浦东新区图书馆更名为上海浦东图书馆,撤销上海市南汇区图书馆事业单位建制,有关职能划入上海浦东图书馆。2010 年 10 月 22 日新馆正式开馆,图书馆迁至浦东新区前程路 88 号。设置 10 个部门,即办公室、读者服务中心、少年儿童馆、延伸服务部、公共文化服务部、发展研究部、信息与情报研究中心、计算机网络部、采编部、南汇分馆。

截至 2010 年,馆舍面积 6 万平方米,阅览座席 3 000 个,南汇分馆建筑面积 5 382 平方米,阅览座席 563 个;发证 49 686 张,总藏量 212.417 1 万册/件,文献流通总量 963 899 人次,文献外借总数 1 241 693 册次,年度购书经费 1 769.8 万元。2005 年 6 月、2010 年 3 月在全国公共图书馆评估定级工作中被评为一级图书馆。正式职工 112 人,其中高级职称 6 人,中级职称 40 人,初级职称 26 人。

历任馆长:薛慧彬、程慕伊、陈克杰、张伟。

十九、南汇区图书馆

1978 年,南汇县图书馆新馆舍(与南汇县文化馆合楼)落成,面积为 640 平方米,藏书 10 万余册。1979 年,新建成的南汇县图书馆在馆址北侧建立南汇县少年儿童图书馆,面积有 70 平方米,藏书 2.1 万册,阅览室座位 80 个。1985 年,图书馆藏书 21.5 万册,工作人员(包括 3 个镇分馆人员) 40 人。1987 年,图书馆实行开放外借,开架开放各类图书 5 万册,开架面积达 750 平方米。1989 年,图书馆在惠南镇人民西路 326 号建造新馆舍 1 824 平方米,1992 年 9 月正式搬入新馆舍。1994 年,图书馆被国家文化部命名为"全国文明图书馆"。2000 年 7 月,南汇县图书馆第三期馆舍工程竣工,馆舍面积有 4 382 平方米;藏书 244 800 多册,报纸、期刊复本 1 000 多份,南汇县图书馆少年儿童部由原来的 180 平方米增至 360 平方米。2001 年 8 月,南汇撤县建区,南汇县图书馆更名为南汇区图书馆。2010 年底,南汇区图书馆藏书 40.7 万册,2010 年购书经费 246.8 万元。工作人员 31 人,其中副高级职称 1 人,中级职称 13 人。2009 年 4 月,浦东新区与南汇区合并,原南汇区图书馆于 2010 年 8 月正式并入浦东图书馆,成为浦东图书馆南汇分馆。

2010 年,图书馆内设馆长室、办公室、采编部、成人外借部、青少年阅读指导基地、综合阅览部(包括电子阅览室)、辅导信息活动部。馆舍占地面积 6 128 平方米,其中办公用房 600 平方米,业务用房 4 082 平方米,仓库用房 146 平方米,馆外书库用房 1 300 平方米;阅览室席位 563 个(其中少儿阅览座席 94 个);正式职工 31 人,高级职称 1 人,中级职称 13 人,初级职称 17 人。总藏量 40.7 万册/件,购书经费 246.8 万元,文献总流通人次 58 万,馆外服务点 182 个。每周开放时间 73.5 小时。

历任馆长:顾志培、沈守梅、薛振东、吴美琪、龚振德、朱德新。

二十、浦东新区陆家嘴图书馆

浦东新区陆家嘴图书馆地处陆家嘴金融城,是以金融文化服务和智能化手段为特色的公益性公共图书馆,国家一级图书馆,由原浦东第一图书馆和浦东第二图书馆于 2006 年 12 月 28 日合并建立。

原浦东第一图书馆(馆址浦东大道 501 弄 16 号)由爱国港胞陈占美捐资建成,1986 年 10 月 18 日开馆,当时名为杨浦区科技图书馆,1990 年改名为杨浦区浦东图书馆,隶属于杨浦区文化局。馆舍建筑面积 1 062 平方米,主楼共三层,设成人和少年儿童外借室、阅览室、电教厅,共有座位 180 个,书库可容纳藏书 5 万册。1993 年 4 月,浦东新区成立,市辖区域重新划定,因此改名为浦东新区浦东第一图书馆,隶属于浦东新区社会发展局。2004 年 5 月并入浦东新区图书馆,成为浦东新区图书馆第一分馆,隶属于浦东新区宣传部(文广局)。

原浦东第二图书馆(馆址冰厂田路 55 号)原名黄浦区浦东第二图书馆,隶属于黄浦区文化局,由香港企业家陈占美的夫人陈李云华捐赠建造,1989 年 2 月 7 日建成开馆。馆舍建筑面积 919 平方米,高 3 层,设儿童阅览室、成人阅览室和多功能厅,各阅览室均有书库和外借处,阅览座位计 160 个,书库可藏书 5 万册。1993 年 4 月,因浦东新区成立,市辖区域重新划定,更名为浦东新区浦东第二图书馆,隶属于浦东新区社会发展局。2004 年 5 月并入浦东新区图书馆,成为浦东新区图书馆第二分馆。

2006 年 12 月,原浦东第一图书馆与浦东第二图书馆从浦东新区图书馆分离出来,合并建立浦东新区陆家嘴图书馆,隶属于浦东新区陆家嘴功能区管委会。2010 年 7 月,陆家嘴功能区域撤销,隶属关系变更至浦东新区宣传部(文广局)。

截至 2010 年,图书馆建筑面积 3 577 平方米,总藏量 422 977 册(件),其中,图书 339 966 册,视听文献 82 698 件,报刊 1 127 种,外文书刊 1 555 册,有效读者证达到 18 864 个,阅览座位 416 个,其中少年儿童阅览座位 64 个、电子阅览座位 50 个。全年流通服务 328 397 人次、外借 320 375 册次,设有咨询处、成人外借室、成人阅览室、电子阅览室、少年儿童室、金融图书馆、展厅、培训室、共享工程影视播放厅、陆家嘴人才金港分馆、24 小时自助图书馆等 16 个对外服务窗口。购书经费 133 万元。工作人员 34 名,其中硕士 3 人,大专以上学历者占 88%。高级职称 1 人,中级职称 6 人,初级职称 12 人。

历任馆长:袁建民、沈恩泽、张子明、俞龙德、韦卫、凌志荣。

二十一、浦东新区新川沙图书馆

上海市浦东新区新川沙图书馆成立于 2006 年 6 月,经浦东新区编制委员会批准,由原浦东新区图书馆川沙分馆、川沙少年儿童分馆合并组建而成。浦东新区图书馆川沙分馆的前身,是 1959 年经川沙县人民政府批准的川沙县图书馆。1979 年经川沙县人民政府批准立项,在川黄路 57 号筹建新馆,1982 年 6 月新馆正式对外开放。1993 年 9 月,撤县建区,川沙县图书馆划转至浦东新区社会发展局,更名为上海市浦东新区川沙图书馆。2004 年 8 月,川沙图书馆撤销独立法人资格,归并到浦东新区图书馆,更名为浦东新区图书馆川沙分馆(包含高桥分馆)。浦东新区图书馆川沙少年儿童分馆的前身,是川沙县图书馆原馆址上(东城壕路 54 号)成立的"川沙县图书馆少年儿童分馆"。1989 年 6 月经川沙县人民政府批准,在新川路 555 号筹建新馆,1990 年 9 月 27 号正式对外开放。1993 年 10 月,浦东撤县建区,隶属浦东新区社会发展局,更名为浦东新区川沙少年儿童图书馆。2004 年 8 月,撤消独立法人资格,归并至浦东新区图书馆,更名为浦东新区图书馆川沙少年儿童分馆,至 2006 年 6 月组建上海市浦东新区新川沙图书馆。

新川沙图书馆馆舍分处川沙新镇川黄路 157 号和新川路 555 号两地,总面积 4 315.87 平方米。其中川黄路馆舍面积 1 907.1 平方米,设成人图书外借室、报刊阅览室、医药保健阅览室、地方文献阅览室、多功能报告厅和读者自修室,阅览座位合计 220 个。新川路馆舍面积 2 408.77 平方米,设少年儿童图书外借室、中小学生阅览室、低幼阅览室、电子阅览室、多功能报告厅和读者自修室,少年儿童阅览座位合计 180 个。2006 年 6 月重新组建的上海市浦东新区新川沙图书馆隶属浦东新区川沙功能区域管理委员会,核定事业编制 30 人,内设流通服务部、业务协调部、信息技术部、办公室(行政后勤)四个部门。

截至 2010 年,拥有各类藏书近 40 万册,其中纸质文献 35.59 万册,视听文献 3 695 件,电子图书 40 337 册,购书经费 60 万元。在职人员 27 人,其中本科以上学历 11 人。高级职称 1 人,中级职称 7 人,初级职称 16 人。

历任馆长:施功伟、邓树江、王新章、吴浩、朱寒秋、林树民、陈茂堂、于瑞之、马锡林、孙全均、奚秋娟、施济屏、钱文娟、祝龙珠、俞惠中、龚建平、奚火根、黄冰洁、刘爱秀、姜新建、石立。

二十二、金山区图书馆

1997 年 5 月,金山撤县建区,原金山县图书馆和原石化实业公司文体中心图书馆合并成金山区图书馆,事业编制,隶属区文化局。馆址有两处,朱泾馆位于金山朱泾镇文商路 99 号,石化馆位于金山象州路 238 号。1994、1999、2010 年,图书馆三次被评为区县级二级馆。2003 年 10 月,金山区图书馆(石化馆)加盟上海图书馆中心馆,成为上海市中心图书馆金山分馆。

截至 2010 年,两地馆舍建筑面积共 3 451 平方米,其中书库 1 064 平方米,阅览室 720 平方米;阅览座位 560 个,计算机 80 台,网络节点 124 个。设有全国文化信息资源共享工程上海分中心金山区图书馆基层中心。馆内设有图书外借部、报刊阅览部、多媒体电子阅览室、采编部、少儿阅览部、宣传辅导部、古籍资料部和办公室,每周开放 64 小时。藏书 31.2 万册,线装古籍书 7 000 多册,3 万多卷,其中,有关南社的稀有资料 400 多册;提供阅览刊物 450 种,报纸 96 种。图书流通量 19.1 万册,累计有效借书证 9 564 张,年购书经费 140 万元。在职人员 33 名,其中副研究馆员 1 人,馆员 7 人。研究生 1 人,本科生 16 人,大专生 15 人。

历任馆长:陆曦、李峰、吴安良、时巧珍、陈伟民、孙仁元、张自林、胡莹、沈志礼、怀明富、张建林。

二十三、松江区图书馆

1977 年 6 月,松江县图书馆恢复单独建制,馆址松江县中山中路 196 弄 23 号。1998 年,松江撤县改区,松江县图书馆改称松江区图书馆。2001 年 9 月,松江区图书馆新馆暨上海市中心图书馆松江分馆建成,当年 10 月开馆,馆址为松江区人民北路 1626 号,占地 1.3 万平方米,建筑面积 6 411 平方米。

截至 2010 年,图书馆设置有办公室、采编室、外借部、阅览部、少儿部、地方文献专题室、宣传辅导部、总服务台、电子阅览室、技术保障部等部门(室)。主要承担松江区市民(包括外来流动人员)的图书借阅、报刊借阅以及街镇图书馆的业务辅导工作。阅览座席 506 个,计算机 160 台。共有藏书 575 421 册,订报纸 125 种、杂志 720 种,年购书经费 242 万元。在职人员 40 人,研究馆员 1 人,副研究馆员 1 人,馆员 12 人,助理馆员 12 人。

图书馆重视特色馆藏尤其是地方文献收藏,建有松江人著作文库、松江史志文库、松江人艺术文库,松江地方文献藏量 3.3 万余册(件、幅)。松江人著作文库收藏现代 197 名松江人著作 27 175 册,设立"现代松江人著作展",陈列有姚鹓雏、赵祖康、施蛰存、赵家璧、朱雯、罗洪、程十发、杨纪珂、郑为、李君如等松江名人的著作、手稿、信札等珍贵文献资料。松江史志文库收藏史志 428 种、3 000 余册,包括 20 世纪 80 年代以来的上海地区专业志 119 种、行业年鉴 60 种、江浙省和上海市区县志及乡镇志 1 500 余册等。

历任馆长:顾小弟、孙鸿兴、查逸云、朱占洪、于慎忠、张群。

二十四、青浦区图书馆

青浦县图书馆建于 1959 年 2 月。1978 年 11 月,县图书馆正式单独建制。1986 年,新建馆舍落成,馆址在城中北路 34 号,馆舍面积 1 998 平方米,共有藏书 27 万册,阅览座位 250 个。1999 年 9 月,撤销青浦县建制,建立青浦区,青浦县图书馆更名为青浦区图书馆。2003 年 10 月加入成为上海中心图书馆青浦分馆,实现一卡通借阅服务,成人借阅使用 Horizon 一卡通借阅系统。2007 年 7 月,青浦图书馆迁入青浦新城区夏阳湖上的浦阳阁,馆址青龙路 60 号,占地 8 000 平方米,藏书 50 万册,实行开架外借、阅览一体化,馆内设立文学主题借阅室、文献综合借阅室、报刊阅览室、参考阅览室、少年儿童借阅室、低幼阅览室。

青杏科学技术图书馆由姚志崇、熊知行等爱国侨胞捐资兴建,1984 年 6 月对外开放,面积 789 平方米。1990 年 8 月又在原主楼基础上加建 1 层,建筑面积 1 400 平方米。图书馆是一座科技图书馆,藏书 7 万余册,其中词典、年鉴、手册、百科全书等各类工具书近 3 000 册,藏书以自然科学为主,重点收藏医药卫生、农业科学、无线电电子学、自动化技术、计算机技术、轻工业及教育类图书。2007 年 12 月,上海市青浦区青杏科技图书馆整建制划归上海市青浦区图书馆管理,两馆合并。

2010 年,图书馆文献总藏量 50 万册,图书总藏量 42 万册。购书费 220 万元,新购图书 157 万元,共 32 001 种 45 114 册;预订报刊 28 万元,共 1 501 种 1 780 份;参考、信息资料 1.8 万元,共 54 种;签订数据库 33 万,共 9 个。在职人员 53 名,其中大学本科以上 25 人,大专学历 14 人,中专与高中 14 人。馆员 9 人,助理馆员 44 人。

历任馆长:郭育楠、王宣明、沈大钧、盛玲芳、顾文方。

二十五、奉贤区图书馆

奉贤县图书馆于 1958 年 8 月在原文化馆图书室和工人俱乐部图书室藏书的基础上筹建,1959 年元旦正式开馆。1982 年 5 月,奉贤县图书馆新馆落成,8 月 1 日正式开放,馆址在解放路 60 号,馆舍面积 1 218 平方米,为四层大楼。1986 年,县图书馆阅览室实行开架。1987 年,少年儿童馆开架借阅。1993 年 1 月,新建少年儿童图书馆投入使用。2001 年奉贤撤县建区,奉贤县图书馆更名为上海市奉贤区图书馆。2001 年 12 月,成为上海市文献联合编目中心正式成员馆。2003 年 7 月,加盟上海市中心图书馆,成为第 24 个分馆。2005 年 11 月 28 日,投资 1.24 亿元的奉贤区图书馆大楼正式开工,位于解放东路 889 号。2007 年底竣工。2008 年 1 月奉贤区图书馆迁入新馆试运行,占地面积 5 401 平方米,绿化面积 3 870 平方米,图书馆新馆由主楼、辅楼和设备楼三部分组成,总面积17 164平方米。设总服务台、外借部、阅览部、少年儿童部、信息咨询服务部、采编部、办公室、后勤部、文献研究室、辅导策划部10个部门,实现全年天天开放,每周开放70小时。截至2010年,共有藏书57万册(包括视听资料),订阅报纸、期刊1 741种,全年购书经费152万元。在职人员49人,其中大学学历及以上30人,大专学历17人。具有专业技术职称21人,其中高级职称1人,中级职称10人。

1982年6月1日,奉贤县图书馆少年儿童分馆在南桥镇人民北路75号挂牌并对外开放。1993年1月,迁建至解放中路478号县图书馆北侧的奉贤县少年儿童图书馆新馆对外开放,面积400平方米,阅览座位100个,藏书25 521册。2009年7月18日,奉贤区少年儿童图书馆在解放东路871号科技大楼西南侧对外开放。面积500平方米,阅览座位110个,藏书6.3万册,订阅报刊184种。每周开放52小时。馆内设开架藏书与新书展示区、数字资源查询区、低幼读物与亲子阅读区和报刊阅览区,2010年办理少年儿童借阅证6 019张,借还图书144 623册,藏书7.2万册。

历任馆长:刘织先、方德芳、金益天、陈惠英、徐之敬、卢明华、缪青、范颖。

二十六、崇明县图书馆

崇明县图书馆成立于1959年1月20日。1979年1月恢复单独建制。1980年和1984年由县人民政府两次拨款在原馆址建造新馆舍,面积2 260平方米。1999年1月18日,新建的崇明县图书馆正式对外开放,馆址城桥镇人民路128号,面积4 328平方米,新建的堡镇分馆面积750平方米,至2010年图书馆面积7 129平方米。堡镇分馆于1998年5月28日正式对外开放,至2010年有藏书约50 000册,阅览座位60个。

截至2010年,图书馆拥有藏书489 795册,年购书经费113.6万元,采编图书34 602册,订阅报刊1 333种,接待读者285 397人次,借阅图书1 222 731册次。在职人员37人,其中本科11人、大专16人。副高职称2人,中级职称15人,初级职称11人。

历任馆长:施锦英、沈锦荣、季秀芳、倪学明、黄飞、顾文慧、黄柳萍。

第四节　街镇社区图书馆(室)

一、黄浦区

【南京东路街道图书馆】

黄浦区南京东路街道图书馆成立于20世纪70年代,分为2个馆舍,其中牯岭路图书馆(牯岭路111号)是南京东路街道办事处和上海市格致初级中学联手打造的社区文化平台,馆舍面积307平方米,分为成人阅览区、少年儿童阅览区、电子阅读查询区及办公区域。江阴路图书馆(江阴路101号)实行分区阅览和信息化管理,设有特色阅览室(侨法和军事),馆舍面积325平方米。2个馆舍的总面积为632平方米,阅览座位150个,合计藏书总量达3.2万册,年购书经费10万元,订购报刊128种。图书馆每年馆内阅览量10万人次,其中少年儿童馆阅览量达5 500人次。馆内设施配备齐全,共有58台计算机,其中共享工程专用计算机51台,另设有2台专供读者检索的计算机,有一个独立的网站,光纤接入因特网。图书馆有馆员6人,具有专业职称的管理员有4人。2006年加入上海市中心图书馆。南京东路街道图书馆最具特色的是老年读书活动。"九子游戏""市民讲师团"两个活动是街道品牌活动项目,"九子游戏"成为上海市旅游节传统节目,从"三个老汉讲故事"一直延伸到"市民讲师团"。

【外滩街道图书馆】

外滩街道图书馆占地面积 678.9 平方米,内设图书报刊阅览室、少年儿童阅览室及电子阅览室等。阅览室总座位 110 个,2010 年底藏书 3.9 万多册,年购书经费 3.6 万,各类报纸杂志 100 余种,供读者借阅。共有 4 人在职管理员。目前图书馆对外服务的时间日均 8 小时,且年中无休。年流通量达 6 万余人次。2009 年加入上海市中心图书馆。

图书馆通过为孤老和残疾人送书上门,开设新上海人、部队军营流动图书馆,老干部局、敬老院流动服务点,以及通过电话续借、预约借书、书籍到期提醒等多种形式,拓展服务领域。图书馆坚持开展丰富多彩的各类主题活动。结合形势、重大庆典、市民文化节、社区实际等组织开展各类特色活动如食品安全、学习雷锋特色活动;利用寒暑假开展红领巾读书等系列活动,均取得良好的社会效益。图书馆定期为中小学生举办书法、绘画培训以及书评、影评、诗歌朗诵、有奖征文、知识竞赛、影视播放观摩等,深受广大社区居民的喜爱。

【半淞园路街道图书馆】

半淞园路街道图书馆创立于 1958 年,馆址为制造局路 567 弄 3 号,面积为 120 平方米,阅读座位 60 个,总藏书量 20 102 册。半淞园路街道少年儿童图书馆创立于 1981 年,馆址为制造局路 567 弄 3 号,面积 80 平方米,藏书量 5 000 册。1995 年,半淞园馆为一级图书馆,馆舍面积增长了 25.8%,达到 892.5 平方米,藏书增加了 59%,达到 16 万册,读者进街道馆阅览、借书人数增长 37.5%,达到 41.3 万人次,图书流通达 121.9 万册。2005 年加入上海市中心图书馆。

2010 年 1 月,原半淞园路街道图书馆迁入西藏南路 1360 号 2 楼新址。新馆位于西藏南路 1360 号(近斜土东路)半淞园路街道办事处综合大楼二楼,馆舍面积 605 平方米,设有精品藏书阅览区、"数字资源在线服务"区、报刊阅览区、图书借阅区、连环画专览区及少年儿童图书借阅区等六大功能区域。馆内阅览区域共设有 150 个席位。现有馆藏图书近 5 万册。图书馆每天对外开放 10 小时,从上午 8 点至晚上 6 点,全年无休,免费开放。图书馆有专职工作人员 6 名。

【小东门街道图书馆】

小东门街道图书馆于 2009 年 8 月搬到白渡路 252 号 2 楼,之前在南仓街 38 号,再之前位于大夫坊 91 号 2 楼。图书馆分为成人阅览室、少年儿童阅览室与休闲书吧,所有书刊开架借阅,全年 365 天,天天开馆。其中成人阅览室与少年儿童阅览室占地 230 余平方米,对外提供图书借阅,书报、杂志阅览等服务;休闲书吧占地 150 余平方米,可用于读者休闲聊天、阅览品茶、商务等多种用途。2008 年加入上海市中心图书馆。

截至 2010 年,图书馆面积 432.5 平方米,员工 7 名。藏书 40 037 册,购书经费 59 776.38 元,配备电脑 3 台。

【豫园街道图书馆】

豫园街道图书馆设于豫园社区文化中心内,地址为方浜中路 199 弄 14 号二楼,总面积 150 余平方米,分成人馆和少年儿童馆。阅览室设有阅览座位 54 个,各类报刊、杂志近百种,供居民阅读。

社区图书馆不定期举办各类讲座及读书活动,在学生寒暑假期间积极开展演讲、书画、象棋等各类比赛活动。2010年加入上海市中心图书馆。截至2010年,馆舍面积150平方米,其中少年儿童图书角20平方米;藏书11 926册,其中少年儿童图书1 374册;计算机1台;阅览成人座位54个,其中少年儿童座位20个;年购书费107 361.4元。员工2人。图书馆实行开放式服务,社区居民无需任何证件均可进馆阅览,所有书刊开架借阅。

【老西门街道图书馆】

老西门街道图书馆坐落在大吉路65号3楼,建筑面积400平方米,设有报刊阅览专区、少年儿童阅览专区和书刊外借区各一个,同时为社区读者提供免费的便民服务。现藏各类书籍37 000余册(件),藏书以文学类与历史类书籍为最多。图书馆现有各类书架书柜、报刊架等28个,其中包括特色心理学专架、新书推荐专架、实用工具类图书专柜等多种特色专架。

老西门街道少年儿童图书室成立于2005年1月,隶属于老西门街道社区文化活动中心。截至2010年,图书室面积40平方米,购书经费9 998元,新购藏量846册,总馆藏4 758册。工作人员2名。

二、卢湾区

【五里桥街道图书馆】

五里桥街道图书馆成立于1958年,1991年由打浦路271号迁至瞿溪路1111弄26号半地下室。1995年迁到现址瞿溪路1111弄26号5楼。少年儿童图书馆原位于瞿溪路1031号。2010年建筑面积350平方米,其中书库面积110平方米,阅览室540平方米(含电子阅览室10平方米);少年儿童图书室70平方米;总阅览席位56平方米(其中少年儿童阅览席位20个,电子阅览席位4个)。从业人员5人,其中正式职工1人,中级职称1人,大专学历1人。2005年纳入上海中心图书馆"一卡通"服务体系。

2010年度财政补助购书经费6万元,新购置书报费6万元。总藏量35 240册(件),累计有效借书证数2 857张。少年儿童图书藏量4 035册,少年儿童图书室流通量13 669人次,少年儿童图书外借12 802册次。

【打浦桥街道图书馆】

打浦桥街道图书馆成立于1958年,1990年馆址位于瑞金二路410弄8号,后迁址蒙自路223号三楼,馆长汪佩华。2010年建筑面积650平方米,其中书库面积110平方米,阅览室540平方米(含电子阅览室30平方米);少年儿童图书室122平方米;总阅览席位137平方米(其中少年儿童阅览席位30个,电子阅览席位10个);正式职工7人,其中中级职称1人,高中及以下学历3人,大专学历3人,大学及以上学历1人。2006年纳入上海中心图书馆"一卡通"服务体系。

2010年度财政补助购书经费1万元,新购置书报费20 166.24元。总藏量33 403册(件),累计有效借书证1 910张。文献流通总量71 049人次,总书刊文献外借49 220人次,总书刊文献外借286 012册次。少年儿童图书藏量5 508册,少年儿童图书室流通量9 332人次,少年儿童图书外借40 363册次。

【淮海中路街道图书馆】

淮海中路街道图书馆成立于1958年,1990年馆址位于自忠路454号,少年儿童馆位于重庆南路124弄5号,后均迁址于马当路349号5楼,馆长吴佩静。2010年建筑面积270平方米,其中书库面积100平方米,阅览室120平方米(含电子阅览室20平方米);少年儿童图书室50平方米;总阅览席位80平方米(其中少年儿童阅览席位16个,电子阅览席位16个)。正式职工2人,其中初级职称1人,大专学历1人,大学及以上学历1人。2006年纳入上海中心图书馆"一卡通"服务体系。

2010年度财政补助购书经费3万元,新购置书报费4.5万元。总藏量25 441册(件)。文献流通32 595人次,馆内书刊文献外借25 483人次,总书刊文献外借28 448册次。少年儿童图书藏量950册,少年儿童图书室流通1 055人次。

【瑞金街道图书馆】

瑞金街道图书馆于1958年成立,1990年位于淮海中路927弄14号,馆址在陕西南路245号4楼。2010年建筑面积516.4平方米,其中书库面积96平方米,阅览室540平方米(含电子阅览室32平方米);少年儿童图书室108平方米;总阅览席位154平方米(其中少年儿童阅览席位24个,电子阅览席位12个)。从业人员6人,其中正式职工4人,初级职称4人,大专学历2人,大学及以上学历2人。2006年纳入上海中心图书馆"一卡通"服务体系。

2010年度财政补助购书经费3.5万元,新购置书报费2万元。总藏量38 489册(件)。文献流通68 308人次,总书刊文献外借11 328人次,总书刊文献外借220 028册次。少年儿童图书藏量8 049册,少年儿童图书室流通5 946人次,少年儿童图书外借13 472册次。

三、徐汇区

【天平街道图书馆】

天平街道图书馆始建于1964年,馆址位于高安路18弄5号,1994年因天平路街道和永嘉路街道合并,便和位于太原路76号的永嘉路街道图书馆合并,统称为天平街道图书馆,合并后面积约100平方米,藏书1万多册,隶属于街道社文科直接管理。1999年11月随天平街道文化中心搬迁至广元路153号。2008年加入上海市中心图书馆。2009年文化中心改扩建,面积由原来的100平方米增加到250平方米,改建成由图书外借室、成人阅览室、少年儿童阅览室、共享工程播放厅等组成的多功能图书馆,阅览座位增至100个,藏书量也增加到近2万册,年增订报刊130多种。年购书经费达8万元。工作人员3人。

图书馆组织开展丰富多彩的读书活动,利用寒暑假组织学生参与图书馆社会实践活动,如做小小图书馆管理员、慰问军烈属、探望孤寡老人、参与居委清洁活动等,多次获优秀组织奖。

【湖南街道图书馆】

湖南街道图书馆位于徐汇区乌鲁木齐中路164号的湖南社区文化活动中心,使用面积300平方米,设有图书外借室、成人阅览室、少年儿童阅览室及电子阅览室。阅览座位100个。馆内藏书54 227余册,各类报纸杂志120余种。年购书经费6万元,员工4名。图书馆通过外借、阅览、咨询、办证、宣传、影音视频等多种方式为读者提供服务。年流通量达6万多人次,2008年5月成为上海市中心图书馆基层服务点。图书馆开展以满足社区老百姓为需求的特色服务活动,组织上海交通大学医学院学生志愿者,向社区居民提供影视演艺、电化教育、读书指导、信息服务、技能培训等多层次、多元化的文化学习教育服务。

【斜土街道图书馆】

斜土街道图书馆建于 20 世纪 60 年代,原址日晖六村 51 号,面积约 150 平方米,隶属斜土街道。2002 年,街道在原址东端新辟图书馆,面积 150 平方米,工作人员添至 3 人。2008 年 6 月,街道在医学院路 52 号新建图书馆,面积约 200 平方米(其中少年儿童面积 30 平方米),阅览座位 80 个。2008 年加入上海市中心图书馆。截至 2010 年,馆藏各类图书 14 430 册,报纸杂志 96 种,书架长度 318 米,年购书经费 6 万元,报刊订阅 2 万元。配有工作电脑 1 台,上图一卡通联网电脑 3 台。工作人员 3 人。图书馆特色为老年服务,每年为老年人开办医疗健康、养身、疾病防治等讲座 4—6 次及医疗咨询服务数次。

【枫林街道图书馆】

枫林街道图书馆建于 1977 年,馆址东安路 182 号,馆藏图书 7 000 册,工作人员 4 名。2007 年由宛南文化馆整建改制划入枫林街道,枫林街道图书馆迁至双峰路 420 号。2008 年 5 月,图书馆成为上海市中心图书馆基层服务点。2009 年,图书馆投入 100 余万进行改建并重新进行功能定位,面积由原来的 250 平方米增加到了 500 余平方米,并另在左侧设有东方信息苑,右侧开设林曦明现代剪纸艺术馆。图书馆内设有图书外借、少年儿童阅览室、艺术长廊等服务项目,阅览室座位 150 个,全馆开放时间实行“5＋2”工作制,每周开放 56 小时。截至 2010 年,藏书 19 000 册,订阅报纸期刊 100 种。年购书费 3 万元。全年接待读者 1 万余人次。图书馆工作人员 7 名。

【长桥街道图书馆】

长桥街道图书馆建于 1986 年 4 月,馆址长桥新一村 66 号,馆舍面积 110 平方米。2000 年迁至罗城路 651 弄 66 号,馆舍面积 350 平方米。2006 年再迁至罗秀路 237 号,馆舍面积 593 平方米。2006 年长桥街道图书馆建立时,即成立少年儿童图书馆,馆舍面积 120 平方米,阅览座位 40 个。截至 2010 年,馆舍面积 593 平方米,阅览座位 246 个,藏书 41 483 册,订阅报纸、期刊 272 种,年购书费 101 856 元。图书馆工作人员 9 名。

【田林街道图书馆】

田林街道图书馆建于 1986 年 6 月,位于田林六村 14 号,馆舍面积 30 平方米,阅览席位 25 个。2004 年 3 月,在徐汇区文化局主持下,田林街道图书馆与浩清图书馆签署共建协议,实现资源整合。2006 年 3 月,徐汇区文化艺术中心整建制划转到田林街道,浩清图书馆更名为田林社区图书馆。2006 年 10 月,图书馆引入上海中心图书馆“一卡通”服务。图书馆设有开架外借服务区、报刊阅览区、少年儿童阅览区。馆舍面积 529 平方米,阅览席位 129 个,其中少年儿童阅览区域 106 平方米,席位 33 个,每周开放时间达到 73 小时,年订阅期刊 160 种左右。截至 2010 年,馆藏 45 229 册,馆外服务点 4 个;各类读书活动丰富多样,结合服务宣传周和寒暑假开展各类主题活动,播放共享工程影视节目,为残疾人等弱势群体服务。工作人员 6 名。

【虹梅街道图书馆】

虹梅街道图书馆建于 1990 年 12 月,阅览室面积只有 35 平方米。图书馆的图书、杂志分布在 10 个居委中,藏书 6 770 册。由于图书馆地方太小,后搬迁到现在的莲花路 1030 号 2 楼,面积 300 平方米。2008 年加入上海市中心图书馆。目前图书馆藏书 4 万多册,门类齐全,有古今中外名著以及政治、经济、哲学、科技、文艺等图书,并有贴近读者的报刊、杂志 100 多种。馆内设有成人阅览室、儿童阅览室、电子阅览室。依托街道、漕开发以及社会多方力量,经常开展形式多样的青少年科普活动,内容包括讲座、培训、体育竞赛等,深受孩子们的欢迎。并针对外来务工人员子女、单亲家庭子女等特殊人群家庭子女开展主题活动等。

【康健街道图书馆】

2007 年起,康健街道图书馆与徐汇区工人文化体育中心图书馆共建,形成新的图书馆。2007 年,康健街道图书馆加入上海中心图书馆一卡通系统。截至 2010 年,图书馆馆舍面积 350 平方米,藏书 14 676 册,每年订阅报纸杂志百余种。员工 4 人,年购书经费 6 万元。图书馆以茶文化为基线,积极开展与茶文化有关的各项文化活动。

【徐家汇街道图书馆】

徐家汇街道图书馆始建于 1961 年,前身为徐镇路街道图书馆。1994 年由漕溪北路街道图书馆(少年儿童馆)和天平街道少年儿童馆、徐家汇街道虹二居委少年儿童馆、徐镇路街道图书馆合并为徐家汇街道图书馆,搬迁至秀山路 16 弄 8 号。2001 年 1 月搬迁至宜山路 50 弄 2 号 3 楼,馆舍面积 100 平方米。2007 年,图书馆面积 530 平方米。馆内设有开架外借服务区、报刊阅览区、少年儿童区。拥有阅览座位 124 个,配备电脑 17 台提供上网阅览。藏有图书、资料、多媒体文献 4 万余册,年入藏新书 2 500 余册(少年儿童图书占 20%),各类报刊百余种,馆藏以人文科学为主,特色藏书为上海地方文献和人物传记。图书馆设有外借、阅览、特藏、多媒体教室、少年儿童 DIY 乐园及放映多功能厅等活动设施,每周开放 70 小时。2007 年加入上海市中心图书馆。截至 2010 年,馆舍面积 530 平方米,年购书费 8 万,员工 5 人。

【凌云街道图书馆】

凌云街道图书馆,原名上海梅陇文化馆图书室,1997 年 7 月建馆,隶属于上海梅陇文化馆,工作人员 3 人,图书室总面积 280 平方米,馆藏图书 5 000 册,年购书经费 1 万元。1999—2002 年,上海梅陇文化馆与凌云街道办事处资源共建共享一同管理图书室,图书室升级为图书馆,工作人员 3 人,图书馆面积 380 平方米,馆藏图书 1.5 万册,年购书经费 3 万元。2002—2010 年,上海梅陇文化馆与凌云街道办事处资源共建共享一同管理图书馆,图书馆正式更名"凌云街道图书馆"并挂牌,工作人员 3 人,图书馆面积 450 平方米,馆藏图书 3.9 万册,年购书经费 5 万元。2006 年加入上海市中心图书馆。

【龙华街道图书馆】

龙华街道图书馆始建于 1963 年,前身为龙华镇图书馆,原址在后马路 142 号。2002 年 10 月搬迁至龙华西路 21 弄 80 号,馆舍面积 340 平方米。2007 年改建后的图书馆馆舍总面积达到 510 平方米,阅览席位 130 个,馆藏文献 3.6 万册(件),各类报刊 200 余种,年入藏新书 2 500 余册(少年儿童图书占 20%）。图书馆通过为孤老和残疾人送书上门、电话续借、预约借书、开设军营流动图书馆等多种方式,拓展社区图书馆服务领域。2007 年加入上海市中心图书馆。截至 2010 年,馆舍面积 510 平方米,年购书费 8 万元,员工 4 人。

【漕河泾街道图书馆】

徐汇区漕河泾街道文化中心图书馆创办于 1985 年,位于徐汇区康健路 135 号。图书馆面积 546 平方米,内设图书外借、少年儿童阅览室、成人阅览室、老年阅览室、电子阅览室等。收藏图书 30 366 册,电子文献 1 036 件,报刊 127 种,法律专架书 400 册。年购书费 58 806.40 元,报刊费 19 061.08 元。员工情况 6 人。2008 年加入上海市中心图书馆。

【华泾镇图书馆】

华泾镇图书馆成立于 1999 年 8 月,原址龙吴路 2388 弄 120 号,2010 年 8 月迁至华泾路 505 号,隶属华泾镇政府。2008 年加入上海市中心图书馆。截至 2010 年,图书馆面积 350 平方米,藏书总量 32 115 册,设有外借处、阅览室、少年儿童阅览室,阅览席位共 105 个,年购书经费 8 万元,员工 4 人。

四、长宁区

【华阳街道图书馆】

华阳街道图书馆原址在长宁路华阳五金厂内。1995 年 3 月,与武夷街道图书馆合并更名为华阳街道图书馆。2005 年 9 月,搬迁至安化路 500 号社区文化活动中心三楼,面积 700 多平方米。馆内设有成人借阅区、少年儿童借阅区、报纸杂志区、多功能放映厅、全国文化信息资源共享工程基层播放点等。2006 年起,图书馆围绕"凝聚力工程"主题推出特色服务项目,如与街道司法科联合建立针对社区矫正人员的特殊服务项目"矫正教育基地",帮助社区矫正人员制订学习计划,办理借书证,与街道"新航读书会"联手开展讲座、好书推荐、影视教育、互动交流等读书活动。2010 年加入上海市中心图书馆。截至 2010 年,有藏书近 3 万册,各类报刊、杂志 150 余种。工作人员 6 名。

【江苏街道图书馆】

江苏街道图书馆成立于 1963 年,原馆址长宁路 449 号。2002 年 9 月,搬迁至武定西路 1371 弄 65 号,面积 196 平方米。2008 年 1 月搬迁至安西路 45 号长宁区工人文化宫,与长宁区工人文化宫图书馆资源共享,馆舍总面积为 660 平方米。2008 年 1 月挂牌成立"职工书屋",组织职工开展知识竞赛、演讲、交流、论坛、讲座等形式的读书活动。2010 年加入上海市中心图书馆。截至 2010 年,藏书总量 3.07 万册,报纸杂志 126 种,有 500 册工具类图书为特色藏书。年购书费 12.7 万元。工作人员 6 名,本科 1 名,专科 5 名。

【新华街道图书馆】

1974 年,新华街道图书馆正式成立,馆址法华镇路 751 弄 5 号。1980 年,新华街道少年儿童图书馆成立,面积约 70 平方米。1984 年,图书馆与少年儿童馆合并搬迁至法华镇路 751 弄 5 号,面积约 210 平方米,设有外借室、阅览室等。2002 年,搬迁到法华镇路 453 号社区文化活动中心二楼,面积约 260 平方米。2007 年,又搬迁到新华路 350 号,面积约 500 平方米。2009 年,再次搬迁到法华镇路 453 号社区文化活动中心三楼,面积 600 平方米。同时,在新华路 359 号设立分馆,面积 220 平方米,两处设有阅览室、外借室、少年儿童馆、活动室、展览厅、电子阅览体验室、多媒体阅览室、影视放映厅、新华名人馆、多功能厅等。2010 年加入上海市中心图书馆。

【周家桥街道图书馆】

周家桥街道图书馆创建于 1972 年 4 月,原馆址为长宁路 1895 弄 6 号,馆舍面积 140 平方米,有阅览室、成人书库和少年儿童书库。2004 年 12 月,图书馆搬迁至长宁路 1488 弄 6 号一楼、二楼,面积 370 平方米。一楼是成人图书和少年儿童图书外借室,二楼是阅览室,分为成人阅览区、少年儿童阅览区、电子阅览区、社区名人作品阅览区和党建书籍阅览区,阅览座位 100 个。截至 2010 年,藏书总量 2.26 万册,订阅报纸杂志 102 种,全年购书经费为 6.17 万元,图书馆专职工作人员 5 人。2001 年,创立外来务工人员"读书候鸟俱乐部",组织外来务工人员开展读书活动。2007 年 5 月,开辟"会所文化"服务项目,图书馆提供各类辅导书和诵读资料,聘请专业辅导老师,组织朗诵爱好者,每周定期开展诵读活动。2010 年加入上海市中心图书馆。

【天山新村街道图书馆】

天山新村街道图书馆建于 1977 年 8 月,馆址天山二村 63 号(乙)。1994 年 5 月 7 日,天山新村街道与遵义路街道合并,图书馆更名为天山街道图书馆,图书馆搬迁至紫云路 100 号。1996 年再迁至天山二村 64 号(乙)二楼,面积达 389 平方米。2009 年 5 月,图书馆迁至天山四村 122 号天山社区文化活动中心底楼,面积 592.9 平方米,阅览座位 120 个。设报刊阅览区、图书借阅区、少年儿童亲子区、少年儿童借阅区、全国文化信息资源共享工程基层播放点等。2009 年 5 月,加入上海市中心图书馆"一卡通"基层服务点。截至 2010 年,藏书 2.6 万余册,报刊 200 余种,接待读者 8.9 万人次,外借图书 9.6 万余册次;年购书经费 25.9 万元。工作人员 6 名。

【仙霞新村街道图书馆】

仙霞新村街道图书馆成立于 1982 年 8 月,原馆址天山五村 152 号(茅台路 373 号)。1986 年,搬迁至天山五村 4 号。2002 年搬迁至仙霞路 435 弄 5 号,馆舍面积为 504 平方米,设有成人外借阅览室、少年儿童外借阅览室和视听阅览室。2005 年,开办社区"百姓讲坛",每月定期举办各类讲座。2008 年成立文化沙龙,开展一系列高雅文化活动;是年 10 月,创办"仙霞书香网",发布社区读书活动信息,介绍街道图书馆图书资源。至 2010 年,在居民区建立 40 个"晚晴"读书会组织。2010 年加入上海市中心图书馆。截至 2010 年,藏书总量 3.2 万册,特色馆藏为工具书和连环画。年购书经费 13.6 万元;在职人员 6 人,其中本科 2 人。

【虹桥街道图书馆】

虹桥街道图书馆成立于 1986 年 9 月,馆址中山西路 1030 弄 51 号。1993 年搬迁到虹桥路 1041 弄 48 号地下室,1994 年 10 月搬至虹桥路 1041 弄 48 号虹储居委会活动室。1997 年再次搬迁至虹桥路 1115 弄 19 号社区文化活动中心二楼,2004 年,图书馆又搬迁至一楼。2008 年,创建"外来建设者"读书会,会员 30 余名,全部来自三湘大厦的外来务工人员。2010 年加入上海市中心图书馆。截至 2010 年,馆舍面积 320 平方米,藏书 2.06 万册,馆藏特色为人物传记类图书,年购书经费

7.3 万元。专职工作人员 6 名,其中本科 2 人。

【程家桥街道图书馆】

程家桥街道图书馆成立于 1993 年,原址在虹桥路 2282 号。2006 年搬迁至哈密路 1955 号 5 楼,总面积为 500.5 平方米。设有成人阅览区、少年儿童阅览区、电子阅览区,共建立馆外服务点 8 个。2010 年加入上海中心图书馆"一卡通"基层服务点,更新 6 项借阅服务制度,新增 ipac 查询制度、青少年网络教室制度、未成年人校外互动场所安全制度等。截至 2010 年,藏书总量 3.26 万册,军事类图书为特色馆藏,接待读者 6.02 万人次,借阅图书 10.04 万册次,年购书经费 12.3 万元。工作人员 6 名,其中本科 3 名。

【北新泾街道图书馆】

北新泾街道图书馆的前身是北新泾镇图书馆,成立于 1958 年,位于蒲松北路老街。1984 年,北新泾镇划入长宁区,图书馆也迁至北新泾古镇的关帝庙。1996 年 7 月,北新泾镇图书馆更名为北新泾街道图书馆。1998 年,北新泾街道图书馆迁入新泾一村 144 号北新泾社区文化活动中心二楼。2006 年,图书馆再次搬迁至文化活动中心三楼。2010 年,北新泾街道图书馆馆舍面积为 594 平方米。2006 年,图书馆成立"伏枥"读书指导中心,为 15 个居委读书会提供图书、报刊资源,为 200 多名读书会成员提供各类学习指导。2010 年加入上海市中心图书馆。截至 2010 年,藏书总量 3.05 万册,馆藏特色为传统文化与民俗文化,年购书经费 19.2 万元。专职工作人员 6 名,其中本科 3 人。

【新泾镇图书馆】

1956 年 6 月,新泾公社文化站成立后设立图书馆,对外开放并提供借阅图书服务。1980 年,在哈密路 433 号重建图书馆,有固定工作人员管理和借阅图书。1985 年改名新泾乡文化中心站图书馆。1995 年 5 月,撤乡建镇,改名新泾镇图书馆。2003 年搬迁至淞虹路 650 弄 2 号,馆舍总面积 319.2 平方米。2010 年加入上海市中心图书馆。截至 2010 年,有工作人员 5 名,其中事业编制 2 名。图书馆挖掘、收集、整理地区特色民俗文化——西郊农民画资料,开展特色服务。

五、静安区

【江宁路街道图书馆】

江宁路街道图书馆原址位于康定路 560 号,2008 年迁址于西苏州路 71 号,由静安河滨花园小区会所改建而成,工作人员 6 人,全国文化信息资源共享工程基层服务点。截至 2010 年,馆内藏书 23 915 册,面积 500 平方米,设成人外借区、成人阅览区、电子阅览区、视听放映室,白领、老年人、青少年活动室,无障碍通道等设备齐全。开展读报、剪报沙龙、影视欣赏等各类读书活动,服务社区居民及商务楼宇员工。2008 年 5 月加入上海市中心图书馆"一卡通"服务体系。

【石门二路街道图书馆】

石门二路街道图书馆于 1995 年由武定街道图书馆与张家宅街道图书馆合并而成,原馆址位于石门二路 344 弄 107 号,2009 年 11 月迁入新落成的石门二路社区文化活动中心,位于康定东路 85

号石门二路文化活动中心一楼,设成人外借区、成人阅览区、少年儿童阅览区、电子阅览区等。2007年10月加入上海市中心图书馆"一卡通"服务体系。截至2010年,馆舍面积520平方米,阅览座位123个,馆内藏书22 940册,年订购报刊122种,年购书经费80 179.21元,工作人员6人。组织读者参与社区各项群众文化活动,"老电影"主题活动为该馆特色读书活动,包括老电影影评征集、观影读后感活动、设置老电影特色专栏书架。

【南京西路街道图书馆】

南京西路街道图书馆创立于1961年7月,馆址南京西路西康路口,"文化大革命"期间解散。1972年7月恢复,更名为延安中路街道图书馆,馆址迁至南阳路70号。1974年迁址于富民路149号。1994年与威海街道图书馆合并,更名为南京西路街道图书馆,位于茂名北路75弄6号。2009年5月加入上海市中心图书馆"一卡通"服务体系。截至2010年,馆内藏书29 921册,面积301平方米,设成人外借区、成人阅览区、少年儿童阅览区、电子阅览区、特色专架区等。采用ILAS系统和上海图书馆两套图书检索系统,电子阅览室电脑4台,供读者检索使用计算机2台。工作人员3人。设立为社区老干部和残疾人送书上门服务项目、流动图书服务点服务项目,每月剪辑汇编"社区掠影""保健苑"各一期,服务社区居民。

【静安寺街道图书馆】

静安寺街道图书馆建于1995年,由华山街道图书馆和愚园街道图书馆合并,原址位于常熟路100弄,2009年11月迁入新落成的静安寺社区文化活动中心,位于新闸路1855号三楼。馆舍面积416平方米,设成人外借区、成人阅览区、少年儿童阅览区、电子阅览区、放映厅等,实行借阅一体化全开架服务。共有阅览座位62个,其中电子阅览室10个,成人借阅室24个,少年儿童借阅室28个。截至2010年,藏书34 025册,电子资源228件,报刊126种,年购书经费81 692.81元,其中少年儿童图书馆经费占11.7%。工作人员5人。2007年5月加入上海市中心图书馆"一卡通"服务体系。

【曹家渡街道图书馆】

曹家渡街道图书馆成立于1958年,1994年与万航街道图书馆合并成为曹家渡街道图书馆,位于余姚路519号,馆舍面积518平方米,阅览座位126个,其中电子阅览室10个,成人借阅室87个,少年儿童借阅室29个,设成人外借区、成人阅览区、少年儿童阅览区、电子阅览区等。截至2010年,藏书27 677册,电子文献231件,报刊144种,年购书经费139 342.3元。工作人员8人。2005年12月加入上海市中心图书馆"一卡通"服务体系。2009年建立"曹家渡社区读书协会",定期开展书友会、故事重提等活动;在街道少年儿童馆建立"青少年读书成长基地",开展各类青少年读书志愿活动。

六、普陀区

【曹杨街道图书馆】

曹杨新村街道图书馆创办于1991年,后因动迁多次搬迁。曹杨文化中心于2002年12月建成,其中图书馆坐落于杏山路317号曹杨社区文化活动中心一楼。建筑面积310平方米,馆内阅览座位共 90 个,开设图书外借区、成人阅览区、少年儿童阅览区和电子阅览区。图书馆实有藏书 21 200 册,其中包括哲学、社会科学、政治法律、军事、经济、教育体育、文学类、艺术类、历史地理类、医药卫生类及自然、数理天文、交通运输等。年征订报刊 174 种,年接待读者 6 万余人次,外借图书 8 万余册次。图书馆全年无休,每周开放 65.5 小时。2010 年,加入上海市中心图书馆。

【长风新村街道图书馆】

长风新村街道图书馆建于 1975 年 3 月,1977 年移至中山北路 3676 弄 4 号,1988 年 9 月更名为长风新村街道图书馆,1990 年搬至长风二村 59 号长风新村街道文化中心。1995 年 9 月图书馆和少年儿童图书馆同时迁入长风文化馆,2007 年 5 月搬入长风社区文化活动中心,有成人阅览室、外借室、少年儿童阅览室、外借室、电子阅览室,藏书约 4.2 万余册,报纸杂志 120 余种。图书馆特色活动包括:长风新视角文化沙龙、新上海人红领巾读书小组等。2007 年加入上海市中心图书馆。

【长寿街道图书馆】

长寿街道图书馆创建于 2005 年,坐落于新会路 25 号原新会中学旧址、拥有百余年历史的老大楼内。面积约 393 平方米,并单独设立少年儿童阅览室和外借处。2007 年加入上海市中心图书馆,作为上海市中心图书馆"一卡通"通借通还服务网点,图书馆使用上海市中心图书馆知识管理与服务系统,业务工作实现计算机联网管理。图书馆曾获"翰林杯"普陀区第五届"冬冬乐"寒假系列活动优秀组织奖、区中国共产党成立八十周年活动优秀组织奖等。

【甘泉路街道图书馆】

甘泉路街道图书馆建于 1982 年 3 月,藏书 2 000 余册。1989 年迁入志丹路 126 号,馆舍面积 80 平方米,藏书 8 000 余册。1998 年图书馆迁入志丹路 501 弄 32 号,馆舍面积 120 平方米,馆藏 2.2 万余册。2004 年,建成新图书馆,建筑面积 605 平方米,设有外借区、阅览区、读者区、特阅区、少年儿童阅览区、电子阅览区、读者检索区、特色专架、服务台、采编室、办公室、书库等。2005 年 10 月加入上海中心图书馆。特色活动是"甘泉杯"家庭读书系列活动,自 1997 年的第一届起,成为甘泉街道创建学习型社区的文化品牌。

【石泉路街道图书馆】

石泉路街道图书馆新馆创建于 2009 年 9 月,坐落于宁强路 33 号石泉社区文化活动中心 A 楼。建筑面积 500 平方米,馆内阅览座位共 120 个,开设图书外借区、成人阅览区、少年儿童阅览区和电子阅览室。图书馆实有藏书 56 572 册,其中以经济类、文学类、历史地理类、医学类为主,年征订报纸杂志 160 余种,年均接待读者 16 万余人次,外借图书 20 万余册次。图书馆实行全年无休,每天开放 10 小时。2009 年 10 月起,实行了图书采编目、流通、检索等计算机自动化管理。2009 年加入上海市中心图书馆。

【宜川路街道图书馆】

普陀区宜川路街道图书馆建于 1978 年,馆址交通路 1913 弄 7 号,藏书 2 000 册。2007 年图书馆搬迁至华阴路 200 号宜川社区文化活动中心二楼。建筑面积 800 平方米,馆内阅览座位共有 157 个,开设成人馆、少年儿童馆和电子阅览室。截至 2010 年,图书馆实有藏书 3 万余册,其中以文学类、历史地理类、医学养生类为主,年征订报纸杂志 130 余种,年均接待读者 8 万余人次,外借图书 7 万余册次。2007 年起,图书馆开设特色读书小组:"青松乐"读书科普剪报小组、"阳光妈妈"俱乐部、"330 读书俱乐部"、"假日学校"、"新上海人子女俱乐部"等,为社区各个年龄层的读者提供了交流学习平台。2007 年加入上海市中心图书馆。

【真如镇图书馆】

真如镇图书馆新馆创建于 2008 年 10 月,位于真如文化活动中心三楼。建筑面积 312 平方米,馆内阅览座位共 96 个,开设图书外借区、成人阅览区、少年儿童阅览区和电子阅览室。图书馆实有藏书 13 198 册,其中以经济类、文学类、历史地理类、医学类为主,年征订报纸杂志 130 余种,年均接待读者 5 万余人次,外借图书 4 万余册次。图书馆实行全年无休,每天开放 8.5 小时。2009 年 5 月起,实行图书采编目、流通、检索等计算机自动化管理。2010 年 5 月,真如镇总工会在图书馆内设立了职工书屋,以保障广大职工的基本文化权益,丰富基层职工的精神文化生活。2008 年加入上海市中心图书馆。

【万里街道图书馆】

万里街道图书馆成立于 2010 年,馆址位于富平路 518 号万里街道文化活动中心二楼,总建筑面积 520 平方米,馆内阅览座位共 114 个。图书馆内设有外借室、成人阅览室、少年儿童阅览室,可容纳百余位读者休闲阅读,实施藏、查、借、阅一体化开架服务,配套设施还有电子阅览及科普体验馆。图书馆实有藏书约 14 515 册,其中以文学类、经济类、政治法律类、历史地理类、医学类为主,年订阅报纸杂志 129 余种,年均接待读者 4 万余人,外借图书 3 万余册次。图书馆全年开放无休,每周开放 73.5 小时。2010 年 7 月,图书馆加入上海市中心图书馆。

【桃浦镇图书馆】

桃浦镇图书馆成立于 2004 年 6 月,原址位于桃浦镇社区学校,2010 年后搬迁至桃浦社区文化活动中心教学楼一楼,面积 302 平方米左右,设报刊阅览室、少年儿童图书活动室、开放式书库等设施,阅览席位 70 个。图书馆每周开放时间 56 小时,实行全开架借阅。图书馆将服务延伸到社区单位,分别在敬老院、武警部队和基层居委图书室等多家单位设立馆外服务点,免费赠送书刊。每年还组织形式多样的读书活动,包括征文、演讲、展览、科普讲座等,参与各类读书活动的社区居民达年均万余人次。2006 年加入上海市中心图书馆。

七、闸北区

【天目西路街道图书馆】

天目西路街道图书馆建于 1988 年,原址在长安路 270 弄 1 号,面积 20 平方米,总藏书 8 000 余册,只开设成人馆。1996 年天目西路街道与中兴路街道合并,成立新的天目西路街道,天目西路街道图书馆迁至恒丰北路 35 号,面积 200 余平方米,图书馆由少年儿童馆和成人馆组成,藏书量 10 000 余册。2008 年 5 月,图书馆搬至和泰小区过渡,于和泰居委会内开设少年儿童馆和成人馆,场馆面积 150 平方米,总藏书 11 000 册。2010 年加入上海市中心图书馆。

【北站街道图书馆】

北站街道图书馆创建于 1971 年,藏书 3 000 册,面积 20 平方米。1978 搬迁至东新民路 100 号,藏书 3 200 册,图书室面积 18 平方米。1984 年搬至安庆路 262 号,藏书 3 500 册,图书室面积 42 平方米。1993 年因旧区改造,搬迁至湖南北路 369 号,藏书 3 800 册,图书室面积 70 平方米。1998 年搬至塘沽路 800 号,藏书 4 000 册,面积 88 平方米。2004 年搬至南新路 80 号,藏书 15 000 册,图书馆面积 100 平方米。2007 年 8 月北站街道图书馆迁入坐落在康乐路 101 号北站街道社区文化活动中心二楼,建筑面积 448 平方米,设有成人阅览室、少年儿童阅览室、特色馆,藏书 31 000 余册,年购书经费 6 万元。1993 年起,图书馆将京剧作为馆藏特色,设有"京剧特色学习专柜",供京剧爱好者借阅各类书籍资料。2007 年加入上海市中心图书馆。

【宝山路街道图书馆】

宝山路街道图书馆由 1959 年建立的青云街道图书馆和 1962 年建立的宝山路图书馆合并而成,原地址在闸北区青云路 483 弄 6 号。2005 年 12 月,图书馆迁入新落成的宝昌路 533 号宝山社区文化活动中心六楼,建筑面积 500 余平方米,藏书 39 996 余册,各类报纸杂志 130 余种,阅览座位 134 个。图书馆围绕街道辖区内的革命史迹多,开展形式多样的爱国主义教育活动,包括:挖掘红色史料,编写爱国主义教材;以百年宝山路为主题,开展爱国主义教育活动;以"红色四季"为主题,开展丰富多彩的文化活动等。2006 年加入上海市中心图书馆。

【共和新路街道图书馆】

共和新路街道图书馆原建于共和新路社区文化站,位于柳营路 1025 弄 25 号。2007 年 8 月,新馆建成,坐落于延长中路 755 号,馆舍面积 330 平方米,藏书 3.7 万余册,订阅各类报纸、期刊 120 余种,阅览席位 120 个。2007 年加入上海市中心图书馆。馆内设有成人阅览室、少年儿童室及藏书库,现有藏书全部进入上海市中心图书馆"一卡通"借阅系统,与全市各区(县)、街(镇)图书馆实行异地借还服务,全年无休。图书馆以提供"茶文化"图书文献服务为主题特色,宣传形式如开设"茶文化"专柜、举办"茶"特色课堂、"茶科普"展板巡展、茶艺茶礼表演活动等。

【大宁路街道图书馆】

1987 年,大宁路街道建造文化活动站,地址位于共和新路 1700 弄 70 号甲,活动站内设置一个图书馆室,图书主要来源为原海宁街道搬迁过来的旧书。1992 年,图书馆搬迁至延长中路 500 弄 5 号甲,面积约 60 平方米,工作人员 3 名,各类书籍总量为 3 000 余册,设置阅览室和借阅室,对辖区居民开放。2010 年,街道将共和新路 1700 弄 70 号甲的房屋重新规划,改建为"大宁路街道图书馆新馆"。图书馆约 450 平方米,设有电子阅览区、休闲阅览区、少年儿童阅览区、成人阅览区、图书外借区,藏书 3 万余册。2010 年加入上海市中心图书馆。

【彭浦新村街道图书馆】

彭浦新村街道图书馆创建于 1980 年,馆址位于彭浦新村 65 号甲,面积 150 平方米,藏书 10 566 册。1983 年建立少年儿童图书馆,藏书 19 283 册。2006 年加入上海市中心图书馆。2007 年 6 月,彭浦新村街道图书馆新馆落成,位于彭浦新村 58 号,面积 550 平方米,内设成人库、少年儿童库、阅览区共享工程播放室,总藏书 47 878 册,各类报纸杂志 160 多种。

【临汾路街道图书馆】

临汾路街道图书馆建于 1989 年，原址阳曲路 50 弄，面积 50 多平方米，座位 50 多个，馆藏书籍 1 万余册；1993 年搬迁至阳曲路 261 弄 24 号，面积 80 余平方米，座位 60 多个；1995 年搬迁至安业路 58 号，面积 100 余平方米，座位 80 个；2005 年搬迁至保德路 181 号三楼，面积 528 平方米，座位 130 个。截至 2010 年，藏书 3 万余册，期刊 120 余种。2005 年设立"品茶人生"茶艺小组，每月为读者推荐新书导读，公布读者感兴趣的社会热点或养生知识，每季度两次文献免费赠送，每周免费播放上海图书馆视听讲座和电影等。2006 年加入上海市中心图书馆。

【芷江西路街道图书馆】

芷江西路街道图书馆建于 1972 年，原址南山路 109 号，1993 年迁入大统路统北村 17 号甲，1995 年街道投入经费 60 万元进行改扩建。2006 年加入上海市中心图书馆。截至 2010 年，总藏书 4 389 册，各类报纸杂志 80 种，阅览座位 80 个，年借阅 1 万余人次。图书馆 1994 年开办"聋人周日文化茶座"，茶座曾被中央电视台、上海东方电视台誉为"默默无闻的精神盛宴"，无声沙龙曾获市聋协"上海市十佳优秀集体"称号，并多次在新闻媒体上予以报道。

【彭浦镇图书馆】

1997 年建馆的彭浦镇图书馆位于灵石路 725 号甲，面积 400 平方米，藏书 4.5 万余册，报纸杂志 100 多种，有成人馆、少年儿童馆、报刊阅览室、电子阅览、培训中心等。2002 年 9 月实现计算机自动化管理。2004 年 9 月开辟电子阅览室，为广大读者提供各类电子书籍阅览、因特网浏览等服务项目。2008 年加入上海市中心图书馆。2009 年再建图书馆，馆址位于灵石路 745 号 2 楼，面积 800 平方米，总藏书 4.9 万余册，各类报纸杂志 100 多种。

八、虹口区

【欧阳路街道图书馆】

欧阳路街道图书馆成立于 1958 年，馆址位于上海市虹口区四平路 621 弄甲 100 号。馆舍面积 45 平方米，藏书 15 180 册。1978 年，欧阳路街道图书馆改建完成，建馆面积 100 平方米。1980 年，欧阳路街道图书馆分设少年儿童馆，馆舍面积 40 平方米，阅览座位 40 个，藏书 2 742 册。2009 年 10 月，欧阳路街道图书馆与上海图书馆、虹口区图书馆三方签订"上海市中心图书馆基层服务点建设协议书"。2010 年 3 月，欧阳路街道图书馆完成扩建对外开放。全馆面积 353.7 平方米，其中成人图书馆 300 平方米，少年儿童阅览室 32.7 平方米，书库 21 平方米。阅览座位 56 个，少年儿童阅览座位 24 个。馆藏书 2 万余册，报纸杂志 119 种。同期，图书馆加入上海市中心图书馆。

【曲阳路街道图书馆】

曲阳路街道图书馆始建于 1985 年，位于伊敏河路 87 号，馆舍面积 45 平方米，藏书量 9 000 册，分设成人阅览和少年儿童阅览。1997 年 10 月，图书馆搬至虹口区大连西路 230 弄 18 号，馆舍面积 120 平方米，馆藏图书 2 000 余册，阅览座位 20 个。2006 年 10 月，曲阳社区文化中心建成，曲阳路街道图书馆从原址迁入，设于曲阳社区文化中心的三楼，并正式投入使用，馆舍面积 420 平方米。图书馆设成人阅览、图书外借、少年儿童阅览三个服务窗口，馆藏图书 3 万余册，每年入藏图书

3 000 余册,年订报刊 120 余种,阅览座位 120 个,年接待读者 4 万余人次。2008 年 7 月成为上海市中心图书馆"一卡通"基层服务点。

【广中路街道图书馆】

广中路街道图书馆始建于 1958 年,馆址位于广灵一路,藏书 15 600 册,馆舍面积 50 平方米,阅览座位 20 个,专职人员 4 人。1982 年,在广中三村 12 号建立少年儿童图书馆,藏书 4 600 册,馆舍面积 20 平方米。1985 年,图书馆搬至广中三村 12 号,馆舍面积 50 平方米,专职人员 4 人。1990 年,图书馆搬至广灵一路商业二村迎宾楼二楼,馆舍面积 100 平方米,专职人员 4 人。1995 年,图书馆搬至水电路 609 弄 14 号,馆舍面积 80 平方米,少年儿童馆面积 15 平方米,专职人员 4 人。同心路街道图书馆始建于 1974 年,馆址位于中山北路 68 号 102 室,藏书 12 826 册,馆舍面积 34 平方米;少年儿童图书馆始建于 1974 年,藏书 6 035 册,馆舍面积 22 平方米,阅览座位 16 个。2000 年,同心路街道图书馆并入广中路街道图书馆。2009 年 7 月,广中路街道图书馆迁至广中二村 58 号二楼,馆舍面积 315 平方米,阅览座位 80 个,专职人员 3 名。由成人借阅室、少年儿童借阅室、电子阅览室、读者自修室、藏品陈列室五个对外服务窗口组成。现有藏书 2 万余册,年订阅报刊 100 余种。2009 年 7 月,加入上海市中心图书馆。

【嘉兴路街道图书馆】

嘉兴路街道图书馆成立于 1978 年,馆址位于同嘉路 44 弄 7 号 102 室,面积 40 平方米,阅览座位 21 个,藏书 21 856 册。1986 年,增加了少年儿童图书室,面积达 20 平方米,阅览座位 15 个,藏书 3 565 册。1978 年,原虹镇街道图书馆位于天宝路 51 号,面积 62 平方米,阅览座位 20 个,藏书 18 678 册。1979 年,在高阳路 645 号成立了虹镇街道少年儿童图书馆,面积 17 平方米,阅览座位 15 个,藏书 4 209 册。1996 年,原嘉兴路街道图书馆和原虹镇街道图书馆合并为嘉兴路街道图书馆,馆址在天宝路 80 号(三楼),馆内设有成人图书借阅区、少年儿童图书借阅区、报刊阅览区和少年儿童书刊阅览区,使用面积 150 平方米,其中少年儿童图书室 23 平方米,阅览座位 46 个,藏书近 18 000 册。

1978 年,新港街道图书馆位于安丘路 404 号,面积 20 平方米,藏书 7 000 册,新港街道少年儿童图书馆位于提篮新村 17 号,面积 16 平方米,阅览座位 8 个,藏书 2 840 册。2002 年搬迁至安国路 211—213 号,面积 60 平方米,馆内设有成人、少年儿童图书室。2006 年 12 月搬迁新港路 315—317 号(二楼),面积 250 平方米,阅览座位 80 个,藏书近 20 000 册。各类报刊、杂志 80 余种。馆内设有成人书刊借阅区、少年儿童书刊借阅区、报刊阅览区、少年儿童书刊阅览区。

2008 年 7 月,嘉兴路街道在香烟桥路 87 号新建社区文化活动中心,图书馆位于社区文化活动中心内一楼,馆舍面积 306 平方米,阅览席位 96 席,馆藏图书 19 000 余册,各类报刊、杂志 100 余种,年购书经费 6 万元。图书馆设有书刊借阅区、报刊阅览区、少年儿童书刊阅览区、电子阅览室、全国文化信息资源共享工程基层播放点等服务窗口。2008 年 12 月,图书馆加入上海市中心图书馆。2009 年 12 月,嘉兴路街道与新港路街道合并,合并后的图书馆为嘉兴路街道图书馆和嘉兴路街道图书馆(分馆)。

【凉城新村街道图书馆】

虹口区凉城街道图书馆始建于 1990 年 6 月,馆址位于灵丘路 151 弄 23 号,馆舍面积 40 平方米,藏书量为 238 册。2001 年,迁入水电路 1312 弄 165 号甲。2007 年 12 月迁入车站南路 340 号 411 室凉城新村社区文化中心。现有馆舍 500 平方米,馆内设有图书借阅、资料查询、成人阅览、少年儿童阅览、读者咨询等服务内容,阅览座位 120 个,藏书 2.5 万余册,年报刊征订 130 余种,工作人员 4 人。图书馆不定期举办各种沙龙、讲座等读书活动,制作各类科普简报。建立馆外服务点 3 个,年均接待读者 8 万人次。志愿者服务队和 CA 俱乐部读书小组成为图书馆活动特色,为凉城社区居民精神文明建设增添了亮丽的色彩。2008 年加入上海市中心图书馆。

【四川北路街道图书馆】

横浜街道图书馆始建于 1955 年,坐落于四川北路 1604 弄 52 号,馆舍面积 40 平方米,馆藏图书 8 000 册,阅览座位 18 个。1983 年少年儿童图书馆开馆,坐落于四川北路 1515 弄 61 号,馆舍面积 25 平方米,馆藏图书 3 500 册,阅览座位 10 个。1963 年长春街道图书馆建馆,坐落于四川北路 1774 弄 42 号,馆舍面积 50 平方米,馆藏图书 10 757 册,阅览座位 18 个。1981 年少年儿童图书馆建馆,坐落于山阴路 191 弄 2 号,馆舍面积 19 平方米,馆藏图书 4 991 册,阅览座位 6 个。1991 年 5 月 22 日,长春路街道和横浜街道合并为四川北路街道,图书馆继续对外开放。2006 年 11 月 23 日,海伦路 505 号的四川北路文化活动中心正式启用,图书馆位于文化活动中心的二楼,使用面积 200 平方米,馆藏图书 18 786 册。

乍浦路街道图书馆始建于 1958 年,坐落于塘沽路 572 弄 63 号,馆舍面积 52 平方米,馆藏图书 7 528 册,阅览座位 10 个。1980 年少年儿童图书馆开馆,坐落于北苏州路 400 号三楼,馆舍面积 16 平方米,馆藏图书 2 969 册。1970 年吴淞街道图书馆、少年儿童馆同时建馆,坐落于余杭路 50 号。1991 年 5 月乍浦街道与吴淞街道行政区域合并为乍浦街道,图书馆继续对外开放。2008 年 10 月,头坝路 100 号的乍浦路社区文化中心三楼的乍浦路街道图书馆正式启用。

2009 年 11 月,乍浦路街道办事处和四川北路街道办事处行政区域合并为四川北路街道。位于海伦路 505 号的四川北路街道图书馆作为总馆,原头坝路 100 号的乍浦路街道图书馆作为分馆继续开放。四川北街道图书馆总馆使用面积 210 平方米,设有少年儿童阅览区和成人阅览区,分馆面积 150 平方米。馆藏图书 3 万多册,各类报纸杂志 130 余种,提供阅览座位 100 个。年购书经费 5 万,年新增图书和杂志 2 000 多册。2007 年加入上海市中心图书馆。

【提篮桥街道图书馆】

提篮桥街道图书馆始建于 1974 年,1978 年成人图书馆设在唐山路 133 号,少年儿童图书馆位于商丘路 166 号,时称东长治路街道图书馆。1981 年,东长治路街道图书馆迁至东长治路 427 号 2 楼,馆舍面积 150 平方米。1991 年,东长治路街道图书馆改名为提篮桥街道图书馆。2007 年 5 月,迁入社区文化中心(东大名路 1088 号)三楼,馆舍面积 163 平方米,阅览座位 83 个。馆内设有图书外借室、成人阅览室、少年儿童阅览室三个服务窗口。藏书 2.5 万余册,年订报刊 110 余种。设有医药、卫生、养生保健等特色书专架。2010 年 3 月,图书馆加入上海市中心图书馆。

【江湾镇街道图书馆】

虹口区江湾镇街道图书馆始建于 1985 年 4 月,1987 年 10 月正式对外开放,并附有少年儿童图书馆,地点在奎山路 185 号,面积 80 平方米。1996 年移迁到江湾公园旁,位于新市北路 1501 弄 38 号,馆舍面积 300 平方米,图书馆藏书 2 万多册,报刊百余种。2008 年街道投资近 400 万元修建了社区图书馆,新馆于 2009 年 3 月 23 日正式启用,新馆地址为场中路 4 弄 15 号。图书馆 2006 年 9 月前隶属于虹口区江湾镇人民政府管辖,2006 年 9 月撤销江湾镇建制,建立江湾镇街道办事处,隶属虹口区江湾镇街道办事处管辖。2009 年 3 月新馆启用后,建筑面积 1 041.4 平方米,阅读座位 208 个,工作人员 14 人,藏书 5 万余册。设有图书借阅区、报刊阅览区、电子阅览区、自修区、活动室、资料室以及少年儿童阅览区等多种服务功能区域。2009 年 3 月,图书馆加入上海市中心图书馆。

九、杨浦区

【定海街道图书馆】

定海路街道图书馆建于 1978 年(其中少年儿童馆建于 1976 年),1986 年从海州路 55 号搬迁到隆昌路 57 号,2005 年从隆昌路 57 号搬迁到周家嘴路 4214 弄 26 号。截至 2010 年,馆藏 14 550 册图书,订阅各类阅报刊 125 种(杂志 95 种、报纸 30 种)。设有座位 80 个,馆内分成人馆与少年儿童馆区域,实行全开架服务,全年服务人数 25 081 人次,全年购书经费 5 万元。馆内在编人员 2 名。2009 年加入上海市中心图书馆。

【平凉路街道图书馆】

平凉路街道图书馆建于 1959 年,馆址为平凉路 471 弄 9 号,馆舍面积 24 平方米,藏书总量 2 262 册。平凉路街道少年儿童图书馆于 1981 年开馆,馆舍面积 24 平方米,藏书总量 2 166 册,座位 10 个。龙江路街道图书馆 1959 年建馆,地址为龙江路 243 号,馆舍面积 20 平方米,藏书量 7 390 册。龙江路街道少年儿童图书馆 1980 年开馆,馆舍面积 20 平方米,藏书量 1 004 册。昆明路街道图书馆 1966 年建馆,馆址为吉林路 1 号,馆舍面积 20 平方米,藏书量 5 500 册。昆明路街道少年儿童图书馆 1982 年开馆,馆舍面积 20 平方米,藏书量 2 200 册。1991 年 12 月,龙江、昆明、平凉路图书馆三馆合一,合并为平凉路街道图书馆。2009 年加入上海市中心图书馆。截至 2010 年,平凉路街道图书馆藏书 12 550 册,其中少年儿童馆馆藏 2 000 册,中文报刊 120 种。图书馆从业人员 3 人。图书馆以医药文献为特色,每年组织各类丰富多彩的读书活动,其中包括节假日活动、为弱势群体送书、各类讲座、征文等一系列活动。

【江浦路街道图书馆】

江浦路街道图书馆建于 1977 年,馆址长阳路中兴里,经过 1991、1993、1997 年三次搬迁,于 2003 年搬入江浦路 934 号,后动迁改建江浦公园,2008 年底江浦社区文化中心正式对外开放,中心五楼建江浦路街道图书馆,7 月 1 日图书馆正式对外开放,建筑面积 400.3 平方米,其中少年儿童图书阅览室 69 平方米。2009 年加入上海市中心图书馆"一卡通"知识管理系统,实行通借通还。截至 2010 年,馆藏 22 269 册,报刊订阅 106 种。流通量 16 817 人次,借还 19 911 册次,读者借还 6 411 人次。图书馆在编人员 1 人。

【四平路街道图书馆】

1991 年 10 月,四平图书馆与辽源图书馆合并为四平街道图书馆。2003 年,四平街道图书馆迁至抚顺路 360 号 206 室,建筑面积 400 平方米,其中少年儿童馆 80 平方米。新馆由服务区、综合阅览区、少年儿童图书馆、科普智趣园、多功能厅六部分组成。综合阅览室席位 100 个,少年儿童阅览室席位 20 个。2009 年 12 月,图书馆加入上海市中心图书馆。截至 2010 年,图书馆拥有中文图书 19 884 册,订阅报刊、杂志 104 种;借还 63 720 册次,借还人数达到 21 024 人次。此外,参考阅览专柜为读者提供阅览、检索咨询等服务。柜内藏有《上海地方志》《上海文化年鉴》《辞海》《康熙字典》《艺术鉴赏》等资料。

【控江路街道图书馆】

控江路街道图书馆建于 1964 年(其中少年儿童馆建于 1983 年),馆址位于控江一村 111 号甲。2010 年搬至控江路街道社区文化活动中心一楼,建筑面积 500 平方米,其中少年儿童馆面积为 80 平方米。截至 2010 年,图书馆办证 115 张,有效读者证 115 张,阅览 3 026 人次,流通量 33 931 人次,藏书 11 103 册。在编人员 3 人,大专以上学历者占职工人数 66.7%。2009—2010 年,图书馆共参与举办公益讲座 11 场,其中为迎接 2010 年上海世博会组织举办专题讲座 3 场。2010 年加入上海市中心图书馆。

【延吉新村街道图书馆】

延吉街道图书馆位于杨浦区中部永吉路 148 号延吉社区文化活动中心三楼,2009 年 6 月新馆正式建成开放。总面积为 562 平方米,阅览席位 170 个。图书馆馆藏 81 807 册,年订阅报纸杂志 300 余种,供读者使用计算机 19 台。馆内设有成人借阅、少年儿童借阅、电子阅览、报纸杂志阅览、文化共享工程、无线网络全覆盖、"家庭教育指导中心"等服务功能。提供读者咨询、无线上网、专题服务、跟踪服务、远程教育、政府信息公开等服务项目。2010 年,图书馆新增文献 18 600 种 31 013 册,办证 4 936 张,借还 440 005 册次,接待读者 136 868 人次,完成日常读者咨询导航工作 1 200 多条。馆外服务点 17 个,累计服务 20 次,送书 3 674 册。2009 年加入上海市中心图书馆。

【殷行街道图书馆】

殷行街道图书馆建于 1984 年,馆址殷行一村 29 号,馆舍面积 40 平方米。经多次搬迁和整理,图书馆于 2009 年 5 月重新开馆,馆址市光三村 164 号,馆舍面积 467 平方米。图书馆有 2 个读者活动厅:综合阅览外借厅,座位 72 个;少年儿童阅览外借室,座位 44 个。备有少年儿童读物近 5 000 册,实行全开架服务。截至 2010 年,藏书 20 610 册,中文报刊 40 种 86 册。有效读者证 324 张,阅览人数 78 110 人次,流通量 30 310 人次,借还书 101 096 册次。图书馆有工作人员 6 人。2009 年 5 月,图书馆加入上海市中心图书馆。

【大桥街道图书馆】

大桥街道图书馆创建于 2001 年,位于大桥街道文化中心二楼,总面积为 504 平方米,其中少年儿童借阅区域占 113.6 平方米。馆内设有休闲读书区、成人报刊阅览区、成人外借区、少年儿童报刊阅览区、少年儿童外借区。阅览座位 142 个,其中少年儿童阅览座位占 40 个,可供 200 余人同时阅览。图书馆收藏中文图书 3 万册,期刊 148 种,品种较齐全,以通俗小说、人物传记、中外名著为主。2007 年加入上海市中心图书馆,馆藏全部开架借阅。截至 2010 年,图书馆藏书 38 980 册,特色馆藏为人物传记。杂志 127 种,其中成人类 110 种,少年儿童类 17 种。馆内从业人员 6 人,本科学历 3 人。

【五角场街道图书馆】

五角场街道图书馆创始于 20 世纪 80 年代,位于国和路 60 号,馆舍面积 36 平方米。历经几度搬迁于 2005 年 2 月迁至政化路 257 号五角场社区文化活动中心五楼。图书馆总建筑面积 556 平方米,其中借、阅、藏、查区域 427 平方米,读者交流区 129 平方米。馆内共设阅览席位 130 个,其中少年儿童阅读室设有幼儿阅览席 10 个,少年儿童阅览席 16 个。图书馆于 2006 年加入上海市中心图书馆。截至 2010 年,馆藏 20 249 册,订阅报纸杂志 130 余种。全年流通 151 155 人次,成人外借 39 759 册,少年儿童外借 13 129 册,阅览 119 732 人次。在编人员 2 人。

【五角场镇图书馆】

五角场镇图书馆建于 1998 年 5 月,馆址翔殷路 505 弄 3 号。由于镇域范围广,居民居住分散,于 2007 年建成五角场镇文化中心佳木斯分中心,并在其中设立了五角场镇图书馆佳木斯分馆,馆址佳木斯路 315 弄 7 号。2009 年底五角场镇图书馆市光分馆对外开放,馆址市光路 518 号。翔殷路馆、市光路馆分别于 2000、2009 年加入上海市中心图书馆。截至 2010 年,馆舍面积 309.05 平方米,其中少年儿童馆面积 64 平方米,设有阅览席位 110 个,供借还书、读者查询检索的电脑共 7 台。藏书 3 万余册,订购报纸、杂志 120 种,购书经费 14 万元。累计有效借书证数 2 326 个,年流通总人数 67 860 人次,年流通册次 257 729 册次。图书馆有工作人员 6 名。

十、闵行区

【江川路街道图书馆】

江川图书馆坐落于闵行区江川路街道兰坪路 158 号江川社区文化活动中心内,前身为闵行区图书馆(1993 年前)、闵行区第二图书馆(1993—1999 年)、闵行区图书馆兰坪分馆(1999—2002 年),2003 年属地化到江川路街道更名为江川图书馆。图书馆藏书 13 万册,报刊 70 余种,杂志 190 种。对外开放馆舍面积 1 000 平方米,工作电脑 23 台。阅览座位 200 余个,书架 600 余个。图书馆设有少年儿童图书室、电子阅览室、成人图书室、报刊阅览室、辅导部等对外服务窗口。图书馆大力发展各种读者社团,主要有"江川文学之友"文学社、赏艺阁收藏小组、象棋沙龙、"喜羊羊"巧手俱乐部等。2009 年 5 月,加入上海市中心图书馆。

【古美路街道图书馆】

2000 年,古美路街道图书馆建成使用。2004 年 7 月,街道办事处接管图书馆并对原有的场馆设施进行改建,增添了大量图书、报刊。2004 年 12 月,试开馆后运行情况良好,基本形成了社区居民借阅书籍的主阵地。2008 年加入上海市中心图书馆。截至 2010 年,馆舍面积 303 平方米,座位 106 个。工作人员 5 名,电脑 4 台,2 台电脑供读者使用,进行文化信息资源共享。2010 年累计阅览量为 5 万次,读者借阅 2.8 万人次。借书 7.5 万册次。

【新虹街道图书馆】

新虹街道图书馆前身为龙柏街道图书馆,龙柏图书馆成立于 2000 年。2008 年加入上海市中心图书馆。为加强虹桥商务区的开发建设,2010 年 1 月,经上海市政府批复,原龙柏街道和华漕镇的部分区域撤并为新虹街道,在闵行区正式挂牌成立,随后新虹街道图书馆也正式挂牌成立。截至

2010年,馆舍面积296.134平方米,馆藏总量30 754册。经费39 628.7元,其中购书经费14 453.7元。图书馆有员工5人。

【莘庄镇图书馆】

莘庄镇图书馆隶属于莘庄镇文化体育事业发展中心,位于莘庄镇七莘路326号二楼。馆舍面积340平方米,内设成人图书外借室、成人书刊阅览室和少年儿童书刊借阅室,有阅览座位117个,藏书总量37 695册,其中少年儿童藏书3 957册,计算机5台。图书馆定期为莘庄敬老院及康城敬老院提供送书上门服务,丰富老年人的生活,并针对不同读者开展多种多样的读书活动。2008年加入上海市中心图书馆。

【七宝镇图书馆】

七宝镇图书馆始建于1956年,1966年七宝镇文化站成立,公社图书馆移交给七宝镇文化站,馆址七宝富强街33号。1993年9月,新建七宝镇文化中心,内设图书馆,面积200平方米,藏书2.2万册。1995年,图书馆被评为市达标图书馆。2006年,由七宝镇政府斥资建造的镇文化活动中心落成,共有8个楼层,建筑面积8 940平方米。图书馆位于文化中心大楼四楼,馆舍面积450平方米。2007年,图书馆迁入新馆,藏书2.77万册,订阅报刊100余种,阅览座位116个。2008年加入上海市中心图书馆。2010年,全年图书经费160 659元,订购图书2 500余册,报刊201种。

【颛桥镇图书馆】

颛桥镇图书馆隶属于颛桥镇文化体育事业发展中心,原址位于颛桥镇颛建路,1952年,颛桥文化站内设置了图书阅览室。图书馆于1994年4月搬至颛兴路180弄18号二楼,馆舍面积197平方米,内设采编室、成人图书外借室、成人书刊阅览室、少年儿童书刊借阅室、少年儿童电脑室,有阅览座位60个。图书总量1.8万册图书,有关民俗的特色馆藏1 600册,计算机5台,年购书费5万元,订阅报纸杂志3万元。2000年9月举办"颛桥——我的第二故乡"征文赛,由外来打工者、人口导入者参加,评出一、二、三等奖。2009年加入上海市中心图书馆。2010年,与上海市收藏协会集报专业委员会合作举办"我与世博报纸展览暨我眼中的世博"集报研讨会。

【华漕镇图书馆】

华漕镇图书馆成立于1981年1月,是华漕乡文化管理站增设的图书室,图书室面积50平方米,图书2 837册,阅览座位20个。1989年新建文化管理站,内设图书馆,馆舍面积100平方米,内设少年儿童室、成人阅览室。藏书15 000万册,报刊80种。发出借书证2 500张,年流通量7万余人次。2000年,三镇(华漕、诸翟、纪王)合并,隶属于华漕镇政府。2007年新建文体中心,6月迁入新馆,馆舍面积600平方米,辟有成人借阅区300平方米,少年儿童借阅区100平方米,书库120平方米。专设英语图书角,阅览座位240个。电子阅览区有供读者检索电脑4台,共享工程的影视、讲座播放厅。2009年4月正式加入上海市中心图书馆。截至2010年,藏书6万册,报刊200种;年购书经费8—10万;特色收藏:历史类、人物传记类、英文书籍。工作人员6名。

【虹桥镇图书馆】

虹桥镇图书馆于2005年成为全国文化信息资源共享工程基层服务点。2010年5月加入上海市中心图书馆"一卡通"服务体系。截至 2010 年，馆舍面积 720 平方米，内设成人阅览区、少年儿童阅览区、电子阅览区、上海市中心图书馆"一卡通"图书借还区等。藏书总量 40 294 册，特色馆藏为动漫类图书，报刊订阅 277 种。2010 年全年购书经费 194 803.84 元。图书馆有工作人员 6 人。

【梅陇镇图书馆】

1963 年，梅陇公社文化中心管理站内设图书室，1983 年起，图书室确立为文化站直属部门，至 1991 年藏书量 3.7 万册，发出借书卡 697 张，全年流动量 1 800 册次。2000 年，曹行镇并入梅陇镇，原曹行镇图书室与梅陇镇图书馆合并后设立在梅陇镇文化中心管理站内。2002 年图书馆迁至莘朱路 1925 号 1 楼。2007 年设立独立的少年儿童室，并常年举办各类少年儿童读书活动。2008 年在曹建路 185 号设立分基层服务点。2009 年在全镇范围内建立了 13 家标准化农家书屋。2009 年 12 月，加入上海市中心图书馆。截至 2010 年，馆舍面积 550 平方米，馆藏图书 43 113 册，年购书经费 4 万元，专职管理员 4 人。

【吴泾镇图书馆】

吴泾镇图书馆建于 1985 年，馆址龙吴路 5533 号，隶属吴泾镇，原建筑面积 230 平方米，2008 年，吴泾镇政府为完善吴泾镇文化设施建设，对图书馆进行改扩建。2010 年建筑面积比原来增加了 90 平方米。图书馆现有建筑面积 320 平方米，内设成人、少年儿童外借室和阅览室，实行开架式借阅。现有藏书近 30 456 册，2010 年购书经费 72 826 元，其中报刊经费 17 326 元，订阅报刊、杂志 139 种。阅览室座位 80 多个。馆内有专供读者检索书目使用的计算机 2 台，文化共享工程服务计算机 1 台。专职工作人员 4 人。2010 年 3 月，加入上海市中心图书馆。

【马桥镇图书馆】

1981 年 6 月，文化站图书馆由俞塘大礼堂裙房迁移至马桥镇新成立的文化中心大楼内，面积 90 平方米，藏书 5 100 册。2006 年 1 月，图书馆迁至镇科普广场，面积 240 平方米，设立成人阅览区，阅览座位 40 个。期刊 48 种，报纸 40 种，新增特色馆藏生活科学类图书。2008 年 6 月，加入上海市中心图书馆；办理一卡通读者证 937 张，外借 13 150 人次，外借图书 23 130 册次，读者 8 955 人次。2010 年在文体中心内新增阅览室，图书馆面积 265 平方米，阅览座位 70 个。新增期刊 60 余种，报纸 45 种。年购书经费达 5 万元。员工 4 名。

【浦江镇图书馆】

浦江镇图书馆于 2006 年由陈行图书馆、杜行图书馆以及鲁汇图书馆合并而成。陈行图书馆原隶属于陈行乡，1990 年馆舍面积 60 平方米，其中外借室 30 平方米，阅览室 30 平方米。藏书 4 770 册，连环画 3 192 册，报纸 16 种，期刊 65 种。接待读者 2 316 人次，外借图书 3 627 册次。杜行图书馆原隶属于杜行乡，1997 年迁至杜行镇成人中等文化技术学校门面楼 2 楼，面积约 150 平方米，设有藏书室和阅览室，藏书近 1 万册。2006 年，原陈行图书馆、杜行图书馆以及鲁汇图书馆合并为浦江镇图书馆，馆址设在浦江青少年活动中心三楼。2010 年 6 月正式加入上海市中心图书馆。截至 2010 年，馆舍面积 360 平方米，馆藏图书 16 607 册，工作电脑 3 台，共享工程专用机 2 台，供读者检索电脑 1 台。年购书经费 5 万元。工作人员 4 名。

十一、宝山区

【友谊路街道图书馆】

友谊路街道图书馆、少年儿童图书馆建于 1982 年,位于宝山友谊支路 1 号。1989 年,馆舍面积 63 平方米;每周开放时间:成人 36 小时,少年儿童 36 小时;藏书量:成人 2 595 册,少年儿童 1 787 册。全年接待读者 3 843 人次,图书流通 7 878 册次。2002 年,图书馆馆舍建筑面积 100 平方米,馆藏图书 1 万册,年购书经费 6 000 元,有工作人员 3 人。接待读者 1 041 人次,外借图书 2 382 册次。图书馆现有二处:一处位于宝山区文化馆三楼,2005 年 3 月由宝山西门街搬入并对外开放,占地面积约 100 平方米;另一处友谊路街道社区图书馆位于永清路 899 号 5 楼,于 2006 年 10 月启用,占地面积 200 平方米。图书馆现有总藏书 2.5 万余册,年订阅报纸杂志 230 种,年投入图书经费约 6 万元。图书馆全年无休,每周对外开放时间达 49 小时。2010 年加入上海市中心图书馆。

【吴淞街道图书馆】

吴淞镇街道图书馆建于 1965 年,馆址吴淞锦太路 62 号,馆舍面积 80.7 平方米,藏书 5 000 册。吴淞镇街道少年儿童图书馆建于 1986 年,馆址吴淞锦太路 62 号,馆舍面积 11 平方米,藏书 700 册。2002 年,吴淞镇街道图书馆搬至同泰路 2 号,馆舍建筑面积 140 平方米,馆藏图书 10 972 册。年购书经费 6 500 元,工作人员 4 人。年流通 10 812 人次,外借图书 20 067 册次。2006 年 5 月,吴淞镇街道和海滨新村街道合并,成为新的吴淞街道。吴淞街道图书馆总馆于 2009 年搬迁至淞浦路 492 号,其中青岗路 18 号为阅览室、金波浪图书馆为分馆。图书馆总面积 450 平方米,有工作人员 7 人。总藏书量 25 029 册,其中少年儿童图书 4 267 册,报纸杂志 10 多种。年接待读者 10 万余人次。2010 年,吴淞街道图书馆共采购新书 2 334 册,购书金额 66 968.95 元;外借 14 465 人次,外借图书 35 806 册,阅览 76 226 人次。2010 年加入上海市中心图书馆。

【张庙街道图书馆】

2006 年,泗塘新村街道和通河新村街道撤并成立张庙街道。张庙街道图书馆总馆于 2005 年 12 月正式开馆,有工作人员 6 人,图书馆总馆面积 480 平方米。其中成人馆位于通河路 590 号 110 室,少年儿童馆位于泗塘二村 108 号。作为街道图书协作网的核心部分,下辖 11 个社区图书分馆,总藏书为 2 万余册。图书馆内设阅览室,藏书 4 000 余册,订阅报纸杂志 300 多种,馆内分为成人阅览区和专设少年儿童阅览区两部分。少年儿童阅览区内有少年儿童书籍、杂志 2 000 余册。2010 年,图书馆共采购新书 174 册,购书金额 12 382 元;外借 12 151 人次,外借图书 13 737 册,阅览 19 495 人次,新办证 251 张。2010 年加入上海市中心图书馆。

【罗店镇图书馆】

1989 年 6 月,罗店镇与罗店乡撤销,合并建立新宝山区罗店镇。2001 年 11 月,撤销罗店镇、罗南镇,新建罗店镇。2002 年,罗店镇图书馆馆舍建筑面积 420 平方米,馆藏图书 21 361 册,年购书经费 2.2 万元,有工作人员 4 人。年流通 1 074 人次,外借图书 2 148 册次。2010 年,图书馆面积 360 平方米,坐落于罗店镇市一路 199 号二楼,有工作人员 7 人。藏书量为 23 083 册,报刊总数为 208 种。下设三个小区分馆,分别是罗南分馆、罗溪分馆和东南弄分馆。总馆内阅览座位 108 个,分为成人阅览区、少年儿童阅览区、电子阅览区。2010年,图书馆共采购新书5 214册,购书金额100 731.93元;外借13 685人次,外借图书20 633册,阅览13 471人次,新办证259张。2010年加入上海市中心图书馆。

【大场镇图书馆】

大场镇图书馆前身是大场乡图书室,成立于1960年。1990年,馆舍面积70平方米,每周开放时间39小时,藏书总量2 712册。年购书经费3 100元,全年购书517册,订报纸10种,杂志50种。全年接待读者11 614人次,外借图书1 622册次,阅览1 622人次。2000年11月,大场镇、祁连镇撤二建一,成立新的大场镇。2002年,大场镇图书馆馆舍建筑面积220平方米,馆藏图书14 295册。年购书经费20 000元,年流通2 163人次,外借图书6 489册次。2010年,馆藏图书约1.5万册,报刊订阅约50种。年购书经费1.2万元,有工作人员4人。外借2 937人次,外借图书8 765册,阅览9 081人次。设场南村和龙珠两个分馆。2010年加入上海市中心图书馆。

【杨行镇图书馆】

杨行镇图书馆前身是杨行乡图书室,成立于1960年。1988年馆舍面积90平方米,藏书10 499册,订阅报刊63种,座位40个,每周开放35小时。1989年荣获上海市街道、乡镇文明图书馆(室)。2000年11月,与宝山镇合并成立新的杨行镇。截至2010年,图书馆馆舍面积666平方米,其中少年儿童阅览室面积为135平方米,阅览座位共172个,有馆藏图书4万多册,工作人员6人。2010年共采购新书4 406册,购书金额140 604.56元。外借20 946人次,外借图书32 594册,阅览50 796人次,新办证738张。图书馆开展特色美术吹塑版画的培训、宣传活动等,全镇参加培训的吹塑版画爱好者达4 000余人。2010年加入上海市中心图书馆。

【月浦镇图书馆】

月浦镇图书馆前身是月浦乡图书室,成立于1960年。2000年,根据区划调整,原盛桥、月浦两镇合并,成立新的月浦镇。图书馆馆舍面积1 000平方米,服务面积958平方米(含少年儿童馆面积200平方米)。设置座位230个,配备网络电脑12台,有专职图书管理人员13名,每周开放时间56小时。图书馆由一个总馆、两个分馆组成,分别为:安家路图书总馆、盛桥图书分馆和月浦镇社区活动中心图书分馆。安家路图书总馆建成于2004年,馆舍面积350平方米,设置座位70个,具有阅览、外借、少年儿童、展厅等服务功能。盛桥图书分馆2009年迁入改造后的盛桥社区活动分中心,馆舍面积150平方米,少年儿童馆45平方米,设置座位60个,具有阅览、外借等服务功能。月浦镇社区活动中心分馆位于龙镇路月浦镇社区活动中心二楼,馆舍面积500平方米,设置阅读座位100个,主要提供图书阅览服务。2010年加入上海市中心图书馆。截至2010年,月浦镇图书馆共采购新书2 102册,购书金额50 510元。外借13 868人次,外借图书25 164册,阅览45 390人次。

【罗泾镇图书馆】

罗泾镇图书馆的前身是罗泾乡图书室,建于1960年5月。1997年,图书馆馆舍面积100平方米,每周开放时间30小时,藏书12 746册。年购书经费13 325.12元,全年购书628册,订阅报纸、杂志75种。办理借书证334张,全年接待读者9 920人次,外借图书13 096册次,阅览4 582人次。2005年图书馆改建装修,地址在陈行街123号,面积200多平方米,开设了成人和少年儿童阅览室,还添置了 2 台协作网电脑,总藏书量增至 16 000 册左右,并订阅大量报刊、杂志,供各类读者阅读,2005 年 7 月 1 日正式对外开放。截至 2010 年,图书馆有工作人员 4 人,共采购新书 1 473 册,购书金额 46 496.3 元。外借 4 508 人次,外借图书 16 637 册,阅览 41 730 人次,新办借书证 47 张。2010 年加入上海市中心图书馆。

【顾村镇图书馆】

顾村镇图书馆前身是顾村乡图书馆,1960 年 10 月建立。2000 年 11 月,原顾村、刘行两镇撤二建一,组建了新的顾村镇。2002 年,顾村镇图书馆馆舍建筑面积 90 平方米,馆藏图书 1 万册,年购书经费 1.4 万元,有工作人员 3 人,年流通 6 668 人次,外借图书 12 315 册次。图书馆位于顾村镇共富二路 122 号,由一个总馆、两个分馆组成(共富总馆、菊泉分馆、诗乡广场分馆),三馆建筑总面积 1 300 平方米,阅览座位 323 个,电脑 23 台。图书馆提供图书借阅、报刊阅览、电子阅览、教育培训、读书活动、书友小组、数字电影、摄影沙龙、诗歌文化特色服务,2010 年加入上海中心图书馆。2010 年,图书馆采购新书 8 716 册,购书金额 205 758.53 元。外借 38 144 人次,外借图书 120 576 册,阅览 72 085 人次。

【高境镇图书馆】

高境镇图书馆前身是江湾乡图书馆,建于 1960 年 5 月。1993 年江湾乡撤乡建镇,改名高境镇。1995 年,高境镇图书馆馆舍面积 50 平方米,有阅览座位 30 个,每周开放时间 30 小时。总藏书量 2 021 册,年购书刊经费 4 927.16 元,全年购书 527 册,订阅杂志 50 种。全年接待读者 1 165 人次,外借图书 4 194 册次,阅览 65 人次。建于 2003 年 12 月的高境镇图书馆位于殷高西路 213 号二楼,馆舍面积 250 平方米,馆内藏书总量为 1 万余册,报纸杂志 73 种;设置成人阅览室、少年儿童阅览室。2010 年,图书馆有工作人员 5 人,采购新书 1 878 册,购书金额 42 157.15 元。外借 38 385 人次,外借图书 76 338 册,阅览 14 799 人次。2010 年加入上海市中心图书馆。

【庙行镇图书馆】

庙行镇图书馆前身是庙行乡图书室,成立于 1960 年 10 月。1989 年全年购书 736 册,其中文字书 641 册,连环画 95 册,订报刊 33 种。发借书证 109 张。接待读者 5 588 人次,全年流通书刊 15 240 册次。庙行镇社区图书馆于 2009 年 11 月搬迁至新址,馆址位于镇文化活动中心二楼,服务面积 500 多平方米,可同时容纳百人阅览报刊、杂志,同时为读者提供电子阅览。馆内设有一个 100 余平方米的少年儿童阅览室和陈伯吹儿童文学创作研究基地,除了借阅服务外,还定期安排亲子拼搭、亲子沙龙等活动。馆下设有四个协作网分馆,与宝山区图书馆实行联网。2010 年 3 月加入上海市中心图书馆。2010 年,庙行镇图书馆共采购新书 5 171 册,购书金额 151 409.68 元。外借 12 091 人次,外借图书 53 568 册,阅览 33 029 人次。新办证 1 968 张,工作人员 8 人。

【淞南镇图书馆】

淞南镇图书馆前身是淞南乡图书室,建于 1960 年 5 月。1989 年,淞南乡图书室面积 50 平方米,有座位 33 个,每周开放时间 36 小时,有专职工作人员 1 人。藏书 4 210 册,其中文字书 3 587 册,连环画 623 册。年购书经费 769 元,购书 212 册,订阅报刊 21 种。发借书证 168 张。1989 年全年接待读者 2 018 人次,全年流通书刊 6 925 册次。2002 年,淞南镇图书馆位于淞南路 345 号,馆舍建筑面积 120 平方米,馆藏图书 10 467 册,年购书经费 1.25 万元,有工作人员 2 人,年流通 6 100 人次,外借图书 10 054 册次。2010 年,图书馆共采购新书 2 363 册,购书金额 60 985.04 元。外借 38 787 人次,外借图书 75 469 册,阅览 13 902 人次。新办证 518 张。2010 年加入上海市中心图书馆。

十二、嘉定区

【新成路街道图书馆】

1999 年 7 月,新成路街道图书馆开放,馆址仓场路新四坊 16 号。2005 年 5 月,新成路街道图书馆开始迁至仓场路 335 号新落成的文化中心三楼。同年 10 月,新馆正式对外开放。图书馆总面积 302 平方米,主要由成人外借区、成人阅览区、少年儿童外借区、少年儿童阅览区组成。设有成人阅览座位 47 个,少年儿童区域座位 35 个,用于读者借、还及检索的计算机共 3 台,年购书经费 9 万元。2006 年加入上海市中心图书馆。2010 年 5 月,图书馆开辟特色"石文化专架",所有品种开架自由取阅,首藏时 92 种 107 册。截至 2010 年底,馆藏文献 26 681 册。

【真新街道图书馆】

2000 年 1 月,真新新村街道文化馆图书室成立,馆舍面积 150 平方米,成人阅览室 116 平方米,少年儿童阅览区域 30 平方米。2006 年 10 月,真新新村街道文化馆改称真新街道文化广播电视站。2006 年 6 月,加入上海市中心图书馆。2008 年 2 月,迁入新馆,面积 502 平方米,有工作人员 4 人。截至 2010 年,图书馆馆舍面积 379.44 平方米,馆藏图书 26 333 册,年购书费 85 457 元,聘用专职员工 3 名。图书馆曾荣获嘉定区 2003 年度图书工作一等奖、嘉定区 2004 年度图书工作三等奖、2006 年嘉定区"百万家庭学礼仪"网上征文比赛组织奖、2007 年嘉定区"读书格言书法比赛"优秀组织奖等。

【菊园新区图书馆】

菊园新区图书馆于 2006 年加入上海市中心图书馆。2010 年,图书馆服务面积 420.78 平方米,其中少年儿童阅览面积为 95.57 平方米;有阅览座位 95 个,馆藏图书总量 21 524 册;购书经费为 60 605.47 元,其中用于少年儿童书籍的购书经费为 6 868.98 元。报刊订阅总量为 171 种,其中杂志 121 种,报纸 50 种。"一卡通"读者数为 1 154 人,流通总量达 78 215 人次;图书流通 57 287 册次,少年儿童图书 11 457 册次。每周开放时间达 66 小时,全年 365 天开放。从业人员 6 人。读书活动方面,图书馆坚持每两年开展一届全民读书月活动,并结合"国际儿童图书日""世界读书日"等节日开展读书活动,引导居民走进书籍。

【嘉定镇街道图书馆】

嘉定镇文化馆建于 1955 年,时称城厢区文化站。1980 年改称嘉定镇文化馆。1987 年,有藏书 7 285 册,儿童阅览室有连环画 1 400 余册。嘉西镇文化馆建于 1959 年,时称城西公社文化站。1984 年,图书室面积为 20 平方米,阅览席位 20 个,藏书 4 000 册。1994 年 1 月迁入嘉西镇机关大楼内,更名嘉西镇文化馆,图书室面积 100 平方米,阅览席位 30 个,藏书 10 995 册。1995 年 7 月,原嘉定镇、嘉西镇合并,建立嘉定镇图书馆。2000 年,嘉定镇撤镇建街道,建立嘉定镇街道图书馆。

2006 年迁至清河路 196 号嘉定镇街道文化中心内,新馆面积 510 平方米,设有外借室、阅览室、少年儿童阅览室、电子阅览室、视听室及多功能厅。阅览席位 160 个,工作人员 3 名。2006 年 5 月,加入上海市中心图书馆。2010 年,订阅报刊 100 种,年购新书 1 240 册,藏书总量 20 705 册,文献购置经费 80 538.90 元。年服务读者 61 421 人次,外借图书 24 956 册次。开展各种读书活动 108 场次,参与人数 4 735 人次。

【南翔镇图书馆】

1959 年南翔文化站与南翔镇工人俱乐部合并,改名南翔镇文化馆,设有图书室、阅览室、游艺室等,藏书 4 000 多册,设有专职人员 2 人。1999 年,南翔镇图书馆随镇文化馆从解放街 266 号搬至古猗园 737 号新建广电文体传播中心内,面积 230 平方米,座位数 56 个。2002 年新设立少年儿童阅览室,馆舍面积 285 平方米,座位数 87 个,藏书总量 21 897 册。2006 年 5 月,加入上海市中心图书馆。2007 年搬入新馆,面积增至 503 平方米,共设座位 124 个,开放时间延长至每周 56 小时。2010 年,图书馆订阅报刊 139 种,年购新书 3 392 册,藏书总量 34 504 册,年购书经费 111 993.62 元;年服务读者 104 834 人次,其中外借服务 18 200 人次,外借图书 55 201 册次。办理读者证 1 875 张。开展各种读书活动 25 场次,参与人数为 18 366 人次。工作人员为 4 名。

【安亭镇图书馆】

安亭镇图书馆建于 1998 年,建筑面积 1 900 平方米,位于墨玉路 149 号,内设成人阅览区、少年儿童阅览区、车城书苑、无障碍通道等。开放时间为每周 49 小时,免证阅览。馆内藏书有 37 659 册,配备有计算机 15 台。2008 年开放时间增为每周 56 小时,馆内藏书有 56 849 册。配备有计算机 19 台。图书馆设有针对弱势群体、公共信息、汽车城、志愿者等方面的服务,还成立了读书小组,举办形式多样的读书活动。黄渡镇图书馆建于 1984 年,藏书 16 784 册,订阅报纸 19 种,杂志 67 种,画报 12 种。阅览室每月开放 75 小时左右,平均每月有 640 人次阅览。1996 年建立相对正规的图书馆,在新黄路 55 号二楼,有外借室三间,报纸阅览室一间。2006 年加入上海市中心图书馆。2009 年,黄渡镇、安亭镇两镇"撤二建一"为安亭镇,原安亭镇图书馆和原黄渡镇图书馆合并为安亭镇图书馆,总面积 2 300 平方米。

【马陆镇图书馆】

1983 年 9 月,戬浜图书室迁入马陆影剧院,更名为马陆图书馆。1993 年 3 月改称戬浜镇图书馆。2002 年,两镇图书馆合并,在嘉戬支路 292 号的戬浜图书馆设马陆镇图书馆分馆,总馆设在宝安公路 3322 号一楼。2010 年启动戬浜分馆的修建工作。截至 2010 年,图书馆面积 501.5 平方米,其中包括服务区、流通区、成人阅览区和少年儿童阅览区。阅览的功能日趋完善,馆藏 30 034 册,2010 年购书经费 94 514.54 元。共有员工 5 名。2006 年加入上海市中心图书馆。

【徐行镇图书馆】

1978 年,徐行文化站新建大楼于乡大礼堂南侧,设有图书室。1990 年,藏书 6 768 册,借书卡 453 张,日外借 260 人次。2001 年撤销徐行镇、曹王镇建制,建立新的徐行镇。2009 年 9 月,搬迁至新的文化体育服务中心,图书馆设置在底楼。截至 2010 年,图书室馆舍面积 400 平方米,藏书

10 055 册,杂志 48 种,报纸 28 种。年购书经费 135 220.93 元,员工 3 人。图书馆提供借书、还书、办证、续证、退证、挂失以及自助书目查询服务,同时为各村提供馆外服务和开展读书活动。2009年加入上海市中心图书馆。

【华亭镇图书馆】

1985 年,华亭图书阅览室有藏书 6 500 余册,书架 12 个。1990 年 6 月,新建华亭文化站大楼,建筑面积 534 平方米,辟有图书外借阅览室。1983 年 12 月,唐行图书室座位 20 多个,面积 50 平方米,有专职图书管理员 1 名,藏书 400 多册。1991 年,唐行图书馆随文化站迁入唐华公路 12 号新落成的唐行文化中心,设有藏书室、阅览室。1998 年,改称唐行镇图书馆,藏书(书刊)1.5 万册,订报纸 18 种,杂志 41 种,购书 181 册。办理借书证 320 张,接待读者 2 600 人次,办理图书外借 22 300册次。2001 年,华亭镇、唐行镇两镇图书馆合并,馆址浏翔公路 7265 号,藏书 1.7 万余册,管理人员2 人。2009 年加入上海市中心图书馆。2010 年迁入社区文化活动中心内,建筑面积 520 平方米,设办公室、外借室、成人阅览室、少年儿童阅览室、藏书室,管理人员 2 人。藏书 23 000 册,订阅报纸25 份,杂志 90 种,发放借书证 1 586 张。

【外冈镇图书馆】

原望新镇图书馆 1978—2000 年隶属望新镇政府,馆舍建在望新镇土地所一楼,有外借阅览室,面积 20 平方米。1993 年,前原外冈图书馆附设在外冈镇(乡)文化站内,1993 年后搬入文化站,馆舍面积有 100 平方米左右,有外借阅览室。2000 年,望新、外冈合并为外冈镇。2008 年 5 月,外冈图书馆搬到新落成的外冈镇政府二楼,馆址外冈镇瞿门路 518 号。2010 年馆舍面积 358 平方米,购书经费 51 215 元,员工 2 人,藏书总量 11 486 册。2009 年加入上海市中心馆。

【江桥镇图书馆】

江桥镇图书馆始建于 1995 年,旧馆坐落于华江路 43 号,面积 174 平方米。2005 年,馆舍面积达到 378 平方米。2009 年 8 月,图书馆整体搬迁至江桥镇文化体育服务中心 2 号楼底楼,面积645.37 平方米,阅览室座位 150 个。2010 年,藏书 36 004 册,年购书经费 20 万,工作人员 9 名。配备 14 台计算机方便读者查询、检索信息和上网阅览。图书馆自 1996 年起每年开展"异乡风采"系列读书征文活动,截至 2010 年共开展了 14 届,成为江桥镇的特色品牌。2005 年加入上海市中心图书馆。

【嘉定工业区图书馆】

娄塘文化站成立于 1985 年,初设阅览室。2003 年朱家桥娄塘镇合并后,工业区建立,原"娄塘图书馆"更名为"工业区图书馆"。2008 年,原南苑八村社区文化活动中心二楼图书室更换为"工业区图书馆",因为工业区有南、北两区,故以"嘉定工业区(北区)图书馆"和"嘉定工业区(南区)图书馆"加以区分,同年加入上海市中心图书馆。截至 2010 年,馆舍中成人借阅室面积 106 平方米,少年儿童借阅室面积 69 平方米,书库面积 174 平方米。馆藏图书 19 321 册,约 2 万余册存放在工业区印家住宅。其中,约有 16 000 册图书供成人借阅,少年儿童借阅图书种类繁多,以知识教育、绘图绘本居多。年购书经费约为 15 万元。

十三、浦东新区

【潍坊社区图书馆】

潍坊社区图书馆(中心馆)隶属于潍坊新村街道办事处,位于潍坊社区文化活动中心(南泉路269号)四楼,中心馆于2007年6月正式开馆使用,设有成人借阅、少年儿童借阅、成人阅览、少年儿童阅览四大功能区。2010年加入上海市中心图书馆。截至2010年,馆舍总面积350平方米,阅览座位56个。计算机3台,共享工程(信息苑)1个。馆藏总量26 028册,"一卡通"读者110人,年外借34 192册次,外借11 231人次,年总流通56 642人次。图书馆共有从业人员6人,本科学历3人,大专学历3人。年购报纸杂志120种,购新书3 061册,购书经费87 754.1元。图书馆特色服务包括为社区内弱势群体服务(包括社区内残疾人、老年群体、外来务工人员及子女等);协助社区内居委会读书小组开展读书活动;为社区读者提供各类生活信息等。

【陆家嘴街道图书馆】

陆家嘴街道原属南市区,图书馆的雏形是1955年成立的"崂山路街道图书馆"和60年代成立的"梅园街道图书馆",当时两馆面积共100余平方米,藏书数千册。1998年合并成立"梅园街道图书馆",面积300余平方米,藏书1.5万册,购书经费5万元,工作人员7人。2006年更名"陆家嘴街道图书馆",面积400平方米,藏书3.5万册,购书经费8万元,工作人员9人。图书馆一楼设志愿者服务点;二楼设成人阅览室、电子阅览角、电子法律图书角、政府信息公开查阅点和办公室;三楼设成人外借图书室、自修角、少年儿童馆;四楼为书库和"梅香阁"休闲书吧。图书馆有各类读书俱乐部、读书沙龙,特色读书活动为"陆家嘴'梅园杯'上海国际藏书票邀请展"。2010年加入上海市中心图书馆。

【周家渡街道图书馆】

周家渡街道图书馆成立于1975年,2006年4月8日,图书馆迁入周家渡社区文化中心,称为"周家渡社区图书馆"。面积达到750平方米,图书馆馆藏3万余册,其中包括医疗保健特色书籍1 000余册。检索方式由卡片检索转向电脑检索。报刊130多种,阅览座位116个,电脑8台。工作人员8人,本科学历2人,大专学历2人,中专学历4人。年购书经费6万元左右。图书馆延续医疗保健特色,1996年起为读者、居民和CA俱乐部人员开展健康讲座、专家免费义诊等活动。少年儿童自绘文化衫活动连续开展多年,受到社区家长和小朋友的喜爱。2010年加入上海市中心图书馆。

【塘桥街道图书馆】

塘桥街道图书馆成立于1996年,馆址南泉路1329号,馆舍面积300平方米,由外借室、阅览区域、藏书阁等构成,藏书总量1万册。少年儿童馆在塘桥二村78号,馆舍面积50平方米左右。2004年,馆舍面积增加到500平方米,藏书总量27 023册,购书经费6.5万元,同时与辖区单位打造自己的特色服务项目"塘桥·仁济健康讲坛"。2005年,图书馆成立"塘桥社区读书爱好者协会"文化团队。2009年加入上海市中心图书馆。2010年5月,根据街道总体规划,将原来南泉路的图书馆搬迁至蓝村路86号塘桥社区文化活动中心三楼,馆舍面积900平方米,设有成人阅览室、无线上网区域、读者沙龙室、电子阅览室(与东方信息苑资源共享)、少年儿童阅览室、影视播放区。总座位 140 个,藏书总量 30 541 册,年购书经费 8 万元,工作人员 6 名。

【上钢街道图书馆】

上钢新村街道图书馆总面积 754 平方米,总馆位于历城路 75 号,2 个分馆分别在德州路 380 弄 1 号 209 室和西营路 114 弄 32 号 103 室。图书馆藏书 4.5 万余册,订阅报刊 155 余种。阅览座位 201 个。馆内设有成人阅览区、少年儿童阅览区、亲子苑、自修区、接待区、读书活动基地、资料工作室、多功能书吧和休闲书吧等场所。实行全开架式服务,开设了主题专架、新书专架以及社会捐赠专架,作为上海市公报和新区的公报开放点。馆外设有 23 个四级网络图书室,6 个馆外图书延伸服务点。2010 年加入上海市中心图书馆。

【南码头路街道图书馆】

南码头路街道图书馆始建于 1996 年 5 月,建筑面积 1 100 平方米,藏书 2 万余册,电脑 32 台,具有借阅、演讲、展示、视听等 15 个服务项目。2003 年街道对原图书馆进行了改建,与社区文化活动中心进行了整合,2005 年 6 月 5 日正式对外开放,图书馆被设置在三楼。2009 年加入上海市中心图书馆。2009 年 7 月,图书馆再次与社区文化活动中心整合,从华丰路搬迁至南码头路 400 号,7 月 28 日正式对外开放,图书馆被设置在一楼。馆内分设成人馆和少年儿童馆,总面积 601.39 平方米,阅览席 118 个。提供图书外借、报刊阅览、读者活动、新书介绍、馆外服务、公共信息、资料复印等服务。馆内现有藏书 4.6 万余册,报纸杂志 200 种。

【沪东社区图书馆】

沪东社区图书馆建于 1962 年 3 月,原名歇浦路街道图书馆,馆址歇浦路 275 号。1996 年,由于浦东新区地块划分,原先图书馆的地块划分给了洋泾街道,图书馆于 1997 年搬迁到沪东新村 76 号。2005 年 5 月,搬迁至柳埠路 135 弄 25 号,总面积 960 平方米,设有成人馆、少年儿童馆、电子阅览室、青少年心理咨询室、图书馆多功能展示厅、一楼休闲阅览区,并与上海市中心图书馆实现"一卡通"系统联网,成为上海市中心图书馆基层服务点。2010 年图书馆藏书量 30 050 册,年购书经费 15 万,工作人员有 6 名。图书馆的服务特色是建立了 130 平方米的休闲阅览区与 156 平方米的多功能展示厅,坚持提供免费无线上网服务和特需学习活动室以及结合沪东实际情况,以"成长的日子,沪东伴你行"为主题开展青少年心理辅导的特色服务。

【金杨街道图书馆】

金杨街道图书馆位于云山路 1080 弄 2 号金杨社区文化中心一楼。金杨社区设有 48 个居委图书室,实现四级网络全覆盖。现有面积 300 平方米,设有成人借书室、书吧(成人阅览室)、少年儿童借阅室和读书活动室等场所。工作人员 5 人,年订阅报刊 160 余种,阅览座位 60 个,藏书 4.5 万余册,年购书经费 14 万。设有法律和证券金融专架书、新书专架,备有 1 台读者检索电脑。图书馆每周开放 56 小时,全年无休,2010 年加入上海市中心图书馆。

【洋泾街道图书馆】

洋泾街道图书馆于 2004 年 8 月建成,位于博山路 51 弄 40 号二楼,总面积为 554 平方米,设有成人阅览室、图书外借室，少年儿童阅览外借室、党建书屋、阳光书吧、社区信息苑、少年儿童艺术教室、多媒体教室。全年购书经费8万，拥有各类书籍2万余册，全年订阅报刊146种。2010年加入上海市中心图书馆。近年来，图书馆不断拓展图书馆的服务功能，开展一系列形式多样的读书活动，创建特色社区党建服务，使图书馆成为社区的"教育阵地"和"文化服务基地"。

【浦兴街道图书馆】

浦兴图书馆于2000年5月建立金桥湾分馆，2001年9月27日在浦兴文化活动中心建立总馆，隶属于浦兴街道。截至2010年，图书馆总馆与分馆面积567平方米，少年儿童室126平方米；藏书总量38 161册，年订阅报纸杂志193份166种。图书馆有计算机45台。年购书经费85 763.4元，其中新书经费54 280元，报刊31 483.4元。2010年加入上海市中心图书馆。从2007年首届上海社区集邮交流专场、"浦兴杯"首届上海社区集邮基地挂牌仪式开始，集邮作为浦兴图书馆的一个特色活动项目，在上海集邮界乃至全国都获得了各大奖项。

【东明街道图书馆】

东明路街道图书馆成立于2000年，图书馆分为三林城图书馆（总馆）与凌兆图书馆（分馆），两馆面积约400平方米。开放时间从早上10点到晚上6点，实行全年无休。目前两馆藏书约3万余册，配置了6台电脑，供读者上网查询资料，方便读者上网阅览。馆内共设有阅览座位88个，持有外借证读者1 025人，每天阅读量300人左右。2010年增添新书8千多册，购书经费达6万余元，馆内工作人员4人。图书馆从2006年起设立"蒲公英"馆外服务点，在东明路街道辖区的社区医院、派出所、科普基地、特色楼组等设立了书刊漂流点，为满足市民的基本阅读需求提供了便捷的渠道和场所。2010年加入上海市中心图书馆。

【花木街道图书馆】

花木街道图书馆始建于1962年5月，位于花木老街。2000年3月，花木、严桥两镇同时撤销，重新建立新的花木镇图书馆，位于花木玉兰路218号。2001年5月，花木、钦洋镇同时撤销，重新建立新的花木街道图书馆，位于花木梅花路289号，隶属陆家嘴功能区。图书馆现有面积537平方米，设有成人借阅区、少年儿童借阅室、亲子阅览室、自修区、有声读物区、接待区、读书活动基地等。现有工作人员6人，订阅报刊160余种，阅览座位160个。图书馆现有藏书6万余册，每年购书费15万，并于2001年设立了花卉专架、新书专架以及社会捐赠专架。2010年加入上海市中心图书馆。

【川沙新镇图书馆】

浦东新区川沙新镇图书馆建于1993年，其前身为川沙县城厢镇图书馆，隶属川沙新镇文化服务中心，原址川沙路5278号，2009年搬迁至新川路300号。2000年，川沙镇和周边的黄楼镇、六团镇合并，图书馆随之调整合并，增加六团社区图书馆（馆址普园路3号，馆舍面积150平方米）、黄楼社区图书馆（馆址栏学路398号，馆舍面积40平方米）两个服务窗口。2005年机场镇并入川沙新镇，图书馆又随之调整合并，增加江镇社区图书馆（馆址东亭路76号，馆舍面积30平方米）、施湾社区图书馆（馆址施湾三路985号，馆舍面积90平方米）两个服务窗口。2008年起，川沙新镇图书馆委托上海市浦东新区新川沙图书馆，按照分馆模式进行统一管理，同年加入上海市中心图书馆。截至 2010 年,馆舍面积 410 平方米,藏书 20 464 册,订阅报刊 80 种,工作人员 5 人。

【高桥镇图书馆】

高桥镇图书馆成立于 1989 年,隶属于高桥镇镇政府管辖。馆址坐落于高桥镇潼港一村 61 号,初建馆舍面积共 100 平方米,员工 2 人,馆内藏书约 4 000 余册。2000 年,高桥镇、高桥乡、凌桥镇三镇合并,由此高桥乡图书馆、凌桥镇图书馆合并,成立高桥镇第一图书馆,并设立高桥镇第二图书馆(原凌桥镇图书馆)。高桥镇第一图书馆位于浦东新区张扬北路 5428 弄 25 号,馆舍在原高桥镇图书馆基础上进行改建,增加了阅览室、活动室及办公区域,馆舍面积增至 300 平方米,馆内藏书增添至 2 万余册,员工增至 4 人。2010 年加入上海市中心图书馆。2010 年,图书经费 18 万,购书及订阅报纸杂志费用 10 万元,馆内藏书增至 3 万余册。馆员 7 人,其中本科学历 1 人,大专学历 2 人,高中学历 4 人。

【北蔡镇图书馆】

北蔡镇图书馆始建于 1962 年 10 月,位于沪南公路 865 号。2001 年 7 月和六里镇图书馆合并,仍称北蔡镇图书馆。北蔡镇社区文化活动中心位于浦东新区陈春路 101 号,2009 年 7 月开工建设,投资 9 700 万元。北蔡镇图书馆位于社区活动中心三楼。图书馆现有馆舍面积 700 平方米,分设成人借阅、少年儿童天地和自习室。图书馆现有工作人员 5 人,各类藏书 4.2 万余册,年购书经费 8 万元左右。常年订阅报纸杂志近 180 余种,阅览座位 150 个,每周开放时间 70 小时。新馆加强了现代化建设,馆内可供读者无线上网,读者使用的各类计算机 4 台。新馆还启用触摸屏,读者只需用手指在屏幕上点击,整幢大楼的功能设置、政府信息、文广中心活动、图书馆信息等一目了然。2010 年加入上海市中心图书馆。

【合庆镇图书馆】

合庆镇图书馆由原先蔡路文化站图书馆和合庆图书馆合并而成。蔡路文化站图书馆建于 1964 年,藏书近 3 000 册,对外有阅览室和图书外借两个服务项目。1993 年,图书馆搬至蔡路文化中心内,面积 270 平方米,设有成人图书外借室、成人图书阅览室、少年儿童图书外借室和阅览室、书库采编室等。藏书约 2 万余册。合庆图书馆建于 1974 年,1997 年图书馆总面积 160 平方米,其中书库 76 平方米,阅览面积 84 平方米,阅览座位 60 个,总藏书 16 642 册。2000 年 6 月,两馆合并,地址迁到原蔡路文化中心,在合庆前哨路 198 弄内保留了 60 平方米的借阅室。2010 年底加入上海市中心图书馆。

【唐镇图书馆】

唐镇图书馆行政隶属唐镇文广服务中心,2000 年 4 月,经上海市人民政府批准,撤消原唐镇和王港镇建制,合并建立新的唐镇,同年 6 月两镇正式合并办公。在此之前两镇分别建有图书馆。两家图书馆发展概况如下:唐镇图书馆面积 84 平方米,设有成人、少年儿童外借室和阅览室,阅览座位共 60 个,图书馆有书架 16 个,各类书籍 1.5 万册。王港图书馆设少年儿童、成人图书室,馆舍面积 130 平方米,藏书 10 015 册,发借书证 1 250 张。2004 年 10 月,新的唐镇社区文化活动中心落成,两家图书馆合并搬迁至唐兴路 495 号 202 室,建成新唐镇图书馆。新馆面积 251 平方米,内设图书借阅区和书报阅览区,并实行现代化办公。2010 年 6 月,加入上海市图书馆。截至 2010 年,馆内有工作电脑 5 台,藏书 8 762 册,2010 年购书经费 15 万元,阅览座位 96 个,配备专职管理人员 3 名。

【曹路镇图书馆】

2000 年 6 月,曹路镇图书馆由龚路、顾路两图书馆合并成立。馆址分别为龚路社区龚丰路 85 号、顾路社区顾曹路 585 号,保留原有图书馆外借和阅览功能。两处共有图书馆面积 300 平方米,阅读座位 90 个。2006 年 6 月,正式命名为曹路镇图书馆,同时总馆搬迁至川沙路 582 号,分馆设在民区路 9 号。馆舍面积 400 平方米,从业工作人员 4 人,属事业单位集体编制。至 2010 年止,图书馆藏书 3.7 万册,年购书经费 5 万元,采购新书 2 706 册,报刊、杂志 93 种。电脑 4 台,开放时间全年 365 天。2010 年加入上海市中心图书馆。

【金桥镇图书馆】

金桥镇图书馆建于 1959 年。2000 年 6 月,金桥、张桥两镇"撤二建一",金桥镇图书馆与张桥镇图书馆合并,馆址位于浦东新区金高路 1777 号文体中心北三楼。馆舍面积 351 平方米,分别设立成人借阅区、少年儿童馆、读者检索区和采编区域。馆员 5 名,馆藏量 25 881 册,年购书经费 8 万,常年为读者订阅报刊、杂志 170 余种。阅览座椅 100 个,全年 365 天开放,每周开放时间为 80.5 小时。图书馆先后在外来打工人员居住地、敬老院、社区、部队和农村建立了 10 个图书流通点,与每个流通点都签订了委托书,定期更换图书和上门指导,得到了外来务工人员和老年人的好评。2010 年加入上海市中心图书馆。

【高行镇图书馆】

1982 年 4 月,高南人民公社共藏书 6 460 册,连环画 2 172 册,报刊 54 种。1983 年 5 月,高行西街复兴路 37 号的东沟图书馆藏书 6 000 余册,订阅报纸 39 份,刊物 140 多种。1996 年,高南、东沟两乡图书馆合并,地址高行东街 117 弄 1 号。2006 年 3 月 20 日,图书馆迁至浦东新区东靖路 1831 号 319 室,面积 332.3 平方米。2010 年新增借书证 259 张,年流通总量 67 731 人次,其中少年儿童 17 731 人次。2010 年,共计接待外借读者 33 848 人次,借出图书 103 133 册次,接待阅览读者 36 304 人次,图书阅览 109 487 册次。2010 年图书经费为 76 464.1 元,全年采购新书 1 397 册,订阅各种报刊 170 种 183 份。2010 年加入上海市中心图书馆。

【高东镇图书馆】

高东镇图书馆始建于 1965 年,藏书仅 900 余册。1985 年,文化站派员赴当时的川沙县图书馆参加培训,是年正式建馆。馆舍面积有 30 平方米,藏书 3 000 册,专职人员 1 名。2000 年 5 月,原高东、杨园两镇合并,文化站也随之成为一体,但图书馆仍各处原址。是年,工作人员 4 名,面积 200 平方米左右,藏书 2 万册。2006 年,文广服务中心大楼落成。是年 8 月 18 日,两处图书馆搬至新大楼。翌年,图书借还实行数据化。2010 年底,馆舍面积 360 平方米,分设少年儿童阅览室、成人阅览外借室、书库、采编室。报刊、杂志 120 种,电脑 4 台。工作人员 5 名,其中大专学历 2 人,高中学历 3 人,初级职称 2 人。年购书经费 31 373.06 元。2010 年加入上海市中心图书馆。

【张江镇图书馆】

1965 年,张江文化站开设图书阅览室,地址在新西街 34 号。1986 年,图书馆迁至张江影剧院 3

楼,面积 200 平方米,分设图书外借和阅览,每天对外开放。1990 年 5 月,成立张江文化站少年儿童图书室。2000 年 12 月,张江、孙桥图书馆合并,计算机进入图书借阅管理。2001 年 6 月,图书馆迁至镇百姓事务受理中心 3 楼,新馆面积 200 平方米,分设少年儿童图书馆和成人图书馆,阅览座位88 个。新增图书 2 400 余册,共有藏书 2.1 万余册,读者借书证 2 000 余张,其中少年儿童 300 张。2010 年加入上海市中心图书馆。

【三林图书馆】

三林图书馆位于上海市浦东新区三林镇。20 世纪 50 年代,三林乡文化中心站图书室成立,1979 年成立三林乡图书馆。2005 年 1 月,三林镇与杨思镇合并,三林镇图书馆与杨思图书馆两馆合一,更名为上海市浦东新区三林图书馆,隶属于三林镇文广服务中心。图书馆设一个总馆、两个分馆。2010 年加入上海市中心图书馆。到 2010 年底,图书馆总面积 1 369 平方米,少年儿童借阅室面积 324 平方米,藏书总量 44 776 册,阅览座位 292 个。2010 年图书馆用于新书购置、报刊订阅和设备添置的经费为 30 万元。工作人员 13 人,初级职称 2 人。

【惠南镇图书馆】

惠南镇图书馆是由原惠南乡图书馆基础上发展起来的。惠南乡图书馆始建于 1985 年,藏书8 000 余册。2003 年惠南镇图书馆和黄路镇图书馆合并,馆舍搬迁至川南奉公路 6193 号。截至2010 年底,有藏书 15 967 册,年购书经费 10 万元。馆舍面积 523 平方米,设有外借室、阅览室、少年儿童借阅室、兰花课题工作室、书库等,特色藏书有"傅雷专架""兰花专架""新书专架""廉政专架"等。现有电脑 8 台,阅览室座位 100 个。2005 年 12 月,加入上海市中心图书馆。

【周浦镇图书馆】

1983 年,上级拨款 2 000 万元在新马路 161 弄建造 4 层 1 220 平方米的周浦镇文化馆、图书馆,底层及二楼供图书馆使用,设有报刊阅览室,外借室,采编辅导组等。1995 年 6 月,原周浦镇与周浦乡建制撤销,建立新的周浦镇。周浦镇图书馆复名。1998 年周浦镇不仅机关、学校、企事业单位都建有图书馆,而且下属 11 个村都建立图书室,供农民和乡镇企业职工借阅。2007 年加入上海市中心图书馆。2008 年,周浦镇文化服务中心新馆建成并投入使用,建成后的图书馆面积 730 平方米,信息苑 211.8 平方米,少年儿童借阅室 193 平方米,阅览座位 130 个。实施 365 天对外开放,每周开放 62 小时。图书馆现有职工 5 人。图书馆现有馆藏总量 99 750 余册,报刊订阅 130 余种,有文学艺术类、哲学法律类、医疗保健类、社教科技类等。年接待读者 32 万余人次,年流通量书刊近 60万册。

【新场镇图书馆】

新场镇图书馆由原南汇县图书馆新场分馆和原新场乡(公社)图书馆(室)合并而成。南汇县图书馆新场分馆成立于 1960 年。1984 年馆舍面积 179 平方米,其中阅览室 80 平方米,设阅览座位66 个,藏书 4.5 万余册,全年图书外借 2.9 万册次。新场乡人民公社图书室开办于 1972 年,1983年迁入农民文化宫内,图书室改为图书馆,面积为 100 平方米,藏书 1.3 万余册,报刊 200 余种。1994 年,原新场镇、新场乡建制撤销,建立新的新场镇,在新场镇文化活动中心大楼四楼建立新场镇图书馆,面积 250 平方米。2010 年 5 月加入上海中心图书馆"一卡通"系统。

【大团镇图书馆】

大团乡图书馆建于 1952 年 12 月,1979 年后恢复发展,配备专职图书管理员。1984 年,藏书量达 5 317 册,持证读者 500 多人。1994 年,原大团镇、大团乡合并后,原大团乡图书馆更名为大团镇图书馆。2003 年,三墩镇和大团镇合并,原三墩镇图书馆停止对外开放。2006 年新落成的文化中心正式对外开放,图书馆迁入南团公路 3330 号新建的文化中心大楼,图书馆面积 520 平方米,有电子阅览室座位 45 个,成人阅览室座位 46 个,少年儿童阅览室座位 32 个,藏书 3 万册,供读者借还电脑 2 台、查询书目电脑 2 台。年订阅报刊经费 2.5 万元,购书经费 10 万元,并逐年递增。图书馆配备工作人员 5 人,本科学历 2 人,大专学历 1 人,高中学历 2 人。2006 年,加入上海中心图书馆。

【芦潮港镇图书馆】

芦潮港图书馆由原果园乡图书馆和芦潮港镇图书馆合并而成。最初的果园乡文化站图书馆于 1966 年 8 月设立,1993 年果园乡撤乡建镇与芦潮港镇合并为芦潮港镇。原芦潮港镇图书馆 1990 年 10 月左右建立,有图书 3 000 多册,专职图书馆管理员 1 名,图书馆改名为芦潮港镇图书馆,图书馆工作人员也增加到 3 人,藏书 8 000 册左右。设有图书外借室、阅览室、采编室等,当时的外借室约有 75 平方米,阅览室也是 75 平方米左右,采编室 50 平方米左右,2002 年 10 月开始,文化站及广播站和影剧院合并更名为芦潮港文化服务中心,位于芦潮港镇渔港路 46 号,2009 年底新的文化中心建成后搬至原芦潮港镇芦硕路 298 号二楼。2009 年加入上海市中心图书馆。截至 2010 年底,有藏书 1 万多册,各类报纸杂志 70 多种,工作人员 3 名。

【康桥镇图书馆】

康桥镇图书馆是由横沔镇图书馆与康桥镇图书馆在 2000 年 7 月两镇合并后建立起来的,馆址位于康桥镇文化服务中心底楼,面积 500 平方米。图书馆南面有成人阅览区、休闲阅览区、亲子阅览区、电子法律图书角,共有阅览座位 120 个,北面为成人外借区、少年儿童外借区、少年儿童阅览区。馆藏一卡通图书 4.39 万册,文献资料 800 册。馆内有工作人员 6 人,借阅电脑 2 台,检索电脑 2 台,电子法律图书查阅电脑 1 台,有免费无线网络供读者使用。2008 年加入上海市中心图书馆。

【航头镇图书馆】

航头镇图书馆是由下沙镇图书馆与航头镇图书馆在 2006 年 1 月两镇合并后建立起来的。航头镇图书馆原馆舍面积为 205 平方米,有阅览座位 84 个。2006 年镇新文化服务中心建成,图书馆从原来的航兴南路 42 号搬迁到航头镇文化服务中心三楼,面积 505.2 平方米,其中少年儿童阅览室面积 103 平方米。馆藏一卡通图书 48 240 册,订阅报刊 166 种。馆内有工作人员 6 人。借阅电脑 2 台,检索电脑 1 台,电子阅览电脑 39 台,有免费无线网络供读者使用。图书馆有服务网点 13 个,社区图书室 24 个。2006 年加入上海市中心图书馆。

【六灶镇图书馆】

浦东新区六灶镇图书馆原址在陈桥路 2 号六灶镇文化服务中心内,2001 年搬去花园路 2 号,图书馆面积 168 平方米。2010 年后搬至周祝公路 2376 号原六灶镇人民政府一楼,馆舍面积 200 平方米。馆内设图书外借室、报刊阅览室、少年儿童借阅室、全国文化信息资源共享工程基层播放点。2001 年起图书馆开展好书推荐、影视播放、读书交流等活动。2010 年加入上海市中心图书馆。截至 2010 年,六灶镇图书馆藏书 1 万余册,订阅报纸杂志 100 余种,成人阅览座位 16 个,少年儿童座位 20 个,工作人员 3 人。

【祝桥镇文化中心图书馆】

1960 年,祝桥文化馆内建立图书室,藏书 4 000 册。东海图书馆建于 1964 年底,前身为东海公社文化站下设的图书阅览室,1999 年,东海图书馆新建馆舍 200 平方米,阅览座位 60 个,藏书增至近万册,全年图书流量 1.65 万册次。盐仓图书室于 1966 年创办。2002 年,盐仓镇图书室有书架 10 个,阅览座位 30 个,藏书 1.1 万册,报纸杂志 160 多份。江镇图书室建于 1964 年,施湾图书室建于 1973 年,1998 年两图书室合并成立机场镇图书室。1998 年施湾、江镇两镇合并建立机场镇后,原两镇图书室合并建立机场镇图书室。2003 年,机场镇图书室藏书 2 万册,订阅各种报刊、杂志 127 种,年图书借阅量达 50 054 册次。2007 年加入上海市中心图书馆。2003 年 5 月,祝桥、盐仓、东海三镇图书馆合并成立祝桥镇文化服务中心图书馆,藏书 2 万册。2008 年,祝桥镇文化服务中心图书室馆搬进祝桥镇航亭环路 158 号北大楼二楼,图书馆面积 760 平方米,阅览座位 120 个,工作人员 6 人,藏书 3 万余册,订阅报刊 130 余种,图书馆实行全年无休免费对读者开放。

【泥城镇图书馆】

1988 年,泥城乡文化站设立图书馆外借室、阅览室。图书馆由原来的 30 平方米增至 80 平方米,增添了书架和桌椅,增加图书管理员 1 人。图书馆配合镇(乡)工会、共青团、妇联、教委开展读书征文、演讲等系列活动。2009 年,泥城镇图书馆搬迁至泥城文化中心,新馆占地面积 500 平方米,其中设有阅览室、少年儿童阅览室以及少年儿童活动室,从业人员 3 人。2008 年加入上海市中心图书馆。截至 2010 年底,图书馆藏书量为 13 800 册,年购书经费为 6 万元。图书馆与泥城镇洪刚扁豆基地结对开展特色服务,定期为他们提供专业书籍及讲座。

【宣桥镇图书馆】

宣桥公社图书馆始建于 1975 年 3 月。1996 年,宣桥镇娱乐中心落成,图书馆搬迁到该大楼三楼,面积 180 平方米。图书馆拥有藏书 9 800 余册,成人阅览室能容纳 40 余人,少年儿童阅览室能容纳 20 余人。有书架 17 个、杂志架 3 个、阅览台 12 个。2010 年,图书馆加入上海市中心图书馆。

【书院镇图书馆】

1963 年,书院公社文化站成立后设立图书室。1981 年,新港公社图书室(馆)使用面积 24 平方米,藏书 2 000 册。1983 年,图书室更名为图书馆。1985 年,新港乡图书馆藏书 6 000 册,发放读者借书卡 200 张,全年借阅达 3 000 人次。1990 年,馆舍面积 60 平方米,阅览室座位 18 个,藏书 7 545 册。1998 年 9 月,新港镇图书馆随同新港镇文化站迁至入新址,新舍面积 208 平方米,设外借室、成人阅览室、少年儿童阅览室、专题资料室、采编室。2006 年加入上海市中心图书馆。2008 年 10 月,新港镇被并入书院镇,又随同书院镇文化中心迁至书院镇老芦公路 861 号。截至 2010 年,图书馆总面积 350 平方米,馆内少年儿童阅览面积占 60 平方米,阅览座席有 60 个,馆内现有藏书总量为 13 213 册,全部可进入一卡通流通。年购书经费约为 61 689 元,年订购报刊 110 种。现图书馆工作人员 3 人。

【万祥镇图书馆】

1979 年万祥镇图书馆成立,1999 年 1 月,图书室、阅览室等图书馆的设施、设备迁至位于茂盛路 15 号的老年活动中心内,设有外借室、成人阅览室、少年儿童阅览室、采编室、文艺活动室。2009 年 5 月,图书馆迁至振万路 2 号,同年加入上海市中心图书馆。截至 2010 年,馆舍面积 350 平方米,设有外借室、成人阅览室、少年儿童阅览室、采编室、文艺活动室、藏书室。藏书 2.8 万余册,各种报刊、杂志 120 种,"一卡通"读者证累计发放 394 张。年购书经费为 5 万元,工作人员 3 人。

【老港镇图书馆】

老港镇图书馆于 1983 年建馆,馆址在原文化站,馆舍面积 100 多平方米。2009 年 10 月搬迁至新建文化中心大楼二楼,馆舍面积增加到 300 多平方米,新增 4 台电脑,书架、报刊架 80 多个,阅览座位 40 个,藏书总量 28 400 册。2010 年购书经费 6 万元,报刊费 1 万元,工作人员 3 人,全年确保每天开放。图书馆每年寒暑假举办各类中小学丰富多彩的活动、假期培训班,受到学生和家长的好评。2009 年图书馆加入上海市中心图书馆。

十四、金山区

【石化街道图书馆】

石化街道图书馆筹建于 2005 年 4 月,2005 年 6 月,在石化社区文化活动中心的揭牌之日正式开馆,名为石化街道图书馆。截至 2010 年,图书馆设两间藏书室,一间阅览室,一间办公室,面积共 96 平方米,图书管理人员 2 人;有各类书籍 1 万余册,征订报刊、杂志共 61 种,年购书经费约 2 万元。馆内设儿童读物专架,另外根据老城区老年读者多的特点,各类传记类文学、养生保健书籍占较大比例。平均年流通量近 5 000 人次,加上石化街道图书馆属下的 25 个服务点,年均流通量 6.2 万余人次。2010 年加入上海市中心图书馆。

【朱泾镇图书馆】

1978 年朱泾镇图书馆藏书 5 000 多册,报纸 10 多份,杂志 50 多种,隶属于朱泾镇文化站。2001 年 9 月,朱泾乡与朱泾镇撤并为朱泾镇,随之乡、镇文化站撤并建立朱泾镇图书馆。2002 年 9 月,朱泾镇图书馆隶属朱泾镇文化体育服务中心。2005 年 4 月,撤二建一,新农镇划归朱泾镇,原新农镇文化站图书馆随之并入朱泾镇图书馆。2007 年 9 月,朱泾镇图书馆迁至人民路 360 号新址,面积 500 平方米,其中少年儿童区域面积 150 平方米,同时加入上海市中心图书馆。馆内开设读者专架、报纸杂志专架、少年儿童区域、大众区域等服务窗口。截至 2010 年,年购书经费 8 万多元。藏书 38 122 册,报纸杂志 120 种,计算机 3 台。

【枫泾镇图书馆】

1986 年 11 月,枫泾镇图书馆建成开放,面积 584 平方米。枫围乡图书室建于 1958 年,"文化大革命"中停办,1979 年 6 月恢复开放。兴塔镇图书馆建于 1960 年,"文化大革命"中停办,1980 年 6 月恢复开放。1993 年和 2005 年枫泾镇实行乡、镇建制"撤二建一",枫围乡图书室、兴塔镇图书馆先后并入了枫泾镇图书馆。"撤二建一"后的枫泾镇图书馆,馆址不变,隶属于枫泾镇文化广播影视服务中心。2006 年加入上海市中心图书馆。截至 2010 年,图书馆藏书 60 751 册,电子文献资料 800 多件,年订阅报纸杂志 130 种。阅览座位 104 个,全年阵地服务流通 74 584 人次,阅览图书 100 214 册次,外借 46 473 人次,流通图书 149 528 册次,办理借阅证 1 124 张。年购书经费 12 万元,共有工作人员 8 人。馆内设有成人外借室、成人阅览室、少年儿童活动室、科技图书专架和当地图书专架资料查阅室、金山农民画资料信息总汇室、图书服务点外借室等。

【张堰镇图书馆】

1978 年,张堰镇文化站筹建图书馆。1979 年 5 月,馆内藏书 1 000 多册。1985 年,图书馆设在文化宫二楼,面积 186 平方米,书架 61 个,提供容纳 60 人的阅览室。1993 年,张堰乡图书室并入了张堰镇图书馆,隶属于张堰镇文化广播影视服务中心。2007 年,图书馆搬迁于金张公路 228 号,服务面积 390 平方米,成人阅览座席 60 个,少年儿童阅览座席 28 个。2008 年加入上海市中心图书馆。截至 2010 年,藏书 3.1 万余册,设立图书外借室、成人阅览室和青少年阅览室 3 个服务部门,工作人员 4 人。2010 年,投入 20 多万元对图书馆进行大整修。

【亭林镇图书馆】

1957 年亭林镇设图书室。1964 年亭新公社设图书室;1985 年亭新公社改称亭新乡。1993 年 12 月,亭林地区乡、镇合并,建亭林镇图书室,读者证 1 200 余张,图书流通 1.4 万余册。2005 年 3 月,亭林镇、松隐镇合并,建新亭林镇图书馆,搬迁至新馆舍,面积 508 平方米。2010 年,亭林镇图书馆总藏书 4.3 万册,年购书经费 6 万元。每月外借图书 4 000 人次,流通 5 000 余册,每天阅览 30 人次。专职管理员 2 人。全镇 15 个村、5 个居委会总藏书 10 万册,阅览总面积 400 平方米。2007 年加入上海市中心图书馆。

【吕巷镇图书馆】

1978 年,吕巷图书室地址设于南文街朱宅,面积 50 平方米,藏书 1 634 册,连环画 734 本。1985 年 9 月,图书室迁址到文化宫大楼,面积 100 平方米,藏书 6 000 余册。1978 年,干巷图书室设在干巷电影院楼上,面积 50 平方米,有图书外借室、少年儿童阅览室。干巷镇于 2005 年与吕巷镇合并。2008 年“撤一建一”后的吕巷图书馆隶属于吕巷镇文化广播影视中心,馆址吕巷镇政府东面大楼,面积 504 平方米,馆内有成人外借室、成人阅览室、少年儿童阅览室、藏书室兼资料查阅室。藏书量 33 700 册,年均购书经费 64 733 元,工作人员 4 人。此外,吕巷镇 10 个村也办起了图书室,图书馆定期下乡进行业务辅导。2008 年加入上海市中心图书馆。

【廊下镇图书馆】

1957 年,廊下乡建立文化辅导站,设有图书室。1962 年,廊下乡借范姓民房将原文化辅导站改为文化站,主要负责出借图书。1989 年,廊下乡图书馆搬迁到益民路 62 号。1993 年 9 月,廊下撤乡建镇。1998 年,廊下镇全面完成村级图书室的创建工作,16 个村图书室发证 450 张,藏书 6 000 余册。2007 年,图书馆搬入廊下镇景乐路 228 号 1 号楼,设有外借室、成人阅览室、少年儿童阅览室、藏书室等,同年 10 月,图书馆加入上海市中心图书馆。截至 2010 年,图书馆建筑面积 450 平方米,年购书经费 4 万元,有各类图书 25 291 册,有效读者证 701 张,管理人员 2 人。

【金山卫镇图书馆】

1958 年,金卫乡图书室成立。钱圩乡图书室建于 1958 年,1979 年搬迁至老邮电所内,藏书 1 500 册,面积 120 多平方米。2001 年 3 月,金山卫和钱圩图书馆合并为金山卫镇图书馆,图书馆隶属于金山卫镇文化广播影视服务中心。2005 年扩建图书馆,面积 180 平方米,设有外借室、阅览室、办公室,管理员 2 人。2008 年 9 月,图书馆搬迁至古城路 295 号,面积 320 平方米,设书库、阅览室和少年儿童阅览室、办公室等,藏书 3 万册,管理员 3 人,同年加入上海市中心图书馆。2008—2010 年,图书馆完成了全镇 14 家书屋的建设。图书馆拓展服务对象,在驻地部队和看守所分别建立了 2 个服务点。

【漕泾镇图书馆】

漕泾镇图书馆成立于 1958 年,1978 年隶属公社文化站。1983 年,建造漕泾农民文化宫,图书室面积 150 平方米,藏书 8 000 余册。2008 年,图书馆迁址漕泾镇社区文化活动中心,隶属漕泾镇文化体育服务中心。2006 年 5 月,加入上海市中心图书馆。2010 年,图书馆面积 310 平方米,设有成人、少年儿童阅览专座 64 个,图书 22 748 册,订报纸杂志 74 种,农家书屋藏书 13 500 册,年购书 3 万元,配备 4 台电脑。图书馆 365 天开放,组织中小学生暑期读书活动、设立读者服务点、开展送书下乡服务、举办创作培训、故事演讲、读书征文等活动,建立了农家书屋。

【山阳镇图书馆】

1987 年 12 月,山阳乡图书馆成立。1989 年,藏书 13 411 册,连环画册 25 490 册,订有报纸 104 份,刊物杂志 98 份,外借证 1 250 张。山阳镇图书馆位于山阳社区文化活动中心二楼,建筑面积 764 平方米,其中藏书室、外借部 160 平方米,阅览室 65 平方米,座位 70 个,少年儿童阅览室 35 平方米,座位 15 个,电子阅览室 274 平方米,座位 4 个,多功能讲座教室 4 间,195 平方米。全年无休。2006 年 10 月,图书馆加入上海市中心图书馆。

【金山工业区图书馆】

1957 年 8 月,成立朱行乡文化站。1982 年,在朱行人民公社办公楼东侧新建文化楼,二楼大间作为图书开放,面积 60 平方米。1984—1987 年图书馆经过三次搬迁,面积逐步增加至 90 平方米。2005 年 3 月撤销朱行镇行政建制,金山工业区管委会对原朱行镇区域行使行政管理职能。2008 年 5 月,图书馆搬迁至新建成的金山工业区社区文化活动中心底楼,面积 450 平方米,内设图书外借、成人阅览、少年儿童阅览等服务区域,阅览座位 64 个。2010 年底,共有藏书 23 444 册,报纸杂志 85 种,图书馆工作人员 4 名。2008 年 7 月,图书馆加入上海市中心图书馆。

十五、松江区

【岳阳街道图书馆】

岳阳街道(松江镇)图书馆于 1996 年在人乐小区老年活动中心成立,面积 12 平方米。1997 年,增设 10 平方米阅览室,藏书 2 000 册。1998—1999 年,迁至荣乐居委会,面积 130 平方米,藏书 5 000 册,开架借阅。2000 年,迁入荣乐五村,藏书 1.2 万册。2001 年,新建岳阳街道图书馆,并于 2002 年 9 月开放,借阅室面积 100 多平方米,有图书 17 类,1.5 万册藏书,100 余种杂志,同时设图书电子借阅。2004 年 5 月,迁入现岳阳街道社区文化活动中心五楼,面积 560 平方米,阅览座位

120 个,开辟少年儿童阅读区域和电子阅览室,藏书 4.3 万册,订购报纸杂志 140 种。平均年借阅 167 926 册次,年阅览 44 357 人次,管理人员 4 名。2005 年加入上海市中心图书馆。

【永丰街道图书馆】

永丰街道图书馆建于 1963 年 5 月,馆址中山西路 362 号。1974 年,搬迁至仓南街 24 号。1997 年,搬迁至仓桥镇政府办公楼辅楼二楼。2004 年,搬迁至松汇西路 1438 号永丰社区文化活动中心,面积 120 平方米。2006 年,扩建至 350 平方米。截至 2010 年,有管理人员 4 人,设借阅室、成人阅览室、少年儿童阅览室、少年儿童藏书室、图书指导室兼阅览室。馆藏图书 33 479 册,订阅报刊、杂志 121 种,上架流动书 21 008 册。每周开放 56 小时,节假日不休息。2010 年,累计持卡读者 3 622 名,外借图书 29 790 册次,外借 20 421 人次,阅览人数 26 011 人次,阅览图书 28 594 册次。图书馆坚持为当地福利院、阳光之家、农民工子弟学校、外资企业等单位定期送书,建立流动图书站。2007 年加入上海市中心图书馆。

【方松街道图书馆】

方松街道图书馆于 2006 年 9 月正式对外开放,馆址松江区北翠路 1077 号。馆舍面积 120 平方米,座位 32 个。馆藏图书 3 万册,其中少年儿童图书 1 200 册,年购书经费 1.5 万元,年征订报刊杂志 78 种。每周开放 49 小时。管理人员 3 人。图书馆每年开展以社区居民为主的市民书法比赛、征文比赛,以提高社区居民文化生活水平;为社区残疾人读者送书上门;指导辖区内 35 个居委会社区图书室业务。2010 年加入上海市中心图书馆。

【中山街道图书馆】

1981 年,城北公社图书室(中山街道图书馆前身)开始组织开展读书活动。1990 年,由乡、村两级企事业单位共同出资,与五里塘乡文化站一起联办图书室。当年,图书室藏书 8 938 册,订阅杂志 58 种,报纸 8 种,发放借书卡 614 张。1996 年,新建茸北镇文化中心,其中建有 200 平方米的图书馆。2005 年 8 月,搬迁至茸梅路 200 号中山社区文化活动中心大楼,馆舍面积 300 平方米,其中,外借室 64 平方米,图书室 96 平方米,成人阅览室 60 平方米,少年儿童阅览室 80 平方米,座位 80 个。2006 年 5 月,与上海图书馆实行联网。2010 年,馆藏图书 3 万余册,每周开放时间 70 小时,工作人员 2 人。2006 年加入上海市中心图书馆。

【泗泾镇图书馆】

泗泾镇图书馆由原泗泾镇图书馆、泗联乡文化站和泗泾文化图书馆三馆合一创建。图书馆建于 1958 年 4 月,1978 年,藏书 8 000 余册,杂志 65 种,发放借书卡 320 张。泗联乡文化站建于 1978 年。1990 年,泗泾镇泗联乡拆二建一,原泗泾镇文化图书馆和泗联乡图书馆合并为泗泾镇图书馆。2006 年,泗泾镇文化图书馆正式并入泗泾镇图书馆,三馆合一。面积 120 平方米,阅览座位 80 个,馆址为开江东路 250 号。2010 年加入上海市中心图书馆。截至 2010 年,藏书 21 230 册,年购书经费 5 万元,订报纸 20 种,杂志 80 种;外借 553 人次,1 841 册次;阅览 200 人次,812 册次。

【佘山镇图书馆】

佘山文化站图书室建立于 1963 年,面积 150 平方米,后搬迁至西霞路 51 号。2005 年 7 月,迁至佘山镇文化活动中心,专用面积1 400平方米,设少年儿童、成人图书阅览室。2008年起,为辖区12个行政村设置了"农家书屋",每个书屋配置图书2 100册,每年订阅报纸杂志16种。2010年加入上海市中心图书馆。截至2010年,藏书33 550册,年购书经费10万元,订报纸22种,杂志66种;外借5 196人次,13 420册次;阅览49 373人次,141 133册次。

【车墩镇图书馆】

1959年12月,城东公社建图书馆(车墩镇图书馆前身)。1990年,华阳桥乡图书馆藏书5 747册,连环画2 347册,各类杂志、报刊80种,发放借书卡471张。1999年,车墩镇建新图书馆。2001年,车墩、华阳桥二镇图书馆合一,称车墩镇图书馆。2009年,车墩镇图书馆加入上海市中心馆。2010年,车墩镇图书馆新馆正式启用,加入上海市中心图书馆,实行"一卡通"借阅。馆舍面积400平方米,藏书19 000册,座位100个,电脑5台,每周开放56小时。管理人员3人。图书馆每年举办学生读书征文活动、诗歌朗诵比赛、学生剪纸与丝网版画培训班,送书到部队、学校、大型企业、村居委等馆外服务点,指导辖区内"农家书屋"、社区图书室图书业务。

【新桥镇图书馆】

1975年,新桥图书室建立。1998年,坐落于新桥镇中心路22号新的文化中心大楼,建筑面积1 052平方米,其中,图书阅览室140平方米。2002年4月,新桥镇文化站更名"新桥镇文化体育管理站",先后与春申、陈街巷、新泾村、达新铸造厂等单位达成联办协议,共建图书室。联合办馆后,分设成人图书、阅览两室,座位50个。2010年加入上海市中心图书馆。2010年,共办理图书借阅证27张,全年外借人次636人,797册次;阅览15 280人次,29 910册次。图书馆每周开放不少于56小时,周六、周日全天借阅图书、开放阅览室。每年购置新书300余册,订阅报刊、杂志80余种。

【洞泾镇图书馆】

1978年3月,洞泾地区建砖桥人民公社。1980年11月,更名为洞泾人民公社。1984年2月,洞泾人民公社改为洞泾乡。1993年8月撤乡建镇,洞泾镇图书室地址为洞西路43号。1995年1月,搬至长兴路528号(洞泾镇新政府办公楼)。1996年12月至1999年,搬至长兴路622号(原洞泾镇工业公司大楼)。2001年搬至洞泾镇文化活动中心,面积400平方米,其中少年儿童室60平方米。专职图书管理员3名。图书馆为弱势群体(包括农民工、阳光之家、残疾人、部队子弟兵等服务点)办卡送书;开展"农家书屋"征文活动。2010年加入上海市中心图书馆。

【九亭镇图书馆】

1978年,九亭公社建立图书室,约40平方米,管理员1人。1986年,搬至九亭影剧院地下室,增设少年儿童阅览室。1991年,搬至九亭成人学校。1993年,藏书9 401册,其中文字书6 731册,连环画2 670册。1995年,藏书9 827册,订阅报刊36种。1997年,搬至新落成的九亭文化活动中心三楼,面积约80平方米。2002年又搬至文化中心二楼门面房。2006年,馆藏图书18 875册,订阅报纸14份,杂志53种。图书馆下有基层图书室25家,其中9家为"农家书屋"。截至2010年,图书馆面积300平方米,分为外借区、成人阅览区、少年儿童阅览区、书库,藏书15 519册,订阅报刊27份,订阅杂志90种。图书管理员1人。2010年加入上海市中心图书馆。

【泖港镇图书馆】

泖港镇图书室始建于 1958 年。1984 年改名为泖港乡文化站图书室。1990 年,图书室面积 30 平方米,藏书 8 823 册。1993 年更名为泖港镇文化站图书室。1998 年,藏书 11 213 册,订阅报刊 43 种。2000 年图书室搬迁至泖港镇老政府大楼底楼。五库镇文化站图书室建于 1958 年,1984 年改名为新五乡文化站图书室。1990 年,图书室面积 103 平方米,藏书 7 400 册,阅览座位 40 个。2001 年 1 月,泖港、五库"撤二建一",成立泖港镇文化站图书室,有图书室,阅览室各一间,共 60 平方米,配专职图书管理员 2 人。2002 年 7 月,迁至泖港镇中南路 35 号泖港影剧场底楼,设图书室、阅览室。2004 年 11 月,搬迁至新乐路 58 号。2006 年建成达标图书室,面积 120 平方米,其中阅览室 40 平方米,少年儿童阅览室 40 平方米。截至 2010 年,外借 5 948 人次,外借 8 687 册次;阅览 11 866 人次,阅览 20 762 册次。全年购书经费 20 000 元。"农家书屋"17 家,总面积 909 平方米。2010 年加入上海市中心图书馆。

【石湖荡镇图书馆】

1978 年,古松公社与塔汇公社分设图书室,古松公社图书室面积 40 平方米,塔汇公社图书馆面积 50 平方米。1984 年撤社建乡,两馆分别改称古松乡图书馆、塔汇乡图书馆。1994 年撤乡建镇,改称石湖荡镇图书馆、李塔汇镇图书馆。2001 年,撤石湖荡镇、李塔汇镇,建石湖荡镇,图书馆合二为一,称石湖荡镇图书馆,面积 150 平方米。图书馆面积 200 平方米,为市二级馆,分为外借室、阅览室和少年儿童室,管理人员 2 人。图书馆每周开放 7 天,开放时间 56 小时;指导辖区内 11 家"农家书屋"的业务。2010 年加入上海市中心图书馆。

【新浜镇图书馆】

新浜镇图书馆始建于 1963 年,馆址在原新浜人民公社机关内。1984 年搬迁至新浜幼儿园。1990 年搬迁至原乡派出所旁。2004 年搬迁至新浜镇共青路 1354 号。2009 年,镇文化管理站更名为新浜镇文化体育服务所。截至 2010 年,图书馆面积 150 平方米,配备专职管理人员 2 人。图书馆指导辖区内 11 家"农家书屋"业务,总面积 415 平方米,图书 16 500 册,光盘 1 100 件;每年启动农家书屋"农家书香"征文活动。2010 年加入上海市中心图书馆。

【叶榭镇图书馆】

张泽图书馆馆址原在张泽镇辕门路街北面,面积 200 平方米,叶榭图书馆馆址原在叶榭咸通桥西逸老楼房,面积 144 平方米。2001 年 7 月,张泽馆、叶榭馆正式合并为叶榭镇图书馆,馆址在强恕大道,面积为 363 平方米,其中设阅览室、少年儿童室。藏书总量为 6 万册。2006 年 3 月搬至广电大楼,面积 363 平方米。2010 年加入上海市中心图书馆。截至 2010 年,图书馆面积 363 平方米,藏书 4.2 万册,年购书经费 2 万元,订阅报刊 35 种,杂志 80 种。图书馆指导辖区内"农家书屋"业务;为镇敬老院、阳光之家开展送书、送影像资料;成立社区夕阳红读书小组,定期开展读书、读报活动;开展寒暑期青少年读书活动、读书成果交流。

【小昆山镇图书馆】

1978 年 5 月,昆冈文化站图书室面积 28 平方米。1992 年 6 月,昆冈文化站图书室面积 120 平方米。1978 年 8 月,设大港文化站图书室。2001 年 6 月,合并为小昆山镇文体站图书馆。2008 年

3月,小昆山镇文化体育服务所图书馆,馆舍面积30平方米,藏书23 671册。管理员3人。图书馆开展常规外借、阅览、参考咨询、便民服务,一周开放56小时;指导辖区内8家"农家书屋"、2家社区图书室开展业务。2010年加入上海市中心图书馆。截至2010年,藏书25 605册,年购书经费0.58万元,订报纸16种,杂志9种;外借19 367人次,38 056册次;阅览24 555人次,48 570册次。

十六、青浦区

【夏阳街道图书馆】

夏阳街道图书馆建于1995年1月,馆址青浦区青昆路100号,建筑面积300余平方米,2008年加入上海市中心图书馆。图书馆采用书刊借阅一体化的服务模式,设有少年儿童、成人和电子阅览室三个服务区域。拥有各类藏书2.6万余册,报纸杂志120种,年购书经费8万。图书馆积极开展图书馆特色活动,"我是小小书法家"少年儿童书法成为该馆一项特色活动。

【朱家角镇图书馆】

朱家角图书馆建于1995年,位于朱家角镇沙家埭路18号。馆舍面积300平方米,藏书2.8万册,阅览席位40个,内设图书馆借阅室、成人阅览、少年儿童阅览室、电子阅览等服务设施。工作人员6人,全年购书经费6.7万元。2008年,加入上海市中心图书馆,实现异地借还。1990、1992、1995年举办三次特色活动民间藏书研讨会。

【练塘镇图书馆】

练塘图书馆隶属于镇文化体育服务中心,坐落于镇中心区域文化路85号,馆舍面积400平方米,内设图书外借室、社区报刊阅览室、少年儿童图书室。工作人员4人。馆藏图书包括地方文献、人物传记、中外文学、自然科学、文化艺术以及少年儿童读物等各类书籍。图书馆于2003年8月创建了电子阅览室,配置电脑4台,方便读者及时了解掌握网络信息各种动态。2004年,电子阅览室接入上海图书馆全国文化信息资源共享工程,进一步增加网络知识的内涵。2008年加入上海市中心图书馆。

【金泽镇图书馆】

金泽镇图书馆坐落于镇中心的文化广场,建筑面积260平方米,分别设有图书借阅室、成人室、少年儿童室等服务设施。工作人员4人。藏书总量2.6万余册,各类报刊、杂志100多种,计算机13台。2007年加入上海市中心图书馆。图书馆持续举办"桥乡艺蕾"书画班,并积极参加市、区级各类读书活动,开展区域内形式多样的读书活动。同时,辅导村农家书屋开展工作,结合镇职能部门开展的"桥乡之声"文化节和"文化三下乡"等活动送书下乡,为农村读者普及科学文化知识。

【赵巷镇图书馆】

赵巷图书馆位于赵巷社区文化活动中心内,面积300余平方米,设有报刊阅览室、图书阅览外借室、少年儿童阅览室、低幼儿早教室、社区信息苑、多媒体教室。图书馆有各类图书4万余册,各类报刊100多种。图书馆每周开放56小时,图书借阅一体化。2007年12月,加入上海市中心图书馆。图书馆从2008年起,每年举办一届"我心中的赵巷"征文比赛,借助征文比赛,提高文学水平,营造读书氛围。2008 年 4 月起,开展知识讲座活动,每天利用 1.5 小时的时间,向广大社区居民传播老年养生、科学健身、时事政治和科普知识等。

【徐泾镇图书馆】

徐泾镇图书馆位于徐泾镇社区文化活动中心 2 楼,建筑面积 510 平方米,藏书 4 万余册,报刊 124 余种,供读者使用计算机 26 台,阅览座位 100 个(其中少年儿童 40 个),开设成人外借、阅览、少年儿童借阅、电子阅览等功能。年接待读者 20 万余人次,年借阅书刊 10 万余册次。2008 年加入上海市中心图书馆。

【华新镇图书馆】

华新镇图书馆于 1970 年 1 月建立,又名华潮公社图书室。1997 年 1 月,改名华新图书馆。2004 年起图书编入机读目录,实施计算机借还管理。2006 年初加入上海市中心图书馆"一卡通"数据库,读者借还书实现"一卡通"异地借阅。2010 年,华新镇政府投入资金 180 万余元,对馆舍和电子阅览室进行了扩建改造。持续十多年的"晨曦"系列读书特色活动受到读者欢迎。

【重固镇图书馆】

重固镇图书馆原名重固图书室,1979 年成立,几经搬迁,于 2008 年 1 月入驻重固镇社区文化活动中心。馆舍面积为 423 平方米,专职人员 3 名,全年购书经费 8 万元,藏书量近 3 万册,年订阅报刊 120 多种,阅览室座位 124 个。镇图书馆定期为广大蔬菜种植户编写《蔬菜种植用户指南》,开展"宝贝开心乐园"亲子活动、"红领巾读书"活动、"品味书香,与书为友"征文活动等。2007 年 4 月,图书馆加入上海市中心图书馆。

【白鹤镇图书馆】

白鹤镇图书馆始建于 1980 年,原名为白鹤镇文化站图书室,面积约 80 平方米。1999 年,被评为市乡镇街道图书馆一级馆,并正式更名为白鹤图书馆,馆舍面积增至 268 平方米,分设借阅室、阅览室、少年儿童阅览室、采编室、书库等。2000 年,藏书近 2 万册,管理人员 3 人。2000 年,被评为市公共图书馆行业规范服务达标单位。2004 年,白鹤镇和赵屯镇两镇合一为白鹤镇。2005 年 10 月,白鹤镇图书馆搬迁至原白鹤小学校舍内,服务面积 410 平方米。2007 年 3 月加入上海市中心图书馆。

十七、奉贤区

【南桥镇图书馆】

1978—1993 年,南桥镇图书馆位于南桥镇人民路(现金叶商厦旧址)。1993 年搬迁至振贤一支路 7 号,1996 年搬迁至振贤路 3 号。2002 年南桥、江海并镇后,南桥镇图书馆搬迁江海花园 87 号社区文化活动中心二楼。2006 年图书馆加入上海市中心图书馆。2010 年 6 月,南桥镇图书馆搬迁至南桥镇社区文化活动中心,面积 719.2 平方米,设有成人借阅区、少年儿童借阅区、藏书室、手工艺室、摄影沙龙活动室、亲子活动室、书画室等,和东方信息苑南桥苑实现资源共享。工作人员 4 人。截至 2010 年底,藏书 3.3 万余册,全年购书经费 13.8 万元,其中,新书入藏 4 949 册,报刊订阅

333 份；年图书流通 72 352 人次，借阅图书 80 868 册次，全年开展各类读书活动 23 次，参加人数 9 760 余人次。

【奉城镇图书馆】

奉城图书馆创办于 1958 年，为奉贤县图书分馆，附属镇（乡、公社）文化中心管理。馆舍建筑面积 309.75 平方米，书库建筑面积 60 平方米，工作人员 2 人，每周开放时间 56 小时。奉贤县图书馆于 1978 年 7 月设书库于奉城，称奉贤县图书馆奉城流通站，藏书 1.6 万余册。2002 年原奉城镇、塘外镇、洪庙镇、头桥镇四镇合一成立新的奉城镇。2007 年，图书馆迁入兰博路 2828 号的新馆舍，馆舍面积 310 平方米，内设成人外借室、少年儿童馆、藏书室、成人阅览室、文化共享工程等，其中少年儿童馆面积 62 平方米；阅览座位 115 个，其中成人馆为 72 个，少年儿童馆为 43 个，以满足不同读者的阅读需求。2006 年图书馆加入上海市中心图书馆。

【庄行镇图书馆】

1978 年，庄行镇文化站图书室成立。1979 年，藏书 1 957 册，报纸 8 份，刊物 40 种。1984 年，藏书增至 7 257 册，报纸 23 份，刊物 82 种。1991 年图书馆迁入乡文化中心大楼，阅览、外借室面积 140 平方米，并设少年儿童图书馆和少年儿童阅览室。2006 年图书馆搬迁至镇活动中心底楼，建筑面积 300 平方米，设有成人馆、少年儿童馆、电子阅览室、诗芽报陈列室、书库 5 个部分，阅览座位 120 个。2010 年 1 月，图书馆加入上海市中心图书馆。截至 2010 年，图书馆拥有各类藏书 30 835 册。

【金汇镇图书馆】

1962 年，金汇公社筹办金汇文化站，文化站设立图书室，藏书 1 000 余册。1982 年，建立公社图书馆，建筑面积 100 平方米，藏书 4 000 余册，订有报刊、杂志 70 余种。2001 年，藏书 1.1 万余册，报纸杂志 80 多种，设有外借处、阅览室和藏书室。1985 年，泰日图书馆设在文化娱乐中心二楼，藏书 21 337 册。2002 年搬至影剧院永乐舞厅，面积 200 平方米。2004 年，金汇镇、泰日镇、齐贤镇三镇合并，成立以金汇镇图书馆为镇中心馆、泰日社区图书馆与齐贤社区图书馆为辅的二级图书馆体系。2009 年加入上海市中心图书馆。截至 2010 年，图书馆面积 505.2 平方米，其中成人区 293.2 平方米，少年儿童区 86 平方米，书库 126 平方米。藏书 64 149 册，其中成人 53 553 册，少年儿童 10 486 册。工作人员 7 人，全年免费开放。

【四团镇图书馆】

1957 年，四团镇图书室成立；1982 年，迁址文化中心大楼建立图书馆，并增设少年儿童图书室。1985 年，图书馆建筑面积 150 平方米，工作人员 2 人，藏书 8 992 册。2006 年，投资 1 200 多万的社区文化活动中心正式启用，图书馆设在活动中心底层，面积 330 平方米，由成人馆、少年儿童馆、书库等组成，其中少年儿童阅览区 66 平方米，阅览座位 120 个。2010 年 1 月，图书馆加入上海市中心图书馆。截至 2010 年，藏书 20 163 册，其中少年儿童图书 2 110 册。订阅报纸杂志 181 种，年购书经费 6.8 万元。年接待读者 36 076 人次，流通书刊 117 845 册次。工作人员 4 人。

【青村镇图书馆】

青村镇图书馆的前身为青村文化站图书室（1980—1998 年）。2003 年，图书馆位于青村镇人民路 8 号文化广播电视中心四楼。2004 年,原青村镇、钱桥镇、光明镇三镇合并。2005 年,图书馆搬迁至南奉公路 2649 号。2006 年,图书馆搬至青村镇社区文化活动中心一楼。2006 年,图书馆加入上海市中心图书馆。馆舍面积 318.48 平方米,设有成人借阅区、少年儿童借阅区、藏书室、手工艺室、剪纸艺术创作室等。工作人员 6 人。截至 2010 年,藏书 21 500 册,全年购书经费 7 万元,其中新书入藏 2 875 册,报刊订阅 115 份。图书馆每周开放 56 小时,节假日无休。2010 年,图书流通达到 30 684 人次,借阅图书达 100 676 册次,全年开展各类读书活动 26 次,参加人数达 24 750 人次,发布新书介绍 12 期。

【柘林镇图书馆】

1985 年,柘林镇图书室成立。1987 年,柘林镇图书馆成立,位于柘林镇影剧院 3 楼。1999 年,图书馆迁入镇文化中心。2009 年 9 月,图书馆迁入镇社区文化活动中心,馆舍面积 335.75 平方米,其中成人阅览区 75.24 平方米,少年儿童阅览区 79.2 平方米,借阅区 101.64 平方米,书库 23.93 平方米,阅览席位 100 个。馆藏图书 4 万余册,报纸杂志 100 多种。工作人员 5 人。2009 年加入上海市中心图书馆。

【海湾镇图书馆】

海湾镇图书馆于 2010 年正式开放,是上海市中心图书馆成员之一,位于海湾镇社区文化活动中心底楼。馆舍面积 313.8 平方米,其中成人馆 155.4 平方米,少年儿童馆 63.36 平方米,活动室 63.36 平方米,藏书室 155.4 平方米。阅览座位 110 个,其中成人馆 47 个,少年儿童馆 32 个,活动室 31 个。馆藏图书 34 480 册,其中成人馆 30 517 册,少年儿童馆 3 963 册,报刊 154 种,年采购经费 8.6 万。图书馆有专职工作人员 3 人,兼职工作人员 2 人。图书馆全年开放。

十八、崇明县

【城桥镇图书馆】

城桥镇图书馆由城桥乡图书室、城桥镇图书室和侯家镇图书室合并而成。城桥乡图书馆隶属城桥乡文化站,1992 年藏书 5 000 册。1993 年,城桥乡图书馆并入城桥镇图书馆,藏书 3 万册。侯家镇图书室 1985 年面积 30 平方米,藏书 4 000 册,发放借阅卡 300 余张。2000 年 12 月,侯家镇图书室隶属城桥镇文化站管理。2010 年 5 月,图书室搬入新建的城桥镇社区文化活动中心,新图书馆面积 123.8 平方米,设有儿童借书区域,共有图书柜 9 排,图书 3 万册。图书馆活动丰富,如有农家书屋、暑期征文活动、童谣比赛、知识竞赛、每月一次的读书活动等。2010 年加入上海市中心图书馆。

【堡镇图书馆】

1978—1988 年,堡镇镇文化站图书室原址在现堡镇工人俱乐部内,面积约 80 平方米。馆内设有阅览室、图书室,有藏书 7 000 册,各类报刊、杂志 30 余种。工作人员 6 人。1988—2000 年,堡镇镇图书室随堡镇镇文化站搬迁至堡镇体育场。图书室根据堡镇的文化底蕴和百姓需求,开展各类征文比赛、讲故事比赛等活动,优秀品牌项目“少年儿童书画赛”也在此时开办。2005 年加入上海市中心图书馆。2008 年 8 月,堡镇镇文化站、广播站合并,堡镇图书室借阅归并至崇明县图书馆堡镇分馆。

【新河镇图书馆】

新河镇图书馆建于 1963 年,1996 年,图书馆面积 70 平方米,藏书 5 181 册,订阅报刊 80 多种,每周开放 30 小时,发放借书证 300 多张,全年接待读者 2.5 万余人次。2000 年 12 月,县调整行政区划,将新河镇与新民镇合并建成新的新河镇。2005 年 12 月,新河镇社区文化中心建成,图书馆面积 110 平方米,阅览室面积 80 平方米,藏书 1.5 万余册。截至 2010 年,图书馆藏书 3 万册,杂志 60 多种,办理读者借书卡 280 张,专职图书馆管理员 2 人。2006 年 2 月,加入上海市中心图书馆。

【庙镇图书馆】

庙镇图书馆由庙镇乡图书室、合作乡图书室、江口乡图书室合并组成。庙镇乡图书室成立于 1980 年 5 月,1989 年藏书 5 228 册,馆舍面积 80 平方米,阅览座位 50 个。合作乡图书室创办于 1979 年 4 月,1990 年藏书为 5 360 册,面积 90 平方米,阅览座位 50 个。江口乡图书室创办于 1978 年 3 月,1990 年藏书 5 060 册,馆舍面积 20 平方米,设阅览座位 20 个。2000 年 12 月,县调整行政区划,将庙镇乡与合作乡、江口乡合并建成新的庙镇镇,其各自下辖的文化站图书室随之合并成立新的庙镇图书室,藏书 2 万册,面积 100 平方米。图书馆每大向公众开放,除图书借阅外,还订阅 20 多种报纸杂志,每逢寒暑假还向青少年开放。2010 年加入上海市中心图书馆。

【竖新镇图书馆】

竖新镇图书馆创办于 2001 年,由竖河乡图书馆和大新乡图书馆合并而来。竖河乡图书馆建于 1981 年,藏书 7 800 册,面积 90 平方米,阅览室座位 36 个;大新乡图书馆建于 1985 年 6 月,藏书 1 556 册,面积 30 平方米,阅览室座位 20 个。2001 年,竖河乡和大新乡二乡合并,图书室合并为竖新镇图书馆,面积 120 平方米,阅览室座位 60 个。2010 年,图书室搬入新建的文化活动中心,占地面积 7 700 平方米,建筑面积 3 146.2 平方米。2010 年加入上海市中心图书馆。

【向化镇图书馆】

向化镇图书室建于 1979 年,前身是向化公社图书室。1986 年,图书室面积 63 平方米,阅览座位 20 个,藏书 13 122 册。1998 年,更名为向化镇图书室,每天向公众开放,每逢寒暑假还向青少年开放。2010 年,图书馆加入上海市中心图书馆。图书馆面积 45 平方米,阅览座位 8 个,藏书 17 152 册,种类涵盖生活、文学、工程、政治等自然科学和人文科学各门类,其中隶属于上海中心图书馆一卡通系统书籍 4 000 余册,订阅报纸杂志 20 余种,各类电子音像制品 60 余件。

【三星镇图书馆】

三星镇图书室创办于 1976 年,前身是海桥乡图书室、三星乡图书室。海桥乡图书室面积 30 平方米,阅览座位 10 个,截至 2000 年,藏书 4 177 册。三星乡图书室面积 68 平方米,阅览座位 40 个,截至 2000 年,藏书 7 360 册。2000 年,三星乡、海桥乡合并,两个图书室合并为三星镇图书室,图书室搬迁至草棚镇三星大厦四楼,面积 70 平方米,座位 30 个,截至 2010 年,藏书 13 267 册。2010 年加入上海市中心图书馆。图书室每天向公众开放。

【港沿镇图书馆】

港沿乡文化站建于 1959 年 6 月,时称马桥公社文化站。合兴乡图书室创办于 1980 年,隶属于合兴乡文化站,藏书 500 册。2000 年 12 月,根据行政区划调整,合兴、港沿二乡镇合并,合兴乡文化站与港沿镇文化站合并,图书馆面积 70 平方米,藏书 1 万册。2005 年,因原港沿影剧院转让,港沿镇图书室搬迁至原沿中居委内。2008 年,原沿中居委地址拟新建港沿镇社区文化活动中心而迁移,图书室搬迁至原港沿幼儿园内,面积 60 平方米。2010 年加入上海市中心图书馆。2010 年 12 月,配备计算机管理功能,建立上海市中心图书馆崇明县港沿镇基层服务点。图书馆除了做好外借和阅览服务以外,每年还组织各类读书征文、少年儿童书画赛、廉政书画赛和摄影展等活动,并指导 21 个村级农家书屋开放和开展活动。

【中兴镇图书馆】

中兴镇图书馆建成于 1978 年,馆舍面积 52 平方米,阅览室座位 20 个,藏书有 4 319 册。1985 年中兴镇成立文化活动中心,其中图书室 60 平方米,藏书 5 000 多册,发放借书证 200 张。20 世纪 90 年代,文化活动中心迁至新街兴工路原土管所大楼北侧小楼。2003 年,文化活动中心与广播站合并,更名中兴镇文化体育广播电视站,办公地址迁至振业路 63 号,建筑面积 250 平方米。2006 年把其中的一间(30 平方米)辟为图书室,有藏书 6 000 多册,每周开放 5 天,工作人员 2 人,为借阅者提供服务。截至 2010 年,图书室共有藏书 9 690 册,发放借书证 60 多张,每星期开放 5 天,每年前来借书阅览者达 2 000 余人次,工作人员 2 人。2010 年加入上海市中心图书馆。

【陈家镇图书馆】

陈家镇文化站创办于 1959 年 7 月,时称陈正公社文化站。陈家镇仁勇图书馆馆址在陈家镇陈仿公路北侧,馆舍面积 486 平方米,藏书 4 000 余册,连环画近 2 000 册,发放借书证 180 张,读者近 8 000 人,1998 年起由崇东中学代为管理。裕安镇图书室创办于 1975 年,隶属于裕安乡文化站,办公地点在裕安镇菜市场内,藏书 500 册。2000 年 12 月,根据行政区划调整,陈家镇、裕安镇两镇合并,两镇文化站合并,合并后的陈家镇图书室馆址位于陈家镇老乡镇府大楼 2 楼西侧,馆舍面积 50 平方米,藏书 5 000 册,主要分为科技和文学两大类。发放借书证 200 张,读者近 1 万人。2010 年加入上海市中心图书馆。

【绿华镇图书馆】

1978 年,绿华镇图书室设立,有 1 架书橱、1 张办公桌、1 张木凳,图书 610 册。1984 年,藏书 2 054 册,连环画 297 册,借书卡 183 张,借书平均每天 50 人次,订阅报纸杂志 52 种,全年阅览人次达 14 600 人。1993 年,新建绿华乡文化站,其中图书室 80 平方米,藏书 5 000 多册,阅览座位到 32 个,专职图书管理员 1 人。2010 年 10 月,文化活动中心正式开放,图书馆面积 200 平方米。2010 年,购书经费 5 000 元,购书 80 册,订阅报刊、杂志 51 种,设专职人员 2 人;借阅 8 820 人次。2010 年加入上海市中心图书馆。

【港西镇图书馆】

港东乡图书馆创建于 1972 年,面积 96 平方米,阅览座位 40 个,有各类图书 2 670 册,儿童连环画 350 册,订阅报纸 20 多份,杂志 70 多份,对外发放借书证 300 多张。港西乡图书馆创建于 1984

年,面积 24 平方米,藏书 2 888 册,每周开放 24 小时,发放借书证 300 张。2000 年,港东乡、港西乡合并,两乡合并后图书馆坐落于港西镇阳光之家底楼,面积 24 平方米,藏书 7 800 册。2010 年,港西镇社区文化活动中心启用,图书馆搬至活动中心一楼,面积 126.49 平方米,图书馆提供少年儿童阅览。图书馆有 2 台电脑,均可提供借阅服务。2010 年加入上海市中心图书馆。2010 年购书经费 2 万元,专职管理人员 1 人。

【建设镇图书馆】

建设镇图书馆建于 1963 年,位于下三星镇建设公社机关内,隶属下三星镇文化站。1983 年,馆舍面积 50 平方米,藏书 1 000 册。1990 年,馆舍面积 30 平方米,藏书 3 500 册,年购书费 1 000 元。1999 年,搬至下三星镇建设公社机关内,馆舍面积 120 平方米,藏书 8 000 册,年购书费 2 000 元。大同乡图书馆成立于 1980 年,位于蟠龙镇西首文化站内,隶属大同乡文化站,馆舍面积 20 平方米。1983 年,馆舍面积 50 平方米。1990 年,馆舍面积 80 平方米,藏书 5 500 册,年购书费 600 元。1995 年,馆舍面积 100 平方米,藏书 8 000 册,年购书费 1 000 元。2001 年 4 月,大同乡图书馆撤销,并入建设镇图书馆。2005 年 1 月,图书馆搬至建设镇社区文化活动中心,隶属建设镇文化体育广播电视站,馆舍面积 150 平方米,藏书 2 万册,年购书费 1 万元。2010 年加入上海市中心图书馆。

【新海镇图书馆】

新海镇图书馆建于 1988 年,前身为新海农场图书室,服务新海农场职工,藏书 4 000 册。2002 年,新海农场改为新海农场社区管理,藏书 5 000 册左右,2008 年 11 月,新海农场属地化管理之后建立新海镇,图书室改为新海镇图书馆。新海镇图书馆位于社区文化活动中心,建筑面积 300 平方米,藏书 3 万余册。图书馆设图书借阅区和阅览区,另有一个 80 座多功能培训室,还共享一间拥有 40 座的电子教室和一间 40 座的电子放映室。馆内设立少年儿童阅览区,营造温馨舒适的少年儿童阅览环境。图书馆全年无休假开放阅览区及图书借阅服务,每周开放时间为 56 小时。2010 年加入上海市中心图书馆。

【东平镇图书馆】

东平镇图书馆位于崇明县东平镇长江大街北首,建于 2010 年 8 月,馆舍面积 180 平方米,设有阅览座位 35 个,藏书共 6 442 册,报纸杂志共 70 余种。图书馆每周开放 56 小时,实行全年无休,每天对外开放,供读者免证免费阅读。2010 年,图书馆加入上海市中心图书馆。

【长兴镇图书馆】

长兴镇文化体育广播电视站图书馆成立于 1975 年 2 月,实行藏书、借阅一体化,每周开放时间 40 小时,面积 30 平方米,藏书约 3 000 册。1992 年 7 月,长兴文化站新馆正式对外开放,设有影剧院、舞厅、录像放映厅、排练厅、展示厅、图书馆等。文化馆内图书馆面积 150 平方米,图书经费每年 3 万元,2002 年增加至 5 万元,藏书量从 1 万余册后增加至 27 359 册,报纸杂志几十种。馆内设有儿童阅览区、成人阅览区,实行凭借书证借阅图书的管理制度。2005 年,长兴镇并入崇明县,长兴文广站开始隶属于崇明县。2010 年,图书馆加入上海市中心图书馆。

【新村乡图书馆】

1982年,新村公社文化站正式成立,设有图书室、阅览室及活动室等。1985年,撤社建乡成立新村乡,新村公社文化站改为新村乡文化站。2002年,新村乡文化站和新村乡广播站合并,成立新村乡文化体育广播电视站,图书室还是新村乡文化体育广播电视站开展文化活动的图书室。2010年,新村文化活动中心正式对外开放,设有图书室、阅览室,建筑面积120平方米;还设有少年儿童书报刊阅览室,设置少年儿童借阅书橱,专供少年儿童借阅;藏书达到万册。2010年,图书馆加入上海市中心图书馆。

【横沙乡图书馆】

1983年,横沙公社成立文化中心站,包括图书馆。1991年建新站,图书馆面积140平方米,藏书10 151册,订阅报刊12种,杂志61种,年流量为40 349册次,阅览2 805人次。2008年6月,新的文化大楼投入使用,图书馆面积217平方米,图书专用经费5万,办卡数达400多张,每年新增图书2 000多册,借阅32 690人次,借阅248 634册次。图书馆设置成人阅览区、少年儿童阅览区和借阅区,阅览座位共有70多个。2010年加入上海市中心图书馆,藏书近3万册,工作人员1人。

第二章　高等院校图书馆

第一节　普通高等院校图书馆

一、复旦大学图书馆

1918年,复旦大学学生集资购书成立戊午阅览社,复旦大学图书馆始创。截至2010年,馆舍总面积57 984平方米,由文科馆、理科馆、医科馆、张江馆、江湾馆(李兆基图书馆)、古籍部(国家古籍重点保护单位)组成;阅览座位总数3 356个,周开馆时间98小时,日均接待读者6 000余人次。馆舍建设方面,1978—2010年,复旦大学新建文科图书馆、张江图书馆和江湾(李兆基)图书馆,还对原有的文、理科图书馆进行了大修,合并上海医科大学图书馆为医科馆等。1958年,6 500平方米的图书馆(现理科图书馆)建成。1979年,教育部批准再建新馆。1986年5月27日,新馆(现文科图书馆)建成开放,两馆合计面积19 580平方米,其中书库6 760平方米,阅览室6 370平方米。2001年1月,上海医科大学图书馆并入复旦大学图书馆,改称医科馆。2005年9月,张江校区图书馆开馆,设有文科书库、理科医科书库、图书借阅处、报刊阅览室、过刊阅览室、综合阅览室、电子阅览室、专题学习室、培训室、自修室、水岸休闲区;收藏计算机类、微电子类、医药类及相关学科中外文图书约9万册;收藏文科类、理科老分类中文图书约8万册;收藏中外文现刊453种,报纸60种;自修室座位156个。2008年9月,李兆基图书馆开馆运行,该馆位于复旦大学新江湾校区内,建筑共5层,地下1层,地上4层,总面积近2万平方米;馆藏侧重学科资源和特色资源建设,建有专题阅览室、民商法专题阅览室、联合国托存图书资料、施坚雅赠书等专门文献区。2008年5月,复旦大学首家学科分馆数学分馆成立,分馆集中了更多的数学科学文献,对读者开放时间延长,开放范围扩大,在业务和技术上得到图书馆的支持。

截至2010年,图书馆在编职工198人。其中高级职称36人,中级职称106人,初级职称27人。馆内机构设有:采编部、文科流通部、理科流通部、报刊部、系统与数字化部、参考咨询部、江湾馆、张江馆、医科流通部、古籍部和馆长办公室。历任馆长:杜定友、杭立武、沈学植、蔡毓聪、孙心磐、吴耀中、舒纪维、胡文淑、全增嘏、潘世兹、郭绍虞、金福临、贾植芳、徐鹏、秦曾复、葛剑雄。

二、同济大学图书馆

同济大学图书馆的独立馆舍建于1933年,建筑面积1 000多平方米,1934年3月1日正式开馆。1984年12月扩建新馆动工,1989年12月主楼竣工,新馆书库也随后竣工。至此,全馆(包括旧馆)共有建筑面积20 700平方米。阅览座位1 800个。1996年,上海城市建设学院与上海建筑材料工业学院并入同济大学;2000年,上海铁道大学并入。2004年,四平路校区图书馆改建工程竣工。同年11月,嘉定校区图书馆工程正式动工,建筑面积34 620平方米,分12个层面(地下1层)。2004年,一门式管理在图书馆总馆、沪东分馆、沪西分馆和嘉定校区图书馆实行。

截至 2010 年,图书馆由总馆、沪西分馆、沪北读者服务部、嘉定校区图书馆组成,总面积 66 713 平方米。纸质图书总量 400 万册,电子图书总量 1 735 881 种,电子图书容量 19 833 GB,电子期刊数据库 33 个。图书馆设办公室、资源建设部、编目部、流通部、阅览部、信息咨询部、图书情报数字化部、系统管理部、沪西分馆、沪北读者服务、嘉定校区图书馆。历任馆长:王味根、陆振邦、郭德歆、吴之翰、唐坚、彭明江、魏以新、廖馥君、程良生、张云亭、倪徽奥、王龙甫、胡远声、吴沈钇、肖友瑟、曲则生、马在田、慎金花。

三、上海交通大学图书馆

上海交通大学图书馆创建于 1896 年,1919 年建成独立的图书馆大楼。1978 年党的十一届三中全会后,图书馆得到迅速发展。1981 年 7 月,原香港环球航运集团主席包玉刚向上海交通大学捐赠 1 000 万美元,在徐汇校区建造一座以他父亲名字命名的图书馆——包兆龙图书馆,馆舍建筑总面积 26 162 平方米,其中书库面积 8 600 平方米,阅览室面积 9 700 平方米,阅览座位 2 400 个。包兆龙图书馆于 1985 年 10 月落成,并于 1986 年 90 周年校庆之际全面开放。1990 年,学校在闵行校区动工兴建分馆——包玉刚图书馆,建筑面积 12 183 平方米,设计藏书量 100 万册,阅览座位 1 600 个,1992 年正式开放。

1999 年 9 月,上海农学院图书馆随两校合并后正式加入,成为上海交通大学七宝校区农学图书馆,建筑面积 3 000 平方米。2003 年,图书馆中心开始向闵行校区转移,在闵行校区原科技博物馆内筹设文科文献图书分馆;在闵行包玉刚图书馆加强参考咨询服务,开设新书短期借阅和新书阅览室。2004 年,文科图书馆正式开馆。该馆采用“借阅合一”的借阅方式,提供阅览座位 200 个,期刊 600 种,报纸 48 种。2008 年 7 月,新馆建成后,文科馆关闭并迁至包玉刚图书馆。2005 年 6 月,上海第二医科大学合并至上海交通大学,医学院图书馆加入上海交通大学图书馆。

2005 年,上海交通大学整体战略开始向闵行校区转移,2006 年 3 月,图书信息大楼奠基动工,大楼采用了先进的建筑理念,总面积达 5.7 万平方米,其中图书馆约为 3.5 万平方米。该馆于 2008 年 9 月投入试运行,12 月正式开馆。随着新馆的建成并投入使用,图书馆以学科服务为主线,对各分馆重新定位布局,将闵行校区新馆(主馆)定位为理工生医农科综合馆,包玉刚图书馆定位为人文社科综合分馆,包兆龙图书馆定位为管理与社科分馆,与医学院图书馆一同形成多分馆协同服务模式,推行一门式管理、大开放、大服务。在重新定位布局的过程中,图书馆完成了 200 余万册书刊的清点、130 余万册书刊的跨校区搬迁。至 2010 年底,图书馆总面积约为 6.37 万平方米,阅览座位约 6 000 余个;馆藏纸质文献 308 万册,期刊 5 000 余种,电子期刊 3.9 万余种,电子图书 182.5 万种,学位论文 155.4 万余篇,电子数据库 367 个,此外,多媒体资源馆藏总量达 8.4 TB。

2008 年,图书馆进行机构调整,将原来以图书馆内部管理为核心的十几个部门整合为新的以学科服务为核心的“三部一所”,即读者服务总部、技术服务总部、行政管理总部和情报研究所。读者服务部下设工学部、理学部、文学部和综合流通部四个部门,技术服务总部下设采访编目部、系统发展部、技术加工部三个部门,行政管理总部下辖行政办公室和总务办公室,此外还有情报研究所。至 2010 年底,图书馆本科及以上学历者 108 人,占 60%,具有副高以上职称者 36 人,占 20%。

图书馆历任馆长:胡瑞行、薛绍清、汪蔡子、朱物华、夏安世、戴宗信、吴善勤、张志竞、陈兆能、陈进。

四、华东理工大学图书馆

华东理工大学创建于 1952 年 10 月,前身为华东化工学院,由交通大学(上海)、震旦大学(上海)、大同大学(上海)、东吴大学(苏州)、江南大学(无锡)等校化工系合并组建而成,是新中国第一所以化工特色闻名的高等学府。院图书馆是在原大同大学图书馆藏书基础上,接收了交通大学(上海)、震旦大学(上海)、大同大学(上海)、东吴大学(苏州)、江南大学(无锡)等校图书馆有关化学化工方面的藏书而建立、发展起来的。建馆初期,馆舍面积近 200 平方米,工作人员 4 人。1954 年,图书馆随学院迁至上海梅陇路 130 号。1979 年 9 月起,阅览室开始全面实行开架阅览,开展情报信息工作和咨询工作。1986 年 12 月,新馆落成。1990 年,图书馆馆舍共 13 774 平方米。为使情报教育系统化,图书馆从 1990 年起开设了"图书情报利用""科技工具书利用"两门选修课。1993 年,图书馆也改名"华东理工大学图书馆"。1996 年,上海石油化工高等专科学校图书馆并入华东理工大学图书馆。

图书馆馆藏以化学化工为特色,理工商文相结合。截至 2010 年底,累计纸本文献 269.5 万册,并引进大量国内外数字资源,包括各类数据库、电子期刊、电子图书和学位论文等。图书馆设有"情报学"硕士学位授予点,开设的"文献检索教学"成为 2007 年上海市精品课程。历任馆长:冯成湜、吴指南、黄瀛华、冯仰婕、蔡仁良、潘家祯、张元兴、吴驰飞、郑建荣。

五、东华大学图书馆

1983 年,学校图书馆迁入新馆舍,面积 9 266 平方米。图书馆下设三组二室(采编组、流通组、期刊组、情报资料室和办公室),其中,流通组下设中文、外文、文艺 3 个书库和社科(筹)、科技、第一专业、第二专业 4 个阅览室,期刊组下设中文、外文、报纸 3 个期刊阅览室以及期刊装订间和过期期刊库,情报资料室下设情报资料阅览室、检索室(筹)、缩微室、视听室、复印室。1994 年 11 月,中国纺织总会无锡管理干部学院并入,设立无锡校区图书馆,2003 年撤销。1999 年 9 月,上海纺织高等专科学校并入,设立长宁路校区图书馆,2004 年撤销。

2004 年,松江校区图书馆建成,设馆长室、办公室、流通部、阅览部,撤销信息部,成立信息技术部。2006 年,图书馆设馆长室、办公室、流通部、参考咨询部、信息技术部、采编部、阅览部,两校区流通部下设中文、外文、文艺和过刊 4 个书库。2008 年 9 月,图书馆成立特色情报部,承担编辑《纺织信息参考》杂志,提供学科咨询的个性化服务、定题信息跟踪、推出学科化创新服务等工作,图书馆由原来的 8 个部室增加为 9 个部室。2010 年,实行"信息共享空间"管理模式,松江校区原有 8 个阅览室改造成多媒体阅览室、多功能阅览室、新书借阅室、期刊阅览室、过刊阅览室、党建阅览室和工具书阅览室等 7 个阅览室。历任馆长:周世述、赵坚、张百祥、唐保宁、周开宇、朱苏康、俞明、朱利民。

六、华东师范大学图书馆

华东师范大学图书馆创建于 1951 年 10 月,中山北路校区独立的图书馆馆舍建成于 1958 年,面积总计 9 094 平方米。1997—1998 年,上海幼儿师范高等专科学校、上海教育学院、上海第二教育学院先后并入华东师范大学,位于淮海路校区的上海教育学院图书馆(面积 5 400 平方米)、国顺路校区的上海第二教育学院图书馆(面积 4 272 平方米),分别成为华东师范大学图书馆一分馆和二分馆。1989 年 10 月,获邵逸夫部分捐助,图书馆逸夫楼落成,逸夫楼面积为 12 660 平方米。2005 年,闵行新校区图书馆竣工,馆舍总面积 39 029 平方米,2006 年 9 月正式开馆启用。随后,中山北路校区老图书部分用房划归学校档案馆和其他单位使用。截至 2010 年,图书馆在用馆舍总面积约 5.3 万平方米。

图书馆拥有丰富的馆藏文献,馆藏涵盖人文科学、社会科学、自然科学与应用技术等学科领域,尤以文史哲、教育学、地理学等学校重点学科领域的学术文献见长。图书馆收藏有大量线装古籍文献,并成为重点保护的特藏文献。地方志文献比较完备,成为图书馆持续建设发展的特色馆藏。截至 2010 年,图书馆实体馆藏总量为 4 062 899 册(件),其中古籍文献 3.8 万余种,30 万余册。各类电子文献数据库 104 个(含 283 个子库),其中电子图书 1 577 811 种,全文电子期刊 34 849 种,电子学位论文 1 869 236 篇。2009 年,图书馆入选全国古籍重点保护单位和上海市古籍重点保护单位。2008—2010 年间,共有 90 种古籍入选"国家珍贵古籍名录",135 种古籍入选"上海市古籍珍贵名录"。

截至 2010 年,图书馆有员工 141 名,其中研究馆员和教授 6 名,副研究馆员 25 名,馆员 67 名。图书馆设采编部、流通阅览一部、流通阅览二部、情报咨询部、系统数字媒体中心(包括自动化部、数字化部)、古籍特藏部、公共文献检索教研室、办公室 9 个部室。历任馆长:丁勉哉、方同源、王国秀、陈誉、冷福志、王西靖、黄秀文、陈大康。

七、上海外国语大学图书馆

1978 年,上海外国语学院图书馆称为图书组,隶属学校教务处管理,藏书 47 万余册。1980 年,图书馆改由学校直接领导,设 7 个业务室,除传统业务外,还建立了外语音像资料出借部,成立了"上海外国语教学资料中心"。1987 年,受教育部委派,成立了美国亚洲基金会赠书中国高等院校分配中心。1992 年,国家教委批准建立上海外国语学院文科文献信息中心。1994 年,上海外国语学院图书馆更名为上海外国语大学图书馆。同年 11 月,实现了图书资料的计算机管理。

2000 年 4 月,虹口校区逸夫图书馆正式开馆,馆舍面积约 7 700 平方米。2003 年 9 月,松江校区新馆正式开放,面积约 1.5 万平方米。2009 年 5 月,松江校区图书馆进行了结构调整,实现了借阅一体化。2010 年 9 月,虹口校区逸夫图书馆的数字化改造工程完成,图书馆中心机房全面升级,全馆实现一站式服务,扩大了阅览空间。

2010 年,虹口校区逸夫图书馆对外服务设有中文图书借阅处、英文图书借阅处、多语种图书借阅处、报刊阅览室、英文资料中心、研究生阅览室、研讨室等机构;另设有资源建设部、编目部、技术部等内部业务机构。松江校区图书馆设立直接为读者服务的机构,包括报刊阅览室、学生第一阅览室、学生第二阅览室、中文图书借阅处、英文图书借阅处、多语种图书借阅处等。

截至 2010 年,图书馆共有纸质藏书 90 余万册,电子资源数据库 30 多个,中外文报刊 2 000 余种。英、俄、德、法、日、西班牙、阿拉伯语等主要语种的原版图书资料较为丰富,另外还收藏有葡萄牙、意大利、希腊、印尼、荷兰、瑞典、乌克兰、希伯来语等语种的图书。历任馆长:田丰、杨宗明、段昌华、施永龄、祝磊、胡礼忠。

八、上海财经大学图书馆

上海财经大学图书馆最早可追溯到 1921 年东南大学分设的上海商科大学图书室。20 世纪 50 年代初,图书馆随学校更名而改为上海财政经济学院图书馆,后并入上海社会科学院。60 年代初,上海财经学院及图书馆重建。1972 年,上海财经学院被撤销,馆藏文献资料全部移交在沪其他高校。

1978 年,上海财经学院在原址复建。1983 年,3 160 平方米的新馆在中山北一路校区启用,工作人员 53 人。1985 年,图书馆随学校更名改为上海财经大学图书馆。1988 年,8 200 平方米的新馆在国定路校区落成。2007 年,30 677 平方米的改建新馆在武川路校区正式启用。新馆阅览座位达到 3 000 个,自动化、网络化、数字化程度更高。

图书馆注重与各方机构建立文献资源共建共享的合作关系:20 世纪 80 年代中期已成为"世界银行指定收藏馆"。90 年代后期,先后与英国鹰星保险公司、苏黎世金融服务集团和瑞士再保险公司合作成立"保险精算资料研究中心"。2002 年,在全国工商管理工作指导委员会授权下,与各大出版社合作成立"外国 MBA 教材中心"。2003 年,图书馆与院系合作,成立 4 个专业资料研究中心,专心致力于专业资源的开发研究与个性化服务探索。2004 年,获得世界银行授权,开通其电子资源网站检索服务。2005 年,成为国际货币基金组织授权的"指定收藏馆"。图书馆初步形成了以文献信息目录索引中心、财经统计分析数据中心、财经学术论文数据中心、课程教学参考资料中心、国际金融组织数据中心和 500 强企业文献特藏馆为核心的"5+1"馆藏体系。2010 年底,图书馆工作人员 60 人,硕士以上学历占 38%,高中级职称占 55%。历任馆长:王作求、唐如尧、鲍慷志、吕前谦、王涵清、洪家敏、谈敏、郭痒林、张次博、李笑野。

九、上海大学图书馆

1983 年,上海市人民政府在复旦大学分校、上海外国语学院分校、华东师范大学分校、上海科学技术大学分校、上海机械学院轻工分校、上海美术专科学校的基础上复办上海大学。上海大学图书馆于 1994 年 5 月由原上海工业大学文荟图书馆、上海科学技术大学联合图书馆、上海大学的文学院图书馆、工学院图书馆、外国语学院图书馆、国际商学院图书馆、美术学院图书馆、法学院图书馆和上海科技专科学校图书馆等合并而成。图书馆下设文献资源建设中心、读者服务中心、情报咨询中心、技术中心,延长校区文荟图书馆和嘉定校区图书馆。馆舍面积 53 900 平方米,有 18 个阅览室,可提供阅览座位 4 044 个。

馆藏资源涵盖学校所有学科,在继续增加纸本馆藏的同时,大力发展数字资源,引入大量的国内外电子资源,形成了由纸本图书、纸本报刊(包括合订本)、电子图书、电子报刊全文数据库、多媒体数据库及二次文献检索平台等组成的多类型、多载体的综合性馆藏体系。截至 2010 年,馆藏中文图书 3 534 427 册,外文图书 183 297 册,电子图书 1 100 000 种,电子期刊 26 000 种。订阅中文期刊 3 032 种、外文期刊 462 种。订购数据库 67 个,自建数据库 6 个。图书馆员工 210 人,其中正高职称 3 人,副高职称 18 人,中级职称 75 人,研究生以上学历人员占 18%。历任馆长:徐君文、魏光普、董远达、叶志明、陆铭、潘守永。

十、上海理工大学图书馆

上海理工大学图书馆前身是1909年建立的上海浸会大学堂(沪江大学的前身)图书馆。1952年,在沪江大学校址上创办上海工业学校,1960年发展为上海机械学院。1982年,在原沪江大学图书馆的西南方新建图书馆,建筑面积7 547平方米。1991年11月,上海机械学院图书馆被命名为"湛恩纪念图书馆"。1994年,上海机械学院更名为华东工业大学。1997年,华东工业大学与上海机械高等专科学校合并组建的上海理工大学挂牌,原华东工业大学图书馆成为上海理工大学图书馆主馆,上海机械高等专科学校图书馆成为上海理工大学图书馆复兴路校区分馆(设综合服务部)。1998年,建立南汇校区分馆(设综合服务部),次年成立综合服务部。2007年6月,图书馆主馆搬迁至新落成的图文信息中心大楼主楼。2009年12月,"湛恩纪念图书馆"在图书馆主馆新址挂牌。2010年9月,新设的军工路南校区(原上海水产大学校区)分馆(设综合服务部)正式对外开放。

图书馆主馆总建筑面积23 000平方米,其中地上建筑8层,地下1层,设电子阅览室、文献检索室、图书参考阅览室、工具书阅览室、中外文期刊与报纸阅览室、社会科学借阅书库、自然科学与外文借阅书库、自修室等库室,拥有阅览座位1 560多个;八楼设200座的报告厅兼文献检索教室。电子阅览室近190余台PC机,为读者免费提供电子文献数据库检索、互联网信息检索等服务。

截至2010年,图书馆设军工路主馆和复兴路校区、南汇校区和军工路南校区3个分馆,并在各分馆设有综合服务部。军工路校区主馆下设办公室和采编、技术服务、信息、流通、参考阅览和期刊6部门。图书馆在岗职工74人,其中正式职工53人,外聘21人;硕士及以上学历15人,本科10人;高级职称4人,中级职称23人。历任馆长:董志洪、孙万宜、高乃棠、林俊灿、朱继梅、陈月林、袁一方、叶黔元、许良、王宏光。

十一、上海海事大学图书馆

上海海事大学图书馆源于1909年清政府邮传部上海高等实业学堂图书馆。1978年9月,图书馆启用专用馆舍,面积4 679平方米,2008年5月迁入上海市临港新校区图书馆。新馆高40.2米,主体建筑7层,总建筑面积46 425平方米。内设17个主阅览室,阅览座位3 500个,电子阅览和检索用电脑520余台。2010年,图书馆在编在岗人员53人,文献资源建设经费1 126万元,馆藏图书300余万册(含电子图书),订阅中外文报刊2 300余种,拥有数字资源平台62个,数据库208个,包括3个自建特色数据库。图书馆馆藏以航运、物流、海工文献为特色,形成包括"港口、航运、物流""海事政策与法律""商船、海洋科学与工程"三大海事文献与信息集群,建有国际海事研究图书馆。

十二、上海工程技术大学图书馆

上海工程技术大学图书馆的前身是上海交通大学机电分校图书馆,创建于1978年12月。1985年,在上海交通大学机电分校和华东纺织工学院分院的基础上成立了上海工程技术大学。同年4月,上海交通大学机电分校图书馆随之改名为上海工程技术大学图书馆。同年10月,新馆投入使用。1985年两校合并后,华东纺织工学院分院图书馆即为上海工程技术大学纺织学院图书馆。

1998年，上海工程技术大学纺织学院图书馆更名为上海工程技术大学图书馆，作为新村校区的分馆。2005年10月，图书馆整体搬迁至上海松江校区，总建筑面积2.7万余平方米，楼高五层。图书馆拥有6个图书借阅室、1个期刊借阅室、1个电子阅览室、1个视听资料室和多媒体检索教室，近2 000个阅览座位，设有教师研究室，实行借阅合一的全开架模式，实现馆内无线上网和馆外VPN远程访问。

十三、上海海洋大学图书馆

上海海洋大学图书馆前身是"吴淞水产学校图书室"，初创于1912年。1979年，学校从厦门回迁上海原址复校。1985年，改名为上海水产大学图书馆。2008年5月，改名为上海海洋大学图书馆。2008年10月，图书馆随学校整体搬迁至临港新城沪城环路999号，原军工路校区图书馆和学海路校区图书馆重新合并，新馆位于图文信息中心一至六层，馆舍总面积2万余平方米。采用借阅合一、师生合一的服务模式，借阅面积达8 000平方米。图书馆下设办公室、资源建设部、借阅部、信息咨询部、读者服务部五个部门，新馆采用Interlib图书馆管理系统进行日常工作管理。截至2010年底，图书馆总藏书量达100.88万册。

十四、上海中医药大学图书馆

上海中医药大学成立于1956年，是新中国诞生后国家首批建立的中医药高等院校之一。1998年，上海中医药大学图书馆启动自动化网络化建设，建立了电子阅览室，在此基础上，数字化资源建设不断推进。购买使用的数据库有近20个，自建数据库有中医古籍善本书目提要数据库、中医文化馆藏书目提要数据库、中医文化期刊文选全文数据库等。1999年起图书馆的门户网站建立，包含中医药新闻信息、网络导航、图书查询、电子图书期刊阅览、医学数据库查询、医学视频信息平台、虚拟咨询平台等。

馆藏文献以中医药文献为主，尤以收藏中医古籍善本为特色。特藏善本1 114种6 200册，主要为明清刻本、日本刻本、抄校本，其中金、元、明木刻本200余部1 500册，不少系国内孤本、珍本。馆藏最早版本为蒙古海迷失后元年（1249）晦明刊轩所刻《证类本草》。截至2010年，图书馆共有10本馆藏珍本入选《国家珍贵古籍名录》，13本馆藏珍本入选《上海市珍贵古籍名录》，被评为第一批上海市古籍重点保护单位和第二批全国古籍重点保护单位。

十五、上海师范大学图书馆

学校创建于1954年，1956年成为本科院校。1978年5月，恢复上海师范学院建制，上海师范学院图书馆恢复，1984年10月改为上海师范大学。1986年10月，图书馆新馆竣工，面积7 356平方米，加上老图书馆，面积共计11 424平方米。2000年，学校东部新建文苑楼，图书馆增加面积3 324平方米。2002年2月，两校区图书馆正式合并。2003年9月，奉贤校区新建图文信息中心落成启用，图书馆新增面积近18 200平方米，全馆面积达32 945平方米，2007年11月，图书馆面积再增2 200平方米，形成两校区四馆的格局。截至2010年，馆藏中外文图书2 835 981册，中外文期刊91 139册，音像总量100 302件。

十六、华东政法大学图书馆

华东政法大学是新中国创办的第一批高等政法院校。1952年6月,经华东军政委员会批准,圣约翰大学、复旦大学、南京大学、东吴大学、厦门大学、沪江大学、安徽大学、上海学院、震旦大学等9所院校的法律系、政治系和社会系合并,在圣约翰大学旧址成立华东政法学院。1958年,学校并入上海社会科学院。1963年再次筹建,次年招生。1966年停止招生,1972年被撤销。1979年3月,经国务院批准,第二次复校,同时设立图书馆。1984年建立长宁校区新图书馆大楼,1999年上海社会科学院将红楼(圣约翰大学图书馆原址)移交华东政法学院,后来成为华东政法学院图书馆分馆。2004年建成松江校区新馆,2007年3月,经教育部批准,学校更名为华东政法大学,图书馆改称华东政法大学图书馆。截至2010年,图书馆拥有纸质馆藏170余万册,电子书46余万册,配置了51种196个数据库。馆内收藏的中外法学类图书品种、数量较为齐全。

十七、上海海关学院图书馆

上海海关学院前身为创建于1953年的上海海关学校。1980年5月,经国务院批准,升格为上海海关专科学校,图书馆归属教务处,分设流通、阅览室、编目三个岗位,馆舍面积1000平方米。1996年4月,国家教委批准学院更名为上海海关高等专科学校。1997年,学校搬迁至浦东,建造了6300平方米的独立图书馆楼,设阅览座位400个。2004年,又新建580平方米的报刊阅览室。2007年3月,经教育部批准,设立上海海关学院。图书馆建筑面积7200平方米,共三层楼面,设有综合阅览室、开架书库、电子阅览室等18个读者开放区域,以及报告厅、会议室等多功能区。阅览座位980个。图书馆下设办公室、采编流通组和电子资源组三个部门。馆藏纸本文献55万册,电子图书23万册,订购中外文报刊近千种,在用数据库17个。

十八、上海建桥学院图书馆

上海建桥学院于2000年4月由上海建桥(集团)有限公司出资创办。2001年4月,学校获批为"上海建桥职业技术学院"。2005年9月,经上海市人民政府批准、教育部备案,建立上海建桥学院。学院图书馆于2000年4月学院建校时同时建立,面积800平方米,藏书2万册,实行藏、借、阅一体的现代化文献信息资源管理方式。2002年底,馆舍面积扩展为1200平方米,藏书5.5万册,订阅报纸110种,期刊450种。2003年5月,与网络中心合并成立了信息图文中心。2003年8月,迁入总建筑面积11222平方米的信息图文中心大楼。2010年12月与网络中心分离,恢复独立建制。图书馆下设资源建设部、流通阅览部和办公室,开设人文社科、科学技术图书借阅室、密集书库和总服务台。

十九、上海政法学院图书馆

上海政法学院始建于1984年,历经上海市政法管理干部学院、上海法律高等专科学校和上海大学法学院等办学阶段。2004年9月,上海市人民政府批准上海政法学院为独立设置的普通本科院校。学院图书馆创建于 1987 年,于 2010 年建成新图书馆大楼并完成整体搬迁。新馆总建筑面积 15 500 平方米,全馆共有三层,阅览座位 2 200 个,内设 8 个开放式阅览区域。图书馆下设采编部、参考咨询部、流通部、阅览部 4 个部门。图书馆现有馆藏中外文图书 73 万册,电子图书 16 万册,中外文期刊 1 255 种,报纸 135 种。服务项目主要包括外借服务、阅览服务、参考咨询服务及网上服务等。

二十、上海第二工业大学图书馆

上海第二工业大学成立于 1960 年。1963 年 6 月,图书馆建立,由原上海第二工业大学图书馆、网络中心、电教中心、原上海东沪高等职业技术学院图书馆和原上海体育技术师范学院图书馆组建而成。2002 年 10 月,图书馆整体搬迁至上海浦东金桥新校区。图书馆馆舍建筑面积 19 400 平方米,阅览座位 1 349 个。1995 年,图书馆引进金盘图书馆集成管理系统,2002 年底升级为丹诚图书馆集成管理系统,2010 年升级为 Interlib 系统,实现各项业务自动化管理。截至 2010 年,图书馆拥有中文图书 1 007 936 册,外文图书 32 459 册,中外文期刊 1 987 种,报纸 168 种,数据库资源 24 种。

二十一、上海电力学院图书馆

上海电力学院学校创建于 1951 年,历经上海电业学校、上海动力学校、上海电力学校、上海电力高等专科学校、上海电力学院的发展演变。图书馆建于 1951 年,经过多年的发展和变迁,发展成为一个以电力、动力行业为特色,兼及学校其他相关专业馆藏的高校图书馆。图书馆主要由杨浦校区图书馆、浦东校区南馆和浦东校区北馆三部分组成,总建筑面积 1 万余平方米。2010 年 6 月,杨浦校区图文信息中心大楼主体完成结构封顶,七楼以下为图书馆所用。截至 2010 年,图书馆共有纸质藏书近 100 万册,电子图书 140 余万册,期刊 1 200 多种,报纸 150 多种,中外文数据库 18 个。

二十二、上海电机学院图书馆

上海电机学院成立于 1953 年,2002 年被列为国家重点建设高职高专院校。2004 年,上海机电工业学校和上海机电工业职工大学并入学校。同年 9 月,经上海市人民政府批准,学校更名为上海电机学院。学院图书馆于 1959 年建馆,1992 年新馆竣工启用。截至 2010 年,馆舍面积 5 613 平方米,阅览座位数 1 621 个,在编职工 30 多人。图书馆藏书以机电、车辆、信息技术、经贸管理类图书为主,兼顾其他学科。馆藏文献总量 121 万余册,其中纸质图书 90 余万册,电子图书 22 万册,纸质中外文期刊 702 种,数据库 22 个。图书馆下设综合办公室、采编部、读者服务部、咨询服务部、信息技术部等,业务部门有编目室、科技书库、人文社科书库、报刊与期刊阅览室、电子文献室、电子阅览室、期刊编辑室等。

二十三、上海应用技术学院图书馆

上海应用技术学院图书馆成立于 2000 年 4 月,由原上海冶金高等专科学校图书馆、上海化工高等专科学校图书馆、上海轻工业高等专科学校图书馆合并组建而成。

1955年7月,上海冶金专科学校图书馆在教学大楼内正式开馆,隶属教务处领导。1957年,建成图书馆楼,面积1966平方米,图书馆迁入新楼。1979年建立情报资料室,收集并向校内外有关部门提供科技信息。1987年,图书馆藏中外文图书20万余册。

上海化学工业高等专科学校图书馆是在1958年创办的上海市化学工业学校图书室的基础上建立和发展起来的。1966年藏书6万册,馆舍面积637平方米。1977年成立采编组、流通组、期刊组、资料组和办公室五个机构。1985年,三层楼独立新馆舍落成,面积3119平方米。1990年底,馆藏图书29.2万册,其中中文27.4万册,外文1.8万册。藏书以数理、化学化工、仪表自动化、计算机等学科为主。

1965年10月,上海轻工业高等专科学校建立图书馆,藏书约6万册。1981年12月,2880平方米的新图书馆楼建成并全面开放,全馆四层楼面,藏书总容量25万册。1986年,图书馆藏书252024册。

截至2010年,图书馆馆舍面积3.6万平方米,分布在奉贤和徐汇两个校区,有16个具有不同功能的借阅室和5个专家研究室,阅览座位3000多个。全馆采用全开架、借阅一体服务方式。馆藏在艺术、材料、机电、化学化工、食品及生物等学科领域形成馆藏文献特色,现共有馆藏文献133万册。在注重丰富纸质文献的馆藏同时,逐年增加学术性电子文献资源,引进网络数据库22个,自建数据库2个,电子图书4.6余万册。

二十四、上海对外贸易学院图书馆

上海对外贸易学院始建于1960年10月,由原上海外国语学院(上海外国语大学前身)外贸外语系、上海海关学校、上海干部学校合并组建而成,是原国家对外贸易经济合作部(商务部前身)直属本科高校。1962、1972年两次撤校并入原上海外国语学院,1964、1978年两次恢复办学。1978年6月,上海对外贸易学院图书馆在上海市对外贸易局"七·二一"大学图书馆的基础上重新建立,业务机构设有采编部、阅览部、信息部、流通部,行政机构设有办公室。1994年8月,图书馆完成扩建,面积5200多平方米。2001年,学校松江新校区建成。2002年9月,松江校区图书馆正式启用,面积近1万平方米。图书馆分为松江校区和古北校区两部分,馆舍面积为1.5万平方米,阅览室共有14个,阅览座位1059个。图书馆基本建立起具有外经贸特色,包括国际经济、国际贸易、工商管理、商务外语、国际经济法律以及国际金融等学科的藏书体系。截至2010年,图书馆有中外文纸质图书123万余册,电子图书近80万册,电子期刊2万余种。

二十五、上海立信会计学院图书馆

上海立信会计学院创办于1928年,1937年更名为立信会计专科学校,1992年更名为立信会计高等专科学校,2003年经上海市人民政府批准设立上海立信会计学院。学院图书馆是上海立信会计学院的文献资源服务中心,在松江、徐汇两个校区提供服务,截至2010年,总面积21364平方米,阅览座位1750个。馆藏纸质图书及期刊合订本达103.4万册,视听资料3000件,中文电子书24.8万册,长期订阅中文期刊1100种,外文期刊134种,中外文电子期刊20075种,网络数据库13个。馆藏文献以财会、经贸为特色,该类图书占全部馆藏的1/3左右,兼藏各类专业教学、科研参考书。

二十六、上海金融学院图书馆

上海金融学院前身是始建于 1952 年的上海银行学校,1987 年升格为上海金融专科学校,1992 年更名为上海金融高等专科学校,2003 年经上海市人民政府批准设立上海金融学院。学院图书馆新馆 2006 年建成使用,馆舍面积约 11 800 平方米,拥有各类借阅室、电子阅览室和自修室,阅览座位 1 426 个。图书馆设有五个业务工作部室:采编部、流通部、信息咨询部、自动化网络部、馆办公室。至 2010 年,馆藏纸质图书 83.7 余万册,订购中外文报刊 1 323 种(其中外文报刊 53 种)。文献收藏以经济类书刊为主,侧重于金融、保险、财务会计、审计等专业领域的图书。

二十七、上海体育学院图书馆

上海体育学院创建于 1952 年,是新中国成立最早的体育高等学校之一。图书馆成立于 1952 年 11 月,由南京大学、华东师范大学、南京金陵女子大学等院校体育系图书资料室、阅览室合并而成。图书馆原址在万航渡路,1956 年随学院迁入清源环路 650 号,当时馆舍面积 650 平方米,藏书 4.7 万余册。"文化大革命"期间,上海体育学院图书馆并入上海师范大学(现华东师范大学)图书馆;1978 年迁出并复馆。图书馆馆舍现由两部分组成:老大楼(1988 年建成,约 4 087 平方米),新大楼(即图文信息大楼,2006 年建成,约 7 450 平方米),总面积为 11 000 多平方米。图书馆设采编、流通、阅览咨询、技术、教材 5 个业务部门。老大楼藏有近 60 万册图书,其中中外体育及相关专业图书 20 万余册。新大楼设有七个阅览室/区,分别是:报纸·阅览检索区、图书阅览区、中文期刊·体育图书阅览室、研究生论文阅览室、外文图书阅览室、外文期刊阅览室、电子阅览室和一个期刊库房。新大楼有中外文体育及相关专业报刊 600 余种,中外文数据库 19 个。

二十八、上海音乐学院图书馆

上海音乐学院前身为创办于 1927 年的国立音乐专科学校,是我国第一所独立建制的高等专业音乐教育机构。1952 年,更名为中央音乐学院华东分院,1956 年 11 月,更名为上海音乐学院。1988 年 12 月,院图书馆及电教大楼破土动工,1991 年 10 月竣工,馆舍面积增至 5 000 平方米。图书馆下设办公室、采编部、流通部、阅览部、视听部、数字文献技术部 6 个部门和"中国当代音乐研究与发展中心""校史馆"2 个研究机构。

二十九、上海戏剧学院图书馆

上海戏剧学院 1945 年建校。图书馆建于 1945 年 12 月,原名上海市立实验戏剧学校图书馆,1949 年 5 月更名上海市戏剧专科学校图书馆。1955 年,正式命名为上海戏剧学院图书馆。1989 年 5 月,图书馆新馆落成。2001 年,原上海表演艺术学院图书馆并入上海戏剧学院图书馆。图书馆由华山路校区(总部)和莲花路校区(分馆)两部分组成,总建筑面积 9 675 平方米,馆藏图书文献 39.2 万余册,共有在编员工 23 人,面向全院 2 800 多名师生、全国戏剧文化界人士提供服务。

三十、上海商学院图书馆

上海商学院成立于 1950 年。1983 年 8 月,经上海市人民政府批准,成立上海市财贸管理干部学院,并设有中共上海市财贸党校。1998 年 3 月,经原国家教委批准,正式建立全日制高等职业院校——上海商业职业技术学院,并设立图书馆。学院图书馆主要由奉贤校区图书馆、徐汇校区图书馆组成,徐汇校区图书馆建于 20 世纪 90 年代,藏书 10 万册左右。奉浦校区图书馆 2003 年启用,为单幢四层建筑,总建筑面积 5 600 平方米,设有书库及阅览室 13 个。两馆总座位数 1 313 个,合计面积 10 970 平方米。2010 年,陆续购买、试用清华同方全文数据库、环球英语多媒体资源库等,开通国研网、Emerald 英语原版数据库、万方等数据库。截至 2010 年,馆藏纸质图书 90 余万册,电子图书 15 万余册,期刊 670 余册,数据库 9 个。

三十一、上海杉达学院图书馆

1992 年 6 月,上海杉达学院由上海交通大学、北京大学、清华大学部分教授发起创办。1994 年 2 月,经国家教育委员会批准正式建校,是国内第一所全日制民办高校。上海杉达学院图书馆始建于 1992 年。2002 年,金海校区第二期建设工程中的图文信息中心动工,2003 年,图书馆由金桥校区搬迁至金海校区,名为曹光彪图书馆,建筑面积为 12 000 平方米,馆内设有信息共享空间两层 3 000 余平方米,可放置文献 5.6 万册,书库两层可放置文献 45 万册,阅览座位 1 200 余个。截至 2010 年,图书馆由校本部曹光彪图书馆和嘉善校区分馆组成,两处建筑面积共 22 400 平方米。馆藏中文纸本图书 60 余万种,84 万余册,年订购中文报刊 600 余种,外文报刊 10 余种。

三十二、上海医疗器械高等专科学校图书馆

上海医疗器械高等专科学校 1960 年由中央卫生部创办,是一所全日制高等专科学校,1965 年创建图书室。截至 2010 年,馆藏图书 30 万余册(其中电子图书 5 万册),馆藏图书突出学校医疗器械专业特色;各类期刊 600 余种,生物医学工程类专业期刊物收集率达 90% 以上。注重医疗器械特色数据库建设,自建数据库 3 个。

三十三、上海出版印刷高等专科学校图书馆

上海出版印刷高等专科学校建于 1953 年,是新中国建立的第一所出版印刷类学校。1956 年,学校成立图书室,1987 年,成立图书馆。2001 年,拨款 1 680 多万元建造图书馆大楼,2003 年建成使用,建筑面积 5 880 平方米,包括占地面积 1 000 平方米的上海印刷博物馆。图书馆大楼共为五层,一楼为中文图书书库,二楼为中外文期刊综合阅览室和电子阅览室,三楼为出版系传播科学实验中心,四楼为上海印刷博物馆,五楼为报告厅。2008 年,图书馆建立电子阅览室和出版装帧精品馆阅览室。截至 2010 年,馆藏纸质图书 30 万册,中外文期刊报纸 600 余种,并设有电子阅览室和触摸式电子阅报栏,馆藏特色是出版印刷类专业文献。图书馆下设馆长室、采编部、流通部、阅览部、信息技术部。

三十四、上海医药高等专科学校图书馆

上海医药高等专科学校前身上海第二医科大学卫生技术学院,2005 年经市政府批准成为市教委直属普通高等院校。2006 年,图书馆随学校整体搬迁至南汇校区,建筑面积 4 406 平方米,分设外借阅览室、医学工具书阅览室、报刊阅览室、智能综合阅览室、采编室、服务大厅、电子阅览室、藏书库等。读者座位 1 140 个,电子阅览室座位数 100 个。馆藏纸质图书 26 万余册,以护理、检验、口腔等卫生类学科为主,并配有电子教学光盘及随书光盘。图书馆采用 Libsys 图书馆管理系统进行日常工作管理。

三十五、上海旅游高等专科学校图书馆

上海旅游高等专科学校建于 1979 年,时名"上海旅行游览专科学校"。学校图书馆成立于 1979 年,1987 年搬入 2 400 平方米的独立馆舍,2000 年实现了计算机自动化管理并建立馆藏图书书目数据库。2006 年 7 月,学校整体搬迁到海思路校区并筹建新馆。2009 年 5 月,建筑面积 6 139 平方米的图文信息中心大楼投入使用。2009 年 6 月,上海旅游情报研究所成立,与上海旅游高等专科学校图书馆为合一机构。截至 2010 年,馆藏图书 30 余万册;中外文期刊 450 多种;报纸 70 多种,其中旅游及相关专业文献资源丰富。

三十六、上海公安高等专科学校图书馆

上海公安高等专科学校图书馆 1988 年投入使用,面积 2 400 平方米,共 4 层,设馆长办公室、借书处、采编室、报刊阅览室、报刊库和复印室、公安书刊阅览室、港台外文书库、教师阅览室、内部资料阅览室、学术报告厅和视听室。1999 年,图书馆浦东新馆建成并投入使用,建筑面积 5 061 平方米,藏书 30 万册,基本形成以社会科学文献为主,公安、政法类文献为重点,兼及其他学科文献的藏书特色。2006 年,图书馆着力发展数字图书馆。

三十七、上海健康职业技术学院图书馆

上海健康职业技术学院前身是上海卫生干部进修学院(1979 年),后改名为上海职工医学院(1985 年),2010 年 1 月更名上海健康职业技术学院。学院图书馆大楼 1 500 多平方米,截至 2010 年,馆藏 12 万册纸质图书,6 万余种电子图书;订阅报刊 300 余种,拥有万方、中国生物医学文献服务系统、起点考试网、Begell House 等多个数据库。

三十八、上海新侨职业技术学院图书馆

上海新侨职业技术学院创建于 1993 年,由上海海外联谊会、上海市海外交流协会、上海市归国华侨联合会、上海中华职业教育社、上海市工商业联合会、中国民主建国会上海市委员会等社会团体及民主党派共同举办的民办公益性高职院校。学院图书馆由嘉定、徐汇两个分馆组成,其中徐汇分馆建于 1999 年,嘉定分馆建于 2002 年。图书馆总建筑面积 2 563 平方米,馆藏图书 23 万余册,

共有员工 8 人,为全院 5 000 余名师生提供服务。

三十九、上海东海职业技术学院图书馆

上海东海职业技术学院是一所公益性的民办大学,创建于 1993 年。学院图书馆于 2005 年建立,截至 2010 年,馆舍面积 6 509 平方米,阅览座位 900 多个,馆藏纸质图书 32.49 万册,电子图书 6.7 万余册。每年征订期刊 314 种,合订本期刊 13 879 本,基本涵盖学校设立的国际商务、国际航运业务管理、物流管理、投资与理财、国际金融、会计、报关与国际货运等 17 个学科专业。年购书经费 40 余万元。

四十、上海电子信息职业技术学院图书馆

上海电子信息职业技术学院图书馆于 1960 年随学校的创建而成立,其前身为上海市仪表电讯工业专科学校图书资料室。2001 年 4 月,学校转制为全日制普通高校——上海电子信息职业技术学院。2003 年,学院迁至奉贤新校区,同时各资料室也随新校区建设一起整合并改建,新图书馆位于图文信息中心大楼,图书馆占地面积 3 000 多平方米,总建筑面积 6 000 平方米,综合阅览室座位 605 个,室内有中文期刊 350 余种,过刊合订本近 5 000 余册 498 种,报纸为 100 余种。馆藏纸质图书 32 万余册,馆藏资源以电子类、通信类、计算机类及机电类科技文献为主,实用性、技能型文献为重点。图书馆设有采编部、流通阅览部、电子阅览室、技术部。

四十一、上海行健职业学院图书馆

上海行健职业学院前身为上海市闸北区业余大学,创建于 1982 年 11 月。2001 年 4 月,更名"上海行健职业学院"。2001 年 9 月,学院图书馆建成并投入使用,采用现代化的图书管理系统和文献检索系统。馆舍面积 5 600 平方米,阅览座位近 500 个。图书馆拥有纸质图书 38 万余册,电子图书 9 万册,各类数据库近 20 个,数字资源 2 000 GB,初步形成飞机制造、电子商务等重点专业文献为特色的多学科文献相互支撑、协同发展的馆藏体系。

四十二、上海济光职业技术学院图书馆

上海济光职业技术学院于 1993 年创办,2001 年纳入全国普通高等教育统一招生计划。1999 年,上海济光职业技术学院迁入杨浦区武东路 51 号校区,在教学楼五楼开辟图书、报刊阅览室,面积 100 平方米,阅览座位 40 余个。2003 年,学院宝山杨行新校区启用,同年 12 月图书馆建成开放,阅览面积 7 993 平方米,阅览座位 688 个。截至 2010 年,馆藏中文纸质图书 30.25 万册,西文纸质图书 2 720 册,电子图书 33.20 万册,中文期刊 340 余种,报纸 70 余种等。

四十三、上海中侨职业技术学院图书馆

上海中侨职业技术学院创立于 1993 年,2002 年经教育部批准纳入国家统一招生计划。学院图

书馆建于 2002 年 9 月,馆舍面积 3 000 多平方米。图书馆设有"借、藏、阅"一体的综合书库,期刊阅览室 1 个、电子阅览室 1 个,座位 500 多个。截至 2010 年,图书馆拥有印刷型纸质文献 24 万册,期刊 280 种,报纸 28 种,中国国家图书馆电子图书 7 万册,《央视百科视频》资源 3 000 多条等。

四十四、上海交通职业技术学院图书馆

上海交通职业技术学院是 2001 年 4 月上海市人民政府批准、教育部备案的全日制普通高等院校,由上海民航、铁路、港口、交运等四所行业院校合并而成,分东、南、西、北四个校区,本部设在北校区上海市宝山区呼兰路 883 号。图书馆建筑面积 7 722 平方米,馆藏纸质图书 29.81 万余册。

四十五、上海工艺美术职业学院图书馆

上海工艺美术职业学院由上海市工艺美术学校(建于 1960 年)与上海第二轻工业职工大学(建于 1980 年)于 2003 年联合组建。学院新馆落成于 2005 年 7 月,馆舍建筑面积近 4 000 平方米,馆藏图书和期刊合订本有 25.5 万册,数字图书 22 万册,中外文现刊 280 多种。阅览室划分为教师阅览室、书刊阅览室、专业图书阅览室和电子阅览室。嘉定校区图书实体馆设有艺术设计典藏阅览室、特藏阅览室、纸本文献外借室、电子阅览室等借阅空间。图书馆设有流通、电子阅览、采编和信息技术组。中外工艺美术、艺术设计、艺术类工具书、名家画册等书籍是馆藏特色。

四十六、上海震旦职业学院图书馆

上海震旦职业学院建于 1984 年,是一所由上海市人民政府批准设立并报国家教育部备案的全日制普通高校,专科层次,学制三年。学院图书馆建于 1995 年,前身是东方文化学院图书馆,2005 年转制为上海震旦职业学院图书馆。现有总建筑面积 3 208 平方米(含南校区图书馆),馆藏纸质图书 30 万余册,电子图书 6.2 万册。职工 11 人。

四十七、上海工商外国语职业学院图书馆

上海工商外国语职业学院创建于 2001 年,是经上海市人民政府批准、国家教育部备案的民办全日制普通高等院校。学院图书馆建于 2001 年 9 月,2005 年 12 月新馆落成并于 2006 年 10 月正式开馆。图书馆建筑面积 8 483.6 平方米,设有中文阅览区、外文阅览区、教学研讨区、文化阅读区、开架书库等。馆藏纸质图书 53 万余册,电子图书 15 万余册,万方数据库 4 000 GB,视频资源 378 GB,员工 16 人。

四十八、上海海事职业技术学院图书馆

上海海事职业技术学院是由上海市政府批准的专门培养高等海事技术技能型人才的普通高校,隶属于中国远洋海运(集团)总公司,教育业务直接由上海市教委领导。学院图书馆建于 1958 年。目前馆舍面积 6 000 平方米,辟有海事特色书库、综合书库、文艺书库、外文书刊资料库、工具书

库、期刊库,以及阅览室、参考资料室、电子阅览室、自习室等。馆藏以国内外海事图书资料为特色,藏书 28 万册,各类报刊 500 多种。

四十九、上海工会管理职业学院图书馆

上海工会管理职业学院图书馆的前身为上海工会干校图书资料室,创建于 1951 年。1985 年经批准成立上海工会管理干部学院。2005 年 9 月,奉贤新校区启用。2006 年,建成新馆,面积 9 192 平方米,总藏书量 40 余万册,其中包括电子图书 5 万余册,报刊资料 600 多种。图书馆设有图书借阅室、教师阅览室、报刊阅览室、电子阅览室和普通阅览室(自习室)。

五十、上海城市管理职业技术学院图书馆

上海城市管理职业技术学院图书馆是在 1956 年 11 月创建的上海市业余土木建筑学院图书馆与 1985 年 7 月创建的中共上海市建设党校图书馆、1956 年 10 月上海市园林学校图书馆合并而成的上海市建设职工大学图书馆的基础上,于 2001 年 4 月转型为上海城市管理职业技术学院图书馆。图书馆面积 3 464 平方米,馆藏图书 33 万余册,员工 13 人。

五十一、上海兴韦信息技术职业学院图书馆

上海兴韦信息技术职业学院建于 2001 年,经上海市人民政府批准,列入国家统一招生计划。学院图书馆始建于 2001 年 9 月,建筑面积 4 600 余平方米。图书馆设有书库、阅览室、电子阅览室、报告厅、多功能厅和自修室等场所。截至 2010 年,馆藏纸质图书 29 万余册,电子图书近 20 万余册。馆藏资源主要为学院电子应用、计算机应用等信息类专业的教学和科研服务。

五十二、上海立达职业技术学院图书馆

上海立达职业技术学院建于 2002 年。学院图书馆面积 9 150 平方米,主馆位于图文信息中心,面积 7 820 平方米,2006 年 12 月建成开放;分馆(英语护理图书阅览室)位于院行政楼 4 楼,面积 1 330 平方米,拥有原版英语国际护理专业图书、期刊 3 000 余册,2009 年 3 月开放。图书馆座位数 1 333 个。图书馆一周七天全开放,开放时间达 78 小时。

五十三、上海农林职业技术学院图书馆

上海农林职业技术学院建于 1947 年 9 月。学院图书馆是在 1978 年上海市农业学校复校后逐步建设起来,1984 年馆舍建筑面积 800 多平方米。2000 年,图书馆再次迁入新馆,使用面积上升到 1 700 平方米。2007 年,新建综合教学楼一楼、二楼以及裙楼共 5 686 平方米作为图书馆新馆。至此,新老馆舍建筑面积共 7 386 平方米,设图书借还室、综合阅览室 2 个开架场馆,过刊资料室、下架书库 2 个闭架书库,以及多媒体放映厅、采编室等。馆藏建设以畜牧、动物医学、水产、园艺园林、生物技术、农业经济等为特色,截至 2010 年,馆藏纸质文献 23 万余册,电子图书 7.5 万种,电子音像

资料 10 000 余件。中外文期刊 550 余种,报纸 160 余种。

五十四、上海科学技术职业学院图书馆

上海科学技术职业学院是 2001 年 4 月经上海市人民政府批准、国家教育部备案的一所公办全日制高等职业院校。学院图书馆使用 Interlib 文献集成管理系统,设有报刊阅览室、图书阅览室、电子视听室、借书处、自修室等服务窗口。馆藏纸质图书 28 万册,电子图书 42 万余册,其他文献 1 万件,主要是与学院各专业有关的教学参考书和工具书等。期刊近千种,包括通信与电子信息、机电工程、经营管理、商务流通、人文与社科学系等学科专业;当年期刊近 300 种,报纸约 50 种。图书馆不定期出版《新书通报》《推荐书目》,定期向全校学生开设"怎样利用图书馆""信息检索与利用"讲座。

五十五、上海思博职业技术学院图书馆

上海思博职业技术学院是 2003 年经上海市人民政府批准建立的全日制高等职业技术学院。2003 年 8 月,学院图书馆开馆,建筑面积 3 060 平方米。设馆长室、采编室、流通室、基本藏书库、期刊阅览室、报刊阅览室、教师阅览室、学生自修大厅、会议室、接待室等。截至 2010 年,馆藏中文纸质图书 26.5 万册,电子图书 6.8 万册,中文期刊 370 余种,期刊合订本 8 804 册,报纸 70 余种。

五十六、上海民远职业技术学院图书馆

上海民远职业技术学院筹建于 1998 年 6 月,1999 年 5 月经上海市教委批准参加高等教育学历文凭考试点教育。学院图书馆始创于 2000 年,原址为北校区一楼和二楼,总面积约为 250 平方米。2007 年扩建后的图书馆成为一幢独立的综合性信息大楼,面积 4 874 平方米。图书馆设有电子阅览室 1 个,报刊阅览室 1 个,开放式综合图书借阅库和专业图书借阅库各 1 个,学生自习室 2 个,阅览座席 200 个,小型学术会议室 3 个。图书馆藏书 10 余万册,各种专业性、综合性期刊 100 余种。使用图书馆管理 InterLib 系统。

五十七、上海体育职业学院图书馆

2008 年 1 月,经上海市人民政府批准,上海体育运动技术学院更名上海体育职业学院并正式挂牌,属全日制高等体育职业学院。图书馆馆藏以体育专业书刊为主,相关学科和基础学科为辅。馆藏图书数量 10 万多册,引进超星电子图书 12 万种,报刊 270 多种,其中专业期刊 60 多种。2006 年起,实行采访、编目、流通、期刊、检索等业务工作的计算机管理。

五十八、上海邦德职业技术学院图书馆

上海邦德职业技术学院创办于 1998 年,是一所经上海市人民政府批准成立并经教育部备案的高校。学院图书馆建于 1998 年,面积 450 平方米,主要功能为图书借阅。2010 年,图书馆新馆在图

文信息中心大楼正式建成,馆舍面积2 014.9平方米,设有期刊阅览室1个,文艺图书借阅处1个,综合图书阅览室1个,电子阅览室1个。阅览座位410个。馆藏纸质图书17.5万册,中文期刊254种,报纸55种,过刊合订本700余册。工作人员6人。

五十九、复旦大学上海视觉艺术学院图书馆

复旦大学上海视觉艺术学院建于2005年。学院图文信息中心主要功能有图书馆、展览、演出、会议,总建筑面积26 400平方米。其中图书馆分上下两层,建筑面积约6 000平方米。图书馆空间有六大主题阅览室:中文专业阅览室、中文综合阅览室、外文资料阅览室、期刊合订本/自修阅览室、信息共享区、数字资源体验区。共有阅览座位750余个,还有2个可提供教学使用的多功能空间——大雅堂和多媒体影视观摩厅。馆藏图书30万册,其中建筑、绘画、雕塑、平面设计、服装设计、摄影、电影、表演等艺术类专业图书占比近1/2。另藏有各类电子图书5万册,并藏有一定数量的多媒体资料和特色数据库。

六十、上海外国语大学贤达经济人文学院图书馆

上海外国语大学贤达经济人文学院是上海外国语大学与上海贤达投资有限公司于2004年合作举办的独立学院,2007年11月阅览区开放,而后增设综合阅览室、报刊阅览室及教学科研参考阅览室,2008年3月开架书库建成。2010年9月,学院崇明校区一期建设工程完工,临时图书馆设在教学楼内,由三间阅览室构成,一间是600多平方米的综合阅览室,提供阅览和外借服务,另有较小的一间报刊阅览室和一间自修室,总座位数为400个左右。一个1.5万平方米的独立图书馆大楼也列入崇明校区二期建设规划。馆藏文献涵盖人文科学和自然科学,其中以经济人文类文献为收藏重点。

六十一、上海师范大学天华学院图书馆

上海师范大学天华学院于2005年4月经国家教育部批准建校,是一所全日制本科院校。学院图书馆建于2005年,馆舍面积6 000余平方米,阅览座位572个,电子阅览室座位40个。截至2010年,馆藏纸质图书45万余册,电子图书130万余种,中外文期刊580余种,报纸122种,文献数据库5个,馆藏侧重教育类、艺术类文献。图书馆实行自动化管理,读者可以全天24小时进行网上检索、预约、续借图书;重视读者宣传工作,每年举行读书周活动,并制作图书外借量月排行榜、每月借书量学生排行榜以及导读宣传栏。

六十二、中欧国际工商学院图书馆

中欧国际工商学院是由中国政府和欧洲联盟于1994年合作创办的高等管理教育机构,双方办学单位是上海交通大学和欧洲管理发展基金会。1995年,学院在上海交通大学闵行校区过渡期间,租借包玉刚图书馆六楼作为学院图书馆。1995年10月,图书馆加入联机计算机图书馆中心(OCLC),实现网上联机编目。1999年10月,图书馆搬迁至浦东校园,新馆冠名"环球资源信息中

心",共有 3 层楼面,馆舍面积 2 500 平方米,阅览座位 240 个和网络接口 400 个,为读者提供静谧、舒适的学习环境。馆藏建设上,图书馆初步形成以经济、管理文献为核心的专业馆藏体系,并坚持纸质资源与电子资源发展并重原则。截至 2010 年,图书馆拥有中英文纸质图书 4 万余册;英文电子图书 5 000 多种;中英文期刊 250 多种;中英文报纸 60 多种;中英文电子期刊 2 万余种;专业电子数据库 40 余种。

六十三、已撤并更名大学图书馆

【上海医科大学图书馆】

上海医科大学图书馆前身为国立第四中山大学图书馆,成立于 1927 年 10 月,随校名变更,曾先后更名为江苏大学医学院图书馆、国立中央大学医学院图书馆、国立上海医学院图书馆、上海医学院图书馆、上海第一医学院图书馆。1985 年 5 月 14 日起,更名为上海医科大学图书馆,时馆藏书刊约 30 万册,馆舍面积 3 400 平方米,工作人员 27 人,设采编室、政文阅览室、留学生阅览室和教师阅览室,有社科书、科技书和期刊三个流通服务窗口和计算机室。1986 年,成立医学文献检索教研室、技术部,开展缩微工作和视听服务。1991 年,图书馆新馆大楼竣工,馆舍面积 8 500 平方米,阅览座位从老馆的 367 个增加到 679 个。2000 年 4 月,上海医科大学与复旦大学合并。2001 年 1 月,两校区图书馆实质性归并,上海医科大学图书馆改称为复旦大学图书馆医科馆。合并时,有纸本馆藏书刊约 33.4 万册,中文印刷型期刊 844 种,外文印刷型期刊近 600 种。职工共 54 人,其中高级职称 8 人,中级职称 11 人,初级职称 22 人,管理员 9 人,工人编制 4 人。历任馆长:杨永禄、杨国亮、徐张保箴、胡文同、涂峰、陈化东、王筱兰、张自钧、江圣扬、陈桂章、徐一新。

【上海建筑材料工业学院图书馆】

上海建筑材料工业学院图书馆建于 1978 年 6 月,前身是创立于 1953 年的上海建筑工业学校图书馆,1958 年并入建筑工程部上海干部学校图书馆。1959 年定名为上海建筑材料工业学校图书馆。1981 年,图书馆的馆舍分为借书处、学生图书与报刊阅览室、教师资料室,总面积 800 平方米。1979 年 7 月,学院新图书馆大楼开工,1981 年 12 月竣工。新馆主楼为三层,有六个阅览室,共有阅览座位 900 余个,书库为五层,可藏书 40 万册以上,全馆总面积 5 825 平方米。至 1985 年,馆藏图书 361 972 册,期刊合订本 29 224 册,基本形成馆藏以建筑材料及其相关学科文献为主,兼收各类为教学与科研服务的文献。1996 年,上海建筑材料工业学院图书馆并入同济大学图书馆。

【上海城市建设学院图书馆】

上海城市建设学院图书馆创建于 1978 年 10 月。1985 年 1 月,随学校建制改变,改称上海城市建设学院图书馆。1986 年,面积 7 400 平方米、层高 7 层的新图书馆楼落成启用,实际使用面积 2 740 平方米,其中书库面积 1 440 平方米,阅览室面积 1 066 平方米。设有学生(普通)阅览室(座位 123 个)、教师阅览室(座位 72 个)、中文期刊阅览室(座位 81 个)、外文期刊阅览室(座位 80 个)、科技情报检索室(座位 8 个)和学生自修室(座位 104 个)。图书馆设有馆长室、馆办公室、采访组(属馆办公室)、中外文编目部、流通部、期刊部,工作人员 38 人。经过多年的发展,图书馆建立了以土木建筑学科为主,市政、暖通、环保、管理、机械等学科相结合的藏书结构。藏书 32 万册,期刊 1 959 种,语种包括英、法、德、日、俄、西班牙和世界语。1996 年,上海城市建设学院图书馆并入同济大学图书馆。

【上海铁道大学图书馆】

上海铁道大学图书馆创建于1958年,是从原上海铁路电信信号学校图书室的基础上发展而来的。1962年,图书馆搬迁至第一教学楼,面积1 000平方米。1973年,上海交通大学机车车辆系、同济大学铁道工程系并入上海铁道大学的前身——上海铁道学院,有关专业的图书、期刊资料也一起并入。1982年9月,图书馆大楼落成并投入使用,面积6 244平方米,阅览座位600个。1995年5月,上海铁道学院和上海铁道医学院合并为上海铁道大学,图书馆分为校本部图书馆(馆舍面积6 500平方米)及共和新路校区图书馆(馆舍面积3 780平方米),藏书总量为120万册,中外文现刊1 900种,馆藏重点包括铁道交通(包括城市轨道交通)、医学、计算机与通信类文献等。图书馆下设办公室、采编部、报刊部、流通部、阅览一部、阅览二部、技术部、情报咨询部等业务及行政部门。共有开架书库3个,阅览室9个,为读者提供参考咨询、阅览、外借、文献检索课程、科技成果立项及查新、用户培训、馆际互借、文献复印、缩微阅读复制、外语听音等服务。2000年,上海铁道大学图书馆并入同济大学图书馆。

【上海农学院图书馆】

1978年10月,上海农学院在原上海市农业学校基础上复校,图书馆得以重建,最初设在教学科研处,1981年6月单独建馆。1984年12月,图书馆新馆落成,面积2 045平方米。1985年1月,新馆投入使用,有书库600平方米,阅览室620平方米,阅览座位220个。1997年8月,综合楼竣工,其中拨给图书馆共900平方米。至1998年底,图书馆共计馆舍3 000平方米,阅览座位近300个。

1999年,图书馆服务机构设置为:采编部、读者服务部、现代技术部、信息咨询部。全馆工作人员22人,其中,高级职称2人,中级职称10人,初级职称9人。1999年9月,上海农学院图书馆并入上海交通大学图书馆。历任馆长:葛仰之、祝永周、潘重光、曹卫、耿世祥。

【上海第二医科大学图书馆】

上海第二医科大学图书馆位于上海市重庆南路280号,前身是1952年全国高校院系调整时,以原震旦医学院、圣约翰医学院和同德医学院的图书馆医学书刊为基础组建而成的原上海第二医学院图书馆。1985年,更名为上海第二医科大学图书馆,1987年,图书馆易名为医学图书情报中心。1987年10月,图书馆大楼正式启用,总面积8 284平方米,其中阅览室2 500平方米,设有阅览座位680余个。2002年,医学图书情报中心与学校计算机网络中心合并成立信息资源中心,成为信息资源中心的一个重要组成部分,2005年7月,上海第二医科大学与上海交通大学两校合并后,更名为上海交通大学医学院图书馆,仍为信息资源中心的一部分。

至2010年,医学院图书馆藏书量约为56.5万册,生物医学类电子文献数据库共计35个,医学及相关学科电子全文期刊5 000余种,其中中文期刊约1 500种,注册读者人数为1.4万余人,年图书流通量为10万余册。历任馆长:倪葆春、严玥、钱本余、张义勇、薛纯良、钱关祥、张文浩。

【上海石油化工高等专科学校图书馆】

上海石油化工高等专科学校1983年3月经上海市人民政府批准成立,前身是创办于1978年的华东纺织工学院分院(金山)与创办于1979年1月的上海石油化工总厂职工大学。1980年,两校联合办学办馆,图书馆舍面积 150 平方米。1983 年,成立了上海石油化工专科学校和上海石化总厂职工大学图书馆,馆舍面积增至 350 平方米。1984 年 6 月,学校划归中国石油化工总公司领导,图书馆归学校直接领导。1986 年 7 月,图书馆新馆舍建成,新馆建筑面积 1 880 平方米,主要流通书库对读者实行全开架服务。1995 年,上海石油化工高等专科学校图书馆正式投入使用,馆舍建筑面积 6 007 平方米。1992 年,经国家教委批准更名为上海石油化工高等专科学校。1996 年,上海石油化工高等专科学校图书馆更名为华东理工大学石油化工学院图书馆。

【上海纺织工业高等专科学校图书馆】

上海纺织高等专科学校图书馆创办于 1959 年 9 月。1989 年,图书馆新楼投入使用,馆舍面积 3 500 平方米,设采编室、流通书库、教师阅览室、学生阅览室、教师美术服装阅览室、学生美术服装阅览室、期刊阅览室、过刊阅览室、文献检索室、情报室、学报编辑室和计算机房。1999 年 9 月,原上海纺织高等专科学校图书馆并入东华大学图书馆,学校相应设立东华大学长宁路校区分馆。

【上海教育学院图书馆】

上海教育学院图书馆前身为上海市中学教师进修学院图书室,1960 年秋正式建馆,在淮海中路校部设立图书馆总部,另在中山北一路师资培训部及徐家汇天钥桥路干部文化学校设两个分馆。1966 年已有中外义藏书 14 余万册。1978 年复校时,图书馆馆舍仅 50 平方米,残存旧书 3 万余册。至 1989 年底,馆舍面积达 5 400 平方米,馆藏图书 38 万册,包括影印本《文渊阁四库全书》等大型丛书和门类较齐全的参考工具书;建立收藏有约 9 000 盘(盒)声像资料的声像片库;还拥有视听室和单独的计算机房,实行计算机管理。

1998 年 9 月,随上海教育学院并入华东师范大学,图书馆成为华东师范大学图书馆第一分馆。图书馆馆藏登录中文图书 326 861 册,外文图书 25 430 册,中文期刊合订本 19 477 本,外文期刊合订本 3 953 本,非书资料 8 340 件,共计 384 061 册(件)并入华东师大图书馆。2003 年 5 月,校部将淮海路校区图书馆改作教室,作为华东师范大学图书馆第一分馆的上海教育学院图书馆也随之撤销。

【上海第二教育学院图书馆】

1975 年建校初期从各高校调拨图书 2 000 余册,仅有 4 名工作人员,到 1978 年图书增长到 9 万余册。1984 年面积 4 272 平方米的图书馆大楼落成,图书资料快速增加,到 1992 年馆藏达到 43 万册,中外期刊 2 400 余种,并收集了一批国内外成人教育资料。图书馆设 8 个阅览室和外语视听室,配有自动化检索系统。馆内设有馆长办公室、流通部、情报部、期刊部、阅览部等管理部门。共有工作人员 30 余人。

1998 年 9 月,随着上海第二教育学院并入华东师范大学,图书馆成为华东师范大学图书馆第二分馆。图书馆馆藏登录中文图书 355 653 册,外文图书 38 041 册,中文期刊合订本 19 586 本,外文期刊合订本 7 750 本,非书资料 741 种 2 523 件,共计 423 533 册(件)并入华东师大图书馆。2003 年 3 月,上海第二教育学院撤销,作为华东师范大学图书馆第二分馆的上海第二教育学院图书馆也随之撤销。

【上海幼儿师范高等专科学校图书馆】

1983 年,馆舍四间共 240 平方米,馆藏图书 5.5 万册,分为四大类:教育科学类图书,约占馆藏 40%;教学参考书和科研用书,约占馆藏 30%;经典著作、政治时事和思想道德修养类图书资料,约占馆藏20%；优秀文艺作品和科普读物等，约占馆藏10%。图书馆藏有新中国成立前私立岭南中学所藏《四部丛刊》等古籍。

图书馆设有专业资料室，资料室提供中外文图书3 000余册，包括学前教育为主的教育类、心理学图书等。提供中外文期刊、报纸300多种，以及部分录音幻灯资料。资料室做好专题资料汇编，注重利用黑板报、资料橱窗等进行宣传介绍。1997年9月，随上海幼儿师范高等专科学校并入华东师范大学，图书馆藏有的74 136册图书并入华东师范大学图书馆。

【上海工业大学图书馆】

上海工业大学图书馆建于1960年，原属教务处领导，1961年改为独立建制。1960年图书馆刚建立时，面积72平方米，没有书库、没有设备，上海交通大学分部迁出后，才有了独立的图书馆大楼，面积3 568平方米，并有四层书库。1985年另建一栋新图书馆大楼，1987年竣工，总面积为7 520平方米，加上老馆中仍然保留的1 650平方米，总使用面积达9 170平方米。新馆设490平方米的大阅览室5个，374平方米的中阅览室4个，240平方米的小阅览室4个，阅览室座位达810个，同时还设有听音室、报告厅、复印室和计算机房。

截至1990年，馆藏图书72.8万册，中外文期刊4 651种，特别是其中的2 301种外文科技期刊，是光华出版社毁版、重新装订的原版期刊。此馆还收藏有新中国成立前77年全部《申报》缩印合订本及《大公报》《新青年》等缩印版或原版报纸。1994年5月上海工业大学并入上海大学，原上海工业大学图书馆更名为上海大学图书馆（文荟图书馆）。

【上海科学技术大学图书馆】

上海科学技术大学图书馆创建于1959年，利用450余平方米教学楼作为馆舍。1960年9月学校迁至嘉定南门的新校址。图书馆借用2 000余平方米教学用房作为馆舍。1966年，新校址的图书馆建成。馆舍4 200平方米，开放3个阅览室和借还书处。图书馆的设备、管理、服务等有了很大的发展，形成了一个初具规模的大学图书馆。1978年后，图书馆的改革和建设有了较快的发展。1984年扩建书库1 200平方米，馆舍面积增至5 400平方米，并开始逐步添置各种现代化设备。1987年建立计算机房，形成以计算机为读者服务的起步阶段。1993年，由香港著名爱国实业家、全国政协常委唐翔千捐资400万元人民币，加上市政府配套投资，建成上海科学技术大学新图书馆，馆舍面积增至12 451平方米。

截至1994年，馆藏图书795 395册，期刊合订本84 895册，中外检索刊物14 685册，缩微平片和音像等非书资料8 508件，国际交换刊物100多种。馆藏文献建设以学校各专业的基础理论及教学参考书、科研用书及有关工具书为重点，尤其以数、理、化、材料、电子技术、机械、化工、生物食品等学科的书刊较为丰实。1994年5月上海科学技术大学并入上海大学，原上海科学技术大学图书馆更名为上海大学图书馆（联合图书馆）。

第二节　军事院校图书馆

一、中国人民解放军第二军医大学图书馆

中国人民解放军第二军医大学图书馆始建于1949年9月，时称华东军区人民医学院图书馆，

1951年随学校更名而改为现名。图书馆馆舍面积1.4万平方米,各类型阅览座位1 500个,Wi-Fi网络全覆盖。馆藏各类纸本书刊65万余件,拥有各类数据库90余个,电子图书216万余册,馆藏实现了85%以上的数字化比例。馆藏文献以医学、药学、生物学为特色,覆盖各学科专业门类,重点收藏国家级重点建设学科及医学生物技术、中西医等领域的文献。图书馆有10多种历史悠久且收藏完整的外文期刊,如英国医学杂志(BMJ)、英国自然杂志(NATURE)、美国医学会杂志(JAMA)、美国生理学杂志(APS),分别从1857、1869、1883、1899年创刊号起连续收藏,英国化学会杂志从1881年起收藏,英国外科杂志、美国外科杂志、英国放射学杂志、化学文摘均从创刊号起收藏,药学杂志从1894年起收藏。

图书馆设流通阅览部、资源建设部、信息服务部、技术服务部、情报教研室和办公室六个部门,现有在编专业技术人员中,以图书情报及医学专业为主,信息管理、计算机、外语及其他专业为辅。1988年以来,图书馆受上海市卫生局委托,承担地方医师继续教育的"医学文献检索"课,成为上海市医学信息教育骨干单位。1999年正式列编为学校医学信息学教研室。2000年获情报学硕士学位授予资格。2005年升为一级学科情报学硕士学位授予点。

二、中国人民解放军南京政治学院上海分院图书馆

中国人民解放军南京政治学院上海分院图书馆建于1985年。2008年开始建设新馆,新馆建筑面积8 077.8平方米,共七层,设有阅览室6个,研究室2个,阅览座位492个,是南京政治学院上海分院的文献信息中心。馆藏图书42万余册、电子全文图书近100万种;订阅中外文纸质报刊1 100种、电子全文期刊6 000多种;36个大型数据库;数字化资源总量约30 TB,基本形成了以军队政治工作学、军队政工信息化、军事心理学及相关学科为重点的藏书体系和数字化资源体系。

图书馆计算机网络系统采用基于惠普刀片服务器的基础融合架构、基于VMware服务器虚拟化技术的云计算平台、基于EMC SAN阵列的光纤存储专用网络。采用veritas NBU数据备份系统和基于ILO与数字KVM的远程监管平台,构建了现代化的存储、传输、管理平台。图书馆采用RFID无线射频技术、智能化图书盘点及图书查找三维导航,联创自助打印复印管理系统、联创机房管理系统以及锐起无盘机房管理系统等先进技术,实现自助借还书、自助打印、复印等服务。

三、中国人民武装警察部队上海政治学院图书馆

中国人民武装警察部队上海政治学院图书馆建于1984年,面积3 600平方米,2008年进行数字图书馆建设,设有政工专业综合阅览室、报刊互联网阅览室、电子阅览室、密集书库、密集报刊库等5个服务场所,阅览座位240个、30台电脑连接校园网、60台电脑连接互联网。图书馆采用汇文图书管理系统开展图书采访、编目、典藏、流通借还等业务。馆藏纸质图书20万册,电子图书18万册,纸质报刊260余种,电子期刊6 000种,数据资源总量达20 TB,引进了中国知网、万方、超星等数据库。图书馆职员14人,其中在编军人5人,非现役文职人员8人,工勤人员1人。高级职称1人,中级职称4人。博士学历1人,硕士学历1人。

第三章 中小学图书馆

第一节 普通中小学图书馆选介

一、上海市卢湾高级中学图书馆

1978—2010年,上海市卢湾区高级中学图书馆先后5次搬迁,1998年,图书馆面积1000平方米,馆藏图书近万册。截至2010年,馆藏图书6万多册,电子读物7000多件,每年订阅报刊400余种。年购书经费9万余元,图书馆工作人员3人。图书采编、外借、阅览统计等实行计算机管理,书刊全开架借阅。图书馆设有报刊阅览室、图书阅览室、教师资料室、电子阅览室、书库、采编室等。

二、上海市敬业中学图书馆

上海市敬业中学创建于清乾隆十三年(1748),是上海市历史悠久的中学之一。2001年,上海市敬业中学图书馆制定《敬业中学图书馆工作手册》。2005年,编写《敬业中学图书馆ISO9000质量管理体系》,为敬业中学各部门ISO9000质量管理体系的制定提供了范本。截至2010年,图书馆使用面积1260平方米,馆藏图书近7万册,包括线装书1713册,拥有阅览座位200多个,设有图书流通室、电子阅览室和参考咨询室,订有各种学科专业杂志300多种,藏有从1949—2007年的《人民日报》《光明日报》《解放日报》《文汇报》合订本。年购书经费为50722.09元,馆内配有电脑138台,工作人员3人。

三、上海市李惠利中学图书馆

1992—1998年期间,上海市李惠利中学图书馆位于教学大楼六楼,外借和阅览合用一室,面积100平方米,藏书数千册。2003年7月,图书馆扩建,面积902平方米,借阅合一,可容纳150多位师生同时阅览,书刊全开架借阅。截至2010年,藏书4万余册、电子文献7000余件、各类报刊120余种;年购书经费62377.8元;电子阅览室面积122平方米,共有35台联网计算机;视听室面积98平方米,配有电视机、DVD、投影仪等,专职管理人员2人。

四、上海市黄浦区卢湾第一中心小学图书馆

1980年,黄浦区卢湾第一中心小学图书馆面积84平方米,阅览座位48个。1997年辟出两间专用教室用作图书馆,其中一间为阅览室,另一间为书库和采编室,面积176平方米。2009年,学校整体搬入新校舍,新馆总面积达到450平方米,设有彩虹低幼阅览区、中高年级阅览区、电子阅览区,另有书库、教师悦读吧、采编区。截至2010年,藏书5.5万余册,电子读物6000余件,订阅各类

报刊近百种,配备阅览座位 120 个。年购书经费 7 万元,工作人员 3 人。

五、上海市市西中学图书馆

1996 年,上海市市西中学面积 300 平方米,分设采编室、借阅处、阅览室、资料室等功能区。1999 年,图书馆搬至新楼,馆舍面积 1 500 平方米,增设电子阅览室。截至 2010 年,馆舍因为改建,临时过渡的馆舍面积 200 平方米,全年购书 1 939 册,共用经费 72 878.10 元;购置音像资料 176 件,共用经费 9 696 元。图书馆订报纸 41 种,期刊 226 种。图书馆文献总量 69 036 册,其中纸质图书 65 856 册,音像资料 3 180 件。图书馆工作人员 3 人。

六、上海市市北中学图书馆

1990 年,上海市市北中学图书馆搬至新建的综合大楼三楼,馆舍面积 500 平方米,阅览室和资料室配有 30 余张阅览桌和 200 个座椅,馆藏图书 7 万余册、订阅期刊 300 余种。2004 年,图书馆迁至综合大楼五楼和六楼,馆舍总面积近 1 000 平方米,五楼为 210 平方米的书库和 446 平方米的图书阅览室,六楼为 210 平方米的期刊阅览室和 120 平方米的教师资料室,馆舍总面积近 1 000 平方米。截至 2010 年,馆藏图书 109 079 册,期刊 281 种;购书经费 120 482.2 元,工作人员 3 人。

七、上海市育才中学图书馆

上海市育才中学图书馆建于 1902 年。1998 年,学校迁至上海市嘉定区马陆镇新校区,新的图书馆同时落成,面积 2 000 余平方米,共三层,底层为人文、社科区,二楼为科技及报刊区,三楼为电子阅览区。一、二楼设阅览座位 560 个,同时配备 16 台电脑供师生检索查询;三楼则设阅览座位 70 个,各座配备电脑连接互联网,供学生上网。截至 2010 年,藏书 9 万余册,非书资料 1 万余件,期刊 296 种,报纸 50 余种,另有图书期刊全文数据库、教学资料数据库、馆藏资料数字化资源等。年购书经费 20 余万,工作人员 6 人。

八、上海市民立中学图书馆

2004 年,上海市民立中学搬至威海路 681 号,图书馆设中文图书室,约 300 平方米;教师资料室,约 80 平方米;西文图书室,约 300 平方米;藏书 10 余万册。截至 2010 年,图书馆馆舍面积 500 平方米,阅览席位 120 个,藏书近 10 万册,报刊近 200 种。年接待师生读者 3 万余人次,年书刊外借约 2 万余册。图书馆管理人员 3 人。

九、上海市向东中学图书馆

上海市向东中学前身为上海南洋女子师范学校,1967 年改名为向东中学,当时图书馆建筑面积 118 平方米,其中书库 59 平方米,图书阅览室 59 平方米,座位 48 个。1998 年 9 月,图书馆新馆落成,建筑面积 264 平方米,其中书库 79 平方米,图书阅览室 120 平方米,期刊阅览室 65 平方米,座位 80 个。另有外借处和新书展示处。截至 2010 年,图书馆面积 300 多平方米,配有 100 个阅览座位,并建立了电子阅览室等;馆藏图书近 6 万册,订阅各类纸质报纸 130 余种、电子期刊 100 多余种;年购书经费 35 425.55 元,工作人员 2 名。

十、上海市时代中学图书馆

上海市时代中学前身为圣芳济学院,创建于 1874 年,1950 年改名为"时代中学",2001 年转为寄宿制初级中学。图书馆随学校同时建立,"文化大革命"期间,图书馆遭受严重损失,1980 年后逐步恢复,至 1990 年藏书近 2.4 万册。截至 2010 年,学校图书馆总面积 414 平方米,分为教师阅览区、学生阅览区、藏书区、电子阅览区等。馆藏图书 4.8 万册,订阅报刊 120 种,还着重增添了如双语图书、经典绘本、艺术人文、地理科技等书籍,以及电子图书,配备有电视机、投影仪、无线网络(WiFi)等设施。年图书经费 3.5 万余元。管理人员 3 人。

十一、上海市田家炳中学图书馆

上海田家炳中学于 1997 年由香港实业家田家炳捐资、闸北区政府投资创办。2004 年,图书馆面积 880 平方米,阅览座位 360 个,藏书 31 435 册。截至 2010 年,图书馆馆舍面积 976 平方米,阅览座位 450 个;馆藏纸质图书 52 630 册,电子图书 1 100 册,数字图书 14 912 册,年图书经费 39 526.98 元,有专职管理人员 2 人。

十二、上海市青云中学图书馆

上海市青云中学创办于 1957 年。1997 年,学校新建图书馆。2004 年,图书馆实现自动化管理。截至 2010 年,图书馆面积 700 多平方米,其中书库 280 平方米、阅览室 300 平方米、电子阅览室 45 平方米、资料区 60 平方米;阅览室座位 132 个;藏书 6 万多册、杂志 96 种;年购书经费 44 260 元,图书馆工作人员 2 人。

十三、上海市第一师范学校附属小学图书馆

上海市第一师范学校附属小学由教育家陈鹤琴于 1945 年创办。2001 年 9 月,学校迁入新校址。截至 2010 年,图书馆面积 456.09 平方米。学生阅览室分为低、中高年级两个区域。馆内配有学生阅览座位 177 个,可同时容纳 4 个班级阅览,学生电子阅览室配置电脑 44 台。图书馆另设教师阅览室。馆藏图书 5 万余册,年购图书经费 15 万元,工作人员 3 人。

十四、上海市静安区止园路小学图书馆

上海市静安区止园路小学始建于 1956 年。2008 年,学校迁至青云路 437 号,图书馆面积 185 平方米。截至 2010 年,图书馆面积 185 平方米,其中学生阅览室兼电子阅览室 148.7 平方米。教师阅览室 36.3 平方米,两室合计配有 15 台电脑。另设有教师资料室 26 平方米。学生阅览室设有

105 个座位,教师阅览室设有 24 个座位。馆藏纸制图书 20 406 册,数字图书 700 余册,订阅纸制期刊 80 种。

十五、上海市静安区永和小学图书馆

上海市静安区永和小学图书馆建于 1997 年。2002 年,学校校舍重建,图书馆重新规划,馆舍建筑面积 429 平方米,共分为 11 个区域,分别为:社会科学文史地阅览区、电子阅览区、教师阅览区、低幼阅览区、会议演讲区、外语角、创作区、展示墙、书库区、服务台、热书快借区。截至 2010 年,图书馆藏书 47 469 册,订阅期刊 62 种,年购书经费 28 520 元。配有专职管理员 1 人,兼职管理员 1 人。

十六、上海中学图书馆

上海中学于 1978 年复校后,图书馆恢复启用,至 90 年代中后期,图书馆藏书达 10 万余册。1994 年 11 月,学校新图书馆楼竣工并启用,大楼总面积为 3 048 平方米,设有第一、第二、第三外借库、学生阅览室、教师阅览室、资料室、电子阅览室、语音室。截至 2010 年,图书馆设有三个中文图书外借书库、学生阅览室、教师阅览室、古籍室、近代文献资料室、音像资料室、文献采编室、办公室和贵宾接待室,使用面积共计 2 800 平方米。藏书 12 万余册,音像资料 6 500 件,订阅中外文杂志 360 种,报纸 40 种。年购书经费 20 万元,工作人员 6 人。

十七、上海市南洋模范中学图书馆

上海市南洋模范中学创立于 1901 年,1956 年改现名。1990 年,馆舍面积 285 平方米,藏书近 7 万册,管理人员 5 人。截至 2010 年,图书馆面积为 450 平方米,其中电子阅览室 85 平方米、教师阅览室 142.5 平方米;阅览室座位 200 个,电子阅览室配备 45 台电脑。生均藏书达到 50 余册,各类期刊 200 种,报纸 30 余种。年购书经费 102 381.90 元,工作人员 1 人。

十八、上海市位育中学图书馆

上海市位育中学创办于 1943 年,1998 年易地新建,图书馆设有图书阅览室、期刊阅览室、图书外借室、资料室、电子阅览室等,设有阅读座位 800 个。截至 2010 年,图书馆面积 1 790 平方米;藏书 9.2 万余册,订阅期刊 300 余种,报纸 70 余种;年购书经费 147 453.2 元;图书馆工作人员 6 人。

十九、上海市徐汇区向阳小学图书馆

上海市徐汇区向阳小学图书馆建于 1932 年。1978 年,图书馆藏书室 25 平方米,阅览室 21 平方米。截至 2010 年,学校两个校区均设有图书馆。向阳校区图书馆面积 208 平方米,设有 1 个学生阅览室,128 平方米;1 个藏书室,80 平方米。永嘉校区图书馆面积 94 平方米,设有 1 个学生阅览室,47 平方米;1 个藏书室,47 平方米。馆藏图书 44 547 册,各类电子读物 1 037 件,订阅期刊 62

种,报纸 14 种;年购书经费 99 368.6 元;工作人员 2 名。

二十、上海市第三女子中学图书馆

1978 年,上海市第三女子中学图书馆馆舍面积 350 平方米,其中学生阅览室 200 平方米,阅览座位 100 余个,学生借书室和书库 150 平方米。1997 年,馆舍面积 504 平方米,藏书 11 万册,订阅报纸、期刊 200 余种。2000 年,建立电子图书馆,有 1 万册中文书,1 000 余册英文原版书。截至 2010 年,馆舍面积 1 040 平方米,馆藏图书 10 万余册,订阅报纸与期刊 200 余种;年购书经费 16 万余元,工作人员 5 人。

二十一、上海市延安中学图书馆

上海市延安中学原名上海市真如中学,创建于 1946 年。1986 年,藏书 2.5 万册,杂志 176 种,报纸 27 种。1995 年,藏书 3.5 万册,馆舍面积 800 多平方米。2003 年,开设电子阅览室。截至 2010 年,图书馆建筑面积 2 000 多平方米,拥有报刊阅览室、电子阅览室、采编室、外借室和书库;藏书 61 217 册,年订阅报刊 280 种;工作人员 4 人。

二十二、上海市建青实验学校图书馆

上海市建青实验学校前身为"私立南洋模范无线电学校",创建于 1939 年。1984 年,改名"上海市建青实验学校"。截至 2010 年,图书馆馆舍面积 650 平方米,藏书 85 295 册;电子阅览室面积 184 平方米,电脑 87 台;书刊报纸 358 种;年购书经费 78 230.73 元,工作人员 3 人。

二十三、上海市长宁实验小学图书馆

上海市长宁实验小学前身为上海市紫云路小学,创办于 1964 年。1990 年更名为长宁实验小学。图书馆阅览室先后于 1995、2001、2010 年进行了扩容、整修。2004 年,图书馆引进电子计算机管理,图书登录、编目、资料查询等都采用计算机统一管理。截至 2010 年,图书馆面积 306 平方米,设有藏书室、阅览室和资料室,共计藏书 4 万余册,订阅报刊 35 种,学生阅览座位 150 个,电脑 50 台;年购书经费 1.8 万余元,工作人员 1 人。

二十四、上海市长宁区教育学院图书馆

上海市长宁区教育学院图书馆建于 1958 年。1983 年 5 月改名为"长宁区教育学院",1988 年设图书资料中心,1994 年 8 月图书资料中心改为图书馆。图书馆为独立的三层建筑,一楼、三楼为图书馆书库和院史陈列室,二楼为阅览室,截至 2010 年,馆舍面积 500 平方米,其中阅览室(电子阅览室)115 平方米,年购书和音像及数字资源的经费 20 万元,藏书 133 134 册,电子书刊 5 000 余册,以及数字化资源,订阅报刊 300 余种。工作人员 3 人。

二十五、上海市曹杨第二中学图书馆

上海市曹杨第二中学创建于 1954 年,翌年设立图书室。2000 年,引进图书管理系统,实现了图书入库、借阅、信息查询等信息化、网络化管理。2002 年,专门建设图书楼,扩建了原有的图书外借室、报刊阅览室和教师资料室,并增设了学生自习室、视听室、图书阅览室、电子阅览室等。截至2010 年,图书馆面积 982 平方米,馆藏图书 10 万余册,每年订阅期刊报纸近 400 种;年购书经费36 531.20 元,工作人员 4 人。

二十六、上海市晋元高级中学图书馆

上海市晋元高级中学前身为华童公学,创办于 1904 年。1999 年学校移址重建,更名为上海市晋元高级中学,图书馆面积 1 250 平方米,学生阅览座位 308 个,教师阅览座位 72 个。2006 年,学校对图书馆进行了改扩建,设立图书中心、教师沙龙、视听室、开放型视频交流教室。截至 2010 年,图书馆面积为 1 600 平方米,阅览座椅 378 个,电脑 48 台;藏书 9 万余册,订阅期刊 400 余种,视频音频资料 1 300 余件,电子图书 5 000 余册;年购书经费约 91 298 元,工作人员 3 人。

二十七、上海市曹杨中学图书馆

上海市曹杨中学创建于 1953 年,图书馆也于当年创建。2001 年,学校异地重建,图书馆馆舍面积 1 862 平方米,设立电子阅览室、参考阅览室、报刊阅览室、外借阅览室、采编室、教师资料室等。截至 2010 年,藏书 9 万多册,电子读物 892 件,每年订阅各类报刊 180 多种;配有阅览室座位 418个,计算机 105 台;年购书经费 52 156 元,工作人员 2 人。

二十八、上海市新会中学图书馆

上海市新会中学图书馆原为陕北中学,1958 年后更名新会中学。1994 年,图书馆面积 345 平方米,设书库、借书处、阅览室、教师资料室和采编加工室。截至 2010 年,馆藏图书 56 656 册,订购报刊 213 多种,年购书经费约 2 万元,管理人员 5 人。

二十九、上海市普陀区朝春中心小学图书馆

上海市普陀区朝春中心小学原名为曹杨新村第一小学,建于 1952 年。1999 年,学校新校舍落成,校名更改为朝春中心小学。截至 2010 年,图书馆馆舍面积 328.4 平方米,包括书库 136.8 平方米、阅览室 136.8 平方米、教师资料室 54.8 平方米。藏书 88 485 册,全年购书经费 6 万余元。订阅报刊 121 种,电子期刊 50 种。工作人员 3 人。

三十、上海市复兴高级中学图书馆

上海市复兴高级中学的前身为创办于 1886 年的"共济会学校"。1946 年学校重建并取名"复

兴",其后一直称为复兴中学。1999 年 8 月,改为上海市复兴高级中学,并建成新校舍,图书馆全体馆员对图书进行了重新编目和倒架,实现了借阅采编自动化。截至 2010 年,图书馆馆舍总面积 1 449.52 平方米,借书室和书库为 621.36 平方米;书刊阅览室 739.20 平方米,共 450 个座位,提供中英文报纸杂志阅读服务;电子阅览室 88.96 平方米,共有 48 个座位,提供电子书刊阅览服务。馆藏文献 66 331 册(件),其中包括纸质图书 63 325 册,期刊合订本 1 766 册,音像资料 1 240 件;年购书费 38 056.4 元,工作人员 5 人。

三十一、华东师范大学第一附属中学图书馆

华东师范大学第一附属中学前身为光华大学附属中学和大夏大学附属中学,两校均创办于 1925 年。1951 年,两校合并成立华东师范大学第一附属中学,图书馆从建校开始就同时建成。1990 年,学校新建东大楼,其中用于图书馆馆舍的面积为 440 平方米,设阅览室、借书处和教师资料室。2005 年 9 月,学校搬迁至新校舍。截至 2010 年,图书馆设学生外借室、学生阅览室、外文阅览室、教师资料室、电子阅览室、书库和精品图书室。图书馆面积 1 378 平方米,包括电子阅览室 214 平方米,藏书室 212 平方米,资料室 105 平方米。馆藏图书 89 763 册,年购书经费 43 110.31 元。工作人员 3 人。

三十二、上海市澄衷高级中学图书馆

上海市澄衷高级中学图书馆建于 1906 年,时称"丙辰图书馆"。1991 年 4 月,更名上海市五十八中学图书馆。1994 年 7 月,更名上海市澄衷中学图书馆。2002 年 7 月,更名上海市澄衷高级中学图书馆,馆舍面积 500 余平方米,实现书籍全部开架借阅。阅览室内设立电子阅览室,有 40 台电脑。截至 2010 年,藏书 10 万册,年购书经费 15 122.53 元,订阅报刊 43 052.96 元,工作人员 5 人。

三十三、上海市海南中学图书馆

上海市海南中学创办于 1964 年。2000 年,学校图书馆面积 80 平方米;2003 年,图书馆面积扩大至 200 平方米,设借书室、阅览室、教师资料室。截至 2010 年,图书馆面积增加至 335 平方米,其中,阅览室 60 平方米,资料室 50 平方米。藏书 2.5 万册,每年订阅期刊近百种。年购书经费 3 万元左右,工作人员 1 人。

三十四、上海市虹口区广灵路小学图书馆

上海市虹口区广灵路小学创建于 1960 年,初名为广灵路第二小学。1998 年,广灵路第二小学与广灵路第三小学合并,改为广灵路第二小学。2004 年 6 月更名为虹口区广灵路小学。1960 年图书馆馆舍面积 58 平方米,配备兼职图书馆管理员 1 人。1998 年广灵路第二小学与广灵路第三小学合并后,图书馆设 60 平方米的阅览室和 20 平方米的藏书室。2001 年,建立电子阅览室。截至 2010 年,图书馆总面积共 188 平方米,设藏书室兼阅览室、电子阅览室,藏书 3 万多册,订阅报刊 60 余种。年购书经费 3 万元,工作人员 1 人。

三十五、复旦大学附属中学图书馆

复旦大学附属中学图书馆建于 1950 年。1995 年,图书馆迁入旦华楼。1999 年,图书馆进行了全面布局调整。2007 年,图书馆外借处进行改建,增加一层书库。截至 2010 年,图书馆面积 2 300余平方米,设有外借处、普通阅览室、参考阅览室、教师阅览室、2 个多媒体阅览室等。馆内图书全部开架借阅,并设有 600 余个阅览座位,多媒体阅览室有 50 台计算机供学生检索资料。馆藏图书11.7 万册,电子图书 1.5 万册,电子出版物 3 000 件,每年订阅各类中外报刊近 400 种。年购书经费 22.55 万元,工作人员 4 人。

三十六、上海交通大学附属中学图书馆

上海交通大学附属中学前身为上海市第一工农速成中学,1964 年改为现名。1978 年,图书馆面积 220 平方米,藏书量 5 589 册。1993 年,图书馆搬入图书馆大楼,建筑面积 726 平方米,包括多个书库、外借室、阅览室、教师资料室等,外借室采用了全开架的方式。2001 年,搬入新建的图书综合楼,建筑面积 2 500 平方米,包括外借室、多个阅览室、书库、教师资料室、电子阅览室等。截至2010 年,藏书 96 488 册,音像制品 4 843 件。年购书经费 26 万,工作人员 6 人。

三十七、上海市控江中学图书馆

上海市控江中学建于 1953 年,时设图书室,面积 13 平方米,工作人员 1 人。1985 年,图书室正式改名图书馆。1990 年,建成 1 306 平方米的独立图书馆楼。1995 年,实行全开架借阅服务。1999年原图书馆楼拆除,图书馆临时分为两地,总面积 500 平方米。2002 年 6 月,图书馆新馆面积近700 平方米,设有综合借阅室、教师资料室、电子阅览室和多媒体制作室。截至 2010 年,图书馆的综合借阅室面积 416 平方米,148 个阅览座位。教师阅览室面积 78 平方米,可容纳 36 人阅览。电子阅览室面积 97 平方米,设 51 台联网计算机。多媒体制作室面积 70 平方米,内设 9 台电脑。馆藏纸质图书 7.3 万余册,订阅报刊 270 种,音像资料 2 411 件。年购书经费 85 000 元,工作人员 3 人。

三十八、上海市杨浦高级中学图书馆

上海市杨浦高级中学前身为上海市第二师范学校,创办于 1953 年,图书馆同时建立。1960 年上海市第二师范学校改名为上海市工农师范大学,1962 年改名为上海市杨浦中学,1984 年 4 月,上海市人民政府批准重建上海市第二师范学校,图书馆随校恢复原名为上海市第二师范学校图书馆,馆址位于四平路 999 号。1990 年 11 月 25 日,新建的图书馆馆舍落成启用,面积 1 625 平方米,设采编室、书库、借书处、教职工资料室和学生阅览室,共有阅览座位 240 个。1997 年 9 月,第二师范学校再次改为上海市杨浦高级中学。1998 年,学校新建图书电化教育楼,图书馆馆舍面积 2 019 平方米,设文科、理科阅览室、教师资料室、采编室、借书处及数个电子阅览室。阅览室共有座位 370个。截至 2010 年,馆舍面积 1 851 平方米,分文科、理科阅览室、教师资料室、采编室、借书处,书刊阅览座位 288 个,电子阅览座位 64 个。馆藏纸质图书 17 万余册,期刊合订本 1 万多册,音像资料

3 000 多件。年购书经费 10 万元,报刊经费 4 万余元,工作人员 5 人。

三十九、上海市市东中学图书馆

上海市市东中学创建于 1916 年,原名"聂中丞华童公学",1951 年更名"上海市市东中学"。1991—1993 年期间,学校对图书馆馆舍进行改建,馆舍面积合计 450 平方米,有大小书库 90 平方米和 71 平方米,学生阅览室面积 145 平方米,内设座位 120 个,教工资料室 44 平方米,藏书 2 万册。2003 年 9 月,市东中学与市东初级中学合并,图书馆馆舍重建,面积为 800 平方米,藏书近 4 万册,阅览座位 150 个。截至 2010 年,图书馆分为三个功能区域:教师阅览室、学生阅览室、图书中心。馆藏总量 72 295 册,订阅报刊 165 种。年购书经费 49 021 元,工作人员 4 人。

四十、上海市民办阳浦小学图书馆

上海市民办阳浦小学建于 1998 年,原为上海市杨浦小学东部校区,2006 年 7 月改制为上海市民办阳浦小学。2008 年,学校重建图书馆,馆舍使用面积共 380 平方米,内分低幼馆和少年馆。阅览室分为五个区域:绘本阅读区、童话堡、电子阅览区、新书推广区、休闲书吧。阅览座位 135 个。截至 2010 年,馆藏图书 20 151 册,电子图书 2 万册,各类报刊 60 种。年购书经费 35 889 元,工作人员 1 人。

四十一、上海市杨浦区教师进修学院图书馆

上海市杨浦区教师进修学院前身为杨浦区教师红专学院,图书馆由建院时图书资料室发展而来。2000 年 3 月,更名为杨浦区教师进修学院图书资料室。2002 年,更名为杨浦区教师进修学院图书馆。2010 年 6 月随学院搬迁至抚顺路 340 号新馆。截至 2010 年,新馆馆舍建筑面积为 1 020 平方米,设综合阅览室、多媒体阅览室、文献研究室、基本书库和办公室。藏馆纸质图书 7.5 万册,光盘资料 577 片,期刊合订本 2.3 万册,订购各类报刊达 730 种,数字图书 45 452 册。年购书经费 41.4 万元,工作人员 9 人。

四十二、上海市七宝中学图书馆

1947 年,"七宝农业职业学校"与"私立南洋模范中学七宝分校"合并成立了"七宝中学"。建校之初,建立学校图书室。1953 年,图书室易名"七宝中学图书馆"。1997 年,图书馆随学校迁入现址。2000 年,七宝中学图书馆被冠名为"钟书书苑"。图书馆为一幢独立的三层馆舍,建筑面积 2 952 平方米,分别设有基本书库、特藏书库、过刊库、教师阅览室、学生阅览室、电子阅览室、自修室和社团活动室。截至 2010 年,馆藏图书 11 万余册,期刊 250 种,报纸 21 种,期刊合订本 7 400 余册。采用计算机管理,实现文献采访、编目、典藏、流通、检索的计算机管理。年购书经费 235 488.51 元,工作人员 6 人。

四十三、上海市闵行中学图书馆

上海市闵行中学建于 1928 年,前身为"上海县立初级中学",建校初期即有图书馆。1997 年 6

月,图书馆迁入新馆,面积为 1 900 平方米。截至 2010 年,馆舍面积 1 350 平方米,设教师资料室、学生文艺阅览室、科普阅览室、电子阅览室以及文学社团活动室。馆藏图书 8 万余册,数字资源 2 367 GB,订阅期刊 200 余种,报纸 35 种,采用计算机管理。年购书经费 70 015.60 元,工作人员 5 人。

四十四、上海市嘉定区第一中学图书馆

上海市嘉定区第一中学创办于 1926 年,学校初创时规模小,设施简陋,无像样的图书馆。1949 年至 20 世纪 90 年代中期,图书馆几经变化发展。1995 年,图书楼翻新,面积增至 1 200 平方米,设有书库、学生借书室、采编室、资料室和阅览室,配备电脑和打印机。1999 年,学校易地新建,图书馆面积为 716 平方米,藏书近 10 万册。2000 年,图书馆引进数字化管理模式,提高编目和外借效率。截至 2010 年,图书馆设有外借室、期刊室、电子阅览室、教师资料室、办公室兼采编室,使用面积 716 平方米。馆藏图书 10 余万册,订阅报刊 260 多种。年购书经费 10 万元,工作人员 4 人。

四十五、上海市嘉定区第二中学图书馆

上海市嘉定区第二中学建于 1949 年。1978 年,图书馆设有阅览室和教师资料室,藏书 4 万多册。1990 年,学校建造了新馆舍,图书馆面积 380 平方米,设有书库、采编室、资料室、阅览室。2000 年 9 月,图书馆设立语文阅读中心,增加了 4 个语文阅览室和 1 个电子阅览室。2008 年,学校新图书馆竣工。截至 2010 年,图书馆设有书库、采编室、资料室、阅览室、语文阅览室和电子阅览室等,面积 1 110 平方米,阅览座位 320 个。藏书 8 万余册,订阅期刊 170 多种,报纸 50 种。年生均图书经费 55 元,工作人员 3 人。

四十六、上海市嘉定区普通小学图书馆

上海市嘉定区普通小学创办于 1901 年。1988 年 9 月恢复原校名为"嘉定县普通小学"。1994 年,学校搬至新校舍,图书馆初具规模,面积 396 平方米,藏书 25 048 册。2008 年 8 月,原"民办汇龙学校"并入,分东、西两个校区,每个校区内都设有阅读室,期间对西校区图书馆重新设计、装修,实现借阅藏一体化。截至 2010 年,图书馆馆舍面积 545 平方米,分设学生阅读室、教师阅览室和藏书室。馆藏图书 40 452 册,报刊 91 种。年购书经费 6.5 万余元,工作人员 2 人。

四十七、上海市嘉定区教师进修学院图书馆

上海市嘉定区教师进修学院建于 1959 年 8 月。1981 年,学校建三层实验楼,底楼三间教室作为图书馆,分设一间教师资料室和两间书库。1990 年 3 月,建立上海市嘉定县中小学图书馆;1990 年 6 月,成立嘉定区教师进修学院教育图书资料中心,为新建独立的二层楼,约 800 平方米,一层为外借和书库,二层为教师阅览室和资料室。截至 2010 年,教育图书资料中心面积 1 000 余平方米,设资料阅览室、过刊阅览室、工具书阅览室、外借阅览室、2 个综合阅览室和电子阅览室共 7 个阅览

室;馆藏图书 7 万余册,电子文本(书、报、工具书)4 万余种,每年订报刊 500 多种;年购书经费 15 万元,工作人员 4 人。

四十八、上海市行知中学图书馆

上海市行知中学原名育才学校,建于 1939 年 7 月,次年学校图书馆成立,馆舍面积 50 平方米,藏书千余册。1951 年,学校更名上海市行知艺术学校;1953 年,中学部正式更名为上海市行知中学。1982 年,馆藏图书 2 万余册,馆舍面积 200 平方米。2006 年,图书馆新馆落成,面积 1 700 平方米,内部实现"全开架、大空间、借阅一体化"的格局;图书馆设有 315 个阅览座位,分为报刊阅览区、文理综合阅览区、借阅区、外文资料室、教师资料信息室、电子阅览室及采编室等多个功能区。截至 2010 年,馆藏图书 6 万余册,报刊 400 种,数字图书 1 万册,音像资料 2 000 多件。年购图书、报刊经费 15 万元,工作人员 6 人。

四十九、上海市吴淞中学图书馆

上海市吴淞中学及其图书馆的历史可追溯至成立于 1906 年的中国公学中学班。1986 年 4 月,吴淞中学新建图书楼竣工,底楼为资料室,二楼为藏书室,三楼为阅览室,总面积 800 平方米。1997 年 11 月,学校校舍改建,图书馆面积为 977 平方米,包括图书室 393 平方米,教师阅览室 144 平方米,学生阅览室 360 平方米,视听阅览室及辅房 80 平方米。2002 年,图书馆面积增至 1 270 平方米,包括 69 座的教师阅览室 1 间,280 座的学生阅览室 1 间,60 座的电子阅览室 1 间,以及外借室和藏书库各 1 间。截至 2010 年,图书馆订阅报纸 24 种,期刊 238 种。馆藏纸质图书 55 371 册,数字图书 4 436 种,光盘 1 674 张。工作人员 5 人。

五十、上海市泗塘中学图书馆

上海市泗塘中学图书馆建于 1959 年 9 月。1966 年,图书馆藏书 2 万余册,馆舍面积 120 平方米。1994 年,馆舍面积为 300 平方米。2003 年,学校综合楼改建成"图书信息楼",一楼为书库、借书室,二楼为师生阅览室。2009 年 11 月,学校整体重建,图书馆搬至行政楼,一楼设立学生阅览室、书库,四楼设有教师资料室。截至 2010 年,图书馆设有学生阅览室、教师资料室、藏书室、办公室兼采编室,面积 218 平方米,阅览座位 114 个。藏书 4 万余册,订阅报刊 100 多种。年购书经费 3 万元,工作人员 2 人。

五十一、上海市长江第二中学图书馆

上海市长江第二中学图书馆建于 1997 年。2003 年,图书馆进行设计修缮,加大购书经费投入,并采用计算机管理。截至 2010 年,图书馆设有外借室、学生阅览室、电子阅览室、教师资料室、休闲功能区、典藏室、办公室兼采编室,面积共计 481 平方米,阅览座位 156 个。藏书 46 500 余册,光盘 1 000 多件,电子图书 3.6 万册,年订阅报刊 100 余种。年购书经费 93 148.3 元,工作人员 3 人。

五十二、上海市宝山区实验小学图书馆

上海市宝山区实验小学前身为创办于 1903 年的宝山县学堂,1993 年改为宝山区实验小学。1984 年,学校设立图书馆,配备有简单的书库、学生阅览室等专用教室。2001 年,图书馆进行翻修,图书馆面貌和硬件条件得到改善。2002 年,图书馆采用计算机管理。2003 年,图书馆增设了电子阅览室。2008 年 4 月,宝山区实验小学与上海市宝山区教师进修学院附属小学合并,学校现分为东林路校区和团结路校区,图书馆亦分设东、西校区图书馆。截至 2010 年,图书馆设有书库、阅览室、电子阅览室、教师阅览室,各室面积共计约 373 平方米;学生阅览座位 90 个,教师阅览座位 48 个。藏书 5 万余册,订阅报刊 60 多种。工作人员 2 名。

五十三、华东师范大学第二附属中学图书馆

1988 年,华东师范大学第二附属中学图书馆新馆舍建成,图书馆使用面积 950 平方米,分设藏书室、采编室、学生阅览室、学生借书处和教师资料室。1990 年,馆藏图书 8 万余册,全年购书经费近 2 万元。2002 年,学校迁至浦东新区张江高科技园区,图书馆位于学校信息楼的一层和二层,共有 1 000 多平方米。截至 2010 年,馆舍面积 1 100 平方米左右,阅览座位近 200 个。藏书 10 万余册,并收藏有英文、德文、日文、法文等语种的外语类图书 1 万余册,以及音响资料等,年购书经费 8 万余元。图书馆全职工作人员 4 人,实行全天候、全开架阅览。

五十四、上海市建平中学图书馆

1982 年,上海市建平中学图书馆新馆舍建成,面积 357 平方米,设有 3 间阅览室,订阅杂志 175 种,报纸 57 种。截至 2010 年,图书馆使用面积 876.25 平方米,订阅报纸 103 种,杂志 296 种。配有三台借阅机,开放流通的图书从 3 000 余册逐步增加至 1 万余册,电子图书 3 000 余册。年购书经费近 10 万元。在教学楼各楼层建造"开放式图书馆",图书馆工作人员 2 人。

五十五、上海南汇中学图书馆

上海南汇中学图书馆于 1990 年从孔庙搬到学校实验楼底楼,面积 400 平方米,设教师阅览室、学生阅览室、藏书室。1997 年 7 月,图书馆迁入综合大楼,面积 800 平方米,分设学生藏书室、教师藏书室、学生阅览室、教师阅览室、教师资料室、师生借书处,设有阅览座位 300 个。截至 2010 年,图书馆面积为 1 887 平方米,分设 6 个书库、6 个阅览室,有阅览座位 1 033 个,教师阅览座位 100 个,并有配置 200 台电脑的电子阅览室。藏书 84 574 册,订阅报纸 30 种,期刊 68 种。年图书经费 12 万元。图书馆工作人员 9 人。

五十六、上海市进才中学图书馆

上海市进才中学图书馆建于 1996 年 9 月,馆舍面积 1 500 平方米,设有书刊阅览室、展示厅、电

子阅览室和借阅处。书刊阅览室座位 310 个,电子阅览室配备有 101 台计算机。截至 2010 年,馆藏图书 112 601 册,其中包括法国领事馆赠送的法语图书、已故复旦文化名人章巽的文史典籍。图书馆订阅报刊 350 种,其中包括 10 多种英文等进口期刊。年购置经费 10 万元,专职人员 4 人。

五十七、上海市洋泾中学图书馆

1991 年,上海市洋泾中学图书馆新楼建成,使用面积 400 平方米,馆藏图书 5.5 万册。2005 年,学校新建 250 平方米的学生阅览室 1 个,200 平方米的电子阅览室 1 个,400 平方米的藏书室 1 个,250 平方米的资料室 1 个,上网电脑 30 台,全部实行电脑借阅。截至 2010 年,藏书 97 722 册,电子图书 2 917 册。年购书经费 10 万元,图书馆工作人员 4 人。

五十八、上海市高桥中学图书馆

上海市高桥中学图书馆建于 1946 年 3 月,20 世纪 80 年代,馆藏图书达 4.4 万余册,杂志合订本 3 800 多册,各种期刊报纸 300 多种。馆舍总面积 300 多平方米,阅览座位 200 个。截至 2010 年,图书馆馆舍面积 640 多平方米,有 3 个藏书室、2 个学生文献阅览室、2 个学生电子阅览室、1 个教师资料备课室。馆藏图书 8.3 万册,馆藏音像资料和电子读物有 4 000 余种,订阅报纸 43 份,杂志 320 种。年购书经费 6 万余元,工作人员 4 人。

五十九、上海市上南中学图书馆

上海市上南中学创建于 1963 年,图书馆面积 80 平方米,藏书 1 000 余册。后经 1990、1995 年两次扩建,面积增至 400 平方米。2000 年,图书馆设有图书流通外借室、期刊资料阅览室、电子阅览室。截至 2010 年,馆舍面积达 800 平方米,阅览座位 200 个。馆藏图书近 6.5 万册,订阅各类报刊 200 余种,年购书经费 9 万元,工作人员 4 人。

六十、上海市三林中学图书馆

1990 年,上海市三林中学图书馆面积 410 平方米,分设学生和教师书库、学生阅览室、学生借书处及教师资料室,有阅览座位 150 个。馆藏图书 80 726 册,订阅报纸 23 种,期刊 150 种,年购书经费 9 800 多元。截至 2010 年,图书馆设有外借部、书库、学生阅览室、电子阅览室、教师资料室、办公室兼采编室,面积合计 774 平方米,阅览座位 230 个。馆藏文献 68 145 册(件),订阅报纸 13 种,期刊 195 种。年购书经费 34 503 元,工作人员 3 人。

六十一、上海市松江第一中学图书馆

1978 年,上海市松江第一中学图书馆面积不到 100 平方米,1990 年,松江一中图书馆面积增至 439 平方米,设学生阅览室,阅览座位 120 个;教师资料室,座位 28 个。2000 年,外借室扩展到 144 平方米,设学生阅览室,阅览座位 250 个,面积 300 平方米,增设 30 台电脑的电子阅览室 80 平方米。2003 年起采用计算机管理。截至 2010 年,图书馆面积 800 多平方米,电子阅览室 80 平方米,配备 50 台电脑。藏书 6 万多册,订阅报纸杂志 300 多种。图书编目、期刊登录编目、图书借阅、查询等业务采用计算机管理。年购书经费 33 622.38 元,工作人员 4 人。

六十二、上海市松江二中图书馆

上海市松江二中建于 1904 年,初名松江府中学堂。1913 年改为江苏省立第三中学。1959 年 1 月,学校改名上海市松江县第二中学。1998 年 8 月,松江撤县建区,学校更名上海市松江二中。2000 年 10 月,学校新图书馆竣工。截至 2010 年,图书馆设有外借室、期刊室、外语阅览室、学生阅览室、电子阅览室、教师资料室、自修室、典藏室、办公室兼采编室。各室面积共计 1 333 平方米,阅览座位 516 个。藏书 10 万多册,订阅报刊 300 多种。年购书经费 12 万元,工作人员 5 人。

六十三、上海市松江区车墩学校图书馆

上海市松江区车墩学校是 2003 年 7 月由原来的车墩小学和车墩中学合并组建的九年一贯制学校。2003 年,图书馆启用计算机管理系统,馆内图书实行计算机管理,由原来半开放式手工借阅转变为全开架式全天候借阅。截至 2010 年,图书馆面积 500 多平方米,其中书库 146 平方米,学生阅览室 172 平方米,阅览室座位 100 多个;教师阅览室 65 平方米,阅览座位 40 多个,电子阅览室 80 多平方米。馆藏图书 42 375 册,订阅报刊 90 余种。年购书经费 5 万余元,工作人员 3 人。

六十四、上海师范大学附属外国语小学图书馆

上海师范大学附属外国语小学于 2002 年建立,学校分东、西两个校区。西部校区图书馆位于综合楼底楼,图书馆面积 235 平方米,包括教师资料室 41 平方米,设阅览座位 40 个。图书采编办公室与学生阅览室同处一室,面积为 153 平方米。东部校区图书馆面积 215 平方米,包括藏书室 100 平方米,图书采编室和师生阅览室一体,面积 115 平方米。2003 年,图书馆开始使用计算机图书管理系统。截至 2010 年,西部校区藏书 27 458 册,东部校区共藏书 23 718 册。西部校区年购书经费 46 129.30 元,东部校区年购书经费 39 759.90 元。两个校区图书馆各配备图书管理员 2 人。

六十五、上海市金山中学图书馆

上海市金山中学建于 1927 年,建校初期没有固定的图书馆。1997 年,建造独立的图书馆大楼,馆舍面积 1 330 平方米,藏书 7 万余册。2004 年,学校建立新的图书馆馆舍,面积 2 000 余平方米,集藏、借、阅三大功能为一体,藏书 9 万册。一楼为目录检索区、流通服务区、工具书库及基本藏书库,面积 700 多平方米。二楼东侧为学生阅览室 700 多平方米,设有 500 多个阅览座位;二楼西侧为教师资料室,配备 2 000 余册教学参考书和工具书、80 多种教学杂志和 10 多种报纸。2010 年,图书馆购买新书 1 108 种 2 854 册,购书经费 80 736.25 元,报刊订阅费用 56 530.60 元。工作人员 2 人。

六十六、上海市张堰中学图书馆

上海市张堰中学创建于 1937 年 8 月。1984 年 6 月,学校实验楼、图书综合楼建成,图书馆设有学生阅览室 87 平方米,教师阅览室 87 平方米。2004 年,图书馆管理和采编、流通、检索、统计等工作实现计算机软件管理。2005 年,学校老实验楼改建成图书楼,馆舍面积 387 平方米,分为书库、流通处、教师资料室、学生阅览室以及工作人员办公室、编目室,学生阅览室设有阅览座位 100 多个。截至 2010 年,馆藏图书 30 846 册,年购书经费 25 810.2 元。工作人员 3 人。

六十七、上海市青浦高级中学图书馆

上海市青浦高级中学前身为上海市青浦县中学,创办于 1923 年。1951 年,图书馆书库和阅览室面积 67 平方米,藏书 1 000 余册。1988 年,馆舍面积 210 平方米,藏书 5 万余册,订阅各种报纸杂志共 262 种。之后几年间,根据学校发展需要,馆舍面积扩展至 584 平方米。1999 年,学校迁建,改名上海市青浦高级中学,图书馆面积 1 404 平方米,设阅览室、资料室、图书出借中心、电子阅览室等,可容纳 250 余位读者。截至 2010 年,图书馆大楼面积 4 226 平方米,设文学馆、科教馆、报刊馆、教师阅览馆等,可容纳 347 位读者。馆藏图书 109 592 册,期刊 275 种,报纸 73 种。年购书经费 89 816.20 元,工作人员 5 人。

六十八、上海市朱家角中学图书馆

上海市朱家角中学由创办于 1942 年的济青和 1945 年的约光两所私立中学合并而成,初名珠溪初级中学,1958 年更名为青浦县朱家角中学。1976 年,学校藏书楼作为图书馆。1998 年,图书馆搬出藏书楼另建一幢二层四室的图书楼。2004 年,学校更名上海市朱家角中学,图书馆搬到图书大楼冬雪楼,建筑面积为 2 288 平方米,设学生图书借阅室、教师图书借阅室、期刊借阅室、藏书室、资料室、电子阅览室等。截至 2010 年,图书馆读者座位 300 多个,书架 60 多个。馆藏图书 82 326 册,期刊订阅 186 种。年购书经费 93 752.69 元,工作人员 3 人。

六十九、上海市奉贤中学图书馆

上海市奉贤中学创建于 1914 年,1952 年设立图书馆。1990 年,馆舍面积 300 平方米,藏书 46 666 册,期刊 120 种。1993 年,1 500 平方米的新图书馆大楼建成。2004 年 9 月,学校迁至新校址,图书馆新馆面积 2 000 多平方米,设有阅览座位 600 多个。设文科借阅室、理科借阅室、电子阅览室、教师资料室、书库及编目室,馆藏图书 3.2 万余册,使用新的图书馆集成管理系统。截至 2010 年,图书馆设有文科借阅室、理科借阅室、电子阅览室、教师资料室、书库及编目室。藏书 7 万多册,报刊 200 多种。入馆阅览量 51 061 人次,借阅册次 16 919 册。工作人员 6 人。

七十、上海市奉贤区曙光中学图书馆

上海市奉贤区曙光中学建于 1927 年,随之设立图书馆。1978 年被命名为奉贤县重点中学,

2006 年改名奉贤区曙光中学。2003 年,馆舍面积达 360 平方米,馆内有流通室、资料室、阅览室。阅览座位 120 个,订阅报刊 200 多种。截至 2010 年,馆藏图书 4 万多册,完成新书采购金额近 93 305 元,报刊订购金额 16 580.64 元。全年读者流通 5 708 人次,借阅 2 829 册次。工作人员 3 人。

七十一、上海市崇明中学图书馆

上海市崇明中学前身为创建于 1915 年的江苏省崇明县立中学,图书馆建于 1924 年。1966 年,藏书 5 万多册。1983 年 7 月,学校新建的图书实验大楼落成。1999 年,建起图书馆大楼。2004 年,学校搬至新校区。截至 2010 年,图书馆拥有独幢图书大楼,设有借书室、藏书室、采编室、教师阅览室、音像资料室、3 个电子阅览室、3 个报刊阅览室。馆舍面积 1 931 平方米。馆藏纸质图书 11 万余册,音像资料 2 000 多件。订阅纸质期刊 382 种,纸质报纸 118 种。年购书经费 62 939 元,工作人员 5 人。

七十二、上海市崇明区民本中学图书馆

上海市崇明区民本中学建于 1925 年,初名崇明县私立初级中学。1956 年更名江苏省崇明县民本中学,1959 年更名为上海市崇明县民本中学。1978 年,图书馆馆舍面积 90 平方米,配备书库、外借处、阅览室 3 间。藏书 2.1 万多册,80 余种报纸杂志。1990 年,图书馆面积 281 平方米,藏书 4.3 万册,订购报纸 16 种,期刊 180 多种。2004 年 8 月,图书馆迁入学校新建大楼。截至 2010 年,图书馆面积 678 平方米,设外借室、期刊室、学生阅览室、教工阅览室、电子阅览室、教师资料室,阅览座位 216 个。藏书 6 万多册,订阅报刊 300 多种。年购书经费 4 万元,工作人员 6 人。

第二节　中专学校图书馆选介

一、上海商业会计学校图书馆

上海商业会计学校前身为沪光职业学校,建于 1962 年,设有一个图书室。1977 年,建有一座单独的图书馆楼。2002 年 3 月,上海市北工业学校图书馆并入学校图书馆,馆舍面积 1 230 平方米,阅览座位 292 个,可提供参考咨询、阅览、外借、情报检索、文献复制多种类型、多层次的服务。2004 年,使用计算机系统实现校园网上的目录、电子文献、新书通报、读者信息等信息的查阅、检索和连接服务。截至 2010 年,馆藏文献 11 500 册,中文报刊 300 余种。年购书经费 3 万余元,工作人员 11 人。

二、上海市城市建设工程学校图书馆

上海市城市建设工程学校建于 1953 年,并建立图书室。1956 年,学校改名"上海市城市建设工程学校"。1986 年,图书资料室迁入学校综合楼,共 3 个楼层。1999 年,建立电子阅览室。2003 年,扩建电子阅览室。2003 年,图书馆加入上海教育网络图书馆。截至 2010 年,图书馆馆舍面积为

844 平方米,占三个楼层:一楼为综合书库外借室;二楼为报刊阅览室(168 座);三楼为电子阅览室(52 座)、教师资料室(32 座)、采编室。馆藏纸质图书 7 万余册,光盘 300 余种,订阅纸质期刊 200 余种,纸质报纸 30 余种。年购书经费 8 万元,工作人员 4 人。

三、上海市工艺美术学校图书馆

上海市工艺美术学校建于 1960 年,馆藏以工艺美术、应用设计等艺术类书籍为主。1978 年,图书馆馆舍面积为 120 平方米,设资料室、借阅室、书库,藏书数千册。1989 年 7 月,建新图书馆,馆舍面积 1 000 平方米,藏书 2.5 万册。2001 年,图书馆扩建,馆舍面积增加到 1 500 平方米,并增设电子阅览室座位 50 个,书刊阅览室座位增加 30 个,书库面积扩大了 50%,藏书 3.5 万册左右。2002 年,启用图书馆自动化管理系统。2005 年,校舍搬迁,图书馆面积为 3 500 平方米,电子阅览室增加到 100 个,藏书 5 万册。截至 2010 年,图书馆面积 3 500 平方米,设教师阅览室、书刊借阅室、学生阅览室、电子阅览室等,特藏书库 3 个、一般书库 3 个。藏书 11.39 万册,数据库 4 个,中外报刊 300 种。年购书经费 50 万,工作人员 11 人。

四、上海市交通学校图书馆

上海市交通学校建于 1960 年,初名上海汽车运输学校。1990 年,图书馆面积 750 平方米,馆藏 5.9 万册图书,阅览座位 252 个。1998 年,图书馆设采编室、外借流通书库、汽车资料室(教师阅览室)、学生阅览室。2001 年 9 月,建成电子阅览室,座位 50 个。2003 年 9 月,图书馆搬至呼兰路 883 号校区,图书馆新馆舍面积为 900 平方米。2005 年,报刊阅览室座位 210 个,订阅期刊 235 种,报纸 70 种,电子阅览室座位扩容至 80 个。截至 2010 年,图书馆面积 1 500 平方米,报刊阅览室座位 210 个,电子阅览室座位 80 个。馆藏图书 106 336 册,订阅期刊 209 种,报纸 77 种。实行电脑集成管理,全开架书报刊一体化服务模式。年购书经费 15 万元,工作人员 10 人。

五、上海市现代流通学校图书馆

上海市现代流通学校(原上海市物资学校)图书馆建于 1965 年,馆舍面积 400 平方米。1999 年,图书馆改造,馆舍面积 900 平方米。2006 年,图书馆扩建,面积 1 560 平方米,设图书外借室、图书典藏室、图书阅览室、教师阅览室、报刊阅览室、电子阅览室和多功能报告厅。图书馆于 2000 年开始使用计算机管理系统。截至 2010 年,馆藏图书 66 317 册,期刊报纸 450 种,期刊合订本 8 000 余册。年购书经费 10 万元,工作人员 5 人。

六、上海市第二轻工业学校图书馆

上海市第二轻工业学校前身为上海市群建中学,建于 1979 年。1982 年挂牌成立上海市第二轻工业学校,1987 年 4 月经上海市轻工业局批准与上海市轻工业局职工大学合并建制。1979—2010 年,图书馆经历三次搬迁,最初的馆舍面积 672 平方米,藏书约 3 000 册。1990 年底,藏书逐渐增加到 6 万余册,订有报纸 95 种,期刊 444 种。2007 年,面积 1 200 多平方米,藏书 7.5 万余册,设有流通书库、采编室、学生阅览室(座位180个)、教师阅览室、电子阅览室(座位100个)。2007年10月,图书馆与中国数字图书馆合作,成立了中国数字图书馆上海市第二轻工业学习分馆。截至2010年,馆藏纸质图书8.5万多册,订阅报纸50余种,纸质期刊260余种。工作人员4人。

七、上海港湾学校图书馆

上海港湾学校成立于1959年,翌年成立图书室,1964年改为图书馆,藏书5 000册,面积160平方米。1987年,迁入新馆,面积3 655平方米,实行全开架服务。1999年,图书馆计算机网络集成系统运行,采、编、典、流、期刊阅览实现计算机管理。2001年,建成文献教育中心暨电子阅览室,座位110个。2006年,建成图书馆门户网站。截至2010年,图书馆设有教工阅览室、图书阅览室、期刊阅览室、报纸阅览室和电子阅览室等5个阅览室及流通书库、样本书库、期刊库等三个书库,设有阅览座位492个。藏书156 331册,电子图书31 250册,期刊384种,报纸85种。年购书经费15万元,工作人员11人。

八、上海市医药学校图书馆

上海市医药学校图书馆建于1979年,前身为上海市第五十六中学附属医药中专班的一间50平方米的图书室。1993年5月,图书馆大楼正式启用,面积2 384平方米。2003年,图书馆进行了扩建,增加面积1 392平方米。截至2010年,图书馆面积1 500平方米,设书库、报刊阅览室、文献阅览室、教师阅览室和电子阅览室,阅览座位200个;馆藏纸质图书6.8万余册,音像资料2 000多件,订阅纸质期刊180种,纸质报纸54种。图书馆采编、流通和阅览采用计算机信息化管理。年购书经费12万余元,工作人员7人。

第四章 专业图书馆

第一节 中国科学院上海地区图书情报机构

一、机构概况

中国科学院上海分院的归属曾经多次变动,1970年中国科学院撤消分院,原中国科学院上海分院所属各研究所划由上海市管理,上海分院图书馆改名为上海科技图书馆。1977年11月,恢复成立中科院上海分院,被下放到上海市的研究所等机构回归中国科学院,上海科技图书馆改名为中国科学院上海图书馆。1978年12月,中国科学院在广州召开第一次全院图书情报工作会议,明确了全院各级图书情报部门的方针任务,并确定在科学院实行"图书情报一体化"的体制。广州会议后,中国科学院上海地区的文献情报工作重新得到恢复和发展,各研究所普遍成立了图书情报室的建制,由一名业务所长分管或兼管,业务工作包括编辑、出版、情报调研、复印、照相以及图书馆的基础服务等。到1990年底,中国科学院上海地区有图书馆(情报室)12个,业务人员368人,其中高级专业技术职称35人,中级专业技术职称104人。基本馆藏436万册,馆舍面积20 478平方米,阅览座位746个。1998年,党中央、国务院决定在中国科学院实施知识创新工程试点,中国科学院进行战略调整和深化改革。截至2010年,中国科学院上海地区共有9个院所级信息中心(图书馆),共有文献情报工作人员172人,其中研究员级专业人员15人,副研究员级专业人员50人,中级人员50人。各类中外文献407万册,馆舍面积17 508平方米,2010年到馆借阅47 423人次,2010年文献购置费2 467.7万元。

文献资源建设上,通过参加中国科学院系统以及地区性的集团采购计划,中国科学院上海地区文献情报机构已形成以生物科学、有机化学、红外光学、激光科学、新型无机材料、核技术、药物科学、天文学、微小卫星等专业文献特色,通过开展多种形式的情报服务,形成了多功能的服务能力。

表1-4-1 2010年中国科学院上海地区图书馆基本情况一览表

名　　称	文献购置费（万元）	馆舍面积（平方米）	工作人员（人）	国内外大型数据库（种）	自动化管理系统
中国科学院上海生命科学信息中心	611	11 228	120	60	北邮图书馆管理系统
中国科学院上海药物所图书馆	130	1 500	12	40	北邮图书馆管理系统
中国科学院上海有机所图书馆	140	2 500	6	40	自行开发
中国科学院上海微系统所图书馆	50	531	2	40	
中国科学院上海硅酸盐研究所图书馆	30	520	13	40	图联图书馆自动化管理系统(TLLAS)

(续表)

名　称	文献购置费（万元）	馆舍面积（平方米）	工作人员（人）	国内外大型数据库（种）	自动化管理系统
中国科学院上海光机所信息中心	50	2 000	10	40	图书馆自动化集成系统(ILAS)
中国科学院上海技术物理所图书馆	120	350	4	40	图书馆自动化集成系统(ILAS)
中国科学院上海应用物理所图书馆	50	2 000	3	13	北邮图书馆管理系统
中国科学院上海天文台图书馆	20	600	2	30	

二、中国科学院上海生命科学信息中心

中国科学院上海生命科学信息中心前身是 1978 年 3 月 23 日重新归属中国科学院的"中国科学院上海图书馆"。1987 年,为了更有利地实行图书情报一体化,进一步加强科技情报工作以适应当时科技工作的需要,正式改名"中国科学院上海文献情报中心",它既是中国科学院上海地区文献情报中心,同时也是中国科学院生物科学文献情报中心。2002 年 6 月,中国科学院上海文献情报中心整合进入中国科学院上海生命科学研究院,定名为中国科学院上海生命科学信息中心。

上海生命科学信息中心是中国图书馆学会理事单位、中国科技情报学会竞争情报分会会员单位、中国健康教育协会上海分会副主任单位、中国科学技术期刊编辑学会理事单位、中国科学院自然科学期刊编辑研究会上海分会理事长单位、长三角城市图书馆协会副会长单位、上海市图书馆行业协会副会长单位、上海市图书馆学会副理事长单位、上海市科技情报学会副理事长单位、上海市期刊行业协会副会长单位、上海市科学技术期刊编辑学会常务理事单位、上海市档案学会常务理事单位。

为加强院地文化机构共建,2002 年 5 月 17 日,上海生命科学信息中心与上海图书馆(上海科学技术情报研究所)共建生命科学图书馆。为满足张江地区科研机构和高科技研发企业的文献信息需求,2005 年 5 月与上海浦东新区政府合作,在上海浦东张江高科技园区的药物所共建浦东分馆。2002 年,上海生命科学信息中心图书馆设置了读者服务部、资源建设部、咨询研究部、上海科技查新咨询中心、中国生物学文献数据库部。2003 年 9 月,中国科学院出版图书情报委员会批复同意成立中国科学院上海科技查新咨询中心。2005 年,为推进国内外馆际文献合作服务,成立了文献服务部。2006 年,为进一步推进基于网络的信息化和学科服务,读者服务部与资源建设部合并为信息服务部。2006 年,为贯彻建设创新型国家战略,成立竞争情报部。

截至 2010 年,上海生命科学信息中心有正式员工 120 人,其中高级职称 34 人;博士 14 人,硕士 30 人;有生命科学学科背景 48 人,IT 背景 7 人,图书情报学背景 19 人。

三、中国科学院上海有机化学研究所图书馆

中国科学院上海有机化学研究所图书馆建于 1956 年,前身是中科院上海分院图书馆的一个阅

览室。1978年,为实现图书情报一体化,图书馆与学报编辑部合并成立第12研究室。1986年,学报编辑部分离,改为图书情报室。1987年,与计算机室合并,成立计算机化学与信息中心。1989年,图书馆实现计算机自动化管理。1997年,建造新图书情报综合大楼,其中图书馆面积约占1 500平方米。2001年,图书馆与网络组组成有机所信息中心。

　　1982年,研究所等单位倡议建立"中国化学文献数据库"。1983年4月,组织了以研究所为核心的中国化学文献数据库协作组,利用有机所引进的美国DEC公司的VAX11/780计算机,开始了"中国化学文献数据库"的建库工作。1983年,成立了中国科学院化学情报网,由有机化学所图书情报室任网长,联合中国科学院化学口相关的研究所图书馆合作开展"中国化学文献数据库"的建库。1986年11月,"中国化学文献数据库"通过中国科学院级鉴定后,租用上海市电话局专线与上海硅酸盐研究所开展"中国化学文献数据库"的检索服务。

　　图书馆收藏有完整的有机化学核心期刊、参考工具图书,以及世界主要国家化学会的出版物,如:美国化学会、英国皇家化学会等,收藏文献最早可追溯至1832年,后又增订了电子版。Sadtler光谱图是特藏。随着计算机信息和网络技术的兴起,及时跟踪和注重非印刷型信息产品的收藏和应用,2003年后购买了如SciFinder、Beilstein CrossFire、Web of Science、CAonCD、CCD、Pharmprojects、ACD等一系列重要的网络数据库和光盘数据库产品,范围涉及文献检索、化学反应、化合物信息、实验数据、市场动态等。

　　图书馆利用计算机网络和数字图书馆技术,自行研发了多个文献信息数据库,建成了一个以有机化学专业文献资源为特色的数字化图书馆,依托图书馆网站提供科技文献信息服务,是研究所科研支撑保障系统的重要组成部分。

四、中国科学院上海药物研究所图书馆

　　中国科学院上海药物研究所前身是建于1932年9月的北平研究院药物研究所。1958年,中国科学院药物研究所迁移到岳阳路园区。1979年9月,中国科学院上海药物所图书馆与情报资料室合并成立了图书情报室,设采编、流通服务、情报、技术服务和学报5个组,共22人。1999年,研究所搬迁到浦东张江高科技园区,图书馆新馆面积1 000平方米。2003年9月,研究所与上海生命科学图书馆及浦东新区图书馆签约共建生命科学图书馆浦东分馆,同时增挂浦东新区图书馆张江科技分馆的牌子,分馆以上海药物研究所(图情室)为依托单位,配有千兆光纤宽带,30座的电子阅览室,80个终端可供采访、编目、流通、书目查询和上网检索。图书馆实行全开架展示,凭IC卡借阅书刊、自助复印。馆藏资源形成以药物化学、天然产物化学、药理学、毒理学、分子生物学、细胞生物学和相关专业文献为主的资源优势。

　　2010年,研究所网络管理业务与图书情报室合并,成立"中国科学院上海药物研究所信息中心"。

五、中国科学院上海硅酸盐研究所图书馆

　　中国科学院上海硅酸盐所图书馆建于1960年3月。1978年,根据中科院宣传出版局(77)科发四字1130号文件精神,正式成立情报室,统管全所文献情报工作。1999年,图书情报室增添了网络信息支撑管理功能,更名为图书情报信息中心。2005年,图书情报信息中心与学报编辑部合并形

成信息情报中心,馆舍面积 944 平方米。

情报中心业务分为图书情报服务、网络信息服务和学报编辑出版,其中图书情报服务逐步形成以无机非金属材料为主要特色的科技文献服务保障体系,网络信息服务主要负责全所计算机网络建设和管理、所网站建设、ARP 系统建设和维护,学报工作主要负责《无机材料学报》的编辑、出版和发行。

图书馆形成拥有一定规模、具有专业特色的藏书体系,主要收藏无机非金属材料方面的文献,其中包括人工晶体、特种玻璃、特种陶瓷、光导纤维、复合材料、无机涂层以及相关材料的分析、性能测试、器件等方面的书刊。馆藏中文书 16 282 册,日文书 1 723 册,西文书 8 781 册;印本中文期刊290 多种,印本外文期刊 590 多种。有多种专业期刊,如《J. of American Ceramic Society》《advanced materials》《Chemistry of Materials》《电子材料》《Applied Physics Letters》《Materials Letters》《Physical Review. B》《セラシクゥス》等都较为完整系统地收藏。馆藏各类图书 2.7 万余册。

六、中国科学院上海光学精密机械研究所图书馆

中国科学院上海光学精密机械研究所建立于 1964 年,建所之初设立情报图书室,1978 年在情报图书室下正式设立图书馆。1995 年,研究所图书行政综合楼建成,馆舍面积 2 000 平方米,阅览席位 80 个,设中外文图书阅览室、中外文期刊阅览室、电子阅览室等服务空间。

1993 年,图书馆利用 ILAS(集成图书馆自动化系统)实现图书馆业务的计算机管理,1995 年完成馆藏图书文献数目数据的回溯建库工作。1998 年,建立图书馆网站。2002 年,设立电子阅览室,向读者免费提供上网服务。2003 年,成立中科院上海科技查新咨询中心嘉定分中心,面向所内外进行文献信息咨询、科技查新和论文收引检索服务。图书馆以物理学、光学、电子技术、激光技术、无机材料、光学材料等专业的文献资料作为馆藏资源建设的重点。馆藏中外文图书 4 万余册,中外文期刊 1 500 余种,期刊合订本 8 万余册;馆藏电子文献资源 200 万余篇;订购网络文献资源覆盖40 余种数据库。图书馆是上海行业情报发展联盟的发起会员单位之一,也是中国光学学会科技情报专业委员会副主任单位。

七、中国科学院上海微系统研究所图书馆

中国科学院上海微系统与信息技术研究所原名中国科学院上海冶金研究所,前身是成立于1928 年的国立中央研究院工程研究所。1965 年,研究所确定为以应用研究为主的技术科学综合性研究所,研究领域转向新材料研究如超纯金属、半导体材料及器件、半导体集成电路、磁性的超导材料、敏感材料和器件、金属腐蚀和防护、电子束。馆藏文献随着研究领域的不断拓宽而进行跟踪收藏,读者服务工作也相应发展。1979 年,根据院部加强图书馆职能的意见,实行图书情报一体化领导,成立了图书情报室。1998 年,研究所确定电子科学与技术、信息与通信工程两大学科领域和微小卫星、无线传感网络、未来移动通信、微系统技术、信息功能材料与器件 5 个学科方向,馆藏也相应地跟着学科的发展而发展。2001 年 8 月,更名为中国科学院上海微系统与信息技术研究所,并成立信息中心。2001 年,图书馆实现计算机自动化管理。2002 年图书馆划归办公室领导。2004 年成立 EDA 信息中心。2009 年信息中心撤销,图书馆划归科技处领导。

图书馆收藏有完整的物理化学核心期刊、参考工具图书,以及世界主要国家物理化学学会的出版物,如：美国物理学会、化学会、英国皇家化学会等。随着计算机信息和网络技术的兴起,及时跟踪和注重非印刷型信息产品的收藏和应用。2003年后购买国内外重要的网络数据库,以满足科研人员的需要。

八、中国科学院上海技术物理研究所图书馆

中国科学院上海技术物理研究所前身是中国科学院华东技术物理研究所,建于1958年。1962年组建图书馆。2002年情报室改为信息中心,下设图书馆、期刊联合编辑部和网络中心。

图书馆馆藏文献按载体形式可以分为印刷版和电子版两种。印刷版文献包括中外文图书、期刊、内部资料、工具书等。馆藏重点为红外物理与技术以及遥感科学与技术,涉及光学、半导体、固体物理、电子学与低温等多种与所科研密切相关的学科。图书馆所有印刷版文献按中文图书、外文图书、工具书、内部资料、中外文现刊、中外文过刊分类排架,全部实行开架借阅。1995年,图书馆利用深圳图书馆ILAS集成系统完成自动化建设。图书馆开展阅览服务、外借服务、馆际互借、原文传递、参考咨询、复印等服务,年流通7 000余人次,书刊外借3 000余册,原文传递100余篇。截至2010年,馆舍面积350平方米,设中外文书库、中外文期刊库、资料库及阅览室。馆藏图书5万余册。文献购置费120万元。工作人员4人。参与国家科学图书馆组团方式购买数据库5个。参与建立研究所机构知识库,收录的所有文献为技物所职工发表的科技类文章、专利、论文等。

九、中国科学院上海应用物理研究所图书馆

中国科学院上海应用物理所建于1959年8月,时称中国科学院上海理化研究所。1963年,更名中科院上海原子核研究所。2003年6月,更名中国科学院上海应用物理研究所。1960年6月设图书馆,1977年建成2 000平方米的图书大楼。1978年,设立研究室一级建制,定名为"中科院上海原子核研究所图情报资料室",对外仍称图书馆。2001年10月,与研究所网络中心合并,更名为信息中心,由档案室、编辑部、网络中心和图书馆四个部门构成,隶属科技处领导。

2000年,图书馆购买计算机软件,开始书目数据库的建设,完成中英文馆藏图书的建库工作。同年8月,图书馆网站在所内开通,可提供网上书目查询、数据库检索、全国期刊联合目录查询等。2004年,图书馆大楼进行装修,对书库布局重新规划,对200平方米的现刊阅览室进行重新布局,成立了电子阅览室,新增10台电脑供读者检索文献使用。2006年,引入中国科学院图书馆"学科化信息服务"工作站,开展学科化信息服务,举办以"资源和服务"为主题的培训,不断提升文献信息服务水平。2010年,筹备构建研究所机构知识仓储(SINAP - IR)建设专项工作,完成基本框架搭建、模块设置和中文期刊的数据收集、整理与上传工作。同年,根据《中国科学院文献情报系统中长期发展规划》,申请创新项目"钍基熔盐堆文献情报服务平台"构建,并初步完成服务平台框架的搭建。

十、中国科学院上海天文台研究所图书馆

中国科学院上海天文台图书馆成立于1972年,由徐家汇、佘山图书馆两部分组成。馆藏以徐家汇图书馆为主要藏书中心,位于天文大厦4楼,面积600平方米,书库配有手摇式图书密集架。

图书馆以中国科学院机构知识库建设平台为基础,搭建上海天文台知识库(SHAO‑IR),实现研究所2 000多篇论文的存缴管理和全文下载的存缴、检索、全文下载利用。图书馆开展与图书情报界、期刊界、中科院所级图书馆、院文献情报中心总分馆的学术交流。2008年起,图书馆借鉴院文献情报中心和其他图书馆的经验,针对每年度资源订购,对每年度图书馆纸本及数字资源订购及使用情况、图书馆各项服务内容进行详细统计分析,完成各年度《上海天文台图书馆服务年度报告》《上海天文台图书馆风险防控规范》。

十一、中国科学院上海昆虫研究所图书馆

中国科学院上海昆虫研究所图书馆建于1959年,馆舍面积500平方米,阅览座位30个。馆藏文献主要以原中央研究院动物研究所昆虫学图书和震旦博物馆藏书为基础。1990年,馆藏56 796册,其中图书24 733册,期刊450种,年购书经费13万元。图书馆与8个国家20个单位建立了书刊交换关系。馆藏主要以昆虫学期刊、昆虫学专著、丛书、多卷书和会议录为特色,其中比较系统完整的珍贵文献45种。1999年,中国科学院上海昆虫研究所与中国科学院上海植物生理研究所合并,定名为中国科学院上海植物生理与生态研究所,原昆虫所图书馆馆藏文献也由中国科学院上海生命科学研究院重庆路园区搬入上海市枫林路生命科学研究院植物生理生态研究所园区,除保留昆虫学核心文献以外,其余文献由中国科学院上海生命科学信息中心保存。

十二、中国科学院上海生物工程研究中心图书情报室

中国科学院上海生物工程研究中心图书情报室建于1986年4月,主要任务是收集、整理、存储、开发生物工程文献情报,为研究中心的科研人员服务。图书情报室面积1 000平方米,设有新书阅览室、检索期刊阅览室和目录检索室。1990年,藏书8 700册,其中图书1 511册,期刊210种7 189册。年购书经费12万元。工作人员5人。配置有微电脑、复印机、空调、去湿机等图书馆专用设施。图书情报室除了传统的书刊借阅、复印等工作外,还开展文献检索、参考咨询和定题检索服务。2002年,中国科学院上海生物工程研究中心整体转制为上海伍佰豪生物工程研究发展有限公司,生物工程研究中心图书情报室随即撤消,原有的馆藏书刊文献集中调拨到中国科学院上海生命科学信息中心。

第二节　上海社会科学院图书馆和研究所资料室

一、上海社会科学院图书馆

上海社会科学院图书馆建于1958年9月,是全院文献资源的收藏与利用中心。"文化大革命"初,上海社会科学院被撤销。1978年10月,上海社会科学院恢复重建,图书馆工作也全面恢复。

上海社会科学院在1992年以前实行院图书馆和各研究所资料室两级管理模式,各所资料室业务上受院图书馆指导,图书财产受院图书馆统一管理。1992年9月,上海社会科学院合并各研究所资料室,成立分片阅览室。除历史所图书资料室继续长期单独运作外,其他所的图书资料都合并到院图书馆。1993年2月,上海社会科学院图书馆与上海社会科学院信息研究所实行统一领导,实现

信息图书一体化过渡。2001 年 2 月,上海社会科学院信息研究所、新闻研究所、图书馆实行一体化运作,实行信息、新闻、图书一体化运作,实现资源优化重组,提高工作效率。2004 年 12 月,院图书馆与信息所分离,恢复为院直属单位建制。

1978 年,图书馆馆舍分上海万航渡路 1575 号和上海淮海中路 622 弄 7 号两处,馆舍面积 4 500 余平方米。1991 年 1 月,上海市计划委员会下达《关于迁建上海社会科学院图书馆工程计划任务书的批复》,在中山西路建造总体建筑面积 8 600 平方米的图书馆建筑。2001 年 3 月,院总部大楼底层西侧的院图书馆分馆正式开放。2009 年,图书馆搬入上海社科国际创新基地,书库面积 6 300 平方米,共有 3 个楼面,其中包含 1 个高标准古籍特藏室,1 个报刊阅览室。

图书馆藏书中的《列宁全集》、中文版《马克思恩格斯全集》、《斯大林全集》、各版本毛泽东著作、外文版苏、美、英、德、日等大百科全书、各学科百科全书、专科辞典均齐备。以社科类学术著作、资料、各类工具书为收藏重点,其中中国近代经济史、上海近代史、中华民国法律方面的馆藏丰富。经济类的统计年鉴、蓝皮书系列、发展研究报告、法律法规集成经年积累,已成一定规模。各种文集、史料、大型丛书悉数购买,如《全宋文》360 册、《中国旧海关史料》170 册、《民国丛书》500 册等、景印本文渊阁《四库全书》1 500 册、《续修四库全书》1 800 册、《四库全书存目丛书》1 200 册、《四库未收书辑刊》300 册、《四库禁毁书丛刊》310 册等。截至 2010 年,馆藏中文图书 462 840 册,英文 93 542 册,古籍 109 340 册,旧平装书 74 395 册,港台书籍 26 239 册,日文书籍 32 085 册,俄文书籍 18 249 册,中文过刊 33 930 册,西文期刊 39 537 册,日文期刊 1.1 万册,俄文期刊 1 万册,报纸 5 500 本,剪报 6 000 册,总计 922 657 册。

2005 年,图书馆重新独立归院部领导,设馆办公室、采访部、编目部、流通部、阅览部、系统网络部、文献开发部、《内部资料索引》编辑部、《长三角观察》编辑部。截至 2010 年,图书馆在编人员 37 人,其中博士 3 人,硕士 6 人,本科 15 人等;有副研究馆员 7 人,馆员 15 人,助理馆员 9 人。

历任馆长:叶芳炎、葛中平、周铭德、陈其钦、陈燮君、沈国明、王贻志、吴刚、蒙少东。

二、研究所资料室

1978 年,上海社会科学院下属各研究所均设有资料室。1978—1990 年,院实行图书馆总馆与所资料室并存的两级管理体制,院图书馆负责协调各所资料室书刊订购,并且在图书馆业务上进行指导。1990 年起,图书馆管理体制进行整合,撤销所级资料室,文献资源由图书馆总馆统一采购、加工和提供服务。

【信息研究所资料室】

1960 年 4 月,上海社会科学院学术情报研究室藏有中外文图书 5 000 册,外文报刊 30 余种,以及中文报刊和内刊若干种。1978 年 7 月,上海社会科学院情报研究所建立,同年 9 月着手筹建情报所资料室。1982 年 4 月,资料室改称基础资料研究室,任务一是做好图书报刊资料的收集、整理和流通,为科研人员提供一次文献服务;二是进行基础资料的研究和整理,编写专题目录索引,做新书简介以及专题文摘,不定期在本室编辑的《学术情报资料》上发表。资料室工作人员最多时有 10 人左右,1990 年减少至 3 人,藏书 6 000 余册。1990 年资料室撤销以后,仍保留部分专业资料和专业报刊,其功能转变为专业阅览室。

【哲学研究所资料室】

哲学研究所资料室于 1958 年 9 月开始筹建,到 1966 年已有图书 8 万册。1978 年,上海社科院复院。1990 年,哲学研究所资料室藏书 1.3 万余册,订阅报纸 15 种,杂志 130 种。每年购书经费 4 000 元。资料室工作人员 5 人,其中副研究员 1 人,助理研究员 1 人,馆员 2 人,助理馆员 1 人。资料室藏书特点是社会科学和哲学类图书,其中包括社会科学各门类的工具书及外文辞典等。1990 年资料室撤销以后,仍保留部分专业资料和专业报刊,其功能转变成专业阅览室。

【宗教研究所资料室】

宗教研究所资料室于 1982 年正式成立。资料室成立之初,得到中国社会科学院世界宗教研究所和南京大学宗教研究所的支持,并将各自出版的期刊全套赠送。全国基督教三自爱国会图书馆也将 7 批馆藏复本基督教书籍长期借给该资料室。资料室同全国部分省市自治区党校、社会科学院、高等院校的图书情报资料室等 35 个单位建立了资料交换关系。1990 年,藏书共有 5 039 册。1990 年资料室撤销以后,仍保留部分专业资料和专业报刊,具有专业阅览室的功能。

【法学研究所资料室】

法学研究所资料室前身上海社会科学院政治法律研究所资料组,筹建于 1959 年 7 月。1979 年 5 月,上海社会科学院恢复法学研究所,并组建资料室。为开辟书刊资料来源,自 1979 年 6 月起,先后与全国人大、国务院有关部、局的法规部门,最高和省、市级人民法院、人民检察院,司法部和司法厅、局,公安部和公安厅、局,政法院校和大专院校的法律系,以及各地的社会科学院、法学会、律师协会、公证处有关期刊的编辑部等单位建立了资料交换关系。1990 年资料室藏书 5 700 多种 11 600 册,内容包括哲学、政治学、法学、国际法、法制史、法规汇编以及世界主要国家部分法学理论书籍以及法规等,以法学理论、法律、法规汇编为重点。期刊 700 多种 4 360 多册,其中法学专业期刊 350 多种 2 700 多册。1990 年资料室撤销以后,仍保留部分专业资料,供科研人员查阅;并订购主要专业报刊,具有专业阅览室功能。

【社会学研究所资料室】

社会学研究所于 1980 年底设资料组,1985 年 4 月,资料组正式改为资料室。1990 年,资料室藏书 6 658 册。除图书外,还收藏对社会学专业有参考价值的资料,如有关社会学专业及与社会学相近相关的各种杂志、中国人民大学复印资料及《社会学》文摘、社会学文献篇目索引卡片、专题剪报等,1983—1990 年按年份装订成册的共有 570 本。1990 年资料室撤销以后,仍保留部分专业资料和专业报刊,具有专业阅览室功能。

【经济研究所资料室】

1956 年 12 月,经济研究所资料室成立,初设编审、资料两个组。1958 年 9 月,上海经济研究所划归上海社会科学院,受中国科学院上海分院和上海社会科学院的双重领导,资料室随所迁至陕西北路 186 号。1978 年 10 月,上海社会科学院恢复建制,经济研究所及资料室随之重建。1980 年 1 月,资料室正式改名为情报资料研究室。1978 年恢复重建的资料室,其原有藏书全部由院图书馆统一接收管理;其他有关中国经济史的各种历史资料,则仍由该室管理。1990 年,有图书(包括期刊合订本)1 万余册,订阅刊物 200 多种。1990 年,情报资料研究室工作人员 7 人,图书经费 4 300 元。1990 年以后,情报资料研究室撤销以后,仍保留部分专业资料和专业报刊,并有专人管理,其功能为专业阅览室。

【世界经济研究所资料室】

1978 年,世界经济研究所资料室正式成立。初建时藏书约 1 000 册,订阅报刊近 20 种。资料分中心的工作,主要是做好设在北京的世界经济中心(总中心)分配的任务,编制涉及世界经济内容的篇名索引卡,每年完成 1 000 多张,外文篇名附中文注释,定期提供编入《国外经济文献索引》。此项工作从 1980 年做到 1985 年为止。1990 年,资料室工作人员 4 人,面积 80 平方米。藏书 7 000 多册,其中中文图书 6 000 册、外文书籍资料约 1 000 册。另有 500 多册世界经济专业方面的合订本杂志(每年装订约 70 册),上架杂志与资料 200 多种。订购期刊 60 种,报纸 10 多种。1990 年资料室撤销以后,仍保留比分专业资料和专业报刊,并有专人管理,其功能转变为专业阅览室。

【部门经济研究所资料室】

1980 年 2 月,部门经济研究所资料室正式成立。资料室先后撰写《丰田汽车公司》《战后日本消费结构研究》《苏、美、日、德经济结构比较》等专题研究报告,翻译了《谈判作风》《人口统计学》等书。积累了几十份国内报纸和 200 多种国内刊物,做了数千张国内外经济论文的索引卡片。每年报刊经费 6 000 元。藏书约 3 000 册,报纸、期刊合订本 650 册左右,另有工业、农业、商业、财金、城市、旅游等专题档卷约 50 卷。1990 年资料室撤销后,仍保留部分专业资料,另订购有专业报刊,供科研人员查阅。

【经济咨询中心资料室】

经济咨询中心前身为经济、法律、社会咨询中心,成立于 1980 年 8 月,同年正式建立资料室。每年用于图书资料的经费 3 000 元以上,同时还与外单位进行资料交换,资料室工作人员 3 人。资料室有图书 950 册,历年期刊合订本 1 047 册,期刊 165 种(其中 75 种系交换),报纸 23 种,基本形成以外向型经济为中心和围绕改革开放为主体的藏书格局,各种年鉴、法规收藏较全。1990 年资料室撤销后,仍保留专业资料和专业报刊,转变为专业阅览室。

【文学研究所资料室】

文学研究所建于 1979 年 9 月,下设资料室,所藏图书部分由院图书馆调拨,部分自购,藏书约 2 000 多册。最高峰时藏书 2.5 万册,各类旧期刊 2 500 册;订购中文报纸 10 种,期刊 220 种;另存有文学类卡片约 100 万张,供科研人员查阅参考,年购书经费 1 400 元。资料室工作人员 5 人,均为馆员。1990 年资料室撤销后,仍保留部分旧藏书和期刊,另订购主要专业报刊,供科研人员查阅,其功能转变为专业文献阅览室。

【青少年研究所资料室】

青少年研究所建于 1981 年,1982 年设立资料室。资料室图书统一由院图书馆调入和分配。1990 年,年购书经费 1 500 元。资料室中文藏书 5 000 册,全部为新中国成立后出版。在对外学术交往中,由国外研究机构赠送的外文著作约 200 册。资料室订购各类中文报纸 15 种,各类中文杂志 200 种。全国主要的青年报刊和中国人民大学复印资料的"青年运动史""中国共产主义青年团"等予以剪贴和保存;还订购苏联《少先队员》《辅导员》杂志。1990 年资料室撤销后,仍保留部分专业资料并固定订购主要专业报刊,其功能转变为专业阅览室。

【历史研究所资料室】

历史研究所前身为中国科学院上海历史研究所,建于 1956 年。1959 年 7 月,历史研究所改隶上海社会科学院。初建时资料室有工作人员 2 人,每周开放 6 天。1978 年,上海社会科学院恢复,历史研究所资料室重新工作,工作人员 4 人,面积 300 平方米,年购书经费 5 000 元左右。新书主要由院图书馆统一采购分编,转拨历史研究所。1980 年,工作人员增至 10 人,藏书(含线装书、期刊合订本)15 万册,中文现刊 3 000 种,报纸 40 种。1990 年,藏书共 24 万余册,其中线装书 8 万册,清乾隆以前刊本 150 部,以及《四部丛刊》《四部备要》《古今图书集成》《道藏》《大正新修大藏经》《清实录》等大型丛书、类书和史料;1976 年以前(含 1976 年)出版平装书 10 万余册;1977 年以后平装书 5 万余册;港、台中文平装书 1 100 余册;外文原版书 7 500 册(部分为外国学者、团体赠送)。此外,收藏期刊、报纸(合订本)4.4 万册,中文现刊 247 种,报纸 41 种。

历史所资料室是上海社会科学院研究所资料室合并到院图书馆后,唯一单独保持运作的资料室。2009 年搬迁到上海社科国际创新基地 2 号楼 3 层,藏书量基本保持在 24 册左右,年订购报刊 110 种,经费 1 万余元,有管理人员编制 6 人。

【其他研究所资料室】

除上述研究所资料室外,上海社会科学院还有新闻研究所、人口与发展研究所、东欧中西亚研究所和亚洲太平洋研究所,这些研究所都设立过资料室,大体上情况与更早成立的研究所的资料室有所不同,不设专职资料管理员。

新闻研究所成立于 1985 年,最初在编人员为 8 人,1993 年在编人员为 18 人。2001 年 1 月,新闻研究所与信息研究所、院图书馆实行"一体化运作"。建所初期,设有小型专业资料室,采购了少量专业图书,订购了主要专业报刊。1990 年起,不再采购专业图书,保留部分专业报刊,资料室主要承担专业阅览室功能。2001 年后,该资料室与信息研究所资料室合并。

人口与发展研究所成立于 1987 年,初名人口学,1991 年起改名为人口与发展研究所。最高峰时,全所人员有 16 人,2008 年在职人员为 13 人,其中科研人员 11 人。人口与发展研究所设有专业资料室,收藏有专业书籍和统计资料。1990 年起,资料室不再采购专业图书,仍保留部分专业报刊和资料,供科研人员查阅。

东欧中西亚研究所成立于 1992 年,其前身是 1985 年成立的苏联东欧研究所。2007 年在职人员为 27 人,其中科研人员 24 人。东欧中西亚研究所设有资料室,收藏有关于苏联、东欧、中亚、西亚、世界史以及犹太文化方面的图书和资料,另订购专业报刊和内部参考资料。1990 年起,资料室不再采购专业图书,仍保留部分专业报刊和资料,供科研人员查阅,另作为特色收藏,保留有数量较多的犹太历史文化方面的中外文图书资料。

亚洲太平洋研究所成立于 1990 年。2007 年在编人员为 21 人,其中科研人员 18 人。亚洲太平洋研究所设有资料室,订购有专业报刊和内部参考资料,供科研人员查阅,但不收藏专业图书资料。

第三节　其他科研院所与企业集团
图书情报机构选介

一、上海飞机设计研究院图书馆

上海飞机设计研究院图书馆与上海飞机设计研究院同时建于 1973 年 12 月,隶属于上海飞机设计研究院科技情报档案部,图书馆面积 600 平方米,其中阅览室面积 150 平方米,库房面积 450 平方米。图书馆员工共 11 人,其中,本科 7 人,大专 1 人,中专 3 人;高级职称 2 人,中级职称 9 人。

图书馆属于民用飞机专业图书馆,主要负责国内外科技图书、杂志等订购和日常管理工作。对订购的每一份书刊进行标引、著录、建立检索卡、日常借阅、库房管理、书刊资料剔旧,并开展文献咨询服务工作。在每个飞机型号研制开始进行方案设计时,图书馆工作人员及时提供大量有关参考资料,以保证研制工作的顺利进行。截至 2010 年,图书馆藏中文图书 14 820 册,外文图书 5 076 册,内部资料 6 741 册,工具书 1 868 册。中文期刊(合订本)622 种 3 982 册;外文期刊(合订本)355 种 4 125 册。

图书馆馆藏目录主要有"题名目录"和"分类目录"两种。1993 年,图书馆增设"主题目录",细化了目录,增强了簇性检索功能,提高了检索效率。2001 年,图书馆文献组把中文图书、内部资料、标准、工具书等资料信息全部输入计算机,共建数据库 23 234 条,逐步实行了利用计算机进行检索、借阅。图书馆将建库的文献库藏目录在园区网上进行共享,同时在办公自动化平台、内部资源、图书资料栏目中对新到的科技图书包括摘要逐一录入,供科技人员查阅。

2010 年,图书馆对数字化管理系统进行二次开发,对前台页面和后台管理界面进行更改和配置,实现了各数据库之间电子资源的跨库检索,加强了数字信息资源建设。对纸介质文献资料、连续出版物进行了分库管理,并使用 Marc 数据导入代替以前人工标引方式,进一步提升了图书馆管理方式,完善数字图书馆建设。

二、上海核工程研究设计院科技图书馆

上海核工程研究设计院科技图书馆建于 20 世纪 70 年代,负责管理资料与期刊。1989 年,图书馆随核工程研究设计院搬迁,隶属于上海核工程研究设计院信息文档管理中心。图书馆建立和完善各项规章制度,先后制定了《图书资料管理规定》等管理标准。

2001 年,引入图书馆自动化集成系统软件,建立了各类文献的书目数据库,图书标准期刊资料的管理实现了计算机化管理,并利用两年的时间将历史馆藏文献的数据信息补录入系统。2007 年,对原有系统进行升级,以文献书目数据库为基础,积极开展数字图书馆的建设,丰富数字文献资源。同时,图书馆充分利用互联网搜集各种有用的免费资源,如美国核管会导则(RG)、部分美国核科技报告(NUREG)、IAEA 安全标准、技术报告等资源,以丰富馆藏电子资源。

为配合秦山一期核电站建设、巴基斯坦核电站建设、CNP1000、红沿河、AP1000 依托项目和其他核工程建设,以及重大专项科研任务等,图书馆搜集有关图书、资料、标准等,做好标准版本跟踪、利用与服务工作,对各个项目所用标准进行核对检查、升版核查、标准配备等工作,为各项目提供快速有效的文献信息支持。同时,根据质量管理要求,图书馆对院实施核电厂技术标准清单、院控法

规标准清单定期升版,以使科研设计管理人员及时了解和掌握标准版本的最新动态。

图书馆基于网络、现代通信等信息技术,开展包括在线咨询等形式多样的信息咨询和提供服务,为院科研设计人员及项目现场人员及时提供有效的文献信息支持。

三、上海汽车集团股份有限公司文献资料馆

上海汽车集团股份有限公司文献资料馆建于1973年,前身上海拖拉机汽车公司拖汽研究室情报组的一个阅览室,1979年成为上海市拖拉机汽车研究所情报室阅览室,1990年正式成为上海汽车研究所情报标准室下的文献资料馆。1994年,文献资料馆隶属于上海汽车工业技术中心信息室。2002年,上海汽车工业技术中心与上海内燃机研究所合并,成立上汽集团汽车工程研究院,文献资料馆隶属于汽车工程研究院技术经济部。2007年,随重组更名的上海汽车集团股份有限公司技术中心迁址,文献资料馆与其他功能如企业竞争情报、产业经济研究、技术战略管理、《上海汽车》杂志、上汽决策研究网等,共同组成上汽集团技术中心技术经济部。

截至2010年,文献资料馆分为逸仙路基地藏书库和安研路基地阅览室两部分,馆舍包括藏书库、采编室、阅览室、办公室等场地,面积650平方米。馆藏中外文的纸质图书、期刊、报纸、工具书、造型图册、标准文献、专利文献、展会样本、内部资料以及电子图书、多媒体、光盘等文献资源15万册(件),其中,馆藏中文汽车期刊及汽车核心期刊50多种,馆藏主要的外文汽车技术期刊30多种以及与汽车相关的中外技术期刊50多种。馆藏1978年以来的美国《SAE Paper》《SAE Technical Paper》《SAE Transactions》《SAE Handbook》等全部资源。拥有资源数据库、网上资源(包括电子文献资料馆镜像)和一些图书馆管理和数据分析软件等。年购书经费20万元。工作人员2人。

四、中国船舶重工集团公司第七〇四研究所图书馆

中国船舶重工集团公司第七〇四研究所图书馆建于1956年,初期为资料室。随着单位体制的变更和发展,1978年归属为中国船舶工业总公司第七研究院第七〇四研究所情报研究室。1999年归属于中国船舶重工集团公司第七〇四研究所情报研究室。2004年,七〇四所内部体制改革,将情报研究室与标准室合并为标准情报研究室。

2010年,开始建设数字图书馆,分设中国知网数据库、标准数据库、所内资源库、合格供方库四大板块,并且收藏了重点专业的缩微资料,配备了阅读设备。为配合研究所重点学科的建设,图书馆有针对性地收藏了制冷与空调、液压与气动、船舶电气、舱室机械、甲板机械等专业技术文献约20万册,并配有英文、俄文、德文、日文等多语种工具书。馆藏外文文献主要包括美国四大报告以及美国、德国、日本等专利文献,还有《The Naval Architect》《Sea Power》《Marine Technology》《Warship technology》《The marine professional》等十多种外文专业期刊。为了方便科技人员查阅资料,图书馆负责定期编印新书资料、行业新闻简报发至专业室,并每年为新入所职工及所培养研究生授《情报检索与实践》专业课程。

五、上海市机电科技情报研究所图书馆

上海市机电科技情报研究所图书馆的前身为上海市机电工业管理局情报站附设的资料室,

1979 年上海市机电科技情报研究所成立后由资料室改为图书馆,成立时工作人员 20 余人,图书库和阅览室合计使用面积 200 平方米。

图书馆服务对象为上海市机电工业管理局直属的上海重型机器厂、上海机床厂、上海锅炉厂、上海汽轮机厂、上海电机厂、上海柴油机厂,以及局属机床、汽车拖拉机、电机、电器、冶金矿山机械、石油化工机械、液压气动元件、标准件专业公司及下属百余家企业。另外,外省市的机电产品生产企业也常来馆查阅有关资料。

图书馆主要收藏机电领域的图书、期刊、相关的国际、国内标准资料。图书 1 000 余册,期刊 100 多种,标准资料有国际标准、中国国家标准及部颁标准、德国标准、苏联标准等 3 000 余件。1982 年,图书馆成立检索组,开展国际资料的计算机联网检索工作,并自行创建了用微型计算机检索馆藏标准资料数据库。

六、上海市化工科学技术情报研究所图书馆

上海市化工科学技术情报研究所图书馆建于 1980 年,隶属于上海华谊(集团)有限公司,前身上海市化学工业局科学技术情报研究所资料室。1996 年 11 月,上海市化学工业局科学技术情报研究所更名为上海市化工科学技术情报研究所,在原资料室的基础上成立了上海市化工科学技术情报研究所图书馆。截至 2010 年,图书馆有工作人员 4 人,其中高级职称 2 人、中级职称 2 人。

图书馆有阅览室 1 个和多媒体阅览室 1 个,阅览座位 14 个,书库 2 个,为中文书刊书库和西文期刊书库,服务对象基本以上海华谊(集团)有限公司下属企业科研人员为主,还有上海地区化工企业的科研人员。图书馆藏有中外文专业图书期刊 2 万余册,藏书以煤化工、石油化工、精细化工、合成工艺、化工工程、市场信息等图书期刊为主,是上海地区藏有化工专业国内外期刊、参考工具图书较为完整的图书馆之一,与化工行业有关的各种中外文期刊基本齐全。

2010 年,图书馆自建并整合多个文献信息数据库,建成了一个以化学化工专业文献资源为特色的数字图书馆,依托图书馆网站提供科技文献信息服务,是上海华谊(集团)有限公司科研支撑保障系统的重要组成部分。截至 2010 年,数字图书馆注册用户超过 1 000 人,服务形式为上门阅览和个性化的情报文献服务,个性化服务包括知识产权分析、情报定制、主题检索等。

七、上海市轻工业科技情报研究所图书馆

上海市轻工业局科技情报研究所于 1983 年 1 月成立。1985 年 8 月,上海市轻工业局专利事务室成立,隶属上海市轻工业局科技情报研究所。1986 年,上海市自行车行业情报站并入轻工业局情报所,后于 1988 年分离。1997 年 10 月,轻工业局情报所和原二轻工业科技情报所合并组建上海市轻工业科技情报研究所。1999 年,办公地点迁至静安区余姚路 607 弄 19 号,建筑面积 2 583.68 平方米。

截至 2010 年,情报所有工作人员 33 人,其中专业技术人员 31 人,高级职称的资深专家 14 人;主要业务是为政府部门和企业提供轻工行业发展研究、产品开发分析研究等情报课题,主办《电镀与环保》《上海轻工业》杂志,专利申请代理等。图书馆拥有中文图书 827 册,外文图书 76 册,期刊 61 种,以及食品、日用化学品、香精香料、乐器、工艺美术品、玻璃、缝纫机等各个轻工行业的资料库。先后为上海市科委、静安区人大、上海市经委等政府部门以及美国 Newell 公司、德国 Storck 公

司、加拿大林业集团、日本欧姆龙公司等近十家国外大型跨国公司和代表机构,以及白猫集团有限公司、梅林正广和集团公司、冠生园集团公司等大型国有企业提供咨询服务。截至 2010 年,图书馆内有 27 种期刊、10 种报纸开架服务。

八、上海市农业科学院图书馆

上海市农业科学院图书馆总馆位于奉贤区金齐路 1000 号 3 号楼,分馆位于闵行区北翟路 2901 号图书馆楼,前身为上海市农业科学研究所资料室,建于 1959 年。1960 年 4 月,上海市农业科学研究所改名为上海市农业科学院。1978 年,在原资料室的基础上成立了上海市农业科学院科技情报研究室。1984 年,改名为农业科技情报研究所。1985 年,图书馆建造华漕园区分馆。1988 年 5 月迁入,建筑面积 2 600 平方米,阅览室 1 个,300 平方米,阅览座位 45 个,书库 1 000 平方米(中文期刊库、中文图书库、外文书刊库,库容量 30 万册)。1995 年 11 月,更名农业科技信息研究所。图书馆现有馆舍面积 800 平方米,拥有报纸阅览室、现刊阅览室、中文工具书阅览室、联合国粮农组织资料阅览室、外文工具书阅览室和多媒体阅览室等 6 个阅览室,阅览座位 55 个,书库 3 个(中文书刊书库、西文期刊书库和日文书刊及西文图书库)。

截至 2010 年,馆藏图书 25 万余册,其中中文图书 69 010 册,西文图书 16 524 册,日文图书 2 452 册;中文期刊 11 180 册,西文期刊 12 209 册,日文期刊 1 635 册;订购超星电子图书 41 000 册,方正 Apabi 电子图书 16 782 册。馆藏 113 010 册农业、生物类藏书书目数据入库。工作人员 4 人,其中高级职称 2 人,中级职称 1 人。

九、上海市纺织科学研究院图书馆

上海市纺织科学研究院建于 1956 年,原名纺织工业部纺织科学研究院上海分院,院图书馆建于 1956 年。1970 年,原上海市纺织工业局的纺织图书馆并入纺织科学研究院图书馆,纺织科学院图书馆属院信息情报中心领导。2010 年,图书馆装修改造,建立数字图书馆。馆舍面积 820 平方米,其中阅览室 200 平方米,阅览座位 80 个,书库 520 平方米。馆藏图书期刊 10 万册,资料 3 万份。

图书馆是纺织行业的专业图书馆,重点收藏国内外纺织专业(棉、毛、麻、丝、化纤、非织造市、针织、印染、纺机等)图书,包括专著、工具书、年鉴、手册、会议录及部分相关专业的图书,例如物理、化学化工、机电等。以及期刊包括专业期刊和检索刊物,还收集国内纺织专业标准和国外纺织机械样本。还有资料包括内部资料、期刊。馆藏图书和资料除对研究院职工开放外,还对全市纺织系统和有关单位开放,与国内纺织工厂企业、纺织院校、科研设计单位等建立了资料交换关系。

十、宝山钢铁集团科技图书馆

宝山钢铁集团科技图书馆建于 1979 年,馆舍位于宝钢厂区丁家桥,1999 年 6 月迁入宝钢研究院科技大楼,隶属于宝钢集团有限公司中央研究院(技术中心)情报中心,是集图书、期刊、报纸、资料、标准等于一体的信息集散中心,主要为员工特别是科研技术人员提供图书借阅、报刊阅览、资料标准查阅等服务。截至 2010 年,图书馆馆舍面积 2 640 平方米,拥有书库 2 层、字典库 1 个、中外文期刊阅览室各 1 个和标准资料阅览室 1 个。其中,书库和字典库使用面积 1 300 平方米,中外文期刊阅览室使用面积 1 040 平方米,订阅中外报刊 600 余种,其中外文报刊 100 余种,凡与钢铁生产有关的各种中外文期刊基本齐全。标准资料阅览室使用面积 300 平方米。

图书馆藏有中外文专业图书 10 万余册,藏书以钢铁冶炼、轧制、管材、金属压力加工等应用类图书为主,兼收部分钢铁基础理论及其他相关专业图书。图书馆不仅注意收藏公开出版的各种文献资料,而且注重收藏各种国内外钢铁专业技术情报、世界各大钢铁公司简介及相关资料,宝钢主要竞争对手新日铁、浦项、中钢等境外大型钢铁企业的资料,专业技术人员在国外发表的论文,出国团组携回的专业技术资料,国内外出版的检索刊物,及国内外钢行业专业会议资料及专利文献。图书馆还参加上海地区文献资源共建共享协作网,每年针对外文原版期刊的订购进行协调。

十一、上海石油化工研究院图书馆

上海石油化工研究院隶属于中国石油化工股份有限公司,建于 1960 年,1984 年 12 月,更名为中国石油化工总公司上海石油化工研究所。1990 年研究所升格为研究院。1998 年,更名中国石油化工集团公司上海石油化工研究院,2000 年 4 月,随中国石化整体重组改制,该院上市部分设立为中国石油化工股份有限公司上海石油化工研究院。

上海石油化工研究院图书馆是石油化工类的专业性图书馆,馆藏资源主要集中在石油化工、能源、材料等领域,此外还包括安全环保、计算机和管理等领域。馆藏中外文图书 2.5 万余册;800 余种中外文期刊(其中中文期刊 633 余种、英文期刊 177 种、德文期刊 6 种、日文期刊 34 种、俄文期刊 9 种);各类特种文献 3 600 余册;订购中外文数据库近 20 个,标准数据库 1 个,电子期刊近 20 种,专题报告近 500 份。图书馆注重数字图书馆建设,1996 年,建立藏书刊编目信息系统录入系统,并进行书刊编目信息回溯。2002 年,建立门户网站。2003 年,采用同济图联检索系统进行图书期刊管理。2008 年,书刊编目信息回溯完成。2009 年,建立数字图书馆。

图书馆功能区划包括特种文献咨询室、过刊及外刊阅览室、西文阅览室、中文图书室、现刊阅览室、信息检索室和特种文献及电子阅览室。图书馆阅读服务包括中外图书期刊的阅览流通服务、馆际互借服务、零订图书期刊资料的购买以及接待分院和同行公司的人员查阅资料等。专业信息服务包括参考咨询、中外文文献及标准的查询和传递、为研究部门进行主题检索和专题数据库建立等。信息资源推送方面,利用院办公平台的“图书馆资讯”和数字图书馆公告栏发布各类信息,通过“行业动态”和邮箱推送专业资讯、报告和电子期刊等。截至 2010 年,工作人员 7 人,其中高级职称 1 人,中级职称 4 人,初级职称 2 人。

第四节　文化出版单位图书馆选介

一、上海博物馆敏求图书馆

上海博物馆敏求图书馆位于黄浦区人民大道 201 号。前身是上海博物馆资料室,创办于 1952 年。1996 年,香港敏求精舍集资捐款,赞助上海博物馆新馆的图书馆建设,故改名为敏求图书馆,并迁今址。敏求图书馆主要为上海博物馆科研人员提供文献信息资源,并开展馆藏文献研究与保护,是集服务、研究与保护为一体的研究型专业图书馆。

敏求图书馆建筑面积 1700 平方米,有阅览室 1 间、会议室 1 间、普通图书库房 2 间、报刊库房 1 间、古籍善本库房 2 间、碑帖库房 1 间、古籍修复室 1 间、专家研究室 4 间。馆藏善本古籍 2000 余部 11000 余册、碑帖 14000 余种 30000 余册(件)、普通书刊 15 万余册,以及名人手札数百件。敏求图书馆根据馆藏文献特征,采用自行编制的图书分类法,包括艺术总类、考古、工艺美术、书画、哲学宗教、政治经济外交军事、文化、语言文学、史地、工具书 10 类。年购书经费 100 余万元,采购资源包括中外文纸质图书、纸质报刊、电子图书、电子报刊。截至 2010 年,敏求图书馆共有员工 12 人,其中博士 1 人,硕士 1 人,本科 10 人。高级职称 5 人,中级职称 7 人。

2008 年,上海博物馆入选全国首批古籍重点保护单位。2009 年,上海博物馆入选上海市首批古籍重点保护单位。2009 年 12 月,上海博物馆获上海古籍保护中心颁发的"2009 年度上海古籍保护优秀组织奖"。上海博物馆敏求图书馆主要开展古文献整理、保护与研究,近年来整理编纂了《上海碑刻资料选辑》《戚叔玉捐赠历代石刻文字拓本目录》《冒广生友朋书札》等著作,出版了《清代家具》《釉下彩绘瓷器:特征、鉴定与辨伪》《红木小件》《古玉艺术鉴赏》《陈㿽交游研究》等著作,发表学术论文数十篇。

二、上海科技馆图书室

上海科技馆图书室位于上海科技馆行政办公楼内,前身为上海自然博物馆图书资料室,成立于 1956 年。2001 年,上海自然博物馆并入上海科技馆,图书资料室归属馆办公室管理,2009 年又转至信息中心管理。图书室由 1 个阅览室和 2 个书库组成。阅览室位于科技馆行政办公楼 1 楼;书库分别位于行政办公楼地下一层和龙吴路标本楼 3 楼。图书室工作人员 1 人,为中级职称。

上海科技馆图书室馆藏资源门类众多,有社科文化、博物馆学、自然科普、天文地理、地质古生物、动物、植物、人类学、电脑计算机应用、综合性工具书等,为图书馆的科学研究、科普教育、展览展示等提供参考资料。馆藏既有部分线装古籍图书,也有外文书刊文献,涉及文种有日文、西文。中文图书约 49200 册,中文期刊 4260 册,日文图书 2366 册,日文期刊 570 册,西文图书 8156 册,西文期刊 5500 册。2010 年,增加了电子资源,可包库使用超星电子图书资源库和读秀检索平台。

图书室还利用图书馆编辑出版的学术期刊《科学教育与博物馆》与国内外 25 家同行单位进行交换交流,获得其他科研科普类期刊,丰富了图书室期刊资源。

三、上海鲁迅纪念馆鲁迅图书馆

上海鲁迅纪念馆创建于 1951 年。1956 年,在虹口公园内新建纪念馆,并成立征集保管组开展文献管理工作。1999 年,新馆舍改建后落成,扩充库房至 380 平方米,并按照文物、图书藏馆要求配备相应的安保设施设备。经过历年征集、整理,已形成以鲁迅及相关文化名人藏品为特色的专题图书馆。夏征农题写"鲁迅图书馆"馆名。纪念馆图书文献征集、保管、保护、编目、外借等专项工作落实于保管部,岗位人员 10 人;图书资料整理、研究、数字化等工作落实于研究室和信息中心,岗位人员 5 人。

纪念馆藏品多为图书文献资料,文物及藏品总量为 8 万余件(套),有鲁迅手稿及首次发表鲁迅文章的报刊、鲁迅著译初版本、1930 年以来的多种文艺刊物;有关鲁迅的研究专著、刊物;鲁迅阅读过、收藏过的图书;另有相关文化名人著作、书信、日记、照片等。馆藏按用途及管理方式,有"一馆一库"的特色,即"鲁迅图书馆"和"朝华文库"。鲁迅图书馆位于馆内办公区域,全开架服务,主要用于馆内业务人员及同行业单位专家学者的科研、策展、宣教等工作,主要提供查询、借阅等服务;朝华文库主要收藏鲁迅友朋、学生等捐赠的图书文献,也包括版画等美术作品,设专库和专柜等40余个,其中陈望道、冯雪峰等18位文化名人专库位于馆内开放区域,供观众瞻仰及捐赠者家属或有关单位、个人查询。近年来,图书馆为相关博物馆、文化事业单位、鲁迅研究者提供图书资料万余件。

历年来纪念馆运用馆藏文物资料举办了"鲁迅与瞿秋白革命友谊文献展览""鲁迅与内山完造友谊文献展览""馆藏文物珍品展览""许广平与鲁迅文献展览"等专题展览,并单独或合作编辑出版有关鲁迅的书籍,如《鲁迅诗稿》《鲁迅日文作品集》《鲁迅著译系年目录》《鲁迅与书籍装帧》《鲁迅作序跋著作选集》《鲁迅辑校古籍手稿》《鲁迅藏汉画像》《鲁迅辑校石刻手稿》等多种。

四、上海中共一大会址纪念馆图书资料室

中共一大会址纪念馆图书资料室位于思南路71号中国共产党代表团驻沪办事处(周公馆)内,为中共一大会址纪念馆内部资料室,主要为馆内员工特别是业务部门人员提供图书借阅、资料查阅等服务。资料室设有管理员1人,图书情报专业,大学本科,中级职称。资料室面积为80平方米,年购书费用3万元。

纪念馆图书资料室采用中国图书馆分类法对藏书予以分类,以中国近现代史、革命史、中国共产党创建史、党建理论刊物、中国共产党早期人物与著名历史人物传记为主要收藏内容。图书资料室藏书总量为1.6万册。

五、陈云故居暨青浦革命历史纪念馆图书室

陈云故居暨青浦革命历史纪念馆是经中央批准建立的全国唯一系统展示陈云生平业绩的纪念馆。纪念馆图书室位于上海市青浦区老朱枫公路3516号,建于2000年,是集图书、期刊、报纸、资料等于一体的信息集散中心,主要为纪念馆员工特别是科研人员提供图书借阅、报刊阅览等服务。

图书室藏有中文专业图书、期刊等1万余册,藏书以陈云等领袖人物传记、年谱、文选、文集、人物画传、近现代史、党史等图书为主,兼收部分马列著作、党史档案资料及其他相关专业图书。截至2010年,图书室使用面积200平方米,拥有书库1个,中文期刊阅览室1个。

六、上海辞书出版社图书馆

上海辞书出版社图书馆位于静安区陕西北路457号,前身为中华书局图书馆,创办于1916年。截至2010年,图书馆使用面积约1500平方米,有古籍书库、旧平装书库、报刊库、外文书库、常用书库、多功能阅览室等。馆藏书报期刊等约80万册(件),其中图书约68万册(件),包括线装古籍、旧平装图书等;报纸400多种2万余册(合订本),期刊5000多种9万余册(合订本),清末以来的重要报刊均有收藏;另有碑帖、书画、名人手稿、题词等。图书馆采用丹诚图书馆管理系统。

2007年,根据国务院办公厅《关于进一步加强古籍保护工作的意见》启动"中华古籍保护计划",上海辞书出版社图书馆成为第一批试点单位。图书馆馆藏古籍约18万册,其中善本1349部17962册。藏有宋本2部、元本1部、明刻本及明活字本900余部,入选第一批《国家珍贵古籍名

录》1种、第二批《国家珍贵古籍名录》5种、第三批《国家珍贵古籍名录》3种,入选《上海市珍贵古籍名录》19种。馆藏古籍多数为《中国古籍善本书目》《中国丛书综录》《中国地方志联合目录》《中国中医古籍总目》等大型古籍联合目录所收录。馆藏丛书、类书1 300余种5万余册,其中丛书878种。馆藏旧方志2 025种29 368册,各省通志及重要府县志皆有收藏。馆藏稿本30余部,抄本逾300部,其中唐写本1卷。

图书馆先后参与《中国科学技术典籍通汇》(河南教育出版社1993—1997年)影印编辑工作,承担上海市哲学社会科学规划课题《中国近现代教科书研究》(2010年结项)、上海市哲学社会科学规划课题、上海文化发展基金会图书出版专项基金资助项目《中国近代中小学教科书总目》(上海辞书出版社2010年)等。

七、上海文艺出版社图书资料室

上海文艺出版社成立于1952年。1978年1月,上海文艺出版社恢复建制,并重建资料组。1985年5月,资料组改为图书资料室,直属社长室领导。室址在绍兴路7号。随着出版社建制的多次变化,有关出版社的图书资料反复经过合并或拆开。1990年,图书资料室藏书近20万册,包括线装古籍、中文书、外文书、中外文期刊、画册、音带、像带等。每年购书经费约15万元。藏书主要为文学、艺术、音乐、文化生活四大类。

图书资料室在为出版社完成多出书、出好书的工作中,提供了大量资料。如《中国新文学大系》《中国十大古典悲喜剧》《中国禁书大观》《万用事典》《五角丛书》《难忘的歌声》《农村日用大全》等,以及一大批20世纪30年代及抗日战争时期进步刊物影印本的出版。

八、上海古籍出版社资料室

上海古籍出版社资料室隶属于上海古籍出版社,位于黄浦区瑞金二路272号院内,是集图书、期刊、报纸为一体的资料中心,主要为出版社编辑提供图书借阅、报刊阅览、资料查询等服务。1978年1月,上海古籍出版社成立,即在原中华书局上海编辑所资料室的基础上设立资料组,属办公室领导。1989年升组为科。

资料室有藏书10万余册(包括报刊合订本),以文史哲工具书及研究性著作和少量大型资料性文献、综合性书目为主。资料室在古籍整理类文献资料方面有一定侧重,除收集本版大型丛书《续修四库全书》《四库全书》《清代诗文集汇编》及敦煌系列文献等,还藏有《四库全书》《四库珍本丛书》《古今图书集成》《宛委别藏》《四部备要》《四部丛刊》《丛书集成》《古本戏曲丛刊》及《永乐大典》(部分卷册)等大型丛书、类书的影印本,以及部分明刻善本书。订阅报刊30余种,还采购各类画册画刊千余册。资料室分上下两层,使用面积约200平方米。

九、上海少年儿童出版社图书资料室

上海少年儿童出版社图书资料室于1952年12月随出版社同时成立,位于延安西路1538号少年儿童出版社大花园东侧,由编辑部和总编办公室共同领导,为出版社编辑制定选题、审订稿件、核查资料、业务进修提供资料。1987年8月,经市城市规划建设管理局批准,同意建造450平方米的资料楼。1989年,资料室成为一个独立科室,工作人员6人,书库10个,仓库1个。至1990年底,藏书总计14万册,其中中文书为5万册,外文书2万多册,儿童读物6万册,报刊合订本近万册。

20世纪90年代,资料室工作人员4人,分采编、流通、阅览咨询三块。每年采购经费10万元左右,引进大量外文资料图书,以国外设计图书为主,并与各出版社相互交换图书。至2002年,资料室藏书20万册,订阅报刊100余种。2002年,资料室有2个书库,即1个中文图书书库、1个外文图书书库,还有1个阅览室。书库全部采用密集书架,共200平方米。引进了丹诚图书编目系统,方便编辑查询。资料室工作人员3人,主要负责原有藏书资料重新编目整理和本社新出图书分类上架,基本不再采购其他社外资料。

资料室较好保存了出版社历史重点本版图书,如《十万个为什么》《365夜》《彩图世界名著100集》《彩图幼儿百科》《世界儿童文学名著故事大全》《上下五千年》《世界五千年》《成长万事通》《儿童成长百科》等。

第五章 党校(行政学院)图书馆

第一节 中共上海市委党校(上海行政学院)图书馆

1978年,中共上海市委党校图书资料室设在三门路661号校址的教学楼1层(部分)和2层,馆舍面积1600平方米。1989年6月,虹漕南路新校区图书馆竣工,建筑面积5974平方米。南面为阅览区域:1层与3层为报刊阅览室(现刊与过刊),约400平方米;2层为图书阅览室,约200平方米。东面为业务区域:1层为图书采编区和计算机房,2层为办公区,3层为资料编辑区,面积约800平方米。北面为图书外借和书库:1层和2层为图书外借(藏阅一体),3层、4层为图书期刊库,面积约2000平方米。1999年12月,适应现代数字图书馆建设发展需要,图书馆改扩建工程竣工,建筑面积7320平方米。改扩建后的新馆拥有综合与专业信息阅览室27个,图书外借处2个,阅览座席451个,学术会议室3个,贵宾接待室1个。馆舍布局:1层为文献采编、信息查询和图书外借区,2层为图书阅览区,3层为报刊、电子读物阅览区,4层为数据库研制展示与办公区,5层为学术会议区。

截至2010年,馆藏中文图书约45万册,约17.5万种。港台图书4870种;外文图书6069种;电子图书44.47种;电子出版物1250余种。年订阅中文期刊1287种,港台和外文期刊86种。年订阅报纸132种,港台和外文报纸11种。馆藏数据库120种,购买104种,本馆自建数据库16种。图书馆下设机构包括办公室、采编部、流通部、数据处理部、网站编辑部。在编人员41人,其中专业技术人员32人,行政管理人员2人,工人编制7人。历任馆长:杨岷、冯绍慰、龚绍裘、王丽丽、丁晓强。

第二节 上海市大口党委和区县党校(行政学院)图书馆

1978年后,全市先后建立了部、委、办(大口)党校,区、县党校,工业、交通、商业等局级单位党校,至2005年共计62所党校。2005年5月,市委印发《关于加快推进本市党校系统资源整合的实施意见》,决定统筹上海党校资源,完善功能布局,逐步形成以中国浦东干部学院和市委党校为龙头、区县党校为基础、大口党校有特色的党校教育网络体系,构建上海干部教育大平台,形成"1+19+6"的党校格局(1所市委党校、19所区县党校、6所大口党校)。

一、大口党委党校图书馆

上海大口党委党校是经中共上海市委批准建立的上海部、委、办一级党组织的干部教育学校,1978年后先后建立有市级机关工委党校(市委党校市级机关分校)、宣传党校、政法党校、建设党校、郊区(农委)党校、科技党校、教育党校、外经贸党校、财贸党校、工业党校等10所大口党校。在这些党校的建设和资源配置中,均设有图书馆或图书资料室。

2005年党校资源整合中,大口党委党校调整为6所,即宣传党校、政法党校、建设和交通党校保留不变;郊区党校并入市委党校;科技党校和教育党校合并成立上海市科教党校;外经贸党校和财贸党校合并成立上海市经济党校;工业党校整建制划归市国资委党委,成立上海市国资委党校。在资源整合过程中,各党校的图书馆或图书资料室也随之重建或有所变动。

【中共上海市宣传党校资料室】

中共上海市宣传党校建于1985年2月,学校设资料室,隶属于校办公室。截至2010年,资料室藏书6 169册,订阅报纸11种,期刊22种。

资料室除做好日常管理与阅览服务外,还发布"欣苑书讯",向读者通报新书、内部发行图书和党员干部学习音像资料片等信息。2007年起,编辑《改革与发展资料》(网络版),每年编发10期,集中推介国内外重大事件、我国改革发展动态和研究资料等。"形势报告会"是宣传党校对外服务的一个品牌。资料室参与"形势报告会"的有关工作,每年举行10场左右,邀请市内外知名专家、学者和领导干部,专题讲述经济发展、改革开放、政治形势、国际局势、党的建设等情况。

【中共上海市政法党委党校图书阅览室】

中共上海市政法委党校建于1992年7月,实行市委政法委领导、委托司法局代管的管理模式。2008年停办。1994年,政法党校设立图书阅览室,为独立部门,图书管理员1人,阅览室面积80平方米。截至2007年,藏书4 721册,报纸期刊170余种。馆藏资源以马克思主义经典著作、哲学社会科学、政治法律等内容为主。

【中共上海市建设和交通党委党校图书馆】

中共上海市建设和交通委党校图书馆成立于1985年,为独立建制,由校委直接领导。1991年,建设党校图书资料室开发"上海市建设党校计算机图书管理系统",应用于学校的图书管理。1999年1月,建设党校图书资料室更名为信息中心,中心融信息开发与图书馆服务为一体。2001年4月,上海城市管理职业技术学院在上海市建设职工大学基础上转制成立,建设党校信息中心与上海城市管理职业技术学院图书馆实行统一管理,分设两个校区(虹漕南路校区和军工路校区)。

2005年1月,建设党校本部(虹漕南路校区)相对独立,信息中心更名为图书馆。2010年底,建设党校本部图书馆在编人员2人,其中高级职称1人,中级职称1人。馆藏图书3.5万余册,期刊142种,报纸28种。图书馆使用万方全文数据库、维普中文期刊全文数据库、超星、读秀学术搜索等。

【中共上海市科教党委党校图书资料室】

中共上海市科教委党校由原市科技党校和市教育党校进行资源整合组建而成,隶属于市科教党委领导。1984年1月,中共上海市教育卫生工作委员会党校成立,图书资料室同时建立,隶属教学处。2000年3月,中共上海市教育卫生工作委员会党校更名为中共上海市教育工作委员会党校,图书资料室隶属党建研究室。2006年4月,中共上海市教育工作委员会党校和中共上海市科技工作委员会党校合并,更名为中共上海市科技教育工作委员会党校。2008年3月,图书资料室随校搬迁至新校址。

市教育党校图书资料室的藏书资源建设经历了两次比较大的发展和调整。1984—1991年,党校注重藏书建设,在较短时间内藏书达到4万余册,内容涉及党史党建、社会科学等多个领域。1991—1993年,党校进行教学布局调整,图书资料室也随之进行藏书调整,对图书进行剔除处理,馆藏图书下降到1.5万余册,以马克思主义著作、哲学、社会科学和党史党建类图书为重点藏书。1993年后,图书资料室的服务功能逐步萎缩,不再购买新书,只设报刊阅览室对教职工和学员服务。两校合并后,图书资料室迁至新校址,报刊阅览室订阅报纸30余种,期刊250余种,并建有电子阅览室。

【中共上海市经济工作党委党校图书馆】

中共上海市经济工作委党校前身为1980年建立的市财贸党校。1983年,财贸党校同时挂上海市财贸管理干部学院的牌子。1988年,市第一商业局职大、粮食局职大、供销社职大并入,新建上海商业职业技术学院。2004年改名为上海商学院(兼有党校功能)。2005年,上海市党校资源整合时,市外经贸党校并入,改建为市经济党校。

建成上海商学院时,图书馆藏书近100万册,中外文期刊600余种,电子读物容量近10 TB。馆藏以经济、企业管理、营销为主,具有"商"系特色。哲学社会科学类图书供经济党校教师和学员借阅使用。中国知网、万方博硕士论文库、超星电子图书等电子读物可实时或远程访问阅读。

【中共上海市国资党委党校图书馆】

中共上海市国资委党校前身为建于1979年的上海市工交党校。1984年,学校改名中共上海市工业党校,组建了中共上海市工业党校图书馆,归属教务处领导。1986年1月,党校机构调整,图书馆改为校直属机构。1993年2月,中共上海市工业党校和上海市经济管理干部学院实行一体化办学,原经济管理干部学院图书馆并入工业党校图书馆作为一个独立的建制部门设立。2005年5月,学校更名中共上海市国资委党校,图书馆也随之改名。2010年底,图书馆员工14人。

图书馆面积2 200平方米,设有专业阅览室、期刊阅览室、工具书阅览室、电子阅览室、图书外借处和期刊库。截至2010年,馆藏纸质图书15万册、期刊510种、报纸近百种。馆藏书刊以马列经典、党建政治、社科理论、工商管理、经济理论和企业管理等为主要特色。馆藏数字资源有中国知网、上海教育网络图书馆、中国党政信息系统、中宏领导决策支持系统和北大法律信息网等5种,另购置了9.2万册电子图书。

二、区县党校(行政学院)图书馆

【中共上海市黄浦区委党校(行政学院)图书资料室】

中共上海市黄浦区委党校成立于1960年,1978年复校。2000年南市区委党校和黄浦区委党校合并继续称黄浦区委党校。2002年黄浦区行政学院成立,与党校合署办公。至2010年底,藏书2.15万余册。图书资料室与市委党校实行图书异地借还和数字资源网络共享。

【中共上海市卢湾区委党校(行政学院)图书资料室】

中共上海市卢湾区委党校成立于1959年,1978年复校。2002年卢湾区行政学院成立,与区委党校合署办公。2003年迁入鲁班路181号,建有图书资料阅览室,藏书万余册。2006年开通中央党校远程教育网,建立图书资料管理、借阅信息系统。

【中共上海市徐汇区委党校(行政学院)图书资料室】

中共上海市徐汇区委党校成立于 1960 年 12 月。1977 年 10 月复校。2002 年成立区行政学院,与区委党校合署办学。图书资料办公室于复校时建立,先后隶属教务处、教研室,2010 年隶属调研科,图书管理员 1 人。图书资料室 30 平方米,书库 60 平方米。藏书上架 5 500 册,非上架数千册,报纸 20 余种,期刊 150 余种(含内部资料)。图书资料室与市委党校实行图书异地借还和数字资源网络共享。

【中共上海市长宁区委党校(行政学院)图书阅览室】

中共上海市长宁区委党校于 1959 年 3 月建校,1978 年 2 月复校。1994 年,成立长宁区行政学院,与区委党校实行"两块牌子,一套班子"的管理体制。复校时建立图书阅览室,隶属于培训部,2010 年划归编研室。图书阅览室面积 80 平方米,其中阅览室 40 平方米,书库 40 平方米。藏书 6 000 册,期刊 95 种,报纸 30 种。电子阅览室建立后,与市委党校建立图书异地借还和数字资源网络共享。2010 年,与新华街道图书馆签订资源共享协议,扩大了图书和数字资源的阅读范围与空间。

【中共上海市静安区委党校(行政学院)图书资料室】

中共上海市静安区委党校于 1960 年 1 月建立,1977 年 10 月复校。2002 年成立区行政学院,与党校实行"两块牌子,一套班子"体制。1978 年建立图书资料室,隶属于科研室。图书管理员 1 人。图书资料室面积 110 平方米,藏书 1.2 万册,报纸 20 余种,期刊 80 余种。电子阅览室配置 12 台电脑,方便读者上网浏览信息资料。与市委党校实行图书异地借还和数字资源网络共享。

【中共上海市普陀区委党校(行政学院)图书馆】

中共上海市普陀区委党校于 1959 年 3 月建校,1977 年 10 月复校。1994 年成立区行政学院,与区委党校合署办学。图书资料室隶属于办学部(后改为办学科)。图书管理员 2 人。图书馆面积 322 平方米,其中阅览室 119 平方米,书库 114 平方米,报刊库 65 平方米,采编与办公室 24 平方米。图书馆藏书 2.53 万册,报纸 27 种,期刊 148 种。购买电子出版物 290 件,自建中央党校课程数字资源 18 件。馆内设图书信息显示屏,具备推荐图书和信息导览功能。2007 年起,图书馆开设内部资料服务窗口,提供 20 余种内部参考资料阅览。电子阅览室配置 6 台电脑,供读者无线上网浏览。2006 年 3 月,与市委党校实行图书异地借还和数字资源网络共享。

【中共上海市闸北区委党校(行政学院)图书馆】

中共上海市闸北区委党校于 1960 年 3 月建立,1977 年 10 月复校。2000 年成立区行政学院,与区委党校合署办学。2006 年迁新校址,复校时设立图书馆,隶属于校办公室。图书管理员 2 人。图书馆面积 340 平方米,藏书 2 万余册,报纸 20 余种,期刊 120 余种。配置了图书资料阅览室和电子阅览室,与市委党校实行图书异地借还和数字资源网络共享。

【中共上海市虹口区委党校(行政学院)图书馆】

中共上海市虹口区委党校于 1959 年 12 月建立,1977 年 10 月复校。1988 年 9 月区团校并入区党校。1993 年建立区行政学院,与区委党校合署办学。复校时建立图书室,隶属于教务科。图书管理员 1 人。图书馆藏书 2.6 万余册,报纸 60 种,期刊 200 余种,设立了党史党建、民族宗教和航运服务等特色图书专柜。

【中共上海市杨浦区委党校(行政学院)图书馆】

中共上海市杨浦区委党校成立于 1958 年 9 月,1977 年 10 月复校。1995 年建立区行政学院,与区委党校合署办学。建校时设立图书馆,隶属于教务科。图书管理员 1 人。图书馆面积 210 平方米,设有书刊阅览室和电子阅览室。藏书 2.63 万余册,报纸 28 种,期刊 160 余种。

【中共上海市闵行区委党校(行政学院)图书馆】

1993 年,上海县与原闵行区撤并成立新的闵行区,原上海县委党校和原闵行区委党校整合组建成立新的中共上海市闵行区委党校。2001 年原上海市闵行区行政干部管理学院更名为上海市闵行区行政学院,与区委党校实行"两块牌子,一套班子"体制。图书馆隶属教务科,图书管理员 1 人。图书馆面积 184.8 平方米,馆藏图书 2.9 万册,报纸 38 种,期刊 132 种。馆藏资源中,马克思主义经典著作、哲学、经济学、党建、社科类占 80%,文学、历史地理类占 15%,其他占 5%。馆藏数字资源主要有中国知网、国研网等。

【中共上海市宝山区委党校(行政学院)图书馆】

中共上海市宝山区委党校前身为宝山县委党校和吴淞区委党校。宝山县委党校成立于 1959 年,1978 年 5 月复校;吴淞区委党校成立于 1981 年 7 月。两校均设有图书室,为独立部门。1988 年 8 月,两校合并为宝山区委党校。1991 年建立宝山区行政管理学院,后更名为宝山区行政学院,与党校合署办学。两校合并后,图书资料室隶属于教务科,1990 年更名为图书馆。1991 年党校调研室建立,图书馆隶属于调研室。图书管理员 1 人。2003 年,宝山区委党校新校舍落成,图书馆位于教学楼 5 楼,馆舍面积 300 平方米,设有图书借阅室、报刊阅览室、电子阅览室。藏书 6 万余册,订阅报刊 200 余种。与市委党校图书馆、宝山图书馆联网,图书可网上借阅。

【中共上海市嘉定区委党校(行政学院)图书资料室】

中共上海市嘉定区委党校前身是嘉定县委党校,建立于 1959 年 9 月。1978 年 1 月复校,1993 年改为嘉定区委党校。2002 年成立嘉定区行政学院,与党校合署办公。图书资料室创设于 1993 年,隶属于教务科,图书管理员 1 人。图书资料室面积 228 平方米,藏书 2.3 万余册,报刊 141 种,涵盖哲学、党建、管理、经济、文学等学科。电子阅览室有 5 万余册电子书刊。

【中共上海市浦东新区区委党校(行政学院)图书馆】

中共上海市浦东新区区委党校前身为浦东新区教育培训中心,建于 1993 年 5 月。1997 年党校挂牌。2001 年行政学院成立后与党校合署办学。2009 年浦东新区与南汇区两区合并,党校形成南北两个校区。图书馆设立后独立建制,2001 年后隶属于科研处。图书管理员 4 人。图书馆建筑面积 1 100 平方米,图书室 600 平方米、综合阅览室 500 平方米。藏书 5.9 万余册,报纸 60 余种,期刊 300 余种,藏书以社会科学理论文献、经济、党史党建、公共管理等学科为主,还收藏一部分浦东新区相关的内部资料。馆藏数字资源中,购置电子图书 4 300 余册,订阅清华同方期刊库和博士硕士论文数据库。

图书室和综合阅览室均实行开放式借阅一体化服务。电子阅览室配备电脑 10 台,供读者网络浏览、查询馆藏信息和访问数据库。图书馆与市委党校实行图书异地借还和数字资源网络共享。

【中共上海市金山区委党校(行政学院)图书馆】

中共上海市金山区委党校于1955年6月创建,前身为党训班,1960年10月正式建立中共金山县委党校。1997年改为金山区委党校。2000年成立区行政学院,与区委党校合署办学。图书馆隶属于教务科,图书管理员1人。图书馆面积150平方米,设有图书资料阅览室和电子阅览室,藏书2万余册,报刊171种。图书馆与市委党校实行图书异地借还和数字资源网络共享。

【中共上海市松江区委党校(行政学院)图书资料室】

中共上海市松江区委党校创建于1949年5月,1978年7月复校。2001年建立区行政学院,与区委党校实行"两块牌子,一套班子"管理体制。复校时设立资料室,1983年10月改为图书资料室,隶属于教务科。图书管理员1人。图书资料室馆藏图书1.5万余册,报刊订阅150余种。馆藏图书以哲学、社会科学方面的书籍为主,重点收藏马克思主义经典著作、中外社科名著及行政管理、政治、历史、经济等方面的文献资料。2008年,引进图书馆集成管理系统应用软件,建成了图书馆局域网。2009年,采购万方数据库。2010年,与市委党校实行图书异地借还和数字资源网络共享。

【中共上海市青浦区委党校(行政学院)图书馆】

中共上海市青浦县委党校创建于1959年10月。1978年9月复校。1993年成立青浦县行政管理干部学院,与党校实行"两块牌子,一套班子"管理体制。1999年更名为青浦区委党校。2005年建成新校园,图书馆隶属于教务科。图书管理员1人。图书馆面积700平方米,藏书3.13万余册,报刊150余种。设置有图书室、书库、报刊阅览室、电子阅览室和国情资料室,电子阅览室内配置电脑80台,与市委党校实行图书异地借还和数字资源网络共享。

【中共上海市奉贤区委党校(行政学院)图书资料室】

中共上海市奉贤区委党校前身为奉贤县委党校,建于1959年10月,1978年复校。2001年撤县改区时县委党校更名为区委党校。2003年成立区行政学院,与区委党校合署办学。复校时建立图书资料室,隶属于科研室。图书管理员1人。图书资料室馆藏图书1.56万册,报纸41种,期刊118种。藏书以哲学社会科学类为主,部分为内部资料。

【中共上海市崇明县委党校(行政学院)图书资料室】

中共上海市崇明县委党校建立于1955年5月,1977年11月复校。1993年建立县行政管理干部学院,1994年又建立共青团崇明县团校,与县委党校实行"三块牌子,一套班子"的办学体制。建校初期即设立图书室,复校后建立图书资料室,设有报刊阅览室和书库,隶属于教务科。图书管理员1人。图书资料室藏书5 500册,订阅报纸30种、期刊80种。图书以马克思主义经典著作、哲学、政治、经济学、历史和文学为主。

第三节　中国浦东干部学院图书馆

中国浦东干部学院图书馆位于学院图书信息中心大楼内,于2005年3月建成并投入使用。总使用面积约6 000平方米,由图书藏阅区、期刊阅览区、报纸阅览区、多功能影视教学阅览区及图书资料服务中心等多个模块组成。

截至 2010 年,馆藏中文图书 59 208 册 30 418 种;馆藏外文图书 5 575 种;年订阅中文期刊 1 487 种,港澳台和外文期刊 86 种;年订阅中文报纸 102 种,港澳台和外文报纸 14 种;馆藏数据库 13 种,购买 12 种,自建数据库 1 种。图书馆下设机构包括办公室、采编部、读者服务部、数字图书馆部、战略情报研究部。在编人员 5 人。历任馆长:张益平。

第六章 工 会 图 书 馆

第一节 概 况

　　1980年,全市工会图书馆8 231个,藏书1 245万册,专职人员2 882人。1982年,上海市总工会以市工人文化宫图书馆为总部,依托基层单位工会图书馆,联合团市委等其他系统发起举办"振兴中华读书活动",读书活动有62个区县局系统的20万职工参加。1983年4月,中华全国总工会在上海召开全国读书活动经验交流会。5月,上海组建市振兴中华读书活动报告团赴京汇报。1983年全市参加读书活动的职工有60万人。1983年,全市工会图书馆10 129个,藏书15 868 322册,专职人员3 071人,兼职人员14 854人。市、区、局,文化宫俱乐部图书馆179个,藏书988 764册,专职人员139人,兼职人员299人。1986年6月,上海市第一次工会图书馆工作会议在上海渔轮厂召开,200多名代表交流了为读者服务,为两个文明建设服务的工作经验。1987年4月,上海市总工会发布了《上海市工会图书馆工作条例》。1989年3月,上海市总工会发出《关于创建文明图书馆活动的通知》。年底,评出市级工会文明图书馆19个,争创文明图书馆38个,工会图书馆先进工作者19人,优秀组织者15人,受表扬的工会图书馆37个。1989年10月,上海市工会图书馆协会成立,冶金、轻工、仪表、电业、港务、水产、烟草等8个局,徐汇、静安、南市、石化等10个区相继成立了工会图书馆协会的二级组织。

　　1990年举办的"创建文明图书馆活动",在全市24个区、县、局推荐的116个工会图书馆中,评出文明图书馆31个,创文明图书馆53个,表扬图书馆32个。2000年,上海共有12 000个工会图书馆,藏书1 600万册,图书馆使用面积合计36万平方米以上。有专职管理员3 304人,拥有150万读者,年图书流通量达1 600万册次。1992年,据统计,工会图书馆读者占全市五百万职工中的20%,"文明图书馆评比活动"参加馆占全市工会图书馆的30%,"振兴中华读书活动"参加者占读者总人数34.6%。1993年,全市"争创文明图书馆活动"中,航天部上海新新机器厂等31家图书馆获"文明图书馆"称号,另有53家单位获"创文明图书馆"称号。

　　2008年3月,全国总工会召开全国工会"职工书屋"建设工作电视电话会议,上海市总工会领导当即在上海分会场会议上就贯彻落实全总会议精神,大力推进上海"职工书屋"建设提出具体措施。随后,上海市总工会成立上海工会"职工书屋"建设领导小组,明确建设目标和工会具体指标:3年建设"职工书屋"示范点120个,平均每年建设40个;5年建设"职工书屋"1 880个,平均每年建设376个。2008年2月2日,上海首家"职工书屋"在长宁区工人文化宫成立。2008年5月13日,全国工会"职工书屋"上海挂牌暨"学法律、知荣辱、讲文明、促和谐"农民工系列活动启动仪式在莘庄工业园区举行,标志着上海工会"职工书屋"建设正式启动,进入实质性建设阶段。2008年,杨浦区总工会开通"职工电子书屋";嘉定区总工会在新成路街道社区文化活动中心、外冈镇长泾村工会联合会和马陆镇伟创力电子科技(上海)有限公司工会等3家单位建立了嘉定区首批"职工书屋"示范点;金山区总工会在亭林镇文体中心举行"金山区第三届读书会暨'职工书屋'揭牌仪式",为金山区首家"职工书屋"揭牌;松江区总工会建立首批3家市级"职工书屋"、10家区级"职工书屋";青浦区总工会完成了区级10个、镇级30个(含示范点)"职工书屋"的建设。2009年,松江区总工会又建立岳阳、车墩镇总工会市级职工书屋;中远集团上远公司工会推进职工书屋建设;上海水产集团先后在远洋渔业公司、金优远洋渔业公司、蒂尔远洋渔业公司的 35 艘远洋渔轮等建立"职工书屋"。2010 年,长宁区总工会自建书屋 160 家,自建挂牌书屋 30 家;青浦区总工会投入 20 万,购置图书近万册,建立"职工书屋"流动书库;奉贤区总工会建立 30 家"职工书屋"。截至 2010 年底,全市共有 120 个"职工书屋"示范点按照标准建成并投入正常运转,自建"职工书屋"达 2 000 余家。市总工会先后为示范点配备电视机和 DVD,配送各类图书读本 20 余万册,各级工会为"职工书屋"示范点建设投资 300 余万元。

第二节　选　　介

一、上海市工人文化宫图书馆

1950 年 10 月 1 日,上海市工人文化宫图书馆成立,位于西藏中路 120 号,是市工会图书馆系统的中心馆,开馆藏书 3 万册,工作人员 6 人。长期以来,图书馆始终坚持"面向职工,发展读者,改善设施,把图书馆当成集中体现社会效益的大事来办"的指导思想,1978—1981 年,先后开办语文、历史、地理、数学、化学、物理青工补习班,举办职校教师进修班,共培训职校教师、青工近万人。1981 年,图书馆发起以"热爱祖国,热爱党,热爱社会主义"为内容的读书心得征文活动,共收到征文稿 3 638 篇,其中 792 篇获奖。1982 年,开展"振兴中华读书活动",活动指导办公室由该馆专业干部组成。1982 年,在上海市政府召开的市业余教育表彰会上,上海市工人文化宫图书馆被评为市级办学先进单位。1986 年,举办中央电大图书馆专业视听辅导班、图书馆专业证书班等,为各基层厂工会图书馆培养了一批专业人才。1989 年,图书馆扩大场地,更新设备,重新布置环境,尝试用计算机管理图书,图书经费增至 18 万元。1980—1990 年间,上海市工人文化宫图书馆组织举办图书馆专业培训班 30 多期,参加培训的工会图书馆专业干部 5 000 人次,其中有近 200 人评上中、初级专业技术职称。

1990 年 3 月,图书馆公开向社会发展外借读者,通宵达旦排队领证的场面盛况空前,《解放日报》在头版头条的位置以"读书热又回上海城"为题作了报道,并配了大幅照片。《工人日报》《劳动报》亦在头版作了报道。1990 年,藏书 20 万册,工作人员 10 人,持有借书卡读者 14 000 人;图书馆馆舍 2 000 平方米,设有外借阅览大厅、新书展销厅、99 书屋、学者书屋、阅报长廊;图书全开架借阅,采编工作实行电脑管理,并开展综合信息专项服务;当年接待读者 500 万人次,外借图书每年约 10 万册。1990 年,图书馆被市总工会评为文明图书馆。1999 年,图书馆的场地、设施进行彻底修缮改造。

2004 年,图书馆全年阅览 7.5 万人次,图书外借 2.5 万人次。2005 年,图书馆举办社科理论与文化热点讲座 11 场,图书馆外借及阅览 1.1 万人次。2010 年,图书馆占地面积 400 平方米,藏书 71 300 册,每日平均外借图书 97 册,每日阅览读者约 100 人次,图书馆实行全开架借阅;年购书费 6 万元;计算机 4 台,图书馆管理软件采用上海同济大学开发的"TLLAS 文献集成管理系统"。

图书馆历任馆长:陈申元、袁东豪。

二、静安区工人文化宫图书馆

1952 年 4 月 30 日,静安区工人俱乐部图书馆成立,位于常德路 940 号,馆舍面积 120 多平方米,设有外借处和阅览室。据统计,1979—1991 年,图书馆共举办马列、社科、党史、文学、热点文学作品研讨等讲座、报告会 212 次,听众 2.3 万多人次。1982 年 5 月,图书馆深入基层,发动组织参加"振兴中华读书活动"和各种读书辅导活动。1990 年,藏书 4 万册,全年购书经费 2 万元,订阅期刊200 种,报纸 70 种;发放外借证 4 000 张,全年外借图书 4.5 万册,报刊阅览人数 11.8 万人。1991年,图书馆被上海市振兴中华读书指导委员会评为"1989—1990 年度上海市振兴中华读书活动先进单位"。1994 年,投入经费 2.6 万元,购新书 1 142 册,订刊物 95 种,报纸 66 种;全年外借图书44 817 册次,报刊阅览人数 100 646 人次。1995 年,投入经费 2.6 万元,购新书 876 册,订刊物 201种,报纸 109 种;全年外借图书 45 300 册次,报刊阅览人数 45 215 人次。1996 年,投入经费 2.8 万元,购新书 870 册,订刊物 142 种,报纸 41 种;全年外借图书 4.5 万册次,报刊阅览人数 91 800 人次。1997 年,投入经费 3.8 万元,购新书 830 册,订刊物 171 种,报纸 41 种;全年外借图书 4.4 万册次,报刊阅览人数 8.3 万人次。1999 年,投入经费 30 707 元,购新书 694 册,订刊物 177 种,报纸 37种;全年外借图书 26 532 册次,报刊阅览人数 277 714 人次。2000 年,投入经费 5 879 元,未购新书,订刊物 84 种,报纸 19 种;全年外借图书 25 060 册次,报刊阅览人数 26 004 人次。至 2010 年,图书馆藏 9 403 本,订阅报纸杂志 62 册(份);添置新书 286 册;阅读人数 26 539 人次,图书外借 3 401 人次。

三、华能上海石洞口第一电厂工会图书馆

1989 年,华能上海石洞口第一电厂工会图书馆成立。1990 年,图书馆组织学习《知我中华、爱我中华、兴我中华》一书;参加上海电业工会组织的"知我中华、爱我中华、兴我中华"黑板报展评,获得总分第一优胜奖。1991 年 10 月,组织"社会主义在我心中"读书心得体会征文,收到文章 32 篇。1995 年,图书馆被华东电力工委授予华东电力系统"思想政治教育工作先进集体"称号。1999 年,被评为"1997—1998 年度上海市振兴中华读书活动先进单位"。2000 年,制定"振兴中华"读书活动的指导意见和计划,健全读书活动的网络机制,定期了解情况给予辅导,力求使职工在读书活动中成才。2002 年,共有各类藏书 13 940 册,报纸杂志每年订阅 70 多种;图书出借率为 14 341 册,全厂职工年人均借书 7 册。2003 年 7 月,图书馆进行自动化建设改造,至 10 月完工,经改造,图书馆扩大了面积,并实行了信息化电脑管理;各类藏书达 13 100 册,报纸杂志 60 多种;同年,在上海市总工会开展的市级文明图书馆评比中,被评为"市级文明图书馆"。2005 年,获得"2000—2004 年度宝山区职工文化建设优秀组织奖"。2010 年,图书馆出借书籍 3 148 册,杂志报纸订阅 81 种;馆藏16 166 册。

图书馆历任馆长:孙锦熙、陈永平、刘轩。

第二篇
馆藏资源

1978年以后,上海市图书馆事业逐步走上发展轨道。1978年,全市各级各类图书馆开始清理、退还"文化大革命"中抄家、封存的书刊文献,将清理出来的馆藏书刊分批上架开放,供读者使用。随着我国改革开放、经济持续发展,各级政府不断加大对图书馆事业的政策扶持和资金投入,1990年,全市公共图书馆、大学图书馆、科研、社会科学院及工会图书馆的馆藏书刊文献达到1.1亿册的规模。随着改革开放的深入发展,各系统图书馆不断扩大对外交流的渠道,采取订购、交换、接受国外图书馆无偿赠送书刊的方式,既丰富了图书馆的藏书,又提高了图书馆的藏书质量。据统计,2010年,全市各级各类图书馆馆藏文献达到2.16亿册(其中公共图书馆6 808.73万册,大学图书馆10 046万册,中小学图书馆4 345.34万册,科研系统、社会科学院和党校系统图书馆400余万册)。在馆藏文献资源建设上,图书馆从弥补文献缺失、重视文献资源基本建设,发展到逐渐形成各图书馆的特色馆藏。

20世纪80年代以来,文献出版类型逐步趋于多元化。出版物载体除了传统的印刷书刊、缩微胶片、缩微胶卷以外,还出现了磁带、视听资料、只读光盘VCD、DVD及数据库等电子出版物。进入21世纪以后,网络版全文期刊以其内容新、出版快、使用方便等优势已经成为国内外出版物的主要形式,深受广大读者和图书馆的欢迎。全市各系统图书馆适应文献资源数字化、网络化发展的新形势,积极引进国内外文献数据库,2010年,可使用的各类中外文大型数据库达到500余种。

2001年,上海中心图书馆成立。通过公共图书馆、大学图书馆、科研系统图书馆、党校图书馆、工会图书馆及中小学图书馆之间的合作与协调,形成了以上海图书馆、复旦大学、上海交通大学等重点大学和中国科学院系统图书馆为核心,各区县、大学图书馆为基础的跨系统、跨区域、跨学科的国内外文献保障体系,大大丰富了文献信息资源,为满足上海市民的文献需求,提高书刊文献保障率打下了良好的基础。

第一章　源流与分布

第一节　藏书源流

一、公共图书馆

上海图书馆　1978年以后,上海图书馆将清理"文化大革命"期间被封存的馆藏书刊文献尽快恢复书刊上架,作为文献建设方面的重要工作内容。自1979年3月起,上海图书馆开始大规模落实政策,退还"文化大革命"中查抄暂存的图书,至1989年末整整10年中,总计退还图书2 361 996册,唱片78 185张。在清理和归还查抄图书的同时,整理珍贵图书10万多册。1980年8月起,上海图书馆扩大开展国际书刊交换业务,与美国、日本、澳大利亚、法国等30多个国家建立了正式交换关系,经常互赠书刊资料。1995年10月,上海图书馆与上海科学技术情报研究所合并,原上海科技情报研究所的馆藏文献并入上海图书馆,当年馆藏超过1 000万册,其中美、英、德、日等八国和世界知识产权组织和欧洲专利局的专利、标准文献、科技报告3 656万件(包括胶卷、平片等),科技会议资料46万件。2010年,上海图书馆馆藏资源总计52 718 632册/件。其中:线装古籍160万册,包含善本29 636种178 025册,地方志5 400余种90 000余册,家谱20 000种20万余册,朱卷8 000余种。1949年以前出版的中文图书约10万余种33万册,中文报纸4 207种,中文期刊18 676种75 014册。西文珍本1 800种,涉及拉丁、希腊、意大利、西班牙、葡萄牙、荷兰、英、法、德等10多个语种。新中国出版的中文图书,重要品种基本齐全,邮局发行的中文报纸、中文期刊基本覆盖,总计图书390余万册,期刊2万多种,期刊合订本38万余册,报纸5 000余种,报纸合订本15.6万余册。1949年后出版的外文图书150万余册,外文期刊品种17 813种,合订本57万册;包括60个国家和台港澳地区,以生物、化学、化工和外国文学等学科为收藏重点。2010年11月,瑞典藏书家罗闻达的"罗氏藏书"正式入藏上海图书馆并亮相,藏书收录1477年到1877年西方初识中国的400年间出版的1 551种西文汉学古籍珍品,涉及10多个欧洲语种和天文、地理、科学、工艺、历史、宗教等多方面内容,其中一些藏书属世界孤本。

上海市少年儿童图书馆　上海市少年儿童图书馆馆藏文献以中外儿童作家所创作的作品及儿童报纸、期刊、连环画、低幼读物为重点,已形成了馆藏特色,历年来不断补充、完善,从内容上、品种上和数量上保持了系统完整性。馆藏保存有全国早期的少年儿童连环画、报纸期刊和中外著名儿童作家的代表作,其中有多种民国时期发行的少年儿童读物,如《幼童文库》《小朋友》《万有文库》等;收藏中外儿童作家所创作的作品,包括少年儿童图书及报纸、期刊、连环画、低幼读物等,尤其将收集国内的、特别是全市儿童作家所创作的少年儿童作品为重点,如叶圣陶、陈伯吹、叶君健、洪汛涛、任溶溶和任大霖等,逐步形成了具有少年儿童馆特色的资源体系。2010年,馆藏总量达到923 495册(件),其中图书900 711册,报刊5 738件,视听资料17 046件。图书中连环画及各类低幼读物30 928册。

黄浦区图书馆　2003年12月,原黄浦区图书馆与原南市区图书馆合并为黄浦区图书馆,2003年两馆合并后,馆藏资源进行了整合,逐渐增加旅游文化、上海文学主题相关的各类书籍、地图、图册,以及《申报》《申报索引》《益世报》《中国大百科全书》《全宋文》《中国明朝档案总汇》和《稀见旧版曲艺》收藏价值的大部套书,2010年,图书馆总藏量100.9万册,其中图书98万册,报刊915种,视听文献2.78万件(含电子文献2.17万件)。

卢湾区图书馆 卢湾区图书馆文献建设以服务城区文化和服务社会大众为主要目的,注重馆藏的综合性与特色性并举,既顾及本地区大众阅读倾向,同时也有所侧重,体现馆藏特点与服务特色。2010年,馆藏总量42.9万册件。

徐汇区图书馆 徐汇区图书馆藏书以文史、艺术类与地方文献为特色。特藏部收集各国历史、历史人物、艺术、传统文化、上海及周边地区的各类人文资料等,藏有全套《申报》《良友》《古今图书集成》影印版以及《四库全书》光盘、《淳化阁帖》复制品等珍贵文献资料。馆内收藏新中国成立以来《人民日报》《光明日报》《解放日报》《文汇报》的全部报刊。总藏量580 875册/件,其中图书573 435册,视听文件6 940件(其中电子文献1 304件),外文书刊1 431册。

长宁区图书馆 长宁区图书馆针对长宁区外籍人士多的特点,加大外文书刊文献的订购,为区内外籍人士提供了良好的借阅环境。2010年,长宁区图书馆藏书65万册件,开架阅览书刊31.5万册。2010年,长宁区少年儿童图书馆馆藏总量为318 587册(件),其中图书241 270册,视听文献77 317件,电子文献67 052件,订购报刊366种。

静安区图书馆 2010年,静安区图书馆藏书39.36万册,少年儿童书籍5.7万册,报纸杂志901种,电子文献1 174种。

普陀区图书馆 2010年,普陀区图书馆馆藏书刊文献总量50万多册,订阅报刊600多种,拥有维普、中国知网、龙源期刊等多种电子文献。2010年,普陀区少年儿童图书馆藏文献近20万册,其中图书文献15万余册,电子文献近5万种,每年订阅报刊400余种。

闸北区图书馆 2010年,闸北区图书馆馆藏文献49.98万册,涵盖政治、法律、文学、经济、军事、文化教育、体育、医药卫生、自然科学、人文地理等。其中成人图书46.08万册、少年儿童图书3.23万册、古籍图书4 520册。收藏了《申报》《四库全书》《民国丛书》《二十四史百衲本》等文献。提供中国知网、龙源期刊网、超星电子图书、中国资讯行、全国文化信息资源共享数据库等数字资源服务。2010年,闸北区少年儿童图书馆文献总藏量121 964册/件,其中入藏电子文献、视听文献为6 867件。

虹口区图书馆 2010年,虹口区图书馆馆藏总量682 014册/件(乍浦分馆441 734册、曲阳分馆240 280册),其中收集影视文献10 000余册;视听资料10 000余件;电影海报2 031种5 452张;剧照2 441张;剧本1 092册以及其他(期刊、报纸合订本)3 583册。曲阳图书馆于1987年10月24日正式开馆,建馆之初,即提出"中小图书馆创办特色服务"的倡议,根据虹口区具有众多电影院和戏院的历史传统,设立影视资料主题馆,致力于各类影视文献的收藏。通过广泛收集电影、电视类专著、报章、期刊、剧本、剧照、海报、手稿、剪报等各类纸质资料,以及录像带、VCD、LD、DVD等音像资料,形成了一定规模的专题文献资源。1993年,上海市文化局发文命名该馆为"上海影视文献图书馆",成为当时国内唯一一家以提供影视资料信息服务的主题图书馆。

杨浦区图书馆 杨浦区图书馆依据地域特点、服务对象和整个社会的文献情报需求,在文献资源建设方面建立具有特定功能的藏书体系,努力实现文献资源的共知、共享。2010年,累计馆藏文献总量461 656册,馆藏纸质文献44.5万余册,报刊800余种。2010年,杨浦区少年儿童图书馆馆藏图书近14万册,报纸杂志331种,声像资料7 864种,少年儿童电子书籍千余本。

闵行区图书馆 闵行区图书馆作为地区性公共图书馆,馆藏文献建设围绕上海地区经济、科技、文化、社会及人文科学发展的需要,以地方文献馆藏为特色,并于 2007 年开始引进英文、日文、韩文图书。2010 年,闵行区图书馆共有图书 42.55 万册,杂志 1 279 种,报纸 282 份,音像制品 4 176 盘。

宝山区图书馆　2003 年,宝山区图书馆开始增加数据库、电子图书、期刊、视听文献等数字资源的采访,2010 年,馆藏总量为 68.4 万册/件,其中外文图书 602 册、古籍 3 141 册,报刊、期刊(含合订本)2 368 册,其他文献 1 214 册,数据库资源达到 34.5 TB。

嘉定区图书馆　2010 年,嘉定区图书馆馆藏 58.56 万册/件,开架阅览书刊 12 万册。1985 年以后,先后订购《四库全书》《续修四库全书》《钦定古今图书集成》等古籍文献。为满足读者阅读需要打下了基础。

浦东新区图书馆　2001 年,浦东新区图书馆成立。围绕浦东改革开放、经济建设和社会发展的需要,收集相关的国内外文献。2001 年订购图书 47 552 册/件、报刊 7 633 册/件、外文书刊 1 059 册/件;以后陆续建设数字图书、电子期刊、视听文献、地方文献、中国资讯行等网络数字资源,为读者提供了丰富多样的文献信息资源,2010 年,馆藏总量 212.4 万册/件。

金山区图书馆　2006 年起,金山区图书馆陆续购买电子书、电子期刊、视听文献等网络数字资源。2010 年,馆藏总量 31.625 万册/件。其中收藏地方文献 250 多种,常用工具书 500 多种。

松江区图书馆　松江区图书馆围绕松江改革开放、经济建设和社会发展的需要,收集相关的国内外文献。2010 年,订报纸 147 份,杂志 975 种,人大资料 62 种,外文报纸 31 种;除了传统书刊文献以外,陆续购买数字图书、电子期刊、视听文献、地方文献等网络数字资源,为读者提供了丰富多样的文献信息资源,2010 年,松江区图书馆馆藏总量为 57.5 万册/件。

青浦区图书馆　青浦区图书馆围绕青浦经济建设和社会发展的需要,收集相关的国内外文献。2010 年,馆藏总量 57.37 万册件。

奉贤区图书馆　2008 年,奉贤区图书馆通过订购、捐赠、征集、搜访等主要方式和渠道,共搜集了地方文献 200 种 380 册,馆藏地方文献包括县志、乡镇志、行业志(工业、文化、金融、卫生、交通等)、地方志、离休干部光荣史册、市郊农民武装暴动、革命文化史料、统计年鉴、文化作品选、英烈志等地方特色文献。2010 年,奉贤区图书馆馆藏 56.7 万册件。开架阅览书刊 24.2 万册。

崇明县图书馆　2010 年,崇明县图书馆馆藏文献 49.2 万册件,当年订购书刊文献 3.46 万册件。馆藏古籍线装古籍书 2.67 万余册。

二、高等院校图书馆

【普通高校图书馆】

复旦大学图书馆　2010 年,复旦大学图书馆馆藏文献共 6 402 448 册/件,其中中文图书 4 175 344 册(含古籍),外文图书 852 811 册。这些资源主要是原复旦大学、原上海医科大学图书馆以及两校于 2000 年重新组建成新的复旦大学图书馆积累经年的结果。1978—2010 年间,除经费购买外,陈望道、赵景深、徐汝椿、施坚雅、王传烨、华中一、吉美华、吕秋文等校友、学者和藏书家的捐赠成为本馆特色馆藏的重要来源。其中,从 1978 年至两校合并前,原复旦大学图书馆馆藏,从 180 万册增加到 4 101 780 册;原上海医科大学图书馆期间馆藏从 30 万册最高增长到 44 万余册,2000 年馆藏剔旧后实点 32 万余册。组建新的复旦大学后,原医科大学图书馆因而更名为复旦大学医科图书馆,读者可检索借阅校内其他分馆文献资源。图书馆重视电子资源的建设。原医科图书馆 1988 年开始订购了 Medline、CBMdisc、EMBase 等光盘数据库,2000 年引进 OVID 等全文数据库;

原复旦大学图书馆 1999 年已经拥有 55 种光盘数据库,同年 12 月订购了 Web of Science 数据库,2002 年 3 月,开通了大型综合学术数据库 Web of Knowledge,使师生能与国际学者同步了解到最新的科学研究进展。2010 年,图书馆已有中外文电子期刊 33 863 种,电子数据库 116 个。

上海交通大学图书馆 2010 年,上海交通大学图书馆馆藏纸质文献 308 万册,期刊 5 000 余种,电子期刊 3.9 万余种,电子图书 182.5 万种,电子学位论文 155.4 万余篇,数据库 367 个,多媒体资源馆藏总量达 8.4 TB。其中,原上海农学院图书馆 1978 年复校时有图书 19 188 册。1998 年,图书馆文献总量 24 万册,其中中文图书 18.95 万册,外文图书 1.63 万册,中文期刊合订本 2.08 万册,外文期刊合订本 0.8 万册,内部刊物 0.44 万册,电子出版物 1 000 余种,音像资料 12 455 件。馆藏中文农业科技图书占全部馆藏 60% 以上,重点学科"遗传育种"中文图书收齐率 80% 以上,"传染病与预防兽医学"中文图书收齐率 60% 以上,中文期刊收齐率 90% 以上。2005 年 7 月原上海第二医科大学图书馆并入交通大学,上海第二医科大学图书馆更名为上海交通大学医学院图书馆。医学院图书馆临床医学文献资源收藏较为齐全,为国内重点收藏单位;基础医学文献资源特色鲜明,侧重免疫学、组织胚胎学、分子生物学等学科的文献资源建设。医学院图书馆长期以来重视法语文献资源的建设,保存大量有价值的医学法语历史文献,是全国法文医学文献特藏中心,还与法国虚拟医学大学(UMVF)合作,引进了该校网上教学资源等多种法语信息资源。2010 年,上海交通大学医学院图书馆藏书量约为 56.5 万册,生物医学类电子文献数据库共计 35 个,医学及相关学科电子全文期刊 5 000 余种,其中中文期刊约 1 500 种。

同济大学图书馆 2010 年,同济大学图书馆纸质图书总量 400 万册,纸质期刊 6 256 份/4 981 种;电子图书总量 1 735 881 种,电子图书容量 19 833 GB;电子期刊 3.5 万种,电子文献数据库 33 个。其中,原上海建筑材料工业学院图书馆 1985 年馆藏图书 361 972 册,期刊合订本 29 224 册,以建筑材料及其相关学科文献为主、兼收各类为教学与科研服务的文献。原上海城市建设学院图书馆 1985 年有藏书 32 万册,期刊 1 959 种,以土木建筑学科为主,兼收市政、暖通、环保、管理、机械等学科,语种包括英、法、德、日、俄、西班牙和世界语。原上海铁道大学图书馆 1995 年 5 月馆藏书总量为 120 万册,中外文现刊 1 900 种,以铁道交通(包括城市轨道交通)、医学、计算机与通信类文献为特色,兼顾其他相关专业的文献。原上海铁道医学院图书馆 1990 年馆藏图书 123 178 册,视听资料 555 件,订购中文报刊 718 种,外文期刊 687 种,外文原版期刊 50 种。

华东理工大学图书馆 华东化工学院图书馆是在原大同大学图书馆藏书基础上,接收了交通大学、江南大学、东吴大学、震旦大学、同济大学等校图书馆有关化学化工方面的藏书而建立和发展起来的。截至 2010 年,华东理工大学图书馆形成以化学化工为特色,理工商文相结合的多科性馆藏体系,累计纸本文献 269.5 万册,并引进大量国内外数字资源,包括各类数据库、电子期刊、电子图书和学位论文等。

东华大学图书馆 1990 年,上海纺织工业高等专科学校图书馆馆藏图书 23.4 万册。1999 年 9 月,上海纺织高等专科学校图书馆并入东华大学图书馆。2007 年,东华大学图书馆馆藏图书 148.75 万册,2008 年 156.37 万册,2009 年 163.25 万册。2010 年,图书馆实行"信息共享空间"管理模式,将松江校区 8 个阅览室改造成多媒体阅览室、多功能阅览室、新书借阅室、期刊阅览室、过刊阅览室、工具书阅览室等;将延安路校区 9 个阅览室改造成综合阅览室、管理阅览室、艺术服饰阅览室、多媒体阅览室、特藏阅览室和留学生之家阅览室等。

华东师范大学图书馆 华东师范大学图书馆拥有丰富的馆藏文献,涵盖人文科学、社会科学、自然科学与应用技术等学科领域,尤以文史哲、教育学、地理学等学校重点学科领域的学术文献见长。图书馆收藏有大量线装古籍文献,并成为重点保护的特藏文献。2010 年,图书馆馆藏总量为 4 062 899 册/件,其中古籍文献 3.8 万余种 30 万余册。各类电子文献数据库 104 个(含 283 个子库),其中电子图书 1 577 811 种,全文电子期刊 34 849 种、电子学位论文 1 869 236 篇。其中,原上海教育学院图书馆 1978 年复校时馆舍 50 平方米,残存旧书 3 万余册。1989 年底,馆舍面积达 5 400 平方米,馆藏图书 38 万册,包括影印本《文渊阁四库全书》等大型丛书和门类较齐全的参考工具书;建立收藏有约 9 000 盘(盒)声像资料的声像片库。1998 年 9 月,馆藏中文图书 326 861 册、外文图书 25 430 册、中文期刊合订本 19 477 本、外文期刊合订本 3 953 本、非书资料 8 340 件,共计 384 061 册/件,全部并入华东师范大学图书馆。原上海第二教育学院图书馆 1978 年馆藏图书 9 万余册。1992 年增加到 43 万册、中外期刊 2 400 余种,并收集了一批国内外成人教育资料。1998 年 9 月,馆藏中文图书 355 653 册、外文图书 38 041 册、中文期刊合订本 19 586 本、外文期刊合订本 7 750 本、非书资料 741 种/2 523 盒,共计 423 533 册/盒,全部并入华东师大图书馆。上海幼儿师范高等专科学校图书馆 1983 年馆藏图书 5.5 万册,分为四大类:教育科学类,约占馆藏 40%;教学参考书和科研用书,约占馆藏 30%;经典著作、政治时事和思想道德修养类图书资料,约占馆藏 20%;优秀文艺作品和科普读物等,约占馆藏 10%。图书馆藏有新中国成立前私立岭南中学所藏的《四部丛刊》等古籍。1997 年 9 月,馆藏 74 136 册图书全部并入华东师范大学图书馆。

上海外国语大学图书馆　2010 年,上海外国语大学图书馆共有纸质藏书 90 余万册,中外文报刊 2 000 余种,电子资源数据库 30 多个,英、俄、德、法、日、西班牙、阿拉伯等主要语种的原版图书资料较为丰富,另外还收藏有葡、意、希腊、印尼、荷兰、瑞典、乌克兰、希伯来等语种的图书。

上海财经大学图书馆　2010 年,上海财经大学图书馆文献资源累计 383.34 万册/件,其中,图书 326.68 万册,其中中文纸质图书 140 万册、外文纸质图书 9.75 万册、电子图书及电子学位论文 176 万册,期刊合订本 51.51 万册,其他文献 5.15 万册/件。图书馆形成了以文献信息目录索引中心、财经统计分析数据中心、财经学术论文数据中心、课程教学参考资料中心、国际金融组织数据中心和 500 强企业文献特藏馆为核心的"5+1"的馆藏体系。

上海大学图书馆　2010 年,上海大学图书馆馆藏资源涵盖学校所有学科,在不断加纸本馆藏的同时,大力发展数字资源,引入大量的国内外电子资源,形成了由纸本图书、纸本报刊(包括合订本)、电子图书、电子报刊全文数据库、多媒体数据库及二次文献检索平台等所组成的多类型、多载体的综合性馆藏体系。其中,总馆以文理资料,延长校区文荟馆以工科资料,嘉定校区联合馆以经济管理综合为主要馆藏特色。图书馆与国内外众多大学、学术机构、图书馆建立文献交换关系。2010 年,共有中文图书 3 534 427 册,外文图书 183 297 册,电子图书 110 万种,电子期刊 2.6 万种,订阅中文期刊 3 032 种、外文期刊 462 种,订购数据库 67 个,自建数据库 6 个。其中,原上海工业大学图书馆 1990 年馆藏图书 72.8 万册,中外文期刊 4 651 种,其中有 2 301 种外文科技期刊,是光华出版社的毁版,重新装订的原版期刊,还收藏有新中国成立前 77 年全部《申报》缩印合订本及《大公报》《新青年》等缩印版或原版报纸。原上海科学技术大学图书馆 1994 年馆藏图书 795 395 册,期刊合订本 84 895 册,中外检索刊物 14 685 册,缩微平片和音像等非书资料 8 508 件,100 多种国际交换刊物。馆藏文献建设以学校各专业的基础理论及教学参考书、科研用书及有关工具书为重点,数、理、化、材料、电子技术、机械、化工、生物食品等学科的书刊较为丰实,颇具特色,并与许多国家和地区的 100 多个单位建立了书刊资料的交换关系。

上海海事大学图书馆　2010 年,上海海事大学图书馆馆藏图书 300 余万册(含电子图书),订阅中外文报刊 2 300 余种,拥有数字资源平台 62 个,数据库 208 个,包括 3 个自建特色数据库。图书馆馆藏以航运、物流、海洋工程文献为特色,形成包括"港口、航运、物流""海事政策与法律""商船、海洋科学与工程"三大海事文献与信息集群,建有国际海事研究图书馆。

上海海洋大学图书馆 图书馆前身"吴淞水产学校图书室",1985年改名为上海水产大学图书馆,2004年,藏书总量(不包括影像资料)107.5万册。截至2010年,上海海洋大学图书馆总藏书量100.88万册,馆藏资源突出海洋、水产、食品特色。图书馆成为国内收藏水产科学文献历史最悠久、学科门类最齐全的图书馆之一,是水产科学文献的重要信息中心。

上海中医药大学图书馆 上海中医药大学图书馆1998年启动自动化网络化建设,建立了电子阅览室,在此基础上,数字化资源建设不断推进。购买使用的数据库有近20个,自建数据库有中医古籍善本书目提要数据库、中医文化馆藏书目提要数据库、中医文化期刊文选全文数据库等。1999年起图书馆的门户网站建立,包含中医药新闻信息、网络导航、图书查询、电子图书期刊阅览、医学数据库查询、医学视频信息平台、虚拟咨询平台等。2010年,图书馆藏书量约为121万册,其中纸质图书71万册。馆藏文献以中医药文献为主,收藏的中医古籍善本颇具特色,计有特藏善本1 114种6 200册,主要为明清刻本、日本刻本、抄校本,其中金、元、明木刻本200余部1 500册,不少系国内孤本、珍本。馆藏最早版本为蒙古海迷失后元年(1249)晦明刊轩所刻《证类本草》。

上海师范大学图书馆 2010年,上海师范大学图书馆馆藏中外文图书2 835 981册,中外文期刊91 139册,音像资料100 302件。

华东政法大学图书馆 2010年,华东政法大学图书馆拥有纸质馆藏170余万册,电子书46余万册,配置了51种196个数据库。馆内收藏的中外法学类图书品种、数量较为齐全。

上海海关学院图书馆 2010年,上海海关学院图书馆馆藏纸本文献55万册,中文报刊789种,外文报刊45种,电子图书23万册,在用数据库17个。

上海建桥学院图书馆 2010年,上海建桥学院图书馆馆藏纸质图书86万余册、报刊875种。

上海政法学院图书馆 2010年,上海政法学院图书馆馆藏中外文图书73万册,电子图书16万册,中外文期刊1 255种,报纸135种。

上海第二工业大学图书馆 2010年,上海第二工业大学图书馆拥有中文图书1 007 936册、外文图书32 459册、中外文期刊1 987种、报纸168种,数据库资源24种。

上海电力学院图书馆 2010年,上海电力学院图书馆馆藏纸质文献共有纸质藏书近100万册,电子图书140余万册,期刊1 200多种,报纸150多种,中外文数据库18个。

上海电机学院图书馆 上海电机学院图书馆藏书以机电、车辆、信息技术、经贸管理类图书为主,兼顾其他学科。馆藏文献总量121万余册,其中纸质图书899 803册,电子图书22万册,纸质中外文期刊702种,数据库22个。

上海应用技术学院图书馆 2010年,上海应用技术学院图书馆共有馆藏文献133万册,在艺术、材料、机电、化学化工、食品及生物等学科领域已形成特色。在注重丰富纸质文献的馆藏同时,逐年增加学术性电子文献资源,引进网络数据库22个,自建数据库2个,电子图书4.6余万册。

上海对外贸易学院图书馆 2010年,上海对外贸易学院图书馆基本建立起具有外经贸特色,包括国际经济、国际贸易、工商管理、商务外语、国际经济法律以及国际金融等学科的藏书体系。图书馆馆藏中外文纸质图书123万余册,电子图书近80万册,电子期刊2万余种。

上海立信会计学院图书馆 2010年,上海立信会计学院馆藏纸质图书及期刊合订本103.4万册,视听资料3 000件,中文电子书24.8万册,长期订阅中文期刊1 100种,外文期刊134种,中外文电子期刊20 075种,网络数据库13个。馆藏文献以财会、经贸为特色,占总馆藏1/3左右,其他为财会专业教学、科研参考书。

上海金融学院图书馆　2010年,上海金融学院图书馆馆藏纸质图书83.7余万册(件),订购中外文报刊1 323种(其中外文报刊53种)。文献收藏以经济类书刊为主,侧重于金融、保险、财务会计、审计等专业领域的图书。

上海体育学院图书馆　上海体育学院图书馆老大楼藏有近60万册图书,其中中外体育及相关专业图书20万余册。新大楼有中外文体育及相关专业报刊600余种,中外文数据库19个。

上海戏剧学院图书馆　上海戏剧学院图书馆由华山路校区(总部)和莲花路校区(分馆)二部分组成,2010年馆藏图书文献39.2万余册。

上海商学院图书馆　2010年,上海商学院图书馆馆藏纸质图书90余万册,电子图书15万余册,期刊670余册,数据库9个。

上海杉达学院图书馆　上海杉达学院图书馆由校本部曹光彪图书馆和嘉善校区分馆组成。2010年,馆藏中文纸本图书60余万种,84万余册,原版外文图书3.6万余册。年订购中文报刊600余种,外文报刊10余种。

上海医疗器械高等专科学校图书馆　2010年,上海医疗器械高等专科学校图书馆馆藏图书30万余册(其中电子图书5万),各类期刊600余种。馆藏文献突出医疗器械专业特色,生物医学工程类专业期刊物收集率达90%以上。并注重医疗器械特色数据库建设,自建数据库3个。

上海出版印刷高等专科学校图书馆　2010年,上海出版印刷高等专科学校图书馆馆藏纸质图书30万册,中外文期刊报纸600余种,并设有电子阅览室和触摸式电子阅报栏,馆藏特色是出版印刷类专业文献。

上海医药高等专科学校图书馆　2010年,图书馆馆藏纸质图书26万余册,以护理、检验、口腔等卫生类学科为主,并配有电子教学光盘及随书光盘。上海旅游高等学校图书馆。2010年,上海旅游高等专科学校图书馆馆藏纸质文献中文图书296 612册、外文图书17 614册,纸质中文报刊497份、纸质外文报刊36份。

上海健康职业技术学院图书馆　2010年,上海健康职业技术学院图书馆馆藏12万册纸质图书、6万余种电子图书;订阅报刊300余种,拥有万方、中国生物医学文献服务系统、起点考试网、Begell House等多个数据库。

上海新侨职业技术学院图书馆　2010年,上海新侨职业学院图书馆馆藏图书23万余册。

上海东海职业技术学院图书馆　2010年,上海东海职业技术学院图书馆馆藏纸质图书为32.49万册,电子图书6.7万余册,合订本期刊13 879本,每年征订期刊314种。涵盖学校设立的国际商务、国际航运业务管理、物流管理、投资与理财、国际金融、会计、报关与国际货运等17个学科专业。

上海电子信息职业技术学院图书馆　2010年,上海电子信息职业技术学院图书馆馆藏纸质图书32万余册,以电子类、通信类、计算机类及机电类科技文献为主,实用性、技能型文献为重点。

上海行健职业学院图书馆　2010年,上海行健职业学院图书馆拥有纸质图书38万余册,电子图书9万册,各类数据库近20个,数字资源2 000 GB,初步形成飞机制造、电子商务等重点专业文献为特色的、多学科文献相互支撑、协同发展的馆藏体系。

上海济光职业技术学院图书馆　2010年,上海济光职业技术学院图书馆馆藏中文纸质图书30.25万册、西文纸质图书2 720册、电子图书33.2万册、中文期刊340余种、报纸70余种等。

上海中侨职业技术学院图书馆　2010年,上海中侨职业技术学院图书馆拥有纸质文献24万册,期刊 280 种、报纸 28 种、中国国家图书馆电子图书 7 万册、《央视百科视频》资源 3 000 多条等。

上海交通职业技术学院图书馆 2010 年,上海交通职业技术学院图书馆馆藏纸质图书 29.81 万余册。

上海工艺美术职业学院图书馆 2010 年,上海工艺美术职业学院图书馆馆藏图书和期刊合订本有 25.5 万册,数字图书 22 万册,中外文现刊 280 多种。中外工艺美术、艺术设计、艺术类工具书、名家画册等书籍是馆藏特色。

上海震旦职业学院图书馆 2010 年,上海震旦职业学院图书馆馆藏纸质图书 30 万余册,电子图书 6.2 万册。

上海工商外国语职业学院图书馆 2010 年,上海工商外国语职业学院图书馆馆藏纸质图书 53 万余册,电子图书 15 万余册,万方数据库 4 000 GB,视频资源 378 GB。

上海海事职业技术学院图书馆 2010 年,上海海事职业技术学院图书馆馆藏以国内外海事图书资料为特色,藏书 28 万册,各类报刊 500 多种。

上海工会管理职业学院图书馆 2010 年,上海工会管理职业学院图书馆馆藏总量 40 余万册,其中包括电子图书 5 万余册,报刊资料 600 多种。

上海城市管理职业技术学院图书馆 2010 年,上海城市管理职业技术学院图书馆馆藏图书 33 万余册。

上海兴伟学院图书馆 2010 年,上海兴伟学院图书馆馆藏纸质图书 29 万余册,电子图书近 20 万余册。馆藏资源主要为学院电子应用、计算机应用等信息类专业的教学和科研服务。

上海立达职业技术学院图书馆 2010 年,上海立达职业技术学院图书馆馆藏纸质图书 50 余万册,拥有原版英语国际护理专业图书、期刊 3 000 余册。

上海农林职业技术学院图书馆 2010 年,上海农林职业技术学院图书馆馆藏纸质文献 23 万余册,电子图书 7.5 万种,电子音像资料 10 000 余套,中外文期刊 550 余种,报纸 160 余种。馆藏以畜牧、动物医学、水产、园艺园林、生物技术、农业经济等为特色。

上海科学技术职业学院图书馆 上海科学技术职业学院图书馆馆藏 28 万册纸质图书和 42 万余册电子图书及与学院各专业有关的教学参考书和工具书等文献 1 万册;馆藏期刊近千种,涉及通信与电子信息、机电工程、经营管理、商务流通、人文与社科学系等学科专业;当年期刊近 300 种,报纸约 50 种。

上海思博职业技术学院图书馆 2010 年,上海思博职业技术学院图书馆馆藏中文纸质图书 26.5 万册,电子图书 6.8 万册,中文期刊 370 余种,期刊合订本 8 804 册,报纸 70 余种。

上海民远职业技术学院图书馆 上海民远职业技术学院图书馆馆藏 10 万余册,各种专业性、综合性期刊 100 余种。

上海体育职业学院图书馆 上海体育职业学院图书馆馆藏以体育专业书刊为主,相关学科和基础学科为辅,馆藏图书数量 10 万多册,引进超星电子图书 12 万种,报刊 270 多种,其中专业期刊 60 多种。

上海邦德职业技术学院图书馆 2010 年,上海邦德职业技术学院图书馆馆藏纸质图书 17.5 万册、中文期刊 254 种,报纸 55 种,过刊合订本 700 余册。

上海视觉艺术学院图书馆 2010 年,上海视觉艺术学院图书馆馆藏图书 30 万册,其中建筑、绘画、雕塑、平面设计、服装设计、摄影、电影、表演等艺术类专业图书占到近 1/2;另藏有各类电子图书 5 万册,并藏有一定数量的多媒体资料和特色数据库。

上海师范大学天华学院图书馆 2010年，上海师范大学天华学院图书馆馆藏纸质图书45万余册，电子图书130万余种，中外文期刊580余种，报纸122种，文献数据库5个，馆藏侧重教育类、艺术类文献。

中欧国际工商学院图书馆 2010年，中欧国际工商学院图书馆拥有中英文纸质图书4万余册；英文电子图书5 000多种；中英文期刊250多种；中英文报纸60多种；中英文电子期刊2万余种；专业电子数据库40余种，形成以经济、管理文献为核心的专业馆藏体系，并坚持纸质资源与电子资源并重的藏书建设原则。

【部队院校图书馆】

中国人民解放军上海第二军医大学图书馆 中国人民解放军第二军医大学图书馆馆藏各类书刊65万余件，拥有各类数据库90余个、中文全文电子期刊22 000余种、外文电子全文期刊1.9万余种、电子图书216万余册，馆藏实现了85%以上的数字化比例。馆藏文献以医学、药学、生物学为特色，覆盖各学科专业门类，重点收藏国家级重点建设学科及医学生物技术、中西医等领域的文献。图书馆有10多种历史悠久的外文期刊收藏完整，如英国医学杂志（BMJ）、英国自然杂志（NATURE）、美国医学会杂志（JAMA）、美国生理学杂志（APS），分别从1857、1869、1883、1899年创刊号起连续收藏，英国化学会杂志从1881年起收藏，英国外科杂志、美国外科杂志、英国放射学杂志、化学文摘均从创刊号起收藏，药学杂志从1894年起收藏。

中国人民解放军南京政治学院上海分院图书馆 中国人民解放军南京政治学院上海分院图书馆馆藏图书42万余册、电子全文图书近100万种；订阅中外文纸质报刊1 100种、电子全文期刊6 000多种；36个大型数据库；数字化资源总量约30 TB，基本形成了以军队政治工作学、军队政工信息化、军事心理学及相关学科为重点的藏书体系和数字化资源体系。

中国人民武装警察部队上海政治学院图书馆 中国人民武装警察部队上海政治学院图书馆馆藏纸质图书20万册，电子图书18万册，纸质报刊260余种，电子期刊6 000种，数据资源总量达20 TB，引进了中国知网、万方、超星等数据库。

三、科研院所图书馆

【中国科学院上海地区图书情报机构】

中国科学院上海地区各研究所图书馆/情报中心围绕国家科研发展的规划，重点布局生命科学、药物研究与开发、有机化学与材料、光电科学与技术、核物理技术、信息技术等高新技术的研究与技术应用，各所图书馆形成了与科研配套的文献保障体系。2010年，中国科学院上海分院各研究院、所图书馆拥有馆藏文献407万册。

中国科学院上海生命科学信息中心 中国科学院上海生命科学信息中心建馆以来，一直以收藏国内外生物、医学、农业、化学、化工文献为重点，形成了以生命科学特色的馆藏特色。2010年，上海生命科学信息中心馆藏拥有中外文专业图书20万种60万册，中外文学术期刊5 500种250万册。参加中国科学院文献情报系统集团采购，购买了包括Nature、Science、John Wiley、Blackwell、Springer、Elsevier - SD、APS、ACS、IOP、RSC、等国外主要出版社的电子期刊数据库。牵头组织中国科学院上海分院各研究所图书馆集体购买超星、读秀、万方等中文数据库。

中国科学院上海光学精密机械研究所图书馆 2010年，中国科学院上海光学精密机械研究所图书馆拥有中外文图书 4 万余册,中外文期刊 1 500 余种,期刊合订本 8 万余册。参加中国科学院文献情报系统集团采购,购买了包括 Elsevier - SD、APS、AIP、ACS、IOP、RSC、Science、Nature、John Wiley、Blackwell、Springer 等国外主要出版社的电子期刊数据库,可使用国外期刊达16 814 种。

中国科学院上海硅酸盐研究所图书馆　2010 年,中国科学院上海硅酸盐研究所图书馆馆藏各类图书 2.7 万册(其中中文图书 16 282 册、日文图书 1 723 册、西文图书 8 781 册)。参加中国科学院文献情报系统集团采购,购买了包括 Elsevier - SD、APS、AIP、ACS、IOP、RSC、Science、Nature、John Wiley、Blackwell、Springer 等国外主要出版社的电子期刊数据库,可使用国外期刊达16 814 种。

中国科学院上海应用物理研究所图书馆　2010 年,上海应用物理研究所图书馆藏书共 6 万多册,其中:中文图书 1.7 万册,西文图书 1.2 万册,中文期刊合订本 4 000 多册,西文期刊合订本 2.8万册。参加中国科学院文献情报系统集团采购,购买了包括 Elsevier - SD、APS、AIP、ACS、IOP、RSC、Science、Nature、John Wiley、Blackwell、Springer 等国外主要出版社的电子期刊数据库,可使用国外期刊达 16 814 种,还购买超星、读秀、万方等中文数据库。

中国科学院上海药物研究所图书馆　1983 年,中国科学院上海药物研究所图书馆订购现刊599 种,图书和期刊合订本的入藏量达 69 465 册。2002 年,当年订购中文期刊 206 种,订购原版外刊 164 种,交换获得原版外刊 42 种;图书和期刊合订本的入藏量为 75 290 册。2004 年,上海药物研究所图书馆成为生命科学图书馆浦东分馆后,当年订购中文期刊增至 322 种,订购和交换的原版外刊达 253 种。2010 年,订购和交换的外文现刊 217 种,馆藏图书和期刊合订本的馆藏量控制在8.5 万册左右。药物研究所图书馆参加中国科学院国家科学图书馆和中国科学院上海生命科学信息中心的集团采购计划,订购了 ACS、CCC、DERWENT、JCR、SCI、ISTP、INSPEC、BP、PQDD. B、CSA、EI、ELSEVIER - SD、SPRINGERLINK、PNAS、GDP、CSA、Soshoo 和中文科技期刊库(维普)及方正年鉴数据库,通过 NSTL 可访问 57 个数据库。

【上海社会科学院图书馆】

上海社会科学院图书馆作为社会科学的专业图书馆,具有藏书体系比较完整,学科门类比较齐全,品种较多的特点。图书馆藏书中的列宁全集、中文版马克思恩格斯全集、斯大林全集、各版本毛泽东著作、外文版苏、美、英、德、日等大百科全书、各学科百科全书、专科辞典均齐备。以社科类学术著作、资料、各类工具书为收藏重点,其中中国近代经济史、上海近代史、中华民国法律方面的馆藏丰富。经济类的统计年鉴、蓝皮书系列、发展研究报告、法律法规集成经年积累,已成一定规模。各种文集、史料、大型丛书悉数购买,如《全宋文》360 册、《中国旧海关史料》170 册、《民国丛书》500册等、景印本文渊阁《四库全书》1 500 册、《续修四库全书》1 800 册、《四库全书存目丛书》1 200 册、《四库未收书辑刊》300 册、《四库禁毁书丛刊》310 册等。2010 年,馆藏中文图书 462 840 册,英文93 542 册,古籍 109 340 册,旧平装书 74 395 册,港台书籍 26 239 册,日文书籍 32 085 册,俄文书籍18 249 册,中文过刊 33 930 册,西文期刊 39 537 册,日文期刊 11 000 册,俄文期刊 1 万册,报纸 5 500本,剪报 6 000 册,总计 922 657 册。

1978 年,上海社会科学院下属各研究所均设有资料室。1978—1990 年,院实行图书馆总馆与所资料室并存的两级管理体制,院图书馆负责协调各所资料室书刊订购,并且在图书馆业务上进行指导。1990 年起,图书馆管理体制进行整合,撤销所级资料室,文献资源由图书馆总馆统一采购、加工和提供服务。

信息研究所资料室 1960年4月,上海社会科学院学术情报研究室藏有中外文图书5 000册,外文报刊30余种,以及中文报刊和内刊若干种。1990年藏书6 000余册。1990年资料室撤销以后,仍保留部分专业资料和专业报刊,其功能转变为专业阅览室。

哲学研究所资料室 1990年,哲学研究所资料室藏书1.3万余册,订阅报纸15种,杂志130种。每年购书经费4 000元。资料室主要收藏社会科学和哲学类的图书,其中包括社会科学各门类的工具书及外文辞典等。1990年资料室撤销以后,仍保留部分专业资料和专业报刊,其功能转变成专业阅览室。

宗教研究所资料室 1982年,宗教研究所资料室正式成立。资料室成立之初,馆藏得到中国社会科学院世界宗教研究所和南京大学宗教研究所的支持,将各自出版的期刊全套赠送。全国基督教三自爱国会图书馆,也将7批馆藏复本基督教书籍长期借给该资料室。资料室同全国部分省市自治区党校、社会科学院、高等院校的图书情报资料室等35个单位,建立了资料交换关系。1990年藏书共有5 039册。1990年资料室撤销以后,仍保留部分专业资料和专业报刊,具有专业阅览室的功能。

法学研究所资料室 1979年5月,上海社会科学院恢复法学研究所,并组建资料室。自1979年6月起,法学研究所资料室先后与全国人大、国务院有关部、局的法规部门,最高和省、市级人民法院、人民检察院,司法部和司法厅、局,公安部和公安厅、局,政法院校和大专院校的法律系,以及各地的社会科学院、法学会、律师协会、公证处有关期刊的编辑部等单位建立了资料交换关系。1990年资料室藏书5 700多种11 600册,内容包括哲学、政治学、法学、国际法、法制史、法规汇编以及世界主要国家部分法学理论书籍以及法规等,以法学理论、法律、法规汇编为重点;期刊700多种4 360多册,其中法学专业期刊350多种2 700多册。1990年资料室撤销以后,仍保留部分专业资料,供科研人员查阅;并订购主要专业报刊,具有专业阅览室功能。

社会学研究所资料室 社会学研究所于1980年底设资料组,1985年4月,资料组正式改为资料室。1990年,资料室藏书6 658册。除图书外,还收藏对社会学专业有参考价值的资料,如有关社会学专业及与社会学相近相关的各种杂志、中国人民大学复印资料及《社会学》文摘,社会学文献篇目索引卡片,专题剪报等,1983—1990年按年份装订成册的共有570本。1990年资料室撤销以后,仍保留部分专业资料和专业报刊,具有专业阅览室功能。

经济研究所资料室 1978年10月,上海社会科学院恢复建制,经济研究所及资料室随之重建。1990年,有图书(包括期刊合订本)1万余册,订阅刊物200多种。1990年以后,情报资料研究室撤销以后,仍保留部分专业资料和专业报刊,并有专人管理,其功能为专业阅览室。

世界经济研究所资料室 1978年,世界经济研究所资料室正式成立。初建时藏书约1 000册,订阅报刊近20种。1990年,资料室藏书7 000多册,其中中文图书6 000册、外文书籍资料约1 000册。另有500多册世界经济专业方面的合订本杂志(每年装订约70册),上架杂志与资料200多种。订购期刊60种,报纸10多种。1990年资料室撤销以后,仍保留比分专业资料和专业报刊,并有专人管理,其功能转变为专业阅览室。

部门经济研究所资料室 1980年2月,部门经济研究所资料室正式成立。藏书约3 000册,报纸、期刊合订本650册左右,另有工业、农业、商业、财金、城市、旅游等专题档卷约50卷。1990年资料室撤销后,仍保留部分专业资料,另订购有专业报刊,供科研人员查阅。

经济咨询中心资料室 1980年8月,经济咨询中心正式建立资料室。资料室有图书950册,历年期刊合订本1047册,期刊165种(其中75种系交换),报纸23种,基本形成以外向型经济为中心和围绕改革开放为主体的藏书内容,各种年鉴、法规收藏较全。1990年资料室撤销后,保留专业资料和专业报刊,转变为专业阅览室。

文学研究所资料室 1979年9月,文学研究所成立资料室,部分由院图书馆调拨,部分自购,约2000多册。最高峰时,藏书2.5万册,各类旧期刊2500册,订购中文报纸10种,期刊220种。1990年资料室撤销后,仍保留部分旧藏书和期刊,另订购主要专业报刊,供科研人员查阅,其功能转变为专业文献及阅览室。

青少年研究所资料室 1982年,青少年研究所设立资料室。资料室图书统一由院图书馆调入和分配。1990年,年购书经费1500元。资料室中文藏书5000册,全部为新中国成立后出版。在对外学术交往中,由国外研究机构赠送的外文著作约200册。资料室订购各类中文报纸15种,各类中文杂志200种。全国主要的青年报刊和中国人民大学复印资料的"青年运动史""中国共产主义青年团"等部分予以剪贴和保存;还订购苏联《少先队员》《辅导员》杂志。1990年资料室撤销后,仍保留部分专业资料并固订购主要专业报刊,其功能转变为专业阅览室。

历史研究所资料室 1978年,上海社会科学院恢复历史研究所,同时成立资料室。馆藏新书主要由上海社会科学院图书馆统一采购分编后转拨历史研究所。1980年,藏书(含线装书、期刊合订本)15万册,中文现刊3000种,报纸40种。1990年,藏书共24万余册,其中:线装书8万,清乾隆以前刊本150部,以及《四部丛刊》《四部备要》《古今图书集成》《道藏》《大正新修大藏经》《清实录》等大型丛书、类书和史料;1976年以前(含1976年)出版平装书10万余册;1977年以后平装书5万余册;港、台中文平装书1100余册;外文原版书7500册(部分为外国学者、团体赠送)。此外,收藏期刊、报纸(合订本)4.4万册,中文现刊247种,报纸41种。2009年馆藏量基本保持在24万册左右,年订购报刊110种。

新闻研究所 新闻研究所成立于1985年,建所初期,设有小型专业资料室,采购了少量专业图书,订购了主要专业报刊。1990年起,不再采购专业图书,保留部分专业报刊,资料室主要承担专业阅览室功能。2001年1月,新闻研究所与信息研究所资料室合并。

人口与发展研究所 人口与发展研究所成立于1987年,人口与发展研究所设有专业资料室,收藏有专业书籍和统计资料。1990年起,资料室不再采购专业图书,保留部分专业报刊和资料,供科研人员查阅。

东欧中西亚研究所 东欧中西亚研究所成立于1992年,设有资料室,收藏有关于苏联、东欧、中亚、西亚、世界史以及犹太文化方面的图书和资料,另订购专业报刊和内部参考资料。1990年起,资料室不再采购专业图书,保留部分专业报刊和资料,供科研人员查阅,另作为特色收藏,保留有数量较大的犹太历史文化方面的中外文图书资料。

亚洲太平洋研究所 亚洲太平洋研究所成立于1990年。亚洲太平洋研究所设有资料室,订购有专业报刊和内部参考资料,供科研人员查阅。

【科研院所与企业集团图书情报机构】

上海飞机设计研究院图书馆 2010年,上海飞机设计研究院图书馆藏中文图书14820册,外文图书5076册,内部资料6741册,工具书1868册,中文期刊(合订本)622种3982册;外文期刊(合订本)355种4125册。

上海核工程研究设计院科技图书馆 上海核工程研究设计院科技图书馆隶属于上海核工程研究

究设计院信息文档管理中心。2001年，引入图书馆自动化集成系统软件，建立了各类文献的书目数据库，图书标准期刊资料的管理实现了计算机化管理，并利用两年的时间将历史馆藏文献的数据信息补录入系统。2007年，对原有系统进行了升级，以文献书目数据库为基础，积极开展数字图书馆的建设，丰富数字文献资源。同时，图书馆充分利用互联网搜集各种有用的免费资源，如美国核管会导则（RG）、部分美国核科技报告（NUREG）、IAEA安全标准、技术报告等资源，丰富馆藏电子资源。

上海汽车集团股份有限公司文献资料馆　2010年，上海汽车集团股份有限公司文献资料馆分为逸仙路基地藏书库和安研路基地阅览室两部分。馆藏中外文的纸质图书、期刊、报纸、工具书、造型图册、标准文献、专利文献、展会样本、内部资料以及电子图书、多媒体、光盘等文献资源15万册（件），其中，馆藏中文汽车期刊及汽车核心期刊50多种，馆藏主要的外文汽车技术期刊30多种以及与汽车相关的中外技术期刊50多种；馆藏1978年以来的美国《SAE Paper》《SAE Technical Paper》《SAE Transactions》《SAE Handbook》等全部资源。拥有资源数据库、网上资源（包括电子文献资料馆镜像）和一些图书馆管理和数据分析软件等。

中国船舶重工集团公司第七〇四研究所图书馆　2010年，开始建设数字图书馆，分设中国知网数据库、标准数据库、所内资源库、合格供方库四大板块，并且收藏了重点专业的缩微资料，配备了阅读设备。为配合研究所重点学科的建设，图书馆有针对性地收藏了制冷与空调、液压与气动、船舶电气、舱室机械、甲板机械等专业技术文献，约20万册，并配有英文、俄文、德文、日文等多语种工具书。馆藏外文文献主要包括美国四大报告以及美国、德国、日本等专利文献，还有《The Naval Architect》《Sea Power》《Marine Technology》《Warship technology》《The marine professional》等十多种外文专业期刊。

上海市机电科技情报研究所图书馆　上海市机电科技情报研究所图书馆主要收藏机电领域的图书、期刊、相关的国标、国内标准资料。图书1 000余册、期刊100多种、标准资料有国际标准、中国国家标准及部颁标准、德国标准、苏联标准等3 000余件。1982年，图书馆成立检索组，开展国际资料的计算机联网检索工作，并自行创建了用微型计算机检索馆藏标准资料数据库。

上海市化工科学技术情报研究所图书馆　上海市化工科学技术情报研究所图书馆服务对象基本以上海华谊（集团）有限公司下属企业科研人员为主，还有上海地区化工企业的科研人员。图书馆藏有中外文专业图书期刊2万余册，藏书以煤化工、石油化工、精细化工、合成工艺、化工工程、市场信息等图书期刊为主，是上海地区藏有化工专业国内外期刊、参考工具图书较为完整的图书馆之一，与化工行业有关的各种中外文期刊基本齐全。

上海市轻工业科技情报研究所图书馆　2010年，上海市轻工业局科技情报研究所图书馆拥有中文图书827册，外文图书76册，期刊61种，以及食品、日用化学品、香精香料、乐器、工艺美术品、玻璃、缝纫机等各个轻工行业的资料库。

上海市农业科学院图书馆　2010年，上海市农业科学院图书馆馆藏图书25万余册，其中中文图书69 010册，西文图书16 524册，日文图书2 452册；中文期刊11 180册；西文期刊12 209册；日文期刊1 635册；订购超星电子图书4.1万册，方正Apabi电子图书16 782册。馆藏113 010册农业、生物类藏书书目数据入库。

上海市纺织科学研究院图书馆　2010年，上海市纺织科学研究院图书馆馆藏图书期刊10万册，资料3万份。图书馆是纺织行业的专业图书馆，重点收藏国内外纺织专业（棉、毛、麻、丝、化纤、非织造市、针织、印染、纺机等）图书包括专著、工具书、年鉴、手册、会议录及部分相关专业的图书，例如物理、化学化工、机电等;期刊,包括专业期刊和检索刊物,还收集国内纺织专业标准和国外纺织机械样本;资料,包括内部资料、期刊。馆藏图书和资料除对研究院职工开放外,还对全市纺织系统和有关单位开放,与国内纺织工厂企业、纺织院校、科研设计单位等建立了资料交换关系。

宝山钢铁集团科技图书馆　宝山钢铁集团科技图书馆隶属于宝钢集团有限公司中央研究院(技术中心)情报中心,是集图书、期刊、报纸、资料、标准等于一体的信息集散中心,主要为员工特别是科研技术人员提供图书借阅、报刊阅览、资料标准查阅等服务。截至2010年,图书馆订阅中外报刊600余种,其中外文报刊100余种,凡与钢铁生产有关的各种中外文期刊基本齐全。图书馆藏有中外文专业图书10万余册,藏书以钢铁冶炼、轧制、管材、金属压力加工等应用类图书为主,兼收部分钢铁基础理论及其他相关专业图书,注重收藏各种国内外钢铁专业技术情报、世界各大钢铁公司简介及相关资料。

上海石油化工研究院图书馆　上海石油化工研究院图书馆是石油化工类的专业性图书馆,馆藏资源主要集中在石油化工、能源、材料等领域,此外还包括安全环保、计算机和管理等领域。馆藏中外文图书2.5万余册;800余种中外文期刊(其中中文期刊633余种,英文期刊177种,德文期刊6种,日文期刊34种,俄文期刊9种);各类特种文献3 600余册;订购中外文数据库近20个,标准数据库1个,电子期刊近20种,专题报告近500份。

四、上海市委党校图书馆

2010年,上海市委党校图书馆馆藏中文图书17.5余万种/39.6万册,港台图书4 870册/种,外文图书6 069册/种,馆藏电子图书444 671册/种,馆藏电子出版物(单机版)1 250余种。2010年度订阅中文期刊1 287种;港台和外文期刊86种。2010年度订阅报纸:132种;港台和外文报纸11种。馆藏期刊合订本总计802种11 711册。图书馆购买了清华同方期刊库、人大复印资料全文库、北大方正、超星和书生电子图书、中国法律检索系统、清华同方博士论文数据库、重要会议数据库、重要报纸数据库、中国年鉴库、中国工具书库、国研网、人民网、中经视频、网上报告厅、新华社信息库以及外文期刊全文数据库EBSCO等国内外各类数据库104种。

第二节　入藏文献布局

一、公共图书馆

上海图书馆　上海图书馆作为研究型的公共图书馆,馆藏文献建设围绕上海市经济、科技、文化、社会及人文科学的发展和推进上海四个中心建设的需要,以上海重点发展的支柱产业相关的综合性、专业性、边缘性、工具性文献为重点,在订购印刷版外文书刊方面,以英文为主,日文、德文、俄文、法文、韩文为次。对重要国际组织、学会、协会的重要出版物及国际性、地区性学术会议文献、历届诺贝尔奖的获奖论文集、重要学科的核心出版社出版的文献等做到重点采集和收藏,确保重点类别的文献完整。对上海市地方文献则做到全面、完整收藏。

黄浦区图书馆　黄浦区图书馆作为中心城区图书馆,重点收藏旅游文化、老城厢地方文献、上海历史风土人情、上海作家作品等书籍。馆藏报纸以全国性和本市为主,根据需要适量选订其他省级报纸。期刊订购以普及性、大众化,满足本区域普通读者需要的为主。

静安区图书馆　静安区图书馆根据静安区域经济文化发展特点,注重收藏现代服务业(建筑、广告设计、商业商务等)、艺术类(书画美术)、英汉对照读物、地方文献等文献、海关史料、古籍典藏精品、经典音乐音像资料,构建特色馆藏体系。

虹口区图书馆　虹口区图书馆和曲阳图书馆的藏书除满足读者的阅读需求外,也承担着传承虹口文化的历史重任。虹口区图书馆把"十大文化名人"专著及研究资料、"左翼文化"和"海派文化"专题文献作为藏书重点之一。曲阳图书馆从1988年起坚持以"影视特色"为收藏主题,文献资源覆盖与影视紧密相关的图书、期刊、音像制品以及其他影视非书资料。1993年10月,虹口区曲阳图书馆被上海市文化局正式命名为"上海影视文献图书馆",成为当时国内唯一以提供影视资料信息服务的主题图书馆。上海影视文献图书馆拥有影视类图书11 609余册,视听资料20 000余件,电影海报2 031种5 452件,剧照2 441张,剧本1 092册以及其他(期刊、报纸合订本等)3 583册。还收藏了部分艺术家的手稿和档案,其中包括著名电影评编泰斗、左翼作家联盟的骨干成员石凌鹤的著作手稿及大部分藏书,著名电影演员张瑞芳收藏的电影专业杂志和有关书籍。著名电影艺术家张骏祥、于伶等也热心指导曲阳图书馆的影视文献收集工作。

宝山区图书馆　宝山区图书馆馆藏以综合性、多样性为主,社会科学类图书比例较高。馆藏文献注重多品种、少复本,外文书刊主要为英文,对反映宝山地方历史的文献则做到重点收藏。

金山区图书馆　金山区图书馆馆藏以中文普通文献为主,重视对地方文献、地方特色资源的搜集整理和收藏工作。馆藏地方文献门类较全,主要为府县旧志、文人别集、南社文献、地方文学社团作品集、清代科举试卷等,馆藏古籍文献中保存有金山县清末木刻科举试卷60份。对具有地方特色的金山农民画画册、贺年卡等,以及与金山农民画有关的评论文章、艺术申报材料、口述资料光盘等资料亦有很好的收藏。

青浦区图书馆　青浦区图书馆围绕青浦区经济、科技、文化、社会及人文科学的发展建设的需要进行馆藏建设,对青浦地方文献做到全面收藏,逐步形成以地方文献、水文化、古文化的馆藏特色。2010年,馆藏的吴越文化纸质文献1 623种(其中青浦地方文献765种);电子图书545种(其中青浦地方文献156种),吴越文化光盘资源132种。

二、高校图书馆

上海交通大学图书馆　1985年,上海交通大学图书馆根据学校学科战略发展调整,明确图书馆的馆藏是以技术学科为基础,以工科为主干,结合若干新兴学科和边缘学科,形成具有理、工、管理、文学、艺术、社会科学等门类的图书、期刊和资料体系。1986年,图书馆馆藏中,自然科学和工程技术科学的藏书占56%,船舶与海洋工程、电力与电子工程、材料科学及工程、机械工程等门类的馆藏图书较为丰富。中文图书占馆藏总量的73.9%,复本率为10.28;外文图书以英、日、俄文为主,占总量的26.1%,复本率2.86。1988年,图书馆确定对自动化技术、机械工程、工程材料、金属及金属工艺学、船舶工程、电子技术及无线电通信、热力工程、热机、工业管理等学科的藏书做研究级的调查。调查结果表明,图书馆在这些学科的文献平均收藏率为88%,引文分析满足率为66%,通过Dialog国际联机检索馆藏文献满足率为67%,达到基本完备级。重点学科核心期刊收集比较齐全,外文核心期刊收藏率逾80%,中文核心期刊超过93%。

复旦大学图书馆　1988—1989年,复旦大学图书馆配合全国高校文献资源调查工作,对馆藏文献进行普查,并对中文、历史、数学、物理、化学、生物等学科进行重点调查。2004年,复旦馆已成为全国高校馆中馆藏规模最大的图书馆之一,重点收藏有马克思主义哲学、外国哲学、政治经济学、世界经济、金融学、产业经济学、政治学理论、国际关系、汉语言文字学、中国古代文学、传播学、历史地理学、基础数学、应用数学、运筹学与控制论、理论物理、光学、物理化学、电路与系统、高分子化学与物理、生理学、神经生物学、遗传学、生态学、微电子学与固体电子学、人体解剖与组织胚胎学、病原生物学、病理学与病理生理学、内科学(心血管病)、内科学(传染病)、内科学(肾病)、儿科学、神经病学、影像医学与核医学、外科学(普外)、外科学(泌尿)、外科学(神经)、外科学(骨科)、眼科学、耳鼻咽喉科学、肿瘤学、中西医结合(基础)、中西医结合(临床)、社会医学与卫生事业管理等学科文献。

华东师范大学图书馆 华东师范大学图书馆以教育史、教育学理论、教育心理学、各国教育、各级教育、各类教育、史学史和史学理论、人文地理学、心理学、国际金融为学科文献优势的图书馆,是国家教委15个文科文献信息中心之一。1995年制定馆藏发展大纲,明确了该馆藏书建设任务,馆藏采访的任务,文献采访的原则、文献采访纲目和藏书组织与管理。

华东理工大学图书馆 华东理工大学图书馆根据学校学科协调发展、特色鲜明的办学要求,在原有的化学化工为特色的馆藏基础上,加强了人文社科类馆藏资源的建设。馆藏资源所涵盖的学科包括人文科学、社会科学、自然科学与应用技术等学科领域,2005年以后加大了数据库建设的投入,购买了Scifinder(CA网络版)、ACS、IEL、Web of Science等数据库的订购,满足学校师生的文献需求。

东华大学图书馆 东华大学图书馆重点收藏纺织工程,化学纤维,纺织材料,高分子材料,染整,纺织机械和服装,经济管理,计算机等方面的国内外书刊。此外,社会科学,语言文学,工艺美术,数理化,自动化,法律等学科的书刊也逐渐成为馆藏的重要部分。

中国人民解放军南京政治学院上海校区图书馆 中国人民解放军南京政治学院上海校区图书馆馆藏特色以军队政治工作学、军队政工信息化、军事心理学及相关学科为重点,基本形成适应各类专业和教学层次教学需要的藏书体系和数字化资源体系。

三、科研及专业图书馆

中国科学院上海生命科学信息中心 中国科学院上海生命科学信息中心配合中国科学院的科研布局,形成了以生命科学、人口健康、生物技术等前沿科学为核心的科技文献保障体系。据不完全统计,在馆藏的国外期刊中,有360种国际最高学术价值的国外期刊都从创刊年起完整收藏。2002年以来,围绕我国生命科学研究的重点学科领域,对馆藏文献资源建设提出了深入具体的发展目标,增加了表观遗传学、植物分子遗传学、计算生物学、生物信息学、免疫学、细胞信号传导、肿瘤相关机理、干细胞、代谢疾病、新药研究等重点和前沿领域的文献,突出了服务于"人口与健康"研究的生命科学文献保障体系建设的特色。

中国科学院上海药物研究所图书馆 中国科学院上海药物研究所图情室较早系统收集现代药物研究期刊和其他相关文献,2010年,订购和交换的外文现刊保持在200种以上,其中属上海市独家引进有70多种,弥补了全文数据库中若干药物研究期刊的缺失,形成覆盖药物发现与设计、临床前研究、临床研究、中试生产、注册上市、安全监管等阶段,以药物化学、天然产物化学、药理学、毒理学、分子生物学、细胞生物学和相关专业文献为主的资源优势。

中国科学院上海有机化学研究所图书馆 中国科学院上海有机化学研究所图书馆收藏完整的

有机化学核心期刊、参考工具图书,以及世界主要国家化学会的出版物,如:美国化学会、英国皇家化学会等出版物。收藏文献最早可追溯至 1832 年,其中 Sadtler 光谱图是特藏。图书馆跟踪和注重非印刷型信息产品的收藏和应用,2003 年,购买了如:SciFinder、Beilstein CrossFire、Web of Science、CAonCD、CCD、Pharmprojects、ACD 等一系列重要的网络数据库和光盘数据库产品。此外,还自行研发了多个文献信息数据库,建成了一个以有机化学专业文献资源为特色的数字化图书馆。

第二章 纸质文献资源

第一节 古 代 文 献

一、公共图书馆

上海图书馆 上海图书馆馆藏古籍丰富,总计有古籍 160 余万册。其中,善本 29 636 种,178 025 册;地方志 5 400 余种 9 万余册,其特点是覆盖面广,连续性强,精品多;家谱 20 000 种,20 万余册;朱卷 8 000 余种。馆藏西文珍本亦称"洋善本书"共计 1 800 种,包括拉丁、希腊、意大利、西班牙、葡萄牙、荷兰、英、法、德等十多个语种,内容涉及宗教、法律、文学、艺术、史地、数学、天文学等各学科,其中尤以西方早期汉学研究著作最引人注目,如 1586 年的门多萨的《大中华帝国史》、1655 年出版的《荷兰东印度公司代表访华记》等,是研究欧洲历史文化和中西文化交流的珍贵史料。上海图书馆在保持馆藏古籍传统的同时,积极采集国内外具有重要价值的历史文献,将此列为古籍保护工作的范围之中。2004 年 4 月 28 日,上海图书馆入藏翁氏家族珍藏古籍 80 种 542 册,该批古籍由翁心存从清代道光年间开始收藏,先后传给翁同龢、翁之廉,到翁兴庆(万戈)已历经五世,内有宋刻本 11 种,元刻本 4 种,明刻本 12 种,清刻本 26 种,名家抄、稿本 27 种;其中大部分是国宝级善本秘籍,如宋刻本《集韵》《长短经》《邵子观和篇》《重雕足本鉴诫录》《会昌一品制集》等,既是最早的刻本或祖本,也是存世孤本,具有不可估量的文物价值和学术价值。自成功转让入藏"翁氏藏书"以来,上海图书馆每年投入经费购买古籍文献。2010 年 11 月,瑞典藏书家罗闻达的"罗氏藏书"正式入藏上海图书馆并亮相,藏书收录 1477—1877 年,西方初识中国的 400 年间出版的 1 551 种西文汉学古籍珍品,涉及十多个欧洲语种和天文、地理、科学、工艺、历史、宗教等多方面内容,其中一些藏书属世界孤本,极具收藏价值和学术价值。

卢湾区图书馆 卢湾区图书馆馆藏古籍文献中年代最久远的是《陈书》共 4 册 36 卷,由唐朝姚思廉撰(明朝万历十六年即 1588 年)出版,该书保存完好。另有《文渊阁藏书全景附图片和实测图记》,记载了北京故宫文渊阁的"皇家藏书图",除载明了藏书的全部内容外,还清晰地标明了藏书的具体位置。

闵行区图书馆 闵行区图书馆收集的历代编纂《上海县志》有 11 部,现已收藏有明弘治十七年(1504)《上海志》、嘉靖三年(1524)《上海县志》、万历十六年(1588)《上海县志》、清康熙二十二年(1683)重修《上海县志》、乾隆四十九年(1784)《上海县志》、嘉庆十七年(1812)《上海县志》、同治五年(1866)《上海县志》、民国七年(1918)《上海县续志》、《民国上海县志》及《松江府志》、《续松江府志》等有关各种志书和参考资料。

金山区图书馆 金山区图书馆收藏了各类古籍文献 8 097 册,计 39 365 卷。现存年代最早的古籍为《闲者轩帖考》(康熙九年即 1670 年成书)、《雪堂墨品》(康熙九年即 1670 年成书)、《地理六经注》(康熙二十六年即 1687 年成书)、《纲鉴易知录》(康熙五十一年即 1712 年成书)、《金瓶梅》(康熙五十八年即 1719 年成书)、《韵府拾遗》(康熙五十九年即 1720 年成书)。馆藏地方文献门类较全,主要为府县旧志、文人别集、南社文献、地方文学社团作品集、清代科举试卷。其中,府县旧志中的传真社影印明刻本《正德金山卫志》、乾隆版《金山县志》、光绪版《重修金山县志》、民国版《金山县鉴》、民国版《金山卫佚史》、民国版《金山舆地志》、民国版《金山艺文志》皆为记载一地之史的重要历史文献。

崇明县图书馆　崇明县图书馆收藏古籍线装书 2.67 万余册,其中比较重要的善本书,如《重刊宋本十三经注疏》《文献通考》《百川学海》《说郛》《皇清经解》《皇朝经世文编》《钦定书经图说》《钦定大清会典》《钦定大清会典事例》《钦定大清会典图》《王文成公全集》《升庵全集》《傅度山先生文集》《毛西河先生文集》等,以及崇明县志等地方文献资料;并收藏有《古今图书集成》(1934 年上海书局影印本)、"万有文库"丛书。

二、高校图书馆

复旦大学图书馆　1986—1989 年,复旦大学图书馆与中国书店合作,以库藏复本互换的方式,得到缺藏古籍 936 种、2 054 册。到 2004 年,图书馆线装古籍共计 40 万册,其中善本 7 000 余种、7 万余册,内有宋、元、明刻本近千种,抄本、稿本 2 000 余种,清刻孤本、稀见本、批校本 3 000 余种,如清康熙《上元县志》,系国内孤本。古籍珍本具有鲜明的特色,是数十年来采集王同愈、李国松、庞青城、高燮、丁福保、刘承干、王欣夫、赵景深等诸家藏书之精华汇聚而成。古籍中,系统收藏的专类文献有清代诗文集 3 000 余种,诗经类著作 700 余种,弹词戏曲唱本近 500 种,地方志 2 000 余种,钱币文献 150 余种等。此外,复旦大学古籍整理研究所资料室 1983 年成立后,为配合编纂《全明诗》,在章培恒的主持下,从国内外公藏机构陆续复制了一大批明人文集,现收录有明人文集 3 000 多种,明别集善本缩微胶卷 1 500 多种。

同济大学图书馆　2010 年,同济大学图书馆成立古籍特藏部,将古籍特藏文献统一管理阅览,主要涉及文化艺术类、地方志等古代文献 100 余种,2010 年,嘉定分馆古籍书库藏书 683 种、747 册。

华东师范大学图书馆　华东师范大学图书馆馆藏线装古籍主要来自圣约翰大学、光华大学、大夏大学、国立暨南大学等高等学校旧藏,建馆后历年亦采访购买、增加馆藏,总数达 3.8 万余种 30 万余册,其中善本 3 476 种 41 215 册,含宋元刊本 20 余种,明刊本 1 000 余种,此外还有一批稿本、抄本和批校本及海内外孤本。馆藏古籍中,年代最久远者为初唐的敦煌经卷两件,分别为公元七世纪唐写本《大般涅槃经》和八世纪唐写本《妙法莲花经》,极具文物价值。另北宋拓本《唐颜真卿书多宝佛塔感碑》,是北宋拓"凿"字未损本,为目前发现的最早拓本。地方志近 2 000 种,主要为清代所修的省、府、县、乡镇志,江浙地区尤多。明清诗文集 4 000 多种,清代居多。丛书 3 000 多种。盛宣怀愚斋图书馆藏书,建国初经由圣约翰大学入藏华东师范大学图书馆,辟为愚斋特藏,其中数百种医学古籍 1962 年调拨给了上海中医药大学。现入藏 6 000 余种 5.8 万余册,其中明刻本 500 余种、朝鲜本 574 种 2 530 册。愚斋特藏保留原有的经史子集分类和编目体系,单独列架。经部的易类、史部的方志类、子部的儒家医家释家类、集部的清人诗文集等收藏是其特点。

上海师范大学图书馆　上海师范大学图书馆古文献特藏部,主要从事馆藏古籍的阅览服务和整理研究。下设参考阅览、精品陈列和文献修补三室,线装、善本、特藏三库,总面积 800 平方米。线装书库,藏有普通古籍 1.4 万种,13 万余册。善本书库,典藏古籍善本 520 余种,其中最早的是元代刻本,大多为明清两代精刻本,并有 50 余种属海内外孤本。特藏书库,分别藏有《四库全书》系列和旧平装书籍等。馆藏中属于珍贵古籍有《先贤谱图》《古文苑九卷》《礼记纂言三十六卷》等。

上海中医药大学图书馆　上海中医药大学图书馆建馆以来,广收博采中医药图书,逐步形成以中医药文献为特色的藏书体系,该馆收藏金元至民国年间的古籍36 663册;其中善本1 110种6 196册,414种孤本占了全国中医院校收藏孤本数的49.52%。馆藏古籍特色:祖国传统医学图书种类和数量约为全国尚存的和流传的75%以上。中医药基础理论、临床医学、中药方剂等20多个学科,近百家学术流派的重要著作,图书馆均有收藏。古籍版本较好,其中善本、孤本和罕见本共1 114种、6 200余册。

三、科研院所图书馆

中国科学院上海生命科学信息中心　中国科学院上海生命科学信息中心馆藏古籍10.42万册,其中善本古籍1 066种,9 636册/件。根据馆藏古籍的分类统计,已编目4 503种古籍中,经、史、子、集、丛书类1 438种,医家类1 372种,地方志1 693种。馆藏的珍贵古籍,如《新刊黄帝内经灵枢十二卷》(元至元五年胡氏古林书堂刻六年印本)、《金华正学编十卷》(明赵鹤辑,明正德七年杨凤刻选修本)等先后入选上海市和国家的珍贵古籍名录。

四、社会科学研究机构

上海社会科学院图书馆　上海社会科学院图书馆从2005年起,根据图书馆整体发展要求与馆藏特色,开发馆藏古籍与民国文献,加强古籍保护工作及馆藏文献数字化工作。先后影印出版明闵齐伋校刻《庄子南华真经四卷》、〔日〕稻叶君山原著,但焘译订《清朝全史》、〔日〕大隈重信等著中文版《开国五十年史》、点校出版了俞诚之撰《中国政略学史》等馆藏珍稀书籍。2010年,图书馆申报国家第三批古籍重点保护单位工作,入选第三批"全国古籍重点保护单位",同时《刘氏二书》[三十卷,汉刘向撰明嘉靖十四年(1535)楚藩崇本书院刻本]和《崆峒集》(二十一卷,明李梦阳撰明沈植繁露堂刻本)2部古籍入选第三批"国家珍贵古籍名录"。

第二节　近代文献

一、公共图书馆

上海图书馆　上海图书馆馆藏近代文献十分丰富,1949年以前的中文图书约10万余种33万册;中文期刊18 676种75 014册,报纸4 207种。许多在全国有影响的报刊都有收藏,其中上海地方出版的有3 000种。

杨浦区图书馆　杨浦区图书馆结合杨浦区"百年市政、百年大学、百年工业"独有的区域特点,注重收集包括上海近代市政、近代工业、老上海风土人情、上海民俗文化文献史料及有关杨浦区的地方文献。

宝山区图书馆　宝山区图书馆收藏有《大公报》《申报》《良友》《民国史料丛刊》《妇女杂志》《民国教育》等重要文献,是研究民国时期政治、经济、文化等方面的珍贵史料。

金山区图书馆　金山区图书馆收藏清代末期南社机关刊物《南社丛刻》《南社诗集》《南社文选》以及一些南社社友的作品等相关资料,是馆藏的宝贵史料。2010年,馆藏有南社资料有国学丛书、南社社员存书目录、征信录(云间、张堰)三大类,其中线装204册,铅印164卷。南社文献中的《南社小说集》《南社丛选·文选》《南社丛选·诗选》《天梅遗集》《吹万楼文集》《吹万楼诗》《吹万楼日记节钞》《白蕉诗集》《高天梅哀挽录》《两京同游草》《三子游草》皆极具学术、艺术、版本价值。

松江区图书馆　松江区图书馆馆藏松江地方文献3.3万余册/件,先后开发建设松江人著作文库、松江史志文库和松江人艺术文库。松江人著作文库收藏1 197名现代松江人发表的著作27 175册,其中手稿9 000件,其中包含1995年,著名作家罗洪赠送的丈夫朱雯手稿、名家书信以及3 000多册藏书。

二、高校图书馆

复旦大学图书馆　复旦大学图书馆馆藏的民国时期中文旧平装图书收藏丰富,在8万册民国时期图书中,1920—1940年出版的文艺作品约7 000种。外文图书中,欧美小说近2万种,有关莎士比亚著作400余种,另有二次大战前出版的法文哲学、社会科学图书8 000余册。馆藏中外文报刊有2.9万余种,其中新中国成立前出版的中文期刊达5 000余种。自然科学书刊中,以数学类书刊最丰富,有图书6万余种,其中外文图书占4/5。数学类期刊共612种,其中德国《纯粹与应用数学杂志》从1826年创刊年一直全套收藏。

上海师范大学图书馆　上海师范大学图书馆上海地方史资料较为完备。如上海郊县的府、乡、镇志和类志,上海近现代的政治、历史、经济、文化、教育等方面的资料,都比较丰富,上海地区历史人物的诗文集收藏亦较齐全,其中如稿本《二十六保志》、清季沧苇藏钞本《水利集》,均为珍贵资料。

上海政法学院图书馆　上海政法学院图书馆收藏有1872年创刊至1949年停刊的老《申报》,有1949年上海解放创刊至2010年全套的《解放日报》,并收藏有《六法全书》《大理院判例》等经典法律专著。

三、科研院所图书馆

中国科学院上海生命学院信息中心　中国科学院上海生命科学信息中心近代文献的馆藏中,以1869年出版的Nature(自然),1883年出版的Science(科学),1915年出版的P. N. A. S(美国国家科学院院报),1907年出版的Chemicsl abstract《化学文摘》,1926年出版的Biological abstract《生物学文摘》等360种从创刊年起就连续保存的国际最高学术价值的期刊最为珍贵。

中国科学院上海药物研究所　中国科学院上海药物研究所图情室是国内较早系统收集现代药物研究期刊和其他相关文献的图书馆。完整入藏的印刷本化学期刊有:1863年创刊的Journal of the Chemical Society《英国化学会志》,1868年创刊的Chemische Bericnte《德国化学报告》,1902年创刊的Journal of American Chemical Society《美国化学会志》1906年创刊的《日本化学杂志》,1918年创刊的Helvetica Chimica Acta《瑞士化学会志》,1924年创刊的Chemical Reviews《美国化学评论》,1929年创刊的Analytical Chemistry《美国分析化学》,1846年创刊的《苏联分析化学杂志》,1951年创刊的Journal of Applied Chemistry《英国应用化学会志》等。

四、社会科学研究机构

上海社会科学院图书馆　上海社会科学院图书馆收集了许多反映上海近代历史的特色文献,

如：民国时期政治，包括国民大会、考试、立法、行政、警政、司法、外交、地方政府各种报告；完整的《上海市政府公报》；有较全的《立法专刊》《法律评论》《法令周刊》《中华法学杂志》《教育公报》《新中华半月刊》等。保存有《商业日报》《中央银行月报》《银行周报》《金融周报》《立信月报》等新中国成立前银行、企业、商业、会计类刊物和上海部分重要中外资工商银行企业(包括新中国成立前学术团体)档案计6 500卷。外文《密勒氏评论报》《海关十年报告》《海关关册》《上海公共租界工部局年度报告》《公董局年报》《会审公廨》《上海日本商业会议年报》较全。馆藏的《万国公报》《公法便签》《外交日报》《海军期刊》等新中国成立前国际法书刊齐全丰富，收藏有中英法文《国际法杂志》、国际法论文文集。还有整套的法国民法、加拿大(1928—1940)《律师协会年刊》、美国各州的法律杂志。图书馆收藏有完整的《格致汇编》，以及一批珍贵的名人手稿和日记，如《李鸿章日记稿本》《冯芳缉日记》《沈厂日记》《吴振棫入黔日记》《汪士铎校跋本》(十卷)、《梨云仙馆日记》等。还有《司法院法官训练所讲义》、《司法行政部法官训练所讲义》和北京政法学堂、浙江政法学堂、上海政法学堂、朝阳大学等法律讲义(其中较早的是宣统三年、民国元年的线装本)。此外，图书馆保存的上海地区大夏、交通、复旦、沪江、暨南等大学的概况介绍资料及出版物(其中圣约翰大学年报校刊《约翰声》较全，总数500余册)都是了解近代上海高等教育的重要文献。

第三节 现 代 文 献

一、公共图书馆

上海图书馆 上海图书馆馆藏文献具有历史悠久、载体丰富、种类繁多的特点。在中文书刊的建设方面，重点订购国内重要出版社的出版物，其中尤以上海及周边地区出版物为收藏特色。上海图书馆中文报刊主要通过邮局订购、联合征订、零订和赠送等采购方式进行资源建设，中文期刊、中文报纸品种全，连续性强，基本覆盖全国邮局出版发行的报纸、期刊，具有很强的研究和史料价值，其中，通过邮局订购比例最高达到60%左右。1980年，上海图书馆采购中文报纸181种，期刊4 800种，其中新增977种。1989年，订购中文期刊7 600多种，中文报纸350余种。1992年，订购中文期刊8 561种，中文报纸795种。1996年，订购的中文期刊达到9 200种，报纸1 031种。2000年，根据馆所制定的采访条例，中文报刊结合资源使用和读者需求等多方面情况及时调整采购方针，秉承重点中文刊"全品种"采购的宗旨。2000年以后，每年的中文报刊采选量保持在10 000种左右。在外文图书方面，1995年外文图书采购量为5 600种，到了2000年已迅速上升至22 883种，每年增幅在40%—50%之间，以后的外文图书采购每年稳定在2万种左右。外文图书采访文种除了英语、日语、俄语、德语、法语外，2007年，增加了韩语、西班牙语图书的采访。2000年以后，加强外文图书的国际交换、受赠与托存工作。每年通过国际交换、接受赠送入藏的外文图书在4 000—5 000种左右，建立交换赠送关系的机构数量逐年增多，国外书商、基金会等也相继成为合作的对象。上海图书馆还成为世界银行、国际货币基金组织、世界旅游组织、世界海事组织、国际展览局等多家机构的图书资料托存馆，拓宽了外文图书的入藏渠道。外刊征订方面，1986年扩大到7 500种，1991年订购外文期刊6 500多种。1995年馆所合并后，1996年订购原版外文5 200种，以后逐年增加。到2002年，原版外文报刊达到6 076种。2003—2006年由于经费减少，外刊数量有所下降，2006年订购外文期刊5 302种。

上海图书馆馆藏特种文献主要是专利说明书、科技报告和标准等文献及相应的检索工具，按其文献载体可分为印刷本、光盘和缩微平片三大类。1995年后,特种文献的采访工作逐渐发展,并已成为文献采访工作中的一大特色。2000年后,特种文献的采购量基本稳定在每年2万册(件)左右,另外,每年还有14种光盘版数据库的特种文献采购入库。

1996年,上海图书馆新馆落成以后,专门设立中国文化名人手稿馆,开展文化名人手稿征集、展示工作,专门设立中国文化名人手稿馆展示厅,后手稿征集又扩展至版画征集,并设立版画专库,开展版画的征集工作。每年以"上海版画作品年度精选展""上海图书馆版画收藏展""上海优秀版画家个人作品展"为载体向公众开放展览。上海图书馆是国内率先开展藏书票收藏的图书馆。从1996年起,采编中心中文采编部、图书文化博览厅和中国文化名人手稿馆先后负责藏书票的收集工作,入藏数量近2000张。

2003年1月,上海图书馆成立上海世界博览会信息中心,世界博览会文献成为上海图书馆新的馆藏特色。2003—2009年,上海图书馆采编中心对国内出版的"世博"相关的中文图书与期刊采取了全面收藏的方针。有关"世博"的外文书刊则采取采购和交换的方式获取。通过收集海外目录,查询国际网站与网上书店等多种形式,成功订购了"世博"文献2000余种;向91家海外建交单位索取"世博"资料,成功从西班牙、美国、日本、德国、葡萄牙、法国、澳大利亚和加拿大等国家获得有关资料;争取成为国际展览局出版物托存中心,收到"世博"图书以及举办世博会的宣传广告画、唱片等多种类型文献。2010年世博会召开期间,通过与中国图书进出口上海公司协作,收集到由中图公司审读的"世博"印刷品;在世博园区开园期间尽可能收集关于"世博"的非正式出版物,共计收集到1500余份相关资料。2003年开展世博会文献的收集时,世博会海报也成为一个新的入藏品种,上海图书馆图书文化博览厅专题搜集了七百余张图书发行宣传海报,为研究图书发行史积累了一批以往不受重视的资料。此外,还与上海剧场合作,入藏了一批世博会期间演出的各种节目说明书。

二、高校图书馆

复旦大学图书馆　复旦大学图书馆藏书丰富,其中新中国成立前中文报刊有5000多种,不少是稀有珍藏刊物;外文期刊中以数学类期刊尤为系统、完整,如德文《纯粹与应用数学杂志》,从1826年创刊迄今已180多年,图书馆全套连续收藏,无一缺漏。馆藏各学科文献收藏较丰富,数学、遗传学、世界经济、中国历史地理等学科的文献达到研究级收藏水平。

上海交通大学图书馆　1985年,上海交通大学图书馆根据交通大学学科战略发展需要,以包兆龙图书馆新建落成为契机,明确图书馆馆藏是以技术学科为基础,以工科为主干,结合若干新兴学科、边缘学科,具有理、工、管理、文学、艺术、社会科学等门类的图书、期刊和资料,并计划将包兆龙图书馆的馆藏发展至200余万册。根据1992年完成的《上海交通大学图书馆评估实测表》及《上海交通大学图书馆文献订购记录》,图书馆拥有的重要文献资源为:较完整的IEEE丛书1000多卷;机械工程六种会议录5000多卷;船舶工程五种会议录5000多卷;英国文化委员会资助的英语学习资料8000多册;全套中国国家标准汇编;上海交大博士、硕士论文;德国多所著名大学的博士论文3000多册;世界各大学介绍缩微品;多种世界著名的大型百科全书、工具书及新版本;全套盖墨林有机、无机手册和贝尔斯坦有机化学手册。

同济大学图书馆　同济大学的土木工程和德语教学是特色专业,1978年,经国务院批准,同济大学部分专业以德语为第一外语。图书馆将土木建筑学科书刊作为馆藏的重点,上海外文书店对国外土建学科书刊的订购首先保证同济。改革开放以来,同济大学转向理、工、管理兼有文科的多科性大学,对土木建筑学科书刊的采购仍十分重视,专门核定了必须采购收藏的土木建筑学科核心期刊品种,因此,土木建筑学科书刊的收藏比较完备。1989 年图书馆进行了文献资源调查,特别对土木建筑学科资料进行了重点调查,调查结果:馆藏土木建筑(不包括相关学科)图书 44 930 种 20万余册,土木建筑期刊 1 286 种,涉及中、美、英、法、德、俄等 20 多个国家,其中连续收藏 50 年以上的有 21 种,有的为国内孤本。

华东师范大学图书馆　华东师范大学图书馆拥有丰富的馆藏资源,包括古今中外各类印刷型文献和数字文献。馆藏文献的学科范围涵盖人文科学、社会科学、自然科学与应用技术等学科领域,尤以教育学、地理学、文史哲等学校重点学科领域的文献见长,为教学与科研提供了较为完备的文献信息保障,逐渐形成综合性、研究型大学图书馆馆藏特色。

东华大学图书馆　东华大学图书馆根据学校发展需要及专业设置的要求,形成了以纺织、化纤、染整、纺机、服装等重点学科为主要范畴,纺织类相关学科为辅的馆藏特色,馆藏书籍专业性强,学科门类齐全。根据 1989 年全国文献资源调查反映,东华大学纺织工程和化纤工程两个全国重点学科,文献收藏量和收藏范围基本完备,化纤工程文献量处于全国领先。图书馆利用世界银行贷款12.9 万美金,选购了一批原版书刊,基本补齐了纺织重点学科的原版图书,同时也引进了化纤学科所需的专业书籍和工具书,补全了工艺美术、产品、服装、材料、工业外贸、财会等专业相关专业图书,丰富了馆藏。

三、科研院所图书馆

中国科学院上海生命科学信息中心　中国科学院上海生命科学信息中心馆藏文献以生命科学为重点、外文书刊为主。2010 年,中国科学院上海生命科学信息中心馆藏各类中、日文图书 21.18万册,西文图书 27.16 万册,俄文图书 4.3 万册;中文期刊 50 万册,西文期刊 158 万册,日文期刊19.92 万册,俄文期刊 21.71 万册,共计 300 万余册。馆藏文献中,生物学书刊约 174 万册,占馆藏总数 57.5%。馆藏期刊 250 万册,占馆藏总数 82.59%。外文书刊 231 万册,占馆藏总数 76.45%。西文书刊 185 万册,占馆藏总数 61.25%。

中国科学院上海有机化学研究所图书馆　中国科学院上海有机所重视图书馆资源建设,2006年,图书馆馆藏 132 611 册(其中图书 63 714 册,期刊 68 897 册),总价值 29 226 264.82 元。2010年,图书馆馆藏为 133 619 册,总价值 35 420 634.64 元。其中,中文图书 22 747 种 28 591 册;外文图书 33 628 种 36 976 册;中文期刊 478 种 6 142 册;外文期刊 1 295 种 61 910 册。

中国科学院上海光学精密机械研究所图书馆　中国科学院上海光机所图书馆以物理学、光学、电子技术、激光技术、无机材料、光学材料等专业的文献资料作为馆藏资源建设的重点。现有纸本馆藏中外文图书 4 万余册,中外文期刊 1 500 余种,期刊合订本 8 万余册。

第三章 视听及数字资源

第一节 视 听 资 源

一、公共图书馆

上海图书馆 1995 年,上海图书馆视听馆(由原唱片组改建)入藏的视听资料 132 740 件。视听资料除了中外音乐、戏剧音像制品以外,民族音乐戏曲资料也十分丰富,还收藏 20 世纪 20—30 年代以来的京剧、川剧、评剧、越剧等多种戏剧、曲艺资料,并包括边疆少数民族地区稀有剧种的唱片,反映了各戏剧流派特色和名家代表作。上海图书馆视听资料中外国音乐戏剧资料中涉及 68 个国家、36 种语言,约占馆藏的 2/3。当中亦不乏诸如托斯卡尼尼指挥的贝多芬的九部交响乐、鲁宾斯坦演奏的贝多芬五部钢琴协奏曲等稀有唱片。随时代发展,除传统粗、密纹唱片外,出现了激光唱片、激光视盘、磁带、录像带等不同载体的音像资料。1996—2010 年,共采购入藏音像资料 73 806 件,以 CD、VCD 和 DVD 等载体为主。

二、高校图书馆

上海交通大学图书馆 1986 年起,上海交通大学图书馆正式收藏声像资料,当年收藏有录像片 400 多部、声画同步幻灯片 300 多部及一批录音磁带、激光唱片;并在包兆龙图书馆 16 楼设置五个视听室,共有座位 180 个,于校庆 90 周年之际正式与读者见面。2008 年后,图书馆在图书采购政策中增加了多媒体资源的采购量,随书光盘的总体数量大幅度增长,各种特色多媒体资源数据量也在逐年稳步增长,多媒体资源种类更加丰富,拓宽了馆藏文献类型,其中包括"知识视界"和"超星名师讲坛"的 1 万余个视频报告、方正中国艺术博物馆图片库的 15.9 万张图片。

华东师范大学图书馆 1985 年,华东师范大学图书馆视听室订购 200 多种 550 盘录像带,20 多部录像片;1998 年通过接收上海教育学院和第二教育学院图书馆视听、声像等资料,馆藏视听、非书资料不断丰富,到 2010 年馆藏视听、声像等非书资料共计 65 215 件。

上海外国语大学图书馆 1996 年,上海外国语大学图书馆收藏声像资料共计 7 717 件,其中录音带 6 733 盒,录像带 367 盒,VCD 117 盒,LD 500 盒。到 2002 年,馆藏磁带 10 716 盒,其中录像带 403 盒,光盘 2 066 张。到 2005 年,视听资料总量为 8 135 种。

上海师范大学图书馆 2010 年,上海师范大学图书馆音像资料总量 952 455(件),当年购置音像资料 2 613(件),购光盘和网络数据库 453.2 万元。

上海工程技术大学图书馆 2006 年,上海工程技术大学图书馆成立视听资料室,并对读者开放,2010 年,视听资料室收藏有各种视听资料共计 3 165 部/张,其中中外经典故事影片是视听资料收藏的一个重要内容,读者可办理外借手续。

中国人民解放军南京政治学院上海校区图书馆 1992 年起,中国人民解放军南京政治学院上海校区图书馆按照学院的专业设置、读者需求,建立了视听室,先后购置了《第二次世界大战大事记《中国革命史》等大量视频资料以及英语学习、外语原版电影等光盘资料,2010年,共有非书资料近5 000件。此外,图书馆还收藏有军队政治工作方面的保密文件5万多件,并专设机要阅览室。

上海工艺美术职业学院图书馆 上海工艺美术职业学院图书馆2005年起先后购买数批工艺美术类、艺术设计类、美术基础类以及历史文化类为主的非书光盘,2010年,共有非书光盘1 500张左右。

上海科学技术职业学院图书馆 上海科学技术职业学院图书馆从2005年开始购买非书资料;2006年,图书馆购买电子图书8.5万册;2010年,共有非书资料9 283种,数字资源8.3 TB。

第二节 订购数据库

一、公共图书馆

上海图书馆 1995年,上海图书馆与上海科学技术情报研究所合并,馆藏增加了原情报所收藏的40个数据库、35种700张光盘。2000年,上海图书馆订购了网络版数据库——GALE;2001年,订购了中文电子期刊数据库——清华同方、中文电子报纸数据库——慧科;2001年成立了专门的电子资源采购工作小组,制定了规范的工作流程与规则,该规则经过多次修订,逐步形成了行之有效的工作模式。2002年,上海图书馆采购了中文电子图书数据库——方正Apabi,外文电子图书数据库——Net Library等,以后逐年加大了采购力度。据统计,2010年,图书馆可以使用的大型电子资源数据库80种。2009年开展了数据库评估工作,从评估指标体系设计、数据库基本信息采集、到走访专家、结果汇总、测评分析,对馆藏数据库进行了较为客观的评估,并在此基础上,为图书馆提供了续订的相关建议,逐步提升电子资源的使用效率。2010年,上海图书馆购买、引进的数字资源数据库超过100种,包括全文型、文摘型和书目数据库,如ACS Journals、EBSCO、IEEE全文期刊(ASPP)、JSTOR、Taylor & Francis电子期刊数据库等,覆盖了人文、社会科学、科技、经济、法律等学科领域,面向全市公众提供服务。

宝山区图书馆 1997年,宝山区图书馆订购电子文献100余种。2002年,电子文献总藏量为800件。2007年,购买电子文献1 159件。2010年,共有电子文献5 587件。购买的数字型资源包括"上海经济信息网""宝山光绪县志"数据库,中国学术期刊数据库、重庆维普数据库、中国资讯行数据库、万方中国标准数据库等,数据库资源数据达到34 TB。

黄浦区图书馆 2002年,黄浦区图书馆订购网络版数据库《国务院发展研究中心信息网》《中国资讯行》《CNKI数据库之一:中国期刊全文数据库(CJFD)》。2005年后,图书馆不断加强数字资源建设,先后采购"新东方"英语学习、"读览天下"电子期刊、"中国讲座网"、"知网少年儿童期刊库"等20个数据库。

松江区图书馆 2003年,松江区图书馆订购全国文化共享资源、维普、万方、超星、香港资讯、上海教育网络6个专业网络数据库。2010年,陆续采购了七彩阳光数字图书馆、贝贝英语、贝贝国学、抗战影像库、上业百科视频、上业环球英语、时夕乐听网、新华E店、数字网、易趣少年儿童漫画馆、天方有声图书馆、起点考试、冰果英语,并直接共享上海图书馆"e市民数字阅读"平台。

崇明县图书馆 2004年,崇明县图书馆订购清华同方数据库,涵盖博硕论文、报纸和各类期刊;2008年购入龙源期刊网,期刊网提供100种期刊的远程访问;2009年购入点点漫画书库,安装在少年儿童借阅部;并采购维普资讯,读者可进行全库访问。2010年,图书馆拥有上海图书馆及文化部全国公共文化发展中心下发的视听资料、光盘3 440种。

金山区图书馆 2006年,金山区图书馆购买文汇报、新民晚报图文数据库,2009年购买网上报告厅,2010年购买超星电子书2万种和环球英语多媒体资源库。

杨浦区图书馆 2008年,杨浦区图书馆与上海点击实业有限公司、北京超星信息技术有限公司签订入网协议书,购买电子图书10 785册。2009年8月以及2010年7月又先后三批购买其电子图书。2010年,共拥有电子图书15 400册。

浦东新区图书馆 2008年,浦东新区图书馆订购超星电子图书35.6万册;清华同方学术期刊8 600种;维普中文科技期刊中文期刊8 000多种,中文报刊400种;外文期刊5 000余种。中国资讯行14个在线数据库。慧科讯业报纸数据库的平面媒体930份;国研网教育版数据库的国研视点、宏观经济、金融中国、行业经济、世界经济与金融评论5个专辑;万方数据《中国法律法规全文库》;自建浦东地方文献数据库,收录电子地方文献1 500册。此外,还收藏人民日报电子文献(光盘)等视听文献11.19万件,电子文献65.5万件。2010年,浦东新区图书馆先后购置了"超星图书"、"清华同方学术期刊"、"国家法规数据库"、"全国文化信息资源共享工程资源库"(共建共享)和"中国资讯数据库"等数字资源,浦东新区图书馆数字资源总量达到4T,居上海各区县图书馆之首。

青浦区图书馆 2009年,青浦区图书馆加强数字资源文献建设,在图书馆数字平台上提供超星数字图书3万册、动漫数字图书2 500多册、CCTV央视教育视频数据库、标准全文数据库、维普科技期刊论文数据库等18个数字资源数据库的服务。

二、高校图书馆

复旦大学图书馆 1997年开始,复旦大学图书馆根据文献载体的变化,注重多元化类型资源的采集,学术性电子文献资源大幅度增长,电子资源基本覆盖全校所有学科。1997年,图书馆仅有光盘数据库9种,软盘数据资源2种(Mathsci,Current Contents).至2007年底,可通过互联网检索中文全文电子期刊1万余种,西文全文电子期刊1.9万余种,电子图书126万种,光盘与网上数据库253种。2010年,可使用的电子图书163.9万种,中西文电子期刊3.38万余种(中文1万种,英文2.38万种),各类数据库256种。

上海交通大学图书馆 上海交通大学图书馆。1994年,上海交通大学图书馆在全国率先引进IEEE/IEE全文光盘数据库。同年,图书馆还订购了Inspec、UMI Dissertation abstracts Ser. B、Ei Compendex、Metadex、NTIS、中文科技期刊篇名库、中国专利文摘光盘、科技经济新闻库、中文图书订购目录数据库等。1995年,图书馆已有50种中外文光盘数据库,并建立光盘数据库网络检索系统。1997年10月,上海交通大学"211工程"办公室批准图书馆"电子图书馆及学科文献中心"作为校内项目正式立项,极大推进了图书馆电子资源的建设速度。2004年,图书馆订购有电子数据库45种,电子文献规模及质量处于国内高校前列。2006年,图书馆引进了Nature等一批有国际影响力的期刊、超星百万电子图书数据库等大型中文图书数据库。2007年,图书馆完成了71个数据库系统的续订和新订工作,共293个子数据库。2010年,上海交通大学图书馆订购电子数据库367个,多媒体资源馆藏总量达8.4 TB,可使用电子期刊3.9万余种,电子图书182.5万种,学位论文155.4万余篇。

同济大学图书馆 1997年,同济大学图书馆订购中文光盘数据库6种,外文光盘数据库7种。1998年,订购光盘数据库经费增至35万元。2005年,订购数据库40种以上。2007年订购数据库

45 种。2010 年,订购各类数据库 59 种。1989 年上海铁道医学院图书馆从美国引进 MEDIINE (CD-ROM)光盘检索设备,结束文献检索全靠手工操作的历史。

华东师范大学图书馆 华东师范大学图书馆“九五”期间(1996—2000 年),在“211 工程”子项目——图书馆自动化信息系统中,通过订购光盘数据库、网络数据库和自建数据库,加强数字图书馆建设。1998 年订购电子版中文期刊 4 117 种,电子版外文期刊 1 309 种,音像资料 1 058 件。1999年,建立《中国期刊网》华东师大镜像站,包括全文中国学术电子期刊 3 800 种。2000 年订购国外电子期刊 4 003 种。2001 年,订购外文报刊 10 528 种(其中电子本 9 300 种),中文报刊 15 485 种(其中电子本 12 300 种)。2003 年,图书馆利用“211 工程”经费新订、续订数据库 32 种,其中外文电子期刊及两次文献数据库 19 种,中文数据库 13 种。2005 年订购 67 个各种类型的中外文数据库(含178 个子库)。2006 年订购文献数据库 203 个。2007 年订购各类电子文献数据库 209 个(含电子期刊 2.85 万种,电子图书 112 万种,学位论文 89 万余篇)。2008 年,华东师范大学图书馆订购中外文数据库总计 219 个,其中中外文电子图书数据库 13 个;中外文电子期刊数据库 36 个;中外文文摘与索引数据库 109 个;其他数据库 61 个。2010 年,图书馆订购电子文献数据库 283 个,数据库类型包括中外文电子图书数据库,中外文电子期刊数据库、全文数据库、文摘与索引数据库等,其中各类电子书刊 161 万种、电子学位论文 186 万篇。

华东理工大学图书馆 1995 年,华东理工大学图书馆向美国 Clever 公司购买了美国化学文摘(简称 CA)光盘数据库及光盘塔,基本实现了光盘网络化。学校各系、所教师在科研室或家里就可直接使用图书馆的光盘网络系统查询文献资料。2000 年以后,加大了数据库建设的投入,馆藏资源所涵盖的学科包括人文科学、社会科学、自然科学与应用技术等学科领域,购买了多种理工类、文科类数据库,尤其是 Scifinder(CA 网络版)、ACS、IEL、Web of Science 等数据库的订购,极大满足了全校师生的文献需求。

上海理工大学图书馆 2000 年,上海理工大学图书馆订购中国期刊网数据库。2002 年,通过上海地区高校联合订购及共享 UMI 博士论文全文数据库。2006—2009 年,订购并开通 100 万册超星电子图书包库访问权。2008 年,与北京方正阿帕比技术有限公司签订合同,选购教参书 5 856种。2009 年,图书馆与中国图书进出口(集团)总公司签订协议,购买 Science Direct 数据库。

上海外国语大学图书馆 2001 年,上海外国语大学图书馆订购 CNKI 数据库。到 2005 年,拥有 5 个数据库,分别是 CNKI,Literature Online,ARL,PQDD 和上海教育网络图书馆。2006—2010 年,采购数据库增至 22 个,其中电子书有 6 个、学位论文有 3 个、电子期刊报纸有 11 个、综合类有 2 个。

东华大学图书馆 2002 年,东华大学图书馆电子资源基本覆盖全校所有学科,当年新增电子图书文献 24.1 万册。2005 年,图书馆引进 Desi 数字化资源操作系统,将流通量较大的书刊制成电子书在校园网范围内供读者使用。2006 年,图书馆拥有音像资料 8 900 件,电子图书 118 万册,全文电子期刊 2.06 万多种,订购全文国内外光盘及网络版数据库 26 个。2008 年,新增 Science、Scopus、ESI、ACM、超星读秀、环球英语等 6 个数据库。

上海大学图书馆 2001 年,上海大学图书馆引进 Kluwer 出版公司的电子期刊全文库。2002年,引进 Springer 出版公司的电子期刊全文库。2003 年,引进 Elsevier 出版公司的电子期刊全文库。2005 年,引进 CSSCI(中文社会科学引文索引)数据库。2006 年,引进 Web of Science(SCI 网络版)数据库等。2008 年,引进 Science Online 等。2010 年,引进 DII 德温特专利索引数据库等。2010 年,图书馆采购数据库 50 余种,可使用中外文电子期刊 3.3 万余种,中、外文电子图书近 160

万种。

上海海洋大学图书馆　上海海洋大学图书馆先后购买 Science Direct 外文电子期刊、Springer link 外文电子期刊、PQDD 博士论文、中文科技期刊(重庆维普)、中国知网(清华同方)、万方硕博论文、万方会议论文、国道数据库等数据库。2009 年,购买环球英语数据库、中国知网博士论文数据库。2010 年,购买数据库 EBSCO 数据库等。

上海第二工业大学图书馆　2002—2010 年,上海第二工业大学图书馆共引进中外文数据库 21 种,其中中文期刊全文数据库 3 种(CNKI、万方、维普),外文期刊全文数据库 6 种(Springer link、EBSCO、Emerald、ACM、ASME、EI),中文电子图书数据库 1 种(超星),外文电子图书数据库 1 种(Springer Ebook),外文博硕士论文数据库 1 种(ProQuest),中文报纸库 1 种(方正)等。

上海体育学院图书馆　2004—2010 年,上海体育学院图书馆购买中外文数据库包括中国知网、中文社会科学引文索引、维普科技期刊、万方数据库、超星电子图书、EBSCO 等 9 种,电子图书总量 72 万册。

上海电力学院图书馆　2001 年,上海电力学院图书馆购买维普科技期刊数据库使用权,2007 年,与超星公司签订购买 50 万册电子图书协议。2010 年,拥有外文数据库 6 个,中文数据库 9 个,多媒体资源库 3 个。2010 年,购置数字资源的资金占总经费的 41.52%。

上海公安高等专科学校图书馆　2006 年,上海公安高等专科学校图书馆开始购置数字资源库。2010 年,共订购"北大法意"司法案例资源库、中国知网全文数据库服务系统、超星电子图书库、央视百科教育视频资源库、银符考试题资源库、软件通、超星名师讲坛数字资源库、正保法律等数据库。

上海海关学院图书馆　2009 年,上海海关学院图书馆购买了《中国知网》《万方数据资源系统》《维普中文科技期刊》《北大法意》等数据资源,2010 年,图书馆可使用各类数据库 43 个,其中中文数据库 24 个,外文数据库 19 个。

上海政法学院图书馆　2010 年,上海政法学院图书馆订购并开通的数据库有中国知网 CNKI、万方博硕论文库、维普考试库、中国统计数据、Westlaw、超星数字图书馆、中国数字图书馆、国家法规库等。

第二军医大学图书馆　1992 年,第二军医大学图书馆引进中文医学科技期刊篇名库和Cancer-CD,该年还接受赠送的《健康计划》(Health Plan)和护理光盘,可供检索。2009 年,引进中国生物医学文献服务系统 Sinomed。2010 年,开通 Emerald 经济管理学、图书馆学、工程学数据库。

中国人民解放军南京政治学院上海校区图书馆　2001 年,中国人民解放军南京政治学院上海校区图书馆先后引进清华同方《中国学术期刊》《优秀博士、硕士学位论文》《重要会议论文》《重要报纸文章》、万方数据库、超星电子图书、北大方正 Apabi 电子图书、维普期刊、人大报刊复印资料数据库等大型数据库 36 个,数字资源总量达到 21 TB。

中国人民武装警察部队上海政治学院图书馆　2008 年,中国人民武装警察部队上海政治学院图书馆引进万方数字期刊群、超星电子图书、方正电子图书、超星百家讲坛视频等数据库。可使用电子图书 12.2 万册,电子期刊 6 000 余种,网络视频 400 余部。同时自建武警特色文献数据库、基层工作指导系统、基层主官培训系统、基层教育辅助系统等教学资源库,总资源达 10 T。

上海建桥学院图书馆　2003 年,上海建桥学院图书馆开始自建图书配套光盘数据库,2010 年,图书馆拥有电子图书 105 685 种、电子期刊 28 446 种,电子资源存储容量 1.47 TB。

上海行健职业学院图书馆　2004 年,上海行健职业学院图书馆与上海教育网络图书馆签订服务协议,先后共享超星数字图书、维普期刊整合平台、万方博硕论文数据库。2010年后,购入方正电子报纸400种,博看网电子期刊300种,中国知网精品文艺、文化、科普期刊38万篇,基础、社会科学工具书450余种,方正艺术博物馆6.7万张高清图片。

上海工商外国语职业学院图书馆 2005年,上海工商外国语职业学院图书馆与书生之家数字图书馆签订协议,购买电子图书10万册。2008、2009、2010年,先后三批购买书生之家电子图书,2010年,可使用电子图书15.5万册。

三、科研院所图书馆

中国科学院上海生命科学信息中心 中国科学院上海生命科学信息中心重视生物学、医学及相关学科的数据库订购工作。采取自行组团方式,牵头中国科学院上海地区各研究所图书馆合作订购清华同方(CNKI)中国学术期刊网络出版总库、万方数据知识平台。对国外生命科学领域大型出版社的电子期刊,生命科学信息中心参加中国科学院国家科学图书馆集团采购,合作购买Nature、Science、Springer、ScienceDirect等国外重要出版社出版的全文数据库使用权。2007—2010年,中国科学院上海生命科学信息中心引进国际著名的Nature、Cell系列期刊全文数据库,美国化学会ACS Journals,Annual Reviews,Springer,Blackwell. Elsevier等出版社的全文期刊出版物。覆盖国际前沿的现代生物学、医学、脑科学、生物技术及基础科学专业领域,可以满足中科院系统的科学家及时掌握国内外前沿科学最新信息的需要。2010年,生命科学信息中心订购国内外各类全文数据库46种,文摘数据库26种,电子图书数据库9种,此外还在图书馆网页上链接了国外生命科学免费数据库11种。可使用的各类数字图书达到25万余种,其中:中文电子图书193 902种,外文电子图书28 839种;中文电子期刊18 875种,外文电子期刊14 480种;中文电子工具书1 919种,外文电子工具书531种;学位论文150万篇(其中:中文电子学位论文114万篇,外文电子学位论文40万篇);电子产品样本282万件。

中国科学院上海药物研究所图书馆 1992年,中国科学院上海药物所图书馆起订购中文科技期刊篇名(医药类)数据库(CD-ROM);1997年起订购中国学术期刊(医药卫生辑)数据库(CD-ROM),参与引进中国化学文献库(CD-ROM);1998年订购了Combined Chemical Dictionary等数据库(CD-ROM)。2003年起,订购了ACS数据库。2004年起,订购了清华同方中文期刊库、SFDA信息中心医药市场研究与分析、制药原料及中间体信息等10个涉及政策、研发、企业和知识产权的数据库、Pharmproject、ACS和Beistein/Gmelin(Crossfire)数据库。2006年起,订购了ThomsonPharma。2007年起,订购了SciFinder。2010年,订购了Integrity、Medlink数据库。另外,图书馆还参加中国科学院国家科学图书馆和中国科学院上海生命科学信息中心牵头合作订购Nature、Cell、Science、Web of Science等多个中外文全文及摘要数据库。

中国科学院上海有机化学研究所图书馆 中国科学院上海有机化学研究所图书馆重视数字资源及数据库的引进和利用,2000年以后,先后引进了ACD化学品目录数据库、ACS美国化学会数据库、CAonCD美国化学文摘光盘数据库、CCD综合化合物辞典光盘数据库、CCDC英国剑桥晶体数据库、ChemPrep化学反应光盘数据库、CCI化学引文索引光盘数据库、Ei美国工程索引、Elsevier SD期刊全文数据库、Heterocycles期刊全文数据库、Web of Science科学引文数据库、Nature系列期刊全文数据库、Pharmaprojects药物光盘数据库、CrossFire Beilstein贝尔斯登有机化学事实数据库、RSC英国皇家化学会数据库、RTECS化合物毒性数据库、Science期刊全文数据库、SciFinder 化学信息数据库、Springer 期刊全文数据库、Taylor & Francis 期刊全文数据库、Thieme Chemistry 期刊全文数据库、Wiley 期刊全文数据库等 22 种国外化学类主要的全文及摘要数据库。数据库包括化学文献检索、化学反应、化合物信息、实验数据、市场动态等内容。

四、党校图书馆

中共上海市委党校图书馆　1995 年,中共上海市委党校图书馆以"包库"方式购买清华同方期刊数据,1999 年起,数字资源建设转为以"本地镜像"为主。图书馆改扩建后,陆续购置适应学校教学科研需要的数据库,主要有:网络版大型全文数据库《中国期刊网》《人大复印资料数据库》《人民日报、经济日报、参考消息、解放军报数据库》《中共党史研究数据库》《中国法律检索与全文数据库》《国研网-国研报告》《新华社每日快递》《新华社每日财经》《经济决策参考》《教育、企业、海外内参文本数据库》等近百种专题数据库;单机版光盘数据库《中国共产党文献资料库》《中国共产党党建学习大系》《中国共产党组织史资料》《红旗、求是杂志数据库》《中国共产党历届代表大会、全国人大、全国政协历届重要文献资料汇编数据库》《改革开放二十年重要文献库》等。2000 年后,逐年增加电子图书、大型数据库的采购。2010 年,馆藏数字资源包括:电子图书 444 671 册/种,电子出版物(单机版)1 250 余种,购买数据库 104 种。

第三节　自建数字资源

一、公共图书馆

上海图书馆　1999 年,上海图书馆制定出数字图书馆中长期发展规划(3 年和 5 年两个阶段),包括数字图书馆发展的战略定位、具体目标、信息基础结构建设、数字化资源建设、数字化信息服务发展、人才建设和数字图书馆管理 7 个部分,其中将馆藏特色文献资源的数字化开发和利用作为规划中的重点内容。2000 年后,上海图书馆依托馆藏特有资源自建特色数据库,采用影印出版、缩微胶卷拍摄和全文扫描等方式,先后开发建设了古籍善本、稿本、抄本、民国图书、民国期刊、家谱、盛宣怀档案、字林西报、北华捷报、上海年华、上海与世博、数字文化网、上图讲座、展览、全国报刊索引数据库、国内专业会议论文篇名数据库、晚清期刊全文数据库、民国时期期刊全文数据库、馆藏标准目录、馆藏美国航空航天学会报告数据库、馆藏日本科技报告数据库和馆藏美国政府研究报告等数据库。通过图片、图像、视频、音频、多媒体、题录、索引、全文等形式对外提供服务。上海地方文献数据库在上海年华的基础上集成了专室和馆藏书目,以及上海方志等子库,各类自建数据库具有友好的用户界面,方便的导航、检索、浏览、打印等功能,满足了广泛读者的不同需求。在文献保护、挖掘馆藏资源、扩大社会影响和提高文献利用方面的取得了良好的社会效应。

上海少年儿童图书馆　1999 年,上海少年儿童图书馆投资 80 多万元建立了新的数字图书馆。在短短 1 个月的时间内建立了视频点播系统,并且建有《特藏文献数据库》《参考读物数据库》《报刊信息数据库》《文学精品数据库》等。

虹口区图书馆　1999 年 12 月,虹口区曲阳图书馆开发建设的"绿土地"网站提供网上服务,"绿土地"网站突出了影视文献服务的特色,以"绿土地影城"作为主打频道,分设"影坛动态""影坛热点""电影画廊""影视文摘""影片资料库""电影海报""电影百科""影视文献检索""在线影院""影迷论坛"等 10 个栏目,向广大影视研究者和爱好者提供服务。

宝山区图书馆 1999 年,宝山区图书馆开发建设"长江口民俗文化数据库",该数据库内容丰富,涉及面广,包括长江口十个城市的概况、名胜古迹、特产、生活习俗、民间文化艺术、生产习俗等。2000 年,深入开展资料搜集,精心整理、制作,修改、新增条目 1 800 余条,数据库内容不断完善充实。2005 年,征集图书文献资料(含捐赠)60 多种,初步完成宝山地方文献数据库框架。2006 年,图书馆自主开发宝山区新闻数据库、陈伯吹专题数据库、宝山地方文献数据库、长江口民俗文化数据库等四个具有地区特色的数据库,共完成扫描、校对、编辑、排版地方文献 25 种。2008 年,新增"上海地方性法律法规库",收录各类地方性法律法规 867 种。2010 年,共有自建数据库数据容量达到 1 000 GB。

黄浦区图书馆 2002 年,黄浦区图书馆自行开发全文数据库《黄浦区文物建筑》;2003—2008 年,搜集黄浦区各委办局的有关政务公开信息,建立全文数据库,同时整理区域内地方图片,建立图片数据库,使读者通过图书馆网站能检索浏览到区域内各景观照片,黄浦区改革开放 30 年前后对比图片。2010 年,地方古籍数字化建设共数字化古籍 300 余册合计 6 GB,旅游特色数据库拥有 3 000 条数据合计 50 GB,自建 VOD 点播库有共享工程下发光盘视频资源入库 637 部,总计 192 GB。

杨浦区图书馆 2003 年,杨浦区图书馆自主开发完成"绿化花卉数据库",包含了花事新闻、养花之道、花卉大全、花之生活、花之物语、花艺图库、每月花事、园艺名家、十大名花、花卉门诊、百姓养花展示等栏目。2008 年起,图书馆建设的文献数据库有上海近代文献特色数据库、馆藏特色书目数据库、馆藏特色文献数据库、《申报》等特色文献数据库,读者均可在图书馆网页上检索使用。

陆家嘴金融图书馆 2007 年,陆家嘴金融图书馆开始编撰二次文献《陆家嘴资讯》和《金融中心建设纵览》,2008 年推出金融数字图书馆,通过搭建 Interlib 异构跨库系统平台,整合包括国研网、万方数据、中经网等多个金融专业数据库,加上自建的"金融理财讲座视频库""金融中心纵览""陆家嘴资讯"3 个数据库,为读者提供网上检索、浏览下载、电子图书网上借阅等数字图书馆服务。2010 年,数字资源总量达到 10.8 TB,数据库资源的年使用量达到了 100 多万篇。

奉贤区图书馆 2008 年,奉贤区图书馆与方正公司合作,开发建设"地方文献数据库",该数据库将图书馆收藏的上海各区县县志、具有本地特色的折纸艺术资料等转换成电子图书,并分为"名俗特色"、"民间艺术"、"奉贤地方资料"三大类,其中奉贤本土的史志有 95 种。读者可以通过奉贤图书馆内网登录方正网站,全文查询或下载图书。

松江区图书馆 2009 年,松江区图书馆开发建设松江地方文献数据库,收录上海图书馆馆藏松江地方文献目录 240 种、松江籍著者文库 1 100 册、松江史志文库 3 000 册、松江籍艺术文库 350 册。

静安区图书馆 静安区图书馆地方文献全文数据库有"静安商业商务"、"静安社区文化建设"及"静安年鉴 2002"光盘数据库;商业商务特色数据库主要介绍区内商业商务动态、商业街开展、金融、贸易、品牌产品、招商引资和房地产等信息;社区文化特色数据库主要介绍社区发展概况、社区文化教育卫生、社区人文资源、社区科普、居委会工作和国内外社区发展情况等。

普陀区图书馆 普陀区图书馆重视法学资料的收集和应用,在法学资料专题阅览室的基础上,建立了馆藏法学图书数据库,该数据库收录了 1996 年以来入藏的全部法律文献。通过购买国家信息中心编辑出版的《中华人民共和国法律数据库》,该数据库包括了新中国成立以来颁布的所有法律法规,共有 70 余个专题子库,可为读者提供多途径全文等检索和输出。还订购了法律学术期刊光盘,有近百种法律刊物。

二、高校图书馆

复旦大学图书馆　2000年,复旦大学图书馆开发"复旦大学新中国成立前期刊检索系统",收录了复旦大学图书馆收藏的1868—1949年出版的中文期刊近5 000种,目录编排采用汉语拼音排列法,著录的内容包括排架号、刊名、出版频率、出版单位、馆藏(卷、期、年)、馆藏单位6项内容。2001年,复旦大学图书馆受国家教育部高等学校图书馆情报工作指导委员会秘书处和期刊工作组的委托,负责编制全国高校图书馆进口报刊预订联合目录数据库,该目录收录1987年以来,全国近百所高校(包括北大、清华、复旦、交大等)图书馆每年进口报刊的订购情况,涵盖了100多个国家与地区的期刊,2010年收录11 702种。数据库著录信息有刊名、中图刊号、国际刊号、出刊频率、每年定价等。图书馆古籍部2005年创建"复旦大学图书馆古籍书目检索系统",分"馆藏书目"和"专题书目"两部分。"馆藏书目"收录复旦大学图书馆收藏的古籍,包括"线装古籍书目""中华再造善本""四库系列丛书书目索引";"专题书目"为古籍部所制作的特色古文献书目数据库,包括"明人文集书目""清人文集书目""影印本方志书目"。

上海交通大学图书馆　1987年,上海交通大学图书馆开始建立机读目录系统。1990年,馆藏完全实现了系统揭示及检索。上海交通大学图书馆2000年起先后开发建设了包括博士生学位论文全文数据库、硕士生和博士生学位论文摘要数据库、交大学报电子杂志全文数据库、重点学科导航库、机器人数据库、民族音乐数据库、教学参考书数据库、英语听音系统、多媒体视频点播试验基地、随书光盘系统、交大校史和年鉴数据库、交大名师数据库、民国报刊数据库等电子资源。自建数字资源显示了图书馆在数字图书馆建设方面的实力,同时也方便了读者利用馆藏文献资源。

同济大学图书馆　1995年,同济大学图书馆与德国国际建筑数据库(ICONDA)达成协议,定期向该数据库提供中国大陆38种土建核心期刊的文献数据。2010年,同济大学图书馆开发、建设硕、博学位论文数据库网站,收录了同济大学1982—2010年硕、博学位论文全文,共计17 000多条数据,并提供论文检索、论文浏览,全文下载等服务。

华东师范大学图书馆　1995年,华东师范大学图书馆自建馆藏书目数据库,当年馆藏书目数据库24万条记录,馆藏期刊数据库6 000条记录。1998年,馆藏书目数据库达到28万条,馆藏期刊数据库6 200条。2000年,已建成的馆藏中外文图书、期刊书目数据库已达33万条记录、81万条馆藏记录。

东华大学图书馆　1998年,东华大学图书馆开发建设"中国服装文化多媒体数据库""汽车用饰纺织品数据库""恒源祥床上用纺织品调研数据库""化纤数据库建设"。1999年,自建数据库5个,数据量10万余条。2001年,完成"西文图书数据库建设"。2004年,图书馆开发的"纺织信息参考平台"和"纺织工程学科导航"项目获得国家CALIS二期资助,同时继续开展CALIS硕、博士论文全文数据库建设项目。

上海理工大学图书馆　2000年,上海理工大学图书馆开始整理随书光盘,并自建随书光盘目录数据库,供读者查询。2008年,上海理工大学硕、博士学位论文库正式使用,学位论文库收录了上海理工大学各学院2000级以后硕士与博士学位论文的电子版全文,2010年,共计收藏了4 665篇硕士、博士学位论文。

华东政法学院图书馆　1999年,华东政法学院图书馆与博利群电脑公司商谈合作开发《中国法学文献全文数据库光盘》。2000年,公开出版《法学论文索引数据库》光盘,计7万个条目,500万字。2001年,图书馆与金报兴图电子信息公司合作研发《华图法学文献全文数据库》,将1983年起积累的剪报资料数据化,完成"中外法制史","中外法律思想史"专辑,计1 400余篇,800万字的资料。2002年,华东政法学院图书馆与北京博利群公司联合开发法学论文索引光盘,与北京金报兴图公司合作开发全文光盘数据库;2004年自主开发制作《华图法学文献全文数据库》累计更新数据4 500余篇,至2005年,数据库建设完成,新增文献5 300余篇。2006年,完成《华图法学文献全文数据库》的回溯数据的录入工作,并更新数据15 300余篇。2010年,图书馆采用委托及自建的形式开发两个网站的法律法规数据库、司法案例数据库(4 000余条数据)、期刊论文数据库(近5 000条数据,含中英文)、合同范本(183条)、金融 & 航运时讯(2 937条)、整理22种外文及港台专业期刊目录,对馆藏相关领域书目文献(其中中文2 200余册,外文660余册)进行分类汇总及网络资源学科导航。

上海中医药大学图书馆　2002—2010年间,上海中医药大学图书馆先后自建了上海中医药大学"中医古籍善本书目提要"数据库、"中医文化书目提要"数据库、"中医线装书"书目数据库、"伤寒杂病论现代临床应用"数据库、"中医药信息"网络导航库、"中医文化""中医药文化景点"导游网、"中医文化期刊选文"全文数据库等10个特色数据库。2005年,图书馆建立了"上海中医药大学古籍善本书目提要数据库",该数据库全面系统揭示特藏善本1 110部,其中主要为元代、明代、清代(乾隆以前)刻本、抄本,也收录清代中后期各种孤本、珍本或具有特殊使用价值的医案,与医药内容有关的善本,并包括同时期内日本、朝鲜的各类版本。善本数据库目前已具有机读和书本两种类型,书名检索包括卷端正题名、同书异名、封面题名、丛编名称、丛编子目名称、合刻书名、繁体题名和英文题名8种途径,另外可从版本主题、分类主题及联合目录序号等进行检索。

上海外贸学院图书馆　2002年,上海外贸学院图书馆开始建设《WTO专题资料》全文数据库,数据库收录2000年以后的国内外WTO研究资料,以学术论文为主,包括WTO总论、货物贸易、服务贸易、知识产权、争端解决等内容。

上海戏剧学院图书馆　2006—2010年,上海戏剧学院图书馆建设《戏剧影视篇名索引数据库》和《经典剧目数据库》。经典剧目数据库是以某一剧作为主题,将有关该剧目的不同版本,该剧目的文本或演出评论,剧目作者的介绍,演出剧照,舞台设计图,演出录像等整合在一起,供读者使用。2010年,完成《哈姆雷特》《雷雨》等8个剧目。

上海财经大学图书馆　2007年,上海财经大学图书馆创建中国500强企业文献资料特藏数据库,整合国内外与公司制度、公司战略、公司评估指标体系有关的各个方面的信息数据和文献资源;2009年,图书馆确立了"千村调查"项目资料的收集保存机制,收藏资料包括:审查表、调查问卷、调查报告、实物、图片等。

上海外国语大学图书馆　2008年,上海外国语大学图书馆完成了馆藏纸本图书的回溯编目工作,并完成学校博、硕士论文的数字化工作,建立了上海外国语大学博、硕士论文数据库。

上海体育学院图书馆　2008年,上海体育学院图书馆自建《体育珍藏文献数据库》和《体育视频数据库》,2010年开始整理所有随书光盘,并自建随书光盘数据库,供读者免费使用。

上海旅游高等专科学校图书馆　2009年,上海旅游高等专科学校图书馆启动建设"旅游特色数据库",2010年完成旅游特色数据网站系统的构建,数据库集成旅游图书、旅游期刊、法规标准、项目成果、旅游统计、宾馆酒店、旅游景区、灰色文献等8个子库。

上海海事大学图书馆　上海海事大学图书馆自行开发了国际海事信息网、教学参考信息资源数据库、自建海事特色库 3 个特色数据库。国际海事信息网以国内外海事信息为核心,开设航运指数、经贸市场、船舶市场、航线荟萃、市场评述、港口纵横等 14 个频道;教学参考信息资源数据库收录截至 2010 年的本科生教学参考数据库数据 2 923 条,全文率达到 91%;研究生教学参考书刊信息库数据 636 条,全文率达到 95%。还自建了包括《上海海事大学硕士学位论文库》《法律法规库》《水运数据信息库》等海事专业特色库。

上海大学图书馆　2010 年,上海大学图书馆先后开发建设钱伟长数据库、纳米材料数据库、上海大学教师论文数据库、上海作家作品数据库和上海大学硕、博论文数据库等 5 个数据库。

上海海关学院图书馆　上海海关学院图书馆注重海关专业电子资源的开发与使用,利用馆藏专业资源,自建包括"海关论文全文数据库""东盟剪报库""经贸剪报库""精品讲座视频库"等海关专业数据库。2009 年起,图书馆网站开设"海关资讯"栏目,每日更新最新海关情报和资讯。

上海电力学院图书馆　上海电力学院图书馆自建数据库有:标准之家目次库;馆藏外文期刊目次;学校教师公开发表论文数据库;学校教师发表论文被 SCI、EI、ISTP 三大国际检索机构收录数据库。

上海医疗器械高等专科学校图书馆　上海医疗器械高等专科学校图书馆建有《医疗器械全文标准数据库》和馆藏专业期刊文摘数据库。

中国人民解放军南京政治学院图书馆　2010 年,中国人民解放军南京政治学院上海校区图书馆先后自建《军队政治工作学全文数据库》《军事心理学数据库》等专业特色数据库 11 个,自建原生资源数据库 13 个,包括校区教师论文、研究生学位论文、教材讲义等。

三、科研院所图书馆

中国科学院上海有机化学研究所图书馆　1982 年,中国科学院上海有机化学研究所图书馆开发建设《中国有机化学文献检索系统》。1983 年,开发建设《中国化学文献数据库》,该项目获中科院科技进步二等奖和全国科技情报数据库一等奖。1989 年,建设《有机所图书馆馆藏书刊目录数据库》。1994 年,出版《中国化学文献数据库》光盘版。1998 年,出版《国际化学核心期刊文献数据库》。1999 年,开发建设《有机化学研究所论文数据库》。2002 年,建设《有机化学研究所学位论文数据库》。2010 年,参与完成了《中药天然产物大全》的化合物数据收集查找和计算机排版处理工作。

中国科学院上海图书馆　1984 年,中国科学院上海图书馆提出了开发建设与世界主要的生物学数据库相兼容、代表我国水平的大型数据库的设想,并进行了可行性调研和分析。1985 年 12 月,"中国生物学文献数据库"通过了可行性论证报告。经过一年的组织和准备,1987 年 5 月,与中国科学院科学数据库及其信息系统工程签订合同,作为"七五"计划重点项目正式投入开发建设。中国生物学文献数据库(CBA)是一个大型文献数据库,收录了 1986 年以来我国科技人员所发表的生物学文献。每条记录以中英文对应,用户可随意采用中文或英文检索,也可提供中英文两种不同版本的机读产品。1990 年 10 月,中国生物学文献数据库(CBA)在上海通过以北京文献服务处曾民族研究员为主任的专家委员会的鉴定。1991 年,中国生物学文献数据库(CBA)获中国科学院科技进步二等奖。2010 年。中国生物学文献数据库收录了中国学者发表的生物学及相关文献(期刊论文、专著、会议录等)40 万篇。

四、党校图书馆

中共上海市委党校图书馆 1997 年,中共上海市委党校图书馆开始制作《上海市干部教育系列数据库》之一《中国社科参考信息数据库》,该数据库收录全国邮发和非邮发的 3 200 余种哲学社会科学期刊资料。1998 年,国家新闻出版署音像和电子出版物管理司批复,同意安排《上海市干部教育系列数据库·中国社科参考信息数据库》光盘(CD - ROM)选题。

第三篇

文献信息
资源建设

1978—2010年，上海市各系统的图书馆在改革开放的大背景下，对文献信息资源建设的重要性认识不断加深，通过国内外各系统图书馆间的协作和交流，使文献信息资源建设工作逐步改变了偏重注重收藏的旧观念，树立了科学规划、系统协调、持续发展的新理念。各图书馆纷纷围绕文献资源建设的总目标，在文献收集方面，从中文为主转到中外文结合，从重视文献资源数量增加转为更加注重馆藏质量。在文献建设的规划方面，逐步从满足当前需求转到适应文献载体变化的发展趋势，开展系统性规划、努力使馆藏资源建设走上科学规划、协调发展、稳定增长、满足科研、教育和广大读者需要的轨道。在文献信息资源的收集方面，形成了密切关注国内外文献信息资源发展的趋势，重视读者的需求，加强读者信息需求、信息行为调研和分析，吸引读者共同参与文献信息资源引进和选择，努力使文献信息资源内容更加具有针对性，文献信息载体更加具有时代特征，能够不断满足读者的要求。在文献信息资源建设的具体工作中，转变传统的、经验性的操作模式，根据文献信息资源建设的过程中产生的新情况和新问题，通过制定工作细则、完善规章制度、不断创新工作方法，使图书馆的文献信息资源建设走上了科学化、规范化、制度化的轨道，形成了能够适应文献信息资源发展、具有可操作性强的工作规范。

第一章 文献信息资源体系规划

第一节 目 标 与 原 则

一、公共图书馆

上海图书馆 1994 年,上海图书馆制订《上海图书馆藏书补充条例(试行稿)》,条例进一步明确了上海图书馆作为国家举办的省、市级综合性研究性大型公共图书馆的定位,首次确立了"建成国内的重要藏书中心之一,并努力成为本地区的文献收藏、文献检索、馆际协调协作和图书馆学、情报学的研究中心"的目标。1995 年后,随着上海图书馆和上海科学技术情报研究所的合并以及图书馆文献资源建设信息环境发生的变化,馆藏发展政策及条例出现了诸多变化,2002 年研究制定《馆藏文献采集暂行条例》。2003 年制订了《电子文献采访、验收规则》《关于新订电子资源的流程规范》《接受捐赠中文图书管理条例》《上海世博会信息中心文献资源建设纲要》《世博会文献采编与服务工作流程》,2004 年修订《文献采访工作暂行条例(试行稿)》《文献竞拍管理暂行条例(试行稿)》《藏书剔除暂行规定》《文献采集经费使用暂行规定》。2005 年制订《文献捐赠工作管理办法》。2006 年修订《文献采访工作条例》。2007 年再次修订《文献采访工作条例》,制订《关于调整普通外借图书复本的实施意见》等。以上海图书馆为核心的"上海市文献资源共建共享协作网",每年在外文报刊订购前,召开订购协调会,根据各成员馆(30 多家)各自的订购重点,对万元以上的外刊进行采访协调,以节约经费、减少复本率,确保上海地区的外刊品种数量,提高全市外刊文献资源的保障率,促进外刊文献的共建共享。

上海少年儿童图书馆 1995 年,上海少年儿童图书馆根据文化部及市少年儿童馆发展的需求,先后修订与制定了市少年儿童馆藏书管理条例、藏书采购条例、文献著录规则、目录管理条例、业务统计办法等多项业务建设制度。

浦东图书馆 2005 年,浦东图书馆制定了《2005—2010 年浦东新区图书馆文献资源建设规划》。规划指出:文献资源是图书馆为读者服务和开展信息研究最基本的要素,是图书馆开展读者服务工作的前提和基础。搞好文献资源建设,优化文献资源配置,既要顺应知识经济发展需要,又要把握图书馆的定位和发展方向;既要将传统资源和数字资源建设并重,又要实现多类型文献资源的协调建设。同时,在建设特色馆藏文献资源时,做到体系完善,收藏较齐全,质量保证,满足发展的需要。浦东新区图书馆文献资源建设的总体要求是统一规划、统一实施、统一协调、统一规范,在现有的资金、设备和人才资源的基础上,努力收集数量多、质量好、针对性强、利用率高,深受读者欢迎的文献资源,并具有广泛性、完整性、系统性和实用性,逐步形成为浦东图书馆(总馆)文献资源相对丰富、完整,分馆文献特色鲜明的共享馆藏体系。

陆家嘴图书馆 2007 年,陆家嘴图书馆制定《2008—2010 年陆家嘴图书馆文献资源建设规划(草案)》,明确将传统纸质文献资源和数字资源建设并重,同时注重信息资源建设,实现多类型文献资源的协调发展。为读者做好金融知识普及和金融信息服务,为专业人员提供文献资料和研究场所,为政府机关和领导决策提供信息参考作为工作重点,并构建政府与专业机构、专家交流平台。

图3-1-1 2010年浦东图书馆普通文献借阅区

静安区图书馆 静安区图书馆根据静安区域内经济文化发展特点,注重收藏现代服务业(建筑、广告设计、商业商务等)、艺术类(书画美术)、英汉对照读物、地方文献等文献、海关史料、古籍典藏精品、经典音乐音像资料,构建特色馆藏体系。

青浦区图书馆 青浦区图书馆根据青浦区的区域特点、服务对象、经费情况和馆藏发展的要求,制定了《图书馆文献采选方针与条例》。条例对中文图书采选,合理使用购书经费,统筹安排各类书刊、特种文献、非书资料、网络资源的采集,完善馆藏结构、满足读者阅读需求等作出了具体规定。

二、高校图书馆

复旦大学图书馆 2007年,复旦大学图书馆为了决策更加科学民主,通过各院系推荐,成立了由32位正副教授组成的图书馆咨询委员会。6月份召开了图书馆咨询委员会成立会,馆长向咨询委员发聘书,并介绍图书馆情况,馆领导和图书馆部分骨干倾听咨询委员对图书馆的发展意见和建议。采访部在订购2008年文献之前,多次征求咨询委员的意见。2009年,图书馆发挥咨询专家作用,健全采购制度建设,起草《复旦大学图书馆文献资源采购招投标管理办法》《复旦大学图书馆文献资源采购招投标实施细则》,制定《复旦大学图书馆图书采购工作管理办法》。2010年,复旦大学图书馆提出了信息资源建设的目标:保障文献资源建设,要增加投入,优化策略,加强沟通,健全制度。优化文献采购策略,把有限的资金投入到急需补充加强的冲刺和有潜力冲刺世界一流学科行列的学科文献资源建设。增购优势学科保障电子资源,增加中文图书品种,合理购置复本。增加经典西文人文图书和经典优秀教材,适当增加古籍采购。加强与图书馆咨询委员会的沟通渠道。健全完善包括文献采购决策程序、文献效益评估、电子资源质量评估等制度在内的一系列制度建设。

上海交通大学图书馆 1985年,上海交通大学图书馆制定了图书馆馆藏发展设想,明确了图书馆的馆藏以技术学科为基础,以工科为主干,结合若干新兴学科、边缘学科,努力发展具有理、工、管理、文学、艺术、社会科学等各种门类的图书、期刊和资料。2008年,上海交通大学图书馆制定了馆藏建设的总目标:按照学校"建设世界一流大学"的发展目标,建设与此相适应的研究型大学所应具备的优质文献资源体系,充分保障学校教学与科研的需求,有力支撑学校的学科发展。图书馆馆藏建设应依据"支柱学科重点保障、基础学科全面兼顾、弱势学科特殊扶持、新兴交叉学科适度倾斜"的总原则来开展。

同济大学图书馆　2009年,同济大学制定了《同济大学图书馆馆藏发展政策》,预期目标是:确保经费的有效执行与运用;确立馆藏资料征集原则与程序;确立馆藏文献淘汰原则与程序;维持馆藏文献时效性及完整性;作为馆藏评鉴的依据;作为馆际合作与资源共享基础;作为图书馆对外沟通的依据。文件明确了馆藏发展的基本原则、文献采选的一般原则、馆藏组织、布局与调配、馆藏评价、馆藏的保护与剔旧等内容,是馆藏资源建设的指导性文件。

华东政法大学图书馆　2004年,华东政法大学图书馆明确馆藏总体结构的指导思想是"以法学建设为基础,以新专业建设为依托,以社会需求为导向,以现代技术手段为核心"。与此相对应,图书馆特别注重保障法学文献资料,同时也关注经济、文史、语言等社科类文献的收藏。

上海对外贸易学院图书馆　1982年,上海对外贸易学院图书馆对藏书建设提出的目标是:以教学、科研用书为主,建立以对外经济贸易和有关外语教学为主要内容的藏书体系,争取成为上海和华东地区对外经济贸易专业藏书和情报资料中心。图书馆采购重点是国际贸易、专门用途英语和国际经济法三个专业。随着学校的发展,图书馆藏书原则逐步调整为:坚持围绕该校学科专业的特色建设馆藏,以国际经济贸易、工商管理、物流管理、电子商务、WTO、金融会计、法学、商务英语、旅游会展等专业为中心进行馆藏建设,专业类图书要占总购书量的60%。在数字资源建设方面,提出要加强自建"WTO数据库""本校博硕士论文库"建设设想。

上海海关学院图书馆　上海海关学院图书馆在文献资源建设方面秉承的原则是体现"海关"的专业特色。藏书以财经类为主,重点收藏海关专业资料。藏书结构划分为专业藏书(海关类)、重点藏书(涉及本校专业的图书)、普通藏书。建立起了"重点突出、全面兼顾"的馆藏原则。

上海戏剧学院图书馆　上海戏剧学院图书馆文献信息资源的建设目标是打造国内权威的戏剧戏曲学文献中心,在成为学院教学科研发展重要支撑的同时,面向社会,为国内外文艺界、文化界读者服务。图书馆资源建设的原则是:1. 不片面强调所藏文献的当前利用率,而是从长远的专业资源文献结构体系出发进行建设;2. 通过购置数字资源,弥补馆藏品种少,资源覆盖面窄及馆舍面积不足的缺陷。

上海医疗器械高等专科学校图书馆　上海医疗器械高等专科学校图书馆要求尽力收集完整与学校重点专业相关的正式出版物,重点学科的专业刊物收集率达90%以上。图书馆注重收藏的书刊包括医疗器械与设备、生物医药工程、临床医学、医药卫生器械、制药化学工业等类别。

上海旅游高等专科学校图书馆　上海旅游高等专科学校图书馆文献资源建设目标和原则是:重点学科全面系统收藏,相关学科有选择收藏,积极筹建旅游特色专题数据库,形成以旅游学科为主体的藏书体系和多元化的文献载体结构,建成具有本校特色并服务于社会、行业的文献信息中心,真正发展成为华东地区最大的旅游专业信息集散中心。

上海新侨职业技术学院图书馆　上海新侨职业技术学院图书馆以适用、实用、够用为馆藏原则,订购中文书刊报纸及电子资源。图书馆注重采集和收藏有关汽车、机电、计算机、通信、珠宝专业书刊,兼顾商务经济、旅游、外语领域的书刊、电子出版物及视听资料。

上海行健职业学院图书馆　上海行健职业学院图书馆的馆藏原则为"突出重点、兼顾一般",以学院英、日、德、法、韩、西6个语种专业设置为重点,开展外文资源建设,适当选购外文原版图书,订购外文原版期刊、报纸及外文电子资源。

上海工艺美术职业学院图书馆　上海工艺美术职业学院图书馆的馆藏原则为"突出重点、兼顾一般",以工艺美术和艺术设计为重点,选购和搜集以学院教学教研相关的多载体的信息资源。图书馆注重采集收藏有关中外工艺美术类、艺术设计类书籍与参考工具书等文献资料,以及各国文化历史、文化教育、文化娱乐、数字技术、旅游、时尚、语言文字等学科领域的书刊、电子出版物和视听资料。

上海震旦职业学院图书馆　上海震旦职业学院图书馆的馆藏文献原则是以中文文献为主,适当收入外文文献,纸质文献和电子文献并重。以专业藏书为特色,制订科学合理的复本数标准,期刊的选定要坚持连续性、长期性、完整性和适应性的原则,同时还要坚持"突出重点,兼顾一般"的原则等。图书馆注重采集收藏有关公共卫生与护理、机电工程(包括数控技术、计算机技术、物联网技术等)、新闻与传媒(包括应用艺术、广告设计等)、经济管理(包括国际商务经、旅游等)和影视艺术以及各国文化、语言文学等学科领域的书刊、电子出版物和视听等资料。

上海工商外国语职业学院图书馆　上海工商外国语职业学院图书馆突出外语特色,注重采集和收藏有关英、日、德、法、西、韩等外国语教学,以及各国文化、语言文学、商务经济、旅游、文法、机电、计算机等学科领域的书刊、电子出版物和视听等资料。

上海城市管理职业技术学院图书馆　上海城市管理职业技术学院图书馆馆藏资源以城市管理、城市建设为特色,以公共行政管理(城市管理监察)、城市园林、工程造价、工程监理、环境艺术为重点,覆盖学院骨干专业群,使馆藏建设与学院办学特色保持契合。

上海民远职业技术学院图书馆　上海民远职业技术学院图书馆以国际航运、物流为特色馆藏,以现代服务、应用技术、应用艺术等应用型专业为重点的馆藏结构。图书馆馆藏体系具有鲜明的职业性、实用性、实践性和职业的前瞻性,并收藏专业需要的实训教材和实训方面的图书资料。

上海视觉艺术学院图书馆　上海视觉艺术学院图文信息中心突出艺术设计专业特色,注重采集和收藏有关视觉传达设计、环境设计、服装与服饰设计、工艺美术设计、公共艺术、数字媒体艺术、编导、动画、绘画、雕塑、摄影、文化产业管理等学科领域的书刊、电子出版物和视听等资料。

中国人民解放军南京政治学院上海校区图书馆　中国人民解放军南京政治学院上海校区图书馆以学校专业设置为基本依据,突出军事特色,形成了以马克思主义教育、军队政治工作学、军事心理学、军事信息管理学为主体,兼顾文史哲和现代高科技的藏书资源体系。

中国人民武装警察部队上海政治学院图书馆　中国人民武装警察部队上海政治学院图书馆以"武警特色突出、政治特色鲜明"为目标,以保障重点学科为原则制定合理采购计划,注重采集有关马列、哲学、政治、党建、军事、军队政治工作、军事安全保卫、军事心理学等方面的图书、期刊、报纸以及各种内部资料。

三、科研院所图书馆

中国科学院上海生命科学信息中心　中国科学院上海生命科学信息中心根据国际生命科学前沿的发展态势,围绕国民健康的需要,密切结合生命科学研究院的发展规划开展文献信息资源建设工作。文献信息资源发展的目标是:以满足用户获取为核心,围绕用户需求的广度、频度、强度,综合考虑信息内容、资源质量、同类资源订购状况,集成多种资源获取渠道和组织多种服务模式,形成合理、可靠、有效、可持续满足科研创新和研究生教育信息需求的资源保障。馆藏文献发展的原则是:充分发挥文献信息的作用,重点提供一线科研用户需要的、蕴含在文献中的知识。文献资源类型以数字资源为主,纸质资源为辅。利用数字资源完善的检索功能、超链接功能,为科研人员提供度身定制的知识化、个性化服务。适应国内外出版界的发展趋势,不断提高数字资源在文献资源的比例。按照文献资源保障建设原则,首先满足多个研究所的共性需求,其次根据经费预算的可能,有针对性地保障个性化需求资源。在资源保障体系建设中,根据需求的共性及个性化程度,采用多层次综合保障方式。对具有共性需求的国外文献,通过参加中国科学院集团采购数据库的方式进行保障。对中国科学院没有组团专业文献,则以生命科学院单独采购数据库的方式予以保障。对部分个性化需求要求高的期刊,则采用单独订购期刊(优先选择 E - only 模式)予以保障。对需求一般、非共性或特殊个性需求,则采用跨系统的全文传递方式保障。

中国科学院上海药物研究所图书馆　中国科学院上海药物研究所图书馆文献建设的原则是:立足本所,放眼全局,以大局观和责任感主导信息资源采访工作。任务是:为药物研究领域创新全过程的文献信息需求提供保障,能满足药物研发95%以上的文献信息需求,能为药物产业和市场提供94%的文献支撑,成为国内生物医药文献信息资源最丰富的专业图书馆之一。实施方法:1. 订购与药物研发密切相关、最具价值的医药专业数据库。2. 在参与中国科学院全院集团购买的外文电子期刊逾 8 000 种的基础上,慎重处置纸本外文期刊的增、减,广泛听取课题组长的意见,形成保留核心纸本刊的共识。3. 共建共享,开源节流,保持外文纸本期刊上架逾 200 种。

中国科学院上海有机化学研究所图书馆　中国科学院上海有机化学研究所图书馆确定满足本单位科研和教学需求为宗旨,以有机化学及相关领域文献资料为主要收藏对象,适当兼顾自然科学的其他学科门类的馆藏发展目标,力求馆藏文献具完整性和系统性,保证有机化学特色。馆藏资源以数据库优先,期刊为主、图书为辅;订购文种序列依次为西、中、俄、日文。

中国科学院上海应用物理研究所图书馆　中国科学院上海应用物理研究所图书馆明确以促进研究所"一三五"规划建设需求为目标,以建设研究所资源获取能力和成本效益综合最大化为原则,从读者需求的广度、频度、强度出发,综合考虑信息内容、资源质量、同类资源订购状况,集成多种资源获取渠道和组织多种服务模式,形成合理、可靠、有效、能满足科研创新和研究生教育信息需求的资源保障体系。

四、党校图书馆

中共上海市委党校图书馆　中共上海市委党校图书馆藏书建设工作,从党校教学任务和读者对象的实际情况出发,馆藏文献收藏以社会科学为主,以马列主义经典著作为核心,党校重点课程、马克思主义哲学、政治经济学、科学社会主义、中共党史和党的建设为重要内容。并收集相关学科和具有地方特色的文献资料。社会科学书籍约占全部藏书的80%。老解放区及新中国成立后出版的马列主义经典著作,有关经典著作的研究书籍、学习辅导材料基本齐全;与党校 5 门重点学科有关的书刊资料完备。党史、党建资料,及各个历史时期的党报党刊、文献资料、专访材料等具收藏特色。2000 年 8 月,拟订了《中共上海市委党校、上海行政学院图书馆(上海市干部教育信息中心)馆藏信息资源保障体系结构》。该"保障结构"的主要内容包括:一、图书馆、信息中心的性质、职能和服务对象。二、信息资源保障体系结构,(一)重点保障性信息资源;(二)次重点保障性信息资源;

(三)兼收信息资源。三、文献信息载体结构(纸质印刷出版物、光盘、网络信息、磁介质文献)。四、文献信息语种结构。五、文献信息区域分布结构。六、文献信息时间分布结构。七、文献信息复本构成结构。

第二节　规划与实施方法

一、采购制度和业务规范

【公共图书馆】

上海图书馆　上海图书馆在长期的文献资源建设过程中,形成了包括采购、受赠、征集、交换、拍卖等工作方法。随着对外开放的不断发展,上海图书馆不断完善文献资源建设方法,采访工作逐步走向规范化、科学化。1978年以来,为适应社会需求,上海图书馆大幅增加书刊资料的采购,在采访工作拓宽文献收集渠道,注重采访的调研,不断提高采购文献的质量。在采购的品种和范围上也进行了合理的扩充,以适应新形势的需要。在工作流程中则更注重审批的环节,严格了采访制度。1995年馆所合并后,图书馆文献数量激增,品种更丰富,特种文献、电子文献成为采访的重要内容。2002年7月,上海图书馆成立上海图书馆文献资源建设委员会,建立了文献购置重大事项听证会的议事制度,完善了文献采选的流程与审批。2002年研究制订了《馆藏文献采集暂行条例》。2003年,上海图书馆加强了外文期刊采访的质量控制,规范了采访流程,最后由上海图书馆文献资源建设委员会专家和上海图书馆行政例会讨论外刊选刊情况并确定订单。2003年制订了《电子文献采访、验收规则》《关于新订电子资源的流程规范》《接受捐赠中文图书管理条例》《上海世博会信息中心文献资源建设纲要》《世博会文献采编与服务工作流程》。2004年修订《文献采访工作暂行条例(试行稿)》《文献竞拍管理暂行条例(试行稿)》《藏书剔除暂行规定》《文献采集经费使用暂行规定》。2004年,为了加强特色馆藏,特别制订了《文献竞拍管理暂行条例》,提出"竞拍作为文献采访的特殊形式,必须遵循拍卖的基本原则和上海图书馆文献资源建设的规定,以有限控制、重点选择、谨慎规范、保密保值为基本操作原则",条例对竞拍的范围与对象、组织与管理、形式与要求以及经费管理等方面做了详尽的说明和要求,为竞拍文献的正常开展提供了制度上的保障。2005年,制订《文献捐赠工作管理办法》。2006年修订《文献采访工作条例》。2007年,再次修订《文献采访工作条例》,制订《关于调整普通外借图书复本的实施意见》等。经过多年的不懈努力,2007年修订、完善《文献采访工作条例》,形成更加全面、完整的馆藏资源发展政策体系,条例明确"上海图书馆上海科技情报研究所是一个地区综合性、研究型、公共图书情报联合体,是上海市中心图书馆总馆,是上海地区重要的文献信息资源中心。"馆藏资源建设的基本原则以"中文求全,外文求精"为总原则,以"满足当前,兼顾长远,抓好基础,突出重点,注重特色,照顾一般"为基本原则。在明确馆藏文献收集标准与范围基础上,针对网络环境下的新趋势,提出特别要加强非书资料、缩微制品、视听资料、电子出版物、机读目录、数据库、网络资源及特种文献的采购工作,并对各类载体各种类型的馆藏文献的采选政策与标准做了详尽的说明。2010年,上海图书馆配合上海世博会的召开,特别为世博文献的收集和采选工作,制订了《上海世博会信息中心文献资源建设纲要》,提出了"收集、保存、服务及研究"等四项功能,对世博文献资料的收藏范围、收藏方法及组织实施与质量评估等作了规定。上海图书馆针对文献品种越来越多的现状,适时调整工作方法与流程。从2002年至2007年共制定了十五个文献采访条例和细则,内容涵盖了经费管理分配政策、馆藏剔旧制度、捐赠与交换、合作馆藏与资源共享等各个方面。

宝山区图书馆　1993年,宝山区图书馆制定采购计划,图书采购保证重点书,保证必需品种,削减复本量,增加图书数。压缩音像资料收藏量。1995年,为提高藏书质量和加工水平,制定了《宝山区图书馆采编工作规范》。1997年,重点补缺经典名著、优秀作品、成套书刊的采购。2000年制定了"减少复本量、扩大品种、注重质量、逐步形成适应本地区经济、文化、科技、教育发展,具有本馆特色藏书体系"的采选方针,各种文献占全年购书总量的比例为:社会科学40.7%,自然科学12.4%,文艺图书43%,综合性图书2.3%。还重点充实了馆藏地方文献资料。2002年为适应读者需求,完善藏书体系,确立了以宝山地方文献资源及计算机类文献为主的馆藏特色,并进行重点采购。2004年制定了图书采选方针,加强了对古籍及地方文献收集整理工作,并增加了数字化资源的采选。2006年,为优化采购行为,规范采购制度,制定《2006年采选方针》《采购工作附注事项》《书商守则》等,实施责任监督制。2008年又进行了修订,确定了"中文求全,外文求精;国内出版物求全,国外出版物求精;多品种,少复本"的总方针,明确了采选的具体原则、采选的资金分配、各类型出版物的采选规则、复本的规定及采访方式及渠道等。采编部门制定《经费使用情况表》《采编汇总表》《文献采访汇总表》《采编月报表》《采访月报表》《付款列表》等多种报表,多角度反映采购工作的进展。2009年,根据实际情况适时调整采访重点,调整经费分配比例,及时增加了少年儿童图书的配置比例。

浦东新区图书馆　2004年,浦东新区图书馆文献资源建设的总体要求是统一规划、统一实施、统一协调、统一规范,在现有的资金、设备和人才资源的基础上,努力收集数量多、质量好、针对性强、利用率高、深受用户欢迎的文献资源,并具有广泛性、完整性、系统性和实用性,逐步形成一定特色的馆藏文献信息特色。浦东新区图书馆藏书结构上体现出总馆和分馆的藏书特色:第一分馆:环保类特色,第二分馆:国防类特色,川沙分馆:医药保健类特色,中心分馆:法律、经济类特色,川沙少年儿童分馆:学前教育类特色。

杨浦区图书馆　杨浦区图书馆采用三级馆藏体系,馆藏文献建设目标与原则是:1.体现思想性;2.体现综合性;3.体现实用性;4.体现系统性;5.体现特色性;6.体现地方性。杨浦区图书馆纸质文献采访工作和视听资源的宗旨是:采访工作要以现有的馆藏为基础,合理安排购书经费,对全区的读者所需要的文献信息进行统筹安排,有相对的稳定性、连续性,最终逐步形成杨浦馆特色的馆藏体系。

杨浦区延吉图书馆　杨浦区延吉图书馆实行三级馆藏体系,馆藏建设目标与原则注重思想性、实用性、综合性、系统性、特色性和地方性。根据以收藏女性文献资料为重点的特色,图书采购经费按照成人普及型读物占60%;少年儿童读物占12%;特色文献占10%;地方文献占3%;电子文献、视听文献占5%;报纸杂志占10%进行安排。

青浦区图书馆　青浦区图书馆根据该区发展需要和原有馆藏基础,有计划、有选择、有重点地补充藏书,以逐步建成一个合理的藏书体系。图书馆的藏书补充原则是:藏书补充要以读者需要为出发点,以读者利用为直接目的。藏书补充以预定为主,同时采用零购、交换、征集、复制及接受捐赠等多种方法补充丰富馆藏。图书控制复本:马列主义、毛泽东思想的经典著作、党和国家政府指导性文件、常用工具书等为1—2册;各种专业书刊、普及读物2—3册;贵重图书只购1册。中央和本市的主要报刊重点订购,外省报刊酌情选订。读者常用的期刊可订购4—5册,除1册供阅览外其他投入外借流通。连续出版物、多卷书尽量购全。

【高校图书馆】

复旦大学图书馆　2007年9月,复旦大学校长办公会议讨论通过了图书馆拟定的"复旦大学图书馆关于建立分馆的实施意见",为今后复旦大学一级学科专业分馆建设确定了基本条件和规范。2009年,复旦大学图书馆健全采购制度建设,起草《复旦大学图书馆文献资源采购招投标管理办法》《复旦大学图书馆文献资源采购招投标实施细则》,制定《复旦大学图书馆图书采购工作管理办法》。学校成立图书资料采购工作领导小组,以加强对图书资料采购工作的领导和监督。领导小组由主管校领导和学校纪检监察、审计、财务、文科、理科、医科院系负责人代表和图书馆等相关部门的负责人组成,并由主管校领导任组长。图书馆成立图书资料采购工作小组,并根据图书文献建设计划,制定年度图书文献采购计划和实施细则。采购计划和实施细则具体包括需求分析、选用原则、经费预算、采购工作流程、使用情况、维护与更新、采购工作评估验收等内容。

上海交通大学图书馆　上海交通大学图书馆在资源建设中采用"三一"原则,即在"一"(文献资源建设领导小组和图书馆馆务会组成的工作组)的指导下,各院系专家、采访馆员和学科馆员"三"方合作共同开展资源建设,最终实现按照用户需求来建设图书馆优质资源体系。

同济大学图书馆　2002年,同济大学图书馆制定了《同济大学图书馆图书及其他载体文献的采购和管理办法》,明确规定了采购工作的领导和管理体制,包括采购工作小组组成及各采购岗位分工等内容,以及采购工作的具体工作办法、各类文献资源采购工作原则和细则、财务管理制度和报销细则等,进一步规范了图书馆图书及其他载体文献的采购工作。2005年1月,同济大学图书馆启动海洋学院分馆资源整合项目。2005年12月,对汽车学院分馆进行了资源整合。2007年完成院系资源整合的学院分馆增至十家,分别是海洋学院、汽车学院分馆、外语学院分馆、机械学院分馆、电信学院分馆、软件学院分馆、经管学院分馆(嘉定及校本部)、口腔医院分馆、环境学院分馆、航力学院资料室。2008年图书馆继续深入开展院系文献资源的整合工作,将理学院数学系纳入资源整合系统中来,使图书馆院系分馆数增至17家。2009年已完成院系资源整合并签订了整合协议的院系分馆及资料室达到19家院系,极大地提高了全校各院系分馆资源的共享率和利用率。

上海大学图书馆　2000年,上海大学图书馆制定了采访制度,并每年进行修订以确保采访制度更加科学合理。新的采访制度包括:采访流程、采访原则、采访审批流程、复本原则、典藏原则、采访报销流程、采访报表制度、采访人员自律原则等。2007年对224个订单中46 055种图书的到货数据进行了列表统计和归纳分析,写成了《书商到货率及承诺执行》的报告,为下一步书商招标工作奠定了翔实的数据基础。2009年2月17日下午在校本部图书馆4楼接待室举行了"2009—2010年中文图书采购招标"会议。招标工作会议遵循有关法律法规,对前来投标的图书供应商进行严格的资格审查,最终评定了五家公司作为中文图书供应商。

二、文献征集、呈缴和托管

上海图书馆　上海图书馆在全市开展图书征集工作,是传统的藏书建设工作内容,通过征集图书建立起一批固定的内部资料征集单位,1978年征集单位增加至3 000个,征集到大量珍贵的内部文献。名人手稿也是在征集的过程中发展起来的一项业务,征集的内容包括著名作家、代表人物或名人的手迹、手稿、信函、照片、签名本等。1992年,成立中国文化名人手稿室,并且建立了一套完整的手稿征集工作模式和制度。2004年12月,上海图书馆图书文化博览厅向上海地区的作家、艺术家和专家学者征集图书,同时开展图书海报、图书说明书专题征集,有目标地积累中国图书发行

图 3-1-2　2010 年上海图书馆中国文化名人手稿馆陈列室

实物资料。

出版社的呈缴本是图书馆重要的文献资料来源之一，根据上海市政府 1996 年和 2003 年的相关政策和规定，出版社有义务无偿向上海图书馆提供其所出版图书的样书。上海图书馆 1978 年已与全国 33 家出版社建立提供样书关系。2003 年，为了更好地做好呈缴本工作，使相关工作规范有序地进行，上海图书馆特别制定了《上海图书馆出版社呈缴本处理办法》，并于 2006 年和 2007 年分别进行了修订。呈缴工作包括：向出版机构发出征集请求、与出版机构建立长期联系、向不呈缴的出版机构催缴样书、对到馆样书进行登记核对等。

1984 年 1 月起，上海图书馆成为联合国资料托存馆之一，每年接受联合国及亚洲、太平洋地区经济社会委员会出版的书刊和文件资料 1 万余件。2005 年，世界银行、国际货币基金组织、国际旅游组织也都开始发送托管图书给上海图书馆。目前，上海图书馆是国内接受托管国外文献最多的省市级图书馆。

三、调拨文献

中国科学院上海图书馆　1983 年，中国科学院上海图书馆成立藏书剔旧组，20 多年来共剔除了书刊 741 061 册（其中图书 241 410 册，期刊合订本 237 690 册，单行本 261 961 册）。对剔除的中外文复本书刊采取援助中西部地区的研究所和大学，先后无偿调拨给中国科学院青海盐湖研究所、北京大学物理系、中国科学院成都文献情报中心、河南大学图书馆、郑州工学院图书馆、绍兴文学院图书馆等单位，支持了各地图书馆的资源建设和服务。

上海图书馆　2004 年 8 月 18 日，上海图书馆与杉达学院图书馆签署上海市中心图书馆复本托存协议,向杉达学院图书馆托存中文图书12.5万册。2005年,上海图书馆向上海视觉艺术学院图书馆调拨5.3万册图书,支持上海视觉艺术学院图书馆新馆建设。上海图书馆还向上海海关学院增拨5万余册特色图书和工具书,丰富了海关学院图书馆的藏书。

复旦大学图书馆 2005年10月13日,复旦大学图书馆举行了向西藏民族学院图书馆捐赠《大藏经》的赠书仪式。2005年12月12日向西藏民族学院图书馆捐赠的3.5万册图书正式装车运出。2008年11月22日,复旦大学图书馆向云南大学图书馆捐赠31 099册中文期刊复本刊,中文医科期刊9 137册、外文影印图书18 787册、中文图书约8万册。2008年,向四川省都江堰市图书馆捐赠中文图书4 620册。

四、文献拍卖和招标

【拍卖】

上海图书馆 上海图书馆于2004年制定《文献竞拍管理暂行条例》,设计了《上海图书馆拍卖工作流程图》《上海图书馆上海科技情报研究所竞买建议书》,确定了《历史文献拍品选择的操作办法》。由历史文献中心设立文献资源建设小组挑选拍品,提出竞买理由,并请相关专家现场实物鉴定后,确定最终的《竞买文献目录》和拟竞买的最高报价,填写《竞买建议书》后,与采编中心展开方案合议,最终由双方中心主任签字确认,并送交业务处及领导审批后进行购买。

【招标】

2003年起,上海交通大学图书采购工作实行招标。2005年4月,上海海事大学图书馆开始实行中文图书供应商招投标制度。2006年6月,教育部办公厅发布《关于加强各类高等学校教材和图书采购管理工作的通知》。2006年4月6日,上海立信会计学院图书馆完成2006年度纸本图书的供应商资格招标工作。2007年,上海大学图书馆首次对中文图书和外文期刊进行招标。2008年,上海市教育委员会发布《加强上海高校教材和图书资料采购管理工作的若干意见》等文件精神。根据这些文件精神,各高校普遍采用了招标制度。2008年9月起,上海城市管理职业技术学院图书馆起对文献资源采购进行招标评标,先后与几家图书公司签订了《图书购销合同》。2009年,上海财经大学图书馆完成了2009—2010年度纸本文献主渠道协议供应商资格招标工作。2009年,上海外国语大学图书馆、财务处、国资办、纪委、审计处组成招标小组,对图书馆的中文图书采购进行公开招标。

2009年,上海图书馆的中文图书实行政府采购,由上海市政府采购中心进行项目招标,确定供应商。在每批采购书目产生后,同时发给供应商进行询价,根据供应商对每1个品种的单独报价进行比对,按照价低者得的原则分配订单。

五、交换和受赠

【交换】

上海图书馆 1980年8月起,上海图书馆开展国际文献交换业务,与美国、日本、澳大利亚、法国等30多个国家建立了正式交换和互赠文献资料合作关系。2000年后,上海图书馆国际文献交换、互赠与托存的工作取得了进一步发展,每年通过国际交换与赠送途径补充入藏的外文图书在

4 000—5 000 种左右,建立交换赠送关系的机构数量增多,国外书商、基金会等也相继成为合作的对象。2002 年,建立"国际交换信息数据库",对文献的交换情况进行实时动态的统计分析,并启动了中文图书国际订购服务项目;同年,上海图书馆"上海之窗"对外宣传项目正式启动,它通过向有友好协议关系的境外图书馆机构及友好城市的图书馆捐赠图书的形式,全方位向境外读者介绍中国悠久的历史文化和改革开放以来的新进展、新成就。2004 年,制定《上海图书馆国际交换管理办法》《上海图书馆国际交换细则》,对与相关机构建立正式交换关系、应严格遵守的纪律、书刊交换原则等作了详细规定。2010 年,上海图书馆国际文献交换国家遍及欧、亚、美、澳四大洲,文献交换合作单位 161 家。

表 3-1-1 2000—2010 年上海图书馆国际图书交换、赠送统计表

年　份	收到图书(册)			送出图书(册)
	交　换	赠　送	合　计	
2000	1 694		1 694	822
2001	1 338		1 338	1 585
2002	3 053	1 612	4 665	3 043
2003	2 757	2 433	5 190	2 133
2004	3 509	1 951	5 460	2 498
2005	4 623	3 045	7 668	2 588
2006	3 051	1 667	4 718	2 259
2007	3 704	1 922	5 726	3 181
2008	2 930	2 928	5 858	1 554
2009	5 364	1 677	7 041	1 159
2010	2 519	2 496	5 015	1 226

复旦大学图书馆 1993 年 9 月 25 日,美国依阿华大学图书馆代表周欣平博士与复旦大学图书馆进行了会谈,双方一致同意建立馆际书刊交流关系,并签订书刊交流协议。2004 年 7 月 9 日,欧洲学术中心主任瓦格纳博士一行三人访问复旦大学图书馆,任务是在上海选择设立"欧洲学术图书中心"(European Academic Book Collection,简称 EABC)的合作单位。

同济大学图书馆 1980 年开始,同济大学图书馆与西德、日本、美国以及香港地区的高等学校图书馆建立了交换关系,已与 45 个图书馆保持经常联系。1991 年,经国家教委批准,同济大学图书馆成立高校赠书上海转运站,1992 年 7 月正式运转,向全国百余所高校转送境外赠书。通过该渠道适当选购较新较好的外文原版图书以弥补不足,这已成为学校外文图书馆藏的主要来源。

华东师范大学图书馆 1979 年,华东师范大学图书馆开始国际交换工作,至 80 年代中期,已与美国、英国、日本、澳大利亚等 45 个国家和地区的 53 所图书馆建立了图书交换关系,每年获得书刊资料 1 000 册左右。

中国科学院上海生命科学信息中心 中国科学院上海地区各研究所利用本所的所刊、年报以及国内公开出版的专业杂志与国外对口的研究机构进行交换出版物。上海生命科学信息中心长期保持与俄罗斯科学院图书馆交换 50 种出版物。

中国科学院上海药物研究所图书馆 中国科学院上海药物所图书馆以药物研究所编辑、出版的《药理学报》交换国外化学杂志,最多年份交换得到国外期刊 60 余种。

【受赠】

上海图书馆 1992 年,上海图书馆成立中国文化名人手稿室。文化名人手稿室工作人员通过拜访、动员名家捐赠手稿,一大批文化界知名人士的著作、日记、书信、笔记等手稿陆续入藏,极大地丰富了现代和当代名家手稿。1996 年,上海图书馆新馆落成后,手稿的收藏与展示条件大为改善,中国文化名人手稿室改名为中国文化名人手稿馆,增强了手稿征集保管的能力与影响力。著名作家茅盾、夏衍、冰心、丁玲、俞平伯、叶圣陶、萧乾、王元化、姚雪垠等人手稿陆续征集入藏。入藏数量较大的手稿有著名教育家陶行知的夫人吴树琴和子媳蒋秋芝捐赠的 600 余件陶行知书信、日记、诗文等手稿。上海图书馆新馆开放前后这一时期是文化名人手稿收获最多的时期,特别是京沪两地的各界名家纷纷捐赠手稿。在手稿征集方法上,文化名人手稿馆积极策划,以名家文献与书画展览的形式争取捐赠。曾举办柳亚子、郭沫若、茅盾、夏衍、巴金、王辛笛、夏征农、张乐平、任钧、姜椿芳、居正的著作版本和文献展览,以及关山月、华君武、丁聪、方成、官布、黄苗子、郁风、马丁、严阵等人的书画展。名家的手稿文献,在专设的"中国文化名人手稿馆"陈列室中常年展示,激发了众多文化界人士捐赠手稿的热情。2005 年以来,各类名家手稿文献每年以 2 000 件的数量不断入藏,现藏各类手稿文献近 6 万件,成为国内收藏现当代文化名人手稿数量最多的图书馆。2003 年,制定了《上海图书馆接受捐赠中文图书管理条例》,并于 2006 年和 2007 年进行了两次修订。条例规定了接受捐赠图书的条件和范围、接受捐赠的工作流程、与捐赠人就捐赠书刊资料的种类、质量、数量、用途和财产权等内容订立捐赠协议并颁发"捐赠证书"或举行捐赠仪式的制度,使捐赠工作更加规范。

松江区图书馆 1995 年和 2000 年,施蛰存、赵祖康、朱雯、罗洪、杨纪珂等一批松江籍人士先后向松江区图书馆捐赠图书和照片资料。1998 年 10 月 23 日,建设银行嘉定支行将一套价值 6.8 万元的《传世藏书》捐赠给松江区图书馆。1999 年 5 月 18 日,时任区长王荣华将《台湾乡土全志》(精装本)壹套,计 12 册捐赠给松江区图书馆。

复旦大学图书馆 复旦大学图书馆多年来一直获得校内外人士的捐赠,其中不少是珍本文献。如:陈望道校长、李铁民副校长、刘大杰、赵景深、江泽宏家属、胡曲园、前馆长潘世兹、王传燨、名誉校长苏步青、前校长华中一等先后向图书馆捐赠的珍藏图书。美国前总统里根、以色列前总理拉宾、加拿大魁北克省、日本创价学会及池田大作、日本大阪经济大学、日本早稻田大学图书馆、日本中国问题研究所、台湾净空法师及佛陀教育基金会等国外政要、政府机构、知名大学及基金会等,均向复旦馆捐赠图书。1986 年,李希同根据赵景深的生前愿望,将珍藏的 2.7 万余册书籍全部捐赠给复旦大学图书馆及校古籍研究所,并由校图书馆负责收藏。1996 年 9 月 10 日,中国建设银行上海分行捐赠《传世藏书》大型丛书一套。2002 年,翻译家徐汝椿分两批向复旦大学图书馆赠送 7 250 册图书(皆为美国当代文学作品)。2004 年 10 月,复旦大学与东吴大学互赠图书,复旦接受东吴大学赠送的《四库全书珍本》,计 13 集,4 800 册。2004 年,复旦大学台湾校友吕秋文向复旦大学图书馆赠书 2 096 册,价值 1 万美元。2008 年 5 月,台湾收藏家陈炯向复旦大学图书馆赠书 3 500 册,涉及文学、历史、文博和政治类。2008 年 6 月,日本留学生周皓同学寄赠图书馆 15 箱共 392 册日文原版图书,多为日本经典作品集。2008—2009 年,美国著名汉学家、人类学家、国家科学院院士施坚雅将全部英文藏书赠予复旦大学图书馆,计 4 000 多册。

上海交通大学图书馆 1997 年,日本财团与中国国际友好联络会合作开展向中国高校赠书,由日本科学协会具体实施。至 2010 年，上海交通大学图书馆接受赠书累计已达 6.9 万余册，内容涉及化学、通信、机械、环境、哲学、医学、艺术等十多个学科，大大充实了图书馆的日文资源。

同济大学图书馆　1999 年，在上海市中日友好协会帮助下，同济大学图书馆接受日本友好人士福岛已之进和国有俊太郎的私人藏书共约 5 800 多册，该批藏书主要学科领域是建筑、美术等，估算价值约 7 000 万日元。1991 年，经国家教委批准，学校图书馆成立高校赠书上海转运站，向全国百余所高校转送境外赠书。通过该渠道适当选购较新较好的外文原版图书以弥补不足，这已成为学校外文图书馆藏的主要来源。2010 年，经国家教委批准"亚洲之桥"赠书转运站共接受美国"亚洲之桥"基金会赠送的 6 个集装箱的赠书，共计 5 万册，转运图书 66 257 万册。

上海财经大学图书馆　2005 年，上海财经大学图书馆成为国际货币基金组织（IMF）在中国的指定收藏馆，每年受赠世界银行和国际货币组织出版的大量专著、工作论文、统计数据和工作汇编等多种文献资料。2005 年 4 月，上海财经大学图书馆接受教育部"中华再造善本工程"赠书。2009 年，日本马克思主义经济学者、东京大学伊藤诚向上海财经大学图书馆赠送个人藏书 125 册，其中，日文图书 45 册，英文原版经济学经典著作多册。2010 年 7 月，上海财经大学图书馆接受联合国贸易和发展会议（UNCTAD）赠送的出版物。

上海大学图书馆　上海大学钱伟长校长去世后，其家属将钱伟长校长毕生收藏的万余册图书文献捐赠给上海大学图书馆。2010 年 10 月 9 日，作为上海大学"中华志、校长情——钱伟长校长诞辰纪念系列活动"重要组成部分的"爱国奉献、伟业流长——钱伟长生平图片展"及"钱伟长赠书陈列展"在上海大学图书馆举行。

中国科学院上海生命科学信息中心　2004 年，日本伸树社向中国科学院上海生命科学信息中心无偿捐赠 365 种日文医学期刊，总计 2 000 多卷。

第二章　文献信息资源采访

第一节　纸质文献资源采访

一、公共图书馆

上海图书馆　1992年,上海图书馆制订了《中文报刊采购细则》,要求核心期刊订购无遗漏。对中文报刊按邮局的《预订报刊目录》进行检查,达到了基本齐全的目标。对于内部发行和自办发行的期刊,通过走访各省市新闻出版局了解出版发行信息,确保中文报刊收藏的数量和质量,并为开展全国中文报刊统一编目工作打下了不可或缺的基础。为了保证中文报刊采购的质量,每年通过走访重点高校和用户对中文期刊的需求进行调研,根据用户需要及时调整中文期刊复本和品种。1995年馆所合并后,采访工作将特种文献、电子文献作为文献采访的重要内容。进入21世纪,随着文献品种越来越多,上海图书馆适时调整工作方法与流程。2002年7月,成立文献资源建设委员会,建立文献购置重大事项听证会的议事制度,完善了文献采选的流程与审批。从2002年至2007年共制定了15个文献采访条例和细则,采用一系列科学的采访工作方法,如文献供应商备案制、评估中外文期刊代理商、电子文献的购前评估和使用评估制度等。其中,2007年10月修订的《文献采访工作条例》,涵盖中文图书、中文报刊、外文图书、外文报刊、特种文献、古籍与近代文献等。

黄浦区图书馆　黄浦区图书馆纸质文献采访主要根据该区商贸、旅游、历史文化的特点结合服务对象的需求,针对社会的焦点、发展的重点、关注的热点、学习的要点开展。文献采访注重实用性、系统性和地方性。即:在满足读者的阅读需求的同时兼顾黄浦区内科研、文化的需要,尽量做到入藏图书的实用性。系统性方面力争做到重点系列藏书的齐全。同时,在地方文献建设方面,根据黄浦区商业金融中心、旅游文化中心以及七百年历史的老城厢的地方特点,形成相对完整、系统的藏书体系。

闵行区图书馆　闵行区图书馆把了解出版、发行情况和热点图书的出版动态与广泛征求读者意见相结合作为图书采购工作的基本要求,重视对馆藏流通的调研,认真听取流通工作人员对馆藏文献的品种,质量,数量的反馈,补充藏书的不足和遗漏,不断完善"采访计划",努力提高馆藏利用率,降低流通拒借率。文献采购注重保持特色馆藏图书的延续性,并逐步扩大该馆少年儿童精品图书的采购和收藏。

二、高校图书馆

1980年以后,教育部陆续设立了文科专款项目,供高等院校购买文科研究生所需要的外文图书资料,又启动了中国高校人文社会科学文献中心项目。教育部还在部分高校设立外国教材中心,推动引进外国高水平教材。20世纪80年代,世界银行提供贷款,为高校及时购买到珍贵的外文原版书刊提供了保障。上海高校开展外文期刊协调采购工作,有效节省了图书馆的经费,实现了资源共享。

外国教材中心　1979年,为了加强外国教材的引进、积累、管理和使用,推动我国教材建设,不断提高教育质量,教育部决定在全国六个大区的高校设立九个外国教材中心。复旦大学外国教材中心成立之初,主要是引进美、苏、日、西德、英、法等国公开出版的高校理、工科基础课程的数学、物理、化学、生物、地学、力学、机械基础、热力学、电子学、制图学、各类教科书和参考价值较大的教学参考书,基本以新书为主。1986年,各中心明确了各自的分工,复旦大学外国教材中心负责数学方面教材的引进和消化。2002至2007年,复旦大学图书馆先后分四批引进美国哈佛大学教材8 821种,这批教材在学校的教学科研中发挥了极大的作用。

文科专款项目　1982年,财政部设立"高校文科图书引进专款项目"(简称"文专项目"),每年划拨200万美元,用于引进外国及台、港、澳地区出版的文科图书文献。教育部文科专款由教育部统一掌握,专款专用,只用于高等学校培养文科学位研究生购买外文图书资料。上海地区受益高校包括复旦大学、华东师范大学、上海财经大学、上海外国语大学、上海师范大学等。

世界银行贷款　1983年,教育部下达了有关使用世界银行贷款订购进口原版书刊的通知。1983年世界银行贷款分配给复旦大学图书馆的总额23万美元。图书馆确定采购范围主要以物理、电子、化学、生物、数学、力学、计算机科学、管理科学等类书册资料为主,截至1985年5月底,订购图书4 042册。1984年、1987年国家教委两次分配给同济大学图书馆世界银行贷款共24.7万美元用于订购国外原版图书,两次共购原版图书4 970册。

外文期刊协调采购　1987年当时由于进口报刊价格大幅上扬,各校外文期刊订购量急剧下降,严重影响了高校的教学科研和图书馆的外刊收藏质量。面对困境,华东地区12所高校图书馆联合成立区域性的外刊采购协作网,并委托复旦大学图书馆编制了《国家教委华东地区直属12所高校图书馆原版外文期刊预定联合目录》来协调外刊的采购工作。1994年,全国高校图工委期刊专业委员会发起组织了全国性的"期刊协作网",制定了各项协调协作的规章制度和措施,复旦大学图书馆根据图工委要求继续承担联合目录的编制工作。此后,参加预订联合目录的成员馆不断增加。1993年以来,每年度全国高校图书馆外文期刊协调采购工作都将该目录作为协调采购外文期刊的重要依据。1999年,针对原版外刊订购数不足,复旦大学增拨100万元专款,专门用于图书馆订购原版外刊。

中国高校人文社会科学文献中心　2004年,教育部启动了中国高校人文社会科学文献中心(China Academic Humanities and Social Sciences Library,简称CASHL)项目,每年投入1 500万元人民币用于支持全国高校订购人文社科外文期刊。复旦大学与北京大学成为中国高校人文社会科学文献中心两个全国中心。2006年,华东师范大学图书馆获准成为CASHL教育学相关领域和人文地理学科中心,在中国高校人文社会科学文献中心中,重点建设人文地理、教育学科相关领域文献资源。

三、科研院所图书馆

中国科学院上海生命科学信息中心　中国科学院上海生命科学信息中心的文献资源采购工作,以建设"生命科学"学科中心为特色的目标,做到"生命科学"学科中文书刊全覆盖,外文文献重点收集。在文献经费的安排上,85%投入到生命科学外文期刊及数据库,15%用于中文书刊及数据库。

中国科学院上海药物所图书馆　中国科学院上海药物研究所图书馆纸质文献采访历来以期刊

为主,图书为辅。纸质期刊经费所占的比例从 60%（1978 年）逐年上升到 70%（1986 年）、80%（1994 年）、90%（2002 年）直至 98%（2010 年）。纸质文献购置经费有较大增加,2010 年全年订购外文期刊 207 种,纸质文献购置经费达到 357.1 万。

第二节 视听、缩微资源采访

一、公共图书馆

上海图书馆 1978 年以后,上海图书馆陆续采集、整理各种中外音像资料。随时代发展,除传统粗、密纹唱片外,出现了激光唱片、激光视盘、磁带、录像带等不同载体的音像资料。至 1988 年底,馆藏各类视听资料已达 130 740 件。至 1992 年,馆藏唱片就有 14 万张,以古今中外著名音乐、戏曲为主要特色。1995 年馆所合并,原情报所 2 371 部国内外科技影片、录像片并入馆藏,极大地丰富了馆藏音像资料。1996—2010 年共采购入藏音像资料 68 900 件,以 CD、VCD 和 DVD 等载体为主。

浦东新区图书馆 浦东新区图书馆的视听资料以现代制作和具有参考价值的原版专业影视资料及各种获奖的影视资料为主,音像资料的采集以正式出版的 DVD、VCD、CD、音带、光盘、唱片为主。

二、高校图书馆

同济大学图书馆 1985 年,原上海铁道学院图书馆成立缩微资料室,购置了佳能缩微平片阅读机一台,1987 年 1 月 1 日起正式对读者服务,以后又添置了一台佳能缩微平片阅读复印机。主要收集国内各有关专业会议论文和美国理工科博士论文的缩微平片资料。藏有缩微平片:中文 5 084 张,外文 300 张。

华东师范大学图书馆 1985 年,图书馆购买 200 多种 550 盘录像带,20 多部录像片。1995 年,馆藏音像资料 21 911 册。1998 年,馆藏音像资料 34 162 册。1998 年,接收原上海第二教育学院图书馆视听资料 741 种/2 523 盒。接收原上海教育学院图书资料中心视听资料 9 801 件。2010 年,馆藏视听、音像等非书资料共计 65 215 件。

上海外国语大学图书馆 1996 年底,上海外国语大学图书馆收藏录音带 6 733 盒,录像带 367 盒,VCD117 盒,LD500 盒,声像资料共计 7 717 件。2002 年底,馆藏磁带 10 716 盒,录像带 403 盒,光盘 2 066 张。2005 年底,视听资料总量为 8 135 种。

第三节 数字资源采访

一、公共图书馆

上海图书馆 上海图书馆数字资源采访工作最早开始于 20 世纪 80 年代。1987 年,首次从美国 Rim - Pacific 公司引进了三批只读光盘——CDROM(Compact Disc - Read Only Memory),内容包括美国国会图书馆 1965 年以来所收藏的英文及其他语种书刊资料,由 Ram - Pacific 公司每月或每季度更新一次。上海图书馆于2001年成立了专门的电子资源采购工作小组,并逐步形成了行之有效的工作模式,制定了规范的工作流程与规则。2003年上海市文献资源共建共享工作会议召开,会议提出加大数字资源采购力度。根据会议精神,上海图书馆在调研的基础上,加大了全文型、网络化、中文类、视频类数字资源的投入,在保持原有重点基础上,进一步加大公众服务力度,引入网络文学、新华e店电子书、手机阅读等概念,为市民数字的大众阅读推广创造条件。进一步拓展社科领域,尤其经济、金融、贸易方面的数字资源特色,满足了专业读者的需求。此外,上海图书馆还率先在国内公共图书馆界建立了资源的采前评估和使用评估方法,确保了入藏质量。2009年,开展了数据库评估工作。从评估指标体系设计、数据库基本信息采集,到专家走访、结果汇总、测评分析,对馆藏数据库进行了较为客观的评估,并在此基础上为提出了续订数据库的相关建议,逐步提升数字资源的使用效率。

浦东新区图书馆　2005年,浦东新区图书馆于制定2005—2010年图书馆文献资源建设规划,规划明确要顺应知识经济发展需要,又要把握图书馆的定位和发展方向,即要将传统资源和数字资源建设并重,又要实现多类型文献资源的协调建设。数字资源以全文光盘和检索光盘为重点,视听资料主要采集以现代制作为主和具有参考价值原版专业影视资料,各种获奖的影视资料及DVD、VCD、CD、音带、光盘、唱片为主的音像资料正式出版物。

黄浦区图书馆　黄浦区图书馆数字资源采选主要来源是出版商(数据库生产商)发行的商业化的数字产品。数字资源采选主要遵循读者需求、图书馆数字资源发展和图书馆行业协会要求等三项原则。读者需求原则,是指依据所在区域和该馆读者类型,做到满足各类读者的基本需求,即满足各类成人、少年儿童、老年和特殊人群的普遍需求和部分有学术研究读者的需求。图书馆数字资源发展原则,是指采选符合该馆典藏需求的数字资源或数字加工资源,以镜像形式留存作为馆内基本数字资源建设部分。文化部或行业协会要求原则,即符合文化部或图书馆行业协会从宏观层面对本市公共图书馆数字资源建设的普遍要求原则。

二、高校图书馆

上海教科网高校网络图书馆　2000年12月25日,由上海交通大学、复旦大学、华东理工大学、华东师范大学等高校和社会力量共同参与建设的"上海教科网高校网络图书馆"正式上网开馆。根据上海高校网络图书馆2001年建设规划和市教委关于本市高校文献资源建设宜采用"集团采购、市教科网补贴、各高校共同分担"的原则,上海高校网络图书馆与上海市各高校图书馆共同购买了"维普中文期刊全文数据库"(1989—2001年,含1.2万种期刊)、"超星电子图书数据库"(含20万种中文图书)、"万方"系列数据库。上海教科网出资承担全部经费的三分之二。各高校无论规模大小,均可共享以上三大中文数据库。2001年7月11日召开的"上海市高校文献资源共建共享协调会"上,31所图书馆签署了加入集团采购的意向书。

复旦大学图书馆　2001年,复旦大学启动"数字图书馆建设"项目,订购了John Wiley、OVID、Springer、Elsevier、JSTOR等高质量的外文期刊全文数据库,中文电子期刊超过1万种,外文电子期刊超过1.5万种。自建电子教学参考书数据库,包含电子教学参考书6 400多种,涵盖了复旦大学40个国家重点学科。购置了中文电子图书70万种、外文电子图书1万多种。复旦大学图书馆2010年开始实行电子资源建设小组评估,电子资源建设小组决定资源的采购决策。

上海交通大学图书馆　2001年6月19日,上海交通大学与ISI(美国科技信息所)正式签署了

ISI Web of Knowledge 学术信息资源整合体系的订购协议。这是上海地区第一家引进这一强大学术信息资源的研究机构。上海交通大学图书馆从 2002 年开始对国外电子资源进行集团联合采购，2010 年,共计为上海地区组织引进 10 个外文数据库。

华东师范大学图书馆 2006 年,华东师范大学图书馆在"十五""211 工程"建设中,把建设的重点放在引进电子资源上。通过努力,图书馆已形成了能够覆盖全校主要学科,拥有各种类型的数据库群,其中包括若干使用率很高的中文数据库和一些国际上著名的文献数据库,如 SCI、IEEE、Elsevier、Springer、John Wiley 等。到 2006 年,华东师范大学图书馆已拥有 67 个数据库(含购买的数据库 61 个,自建、参建数据库 4 个,联机和赠送各 1 个),有效地保证了学校教学科研和学科建设的发展。

上海师范大学图书馆 2005 至 2008 年,上海师范大学图书馆先后投入约 2 200 万元用于图书采购、数字图书馆、信息共享空间等建设。尤其是图书馆数字资源建设步伐大为加快,到 2009 年 5 月,图书馆各类数据库已达 73 个,开放资源有 59 个,同时还拥有可检索纸质文献近 280 万册,视听文献 3.3 万件,为学校教学质量的稳步提高、学科建设的扎实推进提供了强有力的信息资源支撑。

三、科研院所图书馆

中国科学院上海文献情报中心 1987 年,中国科学院上海文献情报中心开始引进 BA(生物学文摘数据库光盘版)。2002 年以后,中国科学院上海生命科学信息中心围绕我国生命科学研究的重点学科领域,通过参加中国科学院集团采购、单独订购等方式,文献信息保障能力不断提高,文献信息覆盖面不断扩大,引进的国外数据库逐年增长,以多种不同功能的数据库替代纸质图书和期刊。2010 年,馆藏电子资源包括全文数据库、文摘数据库、评价数据库、事实/数值型数据库、科学视频数据库、软件数据库、图片数据库、专利数据库、产品样本数据库等 9 种不同类型、不同功能的数据库共计 118 个,网络化服务程度达到 97%。

中国科学院上海有机化学研究所图书馆 1993 年,上海有机化学研究所图书馆引进 IBM 微机 DOS 版质谱光盘数据;1997 年引进 CA on CD 光盘数据库,开始以数据库产品替代印刷型文献检索工具;2001 年引进 CrossFire Beilstein 数据库;2003 年后,购买了 SciFinder,Beilstein CrossFire,Web of Science,CAonCD,CCD,Pharmprojects,ACD 等一系列重要的网络数据库和光盘数据库产品,数据库内容包括化学文献检索、化学反应、化合物信息、实验数据、市场动态等。2007 年参加中国科学院文献情报系统集团采购 CrossFire 数据库。

第三章 文献信息资源组织

第一节 文献信息资源标引

一、分类标引

【公共图书馆】

上海图书馆 1978年以来,上海图书馆中外文文献均采用《中图法》进行分类标引,某些文献如中文视听资料和购买的数字资源,再酌情参照《文献主题标引规则》和《中国分类主题词表》进一步规范。古籍和自建的古籍数字资源基本采用"四库分类法"。上海年华系列资源库,采用自定义的分类词表和标签云的形式标注,如:在电影明星录中,分别从"光影人生""心路历程""众说纷纭""声影再现"等多个方面对资源内容进行全面揭示。

松江图书馆 1978年起,松江县图书馆使用《中图法》进行图书分类,组织书名目录、著作目录和分类目录。图书编目按照《中国文献编目规则》和上海图书馆《索书号编制规则》进行。2010年8月,松江区图书馆采用全国统一的《中图法》(第五版)和《文献目录著录》分类编目,停止使用《中图法》(第四版)。

青浦区图书馆 青浦图书馆依据《中图法》进行中文普通图书的分类。1987年,青浦图书馆制定了《青浦县图书馆目录管理措施》,实施计算机化管理后补充修订为《青浦县图书馆目录组织规则》。1998年,青浦图书馆制定使用《中图法》的具体说明。1998年,修订了《青浦县图书馆文献著录与标引工作细则》,并制定了《青浦县图书馆图书加工整理的有关规定》。2008年,制定了《青浦区图书馆期刊分编细则》,对期刊的分类、编目、技术加工和典藏分别进行了详细说明。2008年,修订了《中文图书分编工作细则》,细则将普通图书加工工作分为交接验收、分类、编目、加工、整理和打印、典藏,以及管理和维护等分编流程,具体包括盖书章、贴条形码、打印书标、装磁条、记录登录号等诸项工作。

闸北区少年儿童图书馆 1996年—2008年,闸北少年儿童图书馆文献的标引采用《中国图书馆分类法-儿童版》第三版来进行分类的,2009年起至2010年采用《中图法》第四版分编入藏。自1996年建馆至2010年采用《上海市中心图书馆分馆中文文献技术加工条例》编目加工文献。依据《中图法》的分类体系,所有图书均采用分类著者号顺序排列。先按分类号中首位汉语拼音字母顺序排,再依次位数字排。小号在前,大号在后,依次排列。

黄浦区图书馆 黄浦区图书馆依据《中图法》进行分类标引;依据《中国分类主题词表》进行主题标引;图书依据《普通图书著录规则》或《中国文献编目规则》进行著录;期刊依据《中图法期刊分类》进行分类标引,一般分类至3级以上;期刊依据《中文期刊机读目录编制细则》进行著录。2000年,黄浦区图书馆加入上海市中心图书馆建设后,汉文普通图书统一采用 Horizon 联合书目系统。图书统一由上海上图书店根据《上海市中心图书馆加工业务操作规范》编目、加工。黄浦区图书馆少年儿童馆中文普通图书采用图书馆自动化集成系统(ILAS)进行编目,使用《中国文献编目规则》(第二版)规范著录;使用《新版机读目录格式使用手册》编制规范数据;《中图法》(第四版)进行分类标引;依据《中国分类主题词表(第二版)》进行主题标引。

宝山区图书馆 宝山区图书馆采用《中图法》分编入藏文献,使用《中国文献编目规则》《中国机读目录使用手册》及该馆有关著录细则对入藏文献进行编目,按《中图法》对文献进行分类标引,按《中国分类主题词表》对文献进行主题标引。2001年,通过参与和实施上海市文献资源共建共享计划的联合编目项目,与上海市图书馆联机编目中心成功连接,从编目角度实现了资源共享功能,书目数据编制工作实现规范化、标准化。2006年,为强化采访、编目质量管理与控制,完善采编工作各项程序操作规则,制定了《采编部工作附注要览》《新书交库须知》《数据编目细则》等。2008年,修订了《宝山区图书馆中文图书著录细则》《宝山区图书馆连续出版物著录细则》及《宝山区图书馆视听文献著录细则》。《宝山区图书馆中文图书著录细则》适用于中文普通图书著录,以MARC字段为纲,将文献著录规则与机读目录格式结合起来加以描述。

浦东新区图书馆 2001年起,浦东新区图书馆中文图书分类标引根据《中图法》(第四版)进行,书次号按照四角号码词典规则进行。文献主题标引依据《中国分类主题此表》规则进行。图书馆的文献著录依照国家标准《中国文献编目规则(第二版)》《新版中国机读目录格式》等各类型文献著录的有关规定进行操作,并要求标引、著录、目录组织和排架误差率不得超过1%。

崇明县图书馆 崇明县图书馆图书、视听文献均依据国家、行业相关标准进行编目著录。严格按照《中图法》(第四版)、《普通图书著录规则》《中国机读目录格式使用手册》对文献进行分类著录。

【高校图书馆】

在《中图法》正式出版前,各高校图书馆分别使用不同的分类法。1975年《中图法》正式出版后,各高校图书馆逐步采用《中图法》标引馆藏文献。随着《中图法》版本更新,各图书馆逐步统一使用《中图法》的标引馆藏文献。

复旦大学图书馆 1975年,复旦大学图书馆使用《中图法》标引中文图书,外文图书在沿用《杜威分类法》的同时,再用《中图法》进行标引。复旦大学图书馆的线装古籍按照《江苏省立国学图书馆书目》,按经、史、子、集、丛五部分类。

上海交通大学图书馆 1974年,上海交通大学图书馆使用《中图法》对中外文图书进行分类。自1991年起,馆藏各文种、各类型文献分类一般使用中图法(第三版),学位论文及某些特种资料的分类酌情采用《中图法》。

同济大学图书馆 1975年,同济大学图书馆决定用《中图法》分编中外文期刊社会科学部分,并逐渐改编旧刊,使中外文期刊的分类成为一条龙体系。1982年,中日图书首先采用《中图法》80年版分编自然科学新书。1984年,西文和俄文图书采用《中图法》资料本分编自然科学新书。1991年开始,图书馆各文种、各类型文献及论文报告等资料分类均采用新版《中图法》。1993年,西文编目开始采用《中图法》第三版。1999年3月,《中图法》第四版正式出版,9月开始采用新版《中图法》分编图书。

上海工程技术大学图书馆 1978—1998年,上海工程技术大学纺织学院图书馆采用《中国科学院图书馆图书分类法》,1998年以后采用《中图法》标引馆藏文献。

华东政法大学图书馆 1991年,华东政法大学图书馆情报部完成《法学资料分类表》,并据此对现有的馆藏法学资料进行细分,以便利读者查阅。

上海戏剧学院图书馆 上海戏剧学院图书馆2005年以前使用的是自编的《上海戏剧学院图书资料分类表》,2005年对全馆所有文献资料都改用《中图法》第四版进行分编。

　　上海视觉艺术学院图文信息中心　2005年,上海视觉艺术学院图文信息中心建馆,采用《《中图法》》第四版分编入藏文献。

　　中国人民解放军南京政治学院上海校区图书馆　1986年,中国人民解放军空军政治学院图书馆采用《中图法》第四版,结合《军用分类主题词表》分编入藏文献。

　　中欧国际工商学院图书馆　1995年,中欧国际工商学院图书馆建馆,采用DDC(杜威十进分类法)对入藏文献进行分类。

【科研院所图书馆】

　　中国科学院上海图书馆中文图书使用《中国科学院图书馆图书分类法》进行主要分类,使用《中图法》进行附加分类,并与著者号(著者依《四角号码新词典》取四角号码)组成索书号。西文图书使用《中国科学院图书馆图书分类法》进行主要分类,使用《中图法》及《DDC(Dewey Decimal Classification)》进行附加分类,并与著者号(著者依《Alfabetic - Order Table》取卡特号)组成索书号。中外文期刊均使用《中国科学院图书馆图书分类法》进行分类,并与刊名首字母(或首词拼音首字母)加阿拉伯数字组成索刊号。

二、主题标引

【公共图书馆】

　　上海图书馆　上海图书馆中文普通图书(包括少数民族图书)以《中国分类主题词表》(局域网版)进行主题标引。外文普通图书以《美国国会图书馆主题标引》进行主题标引。中文视听文献主题标引规范控制工具采用《中国分类主题词表》(局域网版),《〈中国分类主题词表〉(第二版)及其电子版手册》和《文献主题标引规则》(GB/T 3860—2009)等相关标准及其规范为指导。外文视听文献以《美国国会图书馆主题标引》进行主题标引。

　　黄浦区图书馆　黄浦区图书馆依据《中图法》(第四版)进行分类标引;依据《中国分类主题词表》进行主题标引;图书依据《普通图书著录规则》或《中国文献编目规则》进行著录;期刊依据《中图法期刊分类》进行分类标引,一般分类至3级以上;期刊依据《中文期刊机读目录编制细则》进行著录。黄浦区图书馆期刊依据《中图法》(第四版)分类,依据《中国文献编目规则》(第二版)第十一章规范著录,使用《新版机读目录格式使用手册》编制规范数据。黄浦区图书馆少年儿童馆汉文普通图书采用图书馆自动化集成系统(ILAS)进行编目,使用《中国文献编目规则》(第二版)规范著录;使用《新版机读目录格式使用手册》编制规范数据;《中图法》(第四版)进行分类标引;依据《中国分类主题词表(第二版)》进行主题标引。

　　闵行区图书馆　闵行区图书馆中文普通图书以《中国分类主题词表》(局域网版)进行主题标引。外文普通图书以《美国国会图书馆主题词标引》。中文视听文献主题标引规范控制工具采用《中国分类主题词表》(局域网版),《〈中国分类主题词表〉(第二版)及其电子版手册》和《文献主题标引规则》(GB/T 3860—2009)等标准及其规范为指导。外文视听文献以《美国国会图书馆主题标引》进行主题标引。

【高校图书馆】

　　复旦大学图书馆、上海交通大学图书馆、华东师范大学图书馆、同济大学图书馆在20世纪90

年代开发图书馆应用管理软件中,引入中文主题标引。主题标引主要使用《汉语主题词表》和《中国分类主题词表》标引中文文献,依据的是中华人民共和国国家标准《文献主题标引规则》。西文文献则主要采用《美国国会图书馆标题表》,部分高校图书馆也采用其他主题词表。

上海交通大学图书馆 1983年开始,上海交通大学图书馆西文图书采用《美国国会图书馆标题表》(LCSH)进行主题词标引及组织主题目录。

华东师范大学图书馆 1986年,华东师范大学图书馆西文编目与国际接轨,开始采用AACR2(英美编目条例第二版)。1997年起,对西文图书标引主题。20世纪90年代采用计算机编目后,中文图书依据CNMARC格式编目,西文图书依据USMARC格式编目,并可从INTERNET上套录美国OCLC的编目数据。

中国人民解放军第二军医大学图书馆 1986年6月,中国人民解放军第二军医大学图书馆开始用《医学主题词表》(MeSH)对西文原版图书进行主题标引。

中国人民解放军南京政治学院上海分院图书馆 1986年开始,中国人民解放军南京政治学院上海分院图书馆用《军用分类主题词表》标引馆藏文献。

【科研院所图书馆】

1986年开始,中国科学院上海图书馆使用《汉语主题词表》《中国分类主题词表》对中文书刊进行主题标引,使用《美国国会图书馆标题表》对西文书刊进行主题标引。从1986年开始尝试计算机编目,中文图书按照《中文机读目录格式》的规定进行著录,西文图书遵循《英美编目条例》(AACR2)和《西文文献著录条例》进行著录,图书分类遵循《科图法》,主题标引采用《美国国会图书馆标题表》(LCSH),计算机编目遵循机读目录格式《MARC 21 Format for Bibliographic Data》。

第二节 文献信息资源编目

一、编目规则

【公共图书馆】

上海图书馆 上海图书馆中文普通图书(包括少数民族图书)的编目标准采用中国机读目录格式(CNMARC),依据《文献著录 第1部分:总则》(GB/T 3792.1—2009)及《普通图书著录规则》(GB/T 3792.2—2006)进行著录。在编目细则方面,中文普通图书遵循《中文文献数据编制条例》《中文文献数据审校条例》《上海市联合编目中文文献机读目录格式补充细则(2012年修订稿)》及其注意事项《中文已编数据图书处理规则》《索书号编制规则》进行编目和审校。少数民族语文图书,依据相关规定使用汉字进行CNMARC数据编制。外文普通图书以MARC21书目数据格式进行编目,以《英美编目条例第二修订版》进行著录。外文普通图书遵循《外文文献采编部西文文献分编细则》及其附表进行编目和审校。中外文报刊以中国机读目录格式(CNMARC)进行编目,严格按照《文献著录总则-连续出版物著录规则》(GB3792.3)进行著录,根据中国机读目录格式使用手册编制数据,记录详尽,字段完备。在机读目录编制时,在《中国机读目录格式手册》基础上,结合图书馆编目工作实际,在文献著录规则的原则框架之下制订了《中外文报刊机读书目数据编制补充细则》,起到了统一和规范机读目录编制细节的作用。中文视听文献采用中国机读目录格式(CNMARC)进行编目,依据《文献著录 第1部分:总则》(GB/T 3792.1—2009)、《文献著录 第

4 部分：非书资料》(GB/T3792.4—2009)和《中国文献编目规则》(第二版)等相关国家、行业标准及其规范为指导。外文视听文献以 MARC21 书目数据格式进行编目、以《英美编目条例第二修订版》进行著录。对自建数字资源的著录采取基于通用元数据标准规范，必要时适当扩展的原则。如民国图书全文数据库，采用基于 CNMARC 的《中国机读目录格式使用手册》，比较有特色和个性的图书资源，如古籍抄本和稿本，有批校、题跋、藏书印等需要着重描述的属性，因而需要扩展新的元素，则采用基于《中国机读目录格式使用手册》进行扩展的元数据方案。对"上海年华"等一些特色数据库系列资源库群，则遵循 Dublin Core 的"DCMI 抽象模型"和"DCMI 元数据应用纲要"等标准，基于 DC 的 15 个核心元素集进行扩展。制定了包括《上海年华核心描述元数据规范》《上海年华数字资源加工标准规范》《上海年华 XML 元数据编码方案》等自定义的标准规范，作为上海年华系列资源库群的整体元数据设计方案，对资源进行全面、深入的组织和编排，精致、严格地加工和整理。

　　闵行区图书馆　闵行区图书馆中文普通图书以《中国分类主题词表》(局域网版)进行主题标引。外文普通图书以《美国国会图书馆主题词标引》。中文视听文献主题标引规范控制工具采用《中国分类主题词表》(局域网版)，《〈中国分类主题词表〉(第二版)及其电子版手册》和《文献主题标引规则》(GB/T 3860—2009)等标准及其规范为指导。外文视听文献以《美国国会图书馆主题标引》进行主题标引。

【高校图书馆】

　　20 世纪 90 年代开始，各高校图书馆陆续进入计算机编目，中文图书依据 CNMARC 格式编目，西文图书依据 USMARC 格式编目。

　　上海交通大学图书馆　1983 年，上海交通大学图书馆西文文献开始采用《英美编目规则》(第二版)(简称 AACR2)格式著录。1985 年 3 月，中文文献著录开始采用国家标准《文献著录总则》(GB3792.1—83)和各分则，如图书采用《普通图书著录规则》(GB3792.2—85)，期刊采用《连续出版物著录规则》(GB3792.3—85)，声像及其他非书资料采用 AACR2 及《国际标准书目著录》(ISBD)的规则，并参照《西文文献著录条例》进行著录。

　　同济大学图书馆　1986 年，同济大学图书馆中文、日文图书采用《中华人民共和国普通图书著录规则》著录，1988 年，西文图书采用中国图书馆学会西文文献著录条例编辑组编写的《西文文献著录条例》著录，俄文图书仍按北京图书馆编制的《西文、俄文图书编目条例》著录。1998 年，同济大学图书馆参加上海市高校虚拟图书馆项目研究，并与华东理工大学合作编写了 CD－ROM 编目规则与条例。

　　华东师范大学图书馆　1986 年，华东师范大学图书馆的西文编目与国际接轨，开始采用 AACR2(英美编目条例第二版)。1997 年起对西文图书标引主题；20 世纪九十年代本馆采用计算机编目后，中文图书依据 CNMARC 格式编目，西文图书依据 USMARC 格式编目。并可从 INTERNET 上套录美国 OCLC 的编目数据，保证了书目数据的质量。1998 年加入教育部《中国高等教育文献保障系统》(CALIS)，成为首批成员馆，中外文图书的编目数据都上传到 CALIS 数据库中，与全国高校图书馆资源共享。

　　中国人民解放军南京政治学院上海校区图书馆　1986 年，中国人民解放军南京政治学院上海校区图书馆开始使用《中国文献编目规则》。依据《中国机读目录格式使用手册》及该馆有关著录细则对入藏文献进行编目。

　　中欧国际工商学院图书馆　1995 年，中欧国际工商学院图书馆建馆，采用 USMARC《美国国家机读目录格式》,AACR2(英美编目条例),及本馆有关著录细则对入藏文献进行编目。

上海戏剧学院图书馆 2005年,上海戏剧学院图书馆应用图书馆管理系统后,2005年对全馆所有文献资料都改为采用《中图法》第四版分编入藏。采用《中国机读目录格式使用手册》规定的国家标准和格式对各类文献进行著录。

【科研院所图书馆】

中国科学院上海图书馆 1978年起,中国科学院上海图书馆中文书刊使用《汉语主题词表》《中国分类主题词表》进行主题标引。1986年,开始尝试计算机编目。中文图书按照《中文机读目录格式》的规定进行著录,西文图书遵循《英美编目条例》(AACR2)和《西文文献著录条例》进行著录,图书分类遵循《中国科学院图书分类法》,主题标引采用《美国国会图书馆标题表》(LCSH),计算机编目遵循机读目录格式《MARC 21 Format for Bibliographic Data》。1990年,中国科学院上海文献情报中心以馆藏图书、期刊的目录卡片信息为基础建立馆藏书目信息数据库。首批入库的是馆藏中外文生物学、医学图书和期刊,到2002年,完成了首批20万册馆藏生物学、医学书刊的书目信息数据库建设。

【党校图书馆】

中共上海市委党校图书馆 1995年,上海市委党校图书馆开始进行计算机编目,中文图书按照《中文机读目录格式》的规定进行编目,西文图书著录遵循《英美编目条例》(AACR2)和《西文文献著录条例》,遵循《中图法》分类,采用《美国国会图书馆标题表》(LCSH)标引,计算机编目遵循机读目录格式《MARC 21 Format for Bibliographic Data》。1995年,图书馆采用深圳图书馆研制的图书管理系统(ILAS)的编目系统。1999年,应用国家图书馆文津编目系统,完成图书馆书目数据库的建设,共完成书目数据10万余条,图书21万余册,同时对图书进行了上磁条、贴条形码、打贴专用书标等工作。2000年开始,图书馆改用Horizon系统进行图书、期刊编目。

二、联机联合编目

【公共图书馆】

2001年,上海市联合编目中心成立,上海市联合编目中心是由上海市人民政府文献资源共建共享领导小组办公室领导和建立的业务部门。上海图书馆采编中心具体承担上海市联合编目中心业务的运作。上海市联合编目中心编制的书目数据遵循中国机读目录格式(CNMARC),符合ISO2709数据结构。从最初的区域型编目机构逐步发展成为面向全国的联合编目机构,成为国内重要的书目数据编制机构之一。上海文献联合编目中心书目数据库容量大、数据规范、质量稳定,书目数据可回溯至1949年出版的图书。上海市联合编目中心中文文献书目数据已做到及时更新,报刊书目数据动态更新,西文书目数据半月更新。上海市联合编目中心的发展经历了4个阶段:第一阶段,以上海图书馆馆藏图书为基础,将1949至1996年出版图书,按CNMARC格式要求,进行回溯性数据制作。第二阶段,将1997年至2000年上海图书馆单机编制的书目数据和回溯数据进行归并和整合。第三阶段,2001年开始,按网上联合编目的模式运作对新书进行日常数据的生产。第四阶段,为保证网上编目数据品种齐全,2003年起,编目中心书目数据的生产开始以自编数据与成员馆上传方式共同完成。上海市联合编目中心2001—2002年,其用户服务对象以上海市各类图书馆为主。2003 年,服务对象从本市向全国拓展,并开始向图书出版发行单位延伸。2004 年,开始国际合作,向新加坡、美国、加拿大等境外用户输出符合国外要求的 MARC21 书目数据。2006 年,开始探索日、俄、韩等多语种编目数据的扩展。2009 年,对联合编目中心的业务进行了整合,由采编中心下设应用研究部,专门负责具体的业务运作与管理。以实现联合编目中心的科学管理、优质服务和持续发展的目标。上海市文献联合编目中心的用户数量从 2001 年最初的 80 个发展到 2009 年的 329 个;服务对象也从最初的上海市的各类图书馆拓展到全国,延伸至其他的图书出版发行单位,用户遍布全国 22 个省、直辖市和自治州。

【高校图书馆】

1997 年开始,复旦大学图书馆、上海交通大学图书馆、华东师范大学图书馆、同济大学图书馆等不仅参与了 CALIS(中国高等教育文献保障系统)联机联合编目的共建工作,同时也积极参与了上海市文献联合编目的共建工作,上海市许多高校图书馆同时成为这两个联合编目中心的成员馆,向联合目录数据库提交本馆的书目数据,实现文献资源和数据资源的共享。

2002 年 11 月 14—15 日,CALIS 联机合作编目中心成立大会在北京大学召开,复旦大学图书馆,上海交通大学图书馆,华东师范大学图书馆等成为第一批成员馆和用户委员会会员。CALIS 联机合作编目中心成立以来,上海已有 32 所高校图书馆先后成为 CALIS 联机合作编目中心的成员馆,每年都有编目员参加 CALIS 的中、西文编目业务培训。如:同济大学图书馆编目部从 2005 年到 2010 年,先后有 7 位编目员通过 CALIS 联合目录中文或西文三级编目员资格认证考试,获得编目数据上传资格。

三、回溯编目

复旦大学图书馆 1993 年,复旦大学图书馆组建了数据库录入小组,启用富士通小型机图书馆集成管理系统开始进行回溯建库,用了 2 年多的时间完成了对卡片目录的回溯建库工作;2004 年起,陆续对部分特藏和院系资料室图书进行回溯编目工作;2010 年设立了典藏回溯组,并对 30 个院系资料室进行调研,召开院系资料室回溯工作会议,出台院系回溯方案,当年就实施了 11 个回溯项目,完成 35 万册书刊的回溯编目任务。

上海交通大学图书馆 2010 年 10 月,上海交通大学图书馆成立馆藏书目回溯建库及数字化加工工作组,按照"分校区逐个回溯、新老分类同步开展、条码按语种分段设置"的总体思路,针对 1980 年前的图书、期刊开展书目数据回溯建库工作,以充分发挥历史馆藏的使用价值,共完成 31.4 万册图书的回溯建库工作。

同济大学图书馆 2005—2009 年,同济大学图书馆共回溯编目院系中文图书 94 240 册,外文图书 46 976 册,中文期刊合订本 16 218 册,外文期刊合订本 20 570 册,学位论文 34 800 册,完成了全校文献资源的整合工作。

华东政法大学图书馆 2006 年,华东政法大学图书馆对以前的合订本期刊进行回溯建库,完成了长宁校区报刊阅览室全部和教师参考室部分期刊的回溯建库工作,前后完成 3 680 册合订本的录入工作。2009 年完成西文(英、德、法文)图书编目 23 000 条,完成日文图书编目 5 500 条。2010 年,为加强对外文图书的管理和资源整合,进一步推动图书馆的数字化和网络化建设,图书馆工作人员经过半年的努力,圆满完成了长宁校区图书馆英文、德文等原版书的回溯编目工作。

第四章　文献信息资源揭示

第一节　馆藏目录

一、公共图书馆

上海图书馆　1978年以后,上海图书馆以编纂书目索引作为馆藏资源开发的重点,并注意配套延伸,逐步完善书目体系,形成了一批学术成果。1978年,上海图书馆作为主要核心馆参编《中国古籍善本书目》,顾廷龙馆长任主编。1979年,编辑出版《中国近现代丛书目录》。1984年,配套编制出版《中国近现代丛书目录索引》。同年,参加国家重点书目《申报索引》编辑。1986年,为《馆藏中文报纸目录(1862—1949)》配套,编制《馆藏中文报纸副刊目录(1898—1949)》。1992年编辑出版《上海图书馆西文珍本书目》。1995年,馆所合并后,结合持续加强的历史文献整理抢救,书目索引编纂工作有了新的发展。2000年5月,编纂出版《上海图书馆馆藏家谱提要》,2001年3月,编制出版《上海图书馆馆藏旧版日文文献总目》,2004年6月,编辑出版《上海图书馆近现代中文期刊总目》。2009年7月,编纂出版《中国家谱总目》。

随着现代化信息技术的发展和广泛应用,上海图书馆文献资源开发逐步向电子版、网络化转型。1996年,完成古籍光盘全文制作与查询子系统。1997年,实现馆藏古籍善本一级藏品的数字化全文光盘服务。2006年,网络服务平台正式运行。2008年,盛宣怀档案全文数据库建成开放。2010年9月,"上海图书馆历史文献统一服务平台"开通服务,包含元数据约279万条,全文237万余种(篇),共约3910万页,能提供古籍善本、家谱等馆藏历史文献的一站式检索、全文浏览及打印服务。

二、高校图书馆

同济大学图书馆　1980年,同济大学图书馆开始编译、出版美国《供暖制冷空调工程师学会会刊》、美国《建筑实录》和《苏联建筑和苏联建筑工程与建筑艺术》等7种期刊题录。1986年编印馆藏西文图书会议录目录——建筑科学部分。1988年编印同济大学图书馆馆藏《西文图书会议录目录——建筑科学》等书本目录。1990年编辑了《同济大学图书馆收藏文物主要检索性刊物目录及简介》;与城市规划学院合作编辑《苏联建筑艺术》和《建筑工程与件数艺术》摘录。

华东师范大学图书馆　1988—1989年,华东师范大学图书馆先后编制、完成《上海地区高校图书馆藏词目录》《中国戏曲史研究资料目录汇编》《馆藏西文工具书目录》《中国戏曲史研究资料目录汇编》。

东华大学图书馆　1984年,东华大学图书馆编制《主要参考书目录》《馆藏纺织类原版书目简介》。1985年,编制《馆藏中文科技期刊目录》《纺织高等院校各课程主要中文参考书目录》。1993年,编制《外文期刊目录》,共收录外文期刊1231种,其中西文870种,日文215种,俄文146种,同时编制《新到原版书书目简介》。

华东政法大学图书馆　1979年,华东政法大学图书馆编制《律师资料选辑》《继承法资料选辑》《新婚姻法资料目录索引》《馆藏法学与法律图书目录》。1986年完成《1979—1985年全国法学图书书目题解》,并着手编制《馆藏法学中文图书目录》。

上海戏剧学院图书馆 1978年,上海戏剧学院图书馆建立了民国中文馆藏图书目录、港台中文馆藏图书目录、古籍线装馆藏图书目录、日文馆藏图书目录、俄文馆藏图书目录、日文期刊合订本目录、俄文期刊合订本目录、戏剧影视光盘目录等。

中国人民解放军南京政治学院上海分院图书馆 1986年,中国人民解放军南京政治学院上海分院图书馆编制的各类馆藏特色文献目录有:非书资料目录、随书光盘目录、工具书目录、保密资料目录等。

三、科研院所图书馆

中国科学院上海图书馆 1977年,中国科学院上海图书馆组织上海市各有关图书馆编制《上海市生物学外文图书联合目录》。该联合目录收入了1958年到1976年期间上海市各图书馆收藏的外文生物学图书。参加编辑的有上海图书馆、中国科学院上海图书馆以及中国科学院上海生物化学研究所、上海细胞生物学研究所、上海植物生理研究所、上海药物研究所、上海有机化学研究所、上海昆虫研究所,复旦大学、华东师范大学、第一医学院、第二医学院、第二军医大学等图书馆以及上海市科学技术情报研究所等单位。总计收录外文生物学图书13 789种,其中英、法、德等西文图书8 453种,俄文图书4 535种,日文图书801种。该联合目录于1978年12月正式出版。

1981年,中国科学院上海地区图书情报业务交流委员会与中国科学院上海图书馆合作编辑、出版《馆藏西文期刊联合目录》。中国科学院上海地区16个单位、上海科学院7个单位参加该联合目录的编辑。该联合目录共收录截至1980年底各参加单位图书馆的西文期刊6 774种,按照期刊名称的字顺编排。著录项目有:刊名、编辑机关、国别或地区、创刊年份、变名情况、馆藏单位代号及馆藏。该目录对期刊变名作以下处理:刊名有变化时,馆藏按刊名变化分段反映,并著录变化前后的刊名。刊名首字相同,刊名末略有变化,馆藏集中反映,未采用的刊名作参见。该联合目录的编辑、出版对揭示各成员单位的馆藏西文期刊信息,提高西文期刊利用率起到了积极作用。

中国科学院上海图书馆于1983年编制出版了《馆藏西文参考工具书目录》,该目录收录了该馆1960—1980年6月馆藏的3 838种西文参考工具书。

1982年11月,中国科学院上海图书馆以《国际书目著录标准》为依据,结合中国图书馆文献著录的实际情况,提出的《连续出版物著录条例》(建议稿)。1983年4月,中国科学院上海图书馆与中国科学院图书馆为主要牵头单位,承担《中国科学院西文连续出版物联合目录》编辑工作。中国科学院上海图书馆承担了上海地区院属10个单位的8 000多种西文期刊著录工作和查核、制片、会审。最后与中国科学院图书馆汇聚著录数据,建立了"中国科学院西文期刊联合目录数据库",成为国内首个大规模的连续出版物数据库系统,达到了当时国内领先水平。1988年,《中国科学院西文连续出版物联合目录》获中国科学院科技进步二等奖。

第二节 索 引 与 文 摘

一、公共图书馆

上海图书馆 上海图书馆主编的《全国报刊索引》(以下简称索引),是国内最早出版发行和规模最大的综合性中文报刊文献检索工具。20世纪80年代以来,上海图书馆不断探索计算机技术应用于索引编制,在扩大检索途径,实现编辑计算机化和建立《中文社科报刊篇名数据库》方面取得显著成果。1985年,与交通大学计算机中心合作,研制成功《索引》个别类目的"自动抽词、检索、编辑排版软件"系统,实现了一次输入、多次输出和自由词联机检索的功能。同年通过专家鉴定,获得上海市重大科技发明三等奖。1986年,试编专题索引。1987年重新提出"《索引》微机编辑、排版、检索一体化系统"课题,完成《索引》(科技版)样本,该系统能提供分类、篇名、作者和刊名4种检索途径。于1989年9月通过专家鉴定,同年获得文化部科技进步奖,市文化局科技进步二等奖。1992年,上海图书馆提出研制、开发《中文社科报刊篇名数据库》,1993年3月经文化部批准正式立项。1994年,《中文社科报刊篇名数据库》以机读软盘对外发行,受到社会欢迎,该库于1995年4月12日由文化部主持通过专家鉴定,1996年获文化部科技进步二等奖、上海市文化局科技进步一等奖。2000年,《中文社科报刊篇名数据库》改名为《全国报刊索引数据库:社科版》,同年推出《全国报刊索引数据库:科技版》,该数据库已回溯至1833年,年更新量在50万条左右。2001年,《全国报刊索引》(1950—1992年)回溯数据库出版,2002年出版《全国报刊索引》网络版。2004年,《全国报刊索引》以充分揭示馆藏报刊资源和实现收录报刊品种全、收录数据量大、数据时效性快、数据质量高的要求,对数据制作和编辑过程进行了重新分析和流程改革。2006年,《全国报刊索引数据库》(http://www.cnbksy.com)网络服务平台正式运行,并根据图书馆使用特点新增了刊名库,在刊名库中提供刊名、刊期、主办、地址等报刊的基本信息以及馆藏信息,便于图书馆用户能及时添加自己的馆藏信息,形成具有本馆特色的馆藏数据库。在不断完善二次文献功能的同时,《全国报刊索引》还致力于馆藏文献的揭示和利用,进行民国期刊全文数据库的建设工作。陆续制作了《晚清期刊全文数据库》(1833—1911)、《民国时期期刊全文数据库》(1911—1949)、《北华捷报/字林西报全文数据库》(1850—1951)。

二、高校图书馆

华东师范大学图书馆 1984年,华东师范大学图书馆开始编辑"苏轼词索引"和"天一阁明代方志选刊人物传记资料索引"。1986—1987,完成"天一阁"人物传记索引6万张。编辑《斯大林著作人名索引》。1988—1989年完成《天一阁方志人名索引》的复校。完成《天一阁明代方志选刊人物传记人名索引》的复核、复查工作。此外,还编纂《华东师范大学博、硕学位论文提要 1981—1986》、编辑《林语堂书信》及《李健吾书信》。

华东政法大学图书馆 1983年,华东政法大学图书馆建立情报组,开展情报、简报工作,定期汇编《法学文摘》。1985年,开展情报咨询工作。1990年,情报部定期编辑教育方面的《文摘资料》,及时向院领导提供国内外教育信息,为领导教学改革提供参考。1990年,编制《法学文摘》双月刊,增辟了《综述》栏目,加强了港台资料的摘编和交流。1999年,完成《民国时期名案集成》的编写工作。

上海中医学院图书馆 上海中医学院图书馆从20世纪70年代起,开始了对中医药古籍的标点、校勘,编制专题书目等工作。出版的有:《中药图书内容提要(明清时期)》《李时珍和本草纲目》《养生类纂》《类修要诀》《赣山草堂医案》《珍本医书集成》《中国医籍考》等。1985年以来,图书馆还编有《中医译文》(内部季刊)、《医学文献检索与利用》、《上海中医学院业绩录》,以及《全国中医药学术会议情报》等。

上海立信会计学院图书馆　1995年3月,上海立信会计学院图书馆编辑经济类期刊《财经研究文摘》双月刊(逢双月发行)。《财经研究文摘》包括经济论坛、财政金融、工商管理、高教改革、人才培养、学术道德等栏目。

中国人民解放军第二军医大学图书馆　1981年,中国人民解放军第二军医大学图书馆和生物教研室合作,共同编制《遗传疾病分类系统与国内文献索引》,共提供1949—1980年国内公开刊物发表的1185条遗传病文献题录。1985年开始,图书馆先后建立烧伤、创伤、肝胆疾病和肛肠疾病4个西文文献题录库,分类提供8万条文献题录。按月定期编印单克隆抗体等10个专题的中外文最新文献题录,并及时向校内有关科室提供服务,同时还与军内外有关单位进行信息交流。

三、科研院所图书馆

中国科学院上海文献情报中心　1987年,中国科学院上海文献情报中心出版、发行的《中国生物学文摘》创刊。该刊由中国科学院文献情报中心、中国科学院文献情报网主办,是国家科委批准的国家一级检索期刊。作为中国科学院科学技术文摘系列之一,栏目由文摘、索引和引用期刊一览表等组成。创刊初期为季刊,1989年起改为月刊,1992年起第12期为年度索引。从2004年开始新增了"综述与评述""论文转载"和"专利题录"三个栏目,2008年起调整栏目,增加了科学计量的内容。该刊的订户主要为国内各大学图书馆与生物系以及相关的生物科学研究所,年发行量最高达到2 000份。

第三节　联机目录

一、公共图书馆

上海图书馆　2007年,上海图书馆顺利完成主要门户(www.library.sh.cn)第三次重大改版升级,推出全新的主门户网站、"上图讲座"子网站和图书馆专业门户网站,栏目布局和导航也进行了调整。改版后的图书馆网站包含服务指南、书刊检索、特色馆藏等六大板块,增加了书目检索、跨库统一检索、参考咨询(知识导航站)、订阅、短信等服务模块,同时推出新版英文、日文多语种门户和"上海之窗"中英文网站。在全球最大的搜索引擎Google(谷歌)首次在上海发布的城市榜单中,上海图书馆位列2007年申城文化类搜索排名榜首。2010年,上海图书馆拥有文献5 000万册(件),96%完成书目数据建库工作,数据总量586万条,读者可通过上图网站主页及WebPAC(网址:http://www.libnet.sh.cn/、http://www.library.sh.cn/、http://ww.istis.sh.cn/),查询到馆藏的中外文图书、期刊、报纸、古籍、民国书刊等文献的书目信息。

上海少年儿童图书馆　1998年,上海少年儿童图书馆开辟了一条DDN专线,建成了"少年儿童信息港",制作了少年儿童图书馆的网络主页,开设了乐园风貌、求知揽趣、知识宝库、七彩世界、书林寻综、人才荟萃等八个栏目。可在网上提供检索、预约、续借、咨询解答等服务,读者还可在网上发电子邮件。据统计,"少年儿童信息港"网上浏览信息日浏览量达到3 000多人次,收到了较好的社会效益。2001年,上海少年儿童图书馆在上海信息化委员会和上海市科委的支持下接入科技网。上海少年儿童图书馆在官方网站建立了包括娃娃天地、益智乐园、信息快递、成语天地、信息探索窗、奇妙数学、中国电影资料库、视频资源库,少年儿童数字图书馆等,网上特色服务主要有书目检索、网上续借、当月新书、好书推荐、参考咨询、少年儿童搜索、读者论坛、知识导航等特色内容。2004年,上海少年儿童图书馆和上海易方软件有限公司签订了《技术开发合同》,由上海易方软件有限公司提供包括多媒体网络互动,连环画的电子转化和加工,连环画阅览界面,少年儿童歌曲MTV标准样式等技术支持。

二、高校图书馆

复旦大学图书馆 2001年,复旦大学图书馆于建立了基于Web的"生物医学文献资源保障系统",该系统包含了能获取到的各种来源的医学全文电子期刊。在对各种期刊获取途径进行分析后,将全文期刊按学科进行分类并给予各种特征性标识,采用TRS信息发布平台在Solaris操作系统下,利用JSP技术、Javascript技术、数据库技术搭建系统。"生物医学文献资源保障系统"实现了对2 136种医学全文期刊的多途径检索,利用该系统对本校用户需求的总体满足率为78.53%,其中电子期刊对用户需求满足率为59.20%。2005年,由复旦大学图书馆创建,全国52家高校图书馆参建的《高校教学参考信息管理与服务系统》,收录了参建高校重点学科本科教学课程信息及相关教学参考书全文。至2010年,收录本科教学课程信息72 000条,相关教学参考书61 000种的全文和元数据。该系统为参建的52所高校的师生提供服务。

同济大学图书馆 2010年,同济大学图书馆推出了图书馆导览系统,该系统可以根据读者位置,自动介绍就近的馆藏情况和服务情况,并配以语音、照片、地图等,便于读者熟悉图书馆以更好地利用图书馆的资源。该系统在图书馆大厅、借书处、电子阅览室、报告厅、新书阅览室、南北期刊阅览室、科技阅览室等地提供服务。

上海医科大学图书馆 1991年,上海医科大学图书馆作为华东地区中心馆,参与了"组织全国医学文献资源共享,建设全国外文生物医学期刊联合目录"项目,并在全国六大区中试点建设子项目"华东地区外文生物医学期刊馆藏联合目录"。1995年4月,组织华东地区55个医学图书馆建成了华东地区西文生物医学期刊馆藏联合目录数据库。1996年底,该数据库做成光盘并上Web网投入使用,并进行华东地区高等医药院校图书馆一次文献资源共享试点。1997年12月,"华东地区医学文献资源共享软件、流程开发及应用"项目通过了上海市卫生局专家组鉴定。1998年,上海医科大学图书馆和镇江医学院图书馆联合研制和开发了信息资源共享系统软件,建立了华东地区各大、中型医学院图书馆1900年以来西文生物医学用书资源的"华东地区西文生物医学图书资源共享系统"。

三、科研院所图书馆

中国科学院上海生命科学信息中心 2003年,中国科学院上海生命科学信息中心配合抗击"SARS""禽流感"等重大疾病的需要,为满足科学家对国内外生命科学信息的需求,逐步开发建立了与生物、健康相关的专业数字信息平台,2010年,自建的系列专业信息平台有:1.生命科学研究快报http://www.bioexpress.ac.cn/,该平台主要关注与报道全球干细胞、克隆、生物多样性、基因组学与代谢组学等科研发展动态。2.中国工业生物技术信息网http://www.bioindustry.cn/,该网站主要涵盖生物能源、生物基产品、生物材料、绿色工艺过程等领域。从政策规划、研发态势、产业信息等方面全方位报道国内外工业生物技术领域的最新信息。3.空间生命科学与技术信息门户http://www.spacebiology.org/,该门户网站内容分为空间基础生物学、空间生物技术、空间生命支持系统、空间辐射生物学等 7 个类别,以中国科学院上海生命科学信息中心的文献信息资源为依托,还报道 NASA 等国际航空航天组织官方网站上收集、加工、发布的相关科研报告、科研计划以及技术方法的信息。4.《科学研究动态监测快报——生命科学专辑》http://jckb. sicls. ac. cn/,该快报主要针对生命科学学科领域,对重大的科技政策、科技发展战略、科技预测等进行持续跟踪和快速报道,为相关领导部门决策提供参考。

四、党校图书馆

中国共产党上海市委党校图书馆　1999 年 12 月,中国共产党上海市委党校图书馆网站启用。2002 年底进行改版,重点加强了"干教新闻""统一检索""视频点播""网上个性化服务"4 个版块的建设。2004 年,网站中拥有自建、外购数据库及各种资源数据 560 余万条。2005 年,网站中各种数字资源数量达 1 100 多万条,信息存储达 4 TB。至 2009 年底,数字图书馆网站拥有自建数字资源近 200 万条,外购数字资源近 10 TB,其中有《中国社科期刊网》等大型数据库 10 余个、外文数据库1 个,电子图书 26 万余册,《中经视频》等流媒体视频库 2 个。

第五章 文献信息资源收藏质量控制

第一节 文献信息资源保护

一、古籍保护

【上海市古籍保护】

2007年8月,经上海市人民政府批准,由上海市文化广播影视管理局牵头建立了由上海市发展改革委员会、上海市教育委员会、上海市科学技术委员会、上海市民族宗教委员会、上海市财政局、上海市新闻出版局、上海图书馆和上海博物馆参加的市古籍保护工作联席会议制度。联席会议制度的建立,对推进了全市的古籍保护工作,发挥了政策导向和制度保障作用。

2008年3月,由上海市古籍保护中心推荐的上海图书馆、上海博物馆、复旦大学图书馆等3家单位被国务院命名为首批"全国古籍重点保护单位"。同年3月,国务院颁布首批《国家珍贵古籍名录》,华东师范大学图书馆、上海师范大学图书馆、上海中医药大学图书馆、中国科学院上海生命科学信息中心、上海图书公司、上海辞书出版社图书馆、上海龙华寺和上海图书馆、上海博物馆、复旦大学图书馆等10家古籍收藏单位共170种珍贵古籍被列为首批国家珍贵古籍名录(其中:上海图书馆122种、上海博物馆28种、上海书店3种、上海辞书出版社1种、复旦大学图书馆1种、华东师范大学图书馆7种、上海师范大学图书馆2种、上海中医药大学图书馆1种、中国科学院上海生命科学信息中心1种、上海龙华寺4种)。

2008年10月9日,上海图书馆举行上海市古籍保护中心揭牌仪式。上海市古籍保护中心建立后,通过开展了培训、研讨与交流等活动,指导全市各相关单位推进古籍保护工作,开展古籍普查、登记、评估、培训、宣传,推动了全市的古籍保护进入新的阶段。先后完成"全国古籍重点保护单位"和首批国家珍贵古籍名录推荐工作,并且开展上海市古籍重点保护单位的推荐和命名。

2009年3月,华东师范大学图书馆、上海师范大学图书馆、上海中医药大学图书馆入选第二批全国古籍重点保护单位。

2009年6月,上海图书馆、上海博物馆、复旦大学图书馆、华东师范大学图书馆、上海师范大学图书馆、中国科学院生命科学信息中心、上海中医药大学图书信息中心、上海文庙管理处入选第一批上海古籍重点保护单位。由上述单位选送的包括写本、刻本、竹简、碑帖在内的549部古籍被认定为第一批上海市珍贵古籍名录。

【公共图书馆】

上海图书馆 1978年开始,上海图书馆通过加强古籍工作的组织管理、技术研发和应用古籍保护工作,切实推动古籍保护。先后设有古籍修复组、图书保护实验小组和文献保护实验室。文献保护实验室文献修复实力国内领先,年修复各类历史文献3 000余册(件),先后为宁波市天一阁博物馆等全国几十个重要文献收藏机构提供技术服务。新馆落成后,1997年成立文献保护研究部。文献保护工作有了新发展。2002年成立了古籍保护研究所。2003年文献保护研究部与历史文献中心修复组合并为文献保护修复部,隶属历史文献中心。2008年5月,被确定为第一批"全国古籍重点保护单位",同年10月,上海市古籍保护中心落户,开始承担全市古籍保护工作。在技术研发和古籍保护方面探索传统技艺与现代技术的结合研究,从美国引进纸浆补孔机、大功率吸力台、超纯水设备,加快修复工作进度。大力推进历史文献再生性保护,降低原件出库率。坚持文献保护修复技术方法研究,研制开发图书防蠹纸等一批成果。其中"自动古籍图书超高频杀虫机",1993年获上海市文化局科技进步一等奖和文化部科技进步二等奖。"用拟除虫菊酯对馆藏图书、资料防蛀方法的研究"项目,1997年获上海市文化局科技进步一等奖和文化部科技进步三等奖。上海图书馆对古籍保护措施严密,库房全面设立温湿度测试点,及时监控调整,改善文献贮藏环境。新馆建成后,贮藏条件得以全面改善,古籍善本搬入恒温恒湿书库2006年,通过库房调整设施改造,建成恒温恒湿的第二善本库,专门收藏盛宣怀档案。并对碑帖等书库加以整治,安装去湿机。为珍稀文献制作楠木盒等制作专用装具,古籍文献得到妥善保护。

【高校图书馆】

复旦大学图书馆　2008年4月,复旦大学图书馆被国务院批准为"全国古籍重点保护单位"。同年7月,馆藏40万册古籍经过6个月的清点,从文科馆古籍库房搬至光华楼,全部放入新制樟木橱。2010年,古籍部修复古籍图书393种1 040册,对馆藏部分古籍善本进行了数字化扫描。

上海中医药大学图书馆　2005年5月,上海中医药大学图书馆制定了"图书馆古籍库温湿度远程控制系统"建设方案并作为专项上报教委,2006年获得批准实施,2007年初实施完成。该系统的管理人员可以通过网络远程对室内温湿度进行控制,对防火和防盗进行监控,系统设备具有防盗、消防、超温、超湿报警等多种功能。该系统的建立为图书馆的古籍保护提供了保障。

【科研院所图书馆】

中国科学院上海生命科学信息中心　2006年,中国科学院上海生命科学信息中心为了加强馆藏古籍的保护、开发和利用,成立了珍贵古籍数字化项目组,重点落实珍贵古籍的保护工作。2007年,上海生命科学信息中心启动馆藏古籍的全面普查工作,对所有馆藏古籍文献进行入库清点与核对,摸清了品种数和册数,同时根据文化部《古籍定级标准》对馆藏善本进行鉴别与核对,进一步完善已编古籍目录。生命科学信息中心的馆藏古籍经过专家甄别,先后申报《国家珍贵古籍名录》和《上海市珍贵古籍名录》,入选《国家珍贵古籍名录》10种,入选《上海市珍贵古籍名录》34种。明代天启三年刻本《医学经略》、明崇祯三年刻本《辨证入药镜》、清初刻本《墨宝斋集验方》等三种入选《中国中医古籍孤本大全》。馆藏的1 127种中医古籍被上海辞书出版社出版的《中国中医古籍总目》收录。2007年开始,生命科学信息中心加强与中国中医科学院中国医史文献研究所的合作,并于2008年共同签署了合作开发利用馆藏中医古籍的协议,该合作项目纳入国家科技部"350种中医古籍数字化和整理"项目。2009年,生命科学信息中心被上海市命名为"上海市古籍保护重点单位"。

【社会科学研究机构】

上海社会科学院图书馆　2005年,上海社会科学院图书馆成立文献部,根据图书馆整体发展要求与馆藏特色,开发文献资源,参与古籍保护工作,协助古籍与民国文献参考咨询与阅览工作,参与馆藏文献数字化工作。2010年,上海社会科学院图书馆入选第三批"全国古籍重点保护单位",同时《刘氏二书》(三十卷　(汉)刘向撰　明嘉靖十四年(1535)楚藩崇本书院刻本)和《崆峒集》(二

十一卷　(明)李梦阳撰　明沈植繁露堂刻本)2部古籍入选第三批"国家珍贵古籍名录"。

二、库房管理

【公共图书馆】

上海图书馆　2001年,上海图书馆重新修订了《典藏书库管理条例》《典藏书库图书保护管理制度》《保存本书库管理条例》。为规范文献管理制度,先后制定和修订了"历史文献使用管理规定""书库管理制度""历史文献入藏管理条例""历史文献书库门禁管理条例"等规章制度,从工作流程上进一步加强了对历史文献入藏、使用、书库等各环节的安全保护措施。2005年,对日文图书、俄文图书、中外文期刊、中外文报纸贴条形码进行清点统计。2007年1月,对龙吴路书库未编书刊进行了清点整理,合计未编古籍26万余册,期刊14万余册,全部装箱。之后每年以5万册的速度进行编目整理上架。2008年,对47万册/件民国期刊和8楼书库的3万册/件民国中文报纸进行了加贴条形码的清点工作。2009年,对4 800件馆藏年画进行了整理清点,制作了木制专柜和专用年画保护袋,大大改善了有近百年历史的年画的保存条件。同时,还进行了年画的数据加工工作,为年画的检索服务和利用打下了基础。

杨浦区图书馆　杨浦区图书馆有完善的文献保护规章制度,定期对书库馆藏文献进行防虫、防尘等卫生清洁工作及防火、防盗等消防安全检查:(1)管理、保护好馆藏文献;(2)保持书库空气畅通;(3)做好书库清洁卫生工作;(4)书库内严禁吸烟;(5)书库工作人员熟悉消防器材性能、使用方法和放置位置;(6)定期检查书库防火、防盗情况,对不安全因素和隐患及时上报,并采取应急措施;(7)下班前检查门、窗、水、电,防止事故发生。要求书库(书架)每周擦拭书库书架,保证书架无积灰,图书完好,发现问题及时向部主任回报。书库(地面)每周扫地一次,每月大扫除一次,保证书库地面整洁无灰尘、纸屑等。

青浦区图书馆　青浦区图书馆藏书保护措施和制度包括以下内容:(一)防火。1.增强图书馆工作人员防患意识,熟悉馆内消防器材安置地方,掌握防火知识操作方法。2.图书馆书库每层设有灭火器2只,少年儿童馆每层配有消防器材。每半年训练预习一次,同时更换灭火器内的药剂。3.禁止在书库内吸烟,严禁火种进库,保证电源器的安全使用。4.保证书库前后通道启闭与畅通,下班时必须关闭电器用品,并切断电源。(二)防尘。1.各部门工作人员经常做好清洁卫生工作,保持地面、桌面、书架、书本的整洁。2.容易挥发或易潮易霉物品不准进入书库。(三)防盗。1.开架书库安置图书防盗监测仪。2.非书库管理人员不得进出闭架书库。3.书库钥匙有专人保管。4.每天下班前检查门窗是否关闭好。(四)防潮。1.经常保持库内通风,必要时启动吸湿器。2.图书不准堆放在地面。(五)防损。1.破损或污染的图书必须修补好后方可入库。2.流通量大的图书在进入流通之前加固装订。3.防止阳光暴晒。4.借还图书时加强检查,损坏或污染的书刊需加盖责任章。

【高校图书馆】

上海戏剧学院图书馆　上海戏剧学院图书馆文献信息资源保护主要采用的方式是:1.贵重文献资源定期进行防蛀措施,采用专柜保存,专人负责。2.民国及民国以前的文献资源,控制使用。3.专业的馆藏孤本和大部套文献资源,限在馆内使用,馆内复制,不外借。

上海电机学院图书馆　上海电机学院图书馆在馆藏纸质文献的保护,主要加强了以下几个方面的管理措施：1. 防止受潮。为避免书受潮，书库里面不能有水，且空气中的含水量不得超过80％，要保持书库的干燥。2. 防火。图书馆里禁止吸烟，禁止使用大功率电器，以免引起火灾，同时为了应对火灾意外，图书馆安装了防火系统和灭火系统。3. 防霉菌。图书馆要求保持干燥，防止图书生霉。4. 防晒防光。图书的纸张里面含有纤维素、半纤维素、木质素等，这些物质容易发生光解、氧化等，书库的窗户都用窗帘遮住。5. 防虫防鼠。图书馆采取了对书库进行密封、消毒处理，防止鼠虫灾害。6. 防盗。为了防止书籍被盗，图书馆安装了摄像头和门禁系统。7. 防尘。图书馆定期派专人负责对书库清扫。

【科研院所图书馆】

中国科学院上海生命科学信息中心　中国科学院上海生命科学信息中心重视古籍保护工作，以古籍普查工作为契机，从完善古籍书库设施、规范相关规章制度、进行再生性保护等方面切实推进古籍保护工作。2003年，中国科学院上海生命科学信息中心开始馆舍大修改建工程，改建工程中按照图书馆建筑设计标准和要求，调整了古籍书库库房，在书库内新增加了空调，并在库房中安装了火灾报警控制器、泵式中压细水雾灭火系统、烟雾报警器、温度湿度监测仪、去湿机等设备。2007年，生命科学信息中心又对古籍书库所有窗户安装了防紫外线窗帘，善本古籍专门用樟木箱储存，进一步完善古籍书库保护条件。在古籍的管理方面，通过制定和规范规章制度，逐步建立、完善了古籍工作的管理制度，建立了从古籍管理人员安全教育→古籍入库→上架→整架→下架→清点、核查→防火、防水、防盗→阅览服务→扫描等等一系列规章制度。同时采取放置天然樟脑片和鼠药，加强监控，防止虫、鼠、光、霉变等损害。对古籍原件的阅览进行了限制，对使用、阅览古籍实行了审批和严格的出入库登记制度。

第二节　文献资源排架布局

一、公共图书馆

上海图书馆　上海图书馆馆藏文献保管先后经历3个阶段：第一阶段（1978—1995年），除南京路总馆书库外，上海图书馆的藏书分散在徐家汇天主堂藏书楼、虎丘路书库、长乐路书库和淮海中路1413号书库。1988年，拥有10 000平方米的龙吴路书库落成，大大缓解了上海图书馆书库的紧张局面。第二阶段（1996—2005年），1995年馆所合并，文献布局经过重新调整。淮海中路新馆拥有了16个书库层面，共计16 520平方米。新馆也为古籍图书和旧平装图书准备了全新的库房，使珍贵图书的保护更加科学和安全可靠。原情报所拥有的莘庄书库（约3 000平方米）划归典藏部管理。1999年，5 000余平方米的航头书库建成，进一步缓解了不断增长的书刊资料所需要的管理空间。第三阶段（2005—2010年），2005年后，典藏部纸质文献入库量达到了一个新高度，每年增加的中外文图书超过30万册，合订本报刊达6万册。为了提高文献和库房利用率，馆所制定了文献资源布局原则：定位明确，合理布局，适度调整，方便使用。为此，对各书库进行功能定位：龙吴路书库为1949年后中文文献保存本书库；莘庄书库为特种文献书库；老航头书库为中文文献周转书库。淮海路总馆C区6F—21F、地下室为中外文书、刊、报纸基藏书库。淮海路总馆C区22F为碑帖书库；淮海路总馆C区23F为家谱书库。

闸北区少年儿童图书馆　闸北少年儿童图书馆一楼报刊阅览室开架提供：报刊72种，杂志

106 种。闸北少年儿童图书馆从开馆起在进行重新编目和分类的书库书架和阅览室的期刊架上标都有分类索引指示牌,为读者查找所需图书、期刊、报纸提供了方便。二楼电子阅览室:提供普通上机、电子资源检索、电子图书全文阅览、Internet 上机和电子邮件(Email)服务及视听教学等,向社区、区域内中小学师生开放。

二、高校图书馆

1978 年以来,复旦大学图书馆、华东师范大学图书馆、南京政治学院上海校区图书馆、上海大学图书馆等各高校图书馆的馆藏图书都以《中图法》分类号结合著者号的方式构成图书排架号,基本上按照《中图法》的学科分类排架。高校图书馆期刊或期刊合订本的排架方式大多按刊名的字顺和年份排架。部分图书馆采用了分类等其他排架方式。如,南京政治学院上海校区图书馆从 1986 年以来,期刊按分类再按刊名拼音、日期排架。上海铁道学院图书馆 1990 年之前按年代排架,1990 年 11 月起改为按学科分类排架。上海戏剧学院图书馆的馆藏资源在布局上分一、二线书库,一线书库主要放置 1978 年以后的图书,采用开架借阅;二线书库主要放置 1978 年以前的图书,采用半开架管理,大部套图书、工具书一般放置在阅览室。此外,根据实际情况,开设了以画册为主的形象阅览室,以视听资料为主的电子阅览室和专业样本书库。

三、科研院所图书馆

中国科学院上海生命科学信息中心 中国科学院上海生命科学信息中心馆藏文献按照中外文书刊的文种和类别分别进行排架。书刊按《中国科学院分类法》排列。一层书库主要收藏中文图书和中文期刊;二层书库西文图书;三、四层书库主要收藏外文期刊;五层古籍图书及外文期刊;六层书库主要收藏俄文及日文书刊。外文图书按照类别、著者号(克特著者号)的次序进行排架;中文图书按照类别、著者号(四角号码)的次序进行细排。期刊按照期刊所属类别、该刊刊名在同一类别中的顺序号进行排列。阅览室的馆藏文献排架方法:中文期刊按汉字笔画顺序排列;日文期刊按假名、日文汉字、西文刊名字母顺序排列;西、俄文期刊均按字母顺序排列,刊名缩写则按缩写首字顺序排列于该字母的最前面;各文种图书均按索书号排架。

中国科学院上海有机化学研究所图书馆 中国科学院上海有机化学研究所图书馆成立以后,馆藏文献均实行开架使用,图书馆设现刊阅览区、参考工具区、电子阅览区、期刊库、图书库和提陈库供读者使用。馆藏图书按《中图法》排列;中文期刊按刊名汉字笔画数,外文期刊则按刊名字母顺序排列。

四、党校图书馆

中国共产党上海市委党校图书馆 1999 年 12 月 8 日,上海市委党校图书馆新馆布局是:1 层为文献采编、信息查询和图书外借区。包括:(1)大厅;(2)总咨询台、电子触摸式信息查询厅;(3)中外文、港澳台图书和报刊采编;数字资源采编;(4)图书外借处。2 层为图书阅览区。包括:(1)马列主义经典著作和中共重要文献、哲学、经济学、党史、党建、社科、法学、行政学、管理学、文史、科技、社会学、图书馆学和信息学 13 个专题图书阅览室;(2)中文图书、外文图书、港澳台图书、工具书、特藏书等 5 个综合阅览室。3 层为报刊、电子读物阅览区。包括:(1)中文报纸、学术期刊、休闲期刊、交流期刊、外文报刊、港澳台报刊等阅览室;(2) 检索光盘、全文光盘、网络信息浏览、视听资料等 4 个电子阅览室;(3) 复印、扫描、光盘刻录等文献复制室;(4) 馆局域网控制中心。4 层为数据库研制展示与办公区。包括:标引、输入、审校、集成、项目研制、演示等数据库研制工作室、数据库展示室以及馆办公室。5 层为学术会议区。包括:贵宾室和 3 个学术会议室、同声翻译室。

第三节　馆藏书刊剔旧

一、公共图书馆

上海图书馆　2000 年 2 月,上海图书馆制定《文献剔旧条例》,规定开架阅览室的 5 年前科技过时图书、8 年前社科图书、2 年前的报刊可下架进剔旧预备书库,经补缺馆藏、数据处理后作剔旧处理;且明确剔旧时注意确保典藏部门拥有科技图书 3 种复本,社科图书 4 种复本。2002 年 2 月,上海图书馆将部分剔旧的中文图书期刊捐赠给徐汇区天平街道高安居委会、松江区小昆山镇文化站图书馆、浦东新区梅园新村街道陈家门居委、徐汇区长桥八村居委图书馆,共计 13 700 册。2003年,上海图书馆将航头书库的 28 000 册中文图书进行了剔旧处理。2006 年 11 月,上海图书馆修订完善《藏书剔除暂行规定》,明确中文图书和期刊剔除范围,符合以下情况的 1974 年后出版的普通中文图书、期刊应予以剔除:确已残、破、污损严重而且无法修复投入再流通的;读者在流通过程中丢失的图书、期刊应予注销。外文图书、期刊、报纸剔除范围:图书在流通过程中被读者丢失;1949 年以后出版的科技类图书在流通过程中被严重残破、污损,且无法修复投入再流通;读者阅览使用的报纸和用于剪报编辑的报纸一年后可予剔除。另外,历史文献、视听资料、专利、标准、科技报告、会议录文献、数字资源库等原则上不做剔除。凡是确已严重残破、污损而且无法修复再流通的资料,报馆所主管领导审批后可予剔除。2008 年 11 月,上海图书馆经过 3 年整理和清点,特别是对 20 世纪 80 年代之前的书刊进行了逐本查询和馆藏副本的补充后,剔旧图书 290 130 册、期刊 296 921 册。

上海少年儿童图书馆　1993 年 10 月至 11 月,上海少年儿童图书馆遵照上海市文化局对国有资产清点的部署,剔旧图书 43 704 册。剔旧的图书中可利用的 26 640 册图书、9 929 册连环画、2 641 册报刊调拨给了青浦图书馆及边远地区少年儿童图书馆,4 494 册破损及无使用价值的图书送造纸厂处理。1997 年起,为了提高上海少年儿童图书馆藏书使用率,确保新书每年按 10% 馆藏增长的需要,上海少年儿童图书馆修订馆藏剔旧制度,规定每年进行 1 次剔旧工作。

浦东新区图书馆　2008 年 5 月,浦东新区图书馆对馆藏图书注销工作制定了规范。一、藏书剔除的范围:1. 图书内容陈旧过时。2. 流通率低。主要指那些长期没有利用或利用甚少的。3. 没有现实意义的,与时代精神不相吻合的。4. 复本过多的。5. 图书内容与本馆藏书建设方针不相适应的。6. 破烂不堪、残缺不全的。二、藏书剔除的方法与步骤:1. 确定人员。藏书剔除小组成员由主管业务的馆长,采编部、读者服务部、计算机部、办公室的负责人及具有丰富经验的有关人员组成。2. 文献注销是关系到图书馆固定资产变化的一项重要工作,凡淘汰正规入藏的文献资料,均应办理注销手续。3. 图书破损严重或缺页达 10 页,可以提请注销。4. 流通率很高还没有装订成册的通俗性中文报刊,可作简单的剔除处理。5. 赔偿、丢失或破损的图书每月注销一次。由读者服务部提出意见,采编部核实并负责注销。6. 图书注销按规定填写注销单,由经手人、部门主任签名,并报馆长核准,同时在数据库和财务账目中进行注销。7. 注销单是图书馆业务档案的一部分,应妥善保存。

青浦区图书馆 青浦区图书馆制定的藏书剔旧管理办法,规定了藏书剔旧的范围是:1. 内容陈旧过时、没有现实意义的藏书。主要指从时间和内容上看已不再发挥作用的图书及与时代精神不相吻合的,包括带有严重政治错误甚至反动的图书。2. 流通率不高的藏书,主要指那些长期来没有利用或利用甚少的。3. 复本过多的藏书。4. 破烂不堪和残缺不全、已没有参考价值的藏书。藏书剔旧的方法:1. 由馆员根据剔除标准和范围决定图书去留,可直接从书架上进行图书审查,判定多余复本和失效的图书。2. 将剔除的图书清册报有关领导审批,必须等到批准后,再进行处理。3. 在财产登记簿和公务目录上予以注销,同时将不再保留品种的书刊目录卡片全部抽掉。剔旧图书处理办法:对有参考价值的图书,1. 采取组织交换,相互补充馆藏,互通有无。2. 组织调拨,支持乡镇图书馆。3. 组织出售,削价出售给读者。对其他剩余的报废图书,送造纸厂化浆处理。

二、高校图书馆

复旦大学图书馆 1990年以来,复旦大学图书馆采取以下方式剔旧书刊:1. 与暑期相结合,原则上每年集中进行一次。2. 每年5月底以前,由流通部、报刊部对本年度提出书刊的剔旧范围、数量及具体安排,提出书面报告交馆长,经馆长会议讨论研究同意后再执行。3. 流通部建立备用书库,以贮存部分下架图书。备用书库中的图书经一段时间的观察后,对其中符合"报告"列举提出原则的图书,方可供兄弟院校图书馆补充,或交读者服务部处理。报刊部所提出的残破报刊亦移交读者服务部,以供应全校师生员工之个人需要。4. 图书馆各阅览室退书工作,原则上也安排在每年暑(寒)假集中进行。5. 各系(所)资料室拟退馆的旧书刊应先提出退书(刊)意向,并与流通部、报刊部协商,经同意后,方可进行书刊退馆工作。所退书刊均应提交书(刊)清单(一式三份)。图书馆在审阅后,将根据馆藏情况及书刊本身情报价值之大小,分别做好入藏或剔除。6. 凡转交读者服务部处理外卖的图书及期刊合订本,均需做好典藏记录注销工作,并制作提出清单一式两份,其中一份供典藏注销,另一份转财务处作减少固定资产用。剔除书刊中所得之现金,一律上交学校,不得留作本馆使用。

同济大学图书馆 1981年,同济大学图书馆清理图书,将18 185册"文化大革命"期间出版的有问题的图书、复本过多的经典著作以及32 414册宣扬"文化大革命"的刊物及小册子进行了剔除处理。2008年制定了《同济大学图书馆图书剔旧流程》,"剔除流程"规定:拟剔旧的图书应是已经有保存的图书复本,图书剔旧工作由资源建设部负责开展。其中,1987年,上海铁道医学院图书馆组织专人对1985年以前入藏的中文藏书进行整理和剔旧,作为合理调整藏书结构的步骤之一。藏书审剔的数量在1万册左右。

上海财经大学图书馆 1985年和1988年,上海财经大学图书馆两次对馆藏进行了较大规模的清点与剔旧,共计约10.5万册。

上海第二医科大学图书馆 1998年,为配合书库调整工作,上海第二医科大学图书馆对中文书库内的1985年前的图书进行剔旧,共剔旧图书1.8万册。

中国人民解放军南京政治学院上海校区图书馆 1986年以来,中国人民解放军南京政治学院上海校区图书馆每年都对馆藏文献进行整理剔旧,按照使用率、年代、破损程度等原则进行剔旧。

中欧国际工商学院图书馆 2000年以来,根据原版教材版本更新比较快,教授选择的教材往往是最新版本的特点,中欧国际工商学院图书馆每年对纸质图书剔旧2—3次。对于不再使用的旧版教材,定期进行剔旧。

三、科研院所图书馆

中国科学院上海图书馆　1983年，中国科学院上海图书馆成立了专门的文献剔旧小组，开展系统的藏书剔旧工作。1987年，根据中国科学院上海文献情报中心的发展规划，结合馆藏剔旧工作的需要，陆续开展了比较系统的馆藏文献调研和用户利用率调查。在调研的基础上，制定了以"办馆方向为主导，读者利用率数据为基础"的文献资源剔除原则。每批文献处理，都要对读者使用的特点进行了调研，再结合文献的老化、期刊品种的完整性、不同版次、重要出版社、多余复本、书刊品种、收藏价值等多方面因素确定具体的剔旧策略。每批剔旧工作的开展，都要制定详细的工作要求，保证工作质量。剔旧细则对于不同文种、不同学科书刊的复本和品种作出以下明确的规定：对国外重点生物学期刊尽可能保留原版，多余的副本最多保留2份。一般外文期刊仅保留1份。对于重要的丛书、会议录应尽可能保持其系统、完整。对重要的学术著作，各版次的图书都予以保留。要慎重剔除期刊品种，期刊品种剔除之前，要调查该刊的读者借阅记录，尽可能保留国内独家订购的期刊，以发挥这些期刊的作用。对馆藏中民国以前的书刊，参考古籍定级标准，虽然很少有读者查阅，也予以妥善保管。根据多年文献剔除的工作实践，中国科学院上海文献情报中心不断完善藏书剔旧的工作程序：1. 确定剔除的工作范围和内容（如剔除文种、书刊品种、年份、类别等）。2. 确定分工。3. 确定工作计划和进度。4. 形成内部制度，发生问题及时商讨解决。5. 完成阶段性工作后要进行总结。为了保证剔除工作的质量，对抽取书刊、抽卡、校对、打包、注销、剔除书刊清单登录等各种环节分别制定了详细的工作细则，同时加强校对核查。藏书剔旧每个环节都要认真、细致，确保质量，最终达到藏书目录系统完整、书卡一致、馆藏书刊账册、目录、实物相一致的要求。

中国科学院上海药物研究所图书馆　中国科学院上海药物所图书馆由于馆藏空间有限，纸本书刊逐年增加，剔旧书刊成为常规工作。剔旧工作最初主要是内容陈旧老化、残缺不全且已无参考价值、复本过多的图书和研究项目下马的相关期刊，20世纪90年代重点是无人借阅的俄文书刊。剔旧工作小组由馆长领导和资深馆员组成，先拟定待剔旧书刊清单，然后在研究所内在广泛征求意见的基础上写出剔除报告，经主管领导批准后实施。每次剔除的书刊，有的供其他图书馆补缺，有的转赠其他民办高校。

四、党校图书馆

中国共产党上海市委党校图书馆　1997年，上海市委党校图书馆进行了规模较大的剔旧。对原复本在5册以上的图书、旧教科书、旧文艺书籍等进行了剔除，共剔除2万余册。1997年，上海市委党校图书馆制订了《馆藏信息资源保障体系结构》，修订了《剔旧条例》，规定原则上馆藏保留复本2册，对原复本在5册以上的图书、旧教科书、旧文艺书籍等进行剔旧处理。1998—1999年，在图书馆改扩建期间，在建立书目数据库时进行了较大规模的剔旧，共剔旧书约11万册。

第四节　文献信息资源质量控制

一、公共图书馆

上海图书馆　2001年，上海图书馆成立了专门的电子资源采购工作小组，制定、完善了规范的工作流程与规则,并逐步形成行之有效的工作模式。针对期刊具有内容新颖、时效性强、信息量大、连续性强的特点。为了进一步提高中外文期刊的到全率和及时率,2007年开始对外刊代理商的服务进行评估,力求通过评估使各代理商不断增强服务质量意识,以提高外刊到全率和及时率。2009年,开展了数据库评估工作。从评估指标体系设计、数据库基本信息采集、到专家走访、结果汇总、测评分析,对馆藏数据库进行了较为客观的评估,并在此基础上为馆领导提供续订数据库的相关建议,逐步提升电子资源的使用效率。

二、高校图书馆系统

复旦大学图书馆　2002年,复旦大学图书馆试行电子资源评估,经过3年的探索,于2005年制订《电子资源评价规范》,统一了试用数据库评估报告的模板。从电子资源基本信息、收录内容、数据库功能、访问方式、同类资源比较、试用情况及用户反馈等方面对电子资源进行评估。电子资源采购后的评估主要包括使用情况(统计数据 & 成本核算)、用户反馈、故障统计及问题汇总等。2006年,开始对电子资源进行成本核算。2010年开始实行电子资源建设小组评估,电子资源建设小组决定资源的采购决策。

同济大学图书馆　1989年,同济大学图书馆进行了馆藏文献资源调查,特别对土建学科的图书资料进行了重点调查,调查结果表明:馆藏土建学科(不包括相关学科)图书44 930种20万余册,土建学科期刊1 286种,其中连续收藏50年以上的有21种,有的为国内孤本。有中、美、英、法、德、俄等20多个国家的土建学科刊物。建筑工程学科完备,建筑学、市政工程和环境工程学科基本完备。

三、科研院所图书馆

中国科学院上海生命科学信息中心　2002、2007、2010年,中国科学院上海生命科学信息中心先后3次开展馆藏信息资源保障情况的调研。2002年馆藏文献资源保障率调研的数据表明:生命科学信息中心的馆藏具有专业文献保障率比较高,文献质量比较好的特点,能够基本满足生命科学院的科研需求。2007年,根据中国科学院上海生命科学研究院下属研究所2002—2006五年间发文与引文情况进行了综合统计与分析,从馆藏保障、用户使用统计、学科类别保障情况、专家发表论文及引用文献与影响因子关系等多个方面进行了调研与统计。2007年文献保障分析结论显示:1. 在经费有限,外文期刊数量激增的情况下,借助于全文传递、地区共享等合理使用途径,用户需求的满足率可以得到很好的保障。2. 生命科学领域的用户已习惯网络化电子期刊的使用方式,这也给学科外文期刊保障方式提供了很好的依据。3. 数据表明:中国科学院上海生命科学研究院6个研究所发表论文的刊物非常集中,发表论文的刊物中24%的期刊涉及临床医学与生命科学交叉的化学、物理学、材料学、数学等学科。4. 订购期刊要根据期刊的利用率和期刊影响因子(IF)两个要素。2010年,中国科学院上海生命科学信息中心开展了上海生命科学研究院文献信息保障能力分析比较研究。针对中国科学院上海生命科学研究院学科发展方向,对现有学科信息保障建设进行多角度分析。2010年文献资源保障分析的建议是:1. 加强对上海生命科学研究院现有文献资源类型的分析和研究,关注工具型、文摘型、数值型文献的建设及引进力度。2. 在重点保障基础公共信息需求的基础上,着重研究用户个性化特殊文献需求,加强单独订购电子版期刊的力度,使之发挥更大的保障功能。3. 重点关注生物学与计算科学、生物学与物理、化学等学科的交叉融合现象，并在文献信息保障能力建设方面统筹考虑。4. 加强对上海生命科学研究院学科发展的地区合作研究和分析，关注学科发展过程中的小语种数据库、期刊的出现及应用情况，并适当引入。5. 进一步加强对小型专业学会、协会出版的期刊数据库、已订数据库回溯期刊以及已订数据库中未能使用期刊的分析和研究。6. 重视对文献信息保障能力的综合分析与研究。

第四篇

服务工作

为读者提供服务是图书馆工作的重点。1978年至2010年间,随着社会、文化、技术等领域的发展,以及读者和用户对知识信息需求的变化,图书馆服务工作与时俱进。全市各系统图书馆的服务工作与相关实践,经历了探索、变革和转型创新的发展过程,逐渐确立起"以人为本"的服务理念,将服务重心从以藏书为中心转变为以读者用户为中心,在实施平等开放服务的过程中,创新服务模式、延伸服务范围、拓展服务功能、实现资源共享等等,促使图书馆服务工作逐步呈现出规范化、多元化、个性化、特色化的发展趋势。

1978年党的十一届三中全会召开以后,全市各图书馆的办馆条件得到有效改善,文献流通服务的形式、内容、手段得到有效拓展,读者办证率不断提升,阅览室开放时间进一步延长;阅览布局形式,由闭架借阅转变为开放式的全开架服务,提供"借、阅"一体化和通借通还等服务方式,显著提高了馆藏利用效率。各图书馆还充分挖掘馆藏特色,提供专题阅览服务。1996年12月,上海图书馆率先提出"360行,行行办证;365天,天天开放"的服务口号,在全国图书馆界产生了重要影响。2000年前后,各图书馆积极引入新兴的信息技术,基于互联网条件,开展电子借阅服务,网络远程服务,并与国内外其他图书馆间建立服务资源共建共享的合作关系,提供馆际互借及原文传递服务等,读者可便捷地获取所需信息、服务和资源。

为应对现代信息技术迅猛发展的新形势、新挑战,各图书馆开始重视并加强知识、信息的采集、开发、交流与服务职能,以适应信息社会对图书馆提出的新要求。各图书馆充分利用现代信息技术,广泛提供二次文献服务、文献检索服务、文献导航服务、参考咨询服务、定题情报服务等。同时,充分发挥各馆自身的资源、技术和人才优势,联合开展情报信息服务。2010年,在上海"世博会"举办期间,各图书馆积极组织开展多种"世博会"主题宣传活动和专题信息报道服务,促进社会公众了解"世博会"、参与"世博会"、服务"世博会"。

为扩大图书馆服务的均等化程度,保障公民利用图书馆的权益,全市图书馆实施规范服务、文明服务,对读者一视同仁,提供卓越知识服务,让更多市民能够就近、便捷地获取知识和信息。各图书馆积极改善服务,尤其为残障人士、老年人、未成年人等特殊人群,及其他不能到馆的群体,提供送书上门等各类无障碍服务;通过设置馆外流通服务站点、利用汽车等流动设施,将服务延伸至社区、机关、学校、医院、军营、监狱、工地、田间等,最远的到达南极"长城科考站",拓展服务范围。图书馆的服务内容和方式,也随改革开放的深入而创新发展。讲座、展览、培训等注重读者参与和交流互动的文化活动,呈现多元化趋势,致力于全面发展和培育读者文化素养,广受读者青睐。在每年"世界读书日""上海读书节""公共图书馆服务宣传周"等活动期间,各图书馆竞相举办各具特色的读书活动,向社会各界宣传图书馆服务,倡导全民阅读。各图书馆还基于自身长期积累的馆藏资料,通过不断收集、挖掘、整理、加工,扩大特色馆藏资源量,逐步形成一系列服务特色,并通过开展专题展览、设立特色资源展示区、建立特色资源数据库、开展知识导航服务等方式,促进相关资源的使用,适应读者用户个性化、多层次的知识信息需求。

与此同时,文献信息资源共建共享的理念,得到广泛推广和应用。1977年底成立的上海市图书馆协作委员会、1994年成立的上海地区文献资源共建共享协作网、2000年启动的上海市中心图书馆、2002 年成立的全国文化信息资源共享工程上海市分中心,都是资源共建共享的理念在全市各系统图书馆中的具体体现与深化发展。此外,各图书馆还积极参与面向中西部地区的资源共建和支援活动,建立对口帮扶机制,定期向共建及支援对象提供图书捐赠、开展业务指导和文化交流等。期间,各系统图书馆还加强与国际图书馆组织与世界各国图书馆间的交流合作,学习现代图书馆服务的先进思想和技术,全市图书馆为上海建成与现代化国际大都市相适应的知识服务体系而努力。

第一章　阅览流通服务

第一节　阅　览　服　务

一、公共图书馆阅览服务

【市级图书馆阅览服务】

1978年以来,上海图书馆与上海少年儿童图书馆,紧跟改革开放的形势,致力于读者第一、服务至上,不断推进图书馆服务理念、服务内容、服务方式和服务手段的创新变革,大幅度地提高馆藏资源的利用率。

综合阅览服务　20世纪70年代末,上海图书馆将每天开放时间由8小时延长到11.5小时,由每周开放6天改为天天开放;开架书刊由400多种增加到近万种。1984年5月16日,上海图书馆(南京西路馆)东大楼扩建后对外开放,新增阅览室座位375个;全周每天开放时间为8:00—21:30,全年各节假日照常开放。1987年前,以闭架服务为主。1987年9月14日,"中文报刊阅览室"的7 200多种中文期刊和350多种报纸开始实行开架服务,开放3个月,读者阅览人次增加20%—30%。1988年7月10日,上海图书馆(南京西路馆)新楼阅览室全部实行开架借阅,涉及图书近10万册、期刊7 545种、报纸345种。1992年,上海图书馆设置阅览座位1 400个,平均每天接待读者

图4-1-1　2010年上海图书馆开设全新阅览室"新技术体验中心"

4 000余人次。1995年10月4日，上海图书馆与上海科学技术情报研究所合并，1996年5月，提出并实施"365天，天天开放；360行，行行可以办证"的服务承诺，在国内产生很大反响。1996年12月20日，上海图书馆新馆开放，开馆1年内，平均每天接待读者7 500人次，累计接待参观259.25万人次，图书流通1 290.29万册。从1996年12月到2000年6月，累计接待读者超过1 000万人次，相当于南京西路老馆20年的总数。进入21世纪后，上海图书馆坚持"读者第一，服务至上"的工作总基调，结合建设"数字图书馆""中心图书馆"以及"网络图书馆"，读者服务工作提出"精致服务，致力于卓越的知识服务"的理念，开创网上联合知识导航站、e卡通服务（电子资源远程服务）、手机图书馆、"我的图书馆"、市民数字阅读推广等新的服务方式，从传统图书馆到打破时空限制的数字移动图书馆，给读者带来新的阅读体验和便捷服务。2010年，上海图书馆以"世博会"为契机，不断拓展公众阅览服务，读者办证总量再创历史新高，共办新证19.3万张，书刊借阅稳步增长。至2010年底，上海图书馆共开放阅览室34个，拥有阅览座位约2 000个，日均到馆读者约10 000人次。

1989年，上海少年儿童图书馆经市文化局批准，把面向高中学生的服务，移交给成人图书馆，把面向低幼儿童的服务纳入服务范围。1990年，上海少年儿童图书馆推出家庭亲子阅读，为家庭办理"家庭读书证"，制作"家庭读书袋"，家长只需申请办理家庭读书证，就可以携带儿童入室借阅。图书馆把低幼儿童服务与开展家庭读书活动有机结合起来，同年，举办全市家庭读书竞赛，全市约有5 000户家庭参与。从1997年起，遵照《上海市公共图书馆管理办法》规定，市少年儿童馆全年无休、免费开放，周一至周五上午，提供集体外借，下午对外全面开放，节假日与寒暑假期间全天开放。经过多年努力实践，市少年儿童馆初步形成馆内阵地服务与馆外延伸服务并举、图书借阅服务与阅读指导服务结合、线上网络服务与线下现场服务相融合的多样化的知识服务体系，使服务领域拓展，服务质量提高。

主题阅览室建设　1984年1月，上海图书馆受联合国总部委托，开设联合国资料托存室，开始保存联合国文件与图书期刊资料，成为全国3个联合国资料托存图书馆之一。该室除了保管联合国总部的决议、决定、信件、会议散发资料、报告等文件外，还收藏一些权威性统计资料、年鉴、条约集和期刊等出版物。1984年3月，上海图书馆开设电子计算机图书资料阅览室，陈列馆藏中涉及计算机科学与技术专业的中外文图书资料3 500种。1986年11月，上海图书馆开放"上海—旧金山友谊图书馆"，双方约定每年互赠5 000册书刊及一定数量的音像资料，并向读者开放。1987年4月，外文、港台报刊阅览室对外开放，提供外文期刊7 300种、外文报纸193种、港台报纸24种，每天平均接待读者100人次。1991年8月，美术阅览室开放，该室收有包括国画、油画、书法、篆刻、雕塑、摄影、工艺美术、建筑、综合绘画等方面的中外图书3 500余册。1992年7月，中国文化名人手稿室对外开放，展示自1898年以来，百年间1 000多位近现代文化名人的创作手稿、信函、日记、题词、签名本和照片，成为国内规模最大的搜集整理、珍藏展示、开发交流中国文化名人手稿的研究性专馆。

1996年，上海图书馆新馆开馆后，陆续开放多个阅览室。其中，古籍阅览室提供书库借阅以及部分新印古籍开架阅览服务，提供馆藏部分中文古籍线装书、地方志、清代朱卷等借阅服务。家谱阅览室提供馆藏家谱查阅、目录检索、电话代查咨询、书面代查咨询服务，收有国内约20 000余种近20万册家谱，涉及22个省市、300余个姓氏。近代文献阅览室，提供书库借阅以及部分开架阅览服务，可以借阅馆藏部分旧平装图书、近现代报纸杂志。上海地方文献阅览室，提供反映上海地方政治、经济、文化史实的图书及上海各区、县、镇志和年鉴等阅览服务。1997年3月，上海市妇联和上海图书馆联合设立妇女之窗，向社会提供有关妇女问题的各类图书、报刊、统计资料，介绍当代优秀女性。1997 年 12 月,上海图书馆设立当月新书展示厅,先后有 60 余家出版社参与新书展示活动,平均每天接待读者 1 500 人次;2003 年 6 月,新书展示厅更名为"图书文化博览厅",增加图书中实物、原作、手稿等的陈列服务。1999 年,上海图书馆艺术研究馆成立,以弘扬中华民族文化艺术、推动中外文化交流为宗旨,加强与艺术家的联络并建立长期合作关系;该馆主要征集、展示和研究以上海为主的艺术家作品,收集到众多名家捐赠的艺术精品 1 500 余件,并定期制作专题介绍、举办专场精品展示会、邀请艺术家参观座谈或开办讲座、制作网页传播民族文化等。2001 年 6 月,开放音乐文献室,主要收藏国内外音乐乐谱、CD,读者可以查阅音乐文献资料,还可以试听 CD 及弹奏钢琴。2004 年 1 月,将中文报纸阅览室改造为"中文多媒体报纸阅览室",利用计算机、电视等推出新闻浏览、报纸数据库服务。同年 2 月,开放"世博"信息阅览室,提供各类"世博会"文献信息资源和"上海'世博会'信息中心数据库"服务。2006 年 12 月,开放自助阅览室,提供当日报纸、当月期刊、当年新书的自助借阅服务。2009 年 3 月,开放信息共享空间,为读者提供学术交流和信息互助的一站式服务,空间内配置有计算机、网络、投影仪等设备,根据活动主题为用户提供研究、教育和学习等所需的不同载体的信息资源。同年 10 月,VOD 视听点播阅览室在视听区开放试运行,提供大屏幕视听工作站、个人视频点播服务,有效提高馆藏视听资源的开发利用。2010 年 4 月,推出 24 小时图书自助借还亭,实现闭馆期间的借书服务。同年 9 月,推出新技术体验中心,读者可使用 iPad、超星 Pad、苹果电脑等,还可参观近 40 种不同品牌和型号的电子书阅读器,包括全球第一代电子书阅读器。

1990 年 5 月,上海少年儿童图书馆建成低幼活动中心并对外开放,设立低幼儿童活动室、视听室和少年儿童电脑室。1994 年起,市少年儿童馆调整设施布局,中学部、小学部、低幼部实行借阅一体化,并根据服务对象的特点,开设各类专题阅览室,扩充服务内容。中学部设有文学精品室、教学导读室、心理咨询室、演讲厅;小学部设有传统文化室、艺术室、文学室、科普室、英语室、家庭读书室;低幼部设有多功能活动室(玩具城和儿童小剧场);还设有自修室、视听室、电脑培训教室等。1998 年,新增艺术资料室、录音棚,最多时服务窗口达 18 个。

【区县图书馆阅览服务】
自 20 世纪 80 年代开始,区县图书馆阅览服务逐渐从闭架服务和半开架服务转变为开架服务,并延长开放时间,实行借阅一体化。从 20 世纪 90 年代起,各区县图书馆除提供综合性的报刊图书借阅外,还根据馆藏特色和地域特点,开始建设主题阅览室,阅览服务内容与形式变得多样化。

综合阅览服务 1987 年,静安区图书馆实行免证阅览。1988 年,实行全开架借阅服务,每周开放 81.5 小时,成为当时全市区、县图书馆中开放时间最长的图书馆。

1991 年起,普陀区少年儿童图书馆实行全开架借阅、天天开放,开设馆外服务点,开展重点服务、预约服务、跟踪服务。

2000 年,静安区少年儿童图书馆实行借阅一体化开架服务,阅览座位 72 个,设电子阅览区,藏书 5.5 万册,年均总流通人次逾 2.9 万。

2001 年,杨浦区图书馆综合阅览室设上、下两层书库,收藏 14 万册综合性图书;内设新书专架、各类工具书专架;提供历年各类报刊合订本的查询、押金外借图书、代查代检、读者导读等服务。

2009 年 7 月,宝山区图书馆推出少年儿童读者证免收押金。2010 年 3 月,图书馆启动成人读者证免收押金的工作。图书馆始终坚持"关注读者,用心服务"的宗旨,流通部门全部实行开架服务。

杨浦区少年儿童图书馆设有教师家长外借室、中学生借阅室、小学生借阅室。藏书近14万册。内设新书专架、科普专架,为读者提供押金外借图书、代查代检、读者导读等服务。馆内还设有教师家长阅览室,收藏报纸杂志331种,提供报刊阅览服务。图书馆365天全天候开放,实行免证阅览。2010年,图书馆办证2 576张,有效读者证13 891张,流通人次133 617人次。

普陀区图书馆的文献借阅区书架设有嵌入式电子屏幕和检索键盘,提供多载体的文献资源,采用借阅一体化的服务模式。设立的无纸化电子报栏提供130种原版报纸的在线阅读。

主题阅览室建设 20世纪90年代前后,各区县图书馆开始建设主题阅览室,改变长期以来的图书馆传统阅览服务模式。

1987年开始,虹口区曲阳图书馆以影视文献为馆藏建设重点,成立影视文献部;1993年10月,图书馆被市文化局命名为"上海影视文献馆"。

1990年2月,黄浦区图书馆新馆建成,开设"视听资料室""心理阅览室""幽默博览室""气功图书资料室"等特色主题服务项目,中共中央宣传部办公厅《宣传信息》对此作了专题报道,引发全市图书馆创建特色服务的热潮,影响力扩展到全国。

1991年6月,卢湾区图书馆的少年儿童阅读服务部门,开设了童话宫、益智园、知识库、"红读"楼等服务项目;1993年9月,新建的"乐乐楼"开放,设有文学精品屋、经济信息资料阅览室、卢湾区名人专家作品陈列室;2000年,阅览室调整后建立居室文化资料室;2005年,新增书画资料室、古籍资料室、连环画资料室、外文书刊资料室、新文学沙龙等。

1995年初,杨浦区延吉图书馆以"女性文献"为收藏重点,设立女性文献专架、女性文献资料室及女性信息快速通道,集中陈列以女性文化为特色的文献资料馆。

2006年12月,徐汇区图书馆北楼经改造后,建成"满庭芳展厅"、学术报告厅、自修室和专题研修室等公共文化场所,拓展文化服务功能。

2007年,浦东新区陆家嘴图书馆建立金融图书馆,提供银行、保险、基金、期货、证券等方面的中外文报刊200余种,经济金融类书籍近2万册,还提供万方、中国知网、中经网、国研网等权威数据库和方正阿帕比电子图书等数字资源。

2008年12月,杨浦区图书馆与上海图书馆共建的"上海近代·杨浦百年文献主题馆"对外开放,重点收藏上海近代工业、近代市政、老上海风土人情、民俗文化等相关文献,提供咨询、检索辅导、专题查询等服务,同时开展影视播放、个性化点播,定期组织沙龙、专题展览等活动。馆内设有阅览座位44个,实行开架、免证阅览。

2009年,静安区图书馆经改扩建后,增设中文第一文献阅览室、中文第二文献阅览室、专题阅览室。结合藏书重点、社会热点和节庆特点,分别设立地方文献、现代服务业、老年读物、人物传记、计算机技术、中英文对照读物、馆藏典籍、外文期刊、美术、古籍和名家签名本等专架。

普陀区图书馆设立古籍、法律、艺术、外文等4个专题阅览室。古籍阅览室陈列有《四库全书》《清实录》《申报》《良友画报》等刊物及多部线装书;法律阅览室作为普陀区学法基地,有近100种法律报刊,并作为政务公开平台,为公众提供公开信息查询。2010年7月,为倡导"学步阅读"的理念,推出儿童玩具图书馆。

【街道(乡镇)图书馆阅览服务】

街道(乡镇)图书馆紧随区(县)图书馆,实行借阅一体、开架服务,并编写专题资料、设立专题书架,丰富阅览服务内容。

嘉定区安亭镇是上海国际汽车城的前沿,镇图书馆挖掘汽车文化,在馆内建立"汽车城书苑",设立汽车专架区、车标文化展示区、遥控赛车体验区、汽车与名人壁画区、汽车文化感言墙等,为广大车迷提供学习、交流、互动的平台。

闸北区宝山路街道图书馆编写《百年红色宝山路,百年革命英烈录》,陈放在专架上,为社区居民提供爱国主义教材。

闸北区北站街道图书馆设立京剧文化资料阅览服务,有京剧历史、流派唱腔、服饰图照、各式脸谱等,起到传播民族文化的良好作用。

卢湾区瑞金二路街道图书馆挖掘瑞金地区人文历史资源,编写《魅力瑞金名人篇》《魅力瑞金建筑篇》《魅力瑞金街坊篇》,陈列在阅览室,并提供给社区学校,增强居民对社区的凝聚力。

二、高校图书馆阅览服务

1978年党的十一届三中全会以后,随着各高校校区的扩建和各高校之间的合并,高校图书馆的阅览面积不断扩大,座位数量不断增加,高校图书馆馆员的服务理念也在发生变化,确立起"以人为本、服务读者"的理念,流通服务的内容不断拓展、方式不断改进。图书馆流通服务,从对教师和研究生全开架、对本科生部分开架,逐步转变为对所有师生提供全开架服务。2001年前后,部分高校图书馆开始引进国外先进的服务理念和方式,推出"一门式"管理模式和预约制、通借通还、小型研究室等一系列人性化的服务举措,体现图书馆文献资源"藏用结合,以用为主"的指导思想。

1979年2月,复旦大学图书馆受教育部委托,筹建外国教材中心,以数学为收藏重点,兼及理化和其他自然科学,并于同年7月2日,正式对全校及浙江、江西、福建3省与上海市的高校教师开放。1989年11月,图书馆理科教师阅览室开放,是全国13个外国教材中心之一,以收藏外国原版教材为主,收藏的教材偏重数学学科,旁及理科其他学科。1994年7月,图书馆试行"师生合一""借阅合一""书刊合一"的服务模式。1995年,国家教委在图书馆设立文科外版图书引进中心书库。2002年,复旦大学图书馆先后在医科馆、理科馆、文科馆开辟学生自修室。2007年5月,开通本科生借书预约服务。

1979年,华东化工学院图书馆建立视听室与复印间,1984年正式成立技术服务部,主要包括复印中心、视听室、计算机房、缩微放大室。

1985年,上海交通大学图书馆开设"研究生阅览室",阅览室分隔成20多个大小不等的空间,便于研究生和青年教师研读、交流和撰写论文。同时,图书馆在全国高校图书馆中率先实行大规模开架借阅制度,主要的中、外文流通书库,均采用全开架的服务方式,所有读者都能自由入库,直接选取所需的图书。1986年9月,英国文化委员会向图书馆捐赠了一个含书刊、视听资料及有关设施在内的,以介绍英国文化为主的专门阅览室"英语学习资料中心",资料内容以英语语言、文学为主。1996年,新增"赠书阅览室""社科阅览室""视听观摩室"。同年3月,荷兰郁金香电脑亚洲有限公司赠送25台多媒体电脑设备给图书馆,成立"上海交大郁金香多媒体电脑教学科研中心"。1997年,开辟"热门文艺小说借阅室",提供1 000余册质量较好的文艺类图书供借阅,并实行短期、押证借阅,加快新书流通。

1988年,华东政法学院图书馆建立"电脑检索室",用于西文图书采购、编目和检索。同时,建立"文献检索阅览室",备有法律、文史哲等各类工具书1 000余册。1993年,设立视听资料室,制定《视听资料室工作规范》,购置彩电和录像机、放像机各1台,收集近80部、150小时左右的录像资料,并开始配合学校的教学研究,提供声像视听文献资料服务。

1995 年,上海水产大学图书馆实现新书(中文)的计算机编目和文艺书库的计算机管理借阅,
1996 年实现所有中文图书计算机编目和借阅。

1998 年 9 月,上海交通大学闵行校区图书馆"电子阅览室"正式开放服务,该室面向全校师生,
通过计算机网络访问校园网、教科网和国际互联网,提供查询文献信息的公共场所,提供各类型电
子文献检索,介绍和推广现代信息技术,跟踪世界学科发展前沿,参与国际间信息交流等服务。
2002 年 3 月,上海交通大学包玉刚图书馆 5 楼阅览室,正式推出基于无线网络技术的电子文献服
务。同年 4 月,包玉刚图书馆推出"非接触式 IC 卡复印管理系统",拥有该卡的读者可在图书馆开
放时间内,自行在馆内复印馆藏资料。2009 年 5 月,图书馆主馆 9 大阅览室,推出学科信息墙,根据
阅览室的学科特色和服务内容,定期更新,推送信息。

2003 年,上海师范大学奉贤校区图书馆开始实施新兴图书馆服务模式——信息共享空间。信
息共享空间整合互联网络、计算机硬件设施及各种类型文献资源(含纸质资源和数字资源),包括电
子教室、小组研究讨论室,以及可用于指导读者学习和提高研究技能的咨询区、帮助读者开发教学
作品的多媒体制作室等。

2004 年,华东理工大学图书馆为方便读者,推出读者预约服务。同时,开展多方面的导读工
作,如设立图书专架,每周做 1 期新书推荐等。

2006 年,上海工商外国语职业学院图书馆采用"藏、阅、借"一体化服务模式,4 层书库近 40 万
册图书实行全开架、借阅合一(每排书架都有清晰的标架,指导读者方便快捷地选取所需图书)。其
他实行全开架阅览服务的还有中文阅览室、外文阅览室和参考阅览室。

2006 年,上海对外贸易学院图书馆建设经贸学院资料室、金融学院资料室、外语学院资料室、
法学院资料室和基础部资料室共 5 个二级学院专业资料室。5 个资料室分别配备专业书刊,注重对
有关专业工具书的收藏,并配备现代化网络设备供教师查阅网上资源和馆藏数字资源。

三、科研图书馆阅览服务

1978 年以来,上海社会科学院图书馆的文献服务工作为全院承担国家重点项目、市重点项目、
院重点项目和培养硕士、博士研究生提供保障。1990 年前,该馆在淮海路院部设 4 个阅览室,300
多个座位,提供开架服务,每天平均接待读者 90 人次,每周开放时间 5 天半,38 个小时。每周编辑
一期中外文新书报道,不定期编辑港台新书专辑。提供中文打印和文献复制业务,每年复印书刊资
料 6 万余件。1992 年 9 月,上海社科院各研究所资料室合并,各所资料室图书统一归口,在保留原
来港台、中文报刊及外文报刊阅览室的基础上,成立分片阅览室,并补充部分工具书,使图书馆各专
业阅览室初具规模,其中法律社会阅览室图书从 213 册增加到 2 350 册,经济专业阅览室图书从
700 册增加到 2 146 册,文化阅览室图书从 1 400 册增加到 3 400 册;后又设立外文及港台报刊阅览
室。图书资料室合并,促进图书流通,但各所均保留一部分常用专业图书。2001 年,淮海路院总部
大楼底层西侧的图书馆分馆正式开放,成立综合阅览室,保留原来的政治法律阅览室,新增电子阅
览室,并在院分部开设文史哲阅览室。2004 年,电子阅览室改为港台及外文报刊阅览室。2006 年,
新增社会科学阅览室,2008 年该室撤销。

2008 年 7 月,中国科学院上海生命科学信息中心图书馆开放使用 Study Room。Study Room
是以提供个人学习空间为主要理念和以无线网络接入为主要技术手段所打造的信息环境,用户可

以通过自带的计算机终端,便捷地获取电子文献资源、网络资源等;同时,Study Room 还精选部分纸质媒体提供阅览服务,并陆续推出主题式的多媒体阅览服务,形成丰富的多媒体信息获取氛围。

中国科学院上海药物研究所图书情报室每天开馆 11.5 小时,实行全开架服务方式,读者凭 IC 卡借阅书刊、自助复印;对张江园区单位实行免费办证,年均接待读者 2 500 多人次。

中国科学院上海昆虫研究所图书馆实行开架式服务,除面向全所科技人员外,还接待中国科学院系统以及外系统的科技人员、大专院校的师生和有关生产人员。

中国科学院上海微系统与信息技术研究所图书馆提供全开架阅览服务,每周 5 天开馆,数字资源提供 7×24 小时服务;开放范围由网络 IP 控制,覆盖全园区,馆藏目录等免费资源无限制开放。

中国科学院上海有机化学研究所图书馆提供全开架阅览服务;实行每周 7 天开馆,每周提供 85 小时服务,数字资源提供 7×24 小时服务。

宝山钢铁集团科技图书馆主要为宝钢全体员工特别是科研技术人员提供图书借阅、报刊阅览、资料标准查阅等服务。

上海市纺织科学研究院图书馆的馆藏图书和资料除对全院职工开放外,还对全市纺织系统和有关单位开放。2010 年图书馆重新装修,建成数字图书馆。

四、中小学图书馆阅览服务

1978 年后,各中小学图书馆逐步恢复,随着办学条件的不断提升,图书馆的办馆条件也逐渐改善,服务模式与时俱进。自 1990 年起,上海市各中小学图书馆逐步实现全开架、全天候借阅服务,并试行"师生一体化、借阅一体化"的阅览流通方式。

【小学图书馆阅览服务】

1980 年,徐汇区向阳小学建立图书馆,并建立资料室,藏书合计近 2 万册。1989 年,学校建造新楼,图书馆规模扩大,设借书室和阅览室,阅览座位 168 个;教师资料室座位 28 个,藏书 21 912 册,订阅期刊 60 多种,报纸 10 余种。图书馆实行全开架的服务形式,每天向教师、学生开放,学生借书、阅览人数日均 250 人左右。

1997 年,卢湾区第一中心小学图书馆提供藏书 4 万册,阅览室有各种视听资源和多媒体视听设备。2006 年,新增全开架的"彩虹阅览室",阅览室的每本书都由学生自行挑选。2009 年 1 月,学校整体搬入新校舍,图书馆新馆采用全框架结构,依照小学生特点设计彩虹低幼阅览区、中高年级阅览区、电子阅览区,另有"教师悦读吧",形成藏、借、阅、咨、上网合一的大开放格局。

2004 年,为扩大学生阅读时间和空间,闸北区永和小学图书馆每天中午安排两个班阅览图书,增加学生借书册数,以提高图书流通率;为每班配送 100 册图书,建立班级图书角,由班级图书服务员管理,定期轮换图书。2010 年年阅览总量达 14 848 人次。

【中学图书馆阅览服务】

1990 年,上海市松江县第二中学图书馆设教师外借室、学生外借室、学生阅览室、学生外语阅览室;阅览座位 182 个,馆藏图书近 8 万册,订购报纸、杂志近 200 种;2002 年,图书馆教工阅览室座位 104 个,教师资料室阅览座位 20 个,学生阅览座位 180 个;学生电子阅览室有电脑 100 台,教师电子阅览室有电脑 20 台。一楼共享大厅,设置下沉式书吧,散放休闲桌椅,供学生课后在此阅读、学习。2008 年,教工阅览室改为自修教室,供学生自习;2009 年阅览总量达 23 908 人次。

1994 年,上海中学图书馆设外借室、自修室、综合阅览室、教师资料室、电子阅览室、语音室、校史陈列室等;1996 年,建立电子阅览室;2002 年,学校对图书馆内部格局进行较大调整,二楼全部设为阅览区:教师阅览室(资料室)设 64 个席位;文科阅览区和理科阅览区共 270 个座位;另设有报刊阅览区、古籍室和过刊资料室;三楼专为电子阅览区;2010 年,图书馆接待师生 54 450 人次,阅览图书 39 411 册,电子阅览室接待 23 182 人次。

1990 年,上海市杨浦高级中学图书馆设书库、借书处、教职工资料室和学生阅览室,共有阅览座位 240 个;在学生阅览室里附设“儿童阅览角”和小读者听音室,后又设电脑室,设计算机 1 台;2002 年,馆藏图书近 15 万册,期刊合订本 8 000 多册,有近 400 种期刊,电子读物 700 多件,音像资料 2 300 多件;图书馆设文科、理科阅览室、教师资料室、采编室、借书处,并有多个电子阅览室,阅览室座位共 370 个;2003 年起,图书馆逐步在借书处、教师阅览室、文科、理科阅览室配备电脑,实现电子、报刊、图书阅览一体化;2010 年,馆藏纸质图书 17 万余册,期刊合订本 1 万余册,音像资料 3 000 多件;设文科、理科阅览室、教师资料室、采编室、借书处,书刊阅览座位 288 座,电子阅览座位 64 个。

1990 年,上海市市北中学图书馆设书库、阅览室、资料室和借书处。阅览室座位 180 个,订有报纸 50 余份和杂志 200 多份;馆藏图书近 7 万册。1994 年,实行全面开架借阅,80％以上的图书面向学生,阅览室所有新到期刊、工具书和精选书,供全开架取阅。图书馆全天对教工开放,对学生每天开放 4 小时,日均接待读者 400 多人次。

1990 年,上海市奉贤中学图书馆设立资料室,备有 100 多种工具书,各学科的教学参考资料,以及与其他单位交流所得的各种教学资料。1996 年,增添英语资料室、理科资料室、文科资料室。1999—2000 年,图书馆安排学生图书室、阅览室周一至周五中午开放,阅览室周一至周五夜自修期间开放。2005 年,在确保图书馆全天开放的基础上,增加周末、节假日、暑期开放服务。2010 年起,延长开馆时间,文科、理科借阅室实行全天 11 小时开放制度,教师资料室全天开放,电子阅览室每日开放 3 小时,各室每周累计开放时间达 170 余小时。此外,图书馆坚持在双休日、节假日、寒暑假期间开放部分馆室。2010 全年读者入馆阅览总量达 51 061 人次。

1990 年,嘉定县第二中学建造新图书馆有阅览座位 110 个。2000 年 9 月,嘉定区第二中学成立语文阅读中心,增加 4 个语文阅览室和 1 个电子阅览室,配备工作电脑、打印机、复印机等设备。2004 年,图书馆借阅图书开始实行现代化管理。2008 年图书馆易地新建,新馆内设有书库、采编室、教师阅览室、学生阅览室、语文阅览室和电子阅览室等,阅览座位 320 个,藏书近 8 万册,期刊 170 多种,报纸 50 种。图书馆采用计算机管理,配有工作电脑、打印复印扫描一体机、彩色打印机、条码阅读器、刻录机、扫描仪等设备。

上海市向东中学图书馆新馆落成,1998 年,设图书阅览室、期刊阅览室,座位 80 个,并设有外借处和新书展示处。2010 年,学校图书馆重建,阅览座位达 100 个,并建立电子阅览室;藏书近 6 万册,订阅各类报纸 130 余种,订阅电子期刊 100 余种。图书馆实行电子阅览和纸质阅览一体化,阅览室设电脑 40 台,与校园网和区教育信息网联网,配备打印、复印、扫描一体机等各种辅助设备。

2002 年,上海市七宝中学图书馆设立“国防教育专架”“新书专架”“教学期刊专架”等,为读者推荐优秀书刊。2007 年,投资建立设有 116 台电脑的多媒体电子阅览室,改善网络系统配置,提高系统应用功能。同时还建成数字化互动教学教室,使学生能够接收教师授课,并可通过视频交流互动,实现现场教学的效果。利用电子阅览室进行各种网络服务,组织读者利用网络开展研究性学习、网上心理测试、网上智力竞赛等。

2006年,上海市行知中学图书馆提供阅览座位315个,设报刊阅览区、文理综合阅览区、借阅区、外文资料室、教师资料信息室、电子阅览室及采编室等多个功能专用区,5万余册图书,按《中图法》并结合图书馆特点进行重新分类、加工、上架。馆舍内部实现"全开架、大空间、借阅一体化"格局,供学生阅览用电脑56台,连接校园网和互联网,并拥有自行制作的网页。2010年,图书馆设电子阅览室、借书处、书库、教师资料室、学生书刊阅览室等。报刊阅览室座位120个、图书阅览室座位72个、电子阅览室座位53个、教师资料室座位70个,电子阅览用电脑56台。2006—2010年,图书馆全天开放,周开放时间为38小时,寒暑假期间学生返校日开放。阅览室和外借处的所有书刊全部开架陈列,种类齐全,布局合理,为全校师生提供全周制、全开架、不间断的借阅服务。

五、党校图书馆阅览服务

1978年3月,中共上海市委党校(上海行政学院)复校后,图书资料室正式开放,整理上架图书约9万册,各类期刊杂志2万余册,全国各省市(除台湾省外)的重要报纸、期刊均陆续订阅到馆,基本上能满足学员和教职工的借阅需要。图书资料室设1个阅览室,50个座位。在阅览室陈列有中央和各省市报纸35种,各种杂志106种,中外画报13种;1979年8月,图书资料室设立哲学、政治经济学、党的学说三门课程的专题书架,以及科技专题书橱、新书专架,为复校后第一期理论班开设图书、期刊小型阅览室。阅览室中的期刊,每种陈放前后两期,报纸陈放1个月,以便教师和学员查找和选阅。1984年10月,为适应党校教育正规化的需要,新开辟教师阅览室和图书阅览室。教师阅览室开放对象是全校教师和有关教学人员,陈列资料的内容是中央、各省市及部分地区党校、社会科学研究部门、学术团体以及部分军事院校、大专院校等单位的内部交流资料,共240余种,涉及哲学、经济、党史、政治、法律、文史等各方面内容,所有资料按全国各省市、自治区分门别类陈列,方便检阅。图书阅览室开放对象主要是学校教研人员和学员,室内陈列各类图书约3.39万册。1989年3月,虹漕南路新校址开始办学,为适应学校在两地办学,图书资料室在三门路和虹漕南路校区同时开设服务窗口;为专题班教学需要,在三门路校区开辟党建专题阅览室,在虹漕南路校区,开辟加强企业思想政治工作和外向型经济两个专题阅览室。同年7月,学校全部迁入虹漕南路校区,新建图书馆于7月1日正式开放。图书馆设有报刊阅览室、图书阅览室、图书出借处、书目著录卡片检索处。1990年9月,为配合关于社会主义若干理论问题的学习研究,中共上海市委党校(上海行政学院)图书馆开设科学社会主义阅览室,提供1000余册中共十一届三中全会以来有关科学社会主义的著作。2003年1月,图书馆与干部教育信息中心开展为全市副处级以上领导干部办理"参考读者证"工作,全年共有1621位副处以上领导干部成为学校的校外读者。2000年3月,图书馆开辟内部资料视听室,每周固定时间放映视听资料片,每次2至3小时,平时可预约播放。提供读者阅览的视听资料片有内部资料片、法制参考片、音像内参片、奥斯卡金奖影片、一周综述、台湾情况。2005年6月,建立"上海党校科研成果陈列室",集中收藏上海党校和上海党校系统著作类科研成果。2006年4月,增设"上海发展阅览室",集中收藏以上海改革与发展为主题的各类图书,集中展示从历史的和现实的角度,反映上海市情、体现上海特点的文献资料和研究成果。2007年10月,撤销"法学阅览室",增设"社会学阅览室"。调整后的专题图书阅览室为马克思主义经典文献阅览室、哲学阅览室、科社阅览室、经济学阅览室、行政学阅览室、社会学阅览室、党史阅览室、党建阅览室、文史阅览室、现代科技阅览室、上海发展阅览室、图书馆学信息学阅览室,以及特藏书阅览室和上海党校科研成果陈列室。2009 年 11 月,推出"移动图书馆",通过电子图书阅览服务器,将电子图书等数字资源推送到读者手中,随时随地为读者提供图书阅览服务。2009 年,图书馆全年接待校内读者 14 250 人次,其中网上浏览的读者 3 300 人次,图书流通 13 193 册,为全市党校系统图书提供借阅服务 248 人次,图书流通 4 350 册。

六、工会图书馆阅览服务

1979 年,上海市沪东工人文化宫图书馆扩建,设图书报刊阅览室、科技阅览室,全馆阅览座位 350 个。1990 年,馆藏图书 5 万余册,订阅杂志 203 种,报纸 76 种。全年天天开放接待读者,阅览 70 548 人次。

1983 年,上海石油化工总厂工人文化宫图书馆设采编室、总书库、检索外借、报刊阅览室、自学咨询室、音像资料室,持证读者 6 000 余人。1990 年藏书 5.4 万余册,平均每日接待读者 300 余人次。

1984 年,上海第五钢铁厂工会图书馆实行全开架借阅,借阅书籍有 1.4 万余册、杂志 58 种、报纸 22 种;阅览室有座位 28 个。1990 年,图书馆藏书 10 万余册,全年接待读者 3 438 人次。

1985 年,上海印钞厂工会图书馆新馆落成开放,阅览座位 80 个。1990 年,藏书近 1 万册,订阅报纸杂志 139 种。

1985 年,徐汇区工人俱乐部图书馆迁入俱乐部新大楼,设阅览室和外借处,阅览室座位 80 个。1990 年,图书馆藏书 32 714 册。

1988 年,浦东汽车运输公司工会中心图书馆开馆,设有外借室、阅览室、采编室、会议室,阅览座位 38 个。1990 年藏书 12 112 册,订阅报纸 22 种,杂志 187 种。中心图书馆下设 4 个分馆。

1990 年,上海铁路分局车辆段工会图书馆有藏书 8 747 册,订阅报纸 17 种,杂志 65 种;设有外借处和阅览室,阅览座位 18 个;平均每天流通图书 102 册次。

同年,上海第三钢铁厂工会图书馆有藏书 10.25 万余册,阅览室座位 70 个。下设 12 个分厂图书室。全年图书流通量约 25 万册次,阅览约 200 人次。

同年,南市区文化宫图书馆设书库、外借处、报纸阅览室、期刊外借室。藏书 2 万册,有报纸、期刊各约 100 种。每天阅刊读者约 60 人次,阅报读者近 100 人次。

至 1990 年,上海全市共有 1.2 万个工会图书馆,藏书达 1 600 万册,图书馆使用面积合计 36 万平方米以上,拥有 150 万读者,年图书流通量达 1 600 万册次。

第二节　外　借　服　务

一、公共图书馆外借服务

【市级图书馆外借服务】

1988 年 4 月 20 日,上海图书馆个人外借处实行开架服务,共开架图书 5 万册。1996 年新馆开馆后,普通外借实现开架服务;外借模式从手工检索、卡片登记过渡到数据检索、条码扫描。闭架书库采用计算机控制的索书系统,在各楼面安装运送图书的轨道式自走小车,该小车系统由计算机控制,可按照轨道行走,将书籍运至目的地。

新馆开馆后,上海图书馆发放 4 种 PVC 卡阅览证,即普通阅览证、外借证、参考阅览证和视听证。1998 年后,统一改用 IC 卡读者证。读者信息实名制登录,实现计算机管理。读者办证量逐年递增:1995 年 25 152 张;1997 年 259 355 张;2010 年 437 453 张。外借方式从建馆初期传统的卡片登记到实现计算机自助外借模式,提高了读者服务工作效率。

为进一步增加读者证的文化内涵,推广市民阅读,自 2010 年开始,上海图书馆在保持原有读者证正常使用的前提下,尝试推出“世博个性卡”“党员个性卡”“中心图书馆少年儿童读者证”“上海青年读书卡”等一系列个性卡。这些个性卡的推出,或结合重大事件,或针对特定人群,在满足个性化需求的同时,更好地发挥了图书馆阅读主阵地的作用。

伴随读者对普通外借书刊需求的不断提升,为使中文书刊外借室的开架藏书充分发挥作用,上海图书馆中文书刊普通外借量,从 1996 年 12 月之前的每人每次 1 册书,逐步提升至 2010 年的每人每次 5 册书,广大读者反响热烈。

1994 年,上海图书馆推出“电话借书”服务,开设“代您阅报刊”服务中心。新馆建成后,“给您的图书馆打电话”成为一项特色服务。读者可以通过电话咨询,也可以面对面口头咨询,还可以通过电子信箱咨询问题。读者常见问题与解答则公布在网页上并取名为“信息快车”。1998 年 5 月,首次开通电话咨询服务,半年接受电话咨询 5 905 人次,平均每天 69 人次。2001 年 12 月,为强化阵地导航功能,又推出“小鸽子为您检索”服务。

1998 年起,上海少年儿童图书馆推出预约借书、邮寄借书、电话续借、馆际互借等服务。2010年,市少年儿童馆办理读者借书证 37 090 张,流通 207 925 人次,外借 160 659 人次,外借图书559 216 册次。1988—2010 年间,外借册次由 39 192 册次提升到 559 216 册次。

【区县图书馆外借服务】

20 世纪 90 年代,各区县图书馆普遍引进图书馆自动化集成管理系统,如 ILAS 等,外借模式发生明显转变,从手工检索、卡片登记逐步过渡到书目数据检索、条码扫描,初步摆脱人工外借方式,逐步实现外借服务的现代化管理,提高了工作效率。

1993 年 6 月,宝山区图书馆采用深圳市科图自动化新技术应用公司的图书馆自动化集成系统(ILAS)。1994 年,随着图书馆读者服务中心的建成和电脑外借图书的使用,采、编、流 3 个子系统全面开通。1994 年,杨浦区图书馆引进 ILAS 系统,实现外借图书纸质记录到计算机记录的转变。1997 年,青浦县图书馆采用图书馆自动化集成管理系统 ILAS,从采编到外借业务工作,均实现计算机化管理;通过系统化管理,及时了解读者借阅各类图书的走势,调整采购方向;通过对读者的文化程度、年龄、职业类型的比例分析,了解各层次读者对图书的不同借阅需求,确立服务重点;通过对借阅人数和读者到馆率的统计,改善借阅环境,改进服务方式。1997 年,为使现代化借阅设施与时俱进,金山区图书馆引进图书馆自动化集成系统(ILAS5.0),并于 1998 年正式使用,改变原来手工登记借阅的方式,工作效率明显提高。1998 年 4 月,虹口区图书馆启动推广 ILAS 系统 IC 卡的应用,采用自动化借阅方式,使 IC 卡的推广工作在全区得以顺利推行。2006 年 6 月,宝山区图书馆ILAS-Ⅱ系统开通网上续借功能。2008 年,流通人次和借还册次分别达到 996 342 人次和1 000 511 册次。

2000 年前后,各区县馆先后加入上海市中心图书馆“一卡通”系统,实现全市图书馆图书的通借通还。1998 年 4 月,松江区图书馆开通全市通用的 IC 卡图书借阅证,实现图书借阅区县图书馆联网。至 2001 年 10 月,松江区图书馆加入上海市中心图书馆,成为"上海中心图书馆松江分馆",采用中心图书馆 Horizon 管理系统,实时使用中心馆 IPAC 书目检索,统一使用中心图书馆"一卡通"借阅证。同年,虹口区曲阳图书馆加入中心图书馆,成为"一卡通"全市成员馆中的一员。2002 年 2 月,杨浦区图书馆加入上海市中心图书馆"一卡通"服务,实现通借通还。2002 年 7 月,虹口区图书馆加入上海市中心图书馆,其 Horizon 图书借还系统和 ILAS 图书借还系统并存,运行了两年后,ILAS 图书借还系统终止运行。2003 年,青浦区图书馆加入上海市中心图书馆,参与上海图书馆"一卡通"流通,与全市图书借阅联网。同年,金山区图书馆石化馆加入上海市中心图书馆,应用上海图书馆 Horizon 系统。至 2010 年,全市区、县图书馆都成为上海市中心图书馆分馆,市和区、县图书馆实现通借通还。

随着读者外借需求的不断提升,各区县馆可供读者外借的图书总数不断增加。青浦区图书馆和闵行区图书馆的中文书刊普通外借量从 1996 年的每人每次 2 册书,至 1998 年提升到每人每次 4 册书,至 2007 年增加到每人每次 5 册书。2004 年,宝山区图书馆为让读者充分利用馆藏,将读者借阅量从原先的每人每次 4 册增加至 8 册。2005 年 7 月,除中心馆外,所有图书逾期费均降低为每天每册 0.1 元,并免除办证工本费;所有图书的借期均延长至 28 天,并可续借 1 次。同年 9 月起,所有音像资料的收费标准统一降低为每天每盘 0.5 元。2006 年,少年儿童读者每次借书的册数增至 5 册。2008 年,虹口区曲阳图书馆改建后,书刊外借册次增加到每人每次 5 册。

表 4 - 1 - 1　2006 年与 2010 年上海市公共图书馆流通服务情况表

项　　目	2006 年		2010 年	
	流通人次	外借册次	流通人次	外借册次
市级图书馆	2 117 269	2 298 076	4 155 566	2 567 376
区级图书馆	10 888 782	8 314 075	13 969 824	12 364 828
县级图书馆	418 000	257 000	400 000	320 000
街镇图书馆	997 448	7 056 369	11 097 003	11 097 003
合　计	14 003 499	17 925 520	29 622 393	24 038 567

至 2010 年,全市三级公共图书馆流通人次达 2 962.2 万余人次,外借图书达 2 403.9 万余册次。

二、高校图书馆外借服务

高校图书馆图书外借服务主要有两种方式,一是一般文献开架借阅,二是珍贵文献、老旧文献、期刊、工具书文献等半开架借阅。外借处采用借阅合一的方式,同时实行校区间通借通还、预约登记等制度。部分高校外借图书采用汇文管理系统操作,各阅览室都设有电脑查询台,读者可从显示屏上清楚地了解自己的借阅信息,并可进行网上自助续借。图书馆也定期对读者借阅期限进行调查,并对逾期和即将逾期的读者进行催还。

1985 年,上海交通大学图书馆在全国高校图书馆中率先实行大规模开架借阅制度。主要的中、外文流通书库均采用全开架的服务方式,读者能自由入库,选取图书。开架以后,图书年均流通量近 70 万册次,是闭架时的 3 倍。2003 年,推出自助借还书系统,以及自助复印系统,服务的时间和地点得到延伸。2009 年,图书馆开通短信通知服务。同年,图书馆制定《上海交通大学图书馆借书证、阅览证管理办法》,使"一卡通"开通和证件办理规范化。同年 9 月,图书馆开通图书借还短信提醒服务。2010 年,图书馆推出《上海交通大学图书馆借阅规则修改草案》,新规则对原有的借阅政策作出较大修改。本科生的图书借阅册数由原来的 5 册增加到 10 册,研究生增加到 20 册;本科生的图书续借周期由原来的 30 天延长至 90 天,研究生及具有中高级职称的教职工延长至 180 天。实行图书预约催还服务,图书馆通过短信及电子邮件等方式,将图书到期提醒、预约到书以及图书预约催还等信息告知读者。

1985 年 7 月,华东师范大学图书馆对部分外文实行半开架借阅,对讲师以上的教师实行预约借出,部分工具书复本破例对读者出借,阅览室还办理部分"热门书"的短期外借。1989 年 3 月,图书馆投入计算机管理借还图书,读者只需使用借书证在机器上办理相关借还手续即可,图书出借率和周转率得到提高。

1994 年起,华东理工大学图书馆阅览室实行"新书与热门图书"可外借 1 天的短期借阅服务。

三、中小学图书馆外借服务

【小学图书馆外借服务】

1990 年开始,普陀区朝春中心小学图书馆,每天中午 12 时至下午 1 时开放阅览室和外借图书,下午 3 时后,继续提供外借图书服务,学生可凭借书卡自由外借各类书报杂志。

2003 年起,宝山区实验小学图书馆延长外借开放时间,做到天天开放,每周 38 小时。2004 年,外借图书 4 509 册。2005 年,外借图书 3 500 册。2006 年,外借图书 3 296 册。2007 年,外借图书 4 791 册。2008 年,外借图书 7 348 册。2009 年,外借图书 5 445 册。2010 年外借图书 5 769 册。

2004 年开始,松江区上海师范大学附属外国语小学图书馆实行全开架式开放借书。由于图书管理软件的推广,借阅手续简便,图书馆改变按班级按日期逐班外借的方式,学生每天中午都可来图书馆借书。2010 年人均年借书量达 20 余册。

【中学图书馆外借服务】

1978 年,上海中学图书馆采用半开架借书方式。2002 年,新馆装修后,1 楼全部为外借开架书库。

1978 年,上海市松江县第一中学图书馆提供整班借阅、送书到班级服务。2005 年开始,图书馆在每个班培训图书服务员,协助外借工作。2010 年起,实行借阅一体,全开放管理。

自 1980 年起,上海市松江县第二中学图书馆实行师生外借分开及开架借书服务。2009 年,图书馆外借总流通量 23 192 册。

1993 年,上海市行知中学图书馆借书证发放率达 100%。学生读者每人每次限借 2 册,借期为 2 周。工作人员每天做好读者到馆借阅的统计工作。每学年生均借阅册数均在 15 册以上。2006—2010 年,学生平均年外借册数在 10—15 册。

1996 年,上海市奉贤中学图书馆学生图书室实行开架借阅,打破了原来半开架的局面。2010 年,全年读者借阅 16 919 册。

1999 年,上海市建青实验学校图书馆应用计算机管理系统,简化书籍的借还手续,加快书籍流通速度,方便读者咨询和信息查询。

2000—2010年,上海市吴淞中学图书馆图书借阅流通量逐年增加,到2010年,生均年借阅图书15册以上。

2000年5月,上海市卢湾高级中学图书馆将流通的1万余册图书数据导入电脑,图书馆完成手工借阅向电脑借阅转变。

2001年3月,上海市第二轻工业学校图书馆安装大连博菲特图书管理软件,图书馆实现由手工借阅过渡到电脑借阅。

2002年3月下旬,上海市工艺美术学校图书馆安装大连博菲特图书馆自动化管理系统软件,图书馆的3万余册外借图书信息逐步输入到管理系统。

2002年,上海市青浦高级中学图书馆学生借书18 427册。2003年,学生借书18 151册。2004年,学生借书23 069册。2005年,学生借书27 082册。2006年,学生借书数19 225册。2007年,学生借书15 196册。2008年,学生借书9 521册。2009年,学生借书5 455册。2010年,学生借书5 996册。

2008年,奉贤区曙光中学图书馆外借图书5 686册。2009年外借图书3 674册。2010年外借图书2 829册。

2009年,上海市长江第二中学图书馆学生外借册数为14 822册,学生人均年外借册数为15.82册。2010年,学生外借册数为14 753册,学生人均年外借册数为15.45册。

2010年,上海市交通学校图书馆流通统计借书8 879册,还书8 834册,总计借还17 613册。

上海市崇明中学图书馆在借阅服务方面采用全开架的服务方式,集藏、借、阅、检索4项功能为一体。阅览室配有复印机,随时为学生提供服务。

第三节　馆　际　互　借

一、公共图书馆馆际互借

1998年,上海图书馆加入联机计算机图书馆中心(OCLC)馆际互借服务,是中国大陆首家在OCLC开展馆际互借服务的图书馆。2004年7月,上海图书馆与台北市立图书馆签订馆际互借合作协议,开创海峡两岸图书馆馆际互借合作的先河。2007年3月,分别与美国亚利桑那大学图书馆、韩国成均馆大学图书馆建立馆际互借合作关系。2007年9月,参加中国科学院国家科学图书馆和德国国家科技图书馆主持的"数字信息提供"中德国家图书馆合作项目。2010年9月,上海图书馆推出原书馆际互借服务系统,是图书馆延伸服务的新举措。截至2010年底,与上海图书馆直接建立馆际互借合作关系的图书馆和联盟机构达到115家,其中境内93家,境外22家。115家合作馆中,有国家图书馆4家、公共图书馆24家、高校图书馆54家、情报所19家、专业图书馆11家、专业文献传递机构3家。合作机构遍布亚洲、美洲、欧洲和大洋洲。

1995年起,上海少年儿童图书馆推出馆际互借服务项目,向读者提供便捷服务。

1987年3月,长宁区图书馆牵头与中国纺织大学等5所大专院校的图书馆或资料室、中国科学院上海硅酸盐研究所等6所科研单位情报室、上海第十钢铁厂等32个工厂资料室、上海市胸科医院等5所医院图书馆,以及大百科全书出版社上海分社资料室等53个单位合作,成立长宁区资料信息协作中心,开展馆际互借活动。

1988年6月,崇明县图书工作者协会成立,为开展馆际互借提供组织保证。2008年,崇明县图书馆与宝山区图书馆、长宁区图书馆、虹口区图书馆、黄浦区图书馆等14家公共图书馆签订馆际互助服务协议书,实现馆际间文献外借服务、馆际间文献信息服务、馆际间其他合作服务。

二、高校图书馆馆际互借

20世纪90年代,各高校图书馆陆续加入上海市文献资源共建共享协作网。1994年,集上海地区公共、科研、高校、情报四大系统的19个图书情报机构,成立上海地区文献信息资源协作网,主要开展馆际互阅、馆际互询、馆际互借等文献资源共建共享活动。同时,西南片的华东政法学院、上海交通大学、中国纺织大学、上海医科大学、华东师范大学、上海农学院、华东理工大学7校图书馆协作开展书刊借阅服务,共享7校文献资源。1997年,上海对外贸易学院图书馆加入上海社会科学院信息交流会和长宁区图书馆信息协作网,参加由上海图书馆等30个单位组织的上海地区文献资源共享协作网活动,加强馆际资源共享。1998年,华东政法学院图书馆与普陀区图书馆签约,实现优势互补、资源共享。

同期,部分高校图书馆与国外高校图书馆、国际图书馆联盟或各类企事业单位建立馆际互借关系。1998年,华东师范大学图书馆加入美国联机计算机图书馆中心(OCLC),作为该中心的成员馆,可与全球各主要图书馆实现书目资源共享和馆际互借。同年,上海第二医科大学医学图书情报中心设立资源共享组,开展电话预约服务、代查、代付业务,以及为宝山钢铁集团、新华医院提供送书上门服务等。1998年10月,由美国匹兹堡大学组织的国际学术期刊文献传递项目的5个图书馆(美国匹兹堡大学、北京大学、上海交通大学、香港中文大学、台湾"中央研究院")的代表在北京大学召开联席会议,宣布共同建立"国际中文学术期刊传递中心",旨在进行国际文献传递服务,用Ariel系统,通过国际互联网实施全球馆际互借、资源共享。

进入21世纪,各高校图书馆之间、高校图书馆与公共图书馆之间、高校图书馆与企业之间进一步加强馆际互借合作。2000年,全国首家高校网络图书馆——上海教科网高校网络图书馆正式启用。上海交通大学、复旦大学、华东理工大学、华东师范大学、上海大学、上海第二医科大学等6校的学生可通过网络查询6校图书馆的所有馆藏图书,并实现馆际互借互还。2001年,上海对外贸易学院图书馆成为上海教育网络图书馆成员馆,开始开展网上文献信息互传服务。同年11月,上海交通大学图书馆与宁夏大学图书馆共同签订《对口交流合作协议》,两馆设立专人负责馆际互借服务。2005年3月,上海对外贸易学院图书馆与上海图书馆签署合作协议,两馆间的馆际互借服务正式展开。2008年4月30日,上海兴韦学院图书馆与上海工商外国语职业学院图书馆共同签订《上海工商外国语职业学院图书馆与上海托普信息技术职业学院图书馆馆际互借服务协议(试行)》。

2006年开始,各高校图书馆陆续加入中国高校人文社会科学文献中心(CASHL)、中国高等教育文献保障系统(CALIS)、国家科技图书文献中心(NSTL)等组织,提升馆际互借服务效率,提高对在校师生教学、科研活动的文献保障能力。2006年,上海对外贸易学院图书馆作为上海教育网络成员馆,开始利用CALIS华东南地区上海教育资源服务基地,开展馆际互借服务。同年,上海水产大学图书馆与上海市文献资源共建共享协作网、上海高校外国教材中心等携手建立馆际互借关系,为教师提供外文原版教材代借代还服务。2006年11月,华东师范大学图书馆和中国人民大学图书馆等10所高校图书馆获教育部批准,成为中国高校人文社会科学文献中心(CASHL)学科中心,保障在CASHL中的共享服务。

三、科研图书馆馆际互借

中国科学院上海生命科学信息中心的馆藏生物学书刊文献,在国内具有品种多、数量大、质量好、连续性强的特点,在满足中国科学院研究所人员需要的基础上,面向上海市各高校、科研院所提供馆际互借服务。上海市各研究所、高校图书馆可以凭单位介绍信指定专人办理团体借书卡,每次限借图书 10 册,借期一般为 4 周。据统计,每年约有 200 家单位申请中国科学院上海图书馆团体借书卡。华东师范大学图书馆、复旦大学图书馆、中国人民解放军第二军医大学图书馆、中国人民解放军海军医学研究所图书馆,每周定期开展国外图书馆外借服务,馆藏大量国外书刊提供外借,弥补了上海市各图书馆书刊资源的不足。

2007 年,上海社会科学院图书馆开始试运行馆际互借业务,起初仅限于上海图书馆和上海市各高校馆之间,2008 年起正式运作并开通与国家图书馆和国际大型图书馆的馆际互借业务。

第四节　文　献　传　递

一、公共图书馆文献传递

2003 年,上海图书馆成立文献提供中心,重组文献提供服务业务流程,从较早的线下填写请求单过渡到网上提交申请,2010 年,初步开发完成 Idoc 发现系统,并与文献传递系统进行无缝对接后,形成资源查询、网上申请、平台管理、网上支付的文献提供服务链,使文献传递量逐年上升。2003 年,文献传递量不到 5 000 篇。2004 年,文献传递量为 6 350 篇。2005 年,文献传递量达13 380 篇。2006 年,文献传递量为 12 926 篇。2007 年,文献传递量突破 2 万篇,达到 20 973 篇。2008 年,文献传递量为 21 160 篇。2009 年,上海图书馆与境内的杭州图书馆、佛山图书馆新建文献传递的合作关系;境外与德国文献传递机构 SUBITO 和加拿大文献情报中心(CISTI)建立文献传递合作关系。同年 11 月,上海图书馆协同中科院国家科学图书馆、北京大学图书馆和 SUBITO 合作的文献传递平台 China Direct 正式启动,实现中文文献在国外文献传递系统中直接检索和传递。2009 年,文献传递服务合作馆达 81 家,其中境内 59 家、境外 22 家,文献传递量达到 21 592 篇。2010 年,上海图书馆开通手机版文献传递项目。

2003 年,宝山区图书馆购买中国知网等数据库,尝试开展文献传递服务。2004 年,图书馆加大构建文献服务网络力度,加强文献传递业务,获取原文 165 篇。2007 年,获取原文 669 篇。2010年,全面整合梳理各类数据库资源,推出一站式检索,提供文献传递等各种学术资源的一站式检索和服务。

2009 年,闵行区图书馆开展文献传递业务,馆内数据库实现原数据跨平台检索,整合 Opac,集资源查询、数据分析、全文获取、网上荐购、平台管理、参考咨询等功能于一体。2009 年,文献传递量 1 876 篇。2010 年,文献传递量 11 077 篇。

二、高校图书馆文献传递

1992 年,上海交通大学图书馆与美国匹兹堡大学图书馆签署文献传递协议。

2004 年,上海第二医科大学医学图书情报中心开始为国际著名医药公司——默沙东公司查找医药资料并提供文献传递服务。

2005 年 3 月,上海对外贸易学院图书馆与上海图书馆合作,开展文献传递服务。2006 年,上海对外贸易学院图书馆利用中国高等教育文献保障系统(CALIS)、华东南地区上海教育资源服务基地,开展文献传递服务。

2006 年,上海立信会计学院图书馆通过 SHELIB 系统,提供中国高等教育文献保障系统(CALIS)、国家科技图书文献中心(NSTL)的文献传递服务。

2006 年,上海水产大学图书馆重新整合与国家科技图书文献中心(NSTL)、中国高等教育文献保障系统(CALIS)、东北片 10 所高校图书馆的全文传递合作关系。

2006 年,华东理工大学图书馆作为上海市研发公共服务平台服务单位,为平台提供西文科技文献全文传递服务,2008—2010 年间,每年均领先于其他 23 家服务单位,名列全市第一。

自 2006 年开始,同济大学图书馆每年拨出 10 万元经费,为全校读者免费传递图书馆未订购、但可从国内外其他图书情报机构获取的专业文献。2010 年,为全校读者开展文献传递服务 3 885 篇次,为校外读者开展文献传递服务 1 699 篇次。

2007 年,上海工程技术大学图书馆的文献传递服务正式起步并不断发展,至 2010 年,文献传递量由最初的年均数十篇上升至 2.8 万余篇。

2007 年,上海电机学院图书馆与上海交通大学图书馆签署文献传递协议,图书馆配备文献传递工作人员,2010 年提供文献传递服务 134 篇次。

2008 年 3 月,上海对外贸易学院图书馆与中国高校人文社会科学文献中心(CASHL)签署协议,正式启动 CASHL 文献传递服务。

三、科研图书馆文献传递

20 世纪末,随着互联网的发展,利用电子邮件传递文献逐步成为新的服务手段。中国科学院上海生命科学信息中心专门成立服务团队,开展 24 小时全天候服务,每天通过电子邮件发送上百篇原文。

进入 21 世纪后,中国科学院各研究所图书馆先后开展文献传递服务。2001 年中国科学院上海有机化学研究所图书馆、2003 年中国科学院上海微系统与信息技术研究所图书馆,先后提供文献传递服务。同年,中国科学院上海生命科学信息中心提供文献传递服务,在为中国科学院系统服务的同时,生命科学信息中心还积极参与上海市科技信息服务平台的建设和服务,是首批加盟上海研发公共服务平台科技文献服务系统的单位,年均接受文献请求量占整个系统的 61%,服务满足率平均超过 84%。2007—2010 年,生命科学信息中心连续 4 年获上海市科学技术委员会颁发的"上海研发公共服务平台对外服务先进单位"。

在中科院 135 个所级图书馆文献传递服务的评比中,上海药物研究所图书情报室自 2007 年起,连续 4 年的文献传递请求量和文献传递量名列第一。2010 年,为科技人员传送馆藏文献 13 592 篇,满足率达 94.1%。

第二章 专业信息服务

第一节 参考咨询

一、公共图书馆参考咨询

【市级图书馆参考咨询】

"文化大革命"结束后,上海图书馆逐步恢复对外正常服务,以信息参考为特色,主动为市政建设重大项目提供信息咨询服务,与有关学术单位联合举办图书情报咨询、科技成果推广等活动。走出图书馆,与科研单位、高等院校联合举办科技兴市、兴农咨询活动,为外向型经济、乡镇企业,提供综合性、实用性图书文献信息展览和咨询服务。20 世纪 80 年代,上海图书馆科技文献检索阅览室,收藏各类参考工具和检索工具约 3 000 种。

1995 年,上海图书馆和上海科学技术情报研究所合并,进一步确立参考咨询服务的核心业务地位。1999 年,实施参考馆员制度。制订《上海图书馆参考馆员资格认证方法》《上海图书馆参考咨询员资格认证方法》,服务一线不再单独设参考咨询部门,采取参考咨询业务与阅览、流通、办证等阵地岗位工作柔性结合的运作模式,整合阵地咨询、电话咨询、邮件咨询等各类咨询服务,实现一人多岗,一岗多能管理。2000 年 10 月,上海图书馆编写出版图书馆岗位培训教材《参考咨询工作》。

2001 年 6 月,上海图书馆在初步实现上海市文献资源共建共享基础上,率先在国内图书馆界推出网上联合参考咨询服务,创立"网上联合知识导航站"参考咨询服务平台。"网上联合知识导航站",以上海地区图书馆及其相关科研机构的馆藏资源为基础,以因特网的丰富信息资源和各种信息搜索技术为依托,通过电子邮件、咨询表单等方式,提供实时和非实时参考咨询服务,为读者提供高质量的专业参考、知识导航等新型服务项目。创立之初,"网上联合知识导航站"联合上海图书馆、上海交通大学图书馆、复旦大学图书馆、华东师范大学图书馆、同济大学图书馆、上海社会科学院图书馆、中国科学院上海生命科学信息中心等单位的 16 位参考馆员,提供网上咨询服务。2005年,推出英文平台,进一步扩大境外读者服务范围。"网上联合知识导航站"在国内较早将免费商用聊天软件等新技术,运用到参考咨询服务中。2004 年利用 MSN 即时通信工具,提供实时咨询,2009 年引进商业实时咨询软件 live800。2007 年,"网上联合知识导航站"荣获文化部颁发的全国第 14 届群星(服务)奖。至 2010 年,"网上联合知识导航站"有参考咨询专家 147 位,其中境外专家8 人;合作馆 37 家,其中境外图书馆 7 家;共完成参考咨询服务约 5 万次;在国内率先联合美国纽约皇后区公共图书馆、新加坡国家图书馆和港澳地区图书馆,为境外华语读者提供图书馆联合参考咨询服务。

【区县图书馆参考咨询】

20 世纪 80 年代后期,区县图书馆参考咨询服务逐步发展起来,开始帮助用户查询资料,解答读者提问,提供二次文献服务;也有一些馆成立参考阅览室,编制专题参考资料,提供定题咨询服务。

自 1986 年以来,南汇县图书馆汇编养殖、种植等专题资料,分送各有关部门和专业户参考。

1990年,举办"科技图书资料展览"。1991年开通庭院经济热线咨询电话,为南汇县庭院经济专业户解答种养知识和技术咨询。1995年设立"科技兴农"图书专架,汇编"农业科技新书目",下发各镇及示范村(户)。2000年设立科技兴农特色服务厅,为农科技术人员开展咨询、查询文献资料;2001年9月,正式开通网上"农业科技导航站"。

1993年10月,虹口区曲阳图书馆被上海市文化局正式命名为"上海影视文献图书馆",同时成立了一支影视咨询服务队伍,面向社会有影视文献服务需求的读者群体,提供查阅、复制、咨询、专题目录等二次和三次文献制作服务,还为来自各高校影视专业的师生、各影评组织、传媒机构及影视爱好者,提供专题咨询、文献检索、定题服务等。曲阳图书馆还创建中外影视文献索引数据库,通过"绿土地"网站,向广大影视研究者和爱好者提供服务。

2002年7月,虹口区图书馆开设参考阅览室。2005年5月,参考阅览室与信息咨询室合并为信息咨询部,提供窗口服务与网上服务。窗口服务,即通过参考阅览室,利用书刊和网络,为读者提供一般问题的查询;网上服务,即通过"绿土地"网站的"绿土地论坛",为网上读者提供资料查询和文献服务,并通过专用电子邮箱和即时通信工具MSN,为读者提供服务。虹口区图书馆还在《虹口文化》报上,开辟"信息导航"栏目,刊登图书馆为读者做课题的信息,利用报纸传播面广的优势扩大影响。

2006年,闵行区图书馆建立知识导航站,专设网上咨询台和阵地咨询台,开展参考咨询和文献提供服务。咨询服务台解答读者有关阅读、服务方面的问询,帮助读者快速查找书刊资料。同时,根据读者需求,定期制作推荐书目,定期编印《公共信息》《读书信息》等简报。另在图书馆网站上设有新书推荐栏目,定期更新新书介绍,将优秀图书和期刊及时推荐给读者。2009年1月,图书馆开通网站RSS订阅功能,栏目包括闵图书芯Blog、闵图动态、活动推介、地方新闻、新书介绍等。

2008年,杨浦区图书馆开设参考咨询室,为读者提供阅览、检索咨询、课题服务、文献复制、文献加工、网上咨询等服务。室内藏有上海地方文献、近代文献、居家装潢、法律法规、工具书、艺术鉴赏、人大报刊复印资料、凤凰周刊等资料。

青浦区图书馆利用官方网站、论坛、微博、QQ、上海图书馆"网上联合知识导航站"等平台,积极开展读者阅读指导、信息咨询、代课题检索等服务。金山区图书馆、松江区图书馆等设立咨询服务台,解答读者有关阅读方面的问询,帮助读者快速查找书刊资料;金山区图书馆开展古籍、地方文献查询服务,并在馆内开设新书推荐专架,在网站上设立新书推荐专栏。松江区图书馆根据读者需求开展参考咨询服务工作,如定期制作参考书目、推荐书目。

2010年,全市有20家区图书馆开通知识导航在线咨询服务,为广大读者提供科技、产业、文化领域的参考咨询服务。

【街道(乡镇)图书馆参考咨询】

在区县图书馆的辅导下,街道(乡镇)图书馆逐步提高信息服务意识,根据社区居民需要,编制诸如保健养生、家庭育儿、科学生活、乡土乡情等信息资料。如卢湾区五里桥路街道图书馆收集"科学育儿""科学健身""科学饮食""生活小窍门"等内容,编写《科普生活100例》,宣传科学知识,传播科学生活方式,抵制封建迷信。浦东新区北蔡镇图书馆,收集"浦东说书"的历史资料及相关作品,编写普及性的推广教村,为普及和传承"非遗"发挥积极作用。2007年开始,长宁区新泾镇图书馆针对西郊农民画等地区民间文化特色,开展农民画历史发展沿革、艺术特点等方面的研究,广泛收集资料,寻访农民画家,挖掘农民画传人,整理图照及艺术资料档案,编写西郊农民画史料、教材,开展理论研究,为创建民间艺术之乡提供史料支持。金山区枫泾镇图书馆,为让人们全面了解金山农民画,花费3年时间收集金山农民画发展历程、获奖作品名录、农民画代表作、农民画社会影响等珍贵资料共11大类,并将资料全部数字化,建立了"金山农民画信息总汇",可供读者阅览,也为研究金山农民画发展与创作,提供文献支撑。

二、高校图书馆参考咨询

20世纪80年代,同济大学、上海交通大学、华东政法学院等陆续设立参考咨询点,为校内外师生提供参考咨询服务。同济大学图书馆于20世纪80年代开始开展参考咨询工作,主要的参考咨询形式有电话咨询和总咨询台现场咨询。1985年10月,上海交通大学图书馆在包兆龙图书馆4楼外文图书阅览室内设立参考咨询台,由阅览室馆员负责读者的咨询服务,并配备丰富的参考馆藏和各种参考工具书。1988年4月,华东政法大学图书馆与机构内的上海市第四律师事务所、上海市长宁区信息资料协作中心,联合开设"上海咨询站",并正式挂牌对外服务,服务内容包括提供法律文献资料信息、提供法律咨询、代写法律文书、办理刑民案件和非诉讼法律事务、受聘担任法律顾问。"上海咨询站"于1989年停办,至1995年,经工商部门批准,由情报部筹办的"上海华顺咨询事务所"取得工商执照,允许开业。

20世纪90年代,各高校图书馆相继开设参考咨询服务,并不断加强参考咨询服务的力度。1992年,上海交通大学图书馆为加强参考咨询服务,将位于阅览室内的参考咨询台移至包兆龙图书馆入口处,同时,集中馆内采编、阅览、情报等部门的中高级馆员,轮流在咨询台值班。此外,借鉴国外图书馆免费指南索取的办法,编写图书馆使用指南,摆放在咨询台供读者索取。随着计算机设备的逐渐普及,1994年,图书馆在参考咨询台配备专用计算机,供检索图书馆公共目录及查阅局域网光盘数据库之用。1995年12月,咨询台计算机联通互联网。

2000年以后,高校图书馆的参考咨询服务进入新一轮发展。上海戏剧学院图书馆在每个服务窗口为读者提供咨询服务,服务内容包括推荐相关图书、查找电子资源等。为配合教学演出,将有关文献集中到一起,以专架形式供读者使用,并于2002年加入上海市文献资源共建共享"网上联合知识导航站"服务。同期,网络虚拟参考咨询服务发展迅速。为配合"985工程"服务主导型数字图书馆建设的需要,上海交通大学图书馆研制开发虚拟参考咨询系统,2002年7月,图书馆实时解答系统试运行。2002年,复旦大学图书馆先后在文科馆、理科馆、医科馆建立电子阅览室,设置计算机近300台。依托校园网建设,图书馆主页提供Webpac查询、国际联机检索、光盘检索和互联网访问等远程服务,主页设有"读者指南""特色项目""书目查询""电子资源""数字图书馆""学科导航"等服务项目,并提供网上咨询服务,由图书馆员通过网络及时回复读者的有关提问。2003年,图书馆自主研制的虚拟参考咨询台正式开通,为读者提供全方位、互动式的参考咨询服务。同年,同济大学图书馆开展多种形式的参考咨询,主要有总咨询台现场咨询、电话咨询、表单咨询、邮件咨询、BBS图书馆咨询板块、MSN实时在线参考咨询服务和图书馆百事通等,帮助读者更好地利用图书馆,及时解答读者在使用图书馆资源和服务过程中遇到的各种问题。2005年,上海中医药大学图书馆组织馆内技术人员自行开发软件,构建图书馆网上虚拟咨询平台,开展面向读者的参考咨询服务工作,并听取师生对图书馆的建议,形成图书馆与读者的网上互动,实行读者监督,进一步加强与读者的联系。

进入21世纪,部分高校图书馆设立参考咨询馆员或学科馆员制度。2001年,复旦大学图书馆建立"学科馆员"制度,并由学科馆员深入院系,为教研人员开设专题讲座,传授检索技巧。2003年底,上海交通大学图书馆推出学科咨询馆员制度。2008年又以学科服务为主线调整机构设置,正式实施学科馆员制度。2009年3月,华东理工大学图书馆,"学科服务"模式正式启动,选派8位具有专业背景的馆员,分别担任8个学院的学科馆员,在图书馆自行开发的学科服务平台上,向各对口学院提供文献资源和最新数字资源、咨询服务等。

三、科研图书馆参考咨询

1990年,中国科学院上海生命科学信息中心开始引进国外生物学磁带和光盘,对读者开展检索服务。1999年,在电子邮件于国内推广之初,即引进国外Uncover软件,开展计算机定题检索,利用电子邮件开展信息推送服务,年均完成3万多次推送服务。

中国科学院上海药物研究所图书情报室是中科院国家科学图书馆服务节点之一,设有中科院上海药物所参考咨询服务站,提供实时咨询,包括电子邮件咨询、电话咨询和到馆咨询。2009—2010年,中国科学院上海微系统与信息技术研究所图书馆、中国科学院上海有机化学研究所图书馆先后利用QQ群开展网上文献信息参考咨询工作。中国科学院上海应用物理研究所图书馆通过电子邮件、电话及现场咨询等方式,为读者答疑解难,年均咨询量达3000多次。

上海社会科学院图书馆根据读者的实际需要,以口头、电话或书面形式,解答读者提出的各种咨询,年均提供咨询服务数百次。

四、中小学图书馆参考咨询

自20世纪90年代开始,部分中小学图书馆通过自行编辑制作专题资料或刊物,向学生提供书刊信息推荐和学科知识搜集等参考咨询服务

1987年,上海市高桥中学图书馆创办《阅读与习作》,出版5期优秀征文集,向学生推荐与读书活动相关的各类图书几千册,征订新书500余册。

1990年,崇明县民本中学图书馆配合各类读书活动、竞赛活动,提供特别服务,为学生搜集整理科技资料、学科参考资料等,并向参赛学生发放特殊借书卡。

1999—2000年,上海市奉贤中学图书馆开展《图书苑》小报的编辑工作,开展新书宣传。2004—2005年,每月出1期《图书苑》小报,每月推荐新书。2010年,编制《图书苑》小报8期,配合各类活动推荐书目400余册,并充分利用图书馆宣传橱窗、宣传柜及网页,开展优秀书刊宣传。

为方便、直观地向读者推荐新增的书刊,上海市崇明中学图书馆在显著位置开辟"新书介绍"和"读者园地"两个宣传橱窗,由专人负责,用读书海报、读书广告的形式,向读者宣传。

2000年前后,部分中小学图书馆开始利用网络提供参考咨询服务。1998年,上海市延安中学图书馆利用网络开展图书馆介绍、书目查询、新书通报、新书宣传、征文展示等大量服务内容。

2003年,上海市七宝中学图书馆在校园网上开辟专栏,每年向全校师生推荐100种青少年优秀读物,包括教育类图书、中外文学作品、各类科普书籍。2005年,图书馆在每个阅览室、借书处,放置读者咨询登记表,读者将需要咨询的内容填写在登记表中,馆员根据读者需求逐一进行解答;为帮助在校师生有效利用资源,图书馆提供电话咨询,解答在利用图书馆各项服务以及获取资源等方面遇到的问题等。2009年,图书馆编写《语、数、外教学参考资料》,上传校园网,以便全校教师参考

阅览。

2009年,上海市长江第二中学图书馆安装妙思文献管理集成系统检索平台,开启读者网上实时咨询服务。

同年,上海市敬业中学图书馆在参考咨询室配备10台电脑,开发"图书馆网页系统",提供全文检索服务。

同年,嘉定区第二中学图书馆加强对学生的阅读指导,利用橱窗向师生宣传新书,并将打印好的新书目分发给每位教职员工及各班学生,以便师生及时了解馆藏动态。

同年,上海港湾学校图书馆采购4台触摸屏查询一体机,为读者提供馆藏文献检索服务。

五、党校图书馆参考咨询

1992年9月,中共上海市委党校(上海行政学院)图书馆为加强文献情报资源的开发和利用,开设参考咨询室,配备工具书刊,并安排专人值班开展咨询服务,要求提供文献情报资料的一般咨询当场办理,疑难咨询则商定时间后给予答复。同年,图书馆调整报刊阅览室的内部布局,使之更有利于检索、阅览和管理。2000年7月,图书馆完成《多媒体导读系统》的第3版编辑制作,读者通过该导读系统的"概况""部门分布""公共查询""馆舍图与服务窗口""上海市干部教育系列数据库""对外交流""特色文献与新书""近期活动信息"等8个模块,可以便捷查检有关图书馆、干部教育信息中心的各类信息。2007年,期刊阅览室编发《学术期刊导航》,使教研人员能及时掌握期刊的主要内容。

中共上海市宣传党校资料室发布"欣苑书讯",向读者通报新书、内部发行图书和党员干部学习音像资料片等信息。中共上海市普陀区委党校(行政学院)图书资料室,内设图书信息显示屏,向读者推荐图书和有关信息导览。2007年起,开设内部资料服务窗口,提供20余种内部参考资料的阅览服务。

第二节　情　报　服　务

一、公共图书馆情报服务

【市级图书馆情报服务】

上海图书馆和上海科学技术情报研究所合并后,形成信息咨询、科技查新、决策咨询、战略情报、技术和市场分析、专利信息咨询、竞争情报研究服务等特色服务。

决策咨询服务 2000年,上海图书馆在原有《上海科技简报》的基础上,成立战略信息中心,明确以《上图专递》内参为工作重点。同年5月,第1期《上图专递》向市委市政府主要领导传递,之后扩大发送范围。2001年,将原有的内参系列产品《网上辑录》《战略要报》《上海科技简报》以及专项专题研究进行整合,以固定的出版周期强化品牌形象,逐步形成《上图专递》《科技与产业》《网上辑录》《上海科技简报》《专递人大》《媒体测评简报》等8种"上图专递"系列内参产品,基本覆盖日、周、旬、月,不同的编辑周期;除了服务市委市政府领导层,还形成面向主要领导的个性化服务模式。

2003年"非典"时期,上海图书馆每天为市领导推出"上图专递"《非典舆情》特刊,同时配合上海市科学技术委员会推出《SARS研究快报》,两项情报服务均获好评,得到市领导和有关部门的批示和关注。2004年推出《媒体测评月报》。2004年1月起,根据上海市人民代表大会常务委员会要求,围绕市人大立法职能和监督职能,提供"人大数字图书馆"网站建设、内参《专递人大》、专题研究报告、人大剪报、新书推荐和图书借阅服务,提供讲座视频资料和每年市人大会议期间,提供专题审议参考资料汇编和现场咨询服务。

为配合2010年上海世界博览会工作,上海图书馆推出"上图专递"《世博情报》新内参产品。承担上海"世博会"事务协调局的《2010年上海世博会媒体监测》《世博公众互动馆主题演绎研究》《世博会主题信息搜集及信息库维护》,上海汽车集团的《上汽世博企业馆研究》,上海市经济和信息化委员会的《2010上海世博会高新技术展示综合研究》等项目。其中,《2010年上海世博会媒体监测报告》累计收集提供近20万篇剪报,1.5亿字的报道,提交110期(超过3万页)测评报告。

上海图书馆承担上海市各委办局委托研究项目,如上海市经济和信息化委员会委托研究项目《世界工业重点行业发展动态跟踪研究》,延续了11年(2000—2010年);与上海商业经济研究中心合作的研究课题《国际商业发展报告》,延续了7年(2004—2010年)。根据上海市经济和信息化委员会、上海市科学技术委员会等政府部门要求,编辑《公共研发平台简报》《国内外高新技术产业动态》《纳米科技与产业发展信息动态》等简报,成为常规项目。2005年,承接的上海市科技发展基金软科学研究重点课题《上海光仪电产业集群发展战略研究》,以及上海市经济和信息化委员会课题《关于现代服务业政策研究》,获得市领导的肯定和好评。2006年,承担上海市经济和信息化委员会、上海市科学技术委员会的《上海重点产业技术国际比较》《上海交叉科学发展战略研究暨专项计划前期预研》《平板显示技术路线图及战略研究》等一批面向政府的情报服务软课题研究。《十一五期间上海加快发展先进制造业、提升产业能级的对策研究(2005)》获得第六届上海市决策咨询研究成果三等奖。

同时,聚焦文化研究特色,上海图书馆着力建设"都市文化知识库",完成2001年度上海市哲学社会科学规划课题《国外文化事业和文化产业动态跟踪和分析研究》;完成上海市委宣传部的文化、传媒领域的中大型研究课题,如《互联网对人的思想、道德和行为的影响》《关于中国先进文化前进方向的资料调研》《关于世界新型媒体集团的发展现状、趋势分析和建议》《上海率先基本实现现代化进程中的文化发展战略研究》等,为市委宣传部"十一五"文化事业和产业规划提供调研报告。2005年,完成上海市政府发展研究中心的年度决策咨询重点课题《发展先进文化与加强上海"软实力"问题研究》,相关研究成果发表在《文汇报》等重要媒体和《上海文化蓝皮书》《中国文化产业蓝皮书》等研究型出版物。这一时期,持续跟踪文化产业的发展成为上海图书馆产业研究的新方向,如《网络游戏业研究》,关注我国网络游戏产业的迅速发展和存在的问题,通过《上海科技简报》发表一系列文章,形成"透视游戏业"专题,上海图书馆成为上海乃至国内最早关注游戏产业研究的机构,确立了在上海游戏产业研究领域中的权威地位。2004年9月,《"透视游戏业"系列研究》,在上海市第7届哲学社会科学优秀成果(2002—2003)评选中,获得内部探讨优秀成果奖。

科技情报服务　1999年,上海图书馆市场调研部获得全国涉外社会调查专业资格许可,并被评为1999年度上海市信誉咨询企业(机构)。2003年,有十年历史的"汇视研究(MIRU)",注册为服务品牌商标。

上海图书馆每年为企业提供科技查新服务约1 600项。2003年度国家科学技术奖,上海市共有11个项目上榜,其中的8项,由上海图书馆负责,占总数的73%。

2004年底,上海图书馆创办专注于竞争情报的期刊——《竞争情报》,主要面向企业情报人员、营销人员、规划人员及其他管理层人员,咨询公司、贸易公司等相关人员,政府部门及其他组织的相关人员,高校相关专业的教师学生,专业机构的研究人员,以及对竞争情报感兴趣的人士。《竞争情报》涉及的主要内容包括竞争情报理论方法,国家及地区竞争研究,企业竞争情报案例,竞争情报资源的开发利用,关键企业的竞争能力对比,竞争情报故事、随笔、考察观感等。

2004年7月,上海图书馆推出公益性的上海情报服务平台网站(www.istis.sh.cn),形成以情报技术专题为特色,以揭示产业和技术领域动态为重点,兼顾城市研究、文化研究等内容的情报服务平台,受到业内用户关注。2006年,上海图书馆被上海研发公共服务平台授予优秀服务单位。

2010年9月,上海行业情报发展联盟成立。该联盟是由上海行业情报服务链中的相关单位,自愿发起、共同组成的非营利联合体,以"平等合作、共建共享、重在服务"为原则,为上海的科技、产业和文化发展,提供信息和智力支持,使行业情报工作在地区社会经济发展中发挥更大的作用。

【区县图书馆情报服务】

自20世纪70年代起,各区县图书馆通过搜集、整理、编辑、印发相关信息通信和决策参考资料,为政府部门、企事业单位及广大读者提供及时、权威、最新的专业信息情报资源。

奉贤县图书馆,编辑印发《图书通信》(1973—1979)、《图书馆工作通信》(后改名《书目通信》,1979—1985)、《图书评论》《书窗》《图书与创作》(1980—1985)、《奉图通信》(1995—2010)等辅导材料。1986—1988年,编印《农副工信息参考》《资料摘编》《奉贤掠影》等信息资料,供有关部门和农村基层参考。为加强图书馆文献研究和信息服务工作,图书馆增设文献研究室,定期编纂《奉贤新闻汇辑》《文献检索研究》《点击奉贤》等二次文献,同时为政府决策部门提供定题检索服务。

1984年,静安区图书馆搜集有关全区的政治、经济、文化、科技等信息,编制书目文献资料及《静安文摘》《读者文摘》《文艺信息》《文化撷英》《静安动态》《文化动态》《文化广角》、专题跟踪类材料《媒体话静安》等二次文献,并针对特定时期的热点焦点问题和课题研究等,编制二次文献。2010年,共计编印二次、三次文献40种3 399册,装订资料102册,发放《服务指南》12 650份。

1986年,黄浦区图书馆创办的《中外报刊选摘》,是上海市区级公共图书馆中唯一一份正式出版物。2002年,推出《黄图快讯》,收集对上海市及黄浦区宏观经济运作中热点问题作深度分析的文章。2005年,创办《文化动态》,主要收集、整理国内外文化信息;完成《环人民广场海派百老汇建设研究》《扩大上海文化消费研究》《文化地图采集制作》等课题报告。

1986年,嘉定县图书馆利用馆藏文献资源开发各类信息,先后编印《报刊揽要》《工业信息》《农副业信息》等刊物,对外开展信息服务。1988年1月,图书馆创办汇聚国内各大报刊中有关嘉定内容的刊物《嘉定人和事》。1996年6月,嘉定区图书馆与区政府办公室合编刊物《参考信息》,为领导决策提供参考。1999年初,与区人事局办公室合编刊物《人事信息快递》。2003年4月,与区委办公室合编刊物《领导参考》。2004年4月,为区委组织部编辑刊物《嘉定组织工作宣传报道录》,提供高层次信息服务。2007年1月,与区委宣传部合编出版《聚焦汽车嘉定》。2008年,为区文广局编辑刊物《文化参考》,传递文化信息。2010年,与区委宣传部合编出版《聚焦嘉定》系列丛书。

自1989年开始,宝山区图书馆先后编发《医药信息》《参考信息》《经济与改革》等刊物。2004年,与区委宣传部合编《媒体看宝山文摘》,每月2期,每季度完成1期《媒体看宝山文摘统计分析报告》。2004年,为加强宣传和交流图书馆工作,编辑馆刊《宝图动态》。

2003年,金山区图书馆开始编印《报刊资料摘编》,至2010年共编印31期。2004年4月编辑《沙滩排球信息摘编》专刊,为世界沙滩排球赛筹备工作提供参考资料。

2006年,青浦区图书馆开始编印《媒体测评》,通过对全国、港澳台及部分国外影响力较大的报纸媒体(约600份)进行实时监测,为区政府和区文化广播影视管理局等相关部门提供信息服务。

浦东新区图书馆设置专业馆员提供政府决策参考、竞争情报分析、剪报定制等专业服务,每项服务成立项目组,项目包括《今日舆情》《信息编译》《参考信息》《文化工作信息》等,2010年完成代检索课题61项,编制二次、三次文献12种。

普陀区图书馆每年汇集当年各媒体对普陀区的相关报道,编辑印刷《媒体话普陀》一书;围绕全区中心工作和热点问题,编辑《新思考》专刊,为领导机关提供参考;每周编辑《新闻汇集》,涵盖各类舆情分析,发放给区主要领导参阅。

崇明县图书馆定期编印《崇明信息摘编》和《农副信息》,每年各出版12期。《崇明信息摘编》,主要收集整理全国各大报纸报道崇明的各类《农副信息》,收集关于农业技术及政策方面的信息,至2010年12月,共出版859期。

【街道(乡镇)图书馆情报服务】

街道(乡镇)图书馆也因地制宜,利用报刊网络为读者提供实用的情报信息。如闵行区马陆镇是著名的葡萄种植之乡,该馆协助葡萄研究所、农副生产公司,因时制宜编写《果树简报》,为马陆农户提供葡萄种植知识和相关的销售信息。浦东新区万祥镇图书馆创办《农时天地》信息报,将最新的生产、科技信息提供给农民,包括"水稻丰产高效实用技术""中国稻米品质区划及优质栽培"等最新技术信息。

二、高校图书馆情报服务

自20世纪70年代起,高校图书馆开设文献检索课程、编制科技情报期刊等,成为情报服务的发端。

开设文献检索课程方面。高考恢复后,华东化工学院图书馆在理工本科生中开设文献检索课程;建立计算机文献检索实习室,出版相应的《计算机通信与信息检索》教材。该校将计算机信息检索课程列入学校重点课程之一,并由选修课改为必修课,每年有近2 000名学生参加该课程的学习。教学改革成果《开创以信息教学为主的文献检索新体系》,于1998年获得"上海市教学成果奖"一等奖;《提高学生自主学习与创新能力》,于2001年获得"上海市教学成果奖"二等奖;2005年,文献检索课程被评为华东理工大学校精品课程,2007年被评为上海市精品课程。1986年,上海工程技术大学图书馆,将《文献检索与利用》课程列入教学计划,1988年,学校批准成立《文献检索与利用》教研室。

编制科技情报期刊或资料方面。1978年全国科技大会召开以后,同济大学图书馆情报交流工作得到进一步发展,在做好订购和交换情报资料等工作的同时,编印出版大量本校科技论文资料,从而充实各院系分馆、资料室资源,加强各院系之间的横向联系;此外,图书馆还参加全国、华东地区的情报交流活动,组织有关教师翻译外国建筑期刊的题录和译文。1979年4月,上海工程技术大学图书馆创办《科技情报交流》季刊,建立情报交流网,为提高教学质量和开展科研工作服务,交流范围遍布全国,单位达500个。1983年,华东纺织工学院分院图书馆创办内部刊物《科技图书资料通信》,同53个单位进行资料交换。1984年,开始提供文献检索服务,并直接为科研定题服务,为学院教师代检科技文献资料并翻译成中文,还为纺织局情报中心撰写一批经济信息。1995年,开展定题文献检索服务,为教师的科研项目代检科技文献、提供技术资料。1986年12月,华东师范大学图书馆创办刊物《图书馆信息》，后更名为《图书情报信息》；同时，收集大量专业图书资料、目录索引，并参加馆际联合书刊目录的编写工作，如参与编制全国"47所高等学校图书馆馆藏外文期刊联合目录""生物学""数学""力学""中国近现代史联合书目"等。1988年7月，同济大学图书馆编辑出版《科技文献导报》月刊，刊登科技论文摘要、专利文献、国际学术会议综述、最新图书简介、国际科技动态、期刊介绍等文章，1989年起正式出版。

20世纪70年代末到80年代中期，高校图书馆加强与国内外专业情报机构的交流合作，逐渐形成科技情报研究与服务的工作网络。

1979年，上海城市建设学院图书馆与国内190多个单位建立科技情报联系，收集科技情报资料近560份，发出280份。至1982年，先后加入全国市政网、华东市政网、上海高教情报网、华东公路网、华东给排水网等专业情报组织。1986年，建立科技情报检索室，同全国300多个单位建立科技情报联系，互换情报资料。1981年，同济大学图书馆，参与的全国建筑院校情报网成立，成员遍布全国20多个相关专业院校；情报网的宗旨是密切结合建筑专业的特点，加强情报工作的理论探讨，交流信息与情报工作经验，组织协作和人员培训，提高各成员单位的情报业务水平，更好地为教学、科研、科技开发和领导决策服务。1983年初，为加强科技情报工作，上海交通大学图书馆参考咨询部与科技情报资料室合并，组成科技情报服务部，负责文献检索、定题服务、课题研究、资料编译及科技情报资料室的管理等工作，在一定程度上支持深层次咨询服务（科技情报工作）的开展。同年10月，与洛克希德导弹和空间公司所属的Dialog情报服务公司签订合同，使用电传终端，以国际用户电报的形式，通过国际通信卫星与Dialog情报检索系统联机，实现国际联机检索；同年12月，在上海市电报局的支持和帮助下，经上海交通大学图书馆与校计算中心的共同努力，与Dialog情报检索系统正式联机对话。1985年，上海交通大学图书馆情报研究室与山东省枣庄市科委合作，为枣庄市制定国土规划。同年，上海交通大学包兆龙图书馆落成后，图书馆设立科技情报中心，设科技情报检索室（即原来的科技情报服务部）、情报研究室、科技情报编译室，并在交大华山路校区挂牌，设立科技情报咨询中心，接受校内外的情报咨询委托；新成立的科技情报中心，承接Dialog联机检索服务、追溯检索与定题检索服务、专题与战略情报分析与预测服务、专利检索与事务代理服务等，并出版《科技成果信息》《能源信息》等刊物，向各界传播最新科技信息。

20世纪80年代中期到90年代末，高校图书馆依托自身专业优势在情报服务方面有所创新。

1986—1990年，中国人民解放军第二军医大学图书馆开展"跟踪专题服务"（也称"参与式服务"），为长海医院骨科及时提供"记忆合金在矫形外科上的应用"等情报服务。1987年2月，上海交通大学情报科学技术研究所正式挂牌成立，开始"图情合一"的探索，在国内高校图书情报界引起关注。1989年，同济大学图书馆开通STN国际联机检索系统。1989年，上海工程技术大学图书馆文献检索教研室针对毕业生专门开设科技咨询服务，一些情报人员从代查课题服务逐渐深入到直接参与毕业环节辅导；文献检索教学中，首次应用微机进行Dialog国际联机检索的示教和实习。1990年，上海交通大学图书馆的"智能机器人情报跟踪与服务"课题，利用Dialog系统等检索工具，定期为"863"自动化领域的专家提供与研究课题相关的文献资料，分别于1992、1996年两次获得中国科学院科技进步二等奖；在此基础上，"机器人信息系统"项目于2000年在中国高等教育文献保障系统（CALIS）一期自建特色数据库中，作为重点课题立项，获得A等项目资助。1991年，上海水产大学图书馆编辑多期《水产文献题录》，为校内外师生提供信息咨询查检服务，并参与农业部《科技文献检索》课统编教材撰写工作。同年，同济大学图书馆完成上海地区科技情报检索网络系统同济节点建库的全部工作，并通过验收鉴定，成为上海地区联网检索系统6个节点成员之一，可为读者提供科研课题选题立项、专利代理、国际会议预报、国外文献翻译代理、代索取原始文献、论文成果发表导向等服务。1993年,同济大学图书馆合并研究辅导部、情报站、期刊部的专利检索工具室、技术服务部的联机检索室,成立科技情报研究所,充实科技情报所的文献资源和人才资源,承担多种类型的信息资源业务。1995年,同济大学图书馆与世界著名建筑类专业数据库——德国国际建筑数据库(ICONDA)达成协议,定期向该数据库提供中国大陆38种土建核心期刊的文献数据。1997年,上海第二医科大学医学图书情报中心成为国家光盘中心《中国学术期刊全文数据库》医药类一级检索站,并同中华医学会图书馆合作,建立电子信息(全文)服务系统。2004年,上海第二医科大学医学图书情报中心开始为国际著名医药公司——默沙东公司查找医药资料。

自20世纪90年代开始,高校图书馆科技查新工作发展迅速。

1992年11月,国家教委决定在同济大学、上海交通大学等几所中央部委所属高校的图书馆设立首批"高等学校科技项目咨询与成果查新中心工作站",正式成为全国最早具有部级资质的科研项目和专利查新工作站之一。1995年12月,华东理工大学图书馆等单位被国家教委批准成为教育部第二批"国家教委科技项目咨询及成果查新中心站"。1998年,中国人民解放军南京政治学院上海分院图书馆整合原不定期编印的馆办刊物,创建《政工文献通报》《军事理论文摘》两份双月刊刊物。同年12月,上海市科学技术委员会认定同济大学情报所、华东理工大学情报所、上海交通大学情报所,为上海市级科技成果查新机构,成为具有国家教委和上海市双重资质的科技查新站,服务手段由过去的手工检索发展成为国际联机、光盘网络检索和互联网应用等多种现代化方式。1999年2月,上海市科委在复旦大学图书馆设立科技查新站。2003年11月,根据"教育部关于在北京大学等29所直属高校设立教育部部级科技查新工作站的通知",同济大学图书馆、上海交通大学图书馆、华东师范大学图书馆被列为教育部部级科技查新工作站。2004年6月,教育部正式批准在华东师范大学设立教育部部级科技查新工作站(理工类),该站由华东师范大学图书馆情报研究所负责管理,对校内外机构开展科技查新服务。2008年11月,上海海事大学图书馆主建的物流情报研究所,被授予"中国物流学会港航物流产学研基地";受中国物流学会委托,物流情报研究所承担该学会2008年度研究课题成果科技查新66项(其中38项获奖),2009年度112项,2010年度123项。2009年1月,《教育部关于在东北师范大学等10所法人机构设立第四批教育部部级科技查新站的通知》宣布上海海事大学选为第四批教育部部极科技查新工作站,上海交通大学由理工类查新站升级为综合类查新站。

进入21世纪,情报服务逐渐成为高校图书馆领导制定战略规划和科学决策的智囊,以及引领图书馆服务转型发展、为全体馆员提供学术研究支持的重要机构。工作内容包括文献检索课程管理、图情前瞻研究和分析、学科发展情报分析,以及馆员业务培训策划与组织、全馆科研工作管理等。

2000年后,华东师范大学图书馆开展的情报服务有目次服务——按月为全校博士生导师提供国外200多种学科核心期刊的最新目次;定题服务——向校内各院(系、所)发放定期服务意向表,为专家、教师、各级领导提供课题咨询服务;定向服务——自2000年至2007年,图书馆与校东方房地产学院、上海市房产经济学会、上海房地产科学研究院合作出版内部刊物《房地产研究与动态》,为上海市房地产界各企业单位及东方房地产学院的学员等提供最新房地产信息和研究动态,直接参与为社会经济服务;文献编纂服务——通过二次、三次文献加工,编纂、编制文献索引、目录,供读者查阅、检索,如编制出版《天一阁明代方志选刊人物人名索引》《传记文学索引》《智者阅读——中外名报名刊名家的推荐书目》等,参与编纂《申报索引》。

2001年,华东理工大学图书馆完成计算机管理的文献检索课程习题库和试题库建设,考核学生实际操作能力。2002年,组织有关人员开发网络化的文献检索上机实习系统,在网上布置、收改作业,以便教学。计算机检索实习室购置大屏幕投影仪及多媒体教学系统,使文献检索教学实现网络环境下的教师辅导及答疑。

2002年,上海交通大学与清华大学、北京大学成功联合申请国家自然科学基金重大项目"中华文化数字图书馆全球化的理论、方法和技术研究"。上海交通大学图书馆主要承担子项目"中国民族音乐数字图书馆的关键理论、方法和技术研究"(2002.3—2005.3),研制出"中国民族音乐数据库"。该项目于2004年通过国家验收,是上海交通大学图书馆承担的唯一的国家自然科学基金项目。2008年9月,上海交通大学图书馆提出"IC^{2}创新服务模式"。在IC^{2}创新服务模式总框架下,着力建设"IC^{2}创新支持计划"和"IC^{2}人文拓展计划"两大子品牌,支撑学术创新研究和学习,拓展人文素养和弘扬文化。首期"IC^{2}创新支持计划"以"提升信息素养,助力精英成长"为主题,打造信息素养教育示范模式。2009年3月,上海交通大学图书馆推出第二期"IC^{2}创新支持计划",以"拓展创新基地,嵌入学研过程"为核心主题,在全校范围内广泛建立IC^{2}创新支持基地。同年10月,第三期"IC^{2}创新支持计划"启动,以"融入学科团队,助推教学科研"为核心主题,在继续推进创新基地建设的同时,深入各院系,拜访教授,了解教师教学及其科研团队在科研信息方面的需求,进一步深化学科工作。

2002年,中国海关学会、上海海关高等专科学校共同组建"海关信息资料中心",主要承担系统内外有关海关工作、海关科研以及WTO、WCO等方面的论文、资料的收集汇编工作,并开展二次、三次文献的加工和处理。2007年,中国海关总署办公厅下发通知,要求各地各级海关单位为上海海关学院图书馆海关信息资料中心提供各类海关资料,从而充实馆藏。2010年,"海关信息资料中心"更名为"海关情报资料中心",工作重心逐渐向海关情报深层次开发转移。2010年底,"海关情报资料中心"拥有各类馆藏5 000余件,收集1980年前绝版的海关资料400余件,其中非书资料约100件。

2004年,由上海海事大学物流情报研究所编制的《物流文摘》季刊创刊,该刊自2005年起,连续6年被权威年刊《中国物流学术前沿报告》作为唯一署名附录。2007年,由上海海事大学图书馆主建的"上海国际海事信息与研究中心"(SIMIC),进入全面建设阶段。2009—2010年,SIMIC服务网——上海国际海事信息与文献网完成升级改版,年访问量逾1 000万人次。

2008年,中国人民武装警察部队上海政治学院图书馆为学院各部、系开展情报服务,定期制作《新书推荐》和组织编写最新政治工作方面的文章题录、书目,编印内刊《政工新文献快报》,采用纸质发送与图书馆网站电子发布两种模式。

2008年,上海电机学院图书馆和上海航天设备制造总厂签订文献检索委托协议。图书馆进企业举办文献检索讲座,并为员工办理校图书馆借阅证。同年,图书馆与上海电气集团中央研究院签订技术服务委托协议,参加《上海电气企业知识产权指导用书》的编写调研工作。至2009年,合作关系更加紧密与深入,与上海航天设备制造总厂续签文献检索服务委托协议,为其捐赠图书100多册,下载和传递文献23篇,办理图书借阅证,举办"科技情报助推企业创新"等文献信息讲座;与上海电气集团中央研究院签订技术服务合同,图书馆主要提供文献检索服务和协助撰写《企业专利战略指导指南》一书,提供文献检索和课题分析综述;免费为上海三菱电梯厂、上海重型机械厂、上海建设路桥有限公司、上海锅炉厂等4家企业提供文献检索服务。

2009年,上海对外经贸大学成为世界贸易组织首批教席院校。2010年7月,为配合学校WTO

研究的需要,上海对外经贸大学图书馆筹建 WTO 资料中心。

三、科研图书馆情报服务

20 世纪 70 年代末到 80 年代末,科研系统图书馆在定题咨询、信息搜集、文献检索等情报服务方面取得一定成绩。

【定题咨询服务】

1980 年,中国科学院上海图书馆成立电子检索筹备组,配合生物科学和遗传工程等研究重点,开展计算机定题情报咨询服务,包括编辑出版、定题服务、资料展览、文献索引,以及配合中科院制定生物工程规划提供综述性背景材料等;配合上海市长远规划项目,提供文献情报;配合遗传工程研究开展定题服务,3 年共出 101 期,检出文献 3 137 篇。另外,还开展编译报道、情报检索服务、筹建数据库、提供参考咨询、开展宣传推广及编制专题书目等工作。1986 年,中国科学院上海硅酸盐研究所图书馆围绕"镁水泥开发研究"开展重点服务,参与"七五"规划重大项目"青海盐湖提钾及综合利用研究"的调研跟踪。1987 年,开展课题手工检索服务,每年承担数十个手工检索课题,包括为所内重点课题探索新材料,为成果鉴定开展检索服务,如 BaF2 晶体、立方氮化硼、SiC 复合材料、钨酸盐晶体、可消毒 PH 玻璃电极等;为科技开发服务,如光色玻璃、BGO 提纯、高纯硝酸银研制等;为社会服务,接受所外课题检索,如彩色水晶、人造宝石、玻璃马赛克等。1987 年,图书馆围绕"863 空间材料""超导"等课题开展重点服务。1989 年,对结构陶瓷和功能陶瓷开展重点服务。中国科学院上海文献情报中心开展情报服务。1988 年,文献情报中心和中国科学院上海分院计划处合作,对属于"863"高技术项目的"空间生物学"课题进行文献情报调研,并建立有关数据库;受中国科学院生物局委托,开展文献调研,在此基础上形成"一些国家生命科学研究动向"专题研究报告。

【信息搜集和文献检索服务】

中国科学院上海硅酸盐研究所图书馆开展相关科技动态报道和课题调研工作,搜集情报资料,编印"动态简报",报道所内各种学术活动,国际相关学科的新动态、新技术等,提供科技人员参考。1979—1984 年共编印简报 340 期,其中报道所内学术活动 100 期,报道国外科技动态 240 期;同时,开展文献检索服务,辅导科技人员查检各种文摘索引,在全所普及科技文献检索知识。1982—1989 年,为全所科技人员提供 CA 机检 SDI 服务,定题服务扩大到 33 个课题,共检索文献 25 000 到 30 000 篇。1986—1988 年,为所内科技人员举办"专利文献检索"专题讲座,讲授专利基础知识、中国专利法特点、专利评价条件和申请手续,讲授美、日、英、苏几个主要国家专利文献检索以及德温特(Derwent)世界专利文献的检索等。1987 年,为研究生举办"科技文献检索"课程。

20 世纪 90 年代,随着全社会对科技情报信息的需求不断增长,科研系统图书馆进一步加强情报服务和研究能力。

1990 年,中国科学院上海文献情报中心承担"国外科技人才管理"课题的文献调研,编写《欧、美等国科技人才管理简介》。1991—1992 年完成上海市科学技术委员会委托的"上海地区研究院所重点学科基础研究领域调研及发展战略预测"课题的调研,并提供研究报告。1993 年,承担上海市科学技术委员会委托的"国外对我国的技术评价"课题的文献调研,并提供研究报告。1994 年,承担"面向 21 世纪的上海科技发展战略"课题的文献调研,承担"现代国际大都市与人的素质"课题的文献调研。1995年,完成"上海重点产业国际竞争力与技术创新研究"课题调研,并提供调研报告。1998年,承担"中国科学院文献情报系统用户需求调研"课题的研究工作和"有关高科技产品国内外研究开发、市场情况"课题的调研。1999年,承担上海市科学技术发展基金软科学项目"上海纳米技术的研究与开发"课题调研,并提供研究报告。2000年,完成中国科学院出版情报委员会委托的情报调研课题"中国科学院生物制药技术的研究开发现状、趋势及对策"报告。

同期,一些科研图书馆开始立足用户个性化需求,开展特色情报跟踪服务。如中国科学院上海药物研究所图书情报室,承担国家"重大新药创制"专项中"综合性新药研发技术大平台"的子项目"新药研发信息和数据集成管理技术平台"建设,负责开发信息情报系统提供统一的数据库入口,提供专利文献分析工具,并基于分析工具,建立智能化的化合物调研、合成路线分析和课题调研功能。

进入21世纪后,科研系统图书馆面向国家战略需求和世界科技前沿,集中力量支持重大科技创新研究,为科研管理部门、科学研究单位和企业技术研发,提供有针对性的、高质量的情报服务。

中国科学院上海生命科学信息中心启动工业生物技术情报研究、干细胞与再生医学情报研究、生物资源与生物多样性领域战略情报研究;情报工作围绕人口与健康综合主题和工业生物技术、生物资源、干细胞等学科领域;情报产品包括信息简报、专题报告、科研成果分析和评价、知识产权分析、决策咨询研究、建立专题情报综合服务平台,编撰学科发展态势和专题研究报告、分析学术成果的产出和竞争态势等,形成系列化的情报产品。中国科学院上海天文台图书馆开拓学科化服务,组织并开展面向全所重大项目、重点工程的情报服务和上海天文台重大工程及重点项目,组织专题情报调研、学科进展调研,通过学科信息的动态监测、基本发展态势和竞争态势分析等方式,提供学科快报服务;同时,向专业图书馆学习,开展面向学科发展战略、科研管理、科研规划的情报支撑服务,开展学科领域、重要研究方向的发展趋势分析、竞争态势分析。中国科学院上海光学精密机械研究所于2003年成立中科院上海科技查新咨询中心嘉定分中心,面向所内外开展文献信息咨询、科技查新和论文检索服务,情报服务团队围绕研究所发展战略和重点科学领域,深入了解、分析、研究科技管理、科技创新活动对情报信息的需求,承担完成国家重大专项专题情报调研任务,形成专题情报调研报告、专题信息编译汇编资料、专题信息简报、专题文献目录、专题数据库等系列化的情报服务产品。

【专题情报项目研究方面】

2003年,中国科学院上海生命科学信息中心完成由上海市科委资助与支持的"未来五年上海纳米科技与产业化发展战略研究"。2004年,完成中国香港量子生物控股有限公司委托的"酶技术应用于中草药的提取"的课题调研。同年,中国科学院上海药物研究所图书情报室参与《中国生物技术产业发展报告》编写。2005年,中国科学院上海生命科学信息中心完成中科院SDP项目《纳米生物技术的发展态势研究》。2006年,完成《生命科学与生物技术发展报告(2006)》。2007年,参加中科院《中国至2050年重要科技领域路线图与科技发展趋势分析研究》中"人口健康科技领域、生命起源与进化领域、人造生命研究领域"的分领域研究;完成上海市科委软课题《生物能源产业政策研究》《禽流感科学数据与信息共享服务平台》等;完成科技部委托项目《生物医药产业发展和结构调整研究》、"863"项目《生物医药信息数字化决策支持系统》;完成上海市科技发展基金软科学重点研究项目《生物能源产业政策研究》《上海高新技术产业化领域战略产品技术路线图研究——以单抗药物为例》;完成上海市研发公共服务平台建设项目《生物技术行业情报服务子系统建设(2008—2010)》。2008年,中国科学院上海微系统与信息技术研究所图书馆参与承担上海市科委的"上海重点研发领域个性化知识服务体系建设"项目;同年,中国科学院上海有机化学研究所图书馆参与完成上海市科委的"上海市自然科学领域文献计量学研究"项目和"上海重点研发领域个性化知识服务体系建设"项目。2009年,中国科学院上海药物研究所图书情报室编写《生物医药发展战略报告：投入篇》及《全球与上海生物医药产业发展现状》(内部资料)、《中科院专家关于我国抗流感大流行疫苗与药物管理中存在问题的分析及建议》(政务专报);2010年,完成《个性化医学国际发展态势分析》(国家科学图书馆学科领域国际发展态势分析)、《上海市个性化医学发展策略研究》(上海市科协决策咨询项目)、《心血管疾病治疗性药物发展态势研究》(国家科学图书馆创新到所项目)、《超级细菌挑战人类抗感染能力极限,加强我国抗生素产业发展势在必行》(政务专报)等情报资料的编写。同年,中国科学院上海微系统与信息技术研究所图书馆、中国科学院上海有机化学研究所图书馆,参与承担上海市科委的"重点领域个性化知识服务体系建设与完善"项目。

【信息跟踪简报服务】

2003年,中国科学院上海生命科学信息中心为满足科学家对国内外生命科学信息的需求,配合抗击"SARS""禽流感"等重大疾病的需要,逐步开发建立与生物、健康相关的专业数字信息平台,并自建一系列专业信息平台,包括"生命科学研究快报""中国工业生物技术信息网""空间生命科学与技术信息门户""科学研究动态监测快报"等;2004年,由中国科学院规划发展局(原中国科学院规划战略局)主办,中科院上海生命科学信息中心承办的"科学研究动态监测快报——生命科学专辑"创刊,主要针对生命科学学科领域,对重大科技政策、科技发展战略、科技预测、科技规划、科研计划与项目、重大科研成果等,进行持续跟踪和快速报道。2005年,中国科学院上海光学精密机械研究所图书馆创办《光电信息简报》内部情报刊物,即时编译报道国内激光光电子领域最新信息动态,向科研人员免费推送。

【学科信息化服务】

2003年,上海市农业科学院图书馆和上海市农业委员会信息中心签订合同共建"上海市农业科技信息咨询服务系统",负责提供农业科技信息;内容从提供期刊信息,到负责采集、编辑、上传上海农业网"世界农业新品种、新材料、新设备、新技术",以及"实用技术""论文精选""花、鸟、虫、草"、四季农事、农业资料集等11个栏目的信息收集和网上更新;2009年,上海农业网"农业图书馆"栏目开通,提供农业资料咨询、馆藏书刊检索、期刊目次检索等致富信息、科技信息、定题服务、科技查新服务。2007年,中国科学院上海药物研究所图书情报室创建药物情报网。2009年改版,网站先后设置"在研药物""药物文献""专利聚焦""行业讯息""市场扫描""专题报道"和"药物战略"等8个一级栏目。

四、中小学图书馆情报服务

为学校师生收集、整理和加工相关教学资源,编制书目、索引和文摘等二次文献,是中小学图书馆开展情报服务的主要内容和方式。

1995年,上海市向东中学图书馆开展报刊索引、报刊文摘工作,并汇编、打印、分发图书书目索引。1996年,杨浦区教师红专学院图书馆编制现代普教信息二次文献专辑。1999年,长宁区教育学院图书馆采用剪报、校际交流等多种方式,积极搜集资料,为学院教、科研人员和基层教师及时提供信息。2004 年,上海市奉贤中学图书馆开展定题服务,提供文献检索服务,并广泛收集、整理和加工教育、教学、科研相关资料。2006 年,上海市行知中学图书馆广泛搜集、编辑、加工教育教研资料信息,编撰教育教学动态目录索引,每学期编辑索引 120 条以上,供教师参考。2008 年,上海市青云中学图书馆每月将教学杂志进行分类整合,把无序分散的报刊文献按文、理科编制成针对性好、实用性强的二次文献,为读者撰写论文提供咨询服务。2009 年,嘉定区第二中学图书馆有针对性地搜集有关教学、教科研等方面的资料,编制一定数量并具较高水准的二次文献,为教师提供文献信息。2010 年,闸北区止园路小学图书馆制作《二次文献索引》《二次文献文摘》《二次文献汇编》;上海市杨浦高级中学图书馆编写印发《教工阅读书目》《教工作品索引》《中国人民大学复印报刊资料专题查找答问》等导读材料;上海市松江一中图书馆开始制作篇目索引和文摘;上海市长江第二中学图书馆编制二次文献 15 件;崇明县民本中学图书馆为教师提供论文专题目录、教育信息剪报等;嘉定区教师进修学院教育图书资料中心参与《现代普教信息》的教育期刊编制工作。

五、党校图书馆情报服务

1999 年,中共上海市委党校(上海行政学院)图书馆依据党校教学、科研需要和读者需求,编制、提供二次文献和重制信息。同时,提供信息分析、述评和综述等三次文献服务,主要通过撰写各种专题信息分析、专题信息综述及述评,为教学、科研和领导决策服务。

20 世纪 80 年代,中共上海市国资委党校图书馆创办文献刊物《企业政工信息》和《经济信息文汇》(1995 年两刊合并为《企业信息文汇》月刊),编辑国内外经济形势、国家有关政策动态、企业管理和党建、思政信息等。2008 年,《企业信息文汇》改版定名为《国资国企信息文汇》专题资料,收集编辑国家相关政策法规、企业建设经验教训以及有关理论探讨等方面的信息,反映国资国企改革与管理中的热点、难点和焦点问题。

1992 年 9 月,中共上海市科教党校图书资料室编辑出版内部参考资料《党建动态》,内容结合形势,适时摘录国内报纸杂志上著名专家、学者有关党史党建、时事的观点、论点。该资料发行至上海市各高校党委和各中小学教师党支部,成为高校和中小学党员干部的学习参考资料。

1999 年,中共上海市建设和交通党校图书资料室改为信息中心,编辑出版内部参考资料《信息快讯》(分内参版、教育版、城市管理版),为学校教学、科研和领导层,包括干部培训班学员,以及建设交通委员会提供信息参考服务。2001 年,开发"城市建设和管理信息数据库",积累近 10 万字的数据。

2007 年,中共上海市宣传党校资料室编辑《改革与发展资料》(网络版),每年编发 10 期,集中推介国内外重大事件、我国改革发展动态和研究资料等。

第三节　上海世博会信息服务

一、公共图书馆世博会信息服务

【市级图书馆世博会信息服务】

2002 年,上海图书馆编著的《中国与世博:历史记录(1851—1940)》出版,该书是国内出版的第一本详尽介绍世博会与近代中国历史渊源的著作;全书分别从世博会的百年历程、中国与早期世博会的关系、近代世人眼中的世博会等三个方面,反映了中国参与早期世博会的历史进程。2004年,上海图书馆创办"2010上海世博会讲坛",陆续举办"世博会倒计时1 000天系列讲座""倒计时600天系列活动""走进世博会"长三角和全国巡讲、"我看上海世博会"等讲座及活动,宣传世博,总计举办讲座100场,遍布全国20多个城市,直接和间接听众达百万人次。同年2月,上海图书馆世博信息阅览室对外开放,集中上海图书馆馆藏及搜集的各类世博会文献与信息资料,如《上海2010年世博会申办报告》、专题研究报告、托存文献、赠书、签名本、海报等,阅览室集中多媒体资料,提供"上海世博会信息中心数据库"服务,为广大读者提供世博会、会展业主题相关信息与参考咨询。2004—2010年,世博阅览室每年推出"中国与世博会"主题展览。2009年10月,上海图书馆汽车图书馆开进世博局,正式启动"图情服务进世博园区、共建'世博图书馆'"项目。2010年1月,在迎世博倒计时100天之际,由文化部社会文化司、上海世博会事务协调局、上海市文化广播影视管理局指导,文化部全国文化信息资源建设管理中心、文化共享工程上海市分中心主办,文化共享工程各省级分中心协办的"文化共享世博行"主题活动在上海图书馆举行启动仪式,并开展"文化共享东方万里行""精彩在眼前——走进上海世博会"展览、"庆世博会开幕100天"伞面绘画展示及互动、"世博科技周"——中学生与科学家共话世博、"悦读精彩,共享世博"——城市图书馆寄语征集、上海地区少年网页设计竞赛等。同年3月,上海图书馆在上海世博园区新闻中心建立"世博阅览区",为世界各地的媒体提供信息保障服务。同时,上海图书馆设立24小时"世博自助漂流亭";推出多媒体触控屏,与计算机、电子书、手机实现"四屏"展示服务;提供《上海:融入世博的精彩历史》专题资料和世博文献信息服务。同年6月,将馆藏2 800册书刊、30多种"上图讲座"及共享工程的光盘资料、10余部电影资料以及12个专题书架,送达世博园区武警部队和世博安保基地,提供专业信息服务。

2010年4月,上海少年儿童图书馆举办"我与世博同行"上海市青少年读书活动,共有10万人参加,活动内容有"我与海宝盼世博"上海市中学生英语演讲比赛、"文明观博从我做起"一句话征集活动、"我与海宝游世博"讲故事比赛、书画摄影比赛、"阅读世博 阅读上海"上海市中小学生征文比赛等,起到宣传世博、服务世博的积极作用。

【区县图书馆世博会信息服务】

2010年上海世博会举办前期及举办期间,各区县图书馆策划开展一系列丰富多彩的世博主题活动和专题信息服务。

2009年,松江区图书馆承办"世博会与上海城市文化讲座";长宁区少年儿童图书馆开展"快乐阅读,喜迎世博"和"七彩童年,精彩世博"等少年儿童暑期读书月活动;闸北区少年儿童图书馆所在社区,开展"长三角社区世博主题体验之旅"活动,图书馆接待了来自美、英、法、日、俄、新加坡、秘鲁等国际友人及港、澳、台同胞和全国各省市的参观者共50余批。

2010年,静安区图书馆增设世博专架;青浦区图书馆在世博专架摆放书刊、宣传立牌,发放世博宣传材料,举办相关讲座等,推出"颜色对对碰"亲子游戏、"迎世博,书香在青园"等活动,并举办"绿色世博,小鬼当家"环保小制作、"迎世博,学手语"、"我与海宝游世博"等众多主题活动;杨浦区图书馆开展"文化共享世博行"主题活动,编辑、发放300册《带你走进世博园指南》,并在全区开展40余项主题活动;闵行区图书馆开展"情牵世博,文明先行"寒假青少年读书活动;黄浦区图书馆举办"迎世博600天——世博历史图片展";普陀区图书馆在世博园区新闻中心和世博村设立3处图书漂流自助亭,通过图书自助漂流的形式,把介绍世博、介绍上海、介绍中国的图书推荐给参加上海世博会的多个国家和国际组织;奉贤区图书馆、奉贤区金汇镇图书馆联合世博会公众参与馆、上海图书馆,举办"魅力金汇展风采 文化共享世博行"伞面绘画互动展示活动,并走进上海世博会园区。

【街道(乡镇)图书馆世博会信息服务】

为加强世博知识普及和宣传教育,浦东新区三林镇图书馆编写《世博信息集粹》,提供给读者及街道;浦东新区浦兴街道图书馆,配合世博会召开,设立世博图书专架、世博公共信息栏、编写"浦兴书苑世博特辑",将世博信息及时告诉群众。

二、高校图书馆世博会信息服务

2010 上海世博会举办期间,部分高校图书馆通过开展特色主题活动,向在校师生宣传世博知识和信息。2010 年 4—8 月,上海交通大学图书馆组织开展"璀璨世博 辉煌交大——走进交大图书馆,感受缤纷世博会"特色主题活动,从"读、听、观、祝"4 个层面,开展丰富多彩的宣传和互动活动,展现与世界博览会相关的特色资源和文化。4 月 23 日"世界读书日"期间,图书馆举办"世界读书日,我们一起读世博"主题书展活动。另外,上海旅游高等专科学校图书馆通过策划设计"印象世博"展板,向广大师生推广普及世博知识。

同时,部分高校图书馆利用学科专长,为世博会提供专业信息参考服务。上海工商外国语职业学院图书馆为 2010 年上海世博会专门制作两个专题资料,包括在 2009 年世博会开幕前夕制作世博专辑,介绍上海世博会的基本常识、常用英语词汇、历届世博会徽标和吉祥物等。2010 年,按照专业设置,制作 6 国世博馆专题,介绍英国、法国、德国、日本、韩国、西班牙等 6 国的世博馆。上海公安高等专科学校图书馆开发"世博安保专题网"并投入使用,全面宣传世博安保工作,介绍国内外重、特大活动安保策略;制作《德国大型活动安保暨汉诺威世博会》等一系列图情专递资料,介绍国外发达国家的大型安保工作方法和经验。

三、中小学图书馆世博会信息服务

为迎接 2010 上海世博会的举办,部分中小学图书馆纷纷在校内开展与世博会主题相关的读书活动,向广大师生宣传世博,促进师生了解世博、参与世博。

2009 年 5 月,宝山区实验小学图书馆为迎接世博会,举办"颂祖国迎世博"活动,开展"快乐世博之旅"演讲比赛等活动。2010 年 6 月,上海市行知中学图书馆举办第 3 届"行知杯"读书系列活动,主题是"读书——当好东道主,文明观世博"。同年,上海市奉贤中学图书馆组织开展"世博进行时"读书系列活动,包括世博会开幕前的邀请卡制作以及开幕后的现场交流活动两个部分。上海市七宝中学图书馆举办"世博知识展"。上海市交通学校图书馆举办第 4 届校园读书节活动,主题是"与世博同行、享读书快乐",期间,开展"中国 2010 年上海世博会网上游"等活动,共 1 600 余名学生参与。

第三章 延伸服务

第一节 无障碍服务

一、公共图书馆无障碍服务

【市级图书馆无障碍服务】

上海图书馆为残障人士开展服务由来已久。20世纪80年代,上海图书馆馆员利用休息日为高位截肢读者、俄语翻译家王志冲送书上门。1996年5月,上海图书馆与黄浦区残联签约,开展"奉献精神食粮、共创精神文明、结对助残"活动,向黄浦区残联赠书、送证。同时,图书馆网络学习室举办残障读者办公自动化培训,形成常规助残服务项目。此后,上海图书馆每年举办各类活动,包括开展"爱心培育的生命之光——上海市残疾人家庭手工艺展销活动""艺海击浪——上海市残疾人工艺作品展示""消除信息障碍,共建科技文明""我与祖国共成长"等主题征文,举办"奏响新时代的青春之歌"盲人演讲比赛、"上海助残周·让文化点亮残疾人的生活"系列活动,"上海市残疾人世博知识竞赛""城市,让残疾人生活更美好"读书系列活动以及"上海市残疾人读书系列活动"等。2001年5月,上海图书馆在综合阅览室开辟盲人阅览区,填补盲人阅览空白。2002年5月,又与上海市残疾人联合会、上海市邮政局联合,在徐汇区等4区推出"视障读者专递包"送书上门服务。2004年6月,举办"建学习之城,把图书馆办到残疾人家里"活动,视障读者服务范围由4个区扩大到9个区,157位视障读者受益。同年12月,为视障读者提供送书上门的服务热线开通。2005年12月,免费送书服务覆盖全市19个区县。2009年4月,上海图书馆与上海市残疾人联合会联手,在国内成立上海市残疾人读书指导委员会;同时,由上海市残疾人联合会、上海图书馆、上海电影评论学会联合成立"无障碍电影工作室",首次放映中国首部"无障碍电影"《高考1977》。

上海少年儿童图书馆为特殊少年儿童提供专门服务,在福利院、特殊教育学校、残疾儿童学校、辅读学校等设立服务点,提供图书,组织活动。1986年,开始对行为有偏差的少年儿童提供专门服务。2004年,市少年儿童馆与上海市少年管教所联手,为失足少年举办"我与知识同行"活动;将"少年儿童信息港"与少管所的"回春在线"教育网链接,30名少管所学员参加市少年儿童馆主会场活动,200名学员在网上观看现场直播,并在网上开设"读书与人生"讲座。2005年,又与上海市少年管教所联合成立"预防青少年犯罪问题"课题小组,开展课题研究,撰写《从青少年犯罪看不良人格的表现》研究报告;同时,在少管所设立"上海少年儿童图书馆阅读指导基地",无偿提供适合失足青少年阅读的图书7 500册,并选派优秀员工与失足少年结对子,开展"一帮一"的志愿者帮教活动,通过定期或通信联系,帮助失足少年思想改造。

【区县图书馆无障碍服务】

自20世纪80年代起,各区县图书馆针对残疾人、老年人、外来务工者等社会弱势群体,提供无障碍设施和送书上门等助残、助老服务。

1982年,长宁区图书馆为残疾人翻译家、儿童文学作家王志冲,提供送书上门服务,书籍内容涉及历史、文学、哲学、经济、法律、自然科学等各个学科,为他从事外国作品翻译和儿童文学创作提供大量资料。

1987年,松江县图书馆与上海第四福利院、松江海之星帮教驿站、新桥外来务工居住区等20个单位签订服务协议,年送书10 000册。2003年,松江区图书馆增设2套盲人计算机软件、盲文409部、哑语图书8册,填补盲聋读者服务的空白。同年,实施"残疾人实事工程",落实专项经费55万元,确定工程计划,签约残疾人专用电梯,完成厕所改造、盲道铺设、残疾人标识设立。2009年,图书馆帮助上海市阳光康复中心、松江区癌症协会、松江福利院建立"爱心书橱",送书刊1 400册。2009年庆"六一"儿童节期间,为区辅导学校、岳阳幼儿园送书刊400册。2010年5月,图书馆为新建的区残联服务指导中心,赠书1 700册,其中盲文读物200册。

1998年,长宁区少年儿童图书馆实施"爱心传送工程",定期将图书、音像制品送到长宁区内的辅读学校、医院儿科病房、聋人学校、盲童学校、孤儿院,为特殊儿童提供无偿服务。2003年增设2套盲人计算机软件、盲文409部、哑语图书8册,填补盲聋读者服务的空白。同年,实施"残疾人实事工程",落实专项经费55万元,确定工程计划,签约残疾人专用电梯,完成厕所改造、盲道铺设、残疾人标识设立。

1999年5月,由徐汇区图书馆与徐汇区残疾人联合会联合筹办的徐汇区盲人图书馆正式开放,该馆是上海市首家盲人图书馆。馆内有文学有声读物磁带4 000余盒,原版CD音乐光盘200余件,原版音乐、戏剧磁带300余盒,盲人书籍30余册。馆内两侧靠墙处设有收听设备,中间摆放盲板、盲尺、盲笔等盲人专用工具,盲人图书馆还为盲人上门送有声读物、提供资料出借、代售盲人用品等。2002年4月,图书馆举行"上海市盲人有声读物图书馆与区图书馆共建徐汇服务点"启动仪式,该服务点共有盲人图书100余册,各类录音磁带44盒,旨在借助上海市盲人有声读物图书馆的资源,更好地为盲人服务。2008年5月12日,图书馆和徐汇区盲人协会联合共建视障人士读书会"星光书社",随后在13个街道成立分会,为视障读者提供就近读书基地。2010年5月,图书馆举行"徐汇区盲人图书馆成立十周年庆祝活动",区图书馆、区盲人协会、上海"为盲人讲电影志愿者讲解团"签订《联合共建协议》;协议约定,10年内,区图书馆将增设馆藏盲文图书5 000种、有声读物8 000多盒、盲人读者专用电脑4台、录放机4台,举办盲人电脑培训班,提供盲文书刊和有声读物(电子文献)及馆外邮政借阅、送书上门等服务,开展专题讲座,成立"为盲人讲电影"活动基地,丰富盲人读者的精神文化生活。

2001年,浦东新区图书馆探索开展面向残疾人的公益性服务,阅览室设盲人图书和盲人音像资料。2002年,图书馆举办"浦东新区普通电脑盲人无障碍应用学习班",请专家为残疾人开设各种讲座,建立残疾人读书会,开展读书征文活动,汇编残疾人读书文集32种。2010年1月,浦东新区图书馆视障服务获国际图联UIverscroft基金会颁发的最佳实践奖,是年度该奖项的唯一团体奖,也是中国图书馆首次获此殊荣。

2006年,静安区图书馆增设盲人电子阅览室,并为区内残疾读者、老年公寓住户、民工群体提供送书服务,获得静安区爱心助老特色基地、扶残助残先进集体等称号。

2007年,嘉定区图书馆推出"助残直通车"服务项目,项目以残疾人为对象,以志愿者服务为主要形式,通过定期邮发新书目录、每月送书上门,使肢残读者足不出户就能共享图书馆的文化资源。2008年5月,"助残直通车"延伸服务至全区各街镇,在区内形成"公共图书馆助残直通车"公益服务品牌。

青浦区图书馆注重为老年人、外来建设者、残疾人、青少年及妇女五种特殊群体和弱势人群服务,2008年,为上述群体举办活动21次,服务54 587人次。

【街道(乡镇)图书馆无障碍服务】

街道(乡镇)图书馆针对辖区内的各类残障人员,提供图书资料服务。1994年3月,闸北区芷江西路街道图书馆创立"无声沙龙",组织辖区内120多位聋哑人开展"让姐妹走进图书馆",举办交通法规讲座,开设"手语合唱班""聋人网上行"培训班;1997年,成立"聋人读书班",每月开展一次活动。2006年5月,松江区岳阳街道图书馆联合街道残联,开展"助残导读"活动,为57名受助对象办借书证,每月召开一次导读交流会,并派志愿者上门为残疾人读书读报。2009年开始,浦东新区惠南镇图书馆每周举办一次"阳光之岌"辅导课,安排辅导老师帮助辖区内95位智障人员练字学画,并开展朗读、讲故事服务。

第二节 流动图书馆服务

一、公共图书馆流动服务

从20世纪的80年代起,上海市公共图书馆紧跟改革开放的新形势,顺应社会公众新需求,积极将被动等待读者上门的传统服务方式,改变为主动走出图书馆大门,走向社会,把图书资料送到工地、学校、军营、商厦、监狱等地。2006年,上海市、区(县)、街道(乡镇)三级图书馆,在馆外设立流动服务站点1 687个,每年流通图书超过200万册次,服务300万余人次。2007年,全市公共图书馆馆外流动服务站点发展到2 098个,服务760万余人次,年流通图书超过420万册次。

【市级图书馆流动服务】

20世纪80年代,上海图书馆先后在郊县建立80多个借书点,和近200个大队、畜牧场、社办工厂建立借书关系。20世纪90年代以后,上海图书馆开始尝试向工厂、农村以外的服务范围,推进汽车图书馆流动服务。1996年5月,上海图书馆向武警上海总队第一支队第八中队送书;同年11月,与市监狱管理局联手,向周浦监狱赠送1 000余册图书。1997年7月,向宝山吴淞军港3751部队送书2 600册,并与宝山图书馆联手在战舰上建立舰艇图书馆。1998年5月,上海图书馆汽车图书馆首次发车,为上海石化有限公司信息中心图书馆送书上门。此后,上海图书馆坚持通过汽车图书馆,与监狱、海军、空军、武警、消防、社区、科技园区、各大中小学校、航空公司等建立共建协作关系,创建"大众图书馆""监狱图书馆""社区图书馆""科技园区图书馆"等众多服务网点,定期下基层为读者输送信息产品和精神食粮。

1987年,上海少年儿童图书馆辅导组建立为"长河号"海轮服务的定期流动送书小组,为少年管教所、工读学校、伤残儿童等,提供送书上门服务。2005年,市少年儿童馆在中福会少年宫、少年管教所、久隆模范中学、马戏学校、浦东残疾人学校等,设立20多个流通站,共送书上门12万余册。同时,市少年儿童馆积极参与"城市因你而美丽——'上海之春'文化进工地"系列活动,向建设工地送书3 000册。2006年,在华阳街道等设立40个流通站,年送书上门8.5万余册,并开展各项读书活动。2007年起,实施援助农民工子弟学校文化建设的实事项目计划,为每个农民工子弟学校建立图书服务站点,配书3 000册,定期轮换。2007年,市少年儿童馆在嘉定区南翔农民工子弟学校,设立首个图书服务站。2009年3月,在紫罗兰农民工子弟学校举行"'书无疆·爱无界'——上海少年儿童图书馆走进农民工学校"活动,第3批上海少年儿童图书馆农民工子弟学校图书服务站同时揭牌成立。至此,开设的农民工子弟学校图书服务站达40家,流通图书达12万册。

【区县图书馆流动服务】

区县图书馆流动服务,除设立流动服务站点外,还采用流动服务车、图书漂流、网络传送等方式,延伸服务对象,逐步向全社会扩展,甚至到达南极"科考站"等,除服务弱势群体外,还关注军人、白领、机关干部、外来务工人员等不便到馆的群体;服务内容除提供书刊服务外,还有图书推介、开设讲座、组织读书小组、举办读书活动等。

1979年,嘉定县图书馆与全县23个社镇、33所中小学图书馆(室)建立业务辅导关系,与64个大队图书室开展图书流通活动。1981年,设立农村书库,与56个大队和企业开始图书流通业务。1998年,建成村居委图书室100多个,馆外流通点13个。2003年,基层图书流通点增至20个,含少年儿童读书活动基地。2004年6月,与区残疾人联合会共建图书室。2005年,在马陆镇永盛公寓图书室成立外来建设者读书俱乐部,在农民动迁海伦小区内建立图书室、设立图书流通点。2006年,对"流通点"书库进行系统更新,使20个图书流通点实现与中心馆书库资源共享。2007年,对全区20个流通点进行梳理和调整,暑假期间为每个流通点配备儿童读物。2008年,在嘉定看守所设立图书流通点,为少年犯提供图书借阅服务。2010年,实现图书服务在全区12个驻嘉定部队全覆盖;参加总工会"职工书屋"建设工作,在伟创力电子科技上海有限公司等企业建立书屋;建成35家"百姓书社",以区图书馆为中心,实现文献资源统一采编、统一配送、统一管理,填补"15分钟文化圈"不能涉及的郊区文化网络空白点,成为嘉定区服务百姓的文化创新载体。至2010年,完成上海市中心图书馆"一卡通"基层服务点建设,在上海市郊率先实现中心图书馆基层服务点全覆盖。

1980年开始,杨浦区图书馆在该区消防中队、渔轮修造厂等单位开展馆外借阅服多。2002年,在杨浦区老干部局、杨浦区国资委、上海消防总队水上支队消防指挥艇等处设立馆外服务点。至2010年,杨浦区图书馆共有延伸服务点33个,服务半径覆盖军区、营区、校区、社区。

1987年,黄浦区图书馆在上海海运局属下客轮公司的"长山轮"上,创建首个"海上图书馆",之后与中海集装箱运输有限公司、上海市锦江航运有限公司签约共建图书流通站。1990年起,分别在上海提篮桥监狱、上海市宝山监狱、上海市女子监狱、上海市第三劳教所、上海市第四劳教所、上海市收容所等处,先后建立6个监区分馆。2000年开始,先后与上海市部队、武警、消防总队等5家部队单位共建军营图书馆。2000年后,先后与上海国际会议中心、中国电信集团黄页信息有限公司、上海大众出租汽车第九分公司和上海银行黄浦支行等共建企业图书馆。此外,还在区域内的街道居委会建立主题期刊室,与上海市格致初级中学、上海市民办明珠中学和上海洪智城市小区管理服务中心等共建社区图书馆。并参与江西遂川县图书馆建设,为老区图书馆开展业务指导、计算机应用培训等。至2010年,该馆馆外服务点达29个。

1987年,松江县图书馆开展"万部图书进军营、进社区、进弱势群体"活动。1995年,与岳阳街道景德路等10家居委会建立图书流动服务。1999年4月,松江区图书馆开展流通车下社区服务,送书上门1720余册,咨询、阅览服务2490人次,上网浏览71人次,办证29张,参加活动8600人次。2001年,图书馆与方松街道江虹等7家居委会建立服务协作关系,年送书1万册。2006年,与驻松江73176部队、海军91989部队、武警五支队三大队等21个单位,建立双拥流动书架,年送书1.4万册。

1989年,卢湾区图书馆与海运局客运公司"海星轮"签订协议,"共建海上文明图书室"。1990

年,与上海监狱共建"监狱文明图书中心",开展帮教活动。1998年,在卢湾公安分局长桥看守所成立分馆。1999年,在金色港湾老年公寓(卢湾养老院)设立分馆。2004年,与市监狱共建市监狱卢湾分馆。2005年,设立华电公寓老年读书会和瑞金医院骨科病房服务点、打浦桥街道海丽小区服务点。2008年,与上海市未成年劳动教养管理所签订"共建思想道德建设"帮教协议。同年,和卢湾区市容管理局共建"融入图书室"。2009年,与卢湾区军队离休干部休养所签订共建图书室协议。截至2010年,图书馆共有馆外服务点21个,包括外来务工人员服务点4个。

1995年,静安区图书馆创建"都市书坊",先后与区域内部分机关、企事业单位共建"馆外服务点"。2004年,与区域内部分"两新"组织建成"共建图书室",2006年更名为"都市书坊",采用共建馆外图书室模式,按需定时配置更新图书,提供新书预约、图书管理指导等个性化服务,开展白领演讲朗诵会、艺术沙龙、讲座论坛、网络互动、寄语征文、楼宇读书成果展示、楼宇座谈会等活动。截至2010年,在静安现代产业大厦、嘉发大夏、越洋广场欧莱雅中国有限公司、上海城市国际企业发展有限公司、白领驿家等17家楼宇、企业建成"都市书坊"。自2009年底开始,静安区图书馆启用"读者1号"流动图书车,该车由17座依维柯客车改装,配置服务终端、读卡器等设备,采用Horizon图书馆自动化管理系统,提供办证、续证、图书借还服务,为"都市书坊"配置图书。2010年10月正式在曹家渡悦达889广场、吴江路休闲街、静安公园等商务楼宇集中区域提供定时定点现场服务。

1996年2月,虹口区图书馆在改建闭馆期间,组成"广场文化轻骑队",用两辆三轮车装载书刊,进入社区、学校、部队、公园,为广大读者提供流动送书服务;同年5月,虹口区图书馆发起的"虹口文化菜篮子工程"正式启动,两辆图书馆"文化快餐车"正式启用。之后,"文化快餐车"逐渐成为虹口区图书馆的品牌服务项目,其通过流动服务的方式,为社区居民、驻区部队提供免费阅览、流动展览、信息咨询、文化信息资源共享工程影片放映并举办现场讲座等服务;还为妇教所、福利院、敬老院、民工子弟小学中各类特殊、弱势群体提供个性化服务。截至2010年,"文化快餐车"建立固定服务点100多个,出车2 000多次,行车近5万公里,服务近50万人次,服务范围覆盖全区62%以上的居委会。

1996年11月,浦东新区陆家嘴图书馆在我国科学考察船"雪龙"号上建立了"雪龙分馆"。之后,通过"雪龙"号,将图书送到"长城""中山"两个科考站,分别配有图书1 500册,每年通过"雪龙"号更换一次。至2009年,累计提供3万余册图书和近3 000张VCD影碟。

自1997年开始,奉贤县图书馆每年开展送书下乡服务。2000年9月,图书馆与县文明办共同开展"送你好书、助你致富"——万家富图书援助活动,为全县417家农村专业户送书2 082册,价值2万多元,被农民誉为"送技术、送经验、送财富"的好事。

2000年6月,徐汇区图书馆在梅陇地区正式启动流动图书馆,半年内向社区居民提供约1.5万册新书。同年8月,图书馆与青浦监狱共建"联合图书馆",赠新书1 500册,此后每季度给予一定数量的图书更新。同时,与驻沪武警部队、上海市少年管教所、区残联及福利院等结成共建单位。2009年,为第一支驻地世博安保部队建立流动图书馆,配备新书架、阅览桌椅及6 000余册新书和200余种杂志,为官兵战士办理"一卡通"借书证。2010年3月,先后为入驻徐汇区的世博安保部队三防医学救护大队和73017部队建立流动图书馆,配送相关图书设备及千余册图书。截至2010年,共建图书流通单位26家。

2001年,长宁区少年儿童图书馆在长宁区新泾镇虹园居委,建立"社区送书服务点",并先后与长宁区中心医院儿科病房、上海市盲童学校、上海市聋哑人学校、长宁孤儿院以及长宁区街道(镇)居委会,签订送书协议。2002年,在长宁区街道社区文化中心建立10个"长宁区少年儿童图书馆阅览专架"，在向红小学建立"长宁区少年儿童图书馆分馆"，送书1.2万册。2003年，在新古北中学和愚园路第一小学建立分馆。至2010年，送书点达40余家。

2002年5月30日，闵行区图书馆成立拥军流动图书馆，首批1 500册新出版的书籍单独建库并送到部队，在25个服务点循环流通；还利用图书馆网络，向部队提供阅读辅导、信息咨询、读书交流、图书代购等服务。

2005年，普陀区图书馆推出"图书漂流"活动。2007年，"图书漂流"活动注册商标，并在第12届夏季特殊奥运会赛场，设立"图书漂流点"，为来自海内外的"特奥"运动员提供阅读服务。2008年，举办"迎世博倒计时600天"图书漂流活动。2009年，与上海出入境检验检疫局合作，在全市各大国际海港、陆港和空港设立"图书海外远航点"，使图书漂流活动的影响力远及海外。2010年6月，获得由国家工商总局颁发的全国首个公共图书馆公益性商标，实现全区9个街道、镇图书漂流点全覆盖，漂流点遍布军营、学校、医院、港口、建筑工地等。

2008年，杨浦区少年儿童图书馆，建馆外服务点22个，包括中小学校、幼儿园、街道居委、社区阳光之家、部队等，每年不定期为各个服务点开展送书送期刊活动。2010年，图书馆共有延伸服务点21个，包括民星幼稚园、工农新村小学、殷行社区（街道）妇联、殷行街道社会发展科、上海市癌症康复俱乐部杨浦办事处等。服务内容包括送书、送期刊、送文化服务、开展业务培训等。

崇明县图书馆坚持每季度为海军农场、富民农场等部队图书室上门更换图书；"八一"建军节期间，为部队采购、赠送军事百科、中外名著等适合官兵阅读的图书；与亚通公司共建"海上流动书吧"，每季度提供各类书刊杂志；每季度为汲浜永南村、庙镇保安村等5家社区赠送杂志，每半年为建设镇、新河镇等6家乡镇流动图书服务点更换图书。至2010年，累计更换和送书1万余多册。

2010年，浦东新区图书馆馆外流通服务点达116个，分布在学校、农村、城市社区、企业、部队、工地、机关、监狱，"阳光阅读吧""农家书屋""蓝领书屋""民工子弟学校图书室"等，形成了具有一定规模的馆外读者服务网络。

【街道（乡镇）图书馆流动服务】

街道（乡镇）图书馆以"广设点，全覆盖"为目标，在馆外设立流动服务站点。1994年起，长宁区天山路街道图书馆开展"知识服务大篷车"，服务对象涵盖"阳光之家""阳光心园"内的残疾人、社区"金福福利院"内的老年人、"海尚物业""顺风大酒店"内的新上海人。2009年，"知识服务大篷车"来到贵州大石村，为当地的孩子捐书360余册。至2010年，"知识服务大篷车"累计服务对象超过3万人次，送出各类书刊超过2.5万册，被评为"上海市志愿者服务先进集体""长宁区精神文明十佳好事"。2009年，虹口区江湾镇街道图书馆关注农民工需求，在农民工集中的福赐菜场开设"菜场书屋"，配置书架、书籍、DVD、电视机等；为推广该经验，虹口区图书馆在全区标准化菜场中都建立了"菜场书屋"。2005年开始，杨浦区五角场街道图书馆打造"绿杨军地读书圈"，开展"送书到军营""送文化到军营""送科技到军营""送法律知识到军营"，在军营中开讲座、举办知识竞赛等读书活动。2010年，该馆把图书漂流、导读等活动，延伸到商区、企业。同年8月，闵行区江川街道图书馆为满足社区边远居民需求，建立"江川流动图书车"，形成1万册的流动图书规模，每隔3个月，"江川流动图书车"驶入8个居委图书借阅点；之后，服务对象扩充至部队、启智学校、外来人员聚集地、民工子弟学校、女企业家聚集地，以及江西上饶玉山县临湖中学。至2010年，全市街道（乡镇）设图书流动服务站点达1 648个。

二、工会图书馆流动服务

2010年前后,上海市总工会以农民工工作和居住相对集中的基层企事业单位、城市社区、工业园区、乡(镇)村和重点建设项目工地为重点,建立"职工书屋"。截至2010年,全市自建"职工书屋"2 000余家,其中有"职工书屋"示范点120个。上海市总工会先后为示范点配备电视机和DVD,配送各类图书20余万册,各级工会为"职工书屋"示范点建设投资300余万元。

2008年2月,上海首家"职工书屋"在长宁区工人文化宫成立。截至2010年底,长宁区总工会自建书屋160家。

2008年6月,金山区总工会在亭林镇文体中心举行"金山区第3届读书会暨'职工书屋'揭牌仪式",为金山区首家全国"职工书屋"揭牌。

2008年7月,杨浦区总工会开通"职工电子书屋"。

同年,嘉定区总工会在新成路街道社区文化活动中心、外冈镇长泾村工会联合会和马陆镇伟创力电子科技(上海)有限公司工会等3家有代表性的单位,建立嘉定区首批"职工书屋"示范点。区总工会向每个示范点赠送图书2 000册。

同年,松江区总工会建立首批3家市级"职工书屋"、10家区级"职工书屋",共有电子、机械、科技、文艺、文学、历史等各类藏书15万册。2009年,又建立岳阳、车墩镇总工会市级"职工书屋"。

2008年,青浦区总工会完成区级10个、镇级30个(含示范点)"职工书屋"的建设。2010年,区总工会投入20万,购置图书近万册,建立"职工书屋"流动书库。

2009年,上海水产集团先后在远洋渔业公司、金优远洋渔业公司、蒂尔远洋渔业公司的35艘远洋渔轮,以及在毛里塔尼亚、摩洛哥、阿根廷、斐济等4个海外基地及境外马绍尔鱼品加工厂,建立海员和海外企业员工"职工书屋""职工书柜""职工书袋",实现远洋渔业企业职工书屋全覆盖。

2010年,奉贤区总工会建立30家"职工书屋",定期更换交流图书3.2万册,并为部分农民工代表办理借书证,提供价值1.5万元的东方学习卡。

第四章 读者活动

第一节 讲座展览

一、公共图书馆讲座展览

讲座与展览是公共图书馆履行社会教育职能的一项重要工作,1978年以来,纳入常规服务项目,规模逐渐扩大,内容逐渐丰富,形式逐渐多样。

【市级图书馆讲座展览】

1978年,上海图书馆创办"上图讲座",以形势、政治经济理论信息为主。2003年3月,全国文化信息资源共享工程上海市省级分中心在上海图书馆挂牌成立,"上图讲座"资源成为全国文化信息资源共享工程管理中心的资源,同时"上图讲座"资源制作成光盘,向上海市中心图书馆的分馆、基层服务点输送,实现优秀文化信息资源在上海市中心图书馆的全覆盖。2005年,"上图讲座"牵头召开首届公共图书馆讲座工作研讨会。同年,"'城市教室'——上海图书馆市民讲座"荣获第一届文化部创新奖。2009年,"上图讲座"实施"进百校行动计划",在松江大学城和其他大、中学校举办人文素养系列讲座,利用讲座光盘资源服务全市50所高中、50所大学。至2010年,"上图讲座"

图4-4-1 2006年上图讲座"名家解读名著"系列活动现场

设置贴近市民生活的 6 大版块、18 个系列的内容,涉及国内外形势、经济、教育、文化、法律、健康、创新等,并以光盘为载体,为全市 251 家中心图书馆分馆、300 个东方信息苑及社区、学校、部队等公益服务点输送讲座;同时,上海图书馆无偿与全国 170 家城市图书馆共享"上图讲座"光盘,带动长三角及全国公共图书馆共同开展公益讲座,共享讲座品牌资源,并通过讲座平台发起爱心捐赠活动和朗诵活动,募集图书 2.7 万余册,分送至山西、黑龙江、内蒙古和新疆等地。2010 年,"上图讲座"共举办公益性讲座 187 场,直接听众人数 5.1 万余人次,累计举办各类讲座 2 000 余场,直接听众约百万人次。提供讲座光盘 70 种 2.3 万盘;"上图讲座"网站新增视频讲座 67 种,点击量 387 万人次;资源共享单位上海 590 家、外省市 160 家。

上海图书馆立足丰厚的馆藏资源,举办各类精品文献展,推进馆藏文献的抢救、挖掘、整理,并通过展览向社会及读者揭示珍贵文献的历史价值。1988 年 5 月,举办"文化、艺术、生活"系列展览,展出馆藏国外唱片、音带、封套设计艺术。1991 年 7 月,举办"上海建城七百周年"图片、文献展览,展出 1 200 余幅珍贵图片。1991 年 10 月,举办"辛亥革命在上海"图片文物展,展出 210 幅历史图片和 100 余件实物。1992 年,纪念建馆 40 周年之际,正式建立中国文化名人手稿室,开始集中展示征集到的珍贵文化名人手稿。1996 年,淮海中路新馆建成,为文献展览提供良好条件,历史文献展览内容不断丰富,形式有所创新。除继续不定期举办各类主题展览外,2005 年开始,每年举办"历史文献年展",如 2005 年 11 月举办"翰墨珍拓——上海图书馆藏善本碑帖展",2006 年 11 月举办"雅鉴真赏——上海图书馆藏明清名家手稿展",2007 年 11 月举办"真影留踪——上海图书馆藏历史原照展",2008 年 11 月举办"珍档秘史——上海图书馆藏盛宣怀档案展",2009 年 6 月推出"寻根稽谱——上海图书馆藏家谱精品展",2010 年 9 月举办"琅函鸿宝——上海图书馆藏宋本展"。此外,上海图书馆应俄罗斯国家图书馆、新加坡国家图书馆、美国纽约皇后区公共图书馆,以及香港"中央"图书馆、澳门"中央"图书馆、香港市政局公共图书馆、香港中文大学图书馆等海外机构的邀请,赴当地举办馆藏历史文献展和学术讲座,展品涉及古文献、近代文献、年画、文化名人手稿、盛宣怀档案等。

1997 年,上海少年儿童图书馆推出"名人讲坛"系列讲座。2006 年,举办"快乐成长讲坛",以未成年人及其家长和少年儿童工作者为服务对象,邀请上海市精神文明办公室、团市委少年部、市妇联儿童部、华东师范大学学前教育学院等的专家学者,组成报告团队,推出"唱童谣、知荣辱、促成长""游戏千机变""古往今来""成长的烦恼""开启孩子的巨大潜能,培养快乐超级宝宝""婴幼儿行为心理分析与良性培育""民主的家庭""艺术鉴赏"等 10 个专题讲座。

【区县图书馆讲座展览】

1980 年,虹口区图书馆开始举办公益讲座,平均每月举办 5 次。1980—1984 年,共举办讲座 297 次,听众 42 735 人次,讲座内容涉及文学、政治、历史、哲学、音乐、美术等。

自 1990 年开始,黄浦区图书馆先后举办"纪念抗战胜利 60 周年——铁的新四军"专题展览、"回眸十五展望十一五文化建设图片展"、侵华日军"731"细菌部队罪证展、俄罗斯 18—19 世纪军事制服图片展、"风雨改革路,辉煌 30 年"黄浦区改革开放 30 周年图片展、禁毒成果图片展、80 年辉煌——中国共产党光辉历史图片展、迎世博 600 天——世博历史图片展、中斯建交 60 周年"自然、时空、和谐"艺术展、纪念辛亥革命 100 周年——两岸退役将领书画展、陆家嘴"梅园杯"上海国际藏书票精品展等。2006 年 8 月,图书馆为打造文化服务品牌,推出"名家谈上海"系列讲座。2006—2007 年,举办"名家谈上海——城市文化与城市生活""租界的建立和发展""国际博协选择了上海"

等讲座；2008—2010年，推出"名家谈上海"上海百年老店寻根系列讲座10余次。

　　1991年5月，松江县图书馆与湖南省岳阳地区精神文明建设领导小组合作，在岳庙广场举办"美在百姓家"书画大联展，为期1周。1994年9月，县文化局、县图书馆联合举办"当代松江人著作展"，在方塔园天妃宫展出。1995年8月，县图书馆举办纪念抗战、二战胜利50周年图片资料展，并分别在社区、学校、军营巡展。2003年，松江区图书馆承办"春天的故事——松江改革成果展""松江新城油画展""抗非典图片展"。2006年，承办"飘在上海——新松江人油画""纪念长征胜利70周年图片展""建党85周年图片展"。2007年，承办"建设社会主义新农村图片展""庆香港回归十周年图片展""建军80周年图片展""中国松江和日本松江"摄影交流展。2008年，承办"松江撤县建区十周年"征文活动、松江区"迎奥运、讲文明、树新风奥运知识竞赛""十七大图片展""抗震救灾图片展""奥运会成果图片展"。2009年，承办"世博会与上海城市文化讲座"。2010年，承办《纪念抗日战争胜利65周年图片展》《我与海宝游世博少年儿童书画摄影展》。

　　杨浦区图书馆以上海图书馆丰富的讲座资源为依托，配合寒暑期，结合时事，策划"面对挑战，做成功女性""女性的心理压力和心态调适""家政服务业的发展前景"3场就业指导讲座、"中国生命科学与生物技术的回顾与前瞻""现代化的健康生活方式"专题讲座、"红与黑""巴黎圣母院"等4场影视讲座、"城市精神的构建与青少年素质提升"文化素养讲座。2004—2007年，围绕"知识杨浦"的创建目标，举办内容丰富多彩的系列"杨图讲坛"，年举办讲座50场，参与人数2 000余人。2010年，影视播放302场，讲座71场，展览6个。

　　2004年，长宁区少年儿童图书馆在青少年儿童中举办内容丰富、贴近需求的各类讲座，邀请青少年德育教育专家、上海市科普讲师团优秀讲师、科学技术专家、科普工作者，深入学校、社区、图书馆，在未成年人中组织开展巡回讲座。至2010年，共举办科普讲座170场，76 254人次。

　　2005年，嘉定区图书馆主办"嘉图讲座"，由各镇街道图书馆承办。讲座内容紧扣时政热点、法律法规、科技教育、人文艺术、健康养生、金融理财6大主题，以开设"市民身边的课堂"为目标。2005—2010年，共举办160多场"嘉图讲座"，听众近1.3万人。2008年，"嘉图讲座"延伸至社区和企业。

　　2007年5月，徐汇区图书馆推出周六公益文化讲座系列活动，聘请著名作家、专家、教授等组成"徐汇区图书馆讲师团"，举办徐家汇历史变迁、玻璃艺术、外国戏剧、中国传统戏剧、国宝鉴赏等专题讲座，全年举办33场，3 000多人次参加。2010年，周六公益文化讲座由上海世博会、社区文化与名人同行（音乐文化系列）、传统节日文化、儿童文学、文化名人、瓷器文化、佛教文化与文学、古典诗词欣赏和昆曲艺术等主题板块构成，全年共举办70场讲座，7 961人次参与，其中邀请沪上知名作曲家、指挥家、演唱家等举办主题讲座25场。

　　2008年6月，奉贤区图书馆"言子讲坛"开讲，讲坛旨在弘扬人文精神，传播学术文化，提高市民文化素质。至2010年，举办讲座百余场，内容包含人文历史、时政解读、百姓民生、民俗文化、法律知识、国防知识等。

　　静安区图书馆每年举办艺术、人文、时政、经济、音乐巡礼、作家见面会等各类文化讲座，举办名家笔会、书画展、刻字展、摄影展等展览活动。2008年馆庆50周年，举办"书山屐痕"摄影图片展。2010年举办"城市的未来与公共图书馆"专题论坛，邀请专家学者做专题演讲。图书馆先后举办"香梅菱花艺聚世博"陈香梅画展、"老相机归故里——澳洲友人捐赠展"、墨西哥"多彩之国"摄影展、"镜头中的中国社会变迁"中美日3国摄影家纪实摄影展等活动。至2010年，图书馆共举办读书活动204场次，29 486人次参与。

2010 年,普陀区图书馆举办"巴金著作手稿、版本、书名篆刻联展漂流暨 2010·巴金论坛",共展出 20 世纪 20、30 年代以来的各类巴金著作版本 80 余种。图书馆还推出"阅读引领未来阅读成就梦想"城市教室讲座,分设"名家讲坛""文学讲坛""父母课堂"等多个系列,邀请著名专家学者作客讲堂。图书馆先后被授予上海市作家协会活动基地、作协城市文学讲坛基地、巴金研究会活动基地、学法基地、环保教育基地、东方讲坛举办点等。

2010 年 9 月,闵行区图书馆创办春申文化讲座,讲座致力于推动闵行区文化发展,以"春申"文化为中心,加强知识的辐射和延伸范围,使其融入更多家庭。

2010 年 10 月,浦东新区图书馆创办"浦东文化讲坛",著名作家余秋雨首讲《读书与人生》,系列活动包括"人文艺术展览""故事妈妈讲故事""亲子国学沙龙""作家教你写作文""HIFI 天地"以及与上海电视台纪实频道合作的"真实影院""浦东读书节""馆员学术沙龙""浦东图书馆第一届学术论坛"等。

【街道(乡镇)图书馆讲座展览】

街道(乡镇)图书馆顺应社区居民需求,开展各种讲座展览服务。浦东新区陆家嘴街道图书馆自 2000 年开始举办国际藏书票艺术展,至 2010 年已举办 11 届,参加国内外藏书票巡展 10 次,社区巡展 35 次,每次参观人数超过 3 万。2004 年,浦东新区塘桥街道图书馆利用辖区内仁济医院资源,打造"塘桥·仁济健康讲坛",医院派出专家志愿者,根据居民实际需求制定讲坛计划,创办以来,健康知识讲座已举办 82 场,听课受益居民达 1 万余人次。浦东新区上钢新村街道,居住了近 150 位"两弹一星"功臣,该街道图书馆收集"两弹一星"资料,于 2004 年举办"两弹一星"回顾展,共接待 5 万多人次参观;图书馆还依托"两弹一星"功臣,组建"爱国主义教育宣讲团"。2007 年,普陀区宜川街道图书馆开办"我说宜川"论坛,讲百姓关心的身边事,内容涉及社区建设、青少年教育与保护、消防安全等,至 2010 年,已举办 40 余期,参与居民达 4 千余人,获 2009 年度上海市社区教育优秀项目奖。宝山区淞南镇图书馆应社区读者要求,开办"摄影名家讲坛",每季度邀请市、区摄影名家交流摄影知识技艺,在"宝山读书月"举办大赛和摄影展,2009 年举办"风从乡间来——上海市新农村摄影展",2010 年举办"印象世博、多彩淞南"摄影大赛与展览。此外,宝山区罗店镇图书馆举办龙舟文化艺术展,闵行区颛桥镇图书馆举办剪纸艺术展,徐汇区龙华街道图书馆举办以"龙华魂"为主旨的爱国主义教育讲座。

二、高校图书馆讲座展览

举办学术讲座与文献展览,是各高校图书馆的一项常规工作,每年 9 月,各高校图书馆都会开展新生入馆讲座,内容有图书馆介绍、馆内资源介绍、图书资源利用等,或者开辟读者专栏,举办《如何利用馆内资源》等讲座。

1992 年 6 月,上海交通大学图书馆英语学习中心与英国文化委员会联合主办"卓别林生平"(Chaplin 1889—1977)展览及放映活动。同年 10 月,在包玉刚图书馆 1 楼展览厅开展"交大人著作展",共展出学校 100 余位正、副教授、高级工程师、研究员、讲师著作及翻译的专著和教材 134 种。1999 年,第 6 届德国施普林格、瑞士柏克豪舍、美国 CRC 出版社科技图书巡回展在上海交通大学包兆龙图书馆举行,共展出最新出版的科技类图书、期刊 1 300 余种。2002 年 11 月,上海高校外国教材中心、中国图书进出口公司上海分公司,联合在上海交通大学图书馆包兆龙图书馆 4 楼报刊阅览室,举办最新外国教材巡回展活动,展示 500 余种国外名牌大学选用的教材。2009 年,图书馆推出"IC² 人文拓展计划"。同年 3 月,图书馆与学生社团"秋水书社"、学生联合会、Emerald 数据库公司、媒体与设计学院等合作推出"IC² 人文拓展计划——阅读,让校园更美丽"系列文化活动。活动以展览(书展、学生创意作品展)、竞赛(书评竞赛、书法大赛)、阅读沙龙、"思源讲坛"文化讲座、"艺术走进校园"多媒体展播、"鲜悦"Living Library、"影响交大人的书"为主体内容。

1993 年 4 月,上海师范高等专科学校图书馆举办"1993 上海师范高等专科学校文化艺术节",期间举办各种艺术作品展览、艺术图书展览、艺术讲座、艺术活动比赛。

1994 年,上海戏剧学院图书馆配合"首届国际莎士比亚戏剧节",举办莎士比亚著作版本展。1995 年,配合学院校庆,举办上海戏剧学院教师学术著作版本展。

1997 年 5 月,上海第二医科大学医学图书情报中心与中国图书进出口上海公司合作举办 1995—1997 国外医学新书展。2001 年,与中国教育图书进出口公司、中科院上海文献情报中心联合主办国际医学暨生命科学图书展,共展出有关医学及生命科学的原版图书 800 余种。

2003 年起,上海财经大学图书馆于每年 11 月组织"图书馆服务与数据库检索系列讲座"活动。2010 年,图书馆针对论文写作需要,组织开设文献研究方法系列讲座。

2005 年,上海理工大学图书馆举办纪念爱因斯坦发表相对论 100 周年活动,利用丰富的馆藏资料,出版 4 期介绍爱因斯坦生平的专刊,包括世界物理年与爱因斯坦、爱因斯坦少年时代的特点、关于爱因斯坦经受挫折考验的对话、空时观的大革命,专刊依次在图书馆展出。

同年,上海师范大学图书馆举办爱因斯坦在中国——纪念相对论发表 100 周年图片展,展览分 3 部分,包括 20 世纪最杰出的天才人物——爱因斯坦、相对论与 20 世纪物理学、相对论在中国。该展览在校内外得到很大反响,《新民晚报》《新闻晚报》及上海教育电视台相继报道,以色列驻沪副总领事前往观展。该展还走出校园到长宁区图书馆向社会公众展出。2009 年 10 月,上海师范大学图书馆举办"馆藏老教材实物展览",展现了图书馆的丰富馆藏和综合实力;中央电视台新闻频道"朝闻天下"栏目对此做了专题报道。

2008 年,同济大学图书馆创立"立体阅读"活动,融展览、讲座(含现场讲解)、演出(含影视纪录片播映)、文献阅读、读者互动等多种形式为一体,活动包括展现中国传统戏剧和水墨画等传统艺术的"粉墨中国",反映中华各民族舞蹈精华的"缤纷华夏",展现大型敦煌复原壁画精品的"再现敦煌",感知中国城市文化精髓——海派文化的"经典上海",纪念俄国作家列夫·托尔斯泰逝世 100 周年的"走近托尔斯泰"等主题的"立体阅读"活动。

2010 年,上海海洋大学图书馆举办上海记忆展、世博展、周恩来史料展、迎校庆摄影作品展、百年上海建筑摄影作品展、海洋文化展暨象山海洋摄影图片展、上海海洋大学图书馆老教材图片展等。

三、科研图书馆讲座展览

1978 年,中国科学院上海有机化学研究所图书馆在中国化学会 1978 年年会上举办化学书展。

1980 年,中国科学院上海图书馆配合国际神经生物学讲习班,举办神经生物学专题书展。

2004 年 10 月,中国科学院上海生命科学信息中心邀请全球知名出版商 John Wiley 举办生命科学、医学专题书刊展览,展出 200 多种国外最新生命科学、医学类书刊,并提供 600 多种最新科技书刊目录。2005 年 4 月,举行"专题文献知识系列讲座",主要介绍"一网两库"服务内容和专业数据库的使用方法,吸引包括中科院上海生命科学研究院各所、上海聚科生物园区、中国极地研究所、上海交通大学、上海医工院单位的科研人员、企业用户 70 多人前来听讲。2007—2010 年,与中科图书进出口公司先后联合主办"2007 外文原版图书生命科学专题展""2009 年国外原版医学、生命科学图书及教材展""2010 年国外原版生命科学、医学专题展",展出图书涵盖遗传学、普通细胞学、生物化学、生理学和分子生物学、生物工程技术、微生物学与病毒学、植物学、人类学、医学基础科学、药物学、神经病与精神病科学、肿瘤学等学科。

四、中小学图书馆讲座展览

1994 年,上海市市北中学图书馆开设系列专题讲座,向学生介绍有关图书的知识、期刊的知识、中图法分类和工具书的作用等。此外,配合语文、史地等学科的教学,为学生开设阅读课,每周 24 课时。

2001 年,上海中学图书馆邀请作家、学者向学生传授写作知识和写作技巧,讲授作家的亲自经历和写作经验。

2002 年,上海市七宝中学图书馆举办"继往开来、与时俱进——中国共产党第十六次代表大会图片展"。2003 年,以钱锺书读书笔记手稿、生前读书与治学照片为主要内容的图片展,在图书馆大厅展出。2004 年,举办"陶行知:'一代宗师,师魂永存'"专题展。2005 年,举办"纪念中国人民抗日战争暨世界反法西斯战争胜利 60 周年图片展"。2006 年,举办"纪念红军长征胜利七十周年图片展"。2007 年,举办"中外文学名著插图展"。2008 年,举办"中外名家与图书馆"展览。2009 年,举办"读书乐"摄影作品展。2010 年,举办"世博知识展"。

2004 年,上海市奉贤中学图书馆举办面向学生图书管理员的"文献信息检索与利用"知识讲座。2010 年,图书馆对预高、高一年级图书管理员,开展图书分类知识的专题讲座。

2009 年 5 月,上海市李惠利中学图书馆在校读书节"红色经典阅读报告会"上邀请作家吕震邦作讲座。

上海市曹杨第二中学图书馆设立"博雅讲坛",先后邀请文化学者葛剑雄、葛兆光、廖宗廷、李宏图,作家席慕蓉,诺贝尔文学奖得主、法国著名作家勒·克莱齐奥等国内外名流开设讲座。

第二节　读　者　培　训

一、公共图书馆读者培训

【市级图书馆读者培训】

1995 年,上海图书馆推出参考馆员制度,参考馆员面向读者提供利用图书馆基本技能的专业培训服务。1996 年 5 月,上海图书馆网络学习室开展残障读者办公自动化培训。2006 年开始,上海图书馆每周至少举办 1 次读者培训活动。2010 年,上海图书馆"新技术体验中心"建成开放,主要培训读者学习使用各类电子书阅读设备,并提供免费课程。

上海少年儿童图书馆专门面向中小学生开展如何利用图书馆的辅导培训。图书馆中学部,向读者开展图书书目分类法、书架排架法,以及使用图书馆 ILAS 系统检索书目等培训。图书馆信息服务部,为帮助小读者学习使用图书馆计算机检索系统和"少年儿童信息港"网站,专门开设网上书目检索和 ILAS WEB 网上图书馆应用讲座与培训。同时,市少年儿童馆还注重培养小读者的个人兴趣爱好和特长,开设各类兴趣班。自 1994 年开始,图书馆低幼部举办娃娃故事培训班,对儿童进行语言、形体、表演培训,重点突出语言表达能力的培养和提高。小学部,推出"全方位知识快车"以及"小小摄影班""小小主持人班""小小作家班"等培训活动。中学部开设"中学生假日生活指导"系列讲座。电脑视听部利用自身资源优势,举办"迈向信息高速公路"的少年儿童图书馆读者培训活动。

【区县图书馆读者培训】

卢湾区图书馆为培养少年儿童利用图书馆的意识,与附近幼儿园联合,邀请大班孩子到少年儿童图书馆参观;并撰写《少年儿童读写指南》,由上海社科院出版社于 1989 年 9 月正式出版,着重介绍图书馆和阅读写作知识;编制幻灯片《孙悟空漫游知识天堂》,介绍如何利用图书馆的相关知识;成立由陈伯吹当顾问的"金钥匙书友社",开设读童话、写童话等读书兴趣小组,激发少年儿童阅读与写作兴趣。

1999 年 4 月,杨浦区延吉图书馆举行"杨浦区女性教育培训基地"揭牌仪式,培训基地为杨浦区 12 个街道(镇)下岗女工,开办"服装制作与设计""计算机""保育员""家政礼仪"等技能培训班。2002 年 12 月,电子阅览室对外开放,同时成为全市公共图书馆行业"百万家庭网上行"培训点,万余名学员接受培训。

2002 年 6 月,黄浦区图书馆在黄浦区民政局、黄浦区教育局注册登记"黄浦读者进修学校",开展读者培训,拓展和延伸图书馆教育功能。自 2003 年起,开设"小作家班"。2008 年 6 月,被评为社会力量 A 级办学机构。

2004 年 9 月,闵行区图书馆"闵图市民学堂"正式开学,市民学堂向所有读者免费开放学习平台,共安排培训项目涉及"老年上网"系列、"少年课外阅读"系列、"信息素养"系列、"上图讲座"系列、"文学知识"系列、"文学艺术欣赏"系列、"生活知识"等 7 个系列。2005 年,市民学堂成立"学讲上海话"培训班。之后,定期举办"学讲上海话""地方文化史""女红文化"等系列知识讲座,开展老年摄影沙龙、新市民文学沙龙等活动。

闸北区少年儿童图书馆建设"居民网上学习圈"和"青春期健康教育"两项特色活动。2005 年,图书馆建设"居民网上学习圈"网站,上海远程教育集团在区少年儿童图书馆安装卫星接收设备,提供丰富的居民学习资源,并制作近万张"居民网上学习圈"会员卡,免费发放给居民自主学习。开办"青春期健康教育"活动,面向社区开展网上青春期心理健康咨询活动,设立青春期健康教育图书专架,提供图书介绍、专家咨询、艾滋病预防、青春期性心理性生理知识、专家访谈、心理测试等特色项目。

普陀区少年儿童图书馆每年开展新读者入馆教育,发放《上海市普陀区少年儿童图书馆》读者手册,使读者充分了解图书馆的有关规定,以及如何有效利用图书馆;图书馆的介绍还在门厅多媒体触摸屏上滚动播出、广泛宣传。

【街道(乡镇)图书馆读者培训】

街道(乡镇)图书馆读者培训的主要对象是少年儿童。徐汇区天平街道图书馆为帮助学生喜欢图书馆、学会利用图书馆,引导学生走进图书馆,充当"小馆员",和工作人员分组上岗,学习图书馆基本常识,了解图书编目、分类、排架、整理。图书馆还组织"小馆员"参加馆外送书服务和各类实践活动。至 2010 年,图书馆已接待实践"小馆员"500 余人。

二、高校图书馆读者培训

高校图书馆读者培训主要涵盖新生入馆教育、资源与服务利用讲座等。

20 世纪 80 年代,上海师范学院图书馆业务辅导部编制"怎样利用图书馆"录像教学片,并为中文系和历史系毕业班学生开设"中文工具书使用法"课程,每学期讲授 22 小时。此外,图书馆和学校其他院系共同开设公共选修课。

1981 年开始,华东化工学院图书馆每年对新生作"怎样利用图书馆"的教育,平时对学生进行导读及精神文明教育。

1982 年,同济大学图书馆利用讲座形式,对大学生、研究生分别进行文献检索和利用教育;1984 年,设立图书参考咨询研究室,负责文献检索与利用教育。

1985 年,华东政法学院图书馆为新生开设"文献检索与利用"讲座;1986 年,向大一新生、大三部分学生和研究生开设文献检索讲座。

1987 年,上海财经大学图书馆对二、三年级学生开设"经济文献检索与利用"讲座。

1988 年,复旦大学图书馆编印《复旦大学图书馆读者手册》,引导大学生利用图书馆。

1989 年,同济大学图书馆面向新生举办如何利用图书馆的讲座,并正式作为新生入学教育的内容。1990 年,建立文献检索实习室,并配备检索工具书,满足学生实习的需要。1994 年,为配合新生入学教育,专门编写《图书馆使用指南》,以提高教学质量。

1994 年,华东政法大学图书馆编印《读者手册》一书,系统介绍图书馆各部门组成、资料分布、读者借阅规章制度、图书馆发展历史、"中图法"分类简目、教学参考导读书目等内容。

1996 年,上海戏剧学院以讲座形式对入学新生进行如何利用图书馆的培训。2006 年,作为正式课程列入学院指定选修课,由图书馆老师授课。

1998 年 9 月,同济大学出版社正式出版《计算机情报检索》一书,作为研究生院指定教材。

2000 年,华东政法学院图书馆组织馆内人员编写选修课教材,首次开设"互联网与法律文献检索"课,培训学生掌握资源检索的方法和技能。

2003 年 7 月,同济大学、安徽建工学院合作编写《科技信息检索与利用》,同济大学出版社正式出版。

2004 年,上海电机学院图书馆定期开展中外文数据库使用培训。

2004 年,上海工商外国语职业学院图书馆开设文献检索课。2010 年,图书馆承担"职业指导与就业服务"部分课程,并承担新教师培训"如何利用图书馆"。

2006 年,上海海关高等专科学校图书馆开办新生讲座,以后每年持续为新生开设"如何利用图书馆"讲座。此外,图书馆经常邀请学者来馆开设图书馆理论讲座。

2007 年,上海师范大学图书馆拍制电视教学片《走进你身边的图书馆》,用于新生培训。

2008 年,华东政法大学图书馆每周组织新生走进图书馆,向学生介绍图书馆的馆藏资源情况以及图书采购、加工、排架等一系列工作流程,并让学生参与图书报刊的采访、文献资料的工作,参加图书馆书库阅览室的卫生劳动、管理学生自修教室等。

同年,上海交通大学图书馆学科服务团队结合自身专业优势,将读者信息素养教育与院系专业课相结合,陆续推出 10 余门嵌入教学的信息素养课程。例如,人文传媒学科的《英文报刊导读》、电子电气学科的 ACM 班《科研实践》；以及重点跟踪学校特色班的嵌入式课程，包括致远学院理科班、生命学院 iGEM 创新团队、法学院法科特班、密歇根学院机械工程班等。2009 年，图书馆推出"培养信息专员　支撑科研团队——科研信息专员网络建设计划"，培训内容围绕专业学科，涉及专题文献检索、检索策略确定、实验数据获取、主题词表使用、专业文献分析，以及专业数据库和文献管理软件的使用等多个方面。

图 4-4-2　2008 年，上海交通大学图书馆推出的嵌入式新生研讨创意课堂

三、科研图书馆读者培训

1989 年，上海社会科学院部门经济研究所资料室在全国招生，创办全国图书资料工作讲习班。

1998 年，中国科学院上海有机化学研究所图书馆开设面向研究生的化学文献检索课程；1999 年编著出版《现代化学文献检索》教材。2002 年起，"数据库使用"成为研究生和新进人员的常规培训内容。

2005 年，中国科学院上海生命科学信息中心开展生物信息及相关数据库等资源与服务的培训。2010 年度总计开展用户信息素质培训 25 次，培训约 360 人次。开展信息化服务包括开放信息素质教育服务平台、植物科学领域科学家网络、研究所机构知识库平台，重点学科领域个性化知识服务平台等。

2005 年，中国科学院上海药物研究所图书情报室对浦东新区（张江园区为主）科技人员开展用户信息素质教育讲座 2 次。此外，在每年研究生（新职工）入所教育周期间实施图书馆文献信息资源和规章制度的全面介绍，重点介绍专业数据库的使用。

中国科学院上海技术物理研究所图书馆坚持开展多种形式的文献检索培训，如新生、新职工入所培训,课题组或实验室专场培训,引进人才一对一培训等。

中国科学院上海应用物理所图书馆每年在研究所内为科研人员、新职工和新生举办 2—3 次以科技文献检索为主题的培训活动,每年参加培训人数约 150 人。

四、中小学图书馆读者培训

为配合学校教育教学工作,许多中小学图书馆开展各种形式的图书馆教育活动,利用书刊资源对学生进行思想道德教育和文化科学知识拓展,并对新生开展关于图书馆利用知识的教育,以提高学生信息素养和利用图书馆自我学习、自我发展的能力。中小学图书馆主要通过开展新生入馆教育、图情知识教育、资源利用教育等一系列培训方式,帮助学生学会如何使用图书馆。

20 世纪 90 年代,上海市敬业中学图书馆开始对学生进行图情知识教育,并参加《中学生图书情报知识教育》的编写工作。图书馆以选修课的形式,将文献检索作为信息教育模块之一。2007 年,图书馆编写《图书馆利用问答》,对高一年级学生进行深层次的文献检索教育。

1993 年开始,上海市行知中学图书馆每年对高一全体学生进行入馆教育及入馆培训,组织学生图书管理员,开展"怎样利用图书馆资源及读者借阅制度"等图情知识培训。

1994 年,上海市市北中学图书馆为新生举办常规教育性质的图情知识课,介绍图书馆概况、分类和排架规律、书刊种类和选择、借阅规章制度等。

1996 年起,上海市奉贤中学图书馆承担学生图情小组活动课的教学工作,向学生介绍图情基础知识,如"四角号码查字法""图书分类法""图书著录"等内容。2006 年,图书馆拍摄并制作"畅游书海——走进奉贤中学图书馆"专题短片。2010 年,图书馆开设针对高一年级的"网络信息检索与应用"课程,并完成相关教材编写。

2000 年,上海市吴淞中学图书馆依托学校特色拓展型教育课程——社团活动课,组织"情报信息"社团,对学生进行图书情报知识教育,培养学生的情报信息意识,提高学生的情报信息技能。

复旦大学附属中学图书馆围绕"为什么要读书""你会读书吗""怎样利用学校的图书馆资源"等主题,每年对新生进行入学教育。2000 年,图书馆在高一年级开设"信息利用基础课",并编写教材。

2004 年开始,松江区车墩学校图书馆每年对学生进行图情教育,介绍学校图书馆的馆藏情况及各种借阅制度,帮助学生熟悉学校图书馆情况。

同年,上海市田家炳中学图书馆开始每年为新生开设"图书情报知识"专题讲座,如"如何使用学校图书馆""带你去看看学校图书馆""如何利用学校图书馆网站",让学生学会使用学校图书馆。

同年,闸北区永和小学图书馆开设图情知识课,对学生进行"勇闯图情知识关"的测试,通过者方取得借书资格;根据学科教学内容、具体目标,制定各年级学生的阅读量、阅读时间、阅读计划。

2005 年,上海市七宝中学图书馆开展新生入馆培训,组织新生参观图书馆,举办利用图书馆的入学教育专题讲座,并把文献检索课纳入学校研究性课程教学计划中。

2010 年,上海市向东中学图书馆组织学生图书管理员,开展图书情报知识、学习利用图书馆资源及读者借阅制度等培训,并参与学生图书资源利用研究型课题研究。

除了图情基础知识培训外,一些中小学图书馆还开设拓展型培训课程,培养学生的兴趣爱好。2000 年,复旦大学附属中学图书馆开设"科学与艺术"和"影视鉴赏"课,指导学生阅读和使用信息。

2004 年,上海市奉贤中学图书馆开设篆刻拓展型课程。2010 年,针对高二年级开设"PhotoShop 图像处理"拓展型课程。上海市崇明中学图书馆开设"印度舞""书法""篆刻"等课程。

五、工会图书馆读者培训

【市区工人文化宫图书馆读者培训】

1982 年,市工人文化宫图书馆与各区工人俱乐部图书馆纷纷举办辅导讲座,普及中国近代史、社会发展史、中共党史学习,先后为基层图书馆培训 8 100 多名读书活动辅导员。1978—1982 年,上海市区文化宫(俱乐部)图书馆普遍举办高初中文化补习、专业技工培训等。

1978 年,徐汇区工人俱乐部图书馆举办基础知识学习班 4 期,学员 300 人次;1985 年举办专业知识提高班,学员 61 名,与华东师范大学联合举办 6 门专业知识进修班,学员 119 名;1989 年,与华东师大联合举办 15 门专业课程合格专业证书班,共 3 届,学员 121 名。

1979 年,上海市沪东工人文化宫图书馆举办文化知识学习班 12 期,600 多人参加。1981 年举办语法、逻辑、文学进修、基础写作、中国古典文学、哲学 6 个班,学员 600 多人。

【企事业单位工会图书馆读者培训】

1989 年,上海石油化工总厂工人文化宫图书馆增加英语、日语录音磁带和自学辅导教材的借阅;同年与华东师范大学联合举办两期图书馆学情报学专业进修班,60 多人参加学习并结业。1990 年,上海渔轮厂工会图书馆配合该厂培训计划,集中上架一批各工种的考工升级类书籍。

第三节　读书活动

倡导全民阅读是图书馆一项重要的读者服务工作,旨在通过各类读书活动,激发读者阅读热情,提升全面发展素养。20 世纪 60 年代,全市有"红领巾读书读报奖章活动""鲁迅读书运动""红旗读书活动"。1978 年以来,在各级各类图书馆的积极推动与组织下,校园读书活动、社区读书活动、职工读书活动、家庭读书活动以及全市性的"振兴中华读书活动"等蓬勃发展。图书馆积极参与,推广阅读,为建设书香社会、城市社会主义精神文明建设作出贡献。

一、公共图书馆读书活动

【市级图书馆读书活动】

1995 年 5 月,上海图书馆在上海植物园第 3 届上海牡丹花会上举行"读书、爱书、藏书"活动。2003 年开始,每年举办"读书乐"摄影活动。同年,开展"上图新感觉—阅读—悦读"为主题的"读书月"活动。2004 年开始,上海图书馆每年坚持开展"世界读书日系列读书活动",每年举办 4—5 次读者体验图书馆活动,让读者了解馆藏资源,并逐渐形成"家庭读书乐"品牌。2004 年 4 月,上海图书馆与静安区图书馆、黄浦区图书馆和杨浦区图书馆,联合举办"世界读书日"系列讲座;同年 10 月底,上海图书馆书店、图书文化博览厅与《文汇读书周报》合作,开展"好书大家读"系列活动。2005年,为纪念"世界读书日"十周年,以"阅读改变人生,共建和谐社会"为主题,举行系列活动。2006年 4 月,举行"世界读书日"系列活动之"学习——成才"优秀进城务工青年报告会;同年 7 月—11

月,上海图书馆开展上海读书节活动项目"荣辱观系列讲座"。2007年4月,开展全民读书月活动,举办盲人读书征文及知识竞赛等;同年6—8月,举办振兴中华读书节——"军旗飘飘"系列活动。2009年,组织"第十一届上海读书节'共同的阅读记忆'新中国成立60周年征文大赛"和"'读书家庭、美好人生'上海十大书香人家评选"等活动。2010年4月,"城市,让残疾人生活更美好"上海市残疾人系列读书活动启动仪式在上海图书馆举行,公布残疾人读书活动计划,并向各区县赠送《上海市残疾人读书指导手册(2010版)》《上海世博会看点》(普通版及盲文版)以及无障碍电影1周年纪念版;同年8月,以"读书,让生活更美好"为主题的第12届上海读书节在上海图书馆开幕。

1980年,上海少年儿童图书馆在少年儿童读者中开展内容和形式多样的活动,举办活动241次,参加活动的读者43 328人次。1981年,举办读书交流会和书评座谈会等324次,组织文学、科技、英语等10个读书辅导组,固定参加辅导的小读者400多人。1982年2月,图书馆在暑期中联合全市各少年儿童图书馆共同开展红领巾读书讲故事比赛和红领巾读书征文比赛活动。1983年,为配合全市"红领巾读书读报活动"的开展,举行5次读书、写作比赛活动,于"六一"儿童节前举办"红领巾读书读报征文比赛"等,国庆节前举办"红领巾讲故事比赛""红领巾诗歌朗诵比赛"。1990年,图书馆把低幼儿童服务与家庭读书活动结合起来,发展400多个家庭读书户,办理"家庭读书证",制作"家庭读书袋",提供幼教类书籍5本,并举办家庭读书竞赛。1994年,开展"以高雅文化在校园"为主题的"红领巾读书读报活动",其中的中外优秀文学欣赏演讲活动吸引全市4万多名中小学生参加。同年,联合各区(县)少年儿童图书馆举办"上海市中小学生优秀影视欣赏评论征文活动",全市2.2万名中小学生参加。1995年,图书馆参与组织"当代中学生应具备怎样思想素质——上海市中学生辩论赛",全市21个区、县150所中学,1.5万余名初、高中学生参加。1997年7月1日香港回归之际,承办"上海市青少年爱我中华系列竞赛活动",共有158.56万人次参与。1998年,在全市中小学生中开展"崇尚知识、热爱读书故事演讲大赛",共有180万少年儿童参加。同年,为纪念国际海洋年,举办"我爱蓝色国土"全市中、小学生读书征文比赛,有22万名少年儿童参加。1999年,组织"平安杯"辉煌的新上海——上海市中小学生庆祝上海解放50周年读书主题活动,120万中小学生参加。2000年,举办以"好书伴我成长"为主题的"上海市少年读书演讲大赛",活动历时三个月,共15万余名学生参加。2002年,编写《青少年道德知识手册》,并开展"上海市青少年道德知识竞赛",历时4个月,吸引60万名中小学生参加。2004年5月1日,举办以"知识金钥匙,快乐在动漫"为主题的图书宣传活动,推出"金钥匙点书活动"。同时,发起以"春天的故事"为主题的"纪念邓小平诞辰100周年——上海市青少年诗歌创作朗诵大赛",大赛分诗歌创作和诗歌朗诵两种形式,全市共有80余万名青少年参加。2005年6月,组织"我心中的歌——上海市少年儿童主题口头作文大赛",15万名少年儿童参加。2007年11月,主办"我们的和谐家园"——长江三角洲地区少年儿童作文大赛,3万余人参加活动。2008年7月15日至8月15日,开展"快乐阅读、健康成长"——2008上海市少年儿童暑期读书月活动,活动主题为"为灾区小伙伴祈福,与奥运同行"。同年,编印发布"我最喜欢读的书"分层阅读推荐书目,在少年儿童馆各流通部门设立"我最喜欢读的书"专架。2009年4月,参与承办"2009儿童阅读年"——首届全国少年儿童快乐阅读大赛。2010年4月,组织开展"我与世博同行"上海市青少年读书活动,共10万人参与。同年7—8月,联合各区县图书馆举办"精彩世博 快乐阅读"上海市少年儿童暑期读书月活动,共计30余万少年儿童参与。

【区县图书馆读书活动】

1981年,长宁区图书馆举办读书会、报告会、书评等活动,邀请作家、专家与读者交流。1999

年,图书馆与市文联、市作家协会、《上海文学》杂志等单位联合举办"年轮——'长图杯'祖国颂征文大赛",面向全国,共收到 14 个省市的 362 篇来稿。2004 年起,图书馆邀请上海音乐学院教授,国家一级作曲家、指挥家屠巴海等,免费为全区不同层次的读者群体提供知识讲座。2009 年,"海上女作家研究室"联谊会在图书馆成立,征集到女作家签名作品 90 册,女作家的心语与贺词 14 篇。

1987 年,虹口区图书馆联合区工会系统、教育系统和区属工厂工会成立虹口区业余书评协会。1998 年,图书馆每月与东方人民广播电台《相伴到黎明》节目组联手举办"虹图、东广《子夜书社》读书会",读者与听众相互交流读书心得。自 1995 年开始,图书馆开展的读书活动包括针对中老年读书爱好者群体建立的"高级专家沙龙"、"常青树"读书小组、"阳光"读书小组,面向青少年读者的"少年儿童周末故事会""少年儿童英语学习沙龙",与虹口区残疾人联合会合办的"弱势群体读书小组",面向影视爱好者举办的"影像现场"活动以及每周面向全体读者举办的"经典影片展映"活动。

1987 年,奉贤县图书馆成立奉贤县读书会,制作专题黑板报,开展书评征文,介绍图书知识,组织幼儿讲故事和读书演讲等比赛活动。1994 年,图书馆与黄浦区、南市区、虹口区联合举办"三区一县"暑期读书最佳方案评选交流活动。1999 年,承办'亚农杯'全国农民读书征文大赛。2001 年,开展"党啊!母亲"党史知识、诗歌创作、诗歌朗诵竞赛等系列读书活动。2000—2009 年,与金叶商厦每年联办"金叶杯"暑期幼儿讲故事比赛活动。

1990 年,卢湾区图书馆成立"读书乐之友联谊会",举办钱君匋、赵丽宏等作家的作品研讨会和赏读沙龙活动,和《新民晚报》联合举办迎东亚运动会"一句话评报"活动,并创办了《读书乐之友》会刊,为读书爱好者,搭建读书、评书、创作的桥梁。同年 5 月,区图书馆联合各街道图书馆,举办首届"家庭读书乐大赛"。1991 年,成立家庭读书乐活动网。此后,连续举办"家庭藏书、读书、用书展评活动""家庭导读经验交流会""读书给我家带来什么征文活动""评选十佳读书家庭、特色学习家庭""迎 APEC 会议,做文明市民"家庭学英语竞赛等活动。1993 年,承办"上海市家庭读书活动成果展评"。2003 年以后,家庭读书活动逐渐发展为卢湾区"读书乐文化节",图书馆开展以"将读书进行到底"为主题的社区读者服务活动等。2007—2009 年,图书馆开展"上海卢湾阅读节"系列活动。1999 年、2005 年,卢湾图书馆先后获上海市振兴中华读书活动先进单位称号。

1996 年,长宁区少年儿童图书馆采用好书推荐、读书征文、科普讲座、知识竞赛等形式,开展丰富多彩的读书活动。2005 年,图书馆成立长宁区中小学生读者俱乐部,邀请儿童文学作家任溶溶、张秋生担任俱乐部专家顾问,378 位小读者和 14 所中小学校成为俱乐部首批会员。2007 年,为丰富青少年儿童的文化生活,图书馆组织开展"我读书、我快乐"主题暑期系列读书活动,共组织开展各类活动 23 次,参加活动 1 370 余人次。2008 年,举办"享受阅读 体验真情"暑期读书月活动。2009 年,开展"快乐阅读 喜迎世博"暑期读书月活动。2010 年,开展"七彩童年 精彩世博"暑期读书月活动。2007—2010 年,共有 3 万余人次参与暑期读书月活动。

1998 年开始,普陀区少年儿童图书馆在每年寒假期间,携手教育部门共同举办旨在倡导青少年"快乐阅读、快乐成长、快乐生活"为宗旨的"冬冬乐"系列读书活动。每届活动吸引 80 余所中小学校和幼儿园的少年儿童参与,累计受众 46 万余人次。同时,每年暑假期间举办"读书月"活动,并不定期举办家庭读书活动、学习型家庭评选、知识启蒙教育、读书征文等活动。

1999 年,徐汇区图书馆举办徐汇区家庭读书交流会,各街道、镇图书馆管理员及优秀读书家庭代表参加交流会。2000 年,图书馆通过组织基层图书馆业务人员培训、智力拥军赠书、读书演讲、征文比赛等活动,促进"红领巾读书""家庭读书""全民读书"活动的深入开展。

2000 年,南汇县图书馆开展"拥抱知识、开创未来"家庭读书系列活动。自 2003 年开始,南汇区图书馆每年举办"书香飘万家"家庭读书系列活动,丰富南汇地区群众精神文化生活,并为学生搭建校外实践平台。

2001年11月,闸北区图书馆在闸北区"八个一个工程"文化展示活动期间,组织"学习在社区"读书演讲比赛。2002年10月,举办"以勤奋学习为乐,以知识更新为荣"主题征文活动。2003年3月,为配合上海市科技节,举办"科学与生活"主题征文活动。2004年6—9月,为迎接国庆55周年和上海解放55周年,开展"祖国颂"主题读书征文活动。2005年7月,开展"勿忘国耻,兴我中华"纪念抗日战争胜利60周年主题读书征文活动。2006年9—11月,为促进文明城区创建,举办"争创文明社区的日子里"主题读书征文活动。2007年8月,举办"我读书、我快乐"少年儿童演讲比赛暨征文活动。2008年8月,举办"中国,加油"少年儿童征文暨演讲活动。2009年6—8月,开展少年儿童"迎世博,颂祖国"征文、演讲活动。2010年4月,举办"4.23世界读书日"系列读书活动。

2002年,金山区图书馆成立"书友会",同年7月创办《书友》季刊,展示读书活动成果。2010年,"书友会"举办小说《亮剑》、古典名著《红楼梦》、张爱玲《小团圆》等专题读书讨论会,多次举办当地作家小说创作座谈会,举办诗歌创作座谈会和诗歌朗诵会。《书友》季刊设耕读园、专题、书友风采、金山文化等栏目,至2010年共编印《书友》40期。

2002年,宝山区图书馆参与举办宝山社区读书节活动,2006年扩大规模,举办"宝山读书月"活动,全区各街、镇及部分委办局共同参与。2009年,与嘉定区图书馆合作举办"宝山·嘉定读书月"活动,活动内容、参与人数和活动影响力有较大提升,被评为"第12届上海读书节示范项目"。

【街道(乡镇)图书馆读书活动】

在区县图书馆的引领下,全市街道(乡镇)图书馆开展了丰富的读书活动。

1995年,嘉定区江桥镇图书馆开展以来沪务工人员为主体的"异乡风采读书活动",使外乡人迅速融入城市生活。

1996年4月,长宁区仙霞街道图书馆成立"晚晴读书会",以"老有所学、老有所乐、老有所为"为宗旨,围绕时事形势热点、老年人生活特点,坚持组织读书活动,从1个小组发展到2010年的40个小组,覆盖全部23个居委,近3万人次参加活动;读书会还建立了"百姓讲坛""书香网"等品牌,开展"网络读书交流"活动。

1997年起,普陀区甘泉街道图书馆开展"甘泉杯"文明家庭读书活动,建设各类读书小组,包括"夕阳红"离休干部读书会、"侨友读书会"、红领巾"雏鹰"读书小组、"涌读经典励志人生"残疾人文学社等,在社区读书活动中发挥引领作用。

静安区曹家渡街道图书馆,形成以家庭读书为基点、以楼宇读书为延伸,举办"好书进万家""楼里飘书香"等读书活动,至2010年,已举办8届"读书节",将读书活动与文明宣传、形势教育、道德伦理教育相结合。

静安区江宁街道图书馆成立"白领周末加油站",开展"GTD时间管理与高效习惯"等主题交流活动。

二、高校图书馆读书活动

1988年,同济大学图书馆组织以学生读者为主的读书小组,400多名学生参加。图书馆不仅向读书小组提供图书、设立专门阅览和讨论活动室,还专门聘请导师。读书小组举办一系列读书报告会、座谈会和诗评会,组织编辑名为《文榷》的文集。2003 年,读书小组更名为"图书馆之友",并制定新的章程,继续举办各种书评和讲座活动,组织编辑题名为《图书馆之友》和《红学活动全览》的文集。

2001 年,上海立信会计学院图书馆首次举办读者读书活动。自 2005 年起,每年 4 月"世界读书日"和 11 月"读书节",举办 2 次读书活动,每次持续 1 周。

2004 年,上海对外贸易学院图书馆与校团委共同主办校园首届读书节,通过图书馆自动化管理系统,统计当年度最受欢迎的书籍并展示。

2005 年,上海城市管理职业技术学院图书馆于"世界读书日"举办系列读书活动,内容包括新书展出、评选你最喜欢的一本书、借书排行榜评比、数字资源推荐、"读红色经典,扬理想风帆""读各家经典,品百味人生"等读书征文评奖活动等。

2007 年,上海电机学院图书馆为使读书服务月活动可持续发展,设置专门开展读书服务的机构,至 2010 年,先后举办了主题为"畅游知识的海洋(2007 年)""人生,因读书而精彩(2008 年)""读书改变命运(2009 年)""与世博同行(2010 年)"的读书服务月活动。

2008 年,华东理工大学图书馆开始举办读书月活动,邀请专家教授开设讲座;2009 年,举办主题为"悦读人生,文化华理"的读书月活动,邀请著名作家程乃珊作"读书、世博与上海都市文化"的专题报告,邀请上海戏剧学院师生做"粉墨中国——传统戏剧展览与演示",开展读书知识竞赛和文献知识竞赛,收到 120 篇主题征文;2010 年,举办第 3 届"书香华理,走进世博"读书月活动,开展图书漂流、主题征文、现代数字阅读方式推广、教师著作征集、好书推荐等活动。

2009 年,上海电子信息职业技术学院举办首届"世界读书日"活动,图书馆开展"您选书,我买单"、学生"读后感、书评"征文、"图书借阅排行榜"等活动。

2010 年,上海财经大学图书馆围绕"文明阅读、科学阅读,做一名骄傲的享读者"的主题,开展各种形式的阅读推广活动,包括"享读者"主题征文、黑色幽默限量版书签的赠送活动、"书·道"和"书·趣"主题馆藏推荐、读者恳谈会等。

2010 年,中国人民武装警察部队上海政治学院图书馆在"世界读书日"期间开展读书节活动,举办诸如名著阅读、读书征文、书画比赛、图书捐赠、图书漂流、新书展览、免责还书等项目,并开展读者借书排行榜评比和优秀读者、优秀组织单位评选活动。

三、中小学图书馆读书活动

中小学图书馆通过开展内容丰富、形式活泼的荐书、读书活动,吸引广大中小学生踊跃参与。一些图书馆的读书活动采取校内外相结合、家校社区相结合,并与学科教学活动、班队活动、文艺体育活动、社会实践活动相结合的办法,营造良好的校园人文环境,推动学生阅读,不断提高整体素质。

许多学校图书馆组织各种文学社团,开展书评会,编制校报校刊,培养读书活动骨干。有些学校定期邀请科学家、作家和劳模等,为学生开设读书讲座。每年暑期前,上海市教委中小学图工委召开专门工作会议,部署学生暑期阅读工作,要求各中小学图书馆(包括电子阅览室)在假期定期开放,为学生假期阅读提供方便。同时,上海市教委图工委与社会相关机构合作,每年组织全市性的中小学生暑期读书活动,并通过读书活动网站,争取市少年儿童图书馆等有关机构支持,为学生提供 2 000 余册优秀图书,近 6 000 部人文、科学等领域的视频,供学生免费上网阅读和浏览。每年参加暑期读书活动的中小学达 1 200 余所,约占全市中小学总数的 80%,学生及教师、家长参与踊跃,形成家校合作、师生共读的良好氛围。

【小学图书馆读书活动】

2002 年,宝山区实验小学举办校园读书节,开展主题为"争做新世纪好少年"的红领巾系列读书活动。2003 年 5 月,开展"学习雷锋精神,做可爱的小公民"读书节活动。2004 年 5 月,围绕"弘扬民族精神,迎接奥运盛典"主题,开展读书节活动。2005 年 5 月,开展"民族精神代代传"读书节活动。2006 年 5 月,开展"让世界充满爱 同心共建和谐社会"读书节活动。2007 年 5 月,开展"阅读点亮人生,好书伴我成长"读书节活动。2008 年 5 月,开展"爱国、励志、成才"读书节活动。2009 年 5 月,开展"颂祖国迎世博"读书节活动。2010 年 5 月,开展"阅读城市 畅想未来"读书节活动。

2003 年,黄浦区卢湾第一中心小学图书馆成立"老少读书乐"。2007 年,举办"读书节",开展儿童文学阅读课展示活动。2008 年 4 月,举办"喜迎奥运 快乐健身 享受阅读"读书节活动;同年 5 月,开展"为奥运喝彩、老少讲奥运故事"活动。2009 年 9 月,举办红领巾读书会、淮海街道振兴中华老年读书会和古美街道平阳三村"心连心"读书会,举行《十月放歌——庆祝中华人民共和国成立六十周年》老少读书乐文艺汇演。

2005 年,闸北区永和小学图书馆参加上海市红领巾读书读报奖章活动。2008 年,开展少年儿童暑期阅读书目推荐活动。2010 年,开展上海市中小学暑期读书系列活动、"民族精神代代传"主题读书活动。

【中学图书馆读书活动】

20 世纪 80 年代,上海市行知中学图书馆组织"繁星文学社",学生自行撰文,手刻油印《繁星》小报。2000 年,图书馆创办陶馨文学社。2001 年,出版新版《陶馨文苑》第 1 期。2004 年开始,每年开展校园读书节,主题包括"弘扬民族精神,迎接奥运盛典""民族精神代代传""爱国、励志、成才"等,活动内容有读书征文、好书推荐、读后感、演讲比赛、读书小报制作等。

1999 年,上海市松江二中图书馆成立由读书爱好者组成的学生社团——书友会,社团在图书馆教师的指导下,开展自主学习系列活动。

2001 年,上海中学依托图书馆,组织读书社,编辑《纵深》校刊,为校园文学爱好者搭建交流展示平台,并开展丰富多彩的读书活动。2008 年,上海中学图书馆被确立为"沪、港、澳、新"四地中学生读书征文大赛组委会"阅读基地"。

2003 年,上海市高桥中学图书馆发起读书活动计划,以班级为单位成立读书小组,读书小组每周安排 1 次读书活动,开展讨论、交流或写作。

2004 年,上海市奉贤中学图书馆举办学生读书沙龙,定期开设导读课。2005 年,开展奉贤中学读书节活动,图书馆举办"博览群书"知识竞赛。2009 年,图书馆举办以"读好书,促成长"为主题的课外读书交流会。

2005 年起,上海市七宝中学图书馆每年举办读书节活动,主题包括"精读中外名著,享受浓郁书香""读好书,知荣辱""以人为本、构建和谐校园""读书——让梦想插上翅膀""阅读·自信·人生""阅读,感悟人生之美"等。2007 年,承办"七宝杯"第 3 届上海市名校读书节,开展征文比赛、摄影作品、读书活动电视专题片创作大赛。

2008 年,上海市青云中学图书馆积极参与学校读书节活动,倡导学生每天走进图书馆借阅一本好书,与家人分享一本好书、写一篇读书心得。同时,图书馆积极配合全市开展读书活动,通过学校文学社、阅读课,组织学生写读后感、设计读书小报、开展演讲比赛等。

2010年,上海市交通学校图书馆举行第四届校园读书节活动,主题"与世博同行、享读书快乐"。读书节期间开展"过刊漂流""品味读书·早安上海——晨读活动""爱心捐赠,关爱都江堰学生""中国2010年上海世博会网上游""摄影比赛""征文比赛"等。

四、工会图书馆读书活动

1979年8月,上海市总工会、团市委等单位联合发起举办"新长征读书活动",各基层单位工会图书馆迅速响应,动员参加读书活动的职工达23万人,建立工人书评小组385个,各类兴趣小组2272个。1982年,上海市总工会以市工人文化宫图书馆为总部,依托基层单位工会图书馆,联合团市委等其他系统发起举办"振兴中华读书活动"。在全市各基层单位工会图书馆专职人员的积极响应下,读书活动有62个区县局系统的20万职工参加。1983年,全市参加读书活动的职工有60万人。1984年,全市参加读书活动的职工有90万人。1992年,上海工会系统图书馆有万余个,全市500万职工中,有20%是工会图书馆读者。同年,参加"文明图书馆"评比活动的工会图书馆占全市工会图书馆的30%,"振兴中华读书活动"的参加者占读者总数的34.6%。2008年5月13日,全国工会"职工书屋"上海挂牌暨"学法律、知荣辱、讲文明、促和谐"农民工系列活动启动,标志着上海工会"职工书屋"建设正式启动。

第四节　公共图书馆服务宣传周

一、公共图书馆服务宣传周

1989年开始,上海图书馆每年在"公共图书馆服务宣传周"期间举办各类主题活动,历年主题包括"传播先进文化,提高全民素质""倡导终身学习,全民学习,创建学习型社会""创新—提升服务能力,转型—促进图情发展"等。2000年,围绕建党80周年及"全国图书馆服务宣传周",开展"向雷锋同志学习""国旗升旗仪式""文明服务周竞赛""我为馆所文明创建出谋划策""读书月""知识管理系列讲座""社区共建"等系列活动。2002年,开展以"传播先进文化,提高全民素质"为主题的图书馆服务宣传周活动。2003年,顺利完成图书馆宣传服务周的网站主页建设。2004年,开展以"关注青少年阅读,开创精彩人生"为主题的图书馆服务宣传周活动。2005年,与共青团上海市委联合开展以"共享文化资源,构建和谐社会"为主题的图书馆服务宣传周活动;同时,包括嘉定区马陆镇永盛民工公寓在内的12家全国文化信息资源共享工程基层中心正式揭牌。2006年,开展"科技文化资源送崇明三岛"活动,为崇明三岛送去科普图书、"上图讲座"资源、革命回忆录文献展览、网上参考咨询、科技影片、情报服务及"文化共享工程"网络资源等7项科技文化信息资源,并在崇明县16个乡镇图书馆率先实现文化共享工程基层服务点的全覆盖。2007年,举办以"延伸服务、深化服务、提高社会效益"为主题的服务宣传周系列活动,开展图书捐赠、大型诗歌朗诵会、专题书目推荐、系列讲座、专题展览、读书征文与演讲等形式多样的活动项目。2010年,举办"科技让阅读更精彩——阅读新体验:网络、数字、自助"互动展览,用展板、展柜和电子实物,通过面对面的互动、参与、体验,将上海图书馆新技术新服务零距离地展示给读者。

1990年5月,嘉定区图书馆在公共图书馆服务宣传周期间,联合嘉定地区57所图书馆举办图书馆服务成果展览、"骏马杯"科普知识系列讲座、读者座谈会等,受众达 2.1 万人次。1991 年宣传周期间,举办家庭读书座谈会和庆"六一"少年儿童读物展等多种活动。2006 年,与市少年儿童馆共同举办"我们的国际汽车城——上海市青少年汽车知识创新大赛"。

1996 年起,杨浦区少年儿童图书馆在每年图书馆服务宣传周期间,以"倡导全民读书,构建学习型社会"为宗旨,组织开展图片展、书籍推荐、知识竞猜、读者联谊等活动,并通过区内主流媒体对活动进行报道,进一步扩大图书馆影响力。

1997 年,松江县图书馆"图书服务宣传周"活动在松江商城广场拉开帷幕,宣传周包含读者咨询、办证、售书、画展等活动。

1999 年开始,徐汇区图书馆开展形式多样的公共图书馆服务宣传周活动,包括以家庭为单位的"读一本好书,写一篇心得"家庭读书活动、在全区中小学生中开展故事演讲比赛、组织区中学生英语趣味活动联赛、举办"高考升学辅导""现代文阅读辅导"讲座等。2000 年,图书馆开展服务宣传周活动内容包括组织观众参观区盲人图书馆、举办徐汇区"辉煌的新上海"知识竞赛活动、建立"徐汇区青少年新世纪读书基地"等。

2007 年,青浦区图书馆利用服务宣传周等平台开展读者活动,创建"青溪讲坛",内容涵盖时事政治、文化教育、市场经济、法律道德、科学普及和健康人生等 6 大系列。2010 年,"青溪讲坛"共举办讲座 60 场,参与人数 5 723 人次。

2009 年,杨浦区图书馆在服务宣传周期间,推出公益讲座、专题展览、图书推荐、资源介绍、读者互动、主题活动 6 个版块 24 项活动,吸引读者 8 000 余人,开展"上海城市记忆——上海解放 60 周年系列徽章展示""春之旅——世界名著阅读系列活动""莺声重温——老上海歌曲竞猜活动""世博你我同行 英语我也能行""走进阳光之家"系列活动等。

奉贤区图书馆每年开展公共图书馆服务宣传周活动。2009 年,图书馆完成"世博论坛""书润贤城读书活动""创意时尚动漫活动"的策划、组织与实施。组织"书润贤城"市民读书活动,包括"图书漂流""悦读短信评选""红色书籍读后感评选"、文化名人讲座、经典诗文朗诵比赛等多项活动。举办"创意时尚"动漫活动,组织开展"动漫动画制作我知道"、上海美术电影制片厂参观活动、"海宝迎宾、滨海欢腾"奉贤区少年儿童动画漫画作品征集及展览活动等,吸引来自全市 17 个区、4 000 多名青少年的参与,取得良好效果。

崇明县图书馆每年根据公共图书馆服务宣传周的主题开展丰富的读书活动。2010 年以"营造学习氛围,倡导读书育人"为主题,举办崇明县第 27 届少年儿童书画赛、百米长卷现场书画表演、崇图讲坛、读者座谈会、"我与世博同行"征文比赛、迎世博专题节目播放、我喜爱的一本书评选活动等。

浦东新区图书馆每年切实做好公共图书馆服务宣传周活动,将图书馆阵地和社区相结合,开展内容丰富的展览、讲座、读书活动等,让更多读者参与其中。2010 年举办读者活动 281 场,讲座 171 次,展览 18 次。

普陀区少年儿童图书馆将图书馆服务宣传周活动与"六一"儿童节相结合,每年向广大少年儿童和社区群众进行图书馆知识宣传,开展知识导航活动,宣传、介绍读书方法,大力倡导多读书、读好书、好读书和全民阅读。

二、高校图书馆服务宣传周

1998 年,华东理工大学图书馆举行优质服务宣传月活动,利用校宣传栏、校刊、读者指南等形式,宣传图书馆的现代化建设和数字资源,介绍图书馆推出的各项服务,使读者更好地了解图书馆、利用图书馆。

2002年5月,华东师范大学图书馆开展"读者宣传月"活动,主题为"文献资源共享",通过编发宣传月专刊、举办资源与服务利用展览、电子资源利用讲座、网上书目和信息资源检索竞赛,成立读者沙龙、影视欣赏与讲评、迎奥运图书展览、读者代表参观图书馆工作流程等活动,介绍图书馆资源和新的服务项目,与读者开展互动交流。

2006年,上海对外贸易学院图书馆举办"书香满园　文舞贸院"第二届读书节暨图书馆服务宣传周活动,开展一系列服务宣传和读书文化活动,包括"教图杯"图书馆征文大赛、"书香随身"图书漂流、"服务诚信"读者调查等。

2008年,上海交通大学图书馆加大图书馆服务宣传工作力度,塑造图书馆服务品牌并广为宣传,向学校新闻网提供各类新闻稿,报道图书馆建设与服务;在学校"饮水思源"BBS平台设立library版,出版馆刊《思源知讯》,开设图书馆学科服务博客,拍摄图书馆宣传片,印制各类宣传资料及服务手册,在图书馆大厅大屏幕滚动播放各类服务和资源信息等。

第五章　文化信息共享

第一节　地方特色资源建设与推介

一、公共图书馆地方特色资源建设与推介

【市级图书馆地方特色资源建设与推介】

1996 年上海图书馆新馆落成后,向全国艺术家征集一批书画作品,并设立版画专库,系统收藏优秀版画作品,此后每年开展"上海版画作品年度精选展""上海图书馆版画收藏展""上海优秀版画家个人作品展"等公众活动。

1997 年,上海图书馆开始对盛宣怀档案进行全面的整理、编目、修复。为满足"盛档"整理编目完成后的对外开放和出版需求,以及文献数字化的必然趋势,相关项目组及时开展档案原件扫描工作和书目数据库建设。2006 年,上海图书馆与澳门博物馆合作,利用"盛档"中的郑观应资料,联合编辑出版《郑观应友朋书札》《待鹤老人嘱书》等图书。同时,项目组还向多家与盛宣怀有密切关联的单位,以及盛宣怀、郑观应、蔡元培等一批名人的后人提供相关咨询和文献服务。2008 年,上海图书馆自建的盛宣怀档案全文数据库正式对外开放,可查阅全部"盛档"原件图像。整个项目共完成 17.8 万件原始档案的编目,5 万件档案的修补托裱,将近 100 万页档案的扫描。同年 12 月,上海图书馆承担的国家清史项目——《盛宣怀档案资料选编》获批全面启动。

2003 年 1 月,上海图书馆成立上海世博会信息中心,全面收藏国内出版的世博相关中文图书与期刊,外文书刊的采集主要通过采购以及与海外建交单位进行交换赠送两种方式;同时,其作为国际展览局出版物托存中心,收到世博图书及举办世博会的宣传广告画、唱片等多类型文献。此外,上海世博会信息中心自建完成"上海世博会主题信息库",向读者推荐世博信息资源。2010 年世博会举办期间,信息中心通过与中国图书进出口上海公司协作,收集各类世博印刷品及关于世博的非正式出版物,共收集 1 500 余份相关资料,这些文献为上海成功举办世博会提供丰富的参考信息,为国内外广大读者与游客提供关注世博、了解世博、参与世博的信息渠道。

2004 年,上海图书馆成立"上海年华"项目组,项目内容由"电影记忆"和"图片上海"两部分组成,工作内容包括图片扫描、数据著录、规范标准制订、技术方案调研等。项目总目标是建成以上海开埠以来的地方史精华为主题、以政治史和经济史为背景、以社会史和文化史为主脉、以多媒体数字化为表现形式、以馆藏文献为基础的系统性文献资源集成。

【区县图书馆地方特色资源建设与推介】

嘉定区图书馆积极收藏与开发地方文献,重点通过展览服务推动地方文献工作开展。1989 年 10 月,图书馆首次举办地方文献展,展出 315 名嘉定籍人士著述 3 000 余件。1993 年 5 月,开展"嘉定名人传"橱窗展。1995 年 10 月,举办"嘉定书画家出版作品陈列展",专题介绍古往今来书画界颇有影响的 22 位嘉定书画名人及其作品画册 80 余件。1998 年 5 月,举办"嘉定籍部分医疗卫生、医药教育工作者事迹展览",展览以图片资料为主,介绍近代、现代医学界人士 80 名。1999 年,举办

"嘉定之最(1949—1999)"图片展,用150多幅照片反映新中国成立后嘉定50年来取得的伟大成就。2010年,举办"地方文献展览",10余幅展板展出嘉定地方文献近200余册。截至2010年,图书馆共收集地方文献3 000余种,收藏各时期出版的嘉定县志13种,嘉定乡镇志40余部及专业志60余部,并对嘉定的先贤,如明代文学家归有光、清代著名学者钱大昕、王鸣盛和近现代许多学者、实业家、外交家等有关文献积极进行搜集、整理,初步形成具有显著特色的地方文献专藏,向读者介绍嘉定的地方历史文化。

2003年12月,松江区图书馆新建"松江籍著名作家文献史料库",含文献资料408种,照片资料633幅。至2010年底,上海市中心图书馆松江地方文献数据库已建成"松江人著作文库""松江史志文库""松江人艺术文库",松江地方文献藏量达3.3万余册/件。松江区图书馆专门设立"现代松江人著作展",向读者推介197位松江名人的著作、手稿、信札等珍贵文献资料3 000多册。

普陀区图书馆的特色展馆之一是上海当代作家作品手稿收藏展示馆,由上海市作家协会与普陀区图书馆携手开发建设,旨在挖掘、研究、传播、发展当代海派文化,整个展览面积达1 200多平方米,主要搜集、整理和保存上海当代作家手稿、信函、照片等珍贵档案资料。至2010年底,征集到80余位作家的手稿106种、签名本1 640本。同年,启动"百位作家访谈影像录"拍摄项目,征集上海当代作家的生平资料、学术成果。通过不定期举办各类论坛、研讨会、作家沙龙、开设文学系列讲座等活动,拉近作家之间、作家与读者之间的距离。

至2010年,宝山区图书馆已自主开发建成"宝山区新闻数据库""陈伯吹专题数据库""宝山地方文献数据库""长江口民俗文化数据库"等4个具有地区特色的数据库,自建媒体点播VOD视频系统等,便于读者查找当地信息资料。

【街道(乡镇)图书馆地方特色资源建设与推介】

街道(乡镇)图书馆在区县图书馆的指导下,收集具有地区特点和居民需求的文献资料,并设立专架或专题资料室。金山区枫泾镇图书馆收集金山农民画特色文化资料,建立"金山农民画信息总汇",并将全部资料分成11大类予以数字化。浦东新区周浦镇是傅雷家乡,该镇图书馆建立"傅雷专题陈列室",反映了傅雷的一生。闸北区彭浦镇图书馆设立摄影资料室,为创建全国民间文化艺术之乡作出贡献。徐汇区漕河泾街道图书馆搭建"法律书籍专架",为居民作普法宣传,提供法律咨询。

二、高校图书馆地方特色资源建设与推介

1990年,上海交通大学图书馆启动"智能机器人情报跟踪与服务"课题,利用Dialog系统等检索工具,定期为"863"自动化领域的专家提供与研究课题相关的文献资料,分别于1992年、1996年两次获得中国科学院科技进步二等奖。2000年,"机器人信息系统"项目在中国高等教育文献保障系统(CALIS)一期自建特色数据库中作为重点课题立项,系统建成后,一直提供在线服务。

1997年9月,上海海关高等专科学校启动图书馆电子信息高速公路建设。1999年4月,图书馆数码阅览室正式启用,面积70余平方米,拥有计算机30台。2007年,图书馆的电子文献信息总贮空间达10 TB,拥有电子图书600 GB,152 000多种。同时,向读者提供国家图书馆的名家名人视频讲座,共124场,11大类;提供WTO特色专题资源及法律法规资源等。

1999年5月,上海水产大学图书馆筹建水产特色文献阅览室,提供包括水产一级学科下属各学

科的图书、期刊、标准、年鉴、图谱、手册等印刷型资料和磁盘、光盘等资料。2003—2004 年,图书馆长仓文库落成,藏有由日本神奈川大学原校长长仓保家属捐赠的长仓生前藏书 1.1 万余册,内容涉及经贸、文学、历史等方面。2005 年,图书馆开始对长仓文库万余册图书进行梳理、登记和排架,并建设日语阅览室。2010 年,在长仓文库基础上,图书馆与日语系共同建立日语教学研究基地。

2002 年,上海交通大学与清华大学、北京大学联合成功申请国家自然科学基金重大项目"中华文化数字图书馆全球化的理论、方法和技术研究"。上海交通大学图书馆主要承担"中国民族音乐数字图书馆的关键理论、方法和技术研究"子项目研究,研制"中国民族音乐数据库",并于 2004 年通过国家验收,有效促进上海交通大学图书馆对数字图书馆的关键技术问题的多方研究与应用。

2004 年 4 月,由上海交通大学图书馆与宁夏大学图书馆联合申报的"西夏文化数据库系统"获批立项。双方共同完成"西夏文化数据库系统"专题特色数据库建设,为西夏学研究以及西夏文化的对外传播建立网上信息交流平台。

2006 年,同济大学图书馆汽车专题阅览室正式开放,提供汽车类中外文图书、期刊、报纸、标准、报告、年鉴、会议论文、学位论文等多种文献资源及视频资料。阅览室坚持"文献资源共享、服务汽车城企业"的理念,向周边企事业单位开放资源和服务。

2006 年 3 月,上海海事大学图书馆获上海市教育委员会高校高水平特色项目资助,建设"上海国际海事信息与研究中心"项目。项目初步构筑高效能的海事信息服务平台与机制,形成对海事教学科研与航运市场等提供信息服务的独特模式,并通过具备海事信息报道、海事学科资源导航、海事综合咨询功能的服务网站,提供高水平的海事信息服务。

2009 年,上海对外贸易学院成为世界贸易组织首批教席院校,先后成立"关贸总协定上海研究中心""世界贸易组织上海研究中心"。2010 年 7 月,为配合学校 WTO 研究需要,图书馆申请筹建WTO 资料中心,在人员、空间、经费、资料获取途径及现有资源整合等方面进行部署。同年 9 月,WTO 资料中心形成初步规模。

三、科研图书馆地方特色资源建设与推介

【自然科学图书馆地方特色资源建设与推介】

中国科学院上海硅酸盐研究所图书馆通过长期积累和调整,已形成拥有一定规模、具有专业特色的藏书体系,并主要向读者提供无机非金属材料方面的特色文献。自 1979 年开始,图书馆先后向 6 个国家、50 个专业对口的出版商、学术团体和文献情报中心,索取新书刊目录,订购有参考价值的新书刊和学术会议录。同时,利用出国考察、参加国际会议和国际学术交流等途径获得非公开发行的文献资料。图书馆重视期刊和会议录的收集工作,注意收藏的专业性、完整性、系统性、稳定性,以满足科技人员的需要。经过长期调整,期刊保持在 700 种左右,有些从创刊号开始收藏,具有极高参考价值。

中国科学院上海文献情报中心主要收藏和提供生物科学文献。1984 年,中心为适应我国生物科学发展的需要,满足我国科学家及时、准确地获取日益增长的文献信息的需求,在对国内外文献信息及科学发展进行调研后,提出开发建设与世界主要生物学数据库相兼容、代表我国水平的大型数据库的设想,并进行可行性分析。1985 年 12 月,在中国科学院科学数据库筹备处主持召开的"中国生物学文献数据库(CBA)论证会"上通过可行性论证报告,并于 1987 年 5 月与中国科学院科学数据库及其信息系统工程签订合同。CBA 数据库的主要内容包括在全国公开及内部出版发行的

有关生物学出版物(期刊论文、专著、会议录等)以及 1986 年以来我国科技人员发表的文献。该数据库按国家标准建库,开展计算机检索,并提供一次文献保障服务。1990 年 10 月,CBA 通过专家鉴定。中国生物学文献数据库(CBA)获 1991 年中国科学院科技进步二等奖。

上海市农业科学院图书馆重点收藏和提供生物技术、食用菌、食品安全等学科资料,以及全球主要国家大百科全书和日本园艺大百科、花卉大百科类文献及建国前的农业、食用菌资料、图谱和手册等。图书馆向读者提供农业科学类的中外文专业会议录数千册。该馆是全市仅有的两家收藏联合国粮农组织出版物(FAO)的图书馆之一,也是全市唯一收藏国际水稻研究所(IRRI)出版物的单位。1988 年,图书馆建成开放"中文食用菌文献数据库"。

上海宝钢集团科技图书馆主要收藏并向读者提供有关钢铁冶炼、轧制、管材、金属压力加工等应用类专业图书。同时,重点提供各类公开出版的文献资料以及各种国内外钢铁专业技术情报、世界各大钢铁公司简介及相关资料、境外主要竞争对手的资料、专业技术人员在国外发表的论文、出国考察携回的专业技术资料、国内外出版的检索刊物、国内外钢行业专业会议资料及专利文献。

【社会科学图书馆地方特色资源建设与推介】

1990 年前,上海社会科学院图书馆向读者提供特色馆藏,涉及民国时期的政治资料,包括国民大会、考试、立法、行政、警政、司法、外交、地方政府各种报告等。其中,完整的有《上海市政府公报》,较全的有《立法专刊》《法律评论》等;新中国成立前银行、企业、商业、会计刊物,较全的有《商业日报》《中央银行月报》等,外文资料较全的有《密勒氏评论报》《海关十年报告》等;部分重要中外资工商银行企业(包括新中国成立前学术团体)档案计 6 500 卷;大夏、交通、复旦、沪江、暨南等旧大学一批刊物,较全的有圣约翰大学年报校刊《约翰声》,总数 500 余册;新中国成立前国际法书刊,较全较丰富的有《万国公报》《公法便签》等,以及复本中英法文《国际法杂志》、国际法论文文集、整套的法国民法、加拿大(1928—1940)《律师协会年刊》、美国各州的法律杂志等。

上海社会科学院法学研究所资料室重点收藏和提供政治、法律方面的文件、资料及有关报纸、期刊、内部资料。1990 年,资料室藏书 5 700 多种 1.16 万册,内容包括哲学、政治学、法学、国际法、法制史、法规汇编以及世界主要国家部分法学理论书籍和法规等,并以法学理论、法律、法规汇编为重点;收藏期刊 700 多种 4 360 多册,其中法学专业期刊 350 多种 2 700 多册,内含检察院系统内刊 81 种,法院系统内刊 87 种,司法局、律师、公证处、法学会方面内刊 31 种,人大系统内刊 59 种。

1986 年,上海社会科学院历史研究所图书资料室设特藏书库,收藏善本书籍 201 种,港、台版中文书刊 1 100 余册。1989 年改为特藏书阅览室。至 1990 年底,藏书共 24 万余册。藏书特点以上海史文献为主,以历史学书刊为中心,以线装书和旧平装书为主体。其中,研究上海史的必备书较齐全,含中文书籍 11 517 种,外文书籍 2 744 种,期刊 759 种,文献保障率达 70% 以上;同时藏有大量特藏珍本上海史专题图书,如《上海万国商团纪念册》等。

上海社会科学院哲学研究所资料室主要提供社会科学和哲学类特色藏书,包括社会科学各门类的工具书及外文辞典等。哲学方面,有中国古代、近代哲学家各种著作,西方哲学史,苏联哲学资料选辑,苏联哲学百科全书,马克思主义哲学原著等;资料室除了做好图书报刊资料的收集、整理和流通,以及为科研人员提供文献资料外,还着重编写专题目录和专题资料。

上海社会科学院青少年研究所资料室提供有关青年研究的专业书籍约 500 册,分为青年运动史、青年现实问题调查、青年文化研究、青年基础理论(含青年分支学科)等。与青年研究相关的专业书籍约 2 500 册,主要包括教育学、社会学、心理学、法学和哲学。并对全国主要青年报刊和中国人民大学复印资料中的"青年运动史""中国共产主义青年团"等内容开展剪报和保存工作。

第二节　跨城(域)资源共建共享

一、公共图书馆跨城(域)资源共建共享

【市级图书馆跨城(域)资源共建共享】

上海市图书馆协作委员会建设　1977年12月,上海市图书馆协作委员会成立,成员有上海图书馆、复旦大学图书馆、上海交通大学图书馆、华东师范大学图书馆、同济大学图书馆、上海医科大学图书馆、上海科技大学图书馆、中国人民解放军第二军医大学图书馆、中国科学院上海分院图书馆和上海外文书店等10个单位。

1980年,委员会提出《关于加强上海地区各系统图书馆之间开展协作活动的意见》,并在各系统组建图书馆协作组,成员馆(室)达213所。至1983年,参加协作委员会的图书馆(室)总数达270所。协作委员会成立后,恢复《上海市外文新书联合目录》的编辑出版,分哲社版和科技版,每月1期,由上海图书馆主编。以后又陆续增加《港、澳、台新书联合目录》《外国和港台报刊联合目录》(哲社版)等,为全市外文书刊资源共享创造条件。此外还编印《中小型技术图书馆规章制度汇编》《图书馆动态》(16期)等,为各图书馆了解外国、外省市图书馆发展、交流管理、服务工作经验提供参考资料。

1988年10月,协作委员会与高校图书情报工作委员会配合,在全市28所主要图书馆开展文献资源调查,并在工作过程中对各馆的文献收藏重点、发展趋势提出参考意见,为上海地区文献资源的布局、开发、共享奠定基础。协作委员会通过各系统协作网络,明确各系统的收藏、服务特色和重点,进行平衡协调,开展外文书刊订购,有目的地进行资源建设。

上海地区文献资源共建共享协作网建设　1993年11月,上海图书馆、中国科学院上海文献情报中心、上海社会科学院图书馆、上海科技情报研究所文献馆和复旦大学、上海交通大学、上海医科大学建立联合工作组,筹备上海地区文献资源的共建与共享协作活动。1994年3月,上海地区文献资源共享协作网正式成立,成立之初共有19家成员单位。同年5月,协作网正式向上海地区读者推出馆际文献服务项目,发放协作网《通用阅览证》和《馆际文献服务手册》。同年6月,协作网开始制订外文书刊采购协调的具体措施,在外文书刊购置费用明显增高的情况下,通过地区协调,拟定各馆间相互利用外文期刊,编制原版期刊馆藏联合目录等一系列措施,确保上海地区订购原版外文期刊种数不减,使文献资源的共建共享工作稳步落实。

1999年5月,上海文献资源共建共享协作会议推出《上海市文献资源共建共享计划》,成立上海市文献资源共建共享工作领导小组和以上海图书馆为主任单位的上海市文献资源共建共享工作领导小组办公室。2000年6月,上海市文献资源共建共享协作网网站开通,"开放研究室"在上海图书馆挂牌。2001年1月,上海市文献联合编目中心成立,作为上海市文献资源共建共享办公室下属业务部门,向成员馆发布书目动态信息,提供书目数据上传、下载服务。

2010年,上海文献资源共建共享协作网向基层延伸服务工作取得重要突破,实现"一卡通"在212家街(镇)图书馆的全覆盖,文化共享工程建成各级中心和服务点2411个,基本形成覆盖市、区、街/镇/村/社区的四级服务网络。

上海市中心图书馆建设　2000年9月,上海提出建设特大型城市中心图书馆的发展目标,要求

打破行业界限,形成公共图书馆、大学图书馆和专业图书馆的资源共享和读者服务的联盟,提升图书馆的服务水平。上海图书馆"十五"发展规划,要求上海图书馆扩大地区服务功能,与全市高校图书馆、区县图书馆联手共建上海市中心图书馆。同年 12 月 26 日,黄浦区图书馆、静安区图书馆、南汇县图书馆和上海音乐学院图书馆在上海图书馆举行签约仪式,首批加入的 4 家分馆标志着上海市中心图书馆建设正式启动。中心图书馆读者可利用"一卡通",在中心图书馆任意分馆借书或还书。2002—2010 年,中心图书馆图书流通总量为 11 469.31 万册次,年平均流通册次为 1 274.37 万册。2007 年,"上海市中心图书馆'一卡通'信息系统建设暨向社区基层服务点延伸项目"荣获文化部第 2 届创新奖。至 2010 年底,上海市中心图书馆"一卡通"实现全市区(县)分馆、街道(乡镇)基层服务点的全覆盖。

在此期间,上海图书馆开通的"e 卡通电子资源远程服务,365 天每天 24 小时免费为上海图书馆有效持证读者提供由上海图书馆购买的,并获得厂商授权的电子资源远程服务,持证读者可在任何时候、任何地点,无须申请、注册、开通,只需在"e 卡通"平台上输入读者相关信息,即可远程查阅获得授权的电子资源,享受和体验电子资源服务直达读者桌面的便利与快捷。2009 年,"e 卡通服务"荣获文化部第 3 届创新奖。2010 年,共有 13.85 万人次使用"e 卡通"服务,通过"e 卡通"平台访问的电子资源点击量达 32.13 万次。

上海市"三级"少年儿童图书馆网络建设　1988 年,上海有市级少年儿童图书馆 1 家,区级少年儿童图书馆 9 家,县级少年儿童图书馆 7 家,街道少年儿童图书馆(图书室)111 家,乡镇少年儿童图书馆(图书室)21 家。全市初步形成"三级"少年儿童图书馆网络的基本架构,并正常运行。市少年儿童馆承担对基层少年儿童馆的业务辅导工作,尤其注重对独立建制的少年儿童图书馆的业务辅导,帮助各馆构筑特色馆藏资源服务体系。如长宁区少年儿童图书馆的宇航知识类资源、浦东新区川沙少年儿童图书馆的学前教育类资源、闸北区少年儿童图书馆的教育参考类资源、普陀区少年儿童图书馆的青春健康类资源、杨浦区少年儿童图书馆的童话童谣类资源等。2008 年,市少年儿童馆与卢湾区图书馆签订连环画资源的共建共享协议。

至 2010 年,全市有 27 家独立建制的市、区少年儿童图书馆,读者持证数 97 313 张,图书流通 1 096 640 人次,图书外借 1 899 720 册次。

上海少年儿童图书馆与少年儿童教育机构协作　市少年儿童馆与全市教育单位和工作机构建立横向协作协调关系。1982 年,市少年儿童馆与团市委加强联系,作为"红读活动"指导委员会的成员单位,联合承担全市"红读活动"的策划与组织工作。2002 年,设立少年儿童教育机构协作小组,并在原有基础上进一步发展扩大。协作小组由市少年儿童馆牵头,会同市文明办、团市委、市教委、市文广局等有关单位职能部门共同组成。2008 年,为进一步加强未成年人思想道德建设,与市文明办、团市委、市教委、市妇联、中福会少年宫、市校外教育研究会、少年儿童读物促进会等有关少年儿童教育的行政部门与教育机构合作与交流,通过整合全社会教育资源,携手中小学及全市少年儿童馆,广泛开展读书活动,营造良好阅读环境,共促未成年人成长。

【区县图书馆跨城(域)资源共建共享】

1987 年 3 月,长宁区图书馆牵头与中国纺织大学等 5 所大专院校图书馆、资料室,中科院上海硅酸盐研究所等 6 所科研单位情报室,上钢十厂等 32 个工厂资料室,胸科医院等 5 所医院图书馆以及大百科全书出版社上海分社资料室等 53 个单位,合作成立长宁区资料信息协作中心,开展馆际互借、业务讲座和展览等服务。

1987年6月29日,卢湾区图书馆协会成立,首批会员单位56家,会员104名,由卢湾区图书馆承担协会办公室职能。1992年5月23日,卢湾区图书馆联合上海社科院图书馆、市高等师范专科学校图书馆、市教育学院和卢湾区教育学院图书资料中心,签订协议,联合为区域内高级专业技术人员颁发"通用借书证",凭此证可在这5家单位借阅图书资料。

1988年6月,崇明县图书工作者协会成立,由县图书馆负责日常工作,为开展馆际互借提供组织保证。崇明县图书馆结合上海市文化局对街道(乡镇)图书馆的等级评定工作,为各乡镇图书室提供上门业务辅导。

1996年1月,闵行区第一、第二图书馆外借部与徐汇区图书馆、卢湾区图书馆实行3区4馆外借书卡通用。3区读者只要持有4馆中任意馆的借书卡,即可在4馆中任意借还图书。2006年,闵行区图书馆建"闵行区公共图书馆服务网",在区图书馆与各社区图书馆之间联网建立信息系统公共平台,并采用集约化管理方法,统一借书证,统一开放时间,统一采购编目,统一标识,规范各馆图书流通和信息服务流程,实行通借通还。12个镇、街道图书馆先后成为服务网社区分馆,建立357个社区服务点。

1996年5月,宝山区图书馆牵头成立宝山区联合图书馆,首批单位包括部分区、街镇图书馆及企业图书室共8家单位,实行经费共筹、资源共享,后增至15家,基本形成以区图书馆为资源中心,乡镇街道图书馆、联合图书馆成员为流通集散中心,村(里弄)图书室为服务点的全区三级网络系统。2002年,成立宝山社区图书馆协作网,至2005年,协作网完成50个中心和小区分馆的建设。为优化、整合该地区文献资源,达到资源共享的目标,在原有50家社区图书馆协作网的基础上,2005年开始进行"宝山网络图书馆"试点建设工作,被宝山区正式列为2006年、2007年区政府实事工程。2008年实现全区12个街(镇)图书馆纳入宝山区图书馆联合服务体系中。

2002年1月,浦东新区图书馆成为上海市文献联合编目中心成员,2003年成为上海市中心图书馆分馆。图书馆加强馆际协作协调,实现资源共享。2004年,浦东新区图书馆与其他5个区属图书馆实现网络互连,并实现浦东新区6馆的资源共享、通借通还。

2005年,普陀区甘泉路街道图书馆建成全市首个中心图书馆社区分馆,随后,全区9家街(镇)图书馆全面建成市中心图书馆社区分馆,实现全覆盖;市、区、街镇三级信息资源共建共享平台初步建成。

2006年,金山区图书馆充分利用政府信息平台,将文化信息资源工程落户到全区11个街镇,并延伸到部分乡村。2007年,实施"农家书屋"工程。2009年,金山区首批农家书屋建成,共75家。至2010年底,金山区完成124个"农家书屋"建设,图书馆每年向"农家书屋"配送新书。2010年,全区11个街镇、工业区全部加入上海市中心图书馆,实现"一卡通"通借通还。

2010年,闸北区青少年活动中心与上海少年儿童图书馆合作,在原闸北区少年儿童图书馆基础上,组建上海少年儿童图书馆闸北分馆,开通上海市中心图书馆"一卡通"通借通还服务。上海少年儿童图书馆闸北分馆组建后,读者可在市、区两馆间通借通还,方便少年儿童读者借阅,使上海少年儿童文献资源得到充分利用。市、区两馆开展全方位合作,市少年儿童馆提供图书2万余册。

二、高校图书馆跨城(域)资源共建共享

1979年10月,纺织工业部教育司决定成立部属院校图书馆协作组,开展资源共建共享,协作组包括7个成员单位。1983年改名为全国纺织高校图书馆协作组,地方院校图书馆也同时加入。

2000年改名为全国高校纺织信息研究会,成员单位发展到36个。华东纺织工学院图书馆先后担任组长、理事长、秘书处常设单位,主要负责出版协作组内部刊物《纺图动态》,1989年易名《纺图学刊》。

1988年,上海水产大学图书馆与国内9所水产(农业)高等院校图书馆联合成立图书馆协作组,开展资源共建共享。水产大学图书馆成为协作组中心馆。

1991年10月,复旦大学、北京大学、南开大学、武汉大学、吉林大学、四川大学共建"高校文科文献情报中心",开展资源共建共享,主要任务是搜集文科文献资料,及时提供报道、阅览、流通,搜集国内外有关信息和动态,开展情报调研,为教学科研提供参考咨询服务。

1994年11月,华东理工大学图书馆、华东师范大学图书馆、上海交通大学图书馆、上海农学院图书馆、中国纺织大学图书馆、华东政法学院图书馆和上海医科大学图书馆开展馆际互借协作,7校统一借书证。同年12月,启动馆际流动车服务。

1995年,同济大学图书馆与德国国际建筑数据库(ICONDA)达成协议,定期向该数据库提供中国大陆38种土建核心期刊的文献数据,成为国内唯一与ICONDA合作的单位。至2010年,图书馆与上海大众汽车股份有限公司、上海汽车集团股份有限公司、上海瑞尔实业有限公司等10余家企事业单位,签订文献资源共建共享协议,有关企事业单位的员工可使用汽车专题阅览室各项服务及同济大学图书馆的其他资源、服务和设施。

1997年,上海海洋大学图书馆与复旦大学、同济大学等东北片7所高校实现文献资料相互利用、交流、共享。

同年,中国高等教育文献保障系统(CALIS)华东南地区中心落户上海交通大学图书馆。图书馆同时是华东南地区工程技术和农业文献信息中心,以华东南地区进入"211工程"的14所高校为骨干图书馆,面向华东南地区130余所高校图书馆,逐步实现文献信息资源的共知、共建、共享,深化资源的有效利用和开发。

1998年10月,上海交通大学图书馆与美国匹兹堡大学图书馆、北京大学图书馆、香港中文大学图书馆、台湾"中央研究院"图书馆,共同建立"国际中文学术期刊传递中心",开展国际文献传递服务,使用Ariel系统,通过国际互联网实施全球馆际互借、资源共享。

2000年12月,上海交通大学图书馆与上海市教育委员会联合组建"上海教育网络图书馆",管理中心设在上海交通大学,主要功能是在上海地区各级各类学校间实现图书文献资源与信息服务的共建共享,提高上海地区文献保障率和信息服务水平。该项目初步建成上海市教育文献资源共建共享的基本框架。2003年,上海教育网络图书馆被评为"2000—2002年上海市信息化优秀应用项目"。

2001年9月,上海交通大学图书馆与上海图书馆联合组建"上海中心图书馆上海交大分馆",分设阅览室,开辟地区资源共享新模式,实现人才、技术和资源的优势互补,促进上海市数字图书馆的建设。

2003年,复旦大学图书馆与22所高校图书馆共同发起"中国高校数字图书馆联盟"。2004年,复旦大学成为中国高校人文社会科学文献中心(CASHL)两个全国中心之一。

2006年11月,教育部批准华东师范大学图书馆和中国人民大学图书馆等10所高校图书馆为中国高校人文社会科学文献中心(CASHL)学科中心,重点建设教育学相关领域和人文地理文献资源,并就共享服务提供保障。

2009年5月,上海外国语大学图书馆与北京外国语大学图书馆、广东外语外贸大学图书馆联

图4-5-1 2004年教育部中国高校人文社会科学文献中心(CASHL)
区域中心服务启动大会在复旦大学召开

合发起全国外语院校图书馆联盟,加强我国外语院校图书馆间的合作与交流,实现资源共享。联盟下设资源协调、编目共享、咨询与培训3个工作小组,分别由3馆负责相关协调与组织工作。

2010年6月,上海旅游高等专科学校、桂林旅游高等专科学校、浙江旅游职业学院、山东旅游职业学院、南京旅游职业学院5所院校合作发起以旅游为主题的"五星联盟",就图书馆资源共建共享开展协商、研讨。同年9月,在中国高等教育文献保障系统(CALIS)管理中心三期项目的支持下,"五星联盟共享域平台"建设启动,平台集中五校馆藏资源,力求著录信息完整、正确,形成纸本馆藏文献和网上电子文献相结合的学科特色文献资源集成中心和网上公共服务体系。

三、科研图书馆跨城(域)资源共建共享

1979年起,上海社会科学院法学研究所资料室先后与全国人大、国务院相关法规部门,各级人民法院、人民检察院,司法部和司法厅、局,公安部和公安厅、局,政法院校和大专院校法律系,以及各地社会科学院、法学会、律师协会、公证处等单位建立资料交换关系。上海社会科学院宗教研究所图书资料室与全国部分省市自治区党校、社会科学院、高等院校的图书情报资料室等35个单位建立资料交换关系。上海社会科学院世界经济研究所资料室与国内60多个单位定期互送杂志,与国外50个单位建立信息网络并互送杂志。上海社会科学院部门经济研究所资料室与300多家情报资料部门建立协作关系,定期交换报刊资料。

2003年9月,中国科学院上海药物研究所与上海生命科学图书馆及浦东新区图书馆共建生命科学图书馆浦东分馆,新增挂牌浦东新区图书馆张江科技分馆。生命科学图书馆浦东分馆以上海

药物研究所图书情报室为依托,向属地科技人员开放馆藏文献资源。2008年10月,承建"上海市生物医药行业科技情报网",内容涉及10大严重危害人民健康的疾病等资源,涵盖生物医药行业研发链、产业链和市场链等上下游产业。

上海农科院和上海图书馆共建"院馆合作"项目。上海图书馆每年为农科院提供经费,以采购农业外文原版图书,向农科院图书馆提供集体外借,并定期更换图书;为农科院职工免押金办理读者证,便于其使用上海图书馆"e卡通"和"市民数字阅读"的电子资源。农科院向上海图书馆推荐食品安全、阳台蔬菜、农业物联网、虚拟农业、转基因技术等领域的专家,以充实上海图书馆的专家队伍;农科院及其试验基地向上海图书馆职工开放,提供农业科普教育、会议培训和休闲场所。

中国科学院上海天文台图书馆积极开展与图书情报界、期刊界、院所级图书馆、中国科学院文献情报中心总分馆的学术交流,交流对象包括中科院文献情报中心、紫金山天文台、国家天文台、新疆乌鲁木齐天文台、上海生命科学信息中心、上海光学精密机械研究所、中共上海市委党校(上海行政学院)图书馆等。

四、党校图书馆跨城(域)资源共建共享

1993年1月,中共上海市委党校(上海行政学院)图书馆建设交流内刊阅览室,陈列数百种来自全国党校、社会科学研究部门、宣传部门和高校等的内部交换资料。

2005年,为实现全市党校图书资源信息共享,中共上海市委党校(上海行政学院)图书馆提出构建图书信息资源共享平台,并在区县党校设立专题分馆,面向全市党校系统拓展图书借阅服务,实现异地借还。2007年11月,学校印发《市委党校图书馆向全市党校系统开放图书借阅服务实施办法》,向全市党校系统开放,实行图书异地借还。2008年4月,向全市党校系统开放数字图书馆网站资源服务。

2010年,中共上海市委党校(上海行政学院)图书馆的图书异地借还工作从手工操作向自动化操作升级,根据全市区县大口党校的意愿、设备情况和读者数量,分别在中共上海市国资委党校、中共上海市经济党校、中共上海市建设和交通党校、中共上海市普陀区委党校(行政学院)、中共上海市宝山区委党校(行政学院)、中共上海市闵行区委党校(行政学院)、中共上海市静安区委党校(行政学院)、中共上海市松江区委党校(行政学院)和中共上海市徐汇区委党校(行政学院)等9家单位建立异地分馆,并通过VPN连接登录Horizon远程客户端,根据分配的帐户口令管理操作,实现9个分馆通借通还无障碍流通服务。

第三节 面向中西部地区资源共建与支援服务

一、公共图书馆面向中西部地区资源共建与支援服务

2001年5月31日,上海图书馆参加上海市宣传系统援建希望小学捐赠活动。2002年9月3—5日,参加由市委宣传部率领的上海市赴西宁文化、教育、医疗学习交流工作团,在西宁城乡开展各类活动,向青海省图书馆、西宁市图书馆赠送图书、设备及光盘数据库。2003年,开发制作"西部""青海"等专题资源数据库;同年10月15—18日,参加由中国图书馆学会、中小型图书馆联合会组织召开的"开发西部手拉手,消除数字鸿沟"理论研讨会。2005年,上海图书馆发起爱心捐赠活动

和朗诵活动,募集图书2.7万余册,分送至山西、黑龙江、内蒙古和新疆等地,丰富当地群众的文化生活。2007年6月15日,上海图书馆向山西省图书馆捐赠图书。2010年,上海图书馆在上海世博会宣传推广活动中,分别在上海、四川、广东、辽宁、湖北等省市开展"东西南北中文化共享世博行宣传月"活动,发动文化共享工程各省级分中心,积极开展"主题馆日活动",并举办"精彩在眼前——走进上海世博会"全国巡展等。

1997年,金山区图书馆根据上海—云南对口帮扶的要求,精心挑选出科技类、文学类等各种图书645册,捐赠给云南地区。2008年8月,为加快四川地区灾后文化建设,图书馆向都江堰图书馆捐赠新书1 500册。

2007年,浦东新区图书馆参与西部援建活动,与青海西宁市图书馆、宁夏银川市图书馆、甘肃天水市麦积区图书馆建立共建关系,分别向3馆赠书2 000册。2009年8月,与新疆阿克苏地区图书馆建立交流合作关系,开展文化交流。

2009年,闵行区图书馆参与中西部支援,向都江堰图书馆捐赠价值3万元的图书。

二、高校图书馆面向中西部地区资源共建与支援服务

高校图书馆通过捐赠书刊、接待访问馆员、开展馆际互借等方式,积极扶助资源不足的图书馆或西部地区图书馆。

1984年7月,华东师范大学图书馆整理理科书6万余册,连同文科书共10余万册,调拨、支援边疆兄弟院校和兄弟省新建院校。

1997年,上海交通大学图书馆向浙江上虞市图书馆赠书1.2万册,两馆签订友好协作意向书。2001年11月,与宁夏大学签订合作协议,宁夏大学师生可使用上海交大书目数据库及部分自建数据库,可通过馆际互借获取上海交大学位论文全文;两馆设立专人负责馆际互借服务,以Email、Ariel或Fax等形式开展文献传递;上海交大图书馆为宁夏大学教师开展定题文献检索服务;为宁夏大学图书馆申请加入中国高等教育文献保障系统(CALIS)、开展联机编目、实施资源共享提出建议;两馆不定期开展人员互访、业务培训与交流,开展情报、软件开发、学术会议等。

1999年,上海第二医科大学医学图书情报中心将3万余册医学书刊赠送给江西赣州地区卫生学校,支援该校的图书馆工作。

2005年,同济大学图书馆对井冈山大学图书馆开展资源共建与支援服务,两馆签订对口支援协议。同济大学图书馆为井冈山大学图书馆培训专业骨干,为支援井冈山大学图书馆的展览工作和情报服务,派专人传授管理工作经验,并分两次赠送外文原版图书。

同年,上海中医药大学图书馆完成援建西藏"藏医学院电子阅览室",图书馆负责建设方案的规划、工程的组织实施、工程的验收与移交,以及电子文献、影音视频资源的提供等。

第五篇

技术应用
与开发

20 世纪 70 年代末 80 年代初,计算机及相关设备开始逐步进入上海地区图书馆中。以计算机及相关设备为硬件基础,图书馆开始了信息资源和读者服务的计算机管理。从 1979 年开始使用单机进行文献信息检索服务,到 20 世纪 80 年代中期利用服务器进行图书馆信息管理,再到 20 世纪 90 年代网络环境下的多服务器协同进行图书馆信息管理、提供互联网上的信息服务,发展到 21 世纪以大型网络存储设备、互联网、分布式服务器为基础的信息集成系统。实现了用户不受时间、地点的限制,可以方便地访问不同类型、不同来源的综合信息资源。

信息技术的快速发展,促进了上海地区图书馆建设网络环境的实践。从 20 世纪 80 年代开始互联网接入的早期尝试,到 20 世纪 90 年代有线网络初具雏形,再到 21 世纪初有线网络的快速发展与无线网络茁壮成长,上海地区图书馆高速网络传输环境逐步搭建完成,实现了通过网络提供服务。在网络布局与规划上,上海地区各类图书馆根据实际情况进行规划与设计网络,尽可能合理地对机房、办公地点进行网络布局与布线。在接入网中,上海地区各级各类图书馆采用的接入方式主要有 PSTN、ISDN、DDN、LAN、ADSL、VDSL、Cable - Modem、PON 和 LMDS 等种类。网络接入的主干也从 MB 级别飞跃至 GB 级别,读者和图书馆的网络互连越来越快速、多样和便捷。上海地区各类图书馆普遍建设了网站,网站成为图书馆数字化资源与服务的主要载体。通过网站,方便了用户随时随地搜索和利用图书馆的数字资源,增进了与同行及外界的沟通和交流,有效促进了上海地区图书馆服务质量和服务水平的提升。

信息技术在图书馆的应用,深刻地影响着图书馆的服务转型和形态变革。20 世纪 80 年代以来,上海地区各类图书馆普遍加强了自动化管理、网络化服务和数字资源建设。信息技术在上海地区图书馆的应用可划分为三个发展阶段:20 世纪 80 年代,开发单一功能系统为主,如编目、流通管理、书目管理自动化系统,处于探索以图书馆内部业务处理为核心的管理自动化阶段;20 世纪 90 年代,商品化产品开始出现并日益成熟,集成化系统开始大规模使用,图书馆自动化系统步入普遍应用阶段;21 世纪以来,集成化系统进入成熟期,迈向网络化、数字化阶段。自动化处理系统转向信息处理系统、知识发现与知识服务系统。伴随着新兴技术的兴起,出现数字图书馆、图书馆 2.0、手机图书馆等建设热潮。同时,顺应用户的需求,先后出现了各式各样、功能各异的软件系统与工具平台,有效提升了图书馆的服务能力。

20 世纪 80 年代后,随着现代科学技术的快速发展,楼宇的智能化成为现代化图书馆建筑发展的必然趋势。20 世纪 90 年代中后期,以上海图书馆为代表的公共图书馆开始在新馆建设中引入智能化系统,为广大读者提供更为安全舒适便捷的服务。进入 21 世纪后,上海地区许多高校图书馆纷纷兴建新馆,以改善服务空间,提升服务品质。在新馆建设中,高校积极推进智能楼宇建设,安保监控系统、门禁系统、消防系统等现代化设施与技术广泛应用于图书馆建筑中,推动图书馆楼宇智能化发展进入快速发展的普及阶段。

第一章　图书馆硬件设施

第一节　图书馆计算机服务器

一、早期单机阶段

20 世纪 80 年代初,上海市只有上海图书馆、中国科学院上海有机化学研究所和部分高校图书馆开始尝试使用单台计算机,提供单用户下的科技情报文献管理和检索、图书馆书刊资料管理等服务。

【公共图书馆】

1980 年,上海图书馆成立了自动化小组,着手试验计算机应用于图书馆业务管理。因无电脑设备,实验工作在上海交通大学计算中心的 PC 机上进行,研制成功的"图书馆流通管理专用软件"于 1981 年获得文化部科技进步三等奖。

1988 年,虹口区图书馆购置一台微型计算机,用于图书馆流通服务,迈出了区县级图书馆应用电子计算机,进行自动化管理的第一步。1993 年 12 月,上海市虹口区图书馆(曲阳分馆)在采编部、影视文献部、馆长室安装了电脑,完成了图书文献管理自动化的一期工程。

1990 年 2 月,静安区图书馆对读者试行自动化管理,而后在各流通部门全面投入运行。

同年 12 月,杨浦区图书馆引进 586 套装计算机。

同年 10 月,普陀区图书馆投入 20 余万元添置计算机设备(COMPAQ 服务器、华诚终端 10 台)及电脑打字、油印机等设备。利用这些设备对 30 余万册图书目录进行电脑管理。

到 1994 年,上海已有 19 所区县级图书馆购置了计算机,其中 1/5 的图书馆将计算机应用于图书编目工作。

【高校图书馆】

1979 年,上海交通大学图书馆与学校电工与计算机科学系网络研究室在美国王安公司 WANG MVP－2000 型计算机上联合研制"科技情报联机检索系统",1981 年正式通过鉴定。

1983 年,复旦大学图书馆引进第一台电子计算机。1984 年,成功研制出图书流通计算机管理系统,后续又相继开发和引进了期刊管理、图书编目等系统。

1984 年,华东理工大学(当时的华东化工学院)开始进行微机在图书馆应用的试验工作。1986 年,"西文编目计算机系统"通过高教局鉴定,同年西文编目计算机系统投入运行。

1984 年,东华大学图书馆(当时的华东纺织工学院)成立文献检索室,开始利用计算机为读者查找资料。

1986 年,上海财经大学图书馆购进两台 IBM/PC 机,开始探索应用计算机来管理各项业务工作。

同年底,上海冶金专科学校图书馆添置内存 640KB 的"IBM PC/XT"机一台。该馆首先从外文现刊的内部管理上着手开发工作,用汉字 dBASE - Ⅱ 关系数据库管理系统进行软件设计,并于 1987 年 5 月正式投入使用。

1987 年,上海纺织高等专科学校图书馆添置了 1 台 IBM PCXT286 微型计算机,还配置了一台 AST 386/33 主机及 6 台终端,实现了图书管理系统采编、流通及统计和查询的自动化管理。

同年 6 月,上海铁道学院(后并入同济大学)图书馆购置了第一台"IBM PC/AT"微机并成立微机室,主要用于研究开发人事管理、办公事务处理和科技文献检索等项目。

【科研图书馆】

1982 年,中国科学院上海有机化学研究所图书馆在 Z - 80 微机上建立了有 3 000 余篇文献的中国有机化学文献检索试验系统,与该所计算机室合作建立了"OCIRS 红外光谱检索系统"。两项成果均通过科学院鉴定,后者于 1984 年获中国科学院成果二等奖。1989 年,该所在 VAX11/780 计算机上自行设计和研制完成"SIOCL 图书馆计算机管理集成系统"。该项目于 1992 年获中国科学院科技进步三等奖。

1991 年,上海药物研究中心图书室购置了 2 台微机,并从原上海医科大学图书馆引进了图书馆自动化管理软件,实现了单用户环境下的期刊自动管理。

20 世纪 90 年代起,上海市各种科研、中专、高中等图书馆开始逐步推广单机版的图书馆管理系统。

二、多用户计算机服务器阶段

计算机技术发展促进了图书馆自动化的进程。小型计算机的终端/主机(Terminal/Host)架构可以让多个用户通过计算机通信端口同时使用同一个系统,提高了计算机软件在处理图书信息管理中的复杂度和适用范围。20 世纪 80 年代中期,一些规模较大的图书馆开始在多用户小型计算机上开发书刊资料的信息管理、借还书、检索等集成化的系统软件。

【高校图书馆】

1985 年 10 月,在包兆龙图书馆落成典礼上,上海交通大学图书馆在引进的 HP3000/39 小型计算机上,实现了光笔输入的"多用户图书流通管理系统"(SJTUCS)。1988 年 4 月,该馆引进美国 HP3000/935 超级小型机系统,配备图书馆自 1986 开始研制的"西汉文兼容图书馆管理集成系统(MILIS)"。该系统先后三次获上海市科技进步奖。1992 年 4 月,上海交通大学闵行校区的包玉刚图书馆建成,在引进的 HP3000/920 小型计算机系统上,安装了 MILIS 软件进行借还书业务,并利用电话线路将远程终端与徐汇校区图书馆 MILIS 系统进行通信联系。

1990 年,同济大学利用世界银行贷款近 10 万美元,购置了小型计算机系统 HP Micro 3000XE,该机有 6 个终端为计算机管理系统的用户端提供服务。

同年,上海财经大学图书馆以招投标方式引进了美国惠普公司 HPLH3 服务器和联想公司 4200 服务器,用于借还书服务。

1991 年 6 月,上海第二医科大学(2005 年后改名为上海交通大学医学院)校长办公室调拨了一台 VaxⅡ 小型计算机给上海第二医科大学医学图书情报中心。1992 年 3 月,该馆引进了图书馆管理集成系统软件,应用于图书期刊的系统自动化管理。

图 5-1-1　1985 年上海交通大学图书馆开发光笔输入多用户图书流通管理系统 SJTUCS

1992 年,复旦大学图书馆采购了富士通服务器,内存 128 兆,硬盘 16G,同时配置了富士通图书馆自动化软件,用于采编和流通自动化。自此,复旦大学图书馆正式从卡片编目进入电脑编目及流通自动化。

【其他图书馆】

1984 年 11 月,上海有机化学研究所引进了美国 DEC 公司的 VAX11/780 计算机,有效推动了红外光谱数据库、化学结构数据库、中国化学文献数据库和图书馆自动化系统建设工作的开展。

1995 年,上海市委党校给图书馆拨款 10 万元建书目数据库。图书馆购买小型服务器 1 台,586 电脑 1 台,六台数据终端,运行深圳 ILAS 图书馆管理系统。

三、网络环境下计算机服务器

网络环境下的计算机服务器采用客户端/服务器(Client/Server)架构,可以让客户端(微机或计算机工作站)承担部分信息处理功能,可有效降低服务器端的负载,同时用户在客户端也有了更好的体验。Novell 公司、微软公司相继在 20 世纪 90 年代初推出了具备网络功能的操作系统,可以将多个微机连接到局域网中,以实现应用软件在小范围的网络环境的运转。在这种环境下,90 年代中后期,一大批中小型图书馆也开始在微机或服务器上部署图书馆集成管理系统和其他业务应用系统。从而实现了网络化的图书期刊等信息资源的自动化处理和检索。

1995 年前后,上海图书馆和少数几个高校图书馆率先搭建了局域网,并且连接到国际互联网。同时,小型机作为网络服务器的主流硬件设备开始逐步用于图书馆的各种业务系统中。

【公共图书馆】

1996 年,上海图书馆新馆引进了一套小型机系统。主机系统用 4 台高性能的 IBMRISC/6000 超级小型机组成一个集群系统,其中 1 台为 R40,3 台为 J40。这些机型是当时 IBM 公司 RISC/6000 系列机中的新机种,采用的技术及性能在当时世界处于领先。4 台主机构成群机,共享一个大容量高可靠性的磁盘阵列,数据可进行集中管理和维护,以保证数据的安全性、完整性及一致性。服务器采用 UNIX 系统,并安装了 Horizon 图书馆自动化管理软件,实现了基于 TCP/IP 协议网络的图书馆自动化管理。

【高校图书馆】

1995 年,上海交通大学图书馆引进美国惠普公司当年 3 月推出的 HP9000/K100 系列的开放式超级小型机系统,用于运行 UNILS 图书馆管理集成系统。该设备配有内存 128 MB,硬盘 16 GB,使用 UNIX 操作系统,执行 TCP/IP 协议。可以在馆内的以太网环境下运行,同时实现了与校园网、中国教育科研网及国际互联网(当时称国际学术互联网络或 Internet)无缝连接。1997 年,为提升存储量和数据处理能力,并且为图书馆管理系统提供性能优异、运行可靠的硬件环境,该馆又引进 2 台 HP9000/K260 小型机作为主、副服务器,在其上运行的系统互为备份(副服务器后备机),并共享 10 个 4.2 GB 磁盘阵列。

1998 年,复旦大学图书馆采购 SUN 公司 E5000 服务器,内存 1G,硬盘 48G,同时安装了 Horizon 图书馆自动化管理系统,实现了基于 TCP/IP 协议网络的图书馆自动化。为配合 Horizon 系统升级需要,图书馆于 2001 年采购 SUN 公司 F6800 服务器,内存 8G,硬盘 216G,安装了升级后的 Horizon 图书馆自动化管理软件。2008 年,复旦大学图书馆又采购 SUN M5000 服务器,用来运行该馆的图书馆自动化系统。

第二节 图书馆计算机机房和存储设备

20 世纪 80 年代早期,图书馆系统大多处理图书期刊的编目信息和流通信息,数据量较小。服务器所带的几个硬盘已经足够保存这些数据,数据备份采用软盘保存。20 世纪 80 年代后期,随着小型机使用的普及,数据备份大多采用服务器自带的磁带机或独立磁带柜的方式保存数据。

到了 20 世纪 90 年代中期,随着图书馆电子信息的增加和硬盘技术的提高,磁盘阵列成为图书馆存储数据的主要方式。2004 年前后,随着服务种类增加和自建数字资源的迅速发展,磁盘阵列柜已无法满足要求。上海各级各类图书馆开始引进网络存储设备,让多个服务器能够快速使用一个可靠的存储,实现单个数字资源被多个应用所共享。

一、公共图书馆

1996 年,上海图书馆购买了 IBM 主机系统,主机系统的共享磁盘采用了高可靠性的冗余磁盘阵列 7135,容量为 40 GB(磁盘总容量为 56 GB,16 GB 为冗余量作自动备份)。

二、高校图书馆

1997 年,上海交通大学图书馆引进 2 台 HP9000/K260 小型机作为主、副服务器,在其上运行的系统互为备份(副服务器后备机),并共享 10 个 4.2 GB 磁盘阵列。2004 年 4 月,该馆引进 20 TB 的 EVA5000 大容量存储。同年 6 月,将应用系统和数据迁移到新存储上并正式投入使用。2010 年 8 月,该馆购置的富士通 ETERNUS4000 Model600 存储服务器正式投入运行,系统容量达 103 TB,用于存储日益增长的重要数字资源

1998 年,复旦大学"211"一期工程启动,购置了 48G 的磁盘阵列用于 Horizon 系统的运行。2003 年 1 月,复旦大学购置的 SUN F6800 主服务器到馆。同年 9 月,SUN 公司 18.9 TB 的大容量全光纤磁盘阵列到馆。图书馆订购的光盘数据库、电子图书,以及特色馆藏"抗日战争时期中文出版物"和该馆制作的教学参考书全文数据库陆续装入磁盘阵列。

2006 年,同济大学图书馆完成招标,购入 HP EVA8000 存储 46 TB,用于存储图书馆自动化系统、邮件系统、期刊镜像等数据。2010 年,该馆购置 EMC CX4 - 480 存储 80 TB,用于存储随书光盘等自建库数据。

2006 年,上海交通大学医学院(原上海第二医科大学,2005 年并入上海交通大学)图书馆使用 EMC CX500 3.4 T,主要用于数据克隆、快照、双机冗余、自动导出等数据安全方面备份策略。

三、科研图书馆

2002 年,中国科学院上海有机化学研究所配置了戴尔 512G 磁盘阵列(部分用于文献资源储存)。

第三节　图书馆其他硬件设施

20 世纪 90 年代以来,随着信息技术的迅速发展,为了促进计算机与存储资源的普及应用,其他配套的信息设备与硬件设施(如光盘塔、电子阅览室等),也在上海地区各级各类图书馆逐渐出现并推广应用。

一、公共图书馆

1998 年,上海市少年儿童图书馆建成了具有多媒体触摸屏的电子阅览室,拥有 16 台触摸屏的 586 电脑,运行于 100 M 交换式高速局域网络,主机房安置了 14 驱的光盘塔,电子读物通过光盘塔可自动运行,读者可以有选择地阅览。

1998 年 12 月,长宁区图书馆投资 50 余万元新建计算机多媒体阅览室,进一步开拓该馆的服务功能。

同年 12 月,黄浦区图书馆设立电子阅览室,供读者浏览查询互联网信息。

同年 12 月,卢湾区图书馆筹建少年儿童馆多媒体室,购置了 12 台方正电脑,建立了少年儿童多媒体电脑机房,为小读者们学习计算机知识创作了良好的条件。

2001 年 5 月,崇明县图书馆电子阅览室对外开放。至 2010 年,该馆电子阅览室共有电脑 50 台。

2003 年,青浦县图书馆的电子阅览室拥有 52 台计算机。同年,青杏科技图书馆电子阅览室建成并对外开放,为读者提供各类数据库检索、电子图书网上阅览、视频点播、软件学习、网上"冲浪"、

图 5 - 1 - 2 1998 年长宁区图书馆计算机机房

计算机培训等服务。

2004 年,普陀区图书馆的多媒体电子阅览室提供多媒体电子读物阅览、影视片点播观看、Internet 上网查阅资料,以及计算机、外语培训等多项功能。

2005 年,静安区图书馆的电子阅览室拥有终端数 43 台,2009 年增至 60 台。

同年 6 月,金山区图书馆开设了多媒体电子阅览室,充分利用共享资源《全国京剧音配像精粹》光盘。

同年 10 月,普陀区少年儿童图书馆进行了馆舍全面修缮,新建了电子阅览室,阅览室具有广播、语音、转播教学功能;并具备远程辅导、教学示范、电子论坛、文件传递、网络影院、远程管理等独特的服务功能。

2007 年,浦东新区图书馆开通了电子阅览室。

2010 年,新川沙图书馆的电子阅览室有 40 台计算机。

同年,闸北少年儿童图书馆电子阅览室有 20 台计算机。

二、高校图书馆

1995 年,上海第二医科大学医学图书情报中心引进美国 Meridian Data 公司生产的能装入 21 个光盘驱动器的光盘塔系统。

1996 年 3 月,复旦大学图书馆引进 CD－Net 光盘塔组建光盘检索系统,提供网上免费查询服务。

同年 3 月,荷兰郁金香电脑亚洲有限公司向上海交通大学图书馆赠送 25 台多媒体电脑设备,在该校包兆龙图书馆二楼联合建立了上海交通大学郁金香多媒体电脑教学科研中心。1997 年 9 月 8 日,由上海交通大学与上海市教育发展基金共同建设的研究生教育基地"上海市研究生电子文献检索中心"正式投入使用,主要提供光盘数据库、国际互联网及国际联机检索系统服务,同时开展Internet培训工作。1998年9月2日,上海交通大学包玉刚图书馆电子阅览室建成并开放。该室配置有100台AICP586/266多媒体电脑,1座28光驱的光盘塔以及配套有2000余册中外文工具书,面向全校师生开放,提供网络访问、电子文献查询等服务。

1998年底,同济大学图书馆建立了一个有40多台多媒体计算机的电子阅览室,主要面向没有上网条件的本科生和部分研究生及教师开展网络信息检索和多媒体资料的阅览服务,同时也作为用户检索光盘网络数据库的主要用机,另外还依托该电子阅览室提供用户检索培训。

1999年4月,上海海关高等专科学校图书馆数码阅览室正式启用,拥有计算机30台,实行内外网分离,是上海市高校第一家数码阅览室。

同年12月,上海铁道学院图书馆电子阅览室(兼电子教室)建成,设有24台微机网络终端和48个阅览座位,对读者提供开放服务,同时作为文献检索与利用教学培训实习基地。

2000年,华东师范大学图书馆建设了两个多媒体电子阅览室,设置座位150个。同年10月16日,该馆逸夫楼一楼多媒体电子阅览室正式向全校师生开放,主要提供信息检索及电子刊物阅读等服务,包括光盘检索、期刊全文检索与浏览、网络检索及电子图书阅览等功能。2006年10月,该校闵行校区新馆主楼二至四楼的电子阅览室对读者开放,设置座位228个。

2000年12月,上海对外贸易学院图书馆以大恒硬盘镜像光盘塔(型号:DH2CD,容量:120G)作为CNKI数据存放设备。

2001年,东华大学图书馆购买了由美国微试公司(MICROTEST)提供的硬盘镜像光盘塔,可同时支持多张光盘网上共享,供读者上网检索。2009年,该馆建成了一个有20台电脑、40个阅览座位、30台电子阅读器的E-book阅览室,供读者阅读各类电子图书,并新建1个有电脑88台的电子阅览室。

三、科研图书馆

2002年,中国科学院上海光机所图书馆设立电子阅览室,向读者免费提供上网服务。

2003年,中国科学院上海药物研究所生命科学图书馆浦东分馆设置了30座的电子阅览室。

第二章　图书馆网络环境

第一节　网络布局与规划

图书馆网络布局规划主要包括网络拓扑结构(包含综合布线系统)、网络通信设备(即交换、路由设备)及网络安全等。

1999年5月,基于建设上海市文献资源共享的信息平台的目标,上海市分别接通了上海图书馆至上海交通大学图书馆和中国科学院上海文献情报中心(中国科学院上海生命科学图书馆)的专线光缆。上海地区公共图书馆网络、大学图书馆网络以及中国科学院各图书馆网络等三大网络构成统一的网络体系,缓解了骨干成员馆之间的通信瓶颈问题,实现了全市文献资源共建共享的发展目标。

一、公共图书馆

1996年7月,奉贤县图书馆(后改名奉贤区图书馆)将10 M的计算机网络系统,升级成满足100BASE-T的5类非屏蔽双绞线(UTP)的计算机网络连线系统,升级后的布线系统无缝连接至100 M快速以太网或ATM交换网。

1996年12月20日,上海图书馆新馆正式开馆,其计算机管理系统网络结构是以ATM作为主干网,以以太网、令牌网作为分支网。新馆计算机管理系统的网络设备采用了IBM公司的产品,其中,ATM中心交换器采用2个IBM8260多协议智能交换器,ATM主干网与以太网分支网的交换设备采用IBM8271以太网交换器,ATM主干风与令牌网分支网的交换设备采用8281令牌网桥。ATM主干网的速率达到155 Mbps,提供了高速、宽频的传输性能,满足馆内各应用系统传输的文字、声音、图形图像的需要,避免了信息传输中的瓶颈现象和作业阻塞。

1998年,上海市少年儿童图书馆进行计算机系统网络升级的三期工程,引入16台触摸屏的586电脑,运行于100 M交换式高速局域网络,同时,还可上Internet浏览,查阅少年儿童馆图书资料。第四期工程于1999年底顺利完工,建立了拥有千兆网的数字信息跑道。2008年9月,图书馆以光纤方式接入上海科技网络通信有限公司上海科技网(STNC)的城域网,通过该网络连通国内、国际互联网。同时,图书馆独享20 Mbps网络物理端口。

1998年,宝山区图书馆新馆采用交换以太网技术星形组网,选用高性能网络交换机,可以100 M速度交换至桌面;采用高宽带、高性能的PC服务器,构建了Web Server、Database Server、Mail Server、FTP Server等服务器构架,桌面全部选用ATX架构的奔腾二代微机,同时配置了路由器,与上海热线建立了专线连接。整个网络选用SCO UNIX Open Server 5.0.5及Windows NT 4.0为网络平台,以Microsoft SQLSever 7.0为数据库平台。新馆的计算机网络的实施有效推动了图书馆业务流程自动化和各项服务的网络化。

1999年9月,黄浦区图书馆建成黄浦区IP宽带中心机房,开通计算机、通信、有线电视三网合一的IP宽带网络试验平台,为读者获取网上信息资源提供了更好的网络环境。

2001 年,松江区图书馆对新馆局域网进行改造,由仿真终端式改为网络式。同年,该馆新馆建设方案实施局域网布点 200 个,提高了全馆网络传输效率。

同年,嘉定区图书馆对馆内局域网进行了改造,由仿真终端式改为网络式。

2002 年,静安区图书馆共建有三个局域网:(1) 通过 ADSL 宽带上 Internet,该局域网覆盖全馆六个部门八个室;(2) 文化部图书馆自动化集成系统(CILAS),该局域网启动少年儿童图书馆的业务管理工作、报纸杂志管理及静安区地方文献数据库的管理及查询;(3) 上海市中心图书馆的管理系统,包含 HORZION 图书借还和验证管理、iPac 书目查询系统。

2003 年,浦东新区图书馆进一步完善了馆内局域网,图书采访、编目、流通、检索和行政办公全部实现了计算机管理。该馆与其他 5 个区属馆实现了网络互连,并实现了浦东 6 馆的资源共享、通借通还。2009 年,该馆建立了更加完善的馆内局域网,通过 Horizon 系统,可以方便读者借阅,提高馆员的工作效率;办公使用 Office 和 Lotus 系统相结合,为行政管理工作提供了快捷、高效的工作平台;通借通还系统实现了异地借还书。

2008 年,奉贤区图书馆的局域网设施分布情况为:主楼四层信息中心机房含服务器机柜 1 个、计算机布线机柜 2 个、管理用微机 1 台。局域网服务器、磁盘存贮阵列和网络设备(中心交换机和主楼四层接入层交换机)全部放置在机柜中,接入层交换机堆叠(除主楼四层)分别放置在一、二、三层及辅楼二层的弱电间的布线机柜内。

同年,杨浦区延吉图书馆建设的数据网络分为 4 个逻辑区域:上海图书馆 Horizon 业务;该馆 ILAS 业务;内网办公用户;电子阅览室和公共信息服务区域。

2009 年,闸北区图书馆办公自动化广域网系统建立,系统实现了人事、财务、采访、编目、图书借阅、书目检索、网上咨询、公文传送、读者上网等计算机管理一体化。同年,闸北区少年儿童图书馆接入闸北区教育局校校通网络,带宽为 100 兆。

同年,青浦区图书馆新馆采用有线通光纤专线独享接入 12 M(12 Mbps)。该馆自动化管理系统采用核心交换机与分层交换机,光纤主干线,六类线到桌面,按功能需求划分为 7 个 VLAN,包括:上海图书馆 Horizon 系统(包括自助借还系统)、网站及数字资源所用服务器、少年儿童及报刊 ILAS 系统、OA 办公系统、读者 Internet 访问系统(包括电子阅览室、无线上网等)、馆内电子图书阅读等,并引进了 3 M 图书自助借还系统,办公业务通过上海市青浦区政务公共信息平台开展,实现了采访、编目、流通、检索、办公的自动化管理。

2010 年,闵行区图书馆建立了 VPN 城域网专网。通过与上海电信、东方有线等电信运营商合作,采用基于上海宽带城域网、以专线接入方式提供 VPN 服务的虚拟专网业务,主要有帧中继(Frame Relay)和 MPLS VPN 两种组网方式,在"一卡通"建设初期曾使用 30DB+D 的 ISDN 专线组网方式。

二、高校图书馆

1994 年,上海交通大学图书馆采用 Novell 和 Windows 两种网络协议,基于同轴电缆搭建了图书馆局部区域的局域网环境,实现文件和打印机共享,共享网络速度 10 M。至 1994 年 7 月,在上海交通大学计算机网络的任何一个工作站都能查询图书馆的书刊机读目录。

1995 年,同济大学图书馆开通经由长途电信局 ChinaNet 的局域网,并利用网上资源开展 E-mail、FTP 等多项服务,1997 年,实现了与校园网连通。同济大学图书馆局域网主干采用

100 Mbps交换式以太网技术,初步形成开放式、网络化的信息保障环境。全馆共分布了500个信息点,每个阅览室都安排网络接口,保证读者在阅览室中直接上网,获取校园网和Internet上的资源。1998年9月,同济大学实现了光盘网络系统与校园网互联,使用户通过校园网检索学校图书馆的10多种文摘型和全文型光盘数据。2000年12月,该馆网络二期的布线工程完成验收,2001年3月,完成总馆和沪东、沪西分馆1台CISCO4006和11台CISCO2924的安装调试。

1994—1995年,同济大学建筑与城市规划学院(原上海城市建设学院)图书馆完成计算机网络改建工作,由原来的总线联网方式改为HUB联网方式,有效提高运行的稳定性和可靠性。1996年,同济大学沪西校区(原上海铁道大学)图书馆与校园网中心配合,完成图书馆局域网的改造(包括布线,网络升级、安装、调试等)。同年在校本部图书馆内建立计算机中心,为下一步全校联网及馆内实现计算机管理创造了条件。

1995年,东华大学图书馆参加校网络组的工作和校园网的建设,完成了图书馆的子网规划,图书馆网络成为校园网中的重要子网。2000年,东华大学图书馆参加学校贷款基础实验室改造项目,完成图书馆内部结构化网络布线。2001—2002年,延安路校区图书馆及长宁路校区分馆的网络布线升级完成。2004年,松江校区各阅览室开设了有线和无线上网服务。2006年,为迎接教育部对学校本科教学工作评估,东华大学图书馆完成松江校区图书馆网络基础建设,配置14台交换机,900多个信息点,并实现无线上网。

1997年,复旦大学图书馆开始建设网络,由网络中心协调东大金智公司在文科图书馆实施,于1998年暑假前完成,共在文科图书馆部署网络节点200个左右,网络节点汇聚于文科图书馆3楼机房。网络共部署交换机10台,使用Cisco‐C5505型核心交换机,通过ATM622 M光纤与网络中心连接,实现主干100兆、桌面10兆的网络互联,基本满足图书馆对网络的要求。1998年,复旦大学图书馆采取逐步升级的方式配置网络设备。馆内局域网采用了Cisco公司的部分产品,1台"Catalyst 2908"作为校园网接入的第一级Switch HUB,它具有8个10/100 MB自适应的快速以太网端口,以3台"Catalyst 1912"作为第二级Switch HUB,通过这些设备,使主机与各业务部门联网;各部门则采用若干"DE 816"作为连接业务部门工作站的第三级HUB。这保证了各工作站均有很强的信息交换和处理能力,各级HUB与主机、工作站之间均采用五类双绞线连接。文科图书馆与校园网的连接则采用155 MB的光纤。2000年,复旦大学对理科图书馆进行网络改造,网络节点增加到190个。2001年7月,文科图书馆全面大修改造,包括机房所有设备均迁移到理科图书馆。大修后文科图书馆网络节点增加到近700个,基本解决了网络节点稀疏的问题,同时,改造后的机房运行环境有所改善。2002年,医科图书馆改造,在图书馆要求下,网络中心将文科图书馆、理科图书馆和医科图书馆通过光纤直连,进一步保证了图书馆网络的稳定性,基本实现重要节点100兆,一般节点10兆的网络带宽。2002年,复旦大学图书馆采购Cisco核心路由器C6506,替换原有的C5505。2004年以后,图书馆在提高网速,保证网络安全稳定方面做了大量工作。从2002年至2008年逐渐淘汰原有的10兆交换机,更换为百兆或千兆交换机。

1998年,为适应图书馆管理自动化、图书资源数字化的需求,上海对外贸易学院图书馆委托上海同济图联科技有限公司对古北校区图书馆一到四层进行网络系统设计。根据设计方案,图书馆以高速以太总线式网络为基础,配合使用高性能交换式集线器,采用星形结构,实现高速的以太网,共有56个信息点。网络布线的完成,提高了图书馆的信息化水平,方便了图书馆业务的开展。

2000年,上海外国语大学虹口校区"逸夫图书馆"新馆建造设计时,图书馆网络作为该校校园网的一级节点,形成以603室为中心计算机房的100 M星形网络结构。该网络利用光纤、交换机与学校网络中心相连接,图书馆内部则以机房为中心,通过连接到机房交换机的网络线采用星形拓扑结构连接至各楼层的170余子节点。这些子节点除了满足各业务部门日常工作所需之外,还提供给各阅览室检索使用,以方便读者查询图书馆书目等信息。2003年,该校松江校区建成。该馆选择了以虹口校区图书馆作为总馆,松江校区图书馆作为分馆的管理模式。松江校区图书馆的客户端计算机通过教育网连接访问总馆的中心机房管理信息系统服务器中的数据。这样的模式保证了所有图书馆数据的同步性与一致性。2010年,该馆对虹口校区逸夫图书馆进行数字化改造工程,其中包括中心机房及所有楼层网络的全面升级,升级改造后,配备了1台思科WSCS3750G全光纤交换机作为总交换机,加装了七台思科WSC296048TCL的楼层光纤交换机,光纤敷设到各个楼层交换机,每个楼层内部全部使用六类网线,实现了馆内网络千兆到桌面。

2003年,华东师范大学图书馆将"计算机管理系统与图书馆局域网的升级和完善"作为该校"十五""211工程"子项目——图书馆文献信息保障系统建设项目的两大任务之一。该馆更新购置SUN F4800服务器,使图书馆计算机管理功能得到增强;建立CISCO 6 509千兆交换网,使网络功能大大增强,满足了大型数据中心应用的需要,加快了图书馆内外信息访问速度,为建设数字图书馆、提供数据库服务提供了有效保障。通过"十五""211工程"建设,该馆已在图书馆内部建成完整的无线网络,方便读者自助使用图书馆的电子资源;公共文献检索终端遍及图书馆大厅及各个层面,多媒体电子阅览室五百余台电脑,可满足读者检索馆藏资源的需求。在对该馆计算机管理系统服务器和局域网进行升级的同时,还通过引进图书馆集成管理系统中的Web Access Management模块,构建了图书馆远程访问系统,解决了读者在校园网覆盖范围以外的地方访问数据库的问题,有力地推动了电子资源在本校师生中的应用。

2004年,上海第二医科大学(2005年后改名为上海交通大学医学院)数字化图书馆建设项目、校园网三期建设项目通过验收。2006年,图书馆使用Symantec Gateway Security f640防火墙,较好地保障图书馆数据资源的安全。2006年11月,上海交通大学医学院图书馆帮助附属卫生学校实现IPSec VPN的使用。2008年,该馆实现了院本部同仁济医院的IPSec VPN以及SSL VPN的联通。

2004年,同济大学对四平路校区的图书馆进行了网络改造调整,将以前图书馆教科网局域网模式调整为电信网络和教科网并行模式,工作用机和读者查询机网络使用电信网,服务器网络使用教科网,网络速度提升至100 M。2004年,该馆架构ISA2000防火墙保证图书馆网络信息安全。2005年,该馆采用学校信息中心配备诺顿企业版,进一步保证图书馆工作及读者用机的网络安全。同年,该馆无线网投入使用。

2004年,上海对外贸易学院图书馆建成了电子阅览室,采用了硬盘保护卡技术有效地防止了病毒的传播。2005年,图书馆购买了万欣机房管理系统,实现了电子阅览室进行统一管理。此外,图书馆从上海新瓷数码技术有限公司处购买了瑞星网络防病毒产品教育版(包括6个服务器端和50个客户端),部署在图书馆的服务器和工作人员的计算机上,有效地防止了网络病毒的入侵与传播。2010年学校在校园网统一部署了Amaranten防火墙,进一步提升了图书馆的网络信息安全。

2007年,上海交通大学新图书馆建成后,借助新馆的核心设备,于2009年对各分馆的网络布局进行了重新规划,实现了三个分馆之间基于VPLS异地组网技术的虚拟局域网,在原有的网络互联基础上,在上海交通大学徐汇和闵行校园网络中建立了独立的图书馆业务专网,将图书馆业务系统内的服务器和客户端都纳入专网来,从物理网络上隔绝与互联网的连接,在校园网之内构建一条安全的、私有的专用网络信道,在专网内实现信息的高速流转,保证业务的优质运营。工作人员可以在专网中实现远程局域网办公,如文件共享、打印机共享、工作组日程安排等。上海交通大学图书馆在闵行校区的主馆(理、工、生、医、农馆)、闵行校区文学馆和徐汇校区的管理学馆三个分馆之间,通过在校园主干网构架二层 VPLS 网络,实现了三个馆局域网互联。在主馆的局域网内预留了 127 个 C 类地址,其余两个分馆各预留 63 个 IP 地址,网关放在主馆作为 CE 的核心交换机上。

2007 年,华东师范大学进行了"985 工程""文献信息支撑系统"规划建设,进行文献资源建设与文献保护、计算机管理系统和网络设备升级是其中的一项重要任务和内容。升级了用于两校区的图书馆自动化集成管理系统服务器,并根据需要升级和增加管理系统的软件模块。中山北路校区图书馆的网络升级到万兆网,千兆到桌面。

2008 年,东华大学实施了图书馆网络改造一期工程,完成了两校区光纤互联、主干交换机更换和网络架构优化等工作,图书馆网络再次整体重建,终端设备重配。2010 年东华大学顺利完成了延安路图书馆网络改造项目,进一步改善了网络结构,同时也按需改造了特藏阅览室等图书馆局部范围的信息化服务设施。

2008 年,华东政法大学对两个校区图书馆的局域网网络进行改造,建立统一的基于网络的病毒防御机制,并对机房进行了重新规划和布线,实现了网络框架向 3 级网络管理发展的目标。

上海大学图书馆是学校重要的信息节点,图书馆均由千兆光纤直接连接网络中心。全馆共有 700 多个有线网络接入点,百兆到桌面及千兆到桌面,并有 60 余个 2.4G 无线接入点。图书馆与校信息化办公室相互协作管理图书馆的网络信息安全,采用访问控制列表、端口封堵、地址绑定、"一卡通"统一认证等措施确保网络信息安全。

三、科研图书馆

1989 年,中国科学院上海应用物理所图书馆接入研究所 VMS 小型机局域网。1998 年,建立图书馆局域网,并接入研究所互联网,通过中国科技网开通上网服务功能。

1995 年,根据中国科学院"百所联网工程"的部署和要求,硅酸盐研究所按照"统一规划、分步实施、逐步完善"的网络建设方针,进行所局域网建设,拟定了建设规划,落实了网络建设所必需的场地、经费等,开展了服务器、集线器、SGI 工作站等网络设备的定型采购工作。1996 年,该所通过采用以太网(IEEE802.3)结构,将硅酸盐所综合楼 6、7 两层行政办公室的 14 台计算机连接起来,组建了硅酸盐所的最早行政局域网。1997 年,硅酸盐所借上海科技网建设之际,使上海科技网的 12 芯光缆以及路由器等设备连接到硅酸盐所计算机机房,实现了上与长宁区科委,下与华东师范大学的连接贯通,硅酸盐所因此成为上海科技网主干网的一个节点。同年,根据中国科学院"百所联网二期工程"的需要,中国科学院上海长宁科学园区内的硅酸盐所和冶金所两所连通,并增设 1 条 64KbpsDDN 专线,落户在硅酸盐所。1998 年,硅酸盐所通过光缆、FDDI 集中器、集线器等设备将园区内东大楼、老大楼、测试楼的以太网互连,形成该所本部的整体局域网构架。此后的几年中,根据各个研究室和课题组的联网需要,该所局域网以整体构架为依托,逐渐遍布到各个楼宇、楼层和各个有需求的办公室和实验室。

1997 年 10 月,上海光机所图书馆接入国际互联网。1998 年建立上海光机所图书馆网站。2002 年起设立电子阅览室,向读者免费提供上网服务。

1998 年,上海微系统研究所建立图书馆局域网,并接入研究所互联网,通过中国科技网开通上网服务功能。

上海生命科学信息中心着力建设能支持"数字生科院"的网络化环境,2010年底,完成了生命科学研究院网络系统SIBSNet的搭建工作,覆盖了中国科学院上海生命科学研究院所属岳阳路、枫林路、合肥路、漕宝路及辰山植物园等五个园区。各园区及主要建筑物之间实现万兆互联,桌面千兆接入。出口带宽265兆,核心设备实现互为冗余。建立了完善的流量控制及安全监控系统,网络机房内安装双线路冗余电源、有UPS、精密空调系统提供可靠保障,并有温湿度、视频等监控系统,专人24小时值班。相继引入了Project、CVS、Bugzilla等系统问题诊断工具,根据科研与管理需求,不断对网络进行了扩容;建立了直接面向课题组的网络服务体系,为生命科学研究院下属13个研究所、该中心400多个课题组提供7×24小时快速网络技术支撑服务。

第二节　网络接入形式

一、互联网接入早期尝试

早期图书馆的互联网应用是由数据检索系统的联网开始的,其联网的目的与方向较为单一。高校图书馆走在互联网应用的前列。1983年10月,经教育部批准,上海交通大学与洛克希德导弹和空间公司所属的Dialog情报服务公司签订合同,使用电传终端、以国际用户电报的形式、通过国际通信卫星与Dialog情报检索系统联机,可检索该系统的230个数据库与8 000万条数据,从而实现国际联机检索。同年12月1日,在上海市电报局和北京兵器工业总情报所的支持和帮助下,经上海交通大学图书馆与校计算中心的共同努力,与Dialog情报检索系统正式联机对话,它能以较快的检索速度、较全的检索途径从世界范围内查找出最新的科技及经济信息。

1986年9月,意大利Ital Cable公司赠送上海市邮电管理局1台分组交换网,通过Itapac通信网与美国的Telenet、Tymnet连接。上海交通大学图书馆的国际联机检索终端在设备上、技术手段上进行了更新,实现了美国Dialog情报检索系统的数传联机,传输速率由原先电传终端的50bps上升为300bps。随着上海地区邮电通信事业的发展,引进了法国的分组交换网,通过China Pac网与国际实现了卫星通信。1990年,上海交通大学图书馆正式进入该网,与美国的Dialog等国际联机检索系统联机,传输速率达到1 200 bps。

1986年,上海第二医科大学图书馆开展了互联网接入的尝试,使用电话拨号的方式实时在线访问和检索Medline数据库,是当时在国内较早开展此项工作的单位。

同年,东华大学图书馆也开始筹建国际联机检索,并于次年建成投入使用。该联机检索是与美国洛克希德公司Dialog国际联机检索系统建立的国际联机检索业务,为校内外科研项目承担课题机检服务。

1987年6月,华东师范大学图书馆成为Dialog的用户,实现了与国外网络的对接,成为国内最早的一批用户之一。

1998年,复旦大学提供国际联机检索服务。该服务可直接联通美国Dialog公司的所有数据库,为教学和科研人员提供联机检索咨询服务;也可通过清华大学检索美国OCLC的First Search数据库,提供目录和部分全文的检索咨询服务,通过北京大学提供《Science》的检索咨询服务;并可进行联网电子杂志的访问和索取。

二、有线网络初具雏形

在经历了互联网接入的早期试验与尝试后,国内逐渐开始与国际社会的互联网进行接轨,大多从局域网构建开始逐步过渡到与国际互联网进行接入。早期的网络接入都是使用有线网络的方式,通常使用的是以太网技术,以太网指的是由 Xerox 公司创建并由 Xerox、Intel 和 DEC 公司联合开发的基带局域网规范。以太网络使用 CSMA/CD(载波监听多路访问及冲突检测)技术,并以 10 Mb/S 的速率运行在多种类型的电缆上。以太网与 IEEE802.3 系列标准相类似,它不是一种具体的网络,是一种技术规范;以太网是现有局域网采用的最通用的通信协议标准,该标准定义了在局域网中采用的电缆类型和信号处理方法。以太网在互联设备之间以 10 兆/秒~100 兆/秒的速率传送信息包,双绞线电缆 10 Base T 以太网由于其低成本、高可靠性以及 10 兆/秒的速率而成为应用最为广泛的以太网技术。

1994 年 4 月,中关村地区教育与科研示范网络工程进入互联网,实现和 Internet 的 TCP/IP 连接,从而开通了 Internet 全功能服务。从此中国被国际上正式承认为有互联网的国家。之后,ChinaNet、CERNET、CSTnet、ChinaGBnet 等多个互联网络项目在全国范围相继启动,互联网开始进入公众生活,并在中国得到了迅速的发展。1996 年底,中国互联网用户数已达 20 万,利用互联网开展的业务与应用逐步增多。

与此同时,国内图书馆界也积极跟进互联网技术进展,开展了局域网与广域网的构建与设计工作。图书馆搭建局域网后可实现馆内的图书馆管理系统的正常运行及馆内书目信息记录的实时查询;在实现局域网连接的基础上,再进行与互联网的连通。

局域网当时的主流架构主要有两种,一种是总线型架构:总线型架构所需的电缆较少、价格便宜、管理成本高,不易隔离故障点、采用共享的访问机制,易造成网络拥塞。早期以太网多使用总线型的拓扑结构,采用同轴电缆作为传输介质,连接简单,通常在小规模的网络中不需要专用的网络设备,但由于它存在的固有缺陷,已经逐渐被以集线器和交换机为核心的星形网络所代替。第二种是星形架构:星形架构管理方便、容易扩展、需要专用的网络设备作为网络的核心节点、需要更多的网线、对核心设备的可靠性要求高。采用专用的网络设备(如集线器或交换机)作为核心节点,通过双绞线将局域网中的各台主机连接到核心节点上,这就形成了星形结构。星形网络虽然需要的线缆比总线型多,但布线和连接器比总线型的要便宜。此外,星形拓扑可以通过级联的方式很方便的将网络扩展到很大的规模,因此被绝大部分的以太网所采用。

【公共图书馆】

1996 年,上海图书馆在 PDS 综合布线的基础上采用先进的高速率的 ATM 局域网技术,采用三层网络结构,核心层、中间层和用户层。核心层为各子网的用户提供中央的数据服务,并提供子网间访问的高速通道;中间层根据用户的不同将其划分为若干个用户群,用以太网交换器连接;用户层支持图书馆员工工作、读者的检索和图书流通管理、古籍光盘浏览、大堂的多媒体导向系统等。

1998 年,宝山区图书馆新馆在计算机设备和功能设计方面,采用交换以太网技术星形组网,选用高性能网络交换机,可以 100 M 速度交换至桌面。

【高校图书馆】

1993 年 10 月,上海第二医科大学医学图书情报中心实施计算机网络部署方案。

1995 年,上海交通大学图书馆开始执行 TCP/IP 协议,在馆内运行以太网,同时可与校园网、中国教育科研网及国际学术互联网(Internet)无缝连接。同年引进的有 21 个驱动器的光盘塔的网络系统和 7 个驱动器的多媒体光盘塔的高速局域网,也运行在馆内。

1998 年,复旦大学读者可以利用图书馆检索大厅的 Java Station 网络计算机工作站提供的浏览器访问校园网、CERNET 网,也可访问国内外的其他网络。同时复旦大学图书馆主机具有 75.6 GB 容量的磁盘阵列,提供某些 Internet 常用资源的镜像服务,可节约大量网上数据传输的时间和费用。1999 年,国家重点投资的"211"工程的全面启动,给复旦大学图书馆的建设带来机遇,图书馆的网络环境得到了全面的改善,将原有的 100 M 以太网升为 ATM 交换网,作为校园主干网的 4 个主节点之一,图书馆独享 622 M。

1998 年 9 月,铁道学院共和新路校区图书馆机房开通了上海市计算机科技网节点并投入使用。

【科研图书馆】

1993 年 3 月,中国科学院高能物理研究所接入美国斯坦福线性加速器中心的 64K 专线正式开通,使其从此可与世界上的各大高能物理实验室进行更广泛、更便捷的合作交流。

1996 年,中国科学院上海硅酸盐研究所信息情报中心通过采用以太网(IEEE802.3)结构,组建了该所最早的行政局域网。

1998 年,中国科学院上海微系统研究所和中国科学院上海应用物理所建立了图书馆局域网,并接入互联网,通过中国科技网开通上网服务功能。

三、有线网络快速发展

20 世纪 90 年代末到 21 世纪初,是国内有线网络接入发展的黄金时期。伴随着宽带技术的发展,接入方式从电话线接入的窄带方式逐步过渡到光纤接入的宽带方式,网速也有了很大的提升。局域网的连接速度从 10 M 发展到 100 M、1 000 M,而互联网接入也从电话线接入逐步过渡到光纤接入的模式。

图书馆使用的有线接入网络主要有以下三种形式:

中国公用计算机互联网:该网络是在 1994 年 2 月,由原邮电部与美国 Sprint 公司签约,为全社会提供 Internet 的各种服务。大部分公共图书馆与部分高校图书馆采用此方式接入互联网。

中国科学院科技网:中国科学院科技网也称中关村地区教育与科研示范网络(National Computing & Networking Facility of China,NCFC)。它是由世界银行贷款,国家计委,国家科委,中国科学院等配套投资和扶持。项目由中国科学院主持,联合北京大学清华大学共同实施。大部分科研单位图书馆采用此方式接入互联网。

国家教育和科研网:中国教育和科研计算机网 CERNET 是由国家投资建设,教育部负责管理,清华大学等高等学校承担建设和运行的全国性学术计算机互联网络,始建于 1994 年。2003 年,CERNET 主干网传输速率达到 2.5 千兆/秒,覆盖全国 31 个省市近 200 座城市。2004 年,采用纯 IPv6 技术的第二代中国教育和科研计算机网(CERNET2)开通,以 2.5 千兆/秒~10 千兆/秒的传输速率连接国内 20 个主要城市的核心节点,实现 200 余所高校下一代互联网的高速接入。CERNET 分全国网络中心、地区网络中心和地区主要节点、省教育科研网、校园网四级管理。其全国网络中心设在清华大学,地区网络中心和地区主结点分别设在 10 所高校,上海交通大学是其中之一。

【公共图书馆】

2000年,崇明县图书馆通过ISDN拨号上网的方式接入互联网;从2001年开始改为通过FTTB+LAN的方式接入互联网。

2001年7月,静安区图书馆与上海市电信公司西区电信局签订了《宽带接入业务安装使用协议》,网络对外接口速度512千字节;到2005年总带宽上升到1兆;2007年达到2兆;2009年实现10兆的接入速度。

2002年,浦东新区图书馆及其五个区属图书馆,开通了速度为2兆的宽带联网业务;至2008年,主馆的宽带接入速率上升到了18兆。

2003年,黄浦区图书馆实现了2兆的互联网接入,并在2009年提升到了10兆。

2008年9月3日,上海市少年儿童图书馆与上海科技网络通信有限公司签订合约,该公司在服务期内为上海少年儿童图书馆提供互联网接入服务,以光纤方式将图书馆接入上海科技网(STNC)的城域网,并通过该网络连通国内、国际互联网。提供独享式的20兆/秒网络物理端口,并采用以太网(Ethernet)向上海市少年儿童图书馆提供接入。

2009年起,长宁区图书馆租用中国电信专网,接入带宽为12兆,数据专线类型为光纤。

【高校图书馆】

2000年8月1日,为提高与学校网络中心的互联速度,上海交通大学图书馆通过购置思科Catalyst8540 ATM交换机并实施,实现了主干网155 M、馆内桌面接入速度10兆ATM架构的高速网;到2002年,随着高速以太网技术的发展,图书馆重新购置了Extreme交换机,与学校的网络连接速度提升到了4×1 000兆,馆内主干局域网速度达到1 000兆,汇聚层的速度100兆,到桌面的接入速度10兆;2008年,图书馆主馆落成投入使用,主馆网络与校园网实现了万兆连接速度,馆内实现1 000兆骨干网的速度,100兆接入到桌面。

2001年,上海工程技术大学图书馆通过电信ADSL的方式接入Internet网络。

2003年,第二军医大学图书馆对馆内局域网进行了升级改造,局域网主干带宽扩展至1 000 M,并通过两条千兆光纤接入校园网。

同年9月,同济大学核心交换机从百兆的CISCO7507升级为千兆的CISCO6509,并把原校园网的出口速率从100兆提高到1 000兆。2004年5月17日,宽带校园网基本建成,新校园网的出口带宽为千兆,与连接网的老校园网100兆相连。新校园网校区间带宽为2G。2006年6月,学校开通速率为100 Mbps的公网第二出口,专门用于校园网核心应用的公网访问。2007年6月,完成电信出口设备的升级改造。同年12月,完成校园网出口设备的升级改造。

2004年,华东政法大学图书馆设计了两校区之间通过2兆数字电路专线互联的方案,初步解决了两校区图书馆管理系统之间协同运作的问题。

2007年,华东师范大学图书馆中山北路校区图书馆的网络升级到万兆网,千兆到桌面的接入速度。

【其他图书馆】

2008年,武警上海政治学院图书馆组建了以校园网为依托的图书馆局域网,管理全部实现网络化,建立了2个网络机房、3个电子阅览室,分别接入校园网和互联网。

四、无线网络

从 20 世纪 90 年代末开始,随着笔记本设备的移动上网需求日益增多,出现了 WIFI 无线网技术。无线 WIFI 技术的第一代是在 1997 年最早出现的 802.11 标准,奠定了无线 WIFI 网络的基础,后续的标准都遵照 802.11 标准进行拓展;第二代是 1999 年出现的 IEEE 802.11 b 标准;第三代技术是 2002 年左右推出的 802.11 g/a 标准,速度相比 802.11 b 标准有所提升;第四代技术是从 2007 年开始出现的 802.11 n 标准,无线传输速率从最初的 2 M 提升至 150 M、300 M、450 M 甚至是 600 M;第五代 WIFI 即最新的 802.11 ac 标准,提供了 3 倍于 802.11 n 的无线速率,并将功耗降低为以前的 1/6;它还将带宽扩大了 4 倍(使用 160 MHz 频道);利用更高速的调制方案(256QAM)实现高效率的数据传送。

随着 WIFI 技术的发展,也出现了一些无线专用的设备,例如无线 AP,称为"无线访问节点",提供无线工作站对有线局域网和从有线局域网对无线工作站的访问,在访问接入点覆盖范围内的无线工作站可以通过它进行相互通信;无线路由器,是单纯型 AP 与宽带路由器的一种结合体,它借助于路由器功能,可实现无线网络中的 Internet 连接共享。

随着移动设备如笔记本、手机、平板等逐渐占据人们日常使用中的主导地位,无线网络接入在居民的日常生活中也变得越来越重要,图书馆在 21 世纪初也开始逐渐引入无线网络的接入设备,方便读者通过移动设备访问图书馆的资源。

【公共图书馆】

2006 年 6 月,上海图书馆经调研论证,率先在 3 楼自助阅览室和 3 楼工具书阅览室开通馆所无线网服务,读者可以通过无线接入点接入连接到互联网。2009 年,经过对部分阅览室前期开放无线网络服务的现状和问题调研,提出建设无线局域网(WLAN)网络服务系统项目,覆盖馆所主要的读者服务区域,并逐步向会议展览讲座开放区域、历史文献开放服务区域延伸。经过前期论证、可行性研究和实施。2010 年 11 月,上海图书馆的无线局域网(WLAN)网络服务系统基本建成,提供到馆持证读者的免费无线上网服务,是体现随时随地、无所不在的图书馆服务的重要手段。

【高校图书馆】

2001 年,上海交通大学图书馆在馆内架设内部无线网络,购置 3 个无线路由器、20 块无线网卡和 5 台笔记本电脑,将其放置在包兆龙图书馆的二楼电子阅览室和五楼期刊阅览室内,供读者免费连接使用。由于移动设备尚未大规模普及,图书馆为读者提供了笔记本电脑作为接入设备;到 2006 年,全馆总计共布设了 22 个无线 AP,分别分布在徐汇校区包兆龙分馆、闵行校区包玉刚分馆、闵行校区文科馆分馆三个分馆内,实现了馆内所有公共开放区域的无线覆盖;2008 年随着闵行主馆的落成,无线 AP 进一步覆盖了主馆全馆范围。

2005 年 1 月,华东师范大学图书馆利用"十五""211 工程"子项目——图书馆文献信息保障系统网络升级的契机,完成了馆内无线网络的安装部署,并投入正式使用,此举方便了读者自带笔记本电脑来馆使用馆内资源的需求。

同年,华东理工大学图书馆也实现了图书馆内无线网络的全覆盖。读者自带笔记本电脑就能在图书馆内上网查阅电子文献,为读者提供了良好的网络应用环境。

　　同年2月,上海大学图书馆启动了无线网接入的建设项目,以便为读者提供移动化和个人化的计算机网络接入手段。6月30日,新馆无线网络正式投入试运行,共部署了26个无线接入点,基本覆盖了新馆的主要服务区,为读者提供了一个移动、灵活、方便的学习环境。为了保证无线网的安全运行,馆内采用了安全控制管理策略和用户连接认证的方式,可以对上网时间段进行科学管理。

　　2007年,同济大学图书馆进行了无线网络的架设工作,总计有30个无线AP分布在四平路校区图书馆及嘉定校区图书馆,实现了图书馆的公共开放区域的无线网络全覆盖。

　　2009年8月,上海交通大学医学院图书馆从无线网络的建设原则、解决方案的标准、技术成熟性、安全措施、网络可扩展性以及管理功能、部署方式等多方面进行考虑,明确了馆内无线网络的部署方案,开始无线网络的搭建工作,共安装了无线AP接入点16个。

第三节　图书馆网站建设

　　随着数字资源数量和利用率的大幅度提高,数字图书馆也即图书馆虚拟空间建设的重要性日益凸显。作为数字图书馆门户的图书馆网站建设引起了越来越多图书馆的重视。图书馆网站整合和集成了图书馆的各类资源与服务,可为读者提供方便快捷的服务。上海绝大多数的高校图书馆或区级以上公共图书馆都建立了服务门户网站(见附1和附2)。

一、公共图书馆

　　上海图书馆上海科学技术情报研究所(后文简称馆所)网站经过长期的发展,逐渐形成 www. library. sh. cn 为主要服务门户网站,www. libnet. sh. cn、www. istis. sh. cn 等重要门户网站以及一批相关子网站、独立网站所构成的网站集群。主要服务门户网站于1996年建站并对外发布,当时的主域名是 www. libnet. sh. cn。2003年5月开始,主要服务门户网站转至新域名 www. library. sh. cn,设置了服务指南、书刊检索、读者园地、文献提供、相关链接、网站地图等栏目。该网站经过几轮改版,已形成独特的建站风格,充分展示图书馆的馆藏资源,并拥有中文简(繁)体、英、日等多种语言展示能力,体现多元文化交融,是馆所对外进行网上服务的主要网站。2003年5月后,主域名 www. libnet. sh. cn 转为图书馆专业门户(含上海市中心图书馆、上海市文献资源共建共享协作网、上海市图书馆学会、图书馆杂志等子网站或独立网站)。2000年6月,馆所资源的门户网站 www. digilib. sh. cn(原为上海数字图书馆门户网站)正式开通服务。2005年5月,经升级原上海科学技术情报研究所网站后,正式开通上海情报服务平台 www. istis. sh. cn。经过多年建设和不断发展,馆所的网站集群成为了为上海及国内外广大读者和用户、企事业科研机构和政府决策提供文献信息和情报知识服务的重要载体。在2002年9月举行的盛大网络杯第三届中国优秀文化网站调查评估活动中,上海图书馆网站位列15家中国优秀文化网站和3家网络文明建设先进单位之中。2007—2008年,在全球最大的搜索引擎 Google 首次发布的城市榜单中,上海图书馆位列2007年申城文化类搜索排名第一,并且在2008年和2009年继续保持申城文化类搜索排名第一。

　　1998年4月,上海市少年儿童图书馆启用DDN专线建立图书馆网站,定名为"少年儿童信息港"。开设了乐园风貌、求知揽趣、知识宝库、七彩世界、书林寻踪、人才荟萃等8个栏目。2000年网站调整版面,在原有栏目基础上增设了娃娃杂志、馆藏精品库、万有文库、连环画、网上服务、信息快递、知识导航、艺术欣赏、休闲沙龙等内容。2010年,"少年儿童信息港"全年访问总量达到 1 186 138 人次。

1997 年 7 月，原黄浦区图书馆在上海热线平台下开设了图书馆网站，成为上海地区首家进入国际互联网的区级图书馆。网站设有读书万卷、书目检索、电子报刊、地方文献、影视精粹、本馆介绍等栏目。1998 年，原黄浦区第二图书馆（原南市区图书馆）设立图书馆网站，设有旅游文化特色数据库、书目检索、求医问药等栏目。2003 年 12 月，原黄浦区图书馆与原黄浦区第二图书馆合并之后，黄浦区图书馆网站建设得到加强。2010 年，该馆网站栏目设有：旅游博览、网上报刊室、读书万卷、地方文献、古籍库、地方快讯、馆情动态、新书推荐、活动公告等栏目。同时该馆还提供站点全文检索、电子资源链接、街道馆窗口、网上书目检索、网上续借、读者证查询、"一卡通"流通点介绍等服务。

1998 年，长宁区图书馆网站建成，设立了长图风貌、新书架、长宁文化名人、读书活动等栏目。2002 年，长宁区少年儿童图书馆的网页挂接长宁文化网站。

1999 年，宝山区图书馆网站正式开通，方便读者了解该馆编辑、整理的长江口地区十城市的概况、名胜古迹、特产、生活习惯、民间艺术等民俗文化概况。2000 年，该馆网站新增了宝山新闻、书苑导读、读者指南、特色数据库等栏目。2004 年 3 月，升级后的新版网站正式开通。2009 年 8 月，网站又进行了改版，实现了远程服务系统和图书馆集群管理系统（Interlib，由广州图创计算机软件开发有限公司开发）之间的统一认证，读者可在网站进行一站式登录。

2001 年 5 月，黄浦区明复图书馆（原卢湾区图书馆）网站望志缘顺利开通，设有学海方舟、卢湾文化、家居装饰、海上画韵、小人书摊和藏书检索等栏目。2003 年，该馆在局域网的基础上开通了 Internet，网站成为对外宣传和服务的窗口。

2003 年，嘉定区图书馆网站建立，通过网络开始对外发布信息，实现了《嘉定人和事》《参考信息》等刊物的网上查阅。

同年，松江区图书馆网站建成，设置了图书馆概况、服务指南、地方文献、公共信息、读者园地、书目检索、文化共享资源等栏目。

2005 年，闸北少年儿童图书馆网站建成。网站突出读者服务及数字资源，内容丰富，操作方便。网站配备了专职人员管理，设有严格的规章制度，更新维护及时。

2006 年 4 月，浦东新区图书馆新版网站开通。2008 年，网站全年点击量达到 32 万余次。2009 年，浦东新区图书馆建立了对外接口 2 M 的网站，设有本馆概况、服务指南、读者服务、特色服务、读书公社、社区信息交流、特色数据库、资源中心和文化资源导航等栏目，读者可以通过互联网查询各类图书馆相关信息，实现了新区图书馆与访问者的双向信息交互。

2008 年 2 月，奉贤图书馆网正式建立，网站整体用 JSP＋SQLserver 架构，采用动态管理模式。

同年 5 月，普陀区少年儿童图书馆数字图书馆正式对读者开放，提供的中文电子图书涵盖了多种学科，凡持有普陀区少年儿童图书馆有效读者证的读者，可以享受到该图书馆提供的电子图书远程借阅服务。

2009 年，青浦区图书馆推出新版网站，应用 lib2.0 技术，以建立服务主导型网站为主，推出在线咨询、服务视频、Flash 借阅室导引、社区还书箱实景标示等个性化、人性化服务。并且把"水上图书馆"大量丰富的数字资源推送给读者。2010 年，青浦区图书馆继续加强网站数字化、信息化建设，加强世博宣传及青浦本地文化资源建设，开设湖畔文学在线版等。同年 8 月，清阅朴读读书论坛再次改版，创立世博专门版块，宣传交流世博信息。

2009 年，新川沙图书馆建有新川沙图书馆官网、凌空网两个独立网站，官网主要提供图书馆服务指南、活动信息展示、和数字资源的远程访问服务。凌空网主要提供医药保健、生活资讯信息服务。网站出口带宽 20 MB,存储空间 12 TB,存有资源数量 6 TB。

同年,静安区图书馆加强了门户网站和数字资源建设,对网站进行了全面改版和升级,设立服务指南、读书活动、都市书坊、静安印象、作家作品、世博专栏、读者论坛等多个栏目。静安区图书馆的网站建设经验成果已作为示范型样本在上海市中心图书馆行业中推广。

表 5-2-1　2010 年上海市公共图书馆网站一览表

序号	图书馆名称	区域	网　址
1	上海图书馆	上海	http://www.library.sh.cn/
2	中国科学院上海生命科学图书馆	上海	http://www.slas.ac.cn/
3	上海少年儿童图书馆	上海	http://ilas.sst.org.cn/
4	静安区图书馆	静安	http://www.shjinganlib.net/
5	普陀区图书馆	普陀	http://www.ptlib.com.cn/
6	徐汇区图书馆	徐汇	http://www.xhlib.net/
7	长宁区图书馆	长宁	http://www.cnqlib.sh.cn/
8	闸北区图书馆	闸北	http://www.zblib.org/
9	闸北区少年儿童图书馆	闸北	http://www.learninggroup.com.cn:8080/
10	虹口区图书馆	虹口	http://hk.hqlib.cn/
11	黄浦区图书馆	黄浦	http://www.shhpl.com
12	黄浦区明复图书馆(原卢湾区图书馆)	黄浦	http://www.mflib.net/
13	杨浦区图书馆	杨浦	http://www.yplib.org.cn/
14	松江区图书馆	松江	http://www.sjlib.com.cn/
15	宝山区图书馆	宝山	http://www.bslib.org/
16	闵行区图书馆	闵行	http://www.mhlib.sh.cn/
17	浦东图书馆	浦东	http://www.pdlib.com
18	浦东图书馆南汇分馆	浦东	http://www.libnet.sh.cn/nanhui/
19	浦东新区陆家嘴图书馆	浦东	http://www.ljzlib.com/
20	浦东新区新川沙图书馆	浦东	http://www.xcslib.com/
21	青浦区图书馆	青浦	http://www.qplib.sh.cn/
22	崇明县图书馆	崇明	http://www.cmlib.com.cn/
23	奉贤区图书馆	奉贤	http://www.fxlib.cn/
24	嘉定区图书馆	嘉定	http://www.jdlib.com/
25	金山区图书馆	金山	http://www.jslib.com.cn/

说明:参见上海图书馆主页 http://www.library.sh.cn/。

二、高校图书馆

1995 年,上海交通大学图书馆推出第一个主页。自此,图书馆的主页成为上海交通大学的网络联络点。该馆主页分别于1997年、2001年、2007年进行了改版。2000年，该馆在主页上嵌入了搜索引擎，并完成主页英文版的制作。2007年，该馆新版本主页融入了Web2.0的理念，采用较新的基于J2EE架构的CMS管理开发平台，整合了图书馆资源与服务，集成了RSS功能，优化了本站检索、馆藏检索及电子资源检索等功能。

1996年，华东师范大学图书馆建立了网站。至2008年，经历了4次大改版，内容不断丰富，功能不断强大。2007年11月，该馆引进时光软件公司的内容管理平台系统Cicro 3e Website Server，使网站具有信息发布的监控和管理功能。

1998年，中欧国际工商学院图书馆建立网页，读者可以通过图书馆网页了解图书馆服务和在线查询图书馆的书目。网页经历了多次改版。截至2010年，网页可提供包括在线期刊导航、在线咨询、校外访问认证等在内的多种服务。

1998年，复旦大学读者可通过浏览器方式访问图书馆的中西文图书的书目数据库、国家教委西文期刊联合目录数据库。

2001年，上海电力学院图书馆网站建立。读者借还查询、馆藏查询、新书通告等基本信息服务逐步对校园网开放，经过2004年、2008年两次改版，有效完善了图书馆的网站建设。

2003年，上海第二工业大学图书馆建立了网页。此后至2010年间，主页经过多次改版。改版后的主页采用便捷的后台集成管理模式，将全部内容划分为最新动态、电子资源、读者服务、个性化服务、参考咨询、本馆概况、馆员之家、单点登录、党务公开、图书查询（OPAC）等栏目。

2005年，上海城市管理职业技术学院图书馆网站建立。先后经过多次改版，设置了公共部分、用户部分及管理部分三大版块，推出访客留言、馆内公告、视频资源、新书推荐、电子资源等栏目。

2006年，上海视觉艺术学院图文信息中心建立网站，主要栏目有：OPAC馆藏图书目录查询，查找馆藏中外文图书，我的图书馆栏目（包括登录方式、书刊借阅、借阅历史、逾期查询、网上续借、网上荐购等）及活动与其他信息栏目。

2007年，上海新侨职业技术学院图书馆建立网站，设置了馆内新闻、书目查询、新书推荐、电子资源等栏目。

2009年2月，上海师范大学图书馆门户网站进行改版，新版网站突出图书馆的资源与服务，注重读者与图书馆的互动。网站设计以宣传图书馆服务、突出图书馆作用、拓展图书馆功能、树立图书馆形象为原则。

同年，上海电子信息职业技术学院建立图书馆主页，主页分为首页、本馆概况、读者指南、数字资源、随书光盘、信息服务及入馆需知等栏目，实现了电子资源的一站式检索，该院师生可在校内随时检索所需论文、电子图书、学位论文及会议论文等数字资源。

2010年，上海工商外国语职业学院图书馆建立网站，经过多次改版，设置有本馆简介、部门设置、高校文献库、相关服务、光盘下载、读者须知、在线订阅、资料下载等栏目。

同年，上海政法学院图书馆建立网站，设置了新闻通知、数字资源、读者服务、本馆介绍、便捷通道等栏目。

同年，上海立达职业技术学院图书馆建立网站，主页包括本馆概况、检索系统、电子资源、服务指南、网络导航和本馆公告等栏目。

同年，上海震旦职业学院图书馆依托学院网站平台，新建立了独立的网站，改版后的主页分为本馆概况、新闻动态、入馆指南、读者服务、资源导航、交流互动等栏目。

表 5-2-2　2010 年上海市高校图书馆网站一览表

序号	学 校 名 称	办学层次	图 书 馆 网 址
1	复旦大学	本科	http://www.library.fudan.edu.cn/
2	上海交通大学	本科	http://www.lib.sjtu.edu.cn/
3	同济大学	本科	http://www.lib.tongji.edu.cn/
4	华东理工大学	本科	http://lib.ecust.edu.cn/
5	东华大学	本科	http://library.dhu.edu.cn/
6	华东师范大学	本科	http://www.lib.ecnu.edu.cn/
7	上海外国语大学	本科	http://lib.shisu.edu.cn/
8	上海财经大学	本科	http://www.lib.shufe.edu.cn/
9	上海海关学院	本科	http://lib.shcc.edu.cn/
10	上海理工大学	本科	http://library.usst.edu.cn/
11	上海大学	本科	http://www.lib.shu.edu.cn/
12	上海工程技术大学	本科	http://lib.sues.edu.cn/
13	上海中医药大学	本科	http://lib.shutcm.edu.cn/
14	上海师范大学	本科	http://www.lib.shnu.edu.cn/
15	上海对外经贸大学	本科	http://lib.suibe.edu.cn/
16	上海应用技术学院	本科	http://lib2.sit.edu.cn/
17	上海海事大学	本科	http://www.library.shmtu.edu.cn/
18	上海海洋大学	本科	http://library.shou.edu.cn/
19	华东政法大学	本科	http://www.tsg.ecupl.edu.cn/
20	上海科技大学	本科	http://library.shanghaitech.edu.cn/
21	上海电力学院	本科	http://lib.web.shiep.edu.cn/
22	上海体育学院	本科	http://lib.sus.edu.cn/
23	上海戏剧学院	本科	http://www.sta.edu.cn/list.aspx?nid=76
24	上海音乐学院	本科	http://lib.shcmusic.edu.cn
25	上海杉达学院	本科	http://www.sandau.edu.cn/s/41/t/44/main.htm
26	上海立信会计学院	本科	http://library.lixin.edu.cn/
27	上海电机学院	本科	http://lib.sdju.edu.cn/
28	上海金融学院	本科	http://lib.sfu.edu.cn/
29	上海政法学院	本科	http://www.shupl.edu.cn/html/tsg
30	上海第二工业大学	本科	http://library.sspu.edu.cn/
31	上海商学院	本科	http://lib.sbs.edu.cn/
32	上海建桥学院	本科	http://library.gench.edu.cn
33	上海视觉艺术学院	本科	http://library.siva.edu.cn/

（续表）

序号	学 校 名 称	办学层次	图 书 馆 网 址
34	上海外国语大学贤达经济人文学院	本科	http://tsg. xdsisu. edu. cn
35	上海师范大学天华学院	本科	http://lib. sthu. edu. cn/
36	上海健康医学院（上海医药高等专科学校、原上海医疗器械高等专科学校和上海健康职业技术学院）	专科	http://lib. sumhs. edu. cn/
37	上海出版印刷高等专科学校	专科	http://59. 79. 116. 141/
38	上海旅游高等专科学校	专科	http://lib. sitsh. edu. cn/
39	上海民航职业技术学院	高职	http://www. shcac. edu. cn/html/ggfw/tsg/
40	上海行健职业学院	高职	http://www. shxj. cn/xnlj/library
41	上海城市管理职业技术学院	高职	http://tsg. shumc. edu. cn/
42	上海交通职业技术学院	高职	http://www. scp. edu. cn/
43	上海海事职业技术学院	高职	http://58. 247. 10. 114/tsg
44	上海电子信息职业技术学院	高职	http://web. stiei. edu. cn：8090/
45	上海科学技术职业学院	高职	http://www. scst. edu. cn/s/40/main. htm
46	上海农林职业技术学院	高职	http://lib. shafc. edu. cn/
47	上海东海职业技术学院	高职	http://tsg. esu. edu. cn/
48	上海工商职业技术学院	高职	http://library. sicp. sh. cn/
49	上海震旦职业学院	高职	http://library. aurora-college. cn/
50	上海民远职业技术学院	高职	http://www. min-yuan. net/library
51	上海思博职业技术学院	高职	http://www. sipolib. com/
52	上海立达职业技术学院	高职	http://www. lidapoly. edu. cn/20080223tsg/tsg2. asp
53	上海济光职业技术学院	高职	http://www. shjgu. edu. cn/jgszview. asp？l＝b0414&id＝xp6p471p
54	上海工商外国语职业学院	高职	http://lib. sicfl. edu. cn/

说明：参见上海市普通高等学校一览表 http://www. shmec. gov. cn/web/glxx/listInfo. php？id＝27471。

三、科研图书馆

1997 年 10 月，中国科学院上海光机所图书馆接入 Internet。1998 年建立上海光机所图书馆网站，是国内最早建立的图书馆网站之一。2002 年起设立电子阅览室，向读者免费提供上网服务。

2000 年，中国科学院上海应用物理所建立有机所图书馆网站。2009 年，图书馆网站完成改版，实现数字化图书馆服务功能。

第三章　图书馆系统平台与新技术应用

第一节　业务集成管理系统

一、自动化系统起步

20世纪80年代,图书馆业务集成管理系统在上海地区多家图书馆出现萌芽,开始探索研制编目、流通管理、书目管理等单一功能的自动化系统。以上海交通大学图书馆和上海图书馆为代表的多家图书馆开始陆续研究与采用业务流程管理系统,以此推进图书馆工作的计算机管理和服务自动化建设,但受制于计算机网络的初级发展阶段,各单位基本都处于研究与应用探索阶段。

【公共图书馆】

上海图书馆从80年代开始了业务管理计算机化的探索,启动了若干科研项目,取得了一定的成绩。1980年,上海图书馆成立自动化科研小组,研制成功图书馆流通管理专用软件,于1981年获得文化部科技进步三等奖。1985年起,上海图书馆在外文图书、中文期刊和外文期刊三个方面试行计算机编目,建设期刊数据库。1990年,上海图书馆开发了中、日文图书书目数据库系统和美国国会图书馆书目光盘数据转换、检索微机系统。

【高校图书馆】

1982年,上海交通大学图书馆开始在校计算中心的美国Burroughs 1955型计算机上研制西文图书采购系统、西文图书编目系统。同年,学校电工与计算机系三名本科生将图书流通管理系统作为毕业设计课题,在WANG MVP-2000小型计算机上研制图书流通管理系统。1983年上半年,计算中心一名研究生将期刊管理系统作为硕士毕业论文课题开展研究并通过答辩。1984年2月,基于国际上广泛流行的条码(BAR CODE)技术、光笔(BAR CODE READER)技术及HP公司的HP3000/39小型计算机,上海交通大学图书馆开始研制图书馆流通自动化管理子系统。1985年10月,包兆龙图书馆开馆之际,多用户图书流通管理系统SJTUCS(Shanghai Jiao Tong University Circulation System)作为国内首家图书馆自主研制成功的流通管理系统投入试运行。1986年6月,SJTUCS正式投入使用。SJTUCS具备借书、续借、还书、预约、催还、罚款、查询、统计、读者注册、图书简明书目信息文档维护及批处理、打印各类通知单等10项功能;并采用边流通边建库的方式来加速图书流通及进入系统简明书目数据库的进程。系统于1986年7月通过上海市高等教育局鉴定,专家认为"该系统综合关键技术指标居于国内领先地位,并达到了国际水平",于1987年获得上海市人民政府科技进步三等奖。1988年,上海交通大学图书馆第一代自动化集成管理系统——中西文兼容图书馆联机管理集成系统MILIS(MINISIS and IMAGE Library Integrated System)成功诞生。MILIS于1989年3月通过上海市高教局主持的鉴定,并获上海市科技进步二等奖。MILIS运行在美国惠普公司的HP3000系列计算机上,是在MINISIS关系型和IMAGE网状型数据库环境下开发的应用软件。它由采购、编目、流通、期刊管理、财务管理、公共查询6个子系统组成,是一个联机多用户系统,采用了当代的光盘技术、光笔及条形码技术和微机与主机通信接口及仿真技术,能准确、迅速、方便地处理图书馆的各种业务。各子系统于1990年开始在馆内各个部门陆续投入运行,大大提高了全馆的管理水平和服务水平。1991年,MILIS系统获得上海市科技进步二等奖,次年又获国家科技进步三等奖。1990—2002年,MILIS系统被国内12所高校图书馆和1所公共图书馆采纳。

1984年,同济大学图书馆成立图书馆技术服务室,调进计算机专业人才,利用PC机和苹果机,进行了许多试验和准备,完成了一些课题的研究,如借还图书管理程序、期刊管理与检索程序、外文图书订购的查重程序、图书馆统计与馆内人事管理系统等。1985年起,图书馆与校计算机系和计算机中心共同承接Compendex(上海地区科技情报计算机情报网络)研究课题,在西门子7570C计算机上建立、存储Compendex文献共48万多条记录,1989年1月向校内外开放服务。可以通过电话拨号,远程进行联机检索。该项目于1990年6月通过上海市级鉴定,评定为国内首创,获1991年上海市科技进步二等奖。

1985年5月,上海医科大学(现复旦大学医学院)图书馆引进相关专业人员,成立计算机室,进行图书馆集成管理系统的开发与研究。1985—1990年,共研制开发了3个图书馆集成管理系统的子系统:(1)1985年利用DBase Ⅱ成功开发了中西文图书采购系统软件,1987年通过鉴定,1989年获卫生部优秀软件三等奖。(2)1989年自行开发中西文图书编目子系统并投入使用。(3)1990年自行开发网络中西文期刊管理系统并投入使用,中外文期刊馆藏数据全部输入系统,读者可以通过期刊库、阅览室的网络终端或远程通信网络查询图书馆期刊馆藏。1991年,该系统通过了上海市卫生局组织的成果鉴定,获学校科技成果荣誉证书,推广应用到13家图书馆。

1986年,南京政治学院上海校区图书馆选用了中西文兼容基于惠普小型机的图书馆集成系统,实现了流通、期刊管理、采访、编目、续借、借阅信息查询等功能的计算机管理。

1987年,华东师范大学为配合图书馆逸夫楼的建造,学校成立了以校计算中心和图书馆为主的华东师范大学图书馆计算机系统工作小组,对校图书馆的现状、业务流程、各项业务管理功能的要求等作调研和用户需求调查。同时,对计算机机型、图书馆计算机软件等进行深入调研,提出选型方案,在国内率先引进日本富士通K-280N小型计算机和日本版ILIS软件包,加以汉化、修改。1989年10月,在图书馆逸夫楼落成时,正式启动图书馆计算机管理系统。经过不断开发与完善,该计算机管理系统普遍应用在图书馆的采访、编目、期刊、流通、公共检索等部门。1989年底,图书馆建成计算机综合管理系统(简称ILIS),实现了图书采访、编目、流通、期刊管理及书目检索等功能。通过主机检索终端,还可以检索Dialog系统各文档。

【科研图书馆】

1987年,为了适应广大科研人员对国内外文献信息的需求,中国科学院上海文献情报中心开始调研国内外图书馆自动化系统的发展与现状。随后自筹经费建设以馆藏文献资源开发、利用为重点的图书馆业务管理信息系统。经过近5年的努力,中国科学院上海文献情报中心信息系统(SDICIS)于1992年5月25日通过中国科学院组织的专家鉴定。鉴定委员会认为:SDICIS系统在HP3000系列小型机上采用MINISIS多用户数据库软件,开发、实现了综合性文献情报单位业务管理一体化的信息系统。作为地区性的文献情报中心,SDICIS涵盖科学院沪区有关研究所的部分书目信息,为实现地区性检索中心和书目中心进行了有益的尝试,为今后逐步形成地区网络,实行联机编目以及联机采购打下了良好的基础。该系统获得了 1993 年中国科学院科技进步二等奖。

1989 年,中国科学院上海有机化学研究所在 VAX11/780 计算机上自行设计和研制完成 SIOCL 图书馆计算机管理集成系统,该项目于 1992 年获中国科学院科技进步三等奖。

二、业务集成系统推广

上海地区图书馆业务集成管理系统在 20 世纪 80 年代已经初现雏形,越来越多的图书馆积极投入业务集成管理系统的研究与应用中,从摸索转向全面推广。同时,商业软件也逐渐出现并日趋成熟。到了 20 世纪 90 年代,随着计算机网络技术的蓬勃发展,上海地区图书馆的业务集成管理系统得到广泛推广与应用。

【公共图书馆】

上海地区公共图书馆积极开展图书馆业务集成管理系统的研究与应用。其中,上海图书馆引入 Horizon 系统并进行了开发,区图书馆则普遍引入深圳图书馆开发的图书馆自动化集成系统(ILAS)。

1993 年,上海图书馆新馆奠基动工,同时启动了新馆计算机管理系统的开发项目。该项目由长江计算机集团公司主持,上海交通大学、复旦大学和上海图书馆共同承担。新馆计算机管理系统由 7 个子系统构成。其中,最主要的子系统"上海图书馆集成化管理系统"由上海交通大学图书馆负责开发。考虑到 Horizon 系统的 Client/Server 体系结构代表了 20 世纪 90 年代计算机应用系统的发展方向,在运行效率和处理速度方面有优越性,在联网通信方式上也具有更多的灵活性和可选性,项目组最终选择了在 Horizon 系统的基础上进行了二次开发。二次开发的内容包括汉化、MARC 转换和本地化工作等,并扩充索书信息传递功能,1995 年,上海图书馆和上海科学技术情报研究所合并,加速了研发过程,取得了可喜的成功,使上海图书馆当时的业务管理水平跻身于国际先进前列。1996 年 12 月,上海图书馆新馆计算机管理系统正式投入运行,荣获上海市 1998 年科技进步一等奖、上海市经委新产品一等奖。

1993 年 6 月,宝山区图书馆采用 ILAS 系统对采访、编目实行了计算机管理。首先在内部实现了对编目的计算机管理,所有新书全部改为计算机编目,并输入了全部读者数据,完成了开通计算机借阅的前期准备工作。1994 年,随着该馆读者服务中心的建成,电脑借阅图书的使用,采、编、流三个子系统全面开通,旧书书目数据在流通过程中陆续输入。

1994 年,黄浦区图书馆开始数字化建设,首先对书目数据和流通数据进行数字化加工。该项工作在上海交通大学图书馆和上海图书馆的协助下,于 1996 年完成,并于当年对读者开放电子化借阅。

同年,南市区图书馆和徐汇区图书馆采用 ILAS 系统进行数字化建设,实现了图书流通、检索和借阅全面数字化。

1995 年,上海少年儿童图书馆使用 ILAS 系统对图书进行分类编目,使藏书分编的标准性和通用性进一步加强,提高了藏、分、编的质量和效率。同时,该馆将计算机技术应用于图书流通和检索,实现了全自动化。

同年,崇明县图书馆开始使用 ILAS 系统。2001 年,该馆成为上海市中心图书馆分馆而纳入 Horizon 系统,少年儿童部从 2009 年开始使用 Interlib 系统。

1996 年 6 月,卢湾区图书馆开始使用 ILAS 系统,将外借图书的所有书目数据输入电脑,外借组率先运行计算机流通子系统对外开放服务。

同年,静安区图书馆和杨浦区图书馆采用 ILAS 系统对采访、编目、流通、检索实行了计算机管理。

1997 年,青浦区图书馆安装完成 ILAS5.0 图书管理系统。2003 年加入上海市中心图书馆,成人借阅使用 Horizon"一卡通"借阅系统,少年儿童借阅仍使用 ILAS 系统。2007 年 7 月 ILAS 升级为 ILASⅡ。

1997 年 5 月,普陀区图书馆继 ILAS 采访子系统、编目子系统、流通子系统、检索子系统启用后,又实现连续出版物子系统、参考咨询子系统对读者开放服务,可供读者检索查询所有出版社物,亦可通过主题词、记录号、题名等进行查询,同时建立读者多媒体导读系统,方便读者利用触摸屏了解图书馆、利用图书馆。

同年,普陀区少年儿童图书馆实施计算机管理。系统采用 ILAS4.0,效果良好。2005 年升级为 ILASⅡ系统,并购置全部六套子系统(流通、编目、典藏、连续出版物、采访、信息开放系统)。通过计算机网络,使全馆各部门实现了图书馆办公自动化管理。

1998 年 12 月,黄浦区图书馆进行数字化建设,实现了图书流通、检索和借阅全面数字化,并设立了电子阅览室供读者浏览查询互联网信息。

同年 4 月,金山区朱泾图书馆正式使用 ILAS5.0 系统;2003 年 10 月,金山区图书馆石化馆加盟上海市中心图书馆,纳入 Horizon 系统。

【高校图书馆】

在快速发展时期,高校图书馆尤为活跃,在业务集成管理系统方面取得了较显著的应用成果。随着各业务集成管理系统的逐渐成熟,90 年代末期,多家有经济实力的图书馆开始关注海外先进的业务集成管理系统(如 Horizon、INNOPAC 等),并开始着手采购与应用。

1991 年,上海第二医科大学医学图书馆(2005 年后改名为上海交通大学医学院图书馆)采用金盘图书馆集成管理系统(GDLIS),北京息泽公司 GCS 的数据库作为备份;业务集成管理系统由此正式运行,外文流通部先行实施计算机管理,贴条形码,设立读者卡(计算机识别);与北图、华东理工大学及二军大分别联网。1996 年,图书情报中心西文期刊书目数据库建立。

1991 年,上海电力学院图书馆的集成系统采用江苏工学院的软件,初步实现了流通管理系统自动化,能满足简单的借还书操作。1999 年,开始使用博菲特文献管理集成系统,经过多次升级,已完成馆藏书刊的数据录入,实现了中外文馆藏文献的采购、分类编目、流通等图书馆自动化管理。

1992 年,上海机械学院(今上海理工大学)图书馆购买了具有图书编目和流通功能的汇文图书馆管理系统(Libsys)。从之前的金盘图书馆集成管理系统到汇文图书馆管理系统,实现了从初步建立到成熟运转的变迁。该软件采用 Client/Server、Browse/Server 体系结构,以大型关系型数据库 Oracle 作为数据库服务平台,支持 TCP/IP、NetBEUI 等多种通信协议。

1993 年,东华大学图书馆采用由无锡轻工业管理学院开发的图书馆微机管理多用户系统,系统涵盖中外文书刊采访、图书编目、流通、公共查询、行政管理等各主要业务环节。使用系统后,图书流通率比 1992 年提高 20%,人均借书量提高 11.78%。1997 年 2 月,东华大学图书馆采用的金盘图书馆集成管理系统正式投入使用,图书馆利用该系统除执行日常的书刊管理工作外,还面向校园网,为网上提供图书馆书目信息,读者个人借阅信息和新书通报、馆内新闻等,与读者进行信息沟通。

1993年,上海铁道学院(今并入同济大学)图书馆自行研制的"图书馆微机局域网集成管理系统"投入试运行。经过多年不断持续设备经费投入,扩展运行规模,1996年投入全面运行。该系统运行稳定,功能完备,实现了编目、流通的自动化。在此基础上,书库实现全面开架,方便了读者,增加了图书流通量。

1993年4月,上海交通大学图书馆研制成开放式中西文兼容图书馆管理集成系统(UNILS),该系统获得上海市科学进步三等奖。该系统基于UNIX操作系统和UNIFY数据库管理系统,采用了开发工具ACCELL/SQL和C语言,能运行在UNIX操作系统的中型机、小型机或者超级小型机以及高档微机486上,同济大学、天津大学、西安电子科技大学等高校的图书馆也采用了该系统。1998年,由上海交通大学"211工程"投资17.4万美元,图书馆引进美国的Horizon图书馆管理集成系统。该系统是美国90年代中期推出的具有灵活的开放标准,使用国际UNICODE多语言标准,并基于SQL数据库管理系统,以客户机/服务器(Client/Server)为基础的新型系统,它提供一个以艺术形态展现的、集成的图书馆管理和服务系统。除有常规模块外,还附带有信息查询、联合编目和馆际互借资源共享功能。该系统于1998年4月签署合同,引进后经汉化、数据转换、安装,于1999年2月投入试运行。

1994年,上海水产学院(今上海海洋大学)图书馆引进自动化管理系统,建立以486为主机,具备流通、编目功能的基本网络,开始建立书目数据库。

同年,上海外国语大学图书馆购买使用日本富士通公司与华东师范大学计算机系合作开发的图书馆管理系统。

同年,上海海运学院(今上海海事大学)图书馆上线ILAS系统。1995年,通过加强软硬件维护、数据库建设和管理以及功能协调开发,不仅保持正常运行,而且功能不断完善,保障了全馆业务工作的正常开展。

1995年,华东政法大学图书馆完成以UNIX为软件平台,以ILAS系统为核心的多用户网络的施工建设,安装UNIX和ILAS系统并调试运行成功。至1997年,历时三年该管理系统顺利竣工并实现如下功能:对中文图书采访、编目的一条龙自动化管理;图书馆流通中借还书及日常运作自动化管理;对藏书业务及为读者服务工作统计数据的自动化管理;向读者提供包括分类、主题、索书号、著者、书名等检索途径的联机检索服务;中国法律法规检索;馆藏法学情报资料索引检索;法学论文全文光盘网络数据库检索。至2001年,自动化管理集成系统升级到ILAS Ⅱ。

1995年,上海第二工业大学引进金盘图书馆集成管理系统。2002年底升级为丹诚图书馆集成管理系统,基本实现各项业务自动化管理。2010年,图书馆上线Interlib系统,实现区域内图书馆群的资源管理和业务协作。

1995年,上海机械高等专科学校图书馆开始筹建图书馆计算机管理系统。1996年3月,建立电脑检索室,4月正式试用开架书库计算机流通管理子系统,10月正式适用科技书库计算机流通管理子系统。

1995年,华东理工大学图书馆购买的深圳大学图书馆计算机集成系统正式投入使用,流通、编目、采访、检索、期刊子系统相继开通。1999年,图书馆改用大连博菲特文献管理集成系统。

1995年,中欧国际工商学院建馆时,选用了北京息洋电子技术研究所研制的GLIS图书馆自动化管理系统。1997年升级为丹诚DT-1000图书馆集成管理系统。

1996年,南京政治学院上海校区图书馆建立了全军MILINS系统,实现了微型计算机管理。

同年5月，上海医科大学（今复旦大学医学院）图书馆引进了金盘图书馆集成管理系统（多媒体版）。在该系统的图书流通模块增加了图书催还、图书预约等服务功能。同时，上海医科大学图书馆成为"金盘图书馆集成管理系统"华东地区服务代理，先后为华东地区20余家高校图书馆安装软件、转录数据、培训人员及开展售后服务。2003年，因上海医科大学与复旦大学合并，医科馆统一改用复旦大学图书馆使用的Horizon系统。

1996年11月，上海农学院（1999年后改名为上海交通大学农学院）图书馆实现了自动化管理，使用息洋GLIS图书馆自动化管理软件。

1997年5月，上海对外贸易学院图书馆购入金盘图书馆集成管理系统V2.3（多媒体网络版），于1998年10月完成了系统的安装和调试。该系统实现了图书采访、编目、流通、期刊管理、阅览人员统计、电子阅览室收费的统一管理。随着2000年外文书目数据库的建成，图书外借全部实现计算机管理。

1997年，上海工程技术大学图书馆采用福建师大图书馆管理系统。2001年使用丹诚图书馆集成管理系统进行管理。2008年采用汇文图书馆管理系统。

1998年，复旦大学图书馆采购Dynix公司Horizon系统作为图书馆自动化系统，从原先的富士通系统中迁移了约22万条书目记录、30万条馆藏记录，全面实现对图书馆的采购、编目、检索和流通等业务的计算机管理。

1999年起，华东师范大学图书馆引进美国Innovative公司的INNOPAC自动化集成管理系统，并逐步建立了图书馆千兆局域网。在对图书馆计算机管理系统服务器和局域网进行升级的同时，通过引进WebAccess Management模块，实现了该校读者远程访问图书馆资源的功能。通过配置、开发WebBridge网络资源链接系统，实现网络数据库的整合与利用，为读者提供不同数字资源之间知识相关联的文献信息的检索和访问。

同年，上海公安高等专科学校图书馆选用博菲特文献管理集成系统，实现图书馆业务和管理的集成，实现流通、期刊管理、采访、编目、借阅信息查询等功能。2005年后升级使用妙思图书馆集成管理系统，有效提高了现代化图书管理水平和服务质量，为读者创造更安全、可靠、高效、便捷的网络环境。

【科研图书馆】

1991年，中国科学院上海药物研究所信息中心购置2台微机，从原上海医科大学图书馆引进了图书馆自动化管理软件，实现了单用户环境下的期刊自动管理。

1993年，中国科学院上海光机所图书馆开始利用ILAS系统实现图书馆业务的计算机管理，1995年完成馆藏图书文献书目数据的回溯建库工作。

1999年，中国科学院上海有机化学研究所在Windows服务器上开发了基于Microsoft SQL数据库的图书馆管理系软件。

【其他图书馆】

1996年，上海社会科学院图书馆选用第一代图书馆计算机集成软件，按照季度目录格式进行文献编目。1999年12月实现图书采购、编目、流通的计算机自动化管理。

1998年，中共上海市委党校图书馆采用国家图书馆的文津图书馆管理系统，完成了书目数据库建设，对外开放服务。2000年，改用Horizon系统。

同年,上海市工人文化宫图书馆采用国家图书馆的文津图书馆管理系统,实现了图书采购、编目、流通、检索的计算机管理。

三、业务集成系统

20世纪90年代末期,为解决"千年虫"问题,也为了更好地适应互联网发展、外部环境变化的需要,上海市各级各类图书馆开始考虑更换系统。2000年以后,全市各图书馆对应用管理系统规划与优化业务流程已达成共识,管理系统的应用进入成熟阶段,对自身应用需求也逐渐明确,开始陆续选择适合自身发展的业务集成管理系统,最终形成大馆使用国际同行广泛应用的进口管理系统、小馆使用国内逐渐发展成熟的管理系统的格局。期间,逐渐实现了图书管理系统数据库与校园"一卡通"相关联,有效实现读者信息资源共享。

【公共图书馆】

2000年以后,公共图书馆逐步改变各自采购管理的状态,以上海市中心图书馆为核心,进行业务集成管理系统,尤其是编目和流通功能的统筹管理,各区县图书馆陆续加入中心图书馆的集成管理系统,实现了管理与服务的统一。上海市中心图书馆"一卡通"系统由公共查询、流通、采访、编目和连续出版物5个功能模块组成,基本上覆盖了图书馆的日常业务处理和管理工作。

图5-3-1　2003年,国内同行前往上海中心图书馆杨浦分馆体验"一卡通"服务

2000年12月,黄浦区图书馆成为首批上海市中心图书馆成员。2001年6月,该馆完成了书目数据及流通数据整体加入中心图书馆数据库系统的工作。

2002年,卢湾区图书馆将计算机管理系统从ILAS系统转换成Horizon系统,并将几十万册藏书的书目信息重新输入新系统。

2002年10月,宝山区图书馆正式加入上海市中心图书馆,成为上海市中心图书馆宝山分馆。分馆利用Horizon系统,实现远程编目、流通管理等功能。2005年,该馆更新ILAS系统服务器和外围设备,完成ILASⅡ系统升级工作,提升为读者服务的能力和水平。2008年8月,该馆将原先使用的ILASⅡ系统更新为Interlib系统。2009年,该馆启动"图书借还通"项目,实现了区图书馆、12个街镇图书馆以及下属社区分馆、新农村文化服务中心之间图书的通借通还。

2003年7月,奉贤图书馆成为上海市中心图书馆分馆,使用Horizon图书管理系统。2009年,该馆购入Interlib系统,用于少年儿童馆的运行。

2006年,新川沙图书馆引进Interlib系统,图书报刊的采、分、编、流业务全部纳入该系统统一管理。2010年,该馆外借图书也一并转入上海市中心图书馆"一卡通"系统。

截至2010年底,上海市中心图书馆"一卡通"系统实现全市区(县)分馆、街道(乡镇)基层服务点的全覆盖。

【高校图书馆】

高校图书馆延续了计算机与网络信息技术的优势,开启了全面应用的时代,尤其是专科和职业技术院校图书馆,陆续开始使用业务集成管理系统,对图书馆业务工作和对外服务提供全面支撑。

2000年1月,华东师范大学图书馆INNOPAC计算机管理系统正式启用,标志着图书馆成功完成了新老系统的更替。同时,该馆又建成了包括光盘数据库在内的数据库系统。2005年4月,为充分利用全校文献资源,实现校内各单位文献资源的协调采购和书目资源的共享,学校决定整合全校书目资源,图书馆受学校委托牵头组织,通过图书馆INNOPAC计算机集成管理系统,整合包括院系资料室与图书馆的图书、期刊目录,逐步把图书馆的书目数据库扩展成全校的联合目录数据库。

2000年,上海外国语大学图书馆选购汇文图书馆管理系统,实现了图书馆业务工作的计算机管理。

同年,上海旅游高等专科学校购置了集图书采访、编目、查询和流通管理于一体的图书馆计算机管理系统。

同年,上海第二医科大学医学图书情报中心订购汇文图书馆管理系统作为升级软件。

同年10月,上海建桥学院图书馆引进了丹诚图书馆集成管理系统,采用《中国图书馆分类法》,实行藏、借、阅一体的现代化文献信息资源管理方式。

2001年,东华大学图书馆用"211工程"75万元专用经费购买汇文图书馆管理系统、Oracle数据库、SUN3500小型计算机、曙光服务器等软硬件,改造位于延安路校区图书馆的中心机房。同年9月,汇文图书馆管理系统启用,读者能通过校园网查询书目信息、借书记录,并办理续借、预约等手续。

同年,为实现松江校区与古北校区读者的通借通还,上海对外贸易学院图书馆计划将金盘图书馆集成管理系统更换为汇文图书馆管理系统。2002年,汇文图书馆管理系统在图书馆部署完成并开始使用,不仅实现了读者网上查询书目、网上订购、征询、网上续借、预约等功能,还实现了两校区读者图书的通借通还。随着新技术的发展和应用,汇文图书馆管理系统不断进行系统升级,截至2010年,图书馆自动化系统已升级到了4.0版本。

2001年,南京政治学院升级到NM2000系统。2010年升级到军队MADL系统。

2001年,上海工商外国语职业学院图书馆建馆时,选用了丹诚图书馆集成管理系统,实现了流通、期刊管理、采访、编目、公共查询和网上预约、续借、借阅信息查询、网上馆际互借等功能。

2002年,上海健康职业技术学院图书馆采用丹诚图书馆集成管理系统,后升级为 Interlib 系统,较好地实现多校区图书馆的集中采访预订、分类编目、期刊管理、流通借阅、网上预约、检索查询及其他多种功能。

同年,上海医疗器械专科学校开始使用博菲特文献管理集成系统,2007年升级为妙思文献信息管理系统。

2002年8月,上海思博职业技术学院图书馆购入博菲特文献管理集成系统,软件包含图书采购、图书编目、典藏管理、流通管理、连续出版物管理、行政管理、读者咨询、网络检索等8个功能模块,图书采访、编目、流通、期刊管理、入馆人次统计等均归该系统统一管理。

同年9月,上海立信会计学院图书馆采用同济图联图书馆自动化系统(TLLAS),进行日常的文献采编、流通业务管理,后又改用丹诚图书馆集成管理系统。

同年9月,上海中侨职业技术学院图书馆购入丹诚图书馆集成管理系统,图书采访、编目、流通、期刊管理、入馆人次统计等均归该系统统一管理。

2003年,华东政法大学图书馆在建成期刊书目数据库的基础上,开始进行现刊的划到工作自动化管理,以便读者通过图书馆的书目检索系统及时了解到刊情况。同年底,该馆又完成了报纸书目数据库的建库工作。2004年,开始对报纸的划到工作也开始自动化管理。从而使得图书馆的自动化管理系统更全面和完善。

2003年9月,上海济光职业技术学院图书馆购入丹诚图书馆集成管理系统,图书采访、编目、流通、期刊管理、入馆人次统计等均归该系统统一管理。

2004年,第二军医大学图书馆采用金盘图书馆集成管理系统,提高了图书馆各项业务工作的计算机网络管理水平,馆藏机读目录完整约90%。

2005年,上海戏剧学院图书馆开始引进丹诚图书馆集成管理系统,2010年改换 Interlib 系统。

2006年,上海新侨职业技术学院图书馆选用同济图联图书馆自动化系统(TLLAS)(网络版),实现图书馆业务和管理的集成,该软件的体系结构采用 Client/Server(C/S)模式,通信协议则主要利用 TCP/IP 协议,包括流通、期刊管理、采访、编目、公共查询和网上预约,续借、借阅信息查询、网上馆际互借等功能。2007年电子阅览室更新自动化管理系统。

2006年,上海视觉艺术学院采用汇文图书馆管理系统,用于图书借还和 OPAC 系统。

同年,上海立达职业技术学院图书馆购买了同济图联图书馆自动化系统(TLLAS)。系统共分成图书采购子系统、编目子系统、典藏子系统、流通阅览子系统、期刊管理子系统、公共查询WebPAC 子系统和系统管理子系统 7 个部分。

2007年,上海体育学院图书馆更换了汇文图书馆管理系统,进一步推动了图书馆现代化管理的进程,实现了采购、编目、期刊管理、外借全面自动化。

同年8月,上海海事大学基于 Browser/Server(B/S)架构的 Interlib 系统安装完毕并正式投入运行。

同年10月,复旦大学图书馆启动新系统调研工作,项目组先后考察了 Unicorn 和 Aleph500 两大图书馆集成管理系统。2008年3月,Exlibris 公司的 Aleph500 系统中标。经过2次数据迁移测试、数据核查,2008年7月底,正式完成从 Horizon 系统到新系统的迁移工作。

2008年,上海交通大学图书馆引进以色列 Ex Libris 公司的图书馆集成管理系统 Aleph500,并购置了 SUN M5000 小型机作为 Aleph500 系统的运行平台,该管理系统的框架体系吸取了国际上先进的管理理念和技术,服务和管理的功能更加强大,配置更为灵活。

同年 10 月,中欧国际工商学院图书馆集成系统 Unicorn 上线。

同年 12 月,上海立信会计学院通过政府招标的方式,将图书馆所用的集成管理系统更换为 Interlib 系统。

2010 年,上海政法学院图书馆新馆运行后,采用汇文图书馆管理系统,对采访、编目、流通、典藏等图书馆业务进行管理,通过 SIP 协议与 3 M 智能借还设备进行后台的数据交换,方便读者自助借还图书。

【科研图书馆】

2002 年,中国科学院上海硅酸盐研究所采用同济图联的图书馆自动化系统(TLLAS)。同时,整理录入数据,废除老式的检索卡片,方便全所员工检索和借阅馆藏文献资料。

2003 年,中国科学院上海药物研究所信息中心采用北邮电信的图书馆自动化集成系统(MELINETS),配有千兆光纤宽带,80 个终端可供采访、编目、流通、书目查询和上网检索。图书馆实行全开架展示方式,凭 IC 卡借阅书刊、自助复印。

第二节 数字图书馆研究与项目建设

20 世纪 90 年代后,随着计算机技术和网络技术迅速发展,建设数字化、网络化的图书馆成为图书馆界高度关注的话题。20 世纪末,中国兴起了数字图书馆的建设热潮,在数字图书馆理念引入、关键技术探索与系统应用方面,上海交通大学图书馆、上海图书馆等不仅走在上海地区图书馆的前列。

在经历了 80 年代自主研发系统的历程之后,上海交通大学图书馆提出了新形势下建设服务主导型数字图书馆的发展策略。1993—2003 年间,以杨宗英为代表的上海交通大学图书馆研究团队,在电子图书馆概念的引入、数字图书馆雏形与实例、服务主导型数字图书馆建设方面发表了多篇重要研究论文,在图书馆界产生了较大影响,为上海交通大学图书馆的数字化、网络化发展指明了方向,确定了框架。

2002 年,上海交通大学联合清华大学、北京大学成功申请国家自然科学基金重大项目"中华文化数字图书馆全球化的理论、方法和技术研究"。上海交通大学图书馆主要承担中国民族音乐数字图书馆的关键理论、方法和技术研究子项目的研究。项目研制了中国民族音乐数据库,由乐曲库、乐器库和人物库组成;元数据分为描述性元数据、管理性元数据和结构性元数据,基于 DC 设计了 15 个描述性元素及 22 个限定词;元数据互操作基于 OAI 协议实现。该项目于 2004 年通过国家验收。此项研究工作的开展,对图书馆相关技术的研究及开发具有极大的推动作用,引发了上海交通大学图书馆对数字图书馆的关键技术问题的深入研究与应用。2002 年,上海交通大学图书馆承接科技部科技基础性工作专项资金重大项目"我国数字图书馆标准规范建设"之子项目"专门元数据规范"中电子图书元数据规范及音频资料元数据规范的研制工作。这两个专门元数据规范均是在都柏林核心(Dublin Core)元数据的基础上,根据专门数字对象的特点分别研制。2005 年项目通过验收。其后,上海交通大学图书馆又承接了科技部科技基础性工作专项资金重大项目"我国数字图书馆标准规范建设"后续子项目"数字资源描述标准规范的完善与扩展建设"中图像元数据规范的研制。以上述元数据项目研究为基础,上海交通大学图书馆进一步申请或承接了多个元数据项目。随后几年,上海交通大学图书馆又承担了一些数字图书馆项目,如2006年上海市哲学社会科学规划课题"信息资源基础管理性元数据框架研究";2008年"国家图书馆管理元数据规范";2009年"国家图书馆专门元数据标准与著录规范——电子图书"和"国家图书馆专门元数据标准与著录规范——图像"等研究项目。这些项目均通过专家验收,顺利完成。2010年11月,复旦大学"百万册数字图书馆的多媒体技术和智能服务系统"项目获国家科学技术进步奖二等奖。

1997年,上海图书馆参加了"中国试验型数字式图书馆项目",该项目由文化部向国家计委立项,参加单位有国家图书馆、上海图书馆、深圳图书馆、中山图书馆、南京图书馆和辽宁图书馆。项目要求完成"数字图书馆概念与发展研究"报告,开发一套与国际接轨的数字式图书馆实现技术,组织建设若干个有一定规模、整体性较强的资源库。上海图书馆组织研究能力强的团队,承担了"数字图书馆概念与发展研究"中相关理论与技术问题的调研和分析,承担建立统一元数据的相关技术开发工作,并将相关知识和成果应用到上海图书馆的《数字图书馆中长期发展规划》和数字图书馆资源库建设之中。

1999年,上海图书馆引进美国IBM公司的数字图书馆解决方案,建设数字图书馆服务平台。该方案采用UNIX和Windows双平台,充分利用了Java提供的跨平台特征,拥有先进的内容管理软件进行信息的存储管理,能够对中文语言进行特定信息检索。通过二次开发,将已经建成的数字化资源统一到该平台上,实现了方便的全文检索、基于图像的内容检索和系统内跨资源库检索。该系统在权限管理和知识产权保护方面提供全面的管理工具,集成了水印及数字隐含应用,保护数字信息在网上传递过程中的安全性和完整性,特别使用于馆藏古籍善本数据库和民国图书数据库等珍贵文献的网络服务。

2000年5月,上海图书馆与OCLC研究所合作,在上海举办"元数据与知识管理"研讨班,同时参加了OCLC基于都柏林核心元数据的CORC计划。同年,上海图书馆元数据研究团队编著出版了《DC元数据》,完成了MARC与DC格式的转换,并将DC元数据的规范和方法应用于古籍数字图书馆、拓片资源的数字化、家谱数字图书馆和名人手稿数字图书馆等项目中。元数据研究成果同时应用于"中国国家试验型数字式图书馆"项目和"我国数字图书馆标准规范建设"项目中。

2002年,上海图书馆成立数字图书馆建设委员会,制定了数字图书馆规划,全方位实施馆藏数字化建设;同时建设中心图书馆体系,搭建覆盖全市的"一卡通"信息服务系统。在技术规范上国内没有前人经验可借鉴,网络平台方面也没有成熟的系统可直接使用,项目团队走研发创新和引进吸收相结合的道路,攻关解决技术难点,制定数据标准和操作规范,设计工作流程,与国内外厂商共同开发应用平台,取得多项国内先进的研究成果。

2002年,上海图书馆参加科技部科技基础性工作专项资金重大项目"我国数字图书馆标准规范建设"项目。该项目主要针对数字图书馆系统的数字资源建设与服务,制定我国数字图书馆标准规范发展战略与标准规范框架,制定数字图书馆核心标准规范体系,建立数字图书馆标准规范开放建设与开放应用机制。项目主要研究单位有中国科技信息研究所、中国科学院文献情报中心、国家图书馆、上海图书馆、上海交通大学图书馆、北京大学图书馆和CALIS管理中心等。上海图书馆主持了项目一期中"资源集合元数据规范"和二期中"数字资源描述标准规范的完善与扩展建设"两个子项目的研究。

第三节　资源整合系统

21世纪以来,随着图书馆采购的商业数据库和自建数据库平台越来越多,读者需要通过多平台检索才能获取更多的学术资源,同时,受到Google等一站式检索模式的冲击,上海图书馆界从2004年开始研究与讨论如何进行异构资源的整合,为了满足读者一站式检索的需求,多家图书馆通过自行研制、采购系统、二次开发等多种方式搭建了适合自身的资源整合系统。

2005年,复旦大学图书馆引进Exlibris公司的MetaLib和SFX产品,MetaLib是网络资源整合及服务管理的图书馆门户系统,是基于Unicode、支持多语种、多字符集的、为图书馆管理各种不同类型的资源,提供解决方案的网关系统。SFX是提供图书馆异构电子资源参考链接服务的数字化产品,可以为学术信息环境提供强有力的链接参考服务。作为复旦大学学术资源门户,集数据库导航、电子期刊导航、数据库整合检索、电子资源管理于一体,为用户提供服务。

2008年,上海交通大学图书馆引进Exlibris公司的MetaLib和SFX产品,并将跨平台检索、开放链接、资源导航、个性化服务、用户认证和权限管理等功能一起构成了一个实用的数字资源整合与门户系统——上海交通大学学术信息检索系统。同时,SFX的引进作为图书馆电子期刊导航系统,为读者提供了A-Z资源列表服务。

2009年,上海理工大学图书馆与北京世纪超星公司签订合同,购买了由超星公司研制开发的知识搜索及文献传递系统,为用户提供包括文献的元数据检索和全文检索在内的深度文献检索,并对检索结果进行文献传递服务。

第四节　新兴技术应用

21世纪以来,随着信息技术的飞速发展,Web2.0技术、移动技术、RFID技术等多种新兴技术在上海各级各类图书馆大量应用,拓展了图书馆的服务手段,改善了用户使用图书馆的体验,推动图书馆服务逐步实现无时不在、无处不在,提高了服务效率。

一、Web2.0技术

Web2.0技术是一类以博客(Blog)、标签(TAG)、社会网络系统(SNS)、简易信息聚合(RSS)、维基(WIKI)、即时通信(IM)等社会软件的应用为核心,依据六度空间、XML、ajax等新理论和技术实现的互联网新一代模式。2005年以来,随着Web2.0技术在中国的引入和发展,上海地区图书馆(尤其是高校图书馆)利用Web2.0技术,升级门户网站与服务,图书馆2.0(Library 2.0)成为业界关注的热点。图书馆2.0通常被定义为Web2.0的理念和技术在图书馆行业中的应用。上海地区图书馆2.0应用中比较常见的形式包括:简易信息聚合(RSS)、信息发布、读者互动、社区创建、个性化定制、服务推送等,其中运用最广泛的是RSS、BLOG与IM等技术。Web2.0特征主要是参与、互动、协作与分享,如:opac功能拓展之评分、书评等。

2009年,上海图书馆推出了Mylib2.0网站试用版。用户可通过RSS服务,订阅该网站左边的栏目上图讲座、第1情报、上图动态栏目。网页中间嵌入iPac图书检索。网页右边为图书馆利用一百问(分为:基本知识、书目查询、文献检索、借阅规则、数据库使用、其他服务等)以及地图服务。

该网站允许用户增加标签,可自由组合功能模块位置。

上海大学图书馆是最早一批尝试 RSS 推送服务的图书馆。2005 年 12 月,该馆技术中心开发了 RSS 信息发布系统,并投入试运行。该系统主要提供四个方面的服务:(1) 上海大学图书馆的信息动态;(2) 读者的相关信息如催还书等;(3) 图书情报界著名的 BLOG 新闻;(4) 最新的世界各地新闻等。2006 年 10 月,该馆技术中心又开发完成了图书馆上架新书 RSS 订阅服务。通过 RSS 订阅服务,读者可以直接订阅该馆最近上架的新书,在第一时间了解上架新书信息。

2007 年,上海交通大学图书馆全新改版的新主页,采用动态页面发布和管理技术及多种 Web2.0 技术,并根据读者的需求增加了多个符合数字环境下读者使用习惯的元素,如 RSS 订阅、图书馆 OPAC 工具条等,便于读者对信息资源的查找和利用。2009 年,图书馆推出了 OPAC 即时通信机器人,读者只需要向机器人发送需要检索的关键词,机器人即会提供查询的结果页面,读者还能与机器人对话,感受图书馆的服务。

二、移动技术

移动图书馆主要依托比较成熟的无线移动网络、国际互联网以及多媒体技术,使人们不受时间、地点和空间的限制,通过使用各种移动设备(如手机、掌上电脑、E - Book、平板电脑等),方便灵活地进行图书馆各类数据信息的查询、浏览与获取的一种新兴的图书馆信息服务模式。图书馆移动服务早期主要是以短信服务为主,逐渐向提供 WAP 服务发展。

2005 年,上海地区公共图书馆与高校图书馆陆续推出了短信服务。2007 年以后,随着无线网络技术的发展,图书馆 WAP 服务逐渐兴起。

2005 年,上海图书馆成为全国第一家正式推出"手机图书馆"服务的公共图书馆,开辟了读者与馆员交流咨询的便捷服务平台。"手机图书馆"创建之初,以短信服务为主,2005 年共接受并回复短信 3 252 条。其中咨询问答 690 条,讲座预订 2 411 条。2009 年,上海图书馆推出第一版手机图书馆网站,提供功能包括:(1) iPac 书目检索功能;(2)"一卡通"服务查询;(3) 中心图书馆导引;(4) 阅读电子书;(5) 上图讲座查询与预定。在 2010 年上海世博会期间,手机图书馆配合世博会推出了"上海与世博"专题内容。2010 年底,因智能手机蓬勃发展,上海图书馆手机图书馆网站先后发布了基于 Android 平台和 iOS 平台的智能手机移动客户端。在客户端中除了原来各项移动服务功能外,增加了适应于智能手机的服务内容:(1) 中心图书馆的"周边分馆"显示;(2) 阅览室开放时间查询;(3) 上图展览查询。

2010 年,静安区图书馆开通短信服务平台,通过手机短信的形式,及时将图书馆工作动态、活动信息、借还书信息等发送给广大读者,使读者能方便快捷地了解和利用图书馆资源。

2008 年,华东理工大学利用短信平台,为读者提供到期提醒和超期催还服务、预约到书提醒服务、馆际互借到书提醒服务以及通知和咨询服务,提高了图书资源的利用和流通效率。2010 年,该馆开发了基于 WAP 的手机数字图书馆系统,可提供馆藏书目查询、个人借阅信息等功能。

2009 年,上海交通大学图书馆推出各类手机图书馆服务。读者可通过手机短信获取个人借阅信息以及讲座与培训信息,并使用手机查询图书馆的各类馆藏与信息资源。

同年 5 月,同济大学图书馆网站手机版开通。图书馆网站手机版提供馆情介绍、开放时间、信息服务、电子资源、学科服务、联系方式等静态信息介绍,以及馆内最新消息、书目信息查询和在线阅读等栏目。2009 年 9 月,该馆短信平台试运行,系统采用 MAS 架构,提供新闻推送、书刊到期通知、文献传递通知等服务。读者可以通过手机及时了解图书馆的各项通知,进一步拓宽和完善了图书馆对外宣传的短信传播新平台。

2010年,华东师大图书馆开通了专门为手机访问定制的网站系统平台,将图书馆的服务延伸到手机客户端。

三、RFID技术

2006年起,RFID(无线射频识别)技术在国内图书馆开始应用,三年后得到广泛推广。上海图书馆经过多年跟踪研究,深入了解 RFID 技术在图书馆行业的应用特点,于 2009年11月启动试点工作。对3家主流图书馆 RFID 技术供应商的多款产品进行了全面的评估,选择了自助阅览室中藏量1万册图书的外借点进行试验性应用。在此基础上形成了上海图书馆 RFID 应用方案。方案采用了符合国际标准的 RFID 标签数据模型,择优选择 RFID 借还书、馆员工作站、门禁及点检设备,实现了不同厂商 RFID 设备在图书馆应用中的互操作。

2008年5月,长宁图书馆 RFID 智能化管理系统正式启动,成为上海和华东地区第一个应用 RFID 智能化服务及管理的区域公共图书馆,具备了自助借还、馆藏典藏、标签编写、智能安全门、图书智能上架设备、馆员工作站、图书标签和读者证等功能,实现了读者的自助借还、智能化管理和精确典藏的目标。2010年,该馆与上海阿法迪公司共同合作开发了国内首家 24 小时还书分拣系统,支持读者自助还书,提供还书、查询、续借等自助服务,实行图书分拣高效率系统,保证每小时不小于1 200本的工作量,提升了图书管理智能化。

2010年,浦东图书馆新馆全面应用了 RFID 系统,RFID 系统的运用给该馆的业务开展带来非常大的变革,服务能力大大提高。

2007年,同济大学图书馆和上海复旦微电子股份有限公司、上海比华信息科技有限公司合作研究基于 HF RFID 技术在图书馆的应用,并申请了上海市经委的"基于 RFID 的公共图书管理服务系统关键技术研究与示范应用"项目,于 2008 年底完成 HF RFID 在城市发展中心的部署应用。2009年初,同济大学图书馆与国内唯一一家专门研究生产 UHF RFID 设备的企业(宁波市远望谷信息技术有限公司)进行合作,由该企业捐赠硬件设备及标签,图书馆进行系统接口、软件功能、管理模式、应用测试等全方位的开发、论证和测试。并于 2009 年下半年开始在嘉定校区图书馆汽车阅览室试用,成为国内第一批应用 UHF RFID 的图书馆。

2010年,上海交通大学图书馆、香港城市大学图书馆及清华大学图书馆联合发起"高校图书馆 RFID 技术应用联盟",由上海交通大学研制和推出的"高校图书馆超高频数据模型"和"RFID 数据交换通用平台通信协议",达成了创办高校图书馆"射频识别技术应用"合作联盟的共识,旨在立足未来高校图书馆的服务模式,为 RFID 的应用提供更为规范、健康和广阔的需求市场,建立起"产学研用"机制,并通过基金、实验室、创新项目等形式促进相关技术的快速发展和成熟。

2010年,上海政法学院图书馆启用了 RFID 文献智能管理系统。借助该系统,实现了从文献的采访、分编、加工到自助流通、智能典藏和 24 小时还书等功能的突破,RFID 标签和阅读器已经完全取代了原有的条码等传统设备。

四、二维码技术

随着智能手机的迅速普及和发展,基于智能手机的各种移动应用层出不穷,二维码即为其中一种。二维码(2 - dimensional bar code)是用某种特定的几何图形按一定规律在平面(二维方向上)分布的黑白相间的图形记录数据符号信息的一种技术。2009 年 7 月,上海图书馆"寻根稽谱"家谱精品展中首次应用二维码技术,家谱精品展中 60 种家谱每一件都有一个二维标识码,参观者可用具有拍照功能的手机读取展品上的二维码,通过链接定位到专门为这次展览建立的家谱网页,手机上可以立刻显示该展品的内容信息。参观者如果需要还可以将展品的图片、内容介绍等资料立即发送到指定的电子邮箱中。手机支持 3G,还可以点击链接直接收听该展品的语音介绍,甚至观看展会的录像宣传片。这一技术应用于图书馆藏品展览,给参观者带来一种全新的体验。

第五节　学科情报服务平台

面向学科提供信息资源服务是图书馆主要的深层次服务。学科服务除了通过图书馆主页开展外,另一种重要途径是依托学科情报服务平台进行。学科情报服务平台是学科情报服务发展到一定阶段后出现的网络信息平台。纵观上海市各级图书馆的学科情报服务平台的发展,科研图书馆与高校图书馆是建设学科情报服务平台的主力军,从 20 世纪 90 年代起,通过自主研发或购买等形式,开展了一系列相关系统平台建设,为学科化情报服务提供了坚实的基础。经过十余年的发展,学科服务平台功能日益完善,有效实现整合馆内外多种电子资源,集成 MSN、图书馆机器人等多种在线服务工具,提供灵活多样的学科服务功能。到 2010 年左右,已经出现了图书馆利用学科服务平台辅助进行学科分析及评价服务。

一、高校图书馆

2006 年,为配合学校建设研究型大学的战略目标,上海大学图书馆以该馆技术部开发的学科建设门户系统为平台,以学科馆员为主体,整理学术信息资源,进行合理分类,打造上海大学学科建设门户网站品牌,充实学科建设门户网站内容,为学校学科建设、师生教学及科研服务。学科馆员将收集到的各类学科信息分门别类地添加到自己的"空间"之中,从而充实整个学科门户网站的内容并保持更新。同时,学科馆员通过实名制,将个人学科服务信息以及联系方式公布于"个人空间",从而与院系保持便捷联系。

2007 年,同济大学图书馆搭建了汽车行业信息服务平台,该平台是利用公共网络和通信设施建设的一个共享服务系统,主要针对汽车行业提供科技文献的服务,读者可以通过该平台查询汽车行业相关的各种资讯。

2009 年,同济大学图书馆建筑信息门户接入校园网开放使用,主要服务于同济大学土木工程学科。平台整合了相关学科资源和服务,主要包括新闻、人物、网站导航、数据库资源导航、信息服务、文献检索和建筑科技与市场等栏目。医学与生命学科服务平台也于同年接入校园网开放使用,主要服务于同济大学医学与生命科学学科。针对教师的课题研究需要,图书馆整合了相关资源和服务,构建了该平台,以全面支持与科研活动有关的信息检索、传递和交流。平台包括图片新闻、最新论文、人物追踪、机构追踪、会议追踪、现刊速递、新到图书、资源推荐、常用数据库和信息服务等版块。同年,图书馆搭建的海相碳酸盐岩油气区地震地质一体化情报网开始正式提供服务。

2010 年,上海交通大学图书馆在国内首家引进美国 LibGuides 系统,构建学科资源共建共享平台。该平台以学科馆员为主导,面向学科,提供涵盖查找学科期刊、图书、数据库、网络资源等各类型文献的学科指南。该平台嵌入了 Web2.0 技术,师生及学科馆员可以在线沟通、交流与共建共享,有效实现在线资源导引。

二、科研图书馆

1995 年,中国科学院上海天文台图书馆组织并开展机构知识库 IR 建设,以改善该所科研成果逐年增加,而科研成果管理体制尚不完善的现状。上海天文台图书馆以中国科学院国家科学图书馆开发的中国科学院机构知识库建设平台为基础,搭建机构知识库(SHAO‐IR),实现了该所 2 000 多篇论文的存缴管理和全文下载功能。

2003 年起,为了满足科学家对国内外生命科学信息的需求,中国科学院上海生命科学信息中心配合抗击"SARS""禽流感"等重大疾病的需要,逐步开发建立了与生物、健康相关的专业数字信息平台。截至 2010 年,自建的系列专业信息平台包括:生命科学研究快报、中国工业生物技术信息网、空间生命科学与技术信息门户、科学研究动态监测快报。2009 年 5 月,中国科学院上海生命科学信息中心的药物情报网"抗流感研发信息"专题开通,此专题旨在配合中国科学院上海药物研究所"抗甲型 H1N1 流感药物研究攻关协作组"的科研攻关活动。针对科研人员的需求,在药物情报网站"禽流感"栏目的基础上,及时扩建了"抗流感研发信息"专题。

2009 年,中国科学院上海生命科学信息中心依托开放信息素质教育服务平台、植物科学领域科学家网络、研究所机构知识库平台、重点学科领域个性化知识服务平台等多个信息平台,开展学科化信息服务,提供了立体式、多层次的信息素养培训与学科服务环境。

第六节 特色资源服务平台

上海市图书馆体系中,一些图书馆根据自有资源的特点,在特色数据建设方面做出了探索和尝试。上海地区很多高校与公共图书馆都有自己独具特色的资源,内容丰富多彩,载体形式多样。高校与科研图书馆的特色资源主要体现学科特色、学术论文与博硕士论文。公共图书馆的特色资源主要包括古籍善本与上海地方特色文献。

一、公共图书馆

上海图书馆是上海地区特色资源最为丰富的图书馆,在特色资源的数据库建设、数字化开发与利用上,上海图书馆也走在前列。

1996 年完成的上海图书馆新馆计算机管理系统中包括了古籍光盘全文制作与查询子系统。系统分为 2 个模块:古籍扫描和光盘制作模块以及古籍查询模块。1997 年实现了馆藏古籍善本一级藏品的数字化全文光盘服务。2001 年完成了馆藏古籍善本一二级藏品 3 223 种、130 万页的数字化全文,并提供 Web 版服务。

1999 年,上海图书馆启动包括古籍善本在内的 9 个数字图书馆资源库建设,包含:(1) 4 个数字化全文:上海图典(历史图片)、上海文典(地方文献)、古籍善本和民国图书;(2) 2 个音视频库:点曲台(戏曲音频)和科技百花园(科普视频);(3) 3 个题录文摘数据库:全国报刊索引、国内科技会议录和馆藏西文期刊数据库,于 2000 年提供服务,奠定了数字图书馆服务的基础。

除了古籍善本外,上海图书馆特色资源还包括上海年华地方特色数据库,其内容由电影记忆、图片上海两部分组成。2004年,上海图书馆成立了上海年华项目组,分为三个小组。其中,电影和图片两个小组负责资源的整理,包括图片的扫描、数据的著录等;技术小组负责制订资源的数字化规范、元数据方案和著录规则的制订、技术方案的调研等。上海年华项目的总目标是以上海开埠以来的地方史精华为主题,以政治史和经济史为背景,以社会史和文化史为主脉,以多媒体数字化为表现形式,以馆藏文献为基础的系统性文献资源集成。以上海年华为契机,项目组研制了一些适用于上海图书馆内使用的标准,例如上海年华内容管理方案,上海年华元数据方案XML编码方案,上海年华数字资源加工标准规范,上海图书馆元数据标准设计流程规范和上海图书馆元数据方案核心集。

2010年9月,上海图书馆在大力推进历史文献数字化资源建设的基础上,运用IBM公司的数字图书馆解决方案搭建了上海图书馆历史文献统一服务平台,部署在历史文献中心数个阅览室内,向到馆读者提供馆藏历史文献的一站式检索与全文浏览及打印服务。服务平台整合了古籍善本、家谱、盛宣怀档案、民国图书、民国期刊、1949年前的西文图书和日文图书等7个馆藏特色资源数据库,包含元数据约279万条,全文237万余种(篇),共约3 910万页。

上海图书馆的文献资源数字化工作经历了十年努力,基本形成内容丰富、特色鲜明的自建数据库系列。主要包括:

(1)揭示馆藏、提供综合信息检索服务的大型篇目数据库:全国报刊索引数据库、民国期刊篇名数据库、西文期刊篇名数据库、国内专业会议篇名数据库。

(2)具有保护珍贵历史馆藏,提高文献利用率双重功能的全文数据库:善本古籍数据库、古籍稿抄本数据库、家谱数据库、民国期刊数据库、民国图书数据库、名人手稿数据库、盛宣怀档案数据库、字林西报数据库。

(3)专题类的数据库:上海世博会主题信息库、老照片数据库、年画数据库、上海文化年鉴检索数据库。

除了上海图书馆之外,上海地区的其他公共图书馆,在特色资源数据库建设方面,也很有特色,为上海市民提供了优质的特色文化服务,取得了良好的社会效益。

从1985年开始,青浦图书馆开始自建青浦地方特色数据库,构成非纸质载体馆藏,逐步形成以地方文献、水文化、古文化等为特色的、契合全县经济社会发展特点与文献信息需求的馆藏体系,并开展信息服务工作。2010年,该馆开通了吴越文化数字图书馆。吴越文化数字图书馆包括了崧泽文化、福泉山文化、水文化等特色项目,突显了本地特色,丰富了图书馆的文献资源。

1997年底,虹口图书馆创办了绿土地网站,主要介绍虹口文化场所、虹口文化名人和虹口历史文化信息等区域性文化信息。1998年,虹口图书馆和曲阳图书馆管理上进行合并后,绿土地加入了曲阳图书馆的影视文献特色信息,开始使用数据库构建网络平台。在这个新的服务平台上,绿土地网站依托虹口区图书馆丰富的文化名人资料和曲阳图书馆的影视文献收藏,建立了影视文献检索、影视画廊、文化名人、电子书库四个数据库,受到了用户的欢迎。

1997年和1998年,黄浦区图书馆和原南市区图书馆都在建立图书馆网站的同时,开始了自建数据库的建设工作。黄浦区图书馆建设重点是纸质图书电子化;原南市区图书馆建设重点主要是旅游服务信息。2003年两馆合并后,新黄浦区图书馆自建数据库的建设重点调整为地方古籍数字化、旅游特色数据库建设及自建VOD点播库建设。

1997年,普陀区图书馆辟建法学苑,成为全市公共图书馆法律数据库。该馆法律文献部利用信息网上的信息为读者服务,在馆网页上开出了法律网站导航栏目,介绍的网站有中国仲裁网、中国法官、Siadamger 中华律师等 25 个全国范围内法律信息方面的网站。该馆还在网上开出了律师信箱栏目,邀请法学界专家和专业工作者,为公众关心的法律问题进行解释和评论。该馆在网站上推出了五大方面的法律全文数据,内容涵盖国家法规、刑事法规、民事法规、行政法规等

1999 年,宝山区图书馆利用长江口民俗文化协作网资源共享的优势,在此基础上,开发出长江口民俗文化数据库。该数据库内容丰富,涉及面广,包括长江口 10 个城市的概况、名胜古迹、特产、生活习俗、民间文化艺术、生产习俗等近 20 个类目下的几千项栩栩如生、图文并茂的具体内容,为世人展现长江口地区的源远流长的民俗文化全貌,并为研究这一地区民俗文化提供丰富翔实的资料。2006 年,该馆自主开发制作宝山区新闻数据库、陈伯吹专题数据库、宝山地方文献数据库、长江口民俗文化数据库四个具有地区特色的数据库,自建媒体点播 VOD 视频系统等方式,不断丰富资源总量,增强服务能力。2008 年,该馆新增了上海地方性法律法规库。

2001 年,上海少年儿童图书馆正式接入科技网后,先后建立了一大批特色数据库,开展了网上特色服务。这些数据库包括:娃娃天地、益智乐园、信息快递、成语天地、信息探索窗、奇妙数学、中国电影资料库、视频资源库、少年儿童数字图书馆等,网上特色服务主要有书目检索、网上续借、当月新书、好书推荐、参考咨询、少年儿童搜索、读者论坛、知识导航等。

2003 年,杨浦区图书馆自主开发完成绿化花卉数据库,包含了花事新闻、养花之道、花卉大全、花之生活、花之物语、花艺图库、每月花事、园艺名家、十大名花、花卉门诊、百姓养花展示等栏目。从 2008 年起,该馆建设的文献数据库包括:上海近代文献特色数据库、馆藏特色书目数据库、馆藏特色文献数据库、《申报》之特色文献数据库。所有数据库内容除馆藏特色文献数据库除有密码保护以外,其余皆可通过互联网访问使用。

2003 年,浦东新区图书馆征集、整理了涉及浦东人文历史、社会文化、开发开放、经济建设、政策法规和街镇发展等方面的文献资料,并制作了多媒体数据库,提供馆内和网上咨询、阅读服务,为读者开启了一扇观察和研究浦东历史和发展的窗口。

2008 年,奉贤区图书馆与方正 Apabi 合作,建立了地方文献数据库,逐步将该馆收藏的上海各区县县志、具有本地特色的折纸艺术等转换成电子图书,并分为名俗特色、民间艺术、奉贤地方资料三大类。其中奉贤本土的史志有 95 种,读者可以通过该图书馆内网登录方正网站,全文查询或下载图书

2009 年,松江区图书馆建设了松江地方文献数据库,主要内容包括:上海图书馆馆藏松江地方文献目录 240 种、上海市中心馆松江分馆地方文献库(松江人著作文库 1 100 册,松江史志文库 3 000 册,松江人艺术文库 350 册)、松江著作人选载、松江特色文化(广富林文化等)、印象松江(美丽松江等纪录片)及上海地方文献导航等内容。

徐汇区图书馆建立了徐汇历史风貌主题数据库,该数据库是以搜集徐汇历史风貌资料为主的地方数据库,涉及徐汇相关历史、建筑、人物等领域。通过徐汇历史风貌主题数据库,可以浏览到徐汇区域内孔家花园、中唱小红楼等 139 幢老房子的相关照片与简介。

此外,闸北区图书馆建设的茶文化专题赏鉴、苏河湾专题数据库等也具有浓郁的地方特色。

二、高校图书馆

高校图书馆的特色数据库建设起步于 20 世纪 90 年代,主要包括自建学科特色数据库、学术论

文与博硕士论文数据库、特藏书目数据库等。1999 年 1 月,教育部"211 工程"高等教育文献保障系统(CALIS)专题特色数据库项目立项,先后分三期进行,有效推动了上海地区高校图书馆特色数据库的建设。

【学科特色数据库】

1990 年,同济大学图书馆科技情报站与建设部情报所协作建立中国建筑院校科技文献数据库。

1994 年起,上海交通大学图书馆建设了一系列特色资源库,主要包括上海交通大学学报电子杂志全文数据库、重点学科导航库、机器人数据库、民族音乐数据库、教学参考书数据库、英语听音系统、多媒体视频点播试验基地、随书光盘系统、上海交通大学校史和年鉴数据库、上海交通大学名师数据库、民国报刊数据库等。其中,机器人数据库是集机器人中英文期刊论文、专利、会议文献、产品信息于一库的系统。机器人信息系统项目于 2000 年在 CALIS 一期自建特色数据库中作为重点课题立项,并于 2004 年作为 CALIS 二期建设项目又获立项。系统可为机器人领域的专家、教师、和科技工作人员以及图书馆的科技查新、参考咨询等提供检索服务。

2000 年,东华大学图书馆参加 CALIS 一期专题特色数据库建设,承担了纺织特色数据库、学位论文数据库、学术会议论文数据库的建设。2001 年,该馆"211 工程"项目子项目"纺织文献信息中心"通过验收。2002 年,该馆申请到教育部 CALIS 的资助,参与由纺织信息参考全文数据库、纺织服装特色期刊中文、英文全文数据库、Internet 纺织服装信息采集数据库、中国服装史图片数据库、服装时尚音视频数据库等组成的"现代纺织信息参考平台"项目。2004 年,该馆再次争取到 CALIS 二期资助的"纺织信息参考平台"和"纺织工程学科导航项目"。

2000 年,华东政法大学创建东方法律网,提供网络信息服务。2004 年,该馆对东方法律网进行全面改版,增加了学者天地、学术文苑等栏目。2009 年,该馆对东方法律网和图书馆网站进行了再次改版,分别作为资源服务和法律宣传的平台及图书馆门户与读者互动的交流平台。

2004 年 1 月,上海大学图书馆推出上海作家作品数据库。该库包括有丰子恺、叶辛和俞天白等十位上海作家的文学艺术作品以及相关图片和评论等。主要栏目:作家生平、散文、专著译著、漫画精选、图片资料、热点文章和评论。2008 年 9 月,图书馆开通了改革开放三十年重要文献数据库。该数据库全面记录了改革开放 30 年来党和国家的重要文件和研究资料,反映了中国改革开放的发展历程。

2006 年起,上海财经大学图书馆设立 500 强企业文献资料特藏馆项目,与图书馆原有平台一起整合,创建上海财经大学图书馆以及各大著名企业内部文献资源共享的综合平台,为国内企业及政府决策管理、研究分析提供文献保障。

2007 年 9 月,华东师范大学图书馆自建的中国年谱数据库获教育部 CALIS"十五"全国高校专题特色数据库建设二等奖。

2009 年,上海外国语大学图书馆参与 CALIS 三期专题特色数据库项目,承建包含跨文化研究、俄罗斯文学、德语近现代文学、中国中东研究、日语语言研究、英语教材和教材研究、国际工商管理案例库、中国与国际组织研究、二语习得与英语教学等 9 个子项目,搭建平台、配置文献,探索建设具有外语院校特色的文献资源体系。

2010 年初,上海对外贸易学院图书馆利用 TRS 平台,自建了贸易文献数据库、非关税措施协定专题库等多个数据库。

【学术论文与博硕士论文数据库】

学术论文与学位论文数据库是高校图书馆特色数据库建设的重要内容。中国高等教育文献保障系统(CALIS)和大学数字图书馆国际合作计划(CADAL)两大项目均设立了学位论文数据库的建设内容。复旦大学图书馆、上海交通大学图书馆、同济大学图书馆、华东师范大学图书馆等多家大学图书馆均参与其中。

2000年,上海交通大学图书馆先后完成了博士生学位论文全文数据库、硕士生和博士生学位论文摘要数据库的建设。2009年,该馆与校教务处等单位合作建设了上海交通大学学生优秀论文数据库,主要是用来存储该校师生的具有较高学术价值的学术著作、期刊论文、工作文稿、会议论文、科研数据资料以及重要学术活动的演示文稿。

2002年,东华大学图书馆在完成CALIS一期高校学位论文文摘数据库建设的同时,又参加CALIS二期高校学位论文全文数据库的建设。该校研究生可通过校园网内实现论文全文在线提交和检索相关信息。

2006年,上海工程技术大学图书馆与清华同方知网合作开发数字图书馆系统,建立该校论文图片数据库;2008年,该馆开始建立特色数据库,收录该校优秀本科毕业论文和硕士论文。

2010年,同济大学硕博学位论文检索系统建设完成。该平台收录了1982年至2010年同济大学硕、博学位论文全文共计17 835条数据,内容涉及理、工、农、医、人文等自然科学和社会科学等各个专业领域。校园网用户可进行论文检索和论文文摘的浏览,图书馆馆内合法IP用户可查看全文。

【其他特藏书目数据库】

2000年,复旦大学图书馆系统部和报刊部联合开发了复旦大学新中国成立前期刊检索系统。该系统收录了复旦大学图书馆收藏的1868—1949年出版的中文期刊近5 000种。目录的编排采用汉语拼音排列法,著录的内容包括排架号、刊名、出版频率、出版单位、馆藏(卷、期、年)、馆藏单位六项。

2005年,复旦大学图书馆古籍部创建了复旦大学图书馆古籍书目检索系统。该系统分馆藏书目、专题书目两部分。馆藏书目收录复旦大学图书馆收藏的古籍,包括:(1)线装古籍书目收录数据3.5万余条;(2)中华再造善本收录数据700余条;(3)四库系列丛书书目索引收录数据1.6万余条。专题书目是复旦大学图书馆古籍部所制作的特色古文献书目数据库,包括明人文集书目、清人文集书目、影印本方志书目。2005年,复旦大学图书馆还推出了复旦人著作书目数据库,收录复旦大学的师生、校友发表的著作,也收录少量由复旦大学各院系编写的参考资料、目录索引等。至2010年收录书目信息8 000多条,可通过书名、作者、出版社3个字段查询。

三、科研图书馆

【学科特色数据库】

1987年,中国科学院上海文献情报中心开始筹建中国生物学文献数据库(CBA)。CBA是一个大型文献数据库,收录了1986年以来我国科技人员所发表的生物学文献。每条记录以中英文对应,用户可采用中文或英文检索,也可提供中英文两种不同版本的机读产品。数据规范,在文摘的选题、撰写、编辑、标引等环节都制定了基于国家标准的工作规则,从而保证了数据质量。系统引入了先进的 MINISIS 数据库管理系统,具有检索功能强、方便灵活、支持多种文字等特点。系统具有丰富的一次文献支撑,收藏有全部的原始文献,可提供文献检索与文献提供配套服务。中国生物学文献数据库(CBA)获 1991 年中国科学院科技进步二等奖。

【学术论文与学位论文数据库】

1999 年,中国科学院上海有机化学研究所自主研制了有机所论文数据库及论文检索系统;2002 年,该所自主研制了有机所学位论文数据库及论文检索系统。

第七节　其他系统平台与应用

一、"一卡通"信息服务系统

上海市中心图书馆"一卡通"信息服务系统是国内规模最大、技术领先、服务优良的图书馆城域服务网络。该系统是中心图书馆三级网络架构城域网建设的核心组成部分,在多个信息系统的集成、优化和再开发基础上完成。该系统分为 4 个组成部分:(1) Horizon 图书馆集成管理系统,支持中心图书馆近 300 个服务网点图书"一卡通"异地通借通还的全流通服务;(2) iPac 联机书目检索系统;(3) IC 卡读者信息管理系统;(4) 图书馆集成管理增能信息系统。2007 年,"上海市中心图书馆'一卡通'信息系统建设暨向社区基层服务点延伸"荣获第二届文化部创新奖。

2009 年,上海图书馆推出了与"一卡通"密切关联的、基于读者网上统一认证的"我的图书馆"系统。"我的图书馆"是数字图书馆的一种个性化服务方式,提供对读者个人信息资源的管理以及定制的信息服务,拓展和细化了中心图书馆"一卡通"服务的内容。"我的图书馆"提供的服务项目包括:(1) 读者个人信息和借书证的管理;(2) 图书流通管理;(3) 与手机移动服务结合。

截至 2010 年底,上海市中心图书馆"一卡通"实现全市区(县)分馆、街道(乡镇)基层服务点的全覆盖。"一卡通"有效持证为 38.30 万张,流通总量为 3 090.49 万册。

二、二次文献数据库

1983 年与 1986 年,中国科学院上海药物研究所信息中心先后参加了中国科学院化学情报网和生物学情报网的建设,承担了 27 种中文期刊的文摘和标引工作。1991 年,以该文摘为数据源的中国生物学文献数据库系统荣获中国科学院科技进步二等奖。

1989 年,同济大学图书馆承担了"高校中文书目合作回溯研究项目"中的建筑科学、环境科学和水利工程类文献的标引。图书馆采用北京师范大学研制的计算机联机检索文献库的软件《中国机读目录通信格式》和北京图书馆的标引规则,按照中图法类目及《汉语主题词表》,将该馆建筑科学、环境科学和水利工程的图书进行分类标引和主题标引。

1995 年,同济大学图书馆开始与德国 ICONDA 数据库进行合作,主要负责制作建筑类核心期刊数据,提交给 ICONDA 数据库收录;1998 年,ICONDA 数据库中文核心期刊数据制作项目荣获建设部评出的"建设科技信息成果三等奖"。截至 2010 年,图书馆共向 ICONDA 数据库提交 5 万余条数据。

1993 年,上海图书馆启动国家文化部项目中文社科报刊篇名数据库建设,运用基于 DOS 操作系统的单机版数据库软件,将纸质的二次文献转变为电子文献,实现了手工检索转变为计算机检索的跨越,此项目于 1996 年获得文化部科技进步二等奖,同年获得上海市文化局科技进步一等奖。

此外,1996 年完成的上海图书馆新馆计算机管理系统中一个重要的内容是设计了二次文献与全文检索子系统,该子系统包括检索模块和系统管理模块。在二次文献与全文检索的基础上,上海图书馆开发了全国报刊索引数据库系统,实现了网络分级别的数据录入和校验方法,提高了数据的准确性和文献检索效率。2007 年,上海图书馆与国内文字 OCR 技术领先的汉王公司合作,定制开发了报纸和期刊的 OCR 录入工厂软件系统,综合应用了图像 OCR 技术、版面分析技术、文字定位技术、版面还原技术等先进的文献数字化技术,使全国报刊索引数据库的制作水平迈上了一个新的台阶。

三、网络检索平台

随着网络技术的快速发展,逐渐出现了各类基于网络提供资源共享和信息服务的平台。

1985 年起,同济大学图书馆与计算机系、计算机中心共同承接 Compendex(上海地区科技情报计算机情报网络)研究课题。在西门子 7570C 计算机上建立、存储 Compendex 文献共 48 万多条记录。1989 年 1 月,向校内外开放服务。可以通过电话拨号进行远程联机检索。该项目于 1990 年 6 月通过上海市级鉴定,获 1991 年上海市科技进步二等奖。

1997 年,设于上海交通大学图书馆的"上海市研究生电子文献检索中心"正式投入使用。该中心是由上海交通大学"211 工程"出资 110 多万元、上海市教育发展基金投资 100 万元共同建设的研究生教育基地,面向上海市的研究生及导师开放,服务于上海市的研究生教育。该中心主要提供光盘数据库、国际互联网及国际联机检索系统服务,同时开展 Internet 培训工作。1998 年,华东理工大学图书馆也获上海教育发展基金会上海市学位委员会赞助 100 万,在该馆建设了上海市研究生电子文献检索中心。该中心是以计算机网络为架构、光盘数据库为基础,由 50 台微机及相应的网络体系组成服务体系,具有信息量丰富的光盘数据群,并拥有一台远程登录服务器,供其他院校通过网络访问检索中心,为全市研究生提供了大量的信息资源。

2000 年,上海交通大学图书馆与上海市教育委员会联合组建"上海教育网络图书馆",管理中心设在上海交通大学。其主要功能是在上海地区各级各类学校间实现图书文献资源与信息服务的共建、共知、共享,提高上海地区文献保障率和信息服务水平。

. 上海行业情报服务网络平台是由上海图书馆上海科学技术情报研究所牵头,联合上海市其他七家情报服务机构共同建设开发的响应快速的一门式情报服务网站平台。该系统设计以情报展示、应用服务和资源服务为架构核心。在北京中科汇联信息技术有限公司开发的 easySite® 内容管理平台基础上,利用 .Net 技术和 jQuery 等技术进行用户互动服务和自助服务功能的二次开发,实现了在线委托、问题咨询、活动报名、在线投稿、信息定制与推送、专题数据库定题服务等功能。

四、教学参考系统

随着高等教育信息化、网络化的飞速发展,教学参考系统在高校图书馆应用日益广泛。

1999 年,华东理工大学图书馆建立了上海市高校外国教材中心,系统收藏国外著名大学使用的教材,并自建世界著名大学教学数据库,汇集了世界 100 所著名大学的各专业教学计划等一系列与教育教学相关的信息,定期出版网上教育教学信息快报,内容新颖、有特色。

2001年,上海交通大学图书馆在TRS上开发了教学参考书系统。基于TRS全文检索的优势,开发人员设计了以参考书章节为最小检索单位的系统。同年11月,基于TRS的教学参考数据库完成并开始提供服务。

2001年起,复旦大学图书馆开始建设教学参考书服务平台,由教务处提供每学期教学参考书书单,系统部组织将纸本书进行数字化加工,并建立了教学参考书发布与服务平台,截至2010年底,平台共包含课程信息9 000多条,教学参考书6 200多本。

2005年,复旦大学图书馆承建"全国高校教学参考信息管理与服务系统"子项目,该子项目由全国52家高校图书馆参建,收录参建高校重点学科本科教学课程信息及相关教学参考书全文。至2010年,收录本科教学课程信息7.2万条,相关教学参考书6.1万种的全文和元数据。此外,同济大学图书馆作为"全国高校教学参考信息管理与服务平台项目"的参建馆之一,从2007年开始每年负责向CALIS中心提交教参信息和教参书数据。

五、网络导航系统

2000年4月,作为中国高等教育文献保障系统(CALIS)"九五"重点建设项目之一的"重点学科网络资源导航库(一期)"正式立项。CALIS委托上海交通大学图书馆为总负责,并与其他三个牵头单位一起分块负责具体建设类目。2003年10月,CALIS管理中心在原来一期导航库的基础上正式启动了二期"重点学科网络资源导航库"的建设工作。受CALIS管理中心的委托,"重点学科网络资源导航库"子项目建设由CALIS西北地区中心(西安交通大学图书馆)牵头组织,联合其他有关高校组成项目管理组。上海交通大学图书馆是该项目的专家组成员单位与参与单位。

2001年5月,为适应世界图情事业发展新趋势,由上海图书馆牵头,并联合上海高校、科研机构图书馆,在初步实现上海市文献资源共建共享基础之上,推出了"网上联合知识导航站",导航站旨在向读者提供高质量专业参考、知识导航的新型参考咨询服务。在专家队伍组建上,以上海图情界的一批中青年资深馆员为网上联合知识导航专家,扩展为以上海、全国各地以及海外图情界的资深参考馆员和行业专家为导航专家;在服务方式上,从电子邮件、表单方式等非实时参考咨询,拓展为非实时参考咨询与实时参考咨询的同步发展;在合作机构组成上,从创建之始的上海交通大学图书馆、复旦大学图书馆、华东师范大学图书馆、同济大学图书馆、上海社会科学院图书馆、中国科学院上海文献情报中心、上海图书馆7家机构的16名导航专家的合作团队,到2010年年底拓宽为境内外37家图书馆和研究机构的94名导航专家、66名导航咨询员,其中,境内合作机构34家,导航专家86名;境外合作机构7家,导航专家8名,还有3家以机构合作形式加盟,形成了以上海市图情机构的专家为核心、导航咨询员队伍为辅助,涵盖长三角地方文献专家,联合境外图情机构的参考馆员的合作团队。读者在导航站的提问量从建站初期的每月不到100个,增加到了平均每月500多个。截至2010年年底,导航站共接受读者提问近5.8万次。2007年11月,"网上联合知识导航站"项目荣获国家文化部颁发的全国"群星(服务)奖"。

六、期刊导航系统

随着期刊尤其是电子期刊的日益丰富,期刊导航系统在大部分高校图书馆获得广泛应用。

2004年,上海交通大学图书馆开发电子资源整合系统(ERSA),将图书馆订购的各数据库的电子期刊整合至此平台,按刊名、字顺、学科等方式提供期刊查找方式;在学科期刊之下,提供 SCIE、SSCI、EI、CSSCI、北大核心期刊要目等精炼浏览方式,并提供数据库的链接。该整合系统是图书馆自行开发研制、持续使用的一个系统,并不断更新完善。在电子期刊的学科分类方面,该系统从最初的22个大类细化到40个学科类别,使读者可根据学科类别迅速查阅相关电子期刊。2010年,图书馆将 SFX 电子期刊导航界面整合至 ERSA 中,并集成了期刊最新目次的 RSS 功能,使读者通过一个入口,即可得到一体化集成式服务,简化了读者查找期刊及全文的过程。

2005年7月,同济大学图书馆全文期刊导航和管理系统通过图书馆主页提供服务,该系统提供图书馆所有纸本和电子全文期刊刊目的查询和导航服务,为馆藏期刊的查找提供了一站式的网上服务。

七、多媒体系统

2002年,宝山区图书馆自行研发了媒体点播系统及光盘服务系统,开辟了数据库检索、光盘服务、影视点播、网络查询等多项服务功能。2003年,新增各类影片90部,共200个文档,光盘影像12部。2006年,更新影视资料库,视频转换29部,添加电影140部,并为 VOD 点播系统增加了点击下载功能。2007年,新增130部各类最新影视剧集。2008年,新增2 669部各类最新影视剧集。2009年,VOD点播系统添加电影381部。

2002年,东华大学图书馆信息部完成了上海海关高等专科学校委托制作的"图书馆多媒体系统",同年完成校本部图书馆多媒体导读系统并投入使用。

2005年,同济大学图书馆开始进行 VOD 点播系统的建设工作,并于2006年正式采用确然多媒体管理系统对外提供服务。读者可通过该系统自主选择和播放相关的视频节目。系统收录视频以上海图书馆讲座为主,内容涉及历史文化、企业管理和健康养生等领域。

2006年,华东政法大学图书馆自主开发了图书馆声像资料查询系统,方便广大师生查询碟片编号和碟片的详细信息;同时,还推出了多媒体导读系统,向读者介绍图书馆的电子资源和使用方法。

2009年,上海交通大学图书馆推出多媒体资源管理平台。该系统平台整合多种形式及种类的多媒体资源信息,按照资源的类别和形式,并参照上海交通大学的重点学科分类,对资源进行划分。内容不仅包括随书光盘、电子图书等常用资源,而且涵盖了网络课堂、课件资源、语言文学(有声)等多种类型的音视频等多媒体资源。

八、远程服务系统

2003年,上海市少年儿童图书馆与上海电信数码通宽带有限公司签订了远程教育平台合同。同时,上海市少年儿童图书馆促进与区县资源共建共享的建设,川沙、长宁、杨浦、闸北等分馆都上了互联网,并与少年儿童信息港建成了一个虚拟的平台,在平台上搭建了远程教育系统。2004年,上海市少年儿童图书馆远程教育系统启动运作。通过该系统,用户可以直播、点播、交互,充分利用现代化的手段传播知识,将少年儿童图书馆的知识信息送到千家万户,打破时间、空间的限制,扩大图书馆服务的覆盖面。2004年,该馆的远程教育系统,与长宁、川沙、杨浦少年儿童馆首批开通试运行。

2007年9月,上海市中心图书馆"e卡通——上图电子资源远程服务"试开通运行,使持有上海图书馆外借证和阅览证的读者可以在任何时间和地点,通过"e卡通"的平台远程访问图书馆订购和自建的数十个数据库中的上千万件电子文献,包括方正中文电子书、Springer英文电子书、龙源中文电子期刊、大英百科全书和全球商业信息数据库等著名的数字资源30余种。"e卡通"远程服务采用LDAP技术和SSL VPN技术,科学有效地把读者IC卡系统、LDAP目录服务系统、SSL VPN系统三者相结合,建成资源、技术、服务、管理四位一体,以服务为主导的先进、安全、稳定、可扩展、便捷的远程电子资源服务系统,实现了技术的整合创新,为推广市民数字阅读提供了优质高效的信息平台,提升了公共图书馆服务能级和水平。2009年,该项目获得"第三届文化部创新奖"。

2008年1月,宝山区图书馆开始试运行"宝山区图书馆远程服务系统"。在区"两会"、区团代会、区学生联合会期间,为所有与会代表开通了使用权限,并进行了现场咨询和宣传,之后在全区各委办局中进行了全面的推广宣传工作。至2008年底,已开通的用户超过3 000人。系统初步实现了数字化资源进家门的目标,读者足不出户即可在随时随地远程访问和免费使用该馆已获授权的总量达10 TB的数字化资源,实现了资源共享和服务延伸。

第四章　图书馆智能楼宇

第一节　安保监控系统

安保监控系统广泛应用于上海市各类图书馆,其中公共图书馆应用较早。20世纪90年代,上海图书馆新馆和闸北少年儿童图书馆开始了安保监控系统在图书馆中的应用。进入21世纪以来,以上海交通大学图书馆新馆为代表的高校图书馆纷纷安装了各类监控系统。

一、公共图书馆

上海图书馆新馆监控系统,其控制系统由1台32路视频输入/8路输出的视频控制矩阵,以及2台16路时间分割视频多路调制器组成。根据现场要求配置了25台各种规格、用途的摄像机。在重要场所如珍本库、古籍陈列室、计算机房内加装了红外灯,使夜间清晰度显示不受影响,在面积较大的场所如展览厅、名人捐赠室、计算机房内的摄像机装有半球形防护罩并内置云台,在走道上设置了固定的嵌入式配6倍变焦镜头的摄像机。上海图书馆新馆防盗系统设有防盗报警器和中央监控系统。从2002年初建立图书馆书目数据和电子阅览室管理系统起,配备了联网110的红外线监控系统,采用金盘图书馆集成管理系统记录用户上机的时间等信息,进行有效管理。

1998年,闸北区少年儿童图书馆分别在大楼出入口及少年儿童外借室、成人外借室门口安装了图书防盗报警系统。2010年9月,图书馆外墙及大门安装了视频监控系统,确保图书馆财产安全。

2000年,嘉定区图书馆为确保财产安全,在全馆的四层库房、阅览室安装了消防警报器,安全警报探头4只。

2002年,松江区图书馆在全馆库房、阅览室、门厅安装了消防警报器与安全警报探头,完成图书馆综合治理、安全保卫工程。

二、高校图书馆

自2003年至2010年,上海第二工业大学图书馆安装了安保监控系统,共95个监控摄像头分布在全馆各处,并配有专人进行管理。

2004年,同济大学四平路校区图书馆建立了监控系统,共有视频监控点32个。2009年,该馆监控系统进行了改造,将原来的监控点增加到64个。该校嘉定校区图书馆于2006年新馆建设时完成大楼监控系统建设,共有监控点112个。

2005年,上海交通大学医学院图书馆在进行大楼整体改造工程时,由学校基建部门负责模拟信号监控系统的设计和建设,共设立46个录像点位。2006年将原来的模拟信号监控系统转换为数字信号监控系统,并采用了硬盘录像机网络管理系统。

自2006年新馆建立始,上海工商外国语职业学院图书馆安装了安保监控系统,控制室安装在网络中心,共有 39 个监控摄像头分布在全馆各处,并配有专人进行管理。

2008 年,上海交通大学图书馆新馆落成,为实现机房自动化智能监控与管理,使用了深圳市龙控计算机技术有限公司的基础设施监控管理系统对机房设备进行全面监控,主要功能包括对机房配电柜的开关状态进行监控;对 UPS 不间断供电设备的基本参数、电量进行监控;对精密空调的温湿度状态和漏水情况进行监控,若所监控的设备出现故障则通过短信的方式向指定的管理人员发送警报短信,以达到智能化无人值守的机房管理模式。

第二节　消防和门禁系统

一、公共图书馆

上海图书馆新馆防火安全系统主要分为报警灭火和防盗两大系统。报警灭火系统设有自动报警、灭火和控制 3 个子系统。该馆新馆建筑为一类建筑物,一级耐火等级。由于面积大,根据建筑平面及用房功能划分了防火分区,每个分区面积约 500 平方米～1 000 平方米。在防灾中心设置了 2 台 R-21 火灾报警控制器。控制中心设置有手动操作台,直接启动消火栓泵、喷淋泵、正压风机、排烟风机、防火卷帘门。在控制室内设置了与市消防队直接联系的 119 直线电话。

二、高校图书馆

上海第二工业大学图书馆改变了传统"一门式"门禁管理模式,采用"分散式"管理模式,在各个阅览区域都设置了进、出两个闸机,用户如果在前一次进入后,未正常从出口刷卡离开的话,第二次进入时将会激活智能门禁系统的防潜回机制,提示用户"出口处再刷一次"。图书馆的消防系统包括自动喷淋装置、烟雾报警器、火灾指示灯、安全逃生指示标记等,在发生紧急情况时候发挥作用。

2004 年,同济大学四平路校区图书馆改建,安装了门禁系统、监测报警系统等安全设施。2006 年 9 月,新建成的同济大学嘉定校区图书馆安装了"一门式"门禁系统。门禁系统结合闭路电视监控有效分离不同流线,结合书籍内的新型磁条,实现一卡在手,全馆通畅。

2007 年暑期,第二军医大学图书馆利用闭馆时间对门禁和防盗报警仪系统进行了安装调试,开学后投入运行。

2008 年,上海交通大学图书馆新馆施工中,学校基建部门负责消防系统和门禁系统的设计和建设,设置了消防广播系统、消防报警系统、消防气体灭火系统、消防风系统、消防水系统和门禁系统。

2010 年,上海政法学院图书馆安装了现代化的磁力锁门禁系统,通过中央电脑随时监控、发现问题安全门。遇到紧急情况,可以一键式开启所有安全门,方便读者第一时间逃离现场,保证馆内人身财产安全。

第三节　综合布线系统

上海地区图书馆应用综合布线系统比较有代表性的是上海图书馆新馆。

上海图书馆新馆在 PDS 综合布线的基础上采用高速率的 ATM 局域网技术。为了满足图书馆大楼信息化的要求,网络布线由 6 个子系统组成,即工作区子系统、管理子系统、设备室子系统、建筑群子系统、水平支干线子系统和主干线或垂直子系统。水平支干线子系统实现工作区子系统和管理子系统之间的连接,主干线或垂直子系统实现计算机设备和各个管理子系统之间的连接。考虑大空间阅览区空间配电线路敷设的限制,通过降低地面标高、采用地面线槽敷设配电线路和宽带网线,构建连通全馆的有线网络系统。

上海交通大学包兆龙图书馆建筑用电系统比较复杂,除了大负荷照明、动力系统以外,同时还装置了事故照明系统、防火自动报警系统、二次集中控制系统监察系统、电讯广播系统。上述系统的干线设计选用 VV29 型强电电缆、KVV20 型控制电缆及 RVVP 电讯电缆。强电一次系统系由大楼高层变配电室的二台 630KVA 环氧树脂干式变压器、经 13 台低压配电屏供电输出。二次系统、监察系统与电讯广播系均由设置在五层的中央控制室进行集中管理操作。

第四节 其他智能化系统

一、公共图书馆

1996 年落成的上海图书馆新馆配备有各种先进的设备与设施,有效提高了图书馆科学管理水平与服务效率,充分发挥了现代化图书馆的多项功能。主要设备、设施有:(1)文献缩微复制系统:配备各种规格和功能的拍摄机、冲洗机、拷贝机、阅读复印机、静电复印机、彩扩机等设备。(2)声像系统:配有各种类型的视听设备、大屏幕投影电视设备以及音乐欣赏室、语言实验室、声像资料研究室。音乐欣赏室可举办音乐、戏曲欣赏、讲座、文艺沙龙等活动;语言实验室为读者提供学习外语服务;单人和四人声像资料研究室供高层次读者进行创作和研究使用。另外,还设有各种技术工作室和音像设备控制系统,配备了声像资料的制作、编录、监控设备及卫星接收设备等。(3)通信系统:配有程控电话数字交换机、外线直通电话、专线电话、传真及供读者使用的自动投币公用电话。在图书流通管理中,采用小型内部传真通信网络技术,解决读者索书单信息的传递。(4)传送系统:根据不同的用途,分别设有书梯、客梯、货梯、消防梯等电动垂直运输设备。在 C 区高层书库,配有先进的电脑控制书梯和自走小车,以缩短读者等候时间,提高图书馆服务效率。(5)空调系统:新馆采用全空调,其中缩微库、珍本库、计算机中心采用恒温恒湿系统。其他用房采用中央集中空调系统,并采用先进的煤气冷暖房技术,既能供暖又能制冷。新馆设置空调中央控制监控系统,对全馆空调设备进行集中控制管理,对各房间温湿度参数进行监视。

2003 年,上海图书馆 OA 系统通过一系列开发工作,分别建立了公文流转、办公事务及辅助决策子系统,有效提高了办公质量和办公效率,提高了决策的科学性和正确性,进一步增强馆所的综合管理水平和竞争能力。

2007 年,上海图书馆完成了自新馆投入使用以来首次大规模主机房改造和 UPS 不间断电源扩容改造任务,进一步提升了技术支撑保障能力,使整体技术平台更加坚固、稳定。

二、高校图书馆

21 世纪以来,上海地区高校图书馆纷纷在新馆建设中设立了多功能报告厅,各种先进的智能化设备得到了广泛应用。

　　1984 年,华东师范大学图书馆自然科学阅览室放置警报口,解决了读者自带理科书籍的困难。当年 5 月 1 日,试听阅览室正式对外开放,共设座位 40 个。在校电教所的支持下,现代技术小组还摄制了使用图书馆目录的录像片。1989 年 10 月落成的华东师范大学图书馆逸夫楼,其线装本古籍书库内除配有湿感采测器和气体自动喷淋灭火装置外,还安装了系统空调设备。在底层读者主要集散处设闭路电视系统,应用录像技术手段报道馆藏新书及进行阅读辅导;各主要阅览室和目录厅内预留计算机终端 17 个,便于开展电脑查询书目服务;在西区二楼设有 200 平方米的计算机房和计算机辅助教学室,可进行文献检索服务和图书资料管理;设有 250 个席位的报告厅,可开展大、中型学术活动,并能放映录像片和小型电影。

　　1985 年落成的上海交通大学包兆龙图书馆三层设立了学术报告厅。学术讲台设有三百英寸大屏幕三管彩色投影电视、兼可放映电影、学术书写投影、幻灯等。报告厅设有四百多席位。

　　1999 年,上海第二医科大学调拨了 40 台 486 电脑给图书馆,使该馆硬件设备及咨询服务水平上了一个新台阶。2006 年,该校信息资源中心(图书馆与计算机网络信息中心合并成立信息资源中心)的 Call Center 和 VOIP 电话系统通过技术验收并投入正常使用。2010 年,图书馆在主馆设立小组学习室,方便全面师生开展学术交流和教学研讨。小组学习室内装有投影仪和液晶显示器等多媒体设备。

第六篇

协作与交流

从 20 世纪 90 年代起，上海图书情报行业开展了多层次多方位的协作交流。

为满足上海市公共、高校和科研系统图书馆对文献资源日益增长的需求，文献资源共建共享引起重视，从 1993 年起，上海图书馆与高校、科研、情报系统的文献资源共建共享协作建设工作开始启动，1994 年成立了上海地区文献资源共建共享协作网设立办公室及其工作组，明确了实施文献资源共建共享计划的指导思想、目标和具体措施，截至 2010 年，上海市文献资源共建共享协作网逐步建立并不断完善，有力地推动了成员馆在资源建设和信息服务项目上的深度合作和文献资源的有效利用，图书馆文献信息资源开发和利用综合能力，文献信息资源的可获知能力和可获得能力显著提高，在开展现代信息技术应用、专业人才培训、建立开放研究室以及国内外学术交流等方面，切实增强了图书馆的专业能力和服务效益。

为打破行业界限，形成公共图书馆、大学图书馆和专业图书馆的资源共享和读者服务联盟的发展目标，2000 年，上海市领导提出了建设特大型城市中心图书馆的指示，要求上海图书馆把服务功能辐射到全市高校和各区县，提升图书馆的管理水平和服务水平，经过多年的努力推进，"上海市中心图书馆"服务体系建设成效显著，达到了结构合理、发展平衡、网络健全、运行有效、惠及全民的公共文化服务体系建设原则和目标，形成了城乡全覆盖、条块全贯通、资源全流通的总分馆服务系统。

为实现和保障广大公民特别是农村和基层广大公民文化权益的公共文化服务体系基础性工程，利用卫星、网络、多媒体等信息技术将民族的、科学的、大众的、面向世界、面向现代化、面向未来的先进文化加以广泛传播，上海市积极探索国际大都市"文化共享工程"建设新路，2002 年组成了"文化共享工程"领导小组，在上海图书馆设立了领导小组办公室，由上海图书馆承建"文化共享工程"上海分中心，制定了《上海市文化信息共享工程上海图书馆分中心建设实施方案》，明确上海分中心的建设目标，将上海的文化共享工程的建设放在中央和国家管理中心对上海发展的战略定位上，放在全国发展的大格局中，放在国家对长江三角洲区域发展的总体部署中来思考和谋划，实现了国际大都市"文化共享工程"新跨越，增强了城市的软实力和文化的国际竞争力。

为推动全国高等学校图书馆整体化建设，实现资源共享，节约文献购置经费，提高服务效益，20世纪 70 年代末，上海高校尝试开展了多种形式的协作交流，有全市范围内的高校合作协作，有片区高校的合作办学，有跨省间的专业学科间的协作及各高校与全国性组织的协作，1982 年，上海市高等教育局成立了上海市高等学校图书馆工作委员会成立（简称"上海高校图工委"），后改名为上海市高等学校图书情报工作委员会，进一步推动了上海高校开展多种形式的协作交流。为满足各校之间实现馆际互借和读者对文献资源数据库的产品的需求，1998 年上海市高校图书馆文献资源联合数据库建成，标志着上海各高校图书馆在实行计算机系统集成管理的基础上向前迈进了一步。历经发展和完善的"上海教育网络图书馆"（简称网络图书馆）也面向上海整个教育系统并提供网上服务。

为广泛联合本地区行业情报机构、相关行业组织和其他相关会员单位的沟通与合作，及时交流情报服务经验和需求信息，为上海的科技、产业和文化的发展提供信息和智力支持，使行业情报工作在本地区的社会经济发展中发挥更大的作用，2010 年上海行业情报发展联盟（Shanghai

Industries Intelligence Developing Alliance,以下简称"联盟")成立。

上海图书馆、高校图书馆和专业图书馆重视与国际及港澳台地区图书馆和专业组织的交流与合作,包括考察访问、业务进修、文献交换、学术研讨、窗口展示、合作办馆等。上海图书馆、复旦大学图书馆、上海交通大学图书馆、同济大学图书馆、中国科学院上海文献情报中心、华东师大图书馆以及华东师范大学图书馆学情报学系等单位先后加入国际图联(IFLA)为机构会员,参加国际学术活动,拓展眼界、学习先进,有效促进图书馆学研究、专业技术进步和读者服务能力的提升。从2002年起,上海图书馆建立了"上海之窗"对外宣传和国际文化交流的品牌,得到上海市政府的嘉奖。

第一章　馆际协作和联盟

第一节　上海市文献资源共建共享协作网

一、建设历程

20世纪90年代,上海市公共、高校和科研三大系统图书馆发展迅速,全市各类图书馆拥有藏书7 600余万册/件、缩微资料5.4万余件、音像资料52万件,各类数据库100多个。由于管理体制上的分散多头、条块分割,区域文献资源建设存在分散和重复现象,而上海科教、文化事业快速发展,对图书馆文献资源,尤其是外文学术书刊的需求日益增加,本市公共、高校、专业图书馆和科技情报研究机构迫切希望拓展原来上海市图书馆协作委员会的功能,进一步加强文献资源共建共享,减少重复采购,增加书刊品种,扩大文献覆盖,相互开放馆藏,提高文献保障率和利用率。

经过多次酝酿商讨,1993年11月18日,上海图书馆与高校、科研、情报系统各主要图书馆馆长举行联席会议,商讨文献资源共建共享协作事宜,重点是图书馆际协作和外文书刊资源共建共享。会议达成三个方面共识:"加强文献资源的保障意识""加快资源共建与共享的建设步伐"和"建立地区性外文书刊采购的协作网络",确定由上海图书馆、中科院上海文献情报中心、上海社科院图书馆、上海科技情报研究所文献馆和复旦大学、上海交通大学、上海医科大学三所高校图书馆共七个单位委派专人建立联合工作组,筹建上海地区文献资源共享协作网(以下简称"协作网")。联合工作组设计了"协作网"的目标、组织和任务,起草完成《上海地区文献资源共享协作网办公室(筹)工作条例》《上海地区外文书刊采购协议书》和《上海地区文献资源共享馆际协作协议书》(以下简称"三个文件")。

在周密的组织筹备基础上,1994年3月14日,上海图书馆以及本市18所高校、专业图书馆和情报所负责人在上海图书馆举行文献资源共建共享"三个文件"签字仪式。至此,上海地区文献资源共享协作网正式成立,标志着上海地区文献信息资源协作工作启动。"协作网"首批19家单位是:上海图书馆、复旦大学图书馆、华东师范大学图书馆、上海交通大学图书馆、同济大学图书馆、上海外国语学院图书馆、华东理工大学图书馆、中国纺织大学图书馆、上海医科大学图书馆、上海财经大学图书馆、上海科学技术大学图书馆、上海工业大学图书馆、上海第二医科大学图书馆、上海师范大学图书馆、第二军医大学图书馆、上海社会科学院图书馆、中科院上海文献情报中心、上海市中华医学会图书馆和上海科技情报研究所文献馆。同日召开"协作网"第一次工作会议,设立办事机构和成员组织。

1994年4月18日至5月12日,"协作网"馆际文献工作会议起草讨论通过了向社会开放提供馆际文献服务的方案和工作文件。5月27日,在上海图书馆举行的"第六届全国图书馆宣传周"新闻发布会上,正式向全市读者推出"协作网"《馆际文献服务手册》,发放19个图书馆和情报所的"通用阅览证",这是高校图书馆和科技情报机构共同向社会开放提供文献服务的重大举措。同时,"协作网"开始制订协调采购外文书刊的方案,在外文书刊价格逐年提高、购置经费不断冲击文献采购预算的情况下,通过地区协调分工采购的方式,合理削减复本,确保上海地区订购原版外文期刊品种数不减少,争取有所提高。方案拟定了各馆间分工订购收藏并相互利用外文期刊的具体办法,以及编制原版期刊馆藏联合目录等一系列措施,使文献资源的共建共享工作稳步落实。同年,文化部组织对全国省级公共图书馆进行首次评估,评估组充分肯定了上海图书馆牵头组织全市各类图书馆和情报机构文献资源共建共享的协作组织,发挥图书馆界的整体能力,提升服务效益,在地区图书馆文献资源共建共享方面起到核心作用。

1995年初,"协作网"增加了上海水产大学图书馆、上海机械学院图书馆、上海海运学院图书馆、上海外贸学院图书馆、上海农学院图书馆、上海体育学院图书馆、华东政法学院图书馆、上海建材学院图书馆、上海教育学院图书馆、上海宝山钢铁研究所科技信息中心,成员馆增至29个,进一步扩大了文献资源共建共享范围。3月,"协作网"办公室创刊发行《上海地区文献资源共享协作网通信》,发布"协作网"的文件和重要事项,通报成员馆的工作和活动,提供国内外文献资源共建共享信息,刊登"协作网"大事记。8月,"协作网"建立学术研讨会领导小组,小组商讨发布了9项研究课题,并着手筹备1995年度文献资源共建共享学术研讨会,征集和评审论文。

上海图书馆和上海科技情报研究所是上海地区两个最大的文献信息资源中心,1995年10月,上海图书馆与上海科技情报所合并,并于1996年12月20日新馆开馆,使读者可以查阅原有两个机构的文献,享受两个机构的信息服务。新馆建立了计算机网络管理系统、数字图书馆和上海地区文献资源工作共建共享的网络平台,成为上海市文献信息加工处理和信息教育培训的基地,形成了历史文献研究信息咨询研究和图书情报一体化研究的三大特色,为全市图书情报机构资源共建共享打下了坚实的基础。

1997年,网络信息技术在全市图书馆采购、编目、流通、咨询等各业务部门应用,为了解国内外图书馆新技术发展动态,提高图书馆员的信息技术能力,"协作网"启动了"图书馆现代化技术"学习和推广活动,邀请美国OCLC和中国教育与科研网等机构的中外专家定期持续举办新技术的讲座、培训班、讨论会和展示推广会,持续的学习交流提高了上海地区图书情报单位应用新技术的能力。同年11月4日,在协作网联席会议上讨论由华师大图书馆起草的《上海地区文献资源共享协作网馆际互借细则》(以下简称《细则》),1998年1月《细则》条文获得通过并付诸实施。为进一步提高馆际互借的效率,协作网着手研制馆际互借的操作软件。1998年10月前,馆际互借小组组织操作软件培训2次,确立了各馆馆际互借联系人及互借规则。1998年10月6日,馆际互借项目启动。

1999年1月15日,国家图书馆组织国内主要公共、科研、高校系统的图书馆和情报单位,召开全国文献资源共建共享工作会议,时任国务院副总理李岚清出席并作重要发言,参会的120家机构联合向全国图书情报界发出了文献资源共建共享的倡议。该次会议引起上海市委和市政府高度重视,1999年5月13日,上海文献资源共建共享协作会议在上海市政府会议厅隆重召开,上海市副市长周慕尧等领导参加会议。会议推出了《上海市文献资源共建共享计划》,上海地区文献资源共享协作网更名为上海市文献资源共建共享协作网,有30个成员馆,并成立了以周慕尧副市长为组长的上海市文献资源共建共享工作领导小组。上海市文献资源共建共享工作领导小组的成员单位有:市经委、市科委、市教委、团市委、市国民经济与社会信息化办公室、市邮电管理局、市文广局、中科院上海分院、上海社会科学院、上海图书馆等。共建共享工作领导小组办公室设在上海图书馆,指导全市各系统图书馆的文献资源共建共享。

新组成的上海市文献资源共建共享协作网,制订了《上海市文献信息资源共建共享计划(1999—2001)》,明确了实施文献资源共建共享计划的指导思想、目标和具体措施:一是以先进的信息技术为基础,建设文献资源共享的信息平台,上海地区公共图书馆网络、大学图书馆网络以及中科院上海文献情报中心网络等三大网络已构成统一的网络体系,为资源共享提供良好的信息平台;二是以文献资源存取的全球化为背景,共建文献资源体系,通过体系的建设,一方面提高文献资源的可存取能力,另一方面提高文献的可获得能力,使读者或用户能高效准确地获取所需要的文献资源,包括书本电子出版物和网络文献资源;三是形成上海地区联合书目信息系统,采用统一的信息平台和统一的检索界面,建立上海地区联合编目中心和公共书目查询系统,各类图书馆参与联合书目中心和公共书目信息系统的建设,形成一个枢纽式的统一的图书馆联合目录信息数据库,强化图书馆之间的信息存取功能和馆际资源利用功能;四是建立文献传递系统,包括传递馆际互借的物流传递方式,也包括原始文献复制品的文献传递服务方式,为此需要研究开发馆际互借和文献传递的管理软件,实现网络化的互借请求身份验证办理互借登记费用结算等电子商务功能;五是第一步实现基于因特网的联合参考馆员服务,建立统一的服务网页,采取限时(24 小时以内)解答读者提问的方式,回答有关的咨询问题,同时也设有 FAQ 系统,解答读者提问,第二步在条件许可时,逐步实现实时回答读者的咨询问题;六是成立图书情报人员培训中心,以上海图书馆的教育培训中心为依托,与上海地区大学图书馆合作,聘请国内外资深图书馆员与学者进行授课,有计划地对各类图书馆员进行基于网络环境下的图书馆服务的教育培训,同时还设立图书馆员高级研修班,开展图书馆学硕士研究生学位课程教学。上海市人民政府拨出专款,推动全市文献资源共建共享三年计划工作。

2000 年 6 月,上海市文献资源共建共享工作会议召开,本市公共、高校、专业图书馆和情报系统70 多个单位共 180 余人出席,会议由市政府副秘书长殷一璀主持,上海市副市长周慕尧肯定了上海市文献资源共建共享工作在文献资料采购、计算机网络和数据库建设、馆际文献资源互知互借、网上资源共享和人才培养等方面所取得的实质性进展,并对本市共建共享工作的发展提出了"四要":要重视文献资源的共建共享、要加强网络基础建设、要加强文献资源建设、要加强文献信息服务,进一步推进上海的文献资源共建与共享。会议同时举行了"上海市文献资源共建共享协作网"开通和文献资源共建共享"开放研究室"揭牌仪式。上海的区域性文献资源共建共享在协作范围、工作内容、探索研究、新技术应用和服务效益方面,居国内先进水平。

2001 年,上海市政府决定设立上海市中心图书馆,成为文献资源共建共享工作的重要组成部分,也是上海市政府全面推进城市信息化的重要举措,其组织框架是在不改变原有行政隶属关系的情况下,以上海图书馆为总馆,在其他区县图书馆、大学图书馆或研究图书馆设立分馆,各馆联手共同建设上海市中心图书馆。中心图书馆的职责是:合理配置总馆和各个分馆的文献资源,按照各个馆的原有文献基础和特点丰富它们的文献资源,加强重点文献收藏,建设具有特色的图书馆分馆;建立统一的网络信息平台,提高分馆的自动化和网络化程度;推广标准化的业务管理,提高图书馆的参考咨询服务能力;实行统一的图书借阅卡制度,实现异地借书、还书一卡通;对分馆馆员进行专业化教育和业务技术培训,使之掌握网络环境下的各类图书馆信息服务技能。

1994—2004 年的十年间,在上海市委和市政府领导下,上海公共、高校、专业图书馆和情报机构积极推动文献资源共建共享和网络化建设,使上海"协作网"从文献资源共建共享发展到网络数据库资源共建共享和图情专业人才共建共享等多方面的协作,为全社会提供更多更好的信息服务。

2004 年 12 月 21 日,"上海文献资源共建共享协作网成立十周年工作会议"在上海图书馆召开,上海市副市长杨晓渡出席会议并作重要讲话,共建共享工作指导委员会副主任、市政府副秘书长薛沛建和市委宣传部副部长郝铁川参加会议。会议提出了 2005—2009 年"协作网"五年发展计划:基本建成与上海的经济、社会和文化发展相适应的国际化大都市多元文化的知识服务平台;通过持续不断的吸纳与培养,形成一支一流的图书情报专业技术队伍,实现与上海城市信息化过程齐头并进的跨越式发展;联合建成反应迅速服务周到的文献传递系统,开创上海文献信息服务的新机制,全方位地服务上海、长江三角洲地区,乃至服务全国。

　　五年发展计划的十项主要任务是:(1)推进特大型城市中心图书馆服务体系的建设。借鉴发达国家成功的图书情报机构管理体制,实现中心馆各馆之间文献资源共享、管理经验共享、技术成果共享,提高全市各类图书馆的整体现代化程度和特色服务水平。(2)构筑以网络为基础的地区文献资源共建共享的多元文化知识服务平台。以虚拟集中方式为实现数字化窗口服务奠定基础,使所有能够遵循 Z39.50 协议的本市图书馆均可在一个统一的平台上实现广播式信息检索、资源共享,使上海各种类型的图书馆能在一个快捷的"大局域网"中实现共享信息资源和图书情报服务成果。(3)建成高效合理的全市文献信息资源体系。强化文献资料采购协调工作,使所购的文献信息内容能够涵盖社会科学、人文科学、自然科学、技术科学和地方史料等重要学科,形成合理配置的、具有规模效应的地区性文献信息资源体系,以满足上海经济发展的需要,并成为全国重要的文献信息资源中心。(4)形成全市联网的各类书目信息系统。以集中平台和分布建设的方式建立上海地区的联合编目中心和公共书目查询系统,通过统一的检索界面和网络化的书目信息系统,使各图书情报部门能通过联机查询中心的书目数据,共享原始编目成果,降低原始编目的成本,提高编目工作的效率,推进上海文献编目工作的标准化、规范化。(5)建立多层次的全市文献资源传递网络。运用馆际互借软件系统,建立上海地区文献信息资源馆际互借的网络,在网络环境下办理馆藏现状查询、外借请求、身份验证、办理外借登记、原文传递、经费结算等馆际互借业务的一系列手续。扩大各馆的馆藏利用率,提高全市文献资源的共享效率。(6)建设全市性数字化咨询系统。针对上海地区重点建设项目对文献信息的需求,建立起全市的数字图书馆咨询系统,为用户提供国内外全文数据库、多媒体资料、核心期刊、电子文献信息资源,并通过有序的搜索和组织提供全球互联网上的信息资源。(7)开展全方位的专题服务与信息咨询。做好深层次的信息咨询工作,建立良好的创新服务机制,充分发挥馆藏优势及网上信息优势,为上海市重大经济、社会、科技、文化发展建设项目,开展文献信息专题服务。(8)推行以电子商务为核心的图书文献服务模式。使文献加工整理从表面特征揭示进一步深入到内容的揭示,为读者提供文献信息的内容服务;以知识库的形式发掘图书情报专家和各行业专家的专业知识,为读者提供知识服务;建立远程文献传递和电子结算系统,延伸图书馆的信息服务能力。(9)培养高素质的图书情报专业人才。以上海图书馆的教育培训中心为依托,与上海地区高校图书馆合作,建立适应国际经济一体化和世界科技高速发展需要的图情专业人才培训基地,同时聘请国内外资深图书馆员与学者进行授课,利用现代化的教育培训手段,建立开放的交互式电化教育网站,以多渠道、多层次、多类型的方法,到 2007 年实现 500 人才培养计划,提高图书情报队伍素质。(10)联合举办国际大都市图书馆服务的国际会议。促进协作网成员馆与全球图书馆和情报专业人员之间的专业和学术交流。

　　2010 年,上海市文献资源共建共享协作网年会在上海图书馆召开,协作网成员单位领导近 300 人出席会议。会议总结了 2010 年主要工作成绩:(1)图书馆情报公共服务的基层延伸工作取得重要突破;(2)网上联合知识导航站服务质量不断提高;(3)馆际互借服务和网上委托借书服务稳步发展;(4)人力资源建设力度不断加强;(5)"协作网"合作共建实现新进展;(6)外文期刊采购协调工作继续扎实推进,"协作网"编辑出版的《华东地区国外和港台科技期刊预订联合目录》收入了近 2 000 个单位的 25 000 多种期刊,显著提高了国外和港台地区学术期刊的保障率。

表 6-1-1　2010 年上海市文献资源共建共享协作网名录表

	高 校 图 书 馆	专 业 图 书 馆	公 共 图 书 馆
1	上海交通大学图书馆	上海社会科学院图书馆	上海图书馆
2	复旦大学图书馆	中国科学院上海生命科学图书馆	
3	华东师范大学图书馆	上海市农业科学院图书馆	
4	同济大学图书馆	司法部司法鉴定科学技术研究所情报信息中心	
5	华东理工大学图书馆	中华医学会上海分会图书馆	
6	东华大学图书馆	宝山钢铁(集团)公司科技图书馆	
7	上海师范大学图书馆	上海市医学科学技术情报研究所	
8	第二军医大学图书馆	上汽集团汽车工程研究院文献馆	
9	上海对外贸易学院图书馆	中石化上海石化研究院图书馆	
10	上海海运学院图书馆	上海卫星工程研究所科技图书馆	
11	上海水产大学图书馆	上海专利商标事务所有限公司图书馆	
12	上海大学图书馆	上海市轻工业科技情报研究所	
13	上海音乐学院图书馆	中国浦东干部学院图书馆	
14	上海海关学院图书馆	上海市药监局科技情报研究所资料室	
15	上海视觉艺术学院图书馆	上海市化工科技情报研究所图书室	
16	上海外国语大学图书馆	上海机电科技情报所文献馆	
17	上海体育学院图书馆		
18	上海第二工业大学图书馆		
19	上海电力学院图书馆		
20	上海戏剧学院图书馆		
21	上海工程技术大学图书馆		
22	上海金融学院图书馆		
23	上海公安高等专科学校图书馆		
24	上海电机学院图书馆		
25	上海应用技术学院图书馆		
26	中欧国际工商学院图书馆		
27	上海中医药大学图书馆		
28	华东政法学院图书馆		
29	上海理工大学图书馆		
30	上海财经大学图书馆		
31	立信会计高等专科学校图书馆		
32	上海杉达学院图书馆		
33	上海建桥学院信息图文中心		

（续表）

	高校图书馆	专业图书馆	公共图书馆
34	上海工会管理干部学院图书馆		
35	上海工商外国语职业学院图书馆		
36	上海电视大学图书馆		
37	上海政法学院图书馆		
38	上海东海职业技术学院图书馆		
39	上海中侨职业技术学院图书馆		

二、运作管理

1994 年成立的上海地区文献资源共建共享协作网设立办公室主持日常事务，下设两个工作组，即"外文书刊采购协调组"和"馆际文献服务协调组"。外文社科文献采购协调工作由上海图书馆、复旦大学图书馆和上海社科院图书馆负责，外文科技文献采购协调工作由上海图书馆、上海科技情报所、中科院上海文献情报中心和上海医科大学图书馆负责；馆际文献服务协调工作由上海图书馆、上海交通大学图书馆和华东师范大学图书馆负责。

1999 年 5 月，"协作网"的管理水平不断提升，更名为上海市文献资源共建共享协作网，建立了以分管副市长为组长的上海市文献资源共建共享工作领导小组。领导小组的成员单位有：市经委、市科委、市教委、团市委、市国民经济与社会信息化办公室、市邮电管理局、市文广局、中科院上海分院、上海社会科学院、上海图书馆等。分管副市长任组长，市政府副秘书长和市委宣传部副部长任副组长，领导小组办公室设在上海图书馆。

领导小组办公室的主任单位是上海图书馆，市委宣传部信息处、市文广局群图美处、市高校图工委、中科院上海文献情报中心、复旦大学图书馆、上海交通大学图书馆等六部门和单位为副主任单位。办公室下设秘书处主持日常工作，秘书处下属的文献资源共建组由复旦大学图书馆牵头，上海图书馆、第二军医大学图书馆、上海外国语大学图书馆、中科院上海文献情报中心（2002 年更名为中科院上海生命科学信息中心）、宝山钢铁（集团）公司钢研所科技信息中心参加；文献资源共享组由华东师范大学图书馆牵头，上海图书馆、同济大学图书馆、上海第二医科大学医学图书情报中心、上海教育学院图书馆、上海社会科学院图书馆参加；新技术推广应用组由上海交通大学图书馆牵头，上海图书馆、复旦大学图书馆、中科院上海文献情报中心、华东理工大学图书馆、上海医科大学图书馆参加；"协作网"的开放研究、专业人才培训、学术交流活动和会议等由秘书处负责。

三、工作成效

上海市文献资源共享协作网推动了成员馆在资源建设和信息服务项目上的深度合作和文献资源的有效利用，图书馆文献信息资源开发和利用综合能力，文献信息资源的可获知能力和可获得能力显著提高；并且开展了现代信息技术应用、专业人才培训、建立开放研究室以及国内外学术交流等多方面的工作，切实增强了图书馆的专业能力和服务效益。"协作网"建设的工作及成效主要体现在：

建设上海市文献资源共建共享信息平台，在互联网上开通了"上海市文献资源共建共享协作网"主页。网上窗口开设栏目包括："协作网"新闻、新书架、成员馆介绍、馆际互借和"协作网通信"目录查询等内容。分别接通了上海图书馆至上海交通大学图书馆和中国科学院上海文献情报中心的专线光缆专线。连接上海地区公共图书馆网络、大学图书馆网络以及中科院上海文献情报中心网络等三大网络，构成统一的网络体系，缓解了骨干成员馆之间的通信瓶颈问题，为达到全市文献资源共建共享发展目标奠定了基础。

建立"协作网"和"开放研究室"。为了加强对书目联合查询系统的研制开发，"协作网"建立了"开放研究室"，组织本市高水平专家进行项目攻关。至 2000 底完成了基于 Z39.50 协议的广播式查询，实现了分布式检索，加速了本市文献资源共建共享工作的发展。

研制开发了网上联合编目和网上馆际互借系统。2000 年，上海地区联机联合编目系统正式启动。2001 年，"协作网"内实现了网上联合编目，编制了上海市图书馆新书联合目录，促进了本地区新书书目数据建设，这项工作既节约了人力物力，提高了工作效率，又推进了书目数据规范化标准化的进程，并满足社会各界对书目查询、馆际互借、网上检索和文献利用等方面的需求。

开展成员馆之间馆藏图书的馆际互借。1994 年启用统一的《馆际互借/复制委托单》，1997 年《上海地区文献资源共享协作网馆际互借细则》修订完成，次年 1 月开始实施。1998 年 10 月 6 日，网上馆际互借系统开通，改变了成员馆之间原来传统手工的馆际互借方式，缩短馆际互借的周期，并大大提高文献资源的利用率，1999 年馆际互借数量超过 5 000 册。另外，利用 OCLC 的馆际互借系统，实现文献资源全球共享。

启用通用阅览证制度。协作网成员馆对持有"上海市文献资源共建共享协作网通用阅览证"的读者提供由该馆阅览规则所规定的阅览条件，上海地区的个人读者可在《通用阅览证使用指南》介绍的各成员馆登记办理个人通用阅览证。通用阅览证的使用是一种新型的文献沟通方式，突破了以前图书馆一馆一证、各自发展、自我保障的模式，真正做到资源共享，同时也打破了馆与馆之间封闭的格局，在相互公开的基础上便于各馆发展自己的藏书特色，使一个完整的大系统与各具特色的小系统有机地结合在一起，推动了图书馆的现代化建设。协作网由上海市 30 所高校、科研等单位的图书馆组成，藏书达 4 345 万余册；涉及面非常广泛，有社会科学、人文艺术、自然科学、管理科学、技术科学、生物医学、农业科学等。共享阅览可解决读者需求的不断增长和图书馆经费的相对紧缺的矛盾，实现资源共享、藏书互补。

启动网上联合知识导航站。2001 年，网上联合知识导航站启动，上海图书馆联合 6 个大学和科研图书馆，建立网上联合知识导航站，挑选上海图情界 16 位有不同学科背景的资深参考馆员解答读者咨询。这是第一个旨在向读者提供高质量专业知识咨询和参考服务导航的新型服务项目，根据用户需求的差异提供灵活的信息咨询服务，凸显上海市中心图书馆增强网络服务和知识导航能力的新举措。

实现文献资料的统一采购。在上海图书馆建立文献资源采购中心，为文献资源共建共享协作网的成员馆服务。采购中心集中了非常丰富的图书，为成员图书馆创造了良好的选书环境；采购中心可以根据每个图书馆的不同需要，合理地选配图书，达到增加新书品种，减少复本的目的。上海 30 多家研究型图书馆实行外文期刊采购协调，仅 1999 当年的统计，经协调上海市外文期刊当年减少复本数量的总价为 106 万元，此项节约可以多订外文期刊 900 余种。同年，"协作网"组织了复旦大学图书馆、上海大学图书馆、中科院上海文献情报中心和上海图书馆共同对 SCI 和 SSCI 数据库的信息群、时效性、检索功能、权限、数据更新和价格等因素进行综合评价,选择性价比最佳的采购方案。

为充分发挥华东地区各单位进口期刊的作用,"协作网"每年编辑出版《华东地区国外和港台科技期刊预订联合目录》,收录的学科范围包括:经济、图书情报、自然科学、医药卫生、农业科学和工程技术等。文种包括:西文、俄文、日文和中文。以 1999 年版为例,收录 739 个图书馆情报单位预订的 10 047 种外国和港台期刊。

2008 年联合目录改版,收录哲学社会科学和自然科学各类期刊,改名为《华东地区国外和港台期刊预订联合目录》。另外,自 2006 年起,"协作网"建设 1998 年以来的"华东地区国外和港台期刊预订联合目录"数据库,提供网络服务。数据库可以进行主题、分类、出版国与地区的检索,以及对期刊的刊号、刊名、译名、ISSN 和全字段进行检索,同时还可以查找订购单位和订购年份,并提供多种匹配方式与逻辑关系查询。

开办图书情报专业硕士学位班和高级研修班。为培养跨世纪图书情报专业人才,华东师范大学信息学系与上海图书馆上海科技情报所教培中心共同开办图书情报专业硕士学位班,提高本市图书馆情报单位在职员工的专业学位。2005—2010 年,由协作网牵头,上海市图书馆学会、上海市科技情报学会、全国文化信息资源共享工程上海市分中心联合举办,上海图书馆教育培训中心具体承办图书情报高级研修班共 15 期,为培养本地区高素质的图书情报专业人才进行了积极的探索。

1999 年,响应全国文献资源共建共享工作会议精神,配合上海市共建共享工作会议召开,"协作网"举办"上海市文献资源共建共享成果展",多角度全方位地集中反映了 5 年来全市公共、高校、科研机构图书馆和科技情报机构在为领导决策咨询服务、工农业生产服务、科教兴国、国民经济建设和企业科技创新等方面提供文献资源,开展信息服务所取得的丰硕成果。

开展国际国内交流。"协作网"组织各成员馆参加"亚洲数字图书馆国际会议""都柏林核心及元数据应用国际研讨会"等信息技术国际学术活动,并向会议提交相关研究报告。在上海参与"竞争情报上海论坛"和"上海国际图书馆论坛"等大型系列图书馆情报专业学术会议。

第二节　上海市中心图书馆

经过多年持续努力的推进,上海市中心图书馆服务体系建设成效显著,达到了结构合理、发展平衡、网络健全、运行有效、惠及全民的公共文化服务体系建设原则和目标,形成了城乡全覆盖、条块全贯通、资源全流通的总分馆服务系统。

一、建设历程

2000 年 11 月 22 日,中共上海市委副书记龚学平、宣传部部长殷一璀等到上海图书馆调研,提出了建设特大型城市中心图书馆的发展目标,应当打破行业界限,形成公共图书馆、大学图书馆和专业图书馆的资源共享和读者服务的联盟,要求上海图书馆把服务功能辐射到全市高校和各区县,提出建立"上海市中心图书馆"的目标,提升图书馆的管理水平和服务水平。

2000 年 12 月 5 日,上海市委宣传部下发了《关于上海图书馆申请建设知识库和中心图书馆的批复》,上海图书馆作为中心图书馆的总馆,负责向全市文献资源共建共享协作网机构成员宣传加入中心图书馆的意义,并着手开展各分馆的开馆准备工作。2000 年 12 月 26 日,上海市中心图书馆建设协议签约仪式在上海图书馆隆重举行。在签约仪式上,上海图书馆、黄浦区图书馆、静安区图书馆、南汇县图书馆以及上海音乐学院图书馆在仪式上签字并交换了协议文本,这标志着上海市中心图书馆建设的正式启动。

2001年6月2日,上海市中心图书馆举行分馆揭牌仪式,首批签约的4所分馆即黄浦区图书馆、静安区图书馆、南汇县图书馆、上海音乐学院图书馆正式开馆。9月20日,上海交通大学分馆揭牌,与上海图书馆接通100兆光缆专线,实行联机联合编目、Z39.50协议的广播式检索、网上联合知识导航、外文及网络资源的共享及其他服务,开创了公共、高校图书馆"强强联手"的格局。9月30日,松江分馆开馆。10月16日,华东师大分馆开馆,中心图书馆为该校师生提供联机公共检索、文献馆际互借、网络资源共享等服务。12月18日,崇明分馆开馆,借助计算机网络通信技术,使得远离市区的崇明岛居民也能享受上海图书馆的多种文献信息服务。四馆揭牌的同时,举行了网上联合知识导航站的启动仪式。在首批16位知识导航员的基础上,至2009年,网上联合知识导航站已发展成为有6个国家和地区、37家图书馆和情报所的80位参考咨询专家加盟的全球性网上知识导航服务机构,网上导航已实现任何时间、任何地点的服务方式。

2002年4月,上海图书馆与中国科学院上海生命科学研究院筹备共建生命科学图书馆,5月17日,双方签订了共建生命科学图书馆的协议,并召开了首届理事会。理事会成员由上海图书馆馆长和生命科学院院长担任理事长,上海市委宣传部和中国科学院上海分院领导、上海图书馆业务处、中科院上海生命科学院信息中心负责人等作为理事。双方共同确定了"努力将生命科学图书馆建成一流的国际著名生命科学专业图书馆"的发展目标,形成了共同建设、共同管理、权益共享的发展机制。2002年7月6日,上海市中心图书馆生命科学图书馆举行了挂牌仪式,在全国率先创建了总分馆架构中理事会体制下合作共建共享专业图书馆的模式,在中国科学院文献情报机构率先探索了与地方图书馆合作共建的案例,在一卡通的基础上推动了生命科学院图书馆向社会公众开放。

2003年3月26—28日,由国家文化部主办,上海市文化广播影视管理局和上海图书馆共同承办的"部分省、市城市图书馆资源共建共享工作座谈会"在上海召开,上海图书馆在会上汇报了中心图书馆建设和发展规划,得到国家主管部门和各省、市图书馆关注。会议进一步推动上海市中心图书馆的快速发展。中心图书馆提出了未来城市图书馆的发展愿景,在公共图书馆总分馆模式基础上,明确了以全城一卡异地通借通还作为业务发展的着力点,突破了公共图书馆、大学图书馆、专业图书馆的系统原有体制的藩篱。这种混合型模式既参照了发达国家城市公共图书馆体系的总分馆运行模式,又有所创新,拥有大学图书馆分馆和专业图书馆分馆,加强了公共图书馆与其他领域图书馆的紧密联系,体现了国际大都市图书馆发展中的创新实践。依照《上海市中心图书馆业务工作基本指标》的要求,在全市实行统一的借阅卡制度,实现异地借书还书的"一卡通"是中心图书馆建设的切入点和重点。

2000年12月到2003年10月,中心图书馆在区县公共图书馆和部分高校图书馆、专业图书馆持续推进。10月22日,上海市中心图书馆工作会议暨青浦、宝山、金山、嘉定四个区的分馆揭牌仪式在上海图书馆举行,经过分期分批签约加入,上海市中心图书馆已覆盖全市19个区(县)21家公共图书馆,全面建成市、区(县)两级公共图书馆的"一卡通"服务网络。

2004年10月,在文化部省市级公共图书馆评估中,上海图书馆提出了两个100的发展目标,即在未来5年中建设100个街镇社区图书馆服务点,另外在机场、车站、商厦、地铁和会所等建立100个服务点。根据上海市中心图书馆向社区基层延伸的发展愿景,2005年上半年,上海图书馆会同有关区县进行了充分的调查研究,完成了以下工作:(1)进行了基层点规范管理的业务准备,会同区县和街镇图书馆共同制定了8项有关业务管理规定;(2)对100个街镇社区延伸后的计算机网络承载力做了测试,并提交了可行性报告;(3)对区县分馆的书目数据做了全面查错,以免在延伸至街镇社区时把错误的书目数据扩大化;(4)对市区街镇三级财政在操作层面上进行了协调,争取到了市财政的专项经费支持;(5)对市区街镇两级总分馆的长效管理机制进行了设计,明确了两级总分馆各自的职责;(6)对相关区和街镇专业服务人员进行了培训,以适应一卡通等服务延伸到街镇后的管理和服务;(7)对计算机设备和图书文献进行了配置,使延伸后的街镇图书馆的图书文献有明显增加;(8)确定了中心图书馆向街镇社区延伸后服务的主要内容,包括全市书刊借还一卡通、网上书目检索、文献提供服务,网上联合知识导航站服务和文化资源的共享等。2005年9月,上海市中心图书馆向社区基层延伸的发展愿景正式写入了上海图书馆"十一五"发展规划。

2005年,上海市中心图书馆向街镇延伸开始起步试点,市区和郊区各选了一个居民相对集中普陀区甘泉路街道图书馆和松江区岳阳街道社区文化服务中心,取得经验后在全市推进。10月27日,甘泉路街道基层服务点揭牌,上海市副市长杨晓渡参加了揭牌仪式,标志着上海市中心图书馆服务体系开始向街道(乡镇)图书馆延伸。于是,由市、区县和街镇组成的两级总分馆制开始形成,即市级馆为各区县馆的总馆,区县馆为市级馆的分馆,而区县馆又为所属街镇馆的总馆,街镇馆为所在区县馆的分馆,区县图书馆在中心图书馆架构中起到了承上启下的桥梁作用,并成为地区的业务指导中心、资源建设分中心、文献提供分中心、采访编目分中心、技术支持分中心以及图书物流分中心。2006年10月30日,上海市中心图书馆美罗城大厦基层服务点揭牌,一卡通服务在上海首次进入了寸土寸金的城市最繁华的商业中心,在车流、商品流、人流中融入了文献流,注入了一道读书的风景,也为数以千计的驻商厦高级中外管理服务人员创造了良好的文化氛围和学习场所。2007年7月18日,上海市中心图书馆达安社区星之健图书室揭牌,这是上海市中心图书馆一卡通的首家会所基层服务点,星之健企业为公益性的公共图书馆服务无偿提供了图书馆借阅的空间。

上海市政府将2010年全市实现一卡通街镇全覆盖工作列入当年市政府的重点工作。3月30日,上海市文化广播影视管理局和上海图书馆召开上海市中心图书馆街道(乡镇)基层服务点推进会,下发了《关于加快推进上海市中心图书馆街道(乡镇)基层服务点建设的意见》,至2010年5月,上海市中心图书馆已建成覆盖卢湾、徐汇、青浦、静安、奉贤、普陀、虹口、杨浦、闵行、嘉定、闸北11个区的街道(乡镇)基层服务点150家。在此基础上,上海市文化广播影视管理局和上海图书馆会同浦东新区、宝山区、长宁区、松江区、崇明县,进一步加速推进全覆盖的工作。至2010年12月底,上海市中心图书馆全面建成了市级总馆、区(县)分馆、街道(乡镇)基层服务点的三级总分馆服务网络,图书馆服务规模显著扩大,服务效能显著提升,体现了公共服务的重心下移、注重基层、就近便捷、均等共享、以市民为本的发展理念和服务理念。

2010年2月10日,上海图书馆与上海文汇新民联合报业集团举行文新分馆签约揭牌仪式,双方将发挥各自在文献、网络、品牌等方面的优势,加强合作,形成了全国首家公共图书馆的媒体。

2000年至2010年,上海市中心图书馆10年的发展,取得了一系列成果:一卡通累计办证量已超过百万,2010年一卡通年文献流通量达到2000万册;而网上的参考图书预约外借量,网上的讲座和展览、电子文献传递的e卡通、数字文化网、情报服务平台等的访问量也呈大幅度上升的态势,呈现出物理空间和网络空间共同繁荣的服务新格局。

表 6‑1‑2　2010 年上海市中心图书馆区、县公共图书馆、高校图书馆、专业图书馆名录表

	公共图书馆		高校图书馆	专业图书馆
1	黄浦区图书馆		上海交通大学图书馆	上海社会科学院图书馆
2	静安区图书馆		华东师范大学图书馆	中国科学院上海生命科学图书馆
3	长宁区图书馆		同济大学图书馆	上海市农业科学院图书馆
4	普陀区图书馆		华东理工大学图书馆	上海中国画院图书馆
5	闸北区图书馆		东华大学图书馆	上海非物质文化遗产保护中心图书馆
6	杨浦区图书馆	杨浦区延吉图书馆	上海师范大学图书馆	文汇新民联合报业集团新闻信息中心
7	徐汇区图书馆		第二军医大学图书馆	上海警备区政治部图书馆
8	虹口区图书馆	虹口区曲阳图书馆	上海对外贸易学院图书馆	上海市人民检察院图书馆
9	卢湾区图书馆		上海海事大学图书馆	上海市人民检察院第二分院图书馆
10	闵行区图书馆		上海海洋大学图书馆	
11	浦东图书馆	浦东新区陆家嘴图书馆	上海科技大学图书馆	
12		浦东新区新川沙图书馆	上海音乐学院图书馆	
13	奉贤区图书馆		上海海关学院图书馆	
14	松江区图书馆		上海杉达学院图书馆	
15	宝山区图书馆		上海视觉艺术学院图书馆	
16	嘉定区图书馆			
17	金山区图书馆			
18	青浦区图书馆			
19	崇明县图书馆			
20	南汇县图书馆			

二、运作管理

【例会管理】

2002 年,上海市中心图书馆在周庄召开工作研讨会,会议提出了建立公共图书馆系统总分馆的馆长联席会议制度,馆长联席会议以季度例会的形式固化,在 2003 年 1 月 27 日的第二次上海市中心图书馆工作研讨会之后,2003 年 5 月 22 日召开的"区县图书馆馆长例会"标志着例会制度的正式实施。自 2005 年 3 月 29 日召开的"中心图书馆区县分馆馆长第一季度例会"起,例会基本上每季度召开,每次例会召开的地点由总馆和区(县)馆轮流主办,主办方为例会的主持人;每次例会主要由总馆牵头,与各区(县)分馆预先商定例会讨论的中心议题或主要议题,以及会议议程;每次例会在沟通信息的基础上,集中讨论或解决一个或几个长效管理中遇到的问题。2010 年起,每次例

会轮流特邀五位街(镇)馆馆长参加会议,并重新更名为联席会议,以春、夏、秋、冬四季为名。例会作为中心图书馆决策议事平台、业务讨论讲台、工作交流平台,参会成员以市、区、县图书馆馆长为主,部分街道(乡镇)图书馆馆长参加。馆长联席会议由总馆牵头,每次会前与各区、分馆商讨确定会议主题和议程。会议交流中心图书馆的重要信息,讨论会议主题涉及的内容,解决日常管理中存在的问题。

高校和专业分馆的会议每一至两年举行一次,采用研讨会的形式,并在每个五年规划启动之际召开大型会议,参会范围不局限于中心图书馆分馆,扩大为上海市文献共建共享协作网成员单位。如2004年4月8日和4月30日,分别召开专业分馆专场和高校分馆专场的"上海市中心图书馆发展规划研讨会",交流工作,研讨规划。2009年12月21日,召开"上海市文献资源共建共享协作网暨上海市中心图书馆'十二五'规划发展咨询会",通过每个五年规划的制定来共商发展,共谋创新。

在专业分馆中,由中国科学院上海生命科学研究院与上海图书馆共建的生命科学图书馆开创了理事会体制下馆长负责制的新体制,以每年召开生命科学图书馆理事会会议的形式固化例会制度。每年的理事会会议由双方领导出席,主要听取生命科学图书馆工作情况汇报,讨论下一年度双方的合作发展方向和合作工作重点。

【管理制度】

中心图书馆的设计是在不改变各图书馆的行政隶属、人事和财政关系的情况下,以上海图书馆为总馆,各区(县)图书馆、高校图书馆或专业图书馆为分馆,街道(乡镇)图书馆为基层馆,以网络为基础,以知识导航为动力,以资源共建共享为目标,以提高服务水平为目的,而组建的一种新颖的图书馆联合体。中心图书馆设三级网络体系,第一级上海图书馆,是中心图书馆的总馆;第二级区、县图书馆,是中心图书馆的分馆;第三级街道乡镇图书馆,是中心图书馆的基层馆;另外还有高校图书馆分馆和专业图书馆分馆加盟。上海市中心图书馆涉及分馆单位多、图书馆类型多、业务环节多、服务项目多,从市级图书馆到街道图书馆,公共图书馆到大学、研究院图书馆,不同类图书馆之间业务管理工作的差异性很大。中心图书馆的服务在服务方式、服务流程、服务质量和读者的服务体验方面要求达到一致,要实现优化管理的目标,必须建立完善的制度化管理体系。根据中心图书馆的决策机制、运行机制、保障机制、质控机制和培训机制的管理要求,制定了一系列业务管理制度,主要由业务规范和操作流程规范组成,以规则、须知、要求、办法、工作流程、操作手册、条例等命名,形成了涵盖业务管理、国有资产管理、人力资源培训等方面的一整套管理制度。业务管理制度用以规范"一卡通"业务中的书刊条码号、预制证卡号等标准,办证、流通、馆藏加工、书刊剔旧等工作;国有资产管理制度涉及电脑设备管理和书刊管理两部分内容;人力资源培训制度由日常业务培训制度、互派馆员管理制度、高级研修班进修制度等组成。这些规章制度在中心图书馆业务发展和创新中得以不断完善和充实,保证了中心图书馆的总馆、分馆和基层服务点能够按照统一的要求、统一的操作、统一的标准发展业务,为读者提供服务。如上海市中心图书馆于2005年9月编制了《上海市中心图书馆基层服务点管理手册》,其中包括上海市中心图书馆基层服务点业务工作基本指标等8项内容,实施一系列业务规范、工作流程和操作标准,指导图书馆员的工作,其他还有《文献资源建设制度》《文献加工管理制度》《读者管理制度》《一卡通图书借还制度》《参考咨询和知识导航制度》《"e卡通"服务制度》《馆际互借制度》《网上委托借书制度》《一卡通设备维保制度》《图书文献物流制度》《上岗培训制度》《业务培训制度》和《互派馆员交流制度》等。

【知识管理和服务系统】

中心图书馆管理每天完成大量的服务,产生大量的数据,涉及范围广,工作内容复杂,层次多。为了实现及时、便捷、高效的管理,2010年初上海图书馆总馆着手进行上海市中心图书馆知识管理与服务系统的研发,并于11月1日起在中心图书馆总馆、各分馆、各基层服务点全面试运行。上海市中心图书馆通过新的管理手段和方法的使用,达到信息渠道畅通、信息反馈及时、流程状态清晰、情况掌握准确、管理成本缩减,提高管理效率,发挥知识管理的效益。知识管理和服务系统通过数据采集、归类、分析,让总分馆相关业务部门各个层次的管理人员掌握"一卡通"的馆藏情况,包括累计馆藏数量、每个馆新增馆藏和剔除馆藏的变化;掌握"一卡通"服务网点和终端设备的情况;掌握"一卡通"读者的情况,包括累计读者证数量、每个馆新增读者证情况;掌握"一卡通"图书借还的总量和每个馆借还的数量,以及网络借书的情况。通过每个分馆上传的讲座和展览服务数据,归类、分析和管理中心图书馆阅读推广等活动。知识管理和服务系统实现了数据传输畅通、信息反馈及时、流程掌握准确、运行状态清晰,精简了管理层次,提高了中心图书馆的管理效率。

三、工作成效

【日常服务】

上海市中心图书馆开展了一卡通借还、"e卡通"电子资源、网上联合知识导航、馆际互借、网络借书、讲座和展览等6种服务方式,以适应公共、高校、专业图书馆各方面读者的多层次需求,满足了不同性质、不同类别服务对象对图书馆多样化的服务要求,顺应了大众化、个性化、网络化、专业化的图书馆服务发展方向,呈现出中心图书馆服务在物理空间、网络空间和社会空间上共同发展、共同繁荣的新格局。

一卡通借还服务 在全市实行统一的借阅卡制度,实现异地借书还书的"一卡通"是上海市中心图书馆的服务重点。读者可以在市、区县和街镇任何一家分馆和服务点办证、借书和还书,享受一卡在手,全市通行的便利。至2010年"一卡通"系统已覆盖全市258家公共、高校和专业图书馆,可借还的馆藏1288万册,为39万持证读者提供同城异地通借通还,累计图书借还总量1.15亿册次。在公共图书馆方面,上海图书馆图书借还量3000余万册,占总量26%;24家区县图书借还总量7000余万册,占总量60.8%。

一卡通借还服务全面提高了图书馆的服务能力和服务质量,总馆可实时掌握全市公共图书馆的图书借还情况,了解图书借还的分布状态,借还数量的波动情况;掌握借阅量最高的图书,借书最多的读者。图书馆可以有针对性地开展文献资源建设和阅读推广活动,为全市图书馆借阅流通服务快速增长奠定良好的基础。据统计,2010年上海中心图书馆实现了市、区县、街镇图书馆全覆盖后,当年图书流通达2766万余人次,图书外借约3183万册次,与2005年尚未实现"一卡通"全覆盖时相比较,分别提高了42%和85%。2007年《上海市中心图书馆"一卡通"信息系统建设暨向社区基层服务点延伸项目》荣获文化部第二届创新奖。

网上联合知识导航服务 网上联合知识导航站由上海图书馆牵头,联合上海高校和科研机构共同组建,各专业领域专家和图书馆参考咨询馆员参加,运用网络实时咨询平台,面向读者提供高质量、专业化的知识导航和咨询服务的虚拟参考咨询项目,它是在本市文献资源共建共享基础上,凸显上海市中心图书馆增强网络信息服务和知识导航能力的新举措。

网上联合知识导航站创建之初聘请了上海部分高校图书馆、专业图书馆和上海图书馆共7家机构16名专家和参考咨询馆员组成的合作团队,于2001年6月开始服务,至2010年底,已拓展为国内外30多家研究机构和图书馆(其中新加坡国家图书馆、美国纽约皇后区公共图书馆等7家境外图书馆)的90多名学术专家、60多名参考咨询馆员,并且推出英文导航平台,形成具有地方文献、家谱文献、中小企业咨询服务特色的知识导航网站,共接受读者咨询提问5.26万次,导航站问答知识库积累咨询答案2.8万条,供读者自行查询使用。导航站的成功运行,体现了公共图书馆与高校图书馆、专业图书馆之间在文献资源、人才资源上的合作共享,实现了境内外图书馆网上参考咨询服务的优势互补。2007年11月,上海市中心图书馆"网上联合知识导航站"荣获文化部第十四届"群星(服务)奖"。

讲座和展览服务　上海图书馆的系列讲座内容精湛,深受读者欢迎,是重要的文化服务资源。2003年起,中心图书馆拍摄讲座视频制作成光盘,输送到各个分馆,实现优秀文化资源在中心图书馆的全面播放。截至2010年底,共推出511场讲座,5万多张光盘。同时,中心图书馆组织并将上海图书馆和区县图书馆优秀文化展览活动的展板输送到区县、街镇图书馆和高校图书馆进行巡展。

【服务创新】

加强中文图书资源建设　为了提高中心图书馆文献资源的保障程度和文献质量,中心图书馆使用专项经费为每个区县和街道(乡镇)的分馆、基层服务点配置图书。《上海市中心图书馆建设协议书》规定,总馆为区(县)分馆一次性提供中文新书15 000册,为街道(乡镇)分馆一次性提供中文新书2 000册,图书的资产权属于上海图书馆。同时,《上海市中心图书馆公共分馆、基层服务点业务工作基本指标》提出了新增图书的要求,文件规定"各区(县)公共分馆确保每年新增图书15 000册,各基层服务点确保每年新增图书1 000册",确保中心图书馆三级网络用于"一卡通"借还的文献资源持续增长。

为保证区(县)公共图书馆文献资源建设的持续投入,2005年8月,上海市财政局和市文化广播影视管理局联合下发了《关于"十一五"期间区县图书馆购书经费投入与使用的意见》文件,规定"十一五"期间区县图书馆的购书经费应按本区、县户籍人口数和财政的实际情况核定,区图书馆购书费不低于人均1.8元/年,县图书馆不低于人均1.6元/年。2008年初,上海市财政局和市文广局又联合发文,将区、县图书馆的购书费调整到不低于人均2元/年,在制度上有力支持了中心图书馆文献资源建设经费。在各项政策措施的支持下,截至2010年底,上海市中心图书馆用于"一卡通"借还的文献馆藏总量达到1 288万册,文献资源保障程度显著提升。

组织电子资源联合采购　2001年,上海图书馆、上海教育网络图书馆、上海交通大学图书馆发起组成的上海市中心图书馆电子资源联合采购小组,组团采购国外电子图书数据库。2002年10月开始组建上海地区NetLibrary电子图书联合采购集团,2006年9月开始组建上海地区Springer电子图书联合采购集团,充实中心图书馆提供地区共享的数字资源基础。

上海地区NetLibrary电子图书联合采购集团于2003年3月完成组团采购,本市13家公共、高校和专业图书馆参加,共享该数据库商提供的人文、社科、科技类电子图书4 500种,是上海地区图书馆购入的首个英文电子图书数据库。2003年12月,上海地区联合采购集团与中国高等教育文献资源保障体系(CALIS)合作,联合组织面向全中国的NetLibrary电子图书采购,进一步扩大文献资源共建共享的范围。

上海地区Springer电子图书联合采购集团于2007年12月完成组团采购,本市15家公共、高校图书馆参加,每个馆分别从Springer出版集团(2005—2009版权年)的英文电子图书中选择购买各自所需的电子书,15家图书馆共享联合采购的全部电子书以及3套Springer电子丛书。

实行图书文献物流社会化、专业化运营　自2000年12月启动到2008年,经过近七年的发展,上海市中心图书馆已初步形成了市、区县分馆和街镇的三级网络,总分馆、基层服务点、高校和专业图书馆分馆总计200家。"一卡通"服务点的不断增加带动了文献流量的急剧上升,全市各馆之间的新书配送、外借流转、文献传递等业务的拓展需求,对图书物流服务提出了更好、更快的要求。2007年12月11日,上海图书馆与上海邮政公司签订了"上海市中心图书馆文献物流协议",从2008年1月开始正式运行。中心图书馆图书文献物流社会化服务体系确保总馆、分馆、基层服务点之间书刊文献的正常流转,确保各馆的国有文献资产明晰可靠、及时复位,确保读者预约书刊准时送到,在图书文献物流社会化、专业化运营跨出有益探索的一步。

开展现代信息技术服务设施建设　2005年,上海市中心图书馆采用了既有图书馆联盟特色,又能统一全系统文献与用户资源共享优势的分类整合的系统网络架构。在与高校图书馆及专业图书馆的连接中,采用了各自系统独立,通过互联网专线或其他公共线路进行互联的方式,从而实现部分联合采购、部分电子资源共享的图书馆联盟模式。而在与区县公共图书馆连接时,则采用共享一个统一的系统模型,让市民读者更为方便快捷地享用一卡通服务。上海市中心图书馆采用的统一系统模式,沿用了上海图书馆原用的SirsiDynix公司的图书馆自动化管理系统——Horizon,其实施关键是要在全市范围内建立一个小型的城域网。在最初的几个分馆和总馆的连接之中,分馆是全部采用两根ISDN2B+D线路做互相备份,总馆使用ISDN30B+D线路。随着事业的发展和外部条件的变化,从2003年5月开始,总馆增加了155 MATM,而分馆增加了帧中继(FR)线路。这样,加大了总馆和分馆之间网络带宽,同时也提高了网络的高可用性。2005年,在上海市中心图书馆与区县分馆的网络连接上,总馆使用155 M ATM和ISDN30B+D双线路连接,各个分馆采用帧中继(FR)或ISDN2B+D线路连接。其中,有的分馆同时具备两种线路,帧中继(FR)线路做主线路,ISDN2B+D线路是备份线路。

中心图书馆建立以现代信息技术为保障的标准化、规范化的技术支持体系,搭建覆盖全市的"一卡通信息服务系统"、"e卡通"远程服务系统和"我的图书馆"服务系统,有效支撑中心图书馆覆盖全市的服务网络发展。

"一卡通信息服务系统"是中心图书馆三级网络建构城域网建设的核心组成部分,在书目管理、流通管理、读者管理等多个信息系统的集成、优化和再开发基础上完成,该系统的四个组成部分为:一是Horizon图书馆集成管理系统,支持中心图书馆300多个服务网点的图书"一卡通"异地流通借还的全流通服务;二是iPac联机书目检索系统(千万等级);三是IC卡读者信息管理系统(百万等级);四是图书馆集成管理增能信息系统。上海中心图书馆"一卡通信息服务系统"是国内规模最大、技术最先进、服务优良的图书馆城域服务网络。

"e卡通"远程服务系统是中心图书馆电子资源服务平台,该系统采用先进的LDAP和SSL VPN技术,科学有效地把读者IC卡系统、LDAP目录服务系统和SSL VPN系统三者有机结合,建成文献资源、技术、服务、管理四位一体,以服务为主导的先进、安全、稳定、便捷、可扩展的远程电子资源服务系统,实现了技术的整合创新,为推广市民数字阅读提供了优质高效的信息平台,提升了公共图书馆服务能级和水平。"e卡通"上海图书馆电子资源远程服务项目荣获了文化部第二届创新奖。

"我的图书馆"是数字图书馆的一种个性化服务方式,提供对读者个人信息资源管理以及定制的信息服务。上海市中心图书馆于2009年推出了与"一卡通"密切关联的、基于读者网上统一认证的"我的图书馆"系统,拓展和细化了中心图书馆的"一卡通"服务内容。"我的图书馆"服务内容包括:读者个人信息和借阅证管理、书刊借阅流通管理、与图书馆手机服务结合搭建起"一卡通"与移动网络服务的通道。

推进主题图书馆建设　2009年2月,中心图书馆召开了主题馆工作推进会,在区县公共馆和高校、专业馆中推广主题馆建设。主题馆是通过特定领域(学科、主题、地域、事件等)的信息资源建设和服务,满足读者对于专门知识和信息的需求。主题馆服务是立体和多样化的,除了书刊借阅和信息咨询服务,还有展览、讲座、音像、信息快报、专题研讨,以及数字化的数据库和网站,上述服务不仅是图书馆来组织,并且和相关的文化机构、学术机构和社会团体等联合举办,形成有文化特色、知识深度和品牌效应的高品质的图书馆服务,适应于现代图书馆的个性化、专业化、多样化服务,实体图书馆与数字图书馆相结合的发展趋势。

主题馆的建设过程中形成了四个基本要素:一是有符合主题内容的文献资源;二是有专设的阅览室和其他活动场所;三是开展围绕主题的读书、讲座、展览、视听等信息服务;四是建设主题内容数据库和网站,持续稳定地采购主题内容的图书、期刊、剪报、视听资料等,建立一定规模的文献资源是所有主题馆共同的做法。每个图书馆都建立了专门的主题阅览室,提供舒适的阅读环境,重要的文献都会采取开架陈列的方式,方便读者阅读。部分主题阅览室里配备了电脑,可以阅读电子书刊。个别图书馆建立了小型视听室,播放主题视频。丰富的资料和良好的环境吸引着许多读者,主题阅览室的到馆人数和文献利用率指标都较高。

丰富多彩的活动是主题馆吸引读者、扩大服务效益、提高知名度的重要手段。图书推荐、征文、书评、展览和讲座是最经常开展的主要的活动方式,例如在杨浦区图书馆里,设有一个小型的展览区域,常年陈列主题图书和照片资料。有的图书馆编辑发行主题内容的信息快报,如浦东陆家嘴金融区图书馆编辑"金融城资讯"等快报。主题研讨是学术层次比较高的活动,有利于提升主题馆在专业领域的知名度,探讨活动通常与其他机构联合举办,如虹口区曲阳影视文献图书馆多年来与大学、文艺团体、学术社团等联合举办了各类导演、演员、影视文学家的艺术和学术的研讨会和纪念活动。

第三节　上海市文化信息共享工程

全国文化信息资源共享工程(以下简称"文化共享工程")是新形势下实现和保障广大公民特别是农村和基层广大公民文化权益的公共文化服务体系基础性工程,也是利用卫星、网络、多媒体等信息技术将民族的、科学的、大众的、面向世界、面向现代化、面向未来的先进文化加以广泛传播的创新工程。国家"十一五"规划期间,文化部和财政部联合启动了全国文化信息资源共享工程,并于2002年4月17日联合发文《关于实施全国文化信息资源共享工程的通知》,同年6月30日,文化部发文《全国文化信息资源共享工程第一阶段实施方案》《资源建设实施方案》和《文化共享工程管理暂行办法》,工程在全国启动。

上海市积极探索国际大都市"文化共享工程"建设新路,将上海的文化共享工程的建设放在中央和国家管理中心对上海发展的战略定位上,放在全国发展的大格局中,放在国家对长江三角洲区域发展的总体部署中来思考和谋划,努力从四个结合上下功夫,即将"文化共享工程"与城市的信息化建设和构建文化服务体系紧密结合起来,与城市中心图书馆建设紧密结合起来,与建设社会主义新郊区紧密结合起来,与城乡、区域文化信息资源共享紧密结合起来,实现了国际大都市"文化共享工程"新跨越,增强了城市的软实力和文化的国际竞争力。

一、建设历程

【公共服务网络建设和合作共建】

2002年10月30日,中共上海市委宣传部召开会议,确定上海市文化信息共享工程领导小组的组成,由上海图书馆承建"文化共享工程"上海分中心。依照《上海市文化信息共享工程上海图书馆分中心建设实施方案》,明确上海分中心的建设目标、经费预算等,在上海图书馆设立"文化共享工程"领导小组办公室。2002年11月11日,在上海图书馆举行了全国文化信息资源共享工程国家中心与上海分中心的签约仪式,在国家中心的支持和配合下,于11月26日至29日实施了上海分中心的技术平台和资源建设的部署,并确定了杨浦区图书馆作为上海"文化共享工程"首个区县支中心试点单位。

2003年1月26日,上海市公共图书馆"文化信息进社区"活动正式启动。

2003年5月22日,上海图书馆与玉佛禅寺弘一图书馆签约文献资源共建共享,同时揭牌"文化共享工程"玉佛寺服务点,上海图书馆作为全国文化信息资源共享工程上海分中心将该文化信息资源引入寺庙,在全国属首创。

2003年6月,文化部召开全国电视电话会议,部署"文化共享工程"两个重点、五个走进工作。两个重点是以资源建设为重点、以用户服务为重点;五个走进是:走进社区、走进军营、走进企业、走进校园、走进农村。上海根据国际大都市特点,积极探索与社会各类机构合作共建"文化共享工程"新路。

2003年11月12日,上海市中心图书馆的第七个高校分馆华东理工大学分馆揭牌,同时设立了上海首个走进高校图书馆的"文化共享工程"服务点。该馆将提供全市范围内的馆际互借、文献提供、知识导航、数字资源共建共享等方面服务以外,为大学教师、学生开展"文化共享工程"服务。

2003年12月30日,"文化共享工程"上海基层中心揭牌仪式在长宁区新泾镇社区文化中心举行。参加此次揭牌的有徐汇、长宁、闵行等8家区级公共图书馆,以及徐汇区斜土街道、闵行区虹桥镇、长宁区新泾镇等14个街镇的17家基层服务点。其中,在徐汇区有11家基层服务点。此次活动标志着经过一年的努力,上海市"文化共享工程"建设有了实质性的进展。

2004年4月9日,上海图书馆与上海市女子监狱揭牌"文化共享工程"基层服务点,将优秀的文化信息资源送到了大墙内的特殊人群中,为社会综合治理提供正能量的知识资源和文化服务。

2006年7月17日,在"八一"建军节即将到来之际,"文化共享工程"基层服务点首次进入驻沪部队,入驻62403部队。此后,上海图书馆与解放军海军文化工作和网络宣传教育中心合作共建,将共享工程资源送到军营和舰艇,送到"辽宁号"航空母舰上,丰富官兵的精神文化生活。

2006年9月6日,"全国文化信息资源共享工程"崇明中学基层服务点揭牌仪式在崇明中学举行。崇明中学成为继上海中学、华东师大二附中、复旦附中、交大附中之后的第五个高级中学基层服务点。

截至2010年底,全市建立"文化共享工程"服务点近2 300个,其中包括市级分中心1个,区县支中心18个,街道(乡镇)服务点298个,行政村和居委基层服务点1 895个,此外还有政府机关、高校、中学、企业、部队、寺庙、监狱、研究所等其他类型基层服务点共81个,形成覆盖全市城乡的四级服务网络。

【信息资源投入】

经费投入 自2002年实施文化共享工程以来,上海市按照全国文化信息资源共享工程建设的政策和规划的要求,持续加大上海市分中心的建设投入。截至2010年底,上海市分中心累计经费投入总计12 972 494元,市财政平均每年向"文化共享工程"市级分中心和区县级支中心投入140余万元,用于计算机网络设备添置和更新、数字化资源建设,以及服务培训工作,有力地保障了上海市"文化共享工程"各项业务的顺利发展。财政经费使用做到了年前规划预算,年中项目推进,年终总结评估,全年审计检查。

资源配置 2002—2010年,上海市分中心共接收"文化共享工程"国家管理中心下发的千里马资源58批,共12.49 TB数字化资源。以国家信息资源为基础,分别制作完成千里马资源光盘279个品种,共计118 770张DVD光盘,容量达到475 TB。光盘配发至本市2 300个各级服务点。

"文化共享工程"的信息资源中,名家汇聚、佳句荟萃的讲座视频是重要组成部分。按照国家中心部署要求,各地建设数字资源送国家中心,国家中心向全国发布,上海市分中心联合徐汇区图书馆、静安区图书馆等支中心,挑选各馆制作的讲座佳作上传到国家中心提供给全国共享。2006—2010年间,分别上传讲座视频76个、136个、111个、89个和82个,合计上传视频494个,1 580.89 GB,为"文化共享工程"的持续发展提供了资源保证和支撑。

"上海数字文化网"建设 在文化信息资源建设与整合上,上海市分中心建立了"文化共享工程"专用门户网站"上海数字文化网",整合了全国文化信息资源共享工程资源和上海分中心的本地特色资源,上海市分中心自建数字化资源主要有:上海图书馆讲座多媒体资源库、上海图书馆展览资源库、上海数字文化网多媒体资源库、家谱数字图书馆、民国图书全文数据库、"上海年华"主题资源库群、上海情报服务平台资源库、特种文献数据库、网上联合知识导航站(虚拟参考咨询)、生命科学研究快报资源库等。有上海地方特色的八大类视频数字化资源,拥有4 696个视频,容量达到547 GB。

"上海数字文化网"作为全国文化信息资源共享工程上海市分中心网站,因其丰富的数字文化资源,越来越受到公众欢迎。2006—2010年间,网站点击率分别为110 932次、309 755次、652 221次、1 088 903次和1 375 469次。上海分中心成功完成对"上海数字文化网"进行升级改造,率先推出提供给用户更多Web2.0新概念服务。"上海数字文化网"新版在保持原有资源特色的基础上,对资源布局进行了重新整合,不仅能与国家中心的资源分类架构保持对应,以便国家信息资源持续补充更新,还特别加入了本市文化新闻(涵盖区县文化新闻)、区县风采、海派文化推介等独具上海地方特色的内容版块,形成具有上海地方特色的数字化资源信息系统,极大地丰富了网站内容,同时也服务于各区县的资源共享,增强了各支中心宣传展示的整体效果。从网站功能角度来看,"上海数字文化网"不仅对网站首页重新设计,还推出了诸如RSS内容订阅、用户动态评论、视频资源分类排行、手机订阅讲座等新颖的服务内容,让用户能够真正感觉到Web2.0所带来的上网新体验,满足了人民群众日益增长的文化需求。

二、运作管理

"文化共享工程"领导小组办公室设在上海图书馆,办公室主要职责是:(1)制定本市"文化共享工程"实施方案;(2)组织协调全市性"文化共享工程"资源建设;(3)审定年度工作计划并监督执行;(4)审定"文化共享工程"专项资金预算方案,负责专项资金的申请与管理;(5)具体组织全市性数字化资源建设和进行资源库的管理;(6) 负责与国家中心之间的数字资源联网,负责与区(县)及以下基层中心之间的同步更新,"文化共享工程"系统正常运转的各项工作;(7) 负责指导区(县)及以下基层中心的业务建设,包括技术指导、资源建设、人员培训、服务指导等。

为进一步贯彻落实全国文化信息资源共享工程会议精神,更好地推进上海文化共享工程建设,上海市分中心建立了运行管理例会制度。每季度召开区、县支中心图书馆馆长会议,落实国家管理中心的任务要求,讨论安排各项管理措施,规划年度工作、专题活动和业务培训,保障了文化共享工程建设和执行。

在专题活动管理方面通过联席工作研讨会进行协调。为了回顾和总结"上图展览"资源全国巡展活动的工作经验,并寻求新的发展,也为了更好地体现上海图书馆精致服务的理念和"立足上海,融入长三角,辐射全国"的精神,推动全国公共图书馆界展览资源共享建设,与长三角地区的兄弟图书馆共同探讨巡展工作的心得体会,促进长三角地区各级公共图书馆展览工作的交流,2010年4月18日,由全国文化信息资源共享工程上海市分中心、上海图书馆、无锡市文化艺术管理中心、无锡市科学技术协会联合举办的"'上图展览'资源共享全国巡展工作调研座谈会"在无锡市图书馆隆重召开,来自长三角地区16个公共图书馆领导、展览业务负责人出席。会议总结了"上图展览"资源共享全国巡展工作的成绩,交流江苏、浙江两省"文化共享工程"展览工作经验,研讨持续合作发展。

三、工作成效

"文化共享工程"通过对中华优秀文化信息资源进行数字化加工和整合,以卫星网、互联网以及移储存等传输方式,利用由国家中心、省市级中心和基层中心组成的网络开展服务,逐步实现文化信息资源在全国范围内的共建共享,取得了丰硕的成果。实践证明,文化共享工程是构建我国公共文化服务体系、缩小城乡差别、消除数字鸿沟、惠及千家万户的文化实事工程,是文化大发展大繁荣的助力器。上海市"文化共享工程"建设在积极探索"四个结合"上下功夫,将"文化共享工程"与上海大都市的信息化建设和构建文化服务体系紧密结合起来,与城市中心图书馆建设紧密结合起来,与建设社会主义新郊区紧密结合起来,与城乡、区域文化信息资源共享紧密结合起来,实现了国际大都市"文化共享工程"新跨越,增强了城市的软实力和文化的国际竞争力。

上海积极推进城区的信息、文化、卫生和政务的网格化建设,将重心下移,在全市有计划地合理布点,建立起社区市民中心、社区卫生服务中心和社区文化活动中心。其中2004年至2007年,上海建设100个社区文化活动中心,2008年至2010年,新建100个社区文化活动中心。街镇"文化共享工程"建设采取了"结合城市信息化建设,依托东方社区信息苑同步推进"工作思路与方法,与社区文化活动中心和东方信息苑建设结合,从2004年至2007年,上海市已发展了340家挂牌"全国文化信息共享工程基层服务点"的东方社区信息苑,使上海"文化共享工程"建设注入了强大的助推力,使基层服务点的基础设施建设得到大力加强。到2010年底,全市街道(乡镇)文化活动中心内的"文化共享工程"服务点达212家,每个信息苑的空间在100平方米至数百平方米不等,配备50台左右电脑。在投入机制上,由市财政和区县财政各出支持经费50%,其中区县经费支持部分可由区县和乡镇财政共同承担。把东方社区信息苑的建设目标和宗旨与"文化共享工程"紧密地结合起来,共同规划、共同布点、共同挂牌、共同建设、共同服务、共同管理。"文化共享工程"的数字资源均进入了信息苑的网络和电脑,所有市民在信息苑中均可享受"文化共享工程"的各类信息。

文化共享工程上海分中心在积极完成向国家中心上交数字化资源任务的同时,通过整合全国文化信息资源共享工程的资源和上海本地特色资源,形成面向上海文化信息需求的地方共享工程门户和授权访问机制,并拓宽资源建设渠道,大力开发拥有自主知识产权的资源。上海图书馆将"上图讲座资源"和"上图展览资源"进行数字化整合加工,把广受市民喜爱的讲座资源在所有信息苑建立了流动播放点,从而丰富了信息苑的服务内容,使广大公众在任何地点、任何时间都能够通过网络观赏到这些数字化资源,推进了"文化共享工程"的内容建设。

将"文化共享工程"与城市中心图书馆紧密结合起来,在机制和体制上保证了"文化共享工程"的长效管理,也有助于通过"文化共享工程"来促进城市公共图书馆事业的科学有序的发展。"文化共享工程"五个走进工作落实到街道、企业、中学、军营、监狱、寺庙、进城务工者居住区。从而使"文化共享工程"向布局合理、惠及全民的方向发展。随着中心图书馆一卡通服务,将"文化共享工程"延伸到各个街道的图书馆和社区文化活动中心;将"文化共享工程"的丰富资源送到上海的重点中学,如上海中学、华东师大二附中、复旦附中、交大附中、崇明中学等,将"文化共享工程"与未成年人教育有机地结合起来;将"文化共享工程"送到驻沪的武警部队,丰富了军营的生活,密切了军民关系;将"文化共享工程"送到监区,使服刑人员读书学法,上网明理,共享求知,回归社会;将"文化共享工程"送进寺庙,使先进的文化通过寺庙的阵地加以传播,并让宗教文献也为社会所共享,使党和国家的宗教政策通过网络得到了无声的宣传;将"文化共享工程"送入进城务工者居住区,丰富业余生活,提升了信息素养和文明程度,为创造和谐城市增添了积极的要素。同时还借鉴世界发达国家城市图书馆的做法,将"文化共享工程"送入车站、机场、商厦、会所等市民较为集中而利用方便的地方,使"文化共享工程"真正贴近基层、贴近市民、贴近实际。

在市、区县和街道三级公共图书馆中建立起两级总分馆制,即上海图书馆是各区县图书馆的总馆,各区县公共图书馆是上海图书馆的分馆;各区县公共图书馆是各街道乡镇图书馆的总馆,各街道乡镇图书馆是各区县公共图书馆的分馆。在"文化共享工程"的管理体制上,也实行分级管理,即上海图书馆作为市级分中心是各区县支中心的总馆,重点考虑全市的总体规划和区县公共图书馆基层中心的管理;各区县公共图书馆支中心又是各街道乡镇图书馆基层服务点的总馆,对街道乡镇图书馆以及社区信息苑和基层的一些服务点加以管理和服务。各街镇图书馆基层服务点负责居委村级基层服务点的业务指导和业务联系。同时,市级总馆对全市的专业人员的教育培训进行统筹和落实。同时,在日常的业务统计、人力资源建设、物流配送等方面,发挥区县公共图书馆的承上启下的枢纽作用,使区县公共图书馆成为连接上下的桥梁、地区业务指导中心、资源建设分中心、文献提供分中心、采访编目分中心、技术支持分中心、图书物流分中心,使"文化共享工程"在城市中心图书馆的框架内得到科学持续的发展和科学有效的管理。

本着建设社会主义新郊区的构想和城市中心区和郊区统筹协调发展的思路,上海图书馆在2005年底便开始筹划重点支持崇明三岛的"文化共享工程"。在"文化共享工程"国家管理中心和上海市人大领导的关心和支持下,上海图书馆多次上岛实地调研,并在资金、设备、人员培训、资源配置等方面做了充分的准备。在2006年6月,图书馆服务宣传周期间,崇明县16个乡镇全面建成"文化共享工程"基层服务点,将图书、讲座、展览、科技影片、文献提供、情报服务平台服务、网上联合知识导航站等七项适应农村居民需求的服务和"文化共享工程"国家中心的大批资源送上崇明岛,实现了郊区农村"文化共享工程"全覆盖。

在农村的"文化共享工程"建设中,村一级的建设是一个重点和难点。为了推进郊区村一级"文化共享工程"基层服务点的建设,上海图书馆会同青浦区和赵巷镇政府以及区镇两级文化主管部门,于2006年6月28日,上海市首家"文化共享工程"村级基层服务点揭牌仪式在上海市青浦区赵巷镇金葫芦(村)社区文化活动中心举行,开始了"文化共享工程"第四级服务网络建设,并同时开展了"书香飘农家"——新农村、新文化、新农民读书活动。这一活动以村图书室为阵地,配置了电脑和投影仪等设备,引入"文化共享工程"的信息,让农民不仅能阅读丰富的书籍报刊,也能通过网络观看电影、欣赏戏剧以及查寻各类知识信息,在农村营造起良好的读书学习的氛围,从而促进新农村和新郊区的建设。

加强文化共享工程特色资源和内容的建设。将上海图书馆具有特色的讲座资源在遵守知识产权的前提下进行了高质量的录像和录播,制作成各类光盘,其中 2003 年为 11.65 GB,2004 年为 29.17 GB,2005 年为 156.76 GB,2006 年为 197.58 GB。随着图书馆业务的发展以及"文化共享工程"对资源的新要求,积极开拓新的网上文化资源,制作了五个数字化的展览内容上传国家管理中心。

在"文化共享工程"的推进中,注重区域联动统筹协调,立足上海,服务长三角,服务长江流域,服务全国,分别形成了不同层面和范围的"文化共享工程"的服务点、服务圈、服务带和服务线。2004 年以来,在讲座、展览、网上联合知识导航站、文献提供等方面,在上海、江苏、浙江两省一市以及长江三角洲的 16 个城市先后签订了共享协议;在"文化共享工程"全国管理中心和国家图书馆的指导下,2005 年召开了讲座资源共享的全国研讨会,与全国 25 个省市的图书馆签订了讲座资源的共建共享协议。"文化共享工程"以长三角为服务圈,与江苏省和浙江省共同创办了长江三角洲城市图书馆发展论坛,此外,还以长江流域为服务带,把服务延伸至南京、武汉、重庆等地,以中西部和东北地区、南方地区为服务线,形成了图书、讲座、展览资源共享的西线(如云南、青海、新疆、内蒙古等)、北线(黑龙江、吉林、辽宁、山西、山东等)、南线(浙江、福建、广东等),上图展览到长江三角洲各城市图书馆巡展,上图讲座延伸到各城市举办,网上联合知识导航站共建统一平台为广大公众服务,文献提供打破城市区域界限实行无边界全天候服务等等,制作的讲座光盘送到中西部的各个省市。

为加强"文化共享工程"为基层群众服务的重要作用,上海市分中心积极组织本市的区(县)支中心和基层服务事业,通过有针对性的信息资源服务和丰富多彩的文化活动,在每一年的重大节庆日、纪念日如 4 月清明节缅怀英烈;5 月劳动节、青年节、端午节;6 月儿童节;7 月党的生日;8 月建军节;10 月国庆和中秋节等,以及"奥运会""世博会"等重大活动期间开展宣传推广,通过报告会、座谈会、主题征文、专题讲座、下乡巡回播放、群众文艺汇演、合作联合办展等形式开展相关各类活动,增强文化共享工程服务的针对性和实效性,唱响共产党好、社会主义好、改革开放好、伟大祖国好的时代旋律。其中奥运行、世博行成为"文化共享工程"重大宣传推广主题活动。

【"文化共享奥运行"活动】

2008 年,万众瞩目的 29 届夏季奥林匹克会在北京召开,国家管理中心隆重推出"文化共享奥运行"。8 月初,上海市分中心的"文化共享奥运行"十道文化大餐活动掀起高潮,内容包括:(1)"2008 年奥运会筹办全国巡回展暨奥林匹克·上海记忆展览"揭幕;(2)举办有关奥林匹克运动的系列讲座;(3)举办"五环旗下——文化共享奥运行"巡回展览;(4)"文化共享工程"上海数字文化网开通视频资源点播;(5)举办"唱响和谐,喜迎奥运——上海市中心图书馆职工劲歌大赛";(6)举办"文明与奥运同行"为主题的读书征文活动;(7)开展迎奥运知识竞赛活动;(8)举办迎奥林匹克运动图书文献展;(9)开展奥运视听资源放映活动;(10)编辑发行形式多样的奥运宣传资料,收集报纸媒体的信息。

全国文化信息资源共享工程国家中心对各地开展活动的次数、规模、宣传影响、总结的及时性和完整性等数据进行统计后决定对十个表现突出的省级分中心进行表彰,上海市分中心荣获二等奖。

【"文化共享世博行"活动】

2010 年 5 月,41 届世界博览会在上海举办。由文化部社会文化司、上海世博会事务协调局、上海市文化广播影视管理局指导,文化部全国文化信息资源建设管理中心和"文化共享工程"上海市分中心主办,国内各省级分中心协办的"文化共享世博行"活动在上海举办。"文化共享世博行"活动的启动仪式于 2010 年 1 月 21 日,迎世博倒计时 100 天之际在上海图书馆隆重举行。内容包括:(1)"精彩在眼前——走进上海世博会"展览,选取了亚洲、欧洲、美洲、非洲、大洋洲近 50 个国家和地区馆,以及 20 多个国际组织、企业和主题馆,以图文并茂的方式介绍这些展馆的建筑、内容、思想文化理念。(2)"魅力金汇展风采,文化共享世博行——庆世博开幕 100 天伞面绘画展示"。(3)"世博科技周——中学生与科学家共话世博"活动,组织中国科学院、航天航空研究院、上海交通大学、同济大学的科学家分别到南洋模范中学、向明中学、延安中学、嘉定二中、大同中学、华师大二附中等示范性高级中学,与中学生对话世博会上展示的科学现象和科学理论。(4)在上海、四川、广东、辽宁、湖北五个直辖市和省级分中心共同开展"悦读精彩,共享世博——城市图书馆寄语征集"活动。(5)举行"学双百、读好书、迎世博"主题日全国文化信息共享工程学习读书活动。

第四节　上海市高校图工委和上海市教育网络图书馆

一、上海市高等学校图书馆工作委员会

【发起成立】

为了推动全国高等学校图书馆整体化建设,实现资源共享,节约文献购置经费,提高服务效率,20 世纪 70 年代末,上海高校尝试开展了多种形式的协作交流。有全市范围内的高校合作协作,也有东北片区高校、西南片区高校的合作办学,还是跨省间的专业学科间的协作及各高校与全国性组织的协作。1979 年,复旦大学、同济大学、上海交通大学、华东师范大学、上海第一医学院组成上海五校校际协作委员会,下设教学组、科研组、师资组、国际交流组、实验设备组、图书情报专题组。1979 年 12 月 29 日,上海第一医学院召开"上海五校校际协作委员会图书情报专题组"第一次会议,会议确定由第一医学院先行起草《协作暂行办法》。1980 年,上海第一医学院与其他四所大学图书馆在书目交换、互发阅览证、情报资料交换、提供学术活动所需设备等方面进行了协作。1981 年,在国家教育委员会的支持下,由北京大学图书馆发起,成立了全国高等学校图书馆工作委员会。1982 年 10 月,上海市高等教育局根据国家教委高等学校图书馆工作会议的精神,经上海市人民政府教育卫生办公室批准上海市高等学校图书馆工作委员会成立(简称"上海高校图工委")。第一届图工委主任委员由时任上海市高等教育局主管副局长兼任,复旦大学、上海交通大学、华东师范大学、上海第一医学院分管图书馆工作的副校长(院长)兼任副主任委员。1988 年上海市高等教育局下发《关于成立上海市高等学校图书情报工作委员会的通知》,上海市高等学校图书馆工作委员会改名为上海市高等学校图书情报工作委员会。

【运作管理】

上海高校图工委在市高教局领导下对本市高校图书情报工作进行协调、咨询、研究和业务指导的机构,并根据授权和委托,行使对本市高校图书情报工作部分行政管理职能。主要任务:协调与组织实施本市高校图书情报工作的建设规划;调查研究本市高校图书情报工作的状况,提出意见和建议,进行业务指导,对图书情报工作进行检查评估;组织高校图书馆馆际协作,交流图书馆建设和管理工作的经验;组织培训图书情报专业干部,开展学术活动;参与本市各系统图书情报工作的协作与协调。

市高校图工会成立之初的成员由上海交通大学、复旦大学、华东师范大学、上海第一医学院等17个大专院校的图书馆馆长、华东师范大学和复旦大学图书馆学系主任和市高校图书馆协作组组长等组成。委员会主任由时任高教局副局长韩中岳兼任,副主任由交大、复旦、华师大、一医分管图书馆工作的副校/院长兼任。根据1983年教育部〔83〕教计字第5号文《关于上海市高等学校图书馆工作委员会人员编制配备的通知》,委员会设专职秘书长1人,定编3人,历届秘书长均由上海交通大学图书馆抽调,办公地点设在上海交通大学图书馆内。

【工作成效】

上海市高等学校图书情报工作委员会成立后,进一步推动了上海高校开展多种形式的协作交流。

1991年1月,由上海市高等教育局直辖,上海市高等学校图书情报工作委员会主办,复旦大学图书馆承办的《上海高校图书情报学刊》创刊,陈誉担任主编。

1991年12月26日,上海地区高校图书馆流通协作组在华东师大举行成立大会,会议主题是"流通管理科学化、阅览服务深层化",华东师大图书馆为协作组组长馆。

1992—1996年间,根据国家教委教备〔1991〕79号文《关于开展普通高等学校图书馆评估工作的意见》,上海高校图工委配合市高教局组建上海市高校图书馆评估专家组(25人)及秘书组(6人)分三批,完成了对普通高等学校50家图书馆的评估。其中重点院校图书馆8家,本科院校图书馆24家,高等专科学校图书馆18家。

1994年12月,上海西南地区七所高校(上海交通大学、中国纺大、上海医大、华东师大、华东政法、上海农学院、华东理工)在上海市教委协调下建立校际合作关系,图书馆之间开展了馆际互借、阅览室互相对七校师生开放等协作活动。

1995年12月4日,上海市东北片十校进行合作办学,成立了图书馆协作组,复旦大学图书馆为组长单位,同济、水产、财大为副组长单位。1997年5月,上海东北片高校图书馆协作组在复旦大学举行会议,商议建立光盘联合检索中心问题,并即付诸实施。1998年12月,"上海市东北片高校共享光盘检索中心"成立,市教委领导与东北片高校的负责人近30人出席了揭幕仪式。

1997年,高校文献保障系统华东南地区中心(CALIS华东南地区中心)落户上海交通大学图书馆,上海交通大学图书馆同时还是华东南地区工程技术和农业文献信息中心。中心以华东南地区进入"211工程"的14所高校为骨干图书馆,面向华东南地区130余所高校图书馆,逐步实现文献信息资源的共知、共建、共享,并深化资源的有效利用和开发。

1997年9月8日,设于上海交通大学图书馆、由上海交通大学"211工程"出资110多万元、上海市教育发展基金投资100万元共同建设的研究生教育基地"上海市研究生电子文献检索中心"正式投入使用,主要提供光盘数据库、国际互联网及国际联机检索系统服务,同时开展因特网培训工作。

1998 年，华东师大图书馆加入美国联机计算机图书馆中心（OCLC），作为该中心的成员馆，可与世界上各主要图书馆实现书目资源共享和馆际互借。同年，图书馆又加入了教育部"中国高等教育文献保障体系"（CALIS），成为首批成员馆之一。

2000 年始，在市教育委员会领导下，充分发挥各高校图书馆的作用，促进高校图书馆间的业务交流，积极推进高校资源共享的各项工作。

2000 年 3 月 8 日，华东师大图书馆与香港教育学院图书馆签订馆际合作备忘录，决定自 2000 年起实行人员互访。是年，香港教育学院派员来华师大图书馆考察交流，华师大图书馆亦有四名馆员首次赴香港教育学院图书馆进行为期三个月的专业培训。该项目至 2003 年华师大图书馆第四批人员赴港培训后暂停，2008 年后又一度恢复，两馆又签订了多方面的合作交流协议。合作项目包括：双方相互提供文献传递服务，教师及研究生皆可委托本校馆向对方馆递交期刊文献传递的请求，相关文献通过网络传递；相互赠发一定数量的读者服务证，供教师及研究生在访问对方馆时使用对方馆藏资源；基于校园网 IP 地址，提供双方读者使用对方馆部分无版权限制的自建数字化资源；相互赠送双方学校的出版刊物；提供所在地出版的教育类文献目录并协助文献采购；相互派遣图书馆专业人员交流进修和业务培训；在各自图书馆网站上添加网页或网址链接，以向公众显示双方的合作伙伴关系。

2001 年 11 月 1 日，上海交通大学与宁夏大学图书馆共同签订了《对口交流合作协议》。《协议》明确提出，宁夏大学师生能使用上海交通大学书目数据库及部分自建数据库；在使用"上海交通大学学位论文（博士生）数据库"时，可通过填写"馆际互借电子委托单"，要求获取全文服务；两馆设立专人负责"馆际互借"服务，以 Email、Ariel 或 FAX 等形式开展网上文献传递服务；上海交通大学图书馆为部分宁夏大学教师开放定题文献检索服务。为宁夏大学图书馆申请成为 CALIS 成员馆、开展联机编目、实施资源共享，提出建议；不定期地开展人员互访、业务培训与交流。在适当时期开展情报研究、软件开发、举办学术会议等。

2001 年 12 月，复旦大学图书馆与上海市教育基金会共建了"上海市研究生电子文献检索中心"，并提供全国高校资源共享。

2002 年 12 月 12 日，上海市东北片高校成立合作办学管委会。2003 年 11 月 7 日，在复旦大学图书馆召开上海市高校东北片合作办学图书情报协作组各高校图书馆馆长会议。2004 年 2 月 26 日和 11 月 7 日，上海市高校东北片合作办学图书资料协作组，复旦、同济、水产、财经、上理工、上外、海运、电力和体院九校馆长会议，决定建设文献传递系统，由组长单位复旦牵头为 10 校（包括杉达）每家各添置一台服务器和一台扫描仪，总经费 20 万元。其中 10 万元由合作办学经费资助：各校自己承担各 1 万元共 10 万元。

2005 年 2 月 1 日，华东师范大学和上海社科院启动院校合作项目之一"图书馆馆际合作"。双方商定，自 2005 年起加强图书馆馆际合作和文献资源共享，并签订了有关合作协议。

各校图书馆都积极参与全国及地区的文献资源共享活动。如华东师范大学图书馆先后加入了CALIS（中国高等教育文献保障系统）、CASHL（中国高校人文社会科学文献中心）馆际互借系统与文献传递系统、教育部直属师范院校文献传递系统，与全国 20 多家图书馆建立文献传递合作关系。同时参与上海市中心图书馆和上海市教育网络图书馆的资源共享活动。

2005 年 1 月 11 日，上海市高职高专和民办高校图书馆协作组成立，上海市高校图工委的领导和高职高专、民办高校图书馆的 22 位馆长参加了首次工作交流会。2006 年 9 月 28 日，协作组建立了例会工作机制,每年上半年召开协作组召集馆例行工作会议,讨论本年度协作组会议主题,每年下半年召开协作组全体会议。协作组召集馆致力于搭建起全市高职高专和民办高校图书馆信息共享的服务平台,在形成具有高职高专和民办高校图书馆特色的管理制度、信息资源共享等方面努力开拓。

二、上海市教育网络图书馆

【建设历程】

上海市有 60 余所高校,各校的藏书量和重点专业学科藏书水平都有很大差别,图书馆的馆藏建设也各有差异。随着科学技术的综合发展,学科的交叉与渗透,读者的信息资源的需求越来越量大面广,共性的文献需求也越来越大,采用的自动化管理系统也有各自的特点,在各校之间实现馆际互借是众多读者的愿望。同时随着数字化技术的不断发展,读者对文献资源数据库的产品的需求越来越多,由于版权问题,这些数据库产品的价格相当昂贵,一般高校很难承受。1998 年 6 月,上海市高校图书馆文献资源联合数据库建成,标志着上海各高校图书馆在实行计算机系统集成管理的基础上向前迈进了一步。

1999 年初,上海市教委、上海高校图工委根据上海市教科网信息资源建设的规划和高校图书馆的现状及发展前景,提出建设"上海高校虚拟图书馆"的计划。2000 年 1 月 10 日,"上海教科网高校网络图书馆系统"正式启动,市教育委员会提出加快网络信息资源建设的总体要求,并资助研究开发项目,该建设项目是"上海教育信息资源数据港"建设的重要组成部分,具有三大功能:馆际互借、文献资源传递和信息资源导航。由上海交通大学、复旦大学、华东理工大学、华东师范大学等高校和社会力量共同参与建设。

2000 年 12 月 25 日,在上海交通大学包兆龙图书馆由市教委主任张伟江正式宣布上网开馆,标志着全国首家高校网络图书馆正式建成。源于上海教育事业整体发展的需要,上海市教委信息中心根据上海市教委的统一规划,于 2001 年 11 月 21 日发文,将原"上海教科网高校网络图书馆"更名为"上海教育网络图书馆"。管理中心设在上海交通大学图书馆,具体负责日常管理与维护等工作。重新命名的"上海教育网络图书馆"(简称网络图书馆)面向上海整个教育系统并提供网上服务。

上海高校网络图书馆组织各高校联合购买数据库,由网络硬件设施条件好的高校提供信息服务支撑,实现数据库资源共享,提供了大多高校图书馆数字资源建设经费运用价值最大化的解决方案,也标志着上海教育信息化向资源共享、深度利用的高水平、实用性方向发展。在上海市教委的领导下,上海教育网络图书馆把国家的投资、新的图书馆理念、先进的技术手段、丰富的文献资源和人力资源结合起来,依托上海教科网和"校校通"的平台优势,开展文献信息服务网络建设和文献信息资源及数字化建设。2003 年,上海教育网络图书馆被评为"2000—2002 年上海市信息化优秀应用项目"。

2010 年,上海教育网络图书馆与 CALIS 上海市文献信息服务中心合并门户网站。中国高等教育文献保障系统(CALIS),是经国务院批准的我国高等教育"211 工程""九五""十五"总体规划中三个公共服务体系之一。CALIS 的宗旨是,在教育部的领导下,把国家的投资、现代图书馆理念、先进的技术手段、高校丰富的文献资源和人力资源整合起来,建设以中国高等教育数字图书馆为核心的教育文献联合保障体系,实现信息资源共建、共知、共享,以发挥最大的社会效益和经济效益,为中国的高等教育服务。

通过 CALIS 上海市文献信息服务中心的建设,将上海市文献信息保障体系建设与 CALIS 体系建设连接起来,加强 CALIS 现有三级保障体系的保障与服务能力,将 CALIS 上海市文献信息服务中心建成上海的"文献信息服务中心""培训中心"和"宣传中心"。CALIS 服务内容及服务优势:一是文献服务方面,包括引进国外数据库和电子文献、CALIS 高校学位论文数据库、全国高校专题特色数据库、重点学科网络资源导航数据库、分布式联合虚拟参考咨询系统、高校教学参考信息管理与服务系统。二是目录服务方面,主要在线联合目录服务。三是业务指导方面,主要是馆员培训服务,如馆际互借员培训、编目员培训、咨询馆员培训、系统管理员培训等。

经过多年上海教育网络图书馆和 CALIS 前期的建设与投入,特别是上海教育网络图书馆、CALIS 上海市文献信息服务中心在电子资源建设上投入的大量经费,已经具备了较好的文献资源储备。为避免重复投资与建设,更好地为上海高校读者提供便捷的文献资源服务,2010 年 9 月 20日,CALIS 三期项目启动大会,同时,CALIS 门户网站 eduChina 宣布正式开通。

【功能任务】

主要功能

上海教育网络图书馆主要功能是在上海地区各级各类学校间实现图书文献资源与信息服务的共建、共知、共享,提高上海地区文献保障率和信息服务水平。随着文献数字化工作的不断开展,数字图书馆成为图书馆发展的必然趋势,数字图书馆的最终目标是使得文献资源在网络化的服务中得到充分利用,从而提高信息服务的水平。该项目建设在上海教科网平台上的数字图书馆,依托网络化、数字化的统一服务平台,通过使用数据化手段整合利用教育信息资源,将传统的图书馆和因特网检索、传播工具有机地结合起来,为上海市各教育单位的教学、科研提供更完善、更有效的公共服务保障设施。数字图书馆包含两个主要内容:数字化文献信息资源和网络化读者服务系统。

主要任务

上海教育网络图书馆的主要任务是数字文献资源的联合采购、联合编目、联合开发、联合服务,真正做到共建、共知、共享。以 SHERNET 为依托,建成上海教育文献保障体系的基本框架;在各校图书馆开展系统化的数字学术资源建设;为各校文献信息服务与资源共享的深层次发展奠定基础;与 SHERNET 共同构筑上海教育公共服务体系,使之成为上海重要的信息基础设施之一。

为了方便不同网络环境下读者利用网络图书馆资源,在上海教科网和邮电网上同时设置了上海教育网络图书馆平台系统,读者可以根据网络情况分别选择进入。为达到资源共享的根本目的,资源共建是基础。因此,联合采购是建馆最初阶段的工作重点。

2001 年起,上海教育网络图书馆基础文献数据库由市教委信息中心连续多年购买,如维普中文期刊数据库、万方数据库、超星中文电子图书。同时,上海教育网络图书馆同有关组织与机构一道,联合组团采购近 10 个较大型外文数据库,如 Springer 电子期刊、图书数据库、EBSCO 数据库、PQDD 博士论文、剑桥电子图书、牛津电子图书等。上海各高校可通过网络图书馆共享各类数字文献信息资源,包括外文电子书 3.7 万余种,中文电子书 32 万多种。此外,引进中外文学位论文全文30 万篇,以及若干中外文文献数据库和自建特色数据库等。并自主开发了资源导航库、上海高校图书馆书目查询、外文期刊查询、重点学科核心期刊等数据库。

网络图书馆根据馆际互借和文献数据库公用的需要特点,设计开发基于分布式数据库的馆际互借系统和分布式共享数据库调度认证系统。

（1）高校馆际互借系统：高校馆际互借系统的基本功能是上海地区高校的读者使用上海高校图书馆 IC 卡通用借书证，能够在全市高校图书馆中借书即异校借书功能，同时提供各高校书目数据联合目录检索、图书预约功能和期刊全文传递功能。

（2）分布式共享数据库调度子系统：网络图书馆提供的共享数据库每个库都分多个镜像站点存放，以保证服务的可靠性。为保证各镜像站点的用户流量平衡，调度系统自动测量各分布数据库的流量，将用户的请求发到各不同的镜像点。系统实时监测各镜像数据库的运行状态，将读者请求发到正常运行的镜像站点，对数据库进行实时利用统计，发挥联合共建数据库的实际效益。

【工作成效】

基于自愿基础上建立的网络图书馆，发挥了各方面积极性和优势。实践证明，上海教育网络图书馆取得了明显实效，各方得益，显现了强有力的生命力。（1）形成了由上海教育网络图书馆管理中心和各校图书馆组成的多层次、有重点的服务队伍，实现文献资源整体化建设。（2）形成了共建共享的良好氛围，特别是文献信息资源地区性合作由上海教育网络图书馆牵头，各成员馆自愿组合，创造了多层次、灵活的共享模式。（3）共建、共知、共享的观念开始得到普遍认同，有越来越多的高校和中专、职校、重点中学图书馆积极参与网络图书馆的建设，特别是关心和参与本地区图书馆的合作活动。（4）以集团方式合作引进数据库越来越多，节省各校经费。（5）集团联合采购，形成行业联盟，实现联盟成员之间优势互补、风险共担、利益共享的目标。（6）中心馆牵头，多种方式结合引进、存档、服务，节省人力、物力、财力。（7）采用固定年费的方法，学校每年访问数据库和下载文献量越多，单次访问和下载的费用就越低。

上海教育网络图书馆围绕市委、市政府提出的信息化建设发展目标和任务，根据教育单位的特点，建立研发电子教材数据库、开发图书馆电子资源跨平台检索系统、开展网上参考咨询服务，以提高网络图书馆的服务质量和服务水平，扩大上海教育网络图书馆的服务范围。"上海教育网络图书馆"还得到了兴业银行上海分行的支持，与"上海教育网络图书馆"联合发行了"兴业校园卡"，作为网络图书馆的图书卡，逐步分阶段对高校所有师生发行，并逐步向社会开放。用户只要拥有一张"兴业校园卡"，就可通过网络查找所需书目，然后在网上下单申请，书籍所在馆就会通过邮寄、传真、电子邮件等多样化传递手段送到用户手中。

第五节　上海行业情报发展联盟

2010 年 9 月 9 日，上海行业情报发展联盟（Shanghai Industries Intelligence Developing Alliance）（以下简称联盟）在上海图书馆（上海科学技术情报研究所）召开成立大会。中共上海市委常委、宣传部部长杨振武出席并讲话。联盟由上海图书馆（上海科学技术情报研究所）召集，是行业情报服务链的 30 家相关单位发起组成的非营利性的情报业务协调合作组织，单位分别有：中国船舶重工业集团公司第 704 研究所、上海市医学科学技术情报研究所/上海市卫生发展研究中心、上海市农业科学院农业科技信息研究所、上海市纺织科学研究院、上海市轻工业科技情报研究所、上海核工程研究设计院、上海海事大学/上海海事大学科技情报研究所、复旦大学图书馆、上海电气集团股份有限公司中央研究院/上海市机电科技情报研究所、中国科学院上海有机化学研究所、上海之目信息技术有限公司、中国科学院上海生命科学信息中心、中国科学院上海科技查新咨询中心、宝山钢铁股份有限公司研究院情报中心、上海汽车集团股份有限公司技术中心技术经济部、中国人民解放军海军医学科技信息中心、中国科学院药物研究所图书情报室、上海市食品药品监督管理局科技情报研究所、上海市浦东科技信息中心、上海市化工科学技术情报研究所、中国科学院上海光学精密机械研究所信息管理中心、中国石油化工股份有限公司上海石油化工研究院、久隆竞争情报中心、上海市公安局物证鉴定中心、上海市新材料协会、上海 WTO 事务咨询中心、中国商用飞机有限责任公司上海飞机设计研究院档案中心、上海国际时尚教育中心、上海社会科学院信息研究所。联盟成立后,在社会上产生了一定的影响。

探索合作机制 2010 年,上海图书馆(上海科学技术情报研究所)牵头 8 家机构实施上海市研发公共平台"行业科技情报服务网"建设(www.hyqb.sh.cn),探索与政府、企业对话的机制,提出推进城市情报体系建设、能力建设等种种建议;促进联盟成员之间跨行业、跨学科合作,分别与中国科学院上海生命科学信息中心、中国石油化工股份有限公司上海石油化工研究院、上海市医学科学技术情报研究所等多个成员单位之间建立了交流合作关系。

建立行业领域专家库 2010 年,联盟建立行业领域的专家库,邀请政府行业管理部门、科技主管部门、高等院校、科研机构、企事业单位、社团组织的技术、行业管理、企业管理、投资、财务专家、科技服务专家等组成专家团队,发挥专家在联盟的过程管理、项目验收、社会影响中的决策咨询作用。

深入开展培训工作 2010 年,联盟依托上海市科学技术情报学会,探索主动培训、联合培训、成员单位承担培训等三种方式,与同方知网(北京)技术有限公司、广州奥凯信息咨询有限公司等开展专题探讨和培训,向听众赠送中国知网免费试用卡;举办"ORBIT 专利信息平台的开发与利用""专利情报在企业中的应用研究与实践"等系列讲座。

第二章 国际及港澳台地区交流与合作

与国际及港澳台地区图书馆和专业组织的交流与合作,包括考察访问、业务进修、学术研讨、文献交换、窗口展示、合作办馆等活动,可以拓展眼界、学习先进,有效促进图书馆学研究、专业技术进步和读者服务能力的提升。上海图书馆、高校图书馆和专业图书馆越来越重视与国际及港澳台地区图书馆和专业组织的交流。

第一节 上海公共图书馆国际及港澳台地区交流与合作

一、上海图书馆国际及港澳台地区交流与合作

改革开放以来,上海图书馆的各项工作不断发展,国际交流与合作的重要性日益凸显,不再仅限于参观接待、查阅资料和接受赠送,交流与合作不断深入。

【开展专家互聘互任】

1987年11月16日,为上海图书馆新馆建设,市文化局聘请国际图联执行委员兼图书馆建筑和设备专业小组主席、荷兰鹿特丹市图书馆馆长舒茨担任上海图书馆名誉顾问。1989年2月,为编辑中国古籍善本书联合目录,美国研究图书馆联合会邀请上海图书馆名誉馆长顾廷龙参加在美国国会图书馆召开的国际咨询会议。

【国际互访日益频繁】

从20世纪80年代开始,前来上海图书馆参观和开展学术交流的境外图书馆人员逐渐增多,平均每年接待六十批左右的境外来访,来访外宾中以图书馆专业人员和学术文化团体成员为主,如美国国会图书馆、英国国家图书馆、日本图书馆馆员友好之翼访华团、法国国家图书馆、委内瑞拉国家图书馆、澳大利亚图书馆、德国图书馆等图书馆界同行。来访者中还包括美国旧金山市长乔丹、日本大阪府副知事谷川秀善、国际图联主席格兰海姆夫人一行、英国国家图书馆馆长布林·朗博士、荷兰鹿特丹市图书馆馆长舒茨等重要来宾和专家、学者。上海图书馆也多次派出有关人员赴英国、法国、荷兰等国家,或作短期进修或攻读硕博士学位。这些交流活动增进了上海图书馆与国际图书馆界的相互了解,拓宽了视野,促进了图书馆的改革与开放。

【启动图书交换业务】

1979年4月,国家文物局同意上海图书馆开展图书对外交换业务。当年,上海图书馆先后与美国、日本、瑞典、澳大利亚、荷兰等国家,以及中国香港地区共16个图书馆建立了交换关系。1980年8月起,上海图书馆正式开展对外书刊交换业务。此外,上海图书馆还与美国、英国、日本、意大利、

朝鲜等国家,以及中国香港地区的有关图书情报单位保持长期互赠书刊资料的关系。

【加入国际图联组织】

1981年3月,上海图书馆、复旦大学图书馆加入国际图书馆协会与机构联合会(简称国际图联IFLA),成为该组织的机构会员,并在当年8月首次派代表前往民主德国莱比锡参加该组织第47届大会,此后每年国际图联年会都派代表参加。从此时至1990年,陆续加入国际图联为机构会员的还有上海交通大学图书馆、同济大学图书馆、华东师范大学图书馆、中科院上海文献情报中心和华东师范大学图书馆学情报学系等单位。

【成为联合国出版物的托存图书馆】

1984年1月,上海图书馆被联合国哈马舍尔德图书馆接受为联合国出版物的托存图书馆,开始系统地入藏联合国及亚洲、太平洋地区经济社会委员会的出版物。为便于开展工作,上海图书馆设立联合国资料室,至当年底共收到联合国总部的文件(包括决议、报告、年鉴、统计资料等)近1万件,该室通过编印快报开展咨询、定题服务和开放阅览等形式,向社会提供信息。同月,上海图书馆成为中国唯一的亚洲发展银行书刊资料托存馆。

【建立上海-旧金山友谊图书馆】

1986年11月,根据上海和美国旧金山两市市长达成的在上海和旧金山两市互建友谊图书馆的协议(该协议被列入《上海·旧金山一九八五年度友好交流项目备忘录》),成立上海—旧金山友谊图书馆,并成为上海图书馆的一个组成部分。双方决定今后每年将互赠5 000册书刊及一定数量的音像资料,并向广大读者开放。开馆时,上海市市长江泽民和市政府顾问汪道涵,与旧金山市市长黛安·法因斯坦共同出席了开幕式并剪彩。1987年6月,旧金山—上海友谊图书馆在美国旧金山市成立,时任上海市市长江泽民赴美参加了开幕式,上海图书馆也派代表随同前往参加,双方并商定了书刊交换等事项。1996年新馆建成开放,正值"九五"计划的开局之年,市委、市政府对新馆建设提出了"国内一流,国际先进"的要求。上海图书馆专门成立了国际交流处/港澳台办公室,由主要领导分管,国际交流处/港澳台办公室负责国际及港澳台地区交流与合作工作,并陆续建章立制,为国际及港澳台地区交流与合作工作的开展给予组织和制度保障。

【增加交流互访】

新馆建成后,作为上海十大标志性文化设施之一,上海图书馆新馆代表着上海改革开放后文化领域的新形象,来访者络绎不绝。许多国家的政府要员到了上海都安排参观上海图书馆。美国总统克林顿、德国总理格哈德·施罗德等都曾来访。随着上海图书馆在国际图书馆界的声誉和影响的不断提高,上海图书馆与国外同行的交流活动也日趋活跃。据统计,"九五"期间上海图书馆接待来访的境外政府官员、图书馆同行和其他参观访问者达4 802人次,创建馆近50年来的最高纪录。上海图书馆陆续派出专业人员出国(境)考察和培训。

【增进馆际合作】

上海图书馆早在1959年就与全国75个主要的图书馆建立馆际互借关系。1998年加入OCLC馆际互借服务,是中国大陆第一家在OCLC上开展馆际互借服务的图书馆,这标志着上海图书馆开始面向全球提供馆际互借服务。"九五"期间,先后与美国纽约皇后区图书馆、新加坡国家图书馆管理局、日本图书馆情报大学、韩国国会图书馆、法国里昂市图书馆、俄罗斯国立图书馆、埃及亚历山大图书馆,以及中国澳门"中央"图书馆、中国澳门大学和中国澳门图书馆资讯暨管理协会等18个单位签署或续签了合作交流协议或备忘录,内容主要涉及资料交换、馆员交流和举办合作项目等。1999年2月,应新加坡国家图书馆邀请,派专家帮助筹备华文商务咨询工作并进行业务培训与交流。2001年6月,联合境外图书馆开通网上联合知识导航站,在国内率先为境外华语读者提供网上图书馆联合参考咨询服务。2005年,导航站推出英文平台,进一步扩大服务范围。截至2010年底,已同全球近30个国家和地区的近60家图书情报机构、文化机构、政府机构等签订合作备忘录,并努力履行相关合作事项。另由上海市政府与澳大利亚联邦昆士兰州、加拿大蒙特利尔市、瑞士巴塞尔州、荷兰鹿特丹市、克罗地亚萨格勒布市、以色列海法市、奥地利萨尔茨堡市和日本大阪府等签订的友好合作备忘录中,均列入了双方图书馆业务合作。

【主办或参加国际会议】

"九五"期间,多次举办国际图书馆学术交流活动。1999年8月,首次成功举办了第65届国际图联大会的会前会——"第十一届国际图书馆建筑和设备学术研讨会"。会议主题是"变化环境中的图书馆建筑",来自全球26个国家与地区的近百名代表参加了会议。2000年5月,"谱牒研究及其资源开发——迈向二十一世纪中国家谱国际学术研讨会"在上海图书馆召开,来自俄罗斯、日本、美国、新加坡、马来西亚、越南等国家,以及中国台湾、中国香港地区和大陆代表80余人出席了会议。从2002年起推出两年一届的上海国际图书馆论坛。围绕"图书馆服务"为主题,并根据图书馆发展热点问题等列出分主题展开讨论,成为国内外图书情报界倍加关注的专业盛会。2004年12月15至17日,上海图书馆和上海交通大学图书馆联合举办"第七届亚洲数字图书馆国际会议"(The 7th International Conference of Asian Digital Libraries,简称ICADL2004),来自世界26个国家和地区的350余名代表参加了会议,其中境外人士159名,全国主要高校图书馆馆长出席了会议。作为国际图联(IFLA)的机构会员,上海图书馆每年都会派代表出席国际图联(IFLA)大会和各类学术会议。2002年至2010年,共计选派70批106人次的专家、学者和馆员参加各类国际图书情报学术会议,其中30余人次作了主题报告、专题讲座或会议发言。

【展示馆藏宝鉴】

收藏与展示相结合是新馆的业务发展指导方针之一。1997年7月和1998年7月,分别与香港市政局公共图书馆、美国纽约皇后区图书馆合作举办"上海图书馆古文献精品展";1999年7月,应俄罗斯莫斯科国立图书馆邀请,"上海图书馆馆藏中国年画展"在莫斯科隆重开幕;2000年4月,馆藏年画精品在中国澳门市政厅展出;2000年6月,与新加坡国家图书馆联合举办"中国文化名人手稿图片展——上海图书馆馆藏精选展"。中国传统文化和馆藏文献精品的展览深受国际友人和海外同胞的好评。

【开展学术交流】

1997年,与美国纽约皇后区图书馆、韩国国会图书馆开展了专业技术人员的互相交流和学习。从事采编、咨询、网络技术和读者服务工作等十余位第一线的专业人员前往两馆执行馆员交换项目。自2002年至2010年底,共有265批555人次的专家、学者和馆员赴境外交流和参加培训。

2002 年至 2010 年期间共接待了 816 批 7 284 人次的涉外来访、交流、研修和参观,其中包括多个国家的领导人,各级政府要员,各国驻华使馆、驻沪领馆官员,图书情报界专家、学者及其他境外人员等。2010 年上海世博会期间,上海图书馆共接待境外参观者 94 批 556 人次,接待人次比 2009 年同期增加 51%,来访者中包括比利时王储菲利普王子等国家政要和重要外宾。国际展览局秘书长洛塞泰斯曾两度来上海图书馆访问和演讲。继 1997 年开通交换馆员项目后,从 2003 年起,专门开设了国际访问学者项目,进一步加强了与海外图书馆的学术和文化交流。2002 年至 2010 年底,共接受 27 批 36 人次的访问学者和交换馆员来馆交流,输送了 25 批 42 人次的交换馆员和研修人员赴境外学习。

【打造"上海之窗"品牌】
自 2002 年起,策划并实施了"上海之窗"对外宣传项目。作为国务院新闻办"中国图书对外推广计划"的重要组成部分,作为上海市级对外文化交流活动的重要载体,"上海之窗"通过向有友好协议关系的境外图书馆机构及友好城市的图书馆捐赠图书的形式,全方位向境外读者介绍中国悠久的历史文化和改革开放以来的新进展、新成就,展示上海海派文化及其独特的都市魅力。2005 年 4 月,为纪念上海与加拿大蒙特利尔结好 20 周年,上海图书馆向新落成的蒙特利尔市图书馆赠书成为结好庆祝仪式的重头戏。上海市市长韩正亲自将这批图书交赠蒙特利尔市长。2005 年 9 月,中共上海市委副书记殷一璀代表上海市人民政府向与上海结有友好关系的南非夸祖卢—纳塔尔省首府德班市政府赠送图书,并为当地"上海之窗"揭幕。截至 2010 年 12 月,上海图书馆已先后在 6 大洲 43 个国家和地区的 66 家境外图书馆成立了"上海之窗",累计赠书达 3 万余册。

图 6 - 2 - 1   2007 年,第 31 个"上海之窗"在圣彼得堡揭幕

二、上海少年儿童图书馆、区县图书馆国际及港澳台地区合作交流

上海少年儿童图书馆。1990 年 5 月 27 日,市少年儿童馆低幼活动中心落成,除上海市政府和

社会各界人士来市少年儿童馆祝贺外,日本知名儿童文学专家鸟越信,专程来市少年儿童馆参加开放仪式,并向全市少年儿童图书馆工作者做了专题报告,双方探讨和交流了儿童图书馆的业务工作。1990年9月,西柏林(现德国)少年儿童图书促进会,在市少年儿童馆内举办为期一周的"西柏林少年儿童图书展",参观的读者1.2万余人次,并举办了两次学术交流座谈会。同年年底和1991年3月,日本大阪国际儿童文学馆馆长中川正文和鸟越信业务主任,与市少年儿童馆馆长林励、研究部主任严祖德进行了互访。

2000年10月11日,美国国际人民交流协会之民间大使友好交流项目组织的美国阅读教育代表团30人访问市少年儿童馆,并就中国少年儿童书籍的种类和少年儿童的阅读教育等有关问题,进行座谈交流。2007年12月13日,法国著名少年儿童图书馆专家Nathalie Beau来市少年儿童馆举办讲座,介绍法国少年儿童读书工作、少年儿童图书馆网络以及少年儿童图书推广的情况。2008年,来自丹麦图书馆与信息科学学院的容克尔女儿一行5人,饶有兴趣地参加了市少年儿童馆举办的"手拉手·心连心"——上海市少年儿童抗震救灾爱心传递系列活动,并购买了少年儿童读物捐赠给四川灾区儿童。市少年儿童馆还接待了日本中小学图书馆、德国哥德学院图书馆等的来访。

市少年儿童馆也先后组织职工及基层少年儿童馆工作者,访问新加坡、日本等国的图书馆,学习国外少年儿童馆建设的成功经验。2000年,市少年儿童馆组队到新加坡考察学习,受到了新加坡国家图书馆管理局局长和管理处的接待,参观了新加坡国立图书馆、国立大学图书馆、义安城等图书馆,双方进行了业务交流,并确立了与新加坡图书馆建立友好馆的意向,双方于2001年签订了结为友好馆的协议,并策划和组织了"中新青少年多媒体创意比赛"。

市少年儿童馆还多次参加国际图联大会。如2009年,参加了在意大利米兰主办的75届国际图联大会,并在德国举办的会前研讨会"图书馆与阅读论坛",劳丽达馆长代表中国代表团作了题为《少年儿童图书馆推广阅读的探索》的主题报告,介绍了上海少年儿童馆阅读推广工作的成功案例。

区县图书馆。上海区县图书馆,重视馆际协作,开展图书交换、学术交流,并积极参加国际图联大会及开展文化合作与交流。

长宁区图书馆。1998年8月15日至22日,区图书馆馆长吴培华赴荷兰参加国际图联(IFLA)大会。2007年,该区图书馆与有关单位合作,承办"上海苏俄造型艺术展"、俄罗斯当代著名艺术家尤·戈留塔个人画展等,开展国际文化交流。2008年,在国务院新闻办、上海市新闻办、长宁区委宣传部指导下,长宁区图书馆在馆内设立"中国之窗上海阅览中心·上海虹桥国际图书馆",于12月6日开馆,拥有中央和地方的外宣图书4000余册,还有自购及捐赠的英文、日文、韩文等14种语种综合类图书3000余册。2010年,该区图书馆和上海图书馆联合承办2010"相聚上海"大型读书征文活动,来自14个国家和地区的参赛读者,用不同的语言和文字,以不同的文化、视角撰写征文。

黄浦区图书馆。2002年,黄浦区图书馆馆长尹美华先后赴日本大阪参加第二届中日图书馆研讨会;同年,黄浦区图书馆组织"赴港学术交流考察团",与香港中文大学、香港生产力促进局、香港中央图书馆等进行学术交流。2003年8月,尹美华馆长又赴德国柏林参加第69届国际图联大会;同年,该区图书馆建立了全市区级图书馆第一家开展国际合作的"俄罗斯室"。

第二节　高校图书馆国际及港澳台地区交流与合作

20世纪80年代以来,上海各高校图书馆特别重视加强与国内外及港澳台地区图书馆界的交流,每年召开的国际图联大会(IFLA),高校图书馆都会派员参加,及时了解国际图书馆界的最新信息和发展动态、趋势。每年也会派图书馆业务骨干出国(境)参加国际学术会议及交流访问,出国(境)进修、培训。通过与国外及港澳台地区图书馆同行的交流,学习他们先进的管理、服务理念和方法,并加以借鉴,从而促进图书馆业务工作的不断拓展和提高。

一、互访交流

【复旦大学】

自 20 世纪 90 年代以来,复旦大学图书馆每年邀请国外图书馆专家前来作学术报告,并多次派员赴海外考察访问或进修、开会。1991 年 10 月,美国洛杉矶加州大学图书馆馆长沃纳来复旦大学图书馆作短期学术访问,次年,复旦大学图书馆馆长徐鹏回访。1993 年 10 月,美国洛杉矶加州大学图书馆副馆长 Terry Ryan 和 Rita Scherrei 一行来访。1995 年 5 月,美国洛杉矶加州大学图书馆沃纳馆长再度来访。1996 年 7 月,复旦大学图书馆馆长秦曾复应邀访问美国洛杉矶加州大学图书馆,并出席全美东亚图书馆馆长年会。美国匹兹堡大学图书馆馆长分别于 1996 年 7 月 21 日和 1998 年 10 月来馆参观访问。

2000 年 4 月 5 日,美国匹兹堡大学图书馆 Brody Fern 副馆长来馆讲学。11 月 2 日,美国西北大学图书馆 Diane Perushek 副馆长来访。2003 年 10 月 15 日,馆长秦曾复应邀赴美参加哈佛燕京图书馆 75 周年馆庆活动。2001 年 6 月,美国匹兹堡大学图书馆 Miller 馆长和 Ed Galloway 访问复旦大学图书馆。2002 年 4 月,哈佛学院图书馆 Nancy M. Cline 馆长和哈佛—燕京图书馆郑炯文馆长来访。

2007 年 8 月、10 月和 2008 年 1 月,复旦大学图书馆多次派馆员到耶鲁大学图书馆、德国杜伊斯堡-埃森大学图书馆、耶鲁大学图书馆等访问培训。

2008 年 10 月,美国耶鲁大学东亚图书馆馆长 Ellen、芝加哥大学图书馆馆长 Judith 和东亚馆馆长周原、北美中国研究馆员代表团来复旦大学图书馆访问。

2008 年 11 月,复旦大学图书馆总支书记兼副馆长李尧鹏等参观考察了香港中文大学、香港城市大学、香港科技大学、香港大学和澳门大学等 5 所高校图书馆。

【上海交通大学】

1978 年,上海交通大学访美考察团出访美国掀开了学校国际交流的新篇章。其后,图书馆亦开始频繁地接待国际同行的来访,并派出访问团赴国外考察学习或是派出工作人员到国外图书馆访问实习数月至一年,以提升图书馆人员素养,了解国际图书馆发展动态及拓宽发展视野。早期,美国密执安大学 Harlan Hatcher 图书馆、美国宾夕法尼亚大学 Van Pelt 图书馆、美国国会图书馆、耶鲁大学图书馆等先后访问上海交通大学图书馆,介绍图书馆建筑、管理、人员培养、视听资料、微缩技术、自动化系统、图书馆网络等方面的情况。1983 年、1984 年、1985 年上海交通大学分别三次派出访问团赴美考察图书馆建设情况,并接待了众多国际同行的来访。

上海交通大学图书馆是与匹兹堡大学图书馆合作较多的国内图书馆。1983 年和 1984 年上海交通大学图书馆派员赴美考察时,即与该馆达成初步合作协议,并有双向互访活动。1984 年上海交通大学图书馆派员至匹兹堡大学图书馆工作,以及攻读硕士学位,对方亦派代表至上海交通大学图书馆来讲学交流,并与美国其他团体一起赠送 30 箱图书给图书馆。后续双方一直保持着往来关系。1992年,上海交通大学图书馆与匹兹堡大学图书馆建立了文献传递合作关系。1998年,上海交通大学图书馆馆员赴美学习一年,先后参加了德拉维尔大学的美国文化和语言培训、匹兹堡大学情报学院研究生课程的学习、匹兹堡大学图书馆的数字化馆藏项目。2000年1月至7月,馆员前往匹兹堡大学图书馆,学习参考咨询工作的开展。2008年1月至7月,馆员前往该馆访问进修。

1983年6月23日至7月20日,上海交通大学包兆龙图书馆建设负责人带队一行5人前往美国,考察了哥伦比亚大学、麻省理工学院、哈佛大学、波士顿学院、波士顿大学、布兰戴斯大学、司茨斯莫亚(Swarthmore)学院、宾夕法尼亚大学、匹兹堡大学、南加州大学,加州大学伯克利分校和洛杉矶分校等13所大学图书馆的建筑设计、设备装置及新技术应用情况。同年,美国布兰戴斯大学图书馆馆长 Bessie K. Hahn、加拿大纽芬兰大学图书馆 Lai-ying Hsiung、美国宾夕法尼亚大学 Van Pelt 图书馆、美国匹兹堡大学诊疗中心图书馆馆长 Lucy Stark、法国技术服务与文献中心(CATED)主任 Claude Mouroux、美国哈佛大学哈佛学院 Larsen、图书馆馆长 Y. T. Feng、美国波士顿公共图书馆馆长 Philip J. Mc Niff 等来上海交通大学图书馆建立合作交流关系及参观访问。

1984年3月21日至7月5日,上海交通大学图书馆馆长吴善勤等5人前往美国,考察了斯坦福大学、加州大学伯克利分校、休斯敦大学、俄亥俄州立大学等20所大学图书馆,以及美国化学文摘社、美国最大的两个图书馆网络 OCLC 和 RLIN、美国数字计算机公司(Digital)、研制图书馆计算机管理系统的 CLSI 公司,期刊采购代理商 Faxon 公司等。1984年有大批国际同行访问图书馆,包括由英国图书馆参考部总监 Alexandes Wilson 等五人组成的英国图书馆代表团,美国哥伦比亚大学图书馆社会科学部主任 Charling Fagan、加拿大 Eapial Productions Ltd 公司情报与图书馆系统发展部 Harry Campbell、加拿大国际开发与研究中心部副主任 Robest Valentin 等。

1985年2月,上海交通大学图书馆副馆长何大镛带队,分别在美国哥伦比亚大学、勒脱格斯大学和匹兹堡大学工作、实习了3个月,并参观了13所大学图书馆和公共图书馆,以及美国 Dialog 情报联机检索系统总部,深入了解美国图书馆的读者服务工作、情报工作、视听与微缩资料的管理和服务工作。1985年9月匹兹堡大学图书馆派遣图书出纳处主任 William C. Divens Jr. 来上海交通大学图书馆工作3个月,协助研制自动化流通系统软件。1985年,上海交通大学图书馆接待了十余次国际图书馆同行的访问。

1994年,上海交通大学图书馆与美国西弗吉尼亚州蒙哥马利的西弗吉尼亚大学理工学院(West Virginia University Institute of Technology)维宁图书馆建立起馆员访问交流关系。

1996年9月,布兰戴斯大学图书馆与上海交通大学图书馆联合主办"21世纪的大学图书馆国际学术研讨会",该次会议也是上海交通大学图书馆首次主办的国际学术研讨会议。

2006年,上海交通大学图书馆与奥特本大学图书馆初步达成了交流互访的合作意向。2007年7月至9月,上海交通大学图书馆派馆员前往奥特本大学图书馆访问学习2个月。2010年,两校及两馆之间正式签订了交流互访合作协议。

2009年8月,奥克兰大学图书馆馆长造访上海交通大学图书馆。2010年6月,图书馆派出馆员于2010年8月31日至9月24日访问奥克兰大学图书馆。同年10月19日,奥克兰大学图书馆副馆长 Brian Flaherty 到上海交通大学图书馆参观访问。

2006年5月18日—6月2日,上海交通大学医学院图书馆与马来西亚南方学院图书馆开展姐妹馆交流项目。上海交通大学医学院图书馆两位馆员分别于2006年12月和2008年7月赴澳大利亚昆士兰大学图书馆进行为期两个月的访问学习。

【同济大学】

同济大学图书馆考察培训活动从20世纪90年代数量增多。1992年3—4月间,馆长曲则生赴日考察团先后在大阪、东京、京都等地参观了几所日本著名的图书情报机构。5月,日本大阪工业大学图书馆馆长光崎育利来访,并明确了两馆合作交流意向。1998年8月西弗吉尼亚大学图书馆馆长杨肇英一行4人来校考察访问,并与图书馆商定交流与合作事宜。1999年10月25—31日,常务副馆长徐伟华应日本友人之邀赴日考察并接受私人藏书5 800多册。1999年10月,德国ICONDA总部官员来访,并协商在良好合作的基础上继续扩大合作范围。

2006年2月24日,爱尔兰教育科学部长Mary anafin,T. D率领的代表团一行9人到图书馆参观。2006年11月,澳大利亚堪培拉大学政府与管理学院Monica Kennedy到同济大学图书馆进行为期3天的学术交流和访问。2010年6月,美国北卡罗来纳大学格林斯伯勒分校图书馆馆长一行来馆参观。12月10日,伊利诺伊大学厄巴纳-香槟分校图书馆与信息学研究生院教师来馆参观并进行学术交流活动。

【华东师范大学】

华东师范大学图书馆自20世纪80年代起,就建立了良好的国内外馆员学习交流的机制。1984年9—10月,陈誉馆长参加文化部组织的中国图书馆代表团,任副团长,出席在英国布兰顿举行的英国图书馆协会年会,并作专业考察。1987年5月,采编部馆员赴美国旧金山大学图书馆交流工作一年,这是图书馆首次派员赴国外图书馆交流工作。

【上海医科大学】

1983年,美国夏威夷医学图书馆馆长John A. Breinich参观上海医科大学图书馆,此后上海医科大学图书馆与夏威夷医学图书馆建立了互访关系。John A. Breinich先后于1985年10月、1986年10月、1987年10月、1988年11月来上海医科大学讲学,介绍美国医学图书馆的图书情报工作。美国迈阿密大学医学图书馆副馆长T. William于1987年10月、美国迈阿密大学医学图书馆馆长Lankau于1988年10月访问上海医科大学图书馆。

1985—1998年期间,上海医科大学图书馆先后派出馆员12人,到夏威夷医学图书馆、美国迈阿密大学医学图书馆、美国得克萨斯州圣安东尼奥大学医学中心图书馆、美国哥伦比亚大学医学图书馆、美国Dialog中心、英国剑桥大学医学院图书馆进修和访问。

【上海海事大学】

2005年6月,日本科学协会代表团参观了上海海事大学图书馆。2008年,德国不来梅海运经济与物流研究院(ISL)主任汉斯-迪特里希哈泽斯、奥克兰大学图书馆副馆长Hester Mountifield等来馆访问,并就双方合作进行了洽谈。同年,信息咨询部馆员赴新加坡南洋理工大学图书馆进行为期3个月的交流学习。2010年,日本科学协会长大岛美惠子等一行三人、纽约州立大学海事学院图书馆馆长Constantia Constantinou和参考咨询部主任Shafeek Fazal先后到访。同年5月,图书馆特邀台湾大学图书馆副馆长林光美、高雄大学黄世孟一行4人来校就图书馆建设与发展进行专题学术交流。

【上海师范大学】

1995年,上海师范大学图书馆馆员参加上海地区情报教育赴日研讨团,在东京、京都等地区考察访问。新世纪后,图书馆多次派员参加国际图联大会。2006年,图书馆组团考察日本高校图书馆及公共图书馆。2010年,根据图书馆与美国纽约市立大学图书馆达成的协议,启动为期两年的馆员交流计划,每年分两批互派一位馆员,就有关科研项目开展研究交流活动。

二、参与专业组织及其活动

上海市各高校图书馆积极参加国际图书馆协会与机构联合会(IFLA)及国外各专业图书馆团体、社会等活动。

1981年以来复旦大学图书馆、同济大学图书馆、中国科学院上海文献情报中心、华东师大图书馆以及华东师范大学图书馆学情报学系等单位先后加入国际图联(IFLA)为机构会员,上海图书馆成为联合国出版物的托存馆。同时还接受亚洲开发银行的专业资料,提供广大读者使用。

1984年6月,复旦大学图书馆收到美国图书馆协会(ALA)主席E. Sheldon的来信,邀请谢希德校长赴美得克萨斯州(Texas)达拉参加美国图书馆协会(ALA)103次年会,后改派图书馆编目部主任麦芷兰参加。自2006—2007年起,复旦大学图书馆成为"太平洋周边数字图书馆联盟"the Pacific Rim Digital Library Alliance(PRDLA)的正式成员。

1987年,上海交通大学图书馆作为机构会员,正式加入"国际图书馆联合会"(IFLA),自此以后,积极参加该组织的活动。从1991年起,每年8月,均派人参加IFLA年会。1991年8月,馆长张志竟参加在莫斯科召开的第57届IFLA年会"图书馆与文化:他们之间的关系"。1992年8月,馆长助理杜谦参加在新德里召开的第58届IFLA年会"图书馆与情报政策展望"。1993年8月,采访部主任蒋力群参加在巴塞罗那召开的第59届IFLA年会"全球性的图书馆,图书馆作为全球信息获取'中心'"。1994年8月,馆长助理林皓明参加在哈瓦那召开的第60届IFLA年会"图书馆与社会发展"。

1998年,上海交通大学图书馆正式加入联机计算机图书馆中心(OCLC, Online Computer Library Center),成为该中心的成员馆,开展联机编目及馆际互借。OCLC是世界上最大的图书馆及信息编目中心,拥有最大的书目数据库,提供文献记录和馆藏地点信息,帮助用户更好地进行编目和资源共享。

1992年1月,同济大学图书馆正式加入国际图联(IFLA),成为国际图联会员馆。1993年8月,曲则生馆长以国际图联会员的身份参加了在西班牙巴塞罗那举行的第59届年会。1995年8月,副馆长徐伟华赴土耳其参加第61届国际图联会议。1996年8月,副馆长徐伟华参加在中国北京召开的第62届国际图联会议。1997年8月,副馆长徐伟华赴丹麦参加第63届国际图联会议。1998年8月,副馆长慎金花赴荷兰阿姆斯特丹参加第64届国际图联会议。1999年8月,馆长助理陈欣赴泰国参加第65届国际图联会议。

1991年,华东师大图书馆成为国际图书馆协会与机构联合会(IFLA)的机构成员,积极参与国际交流与合作。

三、主办国际会议和专业培训

20世纪90年代起,上海高校图书馆开始举办国际图书馆学术交流活动。1996年9月1日至4日,在上海交通大学建校100周年和上海交通大学包兆龙图书馆建馆十周年之际,上海交通大学图书馆与美国布兰戴斯大学、美国美中图书馆学会和美国佛罗里达海岸大学联合主办了"21世纪的大学图书馆国际学术研讨会",来自澳大利亚、巴西、加拿大、美国、日本、荷兰、英国、新西兰、新加坡、中国等10个国家和中国台湾、香港等地区的157名专家学者(其中外宾51人)出席了会议,来自中国大陆、美国、英国、荷兰、新加坡等国家和中国台湾地区的20家公司、研究所及大学举办了"光盘系统、图书馆计算机管理集成系统及产品展览会"。会议共征集到109篇论文,其中40篇由境外专家学者撰写。

2004年11月1—5日,复旦大学图书馆和美国哈佛大学哈佛燕京图书馆在复旦大学图书馆举办"美国国会图书馆主题编目"高级研讨班,由哈佛燕京图书馆编目部主任林国强博士主讲。

2008年3月31日,上海交通大学医学院信息资源中心承办法语医学院院长国际会议主持的"中国、东南亚地区法语教学医学院图书馆继续教育研讨会"。法语医学院院长国际会议面向非洲、中欧、东南亚等地区56所医学院图书馆,每两年举办一次教育研讨会。此次会议的主题是:提高医学院图书馆馆长的信息新技术和交流新技术知识。中国、越南、泰国、老挝、柬埔寨等六个国家的二十余位学员参加了培训。

第三节　中国科学院上海图书馆系统国际交流与合作

从20世纪80年代起,中国科学院上海图书馆系统已经开始互访、参加国际图联大会、专业图书馆年会、研讨会、学术交流等加强国际交流和合作。

1982年中国科学院上海文献情报中心主任龚义台作为中科院图书馆代表团成员赴美访问参观。1986年8月,中科院上海文献情报中心馆员参加在日本东京举行的第52届国际图联大会。1988年8月,中国科学院上海文献情报中心主任龚义台参加在澳大利亚悉尼举办的第54届国际图联大会。1988年9月,中国科学院上海文献情报中心馆员作为访问学者参加澳大利亚年会。1989年8月,中科院上海文献情报中心伍宗韶参加在法国巴黎举行的第55届国际图联大会。1989年,中国科学院上海文献情报中心主任龚义台赴美国参加"书目控制技术及其在图书馆管理中的作用"学术讨论会。1990年5月14—30日,中国科学院上海文献情报中心主任龚义台应苏联科学院科学图书馆之邀赴该国访问。1990年8月,中国科学院上海文献情报中心馆员参加在瑞典斯德哥尔摩举行的第56届国际图联大会。1990年,中国科学院上海有机化学研究所图书馆馆员赴美国化学文摘社(CAS)工作半年,参与完成ASD算法软件研制开发合同。1991年9月,中国科学院上海文献情报中心馆员赴苏联访问,介绍"中国生物学文献数据库",同时馆员赴莫斯科参加"小型计算机与微机在图书情报工作中的应用"研讨会。1992年,中国科学院上海文献情报中心馆员赴印度参加MINSIS国际年会。1992年8月,中国科学院上海文献情报中心馆员参加在印度新德里举行的第58届国际图联大会。1993年8月,中国科学院上海文献情报中心主任龚义台参加在西班牙巴塞罗那举行的第59届国际图联大会。1998年9—12月,中国科学院上海文献情报中心馆员赴英国帝国理工大学短期访问3个月。1999年8月,中国科学院上海文献情报中心馆员赴泰国参加第65届国际图联大会。2000年7—9月,中国科学院上海文献情报中心馆员赴英国短期访问3个月。2003年2—5月,中国科学院上海文献情报中心馆员赴德国短期访问3个月,重点考察马普学会和德国大学图书馆体系。2004年5月,中国科学院上海生命科学信息中心肖宏、于建荣等赴美国考察美国科技期刊出版工作。2006年8月20—24日,中国科学院上海生命科学信息中心于建荣等参加在韩国首尔举行的国际图联大会。2008年5月3—14日,中国科学院上海生命科学信息中心馆员赴美国考察美国国立健康研究院及研究型大学图书馆及服务。

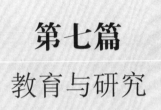

第七篇

教育与研究

1978 年秋开始，上海市高等教育局先后批准华东师范大学、复旦大学分校（现为上海大学图书情报档案系、文学院、社会学院）、上海师范学院（现为上海师范大学）创办图书馆学专修科。此外，还逐渐创办了一批图书馆中等职业技术学校。与此同时，一些图情专业实力雄厚的高校图书馆和研究所也承担起了培养图书馆领域专业人才的任务，包括：上海交通大学图书馆情报科学技术研究所、复旦大学图书馆文献信息中心、华东理工大学科技信息研究所、上海社会科学院信息研究所等。截至 2010 年底，上海市已建成比较完备的图书馆学专业教育体系，为图书馆事业发展提供了多层次的专业人才。

这一时期，上海市图书馆领域的学术团体活动逐渐活跃，中国索引学会、上海市图书馆学会、上海市科技情报学会、上海市高等学校图书情报工作委员会、上海市图书馆行业协会等，在行业服务、人才培养和科研活动等方面发挥着积极的作用。上海市图书馆学会年会从 2004 年至 2010 年，共举办了 5 次年会，会议主题从地区图书馆发展实践，到大都市图书馆服务责任的探索，再到图书馆为城市文化服务等主题，体现了上海市图书馆事业发展与上海城市有机结合的特征。

专业刊物日趋繁荣，由上海市图书馆学会与上海图书馆合办的《图书馆杂志》，从季刊、双月刊发展到月刊。是中国期刊方阵期刊、中国人文社会科学核心期刊、全国中文核心期刊、中国优秀图书馆学期刊、CSSCI 来源期刊，在国内同类专业学术期刊中一直名列前茅。此外，《上海高校图书情报工作研究》、《信息管理》（原名《文献工作研究》）、《中国索引》等学术期刊，在图书馆学领域也具有一定的知名度。

与境内外的学术交流活动不断增多，先后召开了中国图书馆学会、海峡两岸图书资讯学术研讨会、上海国际图书馆论坛等大型学术会议，并与美国联机图书馆中心（OCLC）、日本图书馆研究会、国际图联报纸委员会、美国图书馆协会等国外学术组织展开学术交流活动，推动和提高了本市图书馆学研究。

学术研究成果丰硕，仅 20 世纪 90 年代末至 2010 年底，上海图书馆界的专家学者以第一作者在国外 SSCI 期刊共发表 60 多篇学术论文，以第一作者在《中国图书馆学报》上发表论文共 81 篇，并出版了一批在国内图书馆学界有影响力的研究专著。1996—2010 年，记录在库的国家级课题共有 45 项。

第一章 图书馆学教育

第一节 沿 革

一、学科教育

1949年新中国成立以后,为了适应图书馆事业的发展和对图书馆专业人才的需要,图书馆学教育逐渐引起各方面的重视,至20世纪70年代末,上海各部门(文化,教育,科技,工会,部队)和各单位多采取举办短训班、专修班、进修班等形式,为本系统或本单位培训在职的图书馆专业人员或招收新人员,收到一定成效。此外,则完全依靠外地高校图书馆专业系科输送人才,其中以武汉大学和北京大学两校最多。

1978年秋季,上海开始出现全日制图书馆学高等教育,市高等教育局先后批准华东师范大学、复旦大学分校(现为上海大学图书情报档案系)、上海师范学院(现为上海师范大学)创办图书馆学专修科,并从次年起陆续升格为本科。1979年2月,经国家教育部批准,华东师范大学的图书馆学专科改为图书馆学系,招收四年制本科生,有文学学士学位授予权。1984年,华东师范大学图书馆学系改名图书馆学情报学系,设图书馆学情报学专业。1992年,又改名为情报学系,仍设图书馆学情报学专业。1993年,华东师范大学信息学系(原图书馆学系)与该校经济、管理类专业一起并入商学院。上海大学文学院图书馆学系改名文献信息管理系,设图书馆学,档案学专业。1986年9月,中国人民解放军空军政治学院图书档案系成立,招收二年制专科生及四年制本科生,本科生毕业后授予学士学位。至此,本市同时拥有3个高等教育专业点,分属国家教委,市高教局及解放军总参谋部领导。

随着办学条件的改善和师资实力的增加,各校又先后获得了硕士甚至博士的授予权。1980年,华东师范大学图书馆学系取得了中国古典文献学硕士学位授予权,1984年又取得了图书馆学硕士学位授予权。中国人民解放军空军政治学院图书档案系于1990年取得了图书馆学硕士学位授予权。上海大学图书馆学系1999年获得情报学硕士学位授予权,2003年获得档案学硕士学位授予权。2003年,华东理工大学科技信息研究所获得"情报学"硕士学位授予权。2003年,经国务院学位委员会批准,空军政治学院图书档案系获得了图书馆学博士点和情报学硕士点。至此上海市图书馆学情报学教育形成了本科专业、硕士二级学科与一级学科授予权、博士授予权完整的教育体系,为上海市及全国、全军培养本专业中高级专门人才。

除全日制高等专业教育外,上海市还创办了中等专业教育。1983年,沪光中学开始设图书情报专业,向各区招收应届初中毕业生。师资配备方面,公共学科由本校教师承担教学工作,专业课程则聘请专人讲授或请高校专业教师兼任。学生在校期间每周安排半天社会实践,最后一个学期参加专业实习,上岗顶班。1983年9月,由上海市文化局主办,委托上海图书馆管理的上海市图书馆职工中等专业学校正式建立,主要任务是为市、区、县各级公共图书馆以及其他类型图书馆培养初级管理人员。1984年9月,经市教卫办批准,学校附设中专班,招生应届高中毕业生入学,学制两年。1987年9月,上海经济管理学校设立图书情报资料管理专业,专门培养从事图书情报资料部门计算机,缩微,复印和声像技术及图书情报资料管理工作人员,学制四年,招收初中毕业生。

1991年,上海沪光中学图书情报专业单独设校,定名为上海沪光图书情报中等专科学校,设有图书情报、现代商务、教学行政等3个专业,学制4年;1992年由香港爱国实业家董纪勋捐资助学而更名为董恒甫职业技术学校,2009年更名为上海市信息管理学校。

20世纪90年代,随着图书馆学教育界采取院系更名、拓展教学目标、调整专业目录、更新教学方案、重置教学课程等一系列的改革措施,图书馆教育的改革基本"闯关"成功,图书馆教育开始面向新世纪。

90年代,图书馆学办学层次丰富,一些成人教育(又称继续教育)、各种培训教育事业的繁荣。华东师范大学信息学系通过开设培训班为在职人员开设进修班、学习班及短训班,其中也包括高校图书馆馆长的进修班。

90年代后期起,上海图书馆先后与华东师范大学信息学系、北京大学信息管理系和中国科学技术信息研究所联合开办图书馆学和情报学在职研究生课程班,为本科学历的年轻图书馆员提供规范、系统的专业教育,提升专业技术能力。1999年10月—2002年10月,华东师范大学信息学系与上海图书馆合作开办图书馆专业研究生课程进修班,参加学习的学员有33人。2004年9月—2006年9月,北京大学信息管理系上海图书馆合作开办图书馆学专业信息资源管理方向研究生课程进修班,参加学习的学员有20人。2007年9月起,中国科学技术信息研究所与上海图书馆合作开办情报学专业研究生课程进修班,参加学习的学生有30余人。

上海市图书馆馆长高级研讨班于2010年5月由上海市图书馆学会和浦东新区图书馆承办。根据中美两国政府签署的《2007年至2009年中美文化交流执行协议》中的相关规定,文化部实施了《中美图书馆员专业交流项目》(2009—2010年),邀请多批美国专家到中国进行交流讲学,旨在通过专家讲授交流,使各级各类图书馆馆长提高管理水平,增强业务能力,开阔学术视野,全面推动图书馆事业发展。学员参加全部课程学习后由中国图书馆学会颁发结业证书。

上海图书情报高级研修班由全国文化信息资源共享工程上海市分中心、上海市文献资源共建共享协作网指导委员会牵头,上海市图书馆学会、上海市科技情报学会联合举办。研修班邀请本市图书情报界一批学术渊博、经验丰富的专家和管理者为导师,于2000年5月首次开班,每年举办1—2期,每期10个左右专业报告,内容为图书情报理论、图书馆管理、图书情报专业技术方法、图书馆情报学研究前沿等,全都由本市图书情报界教学、研究和管理领域的高级专家授课。每期学员25—40人,截至2010年底累计举办了研修班15期,共有486人参加。

二、课程设置

在图书馆学教育初创时期,各教学点基本的课程设置均以图书馆学传统课程为主,按图书馆业务设课,如图书馆学概论、藏书建设、分类、编目、中外文工具书、文献检索、读者工作等。

20世纪80年代中期,本市图书馆学教育的课程改革成为教学改革的重要内容,主要特点在于情报有关课程的普遍加强,以适应图书情报工作发展与改革的需要,如情报检索语言,社会科学情报工作导论,专利情报,企业情报,经济情报,情报用户服务,情报分析与研究,现代文献情报技术等。与此同时,为了适应图书馆现代化的需要,普遍重视计算机及其他图书馆现代技术应用的有关课程,如计算机导论,汉字信息处理,各种计算机语言,联机编目,图书馆自动化等。课程改革的共通点在高等专业教学中是:情报学与计算机科学课程在必修课程中比重的加强,图书馆学传统课程相对压缩或删减;选修课普遍增加,给学生有更多的选择余地,特别是其他专业课程有较大的选修机会,以扩大学生的知识面。

随着国家的深化改革与开放以及社会经济建设发展的需要,本市各教学点都增开了一些应用性,针对性较强的社会急需的新课,如,从 20 世纪末开始,华东师范大学信息学系增加了经贸管理,旅游情报,国际商务情报,市场情报,金融情报等。

图书馆学、情报学及档案学的理论与方法得到了加强,外语(以英语为主)及计算机科学知识和技术普遍受到重视。如:华东师范大学图书馆学信息学系在于重视外语教学,学生动手能力培养及国际交流,本科一二年级以英语课为重点并须经过过关考试,三年级开设专业英语课程;大部分课程均安排系内或系外实习,毕业班进行教育实习,派往图书情报机构进行毕业实践训练,经常邀请国外学者、专家来系作短期讲学。上海大学文学院文献信息管理系重视学生的动手能力培养,重视开设应用课程或讲座,大部分课程安排了课堂与课外实习,为学生创造接触实际的机会。空军政治学院图书档案系的办学特点在于突出军事需要和图书情报档案现代化管理的需要,着重培养学生结合军事需要充实现代管理的理论,方法和技术,以适应军队图书档案工作的需要。

中等教育在课程改革上也有较大的变化。上海沪光图书情报中等专科学校与上海经济管理学校都针对学生情况及社会需要,开设较多的公共文化课程和相关学科和课程,如文书写作,英文打字,书法,实用美术,日语,统计学,档案学基础,科技资料信息,计算机语言,使学生能适应多种工作的需要。

第二节　华东师范大学商学院信息学系

一、专业与师资

华东师范大学图书馆学系经国家教育部批准于 1979 年 2 月成立。次年经国务院批准获古典文献专业硕士学位授予权,信息学系于 1980 年开始招收研究生,1984 年改名图书馆学情报学系,同年,获得图书馆学硕士学位授予权,是国内最早获得图书馆、情报与档案管理学科硕士学位授予权的单位之一。1993 年归入华东师范大学商学院后,依托商学院经济、管理类学科背景,进一步加快了教学改革的步伐。经过多年改革,该系现已形成以培养通用型信息管理人才为基本特色的教学体系。1999 年 9 月,为培养跨世纪图书情报专业人才,适应 21 世纪信息化社会的发展和经济建设的需要,华东师范大学信息系与上海图书馆教培中心共同举办图书情报专业硕士学位班正式开学。学制两年半。2007 年获批图书馆、情报与档案管理一级学科硕士点,2010 年获得图书情报硕士专业学位授予权。

截至 2010 年,信息学系有教师 14 名,其中教授 4 名,副教授 6 名,讲师 4 名。20 世纪 80 年代曾聘用顾廷龙、潘景郑、胡道静、李芳馥、岳良木、马远良、须一平等担任兼职研究生导师。历届系主任分别为:陈誉、宓浩、祝希龄(代)、吴光伟、范并思、段宇锋。2010 年,信息学系设有图书馆、情报与档案管理一级学科硕士点和图书情报专业硕士(MLIS)项目,还培养全日制的本科,专业设置为信息管理与信息系统专业本科生。

二、培养目标与毕业生

信息学系培养具备现代管理学基础知识、计算机科学技术知识及应用能力,系统掌握信息管理与信息系统专业知识,能胜任各类政府机关、企事业单位及专业信息机构的信息资源管理和信息系统管理的专门人才。在传统专业基础上引入了信息经济、信息管理与信息系统,适应了信息时代高层次人才培养的需要。

20世纪90年代,信息学系培养函授生195人,进修教师110人,旁听课人次653人次。历年培养在职人员进修班、学习班、短训班共1 141人,其中高校图书馆馆长进修班119人,干部进修班257人。截至2010年,共培养研究生近600人。2010年招收硕士研究生14人,其中图书馆学1人,情报学13人,毕业本科生23人。毕业生流向主要有:政府机关、大中型企业与事业单位的信息管理和技术支持部门、网络公司、数据提供商与咨询公司、情报和档案部门等。

三、主要课程

信息学系不断进行教学改革,成为国内图书馆学、情报学、经济信息、信息管理等领域具有影响的院系之一。专业侧重要求毕业生掌握信息管理与信息系统的基本理论、基本知识,掌握管理信息系统的分析方法、设计方法和实现技术,具有信息组织、分析研究、传播与开发利用的基本能力,能够综合运用所学知识分析问题与解决问题。主要专业课程有:宏观经济学、微观经济学、管理学原理、会计学原理、市场营销、运营管理、战略管理、组织行为学、人力资源管理、财务管理、计量经济学等经济管理类课程;数据库、网络系统、Web程序设计、数据挖掘与商务智能、信息安全、移动应用开发、IT项目管理、信息管理应用软件等计算机类课程;信息管理概论、信息检索、信息处理、信息分析、信息咨询与服务、管理信息系统、经济管理、知识管理、网络信息资源研究、电子商务、电子政务等信息管理类课程。毕业生所获学位为管理学学士。

四、科研

信息学系出版的著作主要有:《图书馆学情报学档案学论著目录(1949—1980)》《图书馆学情报学档案学论著目录(1981—1985)》《美国图书馆及其他地区的图书馆事业》《图书馆学理论》《图书情报计算机应用技术》《中文工具书指南》等。另外,还承担了《中国大百科全书图书馆学卷》和《当代中国图书馆事业卷》的部分编辑与撰稿任务、《申报索引》的编撰工作和国家教委下达的《社科情报工作》等5本统编教材的编写任务。该系教师出版的专著有:《网络链接分析与网站评价研究》《网络信息资源配置与调控机制》《公共图书馆未成年人服务》《图书馆资源公平利用》《图书馆学理论变革:观念与思潮》《百年文萃:空谷余音》《20世纪西方与中国的图书馆学:基于德尔斐法测评的理论史纲》《当代中国社会科学报刊文献分析(1978—1995)》《基于博弈论的国家竞争力评价体系研究》等。

信息学系在1988年参加国际图联,是国际图联的机构会员。陈誉、孙云畴、刁维汉曾先后参加中国大学图书馆代表团、中国图书馆代表团和中国图书馆学会代表团出访美、英、澳等国。进入21世纪,信息系教师曾多次出席国际会议,在会上宣读论文,并在国外高水平SSCI期刊中发表多篇论文。1996—2010年,华东师范大学信息学系共获得国家哲学社会科学基金项目6项。其中,2010年,范并思申请并主持了国家社科基金重点项目《我国图书馆核心价值体系构建研究》。2008—2010年,袁毅主持完成了上海市教育委员会重点课程建设项目——电子商务的课程。

信息系与美、英、澳、德、比、荷、日等国图书馆、情报所(系)建立了学术交流关系,还和英国拉夫伯勒技术大学图书馆、情报学系建立了双边协作关系。资料室共有中西文图书 10 544 册,外文期刊 36 种,中文期刊 119 种,已装订成册的共 1 853 册。

在信息技术发展方面,信息学系在 21 世纪初建成了经济管理模拟实验室。实验室由多媒体实训教室、多媒体实训室、多功能区等组成。

第三节　上海大学图书情报档案系

一、专业与师资

上海大学图书情报档案系创建于 1978 年,前身为复旦大学分校图书馆学系,其中图书馆学专业开办于 1978 年,档案学专业开办于 1981 年,科技情报学专业开办于 1984 年。1984 年图书馆学系易名为文献信息管理系。1986 年 12 月,档案学专业划出,单独组系,1989 年 3 月,复归文献信息管理系。1991 年,档案学专业再度从文献信息管理系分开,独立建系。1994 年,新上海大学组建后,设置上海大学文学院档案学系、文献信息管理系。1999 年,文献信息管理系并入国际工商与管理学院,更名为信息管理与工程系。2002 年 3 月,上海大学情报学研究中心成立,培养情报学专业硕士研究生。2008 年,整合档案学专业、情报学专业、图书馆学专业资源,成立图书情报档案系。

2010 年,设有图书情报与档案管理一级学科硕士点;档案学、情报学、图书馆学 3 个二级学科硕士点;图书情报专业硕士点;档案学、信息管理与信息系统(科技情报学,1984—1997 年)和图书馆学(1982—1996 年)3 个本科专业。信息资源管理为上海大学重点学科,档案学为上海市本科教育高地。

2010 年,全系专业教师 28 人,其中教授 7 人,副教授 16 人,55 岁以下教师全部具有博士学位;聘请上海市档案局馆、上海图书馆等实践单位兼职教授 10 余人,并聘有多名国外资深学者担任顾问与自强教授。系下设有 7 个研究中心,分别为:上海大学情报学研究中心、上海大学档案事业发展研究中心、档案记忆研究中心、档案信息化研究中心、档案信息资源开发与利用研究中心、信息分析与测评研究中心、学术传播研究中心。

二、培养目标与毕业生

培养具备良好的政治思想素质和职业道德素养,掌握扎实的图书馆学、情报学与档案学专业知识和技能;熟练掌握数字化技术、数据库技术、网络检索技术等相关信息技术知识,熟悉科技档案与竞争情报等现代业务操作流程,具备科技查新服务能力,适应图书馆、档案馆(档案中心)、事业单位信息中心、现代企业信息中心等行业领域工作的专门人才。

截至 2010 年,已培养本科生、专科生 2 000 余人、研究生 400 余人。

三、科研

在教学方面,有国家精品课程 1 门,上海市精品课程 2 门,上海市重点课程 3 门,承担一批国家级、省部级教研项目,其中国家级教研项目 2 项。教研成果获国家级教学成果二等奖(2001 年)、上海市教学成果一等奖(2005 年)、上海市教学成果二等奖(2009 年)等多项奖励。

在科研成果方面,至 2010 年,有国家社科基金项目 7 项,曾连续三年获国家档案局科技成果奖。出版的主要著作有《文书学》《中国文学文献学》《档案史料编纂学》《文化进化导论》《人际信息交流——原理和技能》《档案编纂学》《现代企业制度下企业档案工作运行机制研究》《人事档案制度的社会功能》《档案学理论范式研究》等。

上海大学图书情报档案系在深化学科建设中密切联系实践单位,形成了协调稳定的联合办学模式和机制,与上海地区图书馆、情报和档案等实际工作部门和研发部门建立了 20 余个教学科研基地,培养学生实践能力。国际合作交流广泛开展,举办"情报学研究生教育国际研讨会"等学术会议,与美国、日本、瑞典、比利时等国外高校开展学术交流和人才培养,教师出国访学、参加国际档案大学和国际学术会议,学生出国实习、攻读硕士研究生。

第四节　中国人民解放军南京政治学院上海分院军事信息管理系

一、专业与师资

1985 年底,总参谋部提议在空军政治学校组建军队图书档案系。1986 年上半年,在全军第十三次院校会议上正式确定建系,当年 9 月 1 日第一届图书情报专业本科、档案专业本科与专科 3 个班次同时开学。

1988 年,图书馆学招收首批硕士研究生,1990 年国务院批准空军政治学院图书档案系为图书馆学专业硕士学位授权点,1994 年 3 月,改称为信息管理系。1995 年上海市批准为档案学专业硕士学位授权点,从 1995 年起,两个专业可从应届生中免试推荐硕士研究生。1997 年,图书馆学通过了国务院学位办组织的硕士点合格评估。1999 年 5 月,随着军队院校调整、学院转隶,全称改为中国人民解放军南京政治学院上海分院军事信息管理系,是全军唯一集图书馆学、档案学、信息管理专业于一体的教学研究基地。2001 年,获准招收研究生课程班,并有权受理同等学力申请硕士学位。2003 年起,随着军队院校编制体制和培训任务的变化,图书情报专业和档案专业本科停止招生。2003 年,经国务院学位委员会批准,获得了图书馆学博士点和情报学硕士点,从 2004 年开始招生。2004 年以后招生对象限定为:符合招生报名条件的全军和武警部队的现役军官(警官)、文职干部、军队院校应届本科毕业生、普通高校应届本科毕业国防生。

1990 年,在军队院校图书馆联席会的指导下,开设第一期全军院校图书馆馆长班,2000 年以后每年开设一期,截至 2010 年,馆长班共举办了 13 期。2007 年起,招收第一期非现役文职人员任职培训班,截至 2010 年,共举办新聘、拟任中级非现役人员培训班次共 8 期,其他各类岗位业务班次2 期。

管理体制设正、副主任和政治委员。历任系主任为:张琪玉、叶千军、戴维民、林平忠。下辖系办公室,图书情报、档案、现代技术和基础课 4 个教研室,5 个学员队以及行政、教辅和其他人员。全系专业教师 46 人,其中教授 9 人,副教授 15 人,讲师和助教 22 人。

二、培养目标与毕业生

图书馆学专业的培养目标为:培养政治合格,具有较扎实的图书情报的理论基础,系统掌握图书情报学科基础理论和专业知识,知识结构合理,具备良好的信息素养、专业技能和科学思维方法,能够运用管理学的理论与方法研究解决军队图书馆、情报与档案管理中的理论、技术和方法问题,胜任军队图书、情报部门及相关工作岗位需要的高素质应用型人才。

截至 2010 年,共培养研究生、本科学员 3 000 余名,培养军队在职干部 2 900 余人次,为军队的图书情报档案事业,军队信息化、数字化和智能化建设培养了一大批高素质的现代军事信息管理人才。

三、主要课程

图书馆学硕士点已建有信息资源管理、信息组织与检索(包括原情报语言学和信息资源编目)、信息系统与信息技术、现代图书馆管理、军队图书馆管理学等 5 个研究方向,有硕士生导师 12 人。图书馆学硕士点开设的主要专业课程有:《信息科学基础》《信息组织与检索》《分类检索语言研究》《信息系统与信息技术》《现代管理理论》《信息机构管理》《信息系统与信息管理》《文献编目原理》《专业英语》《数字图书馆理论与技术》《离散数学》《数据结构》《操作系统》《数据库原理与应用》《计算机网络》等。

四、科研

1986—2010 年间,先后承担并圆满完成国家、军队、省部级各类立项课题 54 项。其中获国家科技进步特等奖 1 项、国家科技进步一等奖 3 项、二等奖 1 项,军队、省部级科技进步一、二、三等奖 17 项;出版教材、著作近百部,发表论文 3 000 余篇。

积极鼓励教员参加各种类型的学术交流活动。建系以来,该系先后有 34 人次到英国、美国、韩国等 10 余个国家和地区进行学术交流和研讨。1987 年起,教师多次参加国际学术会议,包括 4 人参加国际图联大会。此外,先后有 700 多人次参加军内外各种类型的专业学术交流活动,同时邀请国内外专家学者来系访问讲学达 1 000 多人次。

信息管理系建有信息资源数字化实验中心和文献信息保护实验中心,共装备各类微机 200 余台;4 个教师专用计算机机房和资料室附属小型电子阅览室,共装备各类微机 27 台,与因特网连接。系资料室比较齐全地收藏了图书馆学、情报学、档案学、信息管理科学以及与其相关的中文专业期刊,有重点地收藏了外文专业核心刊物,中外文现刊 150 种,图书总数约 2.04 万余册。

第五节　高校图书馆、研究所专业培养

一、上海交通大学图书馆情报科学技术研究所

【沿革】

上海交通大学图书馆情报科学技术研究所的情报学硕士点于 1996 年获得授权批准,隶属上海交通大学情报科学技术研究所,1997 年招收第一届研究生。硕士点于 2006 年又被批准成为"图书馆、情报与档案管理"一级学科硕士点,2007 年开始招收档案学硕士研究生。

【培养目标与毕业生】

该硕士点是国内高校图书馆(情报所)最早获得授权的情报学硕士之一。

培养目标:旨在培养在信息管理学科内掌握坚实的理论基础和相关专业知识,具有从事科学研究、教学工作或独立担负本专业技术工作能力,以满足信息管理行业的有关软件设计与开发、社会各行业的信息分析与综合、信息咨询,以及数字图书馆相关技术研发等多层次社会需要的毕业研究生。

研究方向。情报学:1. 信息管理系统和数字图书馆技术;2. 信息检索及网络数据库研究;3. 竞争情报理论方法及其应用;4. 信息资源与信息服务。档案学:1. 档案管理学;2. 档案编研学;3. 档案信息整合及其知识化。就业去向:政府、信息、咨询、高等教育、国内外知名大型企业等领域。

该硕士点自1997年第一届招生到2007年,共招收研究生50人,每年在读研究生15人左右。

【主要课程】

管理信息系统、计算机网络、矩阵理论、基础数理统计、自然辩证法概论、科学社会主义理论与实践、英语、情报分析与研究、情报检索系统、竞争情报与企业知识管理、情报学研究进展、信息管理技术与应用、专业英语、数字图书馆原理和方法。

【科研】

硕士点通过内引外联,聘请上海图书馆上海情报所馆长吴建中博士、原浙江大学信息资源管理系主任叶鹰做兼职教授,聘请美国佛罗里达大学计算机信息科学与工程系陈树新、美国肯特州立大学图书情报研究生院曾蕾作为顾问(客座)研究员,逐渐形成信息管理系统与数字图书馆技术、信息检索系统与网络数据库研究、竞争情报理论方法及其应用等几个特色鲜明的研究方向。

二、复旦大学图书馆文献信息中心

【沿革】

2004年,复旦大学图书馆文献信息中心图书馆学硕士学位获得授权批准,有正高职称教师6人,副高职称教师27人。自2004年始,每年招收图书馆学硕士3人,学制3年。2005—2010年期间,先后获得国家社会科学基金项目及教育部、上海市等部省级基金项目50余项,出版专著和教材近20部,发表学术论文近200篇。

【培养目标与毕业生】

专业培养德智体全面发展,具有坚实的图书馆学理论基础,既系统掌握现代图书馆的理论和技术,又对图书馆的学科发展和工作实践具有较强的创新意识、研究能力和管理能力的复合型专业人才。研究方向:1. 社科文献管理与利用;2. 数字图书馆应用研究;3. 信息服务研究;4. 古籍保护。毕业去向:图书馆、档案馆、博物馆、全国各大企事业单位、IT行业、新闻出版部门、大专院校、医院及有关研究机构就职,从事图书信息管理和开发工作。

【主要课程】

文献学概论、现代图书馆学、电子文献检索、图书馆业务实践、信息系统技术与管理、信息系统项目管理、数字图书馆、信息咨询与信息服务、高级数据库理论、分布式数据库、数据库与知识库、高级软件工程、新型程序设计方法、高级计算机网络、图形学与可视化、现代信息检索、中国藏书史研究、近代藏书家研究、四库全书提要研究、续修四库全书提要研究、古籍文献保护与修复。

【科研交流】

文献信息中心重视与国内外学术交流活动。近年来先后与美国哈佛大学、普林斯顿大学、芝加哥大学、耶鲁大学、匹兹堡大学、日本早稻田大学、香港大学、香港中文大学、澳门大学等图书馆建立了学术交流和合作关系，有 50 余名教师先后到这些单位访问进修、合作研究。

三、华东理工大学科技信息研究所

【沿革】

2003 年，华东理工大学科技信息研究所设立"情报学"硕士学位授予点，2004 年开始招生。研究所拥有国家社科基金评审专家、企业竞争情报专家、专业信息领域专家，主要从事情报组织与方法、信息技术与信息管理系统、企业情报、专利分析、专业信息学研究，为高等学校、科研机构、国家机关、大型企业和信息服务业培养高层次情报人才，研究所附属图书馆。

【培养目标与毕业生】

情报学专业的培养目标是高等学校、科研机构、国家机关、大型企业和信息服务业培养高层次情报人才。研究方向：1. 现代情报技术；2. 竞争情报；3. 专业信息学。要求学生系统掌握图书馆学理论、方法和技术，情报理论和方法、网络检索技术和信息管理系统等方面的专门知识和技能。毕业流向：面向政府机关、大中型企业、高等院校与科研院所等单位，也可继续攻读相关专业的博士学位。

【主要课程】

信息系统基础、现代情报学研究、网络信息与信息组织、竞争情报原理、现代信息检索、信息分析和情报咨询、科技信息研究、信息资源建设、信息数据库技术、信息系统项目方案研究、经济与信息研究、政务信息研究、企业项目开发及案例分析、计算机网络、数据结构、高级计算技术基础、管理决策技术等。

【科研】

图书馆积极开展图书情报服务理论与实践研究及文献检索教学工作，1995 年和 1998 年分别成立教育部科技查新工作站和上海市科学技术成果查新工作站，承接来自全国各地各种需求的查新业务。图书馆的"文献检索教学"颇具特色，2007 年成为上海市精品课程。图书馆还积极参与地区与国家范围的馆际合作、资源共享活动，每年通过网络为各类用户传递文献 7 000 余篇。

四、上海社会科学院信息研究所

【沿革】

上海社会科学院信息研究所（原名学术情报研究所）于 1978 年 10 月成立，主要从事社科情报研究和学术信息服务。2010 年下半年起在学术研究的基础上重点向信息智库方向发展。研究所设有信息资源管理研究中心、电子政府研究中心、知识管理研究中心、国外社会科学信息(国外社会主义)研究中心、海外人才信息研究中心、信息安全研究中心、《国外社会科学文摘》编辑部等研究部门。设有情报学、科学社会主义与国际共产主义运动史硕士学位点。

【培养目标与毕业生】

2007 年开始招收研究生,主要有 3 个研究方向:情报学理论与方法、信息资源管理、城市信息化。学制三年,前一年以课程学习为主,后两年以科研实践和撰写学位论文为主。毕业生流向:国家各级管理部门、工商企业、金融机构、IT 行业、相关科研教学单位等,从事计算机信息管理以及信息系统分析、信息研究与分析、城市信息化管理与研究等方面的工作。

【主要课程】

公共英语、公共政治、情报学基础理论和方法、信息资源管理基础、数据挖掘研究、信息政策法规、统计软件应用、系统动力学、信息化项目管理、情报学前沿研讨、信息分析与预测。

【科研】

截至 2010 年,研究所情报学科中标国家哲学社会科学基金项目 4 项,上海市哲学社会科学规划项目 5 项,上海市决策咨询重点和招标项目各 1 项,与外校合作获得教育部重大攻关课题 1 项,竞标获得国际资助研究项目 2 项;发表论文 20 余篇;出版著作 4 部(含合著);研究成果获中国发展研究一等奖 1 项,市哲学社会科学优秀成果著作三等奖和内部优秀成果奖各 1 项,市决策咨询研究成果一等奖与三等奖各 1 项。

第二章 学术研究

第一节 学术活动

一、国内主要学术活动

1987年6月4日至7日,全国中青年图书馆学情报学新观点、新思想、新方法研讨会在上海华东师范大学召开。研讨会的宗旨是:创新图书馆学、创新情报学。

1993年3月,由中国图书馆学会召开的"全国图书馆学术研究工作会议"在上海举行。会议主要议题是为1996年在北京召开的第六十二届国际图联大会做好准备,并讨论确定1993—1996年全国图书馆学会和图书馆事业研究发展规划,围绕1996年国际图联大会的主题和分主题,动员全国图书馆工作者积极开展相应主题的学术研究活动,认真撰写论文,从学术上为大会做好准备。

1993年12月,首届海峡两岸图书资讯学术研讨会在华东师范大学举行,来自海峡两岸各个系统的图书馆学专家学者共计100多人出席了会议。会议围绕图书资讯界面临的热点问题,如图书馆事业的现状和发展趋势、两岸图书资讯事业的比较、图书资讯教育、图书馆转型与行政体制的改革、图书馆现代化等问题展开了热烈的讨论,海峡两岸的图书馆界同行交流了各自的信息。

1994年10月,上海市图书馆学会举办图书馆科学管理研讨会。上海公共和高校系统图书馆40余名代表出席研讨会。上海图书馆以及复旦大学、上海交通大学、同济大学、华东理工大学等高校图书馆和南市、静安、松江、曲阳等区的图书馆,在会上联系实际作专题发言。

1994年12月,上海市区、县图书馆学术研讨会在松江县举行。研讨会由上海图书馆业务辅导部和学会区县馆研究组组织召开的,共收到论文138篇,经过专家评审,8篇论文的作者在会上作了交流发言。

1996年7月,由上海市图书馆学会、上海市文化局编辑的《把握机遇、深化改革——上海市区县图书馆文集》由上海社会科学院出版社出版,这是全市区县图书馆有史以来第一本正式出版的文集,收集了近年来区县图书馆工作者对图书馆工作的种种探索、问题和经验,共48篇文章。

1998年4月,中国图书馆学会第五届学术研究委员会成立暨工作会议在上海图书馆召开,来自全国各地的70余名学术委员出席了会议。中国图书馆学会秘书长刘湘生主持会议,学会理事长徐文伯和常务副理事长周和平提交了书面发言。学会副理事长吴慰慈作了题为《回顾过去,展望未来,开拓前进,建设二十一世纪的图书馆学学科体系》的专题报告,回顾了第四届学术研究委员会的工作,探讨了当前图书馆学面临的任务,提出发展中国图书馆学学术研究,建设面向21世纪图书馆学学科体系的建议。

2000年4月,由上海市高校图工委主办的"数字图书馆建设学术研讨会"在上海同济大学举行。来自北京、广东、山东、陕西、山西、河北、浙江、云南、海南和上海等地的100多位代表出席了研讨会。

2000年5月,为培养上海跨世纪高素质的图书情报专业人才,适应网络时代高科技发展的需求,由上海市文献资源共建共享协作网牵头,上海市图书馆学会、上海市情报学会等联合举办的图书情报高级研修班开学,27 名来自全市高校图书馆、区县图书馆的学员参加。

2001 年 10 月,由文化部社文司主办、上海图书馆承办的第 2 届"海峡两岸公共图书馆基础建设研讨会"在上海图书馆召开,共有 160 多位海峡两岸图书馆的专家、学者前来上海参加研讨活动。

2002 年 10 月,全国范围内图书馆后勤系统的首次专业学术研讨活动——"后勤保障与图书馆发展学术研讨会"在上海图书馆举行。国家文化部社会文化图书馆司发来贺词,上海市副市长周慕尧发来贺信。

2003 年 8 月,受教育部高等学校图书情报工作指导委员会及中国高校数字图书馆联盟的委托,由复旦大学图书馆承办的"数字图书馆软件演示与研讨会"在复旦大学召开。来自北京大学、清华大学、中国人民大学等国内 32 所高校图书馆的馆长和计算机专家参加了本次研讨会。

2004 年 12 月,首届"长江三角洲城市图书馆发展论坛"在上海市委党校成功举办,会议由上海市图书馆学会、江苏省图书馆学会、浙江省图书馆学会发起组织。会议期间举行的"16 城市图书馆馆长圆桌会议",长三角地区共有 91 家来自公共、高校、科研等系统图书馆参加签署了《关于全面推进和加强长江三角洲城市图书馆合作交流的意见》。

2005 年 4 月,首届"图书馆讲座研讨会"在沪举行,由文化部全国文化信息资源建设管理中心、中国国家图书馆和上海图书馆倡议的"公共图书馆资源共建共享协议书"在上海图书馆签约。

2008 年 7 月,由中国图书馆学会主办,上海市图书馆学会、长宁区文化局、长宁区图书馆承办的第四届青年学术论坛在长宁区图书馆举行。本届青年论坛的主题是"图书馆公共形象:研究、策划与设计"。

2009 年 6 月,第 5 次全国情报检索语言发展方向研讨会在中国人民解放军南京政治学院上海分院召开。国内从事情报检索语言研究、教学和实际应用的近 60 名代表参加了会议。

2009 年 7 月,由中国图书馆学会用户研究与服务专业委员会、中国科学院上海生命科学信息中心与上海市研发公共服务平台管理中心联合举办的首届"图书馆个性化知识服务研究与实践"学术研讨会在中国科学院上海生命科学信息中心举行。

2009 年 9 月 23 日,中国图书馆学会第八届学术研究委员会成立大会暨中国图书馆(苏州河)服务案例分析研讨会在普陀区图书馆召开,国家图书馆及各省市图书馆的专家学者 250 余人参加。

2009 年 12 月,由教育部高等学校图书情报工作指导委员会、中国图书馆学会图书馆管理专业委员会和上海交通大学图书馆联合主办的第二届"图书馆管理与服务创新论坛"在上海交通大学闵行校区图书馆主馆举行。

2010 年 10 月,由教育部高校图工委主办、上海市高校图工委和华东理工大学承办的 2010 年全国高校文献检索教学研讨会在华东理工大学召开。

二、国际学术交流与学术论坛

1996 年 9 月,上海交大图书馆举办"21 世纪的大学图书馆"国际学术研讨会,来自中国、澳大利亚、美国、加拿大、日本等 16 个国家和地区的 51 位专家出席了研讨会。

1999 年 8 月,上海图书馆举行"第十一届国际图书馆建筑学术研讨会",这是国际图书馆联合会首次在上海举行大型国际会议,有来自 26 个国家和地区的百余名代表参加会议,与会者对中国当代图书馆事业的发展及对世界各优秀图书馆建筑和未来的专业建筑发展趋势等进行了研讨与交流。

2000年6月,上海图书馆与美国联机图书馆中心(OCLC)携手联合举办"知识管理与元数据"高级研修班。OCLC学院执行院长、研究所所长ErikJul博士和研究员、俄亥俄大学图书馆名誉馆长李华伟到沪作学术报告。

2001年5月,马来西亚、越南、新加坡和澳门等国家和地区的图书馆代表专程应邀前来上海参加了《第2届亚太城市信息化高级论坛——数字图书馆》,并签署了《2001年亚太地区城市间数字图书馆合作项目——资源共享和技术、设备支持协议书》和《亚太地区城市间数字图书馆合作备忘录》等两个文件。

2001年5月,为加强元数据的理论研究和实际应用,"中文元数据应用国际研讨会"在上海图书馆举行。来自美国、日本、澳大利亚和中国大陆和中国台湾的数十位元数据研究专家参加了研讨会,并在会上交流了元数据的研究成果和实际应用的经验,探讨了元数据的标准化问题和应用发展的前景。

2001年10月,上海图书馆与日本图书馆研究会联合主办的"第一届国际图书馆学研讨会"在上海图书馆举行。两国选派的4位专家在会上作了专题学术报告,共同切磋交流了两国同行在数字图书馆建设和网络服务方面的经验和成果,研究和探讨了21世纪两国图书馆事业发展面临的机遇和挑战。

2002年7月,首届上海国际图书馆论坛在上海图书馆开幕,这次论坛的宗旨是探讨现代图书馆在新世纪如何更好地生存和发展。

2002年11月,由上海图书馆和日本图书馆研究会联合主办的"第二届国际图书馆学研讨会"在日本大阪举行。会上,马远良、尹美华和郑传红等分别代表上海的图书馆同行在会上作了《上海地区中心图书馆的馆际协作与资源共享》《上海中心图书馆框架和实践探索》和《上海市中心图书馆运行中的问题及其探讨》。

2003年9月,上海图书馆上海科技情报研究所成功举办2003竞争情报上海论坛。论坛邀请了美国、法国、加拿大、日本和中国本土的竞争情报专家,向来自全国各地的参会者介绍了竞争情报的最新发展动态,内容涉及竞争情报的最佳实践、全球贸易与竞争情报、技术竞争情报和部分情报体制与人员的培训等。

2004年3月,上海图书馆与国际图联报纸委员会联合举办了报纸利用与保存国际研讨会。会议的主题是交流、合作、探索"报纸的保存与利用"。来自德国、英国、芬兰、法国、瑞典、挪威、加拿大以及上海图书馆的资深馆员、上海市中心图书馆各分馆及高校图书馆的管理人员以及国内从事报纸数字化的技术人员等近60人参加了这次研讨会。

2004年10月,以城市发展与图书馆服务为主题的第二届上海国际图书馆论坛(SILF)、2004年都柏林核心及元数据应用国际研讨会(DC-2004)及第3届中日国际图书馆学研讨会相继在上海图书馆召开。来自美国、日本、加拿大、英国、法国、德国、韩国、丹麦、俄罗斯、中国大陆和香港等国家和地区的专家、学者汇聚在上海图书馆进行交流和研讨。

2005年3月,"第三届中美图书馆合作会议"在上海图书馆开幕,中美两国近90名代表相聚交流和探讨。

2006年8月,"第三届上海国际图书馆论坛"在上海图书馆举行,世界各地的专家学者围绕"管理创新与图书馆服务"的主题,就组织文化、营销与推广、危机管理、绩效评估和用户服务等方面的最新研究成果、实践经验以及未来发展趋势进行广泛的学术交流和探讨。文化部副部长周和平为此次论坛发来贺信。

2007年5月,第三期中美数字图书馆高级研讨班在中国科学院上海生命科学信息中心举行。开班仪式上,中国科学院国家科学图书馆副馆长孙坦作题为"我国数字图书馆建设的战略问题探讨——虚拟数字图书馆建设"的学术报告。

2007年10月,以"图书馆立法与制度建设"为主题的"第五届中日国际图书馆学研讨会"在上海图书馆举行,会议围绕图书馆法和图书馆的法制建设进行了深入的探讨,对研究和推动中国的图书馆立法具有十分积极的意义。

2008年10月,第四届上海国际图书馆论坛在上海图书馆召开。来自世界各地的图情界专家、学者围绕"知识创新与图书馆服务"主题,就数字时代的图书馆与情报服务、Web2.0背景下的图书馆、图书馆的核心竞争力与图书馆职业的未来、数字鸿沟与图书馆的责任等议题进行广泛的学术交流和讨论。

2009年12月,由东华大学主办、美国图书馆协会协办的中美图书馆国际研讨会在东华大学松江校区图文信息大楼召开。会议以"信息时代下图书馆的建设、交流、合作与发展"为主题,吸引了来自美国图书馆协会、国内60多所高校和各地区图书馆的共100多位专家和馆员参加。

2010年5月,上海大学图书情报档案系举办情报学研究生教育国际研讨会,就情报学未来发展、情报学研究生课程设置、iSchools等前沿问题展开研讨。

2010年8月,第五届上海(杭州)国际图书馆论坛在杭州图书馆举行,来自26个国家和地区的200多位图情界专家、学者紧扣上海世博会"城市,让生活更美好"的主题,以"城市生活与图书馆服务"为论坛主题,进行广泛的学术交流和探讨。

三、上海市图书馆学会年会

2004年至2010年间,上海市图书馆学会基本在每年年底举办学术年会,围绕行业、学科发展前沿,开展学术交流与探讨。

2004年12月24日,首届"长江三角洲城市图书馆发展论坛"暨学会2004年年会在上海市委党校成功举办,会议由上海市图书馆学会、江苏省图书馆学会、浙江省图书馆学会发起组织。江、浙、沪和来自北京、安徽等地的100多所图书馆、300多名专家、学者欢聚一堂,举行了以"图书馆与城市发展"为主题的学术报告会。学术研讨会围绕图书馆与城市可持续发展;图书馆与城市文明建设;图书馆与学习型城市建设;图书馆与市民信息素质;现代图书馆服务理念与图书馆专业精神;数字图书馆与数字城市;长三角城市图书馆的建设与发展;世界著名城市图书馆研究;同一经济区域的图书馆特质;城市公民的图书馆意识等10个分主题展开研讨。

2006年12月22日,学会2006年年会在中国人民解放军南京政治学院上海分院召开,年会主题"图书馆与上海信息共享空间构建",共同探讨和总结上海图书馆事业在推动上海信息共享空间构建中取得的成绩和经验。年会就"图书馆事业与学习型城市建设""图书馆发展与新城市新郊区建设""图书馆联盟建设""图书馆与和谐社区建设""图书馆与城市精神弘扬"几个分主题进行了征文活动。

2008年12月18日,学会2008年年会在宝山区图书馆召开,年会的主题"国际大都市图书馆:数字时代的责任",年会就"大都市图书馆的服务:扩展、延伸与改革""图书馆2.0与信息共享空间专题研究""上海图书馆学研究进展:数字时代的责任"等议题进行分会场讨论。

2009年12月23日,学会2009年年会在同济大学嘉定校区图书馆召开,为庆祝上海市图书馆学会成立三十周年，上海市图书馆学会年会主题为"图书馆让城市更美好——上海市图书馆学会成立三十周年"。大会的主会场报告为"国外的图书馆学研究与进展"和"知识组织：图书馆职业的核心能力"。

2010年11月10日，学会2010年年会在闵行区图书馆召开，上海市图书馆学会年会主题"城市文化与图书馆"，围绕着"图书馆：促进社会包容的市民空间""后世博时代的图书馆信息服务""信息资源组织的理论与实践""高校图书馆与城市文化""信息资源组织的理论与实践"等议题进行研讨。

第二节　专业期刊

一、《图书馆杂志》

《图书馆杂志》由上海市图书馆学会与上海图书馆合办，1982年1月创刊。初为季刊，1987年起改为双月刊，1999年起改为月刊。1997年起，每年增发30万字的"理论学术年刊"，2003年起"年刊"采用书号方式正式出版。

2000年，《图书馆杂志》经由国家新闻出版署评定、公示后，确定进入"中国期刊方阵"；1992年以来，《图书馆杂志》连续四次列名"全国中文核心期刊"行列；在国内外各个组织、机构的组织的多种核心、优秀期刊评比中，《图书馆杂志》在同类专业学术期刊中也一直名列前茅，是中国期刊方阵期刊，中国人文社会科学核心期刊，全国中文核心期刊，中国优秀图书馆学期刊，CSSCI来源期刊。

《图书馆杂志》分为"理论探索""工作研究""新技术应用""海外眺望""文史天地""悦读时空"六个栏目。"理论探索"栏目主要刊载有关图书馆领域的理论基础，如图书馆发展道路，现代图书馆理念等。"工作研究"等刊载有关图书馆服务与推广以及相应图书馆实践研究的文章，如微博营销策略应用于公共图书馆阅读推广的研究，公共图书馆服务评价研究等。"新技术应用"着重于对相应的图书馆相应软硬件技术的更新，如图书馆电子书服务模式研究等。"海外眺望"栏目主要介绍相关国外图书馆领域的发展状况与研究热点，比如对美国高校在线课程的案例分析，伦敦创意店的图书馆效应等。"文史天地"主要落脚于对文史藏书的研究，"悦读天地"则是对相应的优秀论文的汇总。

《图书馆杂志》主管单位是上海图书馆上海科学技术情报研究所；主办单位是上海市图书馆学会、上海图书馆。

二、《上海高校图书情报工作研究》

《上海高校图书情报工作研究》由上海高校图书情报委员会主办，1991年创刊，是综合性的图书情报专业期刊。从创刊日起即以季刊的形式出现。主要栏目有：馆长论坛、笔谈会、探索与争鸣、数字时代、业务研究、资料室建设、用户教育、信息检索与服务、文献研究、他山之石、书刊评介以及综述、简讯等。

《上海高校图书情报工作研究》自创刊以来不断发展，先后被国家新闻出版总署收录、中国知网收录、维普期刊网收录等收录，在国家图书馆、上海图书馆等均有馆藏。

《上海高校图书情报工作研究》主管单位是上海高校图书情报工作委员会；主办单位是上海市高等学校图书情报工作委员会。

三、《信息管理》

《信息管理》原名为《文献工作研究》,1999年曾易名为《信息管理导刊》,2004年改为《信息管理》,是1988年经空军政治部宣传部批准、由空军政治学院图书档案系创办的双月刊,为该系集图书、情报、档案工作研究为一体的专业学术期刊。

《信息管理》坚持政治性、学术性和实践性三者的有机结合,加强文献工作研究,沟通军队和地方,军事信息管理系和军队图书馆、情报所、档案馆的联系,促进图书馆、情报学、档案学的相互结合。主要栏目有:理论与方法、学生园地、他山之石、争鸣、改革之声、信息窗、军队信息化等。

四、《中国索引》

《中国索引》创刊于2003年,是中国索引学会主办的专业刊物,以促进我国索引学和文献数据库技术的研究,推动索引和文献数据库事业的发展,普及索引和文献数据库技术领域的国际交流为宗旨。2003年11月,中国索引学会第五次年会决定将学会挂靠单位从华东师范大学迁至复旦大学,学会秘书处、学会会刊将《中国索引》编辑部设在文科馆。

《中国索引》主管单位是中共中央编译局;主办单位是中国索引学会。

第三节 学 术 成 果

一、论文

1983年,黄纯元自华东师范大学图书馆学系毕业,留校任教后研究图书馆学基础,辅助宓浩创立"知识交流论"。1995年,黄纯元在《上海高校图书情报工作研究》上发表《新的信息环境下的图书馆和图书馆情报学》一文,前瞻性地论述了图书馆在新信息环境下的发展趋势。1996—1997年,黄纯元在《图书馆》上发表了《论芝加哥学派》(上、下),该研究在国内独树一帜。1998年,黄纯元发表《追问图书馆的本质——对知识交流论的再思考》。

1995年,上海图书馆馆长吴建中通过电子邮件、传真等形式,与国际、国内图书馆专业带头人进行对话,对话整理成14个主题,同年,在《图书馆杂志》上以"关于图书馆未来的对话"为专题陆续发表,刊发过程中附上国内专家学者对对话的读后感或评论,后以《21世纪图书馆展望》为名出版。

2000年吴志荣撰写的专著《数字图书馆——从理念走向现实》,2001年刘炜等出版的《数字图书馆引论》,这是我国图书馆界较早论述数字图书馆的两本专著。

2005年,上海图书馆馆长吴建中在《国家图书馆学刊》发表论文《开放存取环境下的信息共享空间》,这是我国最早公开发表信息共享空间的论文。紧接着,中国人民解放军南京政治学院上海分院、上海师范大学图书馆的学者在《图书情报工作》《图书馆杂志》发表了如何在我国完善信息共享空间的服务模式的文章,将关于信息共享空间的讨论引向深入。

2006年,华东师范大学范并思、胡小菁发表了有关于图书馆2.0的论文。随后,上海图书馆刘炜等又撰文探讨图书馆2.0问题,使得上海又成为率先研究图书馆2.0的重镇。

2009年,范并思在《图书情报工作》上发表《云计算与图书馆——为云计算研究辩护》,是国内率先发表了关于"云计算"的文章。

通过对图书馆与信息科学文摘库(Library and Information Science Abstracts,LISA)的检索发现,20 世纪 90 年代末到 2010 年间,上海图书馆界的学者以第一作者在国外期刊上发表论文(数据库检索结果)共 60 多篇。

表 7-2-1 20 世纪 90 年代末—2010 年上海图书馆界学者以第一作者发表在国外期刊文章情况表

序号	论 文 标 题	作者单位	通信作者	期 刊 名	发表年份
1	Personal Knowledge Abilities and Knowledge Management Success	上海大学	Hussain, Iftikhar	Journal of Information & Knowledge Management	2010
2	Hy-SN：Hyper-Graph Based Semantic Network	上海交通大学	Zhen, Lu	Knowledge-Based Systems	2010
3	China's Limited Push Model of FOI Legislation	上海政法学院	Xiao, Weibing	Government Information Quarterly	2010
4	Educational perceptions of requirements of the information profession in China	华东师范大学	Li, Guoqiu	Journal of Information Science	2010
5	An Algorithm for Computing Cutpoints in Finite Metric Spaces	中科院上海生命科学研究院	Dress, Andreas	Journal of Classification	2010
6	A Comparative Study of Research Performance in Nanotechnology for China's Inventor-Authors and Their Non-Inventing Peers	复旦大学	Guan, Jiancheng	Scientometrics	2010
7	Customers' Preference of Online Store Visit Strategies：An Investigation of Demographic Variables	复旦大学	Phang, Chee Wei	European Journal of Information Systems	2010
8	Knowledge Diffusion through Publications and Citations：A Case Study Using ESI-Fields as Unit of Diffusion	同济大学	Liu, Yuxian	Journal of the American Society for Information Science and Technology	2010
9	Intelligent Integrated Data Processing Model for Oceanic Warning System	东华大学	Ding, Yongsheng	Knowledge-Based Systems	2010
10	The Improved Information Environment Key Rationale for Freedom of Information Reform in China	上海政法学院	Xiao, Weibing	Information Polity	2010
11	Select-the-Best-Ones：A New Way to Judge Relative Relevance	上海交通大学	Song, Ruihua	Information Processing and Management	2010
12	Consumers' Attitudes toward Mobile Commerce：A Model to Capture the Cultural and Environment Influences	上海海事大学	Su, QiYing	International Journal of E-Services & Mobile Applications	2010
13	Managing the Replaceability of Web Services Using Underlying Semantics	上海理工大学	Peng, Dunlu	International Journal of Web Services Research	2010

（续表）

序号	论 文 标 题	作者单位	通信作者	期 刊 名	发表年份
14	Factors Affecting Consumer Behaviors in Online Buy-it-Now Auctions	复旦大学	Xu, Bo	Internet Research	2010
15	Modeling macro-R&D production frontier performance：an application to Chinese province-level R&D	复旦大学	Guan, Jiancheng	Scientometrics	2010
16	Structural Equation Model with PLS Path Modeling for an Integrated System of Publicly Funded Basic Research	复旦大学	Guan, Jiancheng	Scientometrics	2009
17	Field Independent Probabilistic Model for Clustering Multi-Field Documents	复旦大学	Zhu, Shanfeng	Information Processing and Management	2009
18	The Public Library as the Local Gateway to Knowledge：Shanghai Library's Information Service for the 2010 World Expo	上海图书馆	Zhou, Yuhong	Information Development	2009
19	External Concept Support for Group Support Systems through Web Mining	上海交通大学	Li, Jia	Journal of the American Society for Information Science and Technology	2009
20	Teacher training in China and a practical model：e-Training Community（eTC）	华东师范大学	Yan, Hanbing	Campus-Wide Information Systems	2009
21	The design of a web-based course for self-directed learning	华东师范大学	Liu, Mingzhuo	Campus-Wide Information Systems	2009
22	Programming Library 2.0 That Users Need	上海交通大学	Zheng, Qiaoying	Electronic Library	2009
23	From information commons to knowledge commons. Building a collaborative knowledge sharing environment for innovative communities	上海大学	Shuhuai, Ren	Electronic Library	2009
24	Building a virtual community platform for subject information services at Shanghai Jiao Tong University Library	上海交通大学	Pan, Wei	Electronic Library	2009
25	Changing of library services under e-research environment	上海交通大学	Zhao, Yajie	Electronic Library	2009
26	Using Query Expansion in Graph-Based Approach for Query-Focused Multi-Document Summarization	复旦大学	Zhao, Lin	Information Processing and Management	2009
27	Exploring the h-Index at Patent Level	复旦大学	Guan, Jian Cheng	Journal of the American Society for Information Science and Technology	2009

（续表）

序号	论 文 标 题	作者单位	通信作者	期 刊 名	发表年份
28	The innovative university library: strategic choice, construction practices and development ideas	上海交通大学	Jing, Guo	Library Management	2009
29	Information portal development and practice at Shanghai Jiao Tong University Library	上海交通大学	Jin, Yi	Online Information Review	2009
30	A Framework for WWW User Activity Analysis Based on User Interest	复旦大学	Zeng, Jianping	Knowledge-Based Systems	2008
31	Virtual Field Strategy for Collaborative Signal and Information Processing in Wireless Heterogeneous Sensor Networks	中科院上海微系统与信息技术研究所	Pan, Qiang	Computer Networks	2008
32	Contribution of Chinese publications in computer science: a case study on LNCS	复旦大学	Guan, Jiancheng	Scientometrics	2008
33	Comparison and evaluation of Chinese research performance in the field of bioinformatics	复旦大学	Guan, Jiancheng	Scientometrics	2008
34	Bringing PageRank to the citation analysis	复旦大学	Guan, Jiancheng	Information Processing and Management	2008
35	Re-exploring the Library's Value as a Place: The Direction of a New Round of	上海图书馆	Xia, Lei	Alexandria: The Journal of National and International	2008
36	Exploring IT adoption process in Shanghai firms: an empirical study	复旦大学	Cui, Lili	Journal of Global Information Management	2008
37	Patent-bibliometric analysis on the Chinese science — technology linkages	复旦大学	Guan, Jiancheng	Scientometrics	2007
38	A bio-inspired emergent system for intelligent Web service composition and management	东华大学	Ding, Yongsheng	Knowledge-Based Systems	2007
39	Differences between the DDC and the CLC in classifying works of literature	复旦大学	Hu, Yuefang	Illinois Libraries	2007
40	Research on decision tree induction from self-map space based on web	上海交通大学	Zhang, Shuyu	Knowledge-Based Systems	2006
41	Research on auto-reasoning process planning using a knowledge based semantic net	同济大学	Hao, Yongtao	Knowledge-Based Systems	2006
42	Incremental mining of generator representation using border sets	上海交通大学	Xu, Lijun	Information and Software Technology	2006
43	Adaptive segment-based patching scheme for video streaming delivery system	上海交通大学	Liu, Yunqiang	Computer Communications	2006

(续表)

序号	论 文 标 题	作者单位	通信作者	期 刊 名	发表年份
44	Study on the extensibility of video conferencing with speech mixing	上海交通大学	Yang, Shutang	Computer Communications	2006
45	Cross-layer conditional retransmission for layered video streaming over cellular networks	上海交通大学	Liu，Hao	Computer Communications	2006
46	A first approach to the classification of the top 500 world universities by their disciplinary characteristics using scientometrics	上海交通大学	Liu, Nian Cai	Scientometrics	2006
47	The parallel optimization of network bandwidth allocation based on generalized particle model	华东理工大学	Shuai, Dianxun	Computer Networks	2006
48	An interactive service customization model	上海交通大学	Cao, Jian	Information and Software Technology	2006
49	Exploration and practice in promoting Shanghai municipal open government information	上海市信息化委员会	Qiao, Zhigang	Government Information Quarterly	2006
50	Research on competitive intelligence system engineering	上海理工大学	Xiaowei, Wu	Journal of the China Society for Scientific and Technical Information	2006
51	Research on the semantic structure of the relation element of record keeping metadata	南京政治学院上海分院	Zhengqiang, Zhang	Journal of the China Society for Scientific and Technical Information	2006
52	Study and analysis of information on the reader's potential discontent in an academic library	上海大学	Huang，Renhao	Library Management	2006
53	A window open to the whole world. Shanghai Library's global cooperative promotion，"Window of Shanghai"	上海图书馆	Chen，Xuyan	Library Management	2006
54	Backward inference in Bayesian networks for distributed systems management	华东师范大学	Ding，Jianguo	Journal of Network and Systems Management	2005
55	Electronic publications for Chinese public libraries：challenges and opportunities	上海图书馆	Bin，Feng	Electronic Library	2005
56	Some implications from competitive intelligence research based on social network	上海理工大学	Xiaowei, Wu	Journal of the China Society for Scientific and Technical Information	2005

（续表）

序号	论 文 标 题	作者单位	通信作者	期 刊 名	发表年份
57	Similar interest clustering and partial back-propagation-based recommendation in digital library	上海交通大学	Gao，Kai	Library Hi Tech	2005
58	A Dynamic Gateway to Information：Electronic Services at the Shanghai Library	上海图书馆	Jianzhong，Wu	Information Development	2004
59	Current developments and issues in public libraries in Shanghai	上海市图书馆学会	Go，Ken-chu	Toshokan-Kai（The Library World）	2006
60	Overview of periodicals published in Japan 1840－1949	上海图书馆	Ju，Junjo	Toshokan-Kai（The Library World）	2006
61	Services to the visually impaired in Chinese libraries	上海图书馆	Jo，Damin	Toshokan-Kai（The Library World）	2006
62	Value-added services in public libraries：literature on finding employment and job training in Shanghai Library	上海图书馆	Gu，Imin	Toshokan-Kai（The Library World）	2006
63	User statistics and management：the case of Shanghai Library	上海图书馆	Ju，Puda	Toshokan-Kai（The Library World）	2006
64	Towards collaboration：The development of collaborative virtual reference service in China	上海交通大学	Jin，Yi	Journal of Academic Librarianship	2005
65	Space-time block codes from constituent intersectant orthogonal designs	上海交通大学	Li，Zheng-Quan	Iranian Journal of Information Science and Technology	2004
66	International perspectives — The academic library development in China	上海图书馆	Wu，Jianzhong	JOURNAL OF ACADEMIC LIBRARIANSHIP	2003
67	Information service, students and the Internet	上海第二工业大学	Wang，WJ	Electronic Library	1998

据统计，1995—2010 年间，上海图书馆界的学者以第一作者发表在国内图书馆学顶级期刊《中国图书馆学报》上发表论文共 81 篇，具体如下：

表 7 - 2 - 2　1995—2010 年间上海学者以第一作者在《中国图书馆学报》发文情况统计表

序号	作 者	题 名	文献来源	年份	机 构
1	王兰成	国防专利情报系统中数据集成语义控制研究	中国图书馆学报	2010	南京政治学院上海分院
2	王松林	图书馆组织对象及其层次研究	中国图书馆学报	2010	南京政治学院上海分院
3	张正强	电子文件管理元数据描述方式研究	中国图书馆学报	2010	南京政治学院上海分院
4	李武	科研人员接受 OA 知识库的影响因素实证研究	中国图书馆学报	2010	上海交通大学

（续表）

序号	作者	题名	文献来源	年份	机构
5	许继新等	农民学习内容偏好分析及启示	中国图书馆学报	2010	上海师范大学
6	吴建中	创新型社会中图书馆的责任	中国图书馆学报	2010	上海图书馆
7	李武;董伟	国内开放存取的研究热点：基于共词分析的文献计量研究	中国图书馆学报	2010	上海交通大学
8	王宗义	关于图书馆学基础研究的若干思考	中国图书馆学报	2009	上海图书馆
9	孙丰满	电子文件管理元数据元素语义的结构化探索	中国图书馆学报	2009	南京政治学院上海分院
10	张正强	论电子文件管理元数据顶层框架设计的标准化	中国图书馆学报	2009	南京政治学院上海分院
11	邱五芳	基层公共图书馆建设应确立读者立场	中国图书馆学报	2009	上海图书馆
12	范并思等	在新的信息与技术环境中感受图书馆的律动——2008年的中外图书馆事业和理论研究	中国图书馆学报	2009	华东师范大学
13	郝群等	论信息共享空间的资源组织策略	中国图书馆学报	2009	复旦大学
14	王松林	图书馆实体信息资源组织的两大发展路径	中国图书馆学报	2009	南京政治学院上海分院
15	吴建中等	《图书馆服务宣言》专家笔谈	中国图书馆学报	2008	上海图书馆
16	王世伟	当代全球图书馆事业面临的难题与挑战	中国图书馆学报	2008	上海图书馆
17	邱五芳	中国图书馆学应进一步弘扬实证研究	中国图书馆学报	2008	上海图书馆
18	刘炜等	图书馆2.0——升级的冲动	中国图书馆学报	2008	上海图书馆
19	刘炜	再续数字图书馆十年辉煌	中国图书馆学报	2008	上海图书馆
20	王兰成等	国外知识组织技术研究的现状、实践与热点	中国图书馆学报	2008	南京政治学院上海分院
21	任树怀等	信息共享空间理论模型建构与动力机制研究	中国图书馆学报	2008	上海大学
22	周吉等	澳大利亚公共图书馆在政府信息公开制度中的作用	中国图书馆学报	2008	华东师范大学
23	张茜	电子文件管理元数据词类结构及词类结构体系研究	中国图书馆学报	2008	南京政治学院上海分院
24	张弛	电子文件管理元数据宏观结构研究	中国图书馆学报	2008	南京政治学院上海分院
25	戴维民等	论信息共享空间	中国图书馆学报	2007	解放军南京政治学院上海分院
26	李国秋等	信息社会统计——门正在形成的新学科	中国图书馆学报	2007	华东师范大学

（续表）

序号	作 者	题 名	文献来源	年份	机 构
27	吕元智等	基于主题地图的电子政务信息资源组织研究	中国图书馆学报	2007	上海师范大学
28	范并思等	推动图书馆核心价值研究的《中国图书馆学报》	中国图书馆学报	2007	华东师范大学
29	王松林等	《中国文献编目规则》与"原则声明"之比较	中国图书馆学报	2007	南京政治学院上海分院
30	邱五芳	内容重于传递：图书馆不应回避的社会责任	中国图书馆学报	2007	上海图书馆
31	王兰成等	数字图书馆都柏林核心集网页文本的知识集成与检索研究	中国图书馆学报	2007	南京政治学院上海分院
32	吴志荣	论数字信息交流	中国图书馆学报	2006	上海师范大学
33	张正强	电子文件管理元数据中时间元素的语义结构研究	中国图书馆学报	2006	南京政治学院上海分院
34	张正强	基于 XML 电子文件管理元数据主题元素的标引研究	中国图书馆学报	2006	南京政治学院上海分院
35	王兰成	图书馆、情报和档案学数字信息群的知识集成研究进展与关键问题	中国图书馆学报	2006	解放军南京政治学院上海分院
36	邱五芳	知识自由与图书馆社会教育职责	中国图书馆学报	2006	上海图书馆
37	王宗义	社会的城市化进程与现代图书馆活动——兼论"公共图书馆理念"	中国图书馆学报	2006	上海图书馆
38	王松林	从图书馆的角度看信息组织和知识组织	中国图书馆学报	2006	南京政治学院上海分院军事信息管理系
39	王兰成等	改进的中文同义词相似匹配方法	中国图书馆学报	2005	南京政治学院上海分院
40	段宇锋等	基于链接分析的网站评价研究	中国图书馆学报	2005	华东师范大学
41	王宗义	"文献资源共享"理念的科学解读	中国图书馆学报	2005	上海图书馆
42	王松林	DC‐Lib——我国数字图书馆元数据的首选	中国图书馆学报	2004	南京政治学院上海分院
43	王兰成等	两种 CNMARC 的 XML DTD 信息描述机制的研究与比较	中国图书馆学报	2004	南京政治学院上海分院
44	范并思	公共图书馆精神的时代辩护	中国图书馆学报	2004	华东师范大学
45	王兰成	主题信息检索应用数据库技术的研究现状与展望	中国图书馆学报	2004	南京政治学院上海分院
46	吴建中	图书馆 VS 机构库——图书馆战略发展的再思考	中国图书馆学报	2004	上海图书馆
47	王宗义	"公共图书馆精神"的科学解读	中国图书馆学报	2004	上海图书馆
48	林平忠	图书馆网络信息的构建原则与方法	中国图书馆学报	2004	南京政治学院上海分院
49	王松林	从 FRBR 看编目条例及机读目录格式的变革路向	中国图书馆学报	2004	南京政治学院上海分院

(续表)

序号	作 者	题 名	文献来源	年份	机 构
50	肖沪卫等	电子图书对图书馆的影响及对策	中国图书馆学报	2003	上海图书馆
51	王世伟	馆藏文献是人类文明的共同记忆——《中国图书馆员职业道德准则》试行有感	中国图书馆学报	2003	上海图书馆
52	庄琦等	著作权适度保护与数字图书馆行为的适度扩张	中国图书馆学报	2003	上海交通大学
53	戴维民	媒体竞争时代中国期刊业的发展与前景	中国图书馆学报	2003	南京政治学院上海分院
54	林平忠	论图书馆信息服务的个性化问题	中国图书馆学报	2003	南京政治学院上海分院
55	吴建中	中国图书馆发展中的十个热点问题	中国图书馆学报	2002	上海图书馆
56	缪其浩	观察国际图书馆学术前沿及其发展：内容分析	中国图书馆学报	2002	上海图书馆
57	王世伟	传世孤本南宋明州刻本《集韵》初探	中国图书馆学报	2002	上海图书馆
58	刘华	美国《1998数字千年版权法》有关版权保护的新规定	中国图书馆学报	2001	上海大学
59	邱五芳	论图书馆的公众性	中国图书馆学报	2001	上海图书馆
60	林平忠	论图书馆信息资源的深层开发	中国图书馆学报	2000	空军政治学院
61	刘静一等	美国联机目录中检索点的多余性和唯一性研究概述——许红和兰开斯特的合作研究	中国图书馆学报	2000	南京政治学院上海分院
62	戴维民	中国情报检索语言50年研究论纲	中国图书馆学报	2000	南京政治学院上海分院
63	王世伟	上海图书馆近年来的改革实践与思考	中国图书馆学报	2000	上海图书馆
64	范并思	论图书馆学专业继续教育体系改革	中国图书馆学报	1999	华东师范大学
65	王宗义	文献资源共享的历史与未来——上海地区的实践回顾与理论思考	中国图书馆学报	1999	上海图书馆
66	吴志荣	我国图书馆自动化建设中的问题及原因	中国图书馆学报	1998	上海师范大学
67	缪其浩	"业务流程重组（BPR）"与图书馆改革	中国图书馆学报	1998	上海图书馆
68	王绍平	主要款目与机读目录	中国图书馆学报	1997	上海交通大学
69	王世伟	跨世纪时期中国图书馆界面临的五大竞争	中国图书馆学报	1997	上海图书馆
70	张琪玉	自然语言与人工语言对应转换——情报检索语言走向自动化之路	中国图书馆学报	1996	上海空军政治学院信息管理系
71	杨宗英	电子图书馆的现实模型	中国图书馆学报	1996	上海交通大学图书馆
72	王世伟	上海图书馆和上海科技情报研究所合并引发的思考	中国图书馆学报	1996	上海图书馆

（续表）

序号	作者	题　名	文献来源	年份	机　构
73	陈曙	论欧美的信息意识	中国图书馆学报	1996	上海师范大学图书馆副研究馆员
74	黄恩祝	特色的公共图书馆与公共图书馆的特色服务	中国图书馆学报	1996	上海图书馆
75	张贤俭	上海图书馆在书目工作中的贡献	中国图书馆学报	1996	上海图书馆
76	林平忠等	信息商品的盈余定价理论	中国图书馆学报	1996	上海空军政治学院
77	彭俊玲	汉语叙词责轮排索引编制技术论析	中国图书馆学报	1996	上海空军政治学院
78	陈曙	时代的变革：浦东的经济发展和图情事业	中国图书馆学报	1995	上海师大图书馆
79	王宗义	信息产业中图书馆定位问题的思考	中国图书馆学报	1995	上海图书馆
80	黄恩祝	改革·抓钱·冲击	中国图书馆学报	1995	上海图书馆
81	樊松林	论长江流域高校图书馆的协作服务	中国图书馆学报	1995	上海科技大学情报所

二、专著

1996 年 7 月，上海科学技术文献出版社出版了上海图书馆馆长吴建中的《21 世纪图书馆展望：访谈录》，该书具有前瞻性、独创性地对 21 世纪图书馆的发展进行了展望。1998 年 5 月，华东师范大学出版社出版了宓浩的《图书馆学原理》，主要内容包括知识、知识载体和知识交流。进入 21 世纪，吴建中著《DC 元数据》《21 世纪图书馆新论》，华东师范大学范并思著《20 世纪西方与中国的图书馆学：基于德尔斐法测评的理论史纲》，上海图书馆刘炜等著《数字图书馆引论》，在国内均属于被引次数较高的专著。从 20 世纪 80 年代到 2010 年，上海学者出版了上百种图书馆学方面的著作，较有代表性的著作如下：

表 7 - 2 - 3　20 世纪 80 年代至 2010 年上海学者出版的部分图书馆学著作情况表

序号	著　作　名	出　版　社	出版年份	作　者	机　构
1	文史工具书的源流和使用	上海人民出版社	1980	王明根等	复旦大学
2	科技情报工作手册	北京出版社	1985	李魁彩	上海大学
3	中国文学文献学	江西人民出版社	1986	张君炎	上海大学
4	军队图书馆管理学	航空工业出版社	1989	林平忠	南京政治学院上海分院
5	图书情报用户教育	上海社会科学文献出版社	1993	林平忠	南京政治学院上海分院
6	中文工具书使用指南	华东师范大学出版社	1993	王世伟	华东师范大学
7	现代文献编目教程	华东师范大学出版社	1994	刁维汉	华东师范大学
8	人际信息交流——原理和技能	南京大学出版社	1994	吕斌	上海大学

（续表）

序号	著 作 名	出 版 社	出版年份	作 者	机 构
9	文献信息机构管理实用教程	军事谊文出版社	1994	葛敏	南京政治学院上海分院
10	21世纪图书馆展望：访谈录	上海科学技术文献出版社	1996	吴建中	上海图书馆
11	现代文献编目	书目文献出版社	1996	王松林	南京政治学院上海分院
12	情报语言学基础	武汉大学出版社	1997	张琪玉	南京政治学院上海分院
13	图书馆学原理	华东师范大学出版社	1998	宓浩	华东师范大学
14	中国图书馆信息服务指南	上海科技文献出版社	2000	王世伟	上海图书馆
15	图书馆学文献学论丛	上海书店出版社	2000	王世伟	上海图书馆
16	当代中国社会科学报刊文献分析(1978—1995)	华东师范大学出版社	2000	范并思	华东师范大学
17	情报语言学词典	北京图书馆出版社	2000	张琪玉	南京政治学院上海分院
18	DC元数据	上海科学技术文献出版社	2001	吴建中	上海图书馆
19	数字图书馆引论	上海科学技术文献出版社	2001	刘炜	上海图书馆
20	21世纪图书馆新论	上海科学技术文献出版社	2003	吴建中	上海图书馆
21	信息资源编目	北京图书馆出版社	2003	王松林	南京政治学院上海分院
22	20世纪西方与中国的图书馆学：基于德尔斐法测评的理论史纲	北京图书馆出版社	2004	范并思	华东师范大学
23	情报检索语言实用教程	武汉大学出版社	2004	张琪玉	南京政治学院上海分院
24	网络链接分析与网站评价研究	北京图书馆出版社	2005	段宇锋	华东师范大学
25	基于博弈论的国家竞争力评价体系研究	北京图书馆出版社	2005	侯经川	华东师范大学
26	世界著名城市图书馆述略	上海科学技术文献出版社	2006	王世伟	上海图书馆
27	图书馆学理论变革：观念与思潮	北京图书馆出版社	2007	范并思	华东师范大学
28	历史文献研究	国家图书馆出版社	2008	王世伟	上海图书馆
29	张琪玉索引学文集	北京图书馆出版社	2009	张琪玉	南京政治学院上海分院
30	国际大都市图书馆指标体系研究	上海科学技术文献出版社	2009	王世伟	上海图书馆

（续表）

序号	著　作　名	出　版　社	出版年份	作　者	机　构
31	从文献编目到信息资源组织	国家图书馆出版社	2010	王松林	南京政治学院上海分院
32	公共图书馆是什么	上海社会科学院出版社	2010	王世伟	上海图书馆

第四节　课　题　项　目

20 世纪 90 年代以来，上海市图书馆学日益壮大，相应的研究学者也取得了不俗的成果。根据对国家社科基金项目数据库的统计，1996—2010 年，记录在库的国家级课题共有 45 项，其中国家重点项目 3 项，青年项目 16 项，一般项目 25 项，成果文库 1 项。

表 7 - 2 - 4　1996—2010 年间上海学者获得国家级课题情况统计表

项目类别	项　目　名　称	立项时间	负责人	单　位
重点项目	我国图书馆核心价值体系构建研究	2010	范并思	华东师范大学信息学系
一般项目	中国专业数字化期刊集群的出版模式研究	2010	李　红	上海大学管理学院
一般项目	档案与社会记忆研究	2010	丁华东	上海大学图书情报档案系
青年项目	新媒体环境下阅读引导与读者服务的协同推进研究	2010	邓香莲	华东师范大学传播学院
青年项目	近代上海基督新教出版机构研究	2010	罗　玲	上海社会科学院宗教研究所
青年项目	公民获取政府电子文件信息权利保障机制研究	2010	连志英	上海大学
青年项目	群体性突发事件网上监测预警平台及其关键技术研究	2010	马海兵	武警上海政治学院
成果文库	信息共享空间实现机制与策略研究	2010	任树怀	上海大学
一般项目	城市化进程中的工业遗产保护研究——以近代工业遗产博物馆为例	2009	吕建昌	上海大学文学院
青年项目	基于 OCB 视角的互联网知识创造与传播问题研究	2009	许　博	复旦大学管理学院
青年项目	三种互联网知识传播模式及其比较研究	2009	王兴全	上海社会科学院
一般项目	复合图书馆条件下低利用率文献资源合作储存机制和模式研究	2008	赵伯兴	上海大学图书馆
一般项目	新出土简牍涉医文献整理与研究	2008	张如青	上海中医药大学中医文献研究所
一般项目	网络社区信息运动模式研究	2008	袁　毅	华东师范大学商学院信息学系
一般项目	电子政务环境下政府信息资源共享模式与运行机制研究	2008	王　操	上海社会科学院信息所

（续表）

项目类别	项 目 名 称	立项时间	负责人	单 位
一般项目	数字档案馆生态系统研究	2008	金 波	上海大学文学院档案学系
青年项目	高校图书馆学科化知识服务实证研究与发展对策	2008	郭 晶	上海交通大学图书馆
青年项目	基于社会认同理论对网络社区与信息运动模式的一个实证研究	2008	何雁群	复旦大学管理学院
青年项目	网络社区环境中基于领域本体的用户兴趣模型与个性化知识服务研究	2008	于长锐	上海财经大学
青年项目	电子政务环境下政府信息资源共享模式与运行机制研究	2008	刘寅斌	上海大学国际工商与管理学院
一般项目	信息共享空间实现机制与策略研究	2007	任树怀	上海大学
一般项目	企业知识资本管理研究：人力与组织资本互动转化机制探究的视角	2007	范 徵	上海外国语大学国际工商管理学院
一般项目	美国精英对华研究的信息源分析	2007	缪其浩	上海图书馆上海科学技术情报研究所
青年项目	跨部门政府信息资源共享的动力机制、推进方法与实证研究	2007	樊 博	上海交通大学国际与公共事务学院
青年项目	信息资源的公共获取机制：模式、条件与对策	2007	丁波涛	上海社会科学院信息研究所
一般项目	"城市记忆"档案文献资源整合研究	2006	郭红解	上海市档案局
一般项目	在整合INFORMATION和INTELLIGENCE研究基础上实现情报学可持续发展	2006	李国秋	华东师范大学商学院
一般项目	城市信息化评估研究	2006	李 农	上海社会科学院信息研究所
重点项目	世界级城市图书馆指标体系研究	2005	王世伟	上海图书馆上海科学技术情报所
一般项目	基于ICTS核心信息能力的信息化测度研究	2005	吕 斌	上海大学悉尼工商学院
青年项目	基于网络信息计量的网络信息资源配置与调控机制研究	2005	段宇锋	华东师范大学商学院
一般项目	知识创新的理论、机制和实践	2004	张新华	上海社会科学院信息研究所
一般项目	面向网络信息组织的中文网络本体语言研究	2004	戴维民	中国人民解放军南京政治学院上海分院
青年项目	网络环境下虚拟组织的知识创新机理及其创新信息服务系统研究	2004	邱允生	上海大学悉尼工商学院
一般项目	公共图书馆数字资源建设与共享应用方案	2003	范并思	华东师范大学信息学系
一般项目	国家竞争情报研究	2003	缪其浩	上海图书馆上海科学技术情报研究所

（续表）

项目类别	项　目　名　称	立项时间	负责人	单　　位
一般项目	现代企业制度下的企业档案工作运行机制研究	2003	宗培岭	上海大学文学院档案学系
青年项目	《四库全书总目》与文献整理研究	2003	司马朝军	复旦大学古籍整理研究所
一般项目	现代图书馆架构研究	2002	王丽丽	中共上海市委党校
青年项目	中国地方志流播日本研究	2002	巴兆祥	复旦大学历史系
重点项目	信息安全、网络监管与中国的信息立法研究	2001	张新华	上海社会科学院信息研究所
一般项目	因特网环境下国家社会科学信息政策研究	2001	楼培敏	上海社会科学院信息研究所
一般项目	上海图书馆馆藏历代尺牍整理研究	2000	王世伟	上海图书馆上海科学技术情报研究所
一般项目	社科图书馆的思想库功能研究	1996	龚绍裘	中共上海市委党校
一般项目	中国社会科学的交流机制与情报服务研究——人文和社会科学论文统计分析	1996	范并思	华东师范大学信息学系

　　上述国家课题中不少的课题结项后，出版了相应专著实现了知识的转换并且在国内与国际大赛上获奖，为相关领域的发展做出了促进与推动的作用。其中主要的贡献如：张新华2001年的国家哲学与社会科学重点项目"信息安全、网络监管与中国的信息立法研究"，该项目成果之一出版了专著《信息安全：威胁与战略》，该书对建立中国特色的信息战略和网络监管体系，维护国家安全和社会稳定进行了探讨；研究员王世伟2004的国家哲学与社会科学重点项目"世界级城市图书馆指标体系研究"，2009年由科学技术文献出版社出版了研究报告《国际大都市图书馆指标体系研究》，对图书馆的建设给出了相应的参考，并且提供了世界各地图书馆的相应详细资料；2010年范并思主持的国家哲学与社会科学重点项目"我国图书馆核心价值体系构建研究"。

　　除了国家社科基金的立项项目外，上海市的学者也主持参与了众多教育部、上海市等省部级课题及其他各类科研项目的研究，并取得丰硕成果。如：1988—1994年，张琪玉、戴维民、韩建新参与《中国分类主题词表》的编制工作，成果《中国分类主题词表》（第一版）由华艺出版社1994年出版，张琪玉因在编制《中国分类主题词表》工作中做出的贡献，于1996年获国家优秀科技信息成果奖二等奖。2008年，复旦大学图书馆完成由图书馆与数学系合作开展的教育部高教司项目《外国数学教材的研究与评价》项目；复旦大学图书馆主持的《智能化开放式大型图书馆管理系统》1999年获上海市科技进步二等奖；复旦大学图书馆主持的《图书馆可视化多媒体多环境导读与查询系统》1999年12月通过教育部级技术鉴定；上海交通大学图书馆主持的《重点学科导航库（一期）》于2000年4月，作为中国高等教育文献保障系统（CALIS）"九五"重点建设项目之一的正式立项；上海交通大学图书馆2006年获批上海市科委"上海市自然科学领域文献计量学研究"立项；上海财经大学图书馆1991年独立承接财政部课题《中国经济文献引文索引数据库建设》。

第三章 学术团体与社团组织

第一节 中国索引学会

中国索引学会(The China Society of Indexers,简称CSI)是索引研究和编纂的非营利性学术组织,也是具有法人资格的全国性社会团体。经中央民政部注册登记,于1991年12月24日在上海成立,挂靠单位为华东师范大学,秘书处设在华东师范大学图书馆。2003年,挂靠单位改为复旦大学,秘书处设在复旦大学图书馆,主管单位为中共中央编译局。学会以"真诚、求实、开拓、奉献"为办会宗旨和会员活动准则,旨在促进索引理论研究,繁荣索引编辑出版,培训索引编纂人才,加强国内外学术交流。学会设有秘书处以及学术研究、编译出版、教育培训、宣传联络等专业委员会。

学会职能主要是普及索引与文献数据库的知识与技术,加强信息素养与技能的宣传与推广,拓展索引和数据库的应用领域;推动传统索引与现代数据库技术的结合,促进索引现代化、数字化、国际化;加强索引学学科建设,促进索引学与相关领域学科结合的理论创新和实践探索;面向社会、市场开展索引和数据库技术与产品服务,在国家政策允许范围内从事与本团体相关的经营活动;经政府有关部门委托、批准,承办索引和文献数据库从业人员业务培训、资格认定、项目论证、成果评奖等,表彰、奖励在学术活动和学会工作中做出优秀成绩和贡献的个人会员和团体会员;主办《中国索引》会刊和学会网站,开展本学科学术研究与交流,扩大学会的社会影响力;加强与国际索引界的交流合作,积极参与或联合召开国际研讨会,开阔会员视野,促进国外索引界同行更多地了解中国索引事业。

学会在全国图书情报、学术文化和新闻出版系统发展有会员1 000余人,并在各省市自治区设有联络处。学会成立后即筹划编纂出版大型工具书《二十世纪中国学术论著目录索引丛书》,并由葛永庆等主编《索引研究论丛》。学会每隔两年召开年会暨学术讨论会,还定期举行各类成果展评和学术报告会、研讨会等活动。2008年,学会主持制订并发布了国家标准GB/T 22466—2008《索引编制规则(总则)》以及配套工具书:《GB/T 22466—2008〈索引编制规则(总则)〉应用指南》《索引编制手册——基于GB/T 22466—2008索引编制规则》。学会刊物有:《中国索引》《索引通信》。学会与英国索引协会、澳大利亚与新西兰索引协会、南非索引与书目工作者协会、美国索引协会、加拿大索引协会等都保持着正常的信息和会刊的交换关系。

表7-3-1 1991—2010年间中国索引学会领导情况表

	名誉理事长	理事长	第一副理事长	副理事长(以姓名拼音为序)	秘书长
第一届(1991—1997)	顾廷龙	袁运开	葛永庆	陈光祚、陈其钦、冷福志、林仲湘、鲁海、罗友松、王明根、张琪玉、朱天俊	葛永庆(兼)
第二届(1997—2003)	顾廷龙、袁运开	王铁仙	葛永庆	陈光祚、陈燮君、侯汉清、黄秀文、林仲湘、罗友松、沈如松、王世伟、王同策、王西靖、王永成、徐家齐、雍桂良、张琪玉	徐家齐(兼)

（续表）

	名誉理事长	理事长	第一副理事长	副理事长（以姓名拼音为序）	秘书长
第三届（2003—2008）	袁运开、韦建桦、王铁仙	徐 忠	葛家翔	侯汉清、黄秀文、林燕萍、林仲湘、刘苏南、牛振东、沈如松、王同策、魏海生、张琪玉	沈如松（兼）
第四届（2008—2013）	韦建桦、袁运开、王铁仙、徐 忠、魏海生、桂永浩	桂永浩、林尚立	吴兆路	曹树金、何 毅、侯汉清、黄秀文、蒋勇青、李桂兰、李国新、刘苏南、聂 华、牛振东、邱均平、郗卫东、叶继元	吴兆路（兼）

第二节　上海市图书馆学会

1979年9月15日，上海市图书馆学会正式成立，它是依法登记成立的由本市图书馆工作者，支持本学会工作的科研、教学、生产、设计等各类图书馆、情报信息机构以及相关企事业单位和依法成立的学术性群众团体等自愿组成的全市性、学术性、公益性的非营利性社会团体法人。1991年5月10日，学会由上海市民政局核准登记为社团法人，日常办事机构设在上海图书馆。上海市图书馆学会接受业务主管单位上海市科学技术协会、社团登记管理机关上海市社会团体管理局的业务指导和监督管理。学会挂靠上海图书馆上海科学技术情报研究所，其办事机构行政上隶属上海图书馆上海科学技术情报研究所。

上海市图书馆学会代表大会和它选举产生的上海市图书馆学会理事会是上海市图书馆学会的领导机构。上海市图书馆学会理事会闭会期间，常务理事会贯彻执行上海市图书馆学会理事会的决议，领导上海市图书馆学会的工作。常务理事会设置若干工作委员会和专门委员会，协助审议需经常务理事会审定的有关事项。理事会下设秘书处作为办事机构组织协调和开展学会日常工作，办公室设在挂靠单位上海图书馆。

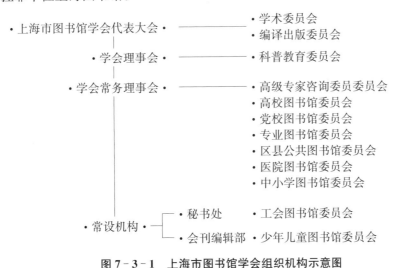

图 7-3-1　上海市图书馆学会组织机构示意图

1979年至2010年间，上海市图书馆学会共有七届学会理事会，各届理事会成员情况如下：

表7-3-2　上海市图书馆学会第一届至第四届理事会成员情况表

	会　长	名　誉　会　长	副　会　长	秘书长
第一届(1979.9—1986.5)	方　行	郭绍虞	顾廷龙、李芳馥、陈　誉、洪漪澜(女)	阮学光
第二届(1986.6—1990.11)	杨振龙	顾廷龙、李芳馥	陈　誉、聂佩华(女)、龚义台	聂佩华(兼)
第三届(1990.11—1993.12)	杨振龙	顾廷龙、李芳馥	朱庆祚(常务)、陈　誉、龚义台、张琪玉	王启宇
第四届(1993.12—1998.1)	干树海	顾廷龙、李芳馥、陈　誉	朱庆祚(常务)、胡启迪、张琪玉、龚义台	孙秉良

表7-3-3　上海市图书馆学会第五届至第七届理事会成员情况表

	理事长	名誉理事长	副理事长	秘书长
第五届(1998.1—2003.1)	干树海	顾廷龙、李芳馥、陈　誉	陈燮君(常务)、张伟江、张琪玉、徐如涓	吴建中
第六届(2003.1—2007.1)	吴建中	干树海、张琪玉	王小明、肖　宏、陈兆能、秦曾复	王世伟
第七届(2007.1—2012.1)	王世伟	干树海、张琪玉、吴建中	于建荣、王小明、王丽丽、陈　进、葛剑雄、戴维民	刘　炜

学会成立近30年来,围绕图书馆学基础理论、图书馆科学管理、文献著录标准化、图书馆业务工作规范化、文献检索技术现代化、图书馆数字化、文献资源共建共享等方面内容举行各种大中小型学术研讨会、学术报告会、学术年会,还举办国际性、全国性及华东地区、长三角地区学术讨论会,并组织各种专题讲座、沙龙、培训班。进入21世纪,上海市图书馆学会作为本市图书馆界开展各项学术研究活动的纽带和桥梁进一步发挥积极作用。2000年,学会会刊《图书馆杂志》经由国家新闻出版署评定、公示后,确定进入"中国期刊方阵";1992年以来,《图书馆杂志》连续四次列名"全国中文核心期刊"行列;在国内外各个组织、机构的组织的多种核心、优秀期刊评比中,《图书馆杂志》在同类专业学术期刊中也一直名列前茅。2003年,学会在上海市科学技术协会首次开展的"星级学会"评定活动中,被授予"一星级学会"。2005年,被上海市科协授予"二星级学会"称号;学会高级专家咨询委员会荣获"2004年度上海市群众文化工作及大型群众文化活动优秀组织奖";荣获中国图书馆学会"2001—2004年度先进学会"和"优秀学会工作者"荣誉称号。2006年,在上海市科协第八次代表大会上,荣获上海市科协与市组织部联合首次颁发的"上海市科协系统先进学会工作者"称号。2007年,荣获2006年度全国"省级学会之星"称号;再次获得上海市科协"二星级学会"称号。

学会重视境外交流,先后接待过日本大阪市图书馆代表团、美国图书馆代表团、美国图书馆界自费旅游团、英国图书馆代表团、加拿大图书馆访问团、日本国会图书馆代表团、澳大利亚图书馆代表团、国际图联访华团等团体以及为数众多的学者来沪参观、访问、讲学和交流。

第三节　上海市科技情报学会

上海市科技情报学会始创于1979年10月,是依法成立、具有独立法人资格的上海市科技情报工作者的学术性群众团体。学会宗旨是团结、组织全体会员和广大科技情报工作者,积极开展多种形式的学术研究与交流,宣传普及科技情报知识,促进科技知识的普及和信息资源的开发利用;促进科学技术信息事业面向社会、面向经济、面向科技;促进科技情报事业的繁荣与情报科学的发展,振兴科学技术和社会经济,为社会主义市场经济的繁荣与发展服务。1979年至2010年间,学会共有七届理事会,各届理事会成员如下所示:

表7-3-4　上海市科技情报学会第一届至第七届理事会成员统计表

	理 事 长	副 理 事 长	秘 书 长
第一届理事会(1980—1985)	陶　毅	倪葆春、叶自伟、王　郓、潘正中	魏国璋
第二届理事会(1985—1989)	陶　毅(名誉)、钱志深	潘正中、钱本余	魏国璋
第三届理事会(1989—1995)	钱志深	钱本余、潘正中	朱其昌
第四届理事会(1995—1999)	马远良	缪其浩、白尔钿、王　源	缪其浩
第五届理事会(1999—2004)	马远良	缪其浩、杨新村、刘玉良	缪其浩
第六届理事会(2004—2008)	缪其浩	俞菊生、梁信军	石绮玥
第七届理事会(2008—2012)	缪其浩	陈　超、俞菊生、薛祖华	肖沪卫

学会职能是:发动和组织会员进行信息理论、工作方法、信息管理、信息工作现代化以及自主创新等方面的学术探讨,开展学术交流活动,促进学科的繁荣和发展;对国民经济建设、社会发展、科技进步中的重大项目、重点问题、政策和措施等,组织调研及学术讨论,开展信息咨询服务,提出可行性建议,促进决策的科学化、民主化;积极组织开展各类科技情报机构间的横向联合与协作,促进信息资源共享;举办各种情报业务学习班、研讨班、讲座等,加速提高信息工作者的学术水平和业务水平;宣传普及科技情报知识,提高全社会科技情报意识,充分发挥科技情报工作的社会功能,为提高国民科学文化素质,建设学习型社会发挥作用;编辑出版学会刊物、论文集、科技情报理论书籍及其他出版物;表彰和奖励优秀科技情报工作者,优秀科技情报学术研究成果及优秀学会工作者;维护科技情报工作机构及工作人员的正当权益,向党和政府有关部门反映信息工作者的意见和要求,为充分发挥科技情报工作的作用而创造有利条件;承担政府有关部门委托的任务。

学会是《竞争情报》杂志主办单位之一。2005年,学会组织中国科学院上海科技查新咨询中心、上海市浦东科技信息中心、中国科学院上海光学精密机械研究所、上海市化工科学技术情报研究所、上海海事大学图书馆、上海市机电科技情报研究所等机构共同建设“上海行业情报服务网”项目。2010年,启动实施了“战略性新兴产业情报合作研究计划”。期间,学会开展形式多样的学术交流活动,包括:访问四川省科技信息研究所,承办全国现代农业与信息智能分析预警学术研讨会,赴中国“台湾知识产权局”和连颖公司交流学习等;培训服务包括:图情高级研修班、科技查新高级研修班、专利查新员高级研修班、专利地图方法与应用高级研修班、专利战术信息分析培训班等。

第四节　上海市高等学校图书情报工作委员会

1982年3月,根据国家教委高等学校图书馆工作会议的精神,经上海市人民政府教育卫生办公室批准,上海市高等学校图书馆工作委员会正式成立。机构职能是:在上海市高等教育局领导下对本市高校图书情报工作进行协调、咨询、研究和业务指导的机构,并根据授权和委托,行使对本市高校图书情报工作部分行政管理职能。主要任务:协调与组织实施本市高校图书情报工作的建设规划;调查研究本市高校图书情报工作的状况,提出意见和建议,进行业务指导,对图书情报工作进行检查评估;组织高校图书馆馆际协作,交流图书馆建设和管理工作的经验;组织培训图书情报专业干部,开展学术活动;参加本市各系统图书情报工作的协作与协调。第一届图工委主任委员由时任上海市高等教育局主管副局长兼任,复旦大学、上海交通大学、华东师范大学、上海第一医学院分管图书馆工作的副校长(院长)兼任副主任委员。图工委定编3人,由上海交通大学校内调配。1988年,改名上海市高等学校图书情报工作委员会。图工委办公地点设在上海交通大学图书馆内,设专职秘书长1人,历任秘书长由上海交通大学图书馆调配。

1991年1月,由上海市高等教育局直辖,上海市高等学校图书情报工作委员会主办,《上海高校图书情报学刊》创刊,陈誉任主编。

1992—1993年间,根据国家教委教备〔1991〕79号文《关于开展普通高等学校图书馆评估工作的意见》,上海高校图工委配合市高教局组建上海市高校图书馆评估专家组(25人)及秘书组(6人)分三批完成了对普通高等学校50家图书馆的评估。其中重点院校图书馆8家,本科院校图书馆24家,高等专科学校图书馆18家。7所学校未参加图书馆评估。

2000年始,在市教育委员会领导下,充分发挥各高校图书馆的作用,促进高校图书馆间的业务交流,积极推进高校资源共享的各项工作。

第五节　上海市图书馆行业协会

2005年12月,上海市图书馆行业协会成立,吴建中任会长、法定代表人。协会是由全市各级公共图书馆、高等院校图书馆、科研机构图书馆、党校/行政学院图书馆、中小学图书馆、企业/工会图书馆、专门图书馆等各级各类图书馆自愿组成的,跨部门、跨所有制的非营利的行业性社会团体法人。协会通过法律法规授权、政府委托,承担图书馆行业资格认定、专业技术职务资格评审、业务评估工作实施、行业统计、行业调查、发布行业信息、提供公信证明等职责;通过开展各种行业性活动,为提高全市各系统图书馆业务建设与发展水平提供服务;通过制定全市图书馆的行业规范,促进全市各系统图书馆的读者服务及业务的发展;通过网络化、数字化等现代化的技术手段积极开展各系统图书馆之间的交流与合作,最终形成覆盖全市的图书馆信息网络系统,实现文献信息资源共享,更好地满足知识经济社会的需要,使广大市民方便、快捷地获得全市各系统图书馆的文献信息资源,以发挥图书馆对促进上海在全国乃至世界经济、科技、教育、文化事业的建设的作用和贡献。协会有各系统会员单位51家,其中公共图书馆27家、高校图书馆21家、党校系统图书馆1家,科研系统图书馆2家。会长和副会长单位7家,理事单位19家。

协会制订了公共图书馆行业规范、标准,包括:2006年制定《上海市公共文化设施(公共图书馆类)资格认定标准(草案)》,2007年制定《上海市公共图书馆服务告示》,2009年制定《上海市公共图书馆迎世博600天行动计划实施考核标准》,2010年参与对国家文化部草拟的《中华人民共和国公共图书馆法(征求意见稿)》《公共图书馆服务标准》提出修改意见。

协会参与完成多项调研课题。2007年完成《上海市社区文化活动中心图书馆现况调研》课题,2008年完成《上海市公共图书馆现状及发展思路》课题,2009年完成《境外公共图书馆读者服务与发展趋势》课题,2010年完成《公共图书馆知识服务体系——上海市公共图书馆文献资源建设与服务情况调研》课题。

　　组织开展培训服务。2008年,协会配合嘉定、松江、长宁、黄浦、卢湾、静安等区图书馆,组织开展区域内的业务培训工作。开展基层图书馆工作人员专业培训工作,参加学员为该地区公共、高校、中小学等图书馆系统工作人员,共230余人。2009—2010年,协会组织协调开展迎世博的全员业务培训与常规业务讲座活动,全行业公共图书馆窗口服务一线工作人员就近参加了培训,受训人员达1 980多人。

　　组织开展行业评估。协会组织人员开展全市三级公共图书馆资格认定和全市街道图书馆工作评估,在此基础上组织现场工作交流会;承担上海市街道(乡镇)图书馆特级馆复评工作等。

第八篇
队伍建设

人力资源建设在图书馆事业发展过程中具有举足轻重的作用。20 世纪 90 年代起,上海市图书馆事业进入新的发展时期,各系统图书馆的主管部门及各单位重视图书馆人才队伍建设,制订人才培养计划,建立人才招募引进制度,开展继续教育和业务培训,实施专业技术职称评聘,推进人才高地建设,全市图书馆逐步形成了一支具有多层次的服务、研发、管理等的专业人才队伍。至 2010 年,从学历结构看,各类图书馆本科及以上学历人员,从无到有或从少到多,大专及以下学历人员逐步减少,人员学历结构逐步提升。从年龄结构看,2000 年至 2010 年间,上海高校图书馆为 36—45 岁的工作人员比例在减少,46 岁以上人员的比例在增加;上海科研系统图书馆 35 岁以下工作人员的比例显著增长,36—54 岁工作人员的比例在减少,55 岁以上工作人员的比例增多,人员的年龄结构不均衡。从人才培养看,社会发展与科技进步迅猛,图书馆领域的业务门类和专业技术内容丰富,业务层次多,需要多种技术能力、多种专业水平、多种学术等级的人才,期间,全市各系统图书馆持续开展业务岗位培训、专业知识培训、职称资格培训,采取引进人才,组织学历进修、进行国际人才交流等措施,使全市图书馆行业基本形成了教育培训体系,逐步提升了人员专业素养。从技能评定看,20 世纪 90 年代以来,上海各系统图书馆都建立了专业技术职称的评聘制度,规范、稳定地开展职称资格的认定、聘用,使专业技术人才队伍建设,进入了持续发展和壮大的阶段,各类图书馆中级职称人员占编制人员的比例,平均在 70％以上;中高级职称人员的比例也在不断扩大,基本形成了多层次图书馆专业技术职称队伍,从人才高地建设看,在上海市政府建设科技、教育、文化人才高地政策背景下,各系统图书馆都实施了人才培养计划。上海图书馆的"2151 人力资源建设工程",高校和科研图书馆的人才培养"百人计划",其影响大、支持力度强、成效显著。2000 年,上海市政府发布《关于加强上海领军人才队伍建设的指导意见》,图书馆系统选拔了一批具有专业能力、较高知名度、较大影响力、较好发展潜力的优秀人才,针对性地制定计划,培养他们成为领域中的领军人物,实践效果明显。2001 年至 2010 年,上海图书馆有 8 名专家在国际图书馆协会与机构联合会担任学术委员,不少专家在诸多专业委员会或分会担任常委和委员。至 2010 年,全市六大系统共建有图书馆 2 165 家,工作人员 8 202 人。

第一章 人员队伍

第一节 人员整体结构

20世纪90年代起,现代信息技术的应用促进了图书馆管理和服务的创新,为了适应计算机系统管理、数字资源建设和网络数字平台服务的需要,全市图书馆十分迫切需要具备大专以上学历,尤其是研究生学历的专业馆员,不仅是图书馆学、情报学人才,还包括计算机科学以及其他文、理科的人才。全市各系统图书馆通过持续开展的继续教育、专业技能培训和开展社会招聘,使图书馆的人员学历结构全面提高,专业布局日趋合理。

研究型图书馆系列中。2010年,科研机构图书馆中大专以上的馆员占编制人员的92.9%,其中研究生学历馆员占40%;上海图书馆中大专以上馆员占90%,其中研究生学历馆员占17%;高校图书馆中大专以上馆员占82%,其中研究生学历馆员占23%,研究型图书馆的专业人才队伍高地基本形成。

区、县公共图书馆和中小学图书馆。2010年,大专以上馆员占编制人员的80%,与高校图书馆的大专以上馆员比例基本一致。新入职人员中开始有研究生学历,占2%左右,并且呈现缓步增加的趋势。公共图书馆中的街道(乡镇)图书馆员工队伍大都是委派调配,学历程度一般不高,适用的专业人才也很少。

从职称结构看,20世纪90年代上海各系统图书馆都已经建立了专业技术职称制度,规范、稳定地开展职称评聘,专业技术人才队伍建设进入了持续发展和壮大的阶段,各类图书馆中职称人员占编制人员的比例在70%以上。截至2010年,本市高校图书馆职称人员占编制人员的80.69%;高职、高专学校图书馆职称人员占70.58%;中小学图书馆职称人员占82.61%;区、县公共图书馆职称人员占72.53%;上海图书馆职称人员占77.4%。研究院图书馆职称人员占98.28%。全市图书馆行业多层次的专业技术职称队伍以及具有高级职称资质的人才高地基本建成。

一、高校图书馆人员结构

20世纪90年代中期起,高校图书馆为提高馆员队伍整体的知识层次和专业素养,适应学科信息服务需要,普遍重视招聘研究生学历的馆员,此举显著改善了高校图书馆员的学历结构。以复旦大学图书馆为例,2000—2010年,编制人员从168人增至198人,新入职人员均为硕、博士学历,图书馆研究生学历的馆员从13人增至66人,其中博士学历的馆员从1人增至7人。

2000年,上海高校图书馆大专以上人员占编制人员的60.2%,中专、高中及以下人员占编制人员的39.8%。馆员知识能力不足和专业人才的缺乏,影响到图书馆信息资源建设、文献整理工作和学科服务的开展。为此,高校图书馆一方面加大对人才队伍的培养力度,一方面积极引进高学历人才。截至2010年,人员队伍的学历结构发生较大变化,大专以上人员占编制人员的比例增加到81.7%,中专、高中及以下人员减少到18.3%;2010年博、硕士和研究生学历馆员人数是2000年的5.45倍,馆员队伍建设日益适应图书馆业务发展的需要。

表 8‑1‑1 2000—2010 年上海高校图书馆人员学历统计表

学　　历	2000 年	2005 年	2010 年
博士研究生	0.3%	1.1%	1.9%
硕士研究生	3.9%	9.0%	21.0%
本科	28.1%	31.2%	36.4%
大专	27.9%	26.7%	22.4%
中专	15.3%	15.0%	8.8%
高中及以下	24.5%	17.0%	9.5%

　　上海高校图书馆人员的年龄结构中,从 2000 年到 2010 年,从业人员的平均年龄逐渐提高,其中 36—45 岁的工作人员的比例在减少。

表 8‑1‑2 2000—2010 年上海高校图书馆人员年龄统计表

年　　龄	2000 年	2005 年	2010 年
35 岁以下	27.00%	22.74%	26.98%
36—45 岁	33.88%	26.73%	25.70%
46—54 岁	29.16%	38.76%	33.82%
55 岁以上	9.96%	11.77%	13.50%

二、公共图书馆人员结构

　　上海图书馆人员学历结构。1995 年,上海图书馆和上海科学技术情报研究所合并,成为国内规模最大、人员最多的省级公共图书馆。合并之初,上海图书馆在编人员 510 人,上海科技情报所在编人员 389 人,合计 899 人。在人才建设战略指引下,图书馆一方面减少在编人数,精简至 623 人,同时积极招聘高学历专业人员,改善馆员学历结构。1998 年,大专以上人员占编制人员的 58.1%,中专、高中及以下人员占 41.9%。截至 2010 年,大专以上人员占编制人员的 91.1%,中专、高中及以下人员占 8.9%。研究生学历以上人员增长幅度最大,1998 年博士占 0.1%,2010 年增至 2%;硕士和研究生由 2.7% 增至 15.2%。高学历专业人员的增加,推动了上海图书馆的数字化建设、情报研究等知识信息服务工作。

表 8‑1‑3 1998—2010 年上海图书馆学历统计表

学　　历	1998 年	2003 年	2010 年
博士研究生	1 人	6 人	14 人
硕士研究生	25 人	49 人	104 人
本科	180 人	197 人	355 人
大专	325 人	253 人	150 人
中专、高中及以下	383 人	285 人	61 人

区、县公共图书馆人员学历结构。20 世纪 90 年代,区、县公共图书馆编制人员中初高中学历的人数较多,1990 年,中专、高中及以下人员占编制人员的 76%,大专以上人员占编制人员的 24%。90 年代中期起,上海各个区、县相继建设图书馆新馆,一方面积极招聘大专和本科学历新员工,另一方面组织员工进修学习,图书馆人员的学历结构发生了变化。以松江区图书馆为例,1990 年,中专、高中及以下人员数占 64.65%,大专以上人员占 35.35%;到 2010 年,中专、高中及以下人员占职工人数比例降至 15.8%,大专以上人员占职工人数比例提高至 84.2%。

表 8-1-4　1990—2010 年松江区图书馆人员学历统计表

学　历	1990 年	2000 年	2010 年
研究生	无	无	1 人
本科	1 人	7 人	19 人
大专	9 人	5 人	13 人
中专	3 人	9 人	3 人
高中及以下	15 人	10 人	2 人
职工数	28 人	31 人	38 人

截至 2010 年,区、县公共图书馆和少年儿童图书馆在编人员 1 200 人,其中硕士和研究生学历人员占编制人员的 2.6%,本科学历人员 46.46%,大专学历人员 31.46%,本科学历人员增长幅度最大。人才队伍中新生力量的参与,拓展了公共图书馆的服务范围,增强了服务功能,创新了服务方式,提升了服务层次,增加了上海市民享受公共文化服务的实惠。

表 8-1-5　1990—2010 年上海区、县公共图书馆人员学历统计表

学　历	1990 年	2005 年	2010 年
硕士研究生			2.6%
本科			46.46%
大专	24%(大专及以上)	46.86%(大专及以上)	31.46%
中专	17%	15.63%	3.75%
高中及以下	59%	37.5%	15.73%

三、科研系统图书馆人员结构

20 世纪 90 年代起,上海科研院所和企业研究院的图书情报机构,积极调整人员结构,减少编制人员,提高馆员学历层次。例如,上海社会科学院图书馆 2000 年有博士 1 人,研究生 1 人,本科 12 人;至 2010 年,有博士 3 人,研究生 6 人,本科 15 人,馆员学历层次显著提高。

2000 年,上海科研系统图书馆大专以上人员占编制人员的比例为 74.6%,中专、高中及以下人员占 25.4%。截至 2010 年,大专以上人员占编制人员的比例提高到 92.86%,中专、高中及以下人员占编制人员的比例减至 7.14%。研究生学历以上人员增长幅度最大,在全部馆员中占 40%。大

批高学历专业人员的加入,提升了科研系统图书馆的服务方式,开展围绕科研项目和研究群组的知识服务、决策咨询服务和学术评价服务,拓展服务内容,为研究院所提供优质的信息保障和支撑。

表 8-1-6　2000—2010 年上海科研系统图书馆人员学历统计表

学　历	2000 年	2005 年	2010 年
博士研究生	1%	3.48%	10.2%
硕士、研究生	3.06%	16.92%	29.60%
本科	24.50%	33.40%	33.16%
大专	46.90%	28.86%	19.90%
中专	11.20%	10.65%	3.06%
高中及以下	14.20%	6.67%	4.08%

上海科研系统图书馆人员的年龄结构。2000 年到 2010 年之间,科研系统图书馆进入了馆员新旧更替阶段,包括上海科学院、上海社会科学院图书馆,中国科学院上海文献情报系统等都有老员工逐年退休,青年新馆员快速增加,35 岁以下人员的比例显著增长。例如,上海社会科学院图书馆,2000—2010 年,编制人员从 49 人减少至 37 人,35 岁以下的馆员从 10 人,增加至 15 人,36—45 岁的馆员从 14 人减少至 7 人,46—54 岁的馆员从 22 人减少至 12 人。同样,上海农业科学院图书馆,在 2000—2010 年期间,编制人员从 7 人减少至 5 人,45 岁以下的馆员仍然是 2 人,46—54 岁的馆员从 4 人减少至 3 人,55 岁以上的馆员从 1 人减少至 0。

表 8-1-7　2000—2010 年上海科研系统图书馆人员年龄统计表

年　龄	2000 年	2005 年	2010 年
35 岁以下	21.42%	28.22%	42.86%
36—45 岁	29.60%	25.25%	24.18%
46—54 岁	43.88%	28.71%	23.07%
55 岁以上	5.10%	17.82%	9.89%

四、中小学图书馆人员结构

截至 2010 年,上海中小学图书馆工作人员 2 761 人,其中,女性 2 072 人,占总人数的 75.05%;男性 689 人,占总人数的 24.95%。学历结构看,硕士研究生 21 人,占人员总数的 0.76%;本科 1 123 人,占 40.67%;大专 1 046 人,占 37.88%,中专和高中 474 人,占 17.17%;高中以下 97 人,占 3.51%。

表 8-1-8　2010 年上海中小学图书馆人员学历统计表

	硕　士	本　科	大　专	高中/中专	高中以下	总人数
小学图书馆	无	353 人	447 人	200 人	32 人	1 032 人
中学图书馆	21 人	770 人	599 人	274 人	65 人	1 729 人

第二节　高 级 人 才

一、人才计划

在上海市政府建设科技、教育、文化人才高地政策背景下,本市各系统图书馆都实施了各自的人才培养计划,其中,上海图书馆的"2151 人力资源建设工程"和高校和科研图书馆的人才培养"百人计划"影响大,支持力度强,成效明显。

上海图书馆为更好推进职工岗位成才,于 2001 年开始推行"2151 人力资源建设工程"。以"培养人才、拓宽视野、增进交流、学术引领"为宗旨,按照学科带头人,管理人才,中、青年优秀业务人才的三个人才系列目标,进行优秀人力资源培育,每年培育优秀业务人才 20 名,经营管理人才 10 名,学科带头人 5 名,中年优秀业务人才 10 名。每年通过申报、评审,制定业务,提升计划和学术研究提高管理能力的培养目标;为培育对象提供研究方向的引导,提供一定的经费支持和研究假期,提供国内外学习交流的机会,每年考核一次,淘汰不合格者,补充新的入选者,动态管理,逐级提高。"2151 人力资源建设工程"实施 10 年,截至 2010 年,累计资助近 100 人,有一批成员经过多年的培育和锻炼,成长为出色的图书馆业务专家和公共文化管理者,其中 2 入围上海市文化领域领军人才,在建设国际级城市图书馆的人才储备方面做出了有益的探索和有效的积累。

"百人计划"是国家教育部和中国科学院实施的人才计划,以项目制的方式培养学科领域优秀人才,每 2 年由单位推荐,经专家委员会评审通过后产生。入选"百人计划"者要承担并完成重要的研究项目,大学和科学院提供研究经费和出国访问学习的条件。"百人计划"入围者的选拔很严格,要求有较高的学历和职称要求,需要有专业工作经历和一定的研究成果。上海交通大学医学院图书馆在 2006 年和 2008 年,两次选拔中各有 1 人入选"百人计划"。2010 年,中科院上海生命科学图书馆有 1 人入选图书馆情报领域"百人计划",该馆员同年入选上海市"浦江人才"。

二、领军人才

2000 年,上海市政府发布《关于加强上海领军人才队伍建设的指导意见》,领军人才队伍中包括社会科学和文化艺术类领军人才,要求选拔出具有深厚的学术造诣或突出的专业能力,实践成效显著,有较高的社会知名度和影响力人才候选人,制定周期为 3—5 年的培养计划,培育成具有"国家队"水平的行业或学科中的领军人物。2006 年,上海图书馆的吴建中入选上海市领军人才,2009 年,上海图书馆的刘炜入选上海市领军人才,二人成为国内图书馆管理和数字化建设领域的知名专家。

2003 年 8 月,中宣部会同中组部、人事部下发了《全国宣传文化系统"四个一批"人才培养工作意见》。要求选拔有较高知名度、较大影响力、较好发展潜力的优秀人才,是文化领域中青年代表人物;为入选的优秀人才举办培训班,安排部分优秀人才到有关部门和基层单位挂职锻炼,组织国内外专题考察和学习培训;设立专项资金,为优秀人才承担重大课题、出版专著、召开研讨会等提供资助。2009 年,上海图书馆的刘炜入选全国宣传文化系统"四个一批"文化人才。

三、国际图书馆组织的专业人才

国际图书馆组织和情报组织,拥有全球化的专家阵营和学术资源,承担着组织世界级的学术交流,推广最新技术,颁布专业标准,发布行业指南,培养各国图书情报人才的责任。其中,国际图书馆协会与机构联合会是世界图书馆界最具权威、最有影响的专业性国际组织,也是联合国教科文组织"A级"顾问机构,国际科学联合会理事会准会员,世界知识产权组织观察员。截至2010年,全世界执行委员会和专业委员会,专业委员会下设专业部、组和圆桌会议,从事图书馆领域的专业工作。1981年3月,上海图书馆加入国际图书馆协会与机构联合会,成为该组织的机构会员。自2001年起,上海图书馆有8名专家,在国际图书馆协会与机构联合会担任学术委员,以及诸多专业委员会或分会担任常委和委员。

表8-1-9　截至2010年上海图书馆在国际图书馆协会与机构联合会任职人员一览表

姓　名	职务和任职年份
吴建中	国际图联管理委员会委员、学术委员会委员(2001—2005年) 图书馆建筑与设备委员会常委和国际图联季刊的编委(2007—2011年)
缪其浩	"信息存取和言论自由委员会"委员(2001—2007年) "管理与营销分委员会"常委(2003—2007年)
刘　炜	"信息技术委员会"常委(2003—2011年)
吴惠族	"报纸分委员会"常委(2003—2007年)
冯洁音	"阅读委员会"常委(2003—2011年)
周德明	"报纸分委员会"常委(2005—2009年) "公共图书馆专业委员会"常委(2009—2013年)
陈　超	"管理和市场营销委员会"常委(2009—2013年)
王世伟	"大都市图书馆分委员会"常委(2005—2013年)

第二章 专业培训

　　1997 年，上海图书馆开展交换馆员项目，2003 年，又开设国际访问学者项目，进一步加强与海外图书馆的学术和文化交流。至 2010 年底，共接受 27 批 36 人次国外交换馆员和访问学者来馆交流，输送了 25 批 42 人次的交换馆员和研修人员赴境外学习。在选派出境执行公务人员时，一方面将具有中高级技术职称、具有一定研究水平、承担各项科研课题的专业人员列为优先考虑，另一方面注重培养中青年人才，特别是第一线的中青年业务骨干、入选"2151 人力资源建设工程"的专业人员。

第一节 业务培训

一、岗位培训

【上海市图书馆学会业务培训】

　　上海市图书馆学会主要承担国际图书馆组织、机构和中国图书馆学会指导下的业务培训，推广应用国际或国内标准化委员会，以及国内外图书馆组织颁发的行业技术规范和标准，促进全市图书馆工作标准化建设。从 20 世纪 90 年代起，相继开展了一系列图书馆领域重要业务标准和专业技术培训。

　　（1）DC 元数据的研讨培训和中国数字图书馆元数据标准培训。2000 年 5 月，上海图书馆参加了美国 OCLC 的"都柏林核心元数据计划"，同时开展了"元数据与知识管理"的培训，培育了上海和国内图书馆界第一代元数据研究和开发的专业人员。2002 年，上海图书馆承担了科技部项目《资源集合元数据规范》，以此为基础，开展我国数字图书馆元数据标准培训。

　　（2）中国图书馆分类法（第 5 版）的应用培训。中国图书馆分类法是文化部行业标准，第 5 版于 2010 年 8 月出版。上海市图书馆学会积极推广国家标准，聘请中国图书馆分类法副主编陈树年和上海图书馆的专家多次开展培训，指导图书馆编目业务。

　　（3）中文机读目录格式（CNMARC）和英文书目数据格式（MARC21）的应用培训。中文机读目录格式（CNMARC）是文化部行业标准，1996 年 7 月 1 日实施。2000 年 8 月，国家图书馆、全国联合编目中心编辑出版了《CNMARC 中文图书机读目录格式使用手册》，英文书目的《MARC21 书目数据格式使用手册》于 2005 年 9 月出版。上海市图书馆学会积极推广国家和国际书目标准，聘请华东师范大学信息系和上海图书馆的专家多次开展培训，指导图书馆编目业务。

　　（4）图书馆 2.0 技术与服务应用研讨培训。2008 年 5 月，上海市图书馆学会和中国图书馆学会数字图书馆研究与建设专业委员会，联合举办 2.0 技术应用培训，传授图书馆 2.0 的实际内容和相关技术，介绍了国内外服务实例，引导上海和全国图书馆在数字化建设中应用 2.0 技术。

【上海市图书馆行业协会培训】

　　上海市图书馆行业协会主要开展中心图书馆业务培训、基层图书馆（街道乡镇）业务课程和图书馆综合业务课程培训。

上海市中心图书馆的服务系统覆盖全市市级、区县级和街道乡镇图书馆三级公共图书馆服务网点,涉及支持联机书目检索、异地"一卡通"图书借还、读者咨询和流通信息管理等一系列业务问题。业务培训由上海图书馆业务专家授课,在指导全市服务网点图书馆员操作使用"一卡通"信息服务系统的基础上,传授文献检索、信息咨询、数字信息服务等业务技能。培训过程中重视教师与学员的互动,重视学员之间的知识交流。中心图书馆业务培训持续10年,培训图书馆员3000余人次。

市图书馆行业协会对基层图书馆(街道乡镇)进行业务培训,以提高公共图书馆基层服务点工作人员的图书馆学基础知识,了解上海图书馆馆藏文献资源和电子资源,掌握中心图书馆"一卡通"的服务流程,掌握全国文化信息资源共享工程服务运行知识为主要目的,制订培训计划,设计培训课程,内容包含图书馆基础理论和图书馆业务技能两部分,共76课时。图书馆基础理论课程由解放军南京政治学院上海分院信息管理系教授承担,通过培训,使基层图书馆人员能全面了解公共图书馆性质与职能,掌握图书馆工作所需要的基础业务技能,了解网络时代图书馆事业的发展和新技术的运用;图书馆业务技能课程,由上海图书馆业务专家承担,通过培训图书馆人员掌握中心图书馆"一卡通"信息服务系统和全国文化信息资源共享工程的实际操作技能。

图书馆综合业务培训向全市各系统图书馆开放,指导图书馆人员提高专业技术能力和专业研究能力。培训课程有"公共图书馆的专业服务""网络环境下图书馆简报服务的创新""电子书阅读器——链接现在与未来的桥梁"等,培训方式包括教师与学员之间的提问互动,学员讨论演讲等环节,目的是让图书馆员了解和掌握图书馆服务领域新的技术、方法、动态等信息。

【全国文化信息资源共享工程业务辅导与培训】

全国文化信息资源共享工程设立了二级业务辅导与培训机制,即全国培训和地方培训。共享工程全国中心,通过"数字学习港"开展在线培训,地方分中心和支中心,组织现场辅导和培训。在线培训每年12次,上海图书馆分中心和各区、县图书馆支中心,每年组织现场培训30场左右,全市各街镇、区、县和市级图书馆千余名共享工程服务人员,每年人均获得在线培训5次,现场培训2次。辅导与培训内容分为国家公共文化政策和图书馆事业发展状况,数字信息和电子阅览室服务技术与方法,共享工程的活动组织和服务案例交流3类。共享工程业务辅导与培训,对于基层图书馆员提高业务技能、推广共享工程服务有很大的帮助。

【中国高等教育文献保障体系继续教育培训】

上海交通大学图书馆是中国高等教育文献保障体系的分中心,受管理中心的委托,承办继续教育培训任务。2004年3月至7月,面向华东地区部分高校图书馆专业技术人员,上海交通大学图书馆聘请美国佛罗里达大学、美国肯特州立大学的图书情报学教授,举办"数字图书馆原理与方法"课程培训。

2007年3月,中国高等教育文献保障体系的"全国医学图书馆员远程继续教育课程"在上海交通大学医学院图书馆首次开课,并且以网络课堂的方式,面向国内的医学院图书馆,远程继续教育课程培训活动持续了4年。

2010年11月,上海交通大学图书馆举办中国高等教育文献保障体系三期建设"学科馆员培训"。邀请北京大学、清华大学、中国科学院、上海交通大学、南开大学等图书馆专家、教授,组成师资队伍,培训内容为学科服务理论、学科资源规划建设、学科服务管理机制等。

二、专题培训

【图书情报高级研修班】

全国文化信息资源共享工程上海市分中心、上海市文献资源共建共享协作网,于2000年组织开设图书情报高级研修班,邀请全市图书情报界教学、研究和管理领域的高级专家授课,专业培训的内容包括图书情报理论、图书馆管理、图书情报专业技术方法、图书馆情报学研究前沿等,引起了全市高校、科研、公共图书馆的重视,纷纷选派青年业务骨干参加,每期学员25—40人,截至2010年,累计举办了研修班15期,共有486人参加。

图8-2-1 2001年1月11日,图书情报高级研修班结业典礼

【古籍文献修复技术培训班】

上海有多家高校、科研和公共图书馆,拥有丰富的古籍馆藏。古籍文献保护和修复是一门传统的专业技术,在上海图书馆和复旦大学图书馆中,有技艺精湛的古籍修复专家,他们带徒授艺,并且编撰出版专著《古籍修复与装帧》,受到国内图书馆界的重视。

1998年,受国家文化部委托,上海图书馆举办古籍修复技术培训班,面向国内图书馆界招收学员。培训班连续办了3期,为国内20家省、市图书馆培训了50余名古籍文献修复技师。此后,上海图书馆陆续举办了面向本市图书馆的古籍修复技术培训班,为图书馆古籍文献保护和修复工作培育了专业技术队伍。

2009年,国家文化部公布了12家国家级古籍修复中心,上海图书馆名列其中。上海图书馆的国家级古籍修复中心承担全市各个古籍收藏单位的古籍破损情况定级、审定古籍修复技术方案、实施破损古籍修复和培训古籍修复技术人才等职能。

三、资格培训

2000 年,上海市确定了图书、资料专业技术职业资格的中、初级职称实行"以考代评",设立了图书馆学基础和图书馆实务两门考试内容。为提高图书馆员的学科理论和专业技术知识水平,辅导图书馆员参加职称考试,上海市文广局培训中心和上海图书馆教育培训中心,分别举办图书、资料专业技术职业资格培训。培训课程有文学、历史、物理、化学、生物、信息技术、图书馆基础、文献资源建设、文献编目、文献检索、信息服务、数字图书馆等。培训教师由解放军南京政治学院上海分院信息管理系、上海图书馆、上海师范大学和中科院上海文献情报中心的专家教授共同组成,资格培训持续 12 年,培训学员 5 000 余人次,为非图书情报专业的图书馆员,提供了完整系统的专业课程补习。

四、访问学者

自 20 世纪 80 年代起,上海各类图书馆的国际交流日益增加,通过出访考察发达国家图书馆和图书馆教学研究机构,并邀请国外图书馆专家访问上海的高校、科研、公共图书馆,把先进的管理理念、知识、方法、技术带到本地。在国际交流中,对图书馆人才队伍培养作用最大的是访问学者项目和馆员交流项目。

【高校和科研机构图书馆访问学者项目】
从 20 世纪 90 年代起,上海高校图书馆通过国家教育部的短期访问学者项目,派遣业务和管理骨干,到国外大学图书馆和图书信息学院,有针对性地进行专题学习和研究,掌握先进的图书馆技术和管理经验,提升业务和管理能力,促进学校图书馆的进步。

复旦大学图书馆与美国耶鲁大学,建立了访问学者合作项目。2007 年 8 月,复旦大学图书馆王亮到耶鲁大学图书馆访问 6 个月。2008 年 1 月,复旦大学图书馆杨光辉到耶鲁大学图书馆访问 6 个月。

上海交通大学图书馆与美国匹兹堡大学图书馆,在 1984 年达成合作协议,开展双向互访的学术活动。1991 年 10 月至 1992 年 9 月,上海交大图书馆杨宗英,赴美国布兰戴斯大学图书馆参加"Current Trends in Library Technology"项目访问一年。1998 年,上海交大图书馆系统馆员徐汝兴通过了美国富布莱特研修项目的审批,赴美学习 1 年,先后参加了匹兹堡大学情报学院的研究生课程学习、匹兹堡大学图书馆的数字化馆藏项目工作,以及德拉维尔大学的美国文化和语言课程培训。2000 年 1 月至 7 月,图书馆员季一欣前往匹兹堡大学图书馆学习参考咨询工作。2008 年 1 月至 7 月,图书馆员潘卫前往匹兹堡大学图书馆访问进修。2006 年,图书馆与奥特本大学图书馆达成了交流互访的合作意向。2007 年 7 月至 9 月,图书馆馆员王昕前往奥特本大学图书馆访问学习 2 个月。

其他还包括:1987 年 5 月,华东师范大学图书馆采编部门馆员,赴美国旧金山大学图书馆交流工作 1 年,全面考察文献资源建设和信息组织方法。上海财经大学图书馆于 2008 年和 2009 年,分别派出 2 名馆员到美国北卡罗来纳大学绿堡分校图书馆进行为期 3 个月的访问学习。中国科学院上海文献情报中心 2003 年派 1 名馆员到德国马普研究所图书馆进行为期 3 个月的访问学习,深入了解国际一流科学研究院的文献情报服务和管理经验。

【高校图书馆交流馆员项目】

高校图书馆与境外图书馆,开展双向互派图书馆员交流项目,以合作交流的方式,分享彼此的业务知识、技能和经验,互相学习,共同提高。

1998年,上海交通大学图书馆与美国西弗吉尼亚大学理工学院维宁图书馆签订交流馆员合作协议,先后派出11名业务干部到维宁图书馆交流工作两个月。2009年,上海交通大学图书馆与新西兰奥克兰大学图书馆签订交换馆员合作协议,2010年6月,派出2名馆员到奥克兰大学图书馆交流工作。

2000年3月,华东师大图书馆与香港教育学院图书馆签订馆际合作备忘录,决定自2000年起实行馆员交流。是年,华东师大图书馆有4名馆员首次赴香港教育学院图书馆进行为期3个月的专业培训。至2003年,共有四批人员赴港培训。2009年10月,上海师范大学图书馆与美国纽约市立大学图书馆签订两馆交换馆员的框架协议。2010年9月,上海大学图书馆也与美国纽约市立大学图书馆签约建立馆员交流合作。上海师范大学图书馆和上海大学图书馆均派馆员前往纽约市立大学图书馆进行为期1个月的进修。同时,美国纽约市立大学图书馆每年派图书馆学教授到上海大学图书馆进行1个月的学术交流。

【上海图书馆交换馆员和访问学者项目】

1996年,上海图书馆新馆建成开放。上海图书馆先后与美国纽约皇后区图书馆、新加坡国家图书馆管理局、日本图书馆情报大学、韩国国会图书馆、法国里昂市图书馆、俄罗斯国立图书馆、埃及亚历山大图书馆、澳门"中央"图书馆、澳门大学和澳门图书馆资讯暨管理协会等单位签署或续签了合作交流协议或备忘录,内容主要涉及资料交换、馆员交流和举办合作项目等。截至2010年,已同全球30个国家和地区的64家图书情报机构、文化机构、政府机构等签订合作备忘录共70余份。

1997年,上海图书馆开展交换馆员项目,2003年,又开设国际访问学者项目,进一步加强了与海外图书馆的学术和文化交流。至2010年底,共接受27批36人次国外交换馆员和访问学者来馆交流,输送了25批42人次的交换馆员和研修人员赴境外学习。在选派出境执行公务人员时,一方面将具有中高级技术职称、具有一定研究水平、承担各项科研课题的专业人员列为优先考虑,另一方面注重培养中青年人才,特别是第一线的中青年业务骨干、入选"2151人力资源建设工程"的专业人员。

表8-2-1　上海图书馆境外交换馆员和访问学者项目人员表

序号	姓　名	时　间	单　位	项目内容
1	石绮玥、周玉琴	1992年2月	新加坡国家图书馆	参考咨询
2	王汉栋	1995年6月	加拿大西安大略大学	信息化研究
3	王世伟、童芷珍	1998年5月	香港中文大学图书馆	古籍整理与保护
4	王汉栋	1998年	澳大利亚拉筹伯大学	文化管理
5	陈建华	1998年	香港岭南大学图书馆	中文古籍鉴定

（续表）

序号	姓　名	时　间	单　位	项目内容
6	陈秉仁、周秋芳	1998年10月	香港中文大学图书馆	中文古籍编目
7	徐　强、魏家雨	1999年12月	韩国国会图书馆	数字图书馆、决策情报咨询
8	王世伟	2001年4月	美国加州大学伯克利分校图书馆	明代尺牍研究
9	王世伟	2001年11月	日本国立国文学研究资料馆	日本古籍收藏
10	陶　翔、纪陆恩	2002年11月	韩国国会图书馆	交换馆员
11	张　奇	2002年5月	加拿大多伦多大学图书馆	电子资源建设
12	周德明、肖沪卫	2002年7月	美国亚太法学研究院	美国考察版权法
13	陈先行、郭立暄	2003年3月	美国加州大学伯克利分校图书馆	中文古籍
14	宋　鸿、林　琳	2003年12月	韩国国会图书馆	交换馆员
15	王世伟	2004年6月	台湾辅仁大学	古籍研讨
16	苏冠卿	2004年6月	香港公共图书馆	交换馆员
17	郑　睿	2004年10月	美国弗吉尼亚大学 Alderman 图书馆	交换馆员
18	张　轶	2004年11月	美国纽约皇后图书馆	交换馆员
19	金红亚	2004年10月	台湾台北市立图书馆	交换馆员
20	王静波、葛　菁	2004年12月	韩国国会图书馆	交换馆员
21	潘　俊、张晓文	2005年11月	美国俄亥俄州大学图书馆	交换馆员
22	杨薇炯、沈传凤	2005年12月	韩国国会图书馆	交换馆员
23	管益平	2006年10月	台北市立图书馆	交换馆员
24	钟　婷、浦　纯	2006年12月	韩国国会图书馆	交换馆员
25	章　骞、罗天雨	2007年3月	美国纽约皇后区图书馆	交换馆员
26	俞　鸿、杨　佳	2007年3月	美国俄亥俄州立大学图书馆	交换馆员
27	陈　超	2007年8月	美国德州大学圣安东尼奥分校管理学院	上海市第16期管理干部中长期出国培训
28	梁　甦	2007年12月	台湾台北市立图书馆	交换馆员
29	丁建勤、陈　晖	2007年12月	韩国国会图书馆	交换馆员
30	梁　颖	2008年6月	台湾"中央研究院"史语所傅斯年图书馆	交换馆员
31	药　婷、金家琴	2008年11月	韩国国会图书馆	交换馆员
32	应　浩	2008年11月	台北市立图书馆馆员	交换馆员
33	黄　薇、樊佳怡	2008年11月	美国纽约皇后区公共图书馆	交换馆员
34	宋静娴、祝碧衡	2008年10月	加拿大蒙特利尔市图书馆	交换馆员

（续表）

序号	姓　名	时　间	单　位	项目内容
35	骆金龙、丁柯允	2008 年 11 月	美国俄亥俄州立大学图书馆	交换馆员
36	祝淳翔	2009 年 9 月	台北市立图书馆	交换馆员
37	黄显功、仲　威	2009 年 9 月	台湾"中央研究院"史语所傅斯图书馆	交换馆员
38	陈先行	2009 年 11 月	日本国文学研究资料馆	中文古籍
39	祝　毓、党倩娜	2009 年 11 月	法中经济文化中心	上海市经委赴法学习培训班
40	童志强	2010 年 4 月	台湾"中央研究院"史语所傅斯年图书馆	查阅资料
41	王　艳	2010 年 11 月	台北市立图书馆	交换馆员
42	王　宏、郭立喧	2010 年 11 月	台湾"中央研究院"史语所傅斯年图书馆	交换馆员

第二节　在职继续教育

20 世纪 80—90 年代，上海各系统图书馆依托上海电视大学、上海大学、上海师范大学、华东师范大学、上海市教育学院等高校，开设成人教育，为在职图书馆员提供专业进修，使一批图书馆员基本完成在职图书馆员的大专或"专升本"的学业。1983 年，市文化局委托上海图书馆，面向全市承办"上海市图书馆职工中等专业学校"，有计划地培养图书馆专业人才。

图 8-2-2　1999 年 7 月 30 日，上海图书馆举办跨世纪干部培训班

90 年代后期起,上海图书馆先后与华东师范大学信息学系、北京大学信息管理系和中国科学技术信息研究所,联合开办图书馆学和情报学在职研究生课程班,为本科学历的年轻图书馆员提供规范、系统的专业教育,提升专业技术能力。学员在课程班完成学习课程,通过考试和学位论文答辩后,获得开设课程的大学或研究所颁发的硕士学位。上海图书馆是研究生课程班的承办方,根据本市各类图书馆的业务需求,有针对性地选择课程班的专业研究方向,并聘请上海图书情报界教学、研究和管理领域的高级专家担任学员研究论文的指导教师。

1999 年 10 月—2002 年 10 月,华东师范大学信息学系与上海图书馆合作,开办图书馆专业研究生课程进修班,参加学习的学员有 33 人。2004 年 9 月—2006 年 9 月,北京大学信息管理系与上海图书馆合作,开办图书馆学专业信息资源管理方向研究生课程进修班,参加学习的学员有 20 人。2007 年 9 月起,中国科学技术信息研究所与上海图书馆合作,开办情报学专业研究生课程进修班,参加学习的学生有 30 余人。

第三节 中外合作培训

2000 年后,上海的图书馆界与发达国家图书馆学术领域开展深入的合作,联合举办高技术和前沿研究领域的学术研讨班,开设专业课程,颁发学业证书,掌握最新的知识和技术,培育图书情报高级专业人才。

一、中美数字图书馆高级研讨班

国家科技图书文献中心和美国 Syracuse 大学信息学院自 2005 年起,针对国内数字图书馆建设中的规划、组织、管理、政策、系统、服务等方面的有实际经验的专业人员,联合举办中美数字图书馆高级研讨班。依托 Syracuse 大学信息学院的数字图书馆高级证书项目,提供数字图书馆建设方面的系统知识学习,全面了解数字图书馆的规划设计、项目实施、系统管理、技术方法、服务规划与评价、法律问题、可持续运行模式等问题。

2007 年 5 月,第三期研讨班由上海图书馆协办。2008 年 5 月,第四期研讨班由中国科学院上海生命科学信息中心协办。学员参加两年全部课程的学习并通过考核,由中美双方主办单位出具"中美数字图书馆高级研讨班"(Joint Advanced Workshop in Digital Libraries)结业证书。

二、上海地区图书馆馆长高级研讨班

根据中美两国政府签署的《2007 年至 2009 年中美文化交流执行协议》中的相关规定,文化部实施了《中美图书馆员专业交流项目》(2009—2010 年),邀请多批美国专家到中国进行交流讲学,旨在通过专家讲授交流,使各级各类图书馆馆长提高管理水平,增强业务能力,开阔学术视野,全面推动图书馆事业发展。

中美图书馆专业交流项目——上海市图书馆馆长高级研讨班,于 2010 年 5 月由上海市图书馆学会和浦东新区图书馆承办。美国伊力诺依大学图书馆和美国华人图书馆员协会,选派专家来沪讲授美国图书馆的法律法规、方针政策和战略规划,美国图书馆的管理体制与运营机制,美国图书

图 8‐2‐3 2010 年 5 月 20—26 日,"2010 中美图书馆员专业交流项目——上海地区图书馆馆长高级研讨班"活动在浦东图书馆举行

馆的绩效评价与图书馆员职业资格制度,美国图书馆的公共关系活动与价值彰显;美国的大学图书馆、专业图书馆以及图书馆学教育和图书馆行业组织等专题。学员参加全部课程学习后由中国图书馆学会颁发结业证书。

第三章 职 称 评 定

全市图书馆系统按照国家关于人事制度改革的要求,有步骤地实施专业技术职称评审制度。1979年,上海高等教育局决定在华东师范大学图书馆开展专业技术职称的评定试点,为全市高等院校图书馆职称评定的政策制定提供了借鉴;1987年后,上海图书、资料专业干部业务职称评定工作在全市图书馆行业开展。技术职称评定确定了各类专业技术岗位人员的知识结构、专业水平、业务能力、岗位工作年限及业绩等要求,从而使各系统图书馆建立起人力资源的保障和提升机制,推动图书馆岗位责任制的落实,形成有层次的专业技术人才队伍,有效地促进图书馆事业发展。

第一节 专业技术职称评审制度

1978年起,上海的大批高等学校恢复重建,图书馆对于教学、科研工作的支撑作用日益显现,确认和提高工作人员专业技术能力的需求极为迫切。为了做好图书馆人才队伍建设工作,快速发展图书馆事业,1979年3月,教育部下发了《关于高等学校图书馆和资料人员职务名称确定与提升的暂行规定》。上海市高等教育局将华东师范大学图书馆定为首家评定专业技术职称的试点,同年4—7月,该图书馆进行了首次职称评定,经市高等教育局批准,确定副研究员(后改称副研究馆员)4名,助理研究员(后改称馆员)17名,馆员(后改称助理馆员)25名,助理馆员(后改称管理员)6名。华东师范大学图书馆的专业技术职称评定试点为市高等教育局制定全市高等院校图书馆职称评定的政策提供了借鉴。

1982年12月,上海市人事局、文化局下发《上海图书、资料专业干部业务职称评定试行细则》,成立了上海市高级图书、档案、资料业务职称评定委员会,指导全市图书馆行业高级职称评审工作。至1983年,全市有23家高等院校将图书情报专业列入本校专业技术职务评审系列,完成了首次职称评定工作。至1988年,全市最早评定专业技术职称的华东师范大学图书馆已有高级职称10人,中级职称22人,占在编职工人数的18.8%。

1983年9月至1985年底,职称评定工作暂停。1986年初,中央职称改革领导小组下发《关于改革职称评定、实行专业技术职务聘任制的报告》,文化部下发了《图书、资料专业职务试行条例》,上海市成立了图书资料文博系列职称改革领导小组指导本市公共、高校、科研等相关图书馆系统的职称评定工作。1987年8月,上海图书资料文博系列职称改革领导小组下发了《关于图书资料专业职务评审工作进行考试的通知》,上海市高级图书、档案、资料业务职称评定委员会恢复工作。同时,由上海图书馆牵头成立了中级图书资料专业技术职称评定委员会,承担图书馆中级职称评审工作。各区、县成立初级图书资料专业技术职称评定委员会,承担图书馆初级职称评审工作。

1999年7月,上海市人事局下发《上海市专业技术职务评聘分类分级管理实施意见》,2000年下发《上海市实施专业技术职称(资格)评定与专业技术职务聘任相分离的暂行办法》,分别对图书、资料高级职称实行审定;中、初级职称实行"以考代评"。同时下发的《上海市专业技术资格考试工作实施意见》,确定了图书、资料专业技术资格考试暂设为本市考试类别,实行"个人申报、社会评审、单位聘任"。2004年上海市人事局下发了《上海市图书、资料专业技术人员职业资格暂行规定》,确定中、初级的"以考代评",职称评审改为"职业资格"考试,由上海市任职资格考试中心和业务主管部门共同实施。

第二节　图书馆职称队伍建设

一、高等院校图书馆

20世纪90年代起,上海的本科高等院校图书馆已经建立稳定、规范的职称评定和聘任制度,通过评聘,各大学图书馆建立了各自的高级、中级和初级职称的图书馆专业技术人员队伍,担纲图书馆的主要业务岗位,开展专业的学术活动,形成本科院校图书馆专业技术人才队伍。90年代中期,一些规模大的高校图书馆,例如复旦大学图书馆、上海交通大学图书馆、同济大学图书馆、上海大学图书馆等,拥有各级专业技术职称的馆员达到图书馆编制人员的60%左右;而规模较小的大学图书馆,例如上海海事大学图书馆、华东政法大学图书馆、上海工程技术大学图书馆、上海电力学院图书馆等,拥有各级专业技术职称的馆员所占的比例较高,达到图书馆编制人员的80%—90%。

表8-3-1　1995年复旦大学等4校图书馆专业技术职称情况表　　（单位:人）

图书馆名称	编制人员	高级职称		中级职称	初级职称	职称人员百分比
		正高级	副高级			
复旦大学图书馆	167	3	10	48	32	55.7%
上海交通大学图书馆	180	5	17	68	24	63.3%
同济大学图书馆	135	2	13	35	26	56.3%
上海大学图书馆	317	2	21	122	50	61.5%
上海海事大学图书馆	53	3	0	20	19	79.2%
华东政法大学图书馆	53	0	2	18	23	81%
工程技术大学图书馆	37	0	7	27	0	92%
上海电力大学图书馆	31	3	3	8	12	84%

至90年代中期,上海高职高专院校图书馆的专业队伍建设未得到应有的重视,未开展职称评聘工作。自90年代后期到2000年,各高职高专院校陆续开始建立图书馆专业技术职称评聘制度,开展评聘工作。到2005年,高职高专院校图书馆的职称评聘制度已经成熟,职称评聘连续多年稳定开展。同时,本科高等院校图书馆的职称评聘依然持续发展,上海高校图书馆专业技术人才队伍初具规模。统计显示,2005年上海本科院校图书馆的职称人员占编制人员86%,高职高专院校图书馆的职称人员占编制人员66.04%。截至2010年,上海本科院校图书馆的职称人员占编制人员80.69%,高职、高专院校图书馆的职称人员占编制人员70.58%。2005—2010年,在本科院校图书馆中,高级技术岗位和研究型岗位增加,图书馆员中研究生学历的比例逐渐上升,这种状况反映到职称上,表现为中级职称人员比例有所提高,高级职称人员比例大幅提高。同时,初级职称人员比例下降。

表 8-3-2　2005—2010 年上海高等院校图书馆职称人员占编制人员情况表　　（单位：%）

	正高级职称占编制比		副高级职称占编制比		中级职称占编制比		初级职称占编制比	
	2005 年	2010 年	2005 年	2010 年	2005 年	2010 年	2005 年	2010 年
本科院校图书馆	1.76	2.16	10.58	11	37.62	41.62	36.04	25.91
高职高专院校图书馆	0.94	2.52	5.66	4.20	30.19	29.41	29.25	34.45

二、公共图书馆

上海公共图书馆的专业技术职称评定工作始于 1987 年，上海图书馆首次进行图书资料专业技术职称评定，评出高级职称 57 人，中级职称 135 人。此后。评定工作逐步正常化、制度化。至 1995 年，上海图书馆的职称人员占编制人员的 73.64%，高级职称人员的比例为 13%。2000 年起，为了满足"十五"和"十一五"期间数字图书馆建设、上海市中心图书馆建设、行业情报联盟建设等一系列重大业务发展的需要，上海图书馆启动了人才战略发展规划，积极培育专业拔尖人才、优秀管理人才、学科带头人，提高专业技术人员中高级职称人员的比例。

2000 年，上海图书馆的职称人员占编制人员的 79.18%，高级职称人员的比例为 15.13%。截至 2010 年，职称人员比例回落至 77.41%，高级职称人员的比例提高到 18%，形成一支百人以上专业能力强、研究能力突出、学术成果显著的高级人才队伍，支撑该馆的信息服务和情报研究工作。

表 8-3-3　1995—2010 年上海图书馆专业技术职称情况表　　（单位：人）

年　份	编制员	正高级职称	副高级职称	中级职称	初级职称
1995 年	899	117		332	213
1998 年	914	123		312	
2000 年	879	133		302	261
2005 年	783	19	116	258	258
2010 年	788	23	110	226	251

上海区、县公共图书馆的职称评定始于 1988 年，金山图书馆和嘉定图书馆最早开始评定专业技术职称，当时各区县公共图书馆职称评定工作并不均衡，相互之间差别较大。1990 年，青浦图书馆职称人员比例最高，占编制人员 96.3%。而南市区图书馆职称人员占编制人员的比例只有 53.2%。当时公共图书馆的职称状况是高级职称人员极少，中级职称人员比例低，初级职称人员比例高，初、中级通常占职称人员的 70% 左右。

表 8-3-4　1990 年长宁区图书馆等 7 家图书馆专业技术职称情况表　　（单位：人）

图书馆名称	编制数	副高级职称	中级职称	初级职称	职称员百分比
青浦区图书馆	27	2	8	16	96.3%
奉贤区图书馆	26		6	15	80.8%

（续表）

图书馆名称	编 制 数	副高级职称	中级职称	初级职称	职称员百分比
崇明县图书馆	31		4	21	80.6%
松江区图书馆	31		4	21	77.5%
长宁区图书馆	41		3	28	75.6%
金山区图书馆	23		5	11	69.6%
南市区图书馆	47	1	3	21	53.2%

2000年起,上海区、县公共图书馆人员职称结构逐渐发生变化,高级和中级职称人员的比例逐步增长,初级职称比例下降。到2010年,区、县公共图书馆中高级与中初级职称人员比例失衡状况基本改观,高级职称人员占编制人员的3.8%,中级职称人员接近编制人员的30%,初级职称人员占编制人员的40%左右。专业技术人员职称结构基本符合图书馆信息服务的需求。

表 8-3-5 2000—2010年上海区、县公共图书馆职称人员占编制人员情况表 （单位:%）

	2000 年	2005 年	2010 年
初级职称	38.81	47.68	40.50
中级职称	28.03	29.96	29.2
高级职称	3.77	4.64	3.8

三、研究院(所)和中共上海市委党校图书馆

上海科研院(所)图书馆有市级的上海社会科学院图书馆、上海农业科学院研究所,有中国科学院下属的上海文献情报中心、技术物理研究所图书馆、光学精密仪器研究所图书馆等,还有宝山钢铁集团研究院等国有企业研究院的专业图书馆。科研院(所)图书馆开始专业技术职称评聘的时间不一,至20世纪90年代后期,建立起完整的专业技术职称队伍。由于科研院(所)图书馆不设置人事、财务、后勤等行政管理和服务岗位,因此编制人员中专业技术人员比例较高。2000年,科研院(所)图书馆中职称人员占编制人员的83.71%,到2010年,职称人员比例提高至98.28%,其中高级职称人员占31.42%。

表 8-3-6 2000—2010年上海研究院(所)图书馆职称人员占编制人员情况表 （单位:%）

	2000 年	2005 年	2010 年
初级职称	15.38	25.53	20.00
中级职称	51.65	45.21	46.86
副高级职称	16.68	21.81	25.71
正高级职称		2.13	5.71

中共上海市委党校图书馆于1987年首次进行专业技术职称评定,评出副高职称1人,中级职

称5人。1990年起,职称评聘工作持续稳定进行,高、中级职称人员比例逐年提高,专业技术人才能力提高,职称队伍结构日趋合理。

表8-3-7 1990—2010年中共上海市委党校图书馆专业技术职称情况表　　　　（单位：人）

年　份	编制员	副高级职称	中级职称	初级职称	职称员百分比
1990年	36	1	6	21	77.8%
1995年	31	1	15	3	61.3%
2000年	53	6	15	12	62.3%
2005年	34	5	14	4	67.6%
2010年	41	5	25	2	78%

四、中小学校图书馆

截至2010年,全市中小学图书馆人员总数2 761人,拥有各级职称的人员2 281人,占人员总数的82.61%,学校图书馆不设置人事、财务、后勤等行政管理和服务岗位,专业技术人员比例较高。在中小学图书馆人员的专业技术职称中,有图书资料、普通教育和其他类别的职称,其中属教师职称系列的比重最大,占54%;在专业技术职称中,高级职称53人,占人员总数的1.92%;中级职称1 205人,占43.64%;初级职称1 023人,占37.05%。

表8-3-8 2010年上海中小学图书馆专业技术职称情况表　　　　（单位：人）

	高级职称	中级职称	初级职称	合　计
图书情报职称	5	248	489	742
教师职称	44	859	328	1 231
其他职称	4	98	206	308
合　计	53	1 205	1 023	2 281

第九篇
事业管理

自 20 世纪 50 年代起,上海各行业单位纷纷建起图书馆,分别形成文化系统图书馆、高等学校系统图书馆、中小学系统图书馆、科研院所系统图书馆、党校系统图书馆、工会系统图书馆,各系统图书馆分别隶属于各行业行政主管部门管理。

1978 年党的十一届三中全会以后,市委、市政府将发展文化事业作为城市社会主义精神文明建设的重要组成部分,纳入经济社会发展的总体规划,加强了对图书馆事业的领导,全市各行业图书馆克服"文化大革命"所遭受的困难,迅速得到恢复发展。20 世纪 80 年代,伴随改革开放的进程和现代信息技术迅猛发展的新形势,图书馆事业面临巨大的挑战与机遇,全市图书馆积极推进文化体制改革,激发出新的发展活力。公共图书馆在文化行政部门领导下,完善了市、区(县)和街道(乡镇)公共图书馆三级网络;市高等学校教育局成立了"上海市高等学校图书馆工作委员会",加强了对各高校图书馆的管理,推进高校图书馆的现代化建设;上海市教育局成立了"中小学图书馆工作委员会",对全市中小学校、包括对中等专业学校、中等职业学校和中等技术学校图书馆,加强日常管理,促进图书馆工作规范化;科研院所系统成立了中科院"上海地区图书情报业务交流会",推动科研院所系统图书馆间的协作协调与情报服务;党校图书馆包括市委(含市各大口党委)、区(县)委党校图书馆,直属各级党校领导,形成了党校系统图书馆网络,加强了交流与合作;在市总工会及各区(县)工会领导下,工会系统图书馆在工人文化宫及厂矿企业单位广泛建立起职工图书馆。1996年,市政府制定并颁布了《上海市公共图书馆管理办法》,进一步指明公共图书馆的性质任务,保障图书馆的公益性;明确公共图书馆实行统一领导、分级负责、专业管理的原则,上海市文化局对全市公共图书馆实施统一管理。同年,上海图书馆新馆落成开放,以新的办馆理念、"图情一体化"的运行管理模式,引领全市图书馆迈向现代化图书馆行列。跨入新世纪后,在中共"十六大"大力发展社会主义文化的精神指引下,先后召开了"上海市基层文化工作会议""上海市文化工作会议""上海市公共文化工作会议"等,全市掀起了文化建设新高潮,各行业图书馆扩大规模,提升现代化水平,不断深化体制机制改革,创新运行管理模式,推进跨行业跨地区图书馆间的联盟。全市图书馆合力构建了以上海图书馆为总馆的"上海市中心图书馆"信息服务系统,形成了以现代网络技术为支撑的资源共建共享的"总分馆"服务体系新格局。2005 年,"上海市图书馆行业协会"成立,全市图书馆向行业服务、自律管理方向迈出了新步伐。2010 年,建立了"上海行业情报发展联盟",为上海科技、产业与文化发展提供信息与智力支持。

上海的图书馆事业经历 30 多年的发展,在各级政府与相关部门的领导与管理下,通过制定政策法规、编制发展规划、实施规范服务、创建文明行业、开展考核评估等一系列工作,不断深化改革,保障了全市图书馆事业健康、有序地持续发展。

第一章 管理体制

第一节 公共图书馆

一、管理机构

【公共图书馆设施机构】

上海公共图书馆是向社会开放的公益性文化机构,由政府主办,按行政区域分级设置。1978年,全市有市和区(县)公共图书馆23家,馆舍面积37 909平方米,藏书总量1 064.1万册(件),工作人员1 069人。至1986年,全市12个区和10个县都设立了公共图书馆,有的区(县)图书馆设有分馆,有的还设立少年儿童分馆。此外,各区(县)还设立了街道和乡镇图书馆,全市基本形成了市、区(县)、街道(乡镇)图书馆三级公共图书馆网络。1987年,上海少年儿童图书馆经市编制委员会同意,由原来与上海图书馆统一机构转为独立建制。1988年之后,普陀区、长宁区、浦东新区川沙及杨浦区,相继改制成独立建制的少年儿童图书馆。1997年,原属闸北区青少年活动中心的闸北区少年儿童图书馆业务归口纳入公共图书馆系统管理。1995年,上海图书馆与上海科学技术情报研究所合并,归口中共上海市委宣传部领导,实现图情一体化发展。1996年,上海图书馆建立8.3万平方米的新馆。2004年,为加强基层公共文化建设,市委、市政府决定整合街道(乡镇)文化站、图书馆、青少年活动室等公共文化设施,建设多功能、综合性的社区文化活动中心,至2010年,社区文化活动中心基本覆盖全市街道与乡镇,原街道(乡镇)图书馆大部分融入了社区文化活动中心,成为社区文化活动中心内相对独立的服务阵地,平均每馆面积近500平方米。1997年,市文化局与市农委共同推进居(村)委图书阅览室建设。2008年7月,市委宣传部、市农委、市新闻出版局、市文化广播影视管理局联合发文推进"农家书屋"工程建设,将"农家书屋"与村委综合文化活动室的图书阅览室共建共享,逐步覆盖全市乡镇的行政村。至2010年,全市有市级图书馆2家、区(县)图书馆(含独立建制的区少年儿童馆)26家、街道(乡镇)图书馆211家,馆舍面积470 906平方米,馆藏图书73 563.2千册/件,年流通人次2 726.3万,外借图书达2 843万册次。在全市5 245个村(居)委综合文化活动室内设有图书阅览室(农家书屋),全市基本形成了覆盖城乡、梯度配置、上下贯通的公共图书馆四级服务网络体系。

【行政管理机构】

新中国成立后,上海市文化局负责对全市公共图书馆的管理工作。1995年,上海图书馆与上海科学技术情报研究所宣告馆所合并,成为上海市人民政府的一个直属机构,归口由中共上海市委宣传部领导。1996年11月28日,上海市人民政府发布《上海市公共图书馆管理办法》,规定本市公共图书馆的管理,实行统一领导、分级负责、专业管理的原则,上海市文化局(2000年改为"上海市文化广播影视管理局")对全市公共图书馆实施统一管理,各区(县)文化行政管理部门按照管理权限,负责本辖区内公共图书馆的管理。文化局管理图书馆部门先后称"图书馆美术处""群众文化图书馆美术处""社会文化处",2009年改称为"公共文化处";市和区(县)图书馆协助文化行政管理部门对本地区基层图书馆的情况调查和业务辅导工作。

【上海市中心图书馆】

2000年11月,上海市委、市政府、市委宣传部领导做出重要指示,要求把上海图书馆的服务辐射到本市高校和区(县)图书馆,共同联手建设"上海市中心图书馆"。"上海市中心图书馆"是以上海图书馆为总馆,在不改变原有各馆行政隶属、人事和财政关系的情况下,以网络为基础、以知识导航为动力、以资源共建共享为导向、以提高服务水平为目的的"总分馆"服务体系;它在区(县)图书馆、大学图书馆、研究型图书馆设立分馆,各馆联手共同建设、合理配置总馆和各个分馆的文献资源,实行统一的图书借阅卡制度(电子借书证称为"一卡通"),在统一的网络平台上联合开展参考咨询等服务。2000年12月26日,上海图书馆与上海音乐学院图书馆、黄浦区图书馆、南汇县图书馆分别签订"中心图书馆共建协议书",迈出了中心图书馆建设的第一步。至2003年9月,中心图书馆分馆覆盖到全市的19个区(县)图书馆,基本实现资源建设、技术规范、制度建设、服务标准一体化。2005年开始,中心图书馆"一卡通"服务向街道(乡镇)图书馆延伸。截至2010年底,基本实现市、区(县)、街道(乡镇)公共图书馆全覆盖的目标。

上海市中心图书馆经过10年建设,突破了原有体制的束缚,基本构建起"一城、一网、一卡"系统,共有总馆1家,区(县)公共分馆23家,街道(乡镇)基层服务点212家,高校分馆14家,专业分馆5家,其他服务点6家,总计261家,形成了以现代信息技术为支撑、资源共享的"总分馆"服务体系新格局。

【上海市图书馆行业协会】

为加强行业自律,上海市文广影视局在《上海市公共图书馆总体规划(2004—2010)》中提出建立上海市图书馆行业协会的任务。2005年12月20日,在市文广影视局的指导下,经审批通过成立了"上海市图书馆行业协会"(下称"协会"),这是由上海各级公共图书馆、高等院校图书馆、科研院所图书馆、党校/行政学院图书馆、中小学图书馆及企业/工会图书馆等各级各类图书馆自愿组成的、跨部门、跨所有制的非营利的行业性社会团体法人,首批会员单位共有51家。

行业协会依据章程规定,实行行业服务和自律管理,至2010年,协会对行业发展情况进行了调查研究,先后完成了《上海市社区文化活动中心图书馆现状》《上海市公共图书馆现状及发展思路》《境外公共图书馆读者服务与发展趋势》《公共图书馆知识服务体系——上海市公共图书馆文献资源建设与服务情况》等的课题研究,为市文广影视局提供制定政策规章参考。协会遵照市文广影视局要求,组织实施对区(县)和街道(乡镇)图书馆的评估定级工作。协会还围绕"新形势下公共图书馆创新发展""上海社区图书馆面临的挑战与机遇"等主题,开展业务交流、理论研讨活动;配合中心图书馆举办以"网络时代图书馆事业发展和新技术应用"、"迎'世博'文明服务"等为内容的培训教育活动。协会还编写《图书馆行业剪报》,为协会成员馆提供图书馆工作新理论、新经验、新技术的学习资料。为进一步提高上海市公共图书馆服务水平,在市文广影视局领导下,制订了《上海市公共图书馆行业开展争创"上海市规范服务达标先进行业"工作规划》《上海市公共图书馆行业服务标准(试行)》《上海市公共图书馆行业迎'世博'600天暨创文明行业行动计划》等;并以"卓越知识服务、美好城市生活"为共同行动口号,向社会公众做出"一视同仁、耐心细致、及时快捷、想方设法"的文明服务承诺;编写了《走进图书馆》小册子,引导市民利用图书馆;发动全体员工倾听读者意见,改善服务,争创文明行业等。

协会建立以来,起到了自我服务、自我管理的积极作用,上海市图书馆行业被上海市精神文明建设委员会评定为2009—2010年度上海市文明行业。

二、管理规章与规范性文件

【发展规划】

1986年,中共上海市委发布《关于"七五"期间社会主义精神文明建设的实施规划》(下称"七五规划")。"七五规划"要求发展城市社区文化和农村集镇文化,组织市区文化向郊区辐射,打破条、块分割,按照居民在日常生活和交往中自然形成的文化区域,因地制宜,完善文化娱乐设施,开展健康愉快、丰富多彩的群众文化活动,形成各自社区的文化特色。

1991年,市文化局制定《上海市文化局"八五"计划要点》。《要点》提出要丰富城乡人民的文化生活,为社会主义精神文明建设多做贡献,要求发展公共图书馆事业,提高图书馆现代化管理水平,"八五"期间,各区、县图书馆全部实行计算机管理;建设上海图书馆新馆。

1995年,市文化局制定《上海市文化局文化事业"九五"和至2010年发展规划》,《规划》提出,从现在起至2010年,逐步建成具有国际水准又有中国特色的城市文化体系,与上海国际性大都市相匹配。要求上海图书馆新馆于1996年落成开馆,其设施、管理达到世界水平;到20世纪末,馆舍面积达25万平方米,藏书人均3.39册;五年内做到计算机联机,并建立全市图书馆数据库;力争建成街道、乡镇图书馆全部电脑化。本市群众文艺分担起提高城市文明程度、提高市民素质的任务。

1998年,制定《上海市"十五"文化事业发展规划(2001—2005)》,着重强调要在"十五"期间,加强群众性精神文明创建和文明城区建设,提高全社会文化生活质量。主要包括标志性文化设施建设和文明城区建设。在群众性文化设施方面,在浦西和浦东各建设一个多功能、现代化的综合性文化艺术中心;以上海图书馆为中心,建成由公共、高校、科研等系统图书馆和情报机构组成的文献信息资源网络体系;加强社区文化设施建设,完成各区县文化中心建设,建设一批社区学校、图书馆、健身点等基层文化设施。

2004年7月,市文广影视局与上海图书馆共同起草制订《上海市公共图书馆总体规划(2004—2010)》,《规划》提出,到2010年,全市基本完成城市公共图书馆布局规划,基本形成与现代化国际大都市相适应的由综合性图书馆和若干个主题型分馆组成的市级公共图书馆体系,基本形成以"中心图书馆"为骨架的现代化城市图书馆体系,基本形成以"共建共享"为基础的可持续发展的文献保障体系,基本形成领域广泛、服务深入的服务体系,基本形成以现代信息技术为保障的标准化、规范化的技术体系,基本形成以"网络互动"为手段的服务推广体系;要求在区(县)和社区图书馆系统中,通过中心图书馆,对区(县)分馆实现资源建设、技术规范、制度建设、服务标准一体化,并将信息和服务延伸到街道乡镇。《规划》还提出争取到2010年,全行业达到"文明行业"标准。

2006年,市文广影视局制订《上海文化广播影视发展第十一个五年规划》,《规划》提出了公共图书馆至2010年的发展目标,要求基本形成与现代化国际大都市相适应的以中心图书馆为骨架的公共图书馆网络体系,基本形成以共建共享为基础的文献保障体系,基本形成以公共服务与综合研究服务为互补的功能体系,基本形成以现代信息技术为支撑的服务体系;并要求完善图书馆的设施布局,加强文献信息资源建设,实现公共图书馆资源共享,建立政府监管指标体系。

【建设与管理】

公共图书馆管理办法　为加强对公共图书馆管理,1986年2月14日,上海市人民政府办公室转发市文化局《关于不得挤占图书馆、少年儿童馆馆舍,轻易调走其专职人员的意见》的通知。1987

年9月26日,市文化局制定《上海市区县图书馆管理办法》,经市人民政府批准于10月1日起施行。《上海市区县图书馆管理办法》明确规定区(县)图书馆是国家举办的综合性公共图书馆,是社会主义教育机构,也是地区藏书、业务研究、辅导和馆际协作的中心。区(县)图书馆在区(县)文化局领导下开展工作,业务上受上海图书馆指导。1996年11月28日,上海市人民政府颁发了《上海市公共图书馆管理办法》(简称"《管理办法》"),并于1997年1月1日起正式施行。《管理办法》明确公共图书馆是指政府举办的,向社会公众开放的公益性文化机构,包括市图书馆、区(县)图书馆和街道(乡、镇)图书馆,还提出了里弄、村图书室的设置要求。《管理办法》规定公共图书馆的管理,实行统一领导、分级负责、专业管理的原则;上海市文化局对全市公共图书馆实施统一管理;各区(县)文化行政管理部门按照管理权限,负责本辖区内公共图书馆的管理;各级人民政府和街道办事处根据本地区的人口分布情况和图书馆事业发展需要,对辖区内各级公共图书馆的设置实行统筹规划;市和区(县)图书馆设立业务辅导机构,协助文化行政管理部门做好对本地区基层图书馆的情况调查和业务辅导工作。"管理办法"还对区(县)图书馆、街道(乡镇)图书馆的建筑面积、书刊资料的收藏量以及开放、服务办法做出具体规定。并明确规定,对于未经批准有占用公共图书馆用房、擅自收取服务费等违规情况的,要受到一定惩罚。此后,《管理办法》于2003年、2004年、2010年对有关图书馆设施建设方面的审批等条款进行了部分修改。1997年9月15日,市文化局颁发《上海公共图书馆管理办法实施意见》(简称"《实施意见》")。《实施意见》对《管理办法》的适用范围、专业管理、馆舍面积要求、设置登记、目录编制、出版样本送缴、书刊资料的收藏量及赔偿等,都作了具体说明与规定,特别提出了关于设置独立建制少年儿童图书馆、现代化专用设备配制和实行借阅联网等方面的要求。

基层图书馆建设 为加强基层公共文化建设,2004年3月2日,市委宣传部、市文广影视局等十部委办局联合颁发了《上海市社区文化活动中心基本配置要求》,提出街道(乡镇)按配置要求建设社区文化活动中心。2007年3月8日,市发改委、市委宣传部、市文广影视局联合发出《关于加快"十一五"期间社区文化活动中心建设的通知》(简称"《建设通知》"),明确要求建设以街道(乡镇)为依托,以基本文化服务为主体,以现代信息技术为支撑的多功能综合性的社区文化活动中心。市文广影视局根据《建设通知》精神,于2007年11月1日修订并颁发了《上海市社区文化活动中心基本配置要求》,其中要求建立社区图书馆的面积标准为300平方米,年入藏新书量不少于1000种、定购报刊不少于100种,还规定要设有面积不少于80平方米的少年儿童图书室。2010年3月29日,市文广影视局发出《关于加快推进上海市中心图书馆街道(乡镇)基层服务点建设的通知》,提出了中心图书馆街道(乡镇)基层服务点建设推进方案、基本建设要求和具体布局。要求各街道(乡镇)确保2010年上海中心图书馆"一卡通",基本实现街道(乡镇)图书馆的全覆盖任务。

农家书屋建设 2008年7月3日,市委宣传部、市农委、市新闻出版局、市文广影视局联合颁发《上海市关于推进"农家书屋"工程建设的实施意见》,要求从2008年起在市郊农村全面实施"农家书屋"工程建设,到2010年实现农家书屋覆盖1500—1800个农村行政村;明确"农家书屋"统一设在村综合文化活动室内,面积不低于50平方米,与东方农村信息苑、农民科技书屋等农村公共文化建设项目共建共享,一般不另辟地方单独设置;每个农家书屋配置图书不低于1000册,订阅报纸杂志不少于50种。

【自动化信息化建设】

区(县)图书馆计算机建设 为跟上信息化时代发展的步伐,1996年4月24日,成立上海市区

(县)图书馆计算机建设中心(简称"计算机中心")。计算机中心设在长宁区图书馆。1998年5月29日,市文化局转发计算机中心《关于进一步推进区(县)图书馆计算机建设的意见》,要求区(县)图书馆提高计算机应用水平,实现全市图书馆文献资源的联网,争取到1999年上半年,全市区(县)图书馆全部使用IC通用借阅证,实现"一卡"通用;并要求制订有关规范,加快特色文献数据库建设。

社区文化信息化建设 2003年10月13日,市委宣传部、市精神文明建设委员会、市信息化委员会、市文广影视局发布《关于推进本市社区文化信息化综合服务建设工程的意见》,要求结合本市社区文化活动中心的改造、建设,推动社区文化信息化配套设施建设,为社区文化活动中心配置强大的数字化和信息化功能。为了进一步推进本市文化信息化综合服务工程的实施,2004年7月,中共上海市委宣传部、市精神文明建设委员会、市信息化委员会、市文广影视局制定并发布《关于进一步推进社区信息苑项目建设的意见》(简称"《建设意见》")。《建设意见》说明了社区信息苑建设的重要意义、功能定位、建设目标、组织保证、管理模式、保障措施等。《建设意见》明确用5年左右的时间,实现全市各社区多点覆盖的目标。2005年4月6日,市委宣传部、市精神文明建设委员会、市信息化委员会、市文广影视局制定并发布《上海市社区信息苑建设、运营管理(试行)办法》(简称"《运营办法》")。《运营办法》规定社区信息苑是党和政府为广大社区居民提供信息服务的公益性公共文化设施,是传播社会主义先进文化的重要阵地,是社会主义精神文明建设的重要载体,同时也是上海市信息化建设的重要工程。《运营办法》规定信息苑的主要功能是电子政务、先进文化传播和信息化便民服务。《运营办法》明确社区信息苑建设的推进和协调,以及全市社区信息苑中央管理信息平台建设和社区信息苑信息内容支持系统的建设由市委宣传部和市信息化委员会负责,具体由市委宣传部、市精神文明建设办公室、市信息化委员会、市文广影视局、上海图书馆、东方网以及相关职能部门组成上海市社区文化信息化综合服务工程联席会议办公室负责实施;各区(县)社区信息苑建设的推进和协调,由区(县)委宣传部、文明办牵头,区(县)信息委、文化(广)局具体负责。建设的投资以区(县)政府公共财政投入为主,市文化发展专项资金给予相应资助。《运营办法》提出,社区信息苑实施连锁运营管理,在坚持公益性的前提下,应由区(县)以及街道(乡镇)委托上海市社区文化信息化综合服务工程联席会议办公室认可的、符合条件的本市专业从事社区文化信息化综合服务工程管理的非营利性机构承担。《运营办法》还规定主要服务对象是由各街道(乡镇)负责发放、持有社区信息苑公益活动卡和社区信息苑少年儿童活动卡的社区居民。为保护未成年人,社区信息苑少年儿童活动卡要在家长授权的前提下,向本社区未成年居民发放;社区信息苑少年儿童活动卡分为每天累计活动不超过1小时、2小时两种类别,活动时间最晚不得超过晚上20时。2009年11月6日,市委宣传部、市精神文明建设委员会、市信息化委员会、市文广影视局制定并发布《关于加强上海市社区信息苑建设管理的若干意见》(简称"《若干意见》")。《若干意见》明确指出,社区信息苑的主要功能是文化信息传播、信息化便民服务和电子公务;要求到2010年基本实现全市街道(乡镇)全覆盖;规定社区信息苑建设由市委宣传部、市文明办、市文广局、市经信委等部门共同推进。为保障其可持续发展,《若干意见》规定由市和区(县)有关部门共同授权非营利性机构"上海市社区文化服务中心"实施统一建设、连锁运营;建设资金由区(县)政府承担三分之二,由市文化发展专项资金补贴三分之一;部分公益服务经费,以政府购买服务的方式,纳入本市公共文化内容配送经费预算,其余由上海市社区文化服务中心自行筹措解决。《若干意见》规定基本服务内容包括公益上网服务、公益讲座服务、全国文化信息资源共享工程服务、政府信息公开服务、数字图书馆服务、科普信息服务等。《若干意见》还提出在保证基本服务开展的前提下,可开展与社区信息苑性质功能相适应的增值服务;规定基本服务向社区居民免费提供,提供的增值服务按低于市场价的优惠价收取费用的原则。

文化信息资源共享工程 为贯彻落实文化部、财政部《关于实施"文化信息资源共享工程"的意见》(简称"共享工程"),2003 年 12 月 3 日,市文广影视局与市财政局联合发出《关于本市实施文化信息资源共享工程的通知》,明确本市"共享工程"建设,由市文广影视局牵头,市"共享工程"分中心设在上海图书馆。"共享工程"建设要求按照"两级政府、两级管理"原则组织实施,经费纳入同级财政预算;要求自 2003 年开始,分三阶段推进,至 2005 年,基本形成本市"共享工程"网络。2006 年,市文广影视局发出通知,明确本市社区图书馆电子阅览室、文化信息资源共享工程基层服务点与社区信息苑"三位一体"建设与服务。

【图书馆业务工作】

服务规范标准 为进一步提高上海市公共图书馆的服务水平,更好地发挥公共图书馆服务社会、服务城市建设的功能,1997 年 7 月 20 日,市文化局发出《关于上海市公共图书馆开展规范服务达标活动的通知》,提出规范服务以提高市民素质、提高城市文明程度为总目标,以读者满意、市民满意为服务宗旨,内强科学管理,外树文明形象,推行规范服务,营造优美环境,推动公共图书馆行业服务质量的整体提高。同时颁布了"规范服务达标标准",提出了规范服务的共同要求:读者第一、服务至上,着装统一、挂牌上岗,文明接待、借阅迅速,文字规范、有问必答,设施完好、环境整洁;还规定了借阅岗位、采编岗位、咨询岗位、辅导岗位、后勤岗位等的服务规范。2006 年,市文广影视局颁布《上海市公共图书馆行业服务标准(试行)》(简称"《服务标准》")。《服务标准》规定公共图书馆要始终坚持"以人为本"和"读者第一,服务至上"的服务宗旨,从方便读者出发,向读者提供便捷的、人性化的服务。《服务标准》对服务设施与环境,服务对象和开放时间,服务内容和方式,服务保障与监督等做出规定。《服务标准》特别要求市、区(县)图书馆公益性服务的建筑面积须占馆舍总面积的 80%以上,社区图书馆须在 90%以上;实行全年开放制;除国家规定和特藏文献外,不得另立标准限定文献借阅范围;确保不对外泄露读者提供的个人信息;要严格遵守"首问责任制",尽力为读者解决问题;对来自读者的意见或投诉,要认真研究、及时回复;每年要定期开展读者满意率测评等。

实施"知识工程" 为贯彻落实中宣部、文化部等九个部委关于实施"知识工程"的通知精神,1998 年 5 月 5 日,市文化局等九个单位联合发出《关于在本市组织实施"知识工程"的通知》,要求进一步组织好各类型的群众性读书活动,认真落实《上海市公共图书馆管理办法》,加强图书馆信息资源的开发功能,努力建设具有一定特色的文献数据库;并提出要调动全社会的力量,争取全社会支持。

古籍保护 2007 年 8 月 20 日,市文广影视局颁发《关于进一步加强本市古籍保护工作的意见》(简称"《保护意见》")。《保护意见》提出了"保护为主、抢救第一、合理利用、加强管理"的方针;要求通过"十一五"期间的努力,逐步形成较为完善的古籍保护工作体系,使本市古籍保护工作走在全国前列。《保护意见》明确建立上海市古籍保护工作联席会议制度,市古籍保护中心设在上海图书馆;并规定依据文化部制定的《古籍定级标准》进行定级。

图书清查 2007 年 6 月 1 日,市文广影视局发出《关于本市各级公共图书馆全面清查藏书的通知》,要求各级公共图书馆高度重视盗版图书的危害性,加强图书采购的领导和监管;要对藏书进行一次全面清查,坚决剔除盗版图书;要健全和完善图书采购、验收制度,坚持从正规渠道采购图书。

【图书馆经费】

以文补文，多业助文　为了深化文化系统改革,1989年,市文化局制定《上海市文化局所属各单位开展以文补文、多业助文兴办经营项目的审批程序和财务管理的若干规定》,其目的是促进文化系统文化经营的开发,向法制化、规范化、产业化发展。1993年5月1日,市文化局、市财政局、市税务局关于颁发《上海市文化系统开发经营管理办法》的通知指出,上海市文化系统自1987年全面开展"以文补文"活动以来,取得了显著的成绩,真正做到了"以文补文""多业助文",增强了文化事业单位的"造血"功能,支持了文化事业的发展,并对文化系统开发经营向法制化、规范化、产业化管理发展,提出了具体要求。

购书经费标准　1997年4月4日,市文化局和市财政局联合发文,规定"九五"期间区县图书馆购书经费标准,区图书馆为人均0.6~1.0元,县图书馆购书经费为人均0.3~0.8元。为贯彻落实上海市文化工作会议精神,积极营造上海国际大都市的知识服务体系,满足市民学习求知的需要,2005年8月1日,市文广影视局、市财政局联合发布《关于"十一五"期间区县图书馆购书经费的投入与使用意见》,要求区(县)图书馆购书经费按本区(县)的户籍人口数和财政的实际情况核定。在2004年全市区(县)图书馆购书经费人均达到1.38元的基础上,在"十一五"期间内,区图书馆购书经费达到不低于人均1.8元/年,县图书馆购书经费达到不低于人均1.6元/年;并规定购书经费专款专用,可结转下年度继续使用,不得移作他用。为贯彻落实《关于加强公共文化服务体系建设的若干意见》和《关于印发〈农家书屋工程实施意见〉的通知》精神,进一步保障本市居民和在沪常住人口基本文化权益,2009年1月12日,市文广局、市财政局联合发出《关于调整区县图书馆购书经费标准等问题的通知》,决定从2009年起调整对区(县)图书馆人均购书经费基本定额标准,从原来的区图书馆每人每年1.8元、县图书馆每人每年1.6元,统一调整为每人每年2.0元。对区(县)图书馆人均购书经费的计算办法,从原按本区(县)户籍人口计算调整为按本区(县)常住人口计算(指包括具有本市户籍的人口和在本市居住半年以上的外来人口)。还规定10个郊县对人均购书经费基本定额标准和计算办法调整后增加的购书经费,要全部用于"农家书屋"的图书配置。

税收优惠　2007年1月29日,市税务局发布《关于本市公共文化设施运作单位有关税收问题的通知》(以下简称"《税收通知》")。《税收通知》明确公共图书馆属于享受税收优惠的公共文化设施运作单位,规定对公共文化设施运作单位举办文化活动的第一道门票收入,按营业税收规定免征营业税。如公共文化设施运作单位在进门时不收取门票,举办各种展览、讲座、报告会、发放图书借阅读者证所取得的收入,均给予免征营业税。对收费内容凡同时符合收费价格幅度标准的(如电影放映10元/场、数字电影6.0元/场、文艺演出15元/场),视同第一道门票收入,免征营业税。"税收通知"还规定企事业单位、社会团体对社会公益性活动、项目和文化设施等方面的捐赠,按10%的比例在税前列支等。

服务项目收费　2008年3月18日,市文广局转发《文化部办公厅关于转发〈国家图书馆关于加强和改进公益性服务的实施方案〉的通知》,要求各级公共图书馆按照《上海市公共图书馆行业服务标准》,结合本地区和本单位实际,积极争取财政支持,大幅减免服务项目收费,更好地保障人民群众的文化权益。

【人事管理】

专业技术职务资格审定　1982年12月16日,上海市人事局、文化局下发《上海图书、资料专业干部业务职称评定试行细则》,规定要成立高级图书、档案、资料业务职称评定委员会,指导图书馆行业高级职称评审工作。1986年初,文化部下发了《图书、资料专业职务试行条例》,规定要成立图书资料文博系列职称改革领导小组,指导图书馆系统的职称评定工作。1987年8月,上海图书资料文博系列职称改革领导小组下发了《关于图书资料专业职务评审工作进行考试的通知》,要求分别成立高级图书、档案、资料业务职称评定委员会和中级图书资料专业技术职称评定委员会,承担图书馆高、中级职称评审工作。1999年7月,上海市人事局下发《上海市专业技术职务评聘分类分级管理实施意见》,2000年下发《上海市实施专业技术职称(资格)评定与专业技术职务聘任相分离的暂行办法》,确定对图书、资料高级职称实行审定;中、初级职称实行"以考代评"。同时下发的《上海市专业技术资格考试工作实施意见》,确定了图书、资料专业技术资格考试暂设的考试类别,实行"个人申报、社会评审、单位聘任"。2004年上海市人事局下发了《上海市图书、资料专业技术人员职业资格暂行规定》,确定中、初级的"以考代评",职称评审改为"职业资格"考试,由上海市任职资格考试中心和业务主管部门共同实施。

聘用合同制 1995年12月8日,市人事局关于印发《上海市事业单位实行聘用合同制暂行办法》,(下称"《暂行办法》")。《暂行办法》共7章41条,说明改革固定制用工制度,是事业单位人事制度改革的一项重要内容。"暂行办法"明确说明聘用合同是聘用单位与受聘人员确立聘用关系,明确双方的权利和义务的协议。"暂行办法"对合同的订立,合同的变更、终止和解除,下岗待聘职工管理等,都做了具体规定。

考核与分配制 1995年9月18日,上海市人事局印发《关于深化本市事业单位工作人员考核试行意见》(下称"《考核意见》"),《考核意见》规定考核的范围和要求,考核内容和标准,包括德、能、勤、绩四个方面,考核结果分为优秀、合格、不合格三个等次。"考核意见"还对考核办法和程序,考核结果的使用、考核机构等做出规定。1999年5月20日,上海市人事局印发《关于深化本市事业单位分配制度改革进一步发挥分配激励作用的意见》(下称"《分配意见》")。《分配意见》明确,事业单位有自主分配权,实行岗位工资为主体的多种分配制度,建立重实绩、重贡献的分配机制等。

公共文化服务从业人员岗位标准 2006年6月,上海市职业能力考试院文化人才认证中心、制定并开始试行《上海市公共文化服务从业人员岗位标准及管理办法》(下称"《岗位管理办法》")。《岗位管理办法》明确本市各社区文化活动中心、公共图书馆、博物馆、东方社区信息苑、东方社区学校有关岗位任职的新进工作人员,均应通过上海市公共文化服务专业技术水平认证(管理类)考试(每年举行一次);对通过考试的人员颁发由市人事局统一印制,市职业能力考试院、市职业能力考试院文化人才认证中心、共同签发的《上海市专业技术水平认证证书》;上海市宣传系统人才交流中心对该认证证书实行注册管理。《岗位管理办法》分别对社区文化活动中心、博物馆、公共图书馆、东方社区信息苑、东方社区学校的各个主要岗位予以岗位描述和明确岗位要求。《岗位管理办法》还提出了《上海市公共文化服务专业技术水平认证(管理类)考试标准》,分为公共文化管理基础知识和工作实务两个部分。公共文化管理基础知识包括公共管理学、社会工作基础、社会文化管理政策法规的分级考试要求和考试内容,公共文化管理工作实务分别从东方社区信息苑(及相关网络活动场所)、社区文化中心、东方社区学校分别明确考试要求和考试内容。

三、重要会议

【文化工作会议】
上海市文化工作会议 2004年9月14日,市委、市政府召开"上海市文化工作会议"。市委领导对前一时期上海文化建设的基本实践做了总结,对今后上海文化发展提出了指导原则、战略目标及十大任务,要求上海的文化发展与建设现代化国际大都市的目标相适应,提出要建设一批用数字技术构建的、与市图书馆互通互连的公共图书馆和阅览室的任务要求。

上海市基层文化工作会议　2002年6月11日,上海市人民政府召开"上海市基层文化工作会议",各区(县)政府、各街道(乡镇)领导,及市、区(县)文化行政部门及公共文化机构的负责人出席大会。市文化局领导传达国务院召开的基层文化工作会议精神,周慕尧副市长,部署了下一步的群众文化工作,要求围绕目标,齐抓共建,形成群众文化工作新的合力;要加大投入,资源共享,推进基层文化设施建设;贴近群众,勇于创新,不断开拓群众文化的内容和形式;努力建立一支稳定的专兼结合的文化队伍。

群众文化工作会议　2003—2007年,上海每年召开"上海市群众文化工作表彰大会",大会由市文广影视局主持召开,市委宣传部领导、市政府分管副市长及市政府相关委办局领导等出席。会议总结上一年度全市群众文化工作,包括图书馆工作,并对新一年的工作做出部署。在2003年召开的大会上,强调要着力建设面向基层、社区的公共文化设施;进一步推进中心图书馆建设,提高管理水平,增强服务功能,提高服务效益;2004年的会议,提出将"共享工程"建设作为重点任务,计划在三年内完成600个基层信息苑建设;2007年的会议,要求抓紧建好上海中心图书馆社区服务点,为形成15分钟都市公共文化圈奠定良好基础。在会议上,表彰经由"上海市群众文化奖励基金理事会"评选产生的、在全市群众文化工作、包括公共图书馆工作中涌现出来的先进集体、个人及优秀作品和活动项目。

上海市群众文化工作会议　2008年4月2日,在上海展览中心举行上海市群众文化工作会议,副市长沈晓明出席会议并讲话,市文广影视局局长朱咏雷回顾总结2007年的群众文化工作,并部署年度工作,要求深入贯彻党的十七大精神,推动社会主义文化大发展大繁荣,要求公共图书馆组织开展好第四次全国县级以上公共图书馆评估,继续拓展公共图书馆延伸服务的范围和内容,加快推进市图书馆与区县图书馆及社区图书馆的一卡通服务。会上表彰了全国为农服务的上海先进单位及上海群众文化工作先进集体与个人。2009年3月17日,上海市群众文化工作会议在友谊会堂召开,市委常委、副市长屠光绍出席会议并讲话,市政府副秘书长蒋卓庆、市委宣传部副部长马春雷、市文广影视局党委书记陈燮君等人,为获2008年度群众文化工作中作出突出成绩的先进集体和个人进行颁奖。朱咏雷局长在会议上作工作报告,提出要以科学发展观为统领,全面推动2009年公共文化工作有新突破、新发展,特别强调要积极做好世博会筹备各项工作,认真贯彻落实"迎'世博'600天行动计划"。要求稳步推进中心图书馆向社区延伸,确保到2010年公共文化设施网络化全覆盖;强化对基层的业务辅导,培育一批示范基地、示范团队、示范性活动项目。

社区文化工作会议　1989年11月7日,市委宣传部和市计划委员会在曲阳文化馆召开"上海市社区文化设施规划、协调专题会议",会议听取了各区有关文化设施的现状和三年治理整顿及"八五"规划的情况的汇报,并就全市文化设施的布局,尤其是对小区、新区的文化设施配套建设问题和陈旧的文化场所改造整新问题进行了探讨。1995年6月28日,在虹口、杨浦两区召开"上海市社区文化(市区)工作会议",会议肯定了近年来上海社区文化建设所取得的成绩,强调社区文化是社会主义精神文明建设的重要组成部分,会议要求充分认识社区文化建设的意义,积极探索新时期社区文化建设的新路子,改善社区环境,营造健康向上的社区文化氛围。1998年4月1日,召开"上海市社区文化工作会议",会议提出要贯彻落实市委市府要求,把上海文化设施建设的重点转移到社区公共文化设施建设上来,市委副书记龚学平出席并讲话,要求在5年内,上海要增加39万平方米的公共文化设施,各区(县)要因地制宜,在区(县)一级建好一个图书馆、一个文化馆、一个博物馆、一个文化中心、一个群众文化活动广场,在布局上尽可能集中或相近,以形成一个区域性文化中心。要通过共建,形成社区内文化设施资源共享的模式,并建立科学有效的管理体系;要建立社区文化设施建设政府投入和社会各方共同参与、多渠道投资的机制;要增强社区文化设施的综合性功能,使之成为社区内居民学习、娱乐、锻炼、休闲的良好场所。

【图书馆工作会议】

公共图书馆工作会议　1986年12月3—4日,市文化局召开全市公共图书馆工作会议,市、区(县)文化局和区(县)宣传部负责人,市、区(县)及街道(乡镇)图书馆(室)的代表170余人出席会议。会议主要讨论贯彻《中共中央关于社会主义精神文明建设指导方针的决议》,加快上海公共图书馆事业发展步伐,更好地在两个文明建设中发挥作用。市文化局副局长刘念勷在会上作了《积极进取、勇于开拓、努力开创全市公共图书馆事业新局面》的工作报告。报告对党的十一届三中全会以来上海公共图书馆工作做了基本估价:到1985年底,全市已建成市、区(县)、街道(乡镇)图书馆(室)和少年儿童图书馆(室)。报告对公共图书馆工作提出了改进意见和设想,要求更新观念建设有高度觉悟并精通业务的图书馆工作队伍,重视、加强街道(乡镇)图书馆工作,巩固和完善图书馆网,加强馆际协作和对外交流等。2003年10月22日,市文广影视局召开"上海市中心图书馆工作会议"。副市长杨晓渡对今后上海市中心图书馆建设工作提出了意见,要求进一步整合文献信息、财政经费和技术人才资源,实现真正意义上的共建共享;采用先进的网络化数字化手段,建成与数字图书馆基础建设相配套的服务网络;要与"全国文化信息共享工程"紧密结合,力争使图书馆服务延伸到本市街镇、社区等基层图书馆网点;继续改革管理模式,建立适合本市公共图书馆发展的竞争机制和激励机制。2010年3月30日,市文广影视局召开"上海市中心图书馆'一卡通'工作推进会",会议提出到2010年底,要实现街道(乡镇)图书馆'一卡通'服务点的基本全覆盖。

街道(乡镇)图书馆建设交流会　1981年6月26日,市文化局在南市区召开全市"街道图书馆工作现场会",传达贯彻全国少年儿童图书馆工作座谈会精神,要求把区(县)少年儿童图书馆(室)逐步建立起来,并进一步办好街道图书馆。会上,上海少年儿童图书馆、豫园街道少年儿童图书馆、卢湾区少年儿童图书馆以及13个街道图书馆和少年儿童分馆,分别受到文化部和市文化局的表彰奖励。1990年1月5—7日,市文化局在上海县三林镇召开"上海市乡镇图书馆工作经验交流会",各县图书馆、乡镇图书馆代表百余人参加。1993年11月19日,市文化局在杨浦区召开"上海市街道图书馆工作经验交流暨现场会",会上杨浦区文化局介绍有关在市场经济大潮中巩固发展街道图书馆的经验,与会代表考察了控江、平凉、大桥、长白四个街道图书馆。1994年6月14日,市文化局在南汇县六灶乡,召开"上海市乡镇图书馆工作现场会",来自市郊各县(区)的文化局长、图书馆长、乡镇图书馆代表共80人参加了现场会。南汇县图书馆、六灶等乡(镇)图书馆代表,介绍了工作经验。1995年3月28日,市文化局在普陀区宜川街道召开"上海市街道图书馆建设现场交流会"。与会代表还参观了南市区董家渡街道图书馆。1995年7月12日,市文化局在奉贤县邬桥镇召开"上海市乡镇图书馆建设现场交流会",与会代表还参观了闵行区颛桥镇图书馆。1996年2月5日,"上海市街道(乡镇)图书馆评估定级总结暨里弄(村)图书室建设现场交流会"在浦东新区潍坊街道举行。会上公布了全市街道(乡镇)图书馆标定馆、达标馆的评定结果,并提出了建设里弄(村)图书室的要求。

居(村)级图书阅览室建设交流会　1997年8月21日,上海市文化局和上海市农委宣传处,在南汇县联合召开"上海市村级图书室建设现场交流会"。市郊五区五县的宣传部部长、文化局长、图书馆长及乡镇长代表60余人出席了会议。南汇县文化局、南汇县图书馆、奉贤县文化局、闵行区第一图书馆、浦东新区钦洋镇、南汇县祝桥镇党委和横沔镇文化站,分别做了交流发言,与会代表还实地考察了横沔、祝桥两镇的部分村图书室。2008年6月11日,市农委、市民政局、市卫生局和市文广影视局,共同在松江区泖港镇黄桥村,召开"上海村级公共服务中心建设现场推进会",会议要求以更积极的态度、更快的速度、更有效的措施推进农家书屋工程,大力推进布点建设、加快落实图书配送工作、开展村民喜闻乐见的读书活动,将农家书屋作为公共图书馆的延伸服务终端。

规范服务工作会议 1998年9月15日,市文化局在上海图书馆多功能厅举行"规范服务达标动员大会",进行了达标工作责任书签约仪式。会后,对参加达标活动的馆长进行了培训。1998年12月13日,上海市公共图书馆规范服务达标活动领导小组,在静安区图书馆召开"上海市公共图书馆规范服务经验交流会",静安区文化局、闸北区图书馆等单位交流了工作经验。

延伸服务经验交流会议 2008年6月26日,市文广影视局召开"上海市公共图书馆延伸服务经验交流会",市文广影视局朱咏雷局长出席开幕式并讲话,刘建副书记作主旨报告;北京大学李国新、黑龙江信息管理学院副院长蒋永福及杭州、嘉兴、肇庆、天水、江阴等市兄弟图书馆馆长出席并交流发言。

迎"世博"创文明行业经验交流会 2009年6月3日,市文广影视局在浦东新区图书馆召开"上海市公共图书馆行业迎'世博'创文明行业经验交流会",市文广影视局王小明副局长出席并讲话,要求健全管理制度,落实便民服务措施。上海图书馆和浦东、嘉定、杨浦区图书馆作了交流发言。

【自动化信息化建设工作会议】

图书馆自动化建设会议 1988年,市文化局举办"图书馆知识和技术的竞赛"活动,上海图书馆、南市区图书馆、静安区图书馆的代表分获前三名。1997年1月8日,由上海市区县图书馆计算机建设中心,在闸北区图书馆召开"上海市区(县)图书馆计算机建设现场交流会",闸北区和杨浦区图书馆在会上交流了经验。1998年2月26日,市文化局在南市区图书馆举行"上海市区(县)图书馆IC通用借阅证"试运行首发仪式。自此,IC通用借阅证,逐步在区(县)图书馆中应用。1998年10月12日和28日,市文化局召开上海市社区图书馆计算机建设现场交流会,由上海市区(县)图书馆计算机中心监制的、由上海中科智能卡有限公司和精文电脑有限公司,分别研制的《上海市社区图书馆管理系统》软件,于10月12日在浦东新区钦洋镇图书馆和杨浦区五角场镇图书馆试运行后通过验收;10月28日,在杨浦区五角场镇举行"上海市社区图书馆计算机建设现场交流会",五角场镇、浦东新区第二图书馆、长宁区北新泾镇等在会上作了交流。

文化信息资源共享工程会议 2004年5月31日,上海市"共享工程"工作领导小组,召开上海市文化信息资源共享工程会议。会议传达文化部召开的"共享工程"工作会议精神,回顾总结并部署上海市"共享工程"下阶段工作,提出了加快设施建设,逐步形成"共享工程"四级服务网络;加快资源建设和整合,建立统一的"共享工程"服务平台等要求。2005年5月24日,根据全国"共享工程"电视电话会议精神,"共享工程"工作领导小组,召开"上海市文化信息资源共享工程工作会议",副市长杨晓渡对下一阶段工作提出了意见,要求抓住关键环节,突出重点,全面深入地推进"共享工程"建设。2007年1月24日,"上海市文化信息资源共享工程工作会议"在上海图书馆召开,市政府姚明宝副秘书长、市文化信息资源共享工程领导小组成员单位负责人、部分区(县)分管文化的副区(县)长、区(县)文化(广)局长及各基层服务网点负责人共500多人出席大会。会议提出"十一五"

期间,本市"共享工程"建设的指导思想和工作目标,要求以数字资源建设为核心,以郊区农村服务网点建设为重点,到2010年,基本建成资源丰富、技术先进、服务便捷、覆盖城乡的数字文化服务体系,成为公共文化服务体系的重要支撑,使广大市民能够普遍享受到数字文化服务。

农村文化信息化建设工作推进会。2007年7月6日,市委宣传部、市文明办、市财政局、市文广局,联合召开"上海市农村文化信息化建设工作推进会"。会议明确本市"共享工程"、农村数字电影放映工程和农村信息苑"三位一体"同步建设,实现"一站式"服务。

【表彰奖励会】

文明图书馆表彰会 1989年9月19—20日,市文化局召开公共图书馆系统"创建文明图书馆经验交流会"。会议表彰了静安区图书馆、卢湾区图书馆、嘉定县图书馆、川沙少年儿童图书馆等4个被评为全国文明图书馆的单位;同时还表彰了上海市文明图书馆49所,市、区(县)图书馆先进集体和先进项目20个,市、区(县)图书馆先进工作者20名,街道(乡镇)图书馆(室)先进工作者29名;还向在图书馆工作30年以上的干部、职工,颁发了文化部签署的荣誉证书。

少年儿童图书馆表彰会 1983年1月24—25日,市文化局召开"上海市少年儿童图书馆(室)先进集体、先进工作者表彰会",会议表彰、奖励了48个先进集体和37位先进工作者。1983年5月,市文化局召开"上海少年儿童图书馆工作座谈会",向在公共图书馆系统连续从事少年儿童图书馆工作25年以上的人员颁发"园丁"荣誉纪念章。

区(县)和街道(乡镇)图书馆表彰会 1985年2月14日,市文化局召开"区(县)图书馆和街道(乡镇)图书馆表彰大会";会上表彰了长宁区图书馆、静安区图书馆、崇明县图书馆、卢湾区少年儿童馆、南汇县少年儿童馆和24个街道馆、21个乡镇馆先进集体,以及33名先进工作者。1996年4月24日,"上海市区县图书馆创先进争红旗竞赛表彰会暨上海市区县图书馆计算机中心成立大会",在长宁区玉屏宾馆举行,会上表彰了获得流动红旗的10家区(县)图书馆。1997年1月21日,"上海市公共图书馆工作表彰会"在黄浦区举行,会上表彰了第二届流动红旗的获奖单位,以及社区图书馆建设先进区和街道(乡镇)。1998年3月13日,市文化局在静安区文化馆举行"上海市群众文化工作表彰会",周慕尧副市长出席大会并讲话;会上表彰了连续获得流动红旗的区(县)图书馆和街道(乡镇)图书馆、社区图书馆建设先进单位和优秀服务员等。

颁发荣誉证书 1994年2月21日,市文化局向从事图书馆事业40年以上的职工颁发荣誉证书。

第二节　高等学校系统图书馆

一、行政管理体制

上海高等学校图书馆(简称高校图书馆)一直是在各高等学校行政领导下工作。"文化大革命"后,高校系统图书馆随着各高等院校的恢复,在20世纪80年代初期快速发展起来,逐渐形成了高校系统图书馆网络。1981年11月,上海市高等教育局召开全市高校图书馆工作会议,推动上海地区高校图书馆进入发展时期。全市高校图书馆普遍新建、扩建了图书馆馆舍,藏书建设经费有了制度保证,校图书馆由原教务处管辖改为校、院长领导下的馆长责任制,图书馆取得了与专业系科同等的地位。图书馆馆长等主要负责人由具有高级专业职称的教师担任。

二、图书馆工作委员会

1982 年 10 月，上海市高等教育局根据全国第二次高等学校图书馆工作会议精神，成立了上海市高等学校图书馆工作委员会（简称"高校图工委"），办公地点设在上海交通大学图书馆。"高校图工委"成立以后，协助各校配备了图书馆正、副馆长，组织图书馆领导干部学习、参观，提高专业管理能力。1983—1986 年，高校图书馆进行管理制度改革，"高校图工委"提出了一系列规章制度和可操作的工作细则，使高校图书馆管理逐步趋向正规化、规范化。

随着社会主义现代化建设和高等教育事业的发展，上海高校图书馆事业也取得较大发展，至1987 年底，全市高校图书馆馆舍面积计有 25 万平方米，阅览座位达 2.6 万个，藏书 2 680 万余册，工作人员增加到 2 700 多人。高校图书馆业务工作也发生了巨大变化，从采集单一的印刷型载体，转向采集多类型的知识信息载体；从单纯提供书刊资料服务，转向主动服务并进入教学环节；从进行情报咨询，提供情报线索，深入到开展代查和提供原始文献、代译外文资料、情报调研、专利代理等多方面服务；由传统的手工操作，逐步趋向应用多种现代化技术手段；由只为本校教学科研服务，同时也向为社会服务。经过这一时期的发展，上海高校图书馆正在由比较封闭的书刊资料收集利用机构向开放的、多功能的文献情报中心转变，为建设现代化的高校图书情报事业打下基础。

为适应高校图书情报事业发展需要，理顺学校内部图书情报工作体制，1988 年 5 月，根据国家教委有关文件，"高校图工委"改组为上海市高等学校图书馆情报工作委员会（仍简称"高校图工委"），在高教局领导下，"高校图工委"是对本市高校图书情报工作进行协调、咨询、研究和业务指导的机构，并根据市高教局的授权和委托，行使对本市高校图书情报工作部分行政管理的职能。办公地点仍设在上海交通大学图书馆。1990 年以后，"高校图工委"配合市高教局，在高校图书馆开展了业务评估，通过评估使高校图书馆的基础工作、服务工作和管理水平又有明显提高。

1988 年 10 月，由"高校图工委"秘书处与部分高校图书馆发起、经上海市高等教育局同意、徐汇区工商行政管理局核准，成立了"上海申联高校图书馆服务部"，上海市工商行政管理局颁发营业执照，它是上海高校图书馆联合集资、合作经营、独立核算、自负盈亏，以服务为宗旨的集体所有制经济实体，主要任务是经营中文图书，为图书馆供应教学、科研用的图书资料，编制、发行标准图书目录卡片和机读书目数据等。1993 年，经上海市人民政府教育卫生办公室批准、上海市工商行政管理局核发营业执照，扩大为"上海申联文献信息技术公司"。随着该公司经营业务不断扩大，逐步发展成为上海市高校、公共、科研、工矿企业等各系统图书馆和部分外地图书馆中文图书的供应商，并配套提供集中编目、发行标准目录卡片和机读书目数据（随书配送），还为有关图书馆实行自动化、提供包括系统配置咨询、硬件选配、软件代理、人员培训等的多种经营服务。

20 世纪 90 年代起，高校图书馆出现了一批电子图书馆的初级模型，"高校图工委"积极推进高校图书馆朝着网络化、电子化和虚拟化方向发展。中国教育科研网一期工程于 1996 年 1 月 4 日全部通过国家教委等有关部门的验收，上海地区教育科研网的一期工程主干网网点院校也开通，上海市高校中约有 30 余所中小型图书馆开始进行自动化建设。针对全市高校图书馆自动化建设进程和虚拟图书馆的兴起，上海市教委正式立项建设"上海市高校虚拟图书馆""高校图工委"负责组织实施该项目，1997 年 12 月开始一期工程，并由各高校图书馆内部自动化工作做得比较好的图书馆为基础，组织课题组研制上海高校虚拟图书馆联合文献资源数据库，将上海市高校重点学科外文核心期刊目录、全国原版外文期刊预定目录、各高校中文普通图书书目数据等，通过计算机软件对其进行标准化、规范化处理。在此基础上,基于万维网服务器,通过数据服务网点与数据库相连,利用远程文献检索软件,于1998年6月在上海教育与科研计算机网上开通"上海高校虚拟图书馆联合文献资源数据库"。

2000年以后,随着我国高等教育事业的进一步发展,上海市以"科教兴市"作为城市发展的总战略,将高教园区建设作为上海城市化发展的基础,上海高校图书馆整体建设出现了新一轮高潮。随着许多院校向远郊拓展,不少高校都兴建新的图书馆,上海市教委提出了建设"上海教科网高校网络图书馆"的意见。2000年1月10日,"上海教科网高校网络图书馆系统"立项,由"高校图工委"负责组织实施,上海交通大学、复旦大学、华东理工大学、华东师范大学等高校共同参与,于2000年12月25日正式建成,这是全国首家高校网络图书馆,具有馆际互借、文献资源传递和信息资源导航三大功能。

2001年11月21日,"上海高校网络图书馆"正式更名为"上海教育网络图书馆",进一步扩大了服务范围。自2002年1月起,为使部分通过拨号、专线等方式上网的校园读者,也能够快速访问网上资源,特地开通一个新的服务站点,使非教科网用户共享数据资源不受影响;为满足各类上网集团用户的需求,还开通了用户验证系统,使集团用户进行验证后,可共享文献服务。2005年9月网站改版,由分布式镜像站点改为以集中式镜像站点为主的服务,加强了统计功能,分类别为各级各类学校提供各类文献资源服务,同时还加强了为读者服务的内容。2006年1月1日,上海教育网络图书馆正式启动新平台。

"高校图工委"依托上海教育网络图书馆,不仅组织全市高校图书馆联合采购各类数据库,还着力推动高校图书馆与公共图书馆的合作。2007年12月18日,14所高校图书馆和上海图书馆联合采购Springer电子图书;2007年5月继续组织上海高校图书馆采购EBSCO ASP+BSP全文期刊数据库(2006—2009年),有21所高校加入组团采购。2009年5月,由上海教育网络图书馆在全国率先组织引进WSN数据库,签署了为期一年(2010年)的向"世界科技期刊网"集团采购协议,上海共有5所高校可共享"世界科技期刊网(WorldSciNet)"数据库;2009年10月又在全国率先组织引进美国科学院报(PNAS)数据库,签署了为期一年的集团采购协议,上海共有5所高校可共享美国科学院报(PNAS)数据库;2010年3月,与上海图书馆共同续订采购Springer电子图书,扩大数据库增量,发展新成员。至此,上海共有16所高校可共享该数据库,节省了各校购书经费,实现联盟成员之间优势互补、利益共享的目标。2010年6月30日,上海教育网络图书馆还主办了"移动、无线通信与数字图书馆建设与发展研讨会"。

"高校图工委"运行上海教育网络图书馆10余年来,已初步建立上海市教育文献资源共建共享的基本框架,促进了上海地区各级各类学校间实现图书文献资源与信息服务的共建、共知、共享,提高了上海地区文献保障率和信息服务水平。上海教育网络图书馆于2003年被评为"上海市信息化优秀应用项目"奖。2005年9月,经上海市教委同意,成为"CALIS华东南地区上海教育资源服务基地"。2006年1月4日,在上海教育与科研计算机网建设十周年时,获上海教育与科研计算机网管理委员会颁发的"上海教育与科研计算机网十年建设先进集体"奖。

第三节　中小学图书馆

一、管理机构

上海中小学图书馆在"文化大革命"中损失惨重,1976年以后逐渐恢复。1978年至1989年期间,全市中小学图书馆由上海市教育局通过各区县教育局对中小学图书馆工作进行管理,具体业务工作由市教育局普通教育处、区(县)教育局普通教育科(股)分管,市、区(县)教育局普通教育处(科、股)配备相应的干部兼职开展中小学图书馆的管理工作。

1989年,国家教育委员会召开全国中小学图书馆工作会议。根据会议精神,上海市教育局颁发了《关于加强中小学图书馆工作的(暂行)规定》,中小学图书馆的工作由上海市教育局教学研究室(前身为上海市教育局教学处)分管,并在上海市教育局教学研究室配备相应的教学研究员兼任全市中小学图书馆的管理与研究工作。同时要求各区县教育局在区(县)教师进修学院(校)教学研究室,配备相应的教学研究员,在区(县)教育局的领导下,开展区(县)所属中小学图书馆的管理与研究工作。

1992年5月,根据国家教育委员会的意见,上海市教育局成立了"上海市教育局图书馆工作委员会",具体负责全市普通中小学校、中等专业学校、中等职业学校和中等技术学校的图书馆管理与研究工作。上海市教育局图书馆工作委员会由上海市教育局分管教育业务的副局长担任主任,成员由上海市教育局教学研究室、财务处、人事处等处室的处长(主任)、上海市新闻出版局、上海市文化局有关处的处长、高校图书馆馆长代表等组成。上海市教育局图书馆工作委员会秘书处设在上海市教育局教学研究室内,负责上海市教育局图书馆工作委员会的日常工作。按照上海市教育局图书馆工作委员会的机构设置和人员组成办法,各区(县)教育局也先后成立了区(县)教育局图书馆工作委员会。

1995年,上海市教育局撤销,成立了上海市教育委员会,同年,上海市教育委员会成立"中小学图书馆工作委员会",中小学图书馆工作委员会的主要职责为:研究并制订本市中小学图书馆事业发展规划、规章制度、工作标准和评估体系;对中小学图书馆工作进行指导、协调、检查和评估;组织中小学图书馆工作人员的业务培训,开展学术研究与经验交流;组织中小学图书馆系统内外的馆际协作和资源共享,推动中小学图书馆的基本建设和现代化管理,开展中小学图书馆的教育教学活动;协调教育系统内外的有关单位、团体对中小学图书馆事业的支持与配合;开展其他与中小学图书馆事业发展有关的工作。上海市教育委员会中小学图书馆工作委员会秘书处设在上海市教育委员会基础教育处(前身为普通教育处)。至2010年,上海中小学图书馆的管理体制为:上海市教育委员会(基础教育处)、各区(县)教育局(基础教育科)为中小学图书馆工作的行政管理机构;上海市教育委员会中小学图书馆工作委员会、各区(县)教育局图书馆工作委员会,具体负责中小学图书馆管理与研究工作。

二、管理规章

《关于加强中小学图书馆工作的(暂行)规定》　1989年,国家教育委员会召开全国中小学图书馆工作会议。根据会议精神,上海市教育局颁发了《关于加强中小学图书馆工作的(暂行)规定》(简称"《规定》")。《规定》明确中小学图书馆的工作由上海市教育局教学研究室领导,在上海市教育局教学研究室配备相应的教学研究员兼任全市中小学图书馆的管理与研究工作;各区县教育局在区(县)教师进修学院(校)教学研究室,配备相应的教学研究员,在区(县)教育局的领导下,开展区(县)所属中小学图书馆的管理与研究工作。

《上海市贯彻〈中小学图书馆规程〉实施细则(暂行)》　为了加强中小学图书馆的建设,提升管理与服务工作水平,推动中小学图书馆事业的发展,1993年,上海市教育委员会按照教育部《中小学图书馆(室)规程》的文件精神,根据上海基础教育的实际,制定并颁布了《上海市贯彻〈中小学图书馆规程〉实施细则(暂行)》(简称"《实施细则》")。《实施细则》对本市中小学图书馆的性质任务、管理和研究体制,馆舍设施、图书资源、人员队伍、管理与服务制度、经费保障等方面做出了全面规定,以促进中小学图书馆的规范化发展。

《上海市教育委员会关于加强中小学图书馆(室)工作的意见》 2004年4月9日,市教委发布《上海市教育委员会关于加强中小学图书馆(室)工作的意见》,并附《上海市贯彻〈中小学图书馆(室)规程(修订)〉的实施细则》,规定了图书馆的性质任务、机构和人员、文献信息收集管理利用和服务,以及条件保障等,明确新任小学图书馆工作人员的学历必须达到大专及以上水平,新任中学图书馆工作人员的学历必须达到本科及以上水平等要求,另附《中小学图书馆馆藏书刊清理剔旧的基本范围和要求》。

《上海市工程建设规范〈普通中小学校建设标准〉》 2004年8月1日,市教委主编、经市建设和管理委员会批准的《上海市工程建设规范〈普通中小学校建设标准〉》颁发。文件规定,根据上海社会、经济和现代信息技术的发展和基础教育办学条件,提出了中小学图书馆舍包括阅览室、阅读教室等的面积建设标准,其中规定藏书室生均藏书量应按小学每生30册、中学每生40册、高中每生50册配置;书库面积宜按小学600册/平方米、九年一贯制学校560册/平方米、初中、高中500册/平方米配置;教师阅览室宜按小学40％、九年一贯制学校37％、初中、高中33％的教职员人数的比例设置座位,每座使用面积不宜低于2.1平方米;学生阅览室宜按小学5％、九年一贯制学校6％、初中、高中8％的学生人数的比例设置座位,每座使用面积不宜低于1.5平方米;阅读课教室小学和九年一贯制学校宜配置1间,使用面积宜为64平方米;电子阅览室宜按小学3％、九年一贯制学校4％、初中、高中4％的学生人数的比例设置座位,每座使用面积不宜低于2平方米。

第四节 科研院所系统图书馆

一、中国科学院上海分院系统图书馆

【管理机构】

行政管理 "文化大革命"结束后,原来下放到地方的中国科学院各机构,陆续归还中国科学院。1978年4月,上海科技图书馆重新划归中国科学院,定名为"中国科学院上海图书馆"(后改名为"中国科学院上海文献情报中心"),隶属中国科学院及中国科学院上海分院领导,中国科学院图书馆负责业务指导;中国科学院上海地区各研究所,也都设立了图书馆(情报中心),由研究所副所长分管图书馆业务。

体制创新 上海生命科学研究院与上海图书馆合作共建生命科学图书馆。2002年5月,中国科学院上海生命科学研究院与上海图书馆上海科学技术情报研究所签署合作协议,共建生命科学图书馆。生命科学图书馆是上海生命科学研究院与上海图书馆双方共建、共有,面向第三方开放的信息服务专业机构,实行理事会领导下的馆长负责制。按照合作协议,生命科学院每年投入中国科学院划拨的图书文献资源和专用设备、专用经费等近千万元,上海图书馆每年投入约300万元图书文献经费,并将馆藏中生命科学领域的图书、期刊、电子资源服务延伸至生命科学图书馆,支持其优秀业务骨干进入生命科学图书馆工作。合作共建生命科学图书馆的举措,打破了中央和地方单位、专业和公共系统图书馆间的界限,是中国图书馆界的创举。生命科学图书馆浦东分馆。2004年5

月 27 日,生命科学图书馆浦东分馆成立,由中科院上海药物研究所、生命科学图书馆和浦东新区图书馆联合创建,采取理事会管理下的馆长负责制,由中科院上海药物所图书馆承担分馆的运行和管理。按照合作协议,浦东文化发展基金每年提供 100 万元资源建设经费,用于外文期刊订购;生命科学图书馆向浦东分馆提供万方科技系统、万方科技会议论文、万方博硕士论文、清华同方期刊库、Web of Science 等数字资源服务,再加上 CSDL 的共享资源和药物研究所提供每年近 200 万元图书馆经费。为了适应向社会开放的需求,浦东分馆提供 500 平方米的开架阅览室,30 台电脑的电子阅览室,自动收费的复印机。图书馆每天开放 12 个小时,面向中科院和浦东新区科技人员提供服务。

【管理规章】

1978 年 12 月 8 日,中国科学院图书情报工作会议召开,会议讨论并修订了《中国科学院图书情报工作暂行条例(草案)》和《中国科学院图书情报工作发展规划纲要 1979—1985(草案)》。会议明确了图书情报工作是科研工作的一部分、图书情报人员是科研人员的一部分。会议还提出了中国科学院实行图书情报工作一体化的工作方针。会议制定的《中国科学院图书情报工作暂行条例(草案)》和《中国科学院图书情报工作的发展规划(草案)》。这是中国科学院图书情报工作发展的纲领性文件,从制度上、政策上确保了中国科学院图书情报工作的改革和发展方向。同年,中国科学院制定了《中国科学院图书、资料、情报业务人员定职升职暂行办法》。这一系列政策措施的出台,使图书馆业务经费得到了基本保证,馆舍条件得到改善,图书馆人员作为专业技术人员的一部分,基本享受同等待遇,稳定了中国科学院图书情报人员队伍。在图书馆业务和图书馆学情报学研究方面,形成了以"上海文献情报中心"为地区中心、各研究所图书馆为重要组成部分的地区性文献情报网络。到 1990 年,中国科学院系统的上海分院图书馆及各研究所图书馆共有 12 所。

2002 年 3 月 15 日,中国科学院下发《关于上海文献情报中心并入上海生命科学研究院的通知》,原中国科学院上海文献情报中心整体进入知识工程创新单元——上海生命科学研究院,重新组建了中国科学院上海生命科学信息中心,成为隶属于生命科学研究院的非法人事业单位。上海生命科学信息中心行政管理上隶属生命科学院领导,业务上接受中国科学院出版图书情报委员会指导。

【重要组织和会议】

上海地区图书情报业务交流委员会　1980 年 7 月,中国科学院"上海地区图书情报业务交流委员会"(简称"业务交流委员会")成立。业务交流委员会由中国科学院上海各研究所图书馆负责人组成,主要负责组织上海地区各研究所的图书馆员,开展图书情报业务的交流和研讨活动。1980 年到 2002 年,业务交流委员会共组织了 5 次地区性的科学讨论会,先后举办 3 次图书情报业务短训班,提高上海地区图书馆员的业务素质和工作能力。还与华东师范大学图书馆系合作,举办图书馆学专业课程班,系统培训业务人员的专业知识。2003—2010 年,业务交流委员会每年根据图书情报工作发展的趋势与各研究所图书馆的需要,确定 1 个主题,适时召开研讨会或交流会。2003 年以如何更好地进行资源建设、资源共享、提高服务水平为主题展开了热烈的讨论,从而促进了"中国科学院沪区资源建设和信息服务协作网"的建成。

中国科学院文献情报工作改革经验座谈会　1990 年 3 月 27 日,中国科学院文献情报中心在上海举办中国科学院文献情报工作改革经验座谈会。要求中国科学院系统图书馆以自身的特点和社会需求为依据,推进文献情报工作。

中国科学院沪区文献情报工作会议　2005 年 12 月 9 日,"2005 年度中国科学院沪区文献情报工作会议"在上海生命科学信息中心召开。会议就发挥中国科学院沪区文献情报枢纽功能、2005年的工作总结以及2006年举办沪区文献情报学术研讨会的主题、时间、地点等问题进行了讨论,决定由生命科学信息中心牵头,组织对2006年中文期刊全文数据库和中文硕博士论文全文数据库的联合采购。

中科院上海地区文献情报系统业务交流会议 2006年4月22—23日,业务交流会议在浙江嵊州举行,会议主题"贴近科研创新服务,提高文献情报保障能力"。会议由业务交流委员会和中科院上海生命科学信息中心主办,来自上海分院各所图书馆的70多名图书情报工作人员参加会议。面对计算机技术与因特网迅速发展,图书馆到馆读者日益减少的新挑战,与会人员达成了共识,图书馆人员必须意识到提供深层次的情报咨询服务才是图书馆发展的方向,才是满足科研需求、面向市场的最好途径。面对挑战和发展机遇,培养一批专业情报研究人员是文献情报工作需要重点考虑的问题。2010年3月13—14日,中科院上海地区文献情报系统"2010年业务发展交流研讨会"在崇明召开。会议由中科院上海生命科学信息中心主办,来自中科院上海地区8个研究所的38位图情工作人员参加了会议。会议围绕资源建设、学科服务、情报咨询研究、图书馆管理等多个议题展开讨论和交流。

二、上海社会科学院图书馆

1978年10月,上海社会科学院恢复重建,图书馆工作全面恢复,1985年曾改名为上海社会科学院图书资料情报中心,实行院图书馆与各研究所资料室两级管理模式,各研究所资料室业务上受院图书馆指导,图书财产受院图书馆统一管理。1992年9月,上海社会科学院合并各研究所资料室,成立分片阅览室,除历史所图书资料室继续单独运作外,其他所的图书资料室都并到院图书馆。1993年2月,上海社会科学院图书馆与上海社会科学院信息研究所、新闻研究所、图书馆实行一体化运作。2004年12月,院图书馆与信息研究所分离,恢复为院直属单位建制。2005年,图书馆重新独立归院部领导,设馆办公室、采访部、编目部、流通部、阅览部、系统网络部、文献开发部、《内部资料索引》编辑部、《长三角观察》编辑部。

三、科研院所与企业集团图书情报机构

市属大型工厂企业和在沪的部属机构,成立的科研院所,建立的图书情报机构,均属本单位行政部门领导管理。如1973年建立"上海飞机设计研究院图书馆",隶属于上海飞机设计研究院科技情报档案部;上海核工程研究设计院于20世纪70年代建立"上海核工程研究设计院科技图书馆";上海市机电工业管理局于1979年建立上海市机电科技情报研究所,由资料室改为图书馆,为局属工厂企业服务;1980年建立的上海市化工科学技术情报研究所图书馆,隶属于上海华谊(集团)有限公司;宝山钢铁集团科技图书馆建于1979年,1999年6月迁入宝钢研究院科技大楼,隶属于宝钢集团有限公司中央研究院(技术中心)情报中心等。

第五节　党校系统图书馆

一、管理机构

上海党校系统图书馆的管理体制随党校建制的沿革而有所变化。市委党校图书馆和部分大口

党校图书馆为独立建制的部门,直属校委会领导;其他党校图书馆隶属于党校某一个部门管理,为该部门的内设机构。

【市委党校图书馆】

上海市委党校图书馆(简称"市委党校图书馆")建于1949年6月,当时为图书室,隶属于教务处,主要提供图书的借阅服务。1956年,图书室改名为资料室。1959年3月,市委处级党校与中央第三党校合并为市委党校时,资料室机构单列,直属于校委会领导。"文化革命"期间,党校停办。

1977年11月,市委党校复校,建立图书资料室,为独立机构(处级单位),直属于校委会领导。1983年,图书资料室下设图书组和资料组。1984年5月,为更好地发挥资料工作的作用,学校对图书资料工作体制作出改革和调整,除了校图书资料室外,在各教研室、理论研究室增设资料组,配备专职资料员,提供专业图书服务。同时,学校建立"图书资料委员会",统一领导全校的图书资料工作。1986年,图书资料室建立情报资料组,负责信息资料收集、整理和资料编印工作。图书资料室内设部门调整为一室四组:行政业务、采编组、图书流通组、期刊组、情报资料组。1988年10月,图书资料室更名为图书馆。同时,成立"党校文献信息中心",与图书馆实行"两块牌子、一套机构"管理模式。

进入20世纪90年代,随着图书馆规模和功能的不断扩大,馆内部门有所调整。1990年,图书馆下设组改为部,设有馆办公室、采编部、图书流通部、报刊部、《党校文献情报》编辑部和情报室6个部门。1994年4月,建立信息研究中心,负责信息研究和决策咨询服务。1997年1月,建立数据处理部,负责社科信息研究数据库、教学案例数据库和教学专题数据库的建设。同年6月,市委党校和市委组织部合作,建立"上海市干部教育信息中心",与市委党校图书馆实行"两块牌子、一套机构"。1999年2月,根据图书馆和干部教育信息中心的发展目标及功能定位,下设机构调整为馆办公室、信息采编部、信息流通部、咨询培训部、数据处理部、对外交流部(含学会秘书处)和网络管理部。

2001年,对外交流部并入馆办公室,其余部门保持不变。2004年6月,干部教育信息中心与图书馆分离,图书馆下设机构调整为综合办公室、信息采编部、信息流通部、网站编辑部、《党校教研参考》编辑部。2008年,干部教育信息中心的数据处理部划归图书馆,图书馆下设机构又调整为:综合办公室、采编部、流通部、数据处理部、网站编辑部。

《中国共产党党校工作条例》和《中国共产党党校图书馆工作规程》规定,上级党委党校对下级党委党校进行业务指导,上级党校图书馆应帮助下级党校图书馆培训领导骨干和业务人员,协调文献信息资源的建设、开发和利用,推动图书馆间的协作和标准化、现代化建设。市委党校图书馆对全市党校系统图书馆或图书资料室,负有业务指导的责任,通过召开业务会议或全国党校文献信息学会上海分会活动等形式,开展业务交流与学术研讨,推进资源共建共享,提升服务水平。

【大口党校图书馆】

为适应改革开放后上海各系统党员干部培训和教育的需要,大口党校先后建立。在宣传党校、政法党校、建设党校、郊区(农委)党校、科技党校、教育党校、外经贸党校、财贸党校和工业党校9所大口党校中,均设有图书馆或图书资料室。2005年5月,中共上海市委决定推进本市党校系统资源整合;8月,全市党校工作会议后,原有的9所大口党校调整为6所,即宣传党校、政法党校、建设和交通党校、科教党校、经济党校、国资委党校。各校的图书馆或图书资料室也随之重建或有所变化。

宣传党校资料室于1985年2月建立,隶属于校办公室管理。

政法党校图书阅览室于1994年设立,为独立部门。

建设和交通党校图书馆于1985年建立时称图书资料室,即为独立建制,由校委会直接领导;1999年,更名为信息中心;2005年改名为图书馆。

科教党校图书资料室于1984年1月市教卫党校成立时建立,隶属于教学处;2000年3月,党校改名为市教育党校后,图书资料室隶属于党建研究室;2006年4月科教党校建立,图书资料室依旧隶属党建研究室管理。

经济党校图书馆于1980年建立市财贸党校时设立图书馆,独立建制。2004年,校改名上海商学院,2005年改建为经济党校,图书馆仍为独立部门。

国资委党校图书馆于1997年9月初建时称"上海市工业交通党校图书资料室",隶属于教育处;1984年组建成"上海市工业党校图书馆"后,归属于教务处领导;1986年1月,党校机构调整时,图书馆改为校直属机构;1993年2月,图书馆成为独立建制的部门设立;2005年5月,国资委党校成立时,图书馆仍为独立部门(处级单位)。

【区(县)党校图书馆】

随着上海市区、郊区行政区划的变动,区(县)一级党组织和党校也随之沿革变化。2009年上海市行政区划变动后,有黄浦、卢湾、徐汇、长宁、静安、普陀、闸北、虹口、杨浦、闵行、宝山、嘉定、浦东新区、金山、松江、青浦、奉贤17个区委党校,和崇明1个县委党校。

区(县)党校中,均设有图书馆或图书资料室。其中浦东新区党校图书馆在1993年初创时为独立建制,2001年起归属科研处管理;其余的图书资料室均为非独立部门,隶属于党校某一部门管理,但隶属的部门有所不同。隶属于教务处(科)的有虹口区委党校图书室、杨浦区委党校图书馆、闵行区委党校图书馆、嘉定区委党校图书资料室、金山区委党校图书馆、松江区委党校图书资料室、青浦区委党校图书馆、崇明县委党校图书资料室;隶属于办学部(科)的有普陀区委党校图书资料室;隶属于调研科的有宝山区委党校图书馆、徐汇区委党校图书资料室(先隶属于教务处、教研室,2010年隶属调研科);隶属于科研室的有静安区委党校图书资料室、奉贤区委党校图书资料室;隶属于编研室的有长宁区委党校阅览室(先隶属于培训部、2010年划归编研室);隶属于校办公室的有闸北区委党校图书馆。

二、规章制度

《全国党校文献情报学会上海分会章程》 1992年5月8—9日,上海市党校系统图书馆馆长会议暨全国党校文献情报学会上海分会成立大会,在市委党校召开。会议通过《全国党校文献情报学会上海分会章程》(简称"章程"),并正式颁布施行(于1998年4月上海分会第二次会员代表大会修订)。"章程"共有五章二十三条,明确规定"上海分会"是全国党校文献情报学会的分支机构,是上海市委党校系统文献信息工作者的群众学术团体。它的宗旨是以马列主义、毛泽东思想和邓小平理论为指导,认真贯彻党在社会主义初级阶段的基本路线,坚持理论联系实际"百花齐放、百家争鸣"的方针,探讨文献信息工作的理论和实践问题,促进党校文献信息事业的发展,为干部教育服务。还规定开展学术研究、组织文献信息工作交流和馆际业务协作、接受有关方面的业务咨询、组织人员培训、编辑出版会刊及有关文献资料等七项任务。"章程"还对会员资格、权利义务、组织机构等作出具体规定。

《馆藏信息资源保障体系》　1997年,市委党校图书馆制定并试行《馆藏信息资源保障体系》,先后在2000年8月和2004年修订印刷成册。《保障体系》共分八个部分,另有2个附件。明确市委党校(上海行政学院)图书馆,是党校、行政学院的文献信息中心和教学科研部门,是为党校、行政学院教学科研和各级党政机关、企事业单位领导提供信息服务的学术性机构。规定了主要职能和任务,信息资源保障体系的"三个层次"及文献信息载体的类别、语种、复本、分布,数据资源建设等。附件里对教研人员出国交流中采购西文图书、通过国际网站购买教研参考书等问题,做出了具体规定。

《本市党校系统图书异地借还管理办法》《"移动图书馆"运行管理规定》　为满足全市党校系统教研人员对图书文献的需求,发挥市委党校图书馆信息资源优势,实现信息资源共享,对2005年对全市党校系统开展异地借还服务和2009年推出移动服务项目的实际情况,先后制定了《本市党校系统图书异地借还管理办法》《"移动图书馆"运行管理规定》,对服务对象、管理办法、电子阅读器使用等工作,提出了规范。

《图书馆工作人员守则》　2000年,市委党校图书馆制定并颁布《图书馆工作人员守则》,(简称"《守则》")。《守则》规定,要坚决贯彻执行党的基本路线,认真贯彻执行党的各项方针政策,努力学习邓小平理论、"三个代表"重要思想和科学发展观,学习业务知识和技能,求实、开拓、勇于创新;忠诚于党的干部教育事业,热爱党校图书馆工作,具有良好的职业道德,"以读者为本",全心全意为教学、科研服务;切实履行本人岗位职责,努力提高业务水平,认真执行本部门的工作计划和工作细则,保证各项工作的质量和进度,严格执行党校和图书馆各项规章制度,按时到岗、不擅离工作岗位,爱护国家财产,保持工作环境整洁、安全;坚持文明服务,对读者热情礼貌,对同事团结互助,与各部室密切合作,维护集体荣誉。

第六节　工会系统图书馆

"文化大革命"结束后,上海各级工会图书馆迅速恢复和发展,据1980年统计,全市工会图书馆有8 231家,藏书1 245万册,专职人员2 882人。1987年4月,上海市总工会发布《上海市工会图书馆工作条例》,《条例》公布以后,调动了各区、局,尤其是基层单位工会图书馆工作人员的积极性,促进了条、块工会系统图书馆的管理和领导。

1989年10月,成立上海市工会图书馆协会,冶金、轻工、仪表、电业、港务、水产、烟草等8个局,徐汇、静安、南市、石化等10个区相继成立了工会图书馆协会的二级组织,全市形成了在上海市总工会领导下,以市文化宫为核心,以广大基层厂工会图书馆为基础,以各局、区工人俱乐部图书馆及工会图书馆研究会(协会)为纽带的上海市工会图书馆系统。

1989年3月,市总工会宣教部发出《关于工会图书馆创建"文明图书馆"活动的通知》,当年评出市级工会文明图书馆19家,争创文明图书馆38家,工会图书馆先进工作者19名,优秀组织者15名,受表扬的工会图书馆37家。1990年10月,第二次评出文明图书馆31家,创文明图书馆53家,获表扬图书馆32家。至1990年,上海共有1.2万家工会图书馆,藏书1 600万册,图书馆使用面积合计36万平方米以上;有专职管理员3 304人,兼职18 000多人;拥有150万读者,年图书流通量达1 600万册次。此后,随着改革的深入发展,工厂企业纷纷转制,工厂企业单位的图书馆呈分散运行状态,数量规模不断减少。

2008年2月2日,上海首家"职工书屋"在长宁区工人文化宫成立。2008年3月,全国总工会召开全国工会"职工书屋"建设工作电视电话会议后,市总工会成立上海工会"职工书屋"建设领导小组,于4月3日发出《上海市总工会关于"职工书屋"建设的实施意见》,提出"职工书屋"建设的指导思想、建设目标及内容、工作原则等三个方面的规定,提出3年内建设"职工书屋"示范点120个,5年建设"职工书屋"1 880个的目标。至2010年底,全市共有120个"职工书屋"示范点投入使用,自建"职工书屋"达2 000余家。

第二章　考核评估工作

第一节　公共图书馆评估

一、文化部开展对县以上公共图书馆评估定级

【评估定级的试点工作】

1992 年,国家文化部颁发了《关于对全国县以上图书馆开展评估定级的意见》,要求各地 1993 年开展评估定级的试点工作,1994 年再全面铺开。上海市文化局根据文化部的要求和上海的实际情况,制定了《上海市区、县级图书馆定级标准》和《上海市、县级少年儿童图书馆定级标准》两个试行文件,强调图书馆经费有保障、藏书有特色、服务有新举措;在服务效益方面,明确"三产""创收",不能影响主业,且收益主要用于发展图书馆事业。从 1993 年 1 月至 12 月,按市文化局制定的标准,率先对全市区(县)图书馆施行评估定级。全市有 28 个区(县)级公共图书馆,其中区级馆 15 个、县级馆 6 个、小区馆 5 个,以及独立建制的少年儿童图书馆 2 个。首次申报参加评估定级的有 27 个馆。通过考核评估,经市文化局审定,评出特级馆 8 个,一级馆 9 个,二级馆 9 个,三级馆 1 个。

【文化部评估定级工作】

1994 年 4 月 12 日,市文化局遵照文化部的计划,发出《关于在本市区县图书馆实施评估定级的通知》。市文化局组织了评估团,按文化部制定的评估标准,先后对本市申报定级的 24 所区(县)图书馆和 2 所区(县)少年儿童馆考评。上海图书馆与上海少年儿童馆由文化部直接评估。经文化部最后审定,上海图书馆与上海少年儿童馆及参评的 15 个区(县)图书馆(少年儿童馆)被评为一级馆,有 11 个区(县)图书馆被评为二级馆。

根据文化部关于开展第二次县以上公共图书馆评估定级的通知精神,上海市文化局于 1997 年 10 月 8 日发出《关于 1998 年对县以上公共图书馆进行评估定级工作的通知》。全市有 20 个区(县)共 33 所区(县)级图书馆(少年儿童馆),申报评估定级的共有 29 个馆(少年儿童馆)。在各申报馆自查和区(县)文化局复查的基础上,由上海图书馆、上海少年儿童图书馆、高校及科学院所系统图书馆的专家组成的评估组,深入各馆,通过审查申报材料、查阅原始档案资料、现场考核、向读者和工作人员书面调查等方式,进行考核评估,提出了定级意见。7 月 30 日,上海市区(县)图书馆评估定级领导小组进行了审议,通过了"评估组"的评估工作总结和评估定级意见,并报文化部审核。12 月 14—20 日,文化部评估组对上海图书馆、上海少年儿童图书馆进行评估考核。最终,经文化部批准,上海图书馆与上海少年儿童馆及参评的 25 个区(县)图书馆(少年儿童馆)被评为一级馆,有 4 个区(县)图书馆被评为二级馆。评估定级工作的开展,促进了公共图书馆事业发展。全市参评的区(县)图书馆与 1994 年评估时的成绩相比较,馆舍面积提高了 43.2%,计算机数量由 1994 年的 43 台增加到 643 台;馆外延伸服务点达到 556 个;由区(县)图书馆进行业务辅导的街道(乡镇)图书馆,进一步得到巩固与发展,达标率提升到了 81%。

2003 年,根据文化部关于开展第三次县以上公共图书馆评估定级工作的要求,市文广影视局

成立了评估工作领导小组,发出了《关于开展 2003 年县以上公共图书馆评估定级工作的通知》,并根据上海市实际情况,增加了数据库建设、特色服务和创文明行业等的考核内容,还要求把评估工作与创文明行业工作相结合,同推进文化信息资源共享工程建设和中心图书馆工作相结合。市文广影视局请上海市图书馆学会选定专家,组成了专家评估组,对全市申报定级的 27 家区(县)图书馆(少年儿童馆)进行考评。评估考核工作坚持以服务为导向,以绩效为核心,对各项指标采取定量与定性相结合的考核方式,严格要求,实事求是地实施考核。评估组评定结果,经市文广影视局审核后报文化部审定。2004 年 10 月 7—11 日,文化部对上海图书馆、上海少年儿童图书馆开展了评估考核。2005 年文化部公布评估结果,上海图书馆、上海少年儿童馆和 17 家区图书馆(少年儿童馆)为地级一级馆,9 家小区图书馆(少年儿童馆)为县级一级馆,1 家区少年儿童馆为地级二级馆。区(县)图书馆评估的结果与 1998 年评估时的成绩相比较,馆舍面积提高了 36%,流通人次提高了 27%,读者活动人次达到 70 余万、提高了 36%,计算机数达到 2 296 台。

2009 年 9 月 1 日至 10 月 20 日,按文化部对县以上公共图书馆第四次评估定级要求,市文广影视局委托市图书馆行业协会成立专家评估组,对区(县)图书馆进行评估定级。市专家评估组对本市所有 27 家区(县)图书馆逐一检查。评估组的评估结果经市文广影视局审核后报文化部审定。11 月 28—29 日,文化部专家评估组分别对上海图书馆、上海少年儿童图书馆进行了实地检查评估。经文化部最后批准,上海图书馆、上海少年儿童图书馆及 26 家区(县)图书馆(少年儿童)被评为一级馆,1 家区图书馆被评为二级馆。区(县)图书馆评估结果,与第三次评估时成绩相比较,馆舍面积增长了 33.7%,馆藏总量增长了 28%,读者活动场次数增长了 85.6%,馆外服务点增长了 41.4%,参与读者活动的人次约有 90 万。

二、上海市街道(乡镇)图书馆评估定级

为了巩固和发展上海街道(乡镇)图书馆事业,1994 年 12 月 14 日,市文化局发出《关于在全市街道、乡镇图书馆实施考核定级的通知》,同时制定并发布了街道(乡镇)图书馆评定"标定图书馆"和"达标图书馆"的标准。1995 年 10 月—11 月,市文化局对街道(乡镇)图书馆进行了考核评定工作。1996 年 1 月 23 日,市文化局召开区(县)文化局局长会议,审议并通过了街道(乡镇)标定图书馆和达标图书馆的评定结果。全市有 102 所街道(乡镇)图书馆被定为标定馆,98 所定为达标馆,另有 103 所街道(乡镇)图书馆未达标。

1998 年 4 月 23 日,市文化局再次发出《关于对全市街道、乡镇图书馆评估定级的通知》,同时发布了评估定级标准(简称"定级标准")。"定级标准"分三部分,第一部分规定评级的必备条件,要求馆舍面积不低于 100 平方米,藏书总量不少于 1 万册,工作人员数不少于 2 人,并设有少年儿童图书室等。第二部分为基本条件,包括办馆条件、藏书建设、读者工作、管理工作四方面;第三部分为提高指标,包括新书采购质量、计算机管理、服务效果等,并规定了相应的评分权重与分值,形成了适合上海街道(乡镇)图书馆的评估指标体系。评估办法规定,特级馆与一级馆由区(县)评估定级领导小组考核同意后报市文化局审核后确定,二级馆与三级馆由区(县)评估定级领导小组考核定级,报市文化局备案。市文化局组织对申报特级馆的与部分一级馆进行实地考核评估后,召开区(县)文化局局长会议,审议本市街道(乡镇)图书馆评估工作总结,并通过了评估结果。1999 年 7 月 14 日,市文化局在全市群众文化、图书馆工作表彰会上宣布评估结果,共有 240 所街道(乡镇)图书馆达到了三级以上图书馆标准。其中特级图书馆 23 所,一级图书馆 112 所,二级图书馆 40 所,三

级图书馆 65 所。这次评估,反映出"以评促建"取得了成果,与 1995 年首次评估时的成绩相比较,馆舍面积增长了 34.6%,藏书增加了 36.8%,读者利用街道(乡镇)图书馆的人数达到 730 万余人次。

2001 年 10 月,市文广影视局颁发(2001 版)《上海市街道(乡镇)图书馆等级评定标准》,评定标准与前比较,增加了读者满意度、年购新书进入"中心图书馆"比例、有专供读者检索书目使用的计算机以及"共享工程"服务点建设等新要求,并对特级馆与一级馆必备条件中的服务面积要求,提高到 300 平方米。2002 年,全市有街道(乡镇)242 个,其中建有图书馆的 226 个,申报定级的共 206 个。各区(县)文化部门组织评估组,对本地区的街道(乡镇)图书馆进行了全面检查。市文广影视局成立专家评估组,对各区(县)申报的特级馆逐一进行了复评,并对一级馆进行了抽查。经市评估组复查认定,并经市文广影视局审核,评出特级馆 40 家,占总数的 17%;一级馆 88 家,占总数的 39%;二级馆 47 家,占总数的 22%;三级馆 31 家,占总数的 13%。另有 20 家由于不具备考评标准未能评上等级,占总数的 9%。从评估情况看,与 1998 年评估定级时的成绩相比较,馆舍面积提高了 25%;实行计算机管理的图书馆数量逐渐扩大,已有 117 家,占街镇馆总数的 52%。

2006 年 8 月,市文广影视局颁发(2006 版)《上海市街道(乡镇)图书馆等级评定标准》,开始启动全市街道(乡镇)图书馆第四次等级评定工作。评定标准对原来的"标准"做出了较大修改,突出了服务方面的要求。将必藏书目比例,开展各类读者活动次数,及向读者提供上网服务、文摘服务、特色服务、"共享工程"传播服务等列为必备条件。市文广影视局委托市图书馆行业协会组织专家评估组,自 2007 年 8 月—11 月,对各区(县)文化(广)局申报的特级图书馆进行复评和对一级馆的抽查。经市文广影视局审核,有 50 家图书馆被评为特级馆,90 家评为一级馆,36 家评为二级馆,10 家评为三级馆。上等级的图书馆占全市街道(乡镇)图书馆总数的 90%。全市街道(乡镇)图书馆馆舍总面积、藏书总量、购书经费三项评估数据与 2002 年评估时的数据相比,分别增长了 57.4%、70% 和 116%,平均每馆的馆舍面积达 400 多平方米,平均每馆的馆藏图书达 2.45 万册。

三、流动红旗竞赛

1995—1998 年间,上海市文化局组织开展了以服务为重点的创先进、争红旗竞赛活动。1995 年 2 月 20 日,市文化局发出《关于在上海市区县图书馆创先进、争红旗竞赛活动的通知》,揭开了全市区(县)图书馆连续三年流动红旗竞赛的序幕。1997 年,街道(乡镇)图书馆也参与流动红旗竞赛。流动红旗竞赛,由市文化局竞赛活动领导小组组织对申报参与流动红旗竞赛的图书馆,进行了多次明察暗访,最后由市文化局、上海图书馆、上海少年儿童图书馆、上海市图书馆学会和各区(县)文化局领导投票评选,每年评选产生 10 家图书馆获流动红旗的图书馆,连续举办了 3 届。

1998 年市文化局表彰了连续三届获得上海市区(县)图书馆流动红旗的闸北区图书馆、南市区图书馆、杨浦区图书馆、卢湾区图书馆、静安区图书馆、南汇县图书馆、浦东第二图书馆;连续两届获得流动红旗的黄浦区图书馆、长宁区少年儿童图书馆、虹口区图书馆。另有徐汇区图书馆等 8 家区图书馆获上海市区(县)图书馆优秀服务成果奖;人民广场街道图书馆等 25 家图书馆获上海市街道(乡镇)图书馆流动红旗竞赛奖;卢湾区文化局等 8 家区(县)文化局和金陵东路街道等 72 个街道(乡镇)获社区图书馆网络建设先进奖;25 人获上海市公共图书馆优秀服务员光荣称号。

第二节　高等学校图书馆评估

1992—1993年期间,上海市高教局根据国家教委教备《关于开展普通高等学校图书馆评估工作的意见》,分三批完成了对普通高等学校50家图书馆的评估。其中重点院校图书馆8家,本科院校图书馆24家,高等专科学校图书馆18家。

普通高等学校图书馆评估标准与评分等级的划分,根据国家教委教备的评估指标体系,分办馆条件、读者服务水平、文献工作水平、现代化水平、科学管理水平和成果附加等六项,总分为120分,其中前五项总分为100分,成果附加项为20分。评分等级最终定为A、A⁻、B、C、D五档。同时在评分等级的划分上,对重点院校图书馆和一般院校图书馆作了区别对待。对重点院校图书馆,计入成果附加分,满分为120分。对一般院校,不计成果附加分,满分为100分。

评估工作的实施过程分为四个阶段进行。准备阶段,根据国家教委关于《普通高等学校图书馆评估指标体系大纲》及说明,结合上海市实际情况,制订了《上海市普通高等学校图书馆评估指标体系及评估标准》和《上海市普通高等学校图书馆评估实施办法》及相应的评估实测表;组建了上海市普通高等学校图书馆评估委员会,具体负责评估的组织领导和评估结论的审定工作;开展了对被评图书馆进行自评的咨询和指导工作,为正常开展评估做好思想、组织和实施方法等方面的充分准备。学校自评阶段,从1991年下半年开始,各校组建评估领导小组,根据评估要求,整理有关档案和评估资料,详细如实地填写《评估实测表》,认真地进行校内评分,完成《自评报告》,对发现存在的问题边评边改。专家评估阶段,从1992年下半年起,分三批开展专家组实地评估。市高等教育局先后聘请26位具备较高学术水平和管理经验的图书情报学专家,组成5个评估专家组,分期分批地赴学校对被评图书馆进行为期两天的实地考察。专家组评估时坚持评估标准、坚持导向性、坚持公正合理、坚持独立自主评分的原则,采用静态评估和动态评估相结合的方法。专家评估的结论既根据各校评估的自评材料,又结合实地考察的结果,独立自主进行评分,并向被评图书馆的校领导和图书馆各部门负责人交换评估意见,写好评估结论的建议稿。评估总结和整改阶段,在专家组完成实地评估后进行评估总结工作,同时,各被评图书馆进入整改阶段,最后召开总结会议。全市50家被评图书馆中,总分达A级的有6家,占12%;达A⁻级的有10家,占20%;达B级的有14家,占28%;达C级的有17家,占34%;还有3家为D级,占6%。

为巩固评估成果,开展了评估后续工作。针对各馆具体情况,要求切实采取措施进行整改。"高校图工委"组织力量开展了评后回访,积极支持和推进各图书馆的整改工作。"高校图工委"还根据评估的总体情况,加强了对全市高校图书馆事业发展的统筹和协调工作,把推进全市馆际资源共享、情报信息等检索联网工作,作为评估后的一大中心任务和建设目标来完成;加强了图书馆现代化管理的基础工作,积极开展人员培训,力促管理工作实现科学化、现代化、规范化,进一步提高执行《普通高等学校图书馆规程》的自觉性和实施效果。

第三节　中小学图书馆评估

为了促进上海市中小学图书馆的建设与发展,1993年,上海市教育局颁发了《关于下发〈关于开展上海市中小学图书馆检查评估工作的意见(暂行稿)通知〉》,附有上海市教育局图书馆工作委员会编制的《关于开展上海市中小学图书馆检查评估工作的意见(暂行稿)》,"市教委中小学图工委"根据"通知"要求,于1992年下半年至1993年上半年期间,组织开展了全市范围内中小学图书馆的首次检查与评估,邀请上海公共图书馆、高校图书馆的有关专家和区(县)图书馆教育教学研究员及中小学图书馆馆长代表,首次对全市中小学图书馆的馆舍建设、设施建设、图书资源建设、人员队伍建设、管理与服务等状况,进行了实地检查与评估。评估的重点在于促进图书馆馆舍、设施和图书等办馆条件的落实。评估工作前后历时5个月余。经过检查验收,全市公办的全日制普通中小学全部建立了规模不等的学校图书馆,实现中小学建馆数量达到100%,小学三年级及以上学生的借书证发放率达到100%,图书全开架数量达到100%,图书全部统一采用"中图法"分类编目。

2002年6月,市教委颁发了《上海市教育委员会关于开展中小学图书馆检查的通知》,"通知"的附件为"市教委中小学图工委"编制的《中小学图书馆检查的指标内容及指标》,并于当年由市教委中小学图工委具体实施,历时近8个月,完成了对全市1 270余所中小学图书馆的实地检查和评估。评估的重点,在图书馆馆舍、设施和图书等办馆条件基本达标的基础上,进一步促进现代信息技术的应用和管理服务水平的提升。结合检查与评估,促进并帮助学校图书馆工作的改进与提高,同时评选出54所示范图书馆,121所一级图书馆,926所二级(合格)图书馆。通过开展第二次图书馆检查评估工作,全市所有中小学图书馆均实行了计算机管理,图书馆以及电子阅览室逐步实现网络化,复印机、投影仪、扫描仪等配备量也在逐年增加。

第四节　中国科学院系统上海图书馆评估工作

一、中国科学院上海图书馆学术评议

1983年3月2—7日,中国科学院出版图书情报委员会对中国科学院上海图书馆进行学术评议。学术评议委员会由中科院出版图书情报委员会及中国科学院有关研究所著名科学家、中科院图书馆、部分研究所图书情报室主任24人组成。评议组成员深入到各业务室、组,详细了解业务工作开展情况。在调查研究基础上,评议组成员对图书馆的方向、任务、学术领导、业务工作、服务效果、馆舍设备、机构设置、干部队伍等问题,进行了认真评议。评议组充分肯定中科院上海图书馆为上海地区各研究所的科研工作服务,为我国的科学技术、经济建设和国防建设服务所作出的积极贡献;并认为中科院上海图书馆已发展成为以收藏生物科学文献为重点的科学院图书馆,初步形成了以生物学书刊为特色的藏书体系,为逐步形成中国科学院上海地区的图书情报中心和全院的生物科学文献中心打下了良好的基础,符合中科院的科研布局和发展方向。评议组还对开展情报服务工作提出了建议:要求做好长期和近期的发展规划,做好学科情报工作;改善人员结构,积极补充专业人员,积极培养现有青年干部。还针对从1980年开始进行计算机研究的筹备工作,提出了建议,指出计算机应用应考虑以情报检索为主,兼顾图书馆管理工作自动化;建立生物文献检索中心,组织编制功能生物科学文献数据库;并要为进一步落实近期应用项目,提供必要的配套设备。评议组还希望根据办馆的方向任务和业务工作的需要,根据全馆人员的情况,制定干部培养计划,采取定向培养;指出当前要十分注意从中级业务人员中选拔基础比较坚实、并有实际工作经验的员工加以有计划、有步骤地培养,逐步成为各种业务方面的带头人,并及时评定他们的职称;在机构改革时,应吸收和招聘生物学研究人员来馆工作;适当扩充编制,补充以图书馆学、情报学、计算机、生物学等专业为主的应届大学毕业生。还提出希望建立学术委员会,加强学术领导,进一步活跃学术空气,不断提高学术水平。

1986年3月26—27日，中国科学院出版图书情报委员会组织对中国科学院上海图书馆的学术评议结果进行复审。中科院出版图书情报委员会组织12位专家进行评议复查。评议复查小组全体成员和与会代表深入到各业务部、组，听取有关负责人的业务工作汇报，详细了解情况。在此基础上，评议复查小组根据1983年5月中科院发出的《关于院上海图书馆的学术评议会议纪要》，进行了认真的复查。评议复查小组认为，中科院上海图书馆3年来采取了一系列有效措施，巩固评议成果，改进存在的问题，面貌发生了可喜的变化，主要表现在调整了与业务更加适应的组织机构，建立了新的领导班子；文献工作得到了充实提高，对馆藏进行了调查分析，修订了采购原则，剔除了无用的书刊，使藏书更具有特色；加强了情报工作，情报工作方向任务明确了，组织机构健全了，人员得到了充实；开展了计算机情报检索和管理自动化工作，取得了一定的成效；在技术服务方面也做出了一些成绩；培养了一支文献情报工作队伍，使干部队伍结构逐步趋于合理，其素质也有所提高。

二、中国科学院文献情报系统评价工作

1998年，中国科学院实施"知识创新工程"试点工作，2002年3月，中国科学院下发《关于上海文献情报中心并入上海生命科学研究院的通知》，原中国科学院上海文献情报中心整体进入知识工程创新单元——上海生命科学研究院。为了配合中国科学院知识创新工程的进展，中国科学院院出版委，于2002年开始对院属各文献情报中心进行试验性的评价工作。在试验性的基础上，决定2004年实施院文献情报系统评价工作。2004年度的指标，除了设立试点单位知识创新年度任务的完成情况、科技信息支撑服务能力的评测标准以外，还专门要求，各单位选择国外专业相近的图书馆发展水平进行横向对标比较。重点建立学科信息及其知识化服务水平及能力、数字技术平台、信息资源推介、用户信息素质培养方面的测评指标。评价体系分设A、B、C3个一级指标、11个二级指标、28个三级指标。其中定性评价指标6个（精确到三级指标），定量评价指标22个（精确到三级指标）。整个评价总分110分，其中创新工作完成（40分）、科技信息支撑（60分）、发展水平比较（10分）。

2005年后，上海生命科学信息中心的管理和考核工作，改为每年与生命科学研究院签订创新任务书，任务书围绕年度工作目标、创新人才建设和创新资源发展等方面，确定工作重点，年终对照年度创新任务书，确定的各项任务完成情况，邀请院内外专家进行考核。考核结果，2005—2006年上海生命科学信息中心的工作，均得到上海生命科学研究院专家和领导的好评。

第三章 行业文明创建

第一节 创建文明图书馆

为了促进图书馆更新观念、深化改革、提高图书馆的服务质量,更好地为社会主义物质文明与精神文明建设服务,1988年4月4日,文化部图书馆事业管理局,向全国各省市文化主管部门发出《关于开展创建文明图书馆的通知》,并在1989年进行了全国性评比表彰。1988年6月23日,市文化局发出《关于开展创"文明图书馆"竞赛活动的通知》,提出了文明图书馆、文明服务集体和文明服务标兵的条件。全市各级公共图书馆全面展开了创建活动。1989年3月13—17日,上海市各级公共图书馆配合创建文明图书馆活动,在上海图书馆展览厅,举办了《上海市公共图书馆业务成果展览》,展示了市和区(县)公共图书馆所做的具有特色的业务工作成果。1989年9月,市文化局召开公共图书馆系统创建文明图书馆经验交流会,会上表彰创"文明图书馆"活动中涌现的先进单位与个人,静安区图书馆、卢湾区图书馆、嘉定县图书馆和川沙县少年儿童图书馆4个馆,被评为全国文明图书馆。

1990年,为了鼓励和肯定广大图书馆工作者献身社会主义精神文明建设的精神和工作成绩,文化部在天津召开全国公共图书馆为社会主义精神文明建设服务经验交流会,会上表扬了为社会主义精神文明建设做出成绩的165个图书馆。上海图书馆,上海市少年儿童图书馆、卢湾区图书馆、黄浦区图书馆和青浦县图书馆受到表彰。

根据文化部关于对全国县以上图书馆评估定级暨开展第二届文明图书馆评比活动的通知精神,上海市文化局从1993年1月至12月,对全市区(县)图书馆进行了评估定级,同时在全市公共图书馆开展了第二届文明图书馆评比活动,评出了上海市文明图书馆63所,其中市、区(县)图书馆14所,街道(乡镇)图书馆49所;上海市公共图书馆先进集体11个;上海市公共图书馆服务标兵42人。1994年,经文化部批准,上海图书馆、卢湾区图书馆、静安区图书馆、杨浦区图书馆、闸北区图书馆、虹口区曲阳图书馆、南汇县图书馆被评为全国文明图书馆。

第二节 创建文明单位

市和区(县)公共图书馆分别在各辖地参加由上海市精神文明建设委员会组织开展的创建文明单位活动。公共图书馆系统中,1987年崇明县图书馆被评为"上海市文明单位",属最早获评单位。至2010年,全市有17家图书馆评为"上海市文明单位",占市和区(县)公共图书馆总数的64.3%。

表9-3-1 1987—2010年获得上海市文明单位称号的公共图书馆情况表

获评年度	获评机构
1987—1988年度	崇明县图书馆
1989—1990年度	崇明县图书馆

（续表）

获评年度	获评机构
1991—1992 年度	崇明县图书馆
1993—1994 年度	崇明县图书馆、静安区图书馆
1995—1996 年度	上海少年儿童馆、崇明县图书馆、长宁区少年儿童馆、静安图书馆
1997—1998 年度	上海图书馆、上海少年儿童馆、崇明县图书馆、杨浦区图书馆、静安区图书馆、黄浦区图书馆、普陀区图书馆、长宁区少年儿童馆、南市区图书馆
1999—2000 年度	上海图书馆、上海少年儿童馆、崇明县图书馆、杨浦区图书馆、静安区图书馆、宝山区图书馆、黄浦区图书馆、普陀区图书馆、长宁区少年儿童馆、南市区图书馆、闸北区图书馆
2001—2002 年度	上海图书馆、上海少年儿童馆、崇明县图书馆、普陀区图书馆、杨浦区图书馆、宝山区图书馆、长宁区少年儿童馆、闸北区图书馆
2003—2004 年度	上海图书馆、上海少年儿童馆、崇明县图书馆、杨浦区图书馆、静安区图书馆、虹口区图书馆、宝山区图书馆、徐汇区图书馆、普陀区图书馆、闸北区图书馆
2005—2006 年度	上海图书馆、崇明县图书馆、普陀区少年儿童馆、杨浦区图书馆、静安区图书馆、虹口区图书馆、宝山区图书馆、黄浦区图书馆、徐汇区图书馆、普陀区图书馆、闸北区图书馆
2007—2008 年度	上海图书馆、上海少年儿童馆、崇明县图书馆、长宁区图书馆、杨浦区图书馆、静安区图书馆、青浦图书馆、曲阳图书馆、虹口区图书馆、宝山区图书馆、黄浦区图书馆、徐汇区图书馆、嘉定区图书馆、普陀区图书馆、闸北区图书馆
2009—2010 年度	上海图书馆、上海少年儿童馆、崇明县图书馆、静安区图书馆、闵行区图书馆、杨浦区图书馆、青浦区图书馆、曲阳图书馆、虹口区图书馆、宝山区图书馆、黄浦区图书馆、徐汇区图书馆、嘉定区图书馆、普陀区图书馆、闸北区图书馆、奉贤区图书馆、卢湾区图书馆

第三节　创建文明行业

　　为进一步提高上海市公共图书馆的服务水平，更好地发挥公共图书馆服务社会、服务城市建设的功能，从 1998 年起，全市公共图书馆行业开展规范服务达标活动。上海市精神文明建设办公室将公共图书馆列为全市开展规范服务达标活动的 6 个窗口行业之一。1998 年 7 月 20 日，市文化局发出《关于上海市公共图书馆开展规范服务达标活动的通知》，并颁布了"规范服务达标标准"，规定了规范服务的共同要求及各工作岗位的服务规范。参加首批达标活动的有上海图书馆、上海少年儿童图书馆、各区（县）图书馆以及评为"标定馆"的 142 所街道（乡镇）图书馆，共 177 所。上海市文化局成立了达标工作领导小组，9 月 15 日在上海图书馆多功能厅举行了规范服务达标动员大会，并签订了达标工作责任书。会后，对参加达标活动的馆长进行了培训。11 月 25 日，达标工作领导小组组织检查组，对部分参加规范达标活动的图书馆进行了检查，并于 12 月 3 日，在静安区图书馆召开了达标工作交流会。

　　1999 年 9 月 14 日，市文化局在上海图书馆隆重召开上海市公共图书馆行业规范服务达标活动表彰会。公共图书馆行业开展规范服务达标活动一年来，以"读者第一，服务至上"为宗旨，共投入2 000 余万元改善图书馆的设施；发放了征询读者意见表 4.96 万余张，先后提出了 900 余项服务措施，新增了 20 余项服务项目，开展各类读书辅导活动 3 166 次，方便了读者，促进了图书馆服务水平的提高。表彰会上，市文化局表彰了首批参加达标活动的公共图书馆，包括上海图书馆、上海少年儿童图书馆及区(县)图书馆和142所街道(乡镇)图书馆,占整个公共图书馆行业总数的64%。同时,对参加第二批规范服务达标活动的99家街道(乡镇)图书馆进行了思想动员。这样,参加上海市公共图书馆行业规范服务达标活动的单位增加到276家,占全市公共图书馆总数的90%以上。

为深化公共图书馆行业规范服务达标活动,2000年4月,市文广影视局在首批规范服务达标的177家市、区(县)和街道(乡镇)图书馆中开展争创"优质服务窗口、优质服务标兵"活动。各级公共图书馆以改进服务工作、深化服务特色、丰富服务手段、提高服务水平为着眼点,将"双优"评选融入各馆常规工作,扎实有效地落实创建目标。经由各区(县)文化(广)局、上海图书馆、上海少年儿童图书馆的初评,市文广影视局组织专家、领导终评,首批达标单位中共有50个服务窗口和50位服务人员,分别获得了"优质服务窗口""优质服务标兵"荣誉称号。2002年12月,市文广影视局召开了总结表彰大会,会上同时宣布了99家街道(乡镇)图书馆为第二批规范服务达标单位。通过这项活动,全市公共图书馆的形象、管理和服务都上了一个台阶。

在行业规范服务达标的基础上,2002年5月29日,市文广影视局召开全市"公共图书馆创建文明行业动员大会",各区(县)文化主管部门的领导和市、区(县)和街道(乡镇)图书馆馆长300余人与会。会议要求全市公共图书馆,要以创建文明行业为目标,深化规范服务达标活动,提高服务水平,提高图书馆的利用率,提高职工队伍的整体素养,满足公众需求。

为不断巩固规范服务达标工作所取得的成果,实现创建文明行业这个新的更高的目标,市文广影视局制定了《上海市公共图书馆行业开展争创"上海市规范服务达标先进行业"工作规划》,为创建市文明行业打好基础。要求创"先进行业"工作与公共图书馆的事业发展结合起来,同实施文化部评估定级考核工作结合起来,并形成了监督管理的长效工作机制。2007年和2008年,上海市图书馆行业协会根据市文明办部署,制定了《上海市公共图书馆行业服务标准》《上海市公共图书馆行业迎"世博"600天暨创文明行业行动计划》,由市文广影视局正式颁布实施。"行动计划"提出了"卓越知识服务,美好城市生活"的创文明行业的行动口号;要求全行业以窗口形象、环境设施、服务网络、服务功能、管理措施等"五个优化"为创建重点,为实现公共图书馆行业成为全市窗口行业规范服务达标先进行业、2010年成为上海市文明行业的目标而努力。2008年10月31日,召开了全市公共图书馆馆长会议,对全市公共图书馆迎"世博"600天暨创文明行业工作作出了部署。会后,全行业掀起了深化规范服务,提高服务水平,创文明行业的新高潮。在"迎世博指挥部"的8次测

图9-3-1 上海市图书馆行业首次荣获"2009—2010年度上海市文明行业"称号

评中,公共图书馆行业的公众满意度始终位于文化娱乐业的首位,在全市41个服务窗口的排名中位于15名。2009年,上海市公共图书馆行业被上海市精神文明建设委员会评为"上海市规范服务达标先进行业"。后经上海市精神文明建设委员会审核,上海市图书馆行业被命名为"2009—2010年度上海市文明行业"。

第十篇

人　物

人物篇收录这一时期在上海市图书情报领域工作过的 303 位专家,是上海市图书馆专家队伍中的精粹。根据介绍详略,本篇分为传略、简介、人物表三章。《传略》介绍五位 2010 年前去世的老一辈图书馆学家,他们在民国时期即投身图书馆事业,是上海乃至全国图书馆界德高望重的知名专家。《简介》收录曾担任国际图书馆协会与机构联合会委员、中国图书馆学会常委,上海市图书馆学会理事长、副理事长和中国索引学会理事长、副理事长且从事图书馆专业研究与工作的专家学术简历,共 38 位。《人物表》汇集了 2010 年前在全市各级各类图书馆工作过的研究馆员或其他系列正高级职称的高级专业人员,共 260 位。

人物传略、人物简介和人物表均以生年为序。

第一章 人物传略

黄维廉（1898.1—1993.2）

上海市人，1915年9月入圣约翰大学文学院学习，1919年6月获文学学士学位。1919年9月，到上海圣约翰大学附属高中任英文教员。1920年7月，到圣约翰大学（上海）图书馆工作，任图书馆代理主任。1927年9月，到南京国立中央大学图书馆工作任西文编目主任。1928年9月，回圣约翰大学（上海）工作任图书馆代主任。1930年9月，任图书馆主任一职。1934年9月，进美国哥伦比亚大学图书馆学研究院进修。1936年6月，获图书馆学硕士学位；回国后仍在圣约翰大学（上海）工作任图书馆主任。1938年2月至1942年2月，兼任华东基督大学联合图书馆馆长。1948年被派出国一年考察全美各大学图书馆。1952年11月，任华东化工学院图书馆主任，1953年3月任副馆长，1957年5月至1966年，任图书馆馆长。

主要学术著作包括：《圣约翰大学图书馆组织概况及沿革史 1894—1923》《中文书籍编目法》《圣约翰大学图书馆概况》《中国大学图书馆人事问题研究（英文）》《上海市医学图书馆联合期刊目录（中英文合刊）》。黄维廉特别重视收集化学化工方面的国外期刊，丰富了学校图书馆的馆藏。他学识渊博，勤奋求实，为图书馆制订了一整套规章制度，编写《馆藏目录》《文献述要》《图书馆工作基本知识讲义》等，并举办业务讲座传授知识，为图书馆培养了一批骨干，对学校图书馆的建设和发展作出了重大贡献。

李芳馥（1902.8—1997.9）

字馨吾，湖北黄陂人。我国著名图书馆学专家，一生从事图书馆事业，历任北平图书馆采访组长、沪江书院图书馆主任、北平图书馆驻上海办事处主任、上海图书馆馆长、上海图书馆名誉馆长。

1923年，李芳馥入武昌文华大学图书科学习，1927年毕业。当年9月，进京师图书馆（1929年改名国立北平图书馆，为今国家图书馆前身）。李芳馥初为秘书，1929年升任文书组长，1932年改迁采访组长。1934年，他获美国洛氏基金会的图书馆研究资金，赴美国纽约哥伦比亚大学图书馆学院学习，1935年获得硕士学位。1935年入芝加哥大学图书馆学研究院深造，修完博士课程。1936年，赴美国国会图书馆实习。1938年至1940年，转任美国哥伦比亚大学图书馆助理研究员，主持该馆中文图书编目工作。

1941年，李芳馥放弃在美的安逸生活回到上海，在位于上海法租界的北平图书馆上海办事处任编辑。1942年9月起，任上海沪江书院图书馆主任。1945年日本投降后，北平图书馆上海办事处恢复办公，复回该处，任主任。1946年，兼任苏州国立社会教育学院图书馆系教授。在北平图书馆驻上海办事处工作期间，李芳馥与同仁一起，不顾安危，为确保该处收藏的珍贵文献在战乱动荡年代的安全作出了贡献。

1950年7月，上海市文物管理委员会设立图书整理和文物整理两处，李芳馥任图书整理处主任,负责整理接收的和捐赠的图书,在不到一年的时间里,收集图书20万余册。1951年初,文管会成立图书馆筹备委员会,聘请徐森玉、顾颉刚、李芳馥等6人为委员,李芳馥为召集人,开始在图书整理处的基础上筹建上海图书馆。1952年7月22日,上海图书馆正式对外开放,李芳馥任馆长。一年后,车载任馆长,李芳馥改任副馆长。1980年,兼任华东师大图书馆学系教授。1989年10月,被任命为上海图书馆名誉馆长。

李芳馥为中国现代图书馆界较早进行中西图书馆比较研究的学者之一。在美求学期间,他选修图书馆行政管理专业,悉心研究美国图书馆事业的发展和管理经验,同时结合探讨中国图书馆事业和图书馆业务工作的提高发展,于1935年和1940年先后撰写《中国公共图书馆网的建立与经费》《美国图书馆中文图书分编研究》(英文)等文。回国后,主编了国立北平图书馆英文本《图书季刊》,向世界宣传中国的文献出版收藏和图书馆情况。他积累保存有美国一些知名图书馆资料,晚年曾整理出《巴尔的摩公共图书馆工作手册》等英文资料,并捐赠给了上海图书馆。

李芳馥精通图书馆各项业务,对图书分类法研究尤深。上海图书馆建馆时,对于国内流行的多部图书分类法,他比较研究,合理选择,并参考北京图书馆使用情况,保证了上海图书馆分类与编目工作的顺利进行。他一直很重视上海图书馆外文文献收集整理工作,建馆伊始便组织开展国外书刊订购工作,后随原西方文化和宗教机构在沪建立的图书馆相继并入,上海图书馆又接受了大量旧外文文献,涉及英、法、德、俄、日、拉丁等多个语种。为使这些文献与馆藏融为一体,更好地为公众服务,李芳馥又领导全馆,集中力量,持续整理数年,终于使上海图书馆旧外文形成特色馆藏。

顾廷龙(1904.11—1998.8)

字起潜,号匋誃,又号隶古定居主人、小晚成堂主人,笔名路康,江苏苏州人。我国著名的图书馆事业家、版本目录学家、书法家。上海市人民代表大会第三、四、五届代表,上海市政治协商会议第五、六届常务委员会委员。

顾廷龙出生苏州书香门第,幼承家学,4岁入家塾,养成对传统文化的浓厚兴趣。10岁进小学,15岁考入江苏省立第二中学。1924年,就读上海南洋大学机械系。次年,转学上海国民大学商科经济系,一年后再转该校国文系。1927年7月退学,在担任家教同时,师从叔祖父王同愈学习目录学,奠定学术研究志向。1929年春重入大学,以特异成绩插读上海持志大学国学系。1931年6月毕业,获文学学士。同年7月,考入北平燕京大学研究院国文系,并申请到美国哈佛燕京学社奖学金。1932年6月毕业,获文学硕士学位。同年7月,进北平燕京大学图书馆,任中文采访部主任,兼美国哈佛大学哈佛燕京图书馆驻北平采访处主任,负责中文古籍采购工作,开始近70年的图书馆职业生涯。期间,他潜心钻研,撰写学术论著50余篇,编纂《章氏四当斋藏书目》,广获赞誉,确立版本目录学的学术地位。

抗战爆发后,顾廷龙不忍见中华古籍文献流散,不顾燕大图书馆挽留,应叶景葵、张元济之邀,于1939年7月辞职赴沪参与创办合众图书馆,任总干事,负责具体筹办事务,并一直主持日常馆务。1949年5月,又被增选为董事。在他精心经营下,该馆在动荡年代稳步发展,馆藏逐渐达25万余册,古籍整理研究成果丰硕,汇辑出版合众图书馆丛书,使孤本不孤,成为国内最负盛名的私立国学图书馆。期间撰文130余篇,学术研究能力和水平得到公认。1946年7月,被同济大学聘为文理学院中国文学系兼任讲师。1947年9月,受聘暨南大学文学院历史系兼任教授,担任史部目录学和金石学的教学。1948年7月,受聘光华大学文学院中国文学系兼任教授,讲授文字学。

上海新中国成立后,顾廷龙于 1949 年 12 月被上海市文物管理委员会聘为顾问。1951 年 3 月,又被聘为图书馆筹备委员会委员,参与筹建上海图书馆。1953 年,合众图书馆董事会决定将该馆捐献给上海市人民政府。1955 年 2 月,改名上海市历史文献图书馆。1956 年 8 月 22 日,被任命为馆长。1958 年 10 月,上海历史文献图书馆并入上海图书馆,顾廷龙任上海图书馆副馆长,主管历史文献图书馆。1962 年 11 月 12 日,被市政府任命为上海图书馆馆长。"文化大革命"中受冲击,1977 年 10 月复任上海图书馆革委会负责人。1979 年 7 月,中国图书馆学会成立,当选为副理事长,并连任两届。1980 年,被华东师大聘为图书情报学系兼任教授。1982 年 2 月,加入中国共产党。同年,任国务院古籍整理出版规划小组顾问。1984 年,被复旦大学聘中文系兼任教授。1985 年 5 月,改任上海图书馆名誉馆长。1986 年,任国家文物鉴定委员会委员。1992 年 10 月起,获国务院特殊津贴。

在主持馆务管理期间,顾廷龙始终坚持参与古籍收集整理编目一线。他长期致力于古籍稿校本、革命文献、名人档案等珍贵的收集,从造纸厂废纸堆抢救出数以万计的家谱文献,为上海图书馆历史文献特色馆藏能独树一帜、蜚声国内外做出了巨大贡献。他主持编纂的几部大型书目在中国目录学史上占有重要地位。为向国庆十周年献礼,顾廷龙倡议编纂《中国丛书综录》,并任主编。他全力以赴,夜以继日校对目录,终使第一册得以在 1959 年 9 月底出版。该书三册 950 余万字,篇帙浩大,搜罗宏富,基本囊括中国历代古代丛书;体例推陈出新,检索便利,为中国目录学创新之作。1978 年,国家文物事业管理局、文化部启动《中国古籍善本书目》编纂工作,任命顾廷龙为主编。他以古稀之年,奔走全国多地图书馆,举办编纂人员培训班,指导古籍普查和编目,鉴定各馆的珍藏古籍。1994 年 7 月,顾廷龙又以 91 岁高龄承担起《续修四库全书》主编的重任。

顾廷龙为书法大家,崇尚书法实用,将书法艺术与古籍整理研究结合,抄书题签、题写书名超过 300 种。他篆隶真草四体皆长,尤精篆书,作品追求清癯而带丰润、凝重不失活泼、沉着而不失自如的艺术境界,艺术造诣很高,在书法界享有盛誉。曾任中国书法家协会名誉理事,并先后于 1963 年 11 月、1979 年 5 月两次参加书法家代表团访问日本。

陈 誉(1920.7—2003.6)

字颂声,江苏江都人。中国图书馆学教育家。1939 年考入清华大学,1943 年毕业于西南联大社会学系,获法学学士学位。1950 年毕业于美国哥伦比亚大学社会工作研究生院,获理学硕士学位。回国后先在沪江大学社会学系任教。1952 年从事图书资料工作,历任华东师范大学政治教育系资料室主任,校图书馆副馆长、馆长。1979 年主持创建华东师范大学图书馆学系并任系主任、教授、硕士研究生导师,成为国内最早招收社会科学情报方向硕士研究生的导师。1988 年起任该系名誉主任。曾任中国图书馆学会第一、二届理事,第三届常务理事。

陈誉对图书馆学的研究可以追溯至 20 世纪 50 年代初期从事哲学、社会科学资料工作时期,但是集中和潜心的研究是在国家进入改革开放后的 20 年中,在社会科学情报、外文参考、图书馆学情报学教育等领域有深度研究。他在图书馆学理论的研究上有四个重要的贡献,其一,对图书馆功能的研究促进了图书馆学基础理论的研究;其二,对"大读者工作"的研究扩展了读者服务研究的领域;其三,对资源共建、资源共享的研究丰富了藏书建设的理论体系;其四,对未来图书馆员作用和要求的研究开拓了信息时代图书馆研究的新天地。

他对图书馆资源共建共享的研究为有效的馆际合作提供了新的模式。早在 20 世纪 60 年代,他参加了全国第二中心图书馆的活动,积极参与上海地区的藏书建设和馆际协调、协作工作。他非常注意图书馆的藏书建设,认为图书馆的馆藏(包括图书和其他资源)是图书馆三大基本要素中的第一要素。他说:"没有藏书就没有图书馆的物质基础","藏书应是图书馆学基础理论研究的重要内容。"1986年,他发表《资源共享与城市发展——关于建立上海市图书情报网络的初步设想》一文,对上海地区的资源共享提出建议。1992年5月,他在西安主持召开"藏书建设与资源共享国际研讨会",并向大会提交了他进一步的研究成果"资源共建与资源共享"一文,此文的理论贡献反映在两个方面:一是他较早地将资源共享与资源共建结合起来加以考察,揭示它们之间的因果关系,提出了资源共建与资源共享并存的命题;二是创造性地提出了实现图书馆资源共享的"两结合一保证"方案。后在上海图书馆界的共同努力下,上海地区正式成立了三大系统图书馆资源共建共享协作网,使图书馆的工作超越了单一馆的界限,形成一种群体的力量。

他著有《社会科学情报工作导论》(1991年),主持编译《美国及世界其他地区图书馆事业》(1983年),发表了《图书馆学教育在探索中前进》《试论我国社科情报教育的基本模式》《试论高校图书馆在教学和科研服务中的地位和作用》《关于高校图书馆改革的几点意见》《谈谈图书馆的深化改革》《面向新世纪的图书馆员和图书馆学教育》《中国图书馆学教育20年回顾》《建国五十年的中国图书馆学教育》等几十篇论文。

潘景郑(1907.8—2003.11)

原名承弼,字良甫,号寄沤,江苏吴县人。我国近现代著名版本目录学家、金石学家、藏书家。

潘景郑雅嗜图书,一生与书为伴。他幼承家业,与兄潘承厚继承祖父"竹山堂"藏书四万卷后,改"竹山堂"为"宝山楼",陆续回收家族失散的藏书,并关注江南诸藏书家收藏情况,一旦发现珍本流出,便全力收集,藏书不断增加。1922—1936年,十五年中积书30万卷,石墨2万通,将潘氏藏书推至巅峰。抗战爆发后,江南古籍文献备受蹂躏,他以抢救传统文化为己任,此时家业大不如前,无复购书余力,但仍节衣缩食,访旧搜遗,特别注重乡邦文献和一般学人稿本,认为乃前贤精力所萃,尽可能予以保存。

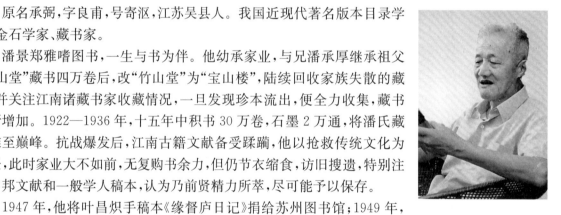

1947年,他将叶昌炽手稿本《缘督庐日记》捐给苏州图书馆;1949年,他将宝山楼中属于自己的藏品大多捐献上海历史文献图书馆(前身为上海私立合众图书馆),除古籍及近代文献一千三百余种外,更有大宗金石拓片。1950年,又将不少宋元刻本捐献北京图书馆。潘景郑是资深的图书馆专家。1940年8月,受张元济、叶景葵等邀请,进入合众图书馆工作,开始长达六十余年的图书馆事业。随该馆变迁,先后任职上海市历史文献图书馆和上海图书馆,时间长达四十八年之久,是上海图书馆首批研究馆员。他主要从事古籍编目整理,曾先后独立或合作编撰有《明代版本图录初编》《海盐张氏涉园藏书目录》《番禺叶氏遐庵藏书目录》《胡朴安藏书目录》《李宣龚藏书目录》等各家各类专目十四种,《上海历史文献图书馆藏书目录》一至五编,此外还撰写馆藏书志初稿十二册、《上海历史文献图书馆石刻分类目录》、《上海图书馆古籍善本书目》等,为上海地区珍贵古籍的收藏整理工作做出重要贡献。1979年,他与周叔弢、赵万里一道被《中国古籍善本书目》编辑委员会聘为顾问,且是三位顾问中任职最久的一位。20世纪80年代,他接受华东师范大学聘请,兼任该校图书馆学系教授,培养了数届中国古典文献学硕士研究生。

潘景郑善书法,为"上海中国书法篆刻研究会"首批会员。

第二章　人物简介

洪漪澜（1913.3—　）

女，1913年3月出生，江苏人。1951年12月—1953年6月于中国科学院物理化学研究所任文书。1953年7月—1965年9月，在中国科学院华东分院图书馆各组相继担任馆员、副组长、组长。1965年10月—1966年6月，参加宝山县澎浦公社四清，担任副组长。"文化大革命"之后，于1972—1978年期间相继担任上海科技图书馆采编组、业务组组长。1978年6月—1984年1月任中科院上海图书馆副馆长。在1979年9月中旬上海市图书馆学会成立大会上，当选为上海市图书馆学会常务理事、副会长。1986年退休。

朱庆祚（1927.12—　）

男，1927年12月出生，上海市人，研究员。1952年毕业于上海圣约翰大学政治系外交专业，毕业后到华东政法学院从事教学工作，先后任助教、讲师、教研组副组长、组长等职。1958年起先后任上海社会科学院哲学研究所哲学史研究室主任、西方哲学研究室主任。1979年起任上海社会科学院科研组织处处长、报刊图书出版中心主任，担任西方哲学硕士研究生导师。1984年任上海社会科学院副秘书长。1989年起任上海图书馆党委书记、馆长。他历任上海市图书馆学会第三、四届常务副理事长，第六、七届高级专家咨询委员会主任，中国图书馆学会副理事长，上海哲学学会副会长，全国西方哲学史研究会理事，全国现代西方哲学研究会理事。专长现代西方哲学史研究，主要学术著作有《现代西方哲学概论》《要摆正领袖与群众的关系》《评西方马克思主义的一个新发现》等多部，发表学术论文数十篇。

王明根（1928.10—　）

男，1928年10月出生，上海市人，副研究馆员。1955年复旦大学历史学系毕业，留校任校辅导科行政干部。1956年调回历史系任助教兼任系资料室管理工作，后任资料室副主任、主任。1980年任《民国丛书》编辑委员会编委、编辑小组组长。1987年调复旦大学图书馆任副馆长。1990年12月主编的《辛亥以来人物传记资料索引》获中国图书情报学会优秀成果三等奖。1991年中国索引学会成立后任第一届副理事长。编著、合著有《文史工具书的源流和使用》《民国丛书》（1—5编）等著作。

张琪玉（1930.6—　）

男，1930年6月出生，上海市人，教授。1954年北京大学图书馆学系毕业，而后供职于文化部社会文化事业管理局图书馆管理处、新疆维吾尔自治区图书馆、吉林市图书馆。1976年起历任武汉大学图书馆学系讲师、副教授、教授，图书情报现代技术教研室主任、图书馆学情报学研究所所长、《图书情报知识》主编等。1987年4月调至空军政治学院图书档案系，任系主任、教授。历任中国图书馆学会理事、上海市图书馆学会副理事长、中国索引学会副理事长、全国文献工作标准化技术委员会委员以及第七届、第八届上海市政协委员等。此外，曾任国际知识组织学会会员。1985年获国家科学技术进步奖一等奖；1991年获国务院政府特殊津贴。主要学术著作包括：《情报检索语言》《情报语言学基础》等二十部，《情报检索语言》被认为是情报语言学学科建设的奠基之作。发表论文、译文约四百篇。

葛永庆(1931.5—)

男，1931年5月出生，浙江慈溪人，副编审。1951年，毕业于上海民治新闻专科学校报业系，而后在上海人民出版社、上海出版学校、上海图书公司、中国大百科全书出版社上海分社从事编辑出版工作40余年。1991年，创建我国唯一的索引专业学术团体——中国索引学会，历任学会第一副理事长兼秘书长、常务副理事长兼编译出版委员会主任、国际代表、《索引研究论丛》主编、《中国索引》杂志执行主编等，主持学会工作10余年。先后发表论文70余篇，并多次获奖。1987年，因出版工作表现突出，荣获中华人民共和国新闻出版署颁发的荣誉证书。

陈其钦(1932.5—)

男，1932年5月出生，福建上杭人，副研究员。1955年8月，华东政法学院毕业，先后在华东政法学院、上海社会科学院党委办公室、院办公室任秘书。"文化大革命"中上海社科院撤销后，在"五七"干校和工厂劳动。1978年任上海市机配司党委办公室和政治部办公室负责人。1979年10月，返回上海社科院，历任院科研处副处长、上海市社会科学规划小组办公室副主任、上海市社会科学系列职称改革办公室主任、上海社科院图书馆馆长、《内部资料索引》杂志主编。兼任上海市图书馆学会常务理事、中国社会科学情报学会理事、中国索引学会副理事长。长期从事管理科学和法学、上海社科院院史研究，著有《全国社会科学内部刊物总览》（第一卷）、《在风雨中成长》等书，撰写《坎坷征途雷经天》《李培南：上海社科院的奠基者》《给胡乔木同志的一封信》等论文近五十篇。

聂佩华(1933.12—)

女，1933年12月出生，上海市人，副研究馆员。1963年9月毕业于北京大学图书馆学系函授专修科，1952年起先后任职于上海博物馆陈列部、上海市文化局社文处人事处、上海市人民图书馆辅导部、典藏部。1959年1月至1973年4月先后任职于上海图书馆读者部、辅导部，任业务研究室副主任。1984年5月至1985年5月任上海图书馆阅览部主任。1985年5月至1989年9月任上海图书馆副馆长。历任第二届上海市图书馆学会副会长、秘书长，第三届中国图书馆学会理事。主要研究领域包括：图书资料管理；上海市区、县图书馆业务辅导及读者服务。曾参与上海市区、县图书馆发展情况调研等课题，组织《中国近代现代丛书目录》子目的整理编目

工作,以及家谱、碑帖和上海地方文献资料整理研究等。

钱志深(1934.5—)

男,1934年5月出生,浙江舟山人,研究员,硕士生导师。1956年毕业于上海交通大学造船系船舶制造专业,留校任助教,1958年调上海科学技术情报研究所参加早期的筹建工作,担任该所各有关部门的副主任、主任,于1983—1994年任该所所长,享受国务院政府特殊津贴。历任中国科学技术情报学会第四届副理事长、上海市科学技术情报学会理事长。长期从事科技情报工作,有丰富的科技情报研究和科技情报工作管理经验,主编专著《产业政策与各国经济》,发表论文《从日本和南朝鲜的发展看知识密集型工业的特点及其必须具备的基础》《国外科技情报工作理论、方法、设备的研究动向和对上海开展此项工作的意见》和《科技情报研究工作的内容及其基本做法》等10余篇。

陈兆能(1936.10—)

男,1936年10月出生,浙江桐乡人,教授,博士生导师。1959年毕业于上海交通大学机械系,1963年获得西安交通大学机械系硕士学位,1981—1983年曾在美国俄克拉何马州立大学进修,历任上海交通大学图书馆馆长、情报研究所所长,机械工程研究所所长,机械设备故障诊断中心主任,享受国家级特殊津贴。历任第六届上海市图书馆学会副理事长,中国机械工程学会液压专业委员会理事,机械设计学会理事,上海市机械工程学会副理事长,上海现代设计方法与理论学会理事长等。出版有《试验分析与设计》《液压设备状态监测与诊断》和《图书馆常用英语900句》等多部专著,发表论文数百篇。

秦曾复(1937.12—)

男,1937年12月出生,上海市人,教授,享受国务院特殊津贴。1960年复旦大学数学系毕业,留校任教。1990年后,历任复旦大学发展与研究委员会副主任,教育部高等学校数学与力学教学指导委员会成员。1992年10月至2007年5月,任复旦大学图书馆馆长。1999年6月,被聘为教育部高等学校图书情报工作指导委员会副主任委员,2003年1月当选为上海市图书馆学会第六届理事会副理事长。主持复旦大学图书馆"九五"期间"211工程"项目"图书文献保障系统"、"十五"期间"211工程"项目"数字图书馆建设"。2010年11月,参与的"百万册数字图书馆的多媒体技术和智能服务系统"项目获得国家科学技术进步奖二等奖。代表作有《数学分析》《数学分析基础课程教学》《简明数学全书Ⅱ(高等数学的现代教学)》(校译)等,发表有《关于大学图书馆建设的几个问题》《现代图书馆的特征》等多篇论文。

马远良(1938.4—)

男,1938年4月出生,浙江鄞县人,研究员。1959年毕业于华东师范大学物理系,同年进上海科学技术情报研究所工作。曾任该所情报研究室副主任、副所长,1994年4月任所长。1995年10月上海科学技术情报研究所与上海图书馆合并,任馆(所)长、科技情报研究专业硕士导师。上海市第九届、第十届和第十一届人大代表,享受国务院津贴专家。历任中国图书馆学会第五届、六届理事会副理事长，中国科技情报学会第五届、六届副理事长，上海科技情报学会第四届、五届理事长。长期从事高新技术与综合战略情报研究和图书情报业务行政管理工作，从上海市第二个五年规划开始，参与上海市科学技术发展五年规划的制定工作。主要学术著作有《国外电子技术现状及2000年展望》《今后十五年上海领航的新兴工业及其发展》《论上海发展新兴产业的战略思想》等，编著《参考咨询工作》（图书馆学）教材。

王西靖（1938.10—　）

男，1938年10月出生，江苏常州人，教授。1959年毕业于华东师范大学数学系后留校任教。1978年，参与筹建华东师大计算机科学系，后任计算机系副主任。1992年，调任图书馆馆长，并任上海市高校图书情报委员会副主任。1997—2003年任中国索引学会副理事长。专长计算机教学、研究，先后完成国家教委、电子工业部及上海市科委的多项重点科研项目，并荣获委、部、市科技成果奖。科研成果有"软件评测标准""PASCAC语言结构（句法指导）"等，其中"实时磁盘操作系统（RDOS）"获1977年上海市重大科技成果奖。主编《BASIC程序设计》《PASCAL语言程序设计》《多媒体应用指南》等著作；合著有《操作系统设计、结构、使用》《小型计算机原理》等著作。

王永成（1939.10—　）

男，1939年10月出生，江苏扬州人。上海交通大学计算机系教授，享受国务院特殊津贴。1957—1984年期间学习与任教于南京大学。曾任《中国索引》《南京大学学报》《上海交通大学学报》《情报学报》《东方语言信息处理》（新加坡）等国内外学术杂志编委，《中国索引》学会副理事长。自1959年以来，在国内外发表400余篇（本）学术论著，领导研发过数十个应用软件，获得过十余个国家或省部级大奖以及国务院特殊津贴。领导研发的"国家法规库""中国法律法规系统""纳讯新闻摘要"与"纳讯检索（中文自然语言概念检索）"等智能软件系统，以及"智能检索""中英文自动摘要"与"机器翻译"等智能软件。

胡启迪（1939.12—　）

男，1939年12月出生，安徽黟县人，教授。1961年毕业于华东师范大学数学系，先后任华东师范大学数学系控制论教研室主任、数学系主任。1988年1月至1989年8月赴美访问学者，1992年先后任上海市高等教育局副局长、上海市教育考试院院长兼党委书记、上海市高等学校招生毕业生就业指导委员会副主任、上海市高等教育自学考试委员会执行副主任、市政协科教文体卫委员会副主任，兼任上海市图书馆学会第四届理事会副会长。主要从事教学和科研工作，擅长数学，主要研究领域为系统与控制理论及其应用，特别在社会系统（人口、教育等）的控制理论与应用上有较深入的研究。

龚义台（1941.8—　）

男，1941年8月出生，湖北武汉人，研究员。1968年毕业于中国人民解放军技术工程学院英语系，1986年获得英国伦敦城市大学情报系硕士学位。1976年任中国科学院上海图书情报室主任；1982年任中国科学院上海图书馆馆长助理，1984年任副馆长；1987—1996年任中国科学院上海文献情报中心主任及学术委员会主任。历任第二届上海市图书馆学会副会长(兼任教育工作委员会主任),中国图书馆学会理事,第四届、第五届上海市社联委员,第二届中国科学院科技情报研究会副会长。曾被华东师范大学图书馆学情报学系、中国科技大学信息管理系和南京大学信息管理系聘为访问教授。长期从事文献情报管理和研究工作,对文献分布、引文分析等均有较深入的研究;组织领导建设《中国生物学文摘》和"中国生物学数据库"。出版有《文献计量学》《中国图书馆情报服务》等专著,并在国内外学术杂志上发表论文40余篇。

吴惠族(1944.6—　)

男,1944年6月出生,江苏南通人,教授。1966年新疆石河子农学院农机系毕业,1982年新疆石河子农学院工程图学专业研究生毕业,1982年起在该院任教。1989—1990年以高级访问学者身份赴美国DEC研究所进修。1996年调入上海图书馆上海科学技术情报研究所工作,后任上海图书馆上海科学技术情报研究所系统网络中心副主任、信息处理中心副主任、《全国报刊索引编辑部》主任(兼)及信息处理中心业务主管等。历任国际图联(IFLA)"报纸分委员会"常委(2003—2004),上海计算机学会理事、网络专业委员会副主任等职。参与组织完成上海公共文化信息网(东方网前身)的建设,参与上海图书馆新馆计算机系统项目工作,组织实施上海图书馆家谱等数字化项目工作。主要译作有:《文明的进程:世博会的发展与思考》等,多次参与上海市委宣传部文化产业研究课题,发表《社会信息化与信息管理法制化》等论文数篇。

葛剑雄(1945.12—　)

男,1945年12月出生,浙江绍兴人,教授。1978年入学复旦大学历史系,获历史学硕士学位,1983年在职获博士学位。1981年留校工作,1985年任副教授,1991年任教授,1993年任博士生导师,1996—2007年任中国历史地理研究所所长,1999—2007年兼任教育部重点研究基地历史地理研究中心主任,2007年3月起任复旦大学图书馆馆长;历任上海市图书馆学会第七届理事会副理事长、第三届教育部高等学校图书情报工作指导委员会副主任委员、第二届教育部社会科学委员会成员等。学术研究领域包括:历史地理、中国史、人口史、移民史等方面,著有《中国人口史》《中国移民史》《西汉人口地理》《中国人口发展史》《中国历代疆域的变迁》《往事与近事》《未来生存空间·自然空间》《行路集》《碎石集》《千秋兴亡》等著作及论文百余篇;作品曾获得中宣部"五个一工程"作品奖、"郭沫若史学奖"等。

张伟江(1946.6—　)

男,1946年6月出生,浙江宁波人,教授。1967年7月毕业于南京大学数学系;1982年1月毕业于上海交通大学应用数学系,获硕士学位;1988年6月毕业于美国Northeastern大学,获博士学位。1990年以来,曾参与国家自然科学基金重大项目,负责自动控制理论和应用,

以及非线性动态系统研究等国家自然科学基金面上项目。1992年起先后任上海交通大学数学系党总支书记、系主任、上海交通大学副校长兼研究生院院长、上海市教育委员会副主任、主任等职务。历任第五届上海市图书馆学会副理事长，连续担任上海市第十一届、第十二届人民代表大会代表。研究领域主要有：奇异摄动系统的理论和应用、奇异摄动控制系统分析、奇异摄动方程的数值分析、生物中枢模式发生器与信号传输分析等；研究成果主要有"多重交联振荡器链动态分析""中国控制系统计算机辅助设计工程化系统中奇异摄动控制系统分析"等。

黄秀文（1947.2—　　）

女，1947年2月出生，上海市人，研究馆员。1982年1月华东师范大学哲学系毕业后留校进图书馆工作；1984年8月任华东师范大学图书馆直属党支部书记，1988年转任图书馆副馆长；1999年1月至2008年11月任华东师范大学图书馆馆长。历任中国索引学会第二、三、四届副理事长（1997—2013年），教育部高等学校图书情报工作指导委员会委员，上海市图书馆学会常务理事，上海市图书情报工作指导委员会副主任等职。著、主编、参撰《中国年谱大辞典》《地方志人物传记资料丛刊·华北卷人名索引》《智者阅读：中外名报名刊名家推荐书目》等著作二十余种。合作主持编制中华人民共和国国家标准GB/T22466—2008《索引编制规则（总则）》（2009年4月1日实施）。发表《试论激励手段与图书馆管理》《论图书馆界青年人才的培养》《〈申报索引〉编纂方法研究》等论文六十余篇。

缪其浩（1947.7—　　）

男，1947年7月出生，江苏无锡人，研究员。1982年毕业于复旦大学电子物理专业，1985年获科技情报理学硕士。1989—1990年留学苏塞克斯大学科技政策研究所。1994年任上海图书馆上海科学技术情报研究所副馆（所）长，享受国务院特殊津贴。历任中国科学技术情报学会副理事长、上海市科技情报学会理事长、上海市人民政府信息化专家委员会委员、上海市咨询行业协会副会长、上海市信息化研究协会副理事长，和国际图联"信息自由存取和言论自由委员会"委员，国际图联管理与营销专业委员会常务理事。曾任《图书馆杂志》主编和国内一些图书情报刊物编委，担任过两种国际期刊《信息发展（Information Development）》和《竞争情报与管理杂志（Journal of Competitive Intelligence and Management）》的唯一中国编委，在国内外期刊上发表论文100多篇。主编的《市场竞争和竞争情报》一书在国内具有较大影响。

沈如松（1947.11—　　）

男，1947年11月出生，上海市人，教授。1970年入复旦大学中文系学习，1974年毕业留系任教。1978年至1980年援藏，任教于西藏师范学院，编写《中国现代文学作品赏析》教材，开设"中国现代文学史"等课程。1982年至1983年参加中共上海市委党校培训，1983年至1985年调上海市教委办工作。1985年回复旦大学中文系，1990年调任复旦大学图书馆副馆长。1993年至1994年赴美国加州大学洛杉矶分校做访问学者。2000年调任

复旦大学档案馆馆长。曾历任中国索引学会常务理事、副理事长、秘书长,教育部高等学校图书情报工作指导委员会委员,上海市文献信息中心办公室副主任,复旦大学文科文献信息中心主任,上海市高校档案学会理事长等职。参编有《名人手札选》、《中国现代作品选》(1—4册,复旦大学出版社)、《中国现代文学辞典》等著作。

葛家翔(1947.11—)

男,1947年11月出生,上海市人,教授。1970年毕业于复旦大学数学系,1981年北京钢铁研究总院计算机应用专业研究生毕业,长期从事计算机软件的科研与教学工作。曾任国防科技大学计算机研究所副教授,为获国家特等成果奖的"银河亿次计算机系统"的主要研制人员。美国Minneasota大学和AIS公司访问学者,复旦大学计算机软件教授,复旦大学图书馆副馆长、文献信息中心主任;中国人工智能学会理事;第三届中国索引学会(2003—2008)常务副理事长。负责或参与20多项国家863计划和部委级科研项目,其中"中西文数据库及办公自动化系统"获1987年国防科工委科技进步三等奖;"知识库管理系统GKBMS"获1990年国防科工委科技进步二等奖;"基于面向对象特征的C/S知识库系统及其应用"获1997年上海市科技进步二等奖;"智能化开放式大型图书馆管理系统"获1999年上海市科技进步二等奖;"可视化通用虚拟图书馆信息管理系统及其生成环境"获2003年上海市科技进步二等奖;"上海图书馆新馆计算机管理系统"获1998年上海市科技进步一等奖。先后在相关学术权威期刊上发表"知识库管理系统GKBMS的研究""基于关系数据库的大型语义网络的表示、推理及应用"和"图书馆智能化管理与辅助决策方法"等论文50余篇。

王丽丽(1952.5—)

女,1952年5月出生,江西婺源人,硕士研究生,副研究馆员,硕士生导师。1985年起,历任黄浦区图书馆业务副馆长兼书记,上海图书馆党委副书记,上海市委党校、上海行政学院图书馆馆长兼上海市干部教育信息中心主任,上海市委党校副校长、上海行政学院副院长。兼任全国党校文献信息学会副理事长,上海市党校文献信息学会理事长,中国社会科学信息学会常务理事,中国图书馆学会理事,上海市图书馆学会副理事长兼学术委员会副主任,上海市图书馆行业协会副会长,上海市信息化发展研究会副会长。先后主持完成中国社会科学基金研究项目《现代图书馆架构研究》;主持完成文化部科研项目《中文社科报刊篇名数据库》,并获文化部科技进步二等奖、上海市文化系统科技进步一等奖;主持完成《数字图书馆后台数据库系统》等多个数字化应用研究项目,《干部个性化信息服务系统》获"上海市信息化优秀应用项目"奖;主编《二十一世纪党校图书馆信息化现代化建设研究》《科学发展·智慧校院》《干部教育信息化应用指南》等论著;在国际图联大会(IFLA)宣读发表《Shanghai Public Libraries March into the Twenty-first Century》专业论文,在《World Libraries》《图书馆杂志》和《文汇报》《光明日报》等发表专业论文。

陈燮君(1952.7—)

男,1952年7月出生,浙江宁波人,研究员。1968年参加工作,曾在美国圣路易斯华盛顿大学哲学系学习博士研究生课程。历任上海社会科学院情报研究所教学研究室副主任,社会科学出版

社副社长,上海社科院院长助理兼新学科研究中心副主任,上海社科院信息研究所副所长兼社科院图书馆馆长,上海图书馆上海科学技术情报研究所党委副书记、副馆长、副所长,上海市文物管理委员会副主任,上海博物馆馆长、党委副书记,上海市文化广播影视管理局党委书记。他历任亚欧基金会博物馆协会执委、美国亚洲协会国际理事会理事、国际博协中国国家委员会副主席、中国博物馆学会副理事长、上海市文物博物馆学会理事长、上海市新学科协会会长、第五届上海市图书馆学会常务副理事长、中国索引学会副理事长、上海市计算机音乐协会副会长等职。主要学术专著有《学科学导论——学科发展理论探索》《时间学》《生活中的时间学》等(包括合作)70多部,参加主编《新学科辞海》《世界新学科总览》。出版画册《金茂印象——陈燮君水墨写生》《豫园诗画——陈燮君书画艺术》。发表《关于开创空间学的思考》《向古埃及文明敞开襟怀》《甲骨风云与文化之谜》等论文、文章1 000多篇。

王世伟(1954.5—)

男,1954年5月出生,浙江宁波人,教授。1982年华东师范大学中文系本科毕业。1985年华东师范大学图书馆学系中国古典文献专业研究生毕业,获硕士学位。1985年至1995年在华东师范大学图书馆学系任教,担任系副主任,为教授、硕士研究生导师。1995年10月至2010年7月任上海图书馆上海科技情报研究所党委副书记。2010年8月起任上海社会科学院信息研究所所长。历任中国图书馆学会第七届学术委员会副主任、全国图书馆标准化技术委员会副主任、中国图书馆学会用户研究与服务专业委员会主任、国际图联大都市图书馆委员会常委、上海市文管会委员、上海市图书馆学会第七届理事会理事长。主要学术著作有:《世界著名城市图书馆述略》《国际大都市图书馆指标体系研究》《中文工具书指南》等。在图书馆学和历史文献学领域各撰有论文百多篇。

吴建中(1956.5—)

男,1956年5月出生,山东郯城人,研究馆员。上海市首批领军人才,享受国务院特殊津贴。1978年华东师范大学外语系日语专业毕业,而后留校任教。1982年完成该校图书馆学系研究生课程,获文学硕士学位。1985年任上海图书馆副馆长。1988年在英国威尔士大学学习图书馆学与情报学,1992年获哲学博士学位。1995年10月上海图书馆与上海科学技术情报研究所合并,任副馆(所)长。2002年1月起任上海图书馆上海科学技术情报研究所馆(所)长。历任第七届中国图书馆学会理事会副理事长、上海市图书馆行业协会第一届会长、上海市图书馆学会第六届理事会理事长、第七届理事会名誉理事长;国际图联管理委员会委员(2001—2005年),国际图联图书馆建筑与设备委员会(2007—2011年)常委。任上海市

第十二届人民代表大会代表、上海市第十一届政协委员、上海市科协第八届委员、全国社科基金评审组成员,2010年中国上海世博会主题演绎顾问、南京政治学院博士生导师。主要学术著作包括:《21世纪图书馆展望》、《21世纪图书馆新论》(包括日文版、英文版和中文繁体字版)等十余部专著和论文百余篇。

徐如涓(1958.4—)

女,1958年4月出生,江苏苏州人,研究馆员。1978年9月就读于西南师范学院生物系,1982年9月就读于中国科学院昆明植物研究所,1985年8月取得硕士学位。上海市图书馆学会第五届理事会副理事长。1995年5月至2002年6月,任中国科学院上海文献情报中心主任。在任期间,主要推进数字化图书馆的建设与服务,承担了"中国科学院沪区生物科学文献资源现状及发展建议"等课题,参与撰写了《中国科学院文献情报系统改革建议》等重要报告,积极争取情报项目拓展情报业务,建立情报室定向服务点,组织策划科技部查新资质申请工作,建立上海市横向生物医药文献传递服务机制,发表图情领域主要论文十余篇。

吴兆路(1958.10—)

男,1958年10月出生,山东梁山县人。1983年7月兰州大学中文系毕业,获学士学位,同年留校任教。1989年12月在职获文学硕士学位。1993年7月在复旦大学获文学博士学位。1993年8月—1995年7月,在北京大学中文系博士后流动站从事研究工作。1995年7月到复旦大学中文系任教。历任复旦大学研究生院培养处副处长、复旦大学新闻中心主任、宣传部副部长、图书馆副馆长兼中国索引学会常务副理事长和秘书长。主要从事中国古代文学理论批评和中国古代文学作家作品的研究工作,尤长于明清时期文学和文论方面的研究。先后发表重要论文70多篇,著有《中国性灵文学思想研究》《性灵派研究》《原人论》等学术专著4部,主编《中国学研究》《500种明清小说博览》《中国文学史·明清卷》等。

刘苏南(1959.1—)

男,1959年1月出生,河南密县人,1989年华东师范大学图书情报专业本科毕业。历任上海市电话局团委书记、上海电话号簿公司总经理、中国电信黄页信息有限公司总经理,中国电信集团号百公司高级总监。1997年,获高级经济师职称;2007年,获法国雷恩商学院工商管理博士学位。1990年参加中国索引学会,2008年任副理事长。长期从事电信信息化工作,主持领导上海浦东电信业务管理系统建设,并成功向全国推广;潜心编制黄页分类法,实现了全国黄页分类检索的统一。

冯洁音(1959.3—)

女,1959年3月出生,江西南昌人,副研究员。1982年江西师范大学外语系毕业,获文学学士学位。1987年华东师范大学英语专业研究生班毕业,留校任教。1993—1995年就读于美国印第安纳大学比较文学系,获文学硕士学位。1996—1998年就读于美国南佛罗里达大学图书信息学院,获图书信息硕士学位。1999年1月任职于上海图书馆读者服务中心参考馆员。历任中国图书馆学会第七、八届学术研究委员会图书馆建筑与设备委员会委员,中国图书馆学会第八届编译出版委员会委员、图书馆学文献编译出版专业委员会委员;国际图联参考咨询与信息服务委员会常委(2003—2011年)。发表图书信息专业论文几十篇,另有学术译著《现代史

学的古典基础》。

陈 进(1959.6—)

男,1959年6月出生,四川资阳人,教授,博士生导师,上海交通大学图书馆馆长。历任第七届上海市图书馆学会副理事长,中国振动工程学会常务理事,故障诊断学会秘书长,《振动与冲击》《振动、测试与诊断》常务编委,教育部高校图书情报工作委员会服务创新工作组召集人,上海市高校图书情报工作委员会副主任。曾荣获国家科技进步一等奖1项,教育部自然科学二等奖1项,上海市科技进步二、三等奖各1项。先后主持包括国家科技攻关计划重点项目、国家863项目、国家自然科学基金项目、上海市科技攻关重大项目以及国际合作项目在内的数十个科研课题,著有《机械设备振动监测与故障诊断》等4本专著,合编《机械故障诊断理论及应用》研究生教材1部,发表《机械故障诊断中关于特征提取的若干研究前沿》等论文260余篇。

林燕萍(1959.12—)

女,1959年2月出生,浙江鄞县人,法学教授,博士生导师。1983年华东政法学院法律专业本科毕业,1988年华东政法学院法学研究生毕业,2003年获华东政法学院国际法博士学位。1999年任华东政法学院图书馆副馆长,2005年任研究生院院长。兼任中国索引学会副理事长、中国欧洲学会欧盟法研究会副会长、中国国际私法学会常务理事、上海法学会欧盟法研究会会长、上海联合国研究会副会长等。主持和承担国家社会科学基金课题、上海市哲学社会科学规划课题以及省部级课题多项;出版《国际私法学》《贸易与国际竞争法》《国际反垄断法》等10余部著作;发表学术论文60余篇。

周德明(1960.9—)

男,1960年9月出生,浙江绍兴人,研究馆员。1983年毕业于华东师范大学,获文学学士学位,1988年获文学硕士学位。曾任上海图书馆上海科学技术情报研究所业务处处长,自2006年4月起任上海图书馆上海科学技术情报研究所副馆(所)长。历任国际图联(IFLA)报纸委员会和公共图书馆专业委员会常委,中国图书馆学会理事、学术研究委员会委员、图书馆员研究专业委员会主任,上海市图书馆学会理事长和上海市地方史志学会副会长等。主要学术著述有《知识产权导论》《数字图书馆引论》(合著)等,发表"著作权法和图书馆运作""危机管理与核心竞争力""关于上海市公共图书馆服务体系建设与完善的思考"等论文百余篇。

何 毅(1962.3—)

男,1962年3月出生,浙江宁波人,记者。1984年7月复旦大学哲学系哲学专业毕业,获哲学学士学位。大学毕业后进入中共上海市委宣传部理论处、干部党员教育处、对外宣传处、办公室等部门工作。1999年1月调入文汇新民联合报业集团任社长办公室主任。2003年1月任中共上海市闸北区委常委、宣传部部长,负责全区宣传思想文化工作和精神文明建设工作。2006

年4月起任上海图书馆(上海科学技术情报研究所)副馆长(副所长),主要负责上海图书馆新馆筹建和讲座与展览、编辑与出版等方面工作,分管会议展览中心、信息处理中心、上海科学技术文献出版社公司、图书馆杂志社、《上海文化年鉴》编辑部、上海图书博览建设有限公司等单位和部门工作。历任《中国索引学会》第四届理事会副理事长、上海图书博览建设有限公司董事长、上海科学技术文献出版社公司董事长、图书馆杂志社主编。主要著作包括:《上海闸北》《上图讲座Ⅱ:倾听·悟道》《引领·启智——图书馆讲座服务的发展与推广》。在中央媒体、地方媒体和杂志上发表文章若干篇。

刘 炜(1966.6—)

男,1966年6月出生,上海市人,研究员。1990年毕业于华东师范大学图书情报学系,获硕士学位,2006年获得复旦大学计算机软件与理论专业博士学位。2009年入选中宣部"四个一批"人才计划、上海市领军人才培养计划。历任中国图书馆学会第七届理事会理事,中国图书馆学会第八届学术研究委员会数字图书馆研究与建设专业委员会副主任,第七届上海市图书馆学会秘书长,上海市情报学会信息技术专业委员会副主任,国际图联信息技术专业组常务委员,都柏林核心元数据组织(DCMI)咨询委员会委员,上海《图书馆杂志》编委。主要从事图书馆学情报学理论研究、图书馆自动化系统的开发维护、数字图书馆研究和建设等工作,获得两次文化部创新奖(2009年、2010年)和国家图书馆"服务创新奖"(2009年)。近年来出版《数字图书馆引论》《数字图书馆的语义描述和服务升级》等多部数字图书馆理论研究专著,发表论文数十篇。

肖 宏(1967.2—)

男,1967年2月出生,安徽阜阳人,编审。1989年7月毕业于上海医科大学药理学专业,2000年6月毕业于华中科技大学科技哲学专业,获哲学硕士学位。1989—2000年,在中科院上海药物所《中国药理学报》编辑部历任编辑、编辑部主任;1999—2007年,创办《亚洲男科学杂志》兼主任;2000—2008年,创建《家庭用药》杂志并任总编辑。2002—2006年任中科院上海生命科学信息中心主任。2005—2006年,参与上海市"科教兴市"重大项目"公共研发服务平台"子项目"科技文献服务平台门户建设",担任科技文献系统项目专家组组长,主持"上海市科技文献公共服务政策与标准"项目。2006年调任科学出版社副总编辑兼期刊出版中心主任。2006—2010年,兼任《中国科学》杂志社常务副社长、北京中科期刊出版公司总经理等。曾任第六届上海市图书馆学会副理事长,中国图书馆学会理事等。在科技编辑学、文献和学科情报研究领域发表了80余篇论文,主编出版了《生命科学与生物技术发展报告(2006)》《生命科学与医学信息检索》等著作。

于建荣(1969.1—)

女,1969年1月出生,山东掖县人,研究馆员,硕士研究生导师。1990年毕业于华东师范大学生物学系生物学专业,获理学学士学位,2003年获得华东师范大学信息学系情报学专业管理学硕士学位。1990年7月起在中国科学院上海生命科学信息中心工作。历任第七届上海市图书馆学会

副理事长,上海市科学技术情报学会副理事长,中国图书馆学会专业图书馆分会常务理事,中国索引学会常务理事,中国图书馆学会理事,中国社会科学情报学会理事,中国科学院自然科学期刊编辑研究会上海分会理事、副秘书长。主要从事生命科学及相关学科领域的学科情报和战略情报研究。作为项目负责人和课题负责人承担了国家及相关部委、上海市相关的项目/课题十余项,发表相关文章50余篇。

陈 超(1970.6—)

男,1970年6月出生,上海市人,研究员,硕士生导师。1992年毕业于上海工业大学机械自动化及机器人工程系,同年进入上海科学技术情报研究所工作,历任市场调研部主任、信息咨询与研究中心副主任、战略信息中心主任、信息咨询与研究中心主任、上海图书馆上海科学技术情报研究所馆(所)长助理。2008年2月,任上海图书馆上海科学技术情报研究所副馆(所)长。期间曾任国际图联管理和市场营销委员会常委,中国科技情报学会副理事长,上海市科技情报学会理事长,上海市咨询业行业协会副会长。长期从事技术、市场和产业情报的分析研究与管理工作,专注前沿科技、新兴产业等领域的战略情报研究和图书馆营销管理和战略管理研究,力促传统科技情报向产业情报、文化情报拓展。近年来主持完成多项上海市决策咨询、科技软科学研究课题,率领科技情报研究团队参与了中国2010年上海世博会的重要成果和精神遗产《上海宣言》、《上海手册》(信息化部分)的起草、修改工作。

第三章 人 物 表

1978—2010 年上海市各级各类图书馆高级职称人物情况表

序号	姓 名	性别	出生年月	学 历	单 位	职 称	职称评聘年月
1	夏安世	男	1903.05	研究生	上海交通大学图书馆	教授	1978.04
2	贾植芳	男	1905.03	本科	复旦大学图书馆	教授	1979.12
3	段逸山	男	1905.04	本科	上海中医药大学图书馆	教授	1990.09
4	陆爱云	女	1905.04	研究生	上海体育学院图书馆	教授	1986 年
5	钱本余	男	1905.04	本科	上海第二医科大学图书馆	研究馆员	1987.11
6	徐 鹏	男	1905.04	本科	复旦大学图书馆	教授	1985.09
7	朱大年	男	1905.04	本科	上海中医药大学附属龙华医院	主任医师	1986.12
8	祝新年	男	1905.04	本科	上海中医学院图书情报中心	研究员	1993.07
9	黄俊民	男	1905.05	本科	上海金融学院图书	教授	1905.06
10	彭明江	男	1905.09	专科	同济大学图书馆	研究馆员	1986.01
11	王槐生	男	1912.02	本科	复旦大学图书馆	教授	1987.12
12	冯成湜	男	1912.11	本科	华东化工学院(今华东理工大学)图书馆	教授	1947.08
13	周世述	男	1913.09	研究生	东华大学图书馆	教授	1941.01
14	戴宗信	男	1916.11	本科	上海交通大学图书馆	教授	1946.12
15	夏宗辉	男	1917.01	本科	上海图书馆	教授	
16	陈柱麟	男	1917.04	本科	上海图书馆	教授	1987.12
17	林焕章	男	1917.12	专科	上海海洋大学图书馆	教授	1987.11
18	刘益玺	女	1919.09	本科	上海图书馆	编审	1983.06
19	潘昌乾	男	1919.11	本科	同济大学图书馆	教授	1986.07
20	陈石铭	男	1920.12	本科	上海图书馆	教授	1987.12
21	阮学光	男	1921.03	本科	上海图书馆	教授	1987.12
22	韩静华	女	1921.11	本科	上海图书馆	研究馆员	1987.12
23	吕美华	男	1921.12	本科	上海海洋大学图书馆	教授	1988.12
24	金福临	男	1923.01	本科	复旦大学图书馆	教授	1980.12
25	吴指南	女	1924.06	本科	华东化工学院(今华东理工大学)图书馆	教授	1986.05
26	王益志	男	1925.01	本科	上海工程技术大学图书馆	教授	1988.07

（续表）

序号	姓　名	性别	出生年月	学　历	单　　位	职　　称	职称评聘年月
27	杜聿玉	女	1925.05	本科	华东师范大学图书馆	研究馆员	1986.08
28	黄恩祝	男	1925.09	本科	上海图书馆	研究馆员	1993.01
29	段昌华	男	1925.12	本科	上海外国语大学图书馆	研究馆员	1987.04
30	吴善勤	男	1926.07	本科	上海交通大学图书馆	教授	1985.09
31	叶　铭	男	1926.07	本科	第二军医大学图书馆	研究馆员	1988.07
32	于为刚	男	1926.07	本科	上海图书馆	研究馆员	1987.12
33	朱南如	男	1926.11	本科	上海图书馆	教授	1991.08
34	刘重焘	男	1927.04	本科	华东师范大学图书馆	研究馆员	1986.08
35	张百祥	男	1927.08	专科	东华大学图书馆	教授	1986.05
36	施家训	男	1927.09	本科	上海图书馆	教授	1987.12
37	叶奋生	女	1927.11	本科	上海图书馆	研究馆员	1987.12
38	赵　坚	男	1927.11	研究生	东华大学图书馆	教授	1985.01
39	朱文曼	女	1928.02	本科	上海大学图书馆	教授	1987.11
40	诸鸿钧	男	1928.06	本科	中国科学院上海文献情报中心	研究馆员	1986.05
41	肖友瑟	男	1928.07	本科	同济大学图书馆	研究员	1987.01
42	张自钧	男	1929.03	本科	复旦大学图书馆	教授	1986.12
43	龚次青	男	1929.05	本科	中国科学院上海文献情报中心	研究馆员	1986.05
44	王映柳	女	1929.06	本科	中国科学院上海文献情报中心	研究馆员	1986.05
45	许亚甲	男	1929.11	研究生	上海大学图书馆	教授	1987.01
46	盛振邦	男	1929.12	本科	上海交通大学图书馆	教授	1980.05
47	马在田	男	1930.01	本科	同济大学图书馆	教授	1987.01
48	朱继梅	男	1930.01	本科	上海机械学院图书馆	教授	1985.06
49	吴龙涛	男	1930.05	本科	上海图书馆	研究馆员	1987.12
50	林俊灿	男	1930.08	研究生	上海机械学院图书馆	教授	1987.08
51	王克澄	男	1930.08	本科	上海图书馆	研究馆员	1993.01
52	曲则生	男	1932.05	研究生	同济大学图书馆	研究馆员	1990.07
53	张志竟	男	1932.08	本科	上海交通大学图书馆	教授	1986.05
54	郭庠林	男	1932.11	本科	上海财经大学图书馆	教授	1988.04
55	张　波	男	1933.02	本科	上海图书馆	研究员	1988.02
56	黄瀛华	女	1933.07	本科	华东理工大学图书	教授	1992.08

（续表）

序号	姓　名	性别	出生年月	学　历	单　位	职　称	职称评聘年月
57	何大镛	男	1934.05	本科	上海图书馆	研究馆员	1992.11
58	卢调文	男	1934.06	本科	上海图书馆	研究馆员	1995.11
59	周元昌	男	1934.09	本科	第二军医大学图书馆	教授	1988.07
60	陈月林	男	1934.11	本科	华东工业大学图书馆	教授	1988.07
61	季维龙	男	1935.01	本科	华东师范大学图书馆	研究馆员	1990.11
62	李永祥	男	1935.01	本科	华东师范大学图书馆	研究馆员	1995.03
63	孙秉良	男	1935.04	本科	上海图书馆	研究馆员	1993.01
64	周启富	男	1935.04	本科	华东师范大学图书馆	研究馆员	1995.11
65	唐保宁	男	1935.05	本科	东华大学图书馆	教授	1990.07
66	陈焕仁	女	1935.12	研究生	中国科学院上海文献情报中心	研究馆员	1986.05
67	江惠民	男	1936.01	本科	复旦大学图书馆	研究馆员	1995.05
68	冯仰婕	女	1936.03	本科	华东理工大学图书馆	教授	1988.08
69	张贤俭	男	1936.05	本科	上海图书馆	研究馆员	1993.01
70	郑　麦	女	1936.06	本科	华东师范大学图书馆	研究馆员	1992.11
71	陈桂馨	男	1936.09	本科	中国科学院上海硅酸盐研究所	研究馆员	1991.01
72	何迺贤	男	1937.05	本科	上海图书馆	研究员	1994.01
73	赵鹿轩	男	1937.11	本科	上海图书馆	高级工程师（教授级）	1997.12
74	韩馥儿	男	1938.01	本科	上海图书馆	研究员	1993.08
75	方保伟	男	1938.02	本科	上海图书馆	研究员	1993.08
76	卢正言	男	1938.03	本科	上海师范大学图书馆	研究馆员	1993.07
77	盛正为	男	1938.04	本科	上海交通大学图书馆	研究员	1992.12
78	秦世俊	男	1939.01	本科	上海图书馆	研究员	1993.08
79	王鹤祥	男	1939.01	本科	上海交通大学图书馆	研究员	1992.12
80	魏光普	男	1939.01	本科	上海大学图书馆	教授	1992.01
81	张静贞	女	1939.01	本科	华东师范大学图书馆	研究馆员	1994.11
82	王孟官	男	1939.07	本科	上海图书馆	译审	1994.01
83	项暑烽	男	1939.07	本科	上海图书馆	编审	1993.04
84	叶慎敏	男	1939.07	本科	上海图书馆	高级工程师（教授级）	1997.12
85	施永龄	男	1939.09	本科	上海外国语大学图书馆	教授	1994.11
86	江圣扬	男	1940.01	本科	上海建桥学院图书馆	研究员	1991.12

（续表）

序号	姓名	性别	出生年月	学历	单　位	职　称	职称评聘年月
87	王鹤鸣	男	1940.01	研究生	上海图书馆	研究员	1994.12
88	杨宗英	男	1940.01	本科	上海交通大学图书馆	研究员	1992.12
89	龚义清	男	1940.02	本科	上海图书馆	研究员	1995.12
90	陈桂章	男	1940.04	本科	上海医科大学图书馆	教授	1993.12
91	樊松林	男	1940.04	本科	上海大学图书馆	教授	1994.07
92	邵仁志	男	1940.09	本科	上海大学图书馆	研究馆员	1997.06
93	朱家骅	男	1940.11	本科	上海图书馆	高级工程师（教授级）	2000.01
94	沈关龙	男	1941.01	本科	上海电力学院图书馆	研究馆员	1997.12
95	池文俊	男	1941.02	本科	上海图书馆	编审	1994.12
96	袁一方	男	1941.03	本科	上海理工大学图书馆	教授	1994.06
97	王林珍	女	1941.04	本科	上海图书馆	编审	1993.04
98	高剑平	男	1941.05	本科	上海海运学院（现上海海事大学）图书馆	教授	1994.06
99	丁如龄	男	1941.06	本科	第二军医大学图书馆	研究馆员	1993.12
100	蔡仁良	男	1941.12	本科	华东理工大学图书馆	教授	1992.08
101	章树荣	男	1941.12	本科	上海图书馆	研究员	1998.05
102	董远达	男	1942.01	本科	上海大学图书馆	研究员	1991.04
103	洪健军	男	1942.01	本科	上海图书馆	研究员	1998.05
104	沈月新	女	1942.02	本科	上海海洋大学图书馆	教授	1997.01
105	邹乔敏	男	1942.03	本科	上海图书馆	研究馆员	1995.12
106	崔竹金	男	1942.08	本科	第二军医大学图书馆	研究馆员	1995.09
107	周开宇	男	1942.08	研究生	东华大学图书馆	研究员	1995.09
108	王源	男	1942.09	中专	中国科学院上海有机化学研究所图书馆	研究员	1993.11
109	陈秉仁	男	1942.11	中专	上海图书馆	研究馆员	2000.02
110	水赉佑	男	1942.12	中专	上海古籍出版社	研究馆员	2003.09
111	张惠惠	女	1943.01	本科	上海交通大学图书馆	研究员	1992.12
112	蒋锦良	男	1943.02	本科	上海电力学院	教授	1992.03
113	张人骥	男	1943.12	研究生	上海财经大学图书馆	教授	1995.06
114	宗培岭	男	1944.01	本科	上海大学图书情报档案系	教授	2001.09
115	管伟康	男	1944.07	本科	上海海洋大学图书馆	教授	1993.07
116	叶黔元	男	1944.11	本科	上海理工大学图书馆	教授	1992.08

（续表）

序号	姓 名	性别	出生年月	学 历	单 位	职 称	职称评聘年月
117	潘家桢	男	1945.01	研究生	华东理工大学图书馆	教授	1994.03
118	张一尘	男	1945.07	研究生	上海电力学院图书馆	研究员	1999.12
119	陈文龙	男	1945.11	本科	上海图书馆	研究员	2001.04
120	陈树年	男	1946.01	本科	华东理工大学图书馆	研究馆员	1993.11
121	童志强	男	1946.01	本科	上海图书馆	编审	1993.06
122	朱苏康	男	1946.01	研究生	东华大学图书馆	教授	1995.09
123	俞宏生	男	1946.03	本科	上海海事大学图书馆	教授	1997.11
124	王金夫	男	1946.05	本科	上海大学图书情报档案系	教授	1998.06
125	钱仁平	男	1947.01	研究生	上海音乐学院图书馆	教授	2005.07
126	张大伟	男	1947.03	本科	上海大学图书情报档案系	研究馆员	1998.01
127	俞 明	男	1947.07	研究生	上海外国语大学贤达经济人文学院图书馆	研究员	1991.12
128	魏家雨	男	1948.01	本科	上海图书馆	研究员	2000.01
129	祝均宙	男	1948.01	本科	上海图书馆	研究馆员	2005.01
130	刘青芬	女	1948.02	本科	第二军医大学图书馆	教授	2002.04
131	葛如琛	男	1948.07	专科	上海图书馆	高级工程师（教授级）	2001.04
132	印永清	男	1948.08	专科	华东师范大学图书馆	研究馆员	2001.08
133	曹鸿清	男	1948.12	研究生	上海财经大学图书馆	研究馆员	2005.06
134	陈大康	男	1948.12	研究生	华东师范大学图书馆	教授	1996.08
135	张景岳	男	1948.12	研究生	音像资料馆	研究馆员	2002.11
136	杨颂列	男	1949.01	本科	上海图书馆	高级工程师（教授级）	2008.12
137	董川远	男	1949.08	研究生	上海工程技术大学图书馆	教授	2005.11
138	冯金牛	男	1949.08	本科	上海图书馆	研究馆员	2008.09
139	谈 敏	男	1949.09	研究生	上海财经大学图书馆	教授	1990.01
140	王绍平	男	1949.12	本科	上海交通大学图书馆	研究馆员	2004.08
141	花克勤	男	1950.01	研究生	上海应用技术大学图书馆	教授	2005.01
142	陈湘云	女	1950.02	专科	音像资料馆	研究馆员	2003.09
143	尹美华	女	1950.02	专科	黄浦区图书馆	研究馆员	2003.09
144	蒋永新	男	1950.09	研究生	上海大学图书馆	研究馆员	2003.05
145	章 红	女	1951.03	本科	上海图书馆	研究馆员	2003.09
146	邱 坚	女	1951.08	本科	上海瑞金医院	研究馆员	2005.01

(续表)

序号	姓 名	性别	出生年月	学 历	单 位	职 称	职称评聘年月
147	石绮玥	女	1951.08	专科	上海图书馆	研究员	2001.04
148	吴志荣	男	1951.08	研究生	上海师范大学图书馆	研究馆员	2002.01
149	胡晋丰	男	1951.09	本科	上海文广新闻传媒集团	研究馆员	2009.09
150	徐一新	男	1951.11	本科	复旦大学图书馆	研究员	1997.07
151	鲍延明	男	1951.12	研究生	上海图书馆	研究馆员	2007.01
152	陈先行	男	1951.12	初中	上海图书馆	研究馆员	2004.11
153	穆端正	男	1952.02	专科	上海图书馆	高级编辑	1996.01
154	赵伯兴	男	1952.04	本科	上海大学图书馆	研究馆员	2000.12
155	叶千军	男	1952.08	研究生	南京政治学院上海分院信息管理系	教授	1994.12
156	陈少川	男	1952.09	专科	上海杉达学院图书馆	研究馆员	2001.11
157	王有朋	男	1952.09	专科	上海辞书出版图书馆	研究馆员	2002.11
158	王同喜	男	1952.11	本科	中国科学院上海生命科学信息中心	正高级工程师	2010.11
159	孙济庆	男	1952.12	本科	华东理工大学图书馆	研究馆员	1999.09
160	吴 格	男	1952.12	研究生	复旦大学图书馆	研究馆员	1994.01
161	潘玉民	男	1953.01	本科	上海大学图书情报档案系	教授	1999.06
162	范并思	男	1953.04	研究生	华东师范大学信息管理系	教授	2000.07
163	俞瑾云	男	1953.04	专科	上海市文化艺术档案馆	研究馆员	2007.01
164	赵 炬	男	1953.04	专科	上海图书馆	编审	2000.09
165	李 果	男	1953.06	本科	上海市虹口区图书馆	研究馆员	2009.09
166	王松林	男	1953.07	研究生	南京政治学院上海分院信息管理系	教授	2002.12
167	胡礼忠	男	1953.08	研究生	上海外国语大学图书馆	教授	1999.12
168	张期民	男	1953.09	本科	华东师范大学图书馆	研究馆员	2006.12
169	邱五芳	男	1953.11	本科	上海图书馆	研究馆员	2006.01
170	王宗义	男	1953.11	专科	上海图书馆	研究馆员	2005.01
171	张爱兰	女	1953.11	本科	中国科学院上海生命科学信息中心	编审	2002.12
172	孙继林	男	1953.12	专科	上海图书馆	研究馆员	2009.09
173	杨 械	男	1954.02	本科	中国科学院上海生命科学信息中心	研究馆员	2009.11
174	万国珍	女	1954.08	本科	上海第二工业大学图书馆	研究馆员	2004.02
175	於世成	男	1954.08	研究生	上海海运学院(现上海海事大学)图书馆	教授	1996.11

（续表）

序号	姓 名	性别	出生年月	学 历	单 位	职 称	职称评聘年月
176	张元兴	男	1954.08	研究生	华东理工大学图书馆	教授	1995.09
177	余海宪	男	1954.09	本科	华东师范大学图书馆	研究馆员	2005.12
178	李笑野	男	1955.01	研究生	上海财经大学图书馆	教授	2004.06
179	郑建荣	男	1955.02	研究生	华东理工大学图书馆	教授	1997.11
180	张 健	男	1955.03	研究生	上海海洋大学图书馆	教授	2005.09
181	李正龙	男	1955.05	研究生	上海工程技术大学图书馆	教授	2004.12
182	劳丽达	女	1955.11	专科	上海少年儿童图书馆	研究馆员	2009.09
183	司虎克	男	1955.11	研究生	上海体育学院图书馆	教授	2002 年
184	张 群	男	1955.12	本科	上海市松江区图书馆	研究馆员	2010.09
185	葛 敏	男	1956.01	研究生	南京政治学院上海分院信息管理系	教授	2002.12
186	汤 江	女	1956.01	研究生	中国科学院上海生命科学信息中心	研究馆员	2008.12
187	蒋志伟	男	1956.03	本科	上海海事大学图书馆	研究馆员	2006.07
188	赵宪萍	女	1956.03	研究生	上海电力学院图书馆	教授	2000.04
189	郑巧英	女	1956.03	本科	上海交通大学图书馆	研究馆员	2000.12
190	王仁芳	男	1956.04	本科	上海图书馆	研究馆员	2009.09
191	张 怡	男	1956.04	研究生	东华大学图书馆	教授	1997.09
192	周兆康	男	1956.04	本科	中国科学院上海生命科学信息中心	编审	2000.12
193	李晓玲	女	1956.07	本科	复旦大学图书馆	研究馆员	2010.05
194	韩筱芳	女	1956.09	本科	上海少年儿童图书馆	研究馆员	2008.09
195	张 伟	男	1956.09	本科	上海图书馆	研究馆员	2004.11
196	叶汝强	男	1957.01	研究生	上海图书馆	教授	1998.11
197	肖沪卫	男	1957.02	研究生	上海图书馆	研究员	2003.04
198	周政新	男	1957.03	研究生	上海第二工业大学	教授	2003.04
199	陈克杰	男	1957.07	研究生	上海市浦东新区图书馆	研究馆员	2010.09
200	陈建华	男	1957.08	本科	上海图书馆	研究馆员	2010.09
201	许 良	男	1957.09	研究生	上海理工大学图书馆	教授	2002.06
202	陈伟炯	男	1957.11	研究生	上海海事大学图书馆	教授	2000.01
203	徐 勤	女	1958.01	本科	上海工艺美术职业学院图书馆	教授	2009.12
204	张左之	男	1958.01	研究生	上海图书馆	研究员	2010.12
205	陈沛沛	女	1958.03	研究生	上海中医文献馆	研究馆员	2007.01

（续表）

序号	姓　名	性别	出生年月	学　历	单　　位	职　称	职称评聘年月
206	李向平	男	1958.07	研究生	上海大学图书馆	教授	1997.06
207	耿亦兵	男	1958.12	研究生	第二军医大学图书馆	研究馆员	2002.06
208	陶　翔	男	1958.12	研究生	上海图书馆	研究员	2007.04
209	殷啸虎	男	1959.06	研究生	华东政法大学图书馆	教授	1999.07
210	朱云仙	女	1959.12	研究生	上海第二工业大学图书馆	教授	2005.12
211	任树怀	男	1960.07	研究生	上海大学图书馆	研究馆员	2007.03
212	吴驰飞	男	1960.08	研究生	华东理工大学图书馆	教授	2002.04
213	黄　敏	女	1960.11	本科	上海交通大学图书馆	研究馆员	2002.08
214	朱利民	男	1960.12	研究生	东华大学图书馆	教授	2003.02
215	吕　斌	男	1961	研究生	上海大学图书情报档案系	教授	2007.02
216	金晓明	男	1961.11	本科	上海图书馆	研究馆员	2010.09
217	秦聿昌	男	1961.11	本科	中国科学院上海有机化学研究所	研究馆员	2008.03
218	金红亚	女	1961.12	本科	上海图书馆	高级工程师（教授级）	2003.04
219	温国强	男	1961.12	研究生	复旦大学图书馆	研究馆员	2005.04
220	翁新楚	男	1962.01	研究生	上海大学图书馆	教授	1995.11
221	王兰成	男	1962.05	研究生	南京政治学院上海分院信息管理系	教授	2001.12
222	周　军	男	1962.05	研究生	南京政治学院上海分院信息管理系	教授	2005.12
223	王汉栋	男	1962.06	研究生	上海图书馆	研究员	2002.04
224	金　波	男	1962.09	研究生	上海大学图书情报档案系	教授	1999.12
225	王宏光	男	1962.11	研究生	上海理工大学图书馆	教授	2006.12
226	沈丽云	女	1962.12	研究生	上海图书馆	研究馆员	2010.09
227	陆　健	男	1963.02	本科	上海图书馆	高级工程师（教授级）	2001.04
228	毕秀水	男	1963.03	研究生	上海政法学院图书馆	教授	2006.07
229	章春野	男	1963.03	研究生	南京政治学院上海分院信息管理系	教授	2003.12
230	张林龙	男	1963.04	本科	上海城市管理职业技术学院	研究馆员	2006.01
231	汤学华	男	1963.05	研究生	上海电机学院	教授	2007.04
232	高洪兴	男	1963.06	研究生	上海图书馆	研究馆员	2006.01
233	张静波	女	1963.06	研究生	华东师范大学图书馆	研究馆员	2007.12

（续表）

序号	姓名	性别	出生年月	学历	单位	职称	职称评聘年月
234	袁毅	女	1963.07	研究生	华东师范大学信息管理系	教授	2006.05
235	潘静	女	1963.08	研究生	上海海关学院图书馆	教授	2013.05
236	陈惠兰	女	1964.05	研究生	东华大学图书馆	研究馆员	2006.06
237	胡小菁	女	1964.05	研究生	华东师范大学图书馆	研究馆员	2010.12
238	魏彬	男	1964.07	研究生	中国科学院上海生命科学信息中心	编审	2010.11
239	崔晓文	女	1965.03	本科	上海图书馆	研究馆员	2010.09
240	王萍	女	1965.04	本科	上海图书馆	高级工程师（教授级）	2007.04
241	张奇	女	1965.05	本科	上海图书馆	研究馆员	2007.01
242	缪有刚	男	1966.04	研究生	中国科学院上海生命科学信息中心	正高级工程师	2009.12
243	徐明华	男	1966.06	研究生	中国科学院上海生命科学信息中心	编审	2008.12
244	高柳滨	女	1966.08	研究生	中国科学院上海药物研究所	研究馆员	2008.12
245	薛慧彬	男	1966.08	研究生	中国科学院上海光学精密机械研究所图书馆	研究员	2006.11
246	潘卫	女	1966.09	研究生	上海交通大学图书馆	研究馆员	2009.12
247	陈恒	男	1966.11	研究生	中国科学院上海生命科学信息中心	研究馆员	2010.12
248	慎金花	女	1966.11	研究生	同济大学图书馆	研究馆员	2004.11
249	江淇	男	1967.06	研究生	上海立信会计学院图书馆	研究馆员	2007.12
250	侯经川	男	1967.09	研究生	华东师范大学信息管理系	教授	2006.01
251	毛东森	男	1967.11	研究生	上海应用技术大学图书馆	教授	2006.12
252	杨光辉	男	1968.03	研究生	复旦大学图书馆	研究馆员	2008.12
253	李党生	男	1968.07	研究生	中国科学院上海生命科学信息中心	研究员	2006.01
254	李红	女	1968.08	研究生	上海大学管理学院工商管理系	教授	2010.03
255	王群	女	1969.01	研究生	上海对外贸易学院图书馆	研究馆员	2010.12
256	仲威	男	1969.01	本科	上海图书馆	研究馆员	2010.09
257	丁华东	男	1969.09	研究生	上海大学图书情报档案系	教授	2004.09
258	刘永丹	男	1970.05	研究生	南京政治学院上海分院信息管理系	教授	2006.12
259	贺小勇	男	1972.01	研究生	华东政法大学图书馆	教授	2006.03
260	张赟彬	男	1973.11	研究生	上海应用技术大学图书馆	教授	2008.12

专 记

专记一　上海图书馆特色馆藏建设

上海图书馆特色文献在国内具有举足轻重的地位,在国际上也享有很高的知名度。特色馆藏中,古籍、家谱、近现代报刊、旧版外文文献、唱片等的收藏量均名列全国前茅,有的位居全国之首。馆藏文献中有许多极其珍贵并极富特色。近 200 万册古籍中善本有 19 万余册,其中传世孤本有数十种,入选前三期"国家珍贵古籍名录"366 种,最早的藏品《维摩诘经》距今已有近 1 500 年的历史;历代名人尺牍 2 000 余种 4 000 余册,包括明、清两代约万家、10 万余通手札;家谱中有许多历代名人家谱;徐家汇藏书楼的西文珍本汇集了 17、18 世纪中西交流的丰富资料,2010 年入藏的两本拉丁文"摇篮本"因年代久远、全球存量甚少而具有极高的收藏价值,上海图书馆由此填补了上海"摇篮本"收藏的空白。

一、翁氏藏书

常熟翁氏以藏书闻名始于翁心存。翁心存(1791—1862),常熟人,清道光二年(1822)进士,历官工部、兵部、吏部、户部尚书,协办大学士,体仁阁大学士,同治皇帝老师。尝收得同邑嘉庆道光间著名藏书家陈揆稽瑞楼之旧藏,从而奠定翁氏藏书之基础。

翁心存的藏书,主要由长子翁同书、幼子翁同龢分别继承。翁同书继承部分,包括其本人遗存之书,在二十世纪五十年代由其四世孙翁之熹捐赠北京图书馆(今国家图书馆)。

2000 年上海图书馆购藏的"翁氏藏书",乃专指原由美籍华人翁万戈保存其高祖翁同龢遗留的藏书。翁同龢(1830—1904),清咸丰六年(1856)状元,官至军机大臣、协办大学士、户部尚书,曾任光绪皇帝老师。除继承其父翁心存的部分藏书外,曾在京中为官时,先后购得宋明州刻本《集韵》等一大批孤本秘籍,遂成为晚清九大藏书家之一。在他去世三年之后,日本文化掮客岛田翰氏在其所撰《皕宋楼藏书源流考》中声称翁氏藏书已不存于世,国人亦无从踪迹。其实这批书并非置放在人所周知的翁氏故乡常熟彩衣堂,而是秘藏于天津,五十年之后,即至二十世纪四十年代后期,为避战乱,由翁万戈携至美国,因而前后近百年,不为世人所知。直到 1985 年,翁万戈主持的华美协进社在纽约举办"翁氏藏书"专题展览,人们方知晓在北美居然有如此惊艳的中国古籍善本收藏,无不为之瞠目。

这批"翁氏藏书"凡八十种五百四十二册,计有宋刻本十一种,元刻本三种,明刻本十二种,清刻本二十六种,稿本二种,明抄本一种,清抄本二十四种,朝鲜刻本一种;其中历经项元汴、董其昌、何焯、顾千里、黄丕烈等明清名家批校题跋者有四十余种,经翁同龢本人题跋者有二十五种。在宋刻本中,以《集韵》《邵子观物篇、渔樵问对》《长短经》《重雕足本鉴诫录》《大佛顶如来密因修证了义诸菩萨万行首楞严经》《会昌一品制集》《丁卯集》《新刊嵩山居士文全集》等八种最为显赫,皆是海内外仅存之孤本;而《注东坡先生诗》,虽仅有三十四卷(全书四十二卷),却是传世存卷最多之本(今中国国家图书馆存七卷,台北"中央图书馆"存十九卷),同样是无上珍品。

1998 年 11 月 14 日,翁万戈从美国致函中国嘉德国际拍卖有限公司,表示愿意将"翁氏藏书"整体拍卖或转让给一个第一流的永久性机构。经过双方数度磋商,1999 年 9 月 24 日,嘉德公司与翁万戈签署委托协议。由于当时所定转让费为 500 万美元,一时不能确定大陆图书馆、博物馆等收藏机构有相应的经费支撑,翁万戈姑且将转让的对象定在亚洲范围,但明确将日本排除在外。

1999年12月16日,时任国家图书馆馆长任继愈偕该馆版本学家冀淑英约见嘉德公司总经理王雁南、副总经理寇勤,了解"翁氏藏书"转让与拍卖细节。随后,国家图书馆联手北京共12位著名专家投书国家文物局局长张文彬、文化部部长孙家正,并通过他们转呈李岚清副总理,请求政府部门就购买"翁氏藏书"予以财政支持。这12位专家是:国家图书馆馆长、国家古籍整理出版规划小组成员任继愈、北京大学教授张岱年、季羡林、周一良,国家文物鉴定委员会主任、中央文史馆馆长启功,国家文物鉴定委员会常务委员、国家古籍整理出版规划小组顾问、中国文物研究所研究员王世襄,国家文物鉴定委员会常务委员、故宫博物院研究员朱家溍,北京大学教授、中国考古学会名誉理事长宿白,中央文献研究室副主任、中国史学会会长金冲及,国家文物局原顾问谢辰生,国家文物鉴定委员会常务委员、国家古籍整理出版规划小组成员、国家图书馆研究馆员冀淑英,国家文物鉴定委员会常务委员、中国工程院院士傅熹年。然而,国家图书馆最终错过了这次收藏机会。

上海最早获知"翁氏藏书"返回祖国交易消息的是上海博物馆前副馆长汪庆正,得知消息后,他立刻向当时负责文教宣传口的中共上海市委副书记龚学平汇报。2000年1月10日,藉出席上海图书馆重印刘晦之《善斋吉金录》新书首发活动之际,龚学平向与会上海博物馆、上海图书馆领导明确表示支持汪庆正提出上海争取购买"翁氏藏书"的建议。于是上海博物馆汪庆正、陈燮君与上海图书馆王鹤鸣、马远良、王世伟等五位馆领导联名向市政府写申请购书报告。后来,市政府认为既然是古籍,明确由上海图书馆购藏。故2000年2月底,上海图书馆又单独向市政府提交了购买"翁氏藏书"的报告。该报告由陈先行起草,对原来上海博物馆、上海图书馆两家的联合申请报告大致作了三方面的补充:首先,进一步揭示翁氏藏书的价值,尤其为那批宋刻孤本逐种写了简要说明,强调版本的真实可靠,具有不可替代之文献与文物价值。其次,根据当时的拍卖行情,特地例举了宋元本的市场价格,以说明翁万戈提出的500万美元转让费,只是这批书的市场起拍价而已,合情合理。并且指出,由于多种国宝级版本的唯一性,具有很大的升值空间,若上拍卖,正不知价格几何,而此次属场外交易,可避免价格失控的风险。第三,为强调政府对中国古籍保护收藏重视的一贯性,不仅如北京十二位专家申请函中提到的,在20世纪五六十年代国家经济困难时期,周恩来总理两度批拨专款从香港购回陈清华旧藏善本百余种,同时还例举,上海政府在五十年代初拨专款购买吴县潘氏滂喜斋旧藏善本七十四种;在八十年代初拨专款奖励张子美捐赠其祖父张佩纶保存外家仁和朱氏结一庐旧藏善本四百余种,指出购买常熟翁氏藏书同样是载入史册之大业。

在得到市领导允诺之后,上海图书馆紧锣密鼓地与翁万戈、嘉德公司进行实质性沟通协商,得到对方的理解与大力支持:经过考察,翁万戈称赞上海图书馆是第一流的图书馆,不仅明确表示同意将藏书转让给上海图书馆,并且慷慨削减50万美元转让费用,即由原来的500万美元降至450万美元;嘉德公司为促成此大善之事,亦尽显儒商气度,几乎免收上海图书馆的受让佣金(后来上海图书馆作为奖励形式支付给嘉德公司一笔费用,如果将其折算成佣金,仅约2%,而当时正常的交易佣金为10%)。因此,上海图书馆获得翁氏藏书早在2000年的3月上旬已基本定局。3月20日至3月23日,市政府主要领导先后批示,同意由市财政支持。3月24日,上海图书馆便与嘉德公司签署转让合同。3月31日,购书款项落实:400万美元由市财政出,50万美元由上海图书馆自己承担。4月12日,上海图书馆派员赴京逐种逐册清点"翁氏藏书",并连夜乘火车运至上海图书馆,安全入库。

2000年4月28日上午,"翁氏藏书"转让入藏仪式在上海图书馆多功能厅举行,文化部、国家文物局、中共上海市委、上海市政府、中共上海市委宣传部等有关领导,以及上海文化、学术、新闻界近200人出席,傅熹年也应邀前来祝贺。翁万戈专门从美国通过嘉德公司传真发来贺信,字里行间充满深情厚谊,令人动容。上海方面的明智果断与高人一筹的办事效率于此事中得到充分体现,受到人们的交口称赞。

此外有必要指出，上海图书馆钟情于购藏"翁氏藏书"，还有当时不为外界所知的两方面原因：其一，翁氏藏书中赫赫有名之宋本《集韵》《邵子观物篇》《注东坡先生诗》等，皆为清朝乾隆皇帝的兄弟怡亲王弘晓之旧物。怡府藏书一向秘不外传，令读书人心驰神往。迨至同治初年，慈禧太后发动辛酉政变，导致怡府没落，藏书无奈流落厂肆，时捷足先登购得其孤本秘籍者，乃聊城杨氏、吴县潘氏、仁和朱氏及常熟翁氏四大藏书家。潘、朱两家之书大都相继归属上海图书馆，而今又迎来翁氏之书，如同失散已久的亲人重逢，彼此呼唤，额手称庆，成为传颂书林之佳话。其二，自清乾隆时代编纂《四库全书》以来，宋本《长短经》一直被定作南宋绍兴年间刻本，但上海图书馆专家视其刊记、版式、字体、避讳诸端，通过考证，认为该本当刊刻于北宋。须知除去释氏之籍，当今存世南宋刻本不下千部，而北宋刻本仅有十余部，故只此一部《长短经》，便值450万美元。

附　"翁氏藏书"简目

宋刻本

1. 集韵　南宋明州刻本　李文田、潘祖荫等跋
2. 汉书　宋刻元明递修本　翁同龢跋
3. 邵子观物篇、渔樵问对　宋吴坚福建漕治刻本
4. 长短经　北宋刻本
5. 重雕足本鉴诫录　项元汴、顾千里、黄丕烈等十数明清名家题跋
6. 分门集注杜工部诗
7. 大佛顶如来密因修证了义诸菩萨万行首楞严经　董其昌、翁同龢跋
8. 会昌一品制集　黄丕烈跋
9. 丁卯集　仇英、黄丕烈、翁心存、翁同龢等明清名家跋
10. 注东坡先生诗　翁同龢、潘祖荫等跋
11. 新刊嵩山居士文全集

元刻本

12. 隋书　元至顺三年瑞州路刻明修本　胡适批注
13. 南史　元大德十年刻明修本　翁同龢跋
14. 汲冢周书　元至正十四年嘉兴路儒学刻本　翁丰校　翁心存、翁同龢、翁炯孙跋

明刻本

15. 诗传大全　明前期
16. 孟子　闵刻三色套印本　翁同龢跋
17. 班马字类
18. 宋史全文续资治通鉴
19. 纂图互注荀子
20. 晁氏客语
21. 桯史　姚晏、姚衡跋
22. 南华发覆　翁同龢跋
23. 欧阳文忠公集
24. 文选　何焯批校
25. 三苏文集

26. 新刻原本王状元荆钗记　黄丕烈、孙雪鸿、翁同龢跋

清刻本

27. 四书章句集注

28. 尔雅

29. 说文解字　毛氏汲古阁刻本　佚名过录惠栋批注

30. 汗简　翁同龢跋

31. 隶篇

32. 字学七种

33. 佩文诗韵

34. 史记测义　翁同龢批注

35. 百宋一廛赋　翁曾源跋

36. 金石图　翁同龢跋

37. 图绘宝鉴

38. 清河书画舫

39. 画禅室随笔　翁斌孙批注

40. 庚子销夏记　翁同龢、翁斌孙跋

41. 扬州画舫录

42. 李太白文集

43. 读杜心解　翁同龢跋

44. 斜川诗集　木活字本　翁心存、翁同龢跋

45. 联捷真稿

46. 蓼野集

47. 冬心先生续集自序　翁同龢跋

48. 唐诗三百首注释

49. 合订西厢记文机活趣全解

50. 玉茗堂还魂记

51. 绝妙好词

52. 词选

稿本

53. 古文说　龚橙手稿　何绍基、翁同龢跋

54. 大痴道人遗记　陈揆辑稿

明抄本

55. 石湖居士文集　彭元瑞、翁同书跋

清抄本

56. 禹贡古今合注　佚名校

57. 射礼集解

58. 五代史补　彭元瑞校跋

59. 九国志　姚元之跋

60. 崔舍人奏议　陈氏稽瑞楼抄本

61. 常熟县水利全书

62. 水道提纲　翰林院抄本

63. 文献通考详节　翁嗣贤抄并评点

64. 史明断略　翁同龢跋

65. 营造法式　张蓉镜小琅嬛福地抄本　黄丕烈等十数名家题跋

66. 钦定四库全书简明目录　王颂蔚、翁炯孙校并跋

67. 钦定四库全书简明目录　翁炯孙校并跋

68. 兵法新书

69. 春明退朝录　彭氏知圣道斋抄本　彭元瑞校

70. 均藻　翁同龢跋

71. 重雕足本鉴诫录　曹氏楝亭影宋抄本　曹寅、王懿荣、翁同龢跋

72. 揭文安公诗钞　彭元瑞、翁同龢跋

73. 巴西邓先生文集　翁同龢跋

74. 友石先生诗集

75. 弃瓢集　吴蔚光、许廷诰、翁同龢跋

76. 苏园公先生文稿　蒋因培乌目山房抄本

77. 玉台新咏　翁同龢跋

78. 山中白云词　邓日心批注

79. 宋四家词选　翁同龢、翁曾翰跋

朝鲜刻本

80. 益斋集　1693 年刻本　刘喜海跋

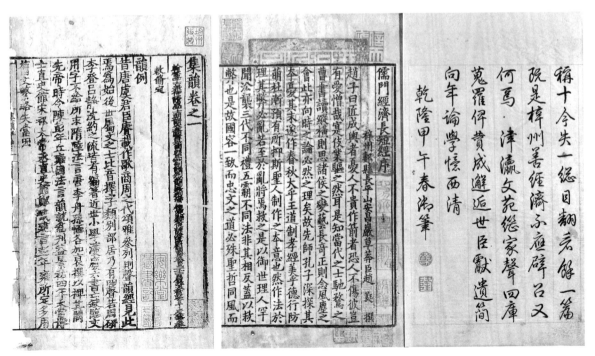

翁氏藏书之宋刻本《集韵》　　翁氏藏书之北宋刻本《长短经》

二、罗氏藏书

2010年12月6日,瑞典"罗氏藏书"从外高桥海关保税仓库运抵上海图书馆历史文献中心。在这个被定为"罗氏藏书入藏日"的时刻,上海图书馆的藏书史又记下了重要的一页。

"罗氏藏书"是指瑞典藏书家、汉学家罗闻达(1941—2013)所藏的汉学文献,共有1551种,其中手稿4种,另有舆图、版画、徽章等8种,是瑞典藏书家罗闻达先生积二十余年之功,在世界各地广泛收集的1477年至1877年间出版的有关中国的西文印本。这批图书涉及文字有拉丁文、法文、英文、德文、西班牙文、葡萄牙文、意大利文、瑞典文、俄文等十多个语种,内容包括中国的历史、宗教、风俗、地理、经济、教育、科学技术、语言文字、服饰、工艺等多个方面,著作形式有游记、日记、书信、专著、官书、译作等。这批图书除欧洲出版物外,也包括一些在美国出版的著作,以及18世纪末19世纪初在印度、东南亚、澳门、香港、上海等沿海城市出版的西文印刷品,这些书主要为新教传教士编纂的字典类著作。可以说是目前世界上最多的一批西方早期汉学文献的个人专藏。罗闻达先生作为一名藏书家,这批藏书因他编辑出版的《从西文印本书籍(1477—1877)看中西关系、中国观、文化影响和汉学发展》而备受关注。罗闻达先生作为一名书商,此批图书的转让也成为他一生中最成功的贸易成果,同样深受社会关注。

罗闻达关注西方早期与中国相关联的书籍。他在经营古书的过程中了解到,中国在历史上的影响比日本、印度还要大。当时转向搜集汉学图书的另一原因是这些书的价格相对较便宜。于是,他几十年来乐此不疲,变成了一种特殊的爱好,由此也形成了他的收藏特色,谱写了他的书林故事。作为书商,他有一个不寻常之处是并不单纯地急于贩卖手头的书籍。虽然他认为每一本书阅读后就该脱手,没有一本不能卖的书,书籍就是应该流通的。但他对于辛勤搜寻得来的西方早期汉学书籍却是边读边做笔记,以做学问的方式进行一本本考证,编辑自己的专藏目录。在西方汉学界编写专题目录是一项学术研究工作。19世纪60年代曾在上海亚洲学会北华分会(亚洲文会)任名誉馆员的法国学者高迪爱(1849—1925),曾编辑出版了五大卷《西人汉学书目》,成为中西关系史研究,特别是西方人讨论中国问题的权威目录。罗闻达的目录补充了高迪爱所失收的珍稀图书,而且在编排上具有自己的特色。他将所收图书按印刷和出版年代的顺序排列,以此反映中国知识在欧洲的传播过程,也体现了某一时期欧洲汉学的发展脉络。如1500年前有3种书,1501—1600年间收书36种,1601—1700年间收书230种,1701—1800年间收书442种,1801—1877年间收录了840种书。罗闻达在目录中还广泛参考各种公私藏书,著录了较详细的版本信息。2008年《从西文印本书籍(1477—1877)看中西关系、中国观、文化影响和汉学发展》正式出版,随即受到国际学术界和图书馆的关注。罗闻达在完成这一工作后,十分期望让这些书回到华文世界。

我国学术界了解到这一消息后,高度重视,积极行动。上海社会科学院专家熊月之、徐文堪、陈克艰在2008年9月向上海图书馆郑重推荐,希望引进本批专藏,加强徐家汇藏书楼的汉学文献馆藏。上海图书馆组织专家论证后,经上海市委宣传部批准,当年即与罗闻达先生密切联系,双方就藏书的交易条件、方式等细节进行了频繁沟通。在这过程中,上海、北京的相关学者从中积极斡旋,增进互信。中国图书进出口总公司上海公司参与了藏书引进的一系列贸易与法律方面的联络与协调。上海图书馆还专门派出专业人员赴瑞典罗闻达家中考察图书状况。历时两年,在上海市人民政府、上海市委宣传部的支持下,"罗氏藏书"历经曲折,终于落户上海,入藏上海图书馆,成为近年来中国购买西方珍本专题图书规模最大的一项收藏。此举不仅丰富了上海图书馆的西方汉学文献专题收藏,而且还提升了上海图书馆在国际汉学领域的地位,彰显了作为国际大都市上海的文化软实力,成为上海图书馆在 2000 年从美国收购"翁氏藏书"之后的又一次重大收藏举措。

"罗氏藏书"包括了欧洲学者 400 年间研究中国的重要著作。如 1856 年意大利罗马版门多萨著《大中华帝国史》、1608 年德国慕尼黑版庞迪我著《中国历史》、1610 年意大利罗马版利玛窦著《利玛窦中国日记》、1615 年意大利罗马版金尼阁《利玛窦书信》、1627 年西班牙马德里版平托著《东方史》、1628 年法国巴黎版平托著《远游记》、1636 年意大利罗马版基歇尔《西安景教碑文研究》、1654 年法国巴黎版卜弥格著《中国皇室成员入教及教会情况》、1654 年荷兰安特卫普版卫匡国著《鞑靼战纪》、1667 年荷兰阿姆斯特丹版基歇尔著《中国图说》、1668 年荷兰阿姆斯特丹版尼霍夫著《荷兰使团初访中国记》和汤若望、柏应理、李明、莱布尼兹、杜赫德等人的汉学名作。据专家评估,"罗氏藏书"中西方来华传教士的重要著作搜罗齐备,版本多样,尤具特色,有些还是世界孤本。如 1729 年版孤本《数学纲要》,这是比利时传教士安多的著作。安多是南怀仁向康熙皇帝推荐的御前教师,曾向康熙皇帝讲授过数学。据曾为罗闻达藏书作序的韩琦研究,安多上课时所用的中文教材《算法纂要总纲》正是以《数学纲要》为基础翻译过来的。

在"罗氏藏书"中还有两本特别珍贵的"摇篮本"。一本是 1477 年在意大利威尼斯出版的拉丁文《世界各地》,一本是 1480 年意大利米兰版的意大利文《曼德维尔游记》。还有一本是 1483 年荷兰豪达版的拉丁文《马可·波罗游记》东京国立国会图书馆 1949 年影印本。前两种图书的入藏改写了上海和上海图书馆文献收藏中没有"摇篮本"的历史,特别引人注目。人们将 1500 年前由金属活字印刷的欧洲出版物统称为"摇篮本"(Incunabula)。截至 2010 年底,中国所藏"摇篮本",仅有公共图书馆藏 5 种 6 册(中国国家图书馆 3 种 4 册、上海图书馆 2 种 2 册),大学图书馆藏 7 种 7 册(台湾大学图书馆),北京私人收藏 2 种合订 1 册,合计 14 种 14 册。上海图书馆收藏的两册"摇篮本"不仅年代早,而且可贵之处是其内容与中国有关。《世界各地》描写了当时的中国和印度,是与《马可·波罗游记》同年出版的两种东方游记之一,《曼德维尔游记》也是和《马可·波罗游记》齐名的中世纪中国游记,具有独特的文献价值和文物价值。

"罗氏藏书"和其中"摇篮本"的收购,是中国图书馆界文献资源建设的盛事,是上海图书馆在徐

罗氏藏书一瞥

罗氏藏书之老德经的《北狄通史》

家汇藏书楼开展中西文化交流研究资料中心建设的重要成果,将有利于推动中外文化学术交流,促进上海的文化发展与繁荣。

三、徐家汇藏书楼藏书

清道光二十四年(1844)《中法黄埔条约》签订后,天主教教士南格禄(P. Claudius Gotteland)等于当年 7 月抵沪,驻青浦横塘,曾辟平房三间储藏教士们携带来华的天主教经典著作及参考书籍。道光二十七年 4 月,耶稣会教士梅德尔(Matharin Ie Maitre)在徐家汇购地建成耶稣会修院新院,青浦藏书随之移入,收藏于修士室楼内。徐家汇藏书楼于此时初具轮廓。现存于世的徐家汇藏书楼建筑造于光绪二十二年至二十三年(1896—1897 年),书库建成后,中西文献经过整理,分类上架。至此藏书楼正式形成。藏书楼的图书集藏工作,至民国 30 年(1941)末太平洋战争爆发后中断。

截至上述时间,藏书楼累计收藏图书 20 万余册,其中中文图书 12 万册,西文图书 9 万余册。另有大量近现代期刊、报纸。所藏西文图书涉及许多语种,拉丁文、法文书籍较多,还有希腊文、英文、德文等共 10 余种文字的著作。这部分图书大多由历代各国传教士随携来华,另有一部分是在华传教士的著作,最著名的是高龙鞶(Augustin M. Colombel)的《江南传教史》,以及由光启社组织编写出版的"汉学丛书"(Varietes Sinologiques)六十余种,宗教类图书占西文图书的绝大部分,分为圣经学、教父学、天主教会法典、礼仪等 37 类,欧美各国出版的百科全书、辞典收藏较为齐全。在中国学类下,有《十三经》等中国传统文化经典著作的多种西文译本。天主教图书类下,有许多欧洲早期刻本和近代排印本图书。此类西文珍本图书在世界上均不多见,是徐家汇天主堂藏书楼中最珍贵的藏品。收藏的中文书籍中以地方志书为大宗,至 30 年代中期,入藏方志达 2 100 余种,其中还有少量中国边疆地区的方志,较为罕见。中文书籍的另一特色是各国传教士在华留下的著作,如内有南怀仁运用西方近代科技绘制的《坤舆全图》,该图的全图的印刷件已为世所罕见。《治历疏稿》

初、二、三集,《历法西传》《地震稿》等均有精致的抄本。此外,在搜集中西文化交流史料过程中,藏书楼还向国内外复制了一批中西文化交流的经典作品,如《徐氏庖言》《西洋历法新传》《西儒耳目资》《名理探》《超性学要》《古新圣经》等早期中文版籍。

藏书楼收藏的近代报刊是所藏文献的另一重要部分,西文报刊一般都很齐全,尤其是外国人在中国办的大报更是完整。道光三十年创刊的《北华捷报》,以后又改为《字林西报》(1951年停刊,历时101年)基本不缺。还有清咸丰八年(1858)创刊的《亚洲文会北中国支会会报》,同治十一年(1872)在香港创刊的《中国评论》等都是了解中国近代史实的珍贵资料。创刊较晚的中文报刊,收藏更为丰富。如《上海新报》,创刊于清咸丰十一年,是上海第一份中文报纸,已是海内孤本。同治十一年创刊的《申报》也以藏书楼的收藏最为完整。上海地区中国人自办的早期报纸,如《汇报》(1874年)、《益报》(1875年)、《新报》(1876年)等也有完整收藏,其近代以来国内稍有影响的报刊,藏书楼均有系统的集藏。

藏书楼书库沿袭欧洲早期图书馆建筑模式,别具一格。早年藏书楼基本上由外国教会神职人员管理和使用,极少对外开放。1870年后,有许彬、张渔珊、徐宗泽等中国神职人员出任管理人员。上海新中国成立后,1955年11月14日,市军管会下令接管全部藏书及图书馆专用器具,11月21日起,市文化局等组成工作组正式接收。1956年11月12日,中共上海市委批示同意将徐家汇藏书楼改为上海图书馆分馆。

经过整理充实,成为上海图书馆组成部分的徐家汇藏书楼,于1957年1月开放阅览。除了原耶稣会图书馆的藏书外,上海图书馆还陆续将接收的原亚洲文会图书馆、原海光西方思想图书馆、原鸿英图书馆、原东亚同文书院等不同来源的各类外文藏书调整搬迁至此。

20世纪80年代开始,徐家汇藏书楼收藏的中外文历史文献日益受到学界的关注,海内外学者,利用馆藏文献,在中国新闻史、文学史、教会史、近代上海史等方面做出了大量的研究成果。

1991年,为了配合上海地铁一号线施工,徐家汇藏书楼本拟整体拆除,经巴金、王元化等社会贤达的建言后,仅拆除了藏书楼一楼的一个隔间,其他建筑得以保留。同时对馆藏文献进行了调整,原藏的各类中文文献均转移至其他书库,仅保留1950年出版的各类外文历史文献。

经过对馆藏文献的整理编目,上海图书馆出版了《上海图书馆西文珍本书目》《上海图书馆馆藏旧版日文文献总目》等馆藏旧版外文文献的书目,为读者更好地利用馆藏文献提供了便利。同时在进入21世纪后,在上述书目的基础上,制作、上线了"上海图书馆馆藏旧版西文文献目录数据库""上海图书馆旧日文书目数据库",以新技术手段呈现、揭示馆藏。

2002—2003年,上海图书馆针对徐家汇藏书楼建筑、库房条件和阅览室环境存在的不足,开展了大规模的修复、改造工程,在修旧如旧的基础上,保留原有建筑风貌与特色,同时增设了库房温控、湿控设备,提升了阅览室服务环境。工程结束,重新开放后,徐家汇藏书楼每年接待来自海内外的数千名读者。

2010年,上海图书馆引进了瑞典书商、藏书家罗闻达(Björn Löwendahl)所藏的西方出版的中国主题文献1 551种,时间跨度从1477年至1877年,其中包含有2种"摇篮本"图书。这批藏书也落户于徐家汇藏书楼,成为上海图书馆收藏的旧版外文历史文献的重要组成部分之一。

2003 年修缮后的徐家汇藏书楼外观照

徐家汇藏书楼二楼内景

四、馆藏家谱

　　家谱,又称谱牒、族谱、宗谱等,是记载同宗共祖的血缘集团世系人物和事迹等方面情况的历史图籍,它与正史、方志,构成了中华民族历史大厦的三大支柱,是弥足珍贵的文化遗产。截至 2010 年,上海图书馆藏有家谱 2 万余种 20 万余册,365 个姓氏,覆盖全国 27 个省、自治区、直辖市及特别行政区,是国内外收藏中国家谱原件最多的公藏机构,其数量和质量均为海内外同类收藏之翘楚,有着"全球中国家谱第一藏"之美誉。

上海图书馆藏家谱

【家谱采集】

上海图书馆开馆于1952年7月,在国内图书馆中历史不算太久,而其家谱的庋藏很快异军突起,究其原因,是由于主持者顾廷龙独特的眼光。顾老早年受史学家顾颉刚影响,将正史、方志、家谱列为中国史书三大组成部分,注重家谱的收集工作。上海图书馆家谱除历史遗留外,还通过抢救、购买、移交、捐赠等多种途径,使得家谱的数量如滚雪球般越滚越多,最终跃居全球第一。

历史遗留　上海图书馆正式成立开放之后,家谱随其他古籍一并采购或捐赠而来,散藏于馆藏的普通古籍与善本古籍之中。时藏家谱500余种3000余册,虽然数量不多,但其中不乏善本家谱,自此开启了上海图书馆家谱收藏的历史篇章。是后家谱收藏成为上海图书馆的固态化工作。

抢救　20世纪50年代,是上海图书馆家谱收藏最为集中的一次,当时正逢土改运动,大量家谱被烧,宗祠被毁,成为封建糟粕,而上海图书馆组织人员赴江、浙、沪、皖、赣等地,从造纸厂、废旧物资商店中抢救家谱8011种5.9万余册(含复本)。虽然此批家谱有部分残损严重,复本、残本各占一半,但是数量庞大,约占现今家谱总馆藏量的1/5。此次采集工作意义十分重大。从实质来说,它是一次家谱的抢救性采集,若没有这样突击性的抢救,这批家谱或许早已化为纸浆和尘灰,后人再也无法目睹到这些珍贵的家谱。刘少奇家谱《[湖南宁乡]南塘刘氏四修族谱》就是此次行动中被救下的幸运儿。

购买　20世纪60年代,上海图书馆的采购人员通过多种渠道,从农村、旧书店、私人等处收购旧家谱,其中上海古籍书店、北京中国书店、安徽屯溪古籍书店是主要的购买来源,这些谱的质量均很高,近一半为明朝至清初的家谱。另外从杭州、苏州、长沙、沈阳、南京、济南等地的古旧书店和文物商店采购来的也有一部分。以上诸地共计采购家谱5700余种,2.57万余册(含复本)。这些家谱品种全,数量多,书品较好,其中不乏上乘之作,如徐向前、杨开慧、张承宗等家谱,都是陆续购进的。1996年新馆成立后,更加重视家谱的采集工作,继续加大购谱力度,平均每年投入数百万元专项购谱资金,并通过以民营书店为主进行采购。因家谱是特殊文献,散落和留存于民间,一般情况下依赖于专业收购商走访分散于全国各地的旧书店、个人收藏者甚至村镇的家族成员完成收购。据统计,平均每年采购家谱1500余种1万余册,并形成常态化工作。

移交 家谱移交主要为"文化大革命"期间,从文物仓库、文管会、民政局等机构移交了共1265种1.8万余册(含复本)家谱给上海图书馆保存。是后又从原徐家汇藏书楼纳入家谱90余种400余册(含复本)。

上海图书馆家谱书库

捐赠 旧家谱的捐赠主要为"文化大革命"时,约1100余种,这些家谱的纂修地以江、浙、沪、皖为主,其中包括胡适、周馥、翁同龢、龚自珍、包玉刚等近现代名人的家谱。近年来,由于编修家谱热潮再度兴起,许多家族将各家新修的家谱捐献给上海图书馆,上海图书馆的工作人员几乎每天都能收到从祖国各地寄赠来的新谱,平均每年接受捐赠家谱300—500余种(含复本)。捐赠家谱中也不乏名人家谱,如前外交部部长乔冠华的家谱就是一例。

拍卖 改革开放以后,上海图书馆也尝试拓宽家谱采集途径,通过拍卖的方式征集家谱。1999年11月,上海图书馆赴北京参加嘉德秋季拍卖活动,并成功拍下清仁宗嘉庆第三子和硕敦恪亲王绵恺的家谱《仁宗睿皇帝位下第五子和硕敦恪亲王家谱》(二种)、朝鲜家谱《南阳洪氏族谱》、满族家谱《完颜氏宗谱长白山本支》、《正蓝旗满洲博尔济吉特氏支谱》(二种),合计6种家谱。这六部家谱都达到了善本家谱的标准,特别是《仁宗睿皇帝位下第五子和硕敦恪亲王家谱》属于家谱中的玉牒(即皇帝及皇族家谱),其价值不言而喻。

上述五种来源构成了上海图书馆家谱的整体,它经过几代人的艰辛努力与积累,从而使上海图书馆藏家谱的数量跃居全国之首。至1996年12月上海图书馆新馆成立时,家谱收藏量达到1.18万余种110000万余册,已成为全国家谱原件收藏量最多的公藏机构。

【家谱特色】

数量最多 截至2010年底,上海图书馆共收藏家谱2万余种20万余册,是世界上收藏中国家谱原件最多的公共藏书机构。据统计,《中国家谱总目》共计收录中国家谱52401种,上海图书馆的家谱约占其中的三分之一有余,收藏量雄居世界首位。

覆盖面广 上海图书馆家谱收藏的家谱覆盖全国27个省市,仅西藏、新疆、青海、宁夏、内蒙古阙如。所藏家谱又以浙江为最多,其次为湖南、江苏、安徽、江西、上海、福建、湖北、广东、四川、山东、河南等省。浙江的家谱主要集中在金华、余姚、上虞、慈溪一带。安徽的家谱则以徽州地区为多。

姓氏较多 上海图书馆家谱共计365个姓氏。其中以张姓最多,计748种,其次为陈姓728种,王姓659种,李姓492种,刘姓489种,吴姓476种,周姓434种,朱姓378种,徐姓377种,黄姓363种,杨姓306种,其他胡、金、赵、沈姓等均在200种以上。冷僻姓氏有80余种,如吾、承、是、寻、师、生、危、谌、港、后、平、阳、璩、青、揭等。

品种丰富 上海图书馆收藏有善本家谱 200 余种,包括明代家谱和玉牒(皇族家谱)——《仙源类谱》、康熙皇帝十四子允䄉家谱、嘉庆皇帝第五子绵恺家谱。此外,还有少数民族家谱 15 种,涵盖满、回、蒙、白、土家等民族。另有外国谱 12 种,其中朝鲜 11 种,日本 1 种。

名人家谱众多 上海图书馆藏有名人家谱 200 余种,其中有名宦政要李鸿章、左宗棠、翁同龢,有文人雅士文徵明、董其昌、鲁迅,有科技精英徐寿、贝聿铭,有商界巨子盛宣怀、叶澄衷、张謇、包玉刚等。名人谱不仅有助于对该名人及其家族的研究,而且由于名人常常涉及一些重大历史事件,也给研究他人他事甚至一个时代提供了丰富的资料。

质量较高 主要体现在五个方面:其一,时间跨度长。馆藏家谱自宋代至近年新修谱,各时间段的家谱皆有涉猎,整个时间跨度近千年。馆藏最早的是宋内府抄本《仙源类谱》。这是一部皇族的玉牒,成谱年代约为南宋初年,虽仅存残页一页,但已是弥足珍贵,系国家级文物。其二,善本、孤本较多。收藏家谱中,明刊本共计 226 种,仅次于国家图书馆,最早者为明成化四年(1468)刻本《新安孙氏重续家谱》。家谱中还有不少稿本及纂修底本,均有较高的版本价值。不少谱中有精美的彩绘画像。其三,统宗谱较多。统宗谱约 2 000 余种,其中近 300 部为徽州地区的谱,且多为明代谱。其主要原因是明代徽商兴起,资本雄厚,他们有充足的经济实力从事修家谱建祠堂的活动。徽州地区的家谱,体例完备,结构严谨,多有上乘之作。近代掀起的徽学研究热中,不少就利用了徽州家谱的资料。其四,名人纂修的家谱众多。如明代著名学者程敏政,文学家汪道昆,清代著名校勘家、藏书家钱谦益,一代大儒黄宗羲,大学者孙星衍,文学家姚莹,洋务派代表郭嵩焘,内阁学士陈宝琛,光绪帝师翁同龢,军机大臣、外务部尚书瞿鸿禨,云贵总督岑毓英,藏书家丁丙、丁申兄弟,近代藏书、刻书、目录学家缪荃孙,实业家、教育家张謇,民国政界要人士汪大燮,《清史稿》主编、东三省总督赵尔巽,民国总统徐世昌,民国时中国总商会会长聂其杰,图书馆学家、历史学家柳诒徵,前全国人大常委、中央文史研究馆馆长章士钊,国学大师钱基博等,皆亲自主笔纂修过自己的家谱。其五,同一家族不同时段的续修本较多。上海图书馆保存了部分家族自明清至民国甚至于当代的不同时期的续修本,有的家族多达 10 多次纂修的版本都被完整地保存下来,这不仅使该宗族的历史有了连续性的记载,而且对于研究家谱纂修体例、版式等方面的演变,提供了丰富的实例。

五、馆藏唱片

【概况】

1971 年,上海图书馆成立了全国第一家唱片资料专藏组(唱片组),对政府调拨的唱片开展清点整理工作。1984 年 12 月,"唱片组"更名为"上海图书馆视听资料馆",有计划地采购各种新出版的中外唱片,以及录像带、录音带、激光视盘等,正式对社会公众提供服务。经过几代人的努力,或通过政府调拨,或通过自行采购、参与拍卖方式,或接受社会团体及个人捐赠,馆藏老唱片总数达 21 万张左右,种类从 19 世纪末的蜡筒到 20 世纪 90 年代的黑胶,不论品种还是数量,在国内图书馆界首屈一指。另有古今中外各类特色唱片封套 3 万余张、

馆藏唱片登记簿

珍贵唱机 34 台、其他音像资料 6 万余种、中外乐谱及理论书籍 2 万余册。

2006 年,上海图书馆启动唱片"机读目录"编制工作,参照《中国图书馆分类法》《中国机读目录格式》等对唱片进行计算机规范编目,建立机器可读目录数据(简称 MARC 数据)。至 2010 年底,经筛选确定编目入藏的老唱片合计达 132 740 张,莘庄书库余片约 7 万张。近 76% 为 78 转粗纹唱片,19.4% 为 331/3 转、45 转中密纹唱片,4.6% 为立体声大密纹唱片,其数量具体如下:

确定编目入藏的唱片数量表

品　　　种	唱片数量(张)		
	中　　文	外　　文	合　　计
粗纹唱片	34 457	66 383	100 840
密纹唱片	11 326	14 485	25 811
立体声唱片	528	5 561	6 089
合　　计	46 311	86 429	132 740

【外文唱片】

外文唱片约占馆藏唱片总数的 2/3,有 4 个美国爱迪生公司出品的蜡筒唱片,其余圆盘唱片的年代从 20 世纪初至 20 世纪 90 年代。除了 12 英寸、10 英寸的粗、密纹唱片外,还有直径为 7 英寸的粗纹小唱片。

馆藏爱迪生蜡筒唱片"蓝筒"系列

从语种上看,这些外文唱片涉及英语、俄语、日语、法语、德语、朝鲜语等多语种,包罗亚洲、欧洲、美洲、大洋洲等 130 多个国家和地区的民间音乐,对于研究"西方音乐发展史""世界音乐比较""音乐民俗"等具有非常重要的文献价值。内容上,馆藏外文唱片基本涵盖了从欧洲中世纪、文艺复兴时期、巴洛克时期、古典主义时期到浪漫主义时期音乐家的代表作品;"现代音乐"的主要流派,如德彪西的"印象主义"、斯特拉文斯基的"原始主义"、勋伯格的"表现主义"等都有不同版本唱片收藏。馆藏还有少量古希腊、古罗马时期音乐作品,十九世纪中叶兴起的"民族乐派"作曲家作品也具有鲜明特色。从厂牌看,外文唱片几乎涵盖了如 RCA、CBS - Columbia、Angle、ARCHIV、CAPITOL、EMI、DECCA、London、Deutsche 等知名唱片公司厂牌。

【中文唱片】

上海图书馆收藏的中文唱片中,粗纹唱片占 74%,密纹唱片占 26%,近 50% 为新中国成立前出版。尺寸大到 16 英寸,小到不足 4 英寸。这些唱片记录的艺术门类齐全,时间线连贯,充分体现了中国唱片工业发展的历史轨迹。

馆藏中文唱片品种数量表

年　　代	中文唱片品种数		
	粗纹唱片	密纹唱片	合　　计
190?	488	—	488
191?	481	—	481
192?	2 045	—	2 045
193?	3 343	—	3 343
194?	1 194	—	1 194
195?	2 780	93	2 873
196?	2 238	1 048	3 286
197?	—	1 538	1 538
198?	—	2 187	2 187
199?	—	9	9
时间不详	21	—	21
合　　计	12 590	4 882	17 472

从厂牌看,除了百代、胜利、大中华、哥伦比亚、高亭、蓓开、国乐、开明、人民唱片、中国唱片这些规模较大的唱片公司外,粗纹唱片还有得胜、孔雀、新乐风、太平、百乐、北海、蓝鸟、荣华、福泰、环球、新月、建设、元泰、火尼、飞行、联星、思明、奥德、荣利等各类正副商标,密纹唱片的厂牌更是多达78个。其中,馆藏"中国唱片厂""中国唱片社"出版的各类粗纹唱片合计5 011种18 176张,在国内唱片收藏机构中名列前茅;百代粗纹唱片合计2 291种5 766张,其创立初期出品的清末至第一次世界大战期间灌制手刻片芯粗纹钻针唱片105种124张,内容有京剧、苏滩、粤剧、天津地方戏、潮剧、闽剧、梆子、鼓词等,非常珍贵。

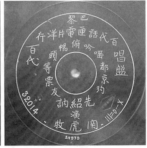

百代手刻片芯粗纹钻针唱片

从内容看,中文唱片不仅有20世纪初至20年代出品的戏曲、曲艺,也有30年代左右出版的民族音乐、民间音乐、流行歌曲、宗教音乐,还有40年代的歌剧、时代歌曲、电影插曲等,新中国成立后各时期的戏曲曲艺、群众歌曲、革命歌曲、民乐及器乐曲、各类教学片、政治人物演讲等也非常有特色。戏曲类唱片收藏最多,尤以京剧为重。京剧唱片占中文唱片总数的25%,仅粗纹京剧唱片就有3 706种10 657张,包含早期老生、旦角、"四大名旦"、"四小名旦"、"四大坤旦"等生、旦、净、末、丑各行当合计约 639 位演员、乐师的珍贵声音资料。粤剧唱片次之,占总量 7%。另有约 95 个其他地方剧种资料和部分少数民族戏曲资料(僮剧、瑶剧、白剧等)。曲艺类唱片约 3 100 种,其中评弹 1 000余种,著名京韵大鼓艺人刘宝全、小彩舞骆玉笙,河南坠子泰斗乔清秀经典作品以及上海滑稽戏开山鼻祖江笑笑、王无能、刘春山的著名桥段均有收藏。此外,馆藏还有不少 20 世纪 30 年代进步作曲家创作的时代歌曲粗纹唱片,具有代表性的有任光的《抗敌行军曲》(34 418 a/b),聂耳的《义勇军进行曲》/《铁蹄下的歌女》(34 848 a/b)、《卖报歌》(34 498 a/b),冼星海《热血》/《黄河之恋》(35 267 a/b)等。1951 年,人民唱片厂录制了由铜管乐合奏和管弦乐合奏组成的《中华人民共和国国歌》粗纹唱片,这是新中国成立后《义勇军进行曲》作为第一版国歌专用演奏录音,为人们所知晓。馆藏有这张首版唱片,编号为 2 - 2073 甲/乙,第一面为 1951 年录音,第二面为1957 年录音。

馆藏百代公司、人民唱片厂录制的《义勇军进行曲》

从制作工艺看,馆藏中文唱片有胶木、金属、塑料薄膜等不同材质,有单面唱片、双面唱片、样片、错片。如:馆藏 1903 年至 1906 年出品的单面唱片为外国唱片公司(或通过洋行)在中国灌录的第一批唱片,共计 345 种 453 张,包括京剧、粤剧、昆曲、滩簧、梆子、口技、笑话等戏曲曲艺。5 张1902 至 1903 年哥伦比亚公司出品的 10 英寸京剧唱片,片芯印有清朝龙旗,是馆藏有明确出品年代的最早的唱片,美国制造。而 1906 年左右出品的哥林巴留声机总公司麦古泥单面唱片,直径 10 英寸,厚度仅 1.18 毫米,在清末单面唱片中非常珍贵,馆藏共 36 种 36 张。1906 年谋得利洋行曾灌制系列京剧唱片,发行编号从“9100”至“9234”共 135 种,馆藏收有其中的 28 种 29 张,24 种在上海发行,4 种在长沙发行,基本都是名家名段,非常难得。

馆藏最早的哥林鼻亚京剧唱片　　　　　　馆藏麦古泥唱片姜善珍唱《活捉》(15885)

1951 年至 1952 年期间,上海唱片公司曾用氧化铁粉末作染色剂制作了一批"红唱片",片芯呈暗红色。馆藏"红唱片"共 11 种 27 张,内容多为革命歌曲与钢琴独奏,存世已不多。1958 年 9 月 28 日,中国唱片厂为了给国庆献礼压制出我国第一批中密纹唱片,录制了 6 种曲目。馆藏《黄河大合唱》(M - 001 甲/乙)就是当时的第一张密纹唱片。另外,彩色透明薄膜唱片也是馆藏一大特色,合计 1 600 种小薄膜唱片和 746 种大薄膜唱片,内容包括各地方戏曲曲艺、民歌、民乐、流行歌曲、教学片等。

馆藏上海唱片公司第一张红唱片《垦春泥》/《新中国的青年》

【唱片数字化与服务】

实体唱片的发展经历了蜡筒、虫胶唱片、黑胶唱片、激光唱片的发展过程。一百多年来,作为记录世界各民族优秀文化艺术的重要载体之一,实体唱片具有很高的研究价值。为了更好地对早期唱片进行抢救性整理、修复,对声音资料进行开发、研究,2009 年 6 月上海图书馆正式启动唱片数字化工作,在不损伤唱片的前提下,通过数字技术使声音得到原始记载。经过三年多的实践,上海图书馆逐步建立了一套唱片数字化流程,包括"查重与品相挑选""唱片清洗""唱片试听""登记素材母版目录""转录数字化""建立数据关联"六个环节。完成数字化转录后,唱片原声以 WAV 无损音频格式作为原始资源存档,片芯上的信息、数字化文件再与唱片机读目录数据一一对应。通过在每条记录中增加的特定字段实现数据关联,可以快速建立起馆藏唱片内容数字化管理系统结构,最终目的是支持面向老唱片内容的可扩展元数据管理。对馆员和读者来说,可根据需求非常方便地调阅声音资料。当需要某一演员演唱的某一个唱段时,只要通过关键词检索,与这个演员或唱段相关的全部信息就会显示在用户界面,轻点鼠标就可以立即聆听到这段音乐。截至 2010 年底,上海图书馆完成了近 500 小时唱片音频采集和数字化存储。

在唱片目录编制和数字化工作的强有力支持下,上海图书馆藏唱片及相关艺术资料的研究和服务开展得有声有色。不仅为文艺界人士提供借听服务、进行唱片翻录,还支持上海人民广播电台、东方电视台、教育电视台等音乐节目的组织、编辑。1999 年,上海图书馆成立艺术研究馆,致力于征集、展示和研究艺术家作品,如俞振飞捐赠的民国初年石印本《长生殿》曲谱,范瑞娟、傅全香捐赠的象征中国唱片最高荣誉的"金唱片"等。此后,除了名家捐赠外,向上海图书馆无偿捐赠唱片及相关艺术资料的其他团体、个人越来越多,有普通市民,也有学者,有来自日本的音乐友人,也有来自美国的同行北卡罗来纳州图书馆。这批唱片和视听资料的入藏,是上海图书馆致力于声像文献的保存与数字化、充实馆藏资源的又一重要收获,补充了馆藏 20 世纪 40 至 80 年代视听资料之不足。截至 2010 年,上海图书馆已经收集了名家捐赠、社会团体及个人捐赠的艺术资料 4 620 种 6 680 件。

这些捐赠资料既体现了老一辈艺术家、社会公众对上海图书馆工作的信任,更是激励上图人将唱片收藏与研究工作更好地发展与传承。2002 年开始,上海图书馆基于对馆藏唱片和捐赠资料的研究,先后举办了"俞振飞百年诞辰纪念"系列活动、"戏曲名家捐赠精品展"、"蒋月泉评弹艺术展"、馆藏唱机展、"远方的鼓声——从实体走向数字化的馆藏唱片展"等活动,出版《长生殿》曲谱线装本,并在上海图书馆视听区长期设立陈列专柜,根据不同主题展陈艺术家捐赠照片、剧照、手稿及其他宝贵资料,在上海图书馆网站制作专栏进行线上推广。馆员还会经常举行京剧名家系列讲座、歌剧沙龙等活动,深受读者好评。这些活动不仅提高了馆藏利用率,也极大提升了工作人员的业务能力。

专记二　复旦大学特色馆藏建设

一、谭其骧文库

"谭其骧文库"是设立在复旦大学中国历史地理研究所,经复旦大学图书馆及该所整理编目,对外开放,供读者馆内阅览的专业性文库。"谭其骧文库"共藏线装书660余种4880册,平装书3200余册,杂志近1000册,其他各类文献资料等664宗,是目前国内唯一的历史地理专业图书资料和档案特藏库。

谭其骧(1911.2.25—1992.8.28),字季龙,浙江嘉兴人,我国著名历史学家、历史地理学家,现代中国历史地理学主要奠基人和开创者之一。生前为复旦大学中国历史地理研究所教授,中国科学院院士,曾任复旦大学中国历史地理研究所所长、历史系主任。是第三、四、五届全国人大代表,首届国务院学位委员会学科评议组历史组成员,国务院古籍整理规划小组成员。谭其骧是中国地理学会的发起人之一,历任理事。还长期担任中国史学会理事、常务理事,上海市历史学会副会长、代会长。谭其骧主编的《中国历史地图集》,是新中国成立以来社会科学最重要的成果之一。

谭其骧去世以后,子女谭德睿、谭德玮、谭德垂、谭德慧经过协商,听取了浙江大学陈桥驿教授、复旦大学周振鹤教授等专家学者的意见,遵照谭其骧遗愿,将家藏全部图书资料和文献捐献给复旦大学中国历史地理研究所。2003年9月图书资料陆续运抵复旦大学,2006年夏史地所迁入光华楼,专设"谭其骧文库"存放这批图书资料,并由办公室和资料室共同负责进行管理和服务。

"谭其骧文库"设立后,中国历史地理研究所专门聘请张修桂教授对这批家藏档案资料进行分类和编目,共整理出日记24本,书信、照片、文稿、证书、地图、笔记等各类资料共计664宗计约2000余件。后谭德睿又捐出整套《考古》和《历史研究》。赵永复也向"谭其骧文库"捐赠谭其骧手稿两件。

"谭其骧文库"所藏线装书,主要为明清刻本,民国以后部分主要为铅印本,还有少量新中国成立后的油印本。其中明刻本3种,清代版本381种,民国版本246种,1949年以后版本30种。这批书中比较珍贵的是清代史学、地理学等著作的初印本,以及十几种清末民国出版的各省舆图。简单介绍如下:

一、明代版本有3种,共18册。

1.《水经注笺》四十卷　明万历四十三年(1615)李长庚刻本　12册

2.《唐国史补》三卷　明末汲古阁刻《津逮秘书》零种　3册

3.《却扫编》三卷　明末汲古阁刻《津逮秘书》零种　3册

二、清代版本381种,其中乾隆年间(1795)以前善本共计10种272册。

1.《河防一览》十四卷　乾隆十三年(1748)重刻本

2.《知不足斋丛书》　乾隆道光间鲍氏刻本

3.《通鉴注辨正》二卷　乾隆五十七年(1792)潜研堂刻本

4.《十国春秋》一百十六卷　乾隆间小石山房印本

5.《四书释地》附续　康熙间刻乾隆间补刻本

6.《潜邱札记》六卷《左分近稿》一卷　乾隆间眷西堂刻本

7.《北梦琐言》二十卷　乾隆间卢氏雅雨堂刻本

8.《净土传灯归元镜》二卷　乾隆四十九年(1784)刻本

9.《太湖备考》十六卷卷首一卷附《湖程纪略》一卷《太湖备考续编》四卷　乾隆十五年(1750)刻光绪二十九年(1903)印本　《续编》为光绪二十九年刻本

10.《灵璧县志略》四卷卷首一卷　乾隆间刻民国间重印本

三、民国版本古籍有 246 种,其中以铅印本居多,为 119 种;刻本有 33 种,影印本 6 种,石印本 67 种。

印本以外还有清至民国时期抄本 6 种,如《西域行程记》《西域番国志》等;木活字本 5 种,如《秦玺始末》一卷、《声韵丛说》一卷、《禹贡古今注通释》六卷等。

四、1949 年以后的版本有 30 种,其中油印本 11 种,影印本 8 种,铅印本 5 种,其他版本 6 种。

"谭其骧文库"藏平装书 3 200 余册,主要是主要为民国以来的史学著作和历史地理类图书,其中不乏一些现代史学家的签名本,如竺可桢、陈垣、顾颉刚、吴晗、侯仁之、何炳棣等。平装书中还有一部分是谭其骧的批校本,比如《中国历史地图集》《二十五史补编》等。

"谭其骧文库"既整体保存了谭其骧六十年来的主要藏书,为研究、整理谭其骧的学术思想提供了便利,更为研究与保存《中国历史地图集》编纂保留了大量的历史文献。曾任中国社科院科研局负责人高德参观时看到 1987 年谭其骧一件手迹"在自己专业领域内,不说老实话,怎么能算是一个真正的学者",很激动地说:"这个就是在八本图最后要出齐的时候,谭先生自己心里想的。我们都知道,最后这个书出版遇到阻力,但谭先生还是坚持他的学术本位。"

"谭其骧文库"建成后,接待数百名来自国内外的专家与学者。海内外历史地理学界许多专家学者和广大学生也多次专门参观,并利用所藏文献资料。

谭其骧文库

二、赵景深藏书

赵景深(1902—1985)为复旦大学中文系教授,初名旭初,曾用笔名邹啸、露明女士、陶明志、卜朦胧、博董、冷眼等。原籍四川宜宾,生于浙江兰溪。早年曾参与新文学创作及出版活动,后长期从事元明清文学研究与教学,为20世纪著名的小说戏曲研究专家。治学之余又以藏书闻名,所藏小说戏曲及通俗文学史料,经数十年搜讨积累,夙以数量丰富、门类齐全、内容独特而驰誉中外。

赵景深藏书多为自购,间有友人赠予者。其藏书活动是为其学术研究服务的,两者同时开始,同步发展。1925年赴沪工作后,他以五四作家作品、新文学理论、外国文学作品和外国文学理论为初期购买重点。1930年执教于复旦大学后,由于讲授古代文学、民间文学课程,研究领域逐步向俗文学转移,同时开始大量购入相关文献。1930年至1955年,他身兼复旦大学教授与北新书局总编辑,撰写和出版了《小说原理》《小说闲话》《小说戏曲新考》《宋元戏曲本事》等著作,在事业发展与学术研究上都处于鼎盛时期。由于当时经济殷实,学养日富,这一时期他所购书籍更具有针对性和系统性。此外,频繁的学术活动与工作关系,使他结交了许多同好学者,扩展了获取藏书的渠道,形成了比较稳定的藏书交游网络。因此,1930年至1955年是赵氏藏书建立的主要时期与关键时期。1956年以后,他购书多以巩固补充为主,所购书籍多为研究所需的参考资料。

查证藏书可知,早在1955年9月,他已向复旦大学图书馆捐赠所藏宝卷文献复本数种,每种外封均有墨笔书"赵景深赠送,一九五五.九.三一"。此当为他向复旦大学图书馆赠书之始。1985年去世后,赵景深夫人李希同女士率子女遵其遗愿,将全部藏书捐赠复旦大学图书馆,并将所得奖金设为校古籍整理研究所元明清文学方向博士生奖学金。遗书经清点,计线装书2 195种8 052册,中文平装书9 000册,外文书200余册。其中新文学史料(如早期小说版本)及通俗文学史料(如抄本弹词小曲)等,不仅极大丰富本校藏书,还吸引了校外乃至海外学者前来访书。

1988年12月,复旦大学图书馆及复旦大学古籍整理研究所编成《赵景深先生赠书目录》。该目为油印本,分为《中文线装书目录》《中文平装书目录》及《外文图书目录》,装定为三册。《中文线装书目录》基本按四部分类法编排,《中文平装书目录》大致按《中国图书馆图书分类法》分类编排。

赵藏线装俗文学书籍近两千种,为其藏书之精华,内容上可略分为戏曲、小说、民间曲艺三类。分布较为平均,以戏曲类为最多,民间曲艺稍次之,小说相对略少。总体而言,赵氏藏书不以版本稀有著称,而是以内容的专门性为特点。

赵景深所藏戏曲文献共逾千种。内容上而言,以地方戏为最多且门类齐全,包括昆剧、京剧、评剧、秦腔、苏滩等20余种,兼有传奇杂剧、曲谱曲律等。版本形态上,则以刻本居多,石印本、铅印本、抄本、稿本兼而有之。版本年代上,以清代为主,另有少数明刻本。

复旦馆藏赵氏曲艺文献总量逾六百种,其中不乏罕靓之本。从地域分布而言,以南方为主,涵盖了从南至北各种曲艺形式。按其内容分类,共有词话(含鼓词、大鼓书)七十三种,岔曲一种,影词十种,弹词一百一十九种,平胡调三十四种,东乡花鼓调五种,潮州歌册六种,南音木鱼书三十二种,龙州歌十三种,道情六种,时调、小曲一百一十一种,宝卷二百零二种。其中,宝卷、弹词、鼓词、山歌俗曲、平胡调等,在质与量上,均有较高研究价值。在版本形态上,他对刻本、石印本、铅印本等易得者,不厌其多,广为搜罗,而于稿本、抄本则特为留心,多有聚积。版本年代上,均为清代以后版本,尤以清末民国初版本为最富。

复旦馆藏赵氏小说文献约三百种,其搜藏小说同样不以版本为尚,而以研究需求为标准,故而其研究著作中常可见其引证自家所藏。就版本而言,赵藏小说文献以清末民国坊刻本居多,亦有一些清刻本。就内容而言,基本涵盖了古典小说的各种类型,形成了比较完整的体系,规模也颇为可观。根据《捐赠目录》的分类,共有丛书九种,合刻二种,短篇二十种,笔记类下列有杂事十五种、别传七种、闲情四十二种、异闻三十二种、琐语九种、谐文十四种、丛钞七种,章回类下列有讲史四十四种、烟粉五种、灵怪二十种、侠义二十三种、人情十八种、才子佳人十三种、英雄儿女六种、狭邪四种、讽刺十五种、劝诫四种,另有翻译小说六种及寓言二种。分类标准虽不尽统一,已可观其大略。

赵景深藏书归诸公藏后,得到了研究者的充分关注,并形成了一些专门性的研究,如江巨荣《赵景深先生的藏书》、丁言昭《赵景深:颇见规模的家庭图书馆》、躲斋《赵景深的藏书情怀》等。此外,亦有一部分赵氏旧藏被当代学者用于俗文学研究。

赵景深藏书

专记三 中国科学院上海生命科学 信息中心中医药古籍藏书

【历史与沿革】

中国科学院上海生命科学信息中心古籍收藏历史可以追溯到1931年设立的上海自然科学研究所。1923年3月30日,日本第36次议会通过"对支文化事业特别会计法";以庚子赔款的余款在中国举办文化事业。日本外务省开始筹备上海自然科学研究所。1931年4月1日,上海自然科学研究所在上海的法国租界内正式设立,地址为岳阳路320号(法租界祁齐路320号)。

上海自然科学研究所下设理学部和医学部,理学部下设物理科、化学科、生物学科、地质学科;医学部下设细菌学科、生药学科(以研究中草药为主)、病理学科,1938年又增设卫生学科。由于科研需要,建立之初,上海自然科学研究所就设立了图书馆,有的学科还设立了图书室。图书馆和图书室收藏了图书期刊以及研究所编辑部编辑出版的刊物,以及一些年代较早的中、西、日、朝鲜文文献,其中就有大量的中医药古籍,用于生物学科、生药学科的研究。

1937年"七七事变"后,8月13日淞沪战争爆发,上海自然科学研究所成了为日军侵略战争服务的机构,包括接收和保管占领区内的图书文件,接收和保管学术标本,受军方委托进行药剂研制等,期间又接收了一批中医药古籍。抗日战争胜利后,1946年,国立中央研究院医学研究所筹备处由重庆东迁至上海,原上海自然科学研究所旧址为所址,原上海自然科学研究所的藏书和编辑部出版发行剩余的刊物由该研究所图书馆接收。

1950年,新成立的中国科学院华东办事处(1955年2月更名为上海办事处)接管并改造了原"国立中央研究院"、国立北平研究院在上海、南京的研究机构,这些机构的藏书也由中国科学院华东办事处接收,目前馆藏的一些中医药古籍中还有"国立北平研究院生物部藏书印"等钤印。这些接收的古籍置于中国科学院图书馆上海分馆。

20世纪五六十年代,图书馆又陆续从上海旧书店和其他单位购买了一些古籍。几经沿革,1962年,中国科学院图书馆上海分馆更名中国科学院华东分院图书馆;1970年,改名上海科技图书馆;1978年,更名中国科学院上海图书馆;1987年,改名中国科学院上海文献情报中心。2002年,中国科学院上海文献情报中心整体并入中国科学院上海生命科学研究院,成立中国科学院上海生命科学信息中心,其下设立生命科学图书馆。当年的馆藏中医药古籍均保存在生命科学图书馆中。

【概况与特色】

丰富的中医药古籍是中国科学院上海生命科学信息中心古籍馆藏的一大特色,自2007年全国古籍普查登记工作开展以来,中国科学院上海生命科学信息中心对馆藏古籍进行了清点普查工作,在已编目的4 886种古籍中,中医药古籍就有1 419种(包括域外汉籍)。包含了医经、医案、本草、方论等中医各类,不仅具有学术研究价值,也具有文化研究价值。

截至2010年,中国科学院上海生命科学信息中心馆藏中医药古籍入选《国家珍贵古籍名录》的有:

1. 新刊黄帝内经灵枢十二卷元后至元五年(1339)胡氏古林书堂刻本;

2. 青囊杂纂八种八卷(明)邵以正编明弘治刻本存二种二卷(济急仙方一卷、仙传济阴方一卷);

3. 医林类证集要十卷(明)王玺撰明成化十八年(1482)春德堂刻本;

4. 新刊补注释文黄帝内经素问十二卷(隋)全元起训解(唐)王冰注(宋)林亿校正(宋)孙兆改误(明)熊宗立句读重刊明成化十年(1474)鳌峰熊宗立种德堂刻本;

5. 急救良方二卷(明)张时彻辑明嘉靖二十九年(1550)刻本。

由于接收了原上海自然科学研究所的藏书,中国科学院上海生命科学信息中心还有不少日本、朝鲜等国外中医药刻本,其中更以日本刻本居多,多为国内其他图书馆所未藏。日本宽文六年(1666)文台屋治郎兵卫藏板刻本《痘疹活幼心法》二卷、日本元禄十一年(1698)洛阳堀川通本国寺前小佐治半右卫门宗贞刻本《广益本草大成》二十三卷、日本大正十一年(1828)本草图谱刊行会刻本《本草图谱》九十三卷、明万历四十一年(1613)朝鲜内医院刻本《东医宝鉴》二十三卷等等,这些古籍对于研究古代中国及周边国家的医学、文化等是不可或缺的珍贵学术资料。

【馆藏珍贵中医药古籍】

《新刊黄帝内经灵枢》十二卷,宋史崧音释。元后至元五年(1339)胡氏古林书堂刻本。半叶十四行二十四字,黑口,四周双边,双黑鱼尾。版框 19.8×12.3 厘米。开本 31.3×18 厘米。线装四册。扉叶钤印一枚:"生药科/图书印"朱文。目录首叶钤印二枚:"相台/霜月"朱方,"淮南/蒋氏/宗谊"朱方。此元刻本是世界上现存最早的版本,仅国家图书馆和中国科学院上海生命科学中心有藏,弥足珍贵,入选第三批《国家珍贵古籍名录》。

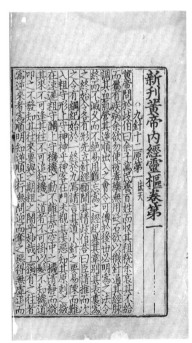

《新刊黄帝内经灵枢》首卷卷端　　　　　　　《本草图谱》内页《甘草》

《本草图谱》九十三卷,《索引》二卷岩崎常正著,白井光太郎考订和名,大沼宏平考订学名。日本大正十一年(1828)本草图谱刊行会刻本。版框 20.7×14.9cm,开本 25.8×17.5cm。线装九十五册十二函,封面钤印"生药科/图书印"阳文朱方,内封钤印"宇宙一本/岩崎必究"阳文朱方,序末钤印二枚"灌园/之印""岩崎/常正"阴文朱方。《本草图谱》为十九世纪初日本本草学家岩崎常正自行栽植、记录、研究药用植物近2 000种,摹拟真实植物绘制版画,并根据《本草纲目》《救荒本草》增补修订而成的日本最早的植物图鉴。此书"此图谱彼此形状及同种异品,详悉写生,画为双钩,使精工雕刻,刷毕,又别命画工施彩,费用浩穰,故着色本,待钩者所求耳"。颇具艺术价值,由十数种颜色套印而成,精美工致,且极富研究价值,为研究中医药学的重要文献。

附 录

一、公共图书馆系统

上海市区县图书馆管理办法

(1987 年 9 月 26 日　上海市人民政府)

第一章　总　　则

第一条　为了加强区县图书馆工作的管理,充分发挥区县图书馆在社会主义物质文明和精神文明建设中的作用,根据国家有关规定,结合本市实际情况,制定本办法。

第二条　本办法适用于本市区县图书馆及其分馆和少年儿童图书馆。

第三条　区县图书馆在区县文化局领导下开展工作,业务上接受上海市图书馆的指导。

第四条　区县图书馆是国家举办的综合性公共图书馆,是社会主义文化事业的组成部分,是社会文化教育机构,是本地区藏书、业务研究、辅导和馆际协作的中心。

第五条　区县图书馆的服务应面向社会,外借图书以本地区机关、团体、企业事业单位和居民为主。

第六条　区县图书馆的活动,要以社会效益为最高准则。其主要任务:

(一) 宣传马克思列宁主义、毛泽东思想,宣传党和国家的方针、政策和法律;

(二) 传播科学文化知识,丰富群众文化生活;

(三) 开发文献信息资源,为本地区经济建设和社会发展做好信息咨询服务工作;

(四) 科学采集书刊资料,搜集、整理、保存和借阅地方文献资料;

(五) 对基层图书馆(室)进行业务辅导,开展馆际协作等活动。

第二章　馆舍和设置

第七条　区县人民政府应在本地区内设立区县图书馆和少年儿童图书馆,并根据本地区城乡建设发展的需要,相应设置区县图书馆的分馆。扩建和新建馆舍,应纳入市或区县基本建设规划。

第八条　区县人民政府应建设适应图书馆特点和需要的馆舍。

馆舍面积应根据居住区的人口数、藏书量和阅览座位的设置规模确定。

第九条　区县图书馆的藏书,应逐步达到本地区人均一册;阅览座位应达到本地区千人一席。

第三章　藏书建设

第十条　区县图书馆应根据本馆任务、地区特点和发展规划,制定采购原则,有计划、有选择和有重点地补充藏书。

第十一条　区县图书馆入藏书刊,一般应以中文书刊资料为主,并搜集、保存地方文献。入藏报纸以全国性和本市出版的为主;其他省级出版的报纸根据需要选订。

少年儿童图书馆应根据少年儿童的特点,入藏图书。

区县图书馆应创造条件,增添声像资料等新型知识载体的入藏。

第十二条　区县图书馆对入藏的书刊应及时验收登记。新到的图书应尽快分编、上架、投入流通，期限最长不超过十天；期刊应在收到的第二天投入流通；报纸应在收到的当天投入流通。

第十三条　图书必须按照《中国图书馆图书分类法》和国家颁布的文献著录标准进行分类和著录，做到分类、编目的规范化、标准化。

第十四条　区县图书馆应分设读者目录和公务目录，读者目录和公务目录均应包括分类目录和书名目录。有条件的区县图书馆，可逐步增设著者目录。

区县图书馆应加强目录管理，经常检查补换目录，做到书卡相符。

第十五条　区县图书馆应设流通书库和备用书库。流通书库的藏书供阅览和外借使用；备用书库对流通书库起补充和调节作用。

第十六条　区县图书馆的藏书应定期清点，一般三年清点一次。除地方文献外，图书资料一般不留保存本；全国性和本市的主要报刊应适当保存一段时间，其他报刊可不保存。

第十七条　凡在日常流通中遗失、破损的书刊，应及时注销；失去流通价值的书刊，应定期清理剔除，以保证藏书质量。

区县图书馆剔除报废书刊，应将剔除报废的原因、范围和处理办法报区县文化局批准后实行。

第十八条　区县图书馆除可根据国家有关规定停止某些书刊的公开借阅外，不得另立标准封存停阅书刊；不得对入藏和借阅的书刊作涂改和撕剪等技术处理。

第十九条　区县图书馆必须健全书库管理制度，切实做好图书的防火、防盗、防潮、防蛀和防鼠等防护工作，并做好图书的装订和修补等工作。

第四章　读者工作

第二十条　区县图书馆应加强读者服务工作，做到文明礼貌服务，不断提高服务效率和服务质量。

第二十一条　区县图书馆应挖掘潜力，尽量延长开放时间。区图书馆每周开放时间不得少于七十四小时；县图书馆每周开放时间不得少于四十二小时。因故暂停开放或缩短开放时间的，应报区县文化局批准，并事先对外通告。

第二十二条　区县图书馆应主要通过馆内阅览、个人和集体外借图书以及馆际互借图书等形式广泛流通图书，积极为读者服务。区县图书馆应逐步创造条件，实行开架借阅，开展缩微资料和声像资料的服务工作。

县图书馆应配备图书流动车，深入农村，开展图书流通等业务活动。

第二十三条　区县图书馆馆内阅览一般应分设图书阅览室和报刊阅览室；有条件的区县图书馆可设置分科阅览室和声像资料室。少年儿童图书馆应分设中、小学生阅览室；暂时无少年儿童图书馆的，应在区县图书馆内设置少年儿童阅览室，并办理少年儿童图书的外借。

第二十四条　区县图书馆应一至两年对领证读者进行一次复核整顿，并根据群众的需要，经常、广泛地发展新读者，不断提高藏书利用率。

第二十五条　区县图书馆应积极开展书刊参与咨询工作，主动为有关单位或个人提供信息资料，编制专题书目索引，做好专题跟踪服务。

第二十六条　区县图书馆应经常通过新书陈列展览、报告会、辅导讲座、座谈会、书刊评论介绍等方式，向读者推荐书刊，指导阅读；并应加强对少年儿童读者的阅读辅导。

第二十七条　区县图书馆应经常对读者进行爱护书刊的宣传教育，健全借阅制度。读者损坏书刊,应按有关规定予以赔偿。

对故意扰乱图书馆公共秩序、违反社会治安管理的人,经馆内工作人员劝阻教育无效的,区县图书馆可提请公安部门依法处理。

第五章 业 务 辅 导

第二十八条 区县图书馆应加强对本地区街道、乡镇图书馆(室)的业务辅导,有步骤地做好对街道、乡镇图书馆(室)工作人员的业务培训,帮助他们提高业务水平。

第二十九条 区县图书馆应加强调查研究,掌握本地区街道、乡镇图书馆(室)的基本情况、动态和存在问题,并及时向有关部门反映情况,提出建议,促进基层图书馆事业的发展。

第三十条 区县图书馆应加强与本地区工厂、中小学等单位图书馆(室)的联系,在书刊采购、交换,馆(室)际互借和干部培训等方面进行协作,逐步形成本地区的图书馆网。

第六章 经 费 和 设 备

第三十一条 区县图书馆经费由地方政府财政拨款,主管部门应保证必要的经费。随着区县图书馆事业的发展,图书购置费和业务活动费应逐年有所增加。

图书购置费必须专款专用。

第三十二条 区县图书馆在努力搞好本职工作的基础上,可根据社会需要,因地制宜地开展复印、专题咨询、举办辅导班等有偿服务。其所得投入,按有关规定合理分成使用。

第三十三条 区县图书馆应有计划地添置图书馆必要的专用设备,逐步实现图书馆管理和服务手段的现代化。

第七章 工 作 人 员

第三十四条 区县图书馆的人员编制,应随着图书馆规模的扩大、业务工作量的增加以及社会经济的发展,相应有所增加。

第三十五条 区县图书馆应尽量减少非业务人员,行政工作人员的比例不得超过百分之十八。区县图书馆可聘用临时工承担非业务性的辅助工作。

第三十六条 区县图书馆实行馆长负责制。馆长负责领导全馆的业务、行政工作。

馆长应由具备较高的政治、文化、业务水平,能胜任本职工作的人员担任。

第三十七条 区县图书馆业务工作人员应具有较好的政治、业务素质和高中以上文化程度,其中大专以上文化程度应不少于总编制的百分之二十。

第三十八条 区县图书馆招收工作人员,应进行考核,并试用一年。不符合条件者,不予录用。

第三十九条 区县图书馆应根据国家有关规定,对工作人员进行专业职务评定,实行专业职务聘任制。

第四十条 区县图书馆工作人员不得随意借调;对不适应从事图书馆工作的人员,应适当调整。

第四十一条 区县图书馆应重视和支持在职工作人员学习进修,不断提高工作人员的文化、业务水平。

第四十二条 市和区县有关主管部门和区县图书馆应重视改善区县图书馆工作人员的工作和生活条件,保障他们的劳动保护和福利待遇。

第八章 附 则

第四十三条 区县图书馆应在上海图书馆的指导下,根据本办法制订工作细则,报区县文化局批准后实行。

第四十四条 本办法由市文化局解释。

第四十五条 本办法经市人民政府批准,自一九八七年十月一日起施行。

上海市公共图书馆管理办法

(1996 年 11 月 28 日上海市人民政府发布)

(根据 2002 年 11 月 18 日上海市人民政府令第 128 号修正并重新发布)

第一章 总 则

第一条(目的)

为了加强对本市公共图书馆的管理,充分发挥公共图书馆在社会主义物质文明和精神文明建设中的作用,推动公共图书馆事业的发展,满足人民群众对科学、文化知识的需求,制定本办法。

第二条(定义)

本办法所称的公共图书馆,是指政府举办的,向社会公众开放的收集、整理、保管和利用图书、报刊、音像制品、电子出版物等书刊资料的公益性文化机构,包括市图书馆、区(县)图书馆、和街道(乡、镇)图书馆。

第三条(适用范围)

本办法适用于本市行政区域内公共图书馆的设置、使用及其监督管理。

第四条(主管部门和协管部门)

上海市文化局(以下简称市文化局)对全市公共图书馆实施统一管理。各区(县)文化行政管理部门按照管理权限,负责本辖区内公共图书馆的管理。

各级财政、规划、人事、物价、建设、教育、新闻出版、广播电影电视、房产、土地和邮电管理部门应当根据各自职责,协同文化行政管理部门实施本办法。

第五条(设置原则)

各级人民政府和街道办事处应当根据本地区的人口分布情况和图书馆事业的发展需要,对辖区内各级公共图书馆的设置实行统筹规划。

公共图书馆按照行政区域分级设置。有条件的地区,应当设置独立建制的少年儿童图书馆;无独立建制少年儿童图书馆的地区,应当在公共图书馆内开设少年儿童图书室。

第六条(管理原则)

本市公共图书馆的管理,实行统一领导、分级负责、专业管理的原则。

第二章 设 置

第七条(设计方案的备案)

新建、改建、扩建公共图书馆,建设单位应当按照下列规定将图书馆的设计方案报送文化行政管理部门备案:

（一）市和区（县）图书馆的设计方案报市文化局备案；

（二）街道（乡、镇）图书馆的设计方案报区（县）文化行政管理部门备案。

第八条（馆舍面积）

区（县）图书馆的建筑面积应当达到 5 000 平方米以上；街道（乡、镇）图书馆的建筑面积应当达到 100 平方米以上。

市图书馆建筑面积的要求，由市文化局另行规定。

第九条（阅览座位）

区（县）图书馆的阅览座位总数与本区（县）内街道（乡、镇）图书馆的阅览座位总数之和，应当达到本区（县）人口总数的 2‰。

区（县）图书馆的阅览座位应当达到 500 席以上；街道（乡、镇）图书馆的阅览座位应当达到 50 席以上。

第十条（布局要求）

公共图书馆分为阅览用房、藏书库房、办公用房和其他用房。

公共图书馆可以根据工作需要，开设图书、报刊、音像制品和电子出版物等阅览室。

第十一条（设置登记）

市和区（县）图书馆应当自设置之日起 30 日内，向市文化局办理设置登记手续；街道（乡、镇）图书馆应当自设置之日起 30 日内，向区（县）文化行政管理部门办理设置登记手续。

第十二条（改变公共图书馆使用性质的限制）

公共图书馆的阅览用房和藏书库房必须严格管理和保护，不得任意占用。确需占用公共图书馆的阅览用房或者藏书库房的，应当按照下列规定办理审批手续：

（一）市和区（县）图书馆向市文化局提出申请，市文化局自受理申请之日起 15 日内作出审批决定；

（二）街道（乡、镇）图书馆向区（县）文化行政管理部门提出申请，区（县）文化行政管理部门自受理申请之日起 15 日内作出审批决定。

禁止在公共图书馆内设置营业性文化娱乐场所。

第十三条（终止与变更）

公共图书馆合并、分立、撤销或者变更馆址、馆名的，应当按照本办法第十二条规定的程序，向文化行政管理部门办理审批手续。

经批准合并、分立、撤销或者变更馆址、馆名的公共图书馆，应当自发生上述情况之日起 30 日内，按照本办法第十一条规定的程序，向文化行政管理部门办理合并、分立、撤销或者变更登记手续。

第三章　书刊资料的收藏

第十四条（收藏量）

区（县）图书馆书刊资料的收藏量应当达到 50 万册以上；街道（乡、镇）图书馆书刊资料的收藏量应当达到 1 万册以上。

市图书馆书刊资料收藏量的要求，由市文化局另行规定。

第十五条（收藏重点）

市图书馆重点收藏专利文献、标准文献、本市的地方文献和国内出版社、报社、杂志社等出版单位出版的报刊、丛书、多卷书以及国外主要出版物；

区（县）图书馆重点收藏本区（县）的地方文献和本市出版社、报社、杂志社等出版单位的主要出版物。

第十六条（目录管理）

公共图书馆应当及时对入馆的书刊资料进行验收、登记、分类、编目，并建立完善的书刊资料目录系统，安排专人负责管理，做到定期检查核对，保持书刊资料与目录相符。

书刊资料的分类、编目工作，按照国家规定的统一标准进行。

市和区（县）图书馆应当建立书刊资料目录数据库，实现计算机联网检索。

第十七条（投入借阅的时间要求）

公共图书馆的书刊资料投入借阅的时间要求是：

（一）报纸在收到的当天投入借阅；

（二）期刊自收到之日起 2 日内投入借阅；

（三）其他书刊资料自收到之日起 15 日内投入借阅。

第十八条（书刊资料的清理）

公共图书馆应当定期做好书刊资料的清理工作，并将清理结果报市文化局或者区（县）文化行政管理部门备案。

第十九条（出版物样本的送缴）

除特殊种类或者出版数量较少的出版物外，本市出版社、报社、杂志社等出版单位应当自本单位出版书刊资料之日起 30 日内，将样本送缴市图书馆收藏，具体送缴办法由市文化局另行制定。

第四章　工作人员、设备与经费

第二十条（馆长的条件）

公共图书馆设馆长 1 名、副馆长若干名。市图书馆馆长应当由具有高级专业技术职称的人员担任，区（县）图书馆馆长应当由具有中级以上专业技术职称的人员担任。

第二十一条（工作人员的配备）

市和区（县）图书馆应当配备一定数量的专业技术人员和管理人员，具体要求由市人事局会同市文化局另行规定。

街道（乡、镇）图书馆应当配备具有初级以上专业技术职称的专业技术人员。

第二十二条（培训与考核）

市文化局和区（县）文化行政管理部门应当定期对公共图书馆的专业技术人员和管理人员进行业务培训与考核。

第二十三条（专用设备的配置）

公共图书馆应当根据工作需要，逐步配置电子计算机和视听、复印、缩微、传真等专用设备。

第二十四条（经费保证）

市和区（县）图书馆的经费，分别由市和区（县）财政拨付。

街道（乡、镇）图书馆的经费，由街道办事处（乡、镇人民政府）予以保证，区（县）人民政府给予适当的支持。

公共图书馆的经费应当根据国民经济和公共图书馆事业的发展，逐年有所增加。

公共图书馆的建设资金可以多渠道筹集。政府鼓励单位和个人向公共图书馆捐资、捐书。

第二十五条（书刊资料购置费使用的监督）

公共图书馆的书刊资料购置费必须专款专用。

公共图书馆书刊资料购置费的使用，受财政、审计主管部门的监督。

公共图书馆应当于每年1月，将上一年度书刊资料购置费的使用情况向其上级主管部门和文化行政管理部门报告。

第五章　读者服务工作

第二十六条（开放时间）

各级公共图书馆每周开放的时间应当达到下列标准：

（一）市图书馆为70小时以上；

（二）区（县）图书馆为63小时以上；

（三）街道（乡、镇）图书馆为49小时以上；

（四）独立建制的少年儿童图书馆和公共图书馆开设的少年儿童图书室为36小时以上。

市和区（县）图书馆应当每天（包括节假日）向读者开放。独立建制的少年儿童图书馆与公共图书馆开设的少年儿童图书室周六、周日和学生寒暑假期间每天的开放时间不得少于8小时。

第二十七条（借阅方式）

公共图书馆可以采用馆内借阅、外借阅读（包括邮寄、电话预约等）、流动借阅等多种服务方式。

第二十八条（借阅范围）

除国家规定对某些书刊资料停止公开借阅外，公共图书馆不得另立标准，限定书刊资料的公开借阅范围。

第二十九条（阅读指导）

公共图书馆应当采用图书展览、辅导讲座和组织群众性读书活动等多种形式，向读者推荐优秀读物，指导读者阅读。

第三十条（信息服务）

公共图书馆的工作人员应当为读者提供书刊资料信息，解答读者有关阅读方面的咨询，指导读者查找书刊资料。

公共图书馆应当根据读者需求，为读者做好专题信息收集、参考资料编写和书刊资料的代查、代译等工作。

第三十一条（读者义务）

读者应当自觉遵守公共图书馆的借阅规则，馆内借阅时应当出具有效身份证件；需外借阅读的，应当办理外借证件。

读者应当爱护公共图书馆的书刊资料和其他公共设施。损坏、遗失书刊资料的，应当予以赔偿，赔偿标准由市文化局另行规定。

第三十二条（收费规定）

公共图书馆对图书、报刊借阅实行免费服务。

公共图书馆为读者收集专题信息，编写参考资料，提供音像制品、电子出版物借阅服务或者进行代查、代译、复印书刊资料等工作时，可以适当收取费用。具体收费标准由市文化局会同市财政局、市物价局另行规定。

第六章　辅　导　与　协　作

第三十三条（业务辅导）

市和区（县）图书馆应当设立业务辅导机构，协助文化行政管理部门做好对本地区基层图书馆的情况调查和业务辅导工作。

第三十四条（业务协作）

公共图书馆之间应当互相合作，并加强与其他系统图书馆的联系，在书刊资料采购、交换和借阅服务等方面进行协作，实现馆藏资源共享。

第七章　奖　　　惩

第三十五条（奖励）

对向公共图书馆捐资、捐书以及其他为公共图书馆事业发展做出贡献的单位和个人，市文化局和区（县）文化行政管理部门应当给予奖励。

第三十六条（对违反本办法规定的处理）

违反本办法规定，有下列行为之一的，由市文化局或者区（县）文化行政管理部门责令补办有关手续或者限期改正；情节严重的，给予通报批评：

（一）新建、改建、扩建公共图书馆未按规定将图书馆的设计方案报送文化行政管理部门备案的；

（二）未经批准占用公共图书馆阅览用房或者藏书库房的；

（三）未经批准合并、分立、撤销公共图书馆或者变更公共图书馆馆址、馆名的；

（四）将书刊资料购置费挪作他用的；

（五）未按时向读者开放公共图书馆的；

（六）任意限定书刊资料公开借阅范围的。

违反本办法规定，擅自向读者收取服务费用或者超额收取服务费用的，由市文化局或者区（县）文化行政管理部门责令限期返还违法收取的费用，向读者公开赔礼道歉；情节严重的，给予通报批评。

第八章　附　　　则

第三十七条（里弄、村图书室的设置）

街道办事处和乡、镇人民政府应当对辖区内里弄图书室和村图书室的设置进行统筹规划。里弄和村设置图书室的具体办法由市文化局另行制定。

第三十八条（应用解释部门）

本办法的具体应用问题，由市文化局负责解释。

第三十九条（施行日期）

本办法自 1997 年 1 月 1 日起施行。1987 年 9 月 26 日上海市人民政府批准的《上海市区县图书馆管理办法》同时废止。

上海市人民政府令　　第 128 号

《上海市人民政府关于修改〈上海市公司登记管理的若干规定〉等 20 件规章部分条款的决定》已经 2002 年 10 月 28 日市政府第 146 次常务会议通过，现予发布，自 2003 年 3 月 1 日起施行。《上海市公司登记管理的若干规定》等 20 件规章依照本决定修正后重新公布。

上海市人民政府关于修改《上海市公司登记管理的若干规定》
等 20 件规章部分条款的决定

（2002 年 11 月 18 日上海市人民政府令第 128 号发布）

市人民政府决定对《上海市公司登记管理的若干规定》等 20 件规章的部分条款做如下修改：

16.《上海市公共图书馆管理办法》

一、第七条修改为：

新建、改建、扩建公共图书馆,建设单位应当按照下列规定将设计方案报送文化行政管理部门备案：

（一）市和区（县）图书馆的设计方案报市文化局备案；

（二）街道（乡、镇）图书馆的设计方案报区（县）文化行政管理部门备案。

二、第三十六条第一款第（一）项修改为：

新建、改建、扩建公共图书馆未按规定将图书馆的设计方案报送文化行政管理部门备案的。

关于本市实施文化信息资源共享工程的通知
上海市文化广播影视管理局

各区（县）文化（广）局、财政局,各有关单位：

　　为贯彻落实文化部、财政部《关于实施全国文化信息资源共享工程的通知》（文社图［2002］14号）精神,采用先进的科学技术手段,向广大人民群众传送丰富的文化信息,进一步巩固基层文化阵地,活跃本市的群众文化生活,充分发挥文化信息资源在发展经济、提高人民群众思想道德和科学文化素质等方面的重要作用,本市在去年实施了文化信息资源共享工程（以下简称“共享工程”）,成立了全国文化信息资源共享工程上海市分中心（以下简称“市分中心”）。经市委宣传部批准,本市“共享工程”工作由市文化广播影视管理局牵头。市分中心设在上海图书馆,并由上海图书馆具体建设、运行和管理。

　　现将《上海市文化信息资源共享工程建设方案》印发给你们,并就有关事项通知如下：

　　一、充分认识实施“共享工程”的重要意义,加快实施和推进本市的“共享工程”工作。

　　“共享工程”是一项公益性的文化建设项目,采用现代信息技术,对文化信息资源进行数字化加工和整合,通过网络最大限度地为社会公众享用的文化工程。对全国来讲,通过实施“共享工程”,整合全国优秀的文化信息资源,为基层群众特别是老、少、边、穷地区解决“看书难、看戏难、看电影难”的问题。对上海来说,就是要对全市的文化信息资源进行整合,让上海市民都能欣赏包括上海在内全国各地的优秀文化作品。实施“共享工程”,是要进一步盘活本市丰富的信息资源,通过网络将文化信息资源送进千家万户,用我国丰富的优秀文化信息资源来占领我们的文化阵地,为塑造上海城市精神,提高人民群众的思想道德素质和科学文化素养发挥积极的作用。

　　各区（县）文化（广）局、财政局和有关单位一定要从贯彻“三个代表”重要思想和党的十六大精神,要从继承和弘扬中华优秀文化,实施“科教兴国”“以德治国”的高度来认识实施“共享工程”的重要意义。实施“共享工程”,不仅把文化信息资源进行数字化,丰富文化传播和活动的内容,更重要的是让基层群众能够看到我国丰富的文化优秀作品。因此,各区（县）文化（广）局要积极组织实施“共享工程”基层中心的建设工作,各区（县）财政局要积极支持和配合,共同推进工程的顺利开展。

二、逐步完善文化信息资源的服务系统,共同推进本市"共享工程"的工作目标。

"共享工程"的建设目标是把文化信息资源传送到本市城乡基层文化网点和群众身边,要坚持公益性为主。按照"两级政府,两级管理"原则,"共享工程"建设任务由市和区(县)文化部门分别组织实施,建设经费纳入同级财政预算。

"共享工程"实施所涉及市、区(县)和街道(乡镇)等各级文化单位,要充分利用现有的网络和软、硬件环境整合现有的文化艺术资源来实现共建共享,不搞重复建设。针对本市的具体情况,本市"共享工程"将分三个阶段实施。2003年为第一阶段,完成20个基层中心联网,完成10 GB的资源建设总量并提供服务。2004年为第二阶段,完成30个基层中心联网,在第一阶段基础上再完成10 GB的数字化资源建设并提供服务。2005年为第三阶段,在前两个阶段基础上完成共30 GB的数字化资源建设并提供服务,完成30个基层中心建设与联网,基本形成本市"共享工程"服务网络。

市分中心要按照本市"共享工程"实施要求,按照国家中心制定的技术标准,分阶段推进自身建设,并指导各级基层中心的建设工作。各区(县)和各有关文化单位要按照本市的建设目标,在对本地区本单位的文化设施和设备状况、计算机网络连接状况的调查研究的基础上,制定出适合本地区本单位实际的实施计划和建设目标。

三、积极创造条件,抓紧落实,全面构建并完善本市的"共享工程"服务体系。

实施"共享工程"要依托现有的文化设施网点,以各级公共图书馆为实施主体。因此,它与基层文化设施网点建设、图书馆网络化、数字化建设紧密相关,互为促进。各区(县)和各级有关文化单位要把"共享工程"的实施纳入文化事业建设的整体规划,在设备、人员、资金等方面统筹考虑,给予保障,确保本市"共享工程"的建设目标如期完成。各级公共图书馆要加强文献信息资源建设和自动化、网络化建设,加强对专业人员的培养,为实施"共享工程"全面构建和完善本市"共享工程"服务体系打好基础。

附 上海市文化信息资源共享工程建设方案

上海市文化广播影视管理局
上海市财政局
二○○三年十二月三日

上海市文化信息资源共享工程建设方案

全国文化信息资源共享工程是文化部、财政部共同策划、推进的一项国家文化建设项目,根据上海市文化信息资源共享工程工作领导小组的意见,将全国文化信息资源共享工程上海市分中心设在上海图书馆,具体负责实施这项工程。为此,提出建设方案如下:

一、总体目标

1. 网络框架。建设全国文化信息资源共享工程上海市分中心(以下简称"市分中心"),以及与80个区县、街道(乡镇)基层中心的联网。

2. 资源框架。在积极引进全国文化信息资源共享工程国家中心(以下简称"国家中心")的数字化资源基础上,完成上海地区文化信息资源的数字化建设。每年由参建单位和市分中心共同完成10 GB的数字化资源建设,并整合到市分中心的平台上,争取将上海本地的优秀戏曲戏剧作品、优秀音乐舞蹈作品、优秀电影作品、优秀美术作品、珍贵文物进行数字化,并提供网上服务。同时,整合社会文化信息资源,支持文化信息共建共享的基础信息资源。

3. 服务框架。通过市分中心,统筹规划,统一标准,建立的文化信息资源整合平台,利用由市分中心、两个层面(即区县级和街道、乡镇级)的基层中心组成的三级网络开展服务,并同时与国家中心的数字化资源保持同步更新,开展上海地区文化信息资源共享工程工作。

二、信息化平台建设

1. 网络建设:以现有的市分中心和各基层中心的网络设施为基础,进一步建立、完善和充实满足本地区文化信息资源共享工程需求的网络基础设施,充分利用上海地区网络宽带设施比较完善的特点,将基本利用现有的各中心宽带网络设施进行扩充,卫星通信手段将视情况作为备用设施。市分中心将充分利用上海电信提供的 100 MB Internet 专线提供与国家中心和上海基层中心的联网运作。上海地区具备局域网条件的区县图书馆、文化馆、各参建单位将充分利用现有的 Internet 宽带网络基础设施进行扩充,采用 ADSL、Frame Relay 或 DDN 专线、IP MAN 宽带城域网、有线通机顶盒等多种方式,出口带宽争取达到 1—2 MB,视各单位具体情况不同可有所选择和调整。

2. 文化信息资源共享系统:

(1)市分中心硬件部分包括资源加工服务器、资源发布与服务器、多媒体点播服务器、存储设备以及多媒体加工设备等分别用于资源加工和元数据加工,资源发布以及多媒体加工和发布服务。

(2)市分中心的软件包含操作系统、数据库系统、Web 发布系统、多媒体压缩和加工软件、通信和 FTP 软件、共享工程应用服务系统的 5 大模块统称数字资源加工与发布系统和省级分中心数字资源交换系统(资源加工模块、资源发布模块、资源调度模块、资源发送模块、资源索取模块),网络信息安全系统及软件等。

(3)基层中心硬件部分包括:资源发布与服务器、多媒体点播服务器、投影机和幕布。

(4)基层中心软件部分包括:操作系统、数据库系统、Web 发布系统、通信和 FTP 软件、共享工程应用服务系统的 2 大模块统称基层中心数字资源交换系统(资源发送模块、资源索取模块)。

三、数字化资源建设

1. 文化信息资源提供。目前资源提供的主要有市文化广播影视管理局、上海图书馆、市旅游委、上海博物馆、市教委、文广集团、解放报业集团、文新报业集团。

资源提供原则上在精不在多,各单位提供的资源应当是代表各单位特点和特色的精品,主要格式可以是已经数字化的多媒体资料,也可以是文字、图片、声像等原始资料提供再加工,或者是已经或准备在 Web 上发布的资料等,资源提供的经费预算将主要计入市分中心的预算,各基层中心需要自行组织加工数字化资源的,计入各基层中心的经费预算。主要包括:

(1)曾获市级以上奖项的优秀文艺作品,特别是国家级或有全国影响力的代表作;

(2)戏曲和戏剧作品的代表作;

(3)曾获国家级或市级优秀文艺汇演的优秀作品;

(4)曾获国家级或市级奖的优秀音乐、舞蹈、美术、电影作品以及代表作;

(5)国家一级、二级文物的多媒体资料或文字、图片、声像原始资料;

(6)曾获国家级或市级奖及优秀的科普读物、多媒体资料或文字、图片、声像原始资料;

(7)各种国家级或市级获奖及优秀旅游景点的多媒体资料、世界文化遗产或国家级旅游景点、文化旅游胜地的多媒体资料或文字、图片、声像原始资料;

(8)各种书目信息和联合目录信息;

(9)其他各种优秀文化信息资源。

2. 数字化资源建设标准。根据国家中心提供的元数据加工平台,通过组织人员,市场招标以及市场化运作的形式,自行组建市分中心元数据加工平台、多媒体数字化加工转换平台、数字化整合与发布平台、共享工程管理平台进行数字化资源加工整合提供服务,优化资源数字化的加工流程,形成行之有效和高效运行的模式。其中最重要的元数据标准将在国家中心的元数据平台和标准上进行适当扩充以符合上海目前的实际情况,并将加工的数字化资源中的元数据与国家中心进行开放接口转入、字段或数据库表映射,或由国家中心开放数据库表结构并生成新的数据库,通过元数据与对象数据的链接形成完整的数字资源发布平台。目前具体的元数据规范涉及不同的资源类型(音乐、舞蹈、电影、戏剧、戏曲等多媒体资源)需要不同的元数据规范,准备在基本的核心元数据集的基础上根据不同资源类型进行适当扩展而成。

3. 资源更新与同步方式:资源同步与更新涉及国家中心与市分中心、市分中心与基层中心之间的资源更新与同步方式,主要采取方式:① 市分中心由国家中心通过硬盘拷贝方式,一次性安装更新到位;② 基层中心由市分中心以硬盘拷贝方式,安装到基层中心服务器内;③ 一次性安装完成后的日常更新与同步,采用非实时更新策略,通过公共通信网络和 Internet 或者光盘复制与传递等方式完成与国家中心、市分中心以及基层中心的联网更新,时间一般安排在晚上自动进行,安全系统和应用层安全控制由上海分中心完成,各基层中心按照要求提交 IP 地址,市分中心按要求设置网络用户认证;④ 更新同步包安装由市分中心和基层中心自行进行,通过网络 E-mail 或服务热线进行安装支持,更新包括资源、安装软件以及安装说明或手册可自行参考。

四、分阶段推进目标:

1. 第一阶段(2003—2004 年上半年)制定实施方案、标准规范,开展资源调研,完成市分中心和20 个基层中心联网,完成 10 GB 的资源建设总量并提供服务。

2. 第二阶段(2004 年下半年)采购、制作、整合数字化资源,搭建元数据共享平台,完成 30 个基层中心联网,在第一阶段基础上完成 10 GB 的数字化资源建设并提供服务。

3. 第三阶段(2005 年)在前两个阶段基础上完成共 30 GB 的数字化资源建设以及规划并提供服务,完成 30 个基层中心建设与联网,基本形成本市"共享工程"服务网络。

五、经费来源

根据统筹规划,分级管理的要求,市分中心的建设经费由市级财政核拨,区县基层中心的建设经费由区县财政级部门核拨,街道(乡镇)基层中心或服务站建设经费由街道办事处或乡镇人民政府承担。

上海市公共图书馆行业服务标准

(试行)

(2007 年 3 月 14 日　上海市人民政府)

一、总则

1. 为提高公共图书馆服务水平,规范公共图书馆服务行为,自觉接受社会公众监督,促进和保障上海市公共图书馆事业发展,根据国务院颁布的《公共文化体育设施条例》和上海市人民政府颁布的《上海市公共图书馆管理办法》,制定本标准。

2. 本标准适用于上海市的市、区县和街道(乡镇)公共图书馆,包括设置在社区文化活动中心内的图书馆和少年儿童图书馆(或服务区域)。

3. 公共图书馆要始终坚持"以人为本"和"读者第一,服务至上"的服务宗旨,从方便读者出发,向读者提供便捷的、人性化的服务。

4. 公共图书馆服务除应执行本标准外,还应遵守国家和上海市现行的有关规定。

二、服务设施与环境

5. 公共图书馆作为公益性的公共文化服务机构,其馆舍主要用于公益性服务。市、区县图书馆公益性服务建筑面积①须占馆舍建筑总面积的80%以上,社区图书馆须在90%以上。

6. 无独立建制少年儿童图书馆的区县和街道(乡镇),应在本区县和街道(乡镇)图书馆内设立单独的少年儿童服务区域,其建筑面积不低于馆舍文献服务建筑总面积②的10%③。

7. 公共图书馆服务区域环境清洁、整齐,保持良好的采光照明和适宜的空气流通。阅览区域应保持安静,书库及外借、阅览区域要定期消毒,盥洗室无异味。夏、冬两季的服务区域室内温度应符合国家有关规定。

8. 公共图书馆在馆外须有醒目的馆名牌,馆内有楼层设施分布图,通道有明确的指引牌,办证方法、借阅规则、收费标准、便民措施、开放时间等规章制度及各类服务信息应向读者公示。使用文字和标识须符有关规定。

9. 公共图书馆须设立无障碍设施,室外有方便残疾人进出通道,室内有残疾人卫生设备和电梯。

没有电梯的公共图书馆应将适合残疾人的活动项目安排在底层,或有专人负责接待。无障碍设备应标识明显,符合国家有关规定。

10. 公共图书馆实行开架图书借阅服务的,书架间距与高度、阅览桌之间的通道宽度及每个阅览座位所占面积应遵守国家有关规定,方便读者。

三、服务对象和开放时间

11. 公共图书馆向社会公众开放,除本市居民外,还应包括外地、境外的来沪人员。少年儿童图书馆(区域)除向少年儿童服务外,还应接待家长和少年儿童工作者。

12. 公共图书馆实行全年开放制,节假日期间阅览、外借等对外服务窗口应正常开放。

13. 市和区县图书馆每周开放时间应在70小时以上,街道(乡镇)图书馆每周开放时间应在56小时以上④。各级少年儿童图书馆(区域)每周开放时间应在36小时以上,在节假日和学校寒暑假期间应全天开放,每天开放时间不少于7小时。

14. 公共图书馆因故需暂时闭馆,须经上级文化行政主管部门同意后,提前一周向读者公告。

四、服务内容和方式

15. 公共图书馆须提供文献借阅、查询和阅读指导等服务;市和区县图书馆还须提供参考咨询、教育培训、讲座、展览及网上信息导航等服务。除国家规定和特藏文献外,公共图书馆不得另立标准限定文献借阅范围。

16. 公共图书馆应设立预约借书、电话(或网上)续借、流动图书站点及有特殊困难的读者送书上门等便民措施。

17. 读者出具有效身份证件即可进入公共图书馆阅览。读者外借文献资料,须办理图书外借

---

① 公益性服务建筑面积是指为读者提供的文献资料的目录查询、阅览外借、典藏书库和展览、讲座报告、培训场所及相配套的用房建筑面积。
② 文献服务建筑面积是指为读者提供目录查询、咨询、阅览、外借、开架书库和典藏书库的服务建筑面积。
③ 馆舍建筑总面积超过1万平方米的公共图书馆,其少年儿童服务区域建筑面积要达到1 000平方米以上。
④《上海市公共图书馆管理办法》第26条规定:"区县图书馆每周开放时间为63小时以上;街道(乡镇)图书馆为49小时以上"。本标准根据社会公众需求和当前公共图书馆实际情况,规定区县图书馆每周开放时间为70小时以上,街道(乡镇)图书馆为56小时以上,目的是要求公共图书馆尽量延长开放时间,方便读者。

证,并付图书押金。外借证使用期满应进行验证,但不得向读者收取费用。公共图书馆收取的图书外借证办理费和图书押金须经物价部门核准。

18. 公共图书馆为读者收集专题信息、编写参考资料,代查、代译、复印书刊资料等服务,以及发现读者外借图书逾期不还或损坏图书等情况,可以适当收取费用,收费标准须经物价部门核准。

19. 公共图书馆须确保不外泄读者提供的个人信息。

20. 市和区县图书馆应设立咨询服务台,解答读者有关阅读方面的咨询,指导读者查找书刊资料,主动为读者排忧解难。

21. 公共图书馆应设立寄包、失物招领等免费服务窗口,提供饮用水、放大镜、公用药箱等便民服务。市和区县图书馆须提供复印、打印、扫描、上网及夜间闭馆期间读者自助还书服务,方便读者。

22. 市和区县图书馆须建立网站,为读者提供网上服务。图书馆网站内容要及时更新。图书馆网站须设置书目查询、服务信息、读者信箱等网上服务项目,对读者在网上的咨询、投诉要及时回复。

23. 公共图书馆电子阅览室须关注读者上网情况。要引导未成年人控制上网时间,每天连续上网时间不宜超过 2 小时,每天 17 时之后须由家长陪同。

五、服务保障与监督

24. 公共图书馆须遵守知识产权法规,采购正版文献,不得向读者提供盗版文献(包括视听文献、电子文献)借阅服务。

25. 报纸须在到馆当天上架,期刊自收到之日起 2 个工作日内上架。新书到馆后,社区图书馆要在 4 个工作日内上架,区县图书馆在 7 个工作日内上架,市级图书馆在 15 个工作日内上架。

26. 图书排架按中图法分类号顺序排列整齐,开架图书错架率要低于 2%。开架书库内要有专人巡视,帮助读者尽快寻找到需要的书籍。

27. 工作人员须挂牌上岗,仪表端庄,接待读者应使用普通话,并文明用语。要严格遵守"首问责任"[①],尽力为读者解决问题。

28. 工作人员要维持服务区域的安静,不在服务区域内聊天、接听私人电话、吃零食,在服务区域内走动时要保持轻声,不得影响读者。工作人员因故离岗时须设立提示牌或有其他工作人员替岗。

29. 馆内消防设施健全,标识明显,并保持消防通道畅通。天雨时要有防滑措施。有大面积玻璃门窗的公共图书馆须有醒目提示标志,以防发生意外。

30. 公共图书馆要在显著位置设立读者意见箱,公开监督电话,耐心倾听读者意见,虚心接受读者批评和投诉。对来自读者的意见或投诉要认真研究,及时回复。

31. 公共图书馆每年要定期开展读者满意率测评活动,了解读者对公共图书馆的满意度情况,对读者不满意的方面要及时整改,不断改善服务,提高服务质量。

六、附则

32. 本标准由上海市文化广播影视管理局负责解释。

33. 本标准自颁布之日起施行。

---

① 被读者首先询问的工作人员即为首问责任人。首问责任人对读者提出的问题或要求,无论是否属于自己职责(权)范围,都应尽自己所能给读者提供帮助。

1993—2009 年间县以上公共图书馆等级名录

1993 年（上海市文化局评估定级）

特级馆：卢湾区图书馆、南市区图书馆、杨浦区图书馆、静安图书馆、闸北区图书馆、黄浦区图书馆、南汇县图书馆、曲阳图书馆。

一级馆：崇明县图书馆、松江县图书馆、上海县图书馆、长宁区图书馆、青浦县图书馆、川沙县图书馆、嘉定县图书馆、普陀区少年儿童馆、川沙县少年儿童馆。

二级馆：宝山区图书馆、延吉图书馆、虹口区图书馆、浦东第一图书馆、浦东第二图书馆、奉贤县图书馆、普陀区图书馆、闵行区图书馆、徐汇区图书馆。

三级馆：金山县图书馆。

1994 年（国家文化部评估定级）

一级馆：上海图书馆、上海少年儿童图书馆、南市区图书馆、卢湾区图书馆、杨浦区图书馆、静安区图书馆、闸北区图书馆、长宁区图书馆、曲阳图书馆、南汇县图书馆、闵行第一图书馆、浦东川沙图书馆、崇明县图书馆、松江县图书馆、青浦县图书馆。普陀区少年儿童馆、浦东川沙少年儿童馆。

二级馆：宝山区图书馆、嘉定区图书馆、普陀区图书馆、虹口区图书馆、徐汇区图书馆、闵行第二图书馆、浦东第二图书馆、杨浦延吉图书馆、奉贤县图书馆、浦东第一图书馆、金山县图书馆。

1998 年（国家文化部评估定级）

一级馆：上海图书馆、上海少年儿童图书馆、静安区图书馆、闸北区图书馆、杨浦区图书馆、长宁区图书馆、南市区图书馆、虹口区图书馆、卢湾区图书馆、徐汇区图书馆、黄浦区图书馆、普陀区图书馆、宝山区图书馆、长宁区少年儿童馆、闸北区少年儿童馆、南汇区图书馆、奉贤区图书馆、松江区图书馆、青浦区图书馆、崇明县图书馆、曲阳图书馆、浦东第二图书馆、浦东第一图书馆、延吉图书馆、浦东川沙图书馆、闵行第一图书馆、浦东川沙少年儿童馆。

二级馆：嘉定区图书馆、杨浦区少年儿童馆、金山区图书馆、闵行第二图书馆。

2003 年（国家文化部评估定级）

一级馆：上海图书馆、上海少年儿童图书馆、黄浦区图书馆、浦东新区图书馆、宝山区图书馆、松江区图书馆、杨浦区图书馆、卢湾区图书馆、徐汇区图书馆、长宁区图书馆、闸北区图书馆、普陀区图书馆、黄浦第二图书馆、静安区图书馆、虹口区图书馆、闵行区图书馆、南汇区图书馆、青浦区图书馆、崇明县图书馆、浦东第一图书馆、延吉图书馆、浦东川沙图书馆、浦东第二图书馆、曲阳图书馆、奉贤区图书馆、浦东川沙少年儿童馆、闸北区少年儿童馆、长宁区少年儿童馆。

二级馆：杨浦区少年儿童馆。

2009 年（国家文化部评估定级）

一级馆：上海图书馆、上海少年儿童图书馆、黄浦区图书馆、浦东新区图书馆、宝山区图书馆、松江区图书馆、杨浦区图书馆、卢湾区图书馆、徐汇区图书馆、长宁区图书馆、闸北区图书馆、普陀区图书馆,静安区图书馆、奉贤区图书馆、虹口区图书馆、闵行区图书馆、南汇区图书馆、青浦区图书馆、闸北区少年儿童馆、长宁区少年儿童馆、普陀区少年儿童馆、杨浦区少年儿童馆、崇明县图书馆、浦东陆家嘴图书馆、延吉图书馆、嘉定区图书馆、浦东新区新川沙图书馆、曲阳图书馆。

二级馆: 金山区图书馆。

关于公布第一批上海市珍贵古籍名录和
第一批上海市古籍重点保护单位名单的通知

(2009 年 6 月 11 日)

市古籍保护工作联席会议各成员单位、各区县文化(广)局、市古籍保护中心:

市政府批准市文广局确定的第一批上海市珍贵古籍名录(共 549 部)和第一批上海市古籍重点保护单位(共 8 个)名单,现予公布。

我国是历史悠久的文明古国,拥有卷帙浩繁的文献典籍。这些文献典籍是中华民族的宝贵精神财富,是人类文明的瑰宝,保护和利用好珍贵文献典籍,对于继承和发扬民族优秀文化传统,增进民族团结和维护国家统一,增强民族自信心和凝聚力,建设社会主义核心价值体系,提高国家文化软实力,都具有重要意义。

上海的古籍保护工作在全国具有举足轻重的地位,古籍藏品无论是数量还是质量都在全国名列前茅,市、区县各部门、各单位要进一步贯彻"保护为主、抢救第一、合理利用、加强管理"的指导方针,以第一批上海市珍贵古籍名录和第一批上海市古籍重点保护单位的公布为契机,加强科学规划,加大工作力度,切实做好珍贵古籍的保护、管理和合理利用工作,使中华民族珍贵的文献典籍永泽后世。

附件: 1. 第一批上海市珍贵古籍名录(549 部)

2. 第一批上海市古籍重点保护单位名单(8 个)

二〇〇九年六月十一日

附件 1 第一批上海市珍贵古籍名录(549 部)

(一) 写　本

00001　摩诃般若波罗蜜经卷第二十二　后秦释鸠摩罗什译　北朝写本　上海图书馆

00002　大般涅槃经卷第十三　北凉释昙无谶译　西魏恭帝元年(554)写本　上海图书馆

00003　大般涅槃经卷第二十五　北凉释昙无谶译　西魏大统十六年(550)写本　上海图书馆

00004　佛名经卷第二　后梁贞明六年(920)写本　上海图书馆

00005　佛说佛名经卷第六　后梁贞明六年(920)写本　上海图书馆

00006　维摩诘经　后秦释鸠摩罗什译　北魏神龟元年(518)写本　上海图书馆

00007　优婆塞戒经杂品第十九　北凉昙无谶译　六朝写本　上海图书馆

00008　大智度论释初品中尸罗波罗蜜义之余　后秦释鸠摩罗什译　南北朝写本　上海图书馆

00009　大智度论释十无品第二十五　龙树菩萨造　后秦释鸠摩罗什译　北魏写本　上海图书馆

00010　十地论义记卷一　西魏大统十三年(547)写本　上海图书公司

00011　大般涅槃经疏　北魏昙鸾写本　上海图书馆

00012　维摩疏卷第一　北魏普泰二年(532)写本　上海图书馆

00013　大方广佛华严经卷第二　东晋佛驮跋陀罗译　隋写本　上海图书馆

00014　华严经卷第七　东晋佛驮跋陀罗译　隋开皇十七年(597)写本　上海图书馆

00015　华严经卷第十四　东晋佛驮跋陀罗译　隋开皇十七年(597)写本　上海图书馆

00016　华严经卷第卅三　东晋佛驮跋陀罗译　隋开皇十七年(597)写本　上海图书馆

00017　金光明经卷第五　北凉释昙无谶译　隋大业元年(605)写本　上海图书馆

00018　中阿鋡经卷第五　东晋瞿昙僧伽提婆译　唐写本　上海图书馆

00019　大般若波罗蜜多经卷第二分无摽帜品第卅一　唐释玄奘译　唐写本　上海图书馆

00020　大般若波罗蜜多经卷第廿二　唐释玄奘译　唐写本　上海图书馆

00021　大般若波罗蜜多经卷第二百一十三　唐释玄奘译　唐写本　上海图书馆

00022　大般若波罗蜜多经卷第四百八十七　唐释玄奘译　唐写本　上海图书馆

00023　大般若波罗蜜多经初分赞清净品第三十五之二　唐释玄奘译　唐写本　上海图书馆

00024　摩诃般若波罗蜜经卷第三　后秦释鸠摩罗什译　唐写本　上海图书馆

00025　摩诃般若波罗蜜经卷第廿六　后秦释鸠摩罗什译　唐写本　上海图书馆

00026　金刚般若波罗蜜经　后秦释鸠摩罗什译　唐景龙元年(707)写本　上海图书馆

00027　金刚般若波罗蜜经　后秦释鸠摩罗什译　唐写本　上海图书馆

00028　金刚般若波罗蜜经　后秦释鸠摩罗什译　唐写本　上海图书馆

00029　妙法莲华经卷第一　后秦释鸠摩罗什译　唐上元元年(674)写本　上海图书馆

00030　妙法莲华经卷第二　后秦释鸠摩罗什译　唐写本　上海图书馆

00031　妙法莲华经卷第三　后秦释鸠摩罗什译　唐写本　上海图书馆

00032　妙法莲华经卷第四　后秦释鸠摩罗什译　唐写本　上海图书馆

00033　妙法莲华经卷第四　后秦释鸠摩罗什译　唐写本　上海图书馆

00034　妙法莲华经卷第四　后秦释鸠摩罗什译　唐写本　上海图书馆

00035　妙法莲华经卷第五　后秦释鸠摩罗什译　唐写本　上海图书馆

00036　妙法莲华经卷第六　后秦释鸠摩罗什译　唐写本　上海图书馆

00037　妙法莲华经卷第六　后秦释鸠摩罗什译　高昌义和五年(618)写本　上海图书馆

00038　妙法莲华经卷第七　后秦释鸠摩罗什译　唐写本　上海图书馆

00039　妙法莲华经卷第七　后秦释鸠摩罗什译　唐写本　上海图书馆

00040　妙法莲华经譬喻品第三　后秦释鸠摩罗什译　唐写本　上海图书馆

00041　妙法莲华经授记品第六　后秦释鸠摩罗什译　唐写本　上海图书馆

00042　妙法莲华经　后秦释鸠摩罗什译　唐写本　上海图书馆

00043　观世音经　后秦释鸠摩罗什译　唐开元二十五年(737)写本　上海图书馆

00044　大般涅槃经卷第卅二　南朝宋慧严依泥洹经加之　唐写本　上海图书馆

00045　大般涅槃经卷第二　北凉释昙无谶译　唐写本　上海图书馆

00046　大般涅槃经卷第十　北凉释昙无谶译　唐写本　上海图书馆

00047　大般涅槃经圣行品第七　北凉释昙无谶译　唐写本　上海图书馆

00048　大般涅槃经圣行品第七之四　北凉释昙无谶译　唐写本　上海图书馆

00049　大般涅槃经卷第十八　北凉释昙无谶译　唐写本　上海图书馆

00050　大般涅槃经卷第二十六　北凉释昙无谶译　唐写本　上海图书馆

00051　阿弥陀经　后秦释鸠摩罗什译　唐写本　上海图书馆

00052　佛说阿弥陀经　后秦释鸠摩罗什译　唐写本　上海图书馆

00053　佛说佛名经卷第十　唐写本　上海图书馆

00054　药师琉璃光如来本愿功德经　唐释玄奘译　唐写本　上海图书馆

00055　佛说药师经　东晋帛尸梨蜜多罗译　唐写本　上海图书馆

00056　思益经卷第四　后秦释鸠摩罗什译　唐写本　上海图书馆

00057　金光明最胜王经卷第一　唐义净译　唐写本　上海图书馆

00058　金光明经卷第一　北凉释昙无谶译　唐写本　上海图书馆

00059　金光明经卷第三　北凉释昙无谶译　隋宝贵合　唐写本　上海图书馆

00060　入楞伽经卷第一　北魏菩提留支译　唐写本　上海图书馆

00061　大乘入楞伽经无常品第三之余　唐实叉难陀译　唐写本　上海图书馆

00062　普贤菩萨说证明经一卷黄仕强传一卷　唐写本　上海图书馆

00063　大佛顶如来密因修证了义诸菩萨万行首楞严经卷第六　唐般刺蜜帝译　唐写本　上海图书馆

00064　大佛顶如来密因修证了义诸菩萨万行首楞严经卷第九　唐般刺蜜帝译　唐写本　上海图书馆

00065　大佛顶如来密因修证诸菩萨万行首楞严经卷第十　唐般刺蜜帝译　唐写本　上海图书馆

00066　佛顶尊胜陀罗尼经　唐佛陀波利译　唐写本　上海图书馆

00067　佛顶尊胜陀罗尼经　唐佛陀波利译　唐开元五年(717)写本　上海图书馆

00068　诸星母陀罗尼经一卷　唐法成译　吐蕃壬戌年(842)写本　上海图书馆

00069　四分律四波罗夷法之一　后秦佛陀耶舍共竺佛念等译　唐写本　上海图书馆

00070　善见律毗婆沙卷第十二　南齐僧伽跋陀罗译　唐写本　上海图书馆

00071　大智度论卷第八十一　龙树菩萨造　后秦释鸠摩罗什译　唐写本　上海图书馆

00072　十地经论难胜第五卷之七　天亲菩萨造　北魏菩提流支译　唐写本　上海图书馆

00073　瑜伽师地论卷第十二弥勒菩萨说　唐释玄奘译　唐大中九年(885)写本　上海图书馆

00074　瑜伽师地论卷第廿一　唐释玄奘译　唐大中十年(886)写本　上海图书馆

00075　维摩疏卷第四　隋释吉藏撰　武周证圣元年(695)写本　上海图书馆

00076　净名经集解关中疏卷下　唐释道掖撰　唐写本　上海图书馆

00077　四分律删繁补阙行事钞卷上之余　唐释道宣撰　唐写本　上海图书馆

00078　四分戒本疏卷第一　唐沙门慧述撰　唐写本　上海图书馆

00079　中论疏　唐写本　上海图书馆

00080　瑜伽师地论随听手记　唐释法成述　洪真记　唐上元元年(760)写本　上海图书馆

00081　妙法莲华经马鸣菩萨品第三十　唐写本　上海图书馆

00082　佛说解百生怨家陀罗尼经　唐写本　上海图书馆

00083　劝善经一卷　唐贞元十九年(803)写本　上海图书馆

00084　佛说父母恩重经　后周显德六年(959)写本　上海图书馆

00085　高声念佛赞等四十三种　归义军时期写本　上海博物馆

00086　太玄真一本际经卷第二　武周长寿二年(693)写本　上海图书馆

00087　本际经卷第十　唐写本　上海图书馆

00088　大般若波罗蜜多经卷第廿一　唐释玄奘译　五代写本　上海图书馆

00089　大般涅槃经卷第三十八　北凉释昙无谶译　五代写本　上海图书馆

00090　佛说佛名经卷第三　五代写本　上海图书馆

00091　维摩诘经卷第一　后秦释鸠摩罗什译　五代写本　上海图书馆

00092　金光明经卷第一　北凉释昙无谶译　五代写本　上海图书馆

00093　大乘无量寿经　唐释法成译　五代写本　上海图书馆

00094　大佛顶如来密因修证了义诸菩萨万行首楞严经卷第十　唐般剌蜜帝译　五代写本
上海图书馆

00095　十诵律第八诵第一　后秦释弗若多罗、释鸠摩罗什译　五代写本　上海图书馆

00096　妙法莲华经卷第六　后秦释鸠摩罗什译　北宋开宝六年(973)写本　上海图书馆

00097　佛说弥勒下生成佛经一卷弥勒来时经一卷　唐义净译　北宋写金粟山广惠禅院大藏
本　上海图书馆

00098　转法轮经论优波提舍一卷　天亲菩萨造　北魏毗目智仙等译　无量寿经论一卷　婆
薮槃豆菩萨造　北魏菩提留支译　北宋写金粟山广惠禅院大藏本　上海图书馆

00099　说一切有部品类足论卷第十一　尊者世友造　唐释玄奘译　北宋元祐五年(1090)写
句容县崇明寺大藏本　上海图书馆

00100　解脱道论卷第一　阿罗汉大光造　梁僧伽婆罗译　北宋熙宁元年(1068)写金粟山广
惠禅院大藏本　上海图书馆

00101　法苑珠林一百二十卷　唐释道世撰　北宋治平元年(1046)写本　上海图书馆

00102　经律异相卷第二十七　梁宝唱等撰　北宋写金粟山广惠禅院大藏本　上海图书馆

00103　礼忏文一本　北宋开宝四年(971)写本　上海图书馆

00104　佛顶心陀罗尼经　南宋绍兴四年(1134)写本　上海图书馆

00105　安定先生周易系辞二卷　宋胡瑗撰　明祁氏淡生堂抄本　复旦大学图书馆

00106　全陕政要略四卷　明龚辉撰　明抄本　上海师范大学图书馆

00107　水利集十卷　元任仁发辑　明抄本　上海师范大学图书馆

00108　黄帝三部针灸甲乙经十二卷　晋皇甫谧集　明抄本　中国科学院上海生命科学信息
中心

00109　古文苑九卷　宋韩元吉编　明赵均影宋抄本　上海师范大学图书馆

00110　宋西事案二卷　明祁承爜撰　清抄本　清吴骞校　上海师范大学图书馆

00111　肇域志(金陵分志)不分卷　清顾炎武撰　清同治六年(1867)陈作霖抄本　上海师范
大学图书馆

00112　何博士备论　宋何去非撰　清四库全书抄本　上海图书公司

00113　全芳备祖前集二十七卷后集三十一卷　宋陈咏编辑　宋祝穆订正　清初毛氏汲古阁
抄本　上海辞书出版社图书馆

00114　石田稿不分卷　明沈周撰　清初王乃昭抄本　清黄丕烈跋　上海图书公司

00115　元郭畀手写日记不分卷　元郭畀撰　手稿本　上海图书馆

00116　畅哉道士艳体诗不分卷　明祝允明撰　手稿本　上海图书馆

00117　吴都文粹续集五十六卷　明钱谷撰　手稿本　上海图书馆

00118　吴中人物志不分卷　明钱谷撰　手稿本　上海图书馆

00119　俞仲蔚文稿不分卷　明俞允文撰　手稿本　上海图书馆

00120　玉华堂日记不分卷［万历十四年至二十九年］　明潘允瑞撰　手稿本　姚光跋　上海博物馆

00121　四印堂诗稿一卷　明董其昌撰　稿本　上海博物馆

00122　松圆居士浪淘集六卷　明程嘉燧撰　手稿本　上海图书馆

00123　红雨楼集不分卷鳌峯文集不分卷　明徐㷒撰　稿本　上海图书馆

00124　大佛顶首楞严经疏解蒙钞十卷首一卷末一卷　清钱谦益撰　手稿本　上海图书馆

00125　南雷杂著稿不分卷　清黄宗羲撰　手稿本　上海图书馆

00126　读史方舆纪要一百三十卷　清顾祖禹撰　稿本　上海图书馆

00127　史馆传稿三十篇　清朱彝尊撰　手稿本　上海图书馆

00128　王文简公说部原稿不分卷　清王士禛撰　手稿本　上海图书馆

00129　绵津山人诗集不分卷　清宋荦撰　稿本　清王士禛、朱彝尊、邵长蘅批点　清朱彝尊、邵长蘅、冯浩、梁同书、汪志伊、阮元、舒位、端方跋　清王士禛、钱大昕、秦瀛、吴锡麒、李尧栋、伊秉绶、曹振镛、曾燠、许兆椿、汪志伊、舒位、许宗彦、姚椿、李葆恂题诗　复旦大学图书馆

00130　敬业堂诗集原稿不分卷　清查慎行撰　稿本　上海图书馆

00131　大学说一卷　清惠士奇撰　手稿本　上海图书馆

00132　春秋左传补注四卷　清惠栋撰　手稿本　上海图书馆

00133　新订直斋书录解题五十六卷　清卢文弨辑　稿本　上海图书馆

00134　演易一卷　清钱大昕撰　手稿本　上海图书馆

00135　周易虞氏义九卷　清张惠言撰　手稿本　上海图书馆

00136　全上古三代秦汉三国六朝文七百四十一卷　清严可均撰　手稿本　上海图书馆

00137　释梧溪集订讹一卷　清顾广圻撰　手稿本　上海图书馆

00138　谐声类篇四卷　清丁履恒撰　手稿本［附王念孙手札］　上海图书馆

00139　先贤谱图　清改琦编绘　清嘉庆十年（1805）稿本　上海师范大学图书馆

00140　小尔雅义证十二卷　清胡世琦撰　手稿本　清段玉裁校　上海图书馆

00141　何选唐诗不分卷　清何绍基辑　手稿本　上海师范大学图书馆

00142　俞曲园手稿四种　清俞樾撰　手稿本　华东师范大学图书馆

00143　潘瘦羊选词不分卷　清潘钟瑞辑　手稿本　上海师范大学图书馆

（二）刻　本

00144　周易本义十二卷易图一卷五赞一卷筮仪一卷　宋朱熹撰　宋咸淳元年（1265）吴革刻本　陈宝琛、曹秉章跋　上海图书馆

00145　吕氏家塾读诗记三十二卷　宋吕祖谦撰　宋刻本［存卷一至十九］　上海图书馆

00146　毛诗旁注四卷　宋刻本　上海图书馆

00147　京本点校附音重言重意互注周礼十二卷　宋刻本［存八卷　一、三、七至十二］　上海图书馆

00148　礼记二十卷　汉郑玄注　唐陆德明音义　宋余仁仲万卷堂家塾刻本［存卷一至九］　上海图书馆

00149　监本纂图重言重意互注礼记二十卷　汉郑玄注　唐陆德明音义　宋刻本　上海图书公司

00150　鬳斋考工记解二卷　宋林希逸撰　释音二卷　宋末刻元延祐四年(1317)修补印本　上海图书馆

00151　春秋经传集解三十卷　晋杜预撰　唐陆德明释文　宋蜀刻本[存二卷　九至十]　上海图书馆

00152　春秋经传集解三十卷　晋杜预撰　唐陆德明释文　附春秋二十国年表　宋刻本　上海图书馆

00153　东莱先生吕成公点句春秋经传集解三十卷　晋杜预撰　唐陆德明释文　宋刻本　上海图书馆

00154　婺本附音重言重意春秋经传集解三十卷　晋杜预撰　唐陆德明释文　宋刻本[存十四卷　二至七　十五至十九　二十三　二十五至二十六]　上海图书馆

00155　西畴居士春秋本例二十卷　宋崔子方撰　宋刻本　上海图书馆

00156　春秋传三十卷　宋胡安国撰　宋刻本[存三卷　一至三]　上海图书馆

00157　大学或问二卷中庸或问二卷论语或问纂要一卷　宋朱熹撰　宋刻本　上海图书馆

00158　孟子或问纂要一卷　宋朱熹撰　宋刻本　上海图书馆

00159　隶韵十卷　宋刘球撰　宋刻拓本[存表文之半、碑目半册,卷三、四、六、八、九]　清秦恩复、江藩、阮元、王宗敬、徐渭仁、赵烈文、杨守敬跋　褚德彝跋　清吴同甲题款　上海图书馆

00160　广韵五卷　宋陈彭年等撰　宋刻本　上海图书馆

00161　广韵五卷　宋陈彭年等撰　宋刻修补本[卷三配清抄本]　清翁同龢校并跋　上海图书馆

00162　钜宋广韵五卷　宋陈彭年等撰　宋乾道五年(1169)建宁府黄三八郎刻本[卷四配元刻本]　上海图书馆

00163　集韵十卷　宋丁度等撰　宋刻本　清李文田、潘祖荫、汪鸣銮等题记　上海图书馆

00164　增修互注礼部韵略五卷　宋毛晃增注　宋毛居正重增　宋刻公文纸印本　上海图书馆

00165　紫云先生增修校正押韵释疑五卷　宋欧阳德隆撰　宋郭守正增修　宋刻本　上海图书馆

00166　史记一百三十卷　汉司马迁撰　刘宋裴骃集解　宋绍兴淮南西路转运司刻本[存三十卷　五至六　八至十二　十六至十七　三十四至四十　四十八至五十四　五十六　九十九至一百　一百七至一百十]　清单学傅、徐渭仁、莫友芝题识　杨守敬、康有为跋　上海图书馆

00167　史记一百三十卷　汉司马迁撰　刘宋裴骃集解　唐司马贞索隐　宋乾道七年(1171)蔡梦弼东塾刻本[存一百十三卷　其中配蒙古中统二年(1261)段子成刻本者二十卷]　上海图书馆

00168　史记一百三十卷　汉司马迁撰　刘宋裴骃集解　唐司马贞索隐　唐张守节正义　宋建安黄善夫刻本[存一卷　八]　上海图书馆

00169　古史六十卷　宋苏辙撰　宋刻本[存四卷　十四至十六　二十]　上海图书公司

00170　古史六十卷　宋苏辙撰　宋刻元修本　上海图书馆

00171　汉书一百卷　汉班固撰　唐颜师古注　宋绍兴江南东路转运司刻宋元明初递修本[存七十七卷]　明毛晋校　清翁同龢跋　上海图书馆

00172　后汉书九十卷　刘宋范晔撰　唐李贤注　志三十卷　晋司马彪撰　梁刘昭注　宋绍兴江南东路转运司刻宋元明递修本[目录、卷一配影宋抄本]　王国维跋　上海图书馆

00173　后汉书九十卷　刘宋范晔撰　唐李贤注　志三十卷　晋司马彪撰　梁刘昭注　宋绍兴江南东路转运司刻宋元明初递修本[存十卷　一至十]　傅增湘跋　上海图书馆

00174　后汉书九十卷　刘宋范晔撰　唐李贤注　志三十卷　晋司马彪撰　梁刘昭注　宋建安黄善夫刻本[存二卷　三、四]　沈曾植跋　上海图书馆

00175　后汉书九十卷　刘宋范晔撰　唐李贤注　志三十卷　晋司马彪撰　梁刘昭注　宋建安黄善夫刻本[存四十五卷　五至三十五、五十七至七十]　上海图书馆

00176　后汉书九十卷　刘宋范晔撰　唐李贤注　志三十卷　晋司马彪撰　梁刘昭注　宋建安黄善夫刻本[存一卷　八十一]　马惠阶跋　上海图书馆

00177　三国志六十五卷　晋陈寿撰　刘宋裴松之注　宋衢州州学刻元明递修本[存五卷　魏志一至二、六至八]　明冯梦祯校并补缺叶　清清溪校　清吴省兰跋　上海图书馆

00178　晋书一百三十卷　唐房玄龄等撰　宋刻本[卷三十一至三十六、五十三、五十五、五十九至六十八、八十六至一百、一百六至一百三十配元刻明修本]　上海图书馆

00179　宋书一百卷　梁沈约撰　宋刻宋元递修木[存二卷　七十三至七十四]　上海图书馆

00180　南齐书五十九卷　梁萧子显撰　宋刻宋元明递修本　上海图书馆

00181　梁书五十六卷　唐姚思廉撰　宋刻宋元明递修本　上海图书馆

00182　梁书五十六卷　唐姚思廉撰　宋刻宋元明递修本　复旦大学图书馆

00183　陈书三十六卷　唐姚思廉撰　宋刻宋元递修本　复旦大学图书馆

00184　陈书三十六卷　唐姚思廉撰　宋刻宋元明递修本　上海图书馆

00185　魏书一百十四卷　北齐魏收撰　宋刻宋元递修明初公文纸印本[存十二卷　四十五至四十六、六十一至六十五、八十二至八十三、八十六至八十八]　上海图书馆

00186　北齐书五十卷　唐李百药撰　宋刻宋元明递修本　上海图书馆

00187　周书五十卷　唐令狐德棻等撰　宋刻宋元递修本[存一卷　四十四]　上海图书馆

00188　周书五十卷　唐令狐德棻撰　宋刻宋元明递修本　复旦大学图书馆

00189　资治通鉴纲目五十九卷　宋朱熹撰　宋嘉定十四年(1221)刻本[存二卷　十九、五十六]　上海图书馆

00190　入注附音司马温公资治通鉴纲目一百卷外纪四卷　宋佚名编　宋刻本　清陆沉跋　上海辞书出版社图书馆

00191　林公省元集注资治通鉴详节一百四卷　宋刻本[存七十六卷　一至九、十二至十三、二十七至二十八、三十一至四十二、五十至一百一]　上海图书馆

00192　续资治通鉴节要十三卷　宋李焘撰　宋刻本[存六卷　一至六]　上海图书馆

00193　皇朝编年备要三十卷　宋陈均撰　宋刻本　清钱大昕跋　上海图书馆

00194　皇朝中兴系年要录节要□□卷　宋刻本[存十卷　八至十七]　上海图书馆

00195　通鉴纪事本末四十二卷　宋袁枢撰　宋淳熙二年(1175)严陵郡庠刻递修本　上海图书馆

00196　通鉴纪事本末四十二卷　宋袁枢撰　宋宝祐五年(1257)赵与□刻元明递修本　明唐寅题识　上海图书馆

00197　通鉴纪事本末四十二卷　宋袁枢撰　宋宝祐五年(1257)赵与□刻元明递修本　杨守

敬、缪荃孙、叶德辉跋　上海辞书出版社图书馆

　　00198　国朝诸臣奏议一百五十卷　宋赵汝愚辑　宋淳祐十年(1250)史季温福州刻元明递修本　上海图书馆

　　00199　新刊名臣碑传琬琰之集上集二十七卷中集五十五卷下集二十五卷　宋杜大珪辑　宋刻元明递修本　华东师范大学图书馆

　　00200　汉丞相诸葛忠武侯传一卷　宋张栻撰　宋刻本　清黄丕烈跋　上海图书馆

　　00201　汉隽十卷　宋林钺撰　宋刻本　上海图书馆

　　00202　汉隽十卷　宋林钺撰　宋淳熙五年(1187)滁阳郡斋刻本　上海图书馆

　　00203　诸儒校正西汉详节三十卷　宋吕祖谦辑　宋刻本[存二十八卷　一至二十三、二十六至三十]　罗振常跋　华东师范大学图书馆

　　00204　名公增修晋书详节三十卷　宋吕祖谦辑　宋刻本　上海图书馆

　　00205　新编方舆胜览七十卷　宋祝穆辑　宋咸淳三年(1267)吴坚、刘震孙刻本　俞诚跋　上海图书馆

　　00206　西汉会要七十卷　宋徐天麟撰　宋嘉定建宁郡斋刻本[存十六卷　二十四至三十二、四十三至四十九]　上海图书馆

　　00207　西汉会要七十卷　宋徐天麟撰　宋嘉定建宁郡斋刻元修本　上海图书馆

　　00208　东汉会要四十卷　宋徐天麟撰　宋宝庆二年(1226)建宁郡斋刻本[卷三十六至四十配清抄本]　上海图书馆

　　00209　金石录三十卷　宋赵明诚撰　宋淳熙间龙舒郡斋刻本[存十卷　十一至二十]　明朱大韶跋　清翁方纲跋并题诗　清余集、江藩、阮元、阮刘文如、洪颐煊、顾广圻、朱为弼、姚元之、汪喜孙、吴应溶、程同文、陈均、沈涛跋　清奕绘题诗　清西林春题词　上海图书馆

　　00210　唐鉴十二卷　宋范祖禹撰　宋刻本　上海图书馆

　　00211　致堂读史管见三十卷　宋胡寅撰　宋刻本[存一卷　二十五]　上海图书公司

　　00212　纂图互注荀子二十卷　唐杨倞注　宋刻元修本　张元济跋　上海图书馆

　　00213　孔丛子七卷　汉孔鲋撰　宋宋咸注　宋刻本　上海图书馆

　　00214　说苑二十卷　汉刘向撰　宋绍兴杭州刻本[存四卷　十六至十九]　上海图书馆

　　00215　说苑二十卷　汉刘向撰　宋咸淳元年(1265)镇江府学刻元明递修本　上海图书馆

　　00216　诸儒鸣道七十二卷　宋刻端平二年(1235)闽川黄壮猷修补本[迂书一卷理窟第五十一卷二程语录第八至十九卷配清抄本]　上海图书馆

　　00217　西山先生真文忠公读书记十八卷　宋真德秀撰　宋开庆元年(1259)福州官刻元修本　上海博物馆

　　00218　十一家注孙子三卷　魏曹操、唐杜牧等撰　十家注孙子遗说一卷　宋郑友贤撰　宋刻本　上海图书馆

　　00219　武经龟鉴二十卷　宋王彦撰　宋刻本[存目录、卷一　共十三叶]　上海图书馆

　　00220　类证普济本事方十卷　宋许叔微撰　宋刻本[存五卷　一至五]　莫棠、徐乃昌题识　上海图书馆

　　00221　周髀筭经二卷　题汉赵君卿注　北周甄鸾重述　唐李淳风等注释　宋嘉定六年(1213)鲍澣之汀州刻本　上海图书馆

　　00222　九章筭经九卷　魏刘徽注　唐李淳风等注释　宋嘉定六年(1213)鲍澣之汀州刻本[存

五卷 一至五〕 上海图书馆

00223 孙子筹经三卷 唐李淳风等注释 宋嘉定六年(1213)鲍澣之汀州刻本 上海图书馆

00224 张丘建筹经三卷 北周甄鸾注 唐李淳风注释 唐刘孝孙细草 宋嘉定六年(1213)鲍澣之汀州刻本 清顾广圻跋 上海图书馆

00225 元包经传五卷 后周卫元嵩撰 唐苏元明传 唐李江注 元包数总义二卷 宋张行成撰 宋刻本 上海图书馆

00226 邵子观物内篇二卷外篇二卷后录二卷渔樵问对一卷 宋吴坚福建刻本 上海图书馆

00227 梅花喜神谱二卷 宋宋伯仁辑 宋景定二年(1261)金华双桂堂刻本 清黄丕烈跋并题诗 钱大昕 孙星衍跋 上海博物馆

00228 论衡三十卷 汉王充撰 宋乾道三年(1167)绍兴府刻元公文纸印本〔存五卷 二十六至三十〕 曹元忠跋 上海图书馆

00229 刘子十卷 北齐刘昼撰 唐袁孝政注 宋刻本〔卷一至二配明刻本〕 清孙星衍、黄丕烈跋 上海图书馆

00230 长短经九卷 唐赵蕤撰 宋刻本 上海图书馆

00231 东观余论二卷 宋黄伯思撰 宋嘉定三年(1210)庄夏刻本 明丰坊、项元汴跋 清惠兆壬题识 上海图书馆

00232 皇朝仕学规范四十卷 宋张镃辑 宋刻本 上海图书公司

00233 重雕足本鉴诫录十卷 后蜀何光远撰 宋刻本 明项元汴题记 清朱彝尊、查嗣瑮、汪士鋐、赵怀玉、顾广圻、黄丕烈跋 清王士禛、曹寅、徐嘉炎题记 清翁同龢题诗 上海图书馆

00234 艺文类聚一百卷 唐欧阳询辑 宋刻本〔序目、卷一至四、四十九至五十三、五十四之第二至十一叶、五十五之第一叶配明嘉靖六年至七年胡缵宗、陆采刻本〕 上海图书馆

00235 补注蒙求八卷 唐李瀚撰 宋刻本〔卷五、卷八缺叶配明抄本〕 清乔松年跋 上海图书馆

00236 文选双字类要三卷 题宋苏易简撰 宋淳熙八年(1181)池阳郡斋刻绍熙三年(1192)重修本〔存二卷 上、下〕 上海图书馆

00237 锦绣万花谷续集四十卷 宋刻本〔存目录卷一至二十一〕 上海图书公司

00238 锦绣万花谷别集三十卷 宋刻本〔存一卷 二十五〕 上海图书馆

00239 唐宋白孔六帖一百卷 唐白居易、宋孔传辑 宋刻本〔存二卷 三十九至四十〕 上海图书馆

00240 大般若波罗蜜多经六百卷 唐释玄奘译 北宋福州等觉禅院刻万寿大藏本〔存一卷 三百二十一〕 沈曾植题识 上海图书馆

00241 大般若波罗蜜多经六百卷 唐释玄奘译 宋湖州思溪圆觉禅院刻大藏本〔存二卷 一百三十六、一百四十〕 上海图书馆

00242 金刚般若波罗蜜多经一卷 后秦释鸠摩罗什译 宋崇宁刻本 上海图书馆

00243 金刚般若波罗蜜经一卷 后秦释鸠摩罗什译 宋临安书棚王念三郎家刻本 傅增湘跋 上海博物馆

00244 妙法莲华经七卷 后秦释鸠摩罗什译 宋崇宁刻本 上海图书馆

00245 妙法莲华经七卷 后秦释鸠摩罗什译 宋刻本 上海图书馆

00246 大方广揔持宝光明经五卷 宋释法天译 宋刻本〔存三卷 一、四至五〕 上海图书馆

00247　大方等大集经六十卷　隋释那连提耶舍译　北宋开宝间刻本[存一卷　四十三]　上海图书馆

00248　大佛顶如来密因修证了义诸菩萨万行首楞严经十卷　唐释般刺密帝、弥伽释迦译　宋刻本　明董其昌、清翁同龢跋　上海图书馆

00249　一切如来心秘密全身舍利宝箧印陀罗尼经一卷　唐释不空译　北宋开宝八年(975)刻本　上海图书公司

00250　一切如来心秘密全身舍利宝箧印陀罗尼经一卷　唐释不空译　北宋开宝八年(975)刻本　上海龙华寺

00251　一切如来心秘密全身舍利宝箧印陀罗尼经一卷　唐释不空译　北宋开宝八年(975)刻本　曾熙、张爰、黄起凤、王云、陈曾寿绘图并题词　吴昌硕、邹安跋　上海博物馆

00252　大方广佛华严经疏一百二十卷　唐释澄观撰　宋释净源录疏注经　宋两浙转运司刻本[存二卷　五十四　一百一]　上海博物馆

00253　大方广佛华严经疏六十卷　唐释澄观撰　宋刻本[存一卷　十六]　上海博物馆

00254　华严经旨归一卷　唐释法藏撰　宋绍兴十二年(1142)临安府南山慧因讲院释义和刻本　上海图书馆

00255　金刚记外别解四卷　释观复撰　宋刻本　上海博物馆

00256　云峰悦禅师语录一卷　宋释齐晓编　宋刻本　华东师范大学图书馆

00257　翻译名义集七卷　宋释法云撰　宋刻本　上海图书馆

00258　曹子建文集十卷　魏曹植撰　宋刻本　上海图书馆

00259　杜工部集二十卷　唐杜甫撰　补遗一卷　宋刻本[卷十至十二配宋绍兴建康郡斋刻本]　上海图书馆

00260　分门集注杜工部诗二十五卷　唐杜甫撰　宋王洙、赵次公等注　年谱一卷　宋刻本　上海图书馆

00261　杜工部草堂诗笺五十卷　唐杜甫撰　宋蔡梦弼笺注　传序碑传一卷　宋蔡梦弼辑　年谱二卷　宋赵子栎、鲁訔撰　诗话二卷　宋蔡梦弼辑　宋刻本[存五卷　传叙碑铭一卷　年谱二卷　诗话二卷]　上海博物馆

00262　王建诗集十卷　唐王建撰　宋临安府陈解元宅刻本[目录、卷一、四、二、三、九、十配影宋抄本]　明唐寅题款　上海图书馆

00263　会昌一品制集二十卷　唐李德裕撰　宋刻本　清黄丕烈跋　上海图书馆

00264　丁卯集二卷　唐许浑撰　宋刻本　清黄丕烈、翁心存、翁同龢跋　上海图书馆

00265　杜荀鹤文集三卷　唐杜荀鹤撰　宋刻本　上海图书馆

00266　乖崖先生文集十二卷附录一卷　宋张咏撰　宋嘉定间郭森卿刻本　上海博物馆

00267　古灵先生文集二十五卷　宋陈襄撰　附录一卷　宋陈绍夫辑　宋绍兴三十一年(1161)陈辉赣州刻本　上海图书馆

00268　古灵先生文集二十五卷　宋陈襄撰　附录一卷　宋刻本　上海图书馆

00269　宛陵先生文集六十卷　宋梅尧臣撰　宋绍兴十年(1140)宛陵郡守汪伯彦刻嘉定十六至十七年修补本[存三十卷　十三至十八　三十七至六十]　岛田翰跋　上海图书馆

00270　庐陵欧阳先生文集六十四卷　宋欧阳修撰　宋刻本[存二卷　五十七至五十八]　清曹元忠跋　邹在衡跋　蒋确题款　上海博物馆

00271 嘉祐集十五卷 宋苏洵撰 宋刻本[目录第三叶以前缺,卷十五第六叶以下缺] 清黄丕烈跋 上海图书馆

00272 王文公文集一百卷目录二卷 宋王安石撰 宋绍兴龙舒郡斋刻公文纸印本 上海博物馆

00273 临川先生文集一百卷目录二卷 宋王安石撰 宋绍兴二十一年(1151)两浙西路转运使王珏刻元明递修本 曹元忠跋 上海图书馆

00274 注东坡先生诗四十二卷 宋苏轼撰 宋施元之、顾禧、施宿注 宋嘉定六年(1213)刻景定三年(1262)修补本[存三十二卷 三至四、十一至十八、二十一至四十二] 清翁同龢、潘祖荫跋 清沈曾峒、王仁东、沈瑜庆题识 清汪鸣銮观款 上海图书馆

00275 淮海集四十卷后集六卷长短句三卷 宋秦观撰 宋乾道九年(1173)高邮军学刻宋绍熙三年(1192)谢雩重修元明递修本[缺卷十六至二十一] 上海图书馆

00276 倚松老人文集二卷 宋饶节撰 宋庆元五年(1199)黄汝嘉刻宋重修本[存一卷 二] 袁克文题诗并跋 李盛铎、傅增湘跋 上海图书馆

00277 谢幼槃文集十卷 宋谢邁撰 宋绍兴二十二年(1152)抚州州学刻本 杨守敬跋 上海博物馆

00278 梁溪先生文集一百八十卷 宋李纲撰 宋刻本[存三十七卷 十三至十四、四十一至五十二、六十二至七十、九十一至九十五、九十七至九十八、一百、一百四十八、一百五十三至一百五十四、一百六十一至一百六十三] 清李枚、黄丕烈跋 上海图书馆

00279 李学士新注孙尚书内简尺牍十六卷 宋孙觌撰 宋李祖尧注 宋蔡氏家塾刻本 上海图书馆

00280 新刊嵩山居士文全集五十四卷 宋晁公遡撰 宋乾道四年(1168)嘉州刻本[存四十二卷 五至二十五、三十至三十二、三十七至五十四] 上海图书馆

00281 拙斋文集二十卷 宋林之奇撰 宋刻本[存二卷 四至五] 上海图书馆

00282 侍郎葛公归愚集二十卷 宋葛立方撰 宋刻本[存九卷 五至十三 卷十三缺页] 清黄丕烈跋 上海图书馆

00283 周益文忠公集二百卷 宋周必大撰 宋刻本[存二卷 书稿卷中、下] 上海图书馆

00284 东莱吕太史文集十五卷别集十六卷外集五卷 宋吕祖谦撰 宋嘉泰四年(1204)吕乔年刻元明递修本[存别集十六卷外集五卷] 上海图书馆

00285 后村居士集五十卷 宋刘克庄撰 宋刻本[存二卷 十九、二十] 吴湖帆、蒋祖诒、叶恭绰、潘承弼跋 张元济题诗 龙榆生题款 上海博物馆

00286 后村先生大全诗集十五卷 宋刘克庄撰 宋刻本[存十一卷 一至四、九至十五] 清黄丕烈、孙原湘、邵渊耀、姚畹真、钱天树、王芑孙、单学傅跋 上海图书馆

00287 文选六十卷 梁萧统辑 唐李善注 宋淳熙八年(1181)池阳郡斋刻本[存三卷:二十五至二十七] 上海图书馆

00288 才调集十卷 五代蜀韦縠编 宋临安府陈氏书棚本 上海图书馆

00289 王荆公唐百家诗选二十卷 宋王安石辑 宋刻本[存九卷 一至九] 上海图书馆

00290 东坡外制集三卷 宋苏轼撰 宋刻三苏先生大全集本 上海图书馆

00291 三苏先生文粹七十卷 宋苏洵、苏轼、苏辙撰 宋婺州义乌吴宅桂堂刻本 上海图书馆

00292　重广分门三苏先生文粹一百卷　宋苏洵、苏轼、苏辙撰　宋刻本［存六卷　四十五至四十八、八十三、八十七　又与宋婺州吴宅桂堂刻本《三苏先生文粹》卷十三至十五、卷五十及另一宋刻本《三苏先生文粹》卷五十至五十一合装］　上海图书馆

00293　新刊国朝二百家名贤文粹三百卷　宋庆元三年（1197）书隐斋刻本［存十卷　二十、二百零六至二百零七、二百七十二至二百七十七、二百八十五　又卷二百零五存九至十三页、卷二百零八存一页半、二百八十六存二页］　上海图书馆

00294　韵语阳秋二十卷　宋葛立方撰　宋刻本　上海图书馆

00295　淮海居士长短句三卷　宋秦观撰　宋乾道高邮军学刻本［卷中、下配明朱之赤抄本］清黄丕烈、蒋因培、沈树镛跋　朱孝臧、吴梅、潘景璠、叶恭绰、蒋汝藻、邓邦述、汪东、吴湖帆跋　冒广生题诗　清孙雪鸿题款　上海博物馆

00296　旧杂譬喻经二卷　吴释康僧会译　金解州赵城县广胜寺刻大藏本［存一卷　卷上］　上海图书馆

00297　法句喻经四卷　西晋释法炬、法立译　金解州赵城县广胜寺刻大藏本［存一卷　三］　上海图书馆

00298　大般若波罗蜜多经六百卷　唐释玄奘译　金解州赵城县广胜寺刻大藏本［存一卷　六］　上海图书馆

00299　大般若波罗蜜多经六百卷　唐释玄奘译　金解州赵城县广胜寺刻大藏本［存一卷　二十二］　上海图书馆

00300　大般若波罗蜜多经六百卷　唐释玄奘译　金解州赵城县广胜寺刻大藏本［存一卷　三十六］　上海图书馆

00301　大般若波罗蜜多经六百卷　唐释玄奘译　金解州赵城县广胜寺刻大藏本［存一卷　一百四十八］　上海图书馆

00302　妙法莲华经七卷　姚秦释鸠摩罗什译　金平阳府洪洞县卫氏经坊刻本［存四卷　三、五至七］　上海图书馆

00303　妙法莲华经七卷　姚秦释鸠摩罗什译　金绛州曲沃县裴长官庄吉赟吉用刻本［存一卷　四］　上海图书馆

00304　佛说弥勒下生成佛经一卷佛说弥勒来时经一卷　后秦释鸠摩罗什译　金解州天宁寺刻本　上海博物馆

00305　佛说随勇尊者经一卷　唐释施护等译　金绛州赵城县广胜寺刻大藏本　上海图书馆

00306　佛说五大施经一卷　唐释施护等译　金绛州赵城县广胜寺刻大藏本　上海图书馆

00307　大唐新译仁王护国经道场会诵轨仪一卷　唐不空译　金解州赵城县广胜寺刻大藏本　上海图书馆

00308　守护国界主陀罗尼经十卷　唐释般若等译　金解州赵城县广胜寺刻大藏本［存一卷　五］　上海图书馆

00309　鞞婆沙论十四卷　符秦释僧伽跋澄译　金解州赵城县广胜寺刻大藏本［存一卷　九］　上海图书馆

00310　景德传灯录三十卷　宋释道源撰　金解州赵城县广胜寺刻大藏本［存一卷　五］　上海图书馆

00311　晦庵先生校正伊川易传八卷　宋程颐传　宋朱熹校正　元刻本［存四卷　一至四］

复旦大学图书馆

00312　周易本义启蒙翼传四卷　元胡一桂撰　元刻本　上海图书馆

00313　附释音尚书注疏二十卷　题汉孔安国传　唐孔颖达疏　唐陆德明释文　元刻明修本　杨守敬跋　上海图书馆

00314　书集传六卷图一卷　宋蔡沈撰　朱子说书纲领一卷　宋朱熹撰　元刻本[存四卷　一至二　图　纲领]　复旦大学图书馆

00315　书集传六卷　宋蔡沈集传　元邹季友音释　元刻本[卷四至六配另一元刻本]　上海图书馆

00316　诗童子问二十卷　宋辅广撰　元至正四年(1344)余志安勤有堂刻本　上海图书馆

00317　诗缉三十六卷　宋严粲撰　元建安余氏刻本[存八卷　一至八]　上海图书馆

00318　毛诗旁注四卷　元罗祖禹刻本　上海图书馆

00319　诗传通释二十卷外纲领一卷诗传纲领一卷　元刘瑾撰　元至正十二年(1352)刘氏日新书堂刻本[卷十六至十八配清抄本]　上海图书馆

00320　附释音周礼注疏四十二卷　汉郑玄注　唐贾公彦等疏　唐陆德明释文　元刻明修本　上海图书馆

00321　仪礼图十七卷仪礼旁通图一卷　宋杨复撰　仪礼十七卷　元刻明修本　清黄国瑾跋　杨守敬跋　上海图书馆

00322　礼记纂言三十六卷　元吴澄辑　元元统二年(1334)吴尚等刻本[卷二配清抄本]　上海图书馆

00323　礼记集说十六卷　元陈澔撰　元天历元年(1328)郑明德宅刻本[存十二卷　一至十二]　潘承弼跋　上海图书馆

00324　礼书一百五十卷　宋陈祥道撰　元至正七年(1347)福州路儒学刻本　复旦大学图书馆

00325　乐书二百卷目录二十卷　宋陈旸撰　元至正七年(1347)福州路儒学刻明修本　华东师范大学图书馆

00326　附释音春秋左传注疏六十卷　晋杜预撰　唐孔颖达疏　唐陆德明释文　元刻明修本　上海图书馆

00327　音注全文春秋括例始末左传句读直解七十卷　宋林尧叟注　元刻明修本　上海图书馆

00328　监本附音春秋公羊注疏二十八卷　汉何休撰　唐徐彦疏　唐陆德明释文　元刻明修本　上海图书馆

00329　春秋诸传会通二十四卷　元李廉辑　元至正十一年(1351)虞氏明复斋崇川书府刻本　上海图书馆

00330　春秋属辞十五卷春秋师说三卷附录二卷春秋左氏传补注十卷　元赵汸撰　元至正二十四年(1364)　休宁商山义塾刻明弘治六年高忠重修本　上海图书馆

00331　四书章句集注三十卷　宋朱熹撰　元刻本　明魏校批　袁克文跋　上海图书馆

00332　读四书丛说八卷　元许谦撰　元刻本　上海图书馆

00333　孟子注疏解经十四卷　汉赵岐注　宋孙奭疏　元刻明修本　上海图书馆

00334　六书统二十卷　元杨桓撰　元至大元年(1308)江浙行省儒学刻至正三年补修印本

复旦大学图书馆

　　00335　说文字原一卷　元周伯琦撰　元至正十五年(1355)高德基等刻公文纸印本　上海博物馆

　　00336　增修互注礼部韵略五卷　宋毛晃增注　宋毛居正重增　元至正十五年(1355)日新书堂刻明修本　上海图书馆

　　00337　增修互注礼部韵略五卷　宋毛晃增注　宋毛居正重增　元刻本[存二卷　一至二]
复旦大学图书馆

　　00338　古今韵会举要三十卷凡例一卷礼部韵略七音三十六母通考一卷　元刻本　清钱大昕跋　袁克文跋　上海图书馆

　　00339　魁本足注释疑韵宝五卷　元刻本　上海图书馆

　　00340　南史八十卷　唐李延寿撰　元大德十年(1306)广德路儒学刻明嘉靖十年递修本　清翁同龢跋　上海图书馆

　　00341　北史一百卷　唐李延寿撰　元大德十年(1306)信州路儒学刻明修本　上海图书馆

　　00342　五代史记七十四卷　宋欧阳修撰　宋徐无党注　元宗文书院刻明修本[卷六至九、六十七至七十七配清抄本]　上海图书馆

　　00343　五代史记七十四卷　宋欧阳修撰　宋徐无党注　元宗文书院刻明修本[存四卷　卷六十一至六十四]　上海图书公司

　　00344　五代史记七十四卷　宋欧阳修撰　宋徐无党注　元刻明递修本[存五十七卷　一至四十一、五十九至七十四]　复旦大学图书馆

　　00345　汉书一百卷　汉班固撰　元大德九年(1305)太平路学刻明成化、正德、嘉靖递修本
上海辞书出版社图书馆

　　00346　后汉书九十卷　刘宋范晔撰　唐李贤注　志三十卷　晋司马彪撰　梁刘昭注　元大德九年(1306)宁国路儒学刻明修本　上海图书馆

　　00347　三国志六十五卷　晋陈寿撰　刘宋裴松之注　元大德十年(1306)池州路儒学刻本[存一卷　四十三]　上海图书馆

　　00348　晋书一百三十卷　唐房玄龄等撰　元刻明递修本　上海图书馆

　　00349　晋书一百三十卷　唐房玄龄等撰　元刻明天顺间公文纸印本[存六十二卷　四至六、二十五至四十三、四十九至五十七、六十二至八十、一百六至一百一十一、一百十三至一百十五、一百十七至一百二十二]　复旦大学图书馆

　　00350　晋书一百三十卷　唐房玄龄等撰　音义三卷　唐何超撰　元刻明正德、嘉靖递修本
上海图书馆

　　00351　隋书八十五卷　唐魏徵等撰　元大德饶州路儒学刻本[存一卷　二十四]　上海图书公司

　　00352　隋书八十五卷　唐魏徵等撰　元至顺三年(1332)瑞州路儒学刻明修本　上海图书馆

　　00353　唐书二百二十五卷　宋欧阳修、宋祁等撰　释音二十五卷　宋董衡撰　元大德十一年(1307)建康路儒学刻明修本[卷二百二十五卷配元天历二年(1329)刻本]　上海图书馆

　　00354　资治通鉴二百九十四卷　宋司马光撰　元胡三省音注　元刻本　上海图书馆

　　00355　资治通鉴二百九十四卷　宋司马光撰　元胡三省音注　元刻本　清吴城跋　复旦大学图书馆

00356　通鉴释文辨误十二卷　元胡三省撰　元刻本　上海图书馆

00357　通鉴续编二十四卷　元陈桱撰　元至正二十一年(1361)顾逖刻本　复旦大学图书馆

00358　续资治通鉴十五卷　宋刘时举撰　元陈氏余庆堂刻本　上海图书馆

00359　宋季三朝政要六卷　元皇庆元年(1312)陈氏余庆堂刻本　上海图书馆

00360　宋季三朝政要六卷　元皇庆元年(1312)陈氏余庆堂刻本　清赵烈文、费念慈、邓邦述题识　上海图书馆

00361　宋史全文续资治通鉴三十六卷增入名儒讲义续资治通鉴宋季朝事实二卷　元佚名撰　元建阳刻本　复旦大学图书馆

00362　两汉诏令二十三卷　宋林虙、楼昉辑　元至正九年(1349)苏天爵刻本[卷九至二十三配清抄本]　清姚畹真、方若蘅跋　刘世珩跋　上海图书馆

00363　两汉诏令二十三卷　宋林虙辑　宋楼昉续辑　元至正九年(1349)苏天爵刻本　上海图书馆

00364　两汉诏令二十三卷　宋林虙、楼昉辑　元至正九年(1349)苏天爵刻本[西汉诏令卷二、卷七、卷六第二十一至三十叶、卷十一第十三叶、卷十二第十一至十三叶、东汉诏令卷一第二十一叶、后序第二叶配清抄本]　复旦大学图书馆

00365　注陆宣公奏议十五卷　唐陆贽撰　宋郎晔注　元至正十四年(1354)刘氏翠岩精舍刻本[存十卷　一至十]　上海图书馆

00366　通鉴总类二十卷　宋沈枢撰　元至正二十三年(1363)平江路儒学刻本　上海图书馆

00367　参附群书三刘互注西汉详节三十卷　宋吕祖谦辑　元刻本[存十三卷　一至五、七、八、十、十一、十三、十五、十七、十八]　上海图书公司

00368　东莱先生校正晋书详节二十卷　唐魏徵等撰　宋吕祖谦编　元刻本　复旦大学图书馆

00369　东莱先生校正隋书详节二十卷　唐魏徵等撰　宋吕祖谦编　元刻本[存七卷　一至七]　复旦大学图书馆

00370　新编方舆胜览七十卷　宋祝穆辑　元刻本　上海图书馆

00371　岳忠武庙名贤诗一卷宋史岳飞传一卷　元释高会重辑　元刻明初增修本　上海博物馆

00372　新入诸儒议论杜氏通典详节四十二卷　唐杜佑撰　元刻本[存七卷　十七至二十三]　上海图书公司

00373　十七史纂古今通要十七卷　元胡一桂纂　后集三卷　元董鼎撰　元刻本　上海图书馆

00374　校正刘向说苑二十卷　汉刘向撰　元大德七年(1303)云谦刻本　上海图书馆

00375　类编标注文公先生经济文衡前集二十五卷　宋滕珙辑　元泰定元年(1324)梅溪书院刻本　上海博物馆

00376　潜室陈先生木钟集十一卷　宋陈埴撰　元建安吴氏友于堂刻本[存十卷　一、三至十一]　上海图书馆

00377　慈溪黄氏日抄分类九十七卷　宋黄震撰　元后至元三年(1337)刻本　上海图书馆

00378　十七史百将传十卷　宋张预辑　元刻本　上海图书馆

00379　农桑辑要七卷　元司农司撰　元后至元五年(1339)刻明修本　上海图书馆

00380　新刊黄帝内经灵枢十二卷　元后至元五年(1339)胡氏古林书堂刻本　中国科学院上海生命科学信息中心

00381　经史证类大观本草三十一卷　宋唐慎微撰　元大德六年(1302)宗文书院刻本〔卷八至十二、十四配清宣统二年(1910)柯逢时刻本〕　上海图书馆

00382　本草衍义二十卷　宋寇宗奭撰　元大德六年(1302)宗文书院刻本〔卷八至十二、十四配清宣统二年(1910)柯逢时刻本〕　上海图书馆

00383　重刊孙真人备急千金要方三十卷　唐孙思邈撰　元刻本　上海图书馆

00384　永类钤方二十二卷首一卷　元李仲南撰　元至顺二年(1331)刻本　上海图书馆

00385　图绘宝鉴五卷补遗一卷续补遗一卷　元夏文彦撰　元至正二十六年(1366)刻明修本　叶德辉题记　上海图书馆

00386　图绘宝鉴五卷补遗一卷　元至正二十六年(1366)刻明修本　清黄丕烈、陈鳣,吴骞、郭兰枝跋　章钰题识　上海图书馆

00387　增注周易神应六亲百章海底眼前集一卷后集一卷　宋王鼒撰　宋何侁重编　元刻本　上海图书馆

00388　白虎通二卷　汉班固撰　元刻本　上海图书馆

00389　白虎通德论十卷　汉班固撰　元大德九年(1305)无锡州学刻本　上海图书馆

00390　风俗通义十卷　汉应劭撰　元大德九年(1305)无锡州学刻明修本　上海图书馆

00391　吕氏春秋二十六卷　汉高诱注　元至正嘉兴路儒学刻本　清吴骞跋　上海图书馆

00392　颜氏家训七卷　北齐颜之推撰　考证一卷　宋沈揆撰　元刻本　清何焯、孙星衍、钱大昕、黄丕烈跋　上海图书馆

00393　山堂先生群书考索前集六十六卷后集六十五卷续集五十六卷别集二十五卷　宋章如愚编　元延祐七年(1320)圆沙书院刻本〔前集卷十七至二十一、二十七至三十一、续集卷八至十一配清抄本〕　上海图书馆

00394　山堂先生群书考索后集六十五卷续集五十六卷　宋章如愚辑　元延祐七年圆沙书院刻本〔存十五卷　后集卷九至十五、五十三至五十七　续集卷三十七至三十九〕　上海图书公司

00395　山堂先生群书考索前集六十六卷后集六十五卷续集五十六卷别集二十五卷　宋章如愚编　元延祐七年(1320)圆沙书院刻明修本　上海图书馆

00396　新笺决科古今源流至论前集十卷后集十卷续集十卷别集十卷　宋林駧撰　宋黄履翁撰　元延祐四年(1317年)圆沙书院刻本　上海图书公司

00397　诗考一卷　宋王应麟撰　元至元六年(1340)庆元路儒学刻明递修本　复旦大学图书馆

00398　姓氏急就篇二卷　宋王应麟撰　元至元六年(1340)庆元路儒学刻本　复旦大学图书馆

00399　韵府群玉二十卷　元阴时夫辑　元阴中夫注　元元统二年(1334)梅溪书院刻明修本　上海图书馆

00400　新增说文韵府群玉二十卷　元阴时夫辑　元阴中夫注　元至正十六年(1356)刘氏日新堂刻本〔卷一配明初刻本〕　上海图书馆

00401　新编事文类聚翰墨全书一百三十四卷　元泰定元年(1324)麻沙吴氏友于堂刻本〔存三十三卷〕　清莫友芝跋　上海图书馆

00402　联新事备诗学大成三十卷　元林桢辑　元刻本　华东师范大学图书馆

00403　佛说顶生王因缘经六卷　宋释施护等译　元官刻大藏经本　上海龙华寺

00404　大方广佛华严经六十卷　东晋释佛陀跋陀罗等译　元至元杭州路余杭大普宁寺大藏经局募刻本[存一卷　九]　上海博物馆

00405　菩提场所说一字顶轮王经五卷　唐释不空译　元官刻大藏经本　上海龙华寺

00406　佛说一向出生菩萨经一卷　隋释阇那崛多译　元至元杭州路余杭大普宁寺大藏经局募刻本　上海博物馆

00407　金刚场陀罗尼经一卷　隋释阇那崛多译　元至元杭州路余杭大普宁寺大藏经局募刻本　上海博物馆

00408　大乘庄严经论十三卷　唐释波罗颇迦罗蜜多罗译　元至元杭州路余杭大普宁寺大藏经局募刻本　上海博物馆

00409　释氏稽古略四卷　元释觉岸撰　元刻本　上海图书馆

00410　释氏稽古略四卷　元释觉岸撰　续集三卷　明释大闻撰　清咸丰二年(1852)胡氏琳琅秘室抄本　清胡珽跋元刻明修本　清胡珽跋　上海图书馆

00411　分类补注李太白诗二十五卷　唐李白撰　宋杨齐贤集注　元萧士赟补注　元至大四年(1311)余氏勤有堂刻本　上海图书馆

00412　集千家注分类杜工部诗文二卷　唐杜甫撰　宋徐居仁编　年谱一卷　宋黄鹤撰　元至正七年(1347)潘屏山圭山书院刻本　清查慎行跋　上海图书馆

00413　集千家注分类杜工部诗二十五卷文集二卷　唐杜甫撰　宋徐居仁编次　宋黄鹤补注　元至正七年(1347)潘屏山圭山书院刻叶氏广勤书堂印本　复旦大学图书馆

00414　杜工部草堂诗笺四十卷外集一卷　唐杜甫撰　宋蔡梦弼会笺　诗史补遗十卷　宋黄鹤集注　年谱二卷　宋赵子栎、鲁訔撰　诗话二卷　宋蔡梦弼辑　传序碑铭一卷　宋宋祁撰　元刻本　上海图书馆

00415　朱文公校昌黎先生文集四十卷外集十卷遗文一卷　唐韩愈撰　宋朱熹考异　宋王伯大音释　元后至元日新书堂刻本[存文集四十卷]　上海图书馆

00416　船子和尚拨棹歌一卷　唐释德诚撰　元后至元刻本　上海图书馆

00417　范文正公集二十卷政府奏议二卷尺牍三卷　宋范仲淹撰　年谱一卷　宋楼钥撰　年谱补遗一卷遗迹一卷鄱阳遗事录一卷言行拾遗事录四　元天历、至正间褒贤世家家塾岁寒堂刻本　上海图书馆

00418　范文正公尺牍三卷　宋范仲淹撰　元天历、至正间褒贤世家家塾岁寒堂刻本　华东师范大学图书馆

00419　范文正公年谱一卷　宋楼钥编次　元天历、至正间褒贤世家家塾岁寒堂刻本　华东师范大学图书馆

00420　东坡先生往还尺牍十卷　宋苏轼撰　元刻本　上海图书馆

00421　山谷黄先生大全诗注二十卷　宋黄庭坚撰　宋任渊注　元刻本[卷九至十配清抄本]　上海图书馆

00422　琼琯白玉蟾上清集八卷　宋葛长庚撰　元建安余氏静庵刻本　上海图书馆

00423　方是闲居士小稿二卷　宋刘学箕撰　元至正二十年(1361)屏山书院刻本　上海图书馆

00424　静修先生文集二十二卷　元刘因撰　元至顺元年(1330)宗文书堂刻本　上海图书馆

00425　汉泉曹文贞公诗集十卷后录一卷　元曹伯启撰　元至元四年(1267)曹复亨刻本　上海图书馆

00426　金华黄先生文集四十三卷　元黄溍撰　元至正十五年(1355)三山学宫刻本［卷二十一至四十三配清抄本］　缪荃孙跋　上海图书馆

00427　黄文献公集二十三卷　元黄溍撰　元刻明修本　上海图书馆

00428　柳待制文集二十卷标目二卷　元柳贯撰　元至正十年(1350)余阙浦江学官刻明永乐四年(1406)柳贵重修本［卷十四至十五配清抄本］　上海图书馆

00429　顺斋先生闲居丛藁二十六卷　元蒲道源撰　元至正十年(1350)刻本　上海图书馆

00430　乐府诗集一百卷　宋郭茂倩辑　元至正元年(1341)集庆路儒学刻明修本　上海图书馆

00431　乐府诗集一百卷目录二卷　宋郭茂倩辑　元至正元年(1341)集庆路儒学刻明修本　复旦大学图书馆

00432　乐府诗集一百卷　宋郭茂倩辑　元至正元年(1341)集庆路儒学刻明修本　清陆贻典校并跋　上海图书馆

00433　乐府诗集一百卷　宋郭茂倩辑　元至正元年(1341)集庆路儒学刻明修本［存十卷　一至十］　华东师范大学图书馆

00434　叠山先生批点文章轨范七卷　宋谢枋得辑　元刻本［存五卷　一至二　五至七］　上海博物馆

00435　唐诗鼓吹十卷　金元好问辑　元郝天挺注　元京兆日新堂刻本　上海图书馆

00436　音训句解古今文鉴续集十卷　元张肇辑　元刻本　华东师范大学图书馆

00437　标音古文句解精粹大全前集四卷后集四卷　元何如愚辑　元建阳詹氏刻本［存二卷　前集一至二］　华东师范大学图书馆

00438　类编层澜文选前集十卷后集十卷续集十卷别集十卷　元云坡家塾刻本　上海图书馆

00439　中州集十卷　金元好问辑　元至大三年(1310)曹氏进德斋刻本［存八卷　一至八］　上海图书馆

00440　文心雕龙十卷　梁刘勰撰　元至正十五年(1355)刻本　上海图书馆

00441　周易参义十卷　元梁寅撰　明初刻本　上海图书馆

00442　周易传义大全二十四卷附程子上下篇义一卷周易朱子图说一卷周易五赞一卷筮仪一卷纲领一卷　明胡广等编　明内府刻本　中国科学院上海生命科学信息中心

00443　书传大全十卷附图一卷书说纲领一卷　明胡广等编　明内府刻本　中国科学院上海生命科学信息中心

00444　诗集传二十卷诗序辨说一卷诗传纲领一卷诗图一卷　宋朱熹注　明正统十二年(1447)司礼监刻本　上海师范大学图书馆

00445　礼记纂言三十六卷　元吴澄撰　明正德十五年(1520)胡东皋刻本　上海师范大学图书馆

00446　音点春秋左传详节句解三十五卷　宋朱申撰　明初刻本［卷二十九至卷三十五配明嘉靖刻本］　上海师范大学图书馆

00447　四书集注二十一卷　宋朱熹撰　明崇祯十四年(1641)毛晋汲古阁刻本　清毛扆校

上海图书公司

00448　四书或问三十六卷　宋朱熹撰　明正德十二年(1517)闵闻刻本　上海辞书出版社图书馆

00449　埤雅二十卷　宋陆佃撰　明初刻本　上海图书公司

00450　埤雅二十卷　宋陆佃撰　明刻本　上海图书公司

00451　六书正讹五卷　元周伯琦撰　明刻本　上海博物馆

00452　大明成化丁亥重刊改併五音类聚四声篇十五卷　金韩道昭撰　明成化七年(1471)刻本　上海师范大学图书馆

00453　大明成化庚寅重刊改併五音集韵十五卷　金韩道昭撰　明成化六至七年(1470—1471)刻本　上海师范大学图书馆

00454　南史八十卷　唐李延寿撰　明初刻明修本　上海图书馆

00455　北史一百卷　唐李延寿撰　明初刻明修本　上海图书馆

00456　辽史一百一十六卷　元脱脱等撰　明初刻本　上海图书馆

00457　元史二百一十卷　明宋濂等撰　明洪武三年(1370)内府刻嘉靖南京国子监递修本　上海图书馆

00458　国语二十一卷　明吴韦昭注　古文音释一卷　明王莹撰　明嘉靖四年(1525)许宗鲁宜静书堂刻本　上海图书公司

00459　经国雄略四十八卷　明郑大郁撰　明弘光元年(1645)观社刻本　华东师范大学图书馆

00460　十七史详节二百七十四卷　宋吕祖谦辑　明正德十一年(1516)刘弘毅慎独斋刻本　上海师范大学图书馆

00461　[正德]姑苏志六十卷　明林世远、王鏊等修纂　明正德刻嘉靖补刻本　上海师范大学图书馆

00462　朝鲜赋不分卷　明董越撰　明正德十六年(1521)刻本　上海辞书出版社图书馆

00463　考古图十卷　宋吕大临撰　元罗更翁考订　明初刻本　华东师范大学图书馆

00464　刘向说苑二十卷　汉刘向撰　明正德刻本　上海图书公司

00465　纂图互注扬子法言十卷　汉扬雄撰　晋李轨、唐柳宗元、宋司马光注　明初刻本　华东师范大学图书馆

00466　五伦书六十二卷　明朱瞻基辑　明正德元年(1506)刻本[卷五至十二补配明景泰五年(1454)刘氏翠岩精舍刻本]　华东师范大学图书馆

00467　青囊杂纂八种　明邵以正编　明弘治刻本[存二种　济急仙方一卷　仙传济阴方一卷]　中国科学院上海生命科学信息中心

00468　新刊补注释文黄帝内经素问九卷　唐王冰注　宋林亿等校正　明初刻本　上海中医药大学图书信息中心

00469　重刊巢氏诸病源候总论五十卷　隋巢元方撰　明嘉靖汪济川刻本　上海中医药大学图书信息中心

00470　东垣先生此事难知二卷　元王好古编　明刻本　上海中医药大学图书信息中心

00471　医林类证集要十卷　明王玺撰　明成化十八年(1482)春德堂刻本　中国科学院上海生命科学信息中心

00472　诸证总录奇方二十六卷　明胡任纂　明万历刻本　上海中医药大学图书信息中心

00473　丹溪先生医书纂要二卷　明卢和纂注　明刻本　上海中医药大学图书信息中心

00474　丹溪心法类集四卷　明杨珣类集　明正德三年(1508)　卢翊刻本　上海中医药大学图书信息中心

00475　内外伤辨三卷　元李杲撰　明初刻本　上海中医药大学图书信息中心

00476　萝轩变古笺谱二卷　明吴发祥辑　明天启六年(1626)刻彩色套印本　上海博物馆

00477　十竹斋笺谱初集四卷　明胡正言辑　明崇祯十七年(1644)胡氏十竹斋刻套印本　上海博物馆

00478　印史五卷　明何通撰　明天启刻钤印本　上海图书公司

00479　丹铅总录二十七卷　明杨慎撰　明嘉靖三十三年(1554)梁佐刻蓝印本　华东师范大学图书馆

00480　世说新语三卷　刘宋刘义庆撰　梁刘孝标注　明刻本　严复批校　华东师范大学图书馆

00481　真珠船八卷　明胡待撰　明嘉靖刻本　上海图书公司

00482　群书考索前集六十六卷后集六十五卷续集五十六卷别集二十五卷　宋章如愚辑　明正德三至十三年(1508—1518)刘洪慎独斋刻十六年(1521)重修本　上海师范大学图书馆

00483　新编圣朝混一方舆胜览三卷　元刘应李辑　明初刻事文类聚翰墨全书后乙集本　复旦大学图书馆

00484　策学辑要□卷　明刻本[存二卷　九至十]　上海图书公司

00485　永乐南藏六千三百三十一卷续藏四百十卷　明永乐十至十五年(1412—1417)刻万历十二年(1584)续刻本　上海龙华寺

00486　慈悲水忏法三卷　唐释知玄撰　南明永历六年(1651)刻本　上海图书公司

00487　集千家注批点杜工部诗集二十卷文集二卷年谱一卷附录一卷　唐杜甫撰　宋黄鹤补注　宋刘辰翁评点　明洪武元年(1368)会文堂刻本　复旦大学图书馆

00488　新刊唐陆宣公集二十二卷　唐陆贽撰　明刻本　上海图书公司

00489　朱文公校昌黎先生文集四十卷　唐韩愈撰　明刻本　华东师范大学图书馆

00490　增广注释音辩唐柳先生集四十三卷　唐柳宗元撰　宋童宗说注释　宋张敦颐音辩　明正统十三年(1448)善敬堂刻本　华东师范大学图书馆

00491　安阳集五十卷　宋韩琦撰　明正德九年(1514)张士隆刻本　华东师范大学图书馆

00492　赵清献公文集十卷　宋赵抃撰　明成化七年(1471)阎铎刻本　华东师范大学图书馆

00493　南丰先生元丰类稿五十一卷　宋曾巩撰　明成化八年(1472)南丰县刻嘉靖十二年(1533)秦潮补刻本　上海图书公司

00494　欧阳文忠公集一百五十三卷　宋欧阳修撰　年谱一卷　宋胡柯撰　附录五卷　明正德七年(1512)刘乔刻本　上海图书公司

00495　晦庵先生五言诗抄一卷　宋朱熹撰　明吴讷选　明刻本　上海图书公司

00496　梅溪先生廷试策一卷奏议四卷文集二十卷后集二十九卷　宋王十朋撰　明正统五年(1440)刻天顺六年(1462)重修本　华东师范大学图书馆

00497　梅溪先生廷试策一卷奏议四卷文集二十卷后集二十九卷　宋王十朋撰　明正统五年(1440)刻明天顺六年(1462)重修本[存二十五卷　廷试策　奏议　文集]　华东师范大学图书馆

00498 杨文懿公集二十六卷 明杨守陈撰 明万历十六年(1588)杨德政刻本[存三卷 晋庵稿一卷 镜川稿二卷] 华东师范大学图书馆

00499 怀麓堂诗续藁八卷 明李东阳撰 明正德十二年(1517)张汝立刻本[存四卷 一至四] 清陈苌跋 华东师范大学图书馆

00500 拟古乐府二卷 明李东阳撰 明谢铎、潘辰评点 明何孟春音注 明正德十三年(1518)顾佖刻本 上海师范大学图书馆

00501 选诗补注八卷 元刘履辑 明初刻本 华东师范大学图书馆

00502 选诗补注八卷 元刘履辑 补遗二卷续编四卷 明宣德九年(1434)陈本深刻本 华东师范大学图书馆

00503 玉台新咏十卷 陈徐陵撰 明崇祯六年(1633)赵均刻本 叶德辉跋 上海图书公司

00504 文粹一百卷 宋姚铉编 明初刻本[存三卷 二十七下、二十八、二十九] 上海博物馆

00505 新刊图像音释唐诗鼓吹大全十卷 元郝天挺音释 元余应奎校补 明建邑书林江子升刻本 上海图书公司

00506 金华正学编十卷 明赵鹤辑 明正德七年(1512)杨凤刻递修本 中国科学院上海生命科学信息中心

00507 明成化说唱词话十九卷传奇一卷 明成化永顺书堂刻本 上海博物馆

00508 百川学海一百种一百七十九卷 宋左圭编 明弘治十四年(1501)华珵刻本 上海图书公司

(三) 竹 简

00509 周易 战国 竹简 上海博物馆

00510 逸诗 战国 竹简 上海博物馆

00511 孔子诗论 战国 竹简 上海博物馆

00512 容成氏 战国 竹简 上海博物馆

00513 缁衣 战国 竹简 上海博物馆

00514 性情论 战国 竹简 上海博物馆

00515 内丰 战国 竹简 上海博物馆

00516 民之父母 战国 竹简 上海博物馆

00517 子羔 战国 竹简 上海博物馆

00518 中弓 战国 竹简 上海博物馆

00519 昔者君老 战国 竹简 上海博物馆

00520 相邦之道 战国 竹简 上海博物馆

00521 鲁邦大旱 战国 竹简 上海博物馆

00522 从政甲乙篇 战国 竹简 上海博物馆

00523 恒先 战国 竹简 上海博物馆

00524 曹沫之陈 战国 竹简 上海博物馆

00525 吴命 战国 竹简 上海博物馆

00526 凡物流形 战国 竹简 上海博物馆

00527 君人者何必安哉 战国 竹简 上海博物馆

00528 郑子家丧　战国　竹简　上海博物馆

00529 武王践阼　战国　竹简　上海博物馆

（四）碑　帖

00530 广政石经　宋拓本　黄丕烈跋　上海图书馆

00531 化度寺邕禅师塔铭　宋拓本　上海图书馆

00532 温彦博碑　宋拓本　上海图书馆

00533 龙藏寺碑　元拓本　沈树镛跋　上海图书馆

00534 许真人井铭　宋拓本　上海图书馆

00535 争座位帖　宋拓本　何绍基跋　上海图书馆

00536 十七帖　宋拓本　上海图书馆

00537 淳化阁帖　宋拓本　存卷九　上海图书馆

00538 淳化阁帖十卷　宋拓本　上海博物馆

00539 淳化阁帖十卷　宋拓本　王淮等跋　存四卷（四、六至八）　上海博物馆

00540 鼎帖　宋拓本　上海图书馆

00541 绍兴米帖　宋拓本　存卷九　上海图书馆

00542 郁孤台法帖　宋拓本　上海图书馆

00543 凤墅帖　宋拓本　存十二卷　上海图书馆

00544 宝晋斋法帖十卷　宋拓本　上海图书馆

00545 崔敬邕墓志　清出土初拓本　蒋祖诒跋　上海图书馆

00546 赵清献公碑　明拓本　上海图书馆

00547 萧敷及敬太妃墓志　宋拓本　上海博物馆

00548 郎官石柱记　宋拓本　王世贞跋　上海博物馆

00549 兰亭续帖上下册　宋拓本　上海博物馆

附件2　第一批上海市古籍重点保护单位名单（8个）

上海图书馆

上海博物馆

复旦大学图书馆

华东师范大学图书馆

上海师范大学图书馆

中国科学院生命科学信息中心

上海中医药大学图书信息中心

上海文庙管理处

关于公布第二批上海市珍贵古籍名录的通知

市古籍保护工作联席会议各成员单位，各区县文化（广）局，市古籍保护中心：

市政府已批准我局审定的《第二批上海市珍贵古籍名录》（共258部），现予以公布。

古代文献典籍是中华民族的宝贵精神财富，是人类文明的瑰宝，保护和利用好珍贵文献典籍，

对于继承和发扬民族优秀文化传统、增进民族团结和维护国家统一、增强民族自信心和凝聚力、建设社会主义核心价值体系、提高国家文化软实力,意义重大。希望市、区县各相关部门、单位要进一步贯彻中央确定的"保护为主、抢救第一、合理利用、加强管理"的指导方针,继续加强普查力度,切实做好珍贵古籍的保护、管理和合理利用工作,使中华民族珍贵的文献典籍永泽后世。

特此通知。

附件:第二批上海市珍贵古籍名录

二○一○年六月一日

附件 第二批上海市珍贵古籍名录(258部)

(一)写 本

抄本

1. 圣政记十二卷 明宋濂撰 明抄本 上海图书馆

2. 逊国君纪钞二卷臣事钞六卷 明郑晓撰 明抄本 上海图书馆

3. 金匮要略方三卷 汉张机撰 晋王叔和辑 宋林亿诠次 明洪武二十八年吴迁抄本 徐乃昌题识 上海图书馆

4. 极玄集一卷 唐姚合辑 明毛氏汲古阁影宋抄本 上海图书馆

5. 剡溪诗话一卷 宋高似孙撰 明正德十二年俞弁抄本 上海图书馆

6. 周易集传八卷 元龙仁夫撰 清影元抄本 清盛百二跋 上海图书馆

7. 中兴馆阁录十卷续录十卷 宋陈骙撰 清钱氏潜研堂抄本 程祖庆、杨守敬、叶德辉、于省吾、余嘉锡跋 上海图书馆

8. 韩非子二十卷 清影宋抄本 清顾广圻跋 上海图书馆

9. 李商隐诗集三卷 唐李商隐撰 清影宋抄本 徐乃昌题识 上海图书馆

10. 徐公文集三十卷 宋徐铉撰 清影宋抄本 上海师范大学图书馆

稿本

11. 文徵明诗文稿一卷 明文徵明撰 手稿本 清文含跋 周道振跋 上海图书馆

12. 南禺书画目一卷 明丰坊辑 手稿本 清张廷济跋 上海图书馆

13. 文三桥诗稿不分卷 明文彭撰 手稿本 清赵文麟、陈宗元跋 上海图书馆

14. 安希范游记一卷 明安希范撰 手稿本 缪荃孙、朱祖谋、孙毓修跋 上海图书馆

15. 毛诗通义十二卷首一卷附录一卷 清朱鹤龄撰 手稿本 清陈钟英跋 上海图书馆

16. 归玄恭先生未刻稿一卷 清归庄撰 手稿本 潘承弼跋 上海图书馆

17. 德藻堂诗集一卷 清曹溶撰 手稿本 清李因笃批校并跋 清张廷济、郭麐跋 上海图书馆

18. 安雅堂诗不分卷 清宋琬撰 稿本 上海图书馆

19. 彭氏旧闻录一卷太仆行略一卷 清彭孙贻撰 手稿本 清□世鉴题识 上海图书馆

20. 卜居集一卷 清顾苓撰 手稿本 上海图书馆

21. 苇间诗稿不分卷 清姜宸英撰 手稿本 邓实跋 上海图书馆

22. 恽南田诗稿一卷 清恽格撰 手稿本 清孙原湘跋 上海图书馆

23. 南斋日记不分卷 清查慎行撰 手稿本 上海图书馆

24. 睫巢集三卷 清李锴撰 手稿本 清韩应陛跋 叶景葵跋 上海图书馆

25. 周易本义辨证五卷附录一卷　清惠栋撰　手稿本　上海图书馆

26. 学福斋诗文集　清沈大成撰　稿本　潘承弼跋　上海图书馆

27. 李义山文集笺注六卷　唐李商隐撰　清吴兆宜笺　手稿本　清叶乃溁跋　上海图书馆

28. 全宋诗话十二卷　清孙涛辑　稿本　清施嵩跋　上海图书馆

29. 碑版异文录不分卷　清梁同书撰　手稿本　清翁同龢跋　上海图书馆

30. 读相台五经随笔二卷　清周广业撰　手稿本　上海图书馆

31. 尺苑不分卷　清吴骞撰　手稿本　上海图书馆

32. 古今乐府声律源流考一卷　清吴骞辑　稿本　上海图书馆

33. 兔床山人手写诗草一卷　清吴骞撰　手稿本　上海图书馆

34. 墨子校记不分卷　清翁方纲撰　手稿本　上海图书馆

35. 石鼓考六卷附一卷　清翁方纲撰　稿本　华东师范大学图书馆

36. 山静居文稿不分卷　清方薰撰　手稿本　上海图书馆

37. 厉樊榭年谱一卷附樊榭山房集目录　清朱文藻撰　手稿本　上海图书馆

38. 章实斋稿不分卷　清章学诚撰　稿本　上海图书馆

39. 秋室我闻录一卷　清余集撰　手稿本　清沈庆云跋　上海图书馆

40. 与稽斋丛稿十六卷曼香词四卷　清吴翌凤撰　手稿本　清李详、剟光典、潘承弼跋　上海图书馆

41. 历代帝王统系考八卷　清吴翌凤撰　手稿本　上海图书馆

42. 更生斋诗□卷　清洪亮吉撰　手稿本　上海图书馆

43. 竹崦盦金石目录不分卷　清赵魏撰　手稿本　清江风彝校并跋　上海图书馆

44. 恒言广证六卷　清陈鳣撰　手稿本　上海图书馆

45. 惕甫未定稿不分卷　清王芑孙撰　手稿本［存五卷　六至十］　上海图书馆

46. 俦游纪胜不分卷　清钱泳撰　手稿本　上海图书馆

47. 段氏说文注订八卷　清钮树玉撰　手稿本　上海图书馆

48. 秦敦夫笔录二卷　清秦恩复撰　手稿本　上海图书馆

49. 韩非子校正不分卷　清朱锡庚撰　手稿本　上海图书馆

50. 忆书六卷　清焦循撰　手稿本　清赵之谦跋　上海图书馆

51. 里堂书跋二卷　清焦循撰　手稿本　上海图书馆

52. 韩诗遗说二卷订讹一卷　清臧庸撰　稿本　上海图书馆

53. 全上古三代文八卷全秦文一卷　清彭兆荪辑　手稿本　文素松、叶景葵跋　上海图书馆

54. 张叔未先生题跋不分卷　清张廷济撰　手稿本　上海图书馆

55. 骚赋杂文不分卷　清丁履恒辑　稿本　秦更年跋　华东师范大学图书馆

56. 悔庵学文八卷　清严元照撰　手稿本　上海图书馆

57. 玉壶山人词稿一卷泖东夏课一卷　清改琦撰　手稿本　上海图书馆

58. 汉书疏证二十卷后汉书疏证二十卷　清沈钦韩撰　手稿本　上海图书馆

59. 苏文忠诗集补正不分卷　清沈钦韩撰　手稿本　上海图书馆

60. 安吴四稿　清包世臣撰　手稿本　傅增湘跋　俞明谦校并题签　张伯英跋并题签　上海图书馆

61. 焦山周鼎解不分卷　清徐同柏撰　手稿本　清沈涛、马瑞辰跋　上海图书馆

62. 石经阁集九种　清冯登府撰　手稿本　上海图书馆

63. 衍石斋杂记不分卷　清钱仪吉撰　手稿本　上海图书馆

64. 齐鲁韩三家诗释十四卷三家诗疑一卷三家诗源流一卷　清朱士端撰　稿本　上海图书馆

65. 汪刻系传考正四卷　清王筠撰　手稿本　上海图书馆

66. 青山诗选六卷　清桂超万、刘瑞芬辑　稿本　华东师范大学图书馆

67. 简学斋诗一卷　清陈沆撰　手稿本　清魏源、龚自珍、吴嵩梁、包世臣批并跋　清董桂敷、贺长龄、黄平黼、黄修存批，清汪正鋆、汪正荣、黄之骧、潘曾莹、陶澍、姚学塽、陆献跋　上海图书馆

68. 粤海即事诗一卷　清林则徐撰　手稿本　沈黻清跋　上海图书馆

69. 闲心静居校书笔记三卷　清钱泰吉撰　手稿本　上海图书馆

70. 诗集传附释一卷　清丁晏撰　手稿本　上海图书馆

71. 颐志斋碑帖叙录一卷　清丁晏撰　稿本　华东师范大学图书馆

72. 待访碑目不分卷　清吴式芬撰　手稿本　吴重熹题识　上海图书馆

73. 积学斋藏善本书目四卷　徐乃昌撰　手稿本　华东师范大学图书馆

74. 积学斋书目不分卷　徐乃昌撰　稿本　华东师范大学图书馆

75. 积学斋藏词目录八卷　徐乃昌撰　稿本　华东师范大学图书馆

(二) 刻　本
宋刻本

76. 桯史十五卷　宋岳珂撰　宋刻元明递修本［存一卷　三］　华东师范大学图书馆

77. 桯史十五卷　宋岳珂撰　宋刻元明递修本［存九叶　卷一第十五、十六叶、卷三第十、十五、十六叶、卷四第四、五、十三、十四叶］　复旦大学图书馆

78. 镇州临济慧照禅师语录一卷　唐释惠然辑　宋刻本　华东师范大学图书馆

79. 晦庵先生朱文公文集一百卷目录二卷续集十一卷别集十卷　宋朱熹撰　宋咸淳元年建安书院刻元明递修本［存一卷　八十七］　沈曾植题识　复旦大学图书馆

元刻本

80. 附释音周礼注疏四十二卷　汉郑玄注　唐贾公彦等疏　唐陆德明释文　元刻明递修本　复旦大学图书馆

81. 仪礼十七卷仪礼图十七卷旁通图一卷　宋杨复撰　元余志安勤有堂刻本［存七卷　仪礼卷一叶一至四、仪礼图卷一叶五至十一、卷二至六］　上海博物馆

82. 增修互注礼部韵略五卷　宋毛晃增注　毛居正重增　元刻本［存一卷　四］　上海博物馆

83. 通志二百卷　宋郑樵撰　元大德三山郡庠刻元明递修本　复旦大学图书馆

84. 通志二百卷　宋郑樵撰　元大德三山郡庠刻元明递修本［存一卷　五十四］　华东师范大学图书馆

85. 通鉴总类二十卷　宋沈枢辑　元至正二十三年吴郡庠刻本［存一卷　三］　华东师范大学图书馆

86. 文献通考三百四十八卷　元马端临撰　元泰定元年西湖书院刻元明递修本　复旦大学图书馆

87. 分类补注李太白诗二十五卷　唐李白撰　宋杨齐贤集注　元萧士赟补注　元建安余氏勤有堂刻明修本　上海博物馆

88. 集千家注分类杜工部诗二十五卷文集二卷　唐杜甫撰　宋徐居仁编次　宋黄鹤补注　年

谱一卷　宋黄鹤撰　元至正七年潘屏山圭山书院刻广勤书堂印本　华东师范大学图书馆

89. 乐府诗集一百卷目录二卷　宋郭茂倩辑　元至正元年集庆路儒学刻明修本　〔存二卷三十九至四十〕　复旦大学图书馆

90. 国朝文类七十卷目录三卷　元苏天锡辑　元至元至正间西湖书院刻明递修本　复旦大学图书馆

明刻本

91. 五经集注一百十五卷　明嘉靖四十三年黄希宪、徐节刻本　华东师范大学图书馆

92. 诗外传十卷　汉韩婴撰　明嘉靖十四年苏献可通津草堂刻本　上海图书公司

93. 文公家礼仪节八卷　明丘濬辑　明正德十二年刻本　复旦大学图书馆

94. 唐荆川先生编纂左氏始末十二卷　明唐顺之撰　明嘉靖四十一年唐氏家塾刻本　上海师范大学图书馆

95. 春秋传三十卷　宋胡安国撰　明正统十二年司礼监刻本　复旦大学图书馆

96. 春秋集注三十卷首一卷　宋胡安国撰　宋林尧叟音注　明嘉靖三十年倪淑刻万历二十三年倪甫英、倪家胤重修本　上海师范大学图书馆

97. 四书人物考四十卷　明薛应旂撰　明嘉靖刻本　上海师范大学图书馆

98. 尔雅三卷　晋郭璞注　明嘉靖十七年吴元恭刻本　上海师范大学图书馆

99. 尔雅翼三十二卷　宋罗愿撰　明正德十四年罗文殊刻本〔存八卷　八至十五〕　复旦大学图书馆

100. 汉隶分韵七卷　明正德十一年刻本　上海博物馆

101. 大明成化丁亥重刊改并五音类聚四声篇十五卷　金韩道昭撰　明成化七年刻本　复旦大学图书馆

102. 大明成化庚寅重刊改并五音集韵十五卷　金韩道昭撰　明成化六至七年刻本　复旦大学图书馆

103. 韵经五卷　明张之象撰　明嘉靖刻本　上海辞书出版社图书馆

104. 史记一百三十卷　汉司马迁撰　刘宋裴骃集解　唐司马贞索引　唐张守节正义　明嘉靖四年汪谅刻本　上海师范大学图书馆

105. 史记评林一百三十卷　明凌稚隆辑　明万历二年至四年凌稚隆刻本　清萧梦松跋　上海辞书出版社图书馆

106. 汉书一百卷　汉班固撰　唐颜师古注　明正统八至十年刻本　华东师范大学图书馆

107. 前汉书一百卷　汉班固撰　明嘉靖南京国子监刻本　上海辞书出版社图书馆

108. 后汉书九十卷　刘宋范晔撰　唐李贤注　志三十卷　晋司马彪撰　梁刘昭注　明嘉靖汪文盛等刻本　邓邦述跋　华东师范大学图书馆

109. 南唐书三十卷　宋马令撰　明嘉靖二十九年顾汝达刻本　华东师范大学图书馆

110. 宋史新编二百卷　明柯维骐撰　明嘉靖刻本　华东师范大学图书馆

111. 辽史一百一十六卷　元脱脱等撰　明嘉靖八年南京国子监刻本　上海辞书出版社图书馆

112. 元史二百十卷目录二卷　明宋濂等撰　明洪武三年内府刻嘉靖九年、十年南京国子监递修本　复旦大学图书馆

113. 少微先生资治通鉴节要二十卷外纪节要五卷首一卷　宋江贽撰　四明先生续资治通鉴

节要二十卷 明张光启撰 明刘剡辑 明嘉靖十六年至二十四年刘弘毅慎独斋刻本 上海师范大学图书馆

114. 续资治通鉴纲目二十七卷 明商辂等撰 明周德恭发明 明张时泰广义 明正德元年清江堂刻本 复旦大学图书馆

115. 续资治通鉴六十四卷 明王宗沐撰 明隆庆五年刻本 上海师范大学图书馆

116. 历代通鉴纂要九十二卷 明李东阳、刘机等编纂 明正德二年内府刻本[卷六十三至七十七抄配] 复旦大学图书馆

117. 两汉纪六十卷 明嘉靖二十七年黄姬水刻本 华东师范大学图书馆

118. 两汉纪六十卷 明嘉靖二十七年黄姬水刻本 华东师范大学图书馆

119. 宋史全文续资治通鉴三十六卷 明天顺游明刻本[存二卷 十七、十八] 上海博物馆

120. 国语二十一卷 吴韦昭注 明嘉靖七年金李泽远堂刻本[存九卷 一至九] 华东师范大学图书馆

121. 国语二十一卷 吴韦昭注 补音三卷 宋宋庠撰 明刻本 上海图书公司

122. 贞观政要十卷 唐吴兢撰 元戈直集论 明成化元年内府刻本 复旦大学图书馆

123. 关中奏议全集十八卷 明杨一清撰 明嘉靖二十九年刻本 华东师范大学图书馆

124. 祗役纪略八卷 明赵文华撰 明刻本 上海博物馆

125. 历代臣鉴三十七卷 明宣宗朱瞻基撰 明宣德元年内府刻本 复旦大学图书馆

126. 国琛集二卷 明唐枢撰 明嘉靖刻木钟台集本 华东师范大学图书馆

127. 鄂国金佗粹编二十八卷续编三十卷 宋岳珂撰 明嘉靖二十一年洪富刻三十七年黄日敬重修本 华东师范大学图书馆

128. 十七史详节二百七十三卷卷首一卷 宋吕祖谦编 明正德十一年刘弘毅慎独斋刻本 复旦大学图书馆

129. 十七史详节二百七十三卷卷首一卷 宋吕祖谦编 明正德十一年刘弘毅慎独斋刻正德十三年李坚修补印本 复旦大学图书馆

130. 新集分类通鉴不分卷 明弘治十二年施槃刻本 复旦大学图书馆

131. 两汉博文十二卷 宋杨侃辑 明嘉靖三十七年黄鲁曾刻本 华东师范大学图书馆

132. 大明一统志九十卷 明李贤等修 明天顺五年内府刻本 中国科学院上海生命科学信息中心

133. 今古舆地图三卷 明沈定之 吴国辅等撰 明崇祯十六年刻朱墨套印本 华东师范大学图书馆

134. [弘治]徽州府志十二卷 明彭泽、江舜民纂修 明弘治刻本 华东师范大学图书馆

135. 齐乘六卷 元于钦撰 释音一卷 元于潜撰 明嘉靖四十三年杜思刻本 中国科学院上海生命科学信息中心

136. [嘉靖]陕西通志四十卷 明赵廷瑞、马理纂修 明嘉靖二十一年刻二十六年增修本 华东师范大学图书馆

137. [隆庆]华州志二十四卷 明李可久 张光孝纂修 明隆庆刻万历增修本 华东师范大学图书馆

138. [弘治]八闽通志八十七卷 明陈道修 明黄仲昭纂 明弘治间刻本[存九卷 二十二至三十] 复旦大学图书馆

139. 中吴纪闻六卷　宋龚明之撰　明弘治七年严春刻本　复旦大学图书馆

140. 文献通考三百四十八卷　元马端临撰　明正德十一年至十四年刘洪慎独斋刻十六年重修本[卷二十、一百七十三、二百五十一、二百八十五、三百十二、三百三十有部分抄配]　复旦大学图书馆

141. 文献通考三百四十八卷　元马端临撰　明嘉靖三年司礼监刻本　上海师范大学图书馆

142. 经籍考七十六卷　元马端临撰　明弘治九年黄仲昭、张汝舟刻本　华东师范大学图书馆

143. 大明律释义三十卷　明应檟辑　明嘉靖三十一年广东布政使司刻本　上海图书馆

144. 金石古文十四卷　明杨慎辑　明嘉靖三十三年孙昭、李懿刻本　上海图书公司

145. 东莱先生音注唐鉴二十四卷　宋范祖禹撰　宋吕祖谦注　明弘治十年吕镗刻本　复旦大学图书馆

146. 史钺二十卷　明晏璧撰　明弘治十五年刘祥刻本　复旦大学图书馆

147. 六子书六十卷　明顾春辑　明嘉靖十二年顾春世德堂刻本　华东师范大学图书馆

148. 六子书六种六十卷　明顾春辑　明嘉靖刻本　上海师范大学图书馆

149. 盐铁论十卷　汉桓宽撰　明刻本　上海图书公司

150. 刘向说苑二十卷　汉刘向撰　明嘉靖刻本　华东师范大学图书馆

151. 中说十卷　宋阮逸注　明嘉靖十二年顾春世德堂刻六子书本　华东师范大学图书馆

152. 中说考七卷　明崔铣撰　明河汾书院刻本　上海图书公司

153. 二程子抄释十卷　明吕柟撰　明嘉靖五年邓浩刻本　上海师范大学图书馆

154. 晦庵先生语录类要十八卷　宋叶士龙辑　明成化六年韩俨刻本　复旦大学图书馆

155. 大学衍义四十三卷　宋真德秀撰　明初刻本　华东师范大学图书馆　明初刻本

156. 圣学心法四卷　明成祖朱棣撰　明永乐七年内府刻本　复旦大学图书馆

157. 性理大全书七十卷　明胡广等撰　明永乐十三年内府刻本　复旦大学图书馆

158. 纪效新书十八卷首一卷　明戚继光撰　明隆庆刻本　上海图书馆

159. 保婴金镜录一卷　明薛己撰　明嘉靖刻家居医录本　上海中医药大学图书信息中心

160. 新刊补注释文黄帝内经素问十二卷　唐王冰注　宋林亿等校正　宋孙兆改误　明成化十年鳌峰熊宗立种德堂刻本　中国科学院上海生命科学信息中心

161. 黄帝素问灵枢经十二卷　宋史崧音释　明赵府居敬堂刻本　上海中医药大学图书信息中心

162. 医垒元戎十二卷　元王好古撰　明嘉靖二十二年顾遂刻本　上海中医药大学图书信息中心

163. 东垣先生此事难知集二卷　元王好古撰　明嘉靖八年辽藩朱宠瀼梅南书屋刻东垣十书本　中国科学院上海生命科学信息中心

164. 新刊医家必用类选四卷　明孙应奎辑　明嘉靖三十二年自刻本　上海中医药大学图书信息中心

165. 急救良方二卷　明张时彻辑　明嘉靖二十九年自刻本　中国科学院上海生命科学信息中心

166. 摄生众妙方十一卷　明张时彻辑　明隆庆三年衡府刻本　中国科学院上海生命科学信息中心

167. 医经大旨八卷　明贺岳撰　明嘉靖余氏敬贤堂刻本　上海中医药大学图书信息中心

168. 全幼心鉴四卷　明寇平撰　明成化四年刻本　上海中医药大学图书信息中心

169. 臞仙神奇秘谱三卷　明朱权辑　明洪熙元年刻本　上海图书馆

170. 程氏墨苑十三卷　明程大约撰　人文爵里九卷　明万历程氏滋兰堂刻本　中国科学院上海生命科学信息中心

171. 东坡先生志林集一卷　宋苏轼撰　明弘治十四年无锡华珵刻百川学海本　复旦大学图书馆

172. 震泽长语二卷　明王鏊辑　明嘉靖十六年刻本　华东师范大学图书馆

173. 野客丛书三十卷野老纪闻一卷　宋王楙撰　明嘉靖四十一年刻本　上海师范大学图书馆

174. 世说新语三卷　刘宋刘义庆撰　梁刘孝标注　明嘉靖十四年袁褧嘉趣堂刻本　上海师范大学图书馆

175. 桯史十五卷　宋岳珂撰　明成化十一年江浦刻本［存三叶　卷九第二至四叶］　复旦大学图书馆

176. 何氏语林三十卷　明何良俊撰　明嘉靖三十年1551清森阁刻本　华东师范大学图书馆

177. 自警编九卷　宋赵善璙辑　明嘉靖十九年冯时雍薇垣精舍刻本　上海师范大学图书馆

178. 穆天子传六卷　晋郭璞注　明范钦天一阁刻范氏奇书本　上海师范大学图书馆

179. 艺文类聚一百卷　唐欧阳询辑　明嘉靖六至七年胡缵宗、陆采刻本　上海师范大学图书馆

180. 艺文类聚一百卷　唐欧阳询辑　明嘉靖六至七年胡缵宗、陆采刻本　上海图书公司

181. 艺文类聚一百卷　唐欧阳询撰　明嘉靖刻本［前序、目录叶一至二、卷一百叶九至十配明嘉靖二十八年平阳府刻本］　中国科学院上海生命科学信息中心

182. 初学记三十卷　唐徐坚等撰　明嘉靖十年安国桂坡馆刻本　上海师范大学图书馆

183. 锦绣万花谷四十卷后集四十卷续集四十卷　明嘉靖十四年徽藩崇古书院刻本　上海图书公司

184. 锦绣万花谷前集四十卷后集四十卷续集四十卷　明嘉靖十五年秦汴绣石书堂刻本　上海师范大学图书馆

185. 新编古今事文类聚前集六十卷后集五十卷续集二十八卷别集三十二卷　宋祝穆辑　新集三十六卷外集十五卷　元富大用辑　明嘉靖四十年书林杨归仁刻本　上海师范大学图书馆

186. 群书考索前集六十六卷后集六十五卷续集五十六卷别集二十五卷　宋章如愚辑　明正德三年至十三年刘洪慎独书斋刻十六年重修本［前集卷一至十八为抄配］　复旦大学图书馆

187. 古今合璧事类备要前集六十九卷后集八十一卷续集五十六卷　宋谢维新辑　别集九十四卷外集六十六卷　宋虞载辑　明嘉靖三十一年至三十五年夏相刻本　华东师范大学图书馆

188. 新增说文韵府群玉二十卷　元阴时夫辑　元阴中夫注　明弘治六年刘氏日新书堂刻本　华东师范大学图书馆

189. 诗学集成押韵渊海二十卷　元严毅辑　明初刻本　复旦大学图书馆

190. 神僧传九卷　明朱棣撰　明嘉靖西天竺青河发僧杭州刻本　上海师范大学图书馆

191. 楚辞集注八卷辩证二卷后语六卷　宋朱熹撰　明成化十一年吴原明刻本［存二卷　楚辞后语卷一、六］　复旦大学图书馆

192. 楚辞集注八卷辩证二卷后语六卷　宋朱熹撰　反离骚一卷　汉扬雄撰　明嘉靖十四年

袁褧刻本　上海师范大学图书馆

193. 贾长沙集十卷　汉贾谊撰　明成化十九年乔缙刻本　傅增湘跋　上海图书馆

194. 陶靖节集十卷　晋陶潜撰　宋汤汉等笺注　总论一卷　明嘉靖二十五年蒋孝刻本　华东师范大学图书馆

195. 沈佺期集二卷　唐沈佺期撰　明嘉靖三十一年黄埻刻十二家唐诗本　华东师范大学图书馆

196. 唐刘随州诗集十一卷　唐刘长卿撰　明嘉靖刻本　上海师范大学图书馆

197. 分类补注李太白诗二十五卷　唐李白撰　宋杨齐贤集注　元萧士赟补注　明正德十五年刘氏安正书堂刻本　复旦大学图书馆

198. 李翰林集三十卷　唐李白撰　明正德八年鲍松刻李杜全集本　复旦大学图书馆

199. 集千家注杜工部诗集二十卷文集二卷　唐杜甫撰　宋黄鹤补注　附录一卷　明嘉靖十五年玉几山人刻本　上海师范大学图书馆

200. 集千家注杜工部诗集二十卷　唐杜甫撰　宋黄鹤补注　明嘉靖十五年玉几山人刻本　上海图书公司

201. 杜律五七言四卷　明嘉靖龚雷刻本　华东师范大学图书馆

202. 杜工部集五十卷外集一卷文集二卷　唐杜甫撰　年谱一卷　宋赵子栎撰　明正德八年鲍松刻李杜全集本　复旦大学图书馆

203. 韩文四十卷外集十卷遗集一卷　唐韩愈撰　集传一卷　明嘉靖三十五年莫如士刻韩柳文本　上海师范大学图书馆

204. 韩文四十卷外集十卷遗集一卷　唐韩愈撰　集传一卷　明嘉靖三十五年莫如士刻韩柳文本　上海图书公司

205. 朱文公校昌黎先生集四十卷外集十卷遗文一卷　唐韩愈撰　宋朱熹考异　宋王伯大音释　明刻本　复旦大学图书馆

206. 安阳集五十卷　宋韩琦撰　别录三卷　宋王岩叟撰　遗事一卷　宋强至撰　忠献韩魏王家传十卷　明正德九年张士隆刻本　华东师范大学图书馆

207. 安阳集五十卷　宋韩琦撰　别录三卷　宋王岩叟撰　遗事一卷　宋强至撰　忠献韩魏王家传十卷　明正德九年张士隆刻本　中国科学院上海生命科学信息中心

208. 司马文正公集略三十一卷诗集七卷　宋司马光撰　明嘉靖十八年俞文峰刻本　上海师范大学图书馆

209. 南丰先生元丰类藁五十卷　宋曾巩撰　续附一卷　明成化八年南丰县刻递修本　中国科学院上海生命科学信息中心

210. 文潞公文集四十卷　宋文彦博撰　明嘉靖五年王溱刻本［卷二十八第三至九叶补抄］　上海师范大学图书馆

211. 欧阳先生文粹二十卷　宋欧阳修撰　宋陈亮辑　遗粹十卷　宋欧阳修撰　明郭云鹏辑　明嘉靖二十六年郭云鹏宝善堂刻本［存二十五卷　文粹卷一至二十,遗粹卷一至卷五］　华东师范大学图书馆

212. 晦庵文抄七卷诗抄一卷　宋朱熹撰　明吴讷辑　明成化十八年周凤等刻本　复旦大学图书馆

213. 文山先生全集二十卷　宋文天祥撰　明嘉靖三十九年张元谕刻本　上海师范大学图

书馆

214. 圭斋文集十六卷　元欧阳玄撰　明成化七年刘釪刻本　复旦大学图书馆

215. 倪云林先生诗集六卷附录一卷　元倪瓒撰　明天顺四年寒曦刻本　沈曾植跋　上海图书馆

216. 铁崖先生古乐府十六卷　元杨维桢撰　明成化五年刘傲刻本　上海图书馆

217. 铁崖先生古乐府十六卷　元杨维桢撰　明成化五年刘傲刻明修本　复旦大学图书馆

218. 诚意伯刘先生文集二十卷　明刘基撰　明正德十四年林富刻本　复旦大学图书馆

219. 清江贝先生文集三十卷诗集十卷诗馀一卷　明贝琼撰　明洪武刻本　上海图书馆

220. 蚓窍集十卷全庵记一卷　明管时敏撰　明丁鹤年评　明周子冶撰　明永乐元年楚藩刻本四库底本　上海图书馆

221. 逊志斋集二十四卷　明方孝孺撰　附录一卷　明正德十五年顾璘刻本　复旦大学图书馆

222. 怀麓堂诗续藁四卷　明李东阳撰　明正德十二年张汝立刻本　华东师范大学图书馆

223. 匏翁家藏集七十七卷补遗一卷　明吴宽撰　明正德三年吴奭刻本　复旦大学图书馆

224. 震泽先生集三十六卷　明王鏊撰　明嘉靖十五年刻万历印本　上海师范大学图书馆

225. 空同先生集六十三卷　明李梦阳撰　明嘉靖刻本　华东师范大学图书馆

226. 边华泉集八卷　明边贡撰　明刘天民辑　明嘉靖十七年司马鲁瞻刻本　上海师范大学图书馆

227. 阳明先生文录五卷外集九卷别录十卷　明王守仁撰　明嘉靖三十六年胡宗宪刻本　上海师范大学图书馆

228. 凌溪先生集十八卷　明朱应登撰　明嘉靖刻本　华东师范大学图书馆

229. 何大复先生集三十八卷　明何景明撰　附录一卷　明嘉靖刻本　华东师范大学图书馆

230. 俨山外集二十四种四十卷　明陆深撰　明嘉靖二十四年陆楫刻本　上海师范大学图书馆

231. 陆子余集八卷拾遗一卷附录一卷　明陆粲撰　明嘉靖四十三年陆延枝刻隆庆增修本　华东师范大学图书馆

232. 沧溟先生集三十卷　明李攀龙撰　附录一卷　明徐履道起凤馆刻本　上海师范大学图书馆

233. 兰汀存稿八卷　明梁有誉撰　明嘉靖四十四年刻本　上海师范大学图书馆

234. 唐四家诗三十二卷　唐王维撰　唐孟浩然撰　唐高适撰　唐岑参撰　明嘉靖刻本　华东师范大学图书馆

235. 文选六十卷　梁萧统辑　唐李善注　明隆庆五年唐藩刻本　华东师范大学图书馆

236. 选诗补注八卷　元刘履撰　补遗二卷续编四卷　元刘履辑　明嘉靖三十一年顾存仁养吾堂刻本　上海师范大学图书馆

237. 文苑英华一千卷　宋李昉辑　明隆庆元年胡维新、戚继光刻本　华东师范大学图书馆

238. 古赋辩体十卷　元祝尧辑　明嘉靖间刻本　复旦大学图书馆

239. 文苑英华一千卷　宋李昉等辑　明隆庆元年胡维新、戚继光刻明万历递修本　上海师范大学图书馆

240. 妙绝古今四卷　宋汤汉辑　明嘉靖刻本　华东师范大学图书馆

241. 尺牍清裁六十卷补遗一卷　明王世贞辑　明隆庆五年自刻本　上海师范大学图书馆

242. 重校正唐文粹一百卷　宋姚铉辑　明嘉靖三年徐焴刻本　上海图书公司

243. 唐诗品汇九十卷卷首唐人爵里一卷唐诗拾遗十卷　明高棅辑　明嘉靖刻本　上海师范大学图书馆

244. 唐雅二十六卷　明张之象撰　明嘉靖三十一年无锡县署刻本［卷二十六第十二叶至二十三叶补抄］　上海师范大学图书馆

245. 新雕宋朝文鉴一百五十卷目录三卷　宋吕祖谦辑　明天顺八年严州府刻本［书前天顺八年商辂序、卷一首叶抄配］　复旦大学图书馆

246. 元音十二卷　明孙原理辑　明建文刻本［序文、目录、卷一、二、九、十以民国八年武进董氏诵芬室刻本配补］　复旦大学图书馆

247. 三苏先生文集七十卷　宋苏洵、苏轼、苏辙撰　明初刻本　复旦大学图书馆

248. 鼎镌幽闺记二卷　元施惠撰　明陈继儒评　明书林萧腾鸿师俭堂刻本　华东师范大学图书馆

249. 鼎镌琵琶记二卷　元高明撰　明陈继儒评　明书林萧腾鸿师俭堂刻本　华东师范大学图书馆

250. 还魂记二卷　明汤显祖撰　明臧懋循订　明万历刻本　华东师范大学图书馆

251. 牡丹亭还魂记二卷　明汤显祖撰　明刻清怀德堂印本　华东师范大学图书馆

252. 雪韵堂批点燕子笺记二卷　明阮大铖撰　明末刻本　华东师范大学图书馆

253. 山海经水经合刻五十八卷　明黄省曾编　明嘉靖十三年黄省曾刻本　上海图书公司

清刻本

254. ［康熙］台湾府志十卷　清蒋毓英纂修　清康熙刻本　上海图书馆

255. 凌忠清公集六卷　明凌义渠撰　清初刻本　王荫嘉跋　上海图书公司

（三）活字本

256. 会通馆校正音释书经十卷　明会通馆铜活字印本　上海图书馆

257. 诸葛孔明心书一卷　题蜀诸葛亮撰　明正德十二年韩袭芳铜活字印本　上海图书馆

258. 文体明辩六十一卷首一卷目录六卷附录十四卷附录目录二卷　明徐师曾辑　明万历游榕铜活字印本　上海辞书出版社图书馆

上海市中心图书馆发展报告（2000—2010）

（删节）

上海市中心图书馆自 2000 年 12 月正式启动建设,发展至今已经走过了十年的历程,这一国际大都市图书馆公共文化服务的创新之举,借鉴了全球各国城市图书馆发展的普遍规律,顺应了中国文化大发展大繁荣的发展趋势,体现了上海作为国际化大都市在文化方面的创新胸怀和理念,为在新技术环境下的城市图书馆的可持续发展走出了一条提升自身品质的发展新路,为当代中国图书馆事业的创新发展提供了一个成功而具有典型意义的案例,为中国建立覆盖城乡的图书馆公共文化服务体系提供了有益的经验。

《上海市中心图书馆发展报告 2000—2010》由创意与发端、现状与成效、发展与创新、展望与愿景等部分组成,旨在记录上海市中心图书馆发展历程中的每一步,以期成为研究上海市中心图书馆

的重要文献资料。

第一部分　创意与发端

一、成立背景

随着 1995 年 10 月上海图书馆与上海科学技术情报研究所合并成为国内第一个省(市)级图书情报联合体,1996 年 12 月上海图书馆新馆建成并正式对公众开放,上海图书馆上海科技情报研究所(以下简称上海图书馆)率先提出了"360 行,行行可以办证;365 天,天天对外开放"的办馆理念,展示了先进的现代化公共图书馆的风貌,引领了国内公共图书馆的新馆建设热潮。

1998—1999 年,上海图书馆同时荣获了三块金牌:文化部省级公共图书馆第二次评估的第一名、上海市文明单位、上海公共图书馆行业规范服务达标第一名。在获得这些荣誉之后,上海图书馆如何以世界国际化大都市图书馆的发展经验为借鉴进一步创新发展,如何以科学持续的发展理念跨入新世纪,如何在信息技术日新月异的环境下构建起公共文化服务体系,如何在读者不断增长的文化需求背景下找到又好又快的发展载体,这些成为上海图书馆面向新世纪必须思考和回答的问题。

为全面推进城市信息化建设,努力增强城市综合竞争力,在上海市第十个五年计划规划之际,2000 年 9 月 11 日,上海市委、市政府、市委宣传部领导到上海图书馆视察,在对上海市文献资源共建共享工作给予充分肯定的基础上,提出了建设特大型城市中心图书馆的未来发展目标。

2000 年 11 月 22 日,上海市委、市政府、市委宣传部领导对上海图书馆的"十五规划"、跨世纪的战略目标和任务作了重要指示,同时要求上海图书馆按照江泽民同志"三个代表"的重要论述和对新馆的"信息枢纽、文明基地"的题词精神,进一步扩大图书馆的服务功能,把上海图书馆的服务辐射到本市高校和区(县)图书馆,与上海高校和各区(县)图书馆共同联手建设"上海市中心图书馆"。之后,上海市中心图书馆开始筹备启动,从定位、切入点、经费、流程、启动仪式等进行了具体的项目部署和落实。

在定位上,提出了上海市中心图书馆是在不改变各参与图书馆的行政隶属、人事和财政关系的情况下,以上海图书馆为总馆,其他区县图书馆、高校图书馆以及专业图书馆等为分馆,以信息技术为基础,以读者需求为动力,以共建共享为方法,以提高图书馆服务水平为目的而组建的一种新颖的图书馆联合体。在切入点上,上海图书馆在借鉴世界发达国家城市图书馆服务管理模式的基础上,提出了在全市实行统一的读者证制度、实行异地借书还书的"一卡通",并将这一服务创新作为中心图书馆建设的切入点和重点。在经费上,主管部门给予了大力的支持,2000 年 12 月 5 日,上海市委宣传部下达了《关于上海图书馆申请建设知识库和中心图书馆的批复》,批准同意了上海图书馆牵头组建上海市中心图书馆的设想,明确提出增加中心图书馆及"一卡通"专项经费 1 000 万元。在流程上,上海图书馆作为中心图书馆的总馆,负责向全市文献资源共建共享协作网机构成员和各区县图书馆宣传组建上海市中心图书馆的意义,并向有意愿加入的图书馆发放《上海市中心图书馆业务工作基本指标》,在此基础上,欲加入中心图书馆的各系统图书馆向上海图书馆提出加入中心图书馆成为分馆的申请,并经所在地区和系统的领导审核签署,在总馆核准后着手开展分馆开馆的各项准备工作。在启动仪式上,首批加入的分馆有四家,分别为公共图书馆 3 家、大学图书馆 1 家。其中公共图书馆为位于中心城区的黄浦区图书馆和静安区图书馆,位于郊区的南汇县图书馆(后改为南汇区图书馆,现为浦东图书馆南汇分馆),大学图书馆则为音乐学院图书馆。同时,上海图书馆还初步研究了中心图书馆建立后的运行方式。2000 年 12 月 26 日,上海市中心图书馆建设协议签约仪式在上海图书馆隆重举行,在签约仪式上,上海图书馆、黄浦区图书馆、静安区图书馆、南汇县图书馆以及音乐学院图书馆在仪式上签字并交换了协议文本,上海市委、市政府、市委宣传部、市文广局的领导以及有关区县和大学的领导出席、见证了这一重要仪式,这标志着上海市中心图书馆建设的正式启动。

二、运行模式

上海市中心图书馆是在不改变各参与图书馆的行政隶属、人事和财政关系的情况下,以上海图书馆为总馆,其他区县图书馆、高校图书馆或专业图书馆等为分馆,街道(乡镇)图书馆为基层服务点,以网络为基础,以知识导航为动力,以资源共建共享为目标,以提高服务水平为目的而组建的一种新颖的图书馆联合体。

目前上海市中心图书馆已形成三种行之有效的运行模式:即公共图书馆分馆运行模式、大学图书馆分馆运行方式和专业图书馆分馆运行方式。

(一)公共图书馆分馆运行方式

1. 辐射上海图书馆的资源、人才、技术和服务优势,提升区(县)级/街道(乡镇)级图书馆的业务管理和信息传递能力。

2. 利用计算机网络技术,建立总馆与各分馆、基层服务点之间的书目数据统一检索、书刊借还"一卡通",建立预约借阅。读者可在就近区县图书馆查询到中心图书馆总馆和分馆的文献资源,借阅到总馆和分馆的书刊。

3. 在网络环境下,共享图书馆计算机管理软件与硬件设备,整合总馆和分馆的采购、分类编目、流通和参考咨询等常规业务工作,逐步实现一体化。

4. 合理配置、优化组合上海地区公共图书馆文献资源,形成各馆馆藏特色。

5. 坚持面向大众,为地区经济文化发展、精神文明建设服务,使区县图书馆成为上海地区文化信息节点。

(二)大学图书馆分馆运行方式

1. 建立与上海高校网络图书馆联手共享网络数字资源的渠道。

2. 建立上海地区外文图书联合编目中心,实现网络环境下的书刊联合采购、联合编目,书目数据实时传送。

3. 合作建设上海市图书馆中外文新书联合目录数据库,通过报道文献收藏信息,构造文献信息资源网络、为网上书目查询、馆际互借、网上文献传送、资源共享提供保证。

4. 借助高校专业人才优势,提高中心图书馆的网络信息服务和专业文献资源采选水平。

5. 共同建设有专业特色的数字图书馆项目。

6. 通过总馆和各分馆系统网络中心技术平台,使各馆局域网服务和系统应用技术扩展到馆际服务。

7. 推动网络环境下的图书馆网络技术和数字资源共建共享工作,最大限度满足上海地区经济文化建设、科学教育研究对信息的需求。

8. 依托大学图书馆的人才优势,共同组建并发展网上虚拟知识导航站。

(三)专业图书馆分馆运行方式

1. 联合共建具有高水准的专业图书馆,为本系统专业人员与本地区专业工作者提供信息服务。

2. 总馆分馆联合采购网络资源,总馆在专业文献的配置和服务等提供支持。

3. 共同建设具有专业特色的数字图书馆项目,分馆提供资源内容、解决版权争议,总馆在网络、计算机技术及数据处理等业务上提供技术支撑。

4. 专业图书馆分馆在总馆的协调下,逐步向上海地区专业工作者开放。

5. 依托专业图书馆的人才优势,共同组建并发展网上虚拟知识导航站。

上海市中心图书馆的三种运行模式,既参照了世界级城市图书馆的发展模式,在公共图书馆建立总分馆制,又有所创新,建立公共图书馆与大学图书馆、专业图书馆的紧密联系,创建大学图书馆分馆、专业图书馆分馆,体现了国际大都市图书馆发展的趋势。

第二部分 建设与成效

一、发展阶段

突破壁垒:突破公共、高校、专业三大图书馆系统壁垒

覆盖城乡:覆盖全市 18 个区(县)211 个街道(乡镇)

上海市中心图书馆体系建设按照结构合理、发展平衡、网络健全、运行有效、惠及全民的原则和目标,以突破公共、高校、专业三大图书馆系统壁垒为着眼点,以覆盖全市 18 个区(县)的 23 家区(县)图书馆、212 个街道(乡镇)图书馆(室)为着力点,在经历了策划准备、启动试点、全面推进、延伸拓展四个阶段之后,基本建成跨越系统、覆盖城乡,具有时代特征、中国特色、上海特点的总分馆体系和"一卡通"服务体系。

(一)策划准备阶段

2000 年 11 月 22 日,上海市委、市政府、市委宣传部领导对上海图书馆第十个五年发展规划提出指导意见,并要求上海图书馆进一步扩大图书馆的服务功能,把上海图书馆的服务辐射到本市高校和区(县)图书馆,与上海高校和各区(县)图书馆共同联手建设"上海市中心图书馆"。因此,上海市中心图书馆创意的问世,旨在打破公共图书馆、大学图书馆、专业图书馆的原有系统体制的藩篱,为上海国际大都市中心图书馆的发展奠定了良好的发展前提。

(二)启动试点阶段

2000 年 12 月 26 日,在上海市中心图书馆建设协议签约仪式上,上海图书馆分别与黄浦区图书馆、静安区图书馆、南汇县图书馆(后为南汇区图书馆,现为浦东图书馆南汇分馆)、上海音乐学院图书馆签约,标志着上海市中心图书馆建设正式启动。2001 年 6 月 2 日,经过五个月的调研、宣传、协调、组织和实施,在 2001 年图书馆宣传服务周上举行了上海市中心图书馆分馆揭牌仪式和网上联合知识导航站启动仪式。

上海市中心图书馆黄浦分馆、静安分馆、南汇分馆和上海音乐学院分馆揭牌,标志着上海市中心图书馆"一卡通"通借通还系统在 4 家分馆和 1 家总馆之间正式投入运行,确立了市、区(县)公共图书馆之间"一卡通"通借通还的上海市中心图书馆核心业务,以及旨在实现普遍、均等、便捷服务的上海市中心图书馆公共模式的发展思路。

网上联合知识导航站的启动,标志着由上海图书馆牵头,联合上海交通大学图书馆、复旦大学图书馆、华东师范大学图书馆、同济大学图书馆、上海社会科学研究院图书馆、中科院上海文献情报中心(后改名中科院生命科学图书馆)等机构建立的网上联合知识导航站正式投入运行,确立了公共图书馆与高校图书馆、专业图书馆之间在文献资源、人力资源、智力资源上的合作共享,以及旨在凸显网络服务和知识导航的上海市中心图书馆高校模式、专业模式的发展思路。

(三)全面推进阶段

在 2000 年 12 月 26 日上海市中心图书馆建设协议签约,以及 2001 年 6 月 2 日上海市中心图书馆首批分馆揭牌之后,上海市中心图书馆进入公共分馆、高校分馆、专业分馆的全面推进阶段。

2001 年 2 月 9 日,上海市文献资源共建共享领导小组办公室组织召开本市部分高校图书馆、专业图书馆馆长座谈会,会议研究讨论 2001 年本市文献资源共建共享的工作重点,并介绍了中心图书馆建设情况。2001 年 6 月 28 日,上海市文献资源共建共享工作领导小组办公室组织召开全市区(县)公共图书馆馆长会议,会议介绍了中心图书馆建设的意义、目标、第一阶段的主要工作成果,解读了《中心图书馆建设指标体系》文本、申请加入中心图书馆的程序步骤等,并安排参观了静安、黄浦分馆。2001 年,继首批 4 家分馆揭牌后,上海交通大学图书馆、华东师范大学图书馆、松江区图书馆、崇明县图书馆相继加入中心图书馆。

2002 年 4 月 8 日至 9 日,在周庄召开了上海市中心图书馆工作研讨会,已加盟和即将加盟的区(县)分馆馆长参加了会议,会议对中心图书馆建设历程进行回顾和总结,8 家加盟中心图书馆的分馆馆长做了情况介绍,对中心图书馆运行中的实际问题进行讨论,对中心图书馆可持续发展问题进行畅想和建议。2002 年 5 月 31 日,在上海图书馆举行了上海市文献资源共建共享工作会议暨上海市中心图书馆分馆揭牌仪式,70 多家协调网成员单位参加了会议。2002 年,普陀区图书馆、闸北区图书馆、杨浦区图书馆、上海第二军医大学图书馆、东华大学图书馆、中国画院、黄浦区图书馆第二图书馆、中科院生命科学图书馆、徐汇区图书馆、虹口区图书馆、卢湾区图书馆相继加入中心图书馆。

2003 年 3 月 26 日至 28 日,由国家文化部主办、上海市文化广播影视管理局和上海图书馆共同承办的"部分省、市城市图书馆资源共建共享工作座谈会"在上海图书馆召开。时任文化部副部长周和平同志对上海市中心图书馆总分馆建设实践给予肯定。2003 年,延吉图书馆、浦东新区图书馆(现名:浦东图书馆)、长宁区图书馆、闵行区图书馆、奉贤区图书馆、宝山区图书馆、金山区图书馆、青浦区图书馆、嘉定区图书馆、上海师范大学图书馆、华东理工大学图书馆、上海杉达学院图书馆、上海海关高等专科学校图书馆(现名:上海海关学院)相继加入中心图书馆。

在全面推进阶段,中心图书馆建设辐射到全市 19 个区(县)的区(县)公共图书馆,实现了市、区(县)公共图书馆之间的"一卡通"服务全覆盖。

(四)延伸拓展阶段

2004 年 7 月 20 日,市政协"上海市中心图书馆向社区延伸"重点提案协商座谈会在闵行区虹桥镇社区活动中心举行。通过会前对长宁区新泾镇社区文化活动中心图书馆、闵行区虹桥镇社区活动中心的考察,会中听取市文广局、闵行区政府、闵行区虹桥镇政府的发言汇报以及提案人的陈述,市政协充分肯定了提案,希望以本次促办来推动中心图书馆的建设,更好地为市民办好一件实事和好事。

经过充分调研和精心实施,2005 年 9 月 29 日,普陀区甘泉路街道图书馆、松江区岳阳街道图书馆作为上海市中心图书馆服务体系向街道(乡镇)延伸的首批试点单位,开始了"一卡通"试运行。2005 年 10 月 27 日,普陀区甘泉路街道服务点揭牌仪式的举行,标志着市、区(县)公共图书馆之间中心图书馆"一卡通"核心业务将延伸到街道(乡镇)图书馆,上海市中心图书馆进入街道(乡镇)基层服务点的延伸拓展阶段。到 2008 年底,82 家街道(乡镇)图书馆加入了中心图书馆,并在卢湾、徐汇、青浦、静安四区实现街道(乡镇)的全覆盖。

2009 年 3 月,上海图书馆在深入学习实践科学发展观活动中,组建了"坚持科学发展推动国际化大都市中心图书馆服务体制机制创新"的调研小组,3 次召开由部分街(镇)图书馆馆长、全市区(县)公共图书馆馆长、总馆业务部门负责人参加的座谈会,赴南汇区大团镇图书馆和奉贤区图书馆实地考察,听取意见,查摆问题,5 次到总馆的业务部门实地调研、深入分析,研究整改措施。到 2010 年 3 月,149 家街道(乡镇)图书馆加入了中心图书馆,并在卢湾、徐汇、青浦、静安、奉贤、普陀、虹口、杨浦、闵行、嘉定、闸北11个区实现街道(乡镇)的全覆盖,提前完成《上海市公共图书馆行业迎世博600天暨创文明行业行动计划》提出的"到2010年5月'世博会'召开之前,各区(县)的街道(乡镇)图书馆'一卡通'覆盖率要达到70%"的阶段目标。

2010年3月30日,市文广局和上海图书馆联合召开了上海市中心图书馆街道(乡镇)基层服务点推进会。会上,上海市文广局下发和宣读了《关于加快推进上海市中心图书馆街道(乡镇)基层服务点建设的意见》(沪文广影视〔2010〕502号),会议要求"到2010年5月'世博会'召开之前,各区(县)的街道(乡镇)图书馆'一卡通'覆盖率要达到70%,到2010年底实现街道(乡镇)图书馆'一卡通'的基本全覆盖。"2010年5月13日起,上海市文化广播影视管理局起草了《关于抓紧完成上海市中心图书馆"一卡通"在街道(乡镇)全覆盖工作的函》,分别发文给相关区(县)人民政府,要求进一步提高重视程度,加快工作进度,全力推进街(镇)"一卡通"服务点的全覆盖工作。在上海市中心图书馆服务体系建设的关键阶段,各级政府强有力的推进,保障了全覆盖目标的实现。到2010年11月,212家街道(乡镇)图书馆加入了中心图书馆,上海市中心图书馆"一卡通"实现全市区(县)分馆、街道(乡镇)基层服务点的全覆盖。

在上海市中心图书馆向街道(乡镇)基层服务点延伸的同时,高校分馆、专业分馆建设也在有序推进。上海同济大学、上海水产大学(今上海海洋大学)、上海对外贸易学院、上海社会科学研究院、上海海事大学、复旦大学上海视觉艺术学院、上海文新报业集团、上海市非物质文化遗产保护中心相继加入中心图书馆。在基层服务点建设上,除街道(乡镇)外,还探索拓展到商厦、会所、寺庙、政法部门等。

上海市中心图书馆总分馆体系建设突破公共、高校、专业三大图书馆系统的壁垒,形成本市图书馆行业规模。总分馆体系成员达261家,其中,总馆1家,区(县)分馆23家,街(镇)基层服务点212家,其他服务点6家,高校分馆14家,专业分馆5家。

上海市中心图书馆总分馆体系建设情况表

年 份	总 馆	区(县)分馆	高校分馆	专业分馆	街(镇)服务点	其他服务点	小 计
2001	1	5	3				9
2002		6	2	2			10
2003		9	4				13
2004			3				3
2005		1			12		13
2006				1	33	1	35
2007			1		20	1	22
2008		2	1		36		39
2009					34	2	36
2010				2	77	2	81
合 计	1	23	14	5	212	6	261

在上海市委、市政府、市委宣传部的指导下,上海市财政局、上海市文局、上海市各高校、各专业机构、各区(县)政府、各区(县)财政局、各区(县)图书馆、各街道(乡镇)主管部门等的支持下,经过

十年的着实有力推进,上海市中心图书馆服务体系建设成效显著,体现和达到了结构合理、发展平衡、网络健全、运行有效、惠及全民的公共文化服务体系建设的原则和目标。

二、文献资源建设

建立满足百姓基本文化需求的"一卡通"书刊资源

形成公共、高校、专业机构间的电子资源联合采购

建立满足持证读者远程使用的"e卡通"电子资源

文献资源是服务之源,立足之本,是上海市中心图书馆建设中最为基本和核心的内容。针对公共分馆模式,以建立满足百姓基本文化需求的"一卡通"书刊资源为着力点;针对高校分馆、专业分馆模式,以探索公共、高校、专业机构之间的电子资源联合采购模式,建立三大系统共建共享的电子资源为着力点;针对全媒体和网络服务发展趋势,建立满足持证读者远程使用的"e卡通"电子资源为着力点,形成传统纸本资源和新型媒体资源共同建设、共同发展的新局面,为上海市中心图书馆进一步的创新发展奠定了基础。

(一)"一卡通"书刊资源

"一卡通"是上海市中心图书馆公共分馆模式的核心业务,是满足广大百姓基本文化需求的、体现公益性、基本性、均等性、便利性的公共图书馆服务,市、区(县)、街道(乡镇)三级图书馆共同投入、共同分担、共同建设"一卡通"书刊资源,成为上海市中心图书馆文献资源建设的重要内容。

"一卡通"书刊资源建设的数量和质量,将直接影响到"一卡通"服务效益的发挥。因此,在中心图书馆创建之初,通过《上海市中心图书馆公共分馆建设协议书》,写明"甲方(上图)向乙方(分馆)一次性提供产权为甲方所有的15 000册中文新书"条文,明确上图总馆对分馆在"一卡通"书刊资源上的启动投入;在中心图书馆向街道(乡镇)延伸之始,通过《上海市中心图书馆基层服务点建设协议》,写明"甲方(上图)向乙方(基层服务点)一次性提供产权为甲方所有的2 000册中文新书"条文,明确上图总馆对基层服务点在"一卡通"书刊资源上的启动投入。同样,在《上海市中心图书馆公共分馆、基层服务点业务工作基本指标》文件上,写明"各区(县)公共分馆确保每年新增15 000册、各基层服务点确保每年新增1 000册中文新书",明确各区(县)分馆、各基层服务点在"一卡通"书刊资源上的持续投入。

为了保障上海市中心图书馆的启动投入和可持续发展,2000年12月5日,中共上海市委宣传部下达了《关于上海图书馆申请建设知识库和中心图书馆的批复》,明确提出增加中心图书馆及"一卡通"专项经费1 000万元。自2001年起,上海市财政专辟中心图书馆补助专项经费用于中心图书馆建设。为保证区(县)公共图书馆的持续投入,2005年8月,上海市财政局和市文广局联合下发了《关于"十一五"期间区县图书馆购书经费投入与使用的意见》文件,其中规定"'十一五'期间区县图书馆的购书经费应按本区县户籍人口数和财政的实际情况核定。'十一五'期间区图书馆的购书费要达到不低于人均1.80元/年;县图书馆要达到不低于人均1.60元/年"。2008年初,上海市财政局和市文广局联合发文,将内容调整为"'十一五'期间区县图书馆的购书经费应按本区县常住人口数和财政的实际情况核定。'十一五'期间区县图书馆的购书费要达到不低于人均2元/年",在制度上有力支持和保障了中心图书馆的文献资源建设。

上海市中心图书馆十年发展过程中,上图总馆总投入为116.97万册(截至2010年12月底)。其中,对23家分馆投入中文新书48.48万册,平均2.11万册;对206家基层服务点投入中文新书68.49万册,平均3 325册,达到并超过每个分馆1.5万册,每个基层服务点2 000册的一次性图书投入量。"一卡通"通借通还书刊入藏量为649.14万册,其中,总馆42.44万册,区(县)分馆364.12

万册,街(道)基层服务点 239.2 万册,其他分馆或服务点 3.38 万册。平均每个各区(县)分馆"一卡通"通借通还书刊的入藏量为 15.83 万册。

(二)电子资源联合采购

在中心图书馆建设启动不久,2001 年 2 月 9 日,在上海市文献资源共建共享领导小组办公室组织召开的本市部分高校图书馆、专业图书馆馆长座谈会上,取得了电子资源的建设与服务必须要走联合道路的共识,并成立了由交通大学图书馆牵头的电子资源共建共享调研小组。2001 年 4 月 12 日,上海市文献资源共建共享领导小组办公室再次组织召开本市部分高校图书馆、专业图书馆馆长座谈会,交通大学图书馆牵头的电子资源共建共享调研小组在会上汇报了调研情况,提出"依托计算机通信技术,在网络环境下开展数字资源的共建共享,是上海地区的公共图书馆与高校系统、科学院系统图书馆组建中心图书馆的最佳合作模式",并得到会议的一致认同。会后,成立了由上海图书馆、上海教育网络图书馆、上海交通大学图书馆组成的上海市中心图书馆电子资源联合采购小组,该小组分别于 2002 年 10 月开始组建上海地区 NetLibrary 电子图书联合采购集团——上海图书馆集团(Shanghai Library Consortia,SLC),于 2006 年 9 月开始组建 Springer 电子图书上海集团。

NetLibrary 电子图书上海图书馆集团于 2003 年 3 月组团成功。该集团吸引了公共、高校和专业的 13 家图书馆参加,共采购电子图书 1100 种,获无版权赠书 3400 种。2003 年 12 月,CALIS 和 SLC(上海图书馆集团)决定联合组织中国集团采购 netLibrary 电子图书,并分别负责组织高校图书馆和非高校图书馆的联合采购工作,以进一步扩大资源共建共享的范围。Springer 电子图书上海集团于 2007 年 12 月组团成功。该集团吸引了 15 家上海地区公共、高校图书馆的参与,共获得 2005 至 2009 版权年的 Springer 英文电子图书,以及三套 Springer 电子丛书的免费使用。

由上海图书馆、上海教育网络图书馆、上海交通大学图书馆共同牵头组建的 NetLibrary 上海图书馆集团是国内第一家跨系统、跨地区的电子图书联合采购集团,Springer 电子图书上海集团是国内第一个跨系统的 Springer 电子图书联合采购集团,其成功组团,满足了公共、高校、专业不同类型图书馆的资源共性需求,通过借助上海教育网络图书馆、中国高等教育文献保障系统(CALIS)形成的联合采购优势取得了更广范围的共建共享,实现了扩大资源品种数量、降低成本、共享资源的目标需求,成为网络环境下公共图书馆和高校图书馆在大型电子资源联合采购上的新实践,上海中心图书馆资源共建共享的新成果。

(三)"e 卡通"电子资源

2007 年 9 月 25 日"e 卡通——上图电子资源远程服务"试开通运行,使持有上图有效证件的任何读者,在任何时候、任何地点,通过"e 卡通"平台,都可以远程访问到获得授权的电子资源。在上图有效证件中,普通外借功能的读者证就是上海市中心图书馆的读者证,因此,"e 卡通"电子资源建设亦成为上海市中心图书馆文献资源建设的重要任务。

在遵守知识产权的总原则下,上海图书馆根据本馆实际情况,以版权解决较好、价格较高、使用量较少的外文电子资源为突破口,同时考虑版权解决较好的中文电子资源,抓住电子资源新订、续订两大源头,结合电子资源在公共图书馆建设和使用中存在的困境和束缚,通过与电子资源厂商共同探讨国内高校图书馆电子资源局域网使用和公共图书馆电子资源局域网使用的区别,阐述公共图书馆电子资源使用率低与公共图书馆欲大力推进电子资源建设形成的两难性,列举国外公共图书馆电子资源远程使用的实例,争取国内公共图书馆与国外公共图书馆在电子资源使用上的同等待遇,共同研究公共图书馆电子资源远程使用和管理方法,消除电子资源厂商在版权问题上的担忧等,得到了部分电子资源厂商的理解和支持,取得较大实效。

"e卡通"电子资源总计23个。上海市中心图书馆读者可以使用的"e卡通"电子资源为13个,包括中外文电子期刊、中外文电子图书、中外文电子参考工具书数据库等。"e卡通"电子资源建设为中心图书馆顺应全媒体时代的发展方向打下了良好的基础。

三、服务

体现公益性、基本性、均等性、便利性的公共服务

形成大众化、个性化、网络化、专业化的品牌服务

发挥中心图书馆物理空间、网络空间、社会空间的整体效应

服务是上海市中心图书馆建设的落脚点和根本。以满足广大百姓最基本文化需求的"一卡通"服务,体现了公益性、基本性、均等性、便利性的公共文化服务特点,一卡在手,全市借还,塑造大众服务品牌;以满足中心图书馆读者远程使用上图电子资源"e卡通"服务,一卡在手,e路畅通,打造网络服务品牌;以联合行业专家、提供专业参考咨询服务的网上联合知识导航站,专家为您解答,营造专业服务品牌;以网上查书选书,就近取书还书的网上委托借书服务,以连接国内外图情机构,为您提供文献的馆际互借服务,突现个性化服务品牌,充分发挥中心图书馆建设在物理空间、网络空间、社会空间上的同城效应。

(一)"一卡通"服务

"一卡通"是上海市中心图书馆公共分馆模式的核心业务,是体现公益性、基本性、均等性、便利性,满足广大百姓基本文化需求的图书馆的基本服务。市、区(县)、街道(乡镇)三级图书馆共同投入、共同建设、全民共享的全市"一卡通"服务,已成为上海市中心图书馆建设中的有效载体和行业品牌。

从2001年6月启动运行时的5家图书馆的"一卡通"服务,到2010年12月覆盖全市18个区(县)的212家街道(乡镇)图书馆的"一卡通"服务,经过十年的不断探索、不断总结、不断改善、不断提高,在书目查询、办证、流通等方面不断取得突破。

上海市中心图书馆iPAC联合书目查询系统,涵盖了全市245家机构的258个服务点的图书书目信息621.3万种、馆藏信息1 227.1万册。世界各地的读者可以在任何时间、任何地点,通过因特网查询到上海市"一卡通"书刊的实时的收藏情况、分布情况和借阅情况;该系统也是全球范围内机构数量最多、书目记录量最多、馆藏记录量最多的地区性的联合书目查询系统。2005年至2010年9月,该系统的首页点击总量为6 203.3万次,平均每年的点击量为1 033.9万次,成为读者使用最多的数据库。

读者可以在任何一家图书馆办证,可以在任何一家图书馆借书,可以在任何一家图书馆还书,享受一卡在手,全市通行的便利,这是"一卡通"服务的最大优势。从办证来讲,目前已形成总馆、区(县)分馆、街道(乡镇)服务点家家可以现场办证、家家可以现场续证、读者可以网上续证的多样化办证服务。2003年至2010年9月,"一卡通"办证总量超过108万张,其中,总馆办证69.7万张,占64.5%,分馆办证36.4万张,占33.7%,基层服务点办证1.9万张,占1.8%。2009年底上图总馆逐步推出以预制证方式的分馆现场办证、基层服务点现场办证后,2010年1至9月的办证量达11.3万张,超过2009年的办证总量,其中,总馆占23.9%,分馆占59.1%,服务点占17%,充分发挥读者身边的图书馆的作用。

数字的逐年增加体现了"一卡通"受到广大市民和读者的欢迎,充分显示了"一卡通"向基层延伸所发挥出的就近、便捷、高效的服务优越性,体现了多年来构建的覆盖城乡的图书馆公共文化服

务体系正在发挥出其积极的持续的同城整体效益。上海市中心图书馆"一卡通"信息系统建设暨向社区基层服务点延伸项目荣获了2007年颁布的第二届文化部创新奖。

（二）网上联合知识导航站服务

网上联合知识导航站是由上海图书馆牵头并联合上海高校、科研机构图书馆,为适应世界图情事业发展新趋势,在初步实现上海市文献资源共建共享基础之上,面向现代化、面向世界、面向未来,率先在国内推出的一个旨在向读者提供高质量专业参考、知识导航的新型服务项目,凸显上海市中心图书馆增强网络服务和知识导航能力的新举措。

自2000年12月26日启动运行以来,导航站建设实现了质的飞跃:在服务资源上,以上海地区图书馆及其相关机构的馆藏资源为基础,以因特网的丰富信息资源和各种信息搜索技术为依托,扩大为以各类图书馆和科研机构等的馆藏资源为基础,以因特网的丰富信息资源和各种信息搜索技术为依托;在专家队伍上,以上海图情界的一批中青年资深参考馆员为网上联合知识导航专家,扩展为以上海、全国各地以及海外图情界的资深参考馆员和行业专家为网上知识导航站专家;在服务方式上,从电子邮件、表单方式的非实时参考咨询,拓展为非实时参考咨询和实时参考咨询的同步发展;在合作机构组成上,从创建之始的上海交通大学图书馆、复旦大学图书馆、华东师范大学图书馆、同济大学图书馆、上海社会科学研究院图书馆、中科院上海文献情报中心、上海图书馆7家机构16名导航专家的合作团队,拓宽为境内外37家图书馆和研究机构的93名导航专家,66导航咨询员,其中,境外导航专家8名,还有三家以机构合作形式加盟,形成了以本市图情机构的专家为核心、导航咨询员队伍为辅助,涵盖长三角地方文献专家,联合境外图情机构的参考馆员的合作团队。

网上联合导航站的成功运行,体现了公共图书馆与高校图书馆、专业图书馆之间在文献资源、人力资源、智力资源上的合作共享,实现了境内外图书馆网上参考咨询服务的优势互补,发挥了图书馆在知识经济社会中为各行业服务的知识导航作用。

（三）"e卡通"服务

e卡通——上图电子资源远程服务,365天每天24小时免费为上图有效持证读者提供上图购买的、并获得厂商授权的电子资源的远程服务。持有上图参考外借功能读者证的读者,以及持有中心图书馆外借证的读者,在任何时候、任何地点,无需申请,无需注册,无需开通,在"e卡通"平台上输入读者证卡号及身份证件号码,就可以远程查阅到获得授权的电子资源,享受和体验电子资源服务到读者桌面,服务到读者指尖的便利与快捷。

e卡通采用先进技术,科学有效地把读者证IC卡系统、LDAP目录服务系统、SSL VPN系统三者有机结合,以读者证IC卡系统为源,建立LDAP目录服务系统,负责读者身份认证服务和管理,让SSL VPN负责用户远程接入和使用管理,LDAP和SSL VPN共同协作负责资源访问控制,达到网络接入、读者身份认证、授权中外文电子资源访问、远程使用管理为一体的无缝服务和全程管理。

2007年9月25日"e卡通——上图电子资源远程服务"试开通及运行以来,截至2010年9月底,共有8.81万人次的有效持证读者成功使用了e卡通服务,从e卡通平台访问的电子资源的点击次数为20.5万次。从2007年试运行的平均每月379人次,快速发展到2010年每月4 812人次。读者从e卡通平台访问的电子资源的点击次数,从2007年试运行的平均每月1 293次,快速发展到2010年平均每月8 411次,总体呈现出良好的发展态势。

e卡通服务突破了国内公共图书馆电子资源局域网服务瓶颈,发挥了电子资源超越时空的优势特点,方便了读者任何时间任何地点的使用,提升了公共图书馆服务能级和水平,为中心图书馆适应全媒体时代的发展打下坚实的基础。e卡通服务于2009年9月获得第三届文化部创新奖。

（四）网上委托借书服务

上海图书馆是国内藏书量最大的公共图书馆，图书外借服务分为普通外借服务和参考外借服务。随着上海市中心图书馆建设，上图普通外借服务融入上海市中心图书馆"一卡通"服务，读者在任何一家公共图书馆都可办证，在任何一家公共图书馆都可借还图书，做到一卡通行，通借通还，极大方便了读者。

网上委托借书服务对象为持有有效上图参考外借证的读者，服务资源为上图可外借的参考外借资料，并为读者提供"网上查书、网上选书、网上委托、取书馆取书、还书馆还书"方便的服务流程。网上委托借书服务365天每天24小时接受读者委托，并在申请成功后的2—3个工作日内，通过物流将图书送到读者取书馆。网上委托借书服务采用一位读者，一份委托、一个文献提供包、一张物流送书单，有效杜绝各流程环节可能出现的差错，保证了服务准确、高效的运作。

2009年6月25日网上委托借书服务在长宁分馆首家试点服务，2009年12月18日拓展到黄浦、徐汇、浦东陆家嘴四家分馆，2010年3月23日是延伸至生命科学分馆。截止到2010年9月底，网上委托借书服务共为751人次读者提供2707册图书，平均每月服务读者47人次，提供图书169册。今后上海图书馆将此服务进一步拓展到公共分馆、高校分馆和专业分馆。

网上委托借书服务的推出，使上海图书馆的参考外借服务从一个点的服务扩展为多个点的服务，从单一物理空间的服务提升到网络空间的服务，为中心图书馆内开展参考外借的"一卡通"服务做了尝试，有效实践了让上海图书馆的资源服务到老百姓身边的图书馆的目标。

（五）馆际互借服务

馆际互借服务是上海市中心图书馆高校分馆、专业分馆模式的核心业务，是信息网络环境下公共图书馆、高校图书馆、专业图书馆开展文献资源共建共享的有效途径和手段。

1998年上海图书馆加入OCLC馆际互借服务（OCLC Interlibrary Loan Service），成为中国大陆第一家在OCLC上开展馆际互借服务的图书馆。2004年7月，上海图书馆与台北市立图书馆签订了馆际互借合作协议，开创了海峡两岸图书馆的馆际互借合作。2007年9月上海图书馆参加中国科学院国家科学图书馆和德国国家科技图书馆主持的"数字信息提供"中德图书馆合作项目，中科院国家科学图书馆、北京大学图书馆、上海图书馆三家与德国最大的文献提供服务商SUBITO联合，于2009年11月共同推出"China Direct"文献传递服务项目，体现了上海图书馆立足上海、服务全国，面向全球的文献服务目标。

2005年到2010年9月，上海图书馆为上海地区的25家高校图书馆、专业图书馆等提供原书外借的馆际互借服务，累计提供11526册中外文图书，其中，中文图书2610册，外文图书3735册。

除上海地区以外，上海图书馆与108家文献提供机构建立馆际互借合作关系，开展非原书的馆际互借服务。在合作机构中，境内86家，境外22家，涵盖国家图书馆、公共图书馆、高校图书馆、专业图书馆、情报所、专业文献提供机构等，分布于境外22个国家和地区。

（六）上图讲座延伸服务

2003年全国文化信息资源共享工程上海市省级分中心在上海图书馆挂牌成立，上海市中心图书馆建设步入与上海市文化共享工程紧密结合同步建设的新阶段。上海图书馆的优秀文化信息资源——上图讲座资源，在获得授权的情况下，成为上海市省级分中心上传到全国文化信息资源共享工程管理中心的资源，同时，上图讲座资源制作成光盘向上海市中心图书馆的分馆、基层服务点输送，将上图讲座服务延伸到上海市中心图书馆，实现优秀文化信息资源在上海市中心图书馆的全覆盖。

2004年至2009年,共有581种约6.09万张上图讲座光盘输送到各分馆和基层服务点,提高上图讲座资源在全社会的影响力和辐射力。在上图讲座资源光盘向中心图书馆分馆、基层服务点输送的同时,上海图书馆还通过输送优秀讲师等形式与公共分馆、高校分馆、专业分馆开展形式多样的合作共享。为青浦区图书馆、奉贤区图书馆等公共分馆策划讲座,输送讲座专家资源,提升"青溪讲坛""言子讲坛"等影响力。

2009年3月,上海图书馆启动开展"上图讲座进百校"活动,将上图讲座品牌延伸到校园。截至2010年7月,在松江大学城的复旦视觉学院、上海外贸学院、华东政法大学、上海外国语大学,在临港大学城的上海海洋大学、上海海事大学等共送讲38次,袁岳的"再来一次社会化"、鲍鹏山的"孔子的大学"、今波的"历史告诉我们什么"等受到师生的欢迎,累计听讲师生约20 400人次。此外,还举办14场教师人文素养讲座,如叶沙的"读书的人是好老师"、蓝怀恩的"乐活你我他"、郑时龄的"跟院士一起看世博"等,累计听讲普教教师约5 500人次,还向上海部分大学和各区(县)高中赠送讲座光盘资源约80套(每套20盘)。

上海市中心图书馆的六大服务适应于不同的公共、高校、专业三种分馆的运行模式,满足了不同性质、不同层次、不同服务对象的图书馆发展要求,满足了不同年龄、不同学历、不同行业、不同专业背景的读者需求,顺应了大众化、个性化、网络化、专业化的图书馆服务发展方向,呈现出中心图书馆服务在物理空间、网络空间和社会空间上共同发展、共同繁荣的新格局。

四、管理

> 重签约制度,建例会制度,形成长效管理
> 重规范操作,建管理制度,形成有序管理
> 重日常管理,建管理系统,形成知识管理

(一) 签约制度

签约制度确立于上海市中心图书馆建设之始,并在中心图书馆建设的推进过程中,始而贯之。在协议中,首先明确"行政隶属关系不变"这一前提,再根据公共分馆模式、高校分馆模式、专业分馆模式,分别配套不同的协议文本内容。

高校分馆模式和专业分馆模式的协议注重在外文文献、电子资源、数字资源、网络资源上的合作共享,注重在知识导航、馆际互借等个性化业务上的合作共享,注重人力资源、智力资源、项目课题资源上的合作共享,并明确合作共享的权利和义务,双方协议的签署为中心图书馆高校分馆和专业分馆的建设提供了依据和保障。

公共分馆模式的协议重点突出"一卡通"的建设要求,明确双方的权利和义务,在双方达共识并签约后开始实施。在中心图书馆"一卡通"向街(镇)延伸后,建立了三方签约制度,即上海图书馆为甲方,有关区(县)图书馆为乙方,街(镇)图书馆或其他基层服务点为丙方。协议明确三方承担的权利与义务,在机制上形成了市馆、区(县)馆和街(镇)馆三级互为总分馆的三级总分馆制:即上海图书馆为各区(县)图书馆的总馆,各区(县)图书馆为上海图书馆的分馆;各区(县)图书馆为所属区(县)街(镇)图书馆以及其他基层服务点的总馆,各街(镇)图书馆和其他基层服务点为所属区(县)图书馆的分馆,区(县)图书馆成为承上启下的枢纽,成为业务指导分中心、资源建设分中心、文献信息提供分中心、采访编目分中心、技术支持分中心等。签约制度推动了三级总分馆制的创立,形成了市、区(县)、街(镇)三级政府和三级图书馆共同投入、共同建设、全体市民共享的新格局,体现出"一卡通"在发展中的体制创新和机制创新,对"一卡通"的长效建设起到推动和保障作用。

（二）例会制度

例会制度是在 2002 年 4 月 8 日于周庄召开的上海市中心图书馆工作研讨会上提出的。以"一卡通"为核心的紧密型的公共分馆模式,在经历了近一年的探索、实践和发展之后,出现了许多需要总分馆双方在管理层面上加以破解和统筹的新问题。2002 年的周庄会议成为第一次上海市中心图书馆工作研讨会,会议提出了建立总分馆馆长联席会议制度,并将此联席会议制度作为季度例会的形式固化,作为议事的平台、业务的讲台、交流的舞台的思路。在 2003 年 1 月 27 日的第二次上海市中心图书馆工作研讨会之后,2003 年 5 月 22 日召开的"区县图书馆馆长例会"标志着例会制度的正式形成。自 2005 年 3 月 29 日召开的"中心图书馆区县分馆馆长第一季度例会"起,例会基本上每季度召开,每次例会召开的地点由总馆和区(县)馆轮流主办,主办方为例会的主持人;每次例会主要由总馆牵头,与各区(县)分馆预先商定例会讨论的中心议题或主要议题及会议议程;每次例会在沟通信息的基础上,以集中讨论或解决一个或几个长效管理中遇到的问题。2010 年起每次例会轮流特邀五位街(镇)馆馆长参加会议,并重新更名为联席会议,以春夏秋季标记。

高校分馆、专业分馆的例会形式与公共分馆有所不同,主要以研讨会的形式,在每个五年规划启动之际召开,参会范围不局限于中心图书馆分馆,扩大为上海市文献共建共享协作网成员单位。2004 年 4 月 8 日和 4 月 30 日,分别召开专业分馆专场和高校分馆专馆的"上海市中心图书馆发展规划研讨会",2009 年 12 月 21 日召开"上海市文献资源共建共享协作网暨上海市中心图书馆'十二·五'规划发展咨询会",通过每个五年规划的制定来共商发展、共谋创新。

在专业分馆中,由中国科学院上海生命科学研究院与上海图书馆共建的生命科学图书馆开创了理事会体制下馆长负责制的新体制,以每年召开生命科学图书馆理事会会议的形式固化例会制度。每年的理事会会议由双方领导出席,主要听取生命科学图书馆工作情况汇报,讨论下一年度双方的合作发展方向和合作工作重点。

例会制度成为上海市中心图书馆在探索中解决难点,在实践中总结提高,在发展中统筹协调的有效管理手段和措施,为中心图书馆的可持续发展和长效管理机制形成发挥了重要作用。

（三）管理制度

在上海市中心图书馆建设中,上图总馆一直把各项业务规范和管理制度的建设放于重要的地位。在建设之初,建立了《上海市中心图书馆公共分馆业务工作基本指标》《网上联合知识导航站导航专家任职资格和工作职责》等相关制度,随着中心图书馆建设不断深入和业务不断发展,已形成涵盖业务管理、国有资产管理、物流保障、人力资源培训等方面的一整套管理制度。

业务管理制度主要由业务规范和操作流程规范组成,多以规则、须知、要求、办法、工作流程、操作手册、条例等命名,用以规范"一卡通"业务中的书刊条码号、预制证卡号等标准,办证、流通、馆藏加工、书刊剔旧等工作;网上联合知识导航站的专家发展、服务规范等,并在业务发展和创新中,不断完善和充实,保证了中心图书馆的总馆、分馆和基层服务点能够按照统一的要求、统一的操作、统一的标准为读者提供服务。

国有资产管理制度涉及电脑设备管理和书刊管理两部分内容。由于目前中国大陆的城市基本上都实行三级财政体制,即市、区(县)和街(镇)分属不同的财政层次,负责的范围和对象也有所不同。因此,当市财政经费投入的图书、计算机设备等进入区(县)馆、高校馆、专业馆和街(镇)图书馆后,国有资财管理的职责并没有因此而改变。国有资产管理制度确立了谁投入谁负责的原则,确保财产登记、图书剔除、设备报废等严格按照分级财政管理要求操作,同时明确甲乙双方或甲乙丙三方共同加以管理和维护的职责要求。

为保证上海市中心图书馆"一卡通"业务的正常运行和可持续发展,解决全市"一卡通"服务点的图书的固定资产归属问题,避免"一卡通"服务点的非本馆图书积压造成的涨库问题,上海图书馆于2006年9月与闸北区劳动局下属的创亦职业教育培训有限公司合作建立了400多平方米的"一卡通"图书分检中心,用以处理图书的分检、消毒、流通以及调配等业务。2007年12月开展了上海市中心图书馆物流配送服务社会化的招标工作,并于2008年1月起在上海市中心图书馆开展社会化物流配送服务,制定了物流操作规程,对物流点、物流货物种类、物流频次、交接手续等做了具体规定,从而保障了图书的流转,解决了图书消毒的公共卫生问题。

人力资源培训制度由日常业务培训制度、互派馆员管理制度、高级研修班进修制度等组成。日常业务培训管理主要针对公共分馆模式的"一卡通"业务,对每一个新建的"一卡通"服务点的图书馆员工开展分批的全员上岗培训,培训内容包括业务管理制度的各个方面。同时,对中心图书馆建设过程拓展的服务,如现场办证、知识管理系统等开展集中培训。对于各模式的总分馆间的馆员交换学习,以及馆长和专业人员提高进修,建立了互派馆员管理制度、高级研修班进修制度,从制度上保证了各项培训工作的有序开展和人员队伍素质的不断提升。

(四)知识管理系统

上海市中心图书馆建设总分馆已达261家,业务涉及办证、续证、退证、挂失、补证、借书、还书、馆藏加工、分配书刊条码、物流、书刊验收、剔旧处理等各方面。日常管理工作包括召开会议、开展培训、发展新成员、建立新服务点、解决软硬件故障、业务统计、年度信息汇总等,具有对象多、业务广、事情杂、管理难的特点。针对这些特点,2010年初,上海图书馆总馆着手进行上海市中心图书馆知识管理与服务系统的研发。一期项目已基本完成,并于11月1日起在中心图书馆总馆、各分馆、各基层服务点全面试运行。

上海市中心图书馆知识管理与服务系统一期项目包括通知(回执)、新闻、条码、物流、业务统计、规章制度、业务培训八个模块。通知(回执)模块用于总馆对分馆、基层服务点,以及分馆对基层服务点的事务联系和反馈回执;新闻模块用于收集分馆、基层服务点发布的图书馆新闻,方便总馆对全市图书馆、分馆对全区(县)图书馆情况的掌握和了解;条码模块用于分馆、基层服务点与总馆之间书刊条码的申请、打印、发放和验收;物流模块用于总馆、分馆、基层服务点、分拣中心、物流公司之间的书刊物流收发管理;业务统计模块用于统一发布"一卡通"业务的各项数据;业务培训用于记录总馆对分馆、对基层服务点,或分馆对基层服务点开展的培训,提供培训教材的网上学习;规章制度模块用于发布并记录制度的版本修改情况。二期项目包括业务辅导、读者活动预告(读者活动登记)、巡检维护、故障报修、开放时间和地点管理、索书号检测、条码号检测、"编目中"状态数据检测等。

上海市中心图书馆知识管理与服务系统旨在通过新的管理手段和方法的使用,达到信息渠道畅通、信息反馈及时、流程状态清晰、情况掌握准确、管理成本缩减、提高管理效率、发挥知识管理的效益。

五、人力资源建设

着力上岗培训、专题培训、馆员交换、研修班、现场培训等载体建设
形成内容针对性强、范围覆盖面广、形式多样化、培训制度化的特色

图书馆员是图书馆服务工作的主体,是文献信息资源与读者用户之间的桥梁与纽带,图书馆员的素质和能力在很大程度上决定了图书馆的服务质量。上海市中心图书馆在人力资源建设上,始终坚持"人力资源是第一资源",致力于中心图书馆人员队伍素质和能力的提升,建立起长效培训机制,着力于上岗培训、专题培训、馆员交换、图情高级研修班、现场培训等载体建设,形成培训内容针

对性强,培训范围覆盖面广,培训形式多样化,培训工作制度化的人力资源建设特色,确保上海市中心图书馆工作规范有序、系统运行畅通、发展与时俱进。

（一）上岗培训

上岗培训是上海市中心图书馆人力资源建设中的核心业务培训内容。在每一家分馆或基层服务点的"一卡通"业务运行之前,上图总馆都要对每一家分馆或基层服务点的工作人员开展地毯式的上岗培训,点建到哪里,培训就到哪里,做到不培训不上岗。培训内容包含办证、通借通还、馆藏加工、物流等"一卡通"业务的各环节。2005年至2010年9月底,累计开展上岗培训39次,共有188家基层服务点,464人次参加培训。

以"一卡通"基础业务和日常业务内容为核心的上岗培训,提高了各区（县）和街道（乡镇）图书馆工作人员的业务技能、操作能力,为保证各分馆、各基层服务点在网络平台上安全高效地进行各项作业奠定了基础。

（二）专题培训

专题培训是上海市中心图书馆人力资源建设上的重要载体。在上海市中心图书馆发展过程中,上图总馆不断开拓新业务,并将新的业务成果纳入中心图书馆平台上,并逐步试点推广。对于这些未涉及全范围的业务培训,则纳入专题培训内容。除此之外,针对某一阶段开展的工作重点,针对某一主题开展的学习研讨,针对某一项工作的加强提高,常以形式多样的专题培训方式开展。

2004年,围绕上海公共图书馆事业发展与改革创新的主题,上图总馆和市文广局联合举办上海区县公共图书馆馆长研讨班。2009年10月,为推广"上图网上委托借书服务",举行了上海市中心图书馆区（县）分馆网上委托借书服务推广和培训会议。2009年12月,为加强各区（县）图书馆基层辅导工作,了解兄弟省市总分馆建设情况,组织各区县馆辅导部人员赴外省市学习培训,学习嘉兴图书馆、杭州图书馆的先进经验。2010年4月,为确保上海世博会期间上海市中心图书馆系统的正常运行,举行了上海市中心图书馆应急预案培训会议。形式多样的专题培训起到了拓宽视野、交流学习、推进工作的作用。

（三）图情高级研修班

图情高级研修班是由上海市文献资源共建共享工作领导小组办公室牵头,上海市图书馆学会、上海市情报学会联合举办,上海图书馆承办,为落实《上海市文献资源共建共享计划》提出的培养上海跨世纪的高素质的图书情报专业人才而创办的,后成为上海市中心图书馆人力资源建设的品牌项目。图情高级研修班于2000年创办,2000年至2005年,每年一期;2006年起,每年举办两期,每年的第一期以图书馆学为主,每年的第二期以情报学为主。

图书馆学的课程内容包括数字图书馆、知识管理、职业精神与核心能力、元数据、知识产权保护、城市图书馆发展、虚拟参考咨询服务、WEB2.0与图书馆2.0、手机短信服务、图书馆管理等方面;情报学的课题内容包括科技情报事业、竞争情报、市场调研、情报研究管理、专利分析、内参工作、情报学理论方法应用、公益性情报服务、科技查新等方面。课程注重理论与实践相结合,从理论上带动学员思考,激扬学员智慧,从实践上提升学员能力,培养学员创新。截至2010年9月底,图情高级研修班共举办9届14期,来自公共图书馆、高校图书馆、专业图书馆的460名学员参加了研修,其中高校分馆、专业分馆、公共区（县）分馆共423人,占92%,有效提高了中心图书馆从业人员的整体水平。

（四）馆员交换

馆员交换是上海市中心图书馆人力资源建设的创新模式。为落实全国人才工作会议以及上海市文化人才工作会议的精神,上图总馆制订了"上海市中心图书馆互派馆员管理试行办法"。各成员单位可根据业务发展需要和管理实践要求,推荐业务骨干围绕重点工作、实际项目等内容申请馆员交换。

2005年,长宁区图书馆委派2名新进员工到上海图书馆实习一年。同年,青浦区图书馆选派托12名员工到上海图书馆实习2周。2010年3月闵行区图书馆委托4名新进员工到上海图书馆实习1周。6月闵行区图书馆常务副馆长在上海图书馆挂职锻炼1个月。2007年11月起,上海图书馆每年选派两位年轻骨干到复旦大学上海视觉艺术学院图书馆锻炼,参与该馆的专业文献资料收集工作,提供咨询服务,参与《视觉艺术情报信息》编辑工作等。在此基础上,探索了委派管理干部的共建共享机制。2002年,中科院上海生命科学图书馆引入上海图书馆的管理人员,担任执行副馆长。2003年,上图总馆受浦东新区宣传部委托,向浦东新区图书馆委派馆长。

(五)现场培训与辅导

对于中心图书馆的日常业务工作,在上岗培训、专题培训以外,还开展现场培训与辅导。"一卡通"服务、"e卡通"服务、"网上委托借书"服务等推进过程中,总馆采用服务点建到哪里,现场培训与辅导跟到哪里的方法,在现场安装、调试的过程中,对各服务点的一线工作人员进行面对面的现场操作培训与指导。

2009年,上图总馆为加快中心图书馆书刊分编和馆藏加工速度,推出"对有分编能力的区(县)分馆开放联合编目中心数据上传权限,加快分编速度"的整改措施。上图总馆在对具有编目基础的42名成员馆分编人员进行摸底测试的基础上,择优选拔了4位分编人员在总馆进行了一周的一对一、面对面带教实训,六个月的书目数据试上传方式的带教实训。

第三部分　发展与创新

从2001年至2010年的九年发展期中,上海市中心图书馆始终将创新与发展紧紧地联系在一起,将创新与全面协调可持续的科学发展观相结合,主要经历了十次发展的跨越,逐步发展成为全球最大的城市图书馆单一集群系统,一些服务数据开始进入了全球城市图书馆的先进列。

一、第一次跨越。树立起中心图书馆分馆的示范典型和创建网上联合知识导航站。在经过了半年左右时间的积极筹备之后,2001年6月2日,上海市中心图书馆首批四家分馆,即黄浦区图书馆、静安区图书馆、南汇县图书馆、音乐学院图书馆在上海图书馆举行了隆重的揭牌仪式并开始对外服务。与此同时,举行了网上联合知识导航站的启动仪式。在首批16位知识导航员的基础上,至2009年,网上联合知识导航站已发展成为有6个国家和地区、37家图书馆和情报所的96名参考咨询专家和66名导航咨询员组成的全球性网上知识导航服务机构,网上导航已实现任何时间、任何地点的服务方式。第一次跨越的主要创新点在于:初步确立在上海市中心图书馆公共分馆、大学分馆和专业分馆的三类运行方式,创建了集各行业图书馆人力资源的网上联合知识导航站,体现了正迈入新世纪的上海图书馆建立以知识导航为核心的信息枢纽的发展愿景,为上海市中心图书馆的发展起到了示范的效应。

二、第二次跨越。建立起季度馆长例会等长效管理机制。2002年春季,上海市中心图书馆在经历了近一年的发展实践之后,在实践的发展中出现了许多需要在管理层面上加以破解和统筹的新问题,呼唤管理层应当在实践中总结提高,在探索中管理提升,在发展中统筹协调。2002年4月8日至9日,上海市中心图书馆工作研讨会在周庄举行,这是一次中心图书馆实际运作以来务实性的总分馆馆长研讨会。会议提出了将总分馆馆长联席会议作为议事的平台、业务的讲台、交流的舞台的思路。会议也形成了一些共识,如上海市中心图书馆四大意义,即方便读者、资源共享、提高层次、发展事业;发展上海市中心图书馆的五大观念,即实践观、共建观、互利观、发展观和服务观。2002 年 8 月,上海图书馆又召开了中心图书馆大学分馆馆长咨询会,总结并探讨大学分馆的管理模式。会议初步形成了总馆和大学分馆之间共建共享的四大重点资源内容,即外文资源、数字资源、网络资源和人力资源。第二次跨越的主要创新点在于:在上海市中心图书馆的管理机制中形成了长效管理的馆长例会制度(后形成了年度的春夏秋冬例会,并由各分馆轮值主持),形成了大学分馆的共建共享模式,对上海市中心图书馆的可持续发展予以了充分的关注并提出了相应的业务管理举措。

三、第三次跨越。创立了理事会体制下的专业分馆发展模式。上海市中心图书馆在发展中创新,在创新中发展。2002 年 4 月 18 日,上海图书馆与中国科学院上海生命科学院达成了共建生命科学图书馆的意向并相应组成了筹备工作小组。2002 年 5 月 17 日,上海图书馆与上海生命科学院签订了共建生命科学院的协议,并召开了首届理事会。理事会成员分别由中国科学院领导和上海市主管副市长担任名誉理事长,由上海图书馆馆长和生命科学院院长担任理事长,由上海图书馆和生命科学院双方的上级主管领导上海市委宣传部和中国科学院上海分院领导、上海图书馆业务处、生命科学院信息中心负责人等作为理事会理事。2002 年 7 月 6 日,上海市中心图书馆生命科学图书馆举行了挂牌仪式。双方共同确定了"努力将生命科学图书馆建成一流的国际著名生命科学专业图书馆"的发展目标,双方形成了共同建设、共同管理、权益共享的发展机制。第三次跨越的主要创新点在于:在全国率先创建了总分馆架构中理事会体制下合作共建共享专业图书馆分馆的模式,在中国科学院文献情报机构率先探索了与地方图书馆合作共建的案例,率先尝试了由上海图书馆向派出专业管理人员担任生命科学图书馆执行馆长的共同管理新路径,在"一卡通"的基础上推动了生命科学院图书馆向社会公众开放。

四、第四次跨越。上海市中心图书馆发展模式得到文化部肯定,实现"一卡通"区县分馆全覆盖。2003 年 3 月 26 日,由国家文化部主办、上海市文广局和上海图书馆承办的"部分省市城市图书馆资源共建共享工作座谈会"在上海图书馆召开。上海市文献资源共建共享工作建立了公共、高校和科研三大系统图书馆的文献资源建设布局和协调机制,建立了上海市文献资源共建共享协作网的网络平台,引进和开发了一批文献资源共享数据库并建立了开放实验室,确定了一系列课题服务项目,特别是上海市中心图书馆借助于网络通信与计算机技术,在各总分馆之间开展了资源共建、书目检索、书刊借阅、文献传递、参考咨询、数字资源共享等合作与服务,对图书馆事业的发展起到了提升和促进作用。在全国会议的推动下,10 月 22 日,上海市中心图书馆工作会议在上海图书馆召开,会上,青浦区、宝山区、金山区和嘉定区分馆揭牌,至此,上海市中心图书馆实现了区县(后南市区并入黄浦区,南汇区并入浦东新区,现为 18 个区县)分馆及"一卡通"的全覆盖。第四次跨越的主要创新点在于:上海市中心图书馆的发展模式和"一卡通"的服务技术得到了全国的肯定,并引发了全国总分馆建设和城乡区域"一卡通"发展的热潮;上海市中心图书馆在经历了三年左右的发展之后,分馆建设和"一卡通"覆盖了上海全市城乡的所有区县分馆,在数量上达到了相当的规模,市区两级总分馆体制的雏形开始形成。

五、第五次跨越。上海市中心图书馆"一卡通"向街镇延伸,建立市区(县)街镇两级总分馆制。市区(县)两级总分馆制是上海市中心图书馆发展的初始目标。在实现了"一卡通"区县分馆的全覆盖之后,许多市民提出了希望在街镇和社区直接实现"一卡通",以方便读者的就近借阅。如何进一步满足这一市民的新需求和新期盼,如何破解尚无先例的承载量大的城域网单一集群系统,成为上海市中心图书馆发展中的难题。发展需要科学的精神、科学的态度、科学的方法和科学的路径。上海图书馆聘请了世界知名企业进行了上海市中心图书馆网络的压力测试,以验证网络系统能否承载向街镇延伸的重负荷,在得到了肯定的测试结果后,"一卡通"向街镇延伸开始起步试点。当时在市区和郊区各选了一个居民相对集中而发展尚需加强的点,即普陀区甘泉路街道图书馆和松江区岳阳街道社区文化服务中心,取得经验后在全市推进。2005年10月27日,上海市中心图书馆普陀区甘泉路街道基层服务点揭牌,上海市主管副市长亲自参加了仪式。这样,由市、区县和街镇组成的两级总分馆制开始形成,即市级馆为各区县馆的总馆,区县馆为市级馆的分馆,而区县馆又为所属街镇馆的总馆,街镇馆为所在区县馆的分馆,区县图书馆在中心图书馆架构中起到了承上启下的桥梁作用,并成为地区的业务指导中心、资源建设分中心、文献提供分中心、采访编目分中心、技术支持分中心以及图书物流分中心。第五次跨越的主要创新点在于:体现了公共服务的重心下移、注重基层、就近便捷、以市民为本的发展理念和服务理念,创建了市、区县、街镇两级总分馆制,有助于城市公共图书馆三级网络体系的均等、全面、协调和谐地发展,有助于发挥同城图书馆整体文献资源的共建共享效益,也有助于图书馆的公共资源为全体市民平等享用。

六、第六次跨越。利用社会力量推进中心图书馆建设。2006年10月30日,上海市中心图书馆美罗城大厦基层服务点揭牌,"一卡通"服务在上海首次进入了寸土寸金的城市最繁华的商业中心,在车流、商品流、人流中融入了文献流,注入了一道读书的风景,也为数以千计的驻商厦高级中外管理服务人员创造了良好的文化氛围和学习场所。无独有偶,2007年7月18日,上海市中心图书馆达安社区星之健图书室揭牌,这是上海市中心图书馆"一卡通"的首家会所基层服务点,星之健企业为公益性的公共图书馆服务无偿提供了图书馆借阅的空间。不仅如此,上海市中心图书馆积极利用社会力量推进公共文化服务体系建设还表现在与残联和邮局共同构建残疾人送书上门服务网络,组建面向全社会的上海图书馆志愿者服务队和社会监督员队伍,与社会各界共同建设丰富多样的主题图书馆,等等。第六次跨越的主要创新点在于:体现了公共图书馆服务方式、服务技术、运行机制的创新,对社会共同参与对公共文化的投入具有积极的示范意义和作用。

七、第七次跨越。中心图书馆物流实行社会化管理。2007年12月11日,上海图书馆与上海邮政公司在上海图书馆举行了"上海市中心图书馆文献物流社会化签约仪式",双方交换了协议文本。经过近七年的发展,上海市中心图书馆已初步形成了市、区县分馆和街镇的三级网络,"一卡通"服务点的不断增加带动了文献流量的急剧上升,而总分馆间未来的预约外借、文献传递等业务的拓展需求,对物流提出了更好、更快的要求。为了积极探索上海市中心图书馆运行机制的创新,上海图书馆于2007年初就文献物流向社会邀请招标,共有上海市邮政公司的邮政物流局等三家物流服务商参加投标。经组织文献物流专家的招标评审,分别从物流基础设施、运输配送技术、物流信息技术、运作成本、服务水平和经验、经营风险等方面对参与投标的物流企业进行了对比分析,最终决定由上海市邮政公司邮政物流局承运,并从2008年1月开始实施。第七次跨越的主要创新点在于:率先完成了国内首家省级公共图书馆文献物流社会化工作,为确保上海市中心图书馆总馆、分馆、基层服务点之间业务工作的正常运作和可持续发展跨出了有益探索的一步,为中心图书馆物流的进一步发展创造了条件。

八、第八次跨越。提出中国城市图书馆的未来发展愿景。2008年5月22日至24日,来自全国25个城市的80家图书馆汇聚上海,出席由上海图书馆举办的"城市中心图书馆建设工作经验交流会",本着对公共图书馆事业的热爱与追求,肩负着城市图书馆科学发展的使命,与会代表对中国城市图书馆的建设的实践与未来发展愿景进行了富有创意的积极探讨,共同签署了《把公共图书馆建成城市教室和市民客厅——中国城市图书馆的未来发展愿景》。环渤海城市圈、长三角城市圈、珠江三角洲城市圈等三大城市圈的众多城市图书馆分别交流了各自的城市图书馆发展的经验和体会。上海图书馆在会上提出了城市图书馆发展的七大问题,即中心图书馆采访编目的标准化、物流配送的社会化、网络服务的规范化、通借通还的一体化、人力资源的专业化、组织文化的行业化、管理运行的长效化。上海图书馆在会上的发言中提出了中心图书馆提升了城市两级总分馆的总体品质和服务能级,表现在十三个方面:加大了投入;改善了设施;增加了文献;催生了新技术的运用;提升了馆员的专业能级;拓展了网络服务的空间;加强了区县馆专业主题特色;增强了城市图书馆的整体合力;整合了服务资源;促发了社会的共建;推动了行业文化的整合与创新;创新了管理激励机制;促进了图书馆利用率的提高。会议期间还编制印发了《上海市中心图书馆公共分馆、基层服务点管理手册》。第八次跨越的主要创新点在于:提出了中国城市图书馆的未来发展愿景,总结了中心图书馆发展的重要意义并提出了需要进一步完善的主要难题,形成并完善了一系列中心图书馆的管理制度和规范。

九、第九次跨越。召开中心图书馆主题馆工作推进会。主题图书馆是通过特定领域(某一领域或数领域)专藏和服务来满足人们对专类知识和信息的需求的图书馆。上海市中心图书馆在历年来主题馆建设取得一定经验的基础上,为加强城市图书馆的顶层设计和总体布局,进一步提升上海国际大都市图书馆的文化品质和服务能级,2009年2月26日,上海图书馆召开了上海市中心图书馆主题馆工作推进会,会上交流了主题馆建设的经验,签订了主题馆与社会各界共建的协议,并向一些专家颁发了顾问和网上咨询专家的聘书。主题图书馆的建设,适应了图书馆服务的个性化、多样化、专业化的发展趋势,推进了积淀、整合、催发城市文化的记忆。在主题图书馆发展理念的推动下,2010年2月10日,上海图书馆与新闻媒体的文新集团举行文新分馆签约揭牌仪式,双方将发挥各自在文献、网络、品牌等方面的优势,加强合作,形成了全国首家公共图书馆的媒体专业分馆。第九次跨越的主要创新点在于:体现了城市图书馆公共文化服务体系建设普及基础上的提高,提高引领下的普及,体现了城市图书馆公益性知识服务体系和形态的创新。

十、第十次跨越。中心图书馆"一卡通"实现同城街镇全覆盖。上海市中心图书馆的建设在2009年的学习实践科学发展观的活动中开始提速,原计划在十二五时期实现全市街镇"一卡通"全覆盖的发展目标开始提前实现。2009年至2010年,先后推出了办证即办即取即用、网上预约就近取书、手机图书馆、编目加工提速、物流增加传递频度等一系列便民措施。2010年,上海市政府将2010年全市实现"一卡通"街镇全覆盖工作列入当年市政府的重点工作。2010年3月30日,上海市文广局和上海图书馆召开了上海市中心图书馆街道(乡镇)基层服务点推进会,会上下发了上海市文广局《关于加快推进上海市中心图书馆街道(乡镇)基层服务点建设的意见》,文件明确提出:"到2010年5月'世博会'召开之前,各区(县)的街道(乡镇)图书馆'一卡通'覆盖率要达到70%,到2010年底实现街道(乡镇)图书馆'一卡通'的基本全覆盖。"至2010年5月,上海市中心图书馆"一卡通"布点已达177家,其中总馆和各区县分馆等26家、各街道(乡镇)基层服务点等151家,在卢湾、徐汇、青浦、静安、奉贤、普陀、虹口、杨浦、闵行、嘉定、闸北11个区实现了街道(乡镇)全覆盖,提前完成《上海市公共图书馆行业迎世博600天暨创文明行业行动计划》70%的阶段目标。在此基础上,上海市文广局和上海图书馆会同有关区县就尚未实现"一卡通"全覆盖的"四区一县"(浦东新区、宝山区、长宁区、松江区、崇明县)的推进工作进行了多次研讨,在发展中破解难题。第十次跨越的主要创新点在于:政府在构建公共文化服务体系中发挥了主导协调的功能,在三级财政体制下实现了同城三级图书馆网的"一卡通"全覆盖,为全国乃至全球城市图书馆的发展提供了一个成功的案例。

第四部分　展望与愿景

十年磨一剑,上海市中心图书馆的十年发展成果令人振奋,充分显示了"一卡通"向基层延伸所发挥出的就近、便捷、高效的服务优越性,体现了多年来构建的覆盖城郊的图书馆公共文化服务体系正在发挥出其积极的持续的同城整体效益。而网上的参考图书预约外借量,网上的讲座和展览、电子文献传递的e卡通、数字文化网、情报服务平台等的访问量也呈大幅度上升的态势,呈现出物理空间和网络空间共同繁荣的服务新格局。

上海市中心图书馆经过了十年的发展,已经站在了战略发展的新起点上。在上海市中心图书馆发展十年之际,应当以全国的眼光和世界视野来谋划未来的新发展和新愿景,把握全球城市图书馆发展的规律,结合中国和上海的实践,以创新精神面向城市图书馆的明天。上海城市未来的发展目标是建设社会主义现代化国际大都市,而上海图书馆的未来愿景就是要在世界级城市图书馆的目标指引下继续建设上海市中心图书馆,在过去十年注重量的发展的基础上在未来发展中着力于提升其管理和服务的内涵品质,进一步完善城市图书馆发展的顶层、中层和底层设计,构建并完善文献、网络、服务和人才四大体系,引领全国城市图书馆的科学持续发展,跻身世界城市图书馆的先进行列,成为上海城市发展的都市记忆、城市教室、知识引擎和智慧泉源。

在文献体系方面,以积淀文化和城市记忆的使命和功能、以上海城市的发展定位来设计并谋划全市文献的总体布局、特色馆藏和共建共享,并融入全国的文献保障体系之中。通过跨行业系统的共建,有些领域的文献资源建设应当走在全国、亚洲乃至世界前列。

在网络体系方面,目标是实现同城四个一的发展目标,即"一城、一网、一卡、一系统"。以实事求是的精神,在实行一卡通用的前提下,使个别区级分馆的原有网络系统与全市的统一网络平台并存,通过一定时期两网融合的过渡,解决全市技术的统一性与区县需求的多样性之间的矛盾,最终走向一体化的信息网络平台,使全市的市民便捷地共享全市的资源,也尽可能地规避网络并存条件下可能带来的安全风险并做好安全防范的预案和演习。对外通过运用云计算的信息新技术,为中心图书馆各基层成员馆提供网络环境下的云服务;对内通过中心图书馆的知识管理系统的建立实行科学化的知识管理。

在服务体系方面,以"一卡通"为物理空间服务的主要载体,进一步完善采访、预约、物流,并进一步统一规范服务的各项政策,将少年儿童服务、残疾人服务、进城务工者服务、外籍居住市民服务等纳入中心图书馆服务的统筹规划之中,形成全市统一的形象文化、行为文化和制度文化;将数字资源为特色新的服务载体作为网络空间服务的着力点,在新起点上整合并建设有规模、有特色、受欢迎的中心图书馆网上服务平台,与"一卡通"共同形成服务的品牌。

在人才体系方面,着力建设并培养四支队伍,即馆长队伍、参考馆员队伍、国际化人才队伍和社会专家咨询队伍。提高图书馆专业人才的专业化水平,适应信息技术的飞速发展,造就一批学科领军人物和学术带头人,整合全社会的人力资源为我所用。通过项目载体、政策措施和环境营造等途径和方法,建立并完善国内外广泛的人才培养和培训通道,让各类人才发挥其创造的潜力,让各类潜在的人才脱颖而出,形成人才持续成长的梯队,注重吸纳国内外社会各界的人才为我所用,使上海图书馆在业界的服务水平、管理水平和科研水平继续走在全国的前列。

二、学校图书馆系统

上海市教育局《关于整顿加强中小学图书馆工作的意见》

中小学图书馆是学校全面贯彻党的教育方针、提高教育质量、建设社会主义精神文明必不可少的一个部门,它对于扩大学生的知识领域、陶冶学生身心、进行思想政治教育,发展学生的智能,提供教师教育、教学、科研参考资料,改进教学方法,都具有十分重要的作用。在目前科学技术迅速发展,知识更新很快,信息大量增加的情况下,建设好图书馆,充分发挥图书杂志在培养人才中的作用,尤其显得重要,必须引起高度重视。为了加强中小学图书馆工作,充分发挥图书的作用,特提出以下意见。

一、要切实加强领导

学校应将加强与改进图书馆工作列入议事日程,并应有一名校长分管图书馆工作,由一名教导主任具体负责。图书馆工作的计划应提交学校行政会议讨论。分管校长要定期检查图书馆工作,研究改进意见,并切实帮助解决工作中的一些实际困难。

二、要调整、充实、提高图书馆干部队伍

1. 人员配备。暂按十二个班以上,藏书五千册以下的中小学校,配管理员一人;五千册以上,一万册以下的,配 2 人。在此基础上,每增加一万册书,增配 0.5 人。有资料室的学校另外增配工作人员 1 人。

2. 要选责任心强并具有一定文化水平(中学图书馆负责人要有大专以上实际文化水平,小学图书馆要有高中以上文化水平),能坚持正常工作的同志担任图书馆工作。图书馆工作人员要保持相对稳定。

3. 要加强图书馆工作人员的政治学习和业务培训,要教育图书馆管理员努力学习马列主义、毛泽东思想,学习图书馆业务知识,做好本职工作。要总结交流图书管理员的工作经验,表扬先进。

三、要逐步改善办馆条件

1. 要利用当前在校学生人数较少的条件,充分利用现有校舍。凡是有条件的均要逐步设立书库、学生阅览室、教师阅览室或资料室等。按教育部基建定额(草案)规定:中学阅览室有条件的可按学生数的 1/12 设座位,小学阅览室可按学生数的 1/20 设座位,教师阅览室可按教师数的 1/3 设座位。

2. 要根据学校教育、教学工作要求,有计划地选购图书,逐步增加藏书量。并要相应添置书橱、书架、报架、目录卡片、卡片箱及阅览台、凳等设备。

四、要做好图书管理工作

1. 要推广使用《中国图书馆图书分类法》简本和《中文普通图书统一著录条例》,要结合中小学特点做好图书分类工作,使全市中小学图书馆的分类法、著录条例逐步统一,达到规范化。

2. 要抓紧清理好停止公开借阅的书籍。新书要按照加工程序及时进行盖章、登记、分编、上架、出借,不要积压。

3. 要建立书库管理、借书、还书、丢失赔偿等制度,工作细则、工作责任制。要做好防火、防尘、防潮、防蛀、防高温等安全保护工作,要经常对师生进行爱护图书的教育。

五、做好图书流通工作,充分发挥图书的作用

1. 妥善安排借书时间,努力简化借书手续,提高图书周转率。对小学低年级可采取集体借书、指导阅读的办法,对小学三年级以上的学生要努力做到发给个人借书证。逐步实行部分书刊开架或半开架借阅,对优秀学生,课外阅读积极分子等,经教导处批准在借书数量上可给予适当照顾。寒暑假中仍应规定一定时间保证出借图书。

2. 对小学三年级学生和初中一年级新生,可采取参观或上课形式介绍学校图书馆情况、借阅的规章制度,教会学生如何办理借书手续,如何使用图书馆目录及不同形式的工具书等,培养这方面的能力。为学生利用图书馆进行学习打下基础。

3. 要加强阅读指导,要采取如开设专用橱窗、成立"读书园地"、辅导讲座等多种形式宣传推荐图书,小学还可根据儿童特点,采取举办兴趣读书小组、故事会、诗歌朗诵会等活动来提高小学生的阅读兴趣。引导中小学生与好书交朋友。每学期可由学校教研组提出本学科分年级的课外阅读目录向学生推荐。要注意评选、表扬课外阅读的积极分子和优秀服务员。

六、做好学生阅览室开放工作,办好教师阅览室、资料室

1. 学生阅览室和教师资料室除图书报刊、工具书等专柜外,要尽可能充实各种教学参考书或学生课外读物的种类,还可设有新到资料介绍专柜,实行开架或半开架阅览。

2. 教师阅览室、资料室应在教工办公时间开放。学生阅览室应在学生自由活动时间如中午和下午课外活动时间开放。有住宿生的学校,还可适当安排在晚自修时间开放。

3. 教师资料室除参考书、工具书等以外,同时要注意做好收集和积累教师教学、教育工作的资料和经验。

七、保证图书经费合理使用

1. 学校定额图书经费(目前每生每月小学以 0.13 元,中学 0.15 元,重点中学 0.2 元计算)和专项图书经费,均不得移作他用。可由区(县)把学校图书经费核定在购书使用卡上,并实行经费公开、互相监督制度。有条件的区(县)应在校办工厂收益中适当增拨图书经费。

2. 要贯彻节约原则,合理使用经费。中小学定额图书经费主要应购置与学科有关的教学参考书、工具书以及有益于青少年身心健康发展的科普读物、自学丛书,适合青少年阅读的政治、文艺等学生用书、期刊杂志。要注意丰富品种,复本适量。每学期要做好经费使用计划,及早向书店反映购书要求,做到按需要进书,对已订购的报刊、丛书、多卷书及连续性出版物要保持完整性,图书财产账要妥善保管(注:学校及图书馆订阅的报纸全部在学校教学行政费中"公务费"目下的"办公费"中开支,发给任课教师的课本及教学参考书讲义等在"业务费"目下的"资料讲义费"中开支)。

3. 要保证学生的图书数量。教师和学生的图书比例可掌握在 1:4 或 1:5 左右。

八、区、县教育局要加强对学校图书馆工作的领导

1. 中、小教普教科(股)都要有人分管学校图书馆工作,区、县的视导活动应把了解检查学校图书馆工作作为视导的内容。

2. 组织好图书工作业务辅导讲座。《中图法》分类编目培训、业务考查等活动,提高图书管理员的业务水平。

3. 定期总结交流图书馆工作经验,表扬先进。 (一九八二年二月二十七日)

上海市教育局《关于加强本市中小学图书馆工作的暂行规定》(1989 年)

为了加强本市中小学图书馆的工作,以充分发挥其在学校教育和教学工作中的重要作用,特定以下规定:

一、中小学图书馆的性质和任务

1. 中小学图书馆走学校的图书资料中心,是为学校教育和教学、教(科)研服务的不可缺少的教育机构。图书馆工作是学校教育工作的重要组成部分。

2. 中小学图书馆应根据学校的教育、教学和教(科)研的需要,积极采购、征集、交换书刊资料,并按科学的方法进行登录、分类、加工和保管。

3. 中小学图书馆必须贯彻我国的教育方针,利用书刊资料对学生进行思想、文化科学等方面教育,促进学生德、智、体、美全面发展。

4. 开展学生的阅读指导工作,培养学生的阅读兴趣和阅读能力。组织各种形式的读书活动,丰富学生的课余生活,提高他们的思想道德和文化科学水平,并对学生进行图书馆使用方法和书刊利用方法的教育。

5. 积极为教师提供教学情报资料,为教学研究工作服务。

二、管理体制和机构设立

1. 各区县教育局教研室设相应机构或配备专职教研员负责中小学图书馆工作。

各区县应制定本地区中小学图书馆的建设发展规划,加强基层学校图书馆的管理和研究,指导和帮助基层学校搞好图书馆的基本建设和日常管理工作,将图书馆工作作为检查和评估学校教育工作的内容之一。各区县应及时总结经验,积极开展工作交流和学术研究,并努力搞好图书馆工作人员的业务进修工作,提高基层学校图书馆的工作水平。

2. 中小学图书馆实行校长领导下的馆长负责制。馆长由校长聘任。馆长与学校教研组长同等级别。

学校应将图书馆工作列入议事日程,图书馆的工作计划应提交学校行政会议讨论。分管校长要定期检查图书馆工作,研究改进意见,切实解决图书馆工作中的实际困难。学校应将图书馆配合教学的有关工作纳入整个学校教学计划,以充分发挥图书馆的教育功能。

3. 中小学图书馆应设书库、借书处、学生阅览室和教师资料室。

中小学图书馆要积极争取各级公共图书馆、少年儿童图书馆和区县教育学院(教师进修学校)图书资料中心在业务上的辅导、配合和支持。

三、图书馆工作人员的任职条件和工作职责

中小学图书馆工作人员必须热爱图书馆事业,有高尚的职业道德和全心全意为学校教育工作服务的精神,身体健康,能胜任日常工作。同时还必须分别具备以下条件。

1. 馆长:

(1) 中学图书馆馆长应具备大专以上文化程度或达到图书资料专业中级职称的要求,小学图书馆馆长应具备中等以上文化水平或达到图书资料专业初级职称的要求。

馆龄达到 5 年以上,能全面掌握学校图书馆的日常管理工作。

(2) 馆长应定期制订学校图书馆的工作计划,提出图书馆基本建设和配合学校教育教学工作的措施和打算;合理安排图书馆各部门各环节的工作,并加以指导和检查;组织图书馆工作人员的业务进修和馆际交流,提高图书馆的管理水平和工作水平,努力为教育教学工作服务。

2. 工作人员:

(1) 中小学图书馆工作人员应其有中等以上文化程度,中学生阅读课指导教师应具备大专以上文化程度。

图书馆工作人员应掌握图书资料专业的基本理论和实际工作能力,能够胜任图书馆某一部门的工作。

(2) 图书馆工作人员应在馆长的领导下,通力协作、密切配合,并认真完成所分工的有关工作。

① 书库和借书处的工作职责和内容

及时提出请购书目,认真做好图书的采编、接受、登记、分类以及装订、排列、清点、保管和剔旧工作。

发放借书证,做好图书的借还(包括索赔)工作,及时介绍、推荐新到的优秀读物。

② 学生阅览室的工作职责及内容

及时提出请购书目,认真做好报刊的接受、上架、借还工作以及装订保管工作。

配合学校的教育教学工作,为学生提供学习场所和条件,做好学生的阅读指导,并定期进行学生阅读情况的统计和分析。

③ 教师资料室的工作职责内容

根据学校教育教学需要,收集、购置各类教学、教(科)研参考用书和有关资料并加以科学整理和加工,编制好索引卡片,及时提供教(科)研情报信息,为教学教(科)研工作服务。

各校要采取措施,切实保证图书馆工作人员的相对稳定,并加强这支队伍的建设。今后,凡是没有经过专业培训、不符合上述任职条件的人员,不得担任学校图书馆工作,对已在职的未经过专业培训的人员,将由市、区县有关部门逐步进行专业培训取得有关证书后方可继续担任图书馆工作。

四、图书馆工作人员的职称和待遇

中小学图书馆工作人员的职务可根据不同的工作向位和职责,分别实行以下系列职务聘任制,即图书资料管理人员实行图书、资料专业职务聘任;承担部分教学工作(指纳入教学计划的选修课、阅读课等)的人员可实行中小学教师职务聘任制,其职务评聘的具体细则另行规定。

根据国办发〔1981〕62号文件中规定:"学校图书馆和少年宫(家)图书馆的工作人员在调资、晋级或评奖时,应与教学人员和教育辅导人员同等看待。"

五、图书馆工作人员的编制标准

暂按12个班以上(含十二个班),藏书五千册以下的中小学校,配专职管理员1人;5十册以上,1万册以下2人,在此基础上,每增加1万本书,增配0.5人,但最多不超过5人。有教师资料室的学校另外增配管理人员1至2名。

六、馆舍

中、小学图书馆的书库、借书处、学生阅览、教师资料室的面积标准分别如下:

1. 书库:中学以每平方米藏书500册计算。

小学以每平方米藏书700册计算。

藏书量应以学校书刊最低保证量计算。在此基础上,留有扩充余地,以使今后藏书量的增加。

2. 借书处:根据师生总人数,按每40人配备1平方米计算。

3. 学生阅览室：中学生阅览室按学生人数的 1/12 设座位，每座使用面积 1.5 平方米计算。

小学生阅览室按学生人数的 1/20 设座位，每座使用面积按 1.5 平方米计算。

4. 教师资料室：按教师人数 1/3 设座位，每座使用面积按 2.1 平方米计算。

中小学图书馆应做到设点合理，便于师生借阅，环境安静，采光适宜，干燥通风，并有利于防火防潮、防高温、防盗措施的实施。

七、设备

中小学图书馆应配备必要的书柜、书橱、书架、目录柜、陈列柜、报刊架、阅览桌椅、办公桌椅、装订设备以及防尘、防火、防潮、防盗设备。有条件的学校还可添置视听设备和复印、复制设备。

图书馆的设备费用应从学校的设备费中列支。具体的设备标准和要求将列入《上海市中小学校教育仪器设备配备目录》，各校应逐项配备齐全。

八、书刊资料

1. 馆藏的范围及种类

工具书类：中外字、辞典，各类教育教学手册，年鉴、百科全书，有关图册、统计资料、索引等。

(1) 读物类：各科教学参考书，文学艺术、社会政治、自然科普读物，劳动技术、职业教育读物和有关自学丛书类等书籍。

(2) 报刊类：报纸（包括学生用报）和各类有关的思想文化、自然科学及综合性杂志。

有条件的学校还可逐步添置各科教学的幻灯、录音、录像等视听资料。

2. 书刊选购和馆藏的标准及要求

(1) 思想观点正确，内容科学，符合学生的年龄特点和身心发展规律，有利于学生的健康成长。

(2) 有利于学生思想道德水平的提高和文化科学知识的学习，能配合学校教育工作，扩大学生的知识视野，丰富学生的课余生活，陶冶情操，促进学生德、智、体、美全面发展。

3. 藏书的结构

中小学图书馆应使书刊资料的馆藏保持合理的结构。一方面兼顾教师学生的不同需要，购置相应的各类书刊，使师生书刊的比例保持在 1∶4 左右。另一方面要使文艺读物和教育教学类读物的比例保持在 1∶3—1∶4 左右。做到藏书种类丰富，比例适宜。

4. 中小学图书馆书刊最低保证量

藏书　　　类别 项目	初级中学	完全中学	重点中学	小　　学
人均图书保证书	25 册	30 册	35 册	20 册
期刊种类	80 种	100 种	120 种	60 种
工具书种类	200 种	300 种	350 种	150 种

九、书刊的管理和利用

1. 图书的管理

(1) 书刊登录　所有书刊都应进行时产登录，包括书刊总括登录和个别登录两种帐目。

(2) 书刊分类　图书应提倡使用《中国图书馆图书分类法》（中小学使用本）分类。期刊应提倡使用《中国图书馆图书分类法期刊分类表》分类。

(3) 书刊著录　书刊著录应提倡以国家标准《文献著录总则》为依据，参照各类出版物著录规则分别进行。

(4) 目录设置 以卡片目录为主。中学图书馆应设有书名目录和分类目录。小学图书馆设有书名目录。

(5) 建立健全书刊借阅、赔偿制度。

(6) 新置书刊要按规范进行盖章、登记、分类,及时上架出借,切勿积压。对订阅的报纸、多卷丛书等要保证其连续性和完整性。

(7) 做好防尘、防火、防潮、防蛀、防高温等保护工作。经常对师生进行爱护图书的教育。

有条件的学校还应做好图书资料的消毒卫生工作。

(8) 做好书刊的清点、整理、修补、合订、保管及剔旧工作。书刊剔旧的原则为:思想观点错误、知识内容陈旧、复本过多利用率低下、非馆藏范围绕以及严重污损的图书。剔旧后的图书应经学校分管领导同意并办妥有关手续后再行处理。

2. 书刊的利用

(1) 中小学图书馆应对全体学生实行开放,对小学三年级以上学生全部发给借书证(小学低年级学生可采取集体借阅,教师指导阅读的办法)。努力简化借阅手续。实行开架或半开架出借。对一些优秀学生,还应给予适当照顾。

(2) 中小学图书馆应实行全周开放,并保证每天不少于1.5—2小时。寒暑假期间亦应安排一定的时间以保证学生借阅。学生阅览室应在学生自由活动时间(如中午和下午课后)开放。有住宿条件的学校还应根据条件许可适当安排在晚自修时开放。努力使图书周转率达到20%—30%以上。

(3) 中小学图书馆应积极向学生介绍、推荐优秀读物和新到书刊,并鼓励学生借阅。有条件的学校可增设优秀读物和新到书刊专柜。

(4) 在学校统一安排下,制定开展阅读指导工作的计划。积极配合学校思想教育和各科教学,提供各类有关读物,并加以指导,促进学生的思想健康成长和各科知识的学习,以使学生丰富知识、扩大视野,做到开卷有益。

(5) 组织各种形式的读书活动,还可开辟专用橱窗,建立"读者园地",开设辅导讲座,以及开展书评、征文比赛等活动。小学还可根据少年儿童特点组织读书兴趣小组、举办故事会、诗歌朗诵会等形式培养学生的阅读兴趣并加以正确引导。对认真读好书并取得一定进步的学生要给予表扬和鼓励。

(6) 培养小干部队伍,并提倡在年级设小图书室,班级设图书角、图书窗,以起到学生间图书辅助交流的作用。

(7) 对小学三年级学生,中学新生可采取参观图书馆或上课形式介绍本校图书馆情况和借阅办法。有条件的中学还可开设图书馆知识选修课使学生懂得图书馆的特点和作用,掌握如何选择、利用有关图书和工具书进行学习的方法,培养相应的能力,为学生利用图书馆进行学习打下基础。

十、图书的经费和使用

1. 各区县、学校要切实保证中小学图书馆的图书经费,学校定额图书经费和专项图书经费均不得移作他用。应实行经费公开,专款专用及定期自查、互查制度。加强图书经费的监督检查。

有条件的区、县学校应在预算外收入中适当增加图书经费。

2. 学校及图书馆订阅的各类报纸,全部在学校教学行政费"公务费"目下的"办公费"中开支,发给任课教师的课本及教学参考学等在"业务费"目下的"资料讲义费"中开支。教师所有的图书费用要和学生图书经费严格分开。一律不得占用。

　　3. 积极争取社会、企事业单位和个人的捐助,并鼓励教师、学生捐献图书。提倡多渠道办好中小学图书馆。

　　4. 中小学图书馆应按照上述"书刊选的和馆藏的标准及要求"采购图书;严格保证图书质量。今后,本市将成立"上海市中小学图书评选委员会",定期向基层学校提供推荐书目。各中小学图书馆可根据推荐书目优先加以选购。

上海市贯彻《中小学图书馆(室)规程》 实施细则(修订)(2004年)

第一章　性质和任务

　　第一条　中小学图书馆(室)(以下统称图书馆)是指由政府、企事业单位、其他社会组织和公民个人依法举办的全日制普通中小学校设立的图书馆,是依法办学的重要条件之一。

　　第二条　中小学图书馆是学校的文献信息中心,是为学校的教育教学和教育科学研究服务的机构,也是学校教育、教学活动的重要场所。图书馆工作是学校教育工作和信息化建设的重要组成部分。

　　第三条　中小学图书馆根据学校教育工作的需求,为师生充分提供文献信息资源,并开展相应的检索、查询和利用等方面的服务。

　　中小学图书馆应贯彻国家的教育方针,利用文献信息组织开展图书馆教育活动,对学生进行思想道德和文化科学知识等方面的教育,按照学校教育计划的有关规定,认真完成有关教育、教学(包括阅读课、选修课、活动课等)的任务;配合学科教学的开展,指导学生开展文献信息检索与利用知识的教育活动;培养学生收集、整理、利用文献信息的能力,为其获得终身学习的能力打下基础。

　　第四条　学校各部门密切配合,认真开展并指导学生的读书活动,采用生动活泼、内容丰富的组织形式,引导学生从优秀书籍中汲取精神养料,丰富知识,陶冶情操,推动校园文化建设。

第二章　机构和人员

　　第五条　市、区县教育行政部门均应设立中小学图书馆工作委员会,承担全市和地区中小学图书馆工作的规划、协调和指导工作,并在市、区县教研机构配备专职图书馆教育教学研究人员。

　　第六条　各级教育行政部门应将图书馆工作列为检查评估学校教育工作和办学水平的重要内容。

　　第七条　中小学图书馆设立馆长,在校长的直接领导下全面负责学校图书馆的业务工作。

　　第八条　中学图书馆馆长应具备本科及以上文化程度或具备中级及以上相关专业技术职称,小学图书馆馆长应具备大专及以上文化程度或具备初级及以上相关专业技术职称。

　　第九条　中学图书馆教师应具备大专或大专以上文化程度,小学图书馆教师应具备中专及中专以上文化程度;中小学图书馆一般专业人员应具备中专及以上文化程度。

　　第十条　中小学图书馆工作人员应热爱图书馆事业,具备文献信息专业的基本知识;承担图书馆教育工作的人员还应同时具备相应的教育、教学能力。

　　第十一条　中小学图书馆设立书库、外借处、学生书刊阅览室、教师资料室和电子阅览室等基本场所,并配备相应的人员和设施设备。图书馆要设专职管理人员,图书馆工作人员编制在本校教职工编制总数内合理确定。

第十二条 中小学图书馆工作人员实行专业技术职务聘任制。图书馆工作人员专业技术职务聘任参照国家有关规定执行。

中小学图书馆馆长在学校岗位、职务定级和报酬等方面应达到教研组长或以上水准。

图书馆工作人员在调资、晋级或评奖时，应根据其工作岗位和实绩，与教学人员或教学辅助人员等同看待，并按国家有关规定享受相应的福利待遇。

第三章　文献信息的收集、管理、利用和服务

第十三条 中小学图书馆文献信息收集的内容范围为：学校教育教学和师生工作、学习所需要的各类纸质资料、音像资料、电子读物、学具、教具和相关的网络信息资源等。

第十四条 中小学图书馆馆藏文献信息的内容要求是：思想观点正确，内容科学，供学生阅读的文献资料还应符合学生的年龄特点，有利于学生思想道德素质的提高和文化科学知识的学习，有利于学生身心健康发展。

第十五条 上海市教育委员会中小学图书馆工作委员会负责组织专家拟定图书装备推荐书目，定期向学校公布。

第十六条 中小学图书馆馆藏文献信息应以学生需求为主，兼顾教师。做到种类齐全，内容丰富，结构合理，具有特色，各类文献载体的比例和复本适宜。学生生均图书（含音像资料和电子读物，以件计）和馆藏报刊种类最低标准为：

藏书项目 ＼ 类别	小　学	初级中学	完全中学	高级中学
生均图书（按在校学生数）	30 册（件）	40 册（件）	45 册（件）	50 册（件）
馆藏报刊种类	60 种	80 种	120 种	120 种

（注：九年一贯制学校分别参照小学和初中、完全中学分别参照初中和高中的标准合理配备。）

第十七条 中小学图书馆文献信息管理的基本要求：

1. 馆藏文献按规范进行验收、登记，及时上架流通；报刊、多卷丛书等出版物要保证其连续性和完整性。

2. 登录：所有文献都应进行财产登录，包括总括登录和个别登录。

3. 分类：纸质书刊资料、音像资料和电子读物应分别按照《中国图书馆图书分类法》《中国图书馆图书分类法期刊分类表》等分类。

4. 著录：应以国家标准《文献著录总则》为依据，参照各类出版物著录规则分别进行。

5. 中小学图书馆全部实行计算机管理，并提供计算机文献数据检索。

6. 根据馆藏需要，定期制作馆藏文献的电子文档；定期进行文献资料剔旧工作，除个别具有历史保存价值的文献资料外，纸质报刊资料的馆藏期限不超过 3 年，纸质期刊馆藏期限不超过 5 年；普通纸质图书年剔旧率小学不低于其总量的 2％，初中不低于 3％，高中不低于 4％。

7. 建立健全文献资料的保存、复制、借阅和网络信息安全等相关制度和业务工作细则，并做好文献资料日常的防尘、防潮、防火、防盗、防霉防虫和修补工作。

第十八条 中小学图书馆馆藏文献信息的利用和服务

1. 中小学图书馆应积极开发和利用文献信息资源，为学校教育、教学、科研服务，并充分体现

"以学生发展为本"的原则。

2. 中小学图书馆工作应列入学校教育教学工作的整体计划,中小学图书馆应定期介绍、推荐优秀读物和新近购置的书刊,并认真组织开展有关教育教学活动,为学生开设书刊导读和电子阅览指导课、图书馆与信息学基础知识课和有关知识讲座等;组织并指导中小学生开展各种形式的读书活动和有关的研究性活动。

3. 中小学图书馆对全体师生实行全日开放(寄宿制学校还应实行晚间开放),寒暑假期间要保证足够的开放时间。图书馆开放的时间和服务方式应向全校师生公示,并实行纸质书、报、刊资料全开架服务。

4. 中小学图书馆要努力争取各级公共图书馆、少年儿童图书馆和区县教育局和教师进修院校图书资料中心、信息中心等在业务上的支持和配合;积极开展馆际互借和资源共享。有条件的区县要加快建立数字图书馆和图书资料中心,并逐步向社区开放。

第四章　条件保障

第十九条　中小学图书馆馆舍包括书库、学生书刊阅览室、教师资料室、电子阅览室以及检索、借阅和人员工作场所等。有条件的学校应设置视听资料室。

第二十条　中小学图书馆馆舍最低使用面积参照现行《上海市普通中小学校舍建设标准》确定。

第二十一条　中小学图书馆应做到馆舍专用,设点合理,环境安静,采光适宜,干燥通风,并有利于防火、防潮、防霉蛀、防盗等措施的实施。有条件的学校还应在阅览室等场所提供防寒、降暑等条件,为师生创造良好的工作和学习环境。

第二十二条　图书馆应配备书架、阅览桌椅、出借台、报刊架、书柜、文件柜、陈列柜、办公桌椅和装订、复印、打印、扫描、刻录等设备和计算机及网络设备与环境,并配置文献资料保护的设施、设备。

第二十三条　中小学图书馆所配备的基本设施设备,其费用纳入学校的设备费中列支。

第二十四条　各区县教育行政部门、学校要切实保证并努力逐年增加中小学图书馆的图书经费。暂定学生每年人均经费不低于小学生 15 元、初中生 20 元、普通高中生 25 元、重点高中生 30 元。学校定额经费和专项图书经费应实行经费公开和专款专用制度,并加强文献采购在品种、质量、价格和经费使用方面的监督检查。

第二十五条　学校及图书馆订阅的各类报纸,应全部在学校教学行政经费"公务费"目下的"办公费"中开支,任课教师使用的教学用书及教学参考书等在"业务费"目下的"资料讲义费"中开支。

第二十六条　积极争取社会、企事业单位和个人的捐助,提倡多渠道筹措经费办好中小学图书馆。

第五章　其　他

第二十七条　本细则由上海市教育委员会负责解释。

第二十八条　本细则自发布之日起施行。1999 年 7 月 1 日发布的《上海市贯彻〈中小学图书馆(室)规程〉实施细则》同时废止。

三、党校图书馆系统

上海党校系统图书馆评估内容及评分标准

（试行）

2005 年 12 月

一级指标（一）　办馆条件　**30**

1. 组织领导　5

二级指标	三级指标	评估内容	最高分值	评分标准	得分	扣分原因
组织领导 5	领导体制	按照《党校图书馆工作规程》要求，直属校委领导，由一名副校长分管图书馆工作。	2	符合要求者2分； 不符合要求0分		
	重视程度	按照《规程》要求，校委对图书馆工作的重视程度和对实际困难的解决力度。	2	重视并解决实际问题较好，达到《规程》基本要求者2分； 基本解决问题1分； 不重视者0分		
	部门建制	根据图书馆（图书资料室）工作性质，设立独立建制的部门。	1	独立建制，图书资料室负责人为中层正职者1分； 无独立建制，隶属校办或教研部门，图书资料室负责人为中层副职的0.5分； 无独立建制，隶属非教研部门，图书资料室无负责人的0分。		

2. 人员　5

二级指标	三级指标	评估内容	最高分值	评分标准	得分	扣分原因
人员 5	人员数量	按在校工作人员数量配置必要比例的、年龄结构合理的工作人员。（多块牌子办学的学校，只计算属于党校编制的图书馆人员数量）	2	配置较充足（委办党校5人以上，区县党校3人以上）且年龄结构合理者2分； 不足且年龄结构不太合理1分； 很不足（1人或无专职人员）0分		

650

二级指标	三级指标	评 估 内 容	最高分值	评 分 标 准	得分	扣分原因
人员 5	学历结构	现有人员学历文化程度。	1	大专以上文化程度达60%以上0.7分,在60%以下0分; 有研究生学历0.3分,没有0分		
	专业结构	专业人员的专业结构符合学校教学科研需要的合理程度。	1	有图书信息学专业结构者0.7分,有其他专业人员者0.3分; 无专业人员者0分		
	职称结构	专业技术职务结构的合理程度(应与学校职称比例相适应)。	1	具有高级专业技术职称者0.5分; 中级专业技术职称者70%以上者0.5分; 只有初级职称或无职称者0分		

3. 文献总藏量　4

二级指标	三级指标	评 估 内 容	最高分值	评 分 标 准	得分	扣分原因
文献总藏量 4	纸本文献数量	学(在校主体班学员)工(在职教职工)人员人均拥有文献数量。(以2003—2005年三年作为考核依据。多块牌子办学的学校,只计算属于党校范围的学、工人员数量)	2	年训500人以上规模的党校人均50册,500人以下的人均40册,达到标准者2分; 达不到人均每减1000册减0.2分		
	文献种类	馆藏文献种类的合理程度。	1	有图书、报纸、期刊者0.5分; 有电子文献者0.5分		
	文献结构	教学科研专业文献收藏合理程度。	1	教学科研专业文献占馆藏总文献比例80%以上(其中新书达到10%比例)者1分; 50%以上0.5分; 50%以下0分		

4. 经费　5

二级指标	三级指标	评 估 内 容	最高分值	评 分 标 准	得分	扣分原因
经费 5	文献购置费	以2003—2005年三年年均文献购置费。(多块牌子办学的学校,只计算属于党校图书馆实际使用的年均文献购置经费)	3	年度经费在5万元以上者3分; 年度经费少1万元者减0.5分; 年度经费5000元者0.2分		

（续表）

二级指标	三级指标	评 估 内 容	最高分值	评 分 标 准	得分	扣分原因
经费5	现代化设备专项经费	年度购置现代化设施经费。（多块牌子办学的学校,只计算属于党校图书馆实际使用的现代化设备专项经费）	2	占专项经费并占文献购置费20%者2分,占10%者1分; 无专项经费者0分		

5. 现代化技术装备　5

二级指标	三级指标	评 估 内 容	最高分值	评 分 标 准	得分	扣分原因
现代化技术装备5	服务器与UPS电源	服务器数量、UPS电源配置。	2	有CPU主频奔4或相当类型者1分; 有UPS电源者1分		
	计算机数量	可供工作人员和读者正常使用的计算机数量。（多块牌子办学的学校,只计算属于党校图书馆正常使用的计算机数量）	2	工作人员人均配1台者1分,配50%以上0.5分,未配0分; 供读者使用在10台以上者1分,5台以上0.5分,未配0分		
	相关设备配置数量	有与计算机相关的辅助设备（如打印机、复印机、传真机等）。	1	满足业务工作需要（有打印机、复印机、传真机）者1分; 基本满足主要业务工作（无打印机、复印机、传真机之一）的0.5分; 不能满足业务工作需要（无打印机、复印机）的0分		

6. 馆舍　6

二级指标	三级指标	评 估 内 容	最高分值	评 分 标 准	得分	扣分原因
馆舍6	建筑面积	与党校相适应的图书馆（资料室）实用面积。（多块牌子办学的学校,只计算属于党校图书馆实际使用的实用面积）	2	委办党校图书馆达到或超过300平方米、区县党校图书馆达到或超过200平方米以上者2分; 达不到每少50平方米减0.5分		
	建筑适用程度	馆舍设计是否合理、适用。	2	委办党校有图书馆独立馆舍者2分,无独立馆舍0.5分; 采光照度适宜、通风条件好、六防（防寒、防暑、防火、防盗、防潮、防蛀）措施到位者1分,以上有不到位的各减0.5分		

二级指标	三级指标	评 估 内 容	最高分值	评 分 标 准	得分	扣分原因
馆舍 6	阅览座位	阅览室内可供读者使用的座位数量。(多块牌子办学的学校,只计算属于党校图书馆实际使用的阅览座席)	1	30 坐以上者 1 分; 15 坐以上 0.5 分; 5 坐以下 0 分		
	阅览环境	阅览环境状况。	1	阅览设施良好、环境整洁、美观、安静者 1 分; 一般者 0.5 分		

一级指标(二) 资源建设 30

1. 文献入藏 4

二级指标	三级指标	评 估 内 容	最高分值	评 分 标 准	得分	扣分原因
文献入藏 4	年入藏图书数量纸本	学工人员年均入藏各种来源的中外文图书(含采购、捐赠、调拨图书等)数量(按图书题名计"种")。(以 2003—2005 年三年作为考核依据)	2	年培训 500 人以上规模的党校人均 1 册,500 人以下人均 0.5 册,达到者 2 分; 达到 70%者 1. 分; 70%以下者 0.5 分		
	年订购报刊数量纸本	学工人员年人均订购中文报纸和期刊数量(按报刊题名计"种")。(以 2003—2005 年三年作为考核依据)	2	年培训 500 人以上规模的党校 100 种,500 人以下 80 种,达到者 2 分; 达不到每减 20%减 0.5 分		

2. 文献标引与著录 5

二级指标	三级指标	评 估 内 容	最高分值	评 分 标 准	得分	扣分原因
文献标引与著录 5	分类编目	采用《中图法》和《主题标引法》	1	采用《中图法》者 0.5 分;采用《主题标引法》者 0.5 分; 未采用者 0 分		
	电子文献著录	使用《电子资源著录规则电子资源机读目录格式使用手册》。	1	采用者 1 分; 未采用 0 分		
	文献加工周期	文献到馆后至进入流通所需要的时间。	1	图书 15 天,现刊 2 天,报纸当天进入流通者 1 分; 达不到一项减 0.5 分		
	书目数据库	馆藏中文书刊书目数据库和机读目录数据库建设。	2	建立馆藏图书、报刊目录数据库 2 分; 未建者 0 分		

3. 藏书组织管理　6

二级指标	三级指标	评 估 内 容	最高分值	评 分 标 准	得分	扣分原因
藏书组织管理 6	藏书组织	藏书组织管理。	3	藏书组织合理、分配布局恰当者1.5分； 图书去向清楚者1.5分； 达不到者0分		
	文献剔旧	形成制度并能正常定期开展。	3	形成制度者1.5分； 正常定期开展者1.5分； 无制度没有开展0分		

4. 数据库建设　8

二级指标	三级指标	评 估 内 容	最高分值	评 分 标 准	得分	扣分原因
数据库建设 8	数据库种类	购置、赠阅数据库的种类及总量(含书目库、全文库等各种数字资源库)。(多块牌子办学的学校，由于资源的共享性强，数据库购置数量的情提高50%)	4	年入藏电子文献(含国内外交换、赠送等)，其中：在校园网提供电子书(书生、超星、方正等)1分；数量超过500册以上者1分；在校园网提供有关期刊报纸数据库者1分； 馆藏数字资源种类在3种以上者1分，不足0.5分；无数字资源者0分		
	地方文献数据库	地方文献数据库建设情况。	2	有地方文献书目数据可供检索者2分；没有0分		
	自编数据库	自编数据库建设情况(含书目库、全文库、数字资源库、馆藏特色文献数据库和地方文献数据库等)。	2	有自编数据库者1分；没有2分		

5. 自动化、网络化建设　7

二级指标	三级指标	评 估 内 容	最高分值	评 分 标 准	得分	扣分原因
自动化、网络化建设 7	图书馆业务计算机管理系统	图书报刊的采编典藏流通管理、检索查询管理；数据库和数字资源采集、加工、检索系统(电子文献资源)；提供读者网上预约查询、服务等功能。	3	有图书采编、报刊管理、检索查询和流通管理系统并正常运行者各2分； 提供读者查询、网上预约服务各1分； 没有计算机管理系统者0分		
	馆内网络条件	接入方式、接入速率。	2	能上因特网者1分； 因特网接入速度达100兆以上者1分，达10兆以上0.5分； 无上网条件者0分		

（续表）

二级指标	三级指标	评 估 内 容	最高分值	评 分 标 准	得分	扣分原因
自动化、网络化建设 7	图书馆网页	图书馆网页建设情况。	2	在校园网有图书馆独立网页者1分；网页内容适时更新的0.5分；能提供面向因特网的7×24小时不间断服务者0.5分；无图书馆网页的0分		

一级指标（三）　读者服务工作　20

1. 普通服务　8

二级指标	三级指标	评 估 内 容	最高分值	评 分 标 准	得分	扣分原因
普通服务 8	开馆时间	每周开放时间达到36小时以上，寒暑假定期或预约开放。	5	达到开放时间者4分，达不到每少1小时减0.5分；寒暑假定期或预约开放者1分，不开放0分		
	外借书刊数	以学工人员数量为基数，年人均外借书刊数量。（多块牌子办学的学校，只计算实际在党校图书馆的年均外借书刊数量）	3	年人均达到5册以上者3分；达不到每减20%减0.5分		

2. 信息服务　12

二级指标	三级指标	评 估 内 容	最高分值	评 分 标 准	得分	扣分原因
信息服务 12	参考咨询	解答读者各类咨询（口头、文字、电话、电子邮件等），并建有咨询档案。	4	为读者解答咨询并建有档案者4分；有解答无记录档案3分；未解答0分		
	专题检索	编制索引、文摘等二次、三次文献。	4	编制索引、文摘等文献者各2分；没有0分		
	重点学科咨询	跟踪校教研人员课题项目并提供咨询或资料信息服务。	4	跟踪课题并提供咨询或资料信息服务者4分；提供部分服务2分；未提供服务0分		
	编印专题资料	编印专题资料、撰写综述或其他信息资料等情况。	4	定期编印专题资料或其他信息资料，得到教研部门好评者4分；编印资料、评价一般者2分；未编印者0分		

一级指标(四)　业务研究与协作　12

1. 业务研究　8

二级指标	三级指标	评 估 内 容	最高分值	评 分 标 准	得分	扣分原因
业务研究 8	学术研究	公开发表的论文或专著(省、市级报刊),参加科研成果评奖活动情况。(多块牌子办学的学校,只计算属于党校图书馆的工作人员的学术研究成果)	5	年公开发表论文2篇(含)以上者4分,1篇以上2分,未发表0分;参加论文评奖者1分,未参加0分		
	学会活动	参加党校系统和其他系统图书馆学会活动及其他学术交流活动的情况。	3	参加本市党校系统(或全国)学会活动并交纳会费者2分;参加其他系统图书馆学会活动者0.5分;参加其他学术交流活动(经本单位批准)者0.5分;未参加学会活动者0分		

2. 协作与协调　4

二级指标	三级指标	评 估 内 容	最高分值	评 分 标 准	得分	扣分原因
协作与协调 4	馆际互借	开展馆际互借、馆际咨询。	2	开展馆际互借、咨询者2分;未开展0分		
	文献购置协调	文献联合购置情况。	2	参加文献联合购置者(市委党校或高校联合采购)2分;未参加者0分		

一级指标(五)　管理　8

行政管理　8

二级指标	三级指标	评 估 内 容	最高分值	评 分 标 准	得分	扣分原因
行政管理 6	计划管理	实行目标管理情况。(多块牌子办学的学校,要有党校图书馆的规划、年度计划和年终考核)	3	实行目标管理,有规划和年度计划和年终考核者3分,缺一项减1分		
	规章制度	健全的规章制度和岗位责任制,及其执行和检查情况。(多块牌子办学的学校,要有党校图书馆的规章制度和岗位责任制,及执行和检查情况)	3	规章制度健全且执行情况好者3分;考勤、聘任、晋升、考核、培训等缺一项减0.5分;无规章制度0分		
人事管理 2	思想政治工作	发挥党政工团组织作用,积极开展思想政治工作,有计划和安排并定期检查和总结。	2	思想政治工作开展有成效者2分,成绩一般1分;思想政治工作薄弱者0分		
总　分			100分	实际得分		

四、工会图书馆系统

上海市工会图书馆工作条例(暂行)

（上海市总工会　一九八七年四月十一日）

一、总则

第一条　工会图书馆是工会的职工文化福利事业,是工会向职工及其家属传播社会主义精神文明的阵地,是职工开展业余文化生活的场所。

第二条　工会图书馆要坚持为社会主义现代化建设服务,为建设一支有理想、有道德、有文化、有纪律的职工队伍服务的方针。

第三条　工会图书馆的基本任务是通过图书报刊,组织指导职工学政治、学文化、学技术、学科学,以提高职工的思想道德素质和科学文化素质,丰富职工的业余文化生活。

第四条　工会图书馆要努力适应时代的需要、企业的需要和职工的需要,合理调整藏书结构,改进流通方式,提高服务质量。

二、工会图书馆的建立及编制

第五条　凡三百人以上的基层工会组织均应建立单独的或附设于俱乐部的工会图书馆(室)和阅览室。

第六条　市区、县、产业工人文化宫(俱乐部)都应设立图书馆并设报刊阅览室和图书阅览室,有条件的可设分科阅览室和视听资料室。

第七条　基层工会图书馆的编制原则:凡职工在一千人以上者,设专职图书管理员一人,职工在一千五百人以上,藏书在五千册以上,可根据需要增设人员。

第八条　工会图书馆的专职人员,应由具有高中以上文化程度,热爱图书馆事业,有一定群众工作能力和身体健康的干部担任,并按文化部《图书资料专业职务试行条例》评定职务,享受待遇。要保持图书管理人员相对稳定。

第九条　工会图书馆日常管理工作应依靠广大的读者积极分子进行。吸收有一定政治觉悟、文化水平和爱好图书的积极分子参加图书管理工作,协助开展对读者的阅读指导工作。

第十条　基层工会图书馆的图书报刊购置费,应根据需要,编制预算,经批准后由工会经费中及时拨给。

第十一条　基层工会图书馆的场所、设备和维修等费用根据国家有关规定由企业行政提供。

三、工会图书馆的工作职责

第十二条　工会图书馆要逐步增加藏书数量和品种,更新藏书内容,提高藏书质量。应根据对职工进行教育的要求和不同层的阅读兴趣,统筹合理地去采购、补充图书馆,不断调整和改善藏书结构。

第十三条　工会图书馆应采用国家规定的《中国图书馆图书分类法》进行分类,采用国家颁布的《文献著录总则》进行编目,使图书分类编目标准化。

第十四条　工会图书馆应开拓图书流通渠道,改进图书流通方式,改善环境条件和服务态度,吸引更多的职工及其家属成为图书馆的读者，使图书广泛地在群众中流通。

第十五条　工会图书馆通过推荐书目，开展图书评论和各种辅导讲座，动员和组织职工参加振兴中华读书活动。同时通过读书座谈会、报告会、朗诵会、故事会、图书展览等形式进行群众性的社会教育活动。

第十六条　工会图书馆要开展读书自学的咨询服务，帮助职工培养阅读习惯，改进阅读方法，鼓励和指导职工自学成才。

第十七条　市、区、县工人文化宫、俱乐部的图书馆对基层工会图书馆负有指导培训骨干的职能。

四、工会图书馆的组织领导

第十八条　工会图书馆在工会组织领导下进行工作，工会组织对工会图书馆的领导职责是：

1. 批准图书馆工作计划，指导检查图书馆工作；

2. 监督图书馆采购和审查图书馆经费的使用情况；

3. 任免图书馆工作人员，并加强其思想领导。

第十九条　工会图书馆的日常工作，由工会宣传部门或由工人文化宫、俱乐部领导，基本职责是：

1. 根据党的方针、政策及上级工会的决议和规定，指导和检查工会图书馆工作；

2. 注重调查研究，总结组织交流图书馆工作经验；

3. 组织工会图书馆工作人员思想、业务培训；

4. 开展工会图书馆馆际竞赛和评比活动。

五、工会图书馆的管理制度

第二十条　工会图书馆应建立图书馆财产登记制度。一切图书均应正式登记，并应定期清点。图书破损作废、丢失时，须经工会主管部门批准后予以注销，藏书中陈旧书籍和内容错误的书籍，应定期和及时清理。

第二十一条　工会图书馆应建立书库管理制度。切实做好防火、防盗、防潮、防蛀、图书消毒和图书装订修补工作，保证图书财产的安全。

第二十二条　工会图书馆应建立借阅管理制度，应制定借书规则和阅览规则，向读者进行爱护图书遵守规则的宣传教育，向读者进行爱护图书遵守规则的宣传教育。读者损坏或丢失图书，应按规则赔偿。

第二十三条　工会图书馆应定期定时开放，不得随意闭馆。

第二十四条　工会图书馆应有精确的藏书统计、读者人数统计、图书出借册数统计和阅读辅助活动统计。

索　引

659

（王彦祥、毋栋、张若舒、刘子涵　编制）

编 后 记

本分卷由上海图书馆牵头,与上海市少年儿童图书馆、复旦大学图书馆、上海交通大学图书馆、同济大学图书馆、华东师范大学图书馆、中国科学院上海生命科学信息中心、华东师范大学信息学系、上海大学图书情报档案系、南京政治学院军事信息管理系、上海市高校图工委、上海市中小学图工委、上海市委党校图书馆、上海市总工会宣教部、浦东图书馆、普陀区图书馆、嘉定区图书馆等单位联合编纂。

2012年成立本分卷编委会,上海图书馆研究室成立负责本单位内容编纂的编纂办公室,各参编单位均落实专人担任修志联络员,组建资料收集人员队伍。经培训,于2013年正式启动资料收集工作,2015年底基本完成资料收集,2016年完成资料长编,2018年底完成初稿,2019年完成全卷总纂。2019年4月,通过本分卷编委会组织的内部审查;5月28日,通过本分卷编纂委员会评审;而后一个半月,对志书结构和内容进行调整、优化和修改,报上海市地方志办公室组织评议,并于7月2日通过上海市地方志办公室组织的专家评议。根据评议意见和专家组修改建议,历时近一年时间对志书进行修改完善,于2020年5月9日,通过上海市地方志办公室组织的专家审定。最后,经过近两个月的修改完善,于2020年7月正式提交上海市地方志办公室验收,并于8月12日通过验收。

本分卷在资料收集阶段,于建荣、庄琦、段宇峰、李敏、林皓明、陆如俊、宋昶等分别组织本单位的资料收集和汇编工作,资料提供涉及多系统多单位,提供人员恐不能一一列举,他们为志书编纂发挥了重要作用。在成稿阶段,陈起众承担《概述篇》和第九篇《事业管理》的分纂工作,杨械承担第二篇《馆藏资源》和第三篇《文献信息资源建设》的分纂工作,曲蕴承担第四篇《服务工作》的分纂工作,兰小媛承担第五篇《技术应用与开发》的分纂工作,孙继林、张奇承担第六篇《协作与交流》的分纂工作,阮光册承担第七篇《教育与研究》的分纂工作,孙继林、任霞佩承担第八篇《队伍建设》的分纂工作,邱五芳、舒睿承担第十篇《人物》的分纂工作,各有关单位承担《专记》的分纂工作。

专业志编纂是一项艰苦细致的文化建设系统工程,本分卷得以顺利完成编纂,得益于各方面齐心协力。我们的编纂工作始终得到牵头单位和各参编单位的大力支持,在人力、物力和财力上为修志工作创造良好条件;始终得到市地方志办公室领导以及市文广局社文处杨庆红等的关心和指导。更有众多老领导、专家在本分卷资料长编评议、初稿评审、内部审查、志稿评议、审定和验收时给予指正和指导,受益匪浅。上海古籍出版社编辑审校人员也为志稿质量把关做出贡献。在此,谨向所有参与本分卷资料收集和编纂工作、给予我们支持及指导的单位和同志一并致以衷心的感谢!

限于编纂经验和水平,难免会存在诸多疏漏和错误,敬请读者指正。

《上海市志·图书·文博分志·图书馆事业卷》编纂办公室

2020年7月

图书在版编目(CIP)数据

上海市志.图书·文博分志.图书馆事业卷:1978-
2010/上海市地方志编纂委员会编. —上海:上海古
籍出版社,2021.3
ISBN 978 - 7 - 5325 - 9868 - 7

Ⅰ.①上… Ⅱ.①上… Ⅲ.①上海-地方志②图书馆
事业-概况-上海- 1978 - 2010　Ⅳ.①K295.1
②G259.275.1

中国版本图书馆 CIP 数据核字(2021)第 031306 号

责任编辑　陈丽娟
封面设计　严克勤

上海市志·图书·文博分志·图书馆事业卷(1978—2010)
上海市地方志编纂委员会　编

出版发行　上海古籍出版社
　　　　　(200020　上海瑞金二路 272 号)
印　　刷　上海中华商务联合印刷有限公司
开　　本　889×1194　1/16
印　　张　46.5
插　　页　17
字　　数　1,219,000
版　　次　2021 年 3 月第 1 版
印　　次　2021 年 3 月第 1 次印刷
ISBN 978-7-5325-9868-7/K · 2956
定　　价　298.00 元